30

学科课程与教学研究三十年

丛书主编 杨启亮 徐文彬 何善亮

· 南京师范大学课程与教学论国家重点（培育）学科建设成果

· 高等学校国家“211”三期建设项目“教育现代化进程中基础教育课程与教学变革研究”建设成果

小学卷

语文课程与教学研究

（1979-2009）

吴亮奎　主编
黄伟　副主编

南京师范大学出版社
NANJING NORMAL UNIVERSITY PRESS

图书在版编目(CIP)数据

语文课程与教学研究 ：1979～2009. 小学卷 / 吴亮奎主编. —南京 ：南京师范大学出版社，2014.8

(学科课程与教学研究三十年)

ISBN 978-7-5651-1712-1

Ⅰ. ①语… Ⅱ. ①吴… Ⅲ. ①小学语文课—教学研究—文集 Ⅳ. ①G623.202-53

中国版本图书馆 CIP 数据核字(2014)第 079968 号

书　　名 语文课程与教学研究·小学卷(1979—2009)
主　　编 吴亮奎
副 主 编 黄　伟
责任编辑 王　涛
出版发行 南京师范大学出版社
地　　址 江苏省南京市宁海路 122 号(邮编:210097)
电　　话 (025)83598919(总编办)　83598412(营销部)　83598297(邮购部)
网　　址 http://www.njnup.com
电子信箱 nspzbb@163.com
照　　排 南京理工大学印刷照排中心
印　　刷 江苏凤凰通达印刷有限公司
开　　本 787 毫米×1092 毫米　1/16
印　　张 43.5
字　　数 1090 千
版　　次 2014 年 8 月第 1 版　2014 年 8 月第 1 次印刷
书　　号 ISBN 978-7-5651-1712-1
定　　价 87.00 元

出 版 人 彭志斌

总　序

改革开放以来，中国教育已走过三十余年的风雨历程。对于拥有数千年文明史的中华民族来说，三十年只是短暂一瞬，但若将其置于辛亥革命以来追求国家富强和民族复兴的百年历史中，这三十年又显得那么非同寻常和耐人寻味。一代人在刚刚见到黎明之时就带着壮志未酬的遗憾飘然而逝，一代人在从"革命"话语到"建设"话语的痛苦转变中承担起了现代化建设的重任，一代人在眼花缭乱的时代剧变中从襁褓走进学校和社会。改革开放前的教育事业发展相对滞慢，改革开放后的教育事业则稳步发展。高考制度的恢复、义务教育的普及、教育条件的优化、教师待遇的提高、教师素质的提升等教育的发展和变化，是建设有中国特色社会主义现代化国家的具体见证，也是教育改革和开放的生动体现。

教育是国家发展的基石，是衡量一个国家发展水平和发展潜力的重要指标。相对于宏观教育改革与发展，课程与教学改革，特别是具体学科的课程与教学改革则更为内在，更为基础，也更为重要，它发生在日常的教育教学场景中，并与教育培养的人直接相遇。因此，在回顾和总结教育改革开放所取得的成就与经验时，我们就不能不深入到课程与教学改革这一教育改革的内核上来，不能不深入到具体学科课程与教学改革上来，不能不关注具体学科课程与教学究竟存在着哪些需要研究的问题，它们又是如何得到解决的；具体学科课程与教学研究取得了怎样的成果，产生了什么本土经验，它们对未来具体学科课程与教学理论的研究与实践改善又有着怎样的启示，等等。正是基于这一认识，我们有了编辑《学科课程与教学研究三十年》[①]丛书的初步设想，组织了多方参与的丛书项目建设的论证，并获得了参与论证的学科教育专家的充分肯定。于是，也才有如今读者看到的《学科课程与教学研究三十年》丛书。

为了使读者对丛书有更深入的认识，在此还需对"学科"概念及"学科课程与教学研究"相关问题作一点说明。

一般地说，学科有两种含义：一是指一定科学领域的总称或一门科学的分支；二是指学校课程的组成部分，即学校中的教学科目。中国古代的"六艺"即礼、乐、射、御、书、数，欧洲古代的"七艺"即语法、修辞、逻辑或辩证法、算术、几何、音乐、天文学，都是当时学校设置的学科。近代学校教学内容日益丰富，设置的学科随之增多，例如语文、英语、数学、历史、生物等。于是，围绕具体学科的课程与教学研究也深入地开展起来。"学科课程与教学研究"则与下述三个概念有关：一是"学科教学法"，又称"分科教学法"，它是学校各门学科教学法的总称。学科教学法是在教学论的一般原理指导下，分别研究各科教学中的任务、内容、原则和方法等具体问题和具体规律。尽管关于学科教学法的研究在古代即已开始，但学科教学法作为一门独立学科还是在近代出现的。二是"学科教学论"，即"分科教学论"。它的出现是在学科教学法研究的基础上，由学科教学研究范围扩大所致。其研究的范围扩展为包括

---

① 本丛书的"三十年"是个大致说法，系指 1979—2009 年期间，但也不排除此前此后的个别年份。

某学科教学的目的、内容、方法、评价及其自身研究的对象、方法等。三是“学科教育学”。学科教学论研究范围的进一步扩展就形成了“学科教育学”。学科教育学在主要研究学科教学论的同时也体现着“教学为教育”的主要内容，每一门学科，不仅有着自己的学科体系，即按照学习心理学原理和教学要求，兼顾科学知识的内在联系组成的各门教学科目的系统，而且要体现德、智、体等诸方面的全面发展。因此，学科教育学研究学科教育的性质、特点及其与其他社会现象之间的关系，学科教育的目的、任务和内容，学科教育的原则、方法、手段和组织形式，学科教育中教师与学生的关系等。本丛书所选文献定位于中小学具体学科的课程与教学研究，涉及主题与“学科教育学”研究内容相当，并更凸显研究的问题性，因而使研究者能思考得更为深入，研究成果也更有价值。

丛书计划 12 卷(暂定)，基本涵盖了目前基础教育阶段的各个学科，包括语文、数学、外语(英语)、政治、历史、地理、物理、化学、生物、体育、音乐、美术等。就每一学科而言，全书主要由三部分组成。第一部分是该学科课程与教学研究三十余年的文献综述，旨在对三十余年该学科课程与教学研究取得的成绩和存在的问题进行全面梳理和分析，并就未来该学科课程与教学研究发展趋势进行展望。第二部分集中呈现了改革开放三十余年中该学科课程与教学研究成果，重点讨论了学科课程与教学如何更好地促进每一位学生的发展，如何科学地设置课程内容以满足学生学习需要和社会发展需要，如何在加强基础知识、基本技能教学的同时更加注重学生学会学习、学会做人的教育，如何尊重学生个性差异，凸显以学生为本，充分调动学生积极性、主动性，促进学生的全面发展，如何改变过于强调选拔性而忽视发展性的评价方式以发挥评价促进学生学习的功能，如何借鉴国际经验来改善我们的学科课程与教学，如何加强课程与教学研究来提升教师的教育教学实践智慧等非常具体的学科课程与教学问题。第三部分是改革开放三十余年中该学科课程与教学研究的主要文献索引以及部分学科的相关法规，供读者进一步研究参考。

《学科课程与教学研究三十年》丛书相关资料选取采用“特尔菲法”，即征询专家意见法，以保证所选资料的客观性和权威性。一般先由丛书各卷主编从该学科教育研究杂志(为主)或专著(为辅)中初选出一定数量力图包含该学科这段时期最重要研究成果的学术文献，征询相关学科课程与教学研究人员、学科专家、教研员、中小学特级教师等专家意见，在综合专家意见的基础上筛选出备选文章目录，再征询相关学科课程与教学研究人员、学科专家、教研员、中小学特级教师等专家的意见，如此反复数次，最后确定收集论文篇目。资料选择的时间范围原则上为 1979—2009 年。资料来源一般包括相关政策文件、报纸、期刊〔主要是核心期刊、CSSCI(中文社会科学引文索引)、中国人民大学《复印报刊资料》、中国教育学会具体学科教学专业委员会会刊等国家级刊物和在该学科教学方面有影响的刊物〕、著作(节选)、会议论文等。一般不收录未发表的文章。

丛书编者主要是南京师范大学从事相关学科课程与教学论教学与研究的专业人员，他们在各自学科领域潜心研究，取得了丰硕的研究成果，也产生了广泛的学术影响，因而可以保证本丛书的学术质量。特别是丛书编者中的部分老师结合本丛书，专门为课程与教学论专业研究生和教育硕士专业学位研究生开设了“课程与教学研究论文选读”课程，并取得了良好的教学效果，受到了研究生的普遍欢迎，使本丛书的学术质量和实践价值得到了初步的确证。

丛书读者定位于高等学校从事相关学科课程与教学研究的教师、课程与教学论专业研究生、教育硕士专业学位研究生、高年级师范本科生、教研员、中小学教师。随着课程与教学改革的不断深入，对中小学教师教学能力和研究能力的要求越来越高，做研究型学科教师已逐渐成为许多教师专业发展的自觉追求。对于他们而言，这是一套难得的参考书。此外，丛书具有工具书的性质，因而它也可作为各高等学校、各中小学图书馆收藏的重要资料。

最后，衷心感谢丛书中所收录文章的作者，是你们的智慧丰富了中国学科课程与教学研究的理论宝库；感谢丛书的编者，是你们的辛苦让我们看到了改革开放以来中国学科课程与教学研究的画卷；也感谢丛书的读者，是你们的热情为中国学科课程与教学研究带来了希望和明天。

丛书编选任务繁重，书中难免会有这样或那样的瑕疵与不足，文章收录也不一定能让所有作者和读者满意，欢迎大家提出宝贵意见，以便我们日后更正。

杨启亮　徐文彬　何善亮

2010 岁末于南京随园

目　录

教改实验

拼音教学

识字写字教学研究

阅读教学

写话与习作教学

口语交际

语文活动和综合性学习

儿童文学与小学语文教学

课程与教学评价

小学语文课程与教学研究三十年的问题梳理(1979—2009)

吴亮奎

本文通过对我国自1979年到2009年这三十年间公开发表在刊物上的涉及小学语文课程与教学研究的论文进行了分析,梳理出"课程与教学性质总论""课程与教材""教学改革与实验""拼音教学""识字写字教学""阅读教学""写话与习作教学""口语交际""语文活动综合性学习""儿童文学与小学语文教学""课程与教学评价"等十一个问题。下面就这十一个问题的相关研究分别进行综述。

一、课程与教学性质:小学语文课堂与教学改革的基点

教师对小学语文课程与教学性质的理解决定了他的教学行为,教师的教学行为又影响了学生的语文学习。语文课堂上教师教什么、为什么教,学生学什么、为什么学,这些问题的解决最终必须回到语文课程与教学性质的讨论上来。

(一)工具和人文:折中抑或统一

"工具"或"人文"的问题关乎语文课程与教学如何定位。自1950年颁布的第一个《小学语文课程与教学标准》以来,人们对二者的认识一直在争论中不断深化,从20世纪60年代的"文""道"之争到90年代的"工具""人文"之争,人们总是习惯于以二分的思维方式将二者割裂开来,试图以其中的一种来概括语文课程的性质,结果是以偏概全,谁也说服不了谁。针对当时语文教学的现状,有研究者认为语文教学目的"主要是训练学生阅读和表达的能力,使他们能够正确理解和运用祖国的语言文字"。[1]至于文章的思想,"跟其他方面的内容一样,讲到学生完全懂了、明白了为止。不需要特别发挥。如果从课文中引出了许多不必要的议论,占用很多时间,这就超出语文教学的范围了。语文课一定要当做语文课来教,不应当把它教成政治课"。这种观点对当时的中小学语文课堂教学具有纠偏的意义。《全日制义务教育课程标准》指出"工具性和人文性的统一"是语文课程的基本特点,"工具性"和"人文性"体现了语文学科的双重特性,这种双重特性要求语文课堂教学必须把扎实的语文能力培养、科学的思维训练与有效的文化教育统一起来。有研究者认为:"语文的工具性、思想性(人文性)是一个硬币的两面。语言文字为表,思想内容为里。对于一个成熟的作者或成熟的读者来说,两者是合二而一的。但对于一个初读者或不成熟的读者来说,情况会有所不同。这里确实存在一个层次问题,人们理解语言文字所包含的思想内容的确有一个由表及里的过程。"[2]

语文学科性质的"工具"和"人文"的统一,在一线课堂实践中往往不能得到恰当的落实,实际的语文课堂教学常常出现偏差。或过于注重语言训练,课堂缺少鲜活生动,或过于注重人文,课堂游离于语文。针对实践中语文教学对人文性的偏离,有一些学者提出,人文性应是小学语文教育的基本性质和根本追求,工具性则居于其次,是伴生的,"伴随人文渗透的同时,小学生慢慢习得了语言交往的技能和必要的语文知识,提升了作为社会个体所需要的文

化精神价值。正因为有人文渗透和人文情怀的培养作为基础,学生的语文知识和技能才成了有灵魂的知识、技能,成了'活'的知识、技能,对学生的思想渗透也不再是单一的思想传输,而是学生整体人格精神的生长生成"。[3]

语文学科所具有的工具性特征和人文性特征是由语文学科所承担的任务所决定的,工具性的理解也好,人文性的理解也好,首先必须弄清楚语文学科的基本任务是什么,学生在语文课堂上所获得的知识、能力、经验是什么,语文学科与其他学科的本质区别是什么。从语文学科所承担的任务出发来理解这门学科的性质,就会发现"工具性"和"人文性"是统一的,这种统一体现在教师和学生的语文课堂实践中,而不是认识的简单折中。

(二) 思维训练:形式抑或内容

1956 年的《语文教学大纲》首次提出语文教学要进行思维训练,然而语文教学的思维训练如何落实,如何把思维的形式与内容有机地结合起来却是一个比较难解决的问题,需要有一个艰难的实践探索过程。语文教学为什么要提出思维训练?思维训练、语言训练、具体语文内容之间的关系怎样处理?这些问题成为语文教育专家和一线教师共同关心的课题。

语文教学中的思维训练是融合在语文学科内容中的,语文课堂教学中没有机械的思维训练,教师必须把思维训练与阅读教学、作文教学、说话教学等内容结合在一起。如阅读的理解能力培养,"它还包括指导儿童阅读方法,训练儿童学会如何在阅读中独立思考,如何进行自学,如何提纲挈领地把课文分段,概括段意,编拟提纲和小标题,以至概括内容和中心"。[4]这是由阅读的特殊性决定的。小学语文阅读教学中思路教学也是训练学生思维能力的一种形式。阅读教学中的思路和思想境界是两回事,"思路,实际上是作者的逻辑思维通过一定的语言文字的表达,所以不能把它跟思想内容混为一谈"。[5]人们已经认识到语文教学过程中思维训练是重要的,但思维训练不能脱离具体的语文教学内容架空地进行。

小学语文教学中发展学生的思维能力可以从如下几点着手:从兴趣入手引发学生积极思维;以丰富的感性知识促进学生的思维;把语文课的语言训练和思维训练密切结合起来,通过语言训练促进学生的思维发展;在语言的教学中培养学生语言的精确性。[6]

(三) 审美教育:源自学科自身抑或教师附加

语文学科自身蕴含着许多美感的因素,语文教学自然包含着美育的成分。语文课堂教学中,学生在识字、写字、阅读、习作中获得某种审美体验,进而形成一定的审美感受能力。学生在语文课堂上通过语文活动获得形象的感染,进而产生情感的陶冶和精神的愉悦。语文学科自身蕴含着许多审美因素,但这些审美因素不是孤立于语文课程与教学之外的东西。语文教学中的审美教育是蕴含在语文教材中那些优美的作品和语文活动过程中的。语文学科的审美教育一方面使语文学科的人文性特征得以更丰富,另一方面又使语文学科的工具性特征得到较好的落实。由于审美,学生在语文学习过程中会产生积极的情感体验,语文学习活动本身成为一种吸引学生的力量。"语文教学中的真善美的统一,是以美感为中介,促使工具性和思想性的协调和统一。这是语文教学中一种更高的境界"。"我们希望通过发挥小学语文教学的审美性,沟通小学语文教学的工具性和思想性,达到小学语文教学中真、善、美的和谐统一,促进儿童的知、情、意、行和德、智、体、美全面发展,使小学语文教学过程不仅是一个认识过程和发展过程,同时也是一个审美过程"。[7]

小学语文教学包含着审美教育,但语文课堂教学中的审美教育不能泛化、庸俗化。审美教育和语言训练是密切地结合在一起的,而不是机械分割的。小学语文审美教育要防止两种倾向:在理论上过分夸大美育在小语教学中的地位;"在实践中对语文审美教育作庸俗化"和"表面化、简单化的理解"。[8]

(四)语文素养:语词的变迁抑或内涵的深化

与原来的"教学大纲"对语文教学目标的表述不同,新课标使用了"语文素养"来表述语文教学目标,从"语文能力"到"语文素养"的变化并不只是话语表述过程中的语词变迁,更重要的是这种语词变迁所带来的对语文教学目标内涵理解的深化。与"语文能力"相比,"语文素养"还包括了情感态度、思想观念、文化品位、审美情趣等语文能力难以涵盖的内容。语文素养是"语文课程实施中学生持续的语言文化内化过程和课程实施后在学生身上生成的某种结果的统一",过程和结果相整合,课程目标、实施、评价的侧重点都落在学生身上。"'语文素养'及其命题的提出可以启发我们以课程论的眼光重新审视语文课程的价值和功能,调整我们的语文教学策略。"[9]

有学者从心理学的角度对"语文素养"的内涵进行了论证,将加涅的学习结果分类理论用来解释语文素养的构成,认为语文素养包括"言语信息""语文智慧技能""语文认知策略""语文动作技能""语文情感与态度"等五类。"用加涅的五类学习结果来解释语文素养,较之其他的解释,突出之处是有利于语文课程总目标的实现。""将语文素养解释为五类学习结果,不仅仅是阐明了它的含义,更重要的是,为培养语文素养指明了方向。"[10]

还有学者认为语文"为了培养学生正确理解和运用祖国语言文字的能力,即母语的读写听说能力"的宗旨是不会改变的,语文素养必须适应社会生活交往、对话的需要,"出于真诚对话的愿望,准确理解对方的话语形式与话语意图;精确妥帖地运用祖国语言文字表情达意,以进行最有效的交流"。[11]

(五)语文的学科视野:走向科学的必要一步

语文课程与教学研究必须具有自己的学科视野,语文的学科视野决定了语文学科的特殊性。只有弄清楚了语文的学科视野,才能对以往语文教学中出现的问题进行合理的解释并提出相应的解决措施。语文的学科视野要求把小学语文课程与教学放在一个大的学科群中,在这个群中找到其合适的位置。有学者提出,"语文教学改造必须选择反思之路,有必要站到语文教学之外、之上来反思,由于'不在此山中',可能会创造出豁然开朗的新境界,其实柳暗花明的村落,原本就在山重水复中"。[12]并且认为,"语文教学的问题,关键不在语文,而在教学,能否不断深化地向高层次提升语文教学研究,是语文教学改造与发展的命脉"。[13]

还有学者从学科构成因素的角度对"语文"进行了新的阐释,认为"语文"至少应该有三个方面,"作为'天赋'的'语文',即人类生而获得的语言本能,它是人类大脑里预设的语言器官和文法基因,是习得和学得语言的前提和基础。作为'素养'的'语文',是指人在言语实践中,通过不间断的、大量的语言刺激——交流和学习,逐渐习得、学得和内化了的一种综合语言素质。作为'学科'的'语文',是一个系统培养综合语言素质——能够自觉地、理性地、熟练而艺术地运用语言的素质——的逻辑体系,它更强调'学得',是'天赋'和'素养'之间重要(而非唯一)的通途"。[14]这种新的阐释视角对语文学科的科学发展具有非常积极的意义。

它有助于人们解释语文教学过程中的个体差异,有助于语文教学的科学化发展。

二、小学语文教材

(一) 教材建设:在探索中寻求教材的多样性

在教学要求基本一致的前提下实行教材多样化的方针之后,我国小学语文教材实现了从"统编"到"多样化"的发展。"教材改革的基本点是:体现时代精神,坚持社会主义方向;科学安排语文基本功训练,注重培养学生的学习能力和学习习惯;适合全国大多数教师和学生的需要,大面积提高语文教学质量。"[15] 1993 年秋季开始使用的"人教版"小学语文教材的主要特点是"体现时代精神,重视教材的思想性、改进教材总体设计,实现语文基本功训练的整体优化、发挥汉语拼音帮助阅读的功能,从发展语言入手,改革低年级教材";苏教版小学语文教材注重小学语文课程的文化品性,"试图通过'简约化'、'民族化'及'现代化'的编写方式,在给学生注入传统文化精髓的同时,也帮助他们构建一个符合时代要求、具有创新精神的语文基础"。[16]上海 S 版小学语文教材注重学生的因素,教材的编写要善做减法,教材还要体现语文学科的性质任务;语文出版社 S 版小学语文教材具有推陈出新的特色,"重视积累""重视阅读能力、写作能力和听说能力的全面培养""侧重于让学生在一定的情境中吸收并活用知识"。[17]北师大版小学语文教材以"兴趣先导、学会学习、整体推进、文化积累"为教材编写指导思想,确立了课文编选的五条原则:(1) 内容形式精美,既符合小学低年级学生认字、写字教学的需要,又具有一定的人文精神内涵;(2) 体现学生的身心发展规律,贴近学生生活,联系学生的经验世界和想象世界,潜移默化地培养学生的想象能力和创新精神;(3) 符合时代精神,体现现代社会的思想、观念,使学生在学习课文的过程中受到爱国主义、集体主义、保护环境等思想的熏陶;(4) 体现民族优秀文化和世界进步文化的精华,使学生受到中国优秀传统文化的感染和教育;(5) 诗歌与散文、现代与古代、中国与外国、主体课文与自读课文保持适当比例。

(二) 教材内容研究:注重全面性和多样化

有一些研究者从社会学的角度对小学语文教材的内容进行了分析。有学者提出中小学语文教材具有城市偏向,"主要表现在一种城市生活的价值取向上,并可能培养农村孩子羡慕城市的情感;而农村家庭对孩子早期教育的不足和为孩子输送的文化资本与学校教育的不连续性,又影响了他们通过学业成功进入城市的机会"。有研究者对教科书中人物性别差异进行了思考,并试图揭示导致这种差异的深层次原因和对学生个体所产生的影响。有研究者从教科书的价值取向的角度进行了思考,认为教科书中"蕴涵的价值取向对学生价值观的形成也有很大影响"。[18] 有学者从心理学的角度对小学语文教科书进行了思考,认为:"(1) 在民族类别上,汉族人口是少数民族人口的 25.2 倍,显示了以汉族人口为中心的特点;(2) 在形象倾向上,人物的形象倾向反映了教学大纲中的一些要求,但对现代人的形象和时代发展所需的一些精神品质反映不够;(3) 在身份/职业上,人物的身份/职业主要集中于政治家、军人、文学家等少数几种,对普通平凡的身份/职业描写不多;(4) 在国别上,中国人物的数量是外国人物数量的 5.5 倍,对外国人的形象描写未能较好体现出时代发展的要求。"[19] 有学者从课程资源开发的角度对教材内容进行了研究,认为:"多渠道开发和利用语文课程资源，就是寻找一切有可能进入语文课程，能与语文教育教学活动联系起来的资源；要充分发挥教材的多种功能，改变单一的以课本讲授为主的教学方式，开展丰富的语文实践活动，拓展语文学习的空间，开发并形成各具特色的校本课程。”[20]此外还有一些学者对教材的规范和用字进行了研究。

（三）教材结构形式研究：关注语文学科的教育价值

有研究者对新中国成立五十年来小学语文教材课后练习的演变进行了研究，并据此划分出四个阶段。“第一阶段(1949—1963年)：课文后的练习从无到有，强调思想政治教育，强调语文知识的系统传授。第二阶段(1963—1978年)：课文后练习简约、明确，强调“双基”训练。第三阶段(1978—2000年)：课文后练习从简单走向繁复，注意体现训练过程，强调学习能力的培养。第四阶段(2000年—)：语文课改的根本点是促进每一个学生的全面发展，强调体验、感悟和积累，强调语文素养的形成，促进学生学习方式的改变”。[21]有研究者从教科书结构的角度分析了小学语文教材的教育功能，“教科书的编制，一要发挥助学系统的激励、引领和提示作用，二要力求课文系统的选文质量、有机整合和延伸拓展，三要重视习题系统的灵活多样性和指导性”。[22]

三、小学语文教改实验

（一）初步探索：教法与学法研究

我国小学语文教学改革，最初始于“教法”和“学法”的研究。“学生喜欢学语文，这是搞好教学的有利条件。”[23]“小学语文教学中，教法和学法是实现知识、能力转化不可分割的两个方面。二者是对立统一的，是相辅相成的。因此，我们在研究教法时，必须同时研究学生的学法；在研究学法时，也必须研究教师的教法。孤立地研究教法或孤立地研究学法，都是片面的，因而也是不科学的。”[24]

（二）系统改革：五彩缤纷的实践

有许多教师、学者对小学语文教学改革进行了系统的研究，如“情境教学”的理论和实践、“大量读写、双轨运行”的实验、“电化教学结构的研究”实验、小学语文教学“注提”实验、“主题单元教学”改革、“导读”、“先导式”作文教学实验等。

（三）观念拓展：寻求儿童的语文

随着语文教学改革的深入，一线教师们的课堂教学观念发生了很大的变化，语文教学以儿童为中心成为关注的焦点。如对“本色语文”的追求、“追寻童年的语文课堂”、“小学语文应是儿童语文”、“重构小学语文教学体系”、“亲近母语教学”、“简简单单教语文”、“本位语文”等教学观念和实践的出现。

四、拼音教学

（一）小学汉语拼音教学的定位研究

“拼音和汉字两种并行的符号系统将小学语文教学分成两条相互渗透的线索：汉字方

面,用拼音来帮助读音;拼音方面,除了用拼音读,用拼音写之外,又用汉字注音来读,用学过的汉字掺进拼音来写”。拼音“还能够帮助阅读和作文,它还能够帮助人运用拼音码操作电脑。”[25]“小学教学汉语拼音的目的就是帮助识字和学习普通话。”[26]

1992 年的大纲对汉语拼音作了这样的说明,“汉语拼音是小学语文教学的重要内容,是帮助识字、阅读和学习普通话的有效工具”。把汉语拼音当做帮助阅读的有效工具,而且在教学要求中建议:“低年级学生在写话的时候,可以用音节代替没学过的汉字。”2000 年修订大纲对汉语拼音的定位是:“能利用汉语拼音识字、学习普通话。”2001 年课程标准没有把汉语拼音和识字与写字、阅读等并列,而是放在了识字与写字部分,(除了 1992 年和 2000 年的大纲之外,其余大纲都如此)突出帮助识字的作用,即“能借助汉语拼音认读汉字”。

(二) 汉语拼音教学方法探索

研究者们从“拼音教学”“字母教学”等角度对小学汉语拼音教学进行了研究,提出了一些有效的教学方法,如联想法、对比法、游戏法。总体上看,小学汉语拼音教学比较有影响的教学方法有“直读法”“直呼音节八层次教学法”等。有研究者提出了具体的拼音教学的建议:“删去烦琐的知识讲解,让学生多些模仿实践的机会;删减不必要的考试考核,让学生多些趣味性的游戏活动。”[27]

五、识字写字教学

(一) 实践探索

识字教学是我国小学语文教学的重要任务,也是中低年级小学语文教学的重点,广大学者和教师对识字教学的理论和实践进行了积极的探索,形成了一些比较有特点的小学识字教学方法。较有代表性的识字教学方法有韵语识字、注意识字、字族文识字、字理识字、集中识字、随课文分散识字等。这些识字教学方法都有科学学理的依据和自身的特点,也都能够产生一定的效果;但是它们只适用于某一个或两个教学阶段,如果在全过程中单独使用,又都有一定的局限。它们“如果形成了流派,各自强调自己的特点,单一应用而失去了综合性,它的局限就要扩大。必定要在其他方面付出代价”。“我们应当提倡教学方法与教学策略的多元化。多元不但是为了适应习得的不同阶段。也是为了对付汉字的复杂状况。汉字符号系统经过数千年的演变,情况相当复杂,不同的汉字具有不同的属性。”[28]

(二) 识字教学效率研究

有研究者认为,“多年来识字教学效率低的根本原因是教师缺乏‘汉字学’知识,教学中违背了汉字科学”。[29]有研究者对学前识字量与小学语文成绩的相关性进行了研究,认为,“指导儿童学前识字应遵循儿童身心发展规律进行,应尊重儿童的人格和权利,尊重儿童身心发展的规律和学习特点,应以游戏为基本活动,保教并重,关注个别差异,促进每个儿童富有个性的发展”。[30]还有研究者对识字教学中的“多认少写”进行了学理分析。[31]

(三) 识字教学的科学化

识字教学研究在流派纷呈的发展过程,研究者们对识字教学的科学化进行了积极的探索。首先是识字方法本身的反思,如“集中识字”和随课文“分散识字”这两种教学方法,不能说哪一种好、哪一种不好,而要从不同的学生的认知风格出发来思考问题。对那些认知过程中场独立性较强的学生适宜用集中识字教学的方法,对那些场依存性较强的学生适宜用随课文分散识字的教学方法。因此联系特定的教学情境来研究识字教学的方法非常必要。有研究者从学生的学习成绩、课程、学理的角度对识字教学进行了思考。

六、阅读教学

(一) 阅读教学理论:多学科视野研究

用现代教育的眼光审视传统阅读教学经验,继承我国传统阅读教学中的精华,对于构建具有中国特色的阅读教学体系具有重要的意义。有学者将我国传统的阅读教学经验总结为“熟读成诵”“学思结合”“博览群书”等三个方面,认为这三个方面对小学阅读教学具有重要意义。还有学者从心理学、解释学等视角对小学阅读教学进行了研究。如儿童阅读能力发展的研究、图式理论在小学语文阅读理解中的应用及其对语文学习成绩的影响、阅读中的语感研究、体验性阅读、个性化文本解读等。

(二) 阅读教学实践:走向儿童

课程改革引导广大一线教师从教学观念的角度来反思小学语文阅读教学,在课堂实践层面对阅读教学进行了积极的探索。如:对小学阅读教学中“问答式”的反思。同时提出许多新的教学方法。如“绘本阅读”“阅读教学游戏化”、阅读教学中的“童趣设计”。重视儿童的阅读体验是小学语文阅读教学改革的一种重要尝试,“在培养学生阅读的起始阶段,让学生感受到阅读的乐趣是关键,同时注重学生对课文的整体把握。阅读内容应符合儿童阅读心理特点,注重阅读过程的个性化认识和情感体验。诵读浅近古诗成为阅读教学的重要组成部分”。[32]

七、写话与习作教学

(一) 习作教学的定位:基于儿童

小学生作文是学生语文基础知识、语文基本技能以及思想、情感的综合运用,是对小学生语文学习的综合检验,也是小学语文教学效果的综合体现。小学生作文不宜定位过高,小学生作文必须要回归儿童。“小学生作文回归儿童,就是要求学生以童心写童真,让儿童从自己的内心出发,用自己的眼睛观察世界,用自己的心灵感受生活;就是要充分尊重儿童,让学生从内心发出想写的愿望,写自己愿意写的,写自己所追求的,写自己所欣赏的,写自己所感动的。”[33]“‘童化’不仅是一种教学理念,更是一个完整教学过程,它将儿童与作文相互锁定,形成一个不可剥离的有机整体。对于习作教学而言,‘童化’意味着习作主体的‘融化’,意味着习作内容的‘活化’,意味着习作方式的‘转化’,意味着习作情趣的‘催化’,意味着习作生活的‘优化’。”[34]有研究者认为,小学作文教学可以通过游戏的形式进行,“游戏作文具有生活人文性、内容特定性、指导针对性、强烈体验性等特征,是别具一格的写作教学方式”。[35]

(二) 习作教学的转变:从理念到方法

课程改革带来了小学作文教学理念的变化,这些变化主要有,“从功利到人文的位移,自由表达与个性化写作,关注学生的学习态度,赋予作文教学以生活的意义等”。“理念的变化必然会影响到作文教学内容、形式、过程、评价以及教学策略、方法的改变。”[36]小学口语与习作教学总的发展趋势是学生的生活内容在教学中越来越得到重视,习作教学的形式越来越多样,这种变化符合儿童写作的心理特点。

八、口语交际

小学语文新课程标准将原来大纲中的“听话、说话”,改为“口语交际”。口语交际能力是现代公民必备的能力,应培养学生倾听、表达和应对的能力,是学生具有文明和谐的进行人际交流的素养。教学内容切合学生学习、生活和今后社会交际实际,着力培养切实的基础口语交际能力,着眼口语交际能力的发展,注意口语交际情境的创设,形成双向或多向互动的交际方式。有研究者从“创设情境”“感受拟说”“自由表达”“合作交流”和“拓展创新”这五个方面对口语交际课的教学模式进行了研究。[37]有研究者通过对我国小学语文口语交际教学实践的反思,提出了如下三个方面的问题:“小学口语交际教学目标体系的构建,小学口语交际教学评价体系的构建,小学口语交际教学教材的建设。”[38]有研究者从口语交际教学的失误中追索语文课程知识的构建。[39]

九、语文活动与综合性学习

活动是人类最初获得直接经验的源泉,也是学生获得直接经验、增强感性认识、培养运用能力和创造能力的重要途径之一。语文教学过程中,活动教学具有非常重要的意义。语文活动具有语文学科自身的特点,其目的是通过活动训练学生的语言表达能力。2001年颁布的新课标提出的“语文综合性学习”概念,进一步明确了语文教学中活动的意义。“语文实践活动是以大语文教育观为指导,以发展学生的语文素养为目的,以活动为载体,以引导学生在自主活动中获得直接经验和及时信息为内容,以学生自我活动探究、自我操作体验为基本形式,以激励学生主动参与、主动实践、主动创新为原则,以实现语文知识综合运用、听说读写等能力整体发展为价值取向的主体性活动。”“小学语文实践活动具有以下特征:语文性、实践性、主体性、社会性、开放性、发展性。”[40]有研究者认为,语文综合性学习要注意“去语文”“泛语文”等忽视语文学科特点的倾向。有研究者对小学语文综合性学习主题的选择策略进行了分析,提出“从语文课堂学习中发现主题;从生活实践中发现问题,提取主题;从学科整合中提炼主题;从地方文化活动中发掘主题”的选择策略。[41]

十、儿童文学与小学语文教学

(一)儿童文学与小学语文教材

儿童文学与中小学语文课程,尤其是小学语文课程有着特殊的渊源关系。“儿童文学所包含的情感态度、价值观与语文教育的目的是一致的、重合的,同时儿童文学还是小学语文教材一种重要的,又是很好的呈现方式。”[42]有研究者专门论述了民国时期的儿童文学与小学语文教材,“民国时期儿童文学作品的出现,既是清末以来教材实用化、大众化追求的结果,也是儿童本位的课程观得以确立和强化的反映。这一时期的儿童文学作品成为小学国语教材,主要以反复故事和各科知识文学化的形式出现,旨在解决国语教材的文字反复和知识传授所带来的趣味性缺乏问题。儿童文学教材进入国语教科书的丰富和完善过程凸显了三种积极的尝试,即尝试教材形式的多样化、教材内容的顺利过渡和衔接,以及无意义的拟声词和有意义的动作字词的大量运用。这些探索和尝试对今天的语文教材编写和组织都有重要的启示和借鉴意义"。[43]有研究者从儿童文学的视角反思了当下的语文教材,认为语文教材存在"非儿童文学化"的现象,并对这种现象产生的原因进行了分析,提出了儿童文学立场的教材观。[44]

(二) 儿童文学的教育价值

儿童文学的教育价值不可否认,小学语文教学必须重视儿童文学的教育价值。众多学者就这一问题展开探索。有研究者从教育学的角度分析了童话对儿童的意义,认为童话"让儿童在无意识层面上深刻地习得人类智慧、社会习俗和种种美德"。[45]有研究者从儿童阅读的角度分析了儿童文学与小学生语文学习之间的关系,认为"儿童阅读关系到民族未来一代精神生命的健康成长,是建设和谐社会、实践科学发展观的民族大计与大事,因而引起全社会的广泛重视"。[46]有研究者借鉴西方儿童文学教育的经验,提出了针对我国小学生的儿童文学教育的理念和策略。这种理念和策略对我国小学语文教学改革具有一定的参考作用。

十一、小学语文课程与教学评价

(一) 小学语文评价改革的意义

课程与教学改革,评价改革是关键。在我国小学语文课程与教学的发展过程中,研究者们对评价改革进行着积极的探索。研究者们首先着眼于考试改革的研究。考试虽然不等于评价,但是考试作为评价的方式之一,它同样需要体现评价思想的变革。有研究者认为,就传统语文课程评价而言,它的弊端主要表现在以下四个方面,"评价目的片面、评价范围狭窄、评价主体局限、评价手段单一"。[47]

(二) 小学语文评价改革的形式

一些一线教师在具体的语文教学过程中进行行语小学语文考试改革的探索,提出了考试改革的具体措施,如"口试和笔试相结合""集中与分散相结合""知识与能力相结合""课内与课外相结合""评分相对与绝对相结合""自评与他评相结合",[48]小学语文采用成果袋评价的尝试,小学语文形成性评价的实验,小学语文 SOLO 评价的运用等。此外,研究者们还结合语文课程标准的要求,对阶段性评价进行了探索,认为语文课程标准的阶段性评价,可以从标准的"理论、目标、框架、语言"四个方面来检验。[49]还有研究者从综合能力的角度对语文评价进行了思考,认为"语文综合能力为个体在交际过程中运用语言工具的整体性能力,由语感能力、言语交际能力、言语调控能力三要素构成。小学语文综合能力是成长中的能力,其发展过程可划分为性质有异渐次提高的低、中、高三段。小学各学段语文综合能力发展的特点各有不同。评价小学语文综合能力可通过典型性语文综合活动来进行"。[50]

参考文献

[1] 吕叔湘. 关于中小学语文教学问题. 安徽师范大学学报(人文社会科学版),1978(02).

[2] 倪文锦. 我看工具性和人文性. 语文建设,2007(7-8).

[3] 刘铁芳. 人文陶冶如何可能——当前小学语文教育问题的思考. 湖南师范大学教育科学学报,2002(4).

[4] 朱作仁. "谁在抽象地思维?"——关于小学语文教学研究的一些问题的思考. 杭州大学学报(哲学社会科学版),1985(03).

[5] 朱作仁. "谁在抽象地思维?"——关于小学语文教学研究的一些问题的思考. 杭州大学学报(哲学社会科学版),1985(03).

[6] 袁瑢,殷国芳. 在小学语文教学中发展学生思维能力. 上海师范大学学报(哲学社会科学版),1980(01).

[7] 杨再隋. 试论小学语文教学的审美性. 教育研究与实验,1989(02).

[8] 边霞. 审美教育与小学语文教学. 南京师范大学报(社会科学版),2001(2).

[9] 顾云虎. 体会语文素养. 语文建设,2002(1).

[10] 王小明. 语文素养的心理学观点. 语文建设,2004(3).

[11] 王尚文. 论文素养. 语文建设,2007(5).

[12] 杨启亮. 教学论视野中的语文教学及语文教学研究. 语文教学通讯,2000(18).

[13] 杨启亮. 教学论视野中的语文教学及语文教学研究. 语文教学通讯,2000(18).

[14] 陶本一,于龙. "语文"的阐释. 课程・教材・教法,2007(11).

[15] 崔峦. 加强语文基本功训练　大面积提高教学质量——义务教育小学语文教材介绍. 人民教育,1993(7-8).

[16] 朱家珑. 传承与创新:论小学语文课程的文化品性. 教育理论与实践・B,2007(10).

[17] 饶杰腾. 温故知新推陈出新——读语文出版社S版义务教育课程标准小学语文实验教科书. 语文建设,2006(6).

[18] 程治国. 闫艳小学语文教科书价值取向的比较研究——以中国大陆苏教版小学语文教科书和新加坡EPB版小学华文教科书为例. 江西教育科研,2007(2).

[19] 姚本先,涂元玲. 小学语文教科书中人物的心理学研究. 心理科学,2003(1).

[20] 吴忠豪. 语文课程资源的开发与利用. 课程・教材・教法,2004(11).

[21] 郑宇. 从课文后练习的编排看当代小学语文教育的走向. 课程・教材・教法,2006(3).

[22] 范蔚. 小学语文教科书的基本结构及其教育功能负载. 课程・教材・教法,2005(7).

[23] 霍懋征. 小学语文教学改革上的一点探讨. 人民教育,1979(7).

[24] 池仲文. 小学语文教法和学法的辩证关系. 西南师范学院学报,1994(2).

[25] 高鸽谈. 小学语文汉语拼音教学的定位问题. 黑龙江教育,2000(3).

[26] 曹澄方. 小学汉语拼音教学的目的、要求和教学法. 语文建设,1993(5).

[27] 魏南江. 重新认识汉语拼音教学. 小学语文教学,2002(8).

[28] 王宁. 汉字教学的原理与各类教学方法的科学运用. 课程・教材・教法,2002(10-11).

[29] 金文伟. 识字教学效率低的根本原因分析. 集美大学学报,2006(2).

[30] 刘晋斌,肖晶. 学前识字量与小学语文成绩的相关性研究. 上海教育科研,2007(3).

[31] 董蓓菲. "多认少写"的学理依据. 小学语文教学,2006(2).

[32] 郑国民. 小学语文低年级阅读教学的改革. 学科教育,2003(4).

[33] 田本娜. 回归儿童　向生活开放　给予方法指导——谈谈小学作文教学. 小学教学参考(语文),2006(7-8).

[34] 吴勇. "童化"习作教学的理智跨越——对"童化作文"教学真义的追寻. 江苏教育研究(实践版),2008(2).

[35] 施茂枝. 出格与入理:游戏作文的审视和思考. 中国教育学刊,2007(6).

[36] 王铭.谈小学作文教学理念的转变.课程·教材·教法,2006(11).
[37] 王玮.口语交际课的教学模式.课程·教材·教法,2004(6).
[38] 邱娟飞.我国小学语文口语交际教学的发展与反思.江西教育科研,2006(8).
[39] 王宗海.从口语交际教学的失误中追索语文课程知识的构建.南京晓庄学院学报,2006(2).
[40] 刘从华.谢牛语文实践活动:综合性学习的重要途径.教育研究,2002(7).
[41] 李建军.小学语文综合性学习主题的选择策略.中学小教材教学,2005(2).
[42] 曹文英,吕杰.儿童文学在小学语文教育中的地位.河北师范大学学报(教育科学版),2005(1).
[43] 范远波.论民国时期的儿童文学与小学语文教材.教育学报,2007(6).
[44] 朱自强.论儿童文学立场的语文教材观.语文教学通讯·C,2010(1).
[45] 刘晓东.论童话的教育学意义.教育科学,2000(1).
[46] 王泉根.新世纪十年"儿童阅读运动"综论.学术界(月刊),2011(6).
[47] 倪文锦.义务教育语文课程评价与考试改革.全球教育展望,2003(9).
[48] 蒋蔚芳.小学语文考试改革的初步尝试.上海教育,1999(11).
[49] 雷实.关于义务教育语文课程标准的阶段性评价.课程·教材·教法,2007(6).
[50] 余应源,漆书清.小学语文综合能力评价初探.江西师范大学学报(哲学社会科学版),2005(1).

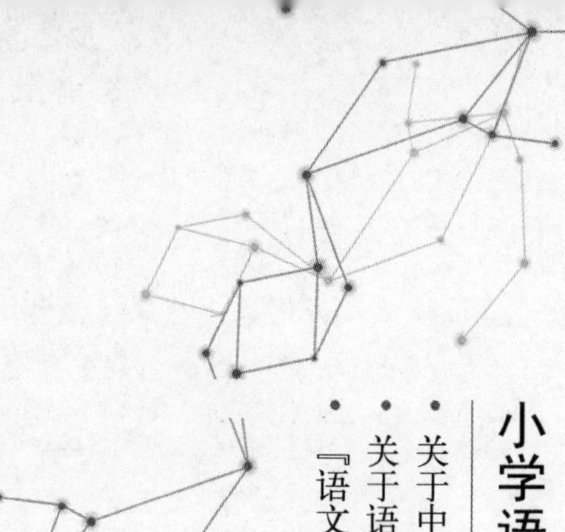

小学语文课程与教学总论

- 关于中小学语文教学问题（吕叔湘）
- 关于语文教学中科学性与艺术性问题的探讨（张志公）
- 『语文』的阐释（陶本一　于　龙）

关于中小学语文教学问题[①]

吕叔湘

一

不少同志给我来信，要我进一步谈谈对如何解决语文教学效率低这个问题的意见。我是提出了问题，至于怎样解决，考虑得却很不够。这里，先提三点原则性的意见。

（一）要进行深入细致的调查研究

现在，大家对中小学语文教学效果很差这一点，看法比较一致了。但是，问题的症结究竟在哪里，大家心里都还没有数。教材编得怎么样？课文讲解怎么样？作文指导和批改怎么样？都有各种情况，都需要做具体的调查研究，摸清情况。就拿学生作文水平来说，水平差，差在哪些方面呢？是遣词造句方面的问题多呢，还是文理不通更多？或者内容干瘪更普遍？或者是错别字特别多？这些都需要做比较详细的调查研究。

怎样调查呢？我想应该全面些，广泛些。从纵的方面说，从小学一年级教拼音、识字开始到高中二年级，每个年级都要调查，了解各个年级存在哪些问题，不同年级有什么不同。从横的方面说，要了解不同地区、不同学校、不同学生中存在哪些差别，例如城市和农村有什么不同，内地和边疆有什么不同，男生和女生有什么不同，等等。从调查的内容说，还必须包括课堂教学、课外阅读、作文指导和批改讲评等语文教学的各个方面。只有当我们进行了这样全面的、广泛的、细致的调查，掌握了一定数量的数据之后，我们才能针对实际情况，找出解决问题的有效办法。这就是毛主席教导我们的："一切结论产生于调查情况的末尾，而不是在它的先头。"

（二）要允许教师做些改进教学的试验

任何改进都要经过试验。做试验，可能成功，也可能失败，谁都没有一举成功的把握，所以不但要允许试验，还要允许失败。做试验总比安于现状好，因为试验毕竟还有成功的可能，而安于现状则永远不会前进一步。我们要改革语文教学少、慢、差、费的现状，不反复进行这种那种试验能达到目的吗？

很多语文教师对现在的教学情况不满意，心里有改革的念头，但是不敢动手试验。原因在哪里呢？一句话，怕招来批评。过去的情形就是这样，只要教师一动手搞试验，各方面的意见就来了。首先是家长，家长一有意见，校领导也就不敢坚持，弄得教师不得不走回头路。在那帽子满天飞、棍子遍地打的"四人帮"横行的时代，教师"安分守己"还免不了受气，又有谁愿意去"轻举妄动"自寻烦恼呢？打倒了"四人帮"，现在的情况不同了，四个现代化的宏伟

---

① 原文发表于《安徽师范大学学报（人文社会科学版）》1978 年第 2 期。

蓝图已经展现在我们面前,应该是我们大胆地、积极地进行语文教学改革试验的时候了。今天,就是要允许教师们做各种试验,通过试验摸索出一条提高语文教学效率的途径来。不让教师做试验,改革语文教学就只能是一句空话。

（三）教学要讲求实效

无论是讲课或批改作文,都要讲求实效。我们讲一课书,花了许多时间准备,课堂上讲得很多,是否一定好呢？我看讲课的效率不能光看准备得如何,讲得多不多,还得看学生是否都听进去了。如果教师讲得很多,说得头头是道,而学生不爱听,没有听进去,甚至在下面偷偷看小说,你能说这堂课教学效果好吗？如果讲课时学生全神贯注,听得津津有味,就可以说这堂课教学效果好。我说的讲课要讲求实效,就是这个意思。教师只管讲,学生却不听,那是白讲,是无效劳动。我们一定要避免无效劳动。

批改作文也是一样。要求教师精批细改,教师精批细改了,学生是不是认真琢磨老师为什么要这么改。教师在这个地方划掉几个字,在那个地方添上一句话,学生是不是细细思考,体会老师的意思。经过一番思考,搞懂了,也记住了,就可以避免以后再犯同样的错误。如果教师改得很细,而学生只是大致地扫一眼,或者仅仅看一下后面的分数和评语,就往抽屉里一塞,那样,教师就是白批白改,同样是无效劳动。这两种态度的学生肯定都有,对于前一种学生,精批细改是值得的,对于后一种学生就不值得。我们改作文也一定要讲求实效,不要让劳动白白地浪费了。

二

语文教学中有许多问题要研究,下面就几个主要的问题,谈谈自己的想法,这些想法缺少调查研究的基础,仅仅供同志们参考。

（一）关于课文的讲解

这里首先碰到的是文与道的问题。语文课中如何贯彻思想政治教育,这是一个老问题了,至今大家的认识还没有一致。

每门课程都有它自己的教学目的和要求。语文课的教学目的和要求是什么？我看主要是训练学生阅读和表达的能力,使他们能够正确理解和运用祖国的语言文字。对学生进行思想政治教育,除了通过政治课和学校的一整套管理制度来进行以外,各门课程都有责任,但是专门进行思想政治教育的应该是政治课。语文课也担负着一部分思想政治教育的任务,但是,这种教育主要是通过教材内容来体现的。一本语言文字好、思想内容也好的语文教材,通过课文的学习,学生就能够从中受到教育。

课文中有关思想教育的内容要不要讲呢？需要讲的话就讲一点,跟其他方面的内容一样,讲到学生完全懂了,明白了为止,不需要特别发挥。如果从课文中引出了许多不必要的议论,占用很多时间,这就超出语文教学的范围了。语文课一定要当做语文课来教,不应当把它教成政治课。这是一种偏向。

另一种偏向是把语文课讲成创作课。有的教师在课堂上大讲作者生平,历史背景,主题思想,段落大意,写作特点,等等一切,这同样是没有认清语文课主要是工具课这个特点,把它教成了文学欣赏课甚至文学创作课了。

现在的语文课本，选的文章绝大多数是白话文。白话文学生完全看得懂，或者基本上看得懂，教师完全可以少讲或不讲，个别地方学生不理解的就讲一点。总之，讲课要实事求是，讲与不讲，多讲与少讲，一切看学生的需要。不是每一篇文章都要按一定的公式讲下去的。这样一来就出了个问题：一本语文课本可能一个月或一个半月就教完了，怎么办呢？很好办，教完了再加一本就是了！我们的语文课本可以说是世界各国最薄的。这样薄薄的课本，胃口大的学生怎么吃得饱？假如一个人一顿饭能吃半斤，你只给他吃二两，那怎么行？依我看，课本不够讲就印发补充教材。是不是有的教师一学期连一本教材也教不完呢？也确实是有的。说句不客气的话，这不是学生消化不了，而是教师讲课犯了主观主义的毛病，把宝贵的教学时间给浪费了。

（二）关于作文教学

作文教学是语文教学的一个重要组成部分，应当受到重视。作文教学首先遇到的一个问题是命题。近年来，学生抄书抄报成风，离开书报就写不出文章来，这是事实。追其根源，除了受“四人帮”的帮八股的影响外，恐怕老师命题不恰当也是重要的原因。作文的目的是培养学生的表达能力。学生能不能表达好，关键是学生脑子里有没有可供表达的内容。如果学生头脑里空空如也，没有这方面的知识，你要他表达，他不抄书抄报又怎么交卷？比方说，对象是小学生，你出个“论抓纲治国”的题目要他作，他不干瞪眼吗？我读中学的时候，有一次作文，老师出了一个题目——“导淮议”，试问一个从来不知道淮河是怎么回事的十三四岁的学生，他知道什么叫做“导淮”？我们没法子，只好搜索枯肠，敷衍二三百个字完事。老师题目出得不好，学生表达不出是不足为怪的。如果学生看了一场精彩的足球赛，印象很深刻，为了培养他们记叙的能力，你出个“记一场精彩的足球赛”的题目，学生不就有内容可写了吗？如果学生头脑里的确有东西可写，培养他的表达能力就有基础了。总之，命题一定要得当，要让学生有话说，不能迫使他们无中生有说空话，甚至说假话。要是这样，就不仅是怎样教作文的问题，而是提倡什么文风的问题了。

除了命题作文外，还可以采取一些其他方法来训练学生表达能力，例如改写、缩写、整理材料等。改写，如将诗歌改写成散文，将人物的对话改写成小故事；缩写，如将一篇一两千字的文章，用自己的话缩写成三分之一的篇幅；整理，如有意将一段文章打乱，要学生把它调整，使得顺理成章。这都是一些比较好的方法，因为内容是现成的，不要学生去找，重点在培养他们的表达能力。

为了让学生作有内容的文章，教师可以想方设法给他们创造条件，使他们占有材料。例如出个“火车站见闻”的题目，带学生到火车站去观察二三十分钟，借以搜集素材。这样对于提高学生的观察能力也很有帮助。

关于批改作文，一个教师担任两班语文课，每两周作文一次，一百一二十篇作文，每星期要改五六十篇，篇篇精批细改，教师还有休息的时间没有？有的老师只改几分之一的篇数，挑几本有代表性的在课堂上评讲，其余的只大略批阅。这一次改这几个学生的，下一次换一批，一个学期都轮到一次或两次。我认为这个办法好。因为学生作文的毛病很多相同，拿张三的作文来评讲，李四也得益。评讲比让学生自己看好，因为他可以不看，可是不能捂住耳朵不听。

(三)关于课外阅读

课外阅读是客观存在的。小孩儿认得一两千字以后就喜欢看小说了,不少孩子课外看的东西比课堂上念的要多得多。当然也有小孩儿喜欢打球踢球,不爱看课外书,或者只看看小人书。情况不完全一样。

课外阅读是提高学生语文水平的重要途径。现在的情况是,喜欢看小说的孩子,不管小说内容好不好,拿到就看;而不爱读课外书的孩子,即使再好的小说也不看。语文教师是不是应该管一管学生的课外阅读呢?我看,管比不管好。管了,可以充分发挥课外阅读的作用。对于喜欢阅读课外书的小孩儿,告诉他哪些书值得看,哪些书不值得看,看哪本书该注意哪几点(内容方面和语言方面),这样一指导,效果就会更好一些。对于不喜欢阅读的孩子,要拿好书去引导他看,使他产生阅读的兴趣,慢慢养成阅读的习惯。课外阅读抓得好,对学生写作的帮助很大。文章写得好的学生,恐怕多半得益于课外阅读。因此,语文教师不能忽视课外阅读的指导。

(四)关于文言文的教学

现在的中学语文课本,每册安排三五篇文言文,这样零零星星地学是否好,很值得考虑。我以为最好是集中起来学。因为集中学文言文,能够系统地了解字词的古代意义和用法,跟现代的意义和用法作比较,弄清它们之间的区别,这样加深印象,就可以避免写文章时犯文白杂糅的毛病。集中在什么时候适当呢?高中阶段比较合适。初中也要接触一点文言文,如浅近的诗词、寓言、小故事等,以好懂和容易引起兴趣的内容为主。高中集中教文言文,也不等于不要白话文,绝不能像新中国成立前那样全部教文言文。教文言文和白话文可以分开进行,比方三节课讲文言文,两节课讲白话文,或作其他安排。有条件的学校可以在教师中间分分工。

现在高中学生要准备考大学,负担很重,文理适当分一下是应当允许的。理科学生多学点数理化,可以不学文言文;文科则要加强文言文的学习。由于高考的各科试题对考文科的和考理科的要求不同,我想这样分一下是合理的。

(五)关于普通话教学

现在的语文课,是只讲书面的东西,"语文"只抓了一个"文"字,没有同时顾到"语"。我的意思也不是要平分秋色,"语"和"文"一半对一半,但却不可忽视"语"的训练。

口语是每天都在运用的,如果表达不好,就会影响交际的效果。比方打电话,事先考虑一下,说得清楚,对方一听就明白了;如果事先不想好,表达不清楚,对方听不明白,问来问去,就要耽误时间,甚至把意思听错。口语的训练对于书面语的训练也有帮助,会说话的人比不会说话的人,写出来的文章也会好些。所以要重视口语的训练。

口语要用普通话。搞四个现代化,普通话也是一个很重要的因素,因为普通话说不好会影响工作。周总理非常重视推广普通话的工作。六十年代初,全国推广普通话搞得轰轰烈烈,取得了很好的成绩。"文化大革命"以来,推广普通话放松了,希望教育部门再抓一下。语文教师不仅要坚持用普通话进行教学,而且,要结合口语的训练,培养学生说普通话。首先要教师以身作则。不要怕普通话说得不好,说普通话总比说土话好,并且会越说越好。

关于语文教学中科学性与艺术性问题的探讨[①]

张志公

教学是一门科学,又是一种艺术。任何一门学科的成功的教学,都是高度的科学性和精湛的艺术性相结合的成果,语文教学尤其是这样。

什么是科学性呢?所谓科学性,就是对那些表面上看起来仿佛杂乱无章的现象,经过发掘、整理、分析、研究,找出条理和规律,并且用这种规律去指导从事有关工作的实践活动。世界上任何事物都有它的条理性和规律性,只是人们对它认识不认识,认识到什么程度的问题。语文和语文教学也不例外。语文这个东西,同人们的生活关系十分密切,人们往往觉得是在不知不觉之中就学会了的,仿佛其中没有什么规律可言。实际上这是一种错觉,也反映了过去我们对这个事物缺乏研究。从清末废除科举、兴办学校起,恐怕在各门学科之中,语文一直是很不成功的一门。许多问题,上百年以来,几十年以来,都没有解决。原因就在于,对这门学科始终缺乏研究,而正好是这门学科特别需要研究。兴办学校一开始,无可讳言是参考甚至抄袭了日本的或者西方的办法。普通教育阶段的大多数学科,无论是在哪一个国家,哪一个民族,学法上是有共同性的。比如,学数学,总得学加减乘除、小数分数、开方乘方,如此等等这一套。自然科学的以至社会科学的各门学科,大体上都是这样。因此把别的国家的办法搬来使用,不是完全行不通的。像我这样年岁的人,小的时候学数学、物理、化学,就是用的外国课本。那种办法反映了当时半殖民地社会的特点,当然不足为训。但是它也说明,拿上别国的课本来学习,不是绝对不可以的。独有语文不行,这门学科的特殊性很大。语言有很显著的民族性。各个民族的语言,相互之间有许多差异,尤其是汉语,同其他的一些主要语言在整个体系上是很不相同的。我们的文字更是一种特殊的文字,同其他一些主要语言的文字都不一样。这种语言、文字有它的特殊性,学习这种语言、文字的途径,也就有它的特殊性。别的任何一个国家都没有给我们准备下我们中国人学我们中国语文应该采取的办法或方案,要靠我们自己去探索。可是由于过去半封建、半殖民地社会造成的局限,不可能进行广泛深入的科学研究工作。中国语文有许多独特的问题。比如在汉语里怎样把词组织成句子,组织成段落篇章,都有它自己的特点。汉字是一种独特的表意文字,这种文字从学习的角度说,有有利的一面,但是在开始的阶段,相当长的时期内有很大的困难。文字的重要性是很大的。进入学龄期之后,掌握文字的能力,对于进一步学习语言、运用语言关系很大。像这样一种文字,用什么样的方法来教来学是最好的呢?几乎可以说,我们两千多年以来,一直在设法解决这个问题。历史上曾经摸索出一些经验,例如大家所熟知的所谓"三、百、千"。为什么会有那么一类教材,而且很多,并且长时间地用那种方法呢?就是因为那种方法在一定程度上符合了汉语、汉字的特点,用那种方法学习起来有一定的方便。但是不够,那种方法最大的局限性就是它忽视了语言的训练。它解决文字的问题有一定的效

---

① 原文发表于《天津师范大学学报(社会科学版)》1979 年第 2 期。

果,里边有一些合理的因素,有一些很可贵的经验,但是又有缺陷。怎么样利用这些传统经验,这些经过实践证明是有效的、合理的因素,而又能够弥补它的缺陷,这是一个急需研究的问题。已经有了以黑山和景山学校为代表的集中识字的办法,以斯霞同志为代表的分散识字的主张,以及其他折中的方案,都能解决一些问题,也都还有进一步研究改善的余地。再比如,我们还有一个独特的问题,就是文言文问题。这也是世界各主要国家、主要民族所没有的。我们多少年来一直在对付这个问题,因为我们许多世纪的珍贵文化遗产是用这种书面语言记载下来的,在历史上有很大的功绩,在当前也还有它的用处,不能一下子完全抛开它。但是,它又是一种同口头的实际语言完全脱节的东西。怎么样的教法,怎么样的学法,学些什么,学多少,怎么学,才有助于学的人掌握现代语言,又能够有助于他们去接触传统的有用的东西,使它不会产生相反的作用,就是说,耗费很多的时间和精力,并无助于学习现代语言,甚至于对学习现代语言产生干扰作用,而又没有能够使学的人具备了解和研究文化遗产的能力。这又是一个很需要研究的问题,不是随随便便拿一些文言文来,让学生看一看,听老师翻译成白话,就能管用的。有主张多教文言文,甚至主张中学里全部教文言文的;有主张少教文言文,甚至主张中学完全不教文言文的;有主张白话和文言分开教学,不要穿插在一起的;还有许多别的主张。光是结论式的主张,不够,需要进行更切实深入的讨论和研究;光是孤立地就文言文论文言文,不够,需要联系一些有关的问题来考虑;光在屋里"坐而论道",不够,需要实地试验。从教育学、心理学的角度来处理语文教学问题,我们更缺少研究。比如说,学前期的幼儿和儿童,学龄初期、学龄中期、学龄后期各个不同阶段的儿童、少年、青年们的语言是怎样发展提高起来的,他们在语言方面有哪些潜力,用什么样的方法可以更好地发挥他们的潜力,使他们提高更快一些,掌握更好一些,我们还说不出多少道理来。再有,语言教育从来是一种综合性的教育。教幼儿、儿童、少年学习语言,同时也就对他们进行了思维能力的训练,进行了思想品德的教育,等等。在语文教学里怎样把语言训练、思维训练、思想教育的关系处理好,我们也还没有搞得很清楚。许多年来,语文这门功课一直搞不很好,简直成了"老大难",一个重要原因就是对这门功课缺乏科学研究。加紧把这种研究工作开展起来,逐步对语文教学这件事得出一些带有条理性、规律性的认识,根据这样的认识去设计教学方案,才能够使我们的教学工作减少一些盲目性,多一点条理性和科学性。这样,教学的效率就会逐步提高,并且经过教学实践的检验,认识会逐步加深,对教学规律的掌握会越来越好,教学方案会不断调整、充实,逐步完善起来。

教学的科学性从教学的内容以及这些内容的安排组织上反映出来,具体地说,首先从教材中反映出来。同时,也从教学工作中反映出来。就教学工作来说,科学是基础。但是,仅仅有科学性是不够的,还需要有教学艺术。同样一个字、一个词、一个句子、一段话、一篇文章,教学得法,可以用比较少的时间得到比较大的效果,反之,不得法,要花费比较多的时间、比较大的力量,而收到的效果不大。可以认为,教学工作对艺术性的要求是很高的。但是,不能认为教学仅仅是艺术性的体现。就连艺术性最强的东西,比如绘画、音乐,也是离不开科学的。画一张画,不是要讲究透视,讲究远近比例吗?画一个人,不是要讲究身体各个部分要求合乎比例、合乎生理构造吗?这些就是科学。我们传统的画家虽然不讲"透视学",不讲"艺用人体解剖学",但从绘画的实践中逐渐摸索到了这方面的道理。音乐的"和声学"等等,也是科学。即使纯粹属于艺术范畴的东西,尚且有它的科学基础,基本上属于社会科学领域的语文教学工作怎么能不以科学为基础呢?但是刚才说过,光有科学性,没有良好的教学手段，也就是缺乏教学艺术，仍旧会使教学失败，至少是不能取得理想的效果。

什么是教学的艺术性呢？艺术性用最通俗的话来说，就是具有一定的独创性的一套方法。不仅教学有教学艺术，打仗还有军事艺术，做领导工作要有领导艺术，这些所谓“艺术”，都是指有特点的一套有效的方法。

语文教学的教学艺术问题，也是迫切需要研究的。传统的语文教学，不讲什么艺术性。其结果是两种现象：一种是毫无教学艺术可言，老师呆讲，学童呆听，用打戒尺、罚站以至罚跪等种种惩罚手段强制学童呆读，死记，硬背。一种是有些教学艺术，但是说不出个所以然，叫做“一个将军一个令，一个师傅一个磬”，“运用之妙，存乎一心”，“可意会不可言传”。这两种现象延续到办了学堂，设置了“国文”课，一直到二十世纪四十年代，实质性的变化很少。本来，教文言文，倒也用不着多少教学艺术。反正，读的东西，学生不懂，老师用白话翻译翻译，把生字、难句、成语、掌故解说解说，全文逐句逐段地串述一遍，那时候也不讲究“分析”，学生大体听懂文义之后自己去读读背背就是了；作文写文言，无非是模仿套用，比着葫芦画瓢，老师看了，把太不通的地方改改，圈圈点点，写个批语，也就完事了。总之，关于语文课的教学艺术，我们的底子也是很薄的。新中国成立三十年来摸索出了一些路子，系统深入的研究还很不够。怎样用最少、最精练的语言，使学生理解得尽可能地清晰、充分，这是教学艺术中一个重要问题。教学首先要学生理解所学的内容。怎样使学生理解他所学的内容呢？不能靠烦琐的、不必要的、累累赘赘的讲解、分析。能用一句话说清楚的，不用两句；能用一小段话说清楚的，不用长篇大论。甚至，能不用语言来解说的，就不必硬去解说。其他学科，演示是一个重要的教学手段。语文其实也可以充分运用“演示”的办法。在语文教学中，主要任务是教学生学好现代语言，能够运用现代语言。现代汉语是学生的母语，他从小就生活在这种语言之中，长时间地使用这种语言，一直到学龄初期，开始学习书面语言，书面上用的也是现代语言。教材的内容，学生真正完全不理解的，特别需要讲解的东西是很少的。教材里选的，用现代语写的散文、故事、小说、诗歌等等，好的朗读恐怕是最有效的教学手段。朗读得好，足以使学生理解其内容，并且体会到其中的感情、色彩等等。在语文课里，对话、朗读和其他学科的演示（包括看实物、看标本、看图片、看教师在实验室里操作，等等），具有十分相似的作用。学生自己能够基本理解的东西，我们再用许多话去解说，所收到的效果与我们的愿望恰恰相反，不仅不足以帮助学生更好地理解，反而会使学生厌倦，以至于削弱了他的理解。就连一些写得好的、比较浅近的古代诗词和现代人写的旧体诗词，也是这样的。读往往比讲的效果更好。当然不是说完全不要讲解。怎样用有效的、有针对性的方法，使学生的思想有所动，从而既能理解又很容易地把他们所理解的东西记住，这是教学艺术的又一个方面。无论是小孩或者大人，凡是对自己思想有所触动的事情，最容易记住。自己的思想无所动，就不容易记住，仿佛过眼云烟，飘过去了，没有在思想里留下痕迹。有针对性，就是符合所教对象的实际；有效，很重要的一点是既有所启发而又留有余地。据报道，我国一个京剧团到国外演出，主要剧目有《三岔口》、《拾玉镯》、《雁荡山》、《火凤凰》等等。精湛的京剧艺术，使观众为之倾倒。《三岔口》，演员一句都没唱，也没讲，只凭几个动作就使观众明白，这是一场深夜的摸黑格斗。明明舞台灯光那么亮，却使人觉得是在漆黑的夜里，心情和剧中人物一样的紧张。《拾玉镯》，女演员在空荡荡的舞台上，只凭动作和表情使观众不仅知道她是坐在自己家门口做针线——绣一只鞋，还知道她正在等她妈妈回来，心里很焦急。一会儿，天晚了，她把在门外空地上跑着玩的群鸡赶回门槛里边的一个鸡窝里。她手里没有针，没有线,台上没有门槛,没有鸡窝,更没有不听话而乱跑的鸡,可是观众好像分明看见了这些东西,并且比看见真实的东西,效果更好。观众被唤起的想象可以自由驰骋,不受过多实物的拘束,而他们的想象又是在演员表演的启发下进行的,不是漫无边际的。演员用他们的表演启发观众,又给观众留下充分的余地去发挥各自的思考和想象能力。观众的思想被触动了,于是他不仅理解了剧情,并且在脑子里留下深深的印象,记住了。京剧艺术善于把观众的思想动员起来,让它活动,让它思考、想象,使观众成为积极的成员,和演员共同创作这出戏,而不是呆呆地、完全被动地看演员表演,这个特点应当对研究教学艺术有很大的启发作用。怎样用最有效的办法,使学生把所学的东西吸收进去,成为他自己的活的东西,能够运用的东西,这也要求一定的教学艺术,与前边说的两个方面有密切的联系。缺少了这种艺术性,后果就是,学生有可能记住一些知识,也有可能掌握一些技能,然而都比较死,没有很好地消化、吸收,成为活的知识、纯熟自然的技能。生动地结合实际,可能是一个要点。照我的经验,有不少在小学、初中学到的东西,到现在不仅记得很清楚,而且还时常运用,这些东西,往往当年学的时候就是结合了实际的,而其结合法是很生动的,不是生硬、枯燥的。比方,一摞书,我想把其中靠下面的一本抽出来,怎么办呢?不必把这本书上边的那一摞搬下来,省事而可靠的办法是,捏住这本书的一头,用力很猛地一抽,就可以抽出来。如果轻轻地、慢慢地拉,就拉不出来,在它上面的那摞书也跟过来,或者被拉倒了。这是我小时候学物理学到惯性时学会的,到现在还时常运用。是不是可以认为我知道的这点知识,这点技能是活的,已经成为我的东西了?不记得是哪一位老师,在哪一节课上教给我的了,可我一直用着它。我想,大概当初教我这个知识的老师是有点教学艺术的。怎样使学生爱好所学的东西,对学习有兴趣,而又不迎合迁就,这大概也得要点教学艺术。教学艺术表现在最大限度地调动学生学习的积极性。那么很重要的一点,就是要引起学生对所学的东西的爱好和兴趣。学习是一种艰苦的劳动,不能搞兴趣主义。但是,总要尽量地减少学生的学习负担。不能使学生感到学习是一件苦事,或者是一件很没意思的事。要尽我们所能引起学生对所学东西的爱好和兴趣。我们现在常常抱怨学生"重理轻文"。怎么才能不"轻文"呢?如果他感到语文很好,学起来很有意思,学了很有用,他就不会那么"轻"它了。不"轻"就会学得更好;越学得好越有兴趣,越不"轻"。只是,引起爱好和兴趣不能靠迎合迁就。现在学生中间并不是没有低级趣味的。"四人帮"对青少年的毒害很深,低级趣味就是受了毒害而产生的。低级趣味能够迎合吗?当然不能。对付不正确的东西不能靠惩罚,而是要矫正。怎样矫正呢?最有效的办法是拿正确的、好的东西去取代它,排斥掉那些坏的东西。怎样才能使正确的、好的东西起到这个作用,能够把不好的东西排斥掉呢?必须使学生对好的、正确的东西产生兴趣和爱好。这就要求教学艺术。我们平常说,在语文教学中要用好的东西对学生进行感染熏陶,潜移默化。能够做到这一点就是很高的教学艺术。如果他对所接触的东西,对你给他的东西没有兴趣,不爱好,他能够受到感染熏陶、潜移默化吗?当然不能。他要排斥,他要拒绝。这同前边说的那几点是密切相关的。烦琐的教学,缺乏针对性的教学,刻板枯燥的教学,都是会削弱学生对这门功课的兴趣和爱好的。

以上只是举例式地提了几点。教学艺术涉及的绝不止这么一些。究竟有哪些重要问题,我也说不清楚,有待大家共同探讨。就是上边这些,说起来好像也都是一般的原则,很不具体。教学工作正是要把一般原则具体化起来。而且,也只有在工作实践中才能够具体化起来。公式,谁也开列不出。讲某篇课文,或者某项知识,用多少话才是最少、最精炼的,多于此就是烦琐的，谁也说不出个数目来。这只能在教学实践中去灵活运用。只有在教学实践中，在教学第一线的教师们才能真正找出实现这些原则的具体办法来。把实践中那些行之有效的办法有意识地整理、总结，就会逐渐对语文学科的教学艺术了解得更深入些。艺术性是有独创性的，所以，因人而异，可以百花齐放。然而艺术性也并不是从心所欲、没有规律、没有章法可循的，不是“只可意会不可言传”的。艺术性也有它的条理，有它的规律。说来说去，艺术性和科学性是不可分的，是相互为用的，特别是在语文教学中，这一点非常重要。

“语文”的阐释①

陶本一　于　龙

“语文”是什么？这个问题被语文学界甚至全社会讨论过无数次了，有人把它戏称为语文教育研究中的“哥德巴赫猜想”，以至于相关研究本身已经成为语文教育研究中值得研究的现象。大家不断试图破解中国语文学科特有的“性质问题”，但就目前来看，虽然讨论已更趋理性，却还远未达成共识，因此，有必要认真考量我们所谓的“语文”究竟是指哪一方面的“语文”。

实际上，我们说的“语文”至少应该有三个方面：作为“天赋”的“语文”，即人类生而获得的语言本能，它是人类大脑里预设的语言器官和文法基因，是习得和学得语言的前提和基础；作为“素养”的“语文”，是指人在言语实践中，通过不间断的、大量的语言刺激——交流和学习，逐渐习得、学得和内化了的一种综合语言素质；作为“学科”的“语文”，是一个系统培养综合语言素质——能够自觉地、理性地、熟练而艺术地运用语言的素质——的逻辑体系，它更强调“学得”，是“天赋”和“素养”之间重要(而非唯一)的通途。

一、作为“天赋”的“语文”

海德格尔说：“作为说话者，人才是人。”[1]格奥尔格说：“言词破碎处，无物存在。”[2]人是语言的存在者，语言是人生存的第一需要。这种需要是以怎样的方式体现出来的呢？人类的语言机制又是什么呢？

1861年，一位法国医生通过对失语症病人的大脑解剖以及实例观察，发现掌控语言的是左半脑。在那儿有一个专司语言知识和运用的器官，而它的“布罗卡区”则是一个“文法处理中心”。[3]这一发现证明了语言是一种与生俱来的生物本能。

人天生就有一种潜在的语言本能，它是人类生存需要的基本条件之一，如同要吃饭、要睡觉(休息)一样，不用刻意教，自然就会做。人类诞生伊始就要交流，作为社会的一员，他需要和社会其他成员传递信息，交流思想，沟通心灵，调节活动。所以交流是人类生存的前提，是不可或缺的条件。交流必须凭借语言，尤其是口语。用声音再辅以动作表情，大致就可以了解别人或传达自己的信息了。婴儿的交流，实际上和初民的交流相似。开始脑子是混沌的，他是用啼哭声、笑声等来表达自己的需要，进而辅以脸部的表情，再往后又增添了动作，这些声音、表情、动作都是他交流的符号。而这些表达符号，完全是自创的，没有任何人教他。起初这些符号没有固定的表述对应物，只是一种自然的表达，成人要用猜测来理解婴儿的语言。随着交流的日趋频繁，婴儿逐渐脱离了原始状态，开始通过模仿来了解、学习成人的语言(口语)。需要指出的是，这种模仿能力也是人类的一种本能。他能很快适应自己所处的环境，注意在这个环境里出现的事物，以及伴随着这个事物出现的声音，主要是人发出

① 原文发表于《课程·教材·教法》2007年第11期。

的声音——语言。他用眼观察,用耳辨析,并且不断地把两者结合起来,在自己的脑子里不时地再现这种交流的符号。同时也不断地激活自己身上通过遗传带来的语言习得机制。这样就逐渐适应并生成了这种交流的符号系统,包括词语和语句结构系统即语法系统。有一个现象很有意思,婴儿在开始说话时,词语是有选择的,无论哪个民族的婴儿最初的呼叫绝大多数是"妈妈""爸爸",或是其他最亲切的人,因为是他们提供了食物、衣服和舒适感;最初会说的动词是"吃"或"要",最初说的名词则是"饼饼""果果"之类最基本的食物。因为这些词语都和他的生存有关,我们可以把这称为"生存选择"。虽然他并不清楚为什么要如此说,但这是一种直觉、一种本能。这种直觉、本能可以说是天赋的。

为什么不同民族、不同地域的婴儿在没有刻意教学的情况下,都能比较熟练地说本地区的话语(并不一定是母语),包括准确运用该话语的语法系统?乔姆斯基认为,人类身上应该有一套天赋的共同的语言规则。[4]儿童能够很迅速、很省力地学习本地区的话语,而且还能自动过滤不标准的信息,输出比较完整的信息。可以做个实验,把父母都是A国的初生儿放到B国抚养,结果他能流利地说B国的语言,却可能对A国的语言很生疏,甚至不会说。这是因为人的语言天赋在起作用。这种天赋包括辨析、模仿、转换和生成。只要生活在一定的语言环境里,人自身的语言天赋就会被激活,并以此来发展一种普遍的、内在的、有生成能力的词语结构系统。也就是说,语言天赋是"内在于人类的心智——大脑之中"的"心智客体"、"生物客体",是"全人类共有的一种生物禀赋",是"设计精良的自然产物"。[5]语言的本能说到底是生存的本能。要生存就一定要交流,要交流就一定要说话。我们再看一下狼孩的例子。婴儿被狼叼走,在狼群中生活,接触的是狼世界的语言环境(动物也有它们自己的语言系统,否则就无法存活),所以他的语言本能就和狼群的语言发生了交流,逐渐学会说狼语,或嘶号,或长鸣。他后来回到了人的世界,无法与人类交流,却常常回想在狼群生活的时候,嘶号不止,盼望着和狼群交流。这里,狼孩虽然不是生活在人的世界里,但他的语言天赋仍然在起作用,这种语言天赋使他学会了狼的语言,并得以生存在狼的环境中。实际上他已经狼性化了。这说明:第一,人确实有语言本能(语言习得机制);第二,语言本能说到底是生存本能;第三,这种本能受周围语言环境的影响而发生作用,尤其表现在口语的使用方面;第四,语言的习得机制表现为辨析、模仿、转换、生成。

当然,经由感性的语言实践而习得的语言能力,也还停留在自发的、初始的状态,还没有形成一种自觉地、理性地运用语言的素质,还没有从必然王国向自由王国过渡。实际上掌握一种语言是"获得""习得"和"学得"三者同构的结果。天赋的语言本能是基础,后天的言语实践和语言学习通过习得与学得的方式,共同促进了语言能力的发展。

二、作为"素养"的"语文"

仅仅依靠人的语言天赋还无法达到人类为了生存所需要的交流目的。人类为了熟练准确地进行交流沟通,必然要不断提高学习和实践语言的质量及效率。在这个过程里,逐渐由必然王国向自由王国转移,生成了人的语言素养。作为"素养"的"语文",是指人的综合语言素质,由先天的"语言生理结构"以及后天的"语言实践经验"交融而产生的一种综合的品质结构。它并不简单等同于语言知识和语言能力,而是人在语言活动中认知、情感、操作共同参与,多种因素相互交融、综合体现的结果,所以它是鲜活、生动、开放的。语言素质是一个多维结构,包含以下要素。① 知识层面:语言单位、语言规则、语言策略。② 能力层面:语

言的理性实践能力,即语言交流能力和语言思维能力。③ 心理层面:语言态度、语言体验、语言经验。(如图 1 所示)

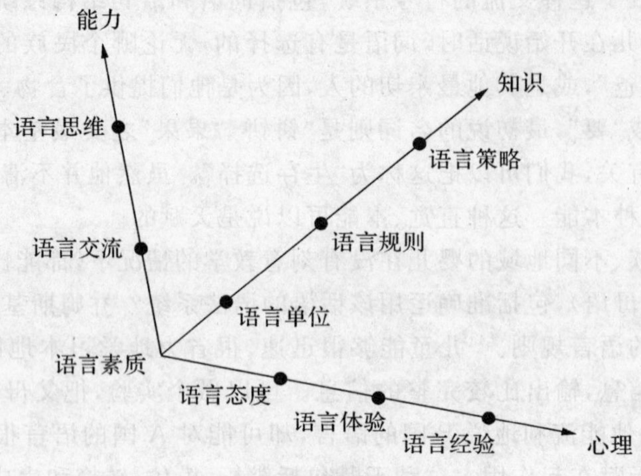

图 1 语言素质的多维建构

所谓语言的理性实践,是指个体以自觉的态度进行规范且富有创造性的语言实践活动。这一实践活动包括两种:语言交流和语言思维。所谓理性,是指合乎情理的、适度或节制的规范之下的。理性的基本精神是:自觉、反省和批判的,理智、求真和务实的。"理性"不同于冰冷、枯燥、令人窒息的"理性主义"或"工具理性""技术理性"。作为"素养"的语文,既要通过语言的自然实践而习得,更要经由语言的理性实践而学得。语言的理性实践不是"语感"对立物,它所要反对的只是"不规范的""不负责任的"语言实践。

语言最重要的功能是交流,它体现在四个方面——和他人交流、和历史交流、和自然交流、和自身交流。要进行正常的交流,就应该具备两种能力:语言理解能力——聆听、阅读和观察(人类在观察行为和观察过程中,始终离不开语言转换,因此,人类的观察是一种高级形态的"语言观察",而不是一切生物所具有的"看"的能力);语言表达能力——说话和写作。

语言思维能力主要包括发散思维、批判思维、联想和想象、抽象概括和逻辑推理等。一般而言,思维有三种形态:直觉思维、形象思维和抽象思维。前两种是表象思维、非语言思维,后一种是基于语言概念的逻辑思维,是语言思维。在这三种思维形态中,基于语言概念的抽象思维起主导和主要作用,它是人类区别于动物的本质特征。人能够通过这种逻辑思维对客观事物进行抽象、概括和分类,形成概念并用概念进行判断、推理。事实上,"每一种语言都包含着一个民族认识客观世界的特殊方式,我们学会一种语言也就学会了该民族的独特的思维方式"。[6]也就是说,人类要通过学会一种语言掌握一种民族思维方式,进而形成高级的抽象思维能力。

语言知识是语言素质的基础部分,它包括语言单位、语言规则和语言策略等。语言单位是音义兼备的意义单位,它包括语素、词、短语等,语言就是由这些大小、层次不一的语言单位按照一定的规则组构而成的用以表情达意的符号系统。其中最基础的部分是常用字,以及由字组成的基本词汇。基本词汇是根据词汇出现的频率而确定的。掌握基本词汇,包括读音、释义、辨析三方面。词汇量是指人所识别和掌握的词的种类数量,包括成语、俗语、术语等。词汇量可以作为衡量语言素养的一个重要的指标。

语言规则主要是一种语用规则，即语言形式（语法）和内容（语义）的结构法则，它反映了语言单位之间的层次与组合关系，是语言行为所要遵循的标准和规范。如说普通话、写简体字，以及正确的表达方法（指有关语法、修辞、逻辑和文体等的基本知识和基本方法）等，能否遵循这些规则体现了一个人的语言教养和语言的文明程度。

语言策略是指根据语用环境和交际目的选取不同言语方式、方法、手段的计策和谋略。比如准确、生动、机智、幽默，乃至含蓄、反讽、陌生化等，都可以作为一种语言策略，它们或使语言简洁明确，或使语言富有感染力、吸引力，或者能够增加语言传递信息的分量，造成一种特殊的表达效果。

语言素质的心理层面包括语言态度、语言体验和语言经验等。语言态度是指人们在语言实践过程中主观建构的语言价值观念，包括对不同语言的认识、评价和行为倾向等，它制约和调节着人们学习和运用语言的行为。语言态度的形成和发展受多种因素（如性别、年龄、职业、文化，国家、民族、地区等）的影响。语言态度可具体表现为：能够意识到语言是国家身份和民族标志，从而理解、认同、尊重与热爱国家共同语，合理、合法、得体地进行语言交际；能够自觉地从事语言活动（如爱好阅读、喜欢写作、愿意讲演等）；能够自觉抵制语言歧视和语言霸权等。

语言体验是指对语言的体会与感悟，比如，能对语言材料做出恰当的理解、选择和批判；能激活自身相关的语言储备；能通过语言的表层意义，迅速准确地捕捉到语言的深层意义，即通常所说的语言的隐含意义等。

语言经验是指人们在语言实践过程中所累积的关于语言运用的感性认识，它基于语言直觉，来自语言实践，是理性和艺术地运用语言的基础。

作为“素养”的语文——综合语言素质，要在后天的语言环境里不断实践、学习才能逐渐丰富和完善。一方面，人们可在自然环境里通过语言接触而部分地“自然习得”；另一方面，则应该通过正规的语言教育“系统学得”。

三、作为“学科”的“语文”

作为“学科”的“语文”概念自20世纪初产生以来，经历了国语运动、大众语运动和学科整合时期，并最终于1949年被法定确认，其内涵从“语体文＋文言文”“大众语＋大众文”“国语＋国文”到“口语＋书面语”等不断演进。“语文”概念的产生、发展，直至最终被法定为学科名称，是20世纪前期语言革命的结果，是对言文分裂、文白分裂的语言事实整合、拯救的成就，是国家共同语言文一致的汉语言体系建设的结果。它不仅是名称的统一，而且是意义的统一。言文一致、语言统一，打破了文言文一统天下的局面，作为个别阶层专利的“文言书写”被“语体文书写”取代，这使普通大众有可能接触各类信息，获得应有的话语权。更重要的在于国家、民族的统一，即全国使用同样的概念，使用同一种语言进行交流。

然而，自从作为学科的“语文”概念定名之后，关于语文学科性质的追问与纷争也随之而来。“语/文”和“文/道”的理解范式以各种变体在20世纪后半期的语文教育领域繁殖，工具性、科学性、思想性、文学性、文化性、人文性等范畴成为人们言说语文学科的主流话语。

实际上，学科性质不是我们研究的终点，追问性质是为了探讨语文学科的价值、意义、目标以及实现目标的方法。语文学科是一门实践性、操作性很强的学科，因此，从语文学科的教学实践中寻找普遍问题和共同理解，也许是探究语文学科特性的有效方法。20世纪以来,无论我们站在哪个立场,无论我们采取何种取向,无论我们怎样“批判”“调和”或“新解”,至少在以下三种表述上,是有普遍共识的:正确理解和运用祖国的语言文字;语言运用;听说读写。也就是说,第一,语文学科是有关母语的学科,对母语的正确理解和运用是它的起点和本位;第二,语文应姓“语”,语文课程与教学的基本取向应着眼于语言运用能力的培养;第三,语言运用的方式主要是听说读写。考察新中国成立以来的语文教学大纲,如果把意识形态加诸大纲的表述内容剥离出去,我们也可以看到这一清晰的课程取向。意识形态随时代变化而变化,不变的是对语文听说读写能力的基本要求。这些不变的内容,这些普遍的共识,这些基本的常识,就是语文教学的底线要求和逻辑起点,也就是语文“是其所是”的依据所在(剥离了以后就不能称其为“语文”的东西),也可以视为语文的学科性质所在——如果我们认定有那么一个性质的话。西方国家母语课程与教学的命名和取向也可以作为一种有效的参照。英国和美国的母语学科名为“英语”,日本为“国语(国捂)”,法国为“法语”,德国为“德语”。其母语课程与教学的基本取向大体相近——基于语言本位的,主要是能力取向的。如《英国国家课程·英语》中指出,“英语教学应培养学生口头和文字的熟练能力以及良好的听力,并培养具有浓厚兴趣的,具有丰富知识的,能与作者产生共鸣的读者”。[7]美国纽约州2005年5月的《英语语言艺术课程标准》的说明中也指出,“英语语言艺术课程的主要理念在于通过大量的实践和模仿,使学生掌握和发展如下语言技能:语言的接收技能——聆听和阅读,语言的表达技能——写作和说话”。[8]日本1999年5月的《高中国语学习指导纲要》中提出,“培养准确地理解和恰当地表现国语的能力。使学生在提高交流能力的同时,扩展思考能力,涵养情感,锻炼语言感受,加深对语言文化的关心,培养尊重国语以及谋求提高国语能力的态度”。[7]

在这些国家的学科概念中,“X语”既是一种国语名称,也是一个学科名称,但与此相应的课程设置却是多样化的,比如“威斯康星州麦迪逊公立中学的高中英语课开有28种,计有写作、新闻、语法、文学、科幻小说、电影、戏剧、演讲等。文学还分现代文学、当代文学、英国文学、美国文学、欧洲文学等”。[9]以语言技能的培养为基本任务,同时又从语言的立场出发,包容了不同的课程取向,这是西方发达国家母语学科的主要特点。

结论是,作为母语学科的“语文”是一个培养综合语言素质——理性地、艺术地运用母语——的课程与教学的逻辑体系,它要通过学科学习,经历九九归一和举一反三的过程,提高语文的素养。

所谓“九九归一”和“举一反三”,是指生活中的一切领域都包含语文的因素。语文课堂的教学目的在于对生活语文现象进行梳理,找出规律,找出语言的理性实践——“应该怎么做”和“为什么这样做”——的依据。然后举一反三,反馈到生活运用中去。一般来说,课堂语文教学应该高于生活语文实践。人们在社会生活中的语文实践是一种自然实践,它可能是零散的、未经梳理的和非自觉的,这些自然实践经由课堂教学的提示、归纳、梳理、演练而变得条理、规范、清晰,从而使学习者逐渐掌握一种自觉、理性、熟练地运用语言的能力,并将这种能力应用于社会生活。这样一个过程,我们称为“九九归一”和“举一反三”。

美国有些州(如纽约州)将英语学科称为“语言艺术(English language arts)”,认为语言是学习的核心,并在阅读,写作,说、听和观察,英语语言的规则、语法和用法,文学、公文、实用性文件等方面制定了翔实、填密的课程标准。[10]这里的“Arts”很值得我们注意。所谓“艺术”,主要有三种含义:泛指人类活动的技艺,包括人工制品的制作能力、技巧;按照美的规律进行的各种创作,包括各种具有审美因素的实用品的制作和各种文艺创作;专指绘画、雕塑、建筑、音乐等可供观赏的各种艺术作品。[11]艺术是一种创造美的技能,它的特质是"想象的"、"审美的"、"创造的"、"个性的"等。所谓"语言艺术",是与表演艺术、造型艺术等并列的艺术形式,主要是指人类按照理性和审美的规律运用语词进行交流的能力和技巧,它是以语言为媒介和材质并指向"语言艺术化"(即把语言从一般的交际工具升华为艺术形态的过程)的,既包含了对"艺术化的语言"的感知、审美活动,也包含了"语言艺术化"的技能。"语言艺术"的概念启示我们,语文学科的教学目标不仅在于让学生掌握一种规范、标准的语言工具,还要让学生充分体会和发挥语言的文化内涵和艺术美感,掌握艺术地运用语言的高级读写能力。

语文学科不同于其他学科。其他学科主要侧重于"表现什么",关注点在于"说了什么",以言语内容、言语作品的方式呈现;语文学科则不仅关注"表现了什么",更看重"怎么表现",关注点在于"怎么说的",主要探究言语内容、言语作品的组合、构建方式。语文学科以培养学生的语言素质为基本任务,其他学科是通过已获得的语言能力,学习言语作品,达到该学科的教学目标。语文学科是其他学科的前提和基础,其他学科事实上以各种方式直接或间接提供着语言实践的机会。除了各自所承担的课程与教学任务以外,语文学科和其他学科还有共同的、终极性的教育目标,这些教育目标往往以"隐结构"的状态分化在各学科的课程与教学中,有时则以活动课程或综合课程的方式打破学科壁垒,以期实现这些分科教学所难以实现的教育目标。

基于以上分析,笔者认为,当前语文教学主要应当反对两种倾向。一是加诸语文过多的负担,使之难以承受。具体表现为,或视"思想性""人文性"为学科性质、课程目标,或以"语文"的外延内容为教学内容,把种种"大语文""非语文""泛语文"的东西强加给语文,混淆了语文课和公民课、历史课、技术课的区别,使语文学科界域模糊、目标游离、内容庞杂。实际上,所谓"人文"是哲学、史学、法学、艺术学、政治学等人文学科的共有品质,并非语文一科所独有,更不是语文学科的本质属性。所谓"思想"也并非一种外在于语言的事物,而对"思想性"的片面强调将使语文教学偏离正常的轨道。把"思想/工具"和"工具/人文"并置来谈论语文学科性质,这种表达方式和思维方式本身就值得怀疑。"工具"与"人文"、"文"与"道"等范畴,只是以二元论的形式为我们提供了观察、认识和讨论语文的视角,我们并不能由这些二元论要素来断定语文就具有二元性的内在结构,就好比我们可以用美丑、好坏、善恶等二元论范畴来讨论人的问题,但不能就此断定人的本质属性就是美丑。二是取消"语文"的虚无主义。持这种观点者或以语言的习得机制为依据,片面地认为学生通过大量的读写实践就能"举三反一",自然提高语文能力,忽视甚至否定了语文素养"系统学得"的可能与必要;或者试图取消"语文"名称乃至消解"语文"学科。这两种倾向的实质都在于对语文学科特性的认识存在偏差,而由这种偏差造成的严重后果则是,不仅使语文学科的地位和尊严受到影响,而且大大阻碍了语文学科的正常发展。

在正确认识语文学科的特性之后,我们不应再消耗大量的心力来讨论一个形而上学的"性质"问题,而应将工作重心转到课程建设和教学实践上来,为推进语文学科建设的规范化、科学化而努力。

参考文献

[1] (德)海德格尔. 孙周兴译. 在通向语言的途中. 商务印书馆,1997:1.

[2] 陈嘉映.海德格尔哲学概论.生活·读书·新知三联书店,1995:305.

[3] (美)史迪芬·平克.语言本能:探索人类语言进行的奥秘.汕头大学出版社,2004:319-328.

[4] 胡壮麟.语言学教程.北京大学出版社,2002:339-340.

[5] (美)Noam Chomsky. N Horizon inrh. Study of language and mind.外语教学与研究出版社,2002:17-25.

[6] 叶蜚声,徐通锵.语言学纲要.北京大学出版社,1997:21.

[7] 中外母语教材比较课题组.中外母语课程标准译编.江苏教育出版社,2000:243.

[8] The University of the State of NewYork, the State Education Partment. English Language Arts Core Curriculum. http://www.emse.nysed.gov. 2005-5/2006-5-30.

[9] 钟启泉,张华.世界课程改革趋势研究学科课程改革研究(下卷).北京师范大学出版社,2001:717.

[10] (美)美国国家教育和经济中心,匹兹堡大学.上海市教育科学研究院组译.教育部课程教材研究所审校.美国初中学科能力表现标准——英语、数学、应用学习标准介绍、能力表现说明、作业实例及评注.人民教育出版社,2004:21.

[11] 金炳华等.哲学大辞典.上海辞书出版社,2001:1801.

关于语文课程性质与基本理念的对话[①]

巢宗祺

问：关于语文课程性质的问题，在语文教育界争论了几十年，至今仍然有分歧。这里首先遇到的问题就是：语文是什么？对这个"语"，好像没有多少争论，大家都认为是指语言；而对于"文"，意见就不一致了：有人说是指文字，有人说是指文章，有人说是文学，有人说是文化。也有人考证这门课程定名的由来，认为语文是指口头语和书面语。我想，说"文"是指文字，不可能是指一个个分散的字，它必然少不了文章；说它是指文章，写文章则离不开文字；说语文是指口头语和书面语，这书面语当然离不开文字和文章。语言文字承载着不同人类群体的文化，语言文字本身就属于文化的范畴。这几种不同的说法，所指的内容还是差不多的，只是侧重点不同。分歧比较大的可能是"文"该不该包含"文学"的问题。按上面提到的"文字说"、"文章说"、"书面语说"，"语"和"文"应该包含由语言文字构成的各种作品(包括口头的和书面的)，文学作品自然应该包含在内。你对"语文是什么"的问题是怎样看的？

答：我赞成你的意见。可是有人过于强调实用，认为中小学生中的绝大多数学习语文只是为了满足交际的需要，会写记叙文、应用文、说明文、议论文就可以了。据说若十年前，某地在审查一册高中语文教材时提出的否定意见是"文学性太强"(其实未必)，要求加强说明文之类的内容。这种意见当然也有它的道理，希望语文课程的内容单纯一些，目标清楚一些，不要搞得太庞杂。不过如果按照这样的设计，把语文课程的内容限定在语言、文字及实用文的写作的范围之内，那么，为了满足情感教育、审美教育的需要，我们有必要另设一门文学课程。文学不是奢侈品，文学对于人的教育功能是不容忽视的。

在有些国家，语言(如英语、俄语)和文学分成两门课。课程内容比我们的语文要单纯一些。我们在20世纪50年代也曾尝试过设汉语和文学两门课。语言与文学是分为两门课程还是合成一门课程，可以再作研究，但是按照目前的课程设置，文学只能包含在语文课程之内。语文课程要培养学生在语言方面的基本功，语文课程也应该发挥对学生情感态度的熏陶感染作用，发挥提高学生文化品位，培养学生审美情趣、审美能力的作用。文学应该在语文课程中占有重要的位置。

课程内涵的确定要充分考虑教育发展的需要和当前课程设置的具体情况。研究、决定各门课程应该承担的任务，不能过分拘泥于课程名称、概念和确定名称的原初用意。课程是需要随社会的发展而发展的，不能因名称的缘故限制课程的功能。

问：说到"语文是什么"，好像还有一个问题需要讨论，那就是关于它的属性的问题。说语文是工具，尽管还有人反对，我们倒是已经习惯了，说它是"人类文化的重要组成部分"，我感觉似乎是多余的。

答：语言文字以及由语言文字构成的作品都属于文化的范畴。我想，课程标准说"(语

---

① 原文发表于《语文建设》2002年第7、8期。

文)是人类文化的重要组成部分”,目的是指明它的文化属性,其用意在于提示,它不属于自然现象,不能简单地把自然科学的定理、规则和方法搬用到语文教育中来。自然之物是不依人的意志而存在的,文化之物则不可避免会含有人的情感、意志、态度和思想观念的成分。

问:关于语文课程的性质,多年来人们提到过基础性、实践性、思想性、科学性、民族性、综合性,等等。怎样正确认识这些说法?

答:语文课程的性质不是单一的,而是多重的。不过大家谈及的各种性质恐怕不是在同一个平面上,是有偏重的,也是有层次的。依我看来,通过一段时间的讨论,大家获得了比较接近的认识:语文课程性质的核心应该是工具性和人文性统一的两面体。

问:有人认为这是折中的说法,也有人认为“工具性”和“人文性”不在同一个层面上,不可能成为一个统一体。我觉得不存在这样的问题。“工具性”和“人文性”统一的说法揭示了课程性质的基本特点。

答:我也是这么看,不过这个问题要展开的话,还得另找时间。认为这两者不在同一个层面,可能是因为学术界总是把“科学”和“人文”作为一组对子,觉得和“人文”相对的不应该是“工具”。其实,这里的“工具”是一种比喻的说法(《现代汉语词典》对“工具”的两个义项的解释是“进行生产劳动时所使用的器具”和“比喻用以达到目的的事物”。语文这“工具”的含义应该是第二项),它具有“实用”“中介”的含义。“工具性”的基本内涵和19世纪末20世纪初兴起的科学主义思潮相通,这一思潮是以追求实用的唯功利主义科学观为基础的。思潮的内涵相通,名称不同。关于语文课程的性质,当年提出“工具性”无疑是有积极意义的,在今天来看,还仍然有它的现实意义。但是片面强调“工具性”,的确产生了相当程度的消极影响,于是语文教育界对此进行了深刻的反思,提出了“人文性”的口号。放眼世界范围的教育领域,20世纪的大半个世纪里,科学主义和人文主义两大思潮的论争始终没有停止过。国外教育领域的两大思潮之争和我国语文教育界的“工具性”与“人文性”之争,是社会及教育发展到一定时期必然产生的一个过程。“工具性”着眼于语文课程培养学生语文运用能力的实用功能和课程的实践性特点;“人文性”着眼于语文课程对于学生的思想感情熏陶感染的文化功能和课程所具有的人文学科的特点。指明语文课程的“工具性”和“人文性”,目的在于突出这两方面的功能。我们相信,科学与人文的统一、工具性与人文性的统一,可以成为人们的共识,也反映了社会各界对语文教育的共同期望。“工具性与人文性统一”的提法符合当前课程改革的基本理念,也有利于课程目标的展开和实施。在语文课程实施的过程中,应该始终牢牢把握这两方面的任务。

有人提出语文课程是不是可以先实现工具性目标,后补充人文性内容;或者首先突出人文性,而后再加强工具性。我认为这两种想法都是不妥当的。工具性和人文性是结合在一起的,语文课程要同时实现这两方面的目标并不矛盾。当然,要实现两方面目标的高度结合,必须在目标与内容的设计、实施上下大工夫,而首先是要形成一个关于工具性和人文性相统一的基本认识。工具性与人文性的高度统一是语文课程应该争取的目标,也是完全可以实现的目标。

对于“语文是什么”、“语文课程的性质是什么”的问题还有许多不同看法。“语文”的内涵和外延是随着社会发展的需要而不断发展的,不可以是凝固、封闭的。关于语文课程的性质和功能,里面既有学术的问题,也有一个体现国家意志的问题。因此,随着社会的发展,随着人们认识的深化,只要有语文课的存在,关于“语文”的内涵和外延的讨论很可能是没有休止的，语文的性质问题也会成为一个长期的话题。

问：关于义务教育语文课程改革的基本理念，课程标准中讲了四条。关于第一条全面提高学生的语文素养，我理解有两层意思：一是义务教育的语文课程必须面向全体学生，而不是只关注其中的一部分，不能只考虑将来有可能升学的那部分孩子的事情；二是要让学生获得全面的语文素养。

答：我也是这么看。《基础教育课程改革纲要（试行）》中指出："义务教育课程应适应普及义务教育的要求，让绝大多数学生经过努力都能够达到，体现国家对公民素质的基本要求，着眼于培养学生终身学习的愿望和能力。"因此，课程标准所设计的课程目标必须面向全体学生，力争使每一个学生都能达到这一目标，获得现代公民都必须具备的基本语文素养；课程标准还应该包含这样的目标：使学生热爱学习、学会学习，打下终身可持续发展的基础。

通过九年的学习，学生应该具备基本的语文素养。这基本的语文素养内涵是丰富的，课程目标根据知识与能力、过程与方法、情感态度与价值观三个维度来设计展开。这里面体现了工具性和人文性相统一的思想，包含了扎实的基本功的培养和潜在能力与创新能力的开发。我们必须注重学生语文素养的全面提高，不能片面强调其中的某一个方面。

问：课程标准的第二个基本理念涉及语文教育的特点，共有三段话，该怎样正确把握语文教育的特点，或者说，该怎样透彻地理解这三段话呢？

答：关于语文教育的特点，课程标准着重在四个层面展开讨论。第一层讨论人文性的特点，指出"语文课程丰富的人文内涵对学生精神领域的影响是深广的，学生对语文材料的反应又往往是多元的"。

我们的语文教育曾一度极力追求科学化，追求客观性、确定性、抽象性的目标，在自觉或不自觉地向自然科学靠拢的过程中，醉心于数量化和标准化，过度地进行理性分析，简单地把对付物理世界问题的方法移植到精神世界的问题上来。语文教育所进行的这一番尝试，不能说完全没有意义，但是从根本上说，追求这一方向的许多做法背离了语文教育的特点，不但降低了语文教育的效率，而且也伤害了学生在语文学习中的兴趣和创新意识。

将语文课程和自然科学类的课程进行比较，可以看到，语文课程中具有大量具体形象的、带有个人情感和主观色彩的内容。人们对于语文材料应该有理解一致的地方，否则人际交流就无法进行。但是在很多情况下，由于各人的知识背景、生活经验、体悟的角度等方面的差异，面对同样的作品，特别是文学作品，人们会有不同的理解或感受。这是完全正常的。因此，语文教育特别需要提倡师生之间的平等对话，也特别需要注意尊重学生独特的情感体验和有独创性的理解。

具有丰富人文内涵的语文课程对学生的情感、态度、价值观的影响必然是广泛而深刻的，所以，不能不重视语文课程的熏陶感染、潜移默化作用，"开卷"可能有益，有时也可能有害。即使都是有益的作品，它们的"含金量"可能也有差异。因此，为了让学生在语文学习中多多受益，提高教学效率，必须重视对语文教学内容的认真选择。

第二层讨论语文教育的实践性特点，指出中小学语文课程，目标指向学生的语文实践能力，不是要帮助学生掌握一个由若干概念、规则、原理构成的理论系统，也不是要系统地传授有关语言、文字、文章、文学、文化的知识。中小学语文教育的过程是学生读写听说不断实践的过程，是学生在语文实践中受到熏陶感染的过程。当然，语文教育是有理论支撑的，语文课程"实践性很强",不是只要求实践操作,它会涉及语音、文字、词汇、语法、修辞、逻辑、文学的知识,也可能触及有关人生、社会、自然方方面面的知识和思想观念。但是语文课程"不宜刻意追求语文知识的系统和完整",不应该设计成这样一个系统:语言文学等方面的知识和原理,再加上一些例子和供操练用的习题,例子用来说明知识与原理,习题的操练是为了巩固知识和提高运用原理的能力。

问:有人提出这样的问题,学生要不要掌握系统完整的语文知识?语文课程要不要构建完整的知识系统?我是这么想的,语文课程需要知识,我觉得课程标准也并不否定语文课程中的知识,但是我们不应该以语文知识的"系统性"和"完整性"作为构建语文课程的起点。这样理解对吗?

答:前些年是形成了一种从学科知识体系的角度出发来构建中小学语文课程的思路,有些人就是依照这种思路来编写教材的——把构建起来的语文知识系统分解成一百多个知识点,把这一百多个知识点分配到九个年级十八个学期,按照知识点去寻找课文"例子",然后再编写习题、导语、提示之类。教师上课也是按照知识点一个一个地去落实,觉得这样教心里才踏实。语文课程的整个实施过程就是围绕知识系统展开的。这种思路促使我们思考这样一些问题:语文课程是不是需要以"知识系统"为中心?要学好语文,必须掌握的知识有哪些?确定九年义务教育阶段语文知识系统的依据是什么?构建起来的这个知识系统中缺少一点两点是不是就学不好语文?我们大概都见到过这样的人,他们表达正确流畅、简洁生动,可能还妙趣横生,可就是记不清"连动""兼语""借喻""借代"之类的术语,也不明白自己写的文章里用了些什么修辞、出现了哪些类型的复句。我们相信许多文章高手、不少作家就属于这种情况。我们也遇到过这样一些人,他们对语法修辞和文章作法的知识非常熟悉,能说得头头是道,但是语言贫乏,文章干巴而不通畅——近些年来这样的学生恐怕还不在少数。这样的现象应该引起我们的深思。当然,有人会说,既有很强的应用能力,又有扎实而丰富的语文知识,那不是更好吗?这个目标对于大多数学生来说是难以达到的,而且对小学、初中学生提出这样的目标也是不妥当的。培养理性的分析解释能力要在具有相当的语言积累之后,在语感和思维发展到一定阶段才合适,正如俗话所说:"来得早不如来得巧。"学生要学的东西很多,而时间又是非常有限的,我们提供给他们的学习"菜单"不能不经过精心筛选,我们的语文课不是要把学生个个都培养成语文老师,甚至语言学家和文学家。

问:第三层是讲什么的呢?

答:第三层意思是儿童学习母语重在感性把握。

学生在我们的语文课程中学习的是母语,不是外语。学习母语和学习外语在方法上是应该有些不同的。学生学习外语,在起始阶段,缺乏这种语言的语感基础,不熟悉相关民族的文化背景,学习的资源和实践的机会对于多数人来说不可能很多。因此学习外语,少不了要花大量的时间记单词,要学习语音语法知识,学习和这种语言有关的文化背景知识,对词句结构和话语材料进行一些理性的分析和解释,围绕这些知识和规则进行大量的练习。学习的过程中还往往要注意排除母语表达习惯的干扰。不过,学习知识、熟记规则、分析操练,所做的这一切,最终还是要落到培养这种语言的语感上,只有在获得良好的语感之后,才可能把这门外语学到地道的程度。

儿童进学校学习母语,是有在学前生活中就已获得的母语口语语感作为基础的。从小学到中学,母语学习的主要任务已经转到书面语,是要在原有的口语语感的基础上,通过识字写字和阅读写作的学习，随着生活经验的丰富和人文素养的提高，培养起书面语的语感，与此同时又进一步提高口头表达交流的能力。学生学习母语，有早已具备的语言心理机制为基础，具有对本国本民族文化背景熟悉的有利条件，身处在使用这种语言的社会环境之中，有丰富的学习资源，有大量的实践机会。因此，学习母语不需要像学习外语一样，从学习语音语法知识和规则入手，围绕这些知识和规则反复操练，通过大量带有一定机械性质的操练来强化对知识和规则的记忆，从而再形成口语和书面语的语感。

问：我们在平时也确实有这样的感觉，新课标提出这一点，是符合客观事实的，是科学的。那么第四层是不是最后一句话？这句话好像讨论了汉语言文字的特点对语文教育的影响。

答：是的。汉语语法当然有规律，但是每条规律都有许多例外，可以说汉语语法系统缺乏严整的非此即彼的规则。如果说，学习世界上某些语言是可以从语言的知识、规则、条例入手的话，那么汉语一定不在其内。为了认识一些语言现象，辨别语言表达的正误，需要懂一些语法。然而，按照已经建立起来的语法体系框架，排出若干个知识点进行反复操练，让已经获得相当程度汉语语感的学生用这样的方法来学习汉语，其结果必定是事倍功半。

汉字是平面型方块体文字，笔画或平行，或纵横交错，在二维平面里多向展开；笔画种类多，组合样式丰富；字的构造复杂，数量繁多。学习汉字需要耗费较长的时间，这和学习拼音文字不一样。汉字记录的语音单位是音节，汉字有形有音还有一定的意义，是形音义的综合体；汉字的形音义之间很多都存在一定的理据，汉字中蕴涵着丰富的文化信息。汉字记录汉语没有分词连写的规则，词与词之间看不出界限，阅读时往往掌握不好停顿，有时对语句的理解也会受到影响。长期以来，汉语和汉字相互影响，也相互适应。汉语和汉字对中华文化的发展产生了重大的作用，在世界文化中也有不可低估的地位，对语文教育的影响更是不可忽视。

根据汉语汉字的特点，语文教育要注重培养学生对词语的结构、含义、用法的整体把握能力；要研究汉字学习的规律，研究识字写字与阅读写作教学以及发展学生思维各个环节之间的联系，加强综合，以提高教学效率。

问：第三个基本理念是“积极倡导自主、合作、探究的学习方式”，最近这种学习方式似乎成了一种时尚，人们都在谈论它。能对我们谈谈您的看法吗？

答：时代的发展要求学生形成新的学习方式。《基础教育课程改革纲要(试行)》指出，要“改变课程实施过于强调接受学习、死记硬背、机械训练的现状，倡导学生主动参与、乐于探究、勤于动手，培养学生搜集和处理信息的能力、获取新知识的能力、分析和解诀问题的能力以及交流与合作的能力”。这一次课程改革，各门课程都注重推进新的学习方式的形成。

自主学习，是指学习主体有明确的学习目标，对学习内容和学习过程具有自觉的意识和反应的学习方式。

有的学生十分听话，一切顺从教师和家长，学习成绩优良，在周围的人眼里绝对是乖孩子。但是他们只能按教师和家长安排的程序行动，没有自己独立的见解和主张。这样的学生缺乏对学习和生活作出自己选择的能力，也放弃了对自己活动的对象和过程进行“支配和控制的权利”。这种学生的学习是“他主”的，被动的。

不过另一种情况也需要注意，有的学生不能约束自己，无节制地沉湎于学业以外的活动，缺乏“自我监控、自我指导、自我强化”的能力，乱用了对自己活动的对象和过程“支配和控制的权利”。这种学生的行为当然也不能认为是“自主”学习。

倡导自主学习,要帮助学生提高学习自觉性,逐步掌握学习方法,养成良好的学习习惯。要研究学生身心发展和学习语文的特点,了解学生的个体差别和学习需求;激发学生的学习兴趣、好奇心、求知欲和进取精神。

合作学习,是指学生在学习群体中“为了完成共同的任务,有明确的责任分工的互助性学习”。

现在的社会越来越需要加强合作:人与人的合作,人与自然的合作,群体与群体的合作。对于今天的学生,就应该从小开始培养合作意识和团队精神。应该让学生在学习中学会合作。

开展合作学习,要给学生群体一个共同的任务,让每一个学生在这任务中积极地承担个人的责任,学生在活动中相互支持、相互配合,遇到问题能协商解决,能通过有效的沟通解决群体内的冲突,对各人分担的任务进行群体加工,对活动的成效共同进行评估,通过合作,提高学习效率,增强合作精神。

探究学习,是指学生独立地发现问题、获得自主发展的学习方式。在探究学习中,学生自己发现问题,探索解决问题的方法,通过各种学习途径“获得知识和能力、情感和态度的发展,特别是探索精神和创新能力的发展”。探究学习的主要特征是“问题性、实践性、参与性和开放性”。

学习,可以说是从未知到知、从不会到会、从没有到有、从旧的“有”到新的“有”的过程。这“未知”“不会”和“没有”,可能是世上的人都“未知”,都“不会”,都“没有”;也可能是别人“已知”“已会”“已有”,只是我“未知”“不会”“没有”。长期以来学生所习惯的学习过程便是由教材、教师把别人已知、已会、已有的东西传授给自己,通常的做法是,在教师的训练下一步一步靠近现成的答案;或者干脆等教师把答案告诉自己之后,花工夫背下来;再就是跟着教师按设定的模式反复操练,逐步掌握由别人设计好的技能和方法。这样的接受性学习当然还是需要的,但是,它产生的“被动性”、一定程度上的“强制性”和“简单重复性”等不利因素,也是需要加以改变的。

这一次课程改革积极倡导新型的学习方式,就是要让学生在已习惯了的接受性学习之外,学会探究性学习。我们要鼓励和帮助学生自己探究问题,探索解决问题的方法,寻找答案;要鼓励和帮助学生在探究之中尝试采用不同的方法,摸索适合于自己的获取新知和能力的途径。这“新知”可以是对所有的人都是新的;也可以是对别人并不新,面对自己却是新的。学生通过自己探究获得的答案可能跟已有的答案一致,也可能跟已有的答案不一致。这不一致有可能是学生找到的答案错了,面对这种情况,可以通过讨论,让学生反思自己的探究过程和方法,找出导致错误的原因,修正答案;也有可能学生找到的答案也是对的,说明这个问题本身的答案不止一个,学生的探究确实有了新的发现。要时时鼓励学生敢于说出跟别人不同的想法,包括跟老师不同的想法;要支持学生在现成的答案之外探寻“新解”的尝试。

有些学校对探究性学习存在着认识上的误区,认为探究性学习就是要和科研人员一样,搞发明创造,撰写论著。因此在一些学校里,由教师和少数学生组成课题组“攻关”,争取在探究性学习活动的评比中获奖,却把大部分学生撇在一边。这种现象应该扭转。要明确倡导新型学习方式的立意所在,拨正实施探究性学习的目标,要培养全体学生的探究意识和探究习惯，让学生在这样的学习中体验探究的过程和方法，体验在探究中获得新知和能力的乐趣。

问：基本理念的第四条是“努力建设开放而有活力的语文课程”，这句话看上去有点空洞。能不能详细谈一谈怎样才能做到“开放”和“有活力”呢？

答：好的。要做到“开放”“有活力”，就必须使课程的内容和结构具有开放性，要改变过于强调学科本位、课程内部各部分之间割裂的状况。语文课程要加强综合性，沟通与其他学科之间的联系，沟通与生活的联系，在语文课程中学到其他方面的知识和方法，在其他课程、其他场合中也可以学到语文，拓宽学语文用语文的天地。

需要强调一点，在语文课程中建立跨领域的学习平台，应注意立足于“语文”，而不应该是漫无目标的大杂烩。实行课程改革，要增强课程的资源意识。语文课程的资源是丰富的。各地学校教学设备方面的条件可能不一样，但是具有的课程资源可能都是丰富的，只是特点不同而已。开发和利用语文课程资源，需要广大教师和学生的胆识、智慧和辛劳，也需要学校领导和社会各界的支持和配合。大力开发课程资源，促进课内外学习和运用的结合，使学生扩大语文学习的视野，提高学习运用语文的积极性，从而在课内外的学习与运用中拓展语文课程的内涵。

“谁在抽象地思维?”

——关于小学语文教学研究的一些问题的思考①

朱作仁

“抽象思维”这个词有两种可能的意义:一是指在思想上抽引出对象的一般的本质的特性,而不管其余的各种具体的特征,把对象作为一般的东西来思考;另一种意义是指认识的僵化、片面性和它的脱离实际等等。列宁、黑格尔等常在后一种意义上使用这个概念。本文亦取后义。

目前,小学语文教学研究的百花园中,欣欣向荣,笔者学习之余,将思考和切磋所得,略作整理,借以答复善意提问的同志,求得指正。

一、关于“阅读训练的基本特征”

在讨论这个问题之先,有必要明确一下什么是“特征”? 按照《辞海》的定义,“特征”是“一事物区别于他事物的特别显著的征象、标志”。这是某一事物所特有的。因此,什么是阅读训练的特征(至于基本特征,则更显出其特有化),是值得探讨的问题。

大千世界,万物森罗,但都存在着普遍矛盾和特殊矛盾。前者是事物的共性,后者是事物的个性。所以毛泽东同志曾经把共性个性、绝对相对的道理看作是事物矛盾的问题的精髓,认为不懂得它,就等于抛弃了辩证法。这些话是在论述矛盾的特殊性时讲的。多年来的事实说明,懂得个别与一般、个性与共性的道理,对于搞好各项工作(包括教学研究)太重要了。在《矛盾论》中,毛泽东同志指出:“成为我们认识事物的基础的东西,则是必须注意它的特殊点……任何运动形式,其内部都包含着本身特殊的矛盾。这种特殊的矛盾,就构成一事物区别于他事物的特殊的本质。这就是世界上诸种事物所以有千差万别的内在的原因,或者叫做根据。”“科学研究的区分,就是根据科学对象所具有的特殊的矛盾性。”根据以上的观点,我们再来探讨一下阅读训练的“特殊的本质”或“特殊的矛盾性”,那就会发现,所谓阅读教学的基本特征是什么“整体性(或全面性)、联系性、阶段性(或发展性)、实践性”(以下简称“四性”)是值得商榷的了(这里且不谈列宁所说的“全面性”是否就等于“整体性”;而阶段性与发展性则是不同的概念)。

其实,这“四性”作为哲学的概念,是任何事物所共有,当然也是阅读训练所共有的矛盾的普遍性,而不是阅读训练本身所特有的矛盾性,或特殊的本质。且不说语文学科以外的自然、社会学科,就单以小学语文学科本身来说,也有识字训练、写字训练、阅读训练、作文训练之别,难道这诸多“训练”当中,只有阅读训练有“四性”,其他训练就没“四性”? 以“写字”训练为例,即使学生练写一个字,老师也是教他们字的“整体”要端正,各部分比例要适中;笔画

---

① 原文发表于《杭州大学学报(哲学社会科学版)》1985年第3期。

与笔画之间要有"联系";根据儿童的"发展"阶段,提出不同的要求;此外还要通过儿童不断的"实践"得到提高。所以写字训练也包含着"四性"。然而,这"四性"是通过"写字训练"本身特有的矛盾性及其相应的工作体现出来的,如正确的执笔姿势、一定的笔画名称和笔顺规则知识的传授;从学写铅笔字、钢笔字到学写毛笔字的顺序训练;学写毛笔字又从描红开始,再到印写,到临摹以至独立书写等等。

阅读训练也同样具有这"四性",但阅读训练还有它本身的不同于其他训练科目的特殊性,这正是阅读教学所要着力研究的问题。什么是"阅读"? 无论是不列颠百科全书,还是苏联百科全书,或是中国的语文教学心理学,都有一个共同的概念,即阅读是"阅读者从一定的书面语言符号获取意义的过程"。阅读训练也可以从这里看出它的特殊性。围绕"获取意义"这一阅读的基本原理,教师在训练学生的阅读能力中,就可做许多工作,体现出它的特殊性。例如,怎样培养学生阅读的理解力、记忆力,提高阅读的速度,培养阅读的辨别能力和欣赏能力等。再以"阅读的理解性"来说,它还包括指导儿童阅读方法,训练儿童学会如何在阅读中独立思考,如何进行自学,如何提纲挈领地把课文分段,概括段意,编拟提纲和小标题,以至概括内容和中心。从教学过程而言,还有各种课文和各种课型的最优课堂教学结构,也能体现阅读训练的特殊性。我们只有从探讨阅读训练的特殊性入手,才有可能同时研究唯物辩证法的规律和范畴对阅读训练的指导作用,才能把阅读教学的研究落到实处,引向深入。"胸怀全局,具体入手",此之谓也。

此外,各门学科都要为培养社会主义新人这个总目标服务,但是各个学科是通过它本身特有任务的完成来达到这一点的。作为小学语文教学组成部分的阅读训练,自不例外。如果阅读教学不以培养学生的独立阅读能力为己任,不以之作为它直接的目标,而提"培养社会主义新人"这个大目标,那么它与其他学科又有何区别? 仅仅把大目标口号化,而自己没有具体的任务,是不会有强烈的紧迫感和责任感的。

毛泽东同志说过:"如果不认识矛盾的普遍性,就无从发现事物运动发展的普遍的原因或普遍的根据;但是,如果不研究矛盾的特殊性,就无从确定一事物不同于他事物的特殊的本质,就无从发现事物运动发展的特殊的原因,或特殊的根据,也就无从辨别事物,无从区别科学研究的领域。"又指出:"教条主义者在这个问题上的错误,就是,一方面,不懂得必须研究矛盾的特殊性……另一方面,不懂得在我们认识了事物的共同的本质以后,还必须继续研究那些尚未深入地研究过的或者新冒出来的具体的事物。我们的教条主义者是懒汉,他们拒绝对于具体事物做任何艰苦的研究工作。"(《矛盾论》)毛泽东同志的这些论述,在今天对于我们整个的小学语文教学研究,仍然有巨大的现实意义。

当前,我们时代的精神是改革,而改革是需要哲学的。当然,这绝不是说,哲学能够给各行各业提供改革的具体方案,哲学是做不到这一点的。哲学的任务并不在此。它只能提供指导原则,而不能代替科学研究。哲学的指导功能,并不在于干预具体科学的是非问题,甚至给具体科学结论当裁判——对理论的鉴别从来都是实践的功能。哲学更不能以它的名词术语去给学科研究贴标签,去束缚人们的思想,而应该是解放人的思想,启发人们去产生各种各样的新思想。哲学是创造和探索未来的工具。

科学是以事实为根据的。我们的学术研究和理论探讨,应当提倡马克思那种从现实引出理论的严格的科学态度。从实际出发,不从原理、原则出发,这是马克思主义的思想方法。可惜的是,有些学科研究的文章,热衷于从经典作家那里寻找只言片语。如果能找到对他们有用的话,就感到莫大的欣慰,并以此去度量、规范、剪裁、框住活生生的、丰富多彩的学科教学实际。这种思维方式不大会遇到风险,但不能发现问题和发现真理。恩格斯在《反杜林论》中,就曾深刻地揭露了杜林的"头足倒置"的世界模式论:"原则不是研究的出发点,而是它的最终结果;这些原则不是被应用于自然界和人类历史,而是从它们中抽象出来的;不是自然界和人类去适应原则,而是原则只有在适合于自然界和历史的情况下才是正确的。"毛泽东同志也曾尖锐地批评:"直到现在,还有不少的人,把马克思列宁主义书本上的某些个别字句看作现成的灵丹圣药,似乎只要得了它,就可以不费气力地包医百病。这是一种幼稚者的蒙昧,我们对这些人应该做启蒙运动。"

再从研究方法看,我们既要注重演绎法,更要注重归纳法。过去,我们往往以某些不切教学实际的固定观念为框子,再到教学实际中找例子,这种"演绎"法容易把人的思想弄僵化。它不能引导人们从教学实践中总结新经验,得出新结论,发现新问题。马克思主义的基本原则,我们必须坚持,但是马克思超出前人的地方,正在于他没有墨守成规,而是从对大量的现实问题的研究中概括出了科学的新结论。教学改革中的新经验将会层出不穷,只有将归纳法和演绎法结合起来,才能总结概括广大教师丰富多彩的教学经验,增强思维的创造性。

二、关于思路教学问题

(一)思路教学不能全盘否定

它作为语文教学研究的课题之一,是值得探讨的。"思路"这个名称是叶圣陶先生提出来的。他认为要进行读和写的基本功训练,"得注意思路的开展。思路是个比喻的说法,把一番话一篇文章比作思想走的一条路。思想从什么地方出发,怎样一步一步往前走,最后达到这条路的终点,都要踏踏实实摸清楚,这就是注意思路的开展"[2]。叶老还强调过教学生掌握思路对于阅读的意义:"大凡读一篇文章,摸清作者的思路是最要紧的事,按作者的思路去理解,理解才能透彻。"在 1962 年的《语文教学二十韵》中,叶老又点明"作者思有路,遵路识斯真"。因此,在阅读教学中,教师引导学生了解作者在文章内如何围绕中心组织材料,安排层次,谋篇布局,体会作者思维的逻辑性,这是阅读教学的重要方法之一。它对发展学生的思维能力和表达能力是大有好处的。正是在这个意义上,我们称之为"思路教学"或"思路教学法"——作为语文教学法之一,是无可厚非的。近几年来,思路教学经李伯棠副教授等一些同志的提倡,有的地方对它进行了恰当的评价,把它放在一定的位置上,作为小学语文教学的一个课题进行研究和实施,是可取的。

(二)思路与思想境界是两码事

固然,这两者有联系,但毕竟不是一码事。在一篇文章中,作者的思路是围绕中心逐步展开的。所谓"思想境界",实际上是指文章中作者立意(或中心思想、主题思想)所达到的高度。任何文章,不管其立意的高下,思想性的强弱,内容的正误,都有作者一定的思路。严格说,思路本身是没有阶级性的,而思想境界却是有阶级性的。相异阶级间的思想境界冰炭不同炉,而其思路却可以都符合于一般写文章的方法和形式逻辑的规则。在思维心理学上,我们常遇到思维形式正确,而内容错误的矛盾现象。以阅读心理学中儿童理解寓言比喻词为例。据研究,小学高年级的儿童,能够把“一针见血”转意到“娇气”,把“十五个吊桶七上八下”,转意到“很勤劳”或“乱七八糟”,把“一毛不拔”,转意到“很粗糙”,这在思想内容上,显然是错误的,但在思维形式上,却有抽象概括的水平。[3] 在形式逻辑上也会遇到同样的情形。根据错误的大前提,会得出荒谬的结论;但其作为思维形式结构表现的三段论式,却可以是正确地符合形式逻辑规则的。形式逻辑是研究思维的形式结构及其规律的。相对于思想内容而言,它本身是没有阶级性的。思路,实际上是作者的逻辑思维通过一定的语言文字的表达,所以不能把它跟思想内容混为一谈。

客观事物组成相互联系的“网”,任何存在着的事物都不是孤立的。但为了了解某一事物,人们往往用“元抽象”的研究方法,把它抽象出来,单独加以探讨,然后再回到这“网”中去检验。思路的研究也是同样的道理,不能把同它相关的因素都看作是思路本身。如果谈关系,试问,一篇文章中作者的思路与文章的哪一点(包括字词句篇)扯不上关系?因此,把思路与思想境界混同起来,甚至把思路干脆看成“中心思想”,并把两者相互代替使用,是值得商榷的。

造成以上问题的认识上的原因之一,是不了解心理学 ABC 关于思维与思想的区别。思维是指心理的过程或形式而言,而思想一般指的是心理的内容。思想境界属于心理内容的范畴,而非过程或形式;思路则相反,属于心理的过程或形式的范畴。因此,把作者的“意向、趋向、人生观、世界观”以至于作者在文章中所表达的“本质、思想、方向”以及中心思想,都拉入“思路”的内涵中去,使“思路”成为包罗万象的“大杂烩”,使人摸不着头脑,无助于问题的深入解决。这也是不符合叶老当初提出“思路”一词的原意的。

(三) 思路与语感也不是一码事

什么是语感?在回答这个问题之前,让我们看一段文字——这是新中国成立前,叶圣陶先生在以叶绍钧署名发表的题为《训练语感》一文中,引用作家夏丏尊提到关于语感所说的话:“在语感敏锐的人们心里,‘赤’不但解作红色,‘夜’不但解作昼的反对吧。‘田园’不但解作种菜的地方,‘春雨’不但解作春天的雨吧。见到‘新绿’二字,就会感到希望、自然的化工、少年气概等等说不尽的旨趣,见了‘落叶’二字,就会感到无常、寂寥等等说不尽的意味吧。真的生活在此,真的文学也在此。”由上可见,所谓“语感”,实际上是对语言文字的一种敏锐的感受。

语感所包含的心理因素有想象、联想的活动,情感的激发和思维的参与等。它既是学好语文的一个条件,也是一个人语文水平的重要标志。郭沫若同志曾说过:“大凡一个作家或诗人总要有对于言语的敏感。这东西‘如水到口,冷暖自知’……这种敏感的培养,在儿童时代的教育很要紧。”这说明,从小培养儿童语感有重要意义。它有利于体现语文课的特点,提高学生的阅读理解力和表达能力;同时它把形象思维与抽象思维结合起来,有利于发展学生的认识能力,发挥形象的感染作用,从而使语文课的思想教育收到实效。例如,《小英雄雨来》一课,写雨来遭受鬼子拷打后,“两眼直冒金花,鼻子流着血,一滴一滴的血滴下来,溅在课本那几行字上”。你看,血珠往下掉,还会“溅”起来。一个“溅”字,使人活生生地感到雨来流血之多。一个在日寇暴行面前坚强不屈的小英雄形象就跃然脑际,从而激发起对鬼子的憎恨情感。所以,这里的“溅”字,不仅是“液体受冲击向四处飞射”的意思,而语感在其中正起着情感的激发与感染的作用。正如叶老指出的,“不了解一个字、一个辞的意义和情味,单靠翻查字典和辞典是不够的”。

语感与作者在文章中的所谓思想境界或中心思想的关系，较之它与思路的关系更加密切。因为，第一，语感既然是对语言文字的敏锐的感受，它必受文章的中心思想和阅读者的个体意识、经验所制约。由于同一语言文字对各人所产生的“内心视像”互不相同，所以在语感过程中激发起来的情感倾向和想象形象也就随之而异。例如，“树木”这个词，在朗读者的想象中不可能是同一棵树。在月光下，树影婆娑，发出沙沙的声响；在另一种情况下是棵根深叶茂的参天大树；在第三种情况下，可能是在漫天风雪中傲然挺立的松柏；在第四种情况，也许是棵叶干枝枯垂死的松树……对同一“树木”所产生的“内心视像”及其语感竟有如此的不同，所以就必须依据课文一定的语言环境和中心思想来决定取舍；而作者的思路却是客观存在于文章中的，它不受阅读者的主观意识或偶然的因素所影响。第二，思路说的是文章的整体结构层次，而语感可以是对局部的语言感受。有时候，在读者只是初步了解读物内容，还来不及理清段落层次——作者思路的外在表现——的情况下，仍然会产生语感。

因此，思路与语感是两码事，把两者混同起来，也是一种“抽象思维”的表现。

三、关于文与道的问题

语文教学中的文与道的问题，就其原来意义上说，本来是很清楚的。但是新中国成立以来，由于众所周知的原因，争论时有起伏。对于文的解释，意见似乎渐趋一致，泛指语言文字形式，而对什么是“道”，以及如何进一步研究两者的关系，却是众说纷纭，莫衷一是。

什么是“道”？《辞海》和《现代汉语词典》对它的解释有数十条之多。其中对语文教学关系密切的有：“理也，谓一定之理，犹道路为人所共通也。”[4] 术也，一定的政治主张或思想体系(包括宗教的或学术的)。很明显，作为一种“道”，在语文教学中，指的是教师通过一篇篇的课文，对学生所要进行的思想教育的东西，即中心思想。可是，有的同志却离开了“道”的特定含义给“道”下定义。一忽说“道”是“作者在一篇文章中说明的是什么的问题”，一忽又说“道”指的是中心思想、主题、主题思想。有的则说“道”就是“党中央所提出的精神文明”。笔者认为，上述这些说法是似是而非的，概念混乱的，因而是值得商榷的。

(一) 混淆了“内容”与“思想”这两个既有区别、又有联系的概念

众所周知，要概括文章的中心思想，必先通过语言文字，从了解内容开始。就记叙文来说，有所谓“是什么”的问题，指的是文章的内容(有的称“大意”)，包括所记叙的人物、事件以及故事情节等；而所谓“为什么”的问题，就是隐藏在这些人物、事件、情节背后的思想，是文章的灵魂，即中心思想。这是作者写作的意图，想告诉读者的一个道理或观点等。以《李时珍》一课为例，记叙了明代伟大的医学家和药物学家李时珍的故事，他的家世，小时跟父学医及编写《本草纲目》的经过等，这就是作者写的“是什么”，即内容；而通过这些内容的记叙，作者想告诉读者一个道理：医生要发扬救死扶伤的精神，解除病人的痛苦。特别是李时珍从小就立下为穷人治病的志愿，更值得我们学习。这就是文章的中心思想，即作者写这篇文章的根本目的。所以就狭义言，“内容”指“是什么”，它与说明“为什么”的“思想”不能混淆；但就广义言，“内容”一词的概念也包括“是什么”和“为什么”两部分，即平常所说的“思想内容”，是与作为形式的语言文字相对而言的。如果再扩大一些，就整个语文教学过程说，语言文字也成为教学的“内容”，而教学过程又是形式了。

思想与内容虽不能截然分开，但从狭义上区别两者有实际意义：在弄清文章的“是什么”

时,不要停留在情节的肢解上。特别是那种烦琐的分析,充其量把情节重复一遍,是语文教学劳而少效的根源之一。对内容的了解只是手段,我们的目的是以此作为"入门的向导",抓住问题的实质:培养学生理解和运用语文的能力,发展一般智力,并使之受到思想的熏陶。其次是,概括中心思想,也必须在了解内容的基础上进行。因此,就记叙文教学的客观过程来说,似可表述为:"文字—内容—思想"和"思想—内容—文字"的双向过程。上面提到的作者在一篇文章中"主要说明的是什么的问题"是属于狭义"内容"的范畴。所以把内容与思想相混淆是值得商榷的。

(二)文学基本知识告诉我们,题材与主题或主题思想是不同的

题材是"作品中具体描写的、体现主题思想的一定社会、历史的生活事件或生活现象……是作者对生活素材经过选择、集中、提炼、加工而成的"。也就是所谓的"主要说明的是什么的问题",而主题或主题思想(按:过去的文学书上有的把主题看成是作者在文章内所写的主要问题,包括人物、事件、情节,以区别于主题思想,现在则把两者通称,本文取后义)则是"通过描绘现实生活和塑造艺术形象所表现出来的中心思想……是文艺家经过对现实生活的观察、体验、分析、研究,经过对题材的提炼而得出的思想结晶,也是文艺家对现实生活的认识、评价和理想的表现"。可见,主题思想即指"中心思想"、"思想结晶",是一种"认识、评价和思想",而不是题材本身。如《少年闰土》一课,鲁迅先生通过闰土的活泼可爱、聪明能干及他俩友谊的中断这些题材的描写,与中年闰土的麻木不仁作对照,主题思想是揭露旧中国农民悲惨的生活及其社会根源。所以把题材与主题思想混为一谈,甚至等同,也是欠妥的。

在小学语文的课文中,多数是文中有明白点题的语句,学生易于找出其表达中心思想的句子;但也有不少课文的主题是隐含的,如《海上日出》、《我的战友邱少云》等。以《海上日出》为例,如果照"道"就是"主要说明的是什么的问题"的说法,那么,此文说明的"主要问题"正是作者描写当时"红海看日出的实际情况"。但是,此文还有它的主题思想。下面摘录该文作者巴金答复来访者的一段话就可明白:"有人说,我这篇文章是写祖国的河山,表现爱国主义思想。我当时远离祖国,写的是外国的河山,不是中国的河山。我当时是个普通的青年,思想单纯,想得不会多。但新的一定战胜旧的,光明必然代替黑暗,这个信仰贯穿着我一生和后来的全部作品。《海上日出》当然也有向往光明、奋发向上这个意思,但并不是表现爱国主义精神的。"[5] 由上可见,对《海上日出》一文,描写"红海看日出的实际情况"是回答"是什么"的问题,而"向往光明,奋发向上"是回答"为什么"的问题,它是作为主题隐含在课文中的。

在文艺作品中,这方面的例子俯拾皆是。历代优秀作品,作者都不是单纯在写花草树木、山川河流、虫鱼鸟兽,而皆"寄情"之作。杜甫的《登高》诗名句"无边落木萧萧下,不尽长江滚滚来",是作者于公元767年漂泊在四川夔州时所作,寄托了作者对唐王朝国运艰难的关注,也表达了自己沦落他乡的情怀。但这首悲歌给人的感受不是消沉,而是激越悲壮。所以绝不是只写"萧萧落木,滚滚长江"。陆游的"山重水复疑无路,柳暗花明又一村",是把人生经历融入了山水景物的形象描写之中。范仲淹的"江上往来人,但爱鲈鱼美。君看一叶舟,出入风波里",表达了对出入风波的劳动人民的关注。陈毅同志的"大雪压青松,青松挺且直",通过对雪后青松的吟诵,寄托了作者坚强不屈的豪情。周敦颐的《爱莲说》,不只是写

他喜欢亭亭玉立的荷花,主要是道出了“出污泥而不染”的高尚的做人的真谛等等。

(三)争论较多的是如何看待常识性课文或科学小品课文,如《海底世界》、《蝙蝠和雷达》之类的“道”

其实,在小学语文课文中,思想教育的内容是多方面的,有五爱、纪律、道德、理想教育等,这似乎一目了然。但如何进行辩证唯物主义世界观的启蒙教育,却是一个值得进一步研究的问题。学生的辩证唯物主义观点只有在系统的科学知识学习的基础上,通过各种途径才能形成,这是个从不同角度逐步渗透、不断加深的过程。一篇篇的各种科学知识课文,正是进行辩证唯物主义世界观基础教育的好材料。例如,《我是什么》一课,不仅使学生了解水的“三态”,还使学生初步形成“事物在一定条件下发生变化”的观念。这就能引导学生逐步正确认识世界、反映世界,激发求知欲与好奇心,进而热爱科学,从小立下探索大自然奥秘的志趣,为改造世界打下科学的思想基础。这是一篇篇科学知识文章所必然体现出来的“共性”,是客观的存在,绝不是什么主观随意的产物。因此,我们不能就事论事,而要就事论理。如果说,《海底世界》的“道”就是课文的末句“海底真是景色奇异物产丰富的世界”,《蝙蝠和雷达》的“道”就是“科学家从蝙蝠身上得到了启示,发明了雷达”,那么,上述的“道”只不过是事实的概括,属于知识的范畴。如果把知识也归于“道”,必然导致苏格拉底那个“知识即道德”的荒谬结论。

(四)党的十二大文件明确指出,精神文明包括思想和文化两个方面

有的同志却说“道就是精神文明”(请注意“就是”),那么,请问,“‘文’算不算精神文明?”这种似是而非的说法,一目了然,这里也就不再赘述了。

(五)总之

笔者认为,语文课中的“道”,就是课文的中心思想,即语文课中所要进行思想教育的东西。这种“道”是课文内在的,是由每一课课文客观规定了的,这就是“发挥课文内在思想性”的基础。如果认为语文课文中的中心思想是主观规定的,可以这样,也可以那样,那么,这就会为拔高、外加政治尾巴,以及说空话、大话和套话大开方便之门。在这方面,我们所遭受的灾难已经够多了。

其次,从唐柳宗元的“文以明道”(《答韦中立论师道书》)、宋周敦颐的“文以载道”(《通书文辞》)、元郝经的“道非文不著,文非道不生”(《原古录序》),以至清章学诚的“文可以明道,亦可以叛道”等论题的提出,文道关系已不言自明。如果今天我们再花精力去论证“文离不开道,道离不开文”以及争论文道是“统一”还是“结合”这些问题,似无必要。再从唯物辩证法的角度言,统一是对立面的统一,既有统一,必有斗争。只讲统一,不讲斗争,这种“你离不开我,我离不开你”的论题方式,绝不是马克思主义的辩证法。再说,辩证法还讲“条件”,对立面双方在一定条件下会转化。我们的任务之一,正是要研究这种转化的条件在语文教学中的具体体现。

其实,如果教材文质兼美,一个称职的教师决不会弃道而就文,实际上也不可能。因为讲语言文字形式,必然涉及思想内容,不然,学生何以能理解?我们不能因个别教师由于水平或其他原因,偶然对某一课文的中心思想未抓到点子上而大肆鞭挞,说什么“削弱思想教

育啦!""不重视思想教育啦!"……这是大不公平的。附带提一下,有的同志把学生由于社会、家庭影响或幼稚所产生的思想认识上的问题,都归罪于语文课削弱思想教育,也是有失慎重的。这对于调动广大语文教师的积极性是不利的。因此,在新的历史条件下,我们要进一步探索的是,语文课如何更有效地进行思想教育的规律性,而不是把人们的注意力引向滔滔不绝地空谈文与道的统一性上。

再是,语文课中的文道问题,只是语文教学研究中的一个方面,而不是全部。况且"文道统一"的提法也概括不了我们上文已分析过的"文字、内容、思想"这几个方面。这种提法今天看来是否科学,尚待研究。语文教学还有成堆的问题,等待着我们去探讨。不能造成这样一种印象:好像语文教学抓了文道关系,就等于抓住了整个的语文教学研究。无论在理论上或实践上都不能证明这一点。语文教学要像百花园中群芳争艳,需要扎扎实实地一个专题一个专题深入研究。因为个别的局部的问题没有搞清楚,总体和全局也难以看得分明。这些年来,我们忽略了有根基的专题研究,除了有些地方外,没有花大力气去搞科学实验,空议论不少,这是值得注意的问题。

四、关于理论、经验与传统问题

(一)关于理论与经验

笔者在《关于学科教学研究的两个理论问题》[6](关于探索规律和教学思想问题)一文中曾经谈到过经验主义的认识错误。我们的小学语文教学,多年来已总结出丰富的经验,这是难能可贵的,其中有些经验还是卓有成效的。但经验毕竟不属于现代科学,充其量只能算一种"前科学"。将这些"前科学"加以总结,提高到理论认识,作出科学的概括,并使之条理化,是小学语文教学研究工作者的光荣任务。但当我们这样说的时候,一点也不意味着对实践经验的轻视,更谈不上看不起小学老师的辛勤劳动。这里所需要的倒是实事求是的态度和一分为二的观点。

(二)关于经验与传统

在古代农业社会,人们的思想方式是注重过去的经验,农民耕耘,总是因袭祖辈的传统;进入到近代工业社会,人们以现状分析作为思考问题的基础,而即将到来的信息社会,却要求人们放眼未来,规划明天,否则你就要在激烈的竞争面前败下阵来。因此,现代几乎所有的有远见的政治家、企业家、社会学家、科学家、教育家,无不重视预测工作,并将它放在一切工作的重要位置。我们小学语文教学研究也应把对现状的分析和对未来的预测提到议事日程上来考虑,既要不忘过去,更要面向未来,承前启后,着眼于思考事物的发展战略前景,增强思维的连续性和预见性。

我国的语文教学有丰富的传统,值得批判继承。但语文学科既然属于科学研究的范畴,而科学是创造性的事业,完全循着前人的旧轨迹走路,是没有出息的。正如《中共中央关于经济体制改革的决定》中指出的:"那种抱残守缺,老是停留在过了时的经验上的态度,是不对的"。我国学人,好讲家法,代代师承,陈陈相因,路子越走越窄。为什么王国维在清末民初能够异军突起,别开生面呢?因为他引进了西方哲学思想,用一种新的方法来研究国学,所以有所突破。不管他在理论观点上有多少错误,但在我国学术史上是块里程碑。直到马克思主义的传入,又使学术研究方法起了根本性的变革。但我们决不可躺在马克思主义的现成结论上,而是应当用马克思主义的立场、观点和方法,学习新知识,研究新问题,繁荣教育学科,建立具有民族特色、适合中国国情的语文教学理论体系,开创生动活泼的新局面。

参考文献

[1] (德)黑格尔.谁在抽象地思维?.学习译丛,1957(2).
[2] 叶圣陶.叶圣陶语文教育论集(下).教育科学出版社,1980:544-546.
[3] 李丹.学龄儿童理解寓言比喻词的年龄特点.心理学报,1962(2).
[4] 辞书编委会.辞海・文学分册.上海辞书出版社,1979.
[5] 巴金.巴金谈《海上日出》.语文学习,1980(4).
[6] 朱作仁.关于学科教学研究的两个理论问题.教育研究,1984(2).

在小学语文教学中发展学生思维能力①

袁　璿　殷国芳

小学语文的教学任务不仅是向学生传授语言文字知识和技能，更重要的是要发展学生的智力和培养学生的能力。怎样打开少年儿童智慧之闸，使他们的智力得到充分发展？这是我们亟须学习和探讨的课题。

什么是智力？我们认为它包括观察力、注意力、记忆力、想象力和思维力等。其中思维力是核心，因为观察、注意、记忆和想象都跟思维密切联系在一起。那么，怎样训练和发展学生的思维能力呢？下面就小学低年级语文教学中发展学生思维能力的问题谈几点肤浅的认识。

一

我们在教学工作中常常遇到这样的情况：一个标本、一次小实验、一个故事，往往能激起学生很大的兴趣，并提出许多问题，发表幼稚天真的意见，还会引起激烈的争论。这使我们认识到低年级孩子求知欲是旺盛的，兴趣又是激起他们求知欲的积极因素。因此在低年级教学中要注意多用实物、标本、挂图等直观教具，实验、演示等实践活动和生动形象的语言，以激发和培养学生的学习兴趣。但除此以外，我们还感到：在学生已有知识的基础上，让他们进行独立思考，发表自己的见解，也能激起他们很大的兴趣。例如第一册课文《乌鸦喝水》，有三幅插图。指导学生看第一幅插图时，教师问："这图上画着一只乌鸦想喝水，可是喝不着，你们想这时乌鸦心情怎么样？"学生都仔细看图，认真思考，回答说："乌鸦心里很着急。"教师又问："从哪些地方看出乌鸦很着急呢？"学生说："它的两个翅膀像两只手一样抱着瓶子，眼睛瞪得大大的，说明它心里很着急。"在这过程中，学生仔细看插图，还从乌鸦的形象想到说明什么，思维十分活跃。要是不这样引导学生思考而只是问："图上画着什么？"答："画着一只乌鸦想喝水。"问："乌鸦喝着水吗？"答："喝不着。"这样的问题就比较简单，学生不用思考就能回答，引不起学生兴趣，也不能起到促使学生积极思维的作用。

二

知识是思维的依据和源泉，思维活动是在一定的基础上进行的。缺乏关于它们的感性知识，就很难展开想象、分析、比较等思维活动，也就难以理解课文的语言和内容了。我们有这样的体会，思维活跃的学生大多数是知识比较丰富的。他们看的书、报、电影、电视多，他们接触的人多。有的乘过火车、轮船、到过外地，见多识广，积累了多方面的感性知识。这对他们思维能力的发展提供了非常有利的条件。

孩子的大量感性知识，是通过观察得来的，因此培养观察能力是使学生积累知识的重要

---

① 原文发表于《上海师范大学学报(哲学社会科学版)》1980年第1期。

途径。引导学生观察事物要做到仔细看、认真想。“看图”是低年级语文教学活动的重要内容，我们不仅要指导学生仔细看图上的形态、大小、数量、色彩，掌握图画的内容，而且要引导学生从画面的静景想出动情，从画面上的现象认真想这现象说明了什么。第三册第十五课《美丽的公鸡》第一节课文是，从前有一只公鸡，自以为很美丽，整天得意洋洋地唱：“公鸡公鸡真美丽，大红冠子花外衣，油亮脖子黄金脚，要比漂亮我第一。”配有一幅插图，图上画着一只公鸡昂着头，挺着胸脯在池子边大步走，池子里有公鸡的倒影。教学中引导学生看放大的彩色挂图，教师说：“大家仔细看这幅图，你认为这是一只怎样的公鸡？”学生说：“这只公鸡长着大红的冠子，油亮的脖子，美丽的羽毛，金黄的爪子；一边走，一边唱着歌；它自以为很美丽。”有学生补充说：“这是一只骄傲的公鸡。”学生都没有讲到倒影。教师说：“你们只看了图上的上半部，还有下半部呢！仔细看一看，画着什么？为什么要画它呢！”这时学生非常活跃，争着发言，他们说：“公鸡在池边走，水中有它的影子，公鸡把池子当镜子照着自己，它越看越以为自己是最漂亮的了。”这样的观察引起学生的想象、分析、推理、判断等思维活动，学生对“自以为”“得意洋洋”的意义和公鸡的骄傲就理解得深刻了，同时也培养了学生仔细观察的习惯和能力。第二册第九课《一粒种子》，讲的是种子发芽的自然知识。课前指导学生做了种子发芽的实验，并指导学生写简单的观察日记，把每天观察到种子变化的情况记下来。通过观察，学生获得了种子发芽的感性知识，再来学习课文，感到亲切，学得主动积极。整个教学使学生既学到了自然知识和语文知识，又发展了思维能力。

语文课讲的是语文知识，语文知识跟思维又有什么关系呢？要是识字一个字一个字地教，学生一个字一个字地学；课文让学生一遍又一遍的读熟能背。这样学生凭记忆也能学到一定的知识。但是思维能力得不到发展。我们认为语文知识有它的本身的规律，要是把规律性的知识教给学生，学生就能积极思维并从而获得新知识，同时也发展了思维能力。例如汉字有千万个，字形结构只有两种，一是独体字，一是合体字。独体字是少数，绝大多数是合体字。独体字是由笔画组成，笔画共二十四种。合体字是由偏旁部首和独体字组成，常用的偏旁部首只几十个。学生学会了笔画名称、写法、笔顺规则、独体字和偏旁部首，识生字的时候学生就能自己分析字形，不用教师教了。再说有的字是形声字，“声旁表音，形旁表意”。学生有了这个知识，学习“青——清、晴、睛、请、蜻”等形声字时他们就能自己分析出“水清”的“清”为什么是“氵”旁，“天晴”的“晴”为什么是“日”旁，“眼睛”的“睛”为什么是“目”旁，不仅通过自己的思维理解这些字，又不会因混淆写错别字，在思维过程中也发展了思维能力。真是举一反三，无师自通。因此我们认为找出语文知识的规律，然后把规律性的知识教给学生，这才能发展学生的思维。

三

教学过程有教师的教和学生的学两个方面，学生主动积极学的过程也是思维的过程。教师的教不仅要启发学生积极主动的思维，而且要教会学生怎样正确地思维。在语文教学中怎样教会学生正确思维，培养逻辑思维能力呢？思维和语言是密切不可分的，人的思维通过语言表达出来，语言反映了人的思维。因此语言训练和思维训练是相辅相成的。两者处理得好，既是语文课，又是思维训练课。

我们认为在教学中对词语所表示的概念作确切的讲解是对学生思维的良好训练。第三册第十九课《颗粒归公》这篇课文里有个新词“好样的”，是什么意思呢？有的学生说：“就是好榜样。”有的说，“就是很先进”。学生的解释是不确切的。教师说：“你们说得有点对，可不完全对，一个人有好思想，做了好事，就称赞他是好样的。”这样帮助学生把“好样的”跟“榜样”“先进”的概念区别开来。

再如《颗粒归公》第一节有一句话：“‘泥人张’真会捏泥人，连我弟弟跟鹅打架也给捏了出来，还上了彩色呢。”在教学过程中教师提了两个问题：“泥人张，真会捏泥人的‘真’，是什么意思？”学生说：“确确实实的意思，‘泥人张，真会捏泥人’，就是说‘泥人张，捏泥人’的本领很大。”教师接着问：“从哪件事看出‘泥人张，真会捏泥人’？”学生说：“连我弟弟跟鹅打架也会捏了出来。这件事说明‘泥人张，真会捏泥人’。”这样分析，让学生知道这句话里包含两层意思，上一层和下一层是怎样连贯起来把话说通顺说具体的。又使学生知道了第一层和第二层之间的关系，第一层是对“泥人张”的评价，第二层是评价的根据，也是观点和材料的关系。

课文的第二段里有四句话：“我奶奶养了五只鹅。这些鹅红嘴巴，高额头，浑身雪白。我弟弟特别喜欢它们，常常给它们喂食。鹅一看见他，就伸长了脖子围着他转。”把这四句话带着括号的抄写在黑板上：“我奶奶养了五只鹅。（　　）红嘴巴，高额头，浑身雪白。我弟弟特别喜欢（　　），常常给（　　）喂食，（　　）一看见他，就伸长了脖子围着他转。”让学生分别填上“这些鹅”、“它们”、“它们”、“鹅”。填好后教师问：“这些鹅指哪些鹅？”学生说：“指这五只可爱的鹅。”问：“第三句里的两个‘它们’指谁？”学生答：“指这些鹅。”问：“不用‘它们’可以用什么？”学生说：“可以用‘这些鹅’。”接着引导学生根据两种填法跟上一句连起来读，再进行比较，用“它们”好还是用“这些鹅”好？学生读了比较以后说：“用‘它们’好，因为‘这些鹅’用得太多了，显得很啰唆，应该用‘它们’来代替‘这些鹅’。”教师又问：“第四句的‘鹅’改用‘它们’好不好呢？”学生上下文一齐读了以后，认为这里也用“它们”，那么“它们”又用得太多了，而且“它们”一看见“他”，“它们”指谁？“他”指谁？容易混淆。再说这句话主要是说鹅的事，所以要用“鹅”，引导学生自己分析比较，学习了关于指代的语言知识。第二句：“这些鹅红嘴巴，高额头，浑身雪白。”教师问：“要是说成‘这些鹅，红嘴巴，浑身雪白，高额头’好不好？”学生说：“不好，这样说听起来有点乱七八糟。”有的说：“一会儿说头部，一会儿说身体，说了身体又说到头上来了。”然后教师指出：“说话要有条理，从头部到全身，这样说有条有理，当然不是任何地方都是从部分到全身，有时先讲部分也是可以的。”接着教师引导学生讨论这四句话是怎样一句一句说下来的。讨论后大家明确：先交代了奶奶养了五只鹅，接着讲鹅可爱的样子，再接着讲弟弟对鹅的态度，最后讲鹅对弟弟的态度，因为鹅的可爱，所以弟弟特别喜欢它们，因为弟弟喜欢这些可爱的鹅，所以鹅对弟弟特别亲切。这就是句与句之间的逻辑关系。然后让学生读三遍，学生都能正确地背出来了。这样引导学生通过比较、分析、综合、判断、推理等思维活动而获得知识，在思维的过程中，学生既学习了知识，又发展了思维能力。

教学中的“练”是很重要的环节。只有通过“练”，学生学的知识才能巩固，才能把知识转化为技能。“练”要讲究实效，而不是越多越好。有的练习是巩固知识的，有的练习是训练技能的。我们认为除这些练习以外，还要精心设计一些发展思维能力的练习。如第三册的《基础训练》有这样的练习：提出不同类属的十几个词，要学生分成三类或四类写下来。学生做这种练习，对每个词的概念要明确，要独立进行分析、比较、归类等思维活动，然后再写下来，既训练了思维，又抄写了字词，巩固了字词。学习第十五课《美丽的公鸡》和第十六课《秋天的田野》以后,我们设计了这样一个练习,黑板上写着:“啄木鸟给树治病,蜜蜂采蜜,青蛙捉虫”三个简单的句子,要求学生根据这三个小动物的共同特点在前面加一个小句子。学生加得很好:“啄木鸟、蜜蜂、青蛙都是人们的好朋友。”完整的句子是:“啄木鸟、蜜蜂、青蛙都是人们的好朋友,啄木鸟给树治病,蜜蜂采蜜,青蛙捉虫。”接着告诉学生,这是先总的说一说,接着分开一个一个说。这是一种说法。也可以先分开来说,然后根据它们共同的特点总起来说。出示黑板:“金色的稻子弯着腰,红彤彤的高粱迎风摇,雪白的棉花闪银光。”让学生读完这三句话,想一想眼前出现一幅怎样的景色,然后让每个学生根据描绘的景色,在三句话的后面加上一个小句子,说眼前出现的是怎样的一幅图画。一个学生说:“金黄色的稻子弯着腰,红彤彤的高粱迎风摇,雪白的棉花闪银光,秋天的田野多么美好。”一学生说:“我加一句秋天的田野多么美好啊!还要加一个感叹号。”一学生说:“我加一句秋天的景色多么美好啊!”教师问:“有的说田野,有的说景色,用田野好呢还是用景色好呢?”一个学生说:“我认为秋天的景色不一定美好,秋天树上叶子枯了,春天的景色比秋天好,所以用田野好。”一个学生说:“稻子、高粱、棉花都种在田里,所以用田野好。”这样的练习既训练了遣词造句,把意思说准确,说得通顺连贯,又让学生通过分析、综合等思维过程,训练了思维能力。

低年级学生辨毫析微的能力比较差,有的时候把“不知”当作“知了”,一知半解,不求甚解。我们除了培养他们认真踏实,一丝不苟的学习态度外,还要培养他们有“务求甚解”的良好思维习惯。例如“公鸡喔喔地打鸣”。“打鸣”是什么意思?就是啼。引导学生进一步想一想啼怎么叫“打鸣”呢?“鸣”是什么意思呢?“打”是什么意思呢?鸟兽昆虫的叫称“鸣”,教师告诉学生“打”这个字有二十多种意思。这里的“打”是“发出”的意思,想一想还有哪些地方用到“打”字,各是什么意思?学生纷纷说:“打电话的‘打’也是发出的意思。”“把书打开的‘打’是翻的意思”,“打猎的‘打’是捉的意思”。接着教师告诉学生一个字往往有多种意思,我们不要以为学过一次会读会写就是学会了,学习的时候要问问这是什么意思?看看自己是不是真的懂了。经常注意这样训练,就能使学生从“不求甚解”向“务求甚解”转化,注意思想的准确,养成良好的思维习惯。

审美教育与小学语文教学①

边 霞

一、审美教育:当代教育的重要课题

随着当代教育理论研究与改革实践的不断深入开展,审美教育对培养学生全面素质的重要性越来越多地凸现出来,人们对审美教育给予了越来越多的关心和重视。

关于审美教育的意义和重要性,我们首先可以从20世纪国际教育思潮的发展历程来考察。自20世纪一二十年代以来,国际教育思潮大致经历了"知识本位"、"能力本位""人本位"三个阶段:"知识本位"的思想主张教育以传授和掌握知识为主要目的,"能力本位"论者则认为一个人要想立足社会,应付生活,不仅要掌握一定量的知识,还要具有一系列的智慧能力及生存的技能。从单纯地追求知识到关注人的智慧的发展,能力的提高,这无疑是一个巨大的进步,但无论是知识本位还是能力本位,教育所追求的都是对个体和社会的实用层面的、工具意义上的价值,这种对教育实用功能的过分看重,导致了教育中对人的个性、情意态度、价值观、美感能力等方面发展的忽视。进入20世纪80年代以后,越来越多的人开始关注人本身,认识到人不仅要学习如何做事,如何立足于现实社会,还应了解生活与生命的意义,学会如何做人,如何看待事物,如何与他人相处,如何充实人生、享受生命的快乐。现在,我们需要的是一种既能教人应付生活,又能教人主动地参与生活、创造生活,感受生命的意义,享受生命的光辉的教育,这是一种以培养完美人格为宗旨的教育,是具有人文精神的教育,是立足于人的全面发展的教育,是对人的素质进行全方位培养的教育,也可称为完人教育。[1]

从我国目前的教育现状看,"知识本位""能力本位"的教育和教育思想基本上仍占据着主流,在这样一个背景下,对学校审美教育的提倡、重视和研究,更有其迫切性和特殊的重要性。

谈到审美教育,我们往往就会想到以美启真,以美引善,其实这还只是把审美教育当作手段来认识的。审美教育的确可以作为求真(科学的——智育)和求善(伦理的——德育)的手段,但求美本身也是目的,它是美育自身的目的(以美立美),也是求真与求善的最终目的(即引真、引善向美)。美育的最终目的在于培养完满和谐发展的人,提高人的生存质量。而语文教学也好,整个小学教育也好,其根本目的正在于培养人。联合国教科文组织有关研究报告反复强调教育的最终目标是"以人为中心的发展","人既是发展的第一主角,又是发展的终极目标",教育不应再仅仅是"训练和灌输的工具",而应成为真正立足于培养人的活动。教育的最终目的是使人变得更美好,使人生变得更多彩,这与审美教育所指向的结果在本质上是完全一致的。

---

① 原文发表于《南京师大学报(社会科学版)》2001年第2期。

我们再从审美教育作为达到上述教育目标的有效途径的角度来考察，审美教育对于学生可以有增长知识、开发智能、陶冶情感、培育品德、发展个性等多方面的发展价值。美育的这些价值往往是在不知不觉中并非刻意地实现的，其中的情感陶冶价值又是美育最为突出的功能。蔡元培说:“我们提倡美育便是使人类能在音乐、雕塑、图画、文学里又找见他们遗失了的情感。我们每每在听了一首歌，看了一张画、一件雕塑，或者读了一首诗、一篇文章后，常会有一种说不出的感觉，四周的空气变得更温柔，眼前的对象会变得更甜蜜，似乎感到自身在这个世界上有一种伟大的使命。这种使命不是使人人要有饭吃，有衣裳穿，有房子住，同时还要在使人人能在保持生存以外，还能去享受人生。”[2]

二、审美教育与小语教学的关系

(一) 审美教育与小学各科教学的关系

在小学各科教学中，与审美教育联系的最紧密的当属音乐、美术等艺术类学科，在这些课程中虽也有一定的艺术知识的传授，艺术技能技巧的训练，但从本质上来讲，它们更应该是审美的，是着重培养学生的审美感知、审美理解、审美欣赏、审美创造能力的。

从审美教育的角度看，语文学科有其不同于其他学科的特殊之处，它与审美教育有着许多天然的联系，如都具有情感的、形象的、直觉的、体悟的等方面的特点。语文作为语言文字，它主要是表情达意的工具，是人们工作、学习、生活的工具，这使它不同于音乐、美术等艺术类课程，具有一定的功利性。另一方面，语文虽不是独立的艺术门类，但作为语言文学，又具有很强的艺术性、审美性。语文教材中除说明文、应用文等文体外，其他的如散文、诗歌、故事、童话、寓言等，本身也都是文学的体裁。这都决定了语文学科兼具实用性和艺术性、审美性的特点。语文是工具，要打好基础，同时语文教学又是对学生进行审美教育的毋庸置疑的、不可多得的良好途径。

其他学科也与审美教育有着割舍不掉的联系，如思想品德课是社会美的体现，自然、科技课则可以体现自然界的美和人类科学世界所创造的美，即使是学科本身的逻辑性最严密，抽象程度最高，最能体现科学之思的数学课中，也蕴含着丰富的美的内容，如数学公式和几何图形中所体现的对称美、结构美、比例美等。

总之，小学各科教学都与审美教育有着千丝万缕的联系，两者可以互相促进，相得益彰。关于审美教育分别与艺术类学科的教学、小语教学、其他学科教学的关系，可以用下图来表示:

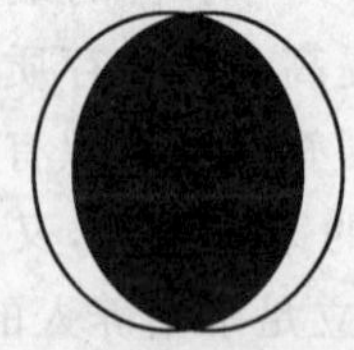

美育与艺术类学科教学

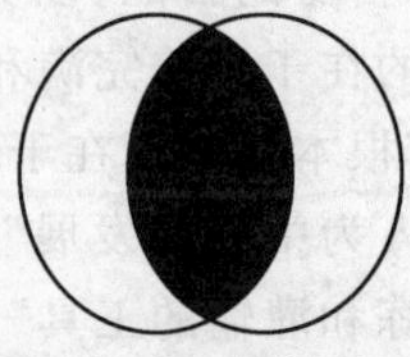

美育与小语教学

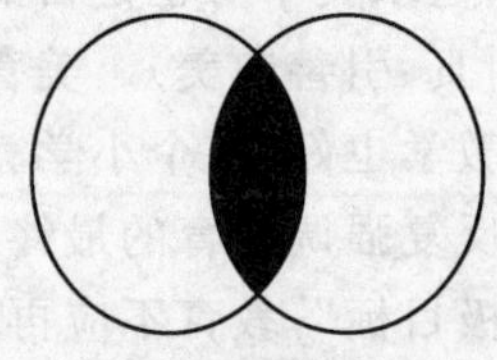

美育与其他学科教学

(二) 审美教育与小语教学互为手段

语文教学是进行审美教育，提高学生审美素质的有力手段;反过来，审美教育也是促进学生语文学习的有效手段,语文学科本来就兼具艺术性,语文教学必须融进美的因素,运用审美的把握方式,才符合它的学科特点,也才能使语文课富有吸引力和感染力,鲜活生动起来。审美教育为学生的语文学习提供情感、动力系统,学生在语文审美教育中既可提高语文学习兴趣,发展语文能力,又可形成对美的敏锐感受力,发展理解美、表达美、创造美的能力。

三、良好师生关系的建立是审美教育实现的基础

师生关系的和谐、融洽,师生心理相融是审美教育成功实施的必要前提,师生心理不相融,情绪敌对,审美教育是不可能实现的。在课堂上要形成审美的教学气氛,首先就要形成审美的人际关系,这就需要师生间以平等、开放的态度进行对话、交流。也只有在这种活跃、自由的心灵状态下,审美教育才能够真正得以实施。

要建立良好的师生关系,就要求教师应努力以审美的态度对待人生、职业和学生。在对待学生的问题上,要树立正确的学生观,这些学生观包括学生是人,他具有生存权,具有人的尊严和其他一切基本人权;学生是一个全方位的不断发展变化的人;学生是主动的、能动的人等基本认识。[3]在教育教学过程中,教师要能够把学生真正当作平等的、独立的、有自尊的需要和被人尊重的基本权力的人,不要采取强权、高压的外部控制政策,更不要故意为难、捉弄学生,像对待敌人一样对待学生,形成"你难过我高兴,你高兴我难过"的敌对局面。

学生应该尊重自己的教师,教师也应尊重自己的学生,不仅如此,教师还应虚心地向学生学习,以学生为师。教师应向学生学习的不仅仅是学生知道而教师不了解的知识,也不仅仅是学生对新鲜事物的敏感和好奇心和永远满足不了的求知欲望,更重要的是学习儿童和青少年的内在精神,以及他们天真、纯朴、真诚、善良、坦率、公正、无偏见、追求自由、自然不伪、无所做作、不谙世故、不畏权威的品质。当教师以这样的眼光来看待学生时,便不会再对学生持一种居高临下的态度。也只有当教师以这样的眼光来看待学生,师生之间才有可能真正形成一种平等、和谐、宽松、融洽的关系,此时原来的尊者从高位走下来,原来的卑者亦能自觉地从低位提升自己,将自己放在与前者平等的位置上,这样以平等开放的态度进行平等对话的局面就产生了。这种平等对话的局面,正是审美教育所要求的理想状态,是审美教育的实质和关键所在。

四、对小学语文教学目的的重新认识

(一)目前小语教学目的在很大程度上为工具性所淹没

小语教学强调工具性,重视学生听说读写能力的培养,这是对的,但目前的问题是小语教学过分看重了工具性,而忽视了语文教育是人的教育这一基本命题。目前的语文教学在知识点与技能训练方面几乎耗尽了师生的所有精力,而在培养学生做人、在情感和审美的熏陶方面却着墨不多。对小语课的评价也是一样,在我们的各种"教学评优课"、"教学竞赛"的评分标准中,把"审美"、"情感"等作为一项内容的情况是很少的。其中的原因,既有思想认识的偏差,也有小语考试的导向作用。

对工具性的过分强调,也反映在小学生的课外阅读中。据调查,目前小学生有限的课外阅读多是一些作文辅导材料,如小学生优秀作文选、小学生作文精选、作文指导、作文大全、百家作文辅导、作文技巧千百例、怎样写作文、教你写作文、作文100篇、作文200篇等等,看

上去琳琅满目,实则品种单一,范围狭窄,远远不能满足“培养人”的需要。

(二)人文精神、审美素质的培养应是小语教学的重要目标之一

关于小语学科的性质,目前较占优势的提法是工具性和思想性的统一,包括小语大纲也是这么提的。“思想性”的提法有它一定的时代背景,亦有它的合理之处,但在小语教学的具体实施中,对“思想性”的把握往往容易出现偏差。由于历史的原因,一提到“思想”二字,人们便习惯地将它与政治思想、意识形态的东西联系在一起,因此语文课除了听说读写能力的培养外,就只剩下了思想教育的内容,大道理连篇,大口号不断,唯独缺少了人的感受,人的味道,变成了空洞的标签和说教,这对于小学生来说是很不合适的。鉴于这种情况,笔者以为语文教学中提“人文性”较好,所谓人文性,包括了思想认识、情感、审美、意志、性格、心理品质等很多方面,它与思想性并不矛盾,而恰恰可以涵盖思想性的内涵。

用“人文性”代替“思想性”,既可以防止小语教学中思想认识与行为的偏差,亦可以真正把“人的教育”高扬起来。现在的小学语文,从教材到具体实施,都还存留着不少空洞的政治和大道理,而这些东西离小学生的真实生活是那么遥远,学生要么不相信,要么只停留在口头相信而并没有相应的体验和感受,长此以往,小学生双重人格的形成便成了不可避免的事。而小语教学的人文性则强调教育要和人自身的生活方式、内心体验、道德观念等联系起来,使之内化为一个人真正的思想和情感,这有利于小学生健康个性和健全人格的形成。如果小学生越来越多地扮演一种“两面人”的角色,并习以为常,其严重的后果是将影响中华民族未来一代人的整体素质,这是令人担忧的事。事实上,这种情况在今天已初现端倪,如我们的亚洲大学生辩论赛上的选手,我们的电视节目主持人,等等,比之东南亚、港台的,虽然在语言表达能力和辩论技术上占有优势,却缺少了点儿人情味,往往只会用一种冠冕堂皇的、书面化的话语结构来说话,这其中就有他们从小学以来所受到的语文教育的影响。

语文学科是一门实用而多彩的人文学科,在“人文性”中,审美素质是一个重要的因素。语文教学中若抽掉人文精神,无视其中情感性和美感的特点,只在语言文字形式上兜圈子,语言文字就会失去灵魂,小语教学就会步入枯燥无趣的文字游戏和语法规则的死胡同。当然,脱离语言文字的理解与运用,架空了讲人文性,这也同样背离了语文课的特点,应该避免。

五、审美教育与小学语文考试的改革

在目前的小学语文教学中存在着很多非审美化的倾向,我们的学生不是在语言文字和文学的天地中欢愉地畅游,而多是在布满荆棘的小路上蹒跚。语文学科是具有模糊性和多义性的,唯其模糊和多义,才更有韵味。而现在的语文教学,学生大部分时间都花在死记硬背标准答案和做大量无谓的练习上了,一些本来可以是发人深省、引人入胜的问题,一旦变成统一的、干巴巴的答案,也变得枯燥乏味起来。造成这种小语教学非审美化的状况,现行的小学语文标准化考试是一个重要原因。在很大程度上,是标准化考试把语文教学引入了“死胡同”,各种各样的标准化考试,形式五花八门,恰恰掩盖了语文的本质,这是以科学的名义违背语文的特殊规律,把语文学习理科化了。它容易使小学生过早地偏向于理性思维而影响感性能力和想象力的发展,不利于情感的培养,而且也会使小学生养成非此即彼的简单化的思维习惯。语文标准化考试还使小学语文教学几乎成了编题与解题教学,亦是导致各

种练习册、AB卷盛行,题海大战不断的原因。结果学生熬红眼睛、打着瞌睡做了这么多题目,对他们语文能力的提高并没带来什么好处,而他们的语文学习兴趣泯灭了,创造力被扼杀了,感悟能力没有了,身心都受到伤害。学生宝贵的童年时光,就在这种文字游戏的"陷阱"里消耗掉了。

著名语文特级教师李吉林认为语文教学园地里存在着"两座山",一是问答式的分析,一是习题式的训练,其中习题式训练的特点是:量大、名目多、无意义。[3]如有一道选择题"天空(蓝蓝的、灰灰的、青青的、白白的)",标准答案是"蓝蓝的",如果选"灰灰的"、"青青的"、"白白的"就算错。斯霞老师也举过例子,如用李大钊的"钊"组词,解释"灌"与"溉"的不同意思,找"关心"的反义词等,这都是语文练习与考试中无聊、无趣、与学生为敌的表现。

可见,审美教育在小学语文教学中的真正落实,尚有赖于对小学语文考试进行卓有成效的改革。

六、当前小语审美教育中应防止的两种倾向

(一)在理论上过分夸大美育在小语教学中的地位

一直以来我们在思考问题的方式上都有一个误区,就是某一阶段什么提得多了,什么受到了重视,什么就成了最重要的,成了老大。这是一种不良的思维习惯。审美教育近来成了一个热点,从中央到地方,从理论到实践,都在提倡、研究,给予了相当的重视。审美教育在促进人的全面发展中所起的作用,以及它在素质教育中的地位的确是重要的,审美教育在各科教学中的渗透也是大势所趋,非常必要,尤其是语文教学和审美教育,它们本来就有着割舍不掉的亲缘关系。但过分夸大,反而容易形成一种"口号效应",使人觉得说得太玄乎,不可信。这样,本来是要强调重要性,引起足够重视的,结果却适得其反。

语文教学毕竟是语文教学,它有自己的本质特征和特殊任务。因此在语文教学中谈审美教育是要有前提的,这就是对学生听说读写等语文能力的培养,尤其是小学阶段的语文教学。当然,听说读写能力的培养与审美教育又是不可分的,如前所述,他们互为手段。

(二)在实践中对语文审美教育作庸俗化、表面化、简单化的理解

在教学实践中我们也看到,在有些课特别是在一些公开课上,有的教师为了达到审美教育的效果,运用了很多审美的和艺术的手段,教师本人也很注意情感的投入,但这种课总往往给人一种矫情做作、虚情假意之感,有的上课不像是在上课,倒像是在演戏,这实际上是与审美精神相悖的,是对审美教育作庸俗化、表面化、简单化理解的结果。

语文教学的审美化应包括语文教学内容的审美化和语文教学过程的审美化两个方面,而教学过程的审美化既包括外显的教学过程审美化,也包括内隐的教学过程审美化。其中外显的教学过程审美化体现在教师的教态美、板书美,师生的语言美、朗读美等方面,内隐的教学过程审美化则体现在教学中和谐的人际关系、自由轻松的心理环境、优美的课堂氛围、师生愉悦的情绪体验等方面。在教学过程中,外显的东西是比较容易做到的,内隐的东西则较难把握,它要求教师树立正确的教育观、学生观,合理地调整、选择、安排已有的教学内容,灵活运用各种教学方法和教学组织形式。比之外显的审美化,内隐的审美化对学生的影响是更为内在、深远的。在小语教学过程中重要的不是表面化的审美教育,也不是使学生简单

地认识美丑、分辨美丑(美丑有时只被当作善恶的同义语,成了思想教育的延伸),而是要培养一种敏锐的感知力、丰富的情感力、独特的想象力和创造力,一种审美的态度和情感,一种意识。

小语教学中的审美教育也不只是在课堂上演几个剧,加几幅画或一些音乐手段,而是一种整体的美,一种境界。教师有行云流水,一气呵成之感,学生则如坐春风,给人一种艺术的享受,这才是审美教育的内在精神。

语文审美教育是一种愉悦和自由的境界,是一种目的、过程、状态与结果的和谐,从这个角度上说,它是语文教学所追求的最高理想。

参考文献

[1] 边霞.境界——有感于李吉林老师的情境教育.课程·教材·教法,1999:(1).

[2] 王丽.中国语文教育忧思录.教育科学出版社,1999:35.

[3] 刘晓东.儿童教育新论.江苏教育出版社,1998:64.

论语文素养①

王尚文

基础教育为什么要设置语文课程？我们一直认同并赞赏历次课标（教学大纲）的这一表述：为了培养学生正确理解和运用祖国语言文字的能力，即母语的读写听说能力。这是我们进行语文教学的宗旨所在，其实，它也是语文素养最为简洁明了的概括。随着社会的发展，语文教学的理论和实践也自然会发生这样或那样的变化，这一宗旨是不会变也是不能变、不应变的。但现在我们发现，它并不是我们对语文教学宗旨——语文素养的终极认识，古人常说“天不变，道亦不变”，其实天在变，道也在变。语文教学之道当然也不例外。不过，这变并不是简单的否定、粗暴的排斥，而是合理的扬弃、必然的超越。

一、语文素养必须适应社会生活交往、对话的需要

学是为了用，不能为知识而知识，为能力而能力。培养正确理解和运用祖国语言文字的能力，是为了适应现实生活交往、对话的需要。以现实生活的需要来衡量，“正确理解和运用祖国语言文字”就无抽象、凌空之嫌。从这个意义上讲，听说读写中的读，就不仅仅是正确理解文本的语言文字的问题，更是正确理解文本为何如此而非如彼运用语言文字的问题；也就是说，不仅仅是意思的问题，更是意图的问题。而且只有解决了后一问题，前面所说的“正确”才能真正落到实处。况且任何人读任何一个文本，实际上都有一个动机或目的，尽管有时不太自觉和明确（即使仅仅为了消遣，那也是一种动机、目的）；同时，读者也就会对作者写作文本的目的、意图有一个预设。是否要读这一文本，阅读行为是否有必要或能够持续下去，就有一个作者文本的目的、意图和读者的目的、意图相匹配、磨合的问题。因此，只说“正确理解和运用祖国语言文字”就没有完全说到点子上。我们并不是说“正确理解和运用祖国语言文字”不重要、不必学，恰恰相反，正是为了它能落到现实生活的实处，正是为了它能真正发挥应有的作用，因此我们认为，正确理解和运用祖国语言文字不能从读写听说的实践活动中孤立出来。读写听说作为一种社会实践活动，它的本质是交往、对话，因此，也不能把读写听说行为从现实具体情境的交往、对话中孤立出来。只有这样，语文教学才能真正回到现实生活，而不至于浮在半空之中，甚至在九天之上。

马克思指出：“人的本质并不是单个人所固有的抽象物。在其现实性上，它是一切社会关系的总和。”[1]也就是说，人总是在社会关系中体现自己作为人的本质的。众所周知，婴孩儿童一旦落入狼群、猴群之中而且脱离了与人的交往，即使能够活着，也只能成为狼孩、猴童，不能成为真正意义上的人。和人交往、对话可以说是人之为人的一种本性，一种最原始、最本质、最强烈的先天倾向、冲动、欲望和行为模式。我在《语感论》中曾经指出，这种本性也是荣格心理学所说的“原型”之一，它被组织、统一于荣格称为“自我”的核心原型系列之中，

① 原文发表于《语文建设》2007年第5期。

有如太阳系中的一颗行星;我把它命名为“水仙花”原型。[2]人与人之间的关系生成于人与人之间的交往,语言是人与人之间交往的主要媒介,人们因有语言才得以参与社会交往,因此杜威认为参与性是语言的根本性质。他说:“语言是至少在两个人之间交往作用的一个方式:一个言者和一个听者;它要预先承认一个组织起来的群体,而这两人是属于这个群体之内的,而且他们两人是从这个群体中获得他们的言语习惯的。所以语言是一种关系。”[3]语言文字产生于人与人之间交往的需要,形成于人与人之间的社会关系之中;而且这种需要、这种关系就实现于语言文字本身。离开这种需要、这种关系,我们就几乎无需运用语言文字,也无法理解语言文字。《语感论》第八章曾用相当篇幅说明“语言不仅仅是人的工具,它其实就是人本身”这一道理,人是社会的动物,人是“社会人”;人是语言的动物,人是“语言人”;人在属人的关系中生成为人,人是在语言中生成为人的。必须从人的交往需要、从人与人的关系角度去理解语言文字,正如巴赫金指出的:“说者的话语里总带有诉诸听者的因素,总以听者的回应为旨归”,“任何理解或多或少都蕴涵着回应。”[4]也就是说,如果离开了关系,仅仅着眼于说者一方,我们就不可能真正理解话语,也不可能生成任何话语。的确,语言是一种关系!话语不是主体的现象,而是一种主体间的现象。在话语中不是只有一个说话者,而是有两个相互交往者——对话者。表达,不仅仅是为了表达说者的某一意思,为什么要表达、向谁表达、这个谁又怎样影响着表达,实在是语言文字理解和运用中绝对重要而且必须正视的问题。语文素养的本质是关于语言中人与人之间社会关系的素养,不过,杜威似乎有点偏激,在他看来,“语言的要点并不是对于某些原先存在的事物的表达,更不是关于某些原先就有的思想的表达,它就是沟通”。[5]强调沟通固然正确,但不能否认语言的表达作用,因为无表达即无沟通。然而,对语文教学来说,关于语言文字,表达讲得实在是够多了,而对关系、沟通却几乎无人问津,这比起杜威似乎是另一种更大的片面性。现在是到了纠正这种片面性的时候了!

哈贝马斯的社会交往理论认为交往行为是一种语言行为,因而非常重视相互理解这一使用语言的目的。为此,他提出了作为语言交往有效性基础的四条原则:① 表达的可理解性;② 陈述的真实性;③ 表达的真诚性;④ 言说的正当性。这四条原则都是建立在交往、对话的基础上的,都着眼于人之为人的主体间性,因为交往行为是两个以上主体之间产生的涉及人与人关系的行为,是一个主体与其他主体发生关系时通过语言进行的思想交往。当然,这种所谓合理化的交往相对于现实生活中的交往来说是过于理想化了,但我们讨论的是基础教育中的母语教育,教育必须面向未来,应当走向理想。我们不能因为对现实生活中不合理交往的迁就而降低标准,放弃对理想的追求。实际上,我们的语文教学不是太理想化了,而是太现实化、功利化了,甚至变为“教考语文”,沦为分数的奴仆。语文教学不能没有理想之光的照耀。

基于上述理由,我们将语文素养的内涵描述如下:“出于真诚对话的愿望,准确理解对方的话语形式与话语意图;精确妥帖地运用祖国语言文字表情达意,以进行最有效的交流”。

二、语文素养与语感

上面对语文素养内涵描述的修正,不仅仅是表述上的变化,而且是内涵上的变化。说话(包括理解说话)不仅是语言本身的事情,还是人的事情;不仅是一个人与语言的事情,还是一个人和他人的事情。说到底,说话是表达意图、实现意图的手段,理解是理解他人意图、回应他人意图的行为。因此,“正确理解”就是通过话语准确把握说话者的说话意图,“正确运用”就是为了实现自己的意图而有组织、有设计地说话。意图是语文素养的关键词。意图既可通过理性的思考、分析予以呈现,也可以在感性层面直觉把握,这就是意图感,它是语感的核心。《语感论》中所说的意义感、意味感其实也就是意图感的具体表现。对话的有效性很大程度上取决于意图把握的准确性、敏捷性。在这一点上,意图的直觉把握常常比理性分析有更大的用武之地。《语感论》曾明确地认定语感之语是言语,较之将其定位于语言,确是有了进步,但尚未真正到位。今天看来,语感之语应为话语、对语。《语感论》曾这样通俗地说明语感的功能:一听就清、一说就顺、一看就懂、一写就通,而且听得真、说得好、看得准、写得美。尽管《语感论》认为意向结构是语感的最深层次,但更多还是着眼于言语的意思,着眼于意思的表达。现在我们把眼光从言语转向话语、对语,话语意图及意图的实现,就上升到了比意思及其表达更加重要的地位。简单地讲,语感就是意图感,就是当下把握住话语意图的能力。从话语表达层面看,这样的语感又可分为正误感、美丑感、体式感和情调感。正误感就是表达意图的话语在语言—言语层面是否正确的问题。美丑感是意图的善良性和表达的精巧性的结合,这主要是就表达而言的。体式感就是体式的把握能力,因为任何话语都存在于一定的体式当中,我们对话语的理解常常借助于对体式的理解;当我们要说话时会首先选择一定的体式,比如是亲切的还是严正的;是议论的还是说明的,等等;同样的语句在不同的体式中会有不同的含义。情调感是话语最生动的特征,它直接蕴涵了意图。比如《祝福》中的祥林嫂,她第一次向别人叙述儿子被狼吃的故事与后来见人就说相比较,虽然事实一样,语句一样,但情调应该不同;读者只有感受到此中的不同,才能感受到她的变化:从一个感情丰富细腻者变为一个麻木者。

由于对语感内涵的重新描述,语文教学在一些具体做法上要有较大的改变。以往我们可能着重于文句本身的分析,比如对于文章我们指导学生认识“怎么写”,今后我们则要换个思路,着重于“为什么”这么写,而且这“为什么”主要指的是作者的写作意图。只有这样,说明文的说明方法和说明顺序,议论文的论点、论据、论证,记叙文的人物、事件、地点等,才可以得到有说服力的分析。为什么这里要用倒叙、为什么这里要用数据论证,等等,都从作者的写作意图得到解释,甚至一句话的顺序、一个词的选用都是如此。

三、语文素养与人文素养

如果将“正确理解和运用祖国的语言文字”定为语文素养的基调,我们认为它和人文素养之间只是相关而已,尽管这种相关性有时表现得非常深刻。因为“理解和运用”基于汉语知识,属于技能技巧层面,有时和人文素养不太相关,甚至完全无关。如周作人理解和运用语言文字的能力、水平并不会因为其落水而发生什么变化。但“理解和运用”又常常和人文素养相关,因为读写听说总有它的动机、意图,而且许多时候遣词造句和对词句的理解总是渗透着读写听说者的思想情感。例如前几年巴格达被美军占领,有的记者报道说是巴格达“解放”,而有的记者却说是“沦陷”或“失守”,报道的不同不是由于记者理解、运用语言文字的能力不同,而是由于立场观点不同。又比如在《药》中,夏瑜说“这大清天下是我们大家的”,康大叔就听不明白,认为这不是人话;同样,对于夏瑜说的“阿义可怜”,驼背五少爷们也觉得不可思议,认为这是疯话。他们听不明白夏瑜的话,并不是因为他们的语文素养存在问题,而是因为他们无法体会到夏瑜说这句话时的思想境界,这就是说问题出在人文素养。关于语文素养与人文素养的关系，我曾先后发表《关于读写听说的动机问题》和《人文原在语文中》两篇文章作过说明。[6]

现在我们把语文素养的主旋律定位于交往、对话，描述为“出于真诚对话的愿望，准确理解对方的话语形式与话语意图；精确妥帖地运用祖国语言文字表情达意，以进行最有效的交流”，那么，它和人文素养就不只是相关的关系了，而应当说它就是人文素养的一种表现形式。对话，首先是对话双方都把对方看成人，而且是应当尊重、值得信任、相互平等并能够通过对话共同进入新的精神境界的人，是“我—你”之间的关系，态度是真诚的、谦逊的、开放的，这不分明是人文素养吗？当然，对话也有语言知识技能的问题，欺骗人的人，也可能在语言知识方面毫无问题，技能技巧相当不错甚至非常高明，能够把人骗得团团转。也就是说，语言知识技能是中性的，欺骗讹诈者和真诚对话者都需要也都可以用；但必须承认的是，不管是为了欺骗讹诈还是为了真诚对话，语言知识技能虽然都不可或缺，但毕竟都处于从属地位。因其不可或缺，为了生成、提高学生的语文素养，就必须重视知识技能的学习，任何轻视、忽视的态度都是极其错误、极不应该的。因其处于从属地位，就不能把知识技能的学习孤立起来，或将其视为首要的甚至唯一的，否则也不能真正生成、提高学生的语文素养。更何况我们是在培养真正的人、大写的人，强调其内含的人文性也完全是必要的、应该的。

生成和提高学生的人文素养是各级各类学校的共同任务，也是学校教育中各门课程的共同任务，而基础教育中语文课程的责任尤为重大。但这并不意味着语文应当包打天下，更不意味着要把语文课上成思想品德课、政治课；恰恰相反，应当坚守语文的立场，着眼于语文的特征，真正发挥语文为其他课程所没有的、为其他课程所难以取代的独特优势，做出自己的贡献。好比粮食、房子、衣被都为人的物质生活所必需，但三者有不同的作用，人不能住在粮食里面，房子也不能满足人们对食物的需要。粮食重要吗？当然重要，没了它，人就会饿死，但它代替不了房子、衣被的功能。语文课程必须承担对学生进行思想道德教育的任务，但为完成这一任务语文有它不同于其他课程的具体内容、途径、方法，不能以教育的共性来取代不同课程的个性，当然也不应当以突出个性为由来否定、排斥教育的共性。近些年来，出现了以教育共性来淡化甚至取代语文课程个性的倾向，其突出表现就是把一般人文素养的某些要素硬生生地挤进语文素养的范畴，视之为语文素养的要素。这在理论上是经不起推敲的，在实践中也会产生严重的负面影响，实不可取。

语文课程和教学的内容的确广泛而又丰富，但我们不能因此而把语文课程要培养的语文素养的内涵和外延无限膨胀。因为这样一来，培养语文素养的任务就难以真正落到实处，起码会大打折扣，而语文素养又是我们下一代不可缺少的，而且语文素养具有基础性，因此还会影响下一代其他方面的发展和成长，后果是严重的。

语文教学如能紧紧抓住生成和提高学生语文素养这一宗旨，在话语实践中养成对话情趣、学习对话思维和对话规则，从而学会对话，乐于对话，这不也是人文吗？而且是人文中最重要最基本的内涵之一。当然，我们也绝不小看更不排斥着眼于课文内容对学生进行思想道德教育，只是反对以此淡化或取代语文素养的生成与提高。我们充分理解将人文素养的某些要素加进语文素养的良苦用心，但却不认同这种主张。

语文素养既是一种状态，又是一个过程，是一个历时性与共时性统一的概念。从历时的角度看，它具有整合性，既是先天禀赋与后天环境的整合、学校教育与家庭教育的整合、语文教学与其他学科教学的整合、语文教育与人文教育的整合，又是主观努力与教育引导的整合、听说读写的整合、知情意的整合，总之是一个主客观诸多因素长期交互作用的过程，因而具有纵向的渐进性与横向的稳定性。它不可能在一夜之间产生飞跃，突进到一个新的层次，渐进是常态；但它又具有发展的无限可能性，只要生命不止，都有可能上升到新的高度，也就是说这种整合作用贯穿于人的一生。

从共时的角度看，它具有整体性，语文素养绝非语感、知识、思维、情趣等的机械相加，而是一个有机的整体。应用语言学认为，语言在把一切都学到手以前，没有哪一部分是可以完全学会的。因为语言不可能以分解的方式在运用领域中出现，不可能像数学可以分成算术、代数、几何等那样，把语音、词汇、语法、修辞等完全分解开来"单项独进"；说话、写作也不可能和认识、情感分解开来专门培养。读写听说活动虽然可以分别进行，但都既以汉语整体素养为基础，又全面作用于汉语整体素养。不过整体性并不意味着提高语文素养必须是有关要素在同一时间里齐头并进，有关的教育教学活动可以以整体中的某一点、某一面为重点进行，但必须把握这一个点和面与其他点和面的有机联系，否则就不可能收到真正的效果。

参考文献

[1]（德）马克思. 中共中央编译局译. 马克思选集（第一卷）. 人民出版社，1972：18.

[2] 王尚文. 语感论. 上海教育出版社，2006：141.

[3]（美）杜威. 傅统先译. 经验与自然. 商务印书馆，1964：144；145.

[4]（俄）巴赫金. 白春仁，晓河等译. 文本对话与人文. 河北教育出版社，1998：191；198.

[5]（美）杜威. 傅统先译. 经验与自然. 商务印书馆，1964：144；145.

语文素养的心理学观点[①]

王小明

新课标中提出了"语文素养"这一新概念,并以它为语文课程的总目标。较之以前我们经常使用的"语文能力","语文素养"中还包括了情感态度、思想观念、文化品位、审美情趣等语文能力难以涵盖的内容。提出这一概念的目的在于进一步开发语文教育实用之外的功能,重视语文课程实施过程中增强底蕴、提高修养的功夫。语文素养概念的提出,是与我国基础教育课程改革倡导的全面、和谐发展的教育这一理念相一致的。

新课标虽然提出了"语文素养"的概念,但对这一概念的含义却未作明确解释。随后出版的《语文课程标准(实验稿)解读》一书对"语文素养"作了如下解释:语文素养包括字词句篇的积累、语感、思维品质、语文学习方法和习惯、识字写字、阅读、写作和口语交际能力、文化品位、审美情趣、知识视野、情感态度、思想观念等内容。后来,刘贞福主张用知识与技能、过程与方法、情感态度与价值观三个维度互为基础、互为目标、互为手段和途径的复杂关系来解释"语文素养"。这些从不同角度对"语文素养"所作的解释虽不尽相同,但可以起到相互补充、相互启发的作用,有助于人们明确"语文素养"的含义。最近召开的"语文课程标准在实施中的相关问题研讨会"也指出,"语文素养"的概念要进一步明确。基于上述认识,本文拟从心理学的角度对"语文素养"进行解释。

心理学在其一百多年的发展历程中形成了多种多样的解释人类心理活动规律的理论。那么,这些理论当中哪些有助于我们阐明"语文素养"的实质呢?笔者认为,美国教育心理学家R·M·加涅的学习结果分类理论与学校教学有较好的适切性,有助于我们更深刻地理解"语文素养"这一概念的含义。加涅的学习结果分类理论集中反映在其名著《学习的条件和教学论》中。加涅所指的学习结果是学生在学校教育情境中习得的,他将这种习得的结果分为五类:① 言语信息,指用语言表示信息的能力。② 智慧技能,指使用符号与环境相互作用的能力。加涅又进一步将智慧技能分为五个亚类:a. 辨别,指区分事物之间差异的能力。b. 具体概念,识别具有共同特征的同类物体。c. 定义性概念,运用概念的定义性特征对事物分类。d. 规则,运用单一规则办事。e. 高级规则,同时运用几条规则办事。③ 认知策略,指对内调节控制自己认知活动的特殊认知技能。④ 动作技能,指习得的协调自身肌肉活动的能力。⑤ 态度,指决定个人行为选择的内部状态。

加涅的五类学习结果是用一个词来涵盖的:capability。这一词语有"潜能""能力"的意思,最初译作"能力"。依据加涅的观点,言语信息、智慧技能、认知策略、动作技能都属于能力范畴,但态度却不是能力问题,而是愿不愿的问题。一个人在车上不愿给老人让座,并不是他不具备让座的能力,而是缺乏尊重老人的态度。这样看来,译成"能力",难以完整地涵盖加涅所分的五个类别。后来,我国著名心理学家皮连生教授将它译作"性能",从而既包括

① 原文发表于《语文建设》2004年第3期。

了能力，又包括了非能力的态度，较准确地反映了加涅的思想。

Capability一词的两种译法所反映出的问题，与语文课程中语文能力与语文素养之间的关系问题十分类似。都是前者反映的内容不如后者全面，后者都是在能力之外又增加了非能力的，而又是习得的重要内容。可以说，能力与语文能力、性能与语文素养之间存在着较好的对应关系。笔者认为，“语文素养”可以用加涅的五类学习结果得到较完美的解释。

(1) 言语信息。加涅讲的言语信息在语文课程中主要表现为如下一些类型的语文知识：① 课文内容知识。中小学语文课程中的课文，不管是记叙文还是说明文、议论文，都要回答是什么或为什么的问题，回答这类问题，需要学生以口头或书面的方式陈述出来，这种知识，属于我们平常所讲的文与道中的“埴”，即文章所陈述或蕴涵的道理。② 语文知识。主要指我们平常所讲的“语修逻文”方面的知识，如拼音知识、字词(包括修辞)知识、句法知识等。这类知识在小学很少，随着年级的升高，才逐渐增多起来。③ 课文背景知识。在小学高年级和中学阶段，有时为了让学生深刻理解课文内容，还需补教有关课文时代背景、作者生平与写作意图等方面的知识。这些知识也属于言语信息。语文课程中的言语信息，大致相当于语文素养中的知识视野、思想观念和文化品位。

(2) 语文智慧技能。语文智慧技能是运用语言文字正确表述自己思想的技能，主要体现在字词句篇的掌握之中，可以大致分为如下几方面：① 字词学习。字词的学习带有知识的特征，如要求记住字的组成部分及其结构，要求记住词语的固定搭配等，但字词学习又带有技能的特征，如记住字词的最终目的是为了运用。考虑到语文教学的目的，我们将它们归入智慧技能学习的范畴。② 句子学习。句子学习是在已有词汇基础上获得理解和生成介乎规范的句子的能力，其实质是在大量语言实践中形成介乎规范的句子语感，这种语感主要是句子图式。③ 篇章学习。这是在理解课文内容和字词句的基础上，进一步学习文章的结构，包括提取文章的中心思想、给文章分段、分析文章的表述技巧等。这些学习结果恰恰是高级规则的学习，是在简单规则基础上形成新的规则。语文智慧技能相当于语文素养中的字词句篇的积累、语感、识字写字、口语交际能力。

(3) 语文认知策略。语文认知策略是一套学习语文的程序，支配学生的学习过程并提高其学习的效率。许多语文教师总结出来的语文学习方法，包括记忆字形的方法、阅读课文的方法以及文章构思取材的方法等，都属于认知策略。如心理学家总结出的SQ3R阅读方法，阅读前先浏览，再提问，再阅读，再自问自答，最后回顾全文，就是阅读课文的一种策略。语文认知策略相当于语文素养中的思维品质、语文学习方法和习惯、阅读写作能力等。

(4) 语文动作技能。语文课程中的动作技能主要包括发音技能和书写技能。拼音、朗读中含有发音技能，它要求学生的听觉、视觉、口腔、舌头的协调运动。书写，尤其是用毛笔书写，要求手部的小肌肉协调运动。这些在规则支配下肌肉协调运动的能力属于心理学上的动作技能。语文素养中的写字及口语交际能力都有动作技能的因素。

(5) 语文情感与态度。语文教材中的课文都是经过精心选择的，里面蕴涵了许多情感和态度方面的内容。这些内容可以分为两方面：一是道德，课文中歌颂、赞美的人物可以作为学生模仿的榜样，学生从中习得做人处世的价值标准。二是审美，课文作者在文中表达的情感、描绘的美好意境，可以引起学生的共鸣，达到陶冶情操的目的。语文素养中的情感态度、审美情趣、文化品位等内容基本上属于此类。

用加涅的五类学习结果来解释语文素养，较之其他的解释，突出之处是有利于语文课程总目标的实现。加涅在《学习的条件和教学论》中,不仅将学生后天学习的结果分为五类,而且对这五类结果习得的规律作了解释。在其著作中,习得的规律是用学习的内外条件来表示的。要促进五类学习结果的习得,就要从内外两方面来满足各类结果习得的条件,这就为教学,也就是课程的实施提供了理论指导。如动作技能学习的规律是示范、练习、反馈,故而学习语文中的发音、朗读、书写等基本技能时,需要教师作出示范,而后学生练习,教师再提供反馈。态度学习的最佳方式是为学生树立榜样供其观察模仿,因而在语文课程中,对学生进行态度价值观方面的教育时,要选择一些人物形象鲜明、体现我们所倡导的价值观的文学作品,让学生在阅读欣赏中感知作品中所塑造的榜样的魅力,从而习得相应的态度和价值观。这样看来,将语文素养解释为五类学习结果,不仅仅是阐明了它的含义,更重要的是,为培养语文素养指明了方向。

参考文献

[1] 巢宗祺.关于语文课程性质与基本理念的对话(一).语文建设,2002(7).

[2] 钟启泉等主编.基础教育课程改革纲要(试行)解读.华东师范大学出版社,2001.

[3] 语文课程标准研制组.编写梧文课程标准(实验稿)解读.湖北教育出版社,2002.

[4] 刘贞福.谈"语文素养".语文建设,2003(4).

[5] 义务教育语文课程标准修订工作全面展开.语文建设,2003(9).

[6] (美)R·M·加涅.皮连生等译.学习的条件和教学论.华东师范大学出版社,1999.

[7] 王小明.图式理论与句子教学.华东师范大学学报(教育科学版),1999(2).

体会语文素养[①]

顾云虎

新近颁布的《全日制义务教育语文课程标准》(实验稿)(以下简称“语文课标”)关于“语文素养”有一些重要的立论和命题,如在“课程性质与地位”里提出“语文课程应致力于学生语文素养的形成与发展”,在“课程的基本理念”部分更是明确“九年义务教育阶段的语文课程,必须面向全体学生,使学生获得基本的语文素养”,等等。整个语文课标中,“语文素养”前后出现十多次。于是问题就产生了:过去多用“语文素质”这一概念,现在何以要换成“语文素养”?语文教师如何把握“语文素养”的内涵?

要弄清这两个问题,首先要明确一个逻辑前提。教育领域提出一个指向实践的命题,多含有对现实的某种概括,对未来走向的某种判断,并希望对教育实践发挥指导作用。而概括和判断是否准确,指导作用发挥得好坏,命题有无生命力,除了从技术上考虑概念是否周全统一外,主要看两个方面:一是理论基础,即基本原理是不是支撑得住;二是命题能不能把握事物发展的基本趋势,能不能经受实践的检验。据此,我们尝试对以上两个问题作一解答。

先说第一个问题。

在一定范畴里,“语文素养”和“语文素质”都指称语文教育的一种结果形态和存在(即通过语文课程达到我们希望在学生身上形成的东西),两个概念概括同一个对象及其本质属性,二者相互通用。但如果对这种结果形态进一步作生成上的分析,就会发现,“语文素养”这一概念虽然不便拆开,可是由动词性的词素“养”,反映出学生在语文学习过程中持续的自主发展作用,对应了叶老“国文教学的目标,在养成阅读书籍的习惯,培植欣赏文学的能力,训练写作文字的技能”的“养成”思想。它的形成不是单纯“教”的结果,更不是一种终结状态,而是必须由学生自己借助语文课程将优秀的语言文化成果内化成生命个体的一部分(如同父母给的手足之于生命),内化的过程伴随语文教育过程不断地进行下去。显然,从概念的周全性看,“语文素养”要比“语文素质”概括得更准确,更能揭示学生语文素养(或素质)生成的主要原因。

从概念的统一性上看,“素养”“素质”在教育学概念系统内既是普遍概念又是单纯概念,可以自由组合或限制,形成各自的上位概念和一个“语文素养”概念。

总之,“语文素养”与“语文素质”这两个概念非常接近,区分不区分好像关系不大,但仔细研究,前者更周全更严密,更接近事物的本质,有助于认识的深入。

再说第二个问题。

如上文所说,我们将“语文素养”领会为语文课程实施中学生持续的语言文化内化过程和课程实施后在学生身上生成的某种结果的统一,这样理解的好处是过程和结果相整合,课程目标、实施、评价的侧重点都落在学生身上。但问题是“语文素养”的组成要素是

---

① 原文发表于《语文建设》2002年第1期。

什么,语文自身的内容要求怎么确定仍没有解决。结合语文课标来看,这是一个开放性的结构,既有不同时代普遍适用的核心内容和要求,又有鲜明的时代特征,随不同时代作不同的规定,具体到语文课标就是业已确定的五个方面:识字与写字、阅读、写作(话)、口语交际、综合性学习。这五个方面与传统的"听、说、读、写"相比,合并了"听说",加进了"综合性学习",表明语文素养是一种综合性形态要求。因此,我们就可以把"语文素养"理解为:在语文课程学习过程中,学生通过识字与写字、阅读、写作(话)、口语交际、综合性学习,内化优秀的汉语言文化成果,最终在自己身上实现一种新的价值或达到新的水平。

这样的界定可以得到现代课程论基本原理的支撑,也可以反映语文课程的基本走势。这主要表现在以下两个方面:

第一,注意普遍适用的基础。现代课程论发展的一个基本特征,就是明确基础教育要为大众提供必需的语言、知识、价值观的课程,给每一个学生以发展的机会。所以非常强调课程对普通人的适用性。在经典课程理论家看来,课程设定首先要考虑的不是学生最终会把它作为大学阶段的主修专业,而是"这门学科对那些不会成为这个领域专家的年轻人的教育有什么贡献,对外行或一般公民有什么贡献"。美国20世纪90年代国提出"文化素养"观点而闻名的核心知识课程专家希尔斯(E. D. Hirsch, Jr.)教授认为,学生们从学校获得的东西是人们具有的共同的"背景信息",位于每个人拥有的日常知识水平之上,但位于一些专家学者拥有的高深水平之下,是"普通读者"所掌握的中间层次的文化知识。语文课标所规定的五个方面要求是一个现代中国人必须具备的,不具备就谈不上有发展机会。这意味着通过语文课程,学生要达到一定的对祖国语言文字认知、审美、感悟、运用的水平。

第二,注重连贯统整。语文课程的功能或任务是多重的,过去概括语文课程的功能用到了"知识""能力""思维""语感""运用""思想教育""非智力因素"等多种术语,但没有一个能将语文课程的功能统摄起来,原因就是它们从外部将课程的内在连贯和统整分离开来。在现代课程论里,学科有三要素,"即学科的基本概念体系,这个体系所体现的思考方式,这个思考方式背后的伦理道德观念。这是三位一体的"。任何割裂都是对课程内在连贯的损害。此次语文课标设计思路之一,就是根据知识和能力、过程与方法、情感态度和价值观三个维度设计,三个方面相互渗透,融为一体。也就是要求学生能化语文知识为智慧,化智慧为能力,化能力为德性。这需要有一个概念能将语文课程的内在连贯统整概括起来。"语文素养"恰好满足了语文课程发展的这种要求。它包括语文课程目标、内容组织、实施、评价等基本方面,即:基本事实(主要是语言文化的,如词汇的音形义、作家与作品等)、基本理论(概念、原理、法则,如语法、修辞、篇章)、基本方法(如学习语文的方法、品质)、基本运用(如语感、形象思维、抽象思维等),因而能反映语文课程连贯统整的基本趋势。

总而言之,"语文素养"及其命题的提出可以启发我们以课程论的眼光重新审视语文课程的价值和功能,调整我们的语文教学策略。从长远看,它有可能是语文课程改革的理论支架之一。

参考文献

[1] 叶圣陶.叶圣陶语文教育论集.教育科学出版社,1980:19.

[2] (美)拉尔夫·泰勒.施良方译.课程与教学的基本原理.人民教育出版社,1992:20.

[3] 高文主编.现代教学的模式化研究.山东教育出版社,2000:569-570.

[4] 钟启泉.基础教育课程改革纲要与"学校文化的重塑".上海教育,2001(14).

教学论视野中的语文教学及语文教学研究①

杨启亮

有关语文教学的讨论,提出了许多冲突性的问题。但从讨论者的旨趣看,就语文谈语文,或者就语文教学谈语文教学者居多。本文尝试把语文教学及语文教学研究纳入教学论的视野,谈些肤浅认识,希望能对语文教学改进有所启示。

一

过去的20世纪,在人类教育发展中,可能经历了最重大的理论与实践变革的就是课程与教学。但我们的语文教学,却仿佛一泓宁静的港湾、一片恬淡的世外桃源,对此并没有太多敏感。诚然,仅就语文而言,它无时不在经受着严峻审视与选择,但因循着教学经验的语文教学总能以不变应万变。在教学论视野里,支撑着语文教学的理论是语文教学法,而我国的语文教学法,作为一种初具体系的理论,产生于20世纪20年代,但它一经产生就似乎成了定论,直到1985年出版的《中国大百科全书·教育卷》中,它还被列为分科教学法中的分支学科。近十余年,语文教学法迅速地几易其名,如语文教学论、语文教育学云云,但名与实并不相符,语文教学研究,主要还是教学法研究,甚至是语文研究,这即是通常人们所说的语文教材教法研究。

二

从教学论的视野来看语文教学,迄今尚不同程度地存在着如下缺憾。

教学观念:重视传承,忽视创新的倾向。鉴于我国的伦理道德乃至哲学乃至政治经济范畴的典籍与语文之间的不解之缘,语文学科在各门学科中最具源远流长的优势,正是这种优势,使语文秉承了"传道授业解惑"的教学传统。这种以"解惑"为终极目标的传统,从实质上说,已经自然而然地限抑了创新,语文的优势也就转换成了局限性。至近20年来,语文同其他学科一样也不得不负载起"应试"的桎梏,原本有血有肉的人文学科却遭遇到科学化旗帜下的量化、标准化的评价,语文也就更加弱化了弹性、张力,狭隘了创新思维驰骋的空间。时下的某些语文教学,其基础知识教学的评价标准,常常让"作者"们都莫名其妙,作文训练,从内容到形式的一整套"八股"规范也很有"异化"功能,由此,语文以及语文教学,仿佛只能在创新的边缘化肆意地漫步了。

教学目标:重视知识技能忽视能力素质的倾向。语文教材,素来是名篇佳作荟萃的教学之本,几经雕琢,精选优择,可谓极臻完善与完美,它当然足以焕发出语文的本然魅力。然而,有些语文教学却摆不脱传统思维方式以及教学目标观的约束,把教学的"素材"(教材)、上课的"文本"(课本)当成教学目的,"教学"就成了把语文知识装进学生"思无涯"的目标观,

① 原文发表于《语文教学通讯》2000年第18期。

因此是囿于记问之学，不求素质目标的教学——它必然疏离语文之活的源泉，疏离活生生的自然与社会生活；它是把原本生机蓬勃的如同思想与审美之“树”的语文，异化成不能生长、不能发展的“木材”了。纵观中小学语文教学，至今盛行背书之风，浏览某些优秀作文及其评点，常见小孩子的大手笔，只是已不多雕琢好词句，改为雕琢成人思想而已，不可谓不是旧风依然。

教学方法：重视分析、诠释，忽视综合的倾向。小学语文中有一则选自佛经的寓言故事，名之谓“盲人摸象”，我们的某些教师上语文课，教学理念就像故事里的盲人一样，是分析式地诠释语文之“象”。如此教学语文，语文的不可言喻只可体悟的完美就常常被肢解，浑然如天成的自然、社会、艺术美的神韵也常常被蹂躏。诚然，这里的问题不是语文问题，甚至也不完全是语文教学自身的问题，但我们总该弄清楚不同学科是用“三段论”还是用“形象”说话的问题吧？硬把“形象”造成“三段论”，如何会不扭曲？

有人说，教学最大的奥秘就在于激活学生着迷般的兴趣。当我们看到那些酷爱文学的甚至是具有卓越文学才华的青少年对语文没兴趣乃至由此对学校教育都失去了兴趣的怪现象时，能不认为语文教学的确是出了问题吗？那位多次在“新概念”作文大赛中获奖、近期出版了长篇小说《三重门》的中学生，终于还是坚持休学了，为什么他的语文成绩学期总评仅得60分？到底是他不通语文，还是他那想象力和创造力的翅膀总飞不出我们成人意志编织的语文之网？

三

我以为语文教学的问题，关键不在语文，而在教学，能否不断深化地向高层次提升语文教学研究，是语文教学改造与发展的命脉。

首先，重视语文而忽视教学的倾向亟待改变。那种热衷于编制出尽善尽美的语文教材（这无疑应当予以肯定）并执著地认为这就会从根本上改造语文教学的想法，是把复杂问题简单化了。因为这至少表明了三点失误：① 这实际上是保守的教材知识观的产物，是把教材知识作为教学目的来认识的，没有弄清教材、课本的实质。② 这又是静态课程观的产物，是重视“课”而忽视“程”，或重视课程而忽视教学课程的观点，没弄清对于“运用之存乎一心”的语文教学，一部好教材虽为重要条件，却绝不是全部条件。③ 这还是没有充分把握语文教学特殊性的观点。这种想法没有把握好语文所具有的人文特征，这种特征意味着，语文并不像理科课程那样，必定严格地要与科学进步、技术文明相适应，否则即不足以适合社会需要以及学科发展。语文素质的培养与生长并不雷同于现代科学素质。

其二，重视语文教学研究的观念亟待建树。语文教学研究目前较受重视的还是“语文”，因此建树的宗旨应更多地重视“教学”。① 比较地来看，中小学语文教学从根本上说不同于大学，这种不同绝不仅仅是学问深浅的不同，而是教学侧重点不同，大学里的侧重点在语文，所以应称作教学语文，中小学的侧重点在教学，因此可称作语文教学。由此，大学里多的是学科分化细微的语言文学的深学问和大学问，中小学里热衷的却是方法模式缤纷的这教学和那教学。② 语文教学研究，由重语文转向重教学，这实际上是由传统迈向现代化的根本性变革。因为，大约只是在20世纪60年代以来，人们才真正理性地体悟到教师学问双重性问题，体悟到把特定的学问教给特定年龄的儿童，“教”的学问是比所教内容的学问高深得多的学问，而“教”的学问即是教育科学或教学科学的学问。教育科学是教育生产力的“第一生产力”,能否优先发展“第一生产力”,正是教育是否步入现代化的重要标志。③ 从实际出发来看这个问题在语文教学中,如果被重视、被强化、被评估的仅限于语文,那么,语文这一博大精深的浩如烟海的知识宝库,就会成为教师和学生们以传统教学方式永远也驾驭不了的天地。而时下的许多教师和学生们都还在以延长劳动时间、加大劳动强度的办法教学语文,正是强不可为而为之的选择。这种选择要走出教育现代化的道路是不可能的,因为它没能开发好语文教学的“第一生产力”,而开发所依托的正是现代意义上的语文教学研究。

其三,语文教学研究必须提升理论层次。我们不想否认语文教学研究,而且不想否认这种研究不仅已有繁荣的普及性成果,同时也有相当多的卓越的提高性成果。但是,必须正视的问题是,仍有许多研究还停留在因循经验的教材教法分析水平,这研究有方有法,但却肤浅保守,缺乏理论提升,它们几乎还不能纳入教学论,甚至不足以被称为学科教学论研究。这正是时下依然有人怀疑学科教学论是否是科学的一个内在原因。对此,可以有如下判断:客观上,的确有人不理解或弄不清教学是科学的问题,由此也就弄不清语文学问之大小代替不了教学学问之深浅的道理;主观上,我们现有的学科教学论成果尚不足以雄辩地证明自我,它的学术层次偏低,有“量”而乏“质”,也是不争的事实。

其四,语文教学研究是否提升理论层次,不只是中小学范畴中的问题。语文教学研究归属于学科教学论范畴,而学科教学论正是高等学校尤其是高等师范院校与普教最直接相关的学科专业。中小学校的语文教学研究队伍,多数正是从这一专业的课程学习中培养出来,并将通过这一专业接受继续教育并提升学术层次的。当前我国高师院校中的学科教学论(包括语文)专业,不仅正在以强劲势头发展硕士乃至博士层次教育,而且已经尝试并正在日渐扩大规模化地发展教育硕士专业学位教育,这正是语文教学研究向高层次提升的重大契机,而这一契机必将导致囿于教材教法之经验阐释的语文教学研究的终结。但是,我们必须不无忧虑地提醒高等教育:在极力争取获得培养学科教学论专业高层次人才资格的同时,必须以百倍的学术良知和责任感提升本专业的学术层次。主要以学术成果的数量积累而不是严格意义上的质量提高为依据产生的专业队伍,指导教育硕士、硕士和博士的难度是不容忽视的,以语文教学研究为例,供硕士生、博士生研读的语文教学论的文章或著述究竟有多少,这必将从根本上制约语文教学研究层次的提升问题。

四

改造语文教学研究,应当关注以下领域里的学术基础与发展:

首先,语文教学研究必须明确自己的学科归属,明确邻近的研究方向及邻近专业。对此,我们可以表述为以下几个层次:语文教学论与其他各分科教学论共同归属学科教学论;学科教学论与教学论、课程论共同归属课程与教学论;课程与教学论与教育学原理、中外教育史等十个专业共同归属教育学;教育学与心理学、体育学共同归属教育学门类。就此可以看出,语文教学研究如果执著于语文而舍弃教学,或者虽然研究教学却不能在本学科领域有提高层次的学术建树,无疑是不会获得重大进展的。

其二,语文教学研究必须关注教学论的发展。人类的教学与教学论在 20 世纪的百年沧桑中经历了否定之否定的重大变革,世纪初的进步教育曾重创了以知识中心、课堂中心、教师中心为特征的传统教育,教学展示出重视经验、重视经验生活与活动、重视学生主体生长的新领域;世纪中的新技术革命兴起,唯理性及科学主义觉醒,英才教育盛行,教学出现重视智慧能力与创新的新思路，人文学科连同语文教学受到不同程度的冷落；20 世纪 70 年代以来尤以 80 年代中期以来，人本的反思与培养完美人格的呼唤，又隐约再现出世纪初的教育教学主旋律来。然而，教学论的风云变幻似乎没有受到语文教学的关注。而我们的语文教学研究以其明显的学科特征（受语文教学法理论制约）表明，它诞生的时候，已经是人们开始对它批判与改造的时候，开始即不具有先进性，却逐步形成了较凝固的模式，说得重一些，在某些语文教学研究者那里，是以 19 世纪的教学论理念驾驭着 20 世纪的教学内容的，此即所谓以不变应万变。

其三，语文教学研究还应当关注课程论的发展。对于一向重视教学内容变革的西方教育而言，其教学论从根本上说就是课程组织与实施的理论，因此，前述教学论发展与课程论的发展是高度一致的。

20 世纪的课程内容变革经历的是关注社会适应、关注学科学问、关注学习者主体的发展过程，而与之适应的课程形式则经历了活动课程、学科课程、综合课程的不同侧重的发展过程。如此种种，我们的语文教学同样几乎不曾受到过明显的冲突或影响。此亦所谓以不变应万变？

五

我们的语文教学似乎有一种执著的自我体认，保留着自己的特色与传统：精选的语文历史长河里的堪称美的典范的教学内容，继承的语文教学大师经验中的极精致入微的教学方法，代代相传地演绎着如诗如画如音乐般的语文教学过程。然而，这一切终于在变化的世界、变化的教育、变化的教学面前动荡起来了，动荡摇碎了语文教学自我体认的完美图景，语文教学也就发生了时代困境。因此，语文教学必须旁顾一下变动不居的周围世界了。课程与教学的事实，还有它们的理论，则会帮助语文教学走出一片新天地来。语文教学改造必须选择反思之路，有必要站到语文教学之外、之上来反思，由于“不在此山中”，可能会创造出豁然开朗的新境界，其实柳暗花明的村落，原本就在山重水复中。

人文陶冶如何可能[①]

——当前小学语文教育问题的思考

刘铁芳

长期以来,从教材设计到课堂教学,我们的小学语文教育已习惯于字词句篇、主题思想、写作技巧的机械式的思维模式,人们很少去追问小学语文教育究竟是干什么的,它应承担什么样的功能,可能承担什么样的功能,如何真正去达成其应有的功能?当开放的社会越来越吁求全体国民提高人文素养和精神品性,当教育改革逐步走向深入的时候,我们或许也应从深层去思考小学语文教育的基础性问题。

一、小学语文教育性质与功能的甄定

小学语文究竟是,或者说应是一门什么样的课程?传统小学语文教育中,我们强调小学生基本语文知识、技能技巧的学习,让学生借以获得一种交往的语言工具,与此同时,对学生进行符合社会要求的思想教育。这样,工具性和思想(传输)性便成了小学语文教育的基本性质。实际上工具性是第一位的,但由于我们对小学语文教育的思想要求是先于教学活动本身而设定的,这使得我们实际的教学过程在某种程度上成了传输我们先在性的思想要求的过程。是不是让小学生经由语文教育而习得语言交往的技能,接受社会要求的思想传输就不重要了,或者说就不是小学语文教育的功能了呢?显然不是,小学语文教育当然要体现此基本功能,问题在于,小学语文教育应当以何种方式来体现,是专注于此,还是超越于此。

小学教育的过程是小学生思想、精神启蒙的过程,是他们在"生活世界"中的精神、情感、志趣、心向、态度、价值的整体人格生长生成的过程。小学语文教育正是在此过程中展开,由于语言文学的特殊性,使得语文课程更亲缘于人的精神、情感、志趣、心向、态度、价值等人文特性,这意味着小学语文教育理应深深扎根于小学生的精神、情感、志趣、心向、态度、价值的整体人格生长生成的过程之中,全方位地影响小学生整体人格的提升,启迪他们的心灵情操,拓展他们的心智视野,使他们更多更好地受到一种人性的、人文的、人情的教化。这样,小学语文教育就不局限于单一的思想性,而擢升为全面的人文性。伴随人文渗透的同时,小学生慢慢习得了语言交往的技能和必要的语文知识,提升了作为社会个体所需要的文化精神价值。正因为有人文渗透和人文情怀的培养作为基础,才使得学生的语文知识和技能成了有灵魂的知识、技能,成了"活"的知识、技能,对学生的思想渗透也不再是单一的思想传输,而是学生整体人格精神的生长生成。这样说来,人文性就应是小学语文教育的基本性质和根本追求了,工具性便居于其次,乃是伴生性的。

人文性乃是从小学语文教育的内涵、实质上来讲小学语文教育的基本性质,要真正实现

① 原文发表于《湖南师范大学教育科学学报》2002年第4期。

此人文性，还必须进一步问及小学语文教育在形式上的基本追求。一旦我们把人文性追求的要素开中药铺似地一一列出，逐条落实，按部就班，那就会使得人文的教育面目全非，人文陶冶近乎不可能。人文教化所倚重的乃是潜移默化，是涵养，是孕育，是启迪，而不是强迫灌输；是理解，即学生个人的自主理解，以各自的“生活世界”为根基去理解，并且又使这种理解回归到各自的“生活世界”之中去提升自我生活与人格的品质，而不是简单识记、机械记忆——僵化的知识累积跟个人的“生活世界”始终相隔离，这意味着再多的知识也难以深入学生的“生活世界”而成为人文的“教化”。正是因为我们传统小学语文教育中的机械、教条、简单识记，阻碍了小学语文的人文教化之路，小学语文教育应当在实际的教学过程之中增强其开放性、灵活性、游戏性。在某种意义上，小学语文教学就是一种游戏。把小学语文教学看成一种游戏并不是降低、放任小学语文教学，相反是抬高小学语文教学。游戏的本质乃是游戏双方的全身心投入，是“沉浸”、“吸引”，“只有游戏者沉浸到游戏活动中去之时，游戏活动才会真正充满其所具有的目的……游戏就是具有魅力地吸引游戏者的东西，就是使游戏者卷入到游戏中去的东西，就是在游戏中赢得游戏者的东西”。[1]恰恰只有当师生双方都认真对待，游戏（的精神）才成为可能；只有当师生都把教育教学看成一种游戏，共同投入，小学语文教育的人文性陶冶才可能全面实现。强调小学语文教育的游戏性，其实质就是要摒弃那种对小学语文教育的简单预设，不要使教育教学成为贯彻某种单一主题思想的工具——这并不是指不要预设、预先准备，而是指不要让预设凌驾、控制于实际的教育教学过程之上——只有这样，才可能使丰富的人文陶冶的线索在充满游戏精神的教育教学过程中凸现出来，让师生从中感受到丰富全面的陶冶与教育。

二、小学语文教学过程中的基本问题

明确了小学语文教育的基本性质，对小学语文教学过程中的基本问题就可以进一步加以讨论了。

（一）主题先行与思想导引、自由陶冶

这里涉及小学语文教学目的的核心问题，即是把教学过程变成贯彻我们先行预设的主题思想的手段，还是适当淡化我们的先行主题，让小学生的自主性充分发挥，让他们在必要的引导之下自由陶冶。学生自主性的培养在当前似乎已成了人们的口头禅，但自主性不是我们想培养就培养得起来的，它需要我们实实在在地去反思我们教育中可能压制学生自主性的因素，尽可能地清除障碍，真正给学生自主性的发挥开辟道路。小学语文教学中，主题先行和由此带来的强暗示就是消解学生自主性的重要的因素。教学某篇课文，老师学生都明白学习这篇课文最后要得出“歌颂什么”、“揭露什么”、“表现什么”的结论，这篇文章是要歌颂革命英雄主义，那篇文章学习“爱劳动”……学生的思维便完全处于此种宏大主题的牵引、支配之下，根本就不敢、也不必去仔细体会其中的细节所蕴涵的其他丰富的意义，更谈不上去批判、质疑其中可能存在的问题——尽管这些主题是正当的。比如，《凡·卡》一文就是要揭露沙皇的黑暗统治，《卖火柴的小女孩》就是要揭露资本主义的黑暗，激励大家珍惜我们今天的幸福生活，其实这两篇文章的内涵远不止于此。由于明确的主题预设，使得原本丰富的、可能深入人性深层的陶冶成为泡影。而实际上，学生对于此宏大主题也很难或者说没有从心坎里去认同，只不过机械附会罢了。

那么,小学语文教育中要不要思想的引导呢?当然要,我们的语文教育要体现我们的社会主义国家,体现我们民族的价值要求,但国家、民族的价值导引所提供的总是最基本的价值方向。换言之,我们的引导只是在保证基本价值导向的条件下激励学生自主思考,探索新义,体会人文、社会、历史中的丰富的、深层的、细微的思想感情和价值观,而不是使语文教育成为简单、机械的说教和灌输。这样,学生就不是被某种先在的主题牵引着投入教学过程,去做寻找、印证、充实、完善此主题的简单工作,而是真正带着自己的头脑和心灵去自我体验、自主思考、自主选择、自主判断、批判质疑,获得自己的真实感受,启发培育带有自我真实感受的思维路向,并在自我体验与思考中探寻自己的结论。尽管此结论可能肤浅、不深刻,甚至可能超出教师的预设,但这是学生自我体验与思考的结果,是他们自我心灵与思维的真实果实,学生正是在此过程中获得了自由的陶冶。这样,教师的职能就不再是牢牢抓住先行设定的主题不放,而是想方设法引导、激励学生进入自我思考、体验的情境之中,原来训导者的角色现在已变成了启发者、启迪者和学生心灵的激励者。

(二)规范解释与学生的多元理解

这里涉及教师对课文(文本)的解读方式。传统的主题先行的教学模式,客观上要求课文解读的整齐划一,从字、词、句到段,再到篇,都追求某种规范的、符合某种权威的解释方式,比如词典、教学参考书等。师生大都不知不觉地,或者说习惯地把自身思维趋向于去寻找标准答案,他们很少考虑,或者说先在性地放弃了在当时当地的真实情境中,去寻求自我的真实理解,于是不管自己的内心如何理解,只是跟着标准化的整体教学思路去机械认同。这样的结果是一切都在预设中,教学的意义趋于单一化乃至贫乏,自由陶冶也成了一句空话。

要使学生真正深入对课文的理解之中,首先必须把那标准的、规范的解释"括起来",暂搁一旁,先让学生更多地去寻求自主理解。学生理解总是发生在个人的"生活世界"之中,以其自身的生活经验和知识积累作为其理解的基础。由于学生"生活世界"的差异性。必然导致个人理解的差异性。正因为理解差异性的存在,才使教学中的交流、沟通成为可能(否则,只有"牵强附会"),才使得教学内在地生动活泼(否则,只有形式上的"热闹"),使教学的意义免于平庸、单调而趋于多样化,语文教育中的陶冶也才有了可能。这并不意味着排斥、放弃规范解释,相反,是要把规范解释看成是一种理解,它并不享有对学生理解的垄断权,它的出现应该是丰富、加深学生的理解,而不是取代学生的自我理解。换言之,一篇课文的解释应该是规范(习惯)性解读、批判性解读、创造性解读的合一。

(三)教学过程中的师生话语

师生话语过程乃是教学过程的核心,师生话语的品质是课堂教学品质的直接表征和集中体现。由于语文课程与师生话语的联系更紧密、内在,所以这一点在语文教学中表现更为突出。开阔的话语空间、自由的交流情境、真诚的表达氛围,使得小学语文教学中,由课文(文本)中潜在的艺术魅力创造性地"活化"成现实的艺术情韵,美的陶冶、思想的渗透、情感的交融、人格的激励,尽在其中。

传统小学语文教学中,由于主题先行、规范解释等先在性预设的限制,教师自身首先就没有把真实的人格自我投入到教学过程中,没有去真诚解读课文,教师所做的工作只是按规范化的要求(公共解释)去理解课文,进而拿它们来充当其自我理解。这样教师实际上先在性地拒斥了个体性的自我理解,他只是在贯彻规范化解释而已。这样的结果就是,教师在整个教学过程中更多的是在说"假话"、"言不由衷"的话、公共性的话语,而缺少带有教师自身人格特征的个体性话语。学生也在此过程中"心领神会",依着教师的指向,说一些教师期望中的人云亦云的规范性话语,他们也紧跟着放弃了他们的自我理解。缺少了师生个体内心的思索,我们的语文教学中充斥着"假话"、"空话"、"大话"也是理所当然了。其最终的结果是,学了几年语文之后,依然不会自我思考、自我发现、自我表达,写不出几句切己性的话,作文只会"做文",矫揉造作,胡编乱造。概而言之,即话语的贫困,或者说"失语"。"失语"并不是没有话语,而是没有真正经过了自己内心思考与感同身受、长期积累的掺入个体真实人格的个体性话语。

语文教育一个重要的,也可以说是根本的任务,无非就是让学生领会别人是怎样认识、理解世界,表达自我的,借以获得对世界、社会、历史、人生的多样性、丰富性体验与认识,然后自己也学会去认识、理解世界,表达自我。认识、理解、表达都离不开一个"我",是"我"去认识、理解、表达,没有"我"的所谓"认识"、"理解"、"表达",就是空洞的、虚假的"认识"、"理解"、"表达"。这样,我们在语文教育教学中就应该突出"我"的地位,让每一个"我"都去积极寻找切合自身的认识、理解、表达和个体心智的积淀性发展,让作为主体的"我"的"主体性"在"我"的积极认识、理解与言说中凸现出来。或许,这才是小学语文教育中培养学生主体性的核心与实质之所在,舍此则"主体性"不过一空虚之框架而已。这样,语文教师的职责便是努力营造一种自由交流的富于人文旨趣的活泼情境,让每个学生都能有所思,有所说,有属于自己的"思"与"话",并且能让他们充分地表达他们的"自我"。教师自身也直抒胸臆,师生真诚交流,以积极的互动来寻求、创造共识,而不是把先在性的结论强加给人。不管师生的"共识"是否与标准的结论一致,语文教学的基本目的就已实现在积极的师生交流之中,在师生个体性话语的创造、共享之中。

(四)教学流程的规范性与灵活性

这里是专就形式来谈小学语文教学过程中的问题。前面的分析可知,要实现语文教学意义的丰富性,依赖于语文教学情境的积极创设,依赖于师生开放的胸襟,自主的理解,自由的表达,开阔、融洽的话语空间和交流情境,师生对教学过程的积极主动的参与、创造、共享。这意味着小学语文教学的形式也应是开放的、灵活多样的,而不是程序化、模式化的机械流程。但目前的小学语文教学中,我们更多地追求的是那种按部就班、有条不紊、整齐划一的教学模式,久而久之,习以为常,学生都知道这一步做完了下一步做什么,一堂课从头到尾时间分配十分清楚,课堂上学生回答问题后教师的奖励方式,比如要同学鼓掌,鼓掌的次数、频率、声音大小都十分规范、整齐(令人想起电视节目中的"作秀",众人在导播的指挥下身不由己地鼓掌)。我们的教育传统中原本就缺少了游戏的精神,课堂教学如同军事训练,这样的教学模式除了制造表面的热闹、浮华外,是很难达到实实在在的良好教学效果的。一味地追求规范整齐,本身就构成了对学生自由思考、自主理解、自我表达的制约,这跟小学语文教育的宗旨相去甚远。

三、小学语文教材编写中的问题

由于小学语文教育在小学生思维、情感、态度、心向等的启蒙中起着相比于其他课程更为重要的作用，语文教材的编写就至关重要，教材编写的思路、模式直接影响，乃至在很大程度上决定了教学的基本思路、模式。编写思路的简单、机械，本身就使得这门课程应有的丰富意蕴受到了局限。

当前小学语文教材的基本特征，其一是思想性胜于艺术性。选择课文时，首要的标准是，一篇课文一定要能让学生明白一个道理、一种精神等，只要道理好，不顾及写作的粗糙、简单，比如那种简单揭露旧社会罪恶而艺术性不够的课文，像《半夜鸡叫》。其二是以成人视野中的语文知识图景去构造小学生的语文知识图景。选择那种切合于各种语文知识、不同文体类型的课文，大杂烩，面面俱到，缺少主导的核心，缺少教材的内在灵魂。其三，缺少时代感。有的课文要么主题与时代精神不合，要么思维方式简单、机械教条，比如有的写英雄人物的课文，为了突出英雄人物的伟大，总是用普遍人的平凡、甚至有意贬低去作烘托，这种写作中预示的就是一种人格的不平等。显然，这种精神、这种写法都已难合于新时代的要求。

选择小学语文课文，首要的要求就是要把小学生当小学生看待，我们对他们的要求只是对小孩子的要求，我们不可能让他们在几岁的时候就能充分理解社会、历史、传统、革命。我们选择课文首要的任务乃是让他们接受陶冶，让他们的心灵受到潜移默化的教化，拓展他们的胸怀，开启他们的心智，涵育他们的心性，陶冶他们的性情，让他们在充满着儿童情趣和艺术情境的氛围中去积极地感受广泛的精神价值，比如爱、善良、正直、美好、和谐、博大、诙谐、幽默、轻松、苦难、信仰等。这样，我们的编写原则就应是尽可能地实现艺术性与思想性的统一，情趣性与教化性的统一。其次，我们的编写应立足于时代发展和儿童未来，考虑他们今后生活所需要的基本品质，在教材中加以渗透(而不必一二三四开中药铺)。创新作为当代社会的基本主题之一，对我们的教材提出了新的要求，开阔的视野、发达的想象力、批判的精神、自由的思想都是创新素质的基本内核，我们的教材就应立足于提高学生的阅读思考兴趣，拓宽视野，开拓思维，激化想象。不仅如此，独立人格、科学意识、公民意识、法律意识都是作为现代公民社会的国民基本素养，我们的教材显然应增进这些意识的养成，而不是相反。此外，我们的教材也应体现民族优秀文化传统的要求，应选择那些最优秀的、最能代表民族文化传统精华的作品，这一点传统教材有得有失，理应加强。

就目前而言，小学语文教材可以考虑调整、增删以下内容：① 增加优秀的童话、神话等故事。优秀的童话故事在儿童发达的想象、敏感的心灵的培养中有着不可替代的作用。这类故事在现行教材中有，但分量太少，而所选的并不都是最好的。② 增加科普作品，特别是写得生动有趣的科普内容。生动有趣的科普读物是培养儿童探究世界奥秘、提高学习兴趣的重要依据。这里，法布尔《昆虫记》就可作为参照、选择的样本。③ 增加优秀古典诗词的比重。古典诗词可以说是中国文化和汉语言文字的代表，更多地接触那些优美、和谐而又浸润着中华文化精髓的古典诗歌，不仅可以陶冶性情、接受教化，而且是培养对汉语言的感受性的最好的，甚至是不可替代的途径(当然，不一定要篇篇精读，有些让学生背诵即可)。④ 适当增加能体现现代儿童生活精神、情感、志趣、心态、素养的课文。这类课文跟儿童生活比较贴近，可以让儿童设身处地、更多更广、也更切实地感受现代儿童生活，增进对生活、对现代社会的理解。这种课文不易找,可作为阅读性内容。⑤ 尽量删除那种艺术性、时代性偏弱的简单说教的课文,这类课文既难以培养学生高尚的品质,也不会提高他们的认识、判断事物的能力。应精选那些富于美感的、充满人文旨趣的,又适于儿童阅读的佳作。⑥ 适当增加能体现现代精神的历史故事,超越单一的革命历史故事结构模式。引导儿童在更宽广的视野中去理解中国革命的历史、理解英雄人物,不仅可以丰富他们对革命、对历史的理解与认同,还可以培养他们开阔的视野和宽广的情怀。⑦ 适当插入富于幽默情趣、充满想象活力的漫画作品作为学生阅读材料。⑧ 从低年级到高年级可以逐步、适当地增加篇幅稍长的阅读性文章,供学生选择阅读。这类课文不求完全读懂,重在参与,提高他们的阅读与思考的兴趣。

参考文献

[1] (德)伽达默尔. 王才勇译. 真理与方法. 辽宁人民出版社,1987:147 - 154.

课程与教材

加强语文基本功训练　大面积提高教学质量[①]

——义务教育小学语文教材介绍

崔　峦

义务教育小学语文教材，在继承的基础上有所创新。教材改革的基本点是：体现时代精神，坚持社会主义方向；科学安排语文基本功训练，注重培养学生的学习能力和学习习惯；适合全国大多数教师和学生的需要，大面积提高语文教学质量。企望凭借教材，通过教学，培养、提高学生的思想道德和语文素质，从而为实施九年义务教育，为提高中华民族的素质，在语文教育方面切切实实做好打基础的工作。

一、教材的主要特点

（一）体现时代精神，重视教材的思想性

义务教育小学语文教科书，在保留文质兼美、富有教育意义的传统课文的同时，选编了一批新课文。新课文占全部课文的四分之一左右。这是继编写通用教材之后又一次较大规模的课文更新。新课文主要选编时代气息强的、体现爱国主义教育的和贴近学生思想、生活实际的文章。比如，新课文《祖国多么广大》、《日月潭分》、《黄山奇石》、《小竹排在画中游》，使学生饱览祖国壮丽的河山；《我是中国人》、《毕昇》、《出水火龙》和一些古诗、历史故事，帮助学生了解祖国历史悠久，文化灿烂，人民勤劳智慧；《我不能忘掉祖国》、《圆明园的毁灭》、《千里跃进大别山》、《丰碑》，教育学生学习革命先烈的斗争精神，继承反帝爱国的光荣传统；《农村大变样》、《飞向太平洋》、《昨天，这儿是一座村庄》，使学生了解社会主义建设的辉煌成就以及实行改革开放政策以来发生的巨大变化。上述课文和自读课本中选编的大量反映现实的课文，体现了时代精神，有助于加强爱祖国、爱中国共产党、爱社会主义的教育。此外，围绕培养学生艰苦奋斗的献身精神、勇于创造的科学精神，围绕对学生进行辩证唯物主义的启蒙教育和社会主义道德品质的教育，选编了一些新课文，这无疑对培养学生的好思想、好品德会起到一定的作用。

（二）改进教材总体设计，实现语文基本功训练的整体优化

在教材总体设计上，改变过去只编教科书和教学参考书的做法。从方便教学，发挥综合效益，提高教学质量出发，义务教育小学语文教材，实现以教科书为基础的教材系列化。教科书，有五年制、六年制，彩色版、黑白版四种版本，供各地选用。教师教学用书，有较大改进，为16开本，照印教科书的内容，旁白处就理解重点词句等做些批注，编入简要的教材说

---

① 原文发表于《人民教育》1993年第7－8期。

明和教学建议,并给教师留出旁批和写教学小结的地方,力求方便、实用。此外,配套的其他品种,供学生学习用的有:汉语拼音配图卡片、生字生词卡片、自读课本等自读课本与教科书配合,作为学生每个学期必读的课外读物。增编自读课本有利于加强课外阅读的指导与检查,大大增加了学生的阅读量,对于丰富学生的知识,开阔学生的视野,提高阅读能力,能起到积极作用。供教师教学用的配套品种有:教学挂图、教学卡片(生字生词)、朗读录音带、教学投影片、供培训教师用的教学录像带等。

单就教科书的设计来说,根据国际上开设综合课程这一发展趋势,鉴于前些年国内有些地方除了编写阅读课本,还单编识字课本、说话课本、作文课本,造成分割过细、互相掣肘的弊端,人教社的小学语文教科书,走的是以素质教育为核心,以培养能力为目标,编写综合型的语文教科书的路子。即在语文教学整体观的思想指导下,教科书兼容识字、写字(主要指低年级、中高年级单编钢笔字和毛笔字写字教材)、听话、说话、阅读、作文各项语文基本功训练,集培养理解、表达、观察、思维能力于一身,注重教给学习方法,培养良好的学习习惯,减轻负担,提高质量,最大限度地发挥语文学科综合训练的整体效益。

新编教科书力求体现这样的指导思想:依据学生的认知规律和学习语文的规律,既重视语文基本功训练的渐进性,又加强训练的综合性,努力做到编排科学,整体优化,扎扎实实进行语文基本功训练,使学生达到小学阶段的基本要求,为初中阶段的语文学习打好基础。

在广泛吸收教学改革成功经验和现行通用教材合理成分的基础上,新编教材形成具有特色的编写体系:全套教科书分低、中、高三个阶段,体现语文基本功训练的三次循环。低年级为第一阶段,通过汉语拼音、识字写字、听话说话、阅读和写话教学,在识字的同时,加强以词和句为重点的语言训练,为中高年级的学习打好初步基础。中年级为第二阶段,着重进行段的训练。就阅读说,加强对段的理解;就作文说,加强片段练习,并注意体现在读、写上向篇的训练过渡。高年级为第三阶段。着重进行篇的训练。就阅读说,侧重理解课文内容、概括中心、理清层次的训练;就作文说,重视培养观察、分析事物和连段成篇的能力。全套教材在重视读写的同时,加强听话、说话训练,结合读写,有计划地穿插安排。在听说读写训练中,合理安排观察、思维、想象等训练,使学生在发展语言的同时发展思维,提高认识能力。总之,全套教材在纵的方面,既注意阶段性,又注意连续性;在横的方面,兼顾理解、表达、观察、思维训练,以期形成纵横交错的训练网络,使语文基本功训练扎实、有序,讲求实效。

(三)发挥汉语拼音帮助阅读的功能,从发展语言人手,改革低年级教材

义务教育小学语文教学大纲,把汉语拼音的功能由帮助识字、学习普通话,扩大到帮助阅读。"注音识字,提前读写"教改实验在借助拼音进行阅读方面积累了一些经验。大纲的上述规定和已有的教改经验,为我们打开了低年级教材改革的思路。

低年级教材改革的基本点是:依据教学大纲的精神,注意发挥汉语拼音帮助阅读的功能,变从识字、学词人手为着眼于发展学生的语言,使儿童在尚未识字和识字不多的情况下,就能借助汉语拼音进行阅读,同时在阅读中识字、学词。这样做,较好地解决了初入学儿童识汉字同学汉语之间的矛盾,学生既识了字,又进行了语言的初步训练,启迪心智,发展思维,使学生尽早、更好地受到比较全面的语文教育。在具体编排上,低年级教材有以下几个特点:

1. 编排汉语拼音最基本的内容

适应拼读音节和直呼音节两种教学方法，加强常用音节的训练。在集中教学汉语拼音阶段。只安排两百多个常用音节，以后逐渐扩展到次常用音节，以期汉语拼音学得好一点，精一点，既打好拼音基础，又不加重学生的学习负担。

2. 在识字初期，新编若干课"看图读拼音识字"

每课由图画、纯拼音句群、识字写字教材组成。如第2课，图画是：六七个儿童在山路上边玩耍、边采花，远处是山村。纯拼音句群是：yí qù èr sān lǐ，xiāng cūn sì wǔ jiā，ér tóng liù qī gè，bā jiǔ shí zhī huā。下面是从句群提出的本课要求掌握的生字：二、四、六、八、十。再下面是指导写字的田字格和生字的笔画、笔顺。这样编排，改变了以往教材单纯识字的格局，能激发学生的学习兴趣，使学生在入学不久就能借助拼音进行最初步的语言训练，同时为识字提供了语言环境，有利于提高识字质量。由于义务教育小学语文教学大纲规定的识字总量适当减少，加上主观上希望低年级儿童学得轻松一点，第一册只要求学生掌握一百六七十个生字，比现行教材减少了几十个字，减轻了初入学儿童的学习负担。

3."看图学词学句"

由现行教材的从词到句的编排顺序，改为依短文—词语—生字的顺序编排。先出现短文，为学生识字、学词提供了语言环境，有利于建立词和句的概念，把识字、学词、学句更紧密地结合起来。

4. 第三、四册教科书，采取多种形式识字，注重教给识字方法，培养识字能力

二年级是识字的重要时期，识字任务比较重，要求学生掌握七八百字。义务教育教材采取多种形式识字（包括随课文识字和归类识字），并在现行教材的基础上有所改进。其中，归类识字形式主要有：按事物归类看图识字、形声字归类识字、基本字带字识字、部首字归类识字、量词归类识字、反义词比较识字、部首查字典识字等。虽然识字形式不同，但都力求体现汉字本身的特点，体现识字和认识事物相结合，体现识字和语言环境相联系，注重教给识字方法，培养学生识字能力。比如，按事物归类看图识字，注意体现字的音、形、义之间的联系：树木归类，不仅都选木字旁的字，而且尽量是形声字（如"柏、桦、枫、榕"）；动物名称归类，把带有"鸟、虫，犭"等偏旁的字分行编排。使学生在识字过程中不仅意识到字是按事物归类的，而且初步建立字的音、形、义之间的联系。又如，在形声字归类识字、基本字带字识字、部首字归类识字、反义词比较识字等识字教材中，编写了揭示汉字特点或识字规律的短小韵文。在形声字归类识字之后编写短文："形声字好识记，形音义有联系，声旁帮着读字音，形旁帮着辨字义"。这样做有利于学生举一反三，培养识字能力。

5. 低年级的教科书和与之配套的自读课本全文注音

一方面使低年级教材仍受生字的限制，可以编排比较丰富的内容；另一方向扩大阅读量的同时，增加了学生独立识字的机会。

6. 写字教材和听话、说话教材，插编在教科书中，减少了教材的本数，防止了教学内容的过分膨胀

穿插编排的写字教材，重视按照笔顺规则和汉字结构指导写字，指导学生逐步掌握笔顺规则和各种结构的汉字的书写方法，把字写得正确、端正、整洁。听话、说话训练自成系统，训练内容注意贴近学生生活，使学生有话要说，有话可说。写字、说话教材与阅读教材合一有利于识字和写字的结合，加强了阅读和说话之间的联系。

(四)中高年级以训练项目为核心组织教材,体现训练过程,加强能力培养

现行中年级通用教材,训练重点不十分明确,要求偏高,教学效果不理想。义务教育教材针对上述问题,确定中高年级教材改革的基本点:加强中年级读写训练的计划性,使中年级到高年级的读写训练序列更清楚,坡度更加平缓,更加有利于培养学生的自学能力。中高年级教材的重要特点有以下两个方面:

1. 读写训练项目

由只在高年级安排,改为从中年级开始安排;项目内容由偏重篇的训练,改为从词、句训练开始,逐步过渡到段、篇训练。如,六年制教科书从第五册起设读写训练项目、分别是:"怎样理解词语"、"用词要准确"、"读懂每一句话"、"把句子写通顺"。这些项目和低年级读写训练衔接,放缓了坡度;又为以后安排的以段的训练为重点的读写训练项目作了铺垫,克服了低年级训练无序、要求过高过急的弊端。整个中年级,读写以段的训练为重点,注意向篇的训练过渡,体现了中年级训练的阶段性,使这一年段的语文基本功训练得到加强。全套教科书,五年制设计了36个读写训练项目,六年制设计了40个。为了体现读写之间的联系,读和写的项目交叉编排,一组侧重训练读,一组侧重训练写,并适当编入观察、思维、想象等方面的训练项目,以体现学习语文和认识事物相结合,体现语文训练的综合性。

2. 以训练项目为核心组成一组组教材,着眼于自学能力的培养

其中,课文只是例子,凭借课文进行各项语文基本功训练是教材的实质。每组教材的结构大多分为四层:

第一层"导读"。安排在每组教材之前,用一两百字简要说明本组教材的组成,课文的特点,读写训练的重点,教学中应注意的问题,使师生在教学之前对这一组教材的训练内容和要求有个大致的了解。

第二层"课例"。包括三部分:

(1)预习。从激发学生学习兴趣入手,提出预习要求,渗透读书方法,引导学生通过预习,扫除字词障碍,初步了解课文内容,逐步养成课前预习的习惯。这是加强自学能力培养的一个措施。

(2)课文。分讲读课文和阅读课文,每组三至四篇,与读写重点项目相配合,是理解训练项目、进行语文基本功训练的凭借。独立阅读课文不再编进教科书,而是将其加以扩充,另编自读课本。这样处理,既可以减少课文类型,降低教学难度,又可以扩大阅读量。

(3)思考·练习。一般由思考题和练习题组成。思考题着重提示课文的重、难点,读写训练的重点,启发思考,帮助学生理解课文内容。练习题侧重于词、句、段的揣摩、深究和运用。思考·练习注重启发性,力求避免简单、机械地重复练习,做到形式多样,分量适当。

第三层"读写例话"。是本组读或写的重点训练项目的简要说明和归纳小结,对以后的读写实践起指导作用。"读写例话"联系本组重点课文,点明重点训练什么,怎么训练。它是一组教材的核心,又是某项读写能力由知到会的转折点。

第四层"基础训练"。是配合本组教材的综合练习。在内容上,和本组课文有一定的联系;在语文基本功训练上,自成系统,有相对的独立性。中高年级的基础训练,一般包括"字·词·句"、"听话对话"(隔一组安排一次)、"阅读"、"作文"四大项。通过综合练习,使知识得到运用,能力得以迁移。基础训练中的语言实践,重视和学生思想、生活的联系,以适应

日常生活的需要。

中高年级各册教材这样编排，使以读写为重点的各项语文训练前后衔接，螺旋上升，体现了从实践到认识再回到实践的认识过程，体现了在训练中培养能力的过程，体现了语文基本功训练的系统性和整体性。

二、教学中应注意的几个问题

从 1993 年秋季开始，全国多数地区和学校将使用人教社编写的义务教育小语教材。下面就如何用好新教材，简要地谈几点意见和建议。

（一）要切实转变教学思想

要认真学习《九年义务教育全日制小学语文教学大纲（试用）》，认真钻研义务教育小学语文教材，明确义务教育教学大纲、教材的基本精神是适应普及义务教育的需要，体现素质教育。要摆脱片面追求高分数的传统教学思想的束缚，而向全体学生，着眼于素质的提高，使语文教学为提高全民族的素质切切实实做好打基础的工作，给学生打好思想道德和听说读写的基础，大面积提高语文教学质量。

（二）要把握年段特点，注重培养能力

低年级，汉语拼音是基础，词句训练是重点。教学第一册，一定要切实教好汉语拼音，重视常用音节的训练，通过汉语拼音的学习，使学生做到准确、熟练地拼读音节乃至逐步做到直呼音节。学生汉语拼音学好了，才能发挥其帮助阅读的功能，才能借助拼音识字、正音、学习普通话。汉语拼音基础打好了，将会轻松、顺利地完成第一册的教学任务。教学第一册，还要教好“看图读拼音识字”。其中的纯拼音句群不是课文，教师不必讲解，只要学生能读熟，起到复习巩固汉语拼音、借助拼音进行最初步的阅读训练的作用就可以了。这部分教材的重点，是学习从纯拼音句群中提出的生字，掌握笔画、笔顺、偏旁部首、间架结构，打好识字基础。教材从第三册开始安排归类识字。要在学生学习一、二册掌握一些识字方法，具有初步识字能力的基础上，注意指导学生了解每种归类识字教材的特点，学习利用汉字本身的规律识字，做到举一反三，触类旁通。在低年级的教学中，还要利用“看图学词学句”“看图学文”和课文，教好词和句，帮助学生初步建立词和句的概念，在理解和运用词句多下工夫。

中年级，要加强段的训练。要利用教材放缓训练坡度，注意和低年级训练的衔接，有步骤地进行段的训练的优势，扎扎实实进行段的训练。阅读方面，继续重视词和句的理解；加强理解一个自然段的训练；进而进行分段、归纳段意的训练，向篇的训练过渡。作文方面，在低年级练习写话的基础上，加强片断训练，把训练重点放在内容真实具体、语句完整通顺上，不要求写成篇的作文，不讲究开头、结尾。如果在阅读、作交卜，加强段的训练，就为高年级篇的训练创造了条件。

中高年级教材，围绕读写训练项目四方面为一组安排希望在教学中加强“训练组”的概念。要一组一组地钻研教材，统筹提出教学目的，统筹考虑能力培养。使学生每学习一组教材，经历一个训练过程，语文能力上一个新台阶。

(三)要重视对学生进行全面的语文基本功训练

在当前,特别要重视写字的指导;在低年级说话课上和各年级的语文教学的各个环节中,加强听话和说话训练,使学生的各项语文能力得到均衡培养、逐步提高。

传承与创新:论小学语文课程的文化品性[①]

——兼谈国标本(苏教版)小语教材的文化观

朱家珑

一、小语课程在文化传承中的独特性

(一)传承与创新:课程的文化角色

课程的诞生大约是基于以下的初衷:人类为了避免由于代际更迭而导致的一种后继者重新探索前人业已熟悉的知识路径所上演的悲剧情形,即人类所创造的各种文化(尤其是精神文化)需要借助一种外在于人自身的形式而繁衍。古希腊的“西绪弗斯神话”早已清晰地表达了人类的这种恐惧。于是,使每一代人的文化积累可以向后世更迭传承,形成可供后继者拾级而上的知识阶梯,便成了课程初始而本然的意义。

有鉴于此,“课程作为文化传承的工具”这一实践归纳性命题不仅在理论上被普遍认同,在实践中也被广泛运用。但是,正如马克思认为人从来就不具有先验的本质,人的本质是随着人类实践活动的不断深入而不断被占有和被获得一样,课程的本质也并非就被固化与定格于其诞生的时空。换言之,“文化传承的工具”仅仅是课程内涵的一部分而非全部,课程在其发展的过程中不断更新与占有着新的本质。人类的历史发展告诉我们,仅仅作为一种工具性的存在(尤其是被利用而作为一种霸权性工具存在时),课程这一为人类发展而诞生的产物却往往无奈地沦为一种阻碍社会进步的消极因素。因此,课程除了具有传承文化的功能性角色外,还须具有文化更新的本体性角色。换言之,课程创新文化的品性历经课程的历史流变后,在多元文化发展的今天,与“传承文化”一并成为课程的题中之意。

此二者原本在逻辑上可谓相辅相成,但由于在实践层面较难调和,使得它们日益变得矛盾起来。这种矛盾与人二元的思维方式不无相关:单方面重“继承”的观点认为,只要继承了人类文化的精华,就必然会有所创新,所以对于后者的强调较为多余,并且这种“多余”在一定程度上会损害继承的完整性。与之相反,单方面重“创新”的观点则认为,对于传统的过多继承(其实是盲目继承),会形成一种束缚创新品质形成的惯性思维方式,使得人类一些原本需要经过理性思考的“心理反应”逐渐蜕变为一种本能似的、去理性化的“生理反应”,进而灭绝创新的潜在可能。双方从各自的出发点得出不同的结论虽不无道理却失之偏颇。在经历了20世纪八九十年代的“文化热”之后,我们日益清晰地明白了此二者之间颇具辩证色彩的逻辑关系:创新是传统在历史的更迭过程中对于自身的否定之否定后的不断再生,它就是传统本身,所以并不存在矛盾对立的双方,我们所要思考的并非是此二者在课程的文化角色中

---

① 原文发表于《教育理论与实践·B》2007年第10期。

孰重孰轻的问题,而是在更高的层面上思考如何处理这两种文化角色的关系从而使课程不断趋于合理的问题。在多元文化的大环境中,人的创新精神的培养又被格外重视,这样的时代赋予了这一问题以新的内涵与意义。

(二)独特的民族性:语文课程的文化角色

文化的多元发展,即文化发展的多样性,指的是人类文化发展所具有的多方向、多层次、多方式的性质。文化发展的多样性不仅源远流长,而且随着人类社会发展的深入,其所包含的内容也不断丰富与发展。虽然经济、政治已进入全球化发展的时代,但在世界范围内的文化发展形成的所谓"普世文明"中,"仍将蕴涵个别文明深刻的多样性"。

"人们经常读到多样性,但很少真正懂得……多样性不仅是一个事实,而且是一个必须掌握和正确评价的重要事实",这不仅意味着在多样文化的今天,跨文化的相互借鉴格外重要,更意味着如何在多样文化的今天保持自身文化的独特性,从而避免因相互借鉴导致的一种向他文化逐步趋同的倾向。这一独特性从根本上说就是民族性。因为民族间在文化上具有明显的划分边界,它是一个民族的人民在心理归属层面所能获得的最高层次的文化认同。因此,它是一个民族区别于其他民族的内在尺度。而民族性的本质很大程度就是蕴藏在其文化传统(尤其是精神文化传统)中的精神特质与文化基频,它的形成是在千百年的文化嬗变过程中以相对潜隐的方式流淌进身处其中的人民的血脉里而被逐渐沉淀的。与人类的所有文化一样,民族文化的承继也需要一种外在于人类自身的工具。语言,本民族的母语,就是这种重要工具之一。

因此,以母语教育为内容的语文课程就顺理成章地肩负着传承民族文化、培养民族特性的历史使命。很显然,如此艰巨使命的完成并不可能蹴于朝夕,它需要循序前行。对于成长中的孩子来说,大致需要经历这样几个阶段:在热爱本民族文化的基础上学会辨别其中的糟粕与精华,然后辅以他文化的借鉴从而最终导向文化的创新。由于这些阶段对于思维品质要求的层次差异,导致了不同阶段的母语教育被赋予了不同层次的意义,而对于本民族文化热爱之情的培养无疑是最具根本性的基础,着眼于这一基础的培养就是小学语文课程的重要使命。

(三)打下良好的基础:小学语文课程的文化角色

小学语文课程的基础性,是由小学生的身心发展特点所决定的,极强的可塑性及其年龄特征使得语文课程在基础教育阶段除了需蕴涵丰富的人文性之外,还由于语文是重要的交际工具而同时需体现较强的工具性。正如《全日制义务教育语文课程标准(实验稿)》(以下简称《标准》)中开篇阐明的那样,"工具性与人文性的统一,是语文课程的基本特点"。笔者认为,在小学语文教材中选入大量的源自传统文化且文质兼美的篇目,有助于引发在西方文化影响下成长起来的一代人对于本民族文化传统的兴趣,打下这种富含兴趣萌芽的基础在小学阶段不仅必要且意义深远。

"小学语文课程就是给孩子打下……的基础"这样的论断如果是我们日常性的泛泛而谈也无大碍,但作为指导教材编写与教育实践的出发点则需要作进一步的理性追问:我们要在孩子打基础的阶段给他们打下一种什么样的基础?笔者认为,就小学语文课程而言,这种基础应是立足于传统文化的精髓、着眼于创新精神培养的具有实践性的基础。

具体来说,一方面,如前所述,民族文化传统的继承与创新精神的培养并不是相互矛盾而不可调和的,关键在于我们继承了什么,以及如何继承的问题。继承什么,简单地回答就是在现时代具有积极意义的传统文化的精华,譬如对于师长的尊敬,对于亲情的颂扬及对于知识的挚爱等,这一点是无可争议的。但如果对这种精华的继承(当然也包括其他课程的学习)是通过"死记硬背"、"机械训练"的方式获得,那么这样形成的基础,无疑是阻碍创新精神的基础,是造成密切联系的两者相互矛盾的始作俑者。因此,从这个角度上来说,不是对传统的继承而是如何继承传统束缚了我们的创新。《标准》中也十分强调对"学生基础素质"的培养,并明确了它的基本构成——热爱祖国语言文字和中华优秀文化的思想感情;正确理解和运用祖国语言文字的能力;良好的语感、丰富的语言积累和文化底蕴;良好的语文学习态度、习惯和方法等等。从中不难看出,正确地继承优秀的民族文化传统在形成小学生良好基础过程中的重要作用。

另一方面,如何继承才不是"死记硬背"、"机械训练",才有利于形成具有创新潜力的良好基础,在这一点上,笔者认为,"大语文观"在语文教学实践中不失为一条值得尝试的途径。陆游教导他的儿子说:"汝果欲学诗,功夫在诗外。"即要走上社会,在生活实践中历练自己的观察能力和艺术眼光。这里虽指学习做诗,但语言文字的学习也是这样。《标准》在明确语文教育的特点的同时也明确指出"语文是实践性很强的课程,应着重培养学生的语文实践能力,而培养这种能力的主要途径也应是语文实践,……语文又是母语教育课程,学习资源和实践机会无处不在,无时不有"。秉持着这样的理念,笔者及教材编委在国标本(苏教版)小语教材编写工作启动之初,就确立了"语文教学要跟生活实践相结合、实现课内外衔接"这一指导思想,力求形成一种课内外结合、学用结合的语文课堂教学格局。通过这样的"大语文观",试图使得语文教学成为与社会生活息息相通的一泓活水,而不是局限在狭小课堂里的死水一潭。这样的开放性语文教学,将会不断地把优秀文化的继承导向活力与创新的彼岸。

给学生打下一个良好的基础是小学语文课程的重要目标,将语文融入社会生活实践则是实现这一目标的有效途径。下面笔者试着通过对苏教版小语教材的文化品质略加分析,来阐述教材编排的一些思路。

二、国标本(苏教版)小语教材的文化品质构成分析

如前文述,小语课程的文化角色应当是给孩子打下一个良好的基础,这一良好的基础饱含着丰富的意蕴:如何使学生在学习语文课程的过程中,热爱祖国的传统文化,并打下扎实的文字基础且同时又不被僵化练习戴上思想的桎梏,这也应当是小学语文课程不懈追求的目标。

(一) 对于优秀传统文化的继承

对于优秀文化的传承乃是课程(尤其是语文课程)当仁不让的历史使命,《标准》中"认识中华文化的丰厚博大,吸收民族文化智慧"的课程总目标也明确阐明了语文课程的这一首要价值取向。要实现这一目标,给学生提供大量的能与传统文化"相遇"的文本乃是必不可少的途径。遵照这样的原则,国标本(苏教版)小语教材在编写之初就确立了力求使这套语文教材体现出以包括"民族化"在内的"三化"("简约化"、"民族化"、"现代化")为特点的编

写目标。为此,国标本(苏教版)小语教材在这方面描下了浓墨重彩,这里笔者试图通过一个简单的统计来直观地展现这套教材的文化品质类型。该统计以苏教版小学语文教科书(经全国中小学教材审定委员会2001年起审查通过及其逐年修订本)1至6年级共12册271篇课文(其中不包含低年级识字教学篇目)为统计对象,将271篇课文依其主要反映的价值观念逐一列出并归类,一些并不具有明显价值取向的篇目则列入"其他"类。(见表1)

表1

<table>
<tr><th colspan="3">类别</th><th>篇目</th><th colspan="2">百分比</th></tr>
<tr><td rowspan="6">人</td><td rowspan="2">个人品质</td><td>优秀个人品质</td><td>80</td><td>29.52%</td><td rowspan="6">56.83%</td></tr>
<tr><td>为学之道</td><td>30</td><td>11.07%</td></tr>
<tr><td rowspan="4">人际关系</td><td>亲情</td><td>14</td><td>5.17%</td></tr>
<tr><td>师长</td><td>6</td><td>2.21%</td></tr>
<tr><td>社会他人</td><td>11</td><td>4.06%</td></tr>
<tr><td>和谐(人与人、动物、自然)</td><td>13</td><td>4.80%</td></tr>
<tr><td colspan="3">爱国</td><td>30</td><td colspan="2">11.07%</td></tr>
<tr><td colspan="3">写景</td><td>37</td><td colspan="2">13.65%</td></tr>
<tr><td colspan="3">科普与常识</td><td>25</td><td colspan="2">9.23%</td></tr>
<tr><td colspan="3">环境保护</td><td>9</td><td colspan="2">3.32%</td></tr>
<tr><td colspan="3">其他</td><td>16</td><td colspan="2">5.90%</td></tr>
</table>

从表1中不难看出,比重最大的是传达优秀个人品质的文章(将近占总篇数的30%),它的比重如此之大与中国传统文化中对于人的重视是息息相关的。这其中涵盖了诸多个人优秀品质,如谦虚、诚实、坚毅、奉献等等,这些都是中国传统伦理文化中所积淀下来的道德精髓。在孔子的思想中就有着清晰的反映,他主张"德育要通过智育来进行"。正如他所言,"君予怀德"(《里人》);"弟子入则孝,出则弟,谨而信,泛爱众,而亲仁,行有余力,则以学文"(《学而》),都反映出其教育思想对于个人品德的注重,数千年的岁月涤荡也无法遮蔽这些优秀的道德品质在现代所具有的不言而喻的积极性与合理性。其次,"为学之道"所占比重也较多,这其中还不包括每一册教材在开篇列出的(共计12篇)"培养良好的学习习惯",其内容涉及包括了勤奋好学、严谨求实等学生为学所必须具备的优秀品质。第三,在人际关系方面,正如我们传统文化中向来重视伦常关系一样,涉及的篇目涵盖了亲情、师生之情等方面。

有学者对这种道德的价值取向在不同版本的教材之间进行比较研究后发现,不同版本的教材在这一价值取向上基本一致。但我们也不难发现,不同版本的教材都有着自己独特的表达方式,比如,苏教版颇具特色的借助韵语识字的"词串识字"法,"识写结合,描仿入体"的写字教学训练思路以及强调对于优秀诗文的背诵等(全套教材要求学生背诵的篇目在150篇以上),都试图以自己的方式使语文课程散发出浓郁的传统文化气息。在全套教材中涉及60多位历史人物,60余首古典诗词含读读背背,88篇练习中有47.73%的篇目安排了涉及传统文化的训练单元。……这些直观的数据都反映出我们在这方面的不懈努力与大胆尝试。

(二)对于传统文化的选择与他文化的借鉴

《标准》中对于现代社会给公民提出的要求有着明确的描述:“现代社会要求公民具备良好的人文素养和科学素养,具备创新精神、合作意识和开放的视野,具备包括阅读理解与表达交流在内的多方面的基本能力,以及运用现代技术搜集和处理信息的能力。语文教育应该而且能够为造就现代化社会所需要的一代新人发挥重要作用。”但是,我们必须面对的是,我国这样的伦理型文化是用来求善,用来处理“关系”的,其主流层面鲜有求真的因子,因而强调稳定,封闭保守,贬抑变化,忽视反思、批判与创新。而传统教学中的教师权威化、专制化、学生被动接受、死记硬背经典等现象都与这种文化特点如出一辙。此外,虽然“重人”确实是我国传统人伦中的首要特征,但这个“人”却并非抽象意义上的人,它在我们的文化传统中,更多地表现为一种“宗法人伦”,它的实质是把人与人之间的关系确立为统治服从的君臣关系,并且使这种关系借助于宗族的血亲、世系、长幼等关系来形成和巩固。也就是说,中国伦理色彩极重的传统文化除了有着值得继承的精华之外,也和其他任何文化一样不可避免地有着自身的局限性。因此,对于这种文化传统中所包含的消极因素以及未曾涵盖的空白,教材编委试图通过选择与借鉴的方式改造这种“异化的人伦关系”,力图给学生创设出一个人伦关系的和谐状态。

比如,现时代人类所提倡的可持续发展的理念,一反古时人与自然的对立、人控制自然的思维方式,认为人并非自然的主宰者,而应当与自然和谐统一,这种价值观应是变革现行课程体系的重要精神力量。苏教版教材对于这方面也十分重视,如《小河与青草》、《放小鸟》、《这儿真好》、《世界多美啊》、《美丽的月一顶鹤》、《云房子》等,都反映了有关关爱自然的主题,并且,几乎每册教材都安排了关于保护环境和珍惜资源的文章,以此来帮助学生了解人类的生存环境,增强环保和节约资源意识。

又如《标准》中明确提出“积极倡导自主、合作、探究的学习方式”,指出学生是学习和发展的主体,而在这其中较为根本的学习方式——自主学习所需要的主体性思想恰恰是西方人伦的近代发展成果,它要求人以自身为行动的目的,而这些恰恰是我们传统文化中比较缺乏的,因为伦理色彩较重的社会本位思想更加重视压抑个体特性的整体价值。因此,作为合作、探究学习前提的学生主体性的培养,也是小学阶段小语课程的重要任务。鉴于此,我们从五年级起安排了需要自主研究与合作交流相结合的“语文综合性学习”,还在各册“练习”中设置了需要学生发挥自己能动性的练习单元。如二年级上册练习就要求学生“走出学校,搜集几个标志。先把标志画下来,涂上颜色,再写出它所表示的意思。然后把大家搜集到的标志张贴出来,互相交流一下”,这不仅帮助学生认识了标志,还要求学生发挥自己的主动性,并且也锻炼了口语交际的能力。此外,课文中还专门安排了以引导学生改变学习方式为内容的课文,如《学会合作》、《三个小伙伴》、《学会查“无字”词典》等。

如果说对于本民族优秀文化的传承是国标(苏教版)小语教材孜孜以求的“民族性”的话,那么对于传统文化的选择性继承与对于他文化的借鉴则是为了使这套小语教材更适合当今乃至未来社会对于人才的需求,也就是要给成长中的一代人打下具有现代意义的扎实基础。因此,从这个角度看,国标(苏教版)小语教材又具有较强的时代感,体现出“现代化”的编写思路。

(三) 对于小学生实践创新之基的培养

如前文述,《标准》中对于语文学习的途径给出的建议是:"语文实践。"吕叔湘先生也认为,"少数语文水平较好的学生,你要问他的经验,异口同声说是得益于课外",这更证明了让学生参加语文实践活动的重要。正如有句名言所说的那样:"语文学习的外延与生活的外延相等。"

苏教版小语教材所秉承的"大语文观"十分重视语文实践对于小学生语文学习兴趣的养成及对传统文化的热爱等所具有的积极作用。例如,国标(苏教版)小语教材中除了安排常规性的古诗篇目共70篇,还在课文中安排了大量取材于传统文化的篇目(如神话、寓言等)。这其中包括了"文包诗",如《但愿人长久》、《黄鹤楼送别》、《少年王勃》、《每逢佳节倍思亲》等,它们将古诗情节化,使得原本从生活中抽象出来的几行文字重新融入到现实场景中去;使之情境化,但又尽量用散文式的优美语言描绘出诗中传神的诗句,试图通过这种方式加深学生的理解,拉近这种古典文学与现实生活的关系。

除此之外,我们在练习中还编排了许多包含传统文化精华的单元除大量的古诗词外,还有许多以主题贯穿的成语及对联、民谚等,这里将每册教材中的常规古诗篇目、以传统文化为内容的篇目,及包含古诗词、民谚的练习篇目作一简单统计,得到了下表(见表2)。

表 2

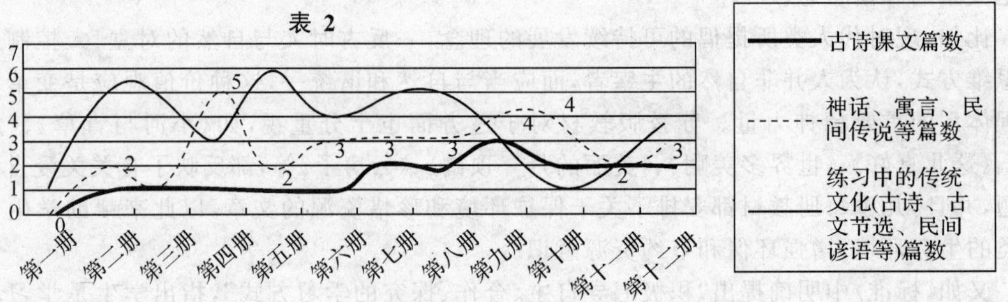

表中的深色线条代表了含有古诗词单元的练习数量(42篇),相对来说,它占了练习总数量的近两成(共88篇练习)。它不仅在数量上对课文中的古诗词教学起着补充的作用,并且在形式上也体现着"大语文观"的特点。这部分内容设计的单元形式多样,有的是为了学生的积累,如读读背背;有的是先自己查工具书再与同学交流、探讨;还有配图的诵读与欣赏。……它们通过不同的形式呈现给学生(不再仅仅是单一的理解、背诵)。学生在学习过程中所接受的不再仅仅局限于几行诗句,还包括了自己阅读能力,查阅工具书的能力及其口语交际能力等的养成与训练;同时,他们的学习也不再局限于书本,因为对于一些民谚、古诗词的理解,都必须求助于生活,学习于社会。正是在这样的语文实践中,学生在课内所学习的语文知识才能更好地转化为语文能力,从而使语文课程的外延扩大到社会生活,而不再是与之不相关的"两层皮"。正因为秉持着这样的理念,我们试着将语文训练的机会更多地投之于广阔的生活实践,摈弃了在狭小的课堂中繁琐训练的传统,在教材编写时变"加法思维"为"减法思维",削枝强干,集中目标,突出了小学语文中最主要的基本功(识、写、读、背、作、说、习)。国标(苏教版)小语教材在编写体例、课文类型、课后作业方面都突出一个"简"字,目的就是要突出最重要的基本功,而这正是其"简约化"的编写特色。

综上,国标(苏教版)小语教材试图通过"简约化"、"民族化"及"现代化"的编写方式,在给学生注入传统文化精髓的同时，也帮助他们构建一个符合时代要求、具有创新精神的语文基础。1988 年 1 月，世界上三分之二的诺贝尔奖获得者在巴黎开会，大会宣言的第一句就是："如果人类要在 21 世纪生存下去，必须回首 2 500 年前去吸收孔子的智慧。"吸收什么及如何吸收，小学语文课程都应有自己的应对！

面向21世纪的小学语文教材建设[①]

徐根荣

自国家教委提出“在教学要求基本一致的前提下实行教材多样化”的方针之后,我国中小学教材从“统编”到“多样化”已近12年了。上海S版小学语文教材就是在这样的背景之下诞生的。

去年11月,在由上海教育报刊社、上海教育出版社、上海师大教科所和闸北区教育局联合主办的“沪粤江浙S版小学语文教材研讨会”上,来自海内外的许多语文教学专家给这套教材以很高的评价。目前,S版小学语文教材不但深深扎根于上海的17个区、县和地区,而且广东、浙江、江苏等省及海内外的一些汉语学校也纷纷选择用了这套教材。作为上海地区的教材,何以会被外省市及海外的学校选用?本刊记者于研讨会期间采访了S版语文教材副主编、上海市特级教师徐根荣老师。徐老师就面向21世纪的小学语文教材建设,畅谈了他的看法。

(△徐根荣老师　○记者栗兆祥)

一、编教材的人心中要有学生

○徐老师,历来的小学语文教材都是作为“教本”来编写的,而据了解,S版小学语文教材与以往教材的一个显著区别,就是这套教材既是“教本”,又是“学本”。是这样的吗?为什么?

△是的。过去总是认为教材是编给教师用的。因此,编写人员考虑得比较多的是教材要让教师喜欢,符合教师的要求,使教师用起来方便。这当然是对的。但却忽略了一个很重要的方面:教材使用的主体是学生,是几万乃至几十万的学生。如果我们的教材脱离了广大学生的实际,不符合学生的需求,那么这样的教材就绝不是好教材。所以,教材不能仅仅是“教本”,更重要的应该是“学本”。既然是“学本”,编教材的人心中就要时时想到学生,处处为学生考虑。

○您能否具体地介绍一下S版小学语文教材是如何体现处处为学生考虑的?

△这就是一切要从学生的实际出发,一切要从有利于学生的学习和发展出发。因为现在的小学生将是21世纪的建设人才。因此,我们不能把他们仅仅看作是被动地接受知识的容器。他们有学习的主动性,而且有巨大的学习潜能,应该把他们培养成为会学习、会思考、会创造,能够解决实际问题的人。

为此,我们在编排S版小学语文教材的时候,并不拘泥于知识点的多与少,而是特别强调激发学生的学习兴趣和指导学生掌握学习方法,培养学生良好的学习习惯并进而形成较强的语文自学能力。例如,我们吸取了教法研究的最新成果和广大教师的成功经验,在课后

① 原文选自《上海教育》1999年第3期。

练习中设计了系列的“学法指导”，对字词句篇学习的步骤和方法作了明确、具体的指导。面对这样的教材编排，起初不少教师心生疑虑，他们想既然教材中把“学法”都展示给了学生，那教师还能干什么呢？但后来的实践证明：教材中编入“学法指导”，不仅便于学生预习和掌握学法，有助于提高他们的自学能力，而且也为教师组织学生的学习活动提供了依据。

为了减轻学生过重的学习负担，我们又制订了“先易后难，先慢后快，逐步加深”的教材编写原则。例如，一年级的汉语拼音教材，过去让学生把大量的时间花在抄写和默写声母、韵母上，以致学生抄得很累，默得很苦，不但教学效果甚差，而且使学生入学不久就产生厌学情绪。因此，我们在编写的时候就尖锐地提出了这么一个问题：汉语拼音教学的主目标到底是什么？众所周知，汉语拼音是识字、正音、学习普通话的工具，而要发挥这种工具的作用，最主要的，学生必须具有正确熟练地拼读音节的能力。由此，我们对起始阶段的汉语拼音教材提出了“加强拼读，不抄不默”和“拼音字母的书写从描到写”的编写方案。教学实践证明：这样的教材减轻了学生过重的学习负担，提高了他们的拼读能力，是符合小学生的年龄特点和认知规律的。

此外，S 版小学语文教材在选文方面也体现了要多为学生考虑。大量新选入的课文，都非常贴近儿童生活，富有儿童情趣，为儿童所喜闻乐见，在作文题的设计上，注意引导学生写自己熟悉的生活，注意激发学生的写作兴趣和启发他们的思维和培养他们的想象力。当然，这里的“儿童性”绝非是消极地顺应儿童的要求，而是积极地促进他们身心全面、和谐地发展。

二、教材编写要善做“减法”

○徐老师，上海是全国经济最发达的地区之一。而当时国家教委就是要求上海编写一套适合我国经济发达地区使用的教材。有人认为，既然是为发达地区编写教材，那么，教材就应该编得要求高一点，内容深一点，课本厚一点。对此，您是怎样看待的？

△这涉及新编教材的定位问题当时，确有人提出了“高、深、厚”的主张。但我们经过对新中国成立以来小学语文教学历史与现状的分析、研究之后得出结论：小学语文教材的突出问题不是要求太低而是太高，不是内容太浅而是太深，不是篇目太少而是太多，原有的教材要求严重地脱离了学生的实际，不仅加重了学生学习的负担，而且使教学质量长期徘徊不前，这又影响到其他学科的学习，也影响到整个九年义务教育的质量。鉴于以上原因，我们决定 S 版小学语文教材的编写必须做“减法”。

○请您介绍一下你们是怎样做“减法”的。

△我们对教材的整体目标、识字总量、训练难度、课文容量、练习要求等都做了“减法”，可以说是全方位的。同时，“减”的幅度也很大，如针对教材篇目过多，教学进度过紧，我们删减教材总量 30%，减少篇目数达 21%；针对重点训练项目中篇章训练过多的情况，我们把篇章训练项目的比例从 80%减少到 25%。我们所做的“减法”中，还包括降低要求和推迟训练的时间。如把中年级的作文改为“写段”，把高年级要求学生概括中心思想改为只要求会归纳课文的主要内容，等等。

当然，实施“减法”也并不是没有矛盾的。例如，我们把识字量从原先的 3 000 个降到 2 500个，就引来了一片反对声。许多教师担心识字量减少了，语文教学的质量会出现滑坡。对此，我们进行了深入的调查和研究、根据国家语委的一项调查：一个人认识 2 500 个常用汉字,即能覆盖各类常用报刊上98%左右的汉字。这说明,小学生如能掌握2 500个常用汉字,他们的日常阅读就不会有太大的障碍。再说,对小学语文教学来说,在5年时间内,让每一个学生切实掌握2 500个常用汉字,其任务也并不轻松。

所以,我们的想法是,与其让学生学得很多,学得食而不化,还不如让学生少学一点,学得扎实一点。

○徐老师:听了您的一番话,是否可以得出这样一个结论,即衡量一套教材质量的高低,并不在于其要求的高低,内容的深浅,课本的厚薄,关键是要看其是否适合学生的学习,是否有利于培养学生可持续发展的能力,是否适合这个地区经济和社会发展的需要。

△你归纳得很好:我们正是基于这样的考虑,力求编出一套适合经济发达地区使用的小学语文教材。

三、教材编写要体现学科的性质任务

○长期以来,在小学语文教学中一直存在着"文道之争",一个看似公正的做法是要求语文教学必须"文道结合"。但事实上,语文教学经常在这两端之间摇摆、少有有机结合的时候。其实,透过"文道之争",我们还是可以发现隐藏在这个争论背后的一个核心问题,就是小学语文教学的主要任务到底是什么? 对此,您是怎样看待的?

△诚如你所说的,在新中国成立后很长一段时间内,我们的语文教学时而重道轻文,时而重文轻道。在重道轻文时,忘记了语文学科的工具作用,忽视了语言文字训练,甚至把语文课上成了政治课;在重文轻道时,又忽视了课文的思想内容,因而把语文课上成了单纯的语言文字训练课。语文教学往往就是这样从一个极端走向另一个极端的。

我们编教材时,就特别注意了这个问题。毫无疑问,语文是人们最重要的交际工具,学习语文与学习其他学科不同。学习别的学科主要是学它的内容,而语文学科则主要是学习表现内容的形式,即学习语言文字本身,学习遣词造句、谋篇布局的本领。当然,语言文字是负载着一定的思想内容的,一篇课文总是与作者的思维、思想认识、道德情操紧密相连的。这就是我们所说的"文以载道"嘛。所以,尽管语文学科的任务是多方面的,但主要任务是学"文",这是一个不争的结论。

○您对语文学科的性质任务说得十分明确。能否再介绍一下,这一点在你们的教材中是如何体现的?

△在教材中,我们注意发挥语文的工具作用。比如,为了提高学生独立识字的能力,我们在低年级教材中重点让学生掌握三套识字工具:一套是帮助掌握字音的工具——汉语拼音;一套是帮助掌握字形的工具——汉字的笔画、笔顺、偏旁部首和间架结构,我们有计划地把这些内容编入教材,提高了学生独立分析字形的能力;还有一套是帮助理解字义的工具——字典。为了让学生能提早开始课外阅读,我们在编排上还把部首查字法推到音序查字法之前来教学,产生了较好的效果。又如,为了培养学生实际的语言交际能力,我们从学生的实际需要出发,把例如送别、转告、推荐、商量、道歉、介绍等实用性很强的内容编入教材。在编排上,将过去的看图说话为主、学生独白为主的训练体系,转变成为以对话为主、交际应用为主的训练体系,更加强调了说话的情境性、针时性和交互性。

○能否再请您谈谈,您主编的这套教材最为成功的地方?

△成功与否要看实践,要看效果。但我们的S版语文教材确有一些与其他教材不同的

地方。如“加强词句，淡化篇章”，这是对教材内容、训练重点的优化；“听说读写，四线并进”，这是对教材结构的优化，以确保听说读写的全面训练；“渗透教法，指导学法”，这是对训练体系的优化，有利于提高学生的自学能力。

△谢谢！祝愿小学语文教材的编写能有新的突破，更愿小学语文教学的质量获得更大的提高。

温故知新　推陈出新①

——读语文出版社S版义务教育课程标准小学语文实验教科书

饶杰腾

近读《费孝通在2003》一书，特别是书中《文化自觉——传统与现代的接榫》一文，尤受启发。费孝通先生指出："文化不仅仅是'除旧开新'，而且也是'推陈出新'或'温故知新'。'现代化'一方面突破了'传统'，另一方面也同时继续并更新了'传统'。"对此，书中另一处作了深入浅出的阐释："从'今天'是可以推测'昨天'的，因为历史并没有'走'，它还包含在'现在'里。人们一般不去关心这个时间概念——我们说昨天已经过去了，如果仔细想想，你会觉得昨天'并没有走，今天有昨天的'成分'在；就像昨天的'我'还留在今天的'我'里，可是今天的'我'已经有了变化，又不同于昨天时我'了。这种看法，是把'事物'看作是不同时间上变化的集合体。"

按照这种看法来考察当下的课程改革与实验，就可以发现，"今天"和"昨天"的"继续"与"更新"。以语文课程改革为例，2001年7月，由教育部制订的《全日制义务教育语文课程标准(实验稿)》(以下称《新课标》)颁行，首次提出"课程的基本理念"及相应的"教学建议"。此前，即1996年，《全日制普通高级中学语文教学大纲(供试验用)》首次从"教学原则"的角度，把百年语文教学的经验加以总结。如果把"昨天"和"今天"联系起来加以比较，就可以窥出"它的来历、形成的过程，所具有的特色和它的发展趋向"。

年份	基本理念	全面提高学生的语文素养	正确把握语文教育的特点	积极倡导自主、合作探究的学习方式	努力建设开放而有活力的语文课程
2001	教学建议	重视情感、态度、价值观的正确导向。正确处理基本素养与创新能力的关系	努力在教学中体现语文的实践性和综合性。遵循学生身心发展规律和语文学习规律，选择教学策略	充分发挥师生双方在教学中的主动性和创造性	沟通课堂内外，充分利用学校、家庭和社区等教育资源
1996	教学原则	语文训练 思想道德教育　统一	语言训练 思维训练　相辅相成 语文训练　知识教学 能力训练　密切结合 阅读能力 写作能力 听说能力　全面训练	教师的主导性 学生的主动性　相结合	语文　课内教学 课外学习　相结合

① 原文发表于《语文建设》2006年第6期。

从1996年的大纲与2001年的新课标的比较中，我们可以清晰地看出对语文教学规律的认识和把握的轨迹，以及经传承和更新所达成的基本共识。

学习本族、本国语言，要遵循本族、本国学生学习母语的规律。母语的学习过程自然表现为可区分的阶段性。纵观1922年新学制颁行后历次的语文（或称国语、国文）课程（或称学科）的课程标准（或称教学大纲），小学阶段有以下三种划分：

六分法（按学年分）：1923年。

三分法（低、中、高）：1929、1932、1936、1948、1992、2000、2001年。

两分法（初、高）：1941、1956、1963、1986年。

根据80多年来的发展趋向，“两分”与“三分”的共同点是把五、六年级视为“高级”；相异点是一至四年级，即“初级”是否分为“低、中”两级，而成为《全日制义务教育语文课程标准（实验稿）》所划定的“第一学段”、“第二学段”。当下要深入研讨的问题有四个：一是“第一学段”、“第二学段”与“第三学段”的质的规定性，二是“第一学段”与“第二学段”的质的规定性，三是前二者之间有无区别，四是“第一学段”与“第三学段”（小学）和“第四学段”（初中）的区分和联系。以上四点可以图示如下：

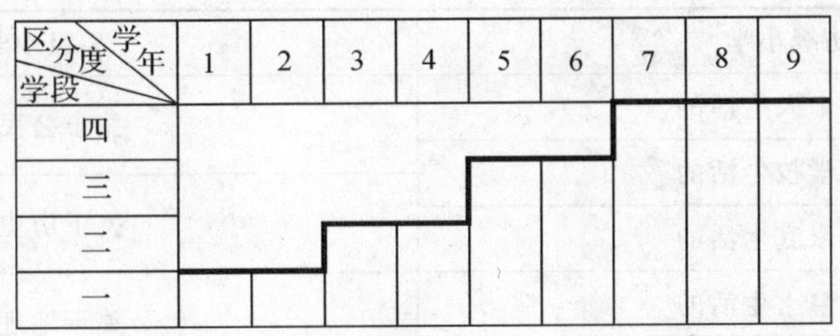

上表说明，“第一、二学段”与“第三学段”、“第一、二、三学段”与“第四学段”的区分度应有所增加而呈现质的不同。

但是，新课标时阶段目标却存在相当大的模糊性。以“识字能力”的培养为例：

第一学段，能借助汉语拼音认读汉字，能用音序和部首检字法查字典，学习独立识字。

第二学段，会使用字典、词典，有初步的独立识字能力。

第三学段，有较强的独立识字能力。

第四学段，能熟练使用字典、词典独立识字。

表面看来似乎有“序”：从“能用音序和部首检字法查字典”“会使用字典、词典”到“能熟练使用字典、词典”，从使学生具有“初步的独立识字能力”到“较强的独立识字能力”。何谓“独立识字”？“初步的”和“较强的”独立识字能力的标准是什么？至于“查字典、词典”是不是“独立识字”的唯一条件，“能用”“会使用”和“能熟练使用”的标准是什么？所有这些都是很难把握的。

作为教材主体的教科书，要准确、全面地体现课程的基本理念，要为教学提供基本依据乃至于思路。新课标实验教科书的编撰，要坚持温故知新、推陈出新的原则，要遵循学生学习的基本规律（表现为不同阶段以及阶段间的关系）。语文出版社S版义务教育课程标准小学语文实验教科书（以下简称“S版”）在九年义务教育五年制小学“注音识字，提前读写”教科书于1986年秋开始使用，80年代末出齐，1992年审查通过，后又作了全面修订。以下简称（“注·提”版）的基础上，根据新课标的基本理念，汲取传统小学语文教科书的编写经验，努力构建小学语文教科书体系,给我们以有益的启示。

一般说来,基础教育阶段语文课程的设置,旨在使学生具有理解和运用本族、本国和外国语言文字的能力。本族、本国和外国语文课程的不同在于,学生是在本族、本国的语言文化的环境中成长的,学龄前就不同程度地有了理解和运用本族、本国语言文字的基础。入学后,依然在此基础上、在此环境中学习,并在新的基础上,保持可继续发展的态势。

本族、本国的固有文化积淀在言语和语言里。学习本族、本国语言,从根本上说,是接受民族文化的熏陶和浸染。1996 年的高中语文教学大纲首次提到“语文是最重要的文化载体”,2000 年修订为“人类文化的重要组成部分”,2001 年颁行的新课标仍然沿用。“文化载体”所载的文化是学生应当学习的。“教科书应体现时代特点和现代意识”,必须注重在新的历史条件下“弘扬中华民族优秀文化”,培育适应时代潮流的民族意识和民族精神,同时,“理解和尊重多样文化(高中新课标改为‘多元文化’)”,以扩大视野,汲取营养,在中外文化的碰撞与交融中,求得传统的更新。

我国历来的语文教科书,尤其是“文选”部分,非常重视文化,特别是本族、本国文化的积累。早在 1941 年,《小学国语科课程标准》就作出了系统的安排:

初级小学	高级中学
关于个人生活的	关于公民的
关于学校生活的	
关于家庭生活的	关于历史的
关于乡土生活的	关于地理的
关于民族国家的	
关于世界人类的	关于自然的

当时教科书文选的内涵,初级小学按生活领域,由个人、学校、家庭、乡土、民族国家以至于世界人类逐步扩展;高级小学则按常识分,有公民、历史、地理和自然等项。我国语文教育发展的历程虽然艰难曲折,但始终或隐或显地贯串着民族文化的传承和革新。于是必须研究小学阶段语文教育中不可或缺的文化内涵,探讨民族文化和多元文化的关系,并遵照学生的身心发展规律和语文学习规律,作出合理的安排。

课文是语文教科书的主体。入选的文章要经过严格的文化选择。S 版根据这一原则所采纳的古今中外的作品,凡 367 课,大致分为两类。

第一类是关于弘扬中华民族优秀文化的。入选的神话、传说、历史故事几乎涵盖了中国的整部历史,从盘古、女娲、炎黄到林则徐、邓世昌,自上古以至于清末,囊括了政治、经济、军事、艺术、科技等领域,无不表现出浩然正气、坚韧意志和聪颖睿智,这是中华民族精神的集中体现。成语故事更多的是展示中华民族的思维品质和思维方式。S 版又以《十二月歌》为引子,系统全面地介绍“年”、“清明节”、“端午节”、“重阳节”的来历。此外,《家》描绘了蒙、维、藏、傣等少数民族家居建筑特色,描述了各兄弟民族的传统与风俗。同时,选入大量古典诗词和重点的长篇名著片段,又以相当篇幅进行革命传统和爱国主义的教育,为孩子们打下扎实的精神底子。

第二类是关于理解和尊重多元文化的。入选的外国作品(译作)41 课,有关外国生活内涵的 27 课，两者共占全部课文的 18%。采用的内容大多是学生能理解而又需要的。如苏联苏霍姆林斯基和意大利的亚米契斯的作品就颇为典型。

S 版教科书的文选按主题或体裁组成前后照应、逐层加深的单元：

学段	年级	册	第一单元	第二单元	第三单元	第四单元	第五单元	第六单元	第七单元	第八单元
一	一	上		爱校、爱国、爱地球	爱大自然	爱学习会思考有礼貌		生活与思考	历史故事寓言童话	
		下		春天来了	献出爱心	不怕困难		爱动脑	养成好习惯	传说寓言童话
	二	上	热爱祖国	爱满人间	爱动脑	科学与发现	爱护环境	养成好习惯	送旧迎新	传说童话
		下	寻找春天	爱学、会学	快乐地成长	科学与发现	成长的故事	热爱祖国	不怕困难	神话历史故事
二	三	上	美好生活	动物世界	科学与发现	祖国山河	爱的故事	美好的品质	环境保护	神话传说
		下	自然景观	人与动物	科学与发现	自然的生机、危机	互信和互爱	美好的品质	爱我中华	传说童话寓言
	四	上	童年生活	自然景观	成长的故事	生物的灵气	美丽的心灵	科学与发现	人物的故事	传说寓言童话
		下	成长的故事	美的发现	科学与技术	爱我中华	纯真的爱	人生的意蕴	动物世界	历史故事 传说童话
三	五	上	童话世界	人与自然	难忘的岁月	真诚的心	中华文化	名著之旅		
		下	民族文化	人类的伙伴	巾帼英杰	自强不息	赤子情怀	名著之旅		
	六	上	童话寓言之旅	爱我中华	温暖的记忆	民族之魂	科学与发现	名著之旅		
		下	神话与传说	人间天平	科学与发现	情暖人间	中华文化	校园畅想曲		

综观以上图表，S 版在课文的选取和编排上呈现的特点有：

第一，在人文精神的培育方面，各学段各有侧重又相互联系、渗透，逐步扩展和深化。第一学段侧重爱心的培育和良好习惯的养成；第二学段侧重从人与自然、人与社会和人与自我诸方面，培养学生的美好品质；第三学段侧重革命传统、爱国主义、民族气节等价值观的教育，并全面提升自强、仁爱、诚信等方面的素养。

第二，在人文精神的培育方面，各学段从以学生为主体的理念出发，重视学生人文精神形成过程中的观察、感受、体验和感悟，让他们在思考和表述的互动中受到感化。如第一、二学段均有关"春天"的课文组成的单元：一年级下册第一单元"春天来了"，让学生"在春光里走走"，去感受，去发现；二年级下册第一单元"春天在哪里"，让学生去寻找、去触摸、去观察；三年级下册第一单元则大多通过春天的景物与人们情感的交融，让学生在观察中展开想象；四年级下册第一单元中冰心的《只拣儿童多处行》一文，借春游颐和园，通过对满园春色中的儿童的多处生动描述，最后找到了"春天在哪里"的答案："当你春游的时候，记住只拣儿童多处行，是永远不会找不到春天的！"上述几个单元组成合乎逻辑的序列，诱导学生去观察、去体验、去领悟，在理解的基础上得以升华。我想，这可能是编者的匠心所在。

第三，在人文精神的培育方面，各学段均以全面提高学生的语文素养为依归，编者在引导学生学习语文的过程中受到人文精神的浸染；在领悟人文内涵的过程中深化对语言文字的理解，进而逐步养成运用语文的能力。如第一、二学段均有关于成长的主题单元：二年级下册第三单元主题是"快快乐乐地生活、快快乐乐地成长"，痛快地玩儿，快意地做，愉快地劳作；第五单元讲的是用做人的道理经常对照自己，就会一天天成长，像小鹿用"减法"的思路造桥、男孩儿用钉钉子改变自己的暴躁脾气都是悟出来的；四年级上册第三单元是从别人的成长经历中汲取营养；下册第一单元表现的是"在大人的呵护下健康成长"。学习语言文字，感受人文内涵；领悟人文内涵，深化对语言文字的理解——这是语文课程全面、扎实提升语文素养的必由门径。四年级下册第一课《种子》讲的是学生上交洋槐树籽的故事，故事叙述一个小女孩儿交来为数不多的种子：

她从兜里掏出一个小葫芦，又从兜里掏出一张纸，在桌子上展平，然后凝望着那小葫芦的嘴儿，小心翼翼地往外抖。一颗、两颗、三颗……—我看着她倒出来的树种，不由得心里一动。

文章最后写道：

……我小心翼翼地把这些树籽包起来，唯恐丢失一颗。文章以"种子"为题，蕴涵着深意，有课文中的文字为证：我被一颗虔诚的童心感染了，心里充满温暖。望着她那俊秀的脸颊、专注的神情，我仿佛看见在茫茫的山川原野上，一棵棵洋槐树正在茁壮成长，为辽阔的大地撑起一柄柄绿色的大伞。

知识的引入是我国现代语文教育进步的一大标志。知识应该也可以发挥提高学生语文素养的作用。任何课程都有其独特的知识和知识体系。早在 60 年前，杨同芳在《中学语文教学泛论》中就指出："有人说语文教学不应该过于着重知识，其实一切的学习也都不应该太注重知识。我认为教学的错误，倒不在于注重知识，而在于偏重知识的机械的记忆，以致不能活用知识，吸收知识，反成了知识的奴隶。教学知识尤其是语文知识，在于深切的了解与灵活的应用，把知识应用于各种不同的动境。"

就语文教科书来说，选择哪些知识，构成怎样的体系，是至关重要的。1996 年大纲规定："知识教学要精要、好懂、有用，着眼于提高语文能力；能力训练要务实、得法、有效，要注意运用语文知识。"2000 年修订为："要致力于学生语文素养的整体提高，重视积累、感悟和熏陶，重视语文运用能力和语感的培养。"在此，未提"知识"及其教学。2002 年颁行的正式大纲(既非"供试验用"又非"试验修订版")又重提"知识"："重视语文知识与能力的整合，重视积累、感悟、熏陶和语感的培养，以利于学生语文素养的整体提高。"但是，2001 年新课标则把“应着重培养学生的语文实践能力，而培养这种能力的主要途径也应是语文实践，不宜刻意追求语文知识的系统和完整”作为基本理念提了出来。但在教学建议中阐明“语文教学要注重语言的积累、感悟和运用，注重基本技能的训练，给学生打下扎实的语文基础”，却未涉及“知识”。至此，语文教科书的编写在“语文知识与语文实践”上将不知所措。

“不宜刻意追求语文知识的系统和完整”的提醒虽然含混不清、似是而非，但并不是认为语文课程可以不要知识。我想，关键在于要什么知识、知识要不要构成体系（系统而完整）。体现新课标基本理念的各套实验教科书不同程度地打破以往的相对静态的知识体系（所谓“字、词、句、篇、语、修、逻、文”），但来不及（根本不可能在短时间内）构建动态的知识体系（即由陈述性知识向程序性、策略性知识转变）。S版教科书在如此困难的条件下仍然在扬弃传统经验的基础上，坚持语文基础知识的相对完整性，并进行语文知识与能力的整合的可贵而有益的尝试。以书中的“语文百花园”（除“语海畅游”一项外）的设计为例：

<table>
<tr><td>第一学段</td><td colspan="2">背一背</td><td colspan="2">读一读</td><td rowspan="3">能说会道</td><td rowspan="2">说话写话</td><td rowspan="5">语文大课堂</td><td>我的采集本</td><td></td></tr>
<tr><td rowspan="2">第二学段</td><td colspan="3">积少成多</td><td rowspan="2">阅读平台</td><td rowspan="4">指南针</td><td rowspan="4">学习毛笔字</td></tr>
<tr><td>读读背背</td><td colspan="2">我的采集本</td><td>笔下生辉</td></tr>
<tr><td rowspan="2">第三学段</td><td colspan="3">温故知新</td><td>阅读平台</td><td rowspan="2">口语交际</td><td rowspan="2">习作</td></tr>
<tr><td></td><td colspan="2">回顾与拓展</td><td>积少成多</td></tr>
</table>

从上表以及各单元的内容考察看来，S版的教材体系呈现出推陈出新的鲜明特色。

第一，较之“注・提”版，更加重视积累，并在三个学段组成积累的序列。第一学段“背一背”诗歌，以古诗为主；“读一读”则以现代诗歌、短文为主；“我的采集本”收有词句和常识。第二学段“积少成多”包括“读读背背”和“我的采集本”，前者以古诗、成语和格言为内容，后者以词句和常识为内容。第三学段的“积少成多”不再分“读读背背”和“我的采集本”，主要是积累古诗与名言。由于通过第一、二学段“我的采集本”的诱导和指引，学生有了采集的思路和方法（参见二年级下册第八单元“语文百花园・语文大课堂”《采集本里学问大》），到了第三学段即高年级，只是积累的拓展与深化而已。

第二，较之以往的教科书，更加重视阅读能力、写作能力和听说能力的全面培养，并且注重各种能力培养的特点和相互渗透、协调发展。以“写日记”为例：

能力／内容／学段	阅读	口语交际	习　作
第一学段	[背一背]长歌行（节选） [读一读]特殊的考试	[能说会道] 我们来帮他想办法	学写日记 （附例文）
第二学段	[读读背背]蜂（罗隐） [阅读平台]观察日记一则	[能说会道] 有趣的动物世界	[笔下生辉]动物观察日记 （附：观察与思考）
第三学段	[回顾]本单元介绍的动物 [拓展]白鹅（丰子恺）	[口语交际] 介绍一种动物 （附：活动建议、评价）	[习作]学写连续观察日记 （附：习作讨论平台）

以上纵横交错、经纬交织、温故知新,使学生做到读写结合,且由口头表述、交流、讨论自然过渡到书面语言能力的训练,有趣、有益、有效。

第三,较之以往的教科书,侧重于让学生在一定的情境中吸收并活用知识。如前所述的新课标对"独立识字能力"从"初步"至"较强"的要求,S版教科书给学生必要的知识引领,使他们养成习惯,把握要领,灵活运用。教科书中的"语文百花园·语海畅游"一项中设置"我爱识字""记字真有趣""汉字真有趣"等栏目,特别是"汉字真有趣"全面介绍汉字的构成、字形的结构、汉字的辨析(同音字、形似字)的知识,使学生较系统和规范地理解、掌握和运用。与之相应,在第一学段就编入音序检字法(一年级下册)和部首检字法(二年级下册)的简要知识,使学生掌握音序查字的步骤和提取部首的方法。

相对而言,第一、二学段注重字词,第三学段则注重句子。随着学生思维、理解能力的提高,高年级对词语色彩的理解和分辨,对关联词语的理解、选择、应用都很重视,同时还简要介绍了人物乃至景物的描写。

S版在"语文百花园"或"课文"后或附设"指南针"一项,先后安排学生学习"默读"、"观察"、"想象"、"搜集资料"、"发表自己的看法"、"制作读书卡片"、"转述"、"使用资料"、"简要复述"、"质疑"、"做读书笔记"、"写读后感"、"浏览"、"查找运用资料"等程序性知识。精要,系统,便于操作。

读S版教科书,深感探讨新课标所提出的课程基本理念的来历与形成的过程,从而找出"新"与"旧"的历史联系,是实施新课标的关键。体现新理念的教科书必须十分重视汲取历史的有益经验,特别是小学语文教科书,其中尤以低段教科书为最。

"温故"是为了"知新",只有"推陈"才能"出新"。语文教科书编写的关键在于课文的选取和知识的构成。课文的选取是文化选择的必然结果,文化内容应适合我国现代学生的成长。选择什么知识?选择的知识又怎样遵循学生身心发展的规律、学习语文的规律加以建构?所有这些,百年来,多停留在原则的讨论上,未能具体化。

教材体系与教学体系有着十分深刻的内在联系,但教材体系并不等于教学体系,如果教材体系按教学体系编写,教师就难以"创造性地理解和使用教材"。

中小学教学内容的城市偏向分析①

——以语文教科书为例

余秀兰

巨大的城乡差距已经在相当程度上阻碍了当今中国整个社会的城市化进程和小康社会的发展目标。而教育的城乡差距既是城乡差距的主要内容,又是其重要原因,所以发展农村教育也成为政府社会政策的重中之重[1](p39,p17)。要发展农村教育,必须首先诊断农村教育的症状。与城市相比,农村教育在诸多方面都处于不利地位,如师资、设备、经费等。除了这些明显的弱势外,有学者还认为,教育内容上也存在"城市中心"现象[2](p347,p366)。这种"城市中心"不仅使农村孩子所学内容离农村较远,而且增加了其学习的难度,从而既不利于其取得学业的成功,也无助于其参加当地的生产劳动。

本文旨在通过对教材内容具体而系统的分析,来考察其城市(或乡村)偏向问题。

一、对我国中小学语文教科书的分析

分析的对象与方法:选择人民教育出版社语文室编著的九年义务教育语文教科书(五三制,共 16 本),对其进行分析。之所以选择语文学科,是因为语文是最基础、学生接触最多、也最能反映意识形态内容的学科。为了研究方便,我们在 16 本书中随机抽取了 3 本:第 1 册、第 3 册和第 13 册。由于随机抽取的 3 本教材恰巧都是一个学年的上学期的课程,为了使研究更具有说服力,又增加了第 2 册作为分析对象。这样既有面的考虑(总量中的随机选择),又有点的分析(一个年级即一年级上下学期的教材)。分析的内容包括插图和课文内容。

(一) 插图

1. 第 1 册

第 1 册共有大小插图 274 幅,具体情况见表 1。

2. 第 2 册

第 2 册共有大小插图 142 幅,具体情况见表 2。

3. 第 3 册

第 3 册共有大小插图 134 幅,具体情况见表 3。

4. 第 13 册(初中第 3 册)

初中第 3 册共有大小插图 31 幅,具体情况见表 4。

由四个表格内容可见四本语文教科书的插图:

(1) 各册反映城市生活和反映农村生活的插图数量不一,第 2 册农村内容的多于城市,

① 原文发表于《南京师大学报(社会科学版)》2005 年第 5 期。

但总的趋势是:越是高年级,反映城市生活的似乎越多。

表1　语文教材第1册插图中的城乡差异

城乡特色		数量	具体内容
明显城市特色的		34	飞机、火车、高楼、洗衣机、按门铃、师生与城景、家庭生活等
明显农村特色的		29	斧、磨、母鸡孵蛋、水牛下田、劈柴、赶猪、小朋友及村景等
中性	植物	19	苦瓜、萝卜、茄子、菊花、荔枝、橘子、菠萝、椰树等
	动物	70	乌鸦、鸡、马、鹿、驴、孔雀、蝌蚪、豹、袋鼠、蝗虫、猩猩等
	景物	18	星、坡、太阳与小苗、雪景、秋景、云、风、蒲公英、枫叶等
	人物及动作	59	民族图、医生与病人、妈妈、解放军、男孩、看电视、器官等
	学校生活	15	上课、读书、写字、打扫卫生、画画、学校、庆"六一"等
	物品	30	靶、虎皮、木、墨、米、袜子、邮票、摩托车、伞、电扇等

表2　语文教材第2册插图中的城乡差异

城乡特色		数量	具体内容
明显城市特色的		23	打电话、家庭生活、校园课间、天文学家与望远镜、知了与城市、电脑、街道上的公交车与出租车等
明显农村特色的		31	果园、鸭子捉鱼、小朋友与春景、古人物与牛、上学路上、草原上小朋友、小壁虎借尾巴、锄禾的农夫、古人物与斧等
中性	植物	9	桃子、萝卜、莴笋、白菜、黄花菜、扁豆、花瓶与花和菜等
	动物	52	乌鸦喝水、小猴子下山、大熊猫、狮、鹿与驴、鹤、鹭鸶等
	景物	13	春景、南方风光、北方雪景、窗外景色、女孩与浪花、星空等
	人物及动作	10	司马光砸缸、男孩吃西瓜、王二小、达尔文、毛泽东等
	学校生活	3	教室的师生
	物	1	风景画

表3　语文教材第3册插图中的城乡差异

城乡特色		数量	具体内容
明显城市特色的		22	故宫、机场、图书馆、立交桥、动物园看企鹅、城市家庭等
明显农村特色的		17	秋景、棉花、播种、扬场、青蛙与井、古人物与村景等
中性	植物	23	杨树、柏树、梧桐树、木棉树、柿子、葡萄、茄子、苍耳等
	动物	33	蚂蚁、蜘蛛、狼、羊、鹰、骆驼、狐狸、猪、象、熊、猴等
	景物	4	星空、蝴蝶与花、冬景、草地
	人物	10	周恩来、列宁、女孩、达·芬奇、张衡、陈毅、毛泽东、李白等
	学校生活	10	学生为教师节准备礼物、老师与学生、图书馆的师生、浇花等
	物品	6	毛笔、尺子、铅笔、笔记本、巾、舟等
	体育	9	体操、武术、举重、游泳、帆板、滑冰、足球、排球等

表 4 语文教材第 13 册插图中的城乡差异

城乡特色		数量	具体内容
明显城市特色的		12	北京立交桥、故宫太和殿、苏州园林、各种报纸、地图等
明显农村特色的		2	向沙漠进军等
中性	植物	6	万紫千红的花等
	景物	6	赵州桥、死海、海市蜃楼、海潮、景与古人物等
	人物	2	茅盾、叶圣陶
	物	3	食品及其主要成分、甲骨文等

(2) 反映城乡特色的插图内容侧重有所不同。反映城市内容的除了高楼大厦、立交桥、公园、汽车、飞机等一些象征城市的物和景外，一些家庭生活、学校生活、游戏场景也呈城市特色。如第 1 册，有 7 幅儿童游戏的插图，只有 1 幅是农村特色的，还是配古诗"一去二三里"的。其余 6 幅均是城市特色：1 幅是几个小朋友在花坛周围吹笛、看书、画画、拍球、做操、捕蝶、跑步；1 幅是 3 个小朋友玩滑梯；1 幅是几个小朋友在游乐园入口、出口及里面玩耍；1 幅是 2 个女孩在公园；1 幅是小朋友与老师在草地上学习、娱乐，背景是高楼大厦；1 幅是小朋友在雪地玩耍，背景也是高楼。第 2 册有 5 幅表示表示学校生活的，有 3 幅画的是教室内的师生，无法判断是城市还是乡村。另 2 幅是校园，则明显城市特色：1 幅是表示课间生活，小朋友在打篮球、玩双杠、出黑板报、浇花、讨论问题等，旁边是高高的教学楼，远处背景则是高楼林立的城市；1 幅表示大雨前的校园，两个孩子给正在批改作业的老师送雨具，画面上是教学楼、传达室、篮球架、两个孩子、老师及传达室的大爷，远处的背景也是林立的高楼。第 3 册有 5 幅表示家庭生活的，都具城市特色，背景是楼梯、冰箱、花瓶、沙发、桌布。

反映农村特色的插图除了一些典型农村生活内容以外，还有很多是风景、动物与景。如第 1 册，除了在看图读拼音识字时，学习了一些反映农村生活的名词、动词(如斧、赶猪)，另外就是景物与动物(如水牛下田)。第 2 册，反映典型的农村生活的 31 幅图中有 1 幅即锄禾的农夫，它是配《锄禾》这首古诗的；有 3 幅反映小朋友在上学路上捉蛐蛐；6 幅配课文《一只小羊羔》，描绘的是一个草原上的小朋友捡到一只羊羔如何寻找失主的事；其余 21 幅都是动物、景、古人物与动物、景等。第 3 册，除了在归类识字中有 6 小幅典型农村生活的插图(如播种)外，有秋景、人物与村景、动物与村景等 6 幅。第 13 册，仅有的 2 幅也是景物。除了动物与景物以外，有农村特色的另一类图就是历史人物与景，如第 1 册的雷锋雨天背同学过桥、第 2 册的古人物与牛和 5 幅古人物与斧、第 3 册的 4 幅古人物与葫芦。

(3) 绝大多数插图是中性的，其中有景、物、植物、动物、体育运动项目、人物及动作、校园生活等。

(二) 课文内容

1. 第 1 册

第 1 册共有课文 16 篇，具体情况见表 5。

表 5 语文教材第 1 册课文内容中的城乡差异

城乡特色	数量	具体内容
城市特色的	1	我爱爸爸妈妈
农村特色的	8	农村大变样、小竹排在画中游、小猫种鱼、小山羊、鹅、哪座房子最漂亮、过桥、小公鸡和小鸭子
中性	7	我是中国人、我们爱老师、比尾巴、秋天到了、小小的船、蒲公英的种子、雪地里的小画家

2. 第 2 册

第 2 册共有 38 篇课文(含阅读课文),具体情况见表 6。

表 6 语文教材第 2 册课文内容中的城乡差异

城乡特色	数量	具体内容
城市特色的	5	大熊猫、跳伞、阳阳在家里、奇妙的眼睛、她是我的老师
农村特色的	12	花园果园、春风吹、王冕学画、庄稼的好朋友、明明上学、一只羊羔、小壁虎借尾巴、锄禾、吃水不忘挖井人、斧子的故事等
中性	21	春天、祖国多么广大、热爱中国共产党、司马光、谜语、燕子飞回来了、我选我、三只白鹅、浪花、王二小、画、要下雨了、达尔文和小松鼠等

3. 第 3 册

第 3 册共有课文 27 篇,具体情况见表 7。

表 7 语文教材第 3 册课文内容中的城乡差异

城乡特色	数量	具体内容
城市特色的	5	温暖、花瓶、看企鹅、精彩的马戏、北京
农村特色的	10	秋天、坐井观天、狼和小羊、我要的是葫芦、狐狸和乌鸦、小马过河、猴子捞月、美丽的公鸡、初冬、动物过冬
中性	12	蓝树叶、谜语、骆驼和羊、达·芬奇、数星星的孩子、吃黑水、补丁、静夜思、蜘蛛、草、植物妈妈有办法、小兔和树的对话

4. 第 13 册

第 13 册共有课文 32 篇,但有 4 篇"短文两篇"和 1 篇"小小说三篇"。如果把每一小篇文章也算成 1 篇,共有 38 篇。具体情况见表 8。

表 8 语文教材第 13 册课文内容中的城乡差异

城乡特色	数量	具体内容
城市特色的	19	北京立交桥、巴黎的桥、读报常识、从甲骨文到缩微图书、苏州园林、变色龙、电子计算机的多种功能,等等

（续表）

城乡特色	数量	具体内容
农村特色的	2	母亲架设的桥、向沙漠进军
中性	17	中国的石拱桥、死海不死、统筹方法、口技、白杨礼赞、诗五首、活板、看云识天气、杨修之死，等等

从以上三个表中，可以看出：

(1) 从课文反映的内容看，各册课文反映的城乡内容多寡不一，但越到高年级反映城市内容的课文越多：第1册、第2册、第3册农村内容的多于城市内容的，分别多7篇、7篇和5篇，但第13册城市特色的课文又明显多于农村特色的，农村特色的只有2篇，城市特色的有19篇。

(2) 有农村特色的课文多是与动物相关的故事、景物及历史上的故事，如第1册8篇农村特色的课文，有4篇是与动物相关的故事（如《小猫种鱼》），3篇描述新农村、新农村中学校的景象及村景（如《农村大变样》），1篇是关于雷锋小时候的故事（如《过桥》）。第2册12篇农村特色的课文，有4篇与动物相关的故事（如《小壁虎借尾巴》），3篇历史故事（如《王冕学画》），2篇村景（如《花园果园》）。第3册10篇农村特色的课文，有7篇是与动物相关的故事（如《坐井观天》），2篇村景（如《秋天》，《初冬》），1篇是历史上的故事。也许正因为反映农村特色的课文多与动物故事相关，而到了高年级动物故事减少，所以反映农村特色的课文也大大减少。

相比之下，反映城市内容的课文要丰富一些，有介绍城市和反映城市景物的（如《北京立交桥》），有反映城市家庭生活的（如《我爱爸爸妈妈》），有描述发生在城市里的故事的（如《她是我的老师》、《温暖》、《看企鹅》等），有反映城市文化生活的（如《奇妙的眼睛》、《读报常识》、《电子计算机的多务功能》）等。

有意思的是，有的课文是农村特色的，但课后作业却是城市语境中的。如第2册《春风吹》一课，是以诗歌形式描绘的春景如春风、春雨、柳树、桃花、燕子、青蛙，最后两句是"大家快来种蓖麻，大家快来种葵花"，应该是农村特色的，但课后有一个"说话"作业，"请老师或家长带你去公园或郊外春游，把看到的景色说一说"，完全把学生设定为城市的。

(3) 中性的内容仍占相当大的比例，除了动物、植物、人物、物品以外（这与插图有类似之处），还有一个重要内容是古诗和古文，在高年级尤其如此，如第2册的《画》、第3册的《静夜思》、第13册的《口技》、《诗五首》、《活板》、《杨修之死》。

（三）简短的结论

从课文内容与插图所反映城乡内容的数量上看，没有明显的差异，在低年级尤其如此。这说明有关专家学者在选择课文和插图时，可能注意到对农村和城市孩子的兼顾。

课文内容与插图中，中性的内容占比重较大的比例，如动物、植物、人物、自然风光以及一些古诗文。

从课文内容与插图所反映城乡内容的特征上看，有一些较明显的差异。反映农村特色的课文与插图很大一部分是一些自然的东西（如自然景物、与动物相关的景与故事）以及历史故事；反映城市特色的课文与插图人文特色更浓一些，家庭生活、游戏场景、学校生活、文化生活大多以城市为背景。这无意中是否有这样一种暗示：农村代表一种自然的、固定的、过去的东西，城市代表一种人文的、生活的、现代的、高速发展的东西？

二、讨论与反思

1. 教学内容中有无文化偏向

从所分析的语文教科书来看，表达城乡内容的插图和课文在绝对数量上的差异并不明显，但在内容上却有一些明显差异。这说明，语文课本中的文化偏向仍然存在。这种偏向不一定表现在课本中描述城市或乡村内容的绝对数量上，而主要表现在一种城市生活的价值取向上，城市代表着现代生活、代表着现代化，成功人物也多是城市特色的，或者说，学校培养成功人才的取向就是城市定向的。而事实上课文和插图中所反映的城市生活对农村孩子已经形成了一种无形的吸引与诱惑。正如有学者所言：

事实上，现行小学课程的一个重要内容就是培养对工业、城市与现代生活的向往与羡慕，这种内容面对乡村小学及其学生时愈发显得突出。城市在这里成了工业、现代化与幸福生活的象征。这种内容也许是课本与课程的编订者下意识设定的，但它们在乡村学校中则会被接受为一种明确的意识。

那些显现与渲染高楼大厦、立交桥、大街、公园、古迹与机场的画面及文字恰足以形成城市生活的强烈诱惑。语文课与社会课本中无意出现的事物与形象，如动物园、公共汽车、电话亭，在乡村学生的眼中也都成为城市生活隐约但又诱人的闪现。[1](p106)

而且，不仅语文课本是这样，其他教材也有类似的现象。如上述学者还提到，思想品德课《不上当受骗》一课后有这样的作业：小青一个人在家，有陌生人敲门，说是来修水管的，让小青开门。当你遇到这种情况后，该怎么做。他认为，“这是现行教育体制下城乡共用教材而教材又以城市为本位所造成的尴尬之一例”[1](p113,p114)。另外也有人对九年义务教育小学《思想品德》教材的插图进行分析，认为有明显渲染城乡差异的现象：《相信科学不迷信》、《不要上当受骗》这类以告诫、禁止、劝说为主旨的文章，多以农村为背景，如头系方巾、身穿红绿碎花棉袄、正在烧香拜佛的农村妇女，一手舀起铁桶里生水、一手从瓜架上摘了黄瓜就嚼的农村男孩；《要关心国家大事》、《改革开放谱新篇》这类以颂扬、提倡为基调的课文，则以城市为依托，如一老一少坐在沙发上、周围是茶几、彩电、盆景等，高楼耸立、立交桥交错的深圳特区。另外，以学习、生活习惯为内容的插图中，城市特色的插图占有明显优势，而关于劳动的插图则具有明显的农村特色且是比较落后的(恶劣的环境、简陋的工具、朦胧灰黄的色调)。

这种现象，可能是课程编写者无意识所为，也甚至并无价值上的对错而言，因为城市化本来就是社会发展的方向。但是它可能导致的客观后果是：培养了农村孩子向往城市、疏远甚至嫌恶农村的情感。所以也因为此，发愤读书，脱离农村，做城市人，成了每个读书的农村孩子梦寐以求的愿望。

2. 城乡孩子学习教材时有无难易之别

孩子在学校中的学习为什么有难易之分，是什么原因导致了学业的成功与失败，有很多教育理论对此进行了解释与分析。文化资本理论便是其中之一，该理论认为，家庭出身不仅仅通过单纯的经济收入来影响求学的孩子，文化资本的传承也是不同社会出身的学生在学业成就方面差异的重要原因。具体而言，家庭教育所传承的文化资本与学校教育的连续与非连续性导致了学习的易与难，导致了学业的成功与失败[3](p663,p669)。在这些学者看来，教育并不是如同生产汽车或面包，而是在有意识或无意识选定的一个特定时间内从可获得的知识中进行的一种选择和组织。课程就是一种有意识或无意识的文化选择，它界定什么样的知识是优越和特殊的，界定什么样的知识可以成为“学校知识”或“教育知识”，什么样的知识却不能。而知识的这种选择与界定又与权力相关，它符合某特定时期优势团体的价值和信仰，与优势团体的文化相一致，因而也就更有利于优势阶级子女的学习[4](p37,p36)。这样，看起来是中性的、不偏不倚的选择和教学过程，实际上却暗暗地偏袒那些已经获得语言与社会竞争能力以掌握优势文化的人，更有利于其取得学业成就，因而也更有利于取得优势的地位，并再造了更大社会的等级制。[5](p26,p275)例如该理论的代表人物法国学者布尔迪厄(Pierre Bou rdieu)认为，教育体制所传播的文化与统治阶级的文化更为接近，统治阶级的习惯被转换成学校的一种想当然的文化资本。这样，那些已经拥有统治阶级文化资本的人就更容易取得学业成功[6](p423,p452)。另一代表人物伯恩斯坦(Basil Beunstein)则十分强调语言的作用，他认为不同阶级的家庭在使孩子社会化并获得一种特殊文化身份的过程中，所使用的语言编码不同，中上阶层倾向于使用精密型代码(elaborated code)，工人阶级家庭倾向于使用封闭型代码或局限编码(restricted code)，而学校是以精密型代码及其社会关系体系为基础的。尽管精密型代码并不具有特殊的价值体系，然而中产阶级的价值体系渗透于学习情境本身的结构中，故对于中产阶级来说，取得学业上的成功变得更为容易。而对于工人阶级来说，学校的符号类型与这些儿童的符号类型之间则缺少连贯性，“要求这类儿童转而接受以完全不同的角色关系及意义体系为先决条件的、而对必需的背景毫无切身感受的精密型代码，也许为他们带来了使其手足无措并有潜在危害性的经验”。[7](p415)

用文化资本理论来分析我们所考察的语文教材，可以发现，虽然大部分是中性内容，表达城乡内容的插图和课文在绝对数量上的差异也不明显，但城乡孩子学习起来仍有难易之差。主要是因为城乡家庭对孩子的早期教育和为孩子输送的文化资本存在较大的差异，但却用相同的内容甚至相同的考试来统一要求。事实上，城市的优越使得城市孩子知道得更多，不仅对占课本大多数的中性内容可能更熟悉一些，而且对典型化农村特征的内容也可能不陌生。关于自然的东西，城市孩子不仅可以从动物园、植物园、公园、博物馆、各种展览会(昆虫展、花卉展、机器人展、汽车展、航模展等)以及旅游中看到各种想看的东西，还可以从书本、光碟、家长、老师那里了解更详细、科学、准确的关于这方面的知识。比如动物，农村孩子除了熟悉他们日常可见的动物如鸡、鸭、鱼、蝌蚪等以外，其他动物如孔雀、袋鼠、猩猩等，他们甚至从未见过；而城市孩子不仅常见的动物能见到，不常见的动物也能在动物园看到。关于人物，常常是一些远离农村生活的历史人物如周恩来、列宁、达·芬奇、张衡、毛泽东、李白、茅盾、叶圣陶等，农村孩子对这些人物的熟悉程度显然不如城市孩子。关于古诗文，城市孩子更有农村孩子无可比拟的优势去更早更多地接触，很多的城市孩子在很小的时候就能熟背很多古诗，少数家庭的孩子在少时也在家阅读过(或家长为其阅读过)一些古文或半古文的书如《西游记》、《三国演义》、《红楼梦》、《古文观止》、《三字经》等，而农村孩子则几乎很少接触这些东西。

更为关键的是，即使是反映典型农村生活的内容，其表达方式也是书面化、正规化的，对农村孩子来讲完全是一种外在的、陌生的符号系统，这就使得熟悉的东西也陌生化了，如一些动植物的学名(如蒲公英、苍耳、舟、蝌蚪)，用诗歌尤其是古诗、古文描写的村景和农村生活(如古诗《一去二三里》《锄禾》)。而且这一现象并不是语文课所独有的，它在自然、物理、化学等课程中也有明显表现,如有学者指出自然课的学习对农村孩子来说就是这样一个将熟悉东西陌生化的过程:"即使对乡村学生身边的事物,自然课的学习也常常是一个将其陌生化的过程,比如植物、动物的学名就可能与他们从小熟悉的土名不符,课中所讲的植物内部外部构造可能是他们过去闻所未闻的"。[1](p96)

所以如果考虑到早期教育和家庭文化资本的特点,不用说那些反映城市特征的教学内容,即使中性的内容,甚至典型的农村生活,农村孩子都有不同程度的陌生感。而城市孩子则由于早期家庭教育和幼儿园教育,对这些内容都有一定程度的熟悉与了解。根据文化资本与再生产理论,熟悉度不同,学习的难易程度也不一样。再加上农村教育在师资、经费、办学条件等方面与城市的巨大差异,使得城乡孩子最终取得学业成功的机会不一样。

这样,教育一方面在价值取向上培养农村孩子对城市生活的羡慕与憧憬,另一方面又由于文化及其他方面的原因限制了农村孩子取得学业的成功的机会,从而也阻滞了大部分农村孩子通过升学而走进城市的通道。其结果是,教育在为城市输送少量农村优秀人才的同时,也为农村留下了大量无奈、失望、既不热爱农村又无实用技能的学业失败者。城市与乡村的差距也因此而越拉越大。

三、路径选择与建议

改变现状,我们以为有一些可供选择的路径。

路径之一:加强农村的学前教育(幼儿教育),让更多的农村孩子更早的到幼儿园或其他早期教育机构,学习和熟悉以后学校教育所要求的以城市为中心的知识、文化与符号,以弥补其早期家庭教育的不足。

路径之二:开展农村的成人教育,这种成人教育不限于扫盲教育和农村知识技能教育,还应包括文化修养的内容。只有更多的农村的成人具备了足够的文化修养,熟悉了主流的文化,才有可能在家庭教育中为其孩子传授与主流文化更为接近的文化资本,以利于孩子取得学业的成功。

路径之三:改变现行农村教育内容,增加农村孩子所熟悉的乡土教育内容,以利于其更好地理解与掌握课程内容,从而取得学业的成功,并培养其热爱农村的情感和服务农村的技能。

路径之四:加强农村的职业技术教育,使农村孩子有多种就业出路,而不以弱势的资源和不同的起点,与城市孩子在高考中共同竞争。

各种路径孰优孰劣,很难评说。而事实上每种路径都可能隐含有一定的问题或难度,如第一种可能有文化霸权之嫌,且使农村孩子更早地养成嫌恶农村向往城市的情感,另外农村的条件和文化也使得农村的教育永远落后于城市。第三种可能使农村孩子疏远于社会的主流文化一城市文化,从而导致低社会地位的再生产;而高考对城乡孩子的统一要求并以城市文化为主,也使得农村孩子很难取得最终的学业成功;另外,很多乡土的东西如果不借助于正规的符号,也很难在课本中表达出来,而且不适宜作更深入的探究与思考。

城乡的差距乃至城乡的教育差距原本就是一个极其复杂的社会历史问题,仅靠一两条办法是很难完满地解决问题的,但是,诚如一位长期从事农村工作的基层干部所言:困难再大,也没有我们克服困难的决心大;问题再多,也没有我们解决问题的办法多。

参考文献

[1] 李书磊.村落中的国家——文化变迁中的乡村学校.杭州:浙江人民出版社,1999.

[2] 石中英.知识转型与教育改革.北京:教育科学出版社,2001:347,366.

[3] (英)M·F·D.扬.厉以贤译.课程作为社会构成知识的一种研究取向.西方教育社会学文集.五南图书出版社,1992.

[4] (美)迈克尔·W·阿普尔.意识形态与课程.上海:华东师范大学出版社,2001.

[5] Ayalon, Hanna. 1994./Monopolizing Knowledge? The Eth-nicComposition and Curriculum of Israeli High School. 0So-ciology of Education 67.

[6] (法)布尔迪厄.厉以贤译.文化再制与社会再制.西方教育社会学文集.五南图书出版社,1992.

[7] (英)巴兹尔·伯恩斯坦.张人杰译.社会阶级、语言与社会化.国外教育社会学基本文选.上海:华东师范大学出版社,1989.

小学语文教科书价值取向的比较研究[①]

——以中国大陆苏教版小学语文教科书和新加坡 EPB 版小学华文教科书为例

程治国 闫 艳

任何一门学科都是由不同类别或性质的知识所组成的,但这些知识并不是客观中立的。课程内容的价值特性充分反映了社会统治阶层的意识形态,统治阶层总是选择符合自己意识形态的知识作为课程内容,以达到社会控制的目的。而学科知识的价值取向研究可以通过对某一学科教科书的"主题"所包含的"价值取向"的分析来进行。所谓"主题",或是指某些学科(如政治)总体的价值特征,或是指有些学科(如语文)每一篇课文的主题以及这些主题的集合(吴康宁,2003)。因为,在每一本教科书的字里行间都渗透着一定的价值取向。思想性和教育性意味都比较强的语文教科书更是承载和体现某些社会价值观取向的最佳载体。选择哪些课文作为教科书,通过这些文本使学生获得什么,其中含有明显的价值取向,这些对学生,尤其对于可塑性比较强的小学生,在有关价值观念的形成以及行为的表现方面而都会产生一定的影响。

一、研究对象与研究方法

笔者选取了中国大陆苏教版小学语文教科书(以下简称苏教版)12 册,此教科书是根据《全日制义务教育语文课程标准(实验稿)》编写,经全国中小学教科书审定委员会审定通过,由江苏教育出版社出版的,出版日期为 2004 年、2005 年,主编为张庆、朱家珑;另一套教科书是新加坡小学华文教科书(以下简称 EPB 华文)12 册,此教科书是根据《小学华文课程标准》(2002)与《中小学华文字表》(2002)编写,经新加坡教育部及课程规划与发展署审定通过,由 EPB 教育出版社出版的,出版日期为 2001 年至 2006 年,主编为白宗德、王耀春等。之所以选择"EPB 华文"作为比较对象,是由于新加坡是一个以华人为主,深受儒家文化影响,融传统与现代、东方与西方、不同宗教信仰于一体的国家,和儒家发源地的中国某种程度上在文化等方面有许多默契,体现在课本中的价值取向也是有很多相同或相似成分的。

本文尝试从价值取向的比较入手来对这两套教科书进行比较。这里"价值取向"是指影响个人或团体对事物所作判断及行为选择的组织化、内在化了的、稳定的理念(吴永军,1999)本文在研究方法上借鉴了吴永军教授在《中国大陆、香港九年义务教育初中语文教科书的价值取向的比较研究》一文中的分析方法,将从两个方面来分析两套教科书中的价值取向:一方面是比较分析这两套教科书基本的、外在的价值取向,包括选择课文所依据的标准、文体的构成、作者构成情况以及教科书的组织特色等;另一方面是分析所有课文内容所表现的显性的、隐性的价值取向。这一部分的分析是根据吴永军教授制定的"价值取向类目量

---

① 原文发表于《江西教育科研》2007 年第 2 期。

表”,结合这两套教科书的实际情况,进行分析类目的划分。主要从两个类目着手分析:道德类目和政治类目,每个类目又分为多个亚类目在分析这些类目时,笔者只进行描述、解释事实,不作主观评价分析的单位是每一篇课文的主题和副题。即分析文章时首先是从全文入手把握“主题思想”,然后再对文章句子、段落以及全文分析“副题”。同一篇课文中某一类目细目,如果在“主题”和“副题”中同时涉及就只记录一次。

二、外在价值取向的比较分析

在编撰原则、文章结构、作者类别和教科书组织方面,两套教科书有显著不同,各具特色。中国的语文课程是作为一门重要的工具性学科来学习的,苏教版一共有 288 篇课文,其中精读课文有 266 篇,略读课文为 22 篇在文体上有记叙文、议论文(很少)、说明文、诗词、科普文、童话、寓言、神话等,其中记叙文最多。编写指导思想是培育学生热爱祖国语言文字和中华优秀文化的思想感情,指导学生正确地理解和运用祖国语文,丰富语言的积累,使他们具有初步的听说读写能力,养成良好的语文学习习惯在教学过程中,使学生受到爱国主义教育、社会主义思想品德教育和科学思想方法的启蒙教育,培育学生的创造力,培养关爱的情趣,发展健康的个性,养成良好的意志品格。低年级的学习任务主要是进行汉语拼音、识字写字、阅读、写话、口语交际的学习和训练;中、高年级的学习任务主要是在以上几个方面逐步提高要求。

汉语也是新加坡的母语,新加坡实行的是双语教学,较侧重于英语,并在某种程度上会以降低母语的水平来保证英语的学习(王大龙,1994),但汉语的学习仍在学生的学习中占据重要的位置。这套 EPB 华文一共有 195 篇课文,其中讲读课文 167 篇,阅读课文 19 篇,自读课文 9 篇。此教科书强调运用汉语的语言能力,除了重视读、写、听、说、思维等语文能力外,还强调培养学生的品德,加强学生对社会的责任感在文体上主要有记叙文、童话、神话、寓言、科普文、诗歌等。

从两套教科书的编写指导思想以及提供的文章来看,有很大不同。首先,在教学目标中,大陆小学语文提出的教学目标在项目上要多,在要求上也更高、更具体,如同样是低年级的阅读任务,大陆小学语文要求:学习结合上下文和生活实际了解词句的意思;学习正确、流利、有感情地朗读课文;默读课文不出声,不指读,一边读一边想;每学年背诵 30 篇以上优秀诗文;阅读浅显的儿童读物,能大致了解内容;认识常用的标点符号;二年级课外阅读不少于 5 万字。而新加坡小学华文要求:具备起码的阅读能力;运用适度的语料认识汉字或能给汉字加注音。

其次,两套教科书都强调对学生进行思想教育,但大陆小学语文侧重于政治教育、社会责任感和品德教育,尤重视前者;而新加坡小学华文则侧重于品德教育和对社会的责任感,尤重视一些公共道德和伦理道德教育。这种差异是和各自的政治、文化体制分不开的,我国是一个社会主义国家,讲求社会本位;而新加坡多以华人为主,大多人深受儒家精神的影响,重社会建设的同时,还非常重视家庭的经营。

第三,两套教科书所选的文章容量差异较大,相差近一百篇文章同样因为数量限制,新加坡小学华文在内容领域也远不如大陆的广泛。并且,在文体上,大陆小学语文涉及的文体也要广得多。据笔者统计,EPB 华文涉及环境问题的文章有 4 篇,而苏教版中包含了 13 篇;EPB 华文中编排了 6 篇说明文,而苏教版中有 31 篇……但新加坡的课文内容更贴近于学生的日常生活，因为大多文章的写作都是从学生眼中看世界的角度、以学生的语气来写的，让阅读的学生有一种“先天”的亲切感。这对我国的小学语文教科书建设应该有一定的启迪意义。

第四，在教科书的组织上，两者也有很大不同。苏教版小学语文每册包含一个“习惯培养”，6—8个单元，每一单元有33篇文章，每一单元后都有一个单元练习，并从三年级开始在每个单元后增加了一处写作练习。每一单元除了略读课文外，每一篇精读课文后面都有课后练习，练习一般有字词的读写、课文的朗读或背诵、理解课文(思想内容、篇章结构、语言运用)、运用(遣词造句、布局谋篇、动口动手练习)等。EPB华文每册基本含有3—5个单元，每个单元有43篇文章，并且三年级以前(含三年级)的课文全是讲读课文，从四年级上册开始至六年级上册才在每一单元出现一篇阅读课文，从六年级上册开始才在单元中设一篇自读课文，六年级下册每个单元有两篇自读课文，另两篇是讲读课文在阅读课文后有“阅读、思考、讨论”练习，练习一般有理解(主要内容、主题思想、根据课文内容填空)、延伸拓展(主要是开放性的题目)其中自读课文前一般有“导读”部分，或介绍文章背景，或作为文章的一个引言部分，并在课文后有一个“脑力加油站——想想，说说”，题目涉及对文章的基本理解以及相应的思维拓展训练。

虽然苏教版小学语文设计练习的地方较多，EPB涉及练习的地方较少，但从每处的练习来看，EPB华文涉及的练习较为具体和形象(常以图表的形式引导学生对全文进行理解)，题目的设计也是逐步深入，逐步将学生从课文内引向课文外。如6B课本中第五单元第四篇自读课文《蚕神》设计的题目为：① 人们躲进山洞里忍受寒冬之苦，如果当时你在场的话，你会想出什么办法来帮助他们？② 什么原因使螺祖想到从茧抽出来的丝可织成衣服？③ 假设螺祖没发现蚕、没发明编织机、没教人们做衣服的方法，人们是不是还穿着树叶或兽皮？④ 对螺祖的贡献，你有什么话说？

三、内在价值取向的比较分析

参考吴永军教授对道德类目标和政治类目标的划分，再结合两套教科书的实际情况，经过统计，苏教版与EPB华文中的道德类目、政治类目结果如下表。

表1 道德类目统计表

道德类目	主题和副题					
	苏教版			EPB华文		
	合计	百分比(%)	排序	合计	百分比(%)	排序
智能	26	8.90	1	18	7.47	4
坚毅	22	7.53	2	3	1.24	14
科学	21	7.20	3	3	1.24	14
亲情	20	6.85	4	40	16.60	1
奉献	18	6.16	5	15	6.22	7
勤学	18	6.16	5	11	4.56	9

（续表）

道德类目	主题和副题					
	苏教版			EPB华文		
	合计	百分比(%)	排序	合计	百分比(%)	排序
仁爱	17	5.82	6	13	5.40	8
爱国	14	4.79	7	19	7.88	3
友情	13	4.45	8	17	7.05	5
亲孝	13	4.45	8	28	11.62	2
进取	12	4.11	9	6	2.49	12
认真	12	4.11	9	1	0.41	16
勇敢	11	3.77	10	11	4.56	9
勤劳	11	3.77	10	8	3.32	10
信实	8	2.74	11	0	0	17
合作	8	2.74	11	7	2.90	11
善良	7	2.40	12	2	0.83	15
立志	6	2.05	13	1	0.41	16
敬业	6	2.05	13	8	3.32	10
信心	5	1.71	14	3	1.24	14
谦虚	5	1.71	14	1	0.41	16
助人	5	1.71	14	16	6.64	6
俭朴	4	1.37	15	3	1.24	14
热情	3	1.03	16	1	0.41	16
宽容	3	1.03	16	4	1.66	13
谦让	3	1.03	16	1	0.41	16
自尊	1	0.34	17	1	0.41	16

表2 政治类目统计表

政治类目	主题和副题					
	苏教版			EPB华文		
	合计	百分比(%)	排序	合计	百分比(%)	排序
歌颂赞美	19	27.14	1	15	23.44	2
爱国	14	20.00	2	19	29.69	1
颂扬领袖	11	15.71	3	0	0	8
信仰理想	5	7.14	4	5	7.81	4

(续表)

政治类目	主题和副题					
	苏教版			EPB华文		
	合计	百分比(%)	排序	合计	百分比(%)	排序
革命精神	5	7.14	4	1	1.56	7
忠诚	4	5.71	5	4	6.25	5
批判揭露	3	4.29	6	1	1.56	7
社会秩序	5	15.71	4	11	17.19	3
平等	2	2.86	7	1	1.56	7
民主	1	1.43	8	1	1.56	7
自由	4	5.71	5	3	4.69	6
国际	1	1.43	8	3	4.69	6
和平	1	1.43	8	1	1.56	7
公正	1	1.43	8	3	4.69	6
清廉	1	1.43	8	1	1.56	7

根据表1和表2的统计结果,从教材价值取向的道德方面可以看出,苏教版把"智能"、"坚毅"、"勤学"、"科学"、"亲情"、"奉献"放在了非常重要的位置上;而EPB华文则比较重视"亲情"、"亲孝"、"爱国"、"智能"、"友情"。我国是社会主义国家,进行社会主义现代化建设是我们当前的中心任务,因此对"第一生产力"的科学的推崇,在语文教材中则表现为对科学家科学精神的记叙,如《第一朵杏花》中竺可桢先生对科学观察的一丝不苟;同时也比较重视科普知识的介绍,如《明天的太阳城》中对以太阳能作为能源的太阳城运作的设想等。另外,与科学有关的理性思维和品格如"智能"、"勤学"、"进取"、"坚毅"、"奉献"等,两地教科书都不仅把这些作为个人品质,同时把它们作为一些国家品质来对待。如文章展现了诸多英雄人物、共产党员干部及一些普通人物在平凡的岗位上"为了党和人民、国家、民族的利益"而勇于牺牲、勇于奉献的精神,《孔繁森》中讲述了优秀援藏干部孔繁森对西藏人民的热爱及其为援藏事业甘于奉献的事迹。另外,由于儒家文化的影响,我国大陆教科书在亲情上也着墨较多,如表现温馨的家庭中父母对孩子无私的爱,以及孩子对父母的尊敬和爱的文章也较多。

与苏教版相比,EPB华文中对亲情和亲孝的描写比例最大。笔者对这两套教科书作价值取向比较分析的最初的动因,就是对新加坡教材中呈现的那种暖暖亲情的感动,如EPB华文教科书《家庭日》中描述的家庭聚会的热闹和温馨。这种温馨不仅体现在文章的字里行间,还把它形象地诉诸插图中,有形有色,形象感人。笔者曾对两套教科书中涉及人物形象的插图进行统计,结果为:EPB华文教科书中有家庭成员的插图占所有人物插图的32.63%,而苏教版教科书中的相关数字比例为16.05%。在这种以爱为核心的家庭氛围中,"亲孝"成了EPB华文科书自然而然的核心主题,丝毫不显矫情和做作。如《一个惊喜》中,描写的为了庆祝父亲节,3个孩子别出心裁地为父亲准备礼物的情形;《谁到田里去工作》展现的弟兄俩对母亲的孝以及兄弟间的手足情深。这种爱不只体现在家庭成员之间，还从家庭中走了出来，推及他人。如《我们的恩人》中展现了邻里之间真诚相待、互相帮助的感人事迹。这种主题的描写和中国大陆择取的视角有所不同，新加坡更多的是以一个孩子的思维和视角去思考和观察“平民”的“日常生活”，读起来让人觉得特别真实、亲切和感动。而苏教版教科书中的此类主题有很多是和“领袖”联系起来的，如《陈毅探母》中陈毅元帅对生病母亲的细心照料，以一位不平凡的人物来歌颂一个平凡的主题，以致让人觉得主题的不平凡，进而传达出“平凡人如果不能做到也是应该的”这样一个扭曲的声音。因此笔者认为，歌颂领袖可以选取其他的角度，领袖的伟大更体现在他所做的不平凡的事业上，平凡的事情让普通的人物去做更具有说服力和感染力。

爱家和爱国也是分不开的，两套教科书都强调了这一点。两套教科书都选取了一定数量的文章直接或间接地表达了对祖国和人民的热爱，这种爱的升华和推广，必然奏出“仁爱”的主旋律，即仁慈、同情等。如苏教版《聂将军与日本小姑娘》中聂将军那种跨越国度的宽容的爱使其形象变得更加高大起来。同样，仍然是从一个平民的视角来展现平民的仁爱，如《外套》中出狱后决定改过自新的贺俭，他以实际行动对精神有问题的人关心。

另外，两套教科书对于一些团体取向的道德类目，如“合作”、“敬业”、“奉献”等都各有所侧重。

从价值取向的政治方面来看，虽然两国在意识形态上有很大的差异，但在“爱国”的主题上有着惊人的共识。如苏教版中《我们爱你啊，中国》、《把我的心脏带回祖国》、《钱学森》等；EPB 华文中《月是故乡圆》、《亲爱的祖国》等都是反映爱国题材的文章。由爱国而引申出来的大量对祖国及其人民的歌颂和赞美的篇章也都分布在两套教科书中。另外，两套教科书中比较一致的就是体现了对“社会秩序”、“信仰理想”、“自由”的追求。如苏教版中《春联》、《出塞》对幸福、和平生活的向往和追求。EPB 华文《化解危机》中艺高胆大的侠客为阻止战争发生而深入敌营的故事；《新加坡河的故事》中对勤劳人民的赞美及对幸福生活的追求……两套教科书有关批判揭露社会阴暗面的文章不是很多，这和学习这些内容的学生的年龄特点有关，小学生批判能力，辨别是非的能力还有待进一步加强。对于这类文章，他们理解起来会有不同程度的困难，所不同的是，苏教版中对颂扬领袖和革命精神也着墨较多。

通过统计分析，笔者发现，两套教科书都缺少对“法制”和“经济”取向的关注，值得教材建设者注意。

参考文献

[1] 吴永军. 课程社会学. 南京师范大学出版社，1999：178－199.

[2] 吴康宁. 课程社会学研究. 江苏教育出版社，2003：78－83.

[3] 黄忠敬. 知识・权力・控制. 复旦大学出版社，2003：12.

[4] 王大龙，曹克理. 当今新加坡教育概览. 河南教育出版社，1994：2.

教科书中人物性别差异的课程社会学思考[①]

——以苏教版小学语文教科书为例

武晓伟

一、引言

20世纪70年代初兴起于英国以解释论为主的新教育社会学，主张学校的教育知识(主要通过教科书呈现)及其传递、评价的过程和方式皆是社会构建。他们认为课程内容的价值特性总是反映社会统治阶级的意识形态，统治阶层总是要对知识总体加以筛选，选择符合自己意识形态的知识作为课程内容，这一做法的目的是为达到社会控制。因此，课程内容就其社会本质而言，是对其未来社会成员加以控制的一种中介，透视课程内容意识形态的有效途径是教科书分析。

学校语文教科书所选择的课文是为了传授给学生基本的语文知识，培养学生的语言能力(阅读和写作等)，训练学生的思辨和表达技巧，这些语文学习所要达到的目标似乎是符合课程标准的要求，但很多人却忽视了语文教科书中所富含的价值取向的问题，即教科书字里行间渗透着一定的价值取向，虽然课程标准已对教科书的价值取向作了规定，但所选课文材料本身展示的价值取向却有可能是“事与愿违”，甚至是“面目全非”的，而且这些价值取向与现实社会主导价值取向也并非完全一致。体现这种价值取向的一个重要标记，便是社会角色在语文教科书中的展示及其程度。社会角色是和一定的社会位置以及社会群体相联系的行为模式，或者说在特定社会环境下特定个人的“典型”的行为表现方式。学生学习教科书中的不同角色及其行为，对所呈现的社会角色有一个感性认识，再通过角色规范的强化，使学生对社会角色有一个理性把握或形成一种既定的印象，这样，学生便在某种程度上理解了承担一个社会角色应该做什么和不应该做什么，在他们以后的生活中会按照这种理解来扮演自己的社会角色。因此，语文教科书不仅仅能传递读写知识，更重要的是它在学生个体社会化进程中的教化功能。

二、研究方法

本研究仅以苏教版小学语文教科书为例(经全国中小学教材审定委员会2001年初审通过义务教育课程标准实验教科书，2004年修订版，江苏教育出版社出版)，选取了一至六年级288篇课文(不包括一年级识字课文)，以课文中出现的主要人物作为统计对象，简要带过的社会角色和仅起陪衬作用的角色不作统计，对其所展示的社会角色主要进行性别差异的分析。由于课文中呈现的角色众多复杂，为了便于分析和比较，本文首先采用二分法将课文

---

① 原文发表于《教育发展研究》2005年11期。

中呈现的209个社会角色分为先赋角色和自致角色，然后，笔者将对163个自致角色进行重点研究，试图揭示隐藏在角色内部的性别差异，以及导致这种差异的深层次原因和对学生个体所产生的影响。

三、研究结果呈现

这套苏教版的小学语文教科书里共展示了209个社会角色，其中男性角色163个，占总数的77.99%；而女性角色仅有46个，占总数的22.01%（见表1）。单纯从数量上已经证明了男性角色占据着教科书人物描写的大部分空间。再来比较男性与女性的身份赋予，通过自致角色的统计，在16种角色身份中，赋予男性角色的身份特征种类是丰富多样的，有政治领袖、帝王将相、共产党员干部、军人、文学思想家、教育家、科学家、艺术家等等，而对女性被赋予的身份却是简单而贫乏的（见表2）。在十二册教科书的自致角色中女性只有19个，而且多为普通劳动者，甚至是愚昧无知的反面人物，在对这些女性人物的描写中有的连她们的姓氏都不曾提及。

表1（%）

	性别		合计
	男	女	
先赋角色	29(51.79)	27(48.21)	56
自致角色	134(87.58)	19(12.42)	153
合计	163(77.99)	46(22.01)	209

表2（%）

	性别		合计
	男	女	
政治领袖	6(100.00)	0(0.00)	6(100.00)
帝王将相	16(100.00)	0(0.00)	16(100.00)
共产党员干部	1(100.00)	0(0.00)	1(100.00)
军人	7(100.00)	0(0.00)	7(100.00)
文学及思想家	14(93.33)	1(6.67)	15(100.00)
教育家	2(100.00)	0(0.00)	2(100.00)
科学家	17(100.00)	0(0.00)	17(100.00)
艺术家	7(100.00)	0(0.00)	7(100.00)
建筑学家	2(100.00)	0(0.00)	2(100.00)
医学院	1(100.00)	0(0.00)	1(100.00)
普通劳动者	20(83.33)	4(16.67)	24(100.00)
运动员	0(0.00)	1(100.00)	1(100.00)

(续表)

	性别		合计
	男	女	
学生	9(90.00)	1(10.00)	1(100.00)
英雄豪侠	19(86.36)	3(13.64)	22(100.00)
反面人物	3(75.00)	1(25.00)	4(100.00)
其他	19(67.86)	9(32.14)	28(100.00)
合计	134(87.58)	19(12.42)	153(100.00)

从数量比较后深入到课文内容的比较。笔者发现,在先赋角色中,主要是对家庭角色着墨甚多,对29个男性角色和27个女性角色的描写有着显著差别。父亲及男性长辈更多地被塑造成坚强、智慧、明理、好学的形象,如三年级上,第2课中与孩子一起学电脑的爸爸等;男性孩童则重在表现其伶俐、活泼、可爱的品质,如三年级下,第18课中的小汤姆等。女性角色则以贤淑、柔弱、温顺为主要特征,在27个女性角色中,身体残疾病弱的女性形象就有6个,如二年级上,第5课的盲婆婆;三年级上,第21课的残疾女孩小英等。

在自致角色中,对男性和女性角色的描述也有很大不同。比如"政治领袖"、"帝王将相"两种处于社会统治阶层的角色全部被赋予了男性形象,他们胸怀大志、力挽狂澜、运筹帷幄,充分体现了男性社会的统治权利不容动摇。如果说这是由于我国古代崇尚男权社会的传统导致女性地位的卑微,女性帝王与领袖罕少的话,那么在"共产党员干部"、"军人"角色中也并无一女性就很难解释了。众所周知,无论是战争年代还是和平时期,我国女性共产党员干部、女军人比比皆是,可十二册教科书中所描写的8名共产党员干部和军人也都为男性,而且重墨突出了他们的坚强意志、忠诚爱国、关心人民、功成不居的高尚品质,如二年级上,第15课人民的好干部孔繁森;一年级下,第12课的陈毅;五年级上,第4课的刘少奇等。即使相同的身份标识,对男性和女性的描写也存在差异。如同是对文学思想家的描写,男性角色刻画了司马光、王维、李白、莫泊桑、福楼拜等14位中外文学思想巨匠,也着重表现了他们思想深邃、才思敏捷、谦虚幽默的品质,而女性角色只展示了海伦·凯勒这位残疾姑娘。古今中外无数优秀女性思想家、文学家,她们才华横溢、思维缜密,创造出许多奇迹,闪烁着熠熠光辉,却被拒之门外,不作描述。通过对角色的数量统计和对人物描述时所使用的语言上的差异,不难发现,在苏教版的小学语文教材中还存在着性别选择的现象。

四、社会成因分析

(一) 社会期待

社会心理学家通过大量的研究和例证表明,人们会按照别人对自己的期待而行动。如果你把学生看成认真负责的人,他们就会成为认真负责的人;如果你希望孩子去欺骗,他们,也一定不会让你失望。这意味着自我概念只是社会期待与个人行动之间的一个中间变量,个人按照社会期待而行动。1986年罗森塔尔和雅各布森在《课堂中的皮格马利翁效应》一文中,第一次把自我实现的预言引入教育实践中,我们开始关注在学校领域里这种社会期待是如何发挥作用的。男女的性别角色获得便是这种皮格马利翁效应在学校教育中的一个佐证。我们的社会主流文化认为男性应该更具有独立性、主动性和追求成就的欲望。而女性则应该是被依附的、以养育儿女为己任的。那么,无论男女性别,实际上也就造就了这样一种性别分化,社会心理学家把这种心理称为“自我实现的预言”,即人们会因为自己对情境的特别知觉而去改变情境,并以此来适应我们的知觉。相应于我们对男女角色的期待,我们会对男性的坚韧、自主、进取给以更多的鼓励,而对女性的温婉、贤淑更为赞赏。在这里信念变成条件,条件又使信念得以维持下去。因而在苏教版十二册小学语文教科书中可以看到,在描写到男性角色的时候通常隐含着对其形象的一种社会期待,即人们希望他们是什么样子的。尽管在当今竞争激烈、男女平等的社会背景下,性别差异对个人成就的影响日渐模糊,男性所具有的某些品质女性也早已具备,他们所承担的社会责任女性也可以完成,但人们却更倾向于他们心目中男性与女性的角色分配。这样,在教科书里就表达出这种理想的角色赋予。通过对教科书的学习,学生内化了这种思想并会努力按照社会所期待的角色特征去扮演好自己人生中的角色,以符合主流社会的意识形态,从而将学生塑造成社会或者统治阶级所期待的人。

然而,语文教科书中的社会角色特征是否与现行社会中“真正”的角色特征相一致?或者说,教科书中的角色类型的地位和角色规范是否能够“真正”反映现实社会角色类型及其规范?教科书所呈现的是统治阶层所期待的品质,从理论上讲,这种社会化过程有利于未来社会成员的自我发展,使他们将来能够更好地适应社会,同时也有利于统一社会秩序,但这种一致性的期待也造成了学生一致性的成长,限制了其独特性和创造性的发展。

(二)文化特征

我们的文化应该是男性文化和女性文化的综合体,但由于政治、经济、社会的复杂因素,社会主流文化基本是男性文化,而女性则从小被按照女性文化模式去塑造,这样就形成了两种截然不同的亚文化群体——男性亚文化群体和女性亚文化群体。在不同的亚文化群体中有着不同的行为方式。男性、女性被塑造成特定的男性角色和女性角色,这种性别行为的形成期在托儿所、幼儿园和小学,而在中学和大学里得到进一步强化,从而形成不同的性别角色行为方式。我国传统文化中男性亚文化一直占据主导地位,男性是庄严与力量的象征,在长久的文化积淀和承传过程中,人们继承并发扬了这种亚文化,男性被推到了历史的最前面,他们承担着诸如“帝王将相”、“政治领袖”等高贵的角色。而女性却被赋予温柔、弱小、贤淑和温顺的角色特征,她们的光辉被掩盖。在漫长的男性社会中,人们不断强化着这种亚文化特质,虽然在我国古代社会也不乏女性的杰出将才,但社会对待她们的态度却与男性大不相同。在长期的文化认同过程中,女性亚文化逐渐渗透内化,使每个女性在心里已经接受了这种性别差异的事实,并认为是理所当然。在教科书的字里行间无不传达着这样的信息。人们或是有意识或是无意识地在选择角色形象时,在使用语言进行描述时,都体现出了深深刻在他们心中的文化的印记。然而现代社会却在各个方面都要求淡化这种性别差异,对女性角色提出了更为丰富的内容,如勇敢、坚强、宽容、果断等等。

因此,女性踏上社会后,就会遇到尖锐的文化冲突。因为社会的激烈竞争是不分性别的,但女孩子却要按照传统的、温顺的女性亚文化模式培养,造成冲突在所难免。语文教学除了担负着文化的承传功能,也担负着塑造学生人格的重任。这就要求我们在语文教科书的编写过程中,意识到这种文化上的冲突,逐渐淡化性别特征的差异,用崭新的女性角色去教化正在成长中的孩子们,避免将来他们走向社会后遇到的种种冲突。

(三)刻板印象

刻板印象是指社会上对某一群体的特征所作的归纳、概括和总结,是存在于人们头脑中的一些固定的看法。性别刻板印象是指人们对男性和女性在行为、个性特征等方面予以归纳、概括和总结。它直接会影响到男性和女性的知觉、归因、动机、行为以及不同职业的选择。日本学者久野等人曾以小学四年级、六年级和初中三年级学生为对象,用明尼苏达多项人格表的日本标准进行调查,提出了与日本男性行为特质和女性行为特质相关的15个项目。其中男性项目有7个:自主的、活泼的、积极的、理性的、粗鲁的、要强的和乐观的;女性的项目有8个:依存的、温柔的、饶舌的、不安的、消极的、容易动感情的、和善的和有礼貌的。调查发现,在大多数的日本人心中都会对男性角色和女性角色有着一些固定的看法,我们称之为"刻板印象",这种刻板印象会影响着人们对事物的看法,一旦这种刻板印象形成,人们很难一时改变,而是以一种更加惯常的思维去理解和评价一个人或一件事。对性别的刻板印象也会使得人们的视线模糊。在大多数人心中已经形成了如"军人——男性"的固定联系,所以每当提到军人形象的时候,人们很自然地会联想到在战场上浴血奋战的七尺男儿,而很少会把它与女性角色联系在一起;同样的,对于"教师"、"护士"这两种角色,人们也会习惯性地与印象中的"慈爱"、"温柔"、"细腻"等女性角色联系在一起,使得教科书中绝大多数的教师和护士形象都被安排为女性。

众所周知,小学语文课本是小学生主要的学习读物,这其中的性别刻板印象势必会对学生的性别观产生潜移默化的影响。然而,这种教材中的性别偏见却是无意识地存在着,因此,把这种"集体无意识"式的性别偏见摆到意识层面上来就显得重要而且必要了。刻板印象的结果造成了人们对这两种性别的不同看法,而这种看法又反过来强化着他们的刻板印象,使其更加牢不可破。因此,在教科书中男、女角色的赋予上有着如此大的差异,这与人们一直以来对男性和女性的固有的刻板印象定位是有着很大关系的。在语文学科的建设上,我们必须关注这一问题,从而有意识地消除教材编写环节上可能出现的性别偏见。

四、总结

苏教版小学语文教科书所展示的209个人物角色丰富而生动,学生通过对书中不同角色的学习,加深了对角色的体验,加速了他们个体社会化的进程。深受社会主流文化影响的教科书宣扬了主流意识形态,并试图把这种意识形态渗透到字里行间,这种不自觉的渗透,使学生更进一步强化了他们性别上的差异。男性保持着威武、阳刚的尊严,女性秉承了善良、温柔的品质,这样学生便在"某种程度上"理解和懂得将来自己走上社会承担或扮演某一社会角色时应该怎样做和不应该怎样做(这也是统治阶层所期待的)。这种社会化过程有利于未来社会成员的发展,使他们将来能更好地适应这个社会。然而,在现代飞速发展的社会中,语文教科书中的社会角色真正体现了当前的社会需要么?在当今竞争日益激烈的社会大环境下,男性亚文化与女性亚文化究竟有多大的区别?男、女性别差异是增强还是淡化等等这些问题的回答还值得我们深深地思索。在此基础上,我们需要对我们的教科书做进一步的分析和完善,消除其在性别问题上可能出现的偏见,为学生树立一个正确、平等的性别观念,使之能够更好地承担起他们的角色责任。

参考文献

[1] 吴康宁. 课程社会学研究. 江苏教育出版社,2003:184.

[2] 张光博. 社会学词典. 人民教育出版社,1990.

[3] 刁培萼. 教育文化学. 江苏教育出版社,2003:412.

[4] 马锦华. 性别刻板印象与性别教育. 教育评论,2000(6).

小学语文教科书中人物的心理学研究①

姚本先　涂元玲

一、引言

语文教科书对个体社会化具有工具性功能和思想性功能,尤其是思想性功能对学生接受社会传统文化和社会价值观念,形成良好的思想品德,学习社会角色具有重要作用。也就是说,语文教科书有力地制约着学生社会化的方向和内容。教科书中的人物特征突出体现了教科书的思想性因素,对学生的社会化具有非常重要的直接作用。在教科书的编制过程中,社会的传统文化、主导价值观念及道德规范渗透于教科书中人物的思想感情、道德品质、个性人格等各方面,而教科书是学生学习的正式教材,教科书中的人物构成了学生的"正式参照群体",人物各方面特征影响学生个性人格、价值观、人生观及世界观的形成,并对学生接受社会的传统文化、社会的主导价值观念及社会规范产生重要作用。因此,语文教科书中的人物特征有力地影响着学生的社会化。尤其是小学阶段的语文教科书,对学生社会化具有特殊重要的作用。美国心理学家丹玛克(F. L. Denmark)认为,儿童接触到的第一个正式教材特别重要,儿童读物是关于两性作用定型看法的根源。[1]事实上,第一个正式教材不仅仅影响学生性别角色的形成,书中人物的身份/职业、形象倾向等特征也都影响着学生社会角色的形成,制约和影响着学生的社会化。

那么,小学语文教科书中的人物究竟有哪些方面的特征?会对学生产生什么样的影响?早前有学者(Child, Potter, J. L. Trecker, 1971; N. Frazier, 1973; P. W. O' Donnell, 1973; L. F. Weitzman, 1972;F. L. Denmark, 1981; J. Whyld, 1983.)开展过这方面的分析和研究,取得了一些很有意义的结果,并提出了十分有价值的建议。但是仔细阅读前人的这些研究成果,不难发现这些研究主要集中于人物的性别角色。然而很明显,除了性别上的差异与特征外,人物的其他方面特征也会对学生的社会化产生影响,这些特征诸如人物的民族类别、身份/职业、形象倾向等对学生学习和接受社会的传统文化和价值规范,形成社会角色均具有重要作用。因此,人物的各方面特征都值得研究。

二、方法

本研究选用的教科书是人民教育出版社出版的,从1993年9月开始使用至今的九年义务教育六年制共12册的小学语文教科书。统计的课文指所有讲读课文和阅读课文中有人物角色的课文,既包括以描写人物为内容的课文(下称"人物类课文"),又包括以写景物等为主,但体现和反映了人物形象倾向的课文(下称"非人物类课文")。统计的人物对象为人物类课文中的主角人物和非人物类课文中的主要人物。对人物的统计指标包括以下几个方面:

① 原文发表于《心理科学》2003年第1期。

（一）民族

指通过课文内容或插图及其他途径反映出的人物（仅限国别为“中国”的人物）的民族类别。有四种情况：汉族、少数民族、综合（既有汉族人，也有少数民族人）、无（无法辨认出民族类别的）。

（二）身份/职业

普通人的身份/职业指课文中描写的一般身份/职业，名人则以其现有社会标定的优势身份/职业进行统计。

（三）形象的价值倾向

指人物的品德、人格、能力等能反映人物形象的特征。

（四）国别

按课文中的主角或主要人物是中国人还是外国人，分为三种情况：中国、外国、综合（既有中国人，也有外国人）。

三、结果与分析

（一）民族类别

人物的民族特征是指教科书中不同民族的人所具有的不同特征。如表1所示，在人物类课文和非人物类课文共177篇中，有127篇以汉族人为主角或主要人物，所占比例为71.2%，仅有5篇以少数民族人为主角或主要人物，占统计总数的2.8%，前者是后者的25.2倍。在这5篇以少数民族人为主角或主要人物的课文中，蒙古族人出现1次，满族人出现3次，另有1次在《一只小羊羔》（这篇课文在第2册书中简称为“(2)”，以下同）没有说明人物的具体民族类别。有2篇课文描写了汉族和少数民族（分别是苗族和蒙古族）的和睦团结。所统计的二年级共21篇课文中的人物全为汉族，无一是少数民族。三年级共47篇课文中，除第5册的《亲人》(5)描写汉、苗两族互相帮助外，其余46篇课文以汉族人为主角或主要人物；统计的六年级两册共28篇课文中，除第11册的《草原》(11)写汉蒙情谊外，其余27课中出现的人物均为汉族人。

表1 小学语文教科书中人物的民族类别状况

民族 \ 年级	一	二	三	四	五	六	Σ(%)
汉族	11	18	36	19	25	17	126(71.2%)
少数民族	1	0	0	3	1	0	5(2.8%)
综合	0	0	1	0	0	1	2(1.1%)
无	1	3	10	13	7	10	44(29.9%)

(二) 身份/职业

人物的身份/职业特征指人物在社会身份/职业等方面的不同特征。如表 2 所示,在统计的 10 种身份/职业中,学生位居首位,共 30 次,占 16.9%;后面 5 位分别是军人,出现 26 次,所占比例为 14.7%,政治家,出现 24 次,所占比例为 13.6%,文学家 16 次,其比例为 9.01%,科学家 8 次,其比例为 4.5%,艺术家,出现 4 次,占总数的 2.3%。除"学生"外,表中所列的另 6 种身份/职业是:军人、政治家、文学家、科学家、艺术家、官吏将相,共出现 83 次,占总数的 46.9%;其他可以从课文中辨认出的身份/职业,如教师、医生、工人共出现 19 次。另有 50 篇课文中的人物无明显的身份/职业。

表 2 小学语文教科书中人物的身份/职业状况

形象倾向	性别				Σ(%)	排序
	男	女	综合	无		
学生	10	5	12	3	30	1
军人	22	0	4	0	26	2
政治家	20	1	3	0	24	3
文学家	16	0	0	0	16	4
科学家	8	0	0	0	8	5
艺术家	4	0	0	0	4	6

(三)形象倾向

人物的形象倾向特征是指人物在品德、人格、能力和性格等方面所具有的不同特征。统计的课文中反映的人物的形象倾向可分为很多类别,表 3 粗略列出了位居前 8 位的。从表中可以看出,"助人、关心别人、友好"这一形象倾向出现次数最多,共有 20 次,所占比例为 11%,位居第一;"认真、勤奋"出现了 19 次,所占比例为 11.1%,位居第二;位居三、四位的是"勇敢"(包括坚强、不怕牺牲)和"智能"(智慧、聪明、机灵、有计谋),分别出现 16 次和 13 次;排在五、六、七、八位的依次是"关心人民、关心下一代","爱国、爱社会主义","诚实、正直"和"科学"(学科学、爱科学)。

表 3 小学语文教科书中人物的形象倾向状况

身份/职业	性别				Σ(%)	排序
	男	女	综合	无		
助人、关心别人、友好	14	4	2	0	20	1
认真、勤奋	18	1	0	0	19	2
勇敢、坚强	14	0	2	0	16	3
智能、聪明、计谋	12	0	0	0	13	4
爱国、爱社会主义	6	0	3	0	9	6

（续表）

身份/职业	性别				Σ(%)	排序
	男	女	综合	无		
关心人民、关心下一代	8	1	1	0	10	5
诚实、正直	5	2	0	0	7	7
爱科学、学科学	6	0	0	0	6	8

（四）国别

人物在国别上的特征指中国人和外国人所具有的不同特征。如表4所示，在国别上，除了一篇课文描写中朝友好的《再见了，亲人》(9)是以两个国家的人物为主角外，其余176篇课文均以一个国家的人为主角或主要人物。在这176篇课文中，以中国人为主角或主要人物的课文有144篇，占统计总数的84.2%；以外国人为主角或主要人物的课文有27篇，占15.3%，前者是后者的5.5倍。第1、6册的人物全为中国人。

外国人从知名度上来看，27篇课文中名人出现12次，占外国人总数的44.5%。形象倾向为“悲惨”的普通人，如《凡卡》(11)，《卖火柴的小女孩》(12)等描写的主角人物共出现5次，占总数的18.5%。除此以外，外国普通人物的形象倾向出现最多的是“助人为乐、友好”，共出现2次，分别是在《曼谷的小象》(5) 和《心愿》(9)这两篇课文中。

表4 小学语文教科书中人物的国别状况

国别	一	二	三	四	五	六	Σ(%)
中国	12	18	43	25	30	21	149(84.2%)
外国	1	3	4	10	2	1	27(15.3%)
综合	0	0	0	0	1	0	1(0.6%)

四、结论与讨论

从统计的结果可以看出，小学语文教科书中人物类课文中的主角人物和非人物类课文中的主要人物有以下几个方面的特征：

（一）在民族类别上

从统计结果可以看出，汉族人在数量上远远多于少数民族人，前者是后者的25.2倍，反映了汉族在全民族中处于绝对主要的地位，对有独立文化形态的一些少数民族的描写不够，显示了以汉族为中心的倾向。我国56个少数民族在历史发展中创造了丰富和灿烂的文化，在社会主义中国的建立与和平发展中作出了杰出的贡献。当今又倡导民族平等和民族团结，强调各民族共同进步和繁荣。然而语文教科书中对少数民族缺乏应有的关注，对学生正确认识各少数民族的历史与文化是不利的，同时也不利于学生树立社会发展所需要民族平等和团结的观念。

(二) 在身份/职业方面

课文中人物的身份/职业主要集中于几种主要的身份/职业,如政治家、文学家、科学家等。按韦伯的经济、声誉、权力的社会分层理论,[2]这些身份/职业多为高社会地位。教材对更多普通平凡的身份/职业描写不够,量上不多,质上不够丰富。现代社会备受推崇、在现代社会中起重要作用的一些身份/职业,如企业家、律师等,没有一篇课文涉及。

(三) 在形象倾向上

人物的形象倾向反映了《九年义务教育全日制小学语文教学大纲》(试用)中"激发学生热爱祖国",使学生"了解革命领袖","热爱社会主义",使学生受到"爱科学、爱劳动、艰苦朴素、诚实勇敢、关心集体"等要求。[3]但没有一篇课文体现出大纲中"爱护公共财物"的精神。这套教材对市场经济、全球化及合作发展的时代所需的冒险、创新、竞争、协作、开放等精神品质关注不够。另外,整套教材没有"法制"和"环保"取向的人物形象,对"社会正义"、"人权"、"劳动尊严"等价值观念也没有恰当的反映。

(四) 在国别上

以中国人为主角或主要人物的课文占绝对优势,是写外国人物课文的5.5倍,写中国人的课文远远多于写外国人的。从质上看,外国人的普通人物命运被描写为"悲惨"的最多,共有5次,而排在其后的"助人为乐、友好"也只出现2次,这与当今实际情况并不十分相符,比较片面,对学生全面而正确认识外国社会和外国人会产生不利影响。有学者已经指出,语文教学在培养学生"体认中华文化,厚植民族精神"的同时,还要培养学生具有开放胸怀,对世界各种文化及其差异持理解和尊重的态度。[4]

五、结语

教科书中的人物存在一定的定型特征,这些特征的形成有多方面的因素。首先,文化传统是一个重要因素。文化传统积淀成人们关于"人"的各种定型认识,并渗透于教科书的编写之中。第二,社会稳定发展的需要。现代教育科学研究表明,学校与社会有某种契约,学校的功能是实现文化再生产,为了维护社会和国家的稳定,教材在某些方面会有明显的政治倾向和意识形态特征。第三,教材本身的特征。教材的使用要保持相对的稳定性和连续性,这使教材易滞后于时代的发展,难以及时反映出时代特征。

小学阶段是儿童社会化发展的一个重要阶段。儿童社会化受来自家庭、社会和学校各方面因素的影响。学校教育中的教科书及书中人物特征对学生接受传统文化、内化价值观念、掌握社会规范有非常重要的影响,对学生形成个性及自我概念、学习和实践社会角色也起着感染、示范和暗示的作用。教科书中的人物特征在很大程度上影响儿童形成一定的社会文化心理,并塑造儿童成为某一社会角色。所以,应该重视教科书中的人物选择,努力避免人物特征可能产生的负面作用。值得注意的是,虽然早有类似本文的研究,可数量并不多见,且没有被有关专家和学者充分重视,并采取相应的解决方法。如何采取有效的措施解决教科书中的此类问题,这需要众多理论研究者和实践工作者的共同努力。本文在此仅提出一点不成熟的思考:① 教科书的编写要以教育学、哲学、心理学、社会学等多学科为基础，从多学科的角度综合考虑教科书的选材和编写。② 教材的编写应有一定的前瞻性，根据未来社会发展需要使教科书在保持稳定性的同时体现出鲜明的时代特征。③ 编写一些包涉内容较广的、有较大弹性和灵活性的辅助性读物，以补充教科书的一些不足。④ 教师在教学中要运用有效的教学方法，努力削弱和避免课文内容可能产生的负面作用。

参考文献

[1] (美)F·L.丹玛克.李美格译.儿童读物中的男性和女性:交叉文化分析.心理科学通讯，1981(3).

[2] 郑杭生.社会学概论新修.中国人民大学出版社，1994:105，117，284.

[3] 九年义务教育全日制小学语文教学大纲(试用).中华人民共和国国家教育委员会制定，1995:9.

[4] 郑国民.关于我国九年义务教育语文课程改革的思考.课程·教材·教法，2000(10).

内地与香港小学语文教科书内容结构比较①

傅建明　陈宜挺

教科书的内容结构是指教科书所选择的知识、技能,以及思想品德等要素共同构成的体系,主要包括语文知识、语文能力、思想品德三大要素。随着我国课程改革的深入,小学语文教科书也不断地改进,但仍然存在一些问题。诚如钟启泉先生所言,“在过去的半个世纪里,我国每一轮的语文教科书改革都囿于从量的方面去考虑……”,[1]所做的工作基本上还是语文教科书选文的删减与替换,而对语文教科书内在的深层结构却研究甚少。本文以内地北师大版[2]与香港新亚洲版[3]小学语文教科书为文本,对其内容结构进行比较分析,意图对我国的小学语文教科书编写提供一些思考。

一、语文知识比较

小学语文知识结构可分成汉语拼音知识、识字写字知识、阅读知识、写作知识、口语交际知识等。

(一)汉语拼音知识

北师大版把拼音知识集中安排在一年级第一学期,但在前三年都有所涉及。具体安排分三个时期:前期(第 5 单元前)、中期(第 5 至第 9 单元)和后期(第 9 单元后)。在前期,重点是让学生熟悉拼音,并不要求学生学习汉语拼音;中期,开始将拼音与字词相结合,以熟字带拼音,学拼音带识字;后期,以老师带读,学生听读生字为主要认字方法,自读时则充分利用拼音认字。新亚洲版几乎没有涉及汉语拼音知识,既没有对汉语拼音知识规定任何要求,也没在课文中出现汉语拼音,但在教师参考用书中则安了一本《拼音基础知识》,同时在低年级阶段的教师参考用书中的课文都标注了拼音。

(二)识字写字知识

北师大版小学阶段认字量(3 034 个),约为新亚洲版(1 033 个)的 3 倍;写字量(1 666 个),约为新亚洲版(212 个)的 8 倍。此外,北师大版的认字量分布在前五年,而且随年级的递升而不断减少,新亚洲版则六年均有分布,且每年的认字量变化不大。在写字方面,北师大版安排在前三年,写字量随年级升高而逐渐递增;新亚洲版则分布在前四年,每年增加 10 个字左右,详见表 1。就识字与写字数量的而言,北师大版比新亚洲版要更加重视。

---

① 原文发表于《课程教学研究》2012 年第 3 期。

表1　两个版本小学语文教科书认字写字数量统计　（单位：个）

年级		一	二	三	四	五	六	合计
认字	北师大版	786	867	690	410	281	0	3 034
	新亚洲版	145	173	185	189	172	169	1 033
写字	北师大版	390	626	650	0	0	0	1 666
	新亚洲版	37	45	66	67	0		212

另外，北师大版较为重视学生独立识字策略，以及学会如何正确写字用字，要求"掌握了几种基本的识字方法，如听读认字、看上下文猜字、看拼音认字、分析字形认字等；学会使用工具书，能够用音序查字法和部首查字法来独立识字；提高写字技能，做到书写规范、端正、整洁；采用多种形式（错别字病院、扩词比赛、选字填空、形近字找朋友）指导学生通过反复实践逐步做到正确用字"[4]等；而新亚洲版则仅提到要求学生在识字写字时学会运用字典，[5]对其他方面则没有涉及。

（三）阅读知识

北师大版从一年级到六年级作了整体的安排：一年级，独立认读，掌握课文的基本内容；二年级，学习默读，读懂课文，在阅读中进行联想；三年级，学习略读和带着问题有目的地进行默读思考；四年级，把握课文提出、解答问题，读懂古文，学写摘录、批注笔记；五年级，在阅读中进行发散思维的练习，写好自读笔记，掌握快速阅读策略；六年级，了解课文相关知识，揣摩文章表达顺序和方法，整体感知古诗文。而新亚洲版关于阅读知识方面则没有明确的要求，而是分散到各个年级中。大致安排为：三年级开始安排一些关于阅读的知识，如理解故事的内容、抓住关键词句段、学会分析线索、学会归纳各段的段落大意等；四年级开始要求学生分析课文的构架、认识比较阅读的方法、找中心思想、朗读古诗；五、六年级时则重点安排了比较课文的架构、记阅读笔记、按记叙文的要素分析课文、诗歌写作特点、成语故事、比较文言文和现代文等知识。

（四）写作知识

北师大版将写作部分知识分三个阶段安排：① 以写话为主。写自己想说的话，写想象中的事物，对周围事物的认识和感想，并在写话中掌握逗号、句号、问号、感叹号的用法。② 由写话逐渐转向写作。掌握有关仿写、续写、补写、发言提纲、日记（随笔或练笔）等写作形式的基本方法。③ 要求掌握有关修改作文的知识。学会列数字和作比较等说明方法，学会写简单的纪实作文和想象作文等。新亚洲版将写作知识分为两个阶段。① 学习句子、段落及不同类型的文章。包括记叙文、书信及其他类型写作。② 掌握不同类型的文章，包括记叙文、说明文、书信、日记、周记、便条及其他类型写作知识。在写作形式方面，新亚洲版要比北师大版较为多样，如仿作儿歌、看图写话、排句成段、写故事概要、写记叙文、阅读笔记、具体描写、观察记录、改写文言文、议论文以及游记等。总体而言，新亚洲版对于写作知识的安排显然要比北师大版细致和面面俱到，其内容不仅包括了有关写作过程中各种标点符号的使用方法，同时也包括写作形式、各种文体的知识。

(五) 口语交际知识

北师大版没有专门的口语交际知识单元,而是在单元教学目标中作出规定。如用普通话进行口语交际、能与同伴交流、掌握重点发言、主持等。在具体安排时则渗透在其他语文活动中。新亚洲版则专设听说篇安排口语交际知识,通过专项训练来培养学生的聆听和说话等口语交际能力。同时对口语交际知识作了一个系统的安排,一年级学会清楚地说、听以及讲故事;二年级掌握一些形容事物的词语,学会理解别人的说话、边听边记重点、学会有条理地说话;三年级听清楚故事的细节、听出观点、边听边思考、学会想象说话、说话有根据、清楚地作口头报告;四年级学会理解别人说话的内容、学会简洁地说话,运用恰当的语气、语速和音量说话、学会流畅地作新闻报告;五年级会边听边记录、学会听出新闻报道的细节、学会说清楚自己的心得和意见;六年级学会听清楚故事的脉络、学会理解人物说话的思想情感、学会完整地表达意见、运用恰当的语气和态度辩论等。

综上所述,北师大版的语文知识结构的阶段性比较明显,对每个阶段的语文知识作了明确的规定;而新亚洲版的阶段性则不太明显,体现了语文知识综合性与整体性的特点。前者在一、二年级安排了汉语拼音,而后者则几乎没有汉语拼音的内容;前者注重识字写字知识,而后者则重视词句知识;阅读方面前者对阅读作了明确的规定,而后者则较为模糊;写作方面,前者按文体安排写作知识,后者则注重写作过程的各个细节;口语交际知识在后者各个年级中安排较多,而前者仅将口语交际知识融合于各种语文活动中,没有规定专门的口语交际知识。

二、语文能力比较

语文能力可以分成语文特有能力和共通能力。[6]语文特有能力指语文学科特有的能力,主要包括"识字写字能力、阅读能力、写作能力、口语交际能力"[7];共通能力主要指思维能力(想象力、观察力、批判性思考能力等)与动作能力(协作能力、收集信息能力、自我管理能力等)。

(一) 特有能力比较

特有能力主要在练习与活动部分得以体现,因而本文将北师大版小学《语文》练习与活动部分和新亚洲版《学会中国语文》(包括听说篇、读写篇和应用篇)练习与活动部分中的题目作为分析对象。在北师大版的练习与活动部分,涉及读写能力的题目共有 899 题(占总量的 80%),涉及听说能力的题目有 221 题(占总量的 20%);在新亚洲版的练习与活动部分,涉及读写能力的题目共有 2 020 题(占总量的 89%),涉及听说能力的题目共 262 题(占总量的 11%)。就题目总量而言,北师大版共有 1 120 题,新亚洲版共有 2 282 题,新亚洲版是北师大版的 2 倍。就此而论在特有能力训练方面,新亚洲版比北师大版要强调得多。北师大版与新亚洲版都强调读写能力(分别占 80% 和 89%),而对听说能力的要求则相对低一些(分别占 20% 和 11%),相对而言,北师大版更强调听说能力,而新亚洲版更强调读写能力。

就具体安排而言,北师大版采用综合型的方式。主体课文是供学生读写之用,听说能力的培养则在练习与活动中进行。新亚洲版则采用分科型编写,将教科书分为"读写篇"、"听说篇"、"应用篇",并规定了各自的内容与目标。不仅通过涉及听说能力的练习与活动题目来培养学生的听说能力，同时也在“听说篇”中专门设置了听说课文，对学生进行专门的听说教学。因此，北师大版小学《语文》练习与活动中涉及听说能力的题目比重虽高，但却恰恰反映其重读写能力轻听说能力的现状，而新亚洲版《学会中国语文》练习与活动中涉及听说能力的题目比重虽低，却因其“听说篇”的设置而体现了将听说能力和读写能力置于同等地位的精神。

（二）共通能力比较

对于共通能力的分析主要通过教师用书中课文（新亚洲版包括“听说篇”与“读写篇”）说明中涉及各种共通能力的条目进行，统计结果见表2。

表2　两个版本课文说明中的共通能力分布表　（单位：次）

<table>
<tr><th colspan="2">版本
能力</th><th>北师大版</th><th>新亚洲版</th><th colspan="2">版本
能力</th><th>北师大版</th><th>新亚洲版</th></tr>
<tr><td rowspan="5">思维能力</td><td>想象力</td><td>47</td><td>3</td><td rowspan="5">动作能力</td><td>创造力</td><td>66</td><td>154</td></tr>
<tr><td>观察力</td><td>44</td><td>5</td><td>协作能力</td><td>56</td><td>69</td></tr>
<tr><td>运算能力</td><td>3</td><td>29</td><td>信息能力</td><td>83</td><td>19</td></tr>
<tr><td>批判性思考能力</td><td>14</td><td>118</td><td>自我管理能力</td><td>67</td><td>55</td></tr>
<tr><td>合计</td><td>108</td><td>155</td><td>合计</td><td>272</td><td>297</td></tr>
</table>

在课文说明中，北师大版涉及共通能力的条目共380次，其中思维能力108次，占28.4%；动作能力272次，占71.6%。新亚洲版共通能力的条目共452次，其中思维能力155次，占34.3%；动作能力297次，占65.7%。可见，内地与香港都强调动作能力的培养，均占三分之二以上的比例。

在共通能力结构中，两个版本对其中各种能力的强调各不相同。北师大版出现最多的是信息能力，为83次；其次为自我管理能力、创造力和协作能力，分别为67次、66次和56次；想象力和观察力出现次数也较多（47次、44次），而其批判性思考能力和运算能力则要求较低（14次、3次）。而新亚洲版最强调创造力，共出现154次；其次为批判性思考能力、协作能力和自我管理能力，分别为118次、69次和55次；出现次数较少的能力有运算能力（29次）、信息能力（19次）、想象力（5次）和观察力（3次）。

由上可知，① 北师大版最为注重信息能力，而新亚洲版则最为重视对学生创造力的培养；② 北师大版较为重视学生观察能力和想象力的发展，而新亚洲版对学生批判性思考能力和运算能力更为强调，新亚洲版有关运算能力的内容比北师大版较为显著；③ 两个版本对学生协作能力和自我管理能力的培养上态度较为统一。这与当前世界范围内教育和课程改革都强调合作学习和自主学习有关。

三、思想品德比较

两个版本小学语文教科书内容在思想品德内容方面存在着较大的差异（见表3），主要体现在思想政治教育内容、道德教育内容两个方面。

表3　两个版本小学语文教科书主副题所含思想品德类目统计表

北师大版	热爱自然	探求真知	热爱祖国	机智勇敢	热爱生活	勤奋努力	亲孝体贴	热爱家乡	顽强拼搏	诚实守信	关怀他人	团结协作	文明礼貌	追求理想	热爱集体	爱社会主义	热爱共产党	遵纪守法	俭朴节约	爱好和平
频数	69	57	41	38	30	28	18	17	15	11	11	11	8	8	7	6	5	3	2	1
新亚洲版	机智勇敢	热爱自然	热爱生活	探求真知	亲孝体贴	团结协作	热爱祖国	顽强拼搏	勤奋努力	文明礼貌	热爱家乡	诚实计信	关怀他人	俭朴节约	追求理想	爱好和平	遵纪守法	爱社会主义	热爱共产党	热爱集体
频数	60	60	46	45	41	28	20	17	12	10	8	7	5	2	1	0	0	0	0	0

注:同一篇课文的同一类目只记录一记,一篇课文最多不能超过两个主题和副题。

(一)思政教育内容比较

关于思想政治教育,两个版本小学语文教科书有着不同的重视度。与新亚洲版相比,北师大版显然更重视思想政治教育,爱国主义教育、集体主义教育、社会主义教育、共产主义理想信念教育,这些作为思想政治教育的主要内容,在北师大版教科书主副题中出现的频率要远高于新亚洲版。以热爱祖国这一类目为例,北师大版就是新亚洲版的两倍多;北师大版十分重视培养学生热爱社会主义、热爱共产党和热爱集体的思想,几乎每年级都出现与此有关的内容,而热爱社会主义、热爱集体和热爱共产党这三条类目,在新亚洲版中数量却为零。

(二)道德教育内容比较

即使同为道德教育内容,两个版本的小学语文教科书也对其中的内容各有侧重。北师大版道德教育内容排在前五位的分别是热爱自然、探求真知、机智勇敢、热爱生活和勤奋努力(69、57、38、30、28),在道德教育要素中所占比重分别为21.1%、17.4%、11.6%、9.2%和8.6%;而新亚洲版依次强调的是热爱自然、机智勇敢、热爱生活、探求真知和亲孝体贴(60、60、46、45、41),所占比重分别为17.5%、17.5%、13.5%、13.2%和12.0%。可见,两个版本都强调热爱自然、探求真知、机智勇敢和热爱生活四个道德要素。比较而言,北师大版更强调勤奋努力,而新亚洲版更强调亲孝体贴。北师大版对热爱自然和探求真知的强调要高于新亚洲版,而机智勇敢、热爱生活在新亚洲版中所占的比重却要高于北师大版。

综上所述,北师大版更重视思想政治教育,爱国主义教育、集体主义教育、社会主义教育、共产主义理想信念教育等要素,有压倒新亚洲版的数量优势。北师大版注意各种道德教育要素在教科书中的均衡,新亚洲则强调某些方面,而对爱好和平、追求理想等几乎忽略。

四、内容结构的综合比较

语文知识、语文能力、思想品德是语文教科书内容结构的基本构成要素，那么这三者之间又是如何被分配与编排的呢？

（一）三要素的分布比例比较

北师大版和新亚洲版都把知识列为内容结构的主要部分，分别占74%和63%，占绝对优势。但北师大版的知识比重要超过新亚洲版11%，说明北师大版更为重视语文知识；在相关能力方面，北师大版和新亚洲版的比重分别为8%和24%，显然新亚洲版更为强调能力的培养；而在思想品德方面，北师大版与新亚洲版的比例分别为18%和13%，两个版本的强调程度相差不大(详见表4)。

表4　两个版本内容要素比例统计

	语文知识	相关能力	思想品德
北师大版	74%	8%	18%
新亚洲版	63%	24%	13%

（二）内容要素的年级变化比较

语文知识、语文能力、思想品德三大内容的年级数量分布情况见图1、图2。

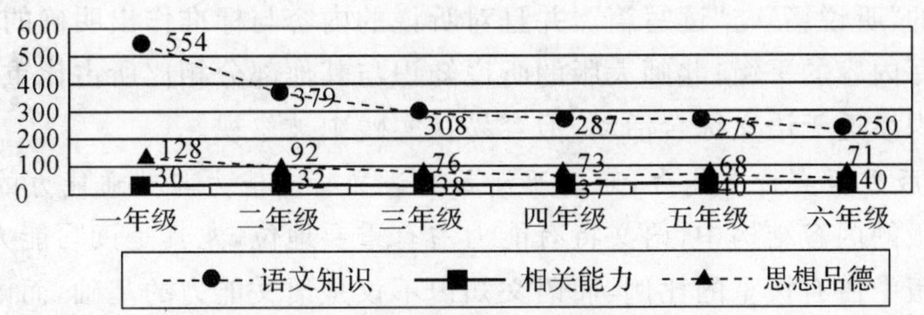

图1　北师大版内容要素数量年级分布图

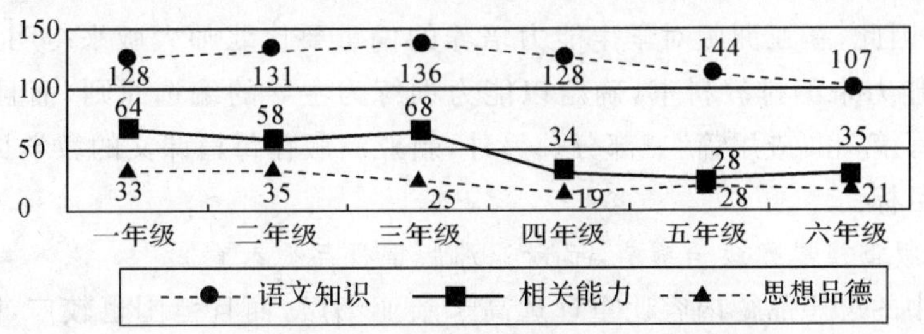

图2　新亚洲版内容要素数量年级分布图

由图1和图2可见，北师大版的语文知识随着年级的升高频数总体上有所下降，同时在每个年级内容结构中所占比重也下降。语文知识在一年级的频数为554次，而到六年级仅为250次；比重的下降则较为平稳，从一年级的77.8%到六年级的69.3%，平均每两个年级之间知识在内容结构中所占比重下降1.7%。新亚洲版整体上也是不断下降,但幅度较小:一年级的频数为128次,到六年级频数为107次,但有一个明显的波动,即三年级,频度为136,为最高。但在比重的变化上呈上升趋势,从一年级的56.7%到四年级的70.7%,五、六年级分别为69.1%和65.6%。语文能力方面,北师大版呈平缓上升趋势,从一年级的30次到六年级的40次,在比重变化上基本维持在18%左右。新亚洲版的能力频数变化分为两阶段,一至三年级,频数基本在60次左右;四至六年级,频数则下降至30次左右。比重变化也呈现类似特点,一至三年级,比重基本保持在25%以上;四至六年级则下降至17.0%—21.5%之间。在思想品德方面,北师大版和新亚洲版在总数上都呈下降趋势,前者的下降幅度要大于后者。在比重上,北师大版有关思想品德内容的比重恰好与数量所表现的相反,呈现出较为明显的上升势头;但是在新亚洲版,有关思想品德内容的比重起伏不定,就趋势而言总体呈现出下降,但比重变化并不是很大,基本上维持在10%—16%之间。

五、结论与建议

(一)结论

1. 北师大版重读写知识,而新亚洲版重听说读写平衡

北师大版对语文读写知识的强调明显强于新亚洲版,无论字词的数量还是字词的难度都要远远超过新亚洲版。有关阅读和写作的知识,无论是陈述性知识还是程序性知识的数量和要求都比新亚洲版高得多。关于听说方面的知识,新亚洲版比北师大版重视。其听说部分设有专门的"听说篇"与"读写篇",并且对听说的内容与标准作出明确的规定,力图达到听说内容和读写内容的平衡;北师大版的听说知识与其他部分相比所占比重甚少,虽然要求将口语交际知识渗透于语文综合活动,但容易在实践中被忽视。

2. 北师大版重语文特有能力,而新亚洲版重语文特有能力与共通能力的均衡

在北师大版的内容结构中,语文特有能力占有重要地位,尤其是读写能力的培养。语文知识在北师大版中占有极重的比例,而语文知识不仅是语文能力的基础,而语文能力一般在语文知识教学中形成;另外,北师大版设置了大量的语文综合活动以发展学生的语文特有能力,这是新亚洲版无可比拟的。香港特别行政区课程发展议会规定:中国语文课程以能力的培养为主导。[8]因此,新亚洲版对学生能力培养的偏重要比北师大版来得明显。不仅以听、说、读、写四种能力来编排教科书,确定以能力训练为主导的编选原则,而且将教科书分为"听说篇"、"读写篇"和"应用篇"三部分。另外,新亚洲版在每篇课文的教学目标中都包含共通能力的培养目标。

3. 北师大版重视思想政治教育,而新亚洲版重视品德教育

北师大版中的思想品德内容比重远远高于新亚洲版,而且范围也较广,除品德教育外,包括思想政治教育,特别强调爱国主义、热爱社会主义和热爱共产党等。此外,北师大版除了在课文中渗透思品内容外,还常以思品内容作为单元主题,并依据这个主题选择课文,集中编排思品教育的内容。新亚洲版则基本以课文渗透为主,而不直接将某一思品教育内容作为单元主题。其内容更多地集中在品德教育上,而对思想政治教育内容极少涉及。较为强调的是热爱自然、机智勇敢、热爱生活、探求真知和亲孝体贴等内容。

（二）建议

1. 内容结构中应注意各要素统筹兼顾

知识、能力和思想品德是组成教科书内容结构的三个实体要素。知识学习、能力培养和思想品德教育三者虽各有自己的范畴，但又密不可分。另外，小学生的学习以整体认知为主。因此，在教科书结构的编排时应三者兼顾、统筹考虑，方能取得良好效果。小学语文教科书结构的构建要将语文知识的学习、能力的培养和思想品德教育三者放在一个层面上考虑，使学生既获得了知识，又提高能力，同时得到思品上的升华，真正达到学生全面发展的目标。新课改中出现的语文综合实践活动是将三者有机融合的较为有效方式之一。

2. 知识结构中听说与读写内容应均衡设置

小学语文课程近 50 年来一直存在一个问题，重“文”轻“语”，重“读写”而轻“听说”。结果导致教科书知识结构中读写的内容较多，而听说的内容鲜见，最终造成学生综合运用语文知识能力的薄弱。因此，编写时要在听说读写之间寻找一个平衡点，从而使知识结构中的听说读写均衡发展。这就需要在设计小学语文教科书结构时注意三个方面问题：① 科学地确定小学语文教科书中听说知识与读写知识的比例，两者可以单独设计，也可以综合设计。② 听说知识和读写知识都应在单元教学目标中加以明确规定，不能厚此薄彼。③ 明确规定听说知识的考核内容、形式与考核标准，以杜绝评价过程中重读写而轻听说的现实。

3. 能力结构中综合安排语文特有能力与共通能力

小学语文教科书作为小学语文学科教学的一个主要媒体和工具，其本身需要承担起传递学科知识，使学生掌握各种与学科本身密切相关的能力，因此语文特有能力的培养就成为小学语文教科书内容结构的重要组成部分；同时根据教学的教育性原则，任何学科教科书都需要包含各种教育因素，其中一个重要方面就是促进学生逐渐形成与日常生活、工作和学习相关的各种共通能力。这些能力不仅在进行语文学科学习时所需要，进行其他各种活动时也是必不可少的。因此，在小学语文教科书内容结构中，促进学生共通能力的发展也十分重要。

4. 思品结构中思想政治与品德教育内容应全面发展

小学德育在培养各种基础的道德品质外，同时也应该注重思想政治方面的培养，使小学生具备做一个社会公民应有的政治思想、道德品质、文明行为习惯。因此，在小学语文教科书内容结构中，应该将思想政治教育和品德教育提升到同等重要的地位，或通过与知识、能力相互融合、相互渗透的方式，或通过将其设置为专门的单元主题的方式，不仅使小学生能在阅读和使用教科书时逐渐形成各种基本的道德品质，同时也对他们的世界观、人生观、价值观等思想政治意识进行引导和教育，使小学生形成良好思想政治观念和认识能力。

参考文献

[1] 钟启泉，崔允漷，张华主编．基础教育课程改革纲要（试行）解读．华东师范大学出版社，2001：213.
[2] 语文（1—12 册）．北京师范大学出版社，2001.

[3] 学会中国语文(听说篇、读写篇,1—12 册).新亚洲出版社公司,2002.
[4] 新世纪·义务教育课程标准实验小学语文教学参考书(第二册).北京师范大学出版社,2001:3.
[5]《学会中国语文》教学参考书(第一册).新亚洲出版社公司,2002:2.
[6] 祝新华.语文能力结构研究.教育研究,1995(11):54-60.
[7] 中华人民共和国教育部制定.小学语文课程标准(实验稿).北京师范大学出版社,2001:1.
[8] 香港特别行政区课程发展议会.学会学习——终身学习全人发展.政府印务局,2001:2.

香港小学语文新课程教科书中文学教材的德育元素分析①

余婉儿

一、绪论

香港小学语文新课程在2006年正式推行，经教统局评审的六套教科书已进入各小学的语文教学语境。其中课程改革的两个重要项目，是文学元素的增加和品德情意、价值观培训。“中国语文教育的目的，是要提高学生运用语文的能力，同时兼顾思想品德的培育和文化的熏陶。”[1]语文教材不仅是语文知识体系的载体，更包括了人类的观念体系和行为方式，教材是教与学能否成功的一个基础和中介。各出版社皆标榜编选教材时重视文学元素，文学教材是以丰富、具体的形象和生动、活泼的语言表现人的思想、情感和想象，反映人的社会生活和历史智慧。故文学学习除了有助于学生培养语言能力、想象力和审美能力外，更让学生了解生活、社会、人性，以至了解人生，透过文学作品，可让学生发展自觉认知能力。对新推行的教材中文学篇章的分析，有助于审视课程改革后语文教学的新境界。

本文以较多学校使用的两套教科书作为研究对象，从德育元素作介入点，探讨教科书的文学教材所呈现的品德情意的特质和呈现方式，以作为语文教材发展及分析的参考。

二、研究方法

德育的实质和内容是社会和受教育者自身发展所要求的起码品德，包括了思想、政治、法纪、道德等方面的基本素质和能力。[2]而道德需要人道关怀、客观思维和决断的行动三者交融才能完成。[3]本文参考有关德育理论论述及《中国语文课程指引(小一至小六)》等文献资料，建构教科书道德元素的分析框架，先对教科书文本内容作定性分析，以量化研究统计教科书文本的德育特质，继质化检视文本的德育性质及呈现方式。

研究样本是影响范围最大，现时香港市场占有率较高的两套教科书(为方便分析及维持研究的客观性，本论文将以甲和乙称此两套教科书)。研究对象主要是教科书内阅读范畴的讲读文学文本。文学篇章的界定，取广义的文学意义，除了论说性质的文本外，都归入文学范畴，其中包括韵文形式的儿童诗歌、古诗，散文形式的散文(记叙性及抒情性)、故事、童话、寓言、小说、书信、日记及剧本等。教科书甲有文学文本245篇，占全部篇章92%。乙有168篇，占全部篇章89.4%。

研究工具主要是内容分析细目表，细目表以有关德育理论及《中国语文课程指引(小一至六)》划出的德育重点建构。细目表的内容项目随着具体教材分析作适当修正调整。一篇

---

① 原文发表于《陕西师范大学学报(哲学社会科学版)》2009年第7期。

教材只计算一项有关德育内容的性质和呈现方式,如有多于一项者,将根据其主题及重要呈现方式摘取其中主要者统计。

三、研究框架

德育是以思想品德、个性特点的培养为主要内容和目标。德育的核心任务是价值观、道德原则和行为规范。本研究先以定性方式分析文本中德育元素的性质,把德育元素的性质分为"个人"、"亲属、师友"及"团体、国家、世界"三个层面。"个人"层面主要的要求是人格的优化;"亲属、师友"层面则是自亲及疏,由亲爱家人做起,以至于关心日常生活所接触的其他人;"团体、国家、世界"层面则再推己及人,以至整个社会群体,发挥民胞物与的精神。这层次体现了传统人伦关系由亲及疏、推己及人的观念。

表1 德育元素性质细目表

德育元素性质层面	细目
A个人	1. 自制自律 2. 个人美德素质 3. 对人事美德素质 4. 美化心灵
B亲属、师友	1. 良好的态度 2. 关爱
C团体、国家、世界	1. 奉公守法 2. 和平共享 3. 仁民爱物 4. 国家民族归属感

呈现方式则用下列项目观察:

表2 德育元素呈现方式表

德育元素呈现方式	1. 直接说明 2. 对话 3. 人物形象:楷模式人物(伟人、普通人、动物) 4. 形象化(形象、故事)

四、研究结果

1. 德育元素性质各层面整体面貌

表3 德育元素性质各层面整体面貌表

教科书	A(个人)		B(亲属、师友)		C(团体、国家、世界)	
	篇数	比例%	篇数	比例%	篇数	比例%
甲	141	57.5	57	23.3	47	19.2
乙	116	69	31	18.5	21	12.5

甲乙两套教科书在"个人"、"亲属、师友"及"团体、国家、世界"三个层面的分布上皆相近。个人层面的德育内容占最多,团体、国家、世界最少。其中乙在"个人"层面占69%,比例非常高,而"团体、国家、世界"只有12.5%,比例小。甲在"亲属、师友"及"团体、国家、世界"两层面的分布较平均。

2. 第一及第二学习阶段德育元素性质各层面比较

表 4 第一、二学习阶段德育元素性质层面比较表

教科书	学习阶段	A(个人)		B(亲属、师友)		C(团体、国家、世界)	
		篇数	比例%	篇数	比例%	篇数	比例%
甲	第一学习阶段(1—3)	84	61.3	34	24.8	19	13.9
乙		65	68.4	21	22.1	9	9.5
甲	第二学习阶段(4—6)	57	52.8	23	21.3	28	25.9
乙		51	69.9	10	13.7	12	16.4

甲教科书在第一和第二学习阶段呈现的“个人”较多,“团体、国家、世界”较少,第二学习阶段“个人”较第一阶段少,而“亲属、师友”及“团体、国家、世界”渐次增多。这与学生年龄增长,接触事物的面扩宽的情况配合。乙教科书在第二学习阶段有关“个人”较第一阶段更多,而“亲属、师友”则大量减少,在第二阶段仍以“个人”层面的德育内容为主。

3. “个人”层面细项

表 5 个人层面细目表

教科书/学习阶段	A1(自制自律)		A2(个人美德)		A3(对人事美德)		A4(美化心灵)		A(个人)总	
	篇数	比例%	篇数	比例%	篇数	比例%	篇数	比例%	篇数	比例%
甲 1—3	8	5.8	32	23.3	2	1.5	42	30.7	84	61
乙 1—3	6	6.3	24	25.3	1	1	34	35.8	65	68.4
甲 4—6	0	0	30	27.8	2	1.9	25	23.1	57	52.8
乙 4—6	9	12.3	22	30.2	1	1.4	19	26	51	69.9

两套教科书在第一学习阶段皆以“美化心灵”所占篇章最多,其次是有关“个人美德”项。第二阶段则以“个人美德”为多,但两个阶段总数仍以“美化心灵”占百分率最高。乙教科书在“自制自律”共占 18.6%,而甲只有 5.8%。

4. “亲属、师友”层面细项

表 6 亲属、师友层面细目表

教科书/学习阶段	B1(良好态度)		B2(爱)		B(亲属、师友)总	
	篇数	比例%	篇数	比例%	篇数	比例%
甲 1—3	4	2.9	30	21.9	34	24.8
乙 1—3	4	4.2	17	17.9	21	22.1
甲 4—6	7	6.5	16	14.8	23	21.3
乙 4—6	1	1.4	9	12.3	10	13.7

两套教科书在两个学习阶段中皆重视亲友、人与人间爱与回馈,但有关具体人与人的相处和交往的良好态度和方式则较少提及。

5."团体、国家、世界"层面细项

表 7　团体、国家、世界层面细项表

教科书/学习阶段	C1(奉公守法)		C2(和平共享)		C3(仁人爱民)		C4(国家民族归属感)		C(团体、国家、世界)总	
	篇数	比例%	篇数	比例%	篇数	比例%	篇数	比例%	篇数	比例%
甲 1—3	1	0.7	3	2.2	13	9.5	2	1.5	19	13.9
乙 1—3	3	3.2	2	2.1	4	4.2	0	0	9	9.5
甲 4—6	2	1.9	10	9.2	11	10.2	5	4.6	28	16
乙 4—6	2	2.7	3	4.1	3	4.1	4	5.5	12	16.4

在第一学习阶段中,两套教科书皆以"仁人爱物"为最多,然而相对而言仍显得少,"奉公守法"项涉及公德社会责任等内容的也过少,显得对大众的关注情感较为萎缩。而乙在"国家民族归属感"项阙如,而在第二阶段在此项则稍有增加。

五、呈现方式

1. 整体呈现方式

表 8　整体呈现方式表

教科书	直接		对话		人物形象		形象化	
	篇数	比例%	篇数	比例%	篇数	比例%	篇数	比例%
甲	42	17.2	17	6.9	68	27.8	118	48.2
乙	18	10.7	9	5.4	58	34.5	83	49.4

两套教科书主要皆以形象化方式呈现德育的内容,"人物形象"和"形象化"两项,甲为76%而乙为83.9%。"直接"说教方式较少,乙只有10.7%,甲较高也只有17.2%。"对话"方式最少。

2. 以榜样式人物形象表达德育内容的篇章占文学总篇章的比率

表 9　榜样式人物篇章占文学篇章比率表

教科书	名人		普通人		动物		负面人物	
	篇数	比例%	篇数	比例%	篇数	比例%	篇数	比例%
甲	28	11.4	27	11	5	2	8	3.3
乙	22	13.1	19	11.3	3	1.8	14	8.3

两套教科书在以人物形象做主要道德元素的传递上,正面人物较反面人物多,名人精英形象和普通人物形象比例上皆较平衡,这固与小学生的接触面较褊狭有关,选择与他们生活相关或与他们相仿的角色较易被他们接受,另外反映了选择背后的意识形态,没有特别强化拔高大量的崇高形象,反而从日常生活找到可以模仿的榜样式人物。

3. 在榜样名人中，古今中西人物选择

表 10　榜样名人中古今及中西人物比率表

教科书	古人		今人		中国		外国	
	篇数	比例%	篇数	比例%	篇数	比例%	篇数	比例%
甲	19	67.9	9	32.1	20	71.4	8	28.6
乙	15	68.2	7	31.8	17	77.3	5	22.7

两套教科书皆筛选的楷模式人物以古代名人为多，差不多 7 010 个，现代人物较少。名人也以中国为主，占 70%以上。

4. 正面人物形象及负面人物概览表

表 11　正反面人物及动物表

<table>
<tr><td rowspan="2"></td><td colspan="4">正面人物及动物</td><td rowspan="2">负面人物及动物</td></tr>
<tr><td>名人</td><td colspan="2">普通人</td><td>动物</td></tr>
<tr><td>甲</td><td>艺术家 6
贵族、将相 5
文学家 5
科学家 4
政治领袖 3
运动员 2
医生 2
护士 1</td><td>学生/孩子 11
子女 6
爸爸 2
哥哥 2
弟弟 1
年轻女子 1</td><td>教师 1
画家 1
医生 1
店主 1</td><td>动物 5</td><td>没见识的青蛙/不负责任偷懒的猴子/说谎的孩子/偷懒的孩子/贪心的小熊/不按目标行事多此一举的人/言行不一的人/糊涂的小孩</td></tr>
<tr><td>总数</td><td>28</td><td colspan="2">27</td><td>5</td><td>8</td></tr>
<tr><td>乙</td><td>政治领袖 5
贵族、将相 4
艺术家 4
文学家 4
科学家 4
太空人 1
医生 1
艺人 1</td><td colspan="2">学生/孩子 8
女儿 4
姐姐 3
哥哥 2
爸爸 1
青年 1</td><td>动物 3</td><td>不劳而获、不智的农夫/骄傲的彩虹/自以为勇敢实际糊涂的公鸡/短视不智者/贪心而被骗的乌鸦/不负责任不知悔改的黑驴/不承认错误的狐狸/不知危机没有先见之明的黄鼠狼/不肯学习的不智者/不肯接受新挑战新环境的青蛙</td></tr>
<tr><td>总数</td><td>22</td><td colspan="2">19</td><td>3</td><td>10</td></tr>
</table>

两套教科书所选择的名人榜样身份皆相似，主要以政治领袖、王侯将相、文学家、艺术家和科学家为主。较特别的是甲有运动员，而乙有艺人，虽然数量极少，但已反映了多元思维的特点。甲教科书的正面人物形象中，普通人包括了天赋角色和自致角色两类，且有市井人物，形象较多元。而乙只有天赋角色，在形象的选择上较单一，涉及生活层面较褊狭。

六、讨论

(一) 有关德育内容讨论

1. 德育审美元素的增加

两套教科书中有关德育内容以"个人"层面中"美化心灵"最多,大量的篇章表达了大自然四季五时的美景,动植物和谐优美的世界,浩瀚奇伟的宇宙,人类精神文化结晶。反复出现的题材,能带出不同情调的物性,不但有优美的景物、耀目伟大的文化建筑,反映了人类智慧的艺术品,而且往往呈现了一片生机、希望和友爱,这丰富了学生的精神世界,是陶冶他们健康心灵和性情、美化人格的方法。教材中又出现一些儿童游戏、日常闲暇生活乐趣的篇章,且焦点在愉悦和乐趣上,在选文上的观念转变,重视儿童的游戏天性的发挥。德育虽重视讲道理和行为规范,"个体素质内容是多方面的,它包括了审美观念、意志力量、道德情操、理想信念、人生观、世界观等"[4],但其中审美素质的培养也属德育范畴,透过重视趣味的教材,重视情感的陶冶,更能促进道德人格的塑造。

这个环节的丰盛,与课程改革强调的审美意识和审美能力培养有关,文学教材的大量使用,也使纯作道德和行为规范的教材减少。

2. 个人性格及意志素质

两套教材有关"个人"层面的"个人美德素质"中,最多篇章论及的素质是"处事明智"一项,甲有 11 篇(5%),乙有 16 篇(9.5%),特多有关机智的德育内容的篇章,可见在道德情意范畴,仍较重视智力元素,这反映了一定的社会意识形态对儿童机敏处事的期望。而其他较多的素质是"勇敢",甲有 5 篇,乙有 6 篇;"坚毅勤劳"的,甲有 8 篇,乙有 4 篇,也有局部篇章提及"好奇探索"素质的。

3. "团体、国家、世界"层面的内容处理

直接传达"团体、国家、世界"的德育内容较少,例如像下列的教材主要是叙述香港的景物和中国历史,但在篇章中出现了下列的语句:"香港,你真不愧是一颗东方明珠啊!"(《东方之珠》甲,二上 2)"看着大桥,我们都深感自豪,是我们香港人亲手建设了这座世界著名的大桥啊!"(《参观青马大桥》甲,三上 2)"我们除了惊奇秦始皇的雄才伟略外,还要感谢秦朝人民用自己勤劳的双手,甚至用自己的性命,为我们创造了这举世无双的奇迹"。(《秦始皇和万里长城》甲,五上 2)

明显地,教材直接用语言宣示了其中传达的家国和本土归属感,是属于"团体、国家、世界"中"国家民族归属感"项。如果篇章中没有出现此类文字,它们只属于纯游记性质的篇章,只计算为"个人"的"美化心灵"(A4)项,这类篇章占的比例颇高。以满载文化符号的形象,例如中国的山川名胜、香港的风景设施、中国节日食品等文化及历史的介绍与描述,虽然在字里行间没有明显表达了对家国本土的赞扬与思念,但这些篇章的内容,对景物、文化、历史的渲染,已在情感上引起了学生对本土国家民族的共鸣和回响。道德教育实包括道德认知、道德情感、道德意志及道德行为,以感人的形象引发了他们的情感认同后,便可进一步作展开热爱国家民族的道德教化。故这类篇章,是以潜移默化的方式完成家国民族意识的培养功能的。

教材《烛光》(乙,二上 1)叙述的是第二次世界大战时法国小镇中,女孩玛丽如何协助母

亲伯瑙德太太保护反德情报，表达了女孩的临危不乱和勇敢，因为这牵涉保家卫国之事，故德育的内容类别实属“团体、国家、世界”层面。由此也可见，对于家国民族的观念事件的处理，实须与阅读对象相配合，对小学生而言，家国大事始终是较遥远和不曾有的经验，故《烛光》选用个人言行勇毅的角度作切入点带出民族感情，是配合儿童认知能力的处理。

另一方面，也能见两套教科书对国际视野关注：“我从前以为荷兰只有一种特色，到处都是风车。现在我的观感改变了。”(《花之国——荷兰》，五下 2)“这种异场面，我在香港电视的荧光幕上也见过了，并不陌生，可是哪里比得上实地看得清楚呢！”(《参观白金汉宫》乙，五下 2)是利用对异地景物或名人榜样的描述，拓宽了儿童的视野，也明确指出面向国际的需要。

(二) 呈现方式的特点

1. 直接说教与间接呈现

两套教科书皆有直接说教的形式传达道德教训意味，教材每每出现总结性及提出主要德育内涵的语句：

“这是我第一次尝到钓鱼的乐趣。”(《第一次钓鱼》乙，五上 1)

“卓芝心里一热，又有些后悔：自己太‘小心眼’，错怪她们了。”(《小心眼》甲，二上)

“太阳告诉我，世界像朝霞一样美丽，要我珍惜现在、创造未来！”(《多彩的贺卡》甲，二下 1)

“只要努力学习，发挥个人潜能，每个人都有可能实现自己的理想。”(《未来科学家》甲，四上 1)

文章明显点明“钓鱼的乐趣”、“小心眼”、“珍惜现在、创造未来”、“努力学习”等信息。有时，为了避免过于直接说教，这些教训会在人物对话中出现：

“我扑向妈妈的怀里说：让我帮忙做家务，减轻你的辛劳吧。我还要用功读书，长大后做个有用的人，好好报答妈妈。”(《妈妈的手》乙，三下 1)

“妈妈摸摸我的头，和蔼地说：‘以后碰到不开心的事，先来个深呼吸，再静静地想五秒，然后才心平气和地去解决问题，好吗？’”(《遥控车坏了》甲，三下 1)

有时又把直接说教的内容，用书信形式表达，如发脾气提父亲透过书信直接教道女儿不要乱发脾气，需控制自己的情绪(乙，五上 2)，因为转用了书信这个较友善的方式，儿童在接收时便可以减少了排斥的情绪。

两套教材也不乏以暗示方式传达了道德惩罚的内容，例如彩虹骄傲于自己的漂亮，不断向太阳炫耀，文章最后是“太阳只是微微一笑，慢慢从西边落下，于是彩虹也跟着消失了”。《骄傲的彩虹》(乙，二上 2)、《单车记》(乙，五下 1)展示了学习失败的过程，没有结果，留下空间让读者思考。《电脑狂想》(乙，六上 1)也是一个透过完整故事情节展示人物行为修正的故事，这些呈现的方式较易令读者接受，且充满暗示性，文学趣味也就增强了，读者可在潜移默化中，在情感牵引下，接受情意的培养。

2. 道德的抉择过程

最值得讨论的一种呈现方式是设置了类似柯尔伯格(L kohlberg)提出的道德两难的选择方式去检视人的道德水平，柯尔伯格认为以社会习俗为标准，道德发展可分为三级水平六个阶段。他指出人的道德发展顺序不变，但各人的发展进度或有不同，但出现仍与年龄有关。而他提出的“两难故事法”，也是训练和提升道德判断的方式。《小孩子的自由》(甲，三下 2)描述了小孩行为选择的心理过程,但情节较为简单,未能充分开展选择的矛盾。《二十八个史努比》(乙,四下 2),《放学回家》(乙,四上 1)及《周末狂欢》(乙,六上 1)则有较丰富的情节展示了人物心理的矛盾冲突、分析判断、选择的思考过程。

《放学回家》展示了放学后喜欢流连商场的小学生的抉择和思考过程,但最后他选择了听从妈妈的话,早点回家。换言之,文本为读者选择了道德价值。《周末狂欢》以自食其果的惩罚方式判决了人物的过失,显示了他的错误抉择,即文本也为读者选择道德价值。《二十八个史努比》由 7 篇日记组成,表述了人物在换购史努比和天天吃汉堡包的挣扎。人物有细致、周密的思考,经过一番挣扎,他又面对一个新的试探和诱惑,他提出了可能的解决方法。最后一篇日记是如此写作的:

> 哈,二十八个史努比终于齐全了!我不用再吃汉堡包……不过,听叔叔说迟些买汉堡包套餐可换小熊,有二十多个造型。如果是真的,我一定要"吃"它们回来。至于汉堡包呢,也许那时我不讨厌它,也许我会请叔叔、哥哥、姐姐、同学、邻居……帮忙。噢,今晚我可能会梦见小熊呢!(《二十八个史努比》乙,四下 2)

然而,这事仍未发生,结果如何?文本没有交代,最后没有为读者决定道德的选择,这种处理显示了较高层次的安排,是一个可塑性高和有效的德育材料。品德的形成不能离开人的道德认识(对规范及其执行意义的理解、道德判断、自我评价)、道德感、道德动机(冲突与协调等),德感行为的变动(决策、执行与自我调控)等心理机制。透过此等文本,教师作适当的处理后,可培养道德认知、意识和判断力。

3. 负面人物的运用

以人物的言行作为道德指导作用的,可选择正面的榜样或负面的形象,则甲有正面人物 65 个,负面人物 8 个,即以形象指导的有 73 个。乙有正面人物 44 个,负面人物 14 个,即以形象指导的有 58 个。负面人物占人物形象:甲为 10.9%,乙为 24.1%。可见乙选择的负面形象的比例高。

以负面形象作道德指导,优点是避免了直接说教,特别当学生反叛性强,不愿接受成人提供的行为规范和道德价值时,可以一个其他人物的个案形式呈现,以达到指导教化的功能。设置负面人物,让学生分析反思,可发展学生的批判思维。缺点是儿童的模仿能力强,可能倾向模仿负面形象,如此就出现了反作用,不但不能达到正确价值观念和行为的培养,更会使学生行为可能出现偏差。乙教材中的 14 个负面形象,有 7 个为动物或自然物形象,这使负面人物与学生保持了较远的距离,一方面更有效地提供了一个思考判断的距离,且学生较不易模仿动物人物。

另一方面,在负面人物的设置中,也多表达了人物不智不懂应变的一面,可见教科书的编选较关心培养儿童机智应变方面,特别重视生活智慧,这或许与课程改革重视创意思维(把知识应用于日常生活上)和探究的精神相关。

七、结论

本论文主要目的,是从德育元素的角度,观察两套香港新课程教科书的文学教材,找出其所蕴含的主要德育素质特征和它的呈现方式。透过质化和量化的检视,显示了这两套教科书本身各自的特点。

在德育内涵上，二者皆较重视个人层面的德育价值，其中占最大比例的是审美价值的培养，这能帮助儿童在潜移默化中培养一个美善的心灵，有助他们建立正面的价值观和培养积极的人生态度。在性格和意志素质的培养上，较重视儿童的机敏和智慧，这与社会日趋复杂，他们需具更灵巧的应变能力相关。两套教科书文学教材中，较少触及的是对社群的责任感和家国民族情怀，这呈现了较狭窄的视野。

至于道德元素的呈现方式则显示了文学教材的特点，大多不是干涩的说教模式，主要是以不同的形象去呈现。而乙教科书采用了类似"两难故事法"雏形的方式表达，更见教材的新意。

香港的课程改革，其中一个重点是文学元素的增加，"品德教育沦落到如此不堪的局面和不能善用文学作品脱不了关系"。[5]文学是以有组织的文字，来表达情感、想象、趣味、风格与思想的文字。它以具体、有生命的方式呈现了语言的优美、生动、传神的特征，展示了人的智慧美、心灵美、人与人的和谐关系等，提供了学生一个灵明观察和反思的机会。透过文学文本，学生就在这种具体呈现中领悟和感受，完成了愉快的语文学习，在潜移默化中建构了他们的语文思维能力，丰富了他们的内心世界，树立了他们的价值观和人生观，故文学实在是优秀的语文学习材料。这两套教科书，若从严格意义量度，许多教材未达优秀文学水平，只是为配合语文教学所设的教材，特别是叙述性的文体，因为过于简短，未能充分展开形象的描绘。但在德育价值的表达上，大部分的篇章皆选择了形象化的方式。

参考文献

[1] 香港课程发展议会. 中国语文课程指引(小一至小六). 香港教育统筹局，2004.

[2] 鲁洁，王逢贤. 德育新论. 江苏教育出版社，1998.

[3] R H. Hersh. J Miller and G. D. Fieklink. 刘秋木，吕正雄译. 德育模式. 五南图书出版有限公司，1993.

[4] 韦朝坤. 论语文教学与道德教育的结合. 泰安师专学报，1999(4).

[5] 杜明威. 儿童文学与品德教育. "国立"台东大学"国立"研究所，2006.

小学语文教材读写训练项目的走向与反思[①]

王贺玲

语文教材是把优质文章作为课文来学习语言的。多少年来,无论是传统教材还是现代教材都顺承这一编制思路,被称为文选型教材。附于课文后的练习题用于提示、引导学习课文内容,展开相应的语言读写训练,构成教材的重要组成部分。除此之外,小学语文教材还就儿童必要的基本读写知识和技能,编入专门的训练项目进行读写训练。自从1979年叶圣陶提出教材中编入读写训练项目以来,在实际教学中已应用多年。木文从学习语文出发,仅就读写训练项目的发展与走向作进一步梳理与分析,以供思考和研究之用。

一、小学语文教材读写训练项目的提出

1978年,吕叔湘在《人民日报》发表文章,认为"十年的时间,二千七百多课时,用来学本国语文,却是大多数不过关,岂非咄咄怪事"!这一语发人深省,道破当时语文教学的现状与存在的问题。于是,怎样改变长期以来语文教学少、慢、差、费现象,如何提高语文教学效率,用较少的时间赢得学习成效,成为语文界热切关注和研究的问题,也因此加快了语文教学改革的步伐。

与此同时,叶圣陶明确指出语文教学改革的方向:由知识学习向能力训练转向。他的这一思想对小学语文教材的编写产生了重大影响。当时小学课本的编写是以文选为主,即优选文质兼美的文章,文后编入练习题,来模仿并学习其语言及章法,称为"选文+练习"的形式。这一沿袭传统的编法,是语文学习的唯一模式。在这种模式下,也自然而然地形成了单一、刻板的教学现象。怎样突破这一编写模式,唤起语文学习的生机,进入以培养能力为主的训练构架,已成为教材改革着力思考的问题。

1979年,叶圣陶进一步把改革的目标聚焦在利用读写项目来培养学生能力上。他主张建立培养听说读写能力的训练项目,把知识的介绍和能力的训练一环扣一环,由易到难、由浅入深地安排在教材之中,以训练阅读和作文的熟练技能。这一主张提供了切实可行的培养读写能力的新途径。于是,人民教育出版社小学语文教材编写组归纳并提炼了32个小学语文读写必要的知识与能力训练项目,编入十年制小学语文课本的中高年级。由此,语文教材开始走上了以能力训练为目标向系统性、科学性发展的道路。

人教版所编的32项读写训练,以阅读、作文为主,并以每组课文中的一篇讲读课文为例,加以详细解说。这些训练项目,无论是读写知识的传授还是方法的训练,都立足于语文能力的培养,强调知识的迁移与应用。在教学上,作为教材内容学习的一部分,更多的内容仍然是根据课后题,对课文内容进行阅读、思考、想象及朗读、默读、背诵、说话等语文基本功训练。这样,读写项目的训练与适当的教学,使小学语文教学从漫无边际的摸索中找到了训

① 原文发表于《教育理论与实践》2008年第8期。

练的扶手和台阶，丰富并提升了文选式教材的内涵，从语文教材的发展来看，可以说是一个新的探索与进步。

二、小学语文教材读写训练项目的特征与反思

鉴于叶圣陶思想的影响，当时九年义务教育的各套教材，无论是实验本还是试用本，无论是国家教材还是地方教材，为了提高语文学习效率，它们均从各自教材编写的特点出发，根据学习的需要，建立相应的读写训练系列。其主要特征如下：

一是训练内容以读写为主，兼顾其他。阅读和作文训练项目中，“人教”(试用版)读写各16个，设置平均；人教(大修订版)阅读13个，作文3个，偏重阅读。其中也有涉及思想方法的，但所占比例很小，注意在阅读及作文中进行思维训练以及认识能力的培养。“教科所·黑山版”作文9个，阅读7个，作文项目高于阅读，“其他”限于应用文、文言文、说明文、古诗文等专项内容组合。项目分类丰富，强调古典文化的内容，突出文体掌握，看重运用作文能力的训练。“丁有宽版”实施读写对应，就项目内容而言，偏于作文的11个，偏于阅读的17个。此外，还另有包括结构、并列、总分、具体、概括的句、段项目内容，归入“其他”。在读写对应中，更加重视词、句、段基础语言的训练。

二是各年级项目阶段性特征突出，强调段的训练。“人教版”(试用版)三四年级安排读写词句、一段话到多段话内容；七册以上安排篇的阅读和作文内容。“丁有宽版”在二、三年级安排单句、句群及段(结构、并列、总分、具体概括)项目训练。四年级安排“文章的段落和段意、文章的段与段的联系、文章的重点段”项目，段的训练占有一定比例，同时安排初学文章阅读的基本内容。“教科所·黑山版”在三年级安排阅读的基本步骤、要素、文章段落、内容中心、顺序以及朗读、复述的方法等基本内容，体现由整体文章阅读引入，其中涵盖段的训练特点，以上各套教材均呈现中年级以段为中心、高年级以篇为中心的编排特点，以及中年级段以基础语言训练为主、高年级以读写知识和能力训练为主的阶段特征。前两套更侧重基础训练，为普遍应用提供方便，而“教科所·黑山版”起点相对稍高，符合实验性教材的性质。

三是训练项目反复再现与螺旋上升。“人教版”项目安排呈现单点连线、螺旋上升的特点。每个内容读写两项相连，一一对应编排。比如，“练习概括中心思想”后设“写文章要有中心”，编写严密，匠心独运。此外，设项多、分项细、不重复，由易到难，布局周密。项目中“一边读一边想、围绕一个意思写好片段”等，是针对初学读写的儿童教学需要而自行开发的项目，更贴近和适应学生读写学习，体现面向各层次儿童、应用于大面积教学的性质。“教科所·黑山版”项目有说明文、应用文、文言文、文言诗文，安排在各年级，重复出现，以突出文体特征；单次安排阅读和作文项目系列，呈螺旋上升趋势，其中作文系列更加明显，从基本写作知识出发，不仅提供简单记叙文的写作方法，还提供复杂记叙文的写作方法，并兼顾其他文体；体现项目内容深、学习对象要求高、有一定难度和高度的实验教材特点。“丁有宽版”的训练项目在低中年段以词、句、段为主，进行语言片段训练，并呈现反复训练的性质，以打好语言基础。高年级段采取单线设置，阅读由记叙的要素、顺序、段落、内容、思想及感情等呈螺旋上升安排；作文由记叙、选材、提纲、观察、描写等，由浅入深，一一涉及。有些段的项目反复再现，拉开由浅入深的训练层次，突出以段为基础的技能技法训练。

四是训练项目以详细解说为基本方式。对一个训练项目，教材用精读课文中的实例加

以解说,详细介绍知识、训练的类型方法以及阐述对阅读和作文的作用。"人教版"以"读写例话"的形式出现,选取一个以上例子作简要说明,用通俗易懂的语言,讲述知识与内容,供学生自读学习,占1页篇幅。"丁有宽版"以"读写提示"引领学习,往往用两个以上课例加以详细说明,占1—1.5页篇幅。"教科所·黑山版"则在单元伊始以"训练要点提示"形式出现,分条讲述要求、知识内容、训练要注意的问题等,不以课例加以解说,重在强调本单元教学要求,引导学生学习。这些编排方式都提醒师生关注教学重点,无疑突出了读写训练项目在教材中的单元引领地位以及在教学中的重要作用。特别是人教版,以浅显通俗的儿童化语言,简明扼要解读训练重点,更便于学生自读学习领会。

上述这些九年义务教育教材,为了提高读写能力,把训练项目作为教材中心结构框架,已构成各套教材的共同特征之一。由于教材建立以读写为中心的主系统以及听说为辅的子系统,形成了低、中、高年级的完整系列,丰富并完善了文选型教材,使教材序列化和科学化,大大推进了教材事业的发展。从大面积的教学效果来看,学生具备了主要文体概念以及基本的读写知识,在反复读写练习中,提高了读写能力及语言能力,也可以说大大提高了语文教学效率。这是不容忽视的事实。

但是在多年的教材编写和教学中,有些项目安排的内容和数量不适当,比如,有的教材在一个单元的教材中就有6—8个项目,过多过频的编入,使能力训练置于一个未掌握又进入下一个的紧张循环之中,教学目的欲速而不达。再比如,句、段等技能技法项目过多过繁,使教材选文完全置于句、段及读写技能技法训练之中,大量内容鲜活丰富、文体活泼、语言上乘的文章不能引进教材,出现了以技能技法训练完全代替语文学习的现象。教学则走向了更大的误区,把分段和归纳段意等技能的训练作为课堂教学的目的,忽略了教材的文学性与人文性,特别是对语言的感悟与积累开发不足。随着教学弊端的日渐显现,人们逐渐意识到,训练项目安排不适当,致使教材缺乏活力而置于僵化机械的训练之中,给语文教学带来更大的问题。出于适应教学的需要,多年来,教材的项目不断地积极改进,呈现项目数量由多向少、系统由严谨对应向松散随意发展的趋势。这从"人教版"(大修订)教材的变化可见一斑。

三、课标教材读写训练重点的走向与分析

2001年《全日制义务教育小学语文课程标准(实验稿)》颁布,针对当时教材和教学的现状和问题提出:"语文是实践性很强的课程,应着重培养学生的语文实践能力,而培养这种能力的主要途径也应是语文实践,不宜刻意追求语文知识的系统和完整。"由此,各套课标教材的读写训练发生了根本性变化。各套教材根据课标提出基本要求,在训练读写能力、综合能力的内容及呈现方式上又发生了很大变化,力图在教材编写中体现其精神实质。下面仅以人教版、北师大版等教材为例,对其特点做进一步探索与分析。

一是训练点设置的丰富性。"人教版"的训练点以阅读、作文能力训练为基本内容,读写点安排相对平均,综合能力训练包含搜集资料、童话、剧本和相声等文体知识,安排相对较少。体现以读写能力训练为主、兼顾综合知识与能力内容,强化读写基础、开放语文学习视角的思路。"北师大版"的读写训练点,在数量上阅读、作文、综合能力及口语交际呈递减趋势,整个内容涵盖广而丰富,综合能力的知识及内容突出。比如,"怎样做讨论的主持人"、"怎样自我评价"、"怎样查找书目"、"怎样读古文"等内容,纳入到"金钥匙"知识及能力系统

中，扩大了语文知识和文化领域，突出了新的教学理念与教学方式。

二是训练点设置的随机性与形式的多样性。“人教版”训练点安排有一定的随意性。比如，每册两个大训练点都根据单元学习的需要提出，但安排的位置不统一；小训练点的内容也是随专题及课文内容随机提出，有一定的自由度。从整体编排上看，又有一定的系统性。“北师大版”的读写知识训练内容安排随意而自由。其一是阅读知识方法的内容，安排在课文后的情况居多，把课文与所学知识方法紧密结合，便于有针对性地学习和运用。其二是在“语文天地”的“金钥匙”栏目较系统地提出知识点，系统地作出提示和要求，以供学生系统而全面的训练。

三是训练点设置的联系性。“人教版”训练点遵循传统设计形式，突出读和写两条线索，训练内容不重复。每个点之间力图有联系，包涵小学阅读和作文的基本知识和技能内容，带有一定的系统性。从专题横向看，从四年级开始，在“导语”中点出单元读写训练要求，在课文中实施，与“我的发现”和“交流平台”中的训练点相呼应，形成一个编排整体。“北师大版”训练点的设置呈螺旋上升式安排，各知识点间不重复，某一知识内容之间有一定的联系，但在知识梯度及内容的深浅程度上不作严格要求。

四是读写“训练重点”代替“训练项目”。“项目”是对事物分成的门类而言相对正式提出的。由于九年义务教材的读写点以明线标出，每设一个训练点，都要以 1—2 页的篇幅展开专门而详细的解说，并借助单元课文明确展开训练。如“人教版”的“读写例话”，每一项训练内容都经过精心挑选，都有训练的价值和空间，所以称“项目”为妥。而课标教材把读写点用暗线处理，如不经过教材培训或教学指导提醒，教师很难看到编者的意图。形式多种多样，有的说明简要、点到为止，有的采用对话方式。在内容和要求上也有很大变化，如“北师大版”的“金钥匙”，把知识点漫布于教材之中，代替过去教材每一项所开展的深入解说与单元训练要求。这些已不构成对某一读写项目所展开的专门训练，因此称之为“读写重点”或“知识能力点”更为合适。

除上述特征外，另外一些课标教材虽然没有明确设置读写训练点，但以其他方式同样完成小学重点知识和能力的训练。如“江苏版”教材，在开篇伊始，用 2—3 页的篇幅，以图画的方式，教给学生基本的学习习惯、学习知识、学习方法等内容。其中，画面以每册两个知识点，循序渐进地安排在教材中，已构成一定系统，代替了读写点的文字教学功能，构成课标教材培养语文读写能力多样性的一个亮点。

四、教材中读写训练项目重点的重建与思考

在今天教材发展的视点上，我们重新思考叶老读写训练项目设置的初衷，感觉到建立训练项目益大于弊。但是，重建并不意味着简单的复制，而是在新的教学理念及教学基础上的优选与创新。

（一）对读写训练点设置的再认识

教材中设置读写点是语文学习的有效措施。语文教学的本质是语言学习，读写训练是出于语言学习的考虑，教给学生阅读和作文的方法，进行基础知识和基本技能的训练。无论是义务教育教学大纲的旧教材，还是新课程标准的新教材，读写项目设置的出发点无疑都是正确的。问题在于课标提出的“语文是实践性很强的课程，应着重培养学生的语文实践能

力,而培养这种能力的主要途径也应是语文实践,不宜刻意追求语文知识的系统和完整",我们应该怎样认识。

不可否认,过去有些教材读写训练项目设置过多、过繁、过密,过于追求系统,在吸纳选文的丰富性上受到影响,束缚了教师的手脚。有些地区由于教师教学水平的限制,在一定程度上把语文教学引向单一机械化训练,压抑了学生的想象力和创新意识,偏离了在语文实践中学习的大方向。但是,这些属于具体要求和操作上出现的偏离,我们不能把局部出现的问题归咎为读写训练点是追求语文工具性方向的错误,更不能产生对叶圣陶设置序列为改变语文少、慢、差、费所作出的积极探索的怀疑,进而否定语文读写训练项目的设立,不敢再进行正确而有效的阅读、作文基本功训练。课标中"不刻意追求语文知识的系统和完整"不等于不追求知识系统,也不等于不追求相对的系统完整。对于小学生来说,语文是要从基本知识和能力入手训练的,教材作为教学内容的载体,设立读写知识和能力训练重点,有助于学生知识的获得与积累,有助于读写及语言能力的提高。多年来的教学实践也证明,教师需要具体的教学目标和教学把手。

当前,教材中读写训练重点的设置还存在这样那样的问题,我们应该重新审视小学语文读写训练的每个点,并加以修正改进。教学中要把知识能力训练与学生兴趣和发展需要结合起来,摆脱封闭的知识系统,删去僵化落后的知识,增加新的知识和能力训练,以适应语文学习以及现代语文发展综合能力的需要,形成创新、开放而有活力的基础知识和能力编排系统。

(二) 课标教材读写训练(重点)的评析

从内容上看,由读写能力向综合能力转向。以往小学教材以读写项目为主,包含知识、能力、要求、方法等方面内容。而今教材在读写训练基础上,增加了怎样讨论、总结、做主持人、口头评价、搜集资料、分类整理、查找书目、阅览书报、怎样读书等知识内容,除培养学生读写能力外,还培养其日常交际能力、搜集和处理信息等综合能力。同时对学习中心、材料、结构、表达、语言以及记叙、说明、描写景物、人物、动作、心理等语文知识和字词句、复句等简单语法知识的学习,也成为学生训练阅读、语言技巧表达能力的工具。加之综合能力的提出,使能力训练内容更全面而丰富,凸显时代特征及多资源语文学习的课标理念。

从形式上看,由中心构架向知识点转向。以往小学教材以读写项目为中心构架,组织精读、略读课例,分层次进行训练,读写训练项目成为不可或缺的重要内容。课标教材以专题组织课文,建立导学系统,使之成为教材组织的中心,原读写项目中心构架旁落;同时,知识由过去的系统深入展开到点到为止的变化,其优势在于打破了规矩而略为刻板的读写体系,形成了开放而活泼的读写知识系统。当然有些课标教材安排的知识点还有随意与琐碎之嫌,有待于进一步调整。

(三) 重建训练重点的应对策略

一是凸显基础,读写专项训练与知识渗透并存。作为基础训练项目及重点,教材所设置的内容及数量要少而精,体现张志公先生提出的"知识为先导,能力为依归"的思想,把经过教学实践的检验、选择成熟的知识与能力训练重点纳入到教材之中。在教材的使用和发展中,比较好的方式可以是专项训练与重点知识渗透并存的方式,即把小学生读写的基本精要能力以项目的形式编写，把需要掌握的基础重点知识扼要编出。两种方式有序地并存于教材之中，各自形成相对完整的系统，既改变了过去教材读写知识系统的僵硬，又突出了能力训练重点，与丰富而开放的知识吸纳相结合，使教材立足于基础，活泼而富有生气。具体来说要做好如下工作：

辨明基础性的能力训练和非基础性的能力训练，不要把两者等同对待。比如，“抓住课文的主要内容”属于基本阅读能力训练。它是阅读过程中的基本步骤，是基本的阅读方法和提取信息的技巧，是使学生走向独立阅读的开始。同时，在提取课文主要信息的基本训练中，可以发展学生概括、归纳、抽象、判断等思维能力，在对文木的体验和感悟中，得到基本的认识能力和价值取向。“抓住课文的主要内容”有训练空间和余地，不是一两次训练就可以达到的，需要反复训练才能提高，可以把它作为提高小学生阅读能力的基本项目对待，而不能把它作为一个知识点来对待。同时，不恰当地扩大训练项目，把没有训练价值的一般知识作为项目展开也是不合适的。

分清基础性的知识渗透和非基础性的知识渗透。不要把训练点变成由过多的知识点形成的知识容器，从而扭转学生学习的注意力，加重学习负担。比如，“重视语言积累”是阅读和习作的必要知识，是学习和运用语言必不可少的方法和手段，应该让学生对此有一个基本认识，并长期运用于语文学习之中。而有的教材忽视了这一基本内容，把其他的可有可无的知识列入教材编纂中致使知识点过多过滥、重点与非重点不分，分散和干扰了学生对重点学习内容的注意力。

二是训练重点要与学生的接受能力相适应。要尊重学生学习发展的最佳期。如果下放高一级读写知识，高估学生的水平，则会给学生造成学习负担；而如果低估或迁就学生的能力，学习浅显的知识，又会造成学习时间的浪费。比如，“读错了要及时纠正”作为阅读中的提醒，在三年级上册提出，就低于学生的知识接受水平。再比如，“按一定顺序写”可以作为初学作文时的重点练习，而如果放到有一定作文能力的六年级下册，就落后于学生学写的心理发展需求。相反，在小学四年级习作阶段，过于强调“记叙中的议论与抒情”就高于记叙文初学者的发展水平，而在掌握了记叙文写作的小学高年级或初中学段去强调，则会产生更好的教学效果。

三是避免训练中僵硬的系统化、机械化、技术化倾向。教材中设置了语文学习的读写训练重点，为学好语文提供了积极因素。但任何方法的学习，都是为了语文的本质性学习——阅读而进行的。语文学习就是要多读。教材中的读写训练仅作为提高阅读能力的手段是不够的，实际上，阅读是语文学习的根本，是任何方法所不能替代的。在阅读文章或书籍的过程中，我们能了解由人与自然组成的世界，和作者进行心灵对话、情感交流，去感受语言的魅力，陶冶性情，铸就灵魂。为此，我们在教学中，要让学生掌握读写的技巧和手段，以达到高质量、高效率阅读；要开辟更广阔的阅读空间，切勿把训练重点作为语文学习的目的，再次把教学引入僵硬的机械化、技术化的训练之中；还要注重语言的体验与感悟，有效地积累和运用语言，避免把教学引向过多的理性分析，让学生在饶有趣味的读写活动中、在心灵与语言的愉悦交汇中学好语文。

小学语文教材用字基础部件统计分析[①]

邢红兵　舒　华

一、引言

从目前的心理学的研究成果来看,汉字部件是汉字字形加工的基本单元,张武田、冯玲(1992)的研究表明,部件数对汉字的加工有影响,部件数越多,加工时间越长。彭聃龄、王春茂(1997)的研究结果发现,部件数不变,笔画少的汉字比笔画多的汉字加工快,笔画数相同时存在部件数效应,而且和字频有交互作用,低频少部件字加工快于低频多部件字,高频字无此效应,作者认为,汉字的加工要经过笔画、部件和整字三个层次。在汉字教学领域,起源于20世纪80年代的"部件识字教学"是汉字部件教学的代表(苏静白,1982),"部件识字教学"提出了识字树形分为笔画、部件和汉字三个等级,同时也注重汉字部件的构造方式。近几年来,汉字部件在汉字教学中的作用越来越受到重视,国家语委继《GB 13000.1字符集汉字部件规范》(王宁等,1998)颁布实施以后,又组织专家进行"基础教学用汉字部件规范"的研究。但是从目前的研究状况来看,对于汉字基础部件的规范基本确定,但是部件分析对教学的指导作用要得到充分发挥,就必须对小学阶段汉字基础部件的各种属性进行研究,因为部件自身的属性分布会影响儿童汉字的学习,对汉字的识别和书写都会产生影响。这些属性包括:汉字部件的笔画数量、汉字部件能否成字、汉字部件的构字位置等等,以及这些属性在各个年级使用的汉字中的变化情况。从汉字教学的角度来看,目前我们对汉字部件的认识还停留在构形的层次上,对于汉字部件系统本身的特点还认识不够,比如部件的构字情况及其在各个年级的分布情况、部件能否独立成字等。本研究选择一套北京地区的语文教材使用的汉字(以下简称"教材用字"),建立了"教材用字"数据库,从小学汉字和基础部件数据库的角度,分析以下几个方面的问题:小学阶段的全部汉字中,共使用多少基础部件;这些部件有多少是能够独立成字的;每个年级部件的出现情况;每个部件能够构成多少个汉字等情况。希望通过分析,能够了解小学语文教材用字中汉字部件的分布。

二、"教材用字"的拆分及数据库建设

(一)语文教材汉字的选择

本研究采用北京教育科学研究院基础教育教学中心编著、北京出版社1998出版的《九年义务教育六年制小学试用课本》(以下简称"北京教材")。该套教材一共12册,我们将教材的课文录入计算机,进行字频统计。结果得到全部教材课文共有3 306个汉字,这些汉字

① 原文发表于《语言文字应用》2008年8月。

共使用 160 342 次，平均每个汉字使用 48.5 次。

我们首先统计了小学语文教材中汉字的使用情况，统计的内容包括：总字数和生字数。总字数是指某个年级所使用的汉字总数，比如一年级的总字数是 667 个，就是说一年级教材中使用的汉字总数是 667 个；生字数是指在某个年级新出现的、这个年级以前没有出现过的字的总数量。生字在各个年级汉字学习过程中起到很重要的作用，因为生字代表了小学生在各个年级的识字量。表 1 是"北京教材"中的总字数和生字数。

表 1 "北京教材"各年级总字数表和生字表

年级	一	二	三	四	五	六	合计
总字数	667	1 260	1 904	2 101	2 375	2 630	
生字数	667	697	759	441	410	332	3 306

从表 1 的数据可见，各个年级的总字数随着年级的增加逐渐增加，一年级教材使用了 667 个汉字，二年级教材使用了 1 260 个汉字，到了六年级教材，一共使用了 2 630 个汉字。而从生字的情况来看，各个年级的生字数量基本是递减的趋势，一年级到三年级生字数较多，是小学生识字的高峰时期，三年级达到高峰，生字的学习主要集中在这个阶段，四年级开始逐渐下降，四年级到六年级相对比较稳定，生字数保持在 400 字左右。从这个结果可以推测，小学阶段汉字学习明显分为两个阶段：一年级到三年级为识字关键期，这个时期是小学生汉字习得的关键时期。三年级到六年级是识字的稳定期，这个阶段的主要任务是巩固汉字的学习成果。

（二）汉字的拆分

我们参照"基础教学用现代汉语常用字部件规范"的拆分原则，并进行适当调整。最后的拆分原则包括：① 字形结构符合理据的，按理据进行拆分。例如："分"拆分为"八""刀"；"相"拆分为"木""目"。② 按理据拆分时，属于层次结构的，依层次拆分；属于平面结构的，一次性拆分。例如："想"属于层次结构，第一层拆分为"相""心"，第二层"相"拆分为"木""目"；"暴"属于平面结构，一次性拆分为"日""共""八""氺"。③ 无法分析理据或形与源矛盾的，依形进行拆分。例如："朋"拆分为"月""月"；"执"拆分为"寸""丸"。④ 交重不拆，极少数不影响结构和笔数的笔画搭挂可拆。例如："串"属于交重结构，不可拆分为"中""中"；"东"属于交重结构，不可拆分为"七""小"。"孝"为笔画搭挂，可以拆分为"耂""子"。⑤ 拆开后的各部分均为非字部件或均不再构成其他汉字的，即使是相离或相接，也不拆分。⑥ 因为构字造成独体字部件相离的，拆分后仍将相离部分合一，保留独体字的原形。例如："裹"拆分为"衣""果"，不拆分为"一""果"；"乘"拆分为"禾""北"不拆分为"禾""浓""匕"。按照上述原则，我们对 3 306 个汉字进行了拆分基础部件序列。例如"鼻"拆分为"自、田、开"。

（三）"教材用字"拆分数据库

1. "教材用字"基础部件拆分数据库

"教材用字"拆分数据库的主要数据包括：汉字字形、汉字读音、汉字笔画数、汉字部件数、汉字结构类型代码、汉字首层拆分结果、汉字基础部件序列等（数据库中部分汉字的信息示例见附录2)。

2."教材用字"基础部件数据库

第二个数据库是"基础部件数据库",这个数据库是从"教材用字"拆分数据库中生成的,相关的数据也是从汉字数据库中统计出来的。全部的3 306个汉字拆分出来的基础部件共506个,因此这个数据库共有506个记录,这个数据库包含的信息有:汉字基础部件;能否成字以及成字时的年级,例如部件"口"是可以独立成字的,而且是在一年级就独立成字,因此我们在"成字年级"上标注"1";各个年级的构字数,比如部件"口"一共构成了534个汉字,其中在一年级的汉字中,部件"口"参与构成96个汉字。另外我们还标注了部件的笔画数、含有该部件的例字等(下页表2列出的是部分汉字基础部件的信息)。

我们还针对每个部件建立了一个备注字段,将该部件在"小学汉字"中构成的全部汉字排列其中,并标注了每个汉字首次出现的年级。我们以部件"虫"为例,部件"虫"共构成60个汉字,这些汉字分布在各个年级(括号中的1、2、3、4、5、6分别代表一到六年级):蝴(1)、蜓(1),融(1)、螺(1)、蛙(1)、蝶(1)、虫(1)、虹(1)、蜡(1)、烛(1)、蜂(2)、姗(2)、蜜(2)、蜻(2)、蛆(2)、蚊(2)、蚜(2),(2)、蜘(2)、蛛(2)、蚂(2)、蚂(2)、虾(2)、蚁(2)、蛾(2)、蛋(2)、蝇(2)、独(2)、蝉(2)、强(2)、蛇(2)、蛟(3)、娱(3)、蚌(3)、蜘3)、锰(3)、蛀(3)、蛤(3)、触(3)、蠕(3)、蚕(3)、茧(3)、虽(3)、浊(3)、蚌(3)、蜗(3)、蜿(4)、蠢(4)、蜷(4)、蟹(4)、蜒(5)、蟠(5)、螂(6)、蚀(6)、膛(6)、萤(6)、蛹(6)、搔(6)、蜀(6)。

表2 "教材用字"基础部件数据库样例

部件	成字年级	总构字数	一年级构字数	二年级构字数	三年级构字数	四年级构字数	五年级构字数	例字
口	1	534	96	101	128	66	86	吧 扣 舍 高
来	1	2	1	0	0	0	0	来 莱
耂		25	3	4	4	3	7	者 教 拷 曙
乐	1	4	1	0	1	1	1	砾 烁
耒	4	4	0	0	0	2	0	耕 籍
内		7	1	1	1	1	2	离 擒 篱
里	1	14	4	5	3	0	2	野 理 量 厘
力	1	51	13	8	16	6	7	动 男 伤 荔
隶		5	0	1	0	1	1	隶 康 逮 慷
立	1	58	10	13	9	8	13	站 亲 章 霎

三、小学汉字基础部件统计分析

(一) 汉字部件在各个年级的分布情况

我们假定各个年级汉字的变化情况基本代表了小学生学习汉字的过程,那么,汉字部件在各个年级的分布情况就基本反映了小学生的部件学习过程。我们首先分析了部件在各个年级分布的情况。这是基础部件的最基本问题,因为基础部件在各个年级的分布情况是了解汉字基础部件和汉字教学的最基本问题。汉字基础部件的分布情况是从该部件首次构字或者独立成字时出现的年级，比如部件“氵”，在一年级阶段有191个汉字含有这个部件，我们就将部件“氵”统计到一年级。再比如部件“年”，在一年级阶段独立成字，我们也将“年”统计到一年级的基础部件中，从二年级开始，我们统计了新增的部件，这些部件是该年级之前没有出现的基础部件。表3是我们的统计结果。

表3　各个年级部件的分布情况

年级	一	二	三	四	五	六	合计
部件数	352	85	40	15	9	5	506
比例	0.70	0.17	0.08	0.03	0.02	0.01	1.00

从表3的数据看出，小学阶段的506个汉字基础部件中，在一年级教材出现的基础部件有352个，占全部基础部件的70%，二年级出现的部件85个，占全部基础部件的17%，两个年级合起来共出现437个基础部件，占近87%。而三到六年级阶段新出现的部件加起来只有69个，占全部基础部件的13%。从这个结果可以推测，小学阶段基础部件的学习和汉字的学习规律有些不同，部件的学习似乎可以分为两个阶段：① 集中学习阶段。部件的学习主要集中在一年级和二年级，一年级就是部件学习的最关键时期，因为70%的部件集中在一年级学习；② 补充阶段，这个阶段学习的部件数量很少，而学习的重点是学习过的部件的巩固。这说明一年级学习的汉字数量虽然只有667个，占全部生字的20.17%，但是这些汉字所包含的基础部件数量的比例却达到了70%，因此一、二年级特别是一年级是小学汉字部件教学的关键。

（二）部件的构字情况分析

除了部件出现的年级这个指标以外，还有一个重要的指标就是部件的使用情况。衡量部件使用情况的最直接的指标就是部件的构字数。部件的构字数是指基础部件在小学教材中独立成字和参与构字的汉字数量之和，例如部件“不”可以独立成字，也可以参与构字，例如“还、坏、怀、歪、环、杯、否、甭”等，两方面合起来共有9个汉字，我们说部件“不”的构字数是9。在拆分出的506个基础部件中，构字数最多的是“口”，构字数是534，独立成字1次，参与构成533个汉字；构字数最少的是1个，包括两种情况：一种是独立成字，例如成字部件“书、年、面、已”等，除了独立成字以外，不参与构成其他汉字，一种情况是不能成字，只有1次参与构字，我们对全部基础部件的构字情况进行了统计，统计结果见表4。

表4　基础部件的构字情况统计表

构字数	100以上	51～100	11～50	6～10	2～5	1
数量	14	32	138	92	166	64
比例(%)	2.77	6.32	27.27	18.18	32.81	12.65

从统计结果来看，基础部件的构字数差别很大，构字数在100个以上的部件只有14个，例如“口、日、木、氵、一”等，构字数在50个以上的基础部件的数量有46个，占全部基础部件

的9.09%,90%以上的基础部件的构字数在50个以下,构字数在10个以下的基础部件共有322个,占63.64%,只构成1个字的基础部件就有64个,占全部基础部件的12.65%。在64个构字数是1的基础部件中,有39个部件是独立成字的,就是说39个部件独立成字,不再构成其他字,例如"个、已、七、升"等,有25个基础部件和其他部件结合构字,例如"户、尸、臾"等。

前面我们已经分析了基础部件在各个年级的分布情况和基础部件的构字情况。我们将这两方面结合起来,对各个年级中出现的部件的构字能力进行了分析。部件的出现年级是指该部件独立成字或者参与构字时首次出现的年级,例如"月"构成的汉字"明"在一年级就学习了,我们将部件"月"放在一年级进行统计。具体的统计数据见表5。

表5 各个年级出现部件的构字情况

构字数	一	二	三	四	五	六	合计
100以上	14						14
51~100	32						32
11~50	131	7					138
6~10	73	15	4				92
2~5	81	48	29	7	1		166
1	21	15	7	8	8	5	64
	352	85	40	15	9	5	506

从统计结果来看,构字数在50个以上的46个部件在一年级全部出现,构字数在10个以上的部件在一年级、二年级全部出现,构字数5个以上的部件在三年级以前全部出现,而四年级以后出现的部件构字能力都在5个以下,五年级、六年级出现的部件基本都是构字数为1的部件。这说明低年级出现的部件不仅在数量上占优势,而且集中了全部的构字能力强的部件,而高年级出现的部件一般构字能力比较弱,六年级新出现的5个部件构字数都是1。这个结果说明,小学三年级阶段已经基本完成了基础部件的学习任务,这也说明了基础部件的学习在一年级阶段就非常关键。

(三)部件成字情况

部件按照能否独立成字可分为成字部件和非成字部件。成字部件是指该部件能够不和其他部件组合而独立成字,例如"吉"中的"口"和"河"中的"可",这两个部件都可以单独成字;不成字部件是指在一定范围内只能和其他部件共同构字而不能够独立成字的部件,例如"同"中的"门"和"病"中的"疒"都不能单独成字。界定成字部件和非成字部件需要确定一个范围,比如"尸",作为部件,在"3 500常用字"中有构字能力,但是不能单用,但是如果从《汉语大字典》收字范围来看,"夬",就可以单独成字了。因此,成字部件是相对于某个范围来说的。我们这里所说的成字部件只限定在我们统计的3 306个小学汉字中,统计结果见表6。

表 6 基础部件成字情况统计表

年级	一	二	三	四	五	六	合计
成字部件	124	63	39	14	16	10	266
比例	0.26	0.43	0.49	0.48	0.64	0.67	0.53
非成字部件	352	85	40	15	9	5	506

从统计结果来看，在 506 个基础部件中，共有 266 个成字部件，占全部基础部件的 53%，就是说有一半以上的基础部件是成字的。一年级使用的 352 个部件中，成字部件共有 124 个，占 26%，成字部件的比例随着年级的升高而逐渐增加。从这个结果来看，部件的学习过程始终包含两类部件的学习，一类是成字部件，成字部件由于可以独立成字，在部件学习过程中表现出自己的特点，而非成字部件因为不能独立成字，所以一般要依赖于它所构成的汉字，和成字部件的学习过程可能会有一定的差异。

四、对教学的建议

在国内的对外汉语教学界，关于利用汉字部件进行汉字教学已经有了很多的探讨，研究者们（张旺熹，1990；崔永华，1997；万业馨，1999；邢红兵，2005）主张利用汉字部件进行汉字教学。我们通过对小学语文教材使用的汉字基础部件进行统计，获得了部件数量、年级分布、构字数量、成字情况等部件属性，从这些属性来看，我们认为小学阶段的汉字教学应该利用部件进行汉字教学，故提出以下几个方面的建议：

分阶段利用汉字部件进行汉字教学，低年级阶段重视部件自身属性的学习，高年级侧重于部件组合规则。如果把小学语文教材使用的全部 506 个部件看作是一个系统的话，从我们的统计结果来看，这些部件从一年级到六年级的发展变化是不均衡的，部件系统具有很强的阶段性。仅在一年级就出现了 352 个，占全部汉字部件的 70%，后面五个年级出现的新部件数量很少，部件这样的分布规律和汉字的出现规律完全不同，因为每个年级的新汉字数量都在 300 个以上。汉字和部件这样的分布规律说明，到了高年级，虽然新汉字还不断出现，但是新汉字部件的数量就很少。通过这样的分布，我们可以看出，虽然小学生在低年级学习的汉字数量有限，但是学习的部件数量占绝对优势，到了高年级阶段，他们学习的新部件数量相对较少，而更多的是获得部件的组合规则。

按照构字数分别对待。部件的构字数量和分布年级都有显著的差异。部件在构字时的使用率差别很大，有的部件只出现在一个汉字中，这样的部件就有 64 个，占全部部件的 12.65%，构字数在 10 个以上的基础部件共有 184 个，占 36.36%，这些部件非常常用。而且这些构字能力强的基础部件大部分出现在一年级的汉字中，可见不仅大部分部件在一年级就使用，而且构字数多的部件也都出现在一年级。这说明低年级可能是儿童部件学习的关键时期。

充分利用部件独立成字的能力，在低年级用常用汉字的教学带动部件教学。崔永华（1997）认为，部件的可称谓性属性对部件的学习有促进作用。我们的统计结果发现，在小学语文教材中出现的全部基础部件中，有 53% 的部件可以独立成字，这说明大部分基础部件本身就可以直接成字，而且有 187 个成字的基础部件出现在一、二年级，占全部成字部件的 70%，说明这些部件独立成字时都是常用的字，这些部件的学习是和汉字学习同时完成的。

针对这样的特点,我们可以将低年级的汉字教学和部件教学结合起来,利用常用字,带动低年级的部件教学。

五、结论

本文分析了小学阶段汉字的基础部件的分布情况,结果发现,小学阶段出现的汉字基础部件主要有以下几个方面的特点:① 基础部件数量大,基本代表了全部汉字的基础部件;② 基础部件集中在低年级出现,这说明部件形体的问题可能在一二年级阶段就已经解决;③ 基础部件的构字能力分布不均衡;④ 大部分的基础部件是可以独立成字的。从这些特点来看,我们觉得小学阶段可以利用基础部件进行汉字教学,但是需要有一定的阶段性和针对性,比如低年级学习常用部件,高年级学习构字能力差的部件;低年级学习部件的形体,高年级学习部件的组合规则;充分利用部件的成字特点等。但是,儿童对汉字部件的认识不仅仅停留在字形的层面,部件组合规则也会对汉字的学习产生影响。就是说,部件与汉字不仅是形与形的关系,部件与汉字之间更是一种含有规则的构造关系。从儿童汉字习得的角度来看,还有一些因素可能会影响汉字的学习,比如汉字部件的功能(包括该部件是形旁、声旁还是其他符号)、部件的构字位置、部件的相似性等;汉字字形和汉字字义、汉字字音等联系的建立等等,这些方面还需要进行进一步的研究。

参考文献

[1] 张武田,冯玲.关于汉字识别加工单元的研究.心理学报,1992(4).
[2] 彭聃龄,王春茂.汉字加工的单元——来自笔画数效应和部件数效应的证据.心理学报,1997(1).
[3] 苏静白.运用部件分析字形进行识字教学的做法.语文建设,1982(1).
[4] 王宁等.信息处理用 GB13000.1 字符集汉字部件规范.语文出版社,1998.
[5] 张旺熹.从汉字部件到汉字结构.世界汉语教学,1990(2).
[6] 崔永华.汉字部件与对外汉字教学.语言文字应用,1997(3).
[7] 万业馨.汉字字符分工与汉字部件教学.语言教学与研究,1999(4).
[8] 邢红兵.《汉语水平汉字等级大纲》汉字部件统计分析.世界汉语教学,2005(2).

建构“语用型”小学语文教材的思考与设想①

刘仁增

一、构建“语用型”教材的背景探析

有人做过调查,但不管是什么样的调查,结果都是“学生不喜欢语文”,甚至可以说“很不喜欢”。这种“不喜欢”生出了语文教育的诸多尴尬:如外国留学生战胜众多中国学生夺得汉语言文字大赛冠军;2005 年高考,广东考生有一万多人古文翻译得零分;许多人写文章或说话用词不当、文气不顺、语句不通等。上述情况表明,目前国民普遍的语文素养跟 21 世纪这个时代对我们的要求之间,存在着明显的反差。这里就有一个滑稽而又令人深思的问题,在各学科当中,语文界的“大师”是最多的,各种各样的“模式”“结构”“方案”远比其他学科要多得多,那为什么学生还是不喜欢语文,语文教学依然低效甚至无效呢?

曹文轩教授一语概之:“目前的语文教育现状实际已经暴露了这几年人文教育力量过于强大和工具性教育相对薄弱的缺陷……这实际上是语文忽视工具性导致学生语言能力不足的表现”。[1]造成这种现象的原因也许是多方面的,教学使用的“文选型”教材是“瓶颈”的事实是不容置疑的。从某种意义上讲,是教材的尴尬导致了语文教学的尴尬。

我国的语文教材向来以“文选型”为正宗,如果从昭明太子编《昭明文选》算起,“文选型”教材已经走过了 1 500 多年的历史,时至今日,单一的“文选型”教科书独步天下,几乎成了近现代语文教材的唯一模式。语文阅读课本 1 500 年的历史证明,文选型教材是有生命力的,但也愈发显现出不可忽视的“硬伤”。

“文选型”教材不管是从它对教学内容所作的规定,还是对教和学所作的操作性规定,都过于宽泛模糊,教师和学生对选文到底应发挥何种作用不甚清晰,这不符合教材的最基本要求。虽然编写者都明确了总体目标和分项目标,都形成了自己所谓独特的体系,但由于教材的主体是一篇篇独立完整、容量广博的课文,语文知识和能力训练的具体要求与操作过程都从属或依赖于一篇篇课文,因此,由编者煞费苦心建立起来的那些知识体系和训练系统还是被一篇篇课文肢解了。选文的“朦胧性”,实际上是将课程与教学内容留为“空白”。这从好的一面看,为优秀语文教师创造性地研制适宜的教学内容提供了最广阔的空间;但是在通常的情况下,却往往导致教师们在“教”的内容选择上随意而杂乱、错误乃至荒唐。所以,很多学生感到似乎什么都学了,却什么都没学好,学语文就像在原地徘徊,无法感受到明显的进步,无法体验到获得明显收获的快乐,认为语文学不学无所谓。这些恐怕便是导致语文教育“少、慢、差、费”现象的症结所在吧!

作为语言训练工具的语文教材,“文选型”教材果真就是最好的甚至是唯一的编写体例模式吗?对此,全国中小学教材审定机构的一位领导同志在有关报告中不仅提出了疑问,而

---

① 原文发表于《课程・教材・教法》2007 年第 11 期。

且指出了可以取而代之的新体例。他说:“能否改变一下这种单一的模式?是否也可以考虑把编写语文教材的着眼点放在增强学生的语言表达能力上,大力加强语言实践活动,而课文知识则围绕为语言实践活动服务来编写。”[2]

考察中国的语文课本,其实早有以语言写作为主线编写的先例。《古文观止》是一本国学入门书,编写体例以时代为经,以作家为纬,打破了过去文选一直在分类上兜圈子的框框。它未按文体编排,但就其诸多评语来看,为学生提供写作的范本应是其编写的主要目的之一。夏丐尊、叶绍钧(圣陶)合编的《国文百八课》,采用文白混合编排,一个单元是一课,包括文话、文选、文法或修辞、习问四个部分。文话是每课的中心,特意编写,是讲文章理法的教材,有系统性;文选是文话的例证,即所谓范文;文法或修辞即语法与修辞;习问是就文取例,根据需要设计的练习。编辑旨趣最重要的一点是想给国文课以科学性,一扫从来玄妙笼统的观念。而在国外,像美国纽约州的语文教科书,就是采取语言学习的体例模式编写的。据此,我们认为,从学生的认知心理的实际与语文教学规律出发,建立以学生语言能力发展为主线的“语用型”教材,是解决“文选型”教材弊端的一个重要途径。

二、构建“语用型”教材的初步设想

(一) 框架:以学生的语言发展为编写主线,凸显语文学科特点

我们认为,语文教学不是混沌的庞然大物,而是一个可以分解的系统。语文教学内容的各个组成部分之间应当形成一个网络,有严密的组织,然后分解成各个阶段,各个年级,几个阶段的内容再分成课时,完成各自的教学目标。这是一个点动成线、线动成面、面动成体的立体系统。因此,科学编写教科书的核心问题是要科学有序地建构一套语文教科书的编写框架和体系。

苏联著名的教育家苏霍姆林斯基曾以“能力”为语文教学的主线,在读写训练和认识事物方面提出 12 种能力,并规定了各项能力训练的具体顺序和时间。同时,他还考虑到能力与能力之间的衔接:当一项能力的训练趋于完成阶段,就开始掌握另一项能力;新的、比较复杂的能力建立在比较简单的能力的牢固基础上。这样,教学过程就有了一个“科学的规划”。吴立岗、吴忠豪、蒋人杰在主编上海市二期课改小学语文教材(实验本)时,以语文学习习惯培养为主线,列出 8 项习惯,并为每项习惯规定了重点培养的起讫学期。[3]那么,“语用型”小学语文教材以什么为主线,循序渐进中的“序”又是什么?

我们设想,总体上说,以《全日制义务教育语文课程标准(实验稿)》(以下简称《语文课程标准》)为指导,以培养学生语文素养为旨归,以语言学习和发展作为教材编写的主线,建立以“训练系统”“能级递进”和“自学指导”为基本特征的新模式,充分体现出语文教学是一个立体系统的性质。具体地说,可以把语言能力分为“感知、积累—理解、揣摩—表达、运用”三个层次,让学生由初步感受上升到逐渐领悟,由感性认识逐渐上升到理性认识,由识记、背诵到理解、模仿和运用,这样一个由低到高,由简单到复杂的循序渐进的序列,从而形成前后制约的层进关系。第一学段以“感知、积累”为主,附带基本的句式运用训练,培养学生的识字解词造句能力和初步的语感、文感,为后面的语文学习打下坚实的基础。学生在感知语言的过程中,积累语言,初步感受认识价值和语文审美价值。这一阶段以读一读、背一背为主要训练方式,加大朗读、吟诵的力度,从教材体制上改变重讲轻读的教法。第二学段以“理解、

揣摩”为主，在前面大量积累的基础上引导学生进行语言的理解和感悟，促进语言的内化，建立良好的语言图式，并辅以构段训练。这一阶段要强化模仿，以读悟结合、说写结合为主要训练形式。第三学段以“表达、运用”为主，这是由输入到产出的最后一个阶段，在前面的基础上进行综合训练，培养学生良好的语言表达能力，到六年级时要重在语言的个性表达，从而全面完成《语文课程标准》规定的小学阶段语文学科目标。这种构想，线条明晰，层次感较强，单元目标清晰，既有阶段性的特点，又有内在联系，可谓是直线式前进，螺旋式上升。

当然，每册教材要训练哪些语言能力，每个单元要以哪个语言能力为训练点，急需尽快组织有关专家对现代、当代语文教材中的全部陈述性知识进行筛选，筛选出对语文教学既必需又管用的语文知识，并加以整理；同时，组织有关专家以现有的科研成果为基础，借鉴世界各国优秀语文教材的先进经验，突击研究语文教学所必需的程序性知识，形成应用性的知识系统，并把这些知识分解到各个年级，各个时段。

以此体系编写的“实用型”语文教材，能突出三个基本功能：① 定“点子”。即运用统筹和系统论原理，根据学生学习心理，根据语言运用的“简明、连贯、得体”的总原则，筛选出“最基本、最管用”的语文能力“训练点”，按一定的符合科学的序列排列，使师生在一定阶段内“集中优势兵力”抓“点”训练。一课一小点（用一课时或几课时），一单元一大点，“点点相连”，到一定时候再来一个反复或者综合训练。这样，语文课堂才能真正成为学生语文能力训练的主要阵地。② 示“例子”。语文听、说、读、写能力训练得有凭借，不能“空对空”，这个凭借就是“例子”。根据训练的需要，作为例子的，可以是词句，也可以是段落，当然也包括整篇的文章。“例子”是从属于语文能力训练的，受“训练点”的支配。在训练某一个“训练点”时，也可以出示多个例子或多种例子，反复训练，通过训练使学生悟得规律、原理、方法。③ 指“路子”。就是给学生指明分析“例子”达到训练目标和要求的方法。“语用型”教材中的“课文”除了包括“训练点”“例子”“练习”外，还有一个重要内容就是“训练方法指导”（或称“训练指津”）。“授人以鱼，仅供一饭之需；授人以渔，则终身受用无穷”。作为“课文”一部分的“方法”要紧紧围绕“训练点”指导学生从“例子”到“练习”，实现其“举一反三”的迁移功能。总之，“语用型”教材以“点子”为纲目，以“例子”为凭借，以“路子”为桥梁，扎实、活泼、有序地对学生进行听、说、读、写能力的训练。

（二）编排：以语言的学习目标为单元主题，形成“能级递进”体系

纵观现行小学语文教材，大都采用主题式编写形式，而这些主题，全是以文本内容或人文教育为指向，鲜见以语言学习、语言能力为主题编写的。不同的单元主题就会有不同的内容要求和价值取向，按人文性来组织单元，其内容千变万化，很难找到一种合理的单元组合点。就单元间纵的衔接而言，单元与单元之间缺乏明显的内在逻辑，前一单元所学很难为后一单元所用。纵的衔接工作做得不好，难以增强学习的连续性及单元间的有机融合，自然影响教学的成效，单元内容之间的随意衔接，使得单元的能力训练序列也有一些问题。这种编排形式，无益于学生言语能力的形成，很难落实“工具性与人文性的统一”的原则。

心理学研究告诉我们，在人的心理结构中，词汇不是像词典一样分条目排列储存的，而是以网络的形式储存的。每个人一生下来，就在构筑自己的语言网络系统，个体语言学习的过程也就是个体语言网络系统不断丰富、深刻的过程。一个人的言语能力，关键不在于他的词汇量，而是取决于这个人语言网络结构内部的系统性、丰富性和对外部的开放性、活跃性

程度。决定一个人言语能力的语言网络系统,按图式理论,可称之为"言语图式"。

鲁姆哈特说:"图式就是积集在一起的知识单元,是认知的建筑积块。"从实质上说,言语图式是在一个言语接受过程中,主体根据文章及语言"类"的表象特点筛选,对许多同类文章共性提取,经过"压缩"和"选择",最后根据"类"的表象特点筛选而成,并以一种"格"的方式积淀在主体的心理结构中,形成一种稳定的认知结构。而言语图式的获取,主要要靠学习主体的阅读实践。因此,要建立"言语图式",必须经过大量、集中的反复阅读,需要同类言语作品若干次地强化心理联结,在主体神经组织的有关部位建立起暂时联系,在神经组织中留下比较牢固的、不易消退的"心理痕迹",才能不自觉地形成一种"动力定型"。所以,一种某一类言语图式的建立,不能采用零敲碎打的方法,而应该在某一时间段里集中阅读,通过打歼灭战的方式,不断地给神经系统以强刺激,这样,才有利于"言语图式"的形成;否则,难以形成深刻的表象,留下清晰的印象。

"语用型"教材就是以"言语图式"理论为指导,根据学生语言学习和发展的特点和规律,以单元主题的形式,把小学阶段必须掌握和培养的言语能力编排在各个年级各个单元中,逐级递进,序化安排,螺旋上升。这样,一个单元或几个单元,都围绕个案语言能力点,编排与这个语言学习点有关的言语作品,让学生在大量、集中地阅读同类言语作品的过程中,内化与形成这一类别的"言语图式",为今后的提取、迁移和运用提供丰富的语言库存。

(三)选文:以特定的语言目标为重要标准,提供言语实践范本

一篇课文可教可学的内容实在太多,从文字到语言,从语法到修辞,从内容到情感,不一而足。这样一来,"教什么"的得当与否几乎完全依赖于语文教师的教学机智和对学生需要什么的诊断能力,其致命的"软肋"就是对语文教师个体的完全依赖。如果教师的语文能力和教学能力达不到可依赖的水准,那么也就不可能产生适当的教学内容;而教师不同,教学内容也就不同,演变成"随便教什么内容"也就不奇怪了。如此,教学的针对性和实效性何在!

看来,教材选文的功能必须明晰,绝不能玄妙笼统。王荣生教授独具慧眼的研究为语文教材编写开启了一个新视角。他通过对中外语文教材的比较甄别,发现语文教材的选文不外乎"定篇""例文""样本""用件"四种类型,类型不同,其功能也不一样。作为"定篇"的选文,本身就是语文课程的学习对象,教与学的目的在于传承文化,学习经典,掌握选文本身。"例文"则大致相当于理科教学中的直观教具,教学的目的在于掌握从众多诗文中提炼出来的概括性知识,学习其关于文章和文章读写的知识。"样本"大体相当于叶圣陶老先生说的"例子",教学目的是通过学生的自主阅读,发现问题,解决问题,把握选文,进而养成阅读或写作同类诗文能力的目的。至于"用件",主要是提供信息、介绍资料,有关知识短文、背景资料以及引出话题的文章。[4]在这四类选文中,作为知识学习凭借的"例文"与作为写作范本的"样本"不妨多选一点。这样,不同的选文承担不同功能,但都从不同的角度服务于同一语言训练重点项目;不同课型可以发挥刺激、巩固、强化的作用,同时也可提高学生的内在学习动机,落实到螺旋上升的课程结构,从而改变现行语文教科书是"例文"的框子,"定篇"的姿态,"样本"的企图,搞成了怎样处理似乎都有道理,又似乎都不太到位的"例子"的弊端。这样选文,也为教学评价提供了新的思路,即考查这些选文的学习效果,只根据不同类型的选文,立足这些选文本身,而不应旁及其他:定篇类的选文,只考教材要求掌握的内容;例文类选文,

只考相关知识的掌握情况;样本类的选文,可选课外相类的文本进行考查;至于用件类选文,学生只要了解大概内容或掌握有关知识即可。这样,教有目标,考有方向,避免了考试内容漫无边际的状况,教师和学生怎能不喜欢呢?

在这四种类型中,必须做到“文学作品”与“实用文章”兼顾。一是文学作品,以诗歌、童话、故事、寓言、散文、小说为主,着重于名家名篇。在文学作品领域,有很发达的专门为儿童创作的儿童文学,如富有趣味性的传统儿歌、幻想故事、童话等,也有虽非专为儿童创作但小学生能读也需要读的“成人文学”(中国现当代文学和外国文学),如浅显宜读的《诗经》《论语》等片段,以及安徒生、格林兄弟、托尔斯泰和任溶溶等名家名著,这两种文学作品都必须选取。这样,一方面为学生提供精美的儿童文学作品,使他们通过作品、通过语文课的阅读教学,丰富当下的生活,充分享用儿童这一段美妙的时光;另一方面,要引领学生走进成人文学的殿堂,为他们开启绚丽世界的大门。二是实用文章。什么样的文章才算是“实用”,还没有一个定论。日本的实用性文章包括一切有关自然、社会、文化、环境、科学等方面题材内容的文章。还有些国外教科书也把网络信件、杂志报道、统计图表、药品说明、广告策划、人事单位的数据信息等当做“实用文章”选作学习材料。当然我们不必盲目效仿,但至少在选文思路上可以更广阔一些,并根据未来生活、工作所需,精选一些必不可少的“实用文章”入选教科书。在这一点上,王荣生、方卫平两教授编著的《新课标小学语文学本》(3～6年级)可资借鉴。他们对应用文的选择,不是局限在表扬书、通知、借条之类上,而是开拓了选文的疆界,让应用文阅读不仅仅为了获得“信息”或记住一些现成的事实性知识,而是为了加深对社会、对人生的认识。这些文章有的着重于“知”,促使学生思考自己的生活;有些则要求“做”,目的是引导学生改善自己的生活状态。如《对不起　请原谅　谢谢你》《抓住文章的主题》《如何讲故事》(三年级),《如何使阅读化难为易》《兴趣促进记忆》(四年级),《阅读时的标记和批注》《看待事物的方式》(五年级)。

(四) 练习:以语言的感悟运用为根本指向,提供语言实践平台

练习具有促进学生发展的功能,恰当的练习题不但能巩固、拓展、深化学生的知识技能,培养学生的能力,也能使学生在情感态度价值观方面得到发展。通过练习可以进行教学反馈、教学调控,促进预定教学目标的实现。因此,练习过程应该是学生继续学习的过程,是学习过程的一个重要环节。“语用型”教材必须对练习系统的功能定位在“提供语言实践平台,促进语言能力发展”上,并以此做多样而系统的优化设计。

1. 类型化练习设计

既然是按四类型选文,那么在练习设计上也应该有所侧重和体现;否则,按类型选文就失去了意义。总体上说,“定篇”文,多在课文的理解和感悟方面设计;“例文”重在读写知识的概括、掌握和迁移上;“样本”文就要精心设计一定量的、有梯度的、富有情境的语言训练,让学生操作、运用,形成语言能力;“用件”文可让学生学着去搜集一些相关资料,在动手实践的同时,丰富语文知识。以“样本”文为例,可做两种练习设计。[5]

第一种是提示式设计。此又可分为三种样式:① 以问题形式出现。即对一篇课文提出几个思考点。② 以讨论题形式出现。③ 以活动形式出现。如根据课文让学生展开想象,编写一个小对话,说明自己的看法和感觉,等等。提示式设计大致相当于以问题方式提示的“阅读思路”。从形式上看,与我们的语文教材通行的“思考与练习”相似,所不同的是,它不

像我们的“思考与练习”那样掺和着许多庞杂的东西,而是真正着力于解决“样本”难题,自觉地将“思考”定位于学生在读写中可能(或应该)遇到的问题。设计的关键是:第一,问题应该导源于选文,应该直接产生于选文的理解活动;第二,这些问题是学生在自主阅读的情况下可能提出或按一般的估计应该提出的;第三,提出这些问题的目的,是为了促使学生从这一角度去把握诗文,而不是为了得出“标准答案”。

第二种是搀扶式设计。就是借鉴我国传统的旁注评点样式的语文教材的设计思路,把教材版面分为两栏,左栏是原文,段落前标有序号,右栏则是教材编撰者设计的教材内容——导读和练习,每一条款与原文段落的序号对应。这样,学生可以边读课文,边根据“导读和练习”展开阅读思考,不仅促进有效阅读,深化阅读理解,而且对阅读品质的提高和阅读习惯的养成也不无裨益。

2. 认知型练习设计

即以认知心理学和发展心理学角度来研究教材练习设计。通常划分为六种类型:① 巩固所学知识和技能的作业;② 扩大知识面的作业;③ 使所学知识和技能系统化的作业;④ 把所学知识和技能运用到给出的实例和情景中的作业;⑤ 要求学生把所学知识和技能运用到实例和场合中并独立找出答案的作业;⑥ 引导学生进入新课题的作业。题型主要有:问答题、材料解析题、小论文以及分析、比较、综合、评价等类别的论述题。这样练习设计,指向于以知识和技能的掌握和运用为核心,突出了作业的功能是要学生掌握所学的知识和技能并能运用所学的知识和技能独立地思考分析问题,特别是强调要在有一定的情境和场合中运用学到的知识和技能。通过解答不同类型的作业,可以发展或衡量学生高层次的综合性的思维能力、组织能力、表达能力和创造性思维,满足不同水平学生的需要,让他们根据自身的学力有所选择,真实做到“下有保底,上不封顶”。

3. 层递式练习设计

一改过去“思考和练习”的提法,而是把训练分解为三个层次:① 理解·分析:着重理解课文的思想内容、篇章结构和语言运用。② 揣摩·运用:在理解的基础上加深,推敲遣词造句、布局谋篇的巧妙所在,并进行动口动手的练习。③ 积累·联想:继前两项之后,巩固、扩展学习成果,进行熟读和背诵,抄录词语警句,选取与课文有关的文字材料与课文比较,以加深理解和开阔视野。三个层次的训练,一层深入一层,以深刻理解、切实把握课文的重点与难点,促进能力的培养与智力的发展。

参考文献

[1] 桑哲.语文:民族文化的薪火传承者母语规范化的责任承担者——访当代著名作家、北京大学博士生导师曹文轩教授.语文建设,2005(1):42-44.

[2] 人民教育出版社.中小学课程教材建设资料汇编.人民教育出版社,1990:79.

[3] 吴立岗.关于提高小学语文阅读教学效率的思考.小学语文教学,2006(11):4-5.

[4] 王荣生.语文科课程论基础.上海教育出版社,2005:360-385.

[5] 王荣生.“样本”类教材的两种编撰策略.宁波大学学报(教育科学版),2003(1):104-108.

小学语文教科书的基本结构及其教育功能负载①

范 蔚

一、小学语文教科书在课程与教学中的地位和作用

教科书也称课本，是教材中的重要组成部分。在课程论领域，对教材的理解还存在着不同观点，有的从教材的构成要素来界定教材的概念，如，“教材是教师和学生在教学活动中所使用的主要材料，是根据一定学科的任务而编选和组织具有一定范围和深度的知识和技能体系”。[1]“教材是由一定的育人目标、学习内容和学习活动方式分门别类组成的，可供学生阅读、视听和借以操作的材料，既是教师进行教学的材料，又是学生认识世界的媒体。”[2]有的从教材的使用对象来予以规定，如，“教材是指教师教学用的主要书籍和材料，它包括教科书、讲义、讲授提纲等。教材也是学生学习的主要依据”。[3]“教材作为达到课程目的的手段，可以看作是为学习者提供的有计划的经验，获得预期学习结果所必需的知识，或必要的信念、理解力和习惯。”[4]尽管人们对教材的理解不完全相同，但基本上都将教材看作是实现课程目标，呈现课程内容的基本材料。

我国的小学语文教科书通常是“文选型”课本，即从人类文化宝库中精心挑选出好的文章作为“范文”，供学生学习，“范文”作为例子，可以成为学生读更多同类文章的示范，在学习范文的过程中，学生不仅学到语文知识，还得到技能的训练，受到思想品德教育和情感陶冶，也就是说语文教科书承担着示范、训练、教育的作用，而语文教科书的编制也是以负载多种教育功能为目的的。在实际的教育教学活动中，教师对教科书的使用有不同的态度和做法，有的把教科书仅仅看成是知识的载体，把语文知识点、技能点从一篇篇文章中“肢解”出来，导致教科书本身应有的教育功能“弱化”“窄化”；有的把教科书当作有限的文章汇集，忽略了可能由教科书“生发”出来的丰富语文教育资源，导致语文教学与语文生活的脱节；有的把教科书摆在至高无上的权威地位，教师只能是教科书的“忠实执行者”，满足于“赶进度”教完教科书上的内容以应付考试等等。教科书应有教育功能的正常发挥，一方面取决于教师观念的转变和教学水平的提高，另一方面也与教科书本身的编制有很大的关系，可以通过教科书的合理编制，创造有利的条件，使教科书成为师生教学活动的指南和媒介，在教科书的引领下有效实现课程目标。

当前，伴随着新一轮的基础教育课程改革，课程的内涵发生了重大的变化，课程不只是知识的载体，还是师生共同探求新知的过程，课程不只是“制度课程”“文本课程”，还是“体验课程”。由于课程与教学的天然联系，对课程的思考有许多有关教学的问题，而教科书则是达成课程目标的依凭，是课程内容的主要“展示平台”，借助教科书开展一系列教育教学活动是实现课程目标的关键。美国教育学家杜威曾对教材与方法的关系进行了专门的讨论，他

① 原文发表于《课程·教材·教法》2005 年第 7 期。

指出,教材是方法化的教材,“一门科学的材料总是有组织的,这个事实说明,这种材料已经经过理性的学科化,它已经方法化了”,“方法就是安排教材,以使教材得到最有效的利用”。他把教育过程看成是儿童经验的生长过程,在这个过程中,儿童在教师的指导下运用特定教材所内在要求的方法学习教材,以使经验不断生长,最终达到学科中所体现的成人的成熟经验的水平。[5]可见,教科书的编制,尤其是内容的选择、体例结构的安排以及以内容为基点所设计的教学活动等,都将直接关系到教科书应有教育功能的发挥。

在新课程理念的影响下,教科书的作用发生着以下几方面的变化。一是由固定知识技能的“载体”转变为学生获取知识、训练能力和养成情感态度的“阶梯”;二是由描述静态知识内容的材料转变为静态内容与动态过程相统一的材料;三是由呈现有限的教学内容转变为能够延伸与扩充的教学资源。由此,语文教科书的编制,要充分考虑教科书能否在实践中具有“易学便教”的特点,能否引导师生通过实际的教学活动得到生动活泼的发展。

二、小学语文教科书的基本结构及其教育功能负载

教科书的体例结构通常由三大系统组成,即助学系统、课文系统、习题系统。各系统包括多个要素,每个部分都担负着一定的教育功能,对各个系统的设计关系到教科书的质量和效用。

(一)助学系统的设计

助学系统为教师的教和学生的学提供方便的条件和必要的引领,如,目录、卷首语、注释、生字表、写字表、笔画名称表。

1. 重视助学系统的激励作用

过去小学语文教科书中的助学系统往往只有目录、注释、生字表等项目,为学生的学习提供了一定的条件。但仅此是不够的。学生是学习的主人,学生主动积极的学习愿望是不可或缺的动力。现在一些教科书在助学系统中设置了新栏目,像“卷首语”,或“致小读者”“编者的话”,在激励学生主动学习方面,起着积极的作用。如,“卷首语”安排在教科书的前面,通常用富有亲和力和感召力的话语来激发学生学习语文的兴趣,或用简洁的语言描述教科书中的精彩内容,引发学生的学习愿望,还可以概述学习目的要求、说明学习方法等。学生在开学之初学习“卷首语”,可以产生主动学习的愿望,在学期结束时阅读“卷首语”,可以对本学期所学的内容进行回顾和总结。

2. 发挥助学系统的引领作用

“文选型”教科书是联系汉语文的特点而编排的。汉语文博大精深,尽管汉语文当中有字法、词法、章法、文章读法和做法等原理性知识,但它们往往包孕在具体的文章当中,需要学习者认真地阅读、领会才能感悟发现。而且汉语建构具有简易性和组织方式灵活性的特点,汉语语词单位的大小和性质往往无一定之规,可随上下文自由运用。语素形成了丰富多彩的词汇,词组在铺排包孕中形成千变万化的句子格局。[6]这就决定了语文学习不能是单纯的“接受学习”和“语法学习”,学习者的多种语言实践以及在语文学习中的感悟发现,有着十分重要的意义。

小学生学习语文与成人学习语文有所区别,小学生由于知识经验的有限和抽象概括能力的不足,在语文学习中要完全独立地感悟发现、抽象概括往往是不太现实的,而教科

书以及教师的适当引领就显得十分必要。所谓“引领”有别于“直接告知”或“明示”,而是给学生的学习指明一个方向,提示学生作出某种探索和思考,通过自身的努力得到更大的收获。

为了发挥教科书的引领作用,可以保留类似“导读”这样的内容,把“导读”放在阅读课文或自读课文的前面,或者放在一个单元的前面,在“导读”中用感情充沛的话语来激发学生的阅读愿望,或向学生提示阅读的基本要求等,使学生对即将进行的阅读活动有明确的目标指向,知道自己要做什么、怎么做、达到一个怎样的结果等。也可以增加一些新的课文类型,像“批读课文”,围绕一篇课文,开辟独立的批注栏目,栏目中既有编者批注的内容,给学习者必要的说明和帮助;又有编者用“这里作者写的是”“作者使用的修辞手法是”之类的表述,为学习者提供批注的提示;还有在批注栏里留出空白,为学生独立阅读、自由批注创造条件。

3. 注意助学系统的提示作用

养成积极的学习态度、掌握正确的学习方法、形成良好的学习习惯,是小学生学习与发展中的至关重要的内容,这是小学生在自身的学习过程之中不断训练、逐步养成的。通过教科书的适当提示,可以提醒小学生在日常的学习活动中,关注学习方法、养成良好的行为习惯。例如,一些教科书在呈现课文及相关内容的同时,出现‘“对话窗”,有的教科书还专门设计了一个“学习伙伴”,以“旁白”的方式,提醒学生注意学习要求,提示学习方法和策略,像写字时提醒学生坐的姿势、握笔的方法,读书时提醒学生联系上下文或生活经验理解课文内容,观察时提醒学生观察的顺序等。这些提示往往是散落在教科书中的,将学习方法、学习习惯方面的教育自然地渗透到学生的学习活动之中,让学生通过自身的实践,不断尝试、认真体会,其教育效果远远优于生硬的要求与灌输。

(二)课文系统的安排

课文系统是教科书的核心部分,是教师的教和学生的学所凭借的具体材料,是由一篇篇课文构成的。

1. 坚持文质兼美的选文标准

《全日制义务教育语文课程标准(实验稿)》[7]明确指出:语文是最重要的交际工具,是人类文化的重要组成部分。工具性与人文性的统一,是语文课程的基本特点。为此,“文选型”教科书的编制,首先要解决选文的问题,这是实现课程目标的前提条件。新的课程标准将语文课程目标定位在知识与技能、过程与方法、情感态度价值观三个方面。因此在选文方面,需要有针对性地考虑选文是否有利于三维目标的实现。综观目前已有的各种版本的语文教科书,在突出工具性和人文性方面作出了大量有益的探索。通常是从古今中外的文化宝库中,精心挑选优秀文章作为教科书的主干部分,一般以经典性与时代性结合、科学性和人文性结合、基础性与发展性结合、国际性与民族性结合等作为选文的标准,为学生认识世界、了解社会、接受思想道德教育、培养审美情趣等提供了有利的条件,又借助一篇篇课文,安排识字、阅读、习作、口语交际、综合性学习等各项教学任务,以突出语文的工具性。

2. 力求以整合的思路编排课文

语文课程三维目标的实现,不仅要依靠选文的质量,而且还要凭借课文的组合方式。过去，曾有以"知识点""技能点"为轴心安排课文内容的做法，虽然教学实践中出现过将"知识点""技能点"从生动的语言材料中"剥离"的情况，但不能因此而完全否定"结构化教科书"所追求的教育功效。由于"结构化教科书"是以某一方面的内容为轴心来组织课文的，或知识，或技能，或方法，或观念……例如，采用相同主题安排课文单元，往往可以让学生在接受某方面教育上有较大收获。如，以"爱国之情"为主题，将相关主题之下的写景状物、写人叙事的文章组织成一个单元，可以使学生通过接触不同体裁的文章，感受爱国之情，升华爱国之情；采用相同体裁安排课文单元，往往可以让学生感悟、发现文体中的基本因素，掌握该文体的写作方法。可见，将课文按一定方式组织起来，编制出"结构化教科书"，可以在教科书的指导下，使实际的教学活动目标明确，重点突出，从而在争取教育效果上可能更有力度和实效。

以整合的思路编排课文，不只是将课文按某个"轴心"相对集中，而且是课文与课后练习、单元练习、口语交际、综合性学习等紧密联系，形成一个有机的整体，将语文学科与语文生活联系起来，将书本知识的学习与实践锻炼联系起来，减少头绪，集中精力，充分实践，切实提高学生的语文综合素养。

3. 注意语文学习资源的扩充

语文学习的外延与生活的外延相等。教科书的空间是有限的，但有限的空间应该发挥更大的教育功能，所以，教科书中有限的内容应该具有可迁移性，产生一定的辐射作用。

一是让课文真正成为"例子"，学生通过课文的学习能够举一反三、触类旁通。正如叶圣陶先生所说："语文教本只是些例子，从青年现在或将来需要读的同类的书中举出来的例子；其意是说你如果能够了解语文教本里的这些篇章，也就大概能阅读同类的书，不至于摸不着头脑。所以语文教本不是个终点；从语文教本入手，目的却在阅读种种的书。"[8]课文的可迁移性体现在教科书中，就是要安排一个延伸和扩展的"起点"，如，读了一部作品的片断让学生去读整个作品；读了某个作者的一个作品，去读该作者的其他作品；读了某个主题的一篇文章，去读同一主题的不同体裁、不同风格的文章。为此，可以在教科书中给学生一定的说明，如，注明课文是哪位作家的哪部作品，提示课文作者的其他作品。当然，也可以通过课外读物为学生提供更加丰富的精神营养。

二是让教科书与丰富的语文生活相联系。可以把课文内容作为分析思考社会生活中现实问题的基点，让学生联系实际开展语文学习；也可以通过学习过程与方法的提示，为学生开辟更广阔的学习途径。如，提示学生利用图书馆、互联网搜集资料，访问社会人士，实地观察；还可以根据教科书所涉及的语文知识技能作为语文综合性学习的基础，安排相应的综合性学习，如，"规范使用汉字的调查"这一活动就是联系识字教学的有关内容而专门设计的综合性学习活动，将社会生活中潜在的语文学习资源转化为现实的语文学习素材，丰富了语文学习资源。

（三）习题系统的编制

习题系统承担着帮助学生梳理巩固知识、训练技能锻炼能力、接受教育等作用。如，课后的练习题和思考题，单元后的积累与运用、口语交际、综合性学习、自主学习园地。

1. 力求习题的灵活多样性

从习题的类型看，要有不同类型的习题。既要设计一些基础性的练习，如，写字、组词、造句、写话、朗读、背诵，来落实基础知识和基本技能的教学任务；又要设计一些启发性的问题，引导学生思考、体会、品味，为学生思维的发展、情感态度养成、审美情趣培养提供机会；还要设计一些综合性的练习，加强语文学习与语文生活的联系，调动学生学语文用语文的积极性，在学用结合中，使学生获得基本的语文素养。

从习题的内容看，涉及听说读写多种练习。针对过去“重读写轻听说”的状况，应特别加强听说训练。习题的编制可以将读与说、说与写等结合起来，像学生的习作就可以先想后说、先说后写；也可以开辟专门的栏目来训练学生的听说能力，如，一些教科书将“口语交际”穿插在单元之中，通常每个单元安排一次专门的口语交际活动，或联系前面学过的课文，或选择与小学生生活经历相一致的、有趣的话题，或通过图画、故事、问题等创设情境，引发学生参与交流的积极性，为训练学生的听说能力开辟专门的“时空”。

从习题的要求看，要有一定的弹性和针对性。要承认不同的学生在学习基础和能力上是有差异的，不同的学生有不同的学习需求，在习题的安排上避免“划一要求”，可以将习题分成必做题和选做题，如，有的教科书开辟了“自主学习园地”，将其安排在单元后面，为学生提供自主阅读的材料或提出自主习作的要求，学生可以根据自己的实际情况自由选择，可以做也可以不做，愿意完成的学生则可以运用前面或本单元学到的读写知识，独立地完成自主阅读或习作的任务。

从习题之间的关系看，要考虑各种练习的内在关联度。各种习题都是以课文为基点，通过挖掘课文的内容来设计的，习题之间相对独立又相互联系。如，字词练习是写话练习的基础，单项练习是综合练习的基础；再如，学生开展综合性学习活动，这一活动不仅要运用已经学到的语文知识技能，而且可以通过这一活动搜集各种素材，为后续的学习活动做好准备，综合性学习的过程和收获可以作为下一次口语交际的话题或写作文的素材，综合性学习中发现的问题可以作为课外阅读的“起点”。

2. 增强习题的指导性

做练习的目的是要让学生巩固知识、强化技能、获得方法、受到教育，能够在现实的语文生活中学以致用。习题的指导性体现在教科书中，就是要能够帮助学生梳理知识，再“温故知新”，就是要启发学生学以致用，为学生的语文实践提供机会。例如，“一字多义”的情况，可以让学生通过集中练习，在比较中发现异同，正确理解字义；又如，布置写“通知”或“倡议书”等应用文，可以联系学生真实的学校生活，将语文学习与语文生活自然地结合起来，避免抽象的书面练习；再如，让学生体会课文的思想感情，可以引导学生联系实际来思考。为此，习题的表述要具有启发性，可以对解决问题的过程与方法做出适当的说明，如“查字典，给下面的字注音并组词”。“想想我们身边的人和事，说说应该怎么关心他人。”“观察一种植物，写一篇观察日记。”为学生的能动实践指明正确的方向；还可以对习题的要求做出具体的说明，如，“抄写生字，注意字迹工整，卷面整洁”；“背诵课文”；“写你喜欢的一个人，注意写出自己的真情实感”；“搜集有关作者生平的资料”；使学生对所要完成习题的要求和结果有比较清楚的把握，从而实现作业过程的自我监控，收到作业的实际效果。

参考文献

[1] 中国大百科全书总编辑委员会. 中国大百科全书·教育. 中国大百科全书出版社，1985：144.
[2] 廖哲勋. 课程学. 华中师范大学出版社，1991：197.
[3] 梁忠义，车文博. 实用教育辞典. 吉林教育出版社，1989：546.

[4] 胡森,江山野 编译.简明国际教育百科全书·课程.教育科学出版社,1991:66.
[5] 张华.课程与教学论.上海教育出版社,2000:83-84.
[6] 张岱年.中国文化概论.北京师范大学出版社,1991:139.
[7] 中华人民共和国教育部.全日制义务教育语文课程标准(实验稿).北京师范大学出版社,2001:1.
[8] 叶至善.叶圣陶集(第16卷).江苏教育出版社,1992:63-64.

从课文后练习的编排看当代小学语文教育的走向①

郑　宇

当代语文教育已经历经了半个多世纪，回顾这半个世纪所走过的路程，有可喜的成绩，也有引以为戒的教训。作为语文教材重要组成部分的课文后练习，记录着当代语文教育改革的历程，折射出人们对语文教育的不断思考。从不同时期小学语文教科书中课文后练习的安排，可以勾勒出语文教育在探索中不断前进的脉络。

第一阶段：1949—1963 年，课文后的练习从无到有，强调思想政治教育，强调语文知识的系统传授。

新中国最初的语文教材是从解放区的国语课本改编而来的。1950 年 8 月，教育部颁布的《小学语文课程暂行标准（草案）》开始使用"语文"这一称谓，并规定了该学科三方面的任务：一是阅读，二是说话写话，三是写字。[1](62) 此后，全国小学陆续统一使用由人民教育出版社修订的"四二制"小学语文课本——《初级小学课本语文》1—8 册和《高级小学课本语文》1—4 册。这个时期出版的小学语文课本没有安排课文后练习题，课本仅由一篇篇文章组成。

1952 年，国内掀起学习苏联的高潮，对我国语文教材的编写产生重大影响。当时教育界针对语文教学存在的"目的和任务不明确""缺乏科学的教学方法"等缺点，第一次在教育行政部门的领导下实行教学改革，小学语文课本在一组课文（一般四至五篇）的后面开始出现练习，主要从思想内容的理解和语文知识的掌握两个方面进行编排。1956 年《小学语文教学大纲（草案）》颁布，规定小学语文学科的教学内容共有五项，其中第一项"阅读教学"即为"教以阅读文学作品"，第二项"汉语教学，要求教儿童初步掌握汉民族语言的语音、文字、词汇、语法的基本规律"。[1](120)(132) 根据这一大纲，人民教育出版社编辑、出版了蒋仲仁先生任主编的一套教材。理解课文思想内容的题目从一组课文后分离出来，安排在相应的课文后面。而一组课文后的练习则侧重从语文知识的角度设计，内容包括语音、词汇、语法、文字、标点等，体系比较完整、统一，内容也比较宽泛，反映了当时以学科知识为本位的课程设计观。在人民教育出版社 1957 年第 1 版《高级小学课本语文》（第 2 册）中，课文《十六年前的回忆》后的练习是这样的[2]：

问题和作业：

1. 从哪些地方看出李大钊烈士对艰苦的革命事业永远是乐观的？
2. 李大钊烈士被捕的时候，他的态度怎样？找出有关的语句来。
3. 在法庭上，李大钊烈士为什么表现得那么安定、沉着？

---

① 原文发表于《课程·教材·教法》2006 年第 3 期。

4. 我们该用什么行动来纪念李大钊烈士?

5. 给全篇文章的几个大段编写小标题。

课文后的练习从无到有,是语文教育价值取向的一个重要转变,这是对传统经验式教育方式的一次改革。无论在教与学两方面,目标都比较明确,有助于对教材的把握,向语文教学科学化迈进了一步。不过,由于大纲本身的时代局限性,这套教材的练习还没有很好地体现语文学科本身的特点,练习主要集中于感受人物的优秀品质上,体现出了较强的思想教育性。在强调思想政治教育的同时,没有与探究语言文字紧密地结合在一起,如第三题。至于第四题,更是可以脱离课文由学生泛泛而谈。这课练习没有整体把握全文内容的要求,也没有引导学生去了解文章的表现形式,学习运用语言文字表情达意的方法指导。

新中国成立初期课文后练习的这种价值取向的产生有其一定的历史渊源。[3] 20世纪三四十年代,中国共产党领导的革命政权与国民党的反革命政权同时存在,语文的内容方面——思想政治教育被强化。国统区在语文教学中极力进行反民主的教育和奴化教育,解放区的课本编进了大量宣传抗日和反映生产的内容。上述做法给新中国成立初期语文课本包括课文后练习带来政治化的影响。不可否认,语文教育要重视思想教育,但同时语文教育不能忘记自己的专司之职——帮助学生正确地理解和运用祖国的语言文字。课文后练习,过分关注文章的思想内容,忽视文章的表现形式,是把语文课混同于历史课、思品课,从深层上看,是忽视了语文教学的独特任务,模糊了语文课自身的特点。每一组课文后面的练习,把语音、词汇、语法独立了出来,进行系统而机械的训练。这种对知识的系统性追求,又忽视了语文课程具有实践性和综合性的特点。

1959年,中央召开教育工作会议,进一步明确了语文在中小学课程中的重要地位和性质。当年6月,以《文汇报》牵头,开展了“关于语文教学目的任务的讨论”。1963年5月颁布的《全日制小学语文教学大纲(草案)》就吸取了这场讨论的一些合理内核。

第二阶段:1963—1978年,课文后的练习简约、明确,强调“双基”训练。

1963年大纲是新中国成立后的第一个正式的语文大纲,它首先明确指出语文学科的性质“是学好各门知识和从事各种工作的基本工具”,[1](153) 还阐明了小学语文教学的目的是“教学生正确地理解和运用祖国的语言文字,使他们具有初步的阅读能力和写作能力”。[1](153) 这些提法正确地体现了语文教学的特点和规律,突出了语文的工具性。同年,人民教育出版社出版了根据新大纲编写的一套供全国使用的教材。课后练习得到加强,包括用词、造句、朗读、默读、背诵、复述、抄写、默写、分段、写段落大意等内容,在人民教育出版社1964年第2版《高级小学课本语文》第2册中,课文《十六年前的回忆》的课文后练习是这样安排的:[4]

问题和作业(一)

1. 根据课文内容,说说为什么李大钊烈士对待革命事业永远是乐观的。

2. 听写下面的词语,说说带点词语的意思。

局势　灰烬　无辜　幼稚

吭声　慈祥　去处　恶化

毫无效果　闭口无言

问题和作业(二)

1. 给《十六年前的回忆》全文分段,说说各段的大意。

2. 听写下列词语。

笼罩　寂静　颤抖　简直　严峻

焦急　惦念　勉强　兴致勃勃

赤手空拳　蜂拥而入

这个时期的课文后练习，突出了语文课程的工具性，加强了基础知识和基本技能的训练，如重视词语的理解和运用，几乎课课都有抄写、听写、解词或用词造句方面的练习。抄写或听写词语，目的在于丰富学生的语言储备，是构建学生语文能力的基石；解词练习有助于学生理解课文内容和词语本身的意义，而造句练习有助于学生学习词语的恰当运用。又如，重视给课文分段、概括段落大意方面的练习。学习给课文分段，是掌握作者布局谋篇能力的一种训练，有助于促进说话、作文的条理性和连贯性，也有助于提高学生的逻辑思维能力；而概括段意的训练，是培养逻辑思维和语言归纳能力相统一的过程。这两种训练，前者侧重于由整体到部分的分析，后者则侧重于对各部分内容的归纳。它既有助于培养分析、概括能力，又可以帮助学生了解课文中部分与部分之间的联系，各部分和整篇课文之间的联系，理清叙述顺序，领会作者的思路。应当说，分段、归纳段意是理解文章主要内容、体会作者思想感情的一种手段，体现了读懂课文经历的思维过程。

但是，整套练习在年段训练的目标上不十分明确，系统性、科学性不强，存在着盲目性、随意性，对基础知识和技能的训练还不够完整，有些该练的未练，而且课文后练习也存在模式化的倾向，几乎每篇课文后的练习都是：一朗读课文，了解课文内容。二听写、读读写写或选词造句。三给课文分段、概括段意或中心。练习形式固定而单调，内容不大切合学生的实际。其实，即使是同一项知识或技能的训练，也可以有不同的形式，可以从不同的角度训练学生的思维能力，调动他们的学习积极性。拿词语的理解和运用来说，要使课文的语言为学生所内化，必须使学生不但牢记词语的音、形、义，而且必须连同它的形象感、色彩感、分寸感一起积淀在头脑中，才能准确地运用。孤立地读和抄可能并不是掌握词语的最好方法。[5]又如，分段、概括段意和中心，是一种提高学生阅读能力、培养学生思维能力的行之有效的方法，但不是唯一的方法。课后练习篇篇强调这样的方法，在实际的教学中，方法、手段被异化成了目标，成为讲读课文的固定程序，忽略了课文中生动感人的情感因素，把生动的语文能力训练变成了枯燥的纯技术训练，将语文课的工具性简单化、程式化和刻板化了。

1963年开始的这场改革，持续的时间不是很长。1966年5月，中国开始了“文化大革命”，正常的语文教学受到了极大的冲击，小学语文教材的编写和出版被中断，一直到“文化大革命”结束。

第三阶段：1978—2000年，课文后练习从简单走向繁复，注意体现训练过程，加强学习能力的培养。

1978年，我国的语文教育经过拨乱反正，进入了新时期。这一年，教育部颁布了《全日制十年制学校小学语文教学大纲（试行草案）》，这部大纲继承了1963年大纲的精神，重申语文是“基础工具”，提出语文学科“不但具有工具性，而且有很强的思想性”。[1](176)(177) 1986年《全日制小学语文教学大纲》对语文学科的性质和作用阐述得更加明确，不但明确了语文的工具性，并且指出，对于“促进学生德、智、体、美、劳全面发展……培养有理想、有道德、有文化、有纪律的社会主义公民……有着重要意义”。[1](194)(195) 1992 年 4 月,《九年义务教育全日制小学语文教学大纲(试用)》颁布。这部大纲明确规定语文教学最根本的目的是“指导学生正确理解和运用祖国的语言文字”,[1](232) 而落实到具体能力上就是使学生具有基本的阅读、写作、听话、说话的能力,其他的一些目的都是在培养学生能力的过程中实现的。这就把语文能力的训练提高到前所未有的重要地位,从而使语文学科的工具性得到了更充分的体现。

这一时期人民教育出版社出版的全国小学语文教材,主要有依据 1978 年大纲和修订后大纲编写的全国通用的《十年制学校小学语文课本》和《六年制小学语文课本》(袁微子主编)两套教材,还有根据 1992 年大纲编写出版的六年制和五年制两套试用小学语文教科书(崔峦、蒯福棣主编)。这些教材受到叶圣陶先生“切实研究,得到训练学生读写能力之纲目与次第,据以编撰教材”的启发,把小学生应当具有的读写能力分解为几十个读写训练项目。在低年级进行较全面的语文启蒙教育的基础上,从中年级到高年级,设读和写的训练项目,交叉安排,由易到难,循序训练,螺旋上升,借此有计划地培养学生的读写能力。在人民教育出版社 1994 年 4 月第 1 版的《九年义务教育六年制小学教科书语文》(第 10 册)中,课文《十六年前的回忆》的课后练习是这样的:[6]

预习

李大钊同志是中国共产党的创始人之一。这篇课文是李大钊的女儿李星华 1943 年在延安写的,正值李大钊同志遇难十六周年,所以文章的题目为“十六年前的回忆”。读读课文,看看课文写的是哪一年的事,当时中国是怎样的情况,再想想课文主要写了李大钊同志的哪几件事。

思考练习

1. 默读课文,回答问题。

(1) 从哪些地方可以看出局势越来越严重,李大钊的工作越来越紧张?

(2) 李大钊被捕时的表现怎样?他为什么能这样?

(3) 李大钊在法庭上的表现怎样?他为什么能这样?

2. 读下面的句子,再从课文中找出和它呼应的句子。

(1) 一九二七年四月二十八日,我永远也忘不了那一天。

(2) 我蹲在旁边,看他把书和有字的纸片投到火炉里去。

(3) 工友阎振山一早上街买东西,直到夜里还不见回来。

3. 课文最后两个自然段与开头有什么关系?你从这样的开头、结尾中体会到了什么?

4. 读读写写。

书籍　慈祥　幼稚　恐怖　娱乐场　瞅了瞅

宪兵　肥胖　匪徒　啃完　押下去　舅老爷

5. 有感情地朗读课文。

这个时期课文后练习的第一个重要特点是:以读写能力训练为核心,系统安排各课练习。根据课文特点,安排相应的读写训练点,拿本课来说,前后照应、首尾连贯的表达特点很突出,教材在单元前的“导读”部分就明确提出学习这种表达方法的要求,然后在课文后练习中围绕这一训练重点,让学生找前后联系的句子,找前后联系的段落,使学生对这种表达方法有一些感性认识，最后再在几篇课文之后的“读写例话”中进行归纳、总结。

第二，课文后练习题量比较大，每课五六道题。第一题侧重于理解课文内容，提示理解的重点和难点；第二、三题突出本单元读写训练项目，对学生进行句段篇的训练，第四、五题一般通过“读读写写”“朗读”“背诵”等要求，落实“双基”。另外在课文的前面，还增加了“预习”的提示。

第三，重视对课文内容的理解，但是设计比较繁琐，有些题目的设计容易肢解课文，忽视对文章的整体把握。从本课的练习第一题我们可以看到，每个问题涉及面都不宽，思维价值也不大，有叠床架屋之嫌。

把语文读写能力目标分解为一系列训练点，按年级编排成系统化的操作序列，而且每一课围绕读写训练点安排的练习是全册、全套教材语文基本功训练必不可少的环节。这是在语文教育科学化方面进行的又一次十分有益的探索。应该说，这对克服语文教学的随意性，提高语文教学效率起到了积极的推动作用。这种安排，不仅体现了指导学生学习的过程，还体现了由感性认识到理性认识的发展过程，使学生的语文基本功训练循序渐进、螺旋上升，语文能力得到了有效的培养。

然而，这种以读写能力要素为框架、以分项训练为手段构建的语文教学体系，追求语文训练的系统性，对语文的人文性关注却不够，特别是情感性。大量的练习，确实也能使学生的能力得到一定的提高，但在实际教学中，这样的安排容易使师生陷入一个误区：似乎多做题是提高语文水平的最有效途径，这在一定程度上助长了教师的串讲串问和机械练习，削弱了学生的自读自悟和对文章主旨的把握。课文后练习在情感和审美等方面鲜有提示和要求，也不重视对课文深厚文化底蕴的挖掘，忽视了高尚情操对学生心灵的熏陶感染，在总体上存在着重认知轻情感、重工具轻人文的倾向，这是引起 1997 年末语文教育大讨论的原因之一。

第四阶段：从 2000 年开始的课程改革，语文课改的根本点是促进每一个学生的全面发展，强调体验、感悟和积累，强调语文素养的形成，促进学生学习方式的改变。

1997 年底，《北京文学》发起了关于语文教育的大讨论，对中小学语文教育存在的问题进行了批评。2000 年，语文教育界对长期以来语文教学的成败得失，包括教材编写过程中的经验教训进行反思，同年，教育部颁布了《九年义务教育全日制小学语文教学大纲(试用修订版)》，昭示出语文教育发展的趋势：立足于学生主体精神的发展，引导学生自主学习；拓展语文学习的渠道，引导学生在活动中学习；注重语文积累和感悟，引导学生积淀语感，培养能力……[1](255)(260)这些价值取向，是一个阶段以来人们对语文教育思考的成果。时隔不久，2001 年 7 月，《全日制义务教育语文课程标准(实验稿)》颁布，进一步深化了语文教育的改革。[7]“工具性和人文性统一”的课程性质定位，语文教育基本理念的提出，为语文教育改革指明了方向，对教学实践和教材编写具有重要的指导意义。根据课程标准的精神，人民教育出版社从 2001 年开始编写、出版了由崔峦、蒯福棣主编的一至六年级《义务教育课程标准实验教科书・语文》。在这套课标实验教材中《十六年前的回忆》的课后练习发生了这样的变化：

思考练习：

1. 默读课文，说说课文按照时间顺序写了哪些事，给你印象深的是什么。

2. 从课文中找出需要深入体会的句子，如，“那年春天，父亲每天夜里回来得很晚。

每天早晨,不知道什么时候他又出去了”。再说说从句子中体会到了什么。

3. 课文最后三个自然段与开头有什么联系?你从这样的开头、结尾中体会到了什么?

4. 有感情地朗读课文。抄写你认为需要积累的词语。

△在清明前后祭扫烈士墓,再把自己的感受写下来。

根据语文课程标准编写、出版的这套语文教材,从内容到形式发生了很大变化,课文后练习无论在编排思路还是在呈现方式上都有了很大改进。

一是体现了全面提高学生语文素养的教学目标。语文素养的提出,把学习做人和学习语文结合在一起,体现出整体的人的发展思想,这是语文教育理论上的一次重大突破。这个时期的思考练习,注意从新加目标有机整合的角度,确保学生语文素养的全面提升。可以看到,单一训练功能的练习减少了,取而代之的是多个维度、多个培养目标相结合的综合练习。上例练习二,要学生从课文中找出需要深入体会的句子,从中感受李大钊同志的高尚品质。这样的练习不仅使学生提高了对语言文字的感受能力,也从中受到革命先烈高尚情操的熏陶感染。这是“情感、态度、价值观”与“知识和能力”目标的具体体现。采用举例子的方式,在学生还不知道找哪些、怎样找“值得深入体会的句子”的情况下,教给他们一定的方法,这又是“过程和方法”目标的体现。诸如此类的练习在这个时期有了明显的体现。

二是促进学生学习方式的转变。跟以往的课文后练习相比,无论是引导学生开动脑筋,与老师同学讨论交流,还是进行语言的积累和感悟,都立足于更好地发挥学生的自主精神。讨论交流、积累感悟的多与少、快与慢、深刻与肤浅,均取决于学生的主动需求,尊重学生之间的差异。课文后练习第二题,以举例而不限定的方式,给了学生更大的自主探究的空间。在词句的积累上,过去一律采用“读读写写”,似乎扎实,但单调机械。现在采取了灵活的、把主动权交给学生的方式。既有保底的要求,又有一定的灵活性。此外,安排了选做题,学生可以根据自己的学习能力和兴趣爱好而决定做还是不做。练习题编排方式的变化,使学生能以自己对课文的理解和赏析的心态,投入到阅读实践活动中去,阅读兴趣自然应运而生。

三是淡化了理性分析的训练,强化了诵读、感悟、积累与运用。首先,一些容易搞成模式化的练习,如,概括段意、中心思想,变换了形式,以克服以往阅读教学中普遍存在的篇篇课文都分段、归纳段意、概括中心思想的程式化弊端,改变逐段串讲、繁琐分析的阅读教学模式。第二,明确提出了“有感情地朗读课文”“背诵课文”的要求。让学生充分地读书,尽可能多地背诵,充分感悟和积累语言。学习语言的过程,实际上是外部语言不断内化的过程,而实现这一内化过程的最重要、最根本的手段就是朗读和背诵。第三,采用多种形式引导学生感悟语言和积累语言。一方面,课后练习有专门的栏目,是进行词、句、段抄写以及背诵方面练习的;另一方面,抓住课文中的关键词、句、段,不仅理解了要表达的意思,而且引导领悟表达的特点,帮助学生积累典范的语言形式,通过对词、句、段的比较、揣摩、选择等训练,让学生寻找自己喜欢的、易理解的词语、句子和段落,进行品味和记忆,从而实现增强语感和积累语言的目的。

四是引领学生充分利用课程资源,加强与生活、与社会实践的联系。这套练习题,与以往练习题的一个重要区别是,加强了与现实生活、与儿童经验世界和想象世界的联系。如,增设选做题,形式多种多样,有课外阅读的,课外练笔的,课外语文实践活动的……总的指导思想是要让学生从课本的学习中拓展开去,加强与生活的联系。本课安排的是在清明前后祭扫烈士墓，再把自己的感受写下来。这样的练习，把学生引入语文学习的大环境之中，课内外、学校内外、课内教学与课外实践紧密结合在了一起。

五是遵循阅读教学及学生认知的规律。新编的思考练习，减少了练习题的数量，每课练习一般是四道题，第一题改变以往问题过细、过碎的现象，侧重于引导学生通过读书，独立思考，整体感悟、理解课文的思想内容。上例第一题编排的目的是引导学生全面而认真地阅读课文，对文章的内容、叙述顺序、思想感情有个整体了解这是理解课文的第一步。而课文后练习中二至三题是重点研读题，这些题型要求学生对课文要有更深的感悟和更细的挖掘。如，上例二、三两题，在进一步研读课文的基础上，引导对重点语句、精彩句段进行分析。课后练习第四题一般是语言积累、运用方面的练习。这种从整体感悟到重点理解到积累运用的编排思路，符合从整体到部分、从感性到理性、由浅入深的认知规律，符合阅读教学一般规律。

在课程标准精神指导下的语文课程改革，是在语文教学科学化方面的又一次探索。语文课程标准在课程目标、课程性质、课程内容以及教与学的方式等方面发生的这些重大变化，给语文教学带来了深刻的变革。[8]应当说，改革的方向是正确的。但是，在实践中也出现了一些问题，还有待时间的检验。

纵观五十多年来小学语文教材中课文后练习的编写，可以看出它是在不断变化的。其间，既有经验，也有教训，是在曲折中前进。我们有理由相信，在新的课程理念指导下，语文课程建设包括教材编写和教学改革，一定会与时俱进，健康发展。

参考文献

[1] 课程教材研究所.20 世纪中国中小学课程标准·教学大纲汇编.人民教育出版社，2000.

[2] 人民教育出版社.高级小学课本语文(第 2 册).人民教育出版社，1957:41－48.

[3] 崔峦.大陆地区教科书的发展——半个世纪以来中小学语文教科书的编写//崔峦.求是·崇实·鼎新.人民教育出版社，2005:133－143.

[4] 人民教育出版社.高级小学课本语文(第 2 册).人民教育出版社，1964:25－32.

[5] 施茂枝.小学语文教材“思考·练习”编写中的几个偏差.湖南教育，2000(4):42－43.

[6] 人民教育出版社小学语文室.九年义务教育六年制小学教科书语文(第 10 册).人民教育出版社，1994:121－161.

[7] 中华人民共和国教育部.全日制义务教育语文课程标准(实验稿).北京师范大学出版社.2001.

[8] 熊生贵.语文教学实施指南(小学卷).华中师范大学出版社，2003:1－40.

语文课程资源的开发与利用①

吴忠豪

重视课程资源的开发和利用是新一轮课程改革提出的新目标，其目的是要改变学校课程过于注重书本知识传授的倾向，加强课程内容与学生生活以及现代社会和科技发展的联系，关注学生的学习兴趣和经验，并要适应不同地区不同学生发展的需求，体现课程结构的均衡性、综合性和选择性，增强课程对地方、学校及学生的适应性。

一、关于课程资源

《全日制义务教育语文课程标准(实验稿)》(以下简称《语文课程标准》)指出："各地区都蕴藏着自然、社会、人文等多种语文课程资源。要有强烈的资源意识，去努力开发，积极利用。"教材一直是我国学校教育的主要课程资源，以至于人们常常误以为教材就是唯一的课程资源。一提到开发和利用课程资源，就想到要扩大教材容量，提高教材要求，或者是多订购几本教材，甚至进口国外教材。

其实，课程资源的内涵极其丰富，它是指课程设计、编制、实施和评价等整个课程发展过程中可利用的一切人力、物力以及自然资源的总和。[1]长期以来，中小学课程资源的结构比较单一，除了把教材作为唯一的课程资源外，在课程资源的开发主体、基地、内容、条件等方面也很单一，而且未能形成有机整体。以学科知识为中心、以教师为中心、以课堂为中心、以教纲为纲、以课本为本的"大一统"的教学行为，虽然发挥了传递人类文化的中介和桥梁作用，使学生在较短时间内有可能接受文化科学基础理论知识和基本技能，却忽略了学生内在的、个性的、全面和谐的发展，忽视了学生在学校、课程、教学中的主体地位和作用。随着教育改革的深入发展，我们进一步认识到，要全面实施以培养学生创新精神和实践能力为核心的素质教育，就必须在整合和优化课程结构、开发课程资源上下工夫。

据研究，课程资源大致可以分为素材性资源和条件性资源两大类。前者包括知识、技能、经验、活动方式与方法、情感态度和价值观以及培养目标等方面的因素，后者包括直接决定课程实施范围和水平的人力、物力和财力，时间、场地、媒介、设备、设施和环境，以及对于课程的认识状况等因素。[2]

毫无疑问，教材是素材性课程资源的重要载体。如何开发并充分利用教材中包含的丰富的课程资源是很值得研究的一个重要命题。语文教材中的资源开发和利用不能仅仅局限于语文学科知识，应有利于引导学生利用已有的知识与经验，主动地探索知识的发生与发展，同时也应有利于教师创造性地开展教学活动，有利于培养学生的创新精神和实践能力、收集和处理信息的能力、获取新知识的能力、分析和解决问题的能力以及交流与合作的能

---

① 原文发表于《课程·教材·教法》2004年第11期。

力,发展对自然和社会的责任感。所以,教师要从学生兴趣与经验出发,及时把握社会、经济、科技的发展,尝试以多样、有趣、富有探索性的素材展示教育内容,并且能够提出观察、实验、操作、调查、讨论的建议。

网络资源异军突起,现代信息技术的飞速发展和网络技术的广泛应用,给学校教育带来了新的发展机遇,也使学校教育面临严峻的挑战。学校课程以及课程内容的载体(特别是教材)将越来越不是学生学习的唯一渠道,或者说课程与教材的内涵与外延将发生越来越大的变化。显然,把教科书当做圣经一样来解读是陈旧的、过时的学习方式。今天的教材已经不仅仅是学生课桌上的书本,而如何开发和利用网络资源,是课程资源开发和利用面临的新的重大课题。

对于条件性课程资源来说,必须首先保证的是实施课程最基本的时间和空间。比如语文课时的保证,必要的教学场所和教学设备。这是基础教育课程实施的前提条件,没有这样的条件保证就谈不上课程的实施。当然条件性课程资源的建设也要量力而行。

从课程实施的活动空间来看,班级课堂当然是最主要的条件性课程资源。但是目前许多学校具备阅览室、实验室、电脑房等专用教室,图书馆里的报纸杂志和其他课程资源库也比较丰富,如果能充分利用这些条件性课程资源,把学生放到更广阔的空间去学习语文,对学生在探索性、研究性学习中增长知识,增长才干,提高实践能力将是非常有利的。学校肩负着特殊的责任去帮助学生有效地接触体现在学者、科学家及艺术家作品中的人类遗产。这些作品的意义在于它们的资源价值,在于学生能从中获得终身受用的教益。

此外,开发和利用语文课程资源还包括充分利用社会上各种有利于提高学生语文能力的设施和学习场所,例如,图书馆、博物馆、展览馆、科技馆、青少年活动中心、工厂、农村、部队、政府机关、企事业单位、高等院校和科研院所。也要充分利用各种自然资源。要让学生从小广泛地接触社会,接触自然。通过调查考察等综合性实践活动提高语文实践能力。

二、多渠道开发和利用语文课程资源

《语文课程标准》指出:“语文课程资源包括课堂教学资源和课外学习资源,例如,教科书、教学挂图、工具书,其他图书、报刊,电影、电视、广播、网络,报告会、演讲会、辩论会、研讨会、戏剧表演,图书馆、博物馆、纪念馆、展览馆、布告栏、报廊、各种标牌广告,等等。”其次,“自然风光、文物古迹、风俗民情,国内外的重要事件,以及日常生活话题等也都可以成为语文课程的资源”。语文课程资源的开发,就是寻找一切有可能进入语文课程、并能与语文教育教学活动联系起来的资源。语文课程是学习母语的课程,与其他课程学习相比较,学习母语有着得天独厚的环境条件。中国的儿童从小就处于汉语、汉字的氛围之中,满耳皆汉语,满目皆汉字,这就使得学习汉语文学科,有了得天独厚的语言环境和丰厚的语言、文化资源。因而有人说,语文学习的外延和儿童生活的外延相等。如何有效地开发并利用好母语学习的课程资源,对于提高语文教学的效率,提高学生母语学习的兴趣和质量,有着极其重要的意义。从目前的研究成果看,多渠道开发和利用语文课程资源可以从以下几方面进行。

(一) 开发并利用好语文教材,发挥教材的多种功能

教材作为重要的课程资源,其开发和利用的重点是研究和处理教材。教材不仅仅是学生学习语文知识,提高语文能力的文本,还承担着丰富学生生活经验,提高人文素养,培养创新精神和实践能力,养成良好的学习习惯等诸多任务。因此,在课堂教学中,要倡导自主、合作、探究的学习方式,让学生借助教材这个例子,主动理解和体验,有所感悟和思考,获得情感熏陶和思想启迪,通过对教材的学习领悟到教材以外的东西,从而获得学习方法,形成正确的学习态度和习惯,综合提高语文素养。

(二) 创导生动活泼自主学习方式,改变单一的讲授文本为主的教学方式

一定要改变把学生禁锢在课堂里、日复一日地重复口耳相授、单调枯燥的教学方式。采取多种多样的能充分体现学生自主学习、自主实践的形式,如上网、读课外书、询问、讨论,在课前、课后搜集资料,组织新闻发布会、故事会、朗诵会、讨论会,演课本剧,办手抄报,编习作集等。让学生在丰富多彩、生动活泼的语文实践中学习语文,在讲述、讨论、交流、品评、操作等活动中促进发展,形成扎实的语文能力,并且体验语文学习的乐趣。

(三) 开展丰富的语文实践活动,拓展语文学习的空间

课堂只是小天地,天地乃为大课堂。要充分利用当地的自然、人文景观,如,风景名胜、博物馆、纪念馆,引导学生在自然、社会的大课堂中观察、调查、获取信息,学习语文。要根据学生心理特点和兴趣爱好,开展丰富多彩的语文实践活动,让学生根据自己的学习方式,将自己学到的知识、技能恰如其分地运用于实践,在实践中锻炼,在实践中成长。

(四) 创设多彩的有利于母语学习的校园环境

校园是学生学习、生活的主要场所,合理地利用校园、教室等场地,创设多彩的校园文化,将这些设施赋以生命的活力,将这样的环境作为语文课程资源之一,以熏陶学生的情感,促进学生语文能力的发展。有些学校在教室里张贴学生自己的书法、绘画作品,发动学生精心布置班级的“图书角”“阅读栏”“我会读”“我真行”评比栏,“看谁写得棒”习字栏,在校园的草坪写上“小草正在睡觉,请不要打扰她”等充满爱心和诗意的话语,让学生在多彩校园环境中通过各种渠道感受语文,学习语文,在充满真、善、美的环境中陶冶情操,健康成长。

(五) 开发并形成各具特色的校本课程

在课程教材改革中,不少学校在分析学校的办学优势和资源配置的基础上,结合实际情况开发出构建各具特色的校本课程。根据学校特点开发的校本课程往往形式活泼,新颖有趣,能激起学生学习语文的兴趣。比如,有的学校开设了“画与写”的课程,让学生在画画的同时,为图配话,并将这些作品编成班级刊物;有的学校开设了“每周一诗”的课程,让学生从小认识优秀的中华文化,促进学生的全面发展。

三、开发和利用课程资源需要注意的几个问题

(一) 教师要有强烈的开发和利用课程资源的意识

以往大家往往认为课程资源开发主要是专家特别是课程编写者的工作。其实专家们开发课程的优势往往体现在内在的学术价值上,但要课程反映不同地区、不同学校和学生的差异性与多样性,往往是无能为力的。《语文课程标准》认为"语文课程应该是开放而富有创新活力的,应尽可能满足不同地区、不同学校、不同学生的需求,并能够根据社会的需要不断自我调节、更新发展"。对于语文课程如何反映不同地区、不同学校和不同学生的需求,学校和教师应该具有更大的发言权。教师必须转换角色,变革教学行为方式:不能仅仅充当课程的实施者,也要主动地去开发和利用课程资源;教师不能眼睛只看着课堂,看着书本,还要面对课堂以外,面对学生的全部生活;教师要创造性地去开发和利用一切有助于实现课程目标的资源,把课程资源当做实现新的课程目标的中介,充分发挥其在课程实施过程中的作用。

(二) 要根据地方特点开发课程资源

各地区蕴藏的自然、社会、人文等语文课程资源各不相同,各具特点。课程资源的开发要根据地方特点、学校特点、教师特点,努力发挥各地优势。教师要根据需要,利用当地、当时的课程资源,建构地方或学校的语文课程,创造生动活泼的语文学习和实践的形式。地方或校本课程一定要有地方特色,用好、用足当地的课程资源,如北京可利用天安门、故宫、长城等人文资源,延安可围绕这一革命圣地的文物、景观来创设建构地方课程,海南岛则可利用海岛、大海、热带景色风光等自然资源开发课程。即使在同一地区,地处城市和农村的不同学校,可开发和利用的资源也各不相同,城市学校可以更多地开发校外公共资源,如图书馆、博物馆、工厂、街道等社会资源,而农村学校则可以现成地利用当地的山川、江河和动植物等自然资源。应该扬长避短,发挥优势,展现每个学校自己的特色。只有这样,才能发挥不同学校各自的角色功能,为社会培养出各级各类合格的人才。

(三) 要根据语文课程特点开发利用课程资源

不同课程具有不同的价值取向和育人功能。目前学校教育教学内容主要是以课程的方式来呈现的。有些课程以开发人的智力,训练人的心智操作技能为主要任务;有些课程以陶冶人的情感、情操,提高人的人文素养为主要任务;而有些课程则可以训练人的动作技能、技巧为主要任务[3]。这就决定了不同课程所要开发的课程资源是有区别的。语文课程资源的开发既要考虑到与其他课程的沟通与联系,又要体现出语文课程本身的特点。这里有三点应该注意:一是教师在课程实施过程中就要注意开发最适合本学科特点的课程资源,不盲目仿效其他学科教师的做法,"依样画葫芦"往往容易弄巧成拙;二是课程资源具有多质性,也就是说,同样的课程资源可以为实现不同的课程目标服务,不同的学科可以运用同一种课程资源,因此,应提倡课程资源共享,这也是现代学校教育的重要特点。三是课程资源具有替代性,如果没有最适宜的课程资源,可以由那些特征和性能近似的其他资源代替。

（四）要加强理论学习，重视实践研究

课程资源开发和利用是本次课改中提出的新的课程理念，广大教师对课程资源的认识过程是一个不断深化、不断更新的过程，语文课程资源的开发和利用也是在动态的探索过程中不断发展，不断完善的，因此不能急于求成。广大教师一定要加强学习，从理论上认识课程资源的概念、性质、种类和存在状态，以及课程资源开发的程序、步骤与利用方式。还要加强实践的研究，并且重视学习和吸收国内外教师在课程资源开发中总结出的实践经验。

参考文献

[1] 徐继存，段兆兵，陈琼. 论课程资源与利用. 学科教育，2002(2)：1-5.
[2] 吴刚平，樊莹. 课程资源建设中的几个认识问题. 教育理论与实践，2001(7)：40-42.
[3] 段兆兵. 课程资源的内涵与有效开发. 课程·教材·教法，2003(3)：26-30.

小学语文教材的历史演变及思考[①]

李汉潮

一、小学语文教材的历史演变

小学语文教材是进行小学语文教学、实现教学目标的主要凭借。语文自1904年独立设科开始，教材内容一直在不断更新，体现小学语文教材的演变和发展过程。本文以1949年新中国成立，“语文”学科正式定名为界，将中国小学语文教材历史划分为两个时期：即新中国成立前和新中国成立后。

（一）新中国成立前

清朝末年，小学语文教材的内容广泛。自1840年鸦片战争后，我国从封建社会沦为半殖民地、半封建社会。当时的资产阶级改良派主张向西方学习，提出“废科举、兴学校”的口号，提倡“中学为体，西学为用”，开始教育改革。1907年清政府颁布了《奏定女子小学堂章程》，规定的教授科目中只有国文科，这一时期的国文教科书的内容切合儿童生活，题材广泛，理科、史地、政治、修身、实事、家事、卫生均有涉猎。

辛亥革命时期，小学语文教材的内容为读法、作法、书法、语法。辛亥革命推翻了2 000多年的封建君主制，建立中华民国，以培养“健全国民”为教育宗旨，主张对学生进行道德教育、实利教育、军国民教育。1912年11月，南京临时政府教育部颁布《小学教则及课程表》，明确规定：“国文要旨在使儿童学习普通语言文学，养成发展思想之能力，兼以启发其智慧。”将清末以来的“中国文字”和“中国文学”改称为“国文”科，分为四项，即读法、作法、书法、语法。

“五四”运动时期，小学语文教材的内容为注音字母、发音学、会话、文法、教学法。1919年爆发的“五四运动”是一场彻底的反帝反封建运动，五四运动提倡民主与科学，提倡白话文与新文学，对当时的语文教育产生了深刻的影响。

“五四”运动时期，有识之士提出“统一国语”、“言文一致”的口号。“统一国语”指全国语音统一，“言文一致”指说的“话”与写的“文”统一。1916年各高等师范校长联合会决议开设“国语”科，办国语讲习所，国语的学习课程包括：① 注音字母；② 发音学；③ 会话，包括语音、语词、语调、语法；④ 文法，包括词类分析、词句构造；⑤ 教学法，包括教材研究、教法革新。

北洋政府时期，小学语文教学内容包括语言、读文、作文、写字四项。在“五四”运动的推动下，新文学运动与国语运动完全合流，共同高举“国语的文学，文学的国语”这面大旗，由此形成了一个汹涌澎湃的语文教育改革运动。在时代潮流的冲击下，北洋政府于1920年1月

---

① 原文发表于《现代教育论丛》2009年第11期。

通令全国,将国民学校一、二年级的国文改为语体文(即白话文),“国文”科改为“国语”科。1923 年颁布的《小学新学制课程标准纲要》规定小学语文教材的编写原则:“从儿童生活上着想,根据儿童之生活需要,编订教材,形式则注重儿童化,内容则适合儿童经验。”例如,1923 年商务印书馆吴研因编的《新学制国语教科》第 4 册第 1 课《静听》:“哥哥讲故事,妹妹静悄悄,一面侧着耳朵听,一面睁着眼睛瞧。这时候,木马不跑,土鸡不叫,玩偶不闹。他们为什么不跑、不叫、也不闹?原来是大家听呆了。”

国民党统治时期,小学语文教材内容以“爱国爱党”教育为主。20 世纪 30 年代以后,随着蒋介石强化一个主义一个领袖,党化教育开始渗透小学语文课本,如 1934 年的《国语读本》第一册《他是谁》:“他是谁,他是谁,他是孙中山。”

在解放区,小学语文教材内容包括政治、自然及科学常识。在解放区,人民教育随着革命事业的发展而发展。1934 年 4 月,中华苏维埃共和国临时中央政府教育人民委员会制订并颁布了《小学课程教学大纲》(以下简称《大纲》),《大纲》规定:“小学的一切课目都应当使学习与生产劳动及政治斗争密切联系。”《大纲》还具体规定小学的国语课应当包含政治(最浅易的叙说、革命常识、乡土地理、革命历史等)及自然(浅易的叙说、物理、化学、生物及生理卫生的常识)。《大纲》还规定教材编写原则:“在文字课目方面,必须注意到韵文(山歌、儿歌、诗)及儿童喜剧、故事等教材,这些教材都适合于‘从具体到抽象’的原则;文艺性质的文章不但可以同戏剧、运动、跳舞、唱歌等密切联系着,而且这里所表现的总是具体的事实,人物、动作直接从实际生活里采取来的,必须从这种艺术性的记叙文和描写文进到议论文。”教材内容十分强调结合革命斗争和生产劳动的实际。

1949 年,华北人民政府召开华北地区小学教育工作会议,通过了《华北区小学教育暂行实施办法》(以下简称《办法》),《办法》明确规定“必须把培养儿童读写能力,提高国民文化水平作为首要任务”。教材内容除当时革命斗争与生产劳动外,还编选了有关讲解科学道理的课文。如对“梦”的解释等等。

(二) 新中国成立后

新中国成立后可以分为新中国成立初期、国民经济恢复时期、社会主义改造时期、社会主义教育时期、新时期至现在。

新中国成立初期,小学语文教学内容以思想教育为主。新中国成立初期,国家急需培养大量的各级各类人才,发展基础教育,提高人民文化水平。在这种情况下,《中国人民政治协商会议共同纲领》规定,文化教育是民族的、科学的、大众的文化教育,要提高人民文化水平,培养国家建设人才,要肃清封建的、买办的、法西斯主义的思想,发展为人民服务的思想。为了跟上时代脚步,各级各类学校广泛开展爱国主义教育。小学语文课以思想政治教育为主。如官方审定教材第一课的课文:“毛主席,像太阳,他比太阳更光亮。小兄弟,小姐妹,大家一起来歌唱:太阳太阳永远光亮,我们跟你永远向上。”

国民经济恢复时期,小学语文教学内容以思想教育和传授书本知识为主。1956 年,中华人民共和国教育部颁发《小学语文教学大纲(草案)》,规定了小学语文课程的性质:“小学语文科是以社会主义思想教育儿童的强有力的工具。小学语文科是各科教学的基础。”“小学语文科的基本任务是发展儿童语言——提高儿童理解语言和应用语言的能力”并且“还要在发展儿童语言的工作当中完成下面的任务:① 树立对社会主义的信心;② 树立辩证唯物主义世界观的基础；③ 培养共产主义道德；④ 培养爱美的情感和审美的能力；⑤ 培养对本族语言的热爱”。此时期的小学语文教材、教学内容等很多方面基本上是照抄照搬苏联的经验。

社会主义改造时期，小学语文教学内容以培养读写能力为主。社会主义改造时期颁布了《全日制小学语文教学大纲(草案)》。1958 年以后，很多地方把语文课上成政治课，此现象引起了广大教育工作者的思考。此后，语文教学战线展开了“文道关系”的大讨论。在此形势下，教育部于 1963 年 5 月颁发了《全日制小学语文教学大纲(草案)》,《大纲(草案)》规定了小学语文课的性质：“语文是学好各门知识和从事各种工作的基本工具。”并且指出：“小学语文教学的目的，是教学生正确地理解和运用祖国的语言文字，使他们具有初步的阅读能力和写作能力。”

社会主义教育时期，小学语文教学内容以提高学生的语文素养为主。社会主义教育时期小学语文教学大纲、教材遭到彻底批判，大纲、教材被全盘否定，语文变成了不讲语文空讲政治口号的政治课。新时期的小学语文教材趋于日益成熟和完善。随着小学语文教学实践的发展和语文教育理论研究的深入，1986 年，中华人民共和国国家教育委员会正式颁发《全日制小学语文教学大纲》(以下简称《大纲》)。《大纲》规定：“小学语文是基础教育中的一门重要学科，不仅具有工具性，而且有很强的思想性。”“小学语文教学的目的是：培养学生的识字、听话、说话、阅读、作文的能力和良好的学习习惯，并在语言文字训练的过程中进行思想品德教育。”1992 年，中华人民共和国国家教育委员会颁布《九年义务教育全日制小学语文教学大纲》(试用)，它标志着向素质教育转轨的开始。《大纲》把语文课外活动提到应有高度，指明“课外活动是语文教学的有机组成部分”，体现出“大语文”教学思想。2000 年，教育部颁发《九年义务教育全日制小学语文教学大纲》(试用修订版)，该大纲明确小学语文性质：“是最重要的交际工具，是人类文化的重要组成部分”；把小学语文目标定位在“应立足于促进学生的发展，为他们的终身学习、生活和工作奠定基础”。

从小学语文教材的演变历史中，我们不难得出如下结论：小学语文教材内容的选定受特定历史时期国家教育目的等方面制约。

教育目的是国家培养什么人才的总要求，是一定教育价值观的体现。教育目的对一切教育工作具有指导意义，是一切教育工作的方向，是一切教育工作的出发点和归宿。教学大纲的制定，教材内容的确定，教学方法的选用等等，无一不受教育目的的制约。教育目的的确定受制于特定的历史时代和政治，是随着时代的发展和政权性质的更替而变化的。

二、小学语文教材的基本取向是 21 世纪教育“四大支柱”

1996 年由雅克·得洛尔任主席的国际 21 世纪教育委员会向联合国教科文组织提交的研究报告《教育——财富蕴藏其中》(Learning The Treasure Within)，该报告中一个特别引人注目的观点是提出了 21 世纪教育的“四大支柱”：学会求知(Learning to know)；学会做事(Learning to do)；学会共处(Learning to live together)；学会做人(Learning to be)。

了解和认识该“四大支柱”对当前我国的课程改革有着积极地启发和借鉴意义。学会求知是为了掌握认识的手段，而不是掌握经过分类的系统化知识，也就是说学会学习。学会做事是培养学生的个人能力，学会有效地应付变化不定的情况，并积极参与对未来的创造。学会共处是教学生懂得人类的多样性，教他们认识地球上所有人之间具有相似性又是相互依存的。学会做人是指教育应当促进每个人的全面发展,应该使每个人尤其借助于青年时代所受的教育,能够形成一种独立自主的、富有批判精神的思想意识以及培养自己的判断能力,以便由他自己确定在人生的各种不同的情况下他认为应该做的事情。由于"四大支柱"具有强调德育为基础、重视能力的培养、让学生学会认知等三大特征,所以能较好地适应信息社会发展的需求,与传统教育相比,更显示出其革命意义,受到国际教育界的普遍重视与欢迎。

人是有社会属性的人,教育是具有社会属性的教育,诚如美国著名教育家杜威所言:"我认为受教育的个人是社会的个人,而社会便是许多个人的有机结合。如果从儿童舍去社会的因素,我们便只剩下一个死板的、没有生命力的集体。"[1]当今的小学语文教材的内容应适应当今社会发展的需要,但是,决不能搞社会需要什么就学什么的实用主义,而应该站在时代更高的层面上,从社会需求中概括人才应有的基本素质,并据此确定语文教材的内容,因此,选择当代社会生活的需要——21世纪教育"四大支柱"作为编写小学语文教材的方向是顺理成章的。

参考文献

[1] [美]约翰・杜威. 赵祥麟译. 学校与社会・明日之学校. 人民教育出版社,1994:5.
[2] 袁振国. 当代教育学. 教育科学出版社,2004.
[3] 张华. 课程与教学论. 上海教育出版社,2005.
[4] 徐家良. 小学语文教育学. 高等教育出版社,2003.
[5] 金和德,姜永志. 小学语文概论. 东北师范大学出版社,2001.
[6] 杨九俊,姚娘强. 小学语文教学概论. 南京大学出版社,2005.
[7] 郭黎岩,官笠葬. 中小学教学新大纲及教材分析小学语文. 当代世界出版社,2001.

教改实验

- 小学语文教学改革上的一点探讨（霍懋征）
- 语文教法和学法的辩证关系研究（池仲文）
- 谈谈小学语文教学改革的几个问题（辛　亮）

小学语文教学改革上的一点探讨①

霍懋征

有同志向我提出能否改变语文教学中的少、慢、差、费现象，探索一条多快好省的路子？能不能让学生多读一点，提高听、说、读、写的能力？我决心试一下。

上学期，我接了三年级一个班的语文课，经过半年的实践，他们听、说、读、写的能力都有了显著的提高。

开学第一课教《愚公移山》，花了五课时。教学效果不好，失败了。第二课教的是《毛主席接见红卫兵》，我进行了改革，只用三课时。就这样，我每教一课就改一个样，研究如何多、快、好、省。教了五课书后，有了一些体会：首先，要根据大纲的要求，通盘考虑，搞清全册教哪些知识，培养哪些能力，分到各课，每课抓住重点有计划地进行教学。第二，把听、说、读、写能力结合起来培养，省时间，效果好。第三，教材要编排好，组织好。

这样我从五课时教一课书，到三课时、两课时、一课时教一课书，到两课时教三课书，三课时教六课书，速度加快了。我基本上做到了增加读的数量，提高了读的质量，减轻了学生负担。我教语文，只靠每周八节课。很少占用学生的自习课，每天的作业三十分钟左右就可以完成。这学期我一共教了九十五篇课文，课本上有二十六篇，补充了二十六篇，还学了古诗、新诗四十三首。其中有鲁迅的《无题》、《自嘲》等，还有几篇中学教材，如《一头学问渊博的猪》。体裁有记叙文、说明文、议论文、故事、童话、寓言、诗歌等。内容比较丰富，学生的知识面广了，词汇也多了。讲了《富饶的西沙群岛》后，他们提出课题应该再加上"美丽"两个字，思想打开了。读书、说话的能力都提高了。

在校党支部的领导下，我们反复学习了小学语文教学大纲，要求老师们按照大纲的要求去做，加强基础知识教学，切实培养听说读写的能力，发展学生的思维，使他们越学越聪明。上课要减少无效劳动，充分利用四十五分钟，提高教学效率。我们强调语文教师在课堂上说话要有条有理，口齿清楚，不能有语病，板书要正确工整美观；教态要亲切，要让学生喜欢你，愿意上你的课。有的青年老师说，要求这么高，我教不了。我说："人无压力轻飘飘，要锻炼。"给老师们提出这些要求，自己就要以身作则，钻研教材，了解学生，改进教学方法。

首先要解放思想，冲破量力性原则，根据学生实际情况适当加大阅读量。对自己过去的做法既有肯定，又有否定。过去抓关键讲规律要肯定。但自己讲得多，学生练得少，是应该否定的，我要求自己少讲一点，让学生多读一点，加强听读说写的培养，充分利用课堂的四十五分钟。要想加快速度，提高学生的读写能力，就是要精讲多练。

课堂上讲什么？要讲本质、规律性的东西。讲学生不懂的地方。讲《毛岸英在狱中》一课，我问：八岁的岸英为什么在狱中能和敌人做顽强斗争最后战胜敌人？这个问题显然学生不会很快得到准确的解答，因此，我引导他们反复读这篇课文有关的语句："敌人审问妈妈，

① 原文发表于《人民教育》1979年第7期。

拷打妈妈，岸英亲眼见到了多次。妈妈被折磨得皮开肉绽，鲜血立流，都宁死不讲。”他牢记妈妈的嘱咐：什么都不要对敌人说。岸英学着妈妈的样子，抬起头，眼里射出愤怒的光芒，面对着执法官大声说：“杀了我，我也不晓得！”让学生懂得是妈妈的身教言教，使岸英战胜了敌人。这些地方，要抓住。

讲规律性的东西，可以使学生举一反三，触类旁通。比如看到课题，就要使学生能掌握这篇文章的主要内容，再根据主要内容去考虑按什么思路去读文章，同样如果在写这样一篇文章也应按什么思路去写，如《淡菜礁上的战斗》一文，学生看到题目知道是在淡菜礁上和敌人战斗的故事。进一步应知道是谁和敌人战斗，学生很快可以说出是两个少先队员在淡菜礁上活捉特务的事情，接着让学生考虑，开始要写发现特务，再写和特务战斗，最后活捉了特务，这就是故事的起因、发展和结束，这是一个完整的情节。学生懂得这一点，注意了文章的开头，中间和结尾，就知道文章是按什么顺序写的，很自然能掌握文章的重点段，也就学会了分段的方法，培养学生抓重点的能力，这样训练不仅培养了读的能力，写的能力，更进一步培养了学生逻辑思维的能力。

又如讲《毛岸英在狱中》，学生了解到第一段交代了岸英和妈妈一起入狱。这时提问学生：下面该写什么了？学生回答：要写怎样和敌人做斗争。又问：妈妈写不写呢？学生说：不写。问：理由是什么？他们说：这课是写毛岸英的。我又问：妈妈和他一起入狱，妈妈到哪儿去了？这时，学生又说要写。怎么写，少写。接着让学生从课文中找出写妈妈的句子，知道了书上就用了一句话写妈妈，用大量的篇幅写毛岸英，使学生知道这就叫有详有略，详略得当。

课堂上练什么？训练听的能力，听录音。讲《沙漠之舟》一课，让他们听录音，了解骆驼的完整形象。然后一段一段地听，一段一段地复述。平时让他们注意听老师、同学的讲话，哪些讲得好，为什么好。训练他们会听。

训练读的能力：要在理解的基础上多读。多读有助于对课文的理解，理解了才能提高读的能力，《人民总理爱人民》一课，反复读，学生读到“我们的总理是一个伟大无私的人”时，读出了自豪的感情，使听课的人掉泪。学生看到自己读书进步快，非常高兴，对读书很感兴趣，他们经常课下来找我，要求上课时让他读，叫他背。可见他们读的积极性非常高。

训练说的能力：期中以前我着重训练说完整话，不仅说清楚，还要把意思表达出来。开始他们说话是一个字一个字地蹦，我就一句一句教他们说，一句一句地训练。使他们能说，愿说，知道为什么要这样说，怎样才能说好。

训练写的的能力：我把作文教学和讲读课紧密结合在一起，结合语文课讲怎样作文。讲《落花生》一课，用了两课时，第一节课讲读，第二节课练习作文，首先让学生讨论这篇课文好在什么地方。同学说选材好，我又问为什么说选材好？他们说用花生说出一个道理，讲了做人要做花生那样的人。这篇文章选材好，立意好，层次清楚，语言朴实，含意深刻。针对学生实际情况我就要求他们学选材。通过一件小事，说明一个道理。一个学习较差的同学能在课上说出自己要写“向日葵”。他说“因为我爱吃葵花籽，味香、价钱便宜，还可以榨油，很多人爱吃，最重要的是它向太阳，我要像它那样永远心向党”。

这学期让学生大量地读。我还让他们读一些五言、七言律诗。过去无论五言诗、七言诗，教一首诗要两课时，现在十几分钟就能教一首。第一次给他们讲的是“七步诗”，讲曹植聪明，告诉他们聪明不是他生来俱有的，只要勤奋学习，人人都可以变得聪明。告诉学生曹植七步成诗，教了那四句诗，学生很有兴趣。第二天还要求学诗。我教他们骆宾王七岁做的诗《鹅》，很快就都背下来了。学生对诗如此感兴趣，我又教了他们《花影》等诗。现在他们很会背诗，大家在一块几分钟就能背大量的诗，而且互不重复。这样训练的好处是不仅背诵能力提高了，而且极大的调动学生学习的积极性。

我进行过一次这样的试验，用两节课的时间教了三课书。我把《沙漠之舟》《找骆驼》《蜜蜂引路》组成一组文章教。先学《沙漠之舟》，开始问谁知道骆驼是什么样的。北京的孩子很少见到骆驼，他们都不举手。我让学生看骆驼的模型，听《沙漠之舟》的录音，让大家注意先说的什么，再说的什么，骆驼是什么样的，学着录音复述。课后我留的作业要求在下午自习课上，练习写骆驼是什么样的。学生写得不错。接着讲《找骆驼》，第一层写丢骆驼，第二层写找胳驼，第三层写找着了骆驼。分析课文时抓住商人开始找不到骆驼，后来能找到是经过老人的指点，而老人是善于认真观察和仔细分析的，在课后练习中，我抓住课文中有三处用了"是不是"的句式。我问："你是少先队员吗？"回答："是。"肯定的。我又问一个不是少先队员的，"你不是少先队员吧？"学生回答"不是"后脸红了，我加了一句"你很快就是了"。"不是"，是否定，"是不是"肯定加否定变成疑问。问："生活中这样的语言还有没有？"学生说了很多：要不要，去不去，来不来，吃不吃，说不说，听不听，看不看……这种丰富词汇的练习使课堂活跃起来。最后用二十分钟让学生读《蜜蜂引路》，提问：列宁为什么能找到养蜂人。使学生知道因为列宁善于观察、分析。就这样，两节课学了三课书，还练习了造句，作了文，时间并不紧张。

教《生的伟大、死得光荣》一课，过去用四课时，现在用两课时。上过后，我又琢磨，能不能组织更严密些，用一课时讲完。第二天我就在别的班教了一次，效果还可以。问题的关键是吃透教材，备好课，就能收到多、快、好、省的效果。

我还把《一头学问渊博的猪》、《蚕和蜘蛛》等六篇编为一组，三课时讲完。重点讲《一头学问渊博的猪》。我们制了幻灯片，还分角色录了音。上课时，放幻灯配上分角色读的录音，学生边听边看高兴极了。这课书讲了一节课多一些。接着用了二十五分钟学了寓言诗《蚕和蜘蛛》。而后又布置学生读四篇寓言，即：伊索的《农夫的遗产》、克雷洛夫的《橡树下的猪》、中国古代寓言《鲁王养鸟》、中国现代寓言《砂锅捣蒜》这四篇，只用了一课时。主要是读，读后说出寓意。

总之，我改变了过去那种讲得过细的做法。抓重点，讲规律，节约大量时间使学生读得多，见得多，知识面就广。这里有个数量和质量的关系。课上讲得少了，可以把节省的大量时间用来在课堂上做练习，不但可以减轻学生负担，还可以提高质量。如：让学生把有关"看"的词找出来："瞧、瞅、盯、望、观察、俯瞰、端详、瞻仰、凝视……"让学生知道祖国语言的丰富。还要让他们会用，比如问：我在三层楼上往远看，用哪个词？眺望。我看着华主席像，用哪个词？凝视。我从高处往下看，用哪个词？俯瞰。我去天安门广场看纪念碑，用哪个词？瞻仰。为什么？因为是怀着尊敬的心情看。再如：在"说"的前面添字，从添一个字到五个字。"说"前面添一个字：快说、慢说、胡说、乱说……添两个字：哭着说、笑着说、跑着说……添三个字：生气地说、高兴地说……添四个字到五个字：乐呵呵地说、七嘴八舌地说，兴高采烈地说……

期中考试时我担心默字成绩不好，学的课数多，怕记得不牢，结果在四十四人中，考一百分的二十二人，九十九分的十二人，九十至九十八分的八人，八十二分以上的两人。分析原因是学得多,见得多,因而就记住了。期末全区统考,我只靠十几节语文课,帮助学生把所学的知识系统复习一下,没有占用其他的时间,也没有让学生做过多的练习,结果考试成绩较好,同学们听说读写的能力有了大幅度的提高。

实践证明,语文教学的多、快、好、省是可以做到的,一学期如果教四十篇文章并不多。现在的问题是作业多,老师重视让学生抄抄写写。认为朗读、复述占时间,划不来,没把时间用在刀刃上。抓好课堂四十五分钟非常重要。练习要科学一点。要多种多样。搞疲劳轰炸,大量默写生字,不一定巩固。提问要面向全班,不要提个问题学生答不上来就没完没了,把全班学生都放下了。关键就是要在备课上下工夫,在写教学计划上动脑筋。先讲什么,后讲什么,每提问一个学生,要考虑为什么提问他。答不上来时,用哪个问题补上,等等,都要考虑好。提问要引起全班注意,先叫一个好的全说对了,反而引不起全班注意。先叫一个能答对三分之一或一半的,回答后可以引起争论,引起注意,最后再找一个好的回答,这都要很好考虑。总之,备课要备教材,备教法,备学生,备自己。紧紧抓住四十五分钟,充分调动学生积极性。

另外,要尊重客观实际。课备得再好,只从自己主观愿望出发,一定要失败。要因势利导,学生是学习的主人,教师要发挥主导作用。尊重客观实际,把学生引导到课堂教学计划上来。学生不回答问题,不是启而不发,而是启不得法。上课时对教材对学生的情况要熟悉,把全副精力用在启发诱导学生上。备课绝不是看看参考书就能解决问题的,有的教师上课看着教案,很不好,要根据实际情况启发学生,调动学生积极性。

学生喜欢学语文,这是搞好教学的有利条件。学生学得自觉,而不是被迫地去学。你让他背一首诗,他要背五首,这样就好办了。

不能低估孩子们的接受能力。鲁迅的《自嘲》我讲了,学生能接受。这说明孩子还是有能力的,问题是怎么教。这学期教了几课较深的文章,如《一头学问渊博的猪》《这是我的责任》,教学得法也可以引导学生学好。有的课题比较难理解,如《这是我的责任》,让学生读题,告诉他们题里有一个字很重要,抓住它就知道内容了。学生找出是“我”字。然后让学生考虑,我是学生,责任是念好书;我是教师,责任就是教好书;医生的责任是治好病;司机的责任是开好车;看课文的“我”,是谁,就抓住内容了。指导得当,学生是可以很快提高的。

教法上要百花齐放。要根据不同的教材,不同的教学对象决定不同的教法,我有时讲得多一点,有时讲得少一点,有时让学生自学。小学生记忆力强,要让学生多读一点,多背一点。

我们改革教学还有很多不适应:一是旧的传统观念的束缚,不大相信学生的能力。再有教育理论不适应,在教育科学面前自己是科盲,对教育学、心理学还较陌生,还不能用先进的教学理论掌握教学。什么是学习语文的规律,阅读的科学规律是什么,都需要进一步去探索。业务能力也不适应,我认为老师与学生不只是一桶水与一杯水的关系,而应该是长流水。长流水从哪里来,靠学习。自己不懂,怎么教学生成为合格人才呢?还有教学设备、教学手段不适应。

自己有种种不适应的地方,要好好学习,千方百计争取时间去工作。平时要丰富自己的知识,要努力提高自己的思想觉悟。我们站在讲台前,不是宣传唯物论,就是宣传唯心论,不是宣传辩证法,就是宣传形而上学。学生有模仿性,可塑性,要注意形成他们的唯物主义世界观和方法论。

要把自己的工作和实现四个现代化的关系弄清，劲要用在刀刃上。要着眼于培养人才，要按党的教育方针去培养学生。有的人不看质量，不看德智体全面发展，只看分数、升学率，这是错误的。我们一定要使学生牢固地掌握基础知识，加强基本能力的培养，给他们打下良好的基础。

半年来的语文教改试验中，我体会到语文教学完全可以改变少、慢、差、费的现状，我的教改探索仅仅是个开始，离形势的要求还差得很远，今后还要更加解放思想，大胆实践，努力提高教学质量，为四个现代化培养合格人才。

小学语文教法和学法的辩证关系①

池仲文

一

小学语文教学中,教法和学法对实现知识和能力的转化起着十分重要的作用。小学生语文知识的掌握和读写能力的培养,是由不知到知,从认识到实践的转化来实现的。要有效地实现这一转化,除借助于最新发展水平并适应学生接受能力的教材外,还有赖于良好的教法和学法。

教法和学法对实现知识和能力的转化十分重要,二者缺一不可。小学生学习语文是要通过对字、词的辨认、识记,对课文的感知、理解,并反复练习、巩固,形成技能,而后成为能力的复杂过程。在这个过程中,如果没有教师提示、引路,激发学生兴趣;没有教师释疑、解惑,疏通学习中遇到的障碍,是无法实现知识和能力转化的。

学法对知识和能力转化也是不可缺少的,因为学生是学习的主体,教师的主导作用必须通过学生的主动性才能发挥作用。在教学过程中,即使有时可能以教师讲授为主,但如果不同时对学生的学习加以相应地引导和组织,那么教师的教也就失去了应有的主导作用。良好的教法只有与学生良好的学法有机地配合,才能产生良好的学习效果。关于这点,古今中外的教育家都有很多很好的见解。孟子说:"君子深造之道,欲其自得之。"吕叔湘先生认为:"教师培养学生,主要是教会他们动脑筋,这是根本,这是教师教给学生最宝贵的礼物。"[1]德国教育家第斯多惠说:"一个好的教师则教人发现真理。"[2]苏联教育家瓦·阿·苏霍姆林斯基认为:"学校的首要任务就是教会学生学习,把独立学习能力致给学生。"[3]所谓"自得之"、"教会他们动脑筋"、"自己去发现真理"、"教会学习",这种种见解,都是从不同的角度强调学生发挥主观能动性,如何去获得知识,教师如何去发挥主观能动性,如何去培养学生获得知识的能力。这些论述虽是在阐明每门学科在教学过程中师生的作用和教法与学法辩证关系的共性,然而也十分适合于小学语文科教学的个性。

小学语文教学中,教法和学法是实现知识,能力转化不可分割的两个方面。二者是对立统一的,是相辅相成的。因此,我们在研究教法时,必须同时研究学生的学法:在研究学法时,也必须研究教师的教法。孤立地研究教法或孤立地研究学法,都是片面的、因而也是不科学的。

二

教法和学法对知识、能力的转化起着重要作用。同时在这个转化过程中,教法和学法自身也在相互转化着。叶圣陶先生作过这样的论述:"教是为了达到用不着教,讲是为

① 原文发表于《西南师范学院学报》1994年第2期。

了用不着讲，教要向不教转化，讲要向不讲转化。”[4]要实现这样的转化必须在教师的教和讲的过程中，不仅使学生获得知识，更重要的是要使学生掌握一套获取知识的方法，具有自能看书，自能作文的能力。实现“教向不教转化，讲向不讲转化”，这实际上是教法向学法转化的过程。

教法和学法的转化关系，在小学语文教学中表现得尤为明显。在小学生的心目中，教师是学习中的最高权威。教师的一言一行，都对学生发生影响。正如苏联教育家加里宁说：“当然，教授某一门功课，这是基本工作，但除此之外，学生们还处处模仿教师，所以说，教师的世界观，他们的言行，他们的生活，对每一现象的态度，都这样或那样地影响着全体学生。”[5]所以教师的教法如何，也将直接影响着学生的学法。有的教师讲课，他的提问，他的语言，他的神态，会深深地吸引住学生；他讲的一个字，一个词，一个句子，都仿佛变成了活的有生命的东西，牢牢地留在学生的记忆里。但有的教师讲课虽然内容相同，却由于讲述枯燥，表情呆板，语言单调，拖泥带水，使学生昏昏欲睡，缺乏兴趣索然无味，受益甚微。一般讲来教师的教法富有启发性，学生则能开动脑筋主动学习；教师善于举一，学生即能反三；教师照本宣科地教，学生莫不死记硬背地学；教法刻板，学法则欠灵活性。我们不妨看看教学中的实际情况，譬如：在词语教学中，有的教师根据生活经验，结合词语在语言环境中解释词义，这不仅效果好，而且也使学生逐步学会根据具体语言环境来理解词义的方法。但有的教师讲解词语，则把字典或词典上的解释原封不动地搬到黑板上学生也仿照教师的办法从黑板上搬到笔记本上，到考试时硬背一通，又把它从笔记本上搬到试卷上，结果对词语的真正含义并不理解，更谈不上灵活运用。曾经有个教师解释“亲戚”一词，本来学生要理解它的含义并不困难，因为几乎每个学生家里都有亲戚，且有往来，只要联系学生生活实际点拨一下，就会明白其含义的。但这个教师则采取了“字典搬家”的办法，在黑板上写上“亲戚——就是有血缘关系和有婚姻关系的人”。什么叫婚姻关系？什么又叫血缘关系？把孩子们弄得糊里糊涂。由此使我们进一步看清教法对学法的影响。好的教法将会拨动学生思维之弦，激发他们积极主动地学习知识，真正掌握知识。不好的教法则是机械地传授知识导致学生机械地接受知识，结果只是生吞活剥地记住一些支离破碎的东西，不能算真正地掌握了知识。

教法转化为学法，有的直接一些，有的间接一些。如教师在汉语拼音教学中的示范拼读；在识字段学中正音；写字教学中的范写；阅读教学中的范读，引导学生对课文分段，概括段义，归纳中心思想；作文教学中引导学生如何观察事物、如何审题立意、谋篇布局等方法，都将为学生通过观察、模仿、体验直接转化为学生的学法。间接转化的范围也是很广的，在语文教学中，我们常常看到有的教师采用增加刺激与反应之间联系的强度来进行教学，在此过程中，就有着教法和学法间接转化的因素。比如教师预期学生获得某一范围的知识，于是没讲出能解答这一知识的问题，这是反应。学生回答得正确，教师加以肯定，回答得不正确，由其他学生补充回答，或由教师做出正确的结论，这是强化。知识和能力就是通过“刺激—反应—强化”这一过程实现其转化的。这一转化过程中，教法和学法也在相应地转化着。刺激和强化的手段，实质上就是教法，反应是学生通过感知、注意、记忆、想象、思维等心理过程实现对教师所设计的预定知识的回答。学生对刺激做出的反应情况，反映了他们心理活动的情况，也在一定程度上反映了他们掌握知识的情况和学习方法。教师采用的刺激手段适度，学生才能做出预期的反应，根据学生不同的反应，教师则采取相应的强化手段。刺激和强化手段直接影响着学生的反应;而学生的反应又制约和调剂着教师的刺激和强化手段。教法和学法就是这样相互联系,相互制约和相互转化的。这类转化形式在预习、复习、课堂教学中的提问和测验、考试等教学活动,都有所体现。如指导学生预习这一活动的做法是:教师提出预习要求,学生根据这些要求进行预习,教师检查预习效果。提出要求,检查效果这一过程既有教师的教法,又有学生的学法,通过教法和学法的协调配合和转化,使知识、能力得到转化。

教法和学法无论是直接和间接转化,都必须具备一定的条件。这些条件首先是教和学的目的性,教师要为祖国实现四化培养人才,学生要为祖国实现四化而努力学习。教和学有了明确的目的,则能发挥师生在教学过程中的积极性,从而促进教法、学法有效地转化。其次是教法的科学性,教法的科学性体现在有利于促进学生的理解、表达和观察、思维能力的提高。有助于科学的教法向科学的学法转化。第三,教法的适应性,教法要适应儿童具体形象思维向抽象思维过渡,适应由已知到未知、由认识到实践的认识过程。第四,教法的启发性,教法要能启发学生思维活动,做到举一隅而反三隅。

三

实现知识、能力的转化,教法和学法相应地转化着。良好的教法和学法的转化,又促进知识、能力有效地转化。良好的教法转化为学法的有效程度越高,知识、能力转化程度也越高。为此,我们要致力于良好的教法向学法转化。怎样才能具体地、有效地使良好的教法向学法转化呢?

(一) 教师引导学生学会"自我运动",自觉地获得语文知识

教师最大的责任是培养学生自学能力。要按照叶圣陶同志指出的语文教学的路子:教师的"讲"要向"用不着讲"转化,"教"要向"用不着教"转化。讲是为了消灭讲,教是为消灭教。在消灭讲,消灭教的过程中培养起学生自能看书,自能作文的能力。当然,所谓消灭教,消灭讲,我们是从教法和学法的转化意义上讲的,并不是废除课堂教学,也不是否定教师的主导作用。教师在认识学生学习过程的规律基础上,对学生语文基础知识的学习和能力的培养要作全面系统地设计,组织教学过程要合理,师生双边活动要恰当。随着学生知识的积累和读写能力的提高,教师的讲解要逐步减少,学生的自学成分要逐步增多、加强。这样,才能创造条件促使教法和学法的转化。

(二) 教规律性的知识,教学习方法

什么叫规律性的知识?就是现象的本质联系的知识。学生掌握了规律性的知识,能举一反三;教规律性的知识同时也教给了学生学习方法。

对于规律性的知识,教师要经过深钻教材,认真备课,通过一番艰苦劳动,才能把握住它。要把规律性的知识转化给学生,还要经过深思熟虑,精心设计一套教法,才能顺利地实现这个转化。学生不能把自己作为一个容器,被动地接受教师所给的东西,也不能简单地记住一些现成结论而满足,而是要通过一番分析、综合、判断、推理的积极思维过程才能掌握。换句话说,必须开功脑筋,运用良好的学习方法,才能把握知识的内在联系。

教规律性的知识,既符合学生学习知识的客观要求,又促使师生采用良好的教法和学

法，以良好的教法促进学生掌握良好的学法。比如识字教学，小学阶段要求学生掌握三千个常用汉字。汉字音形脱节，笔画繁难，要一个一个地教，一个一个地学，的确困难不小。但汉字音、形、义三个因素的统一体中，在初学阶段，字形对学生来说是主要矛盾。因此重点要抓字形教学，而汉字的字形结构是有一定规律的。汉字主要由象形、指事、会意、形声等几种方式构成。我们只要按构字的规律进行教学，就省事得多。如教“妈”这个形声字，使学生明白“女”表示这个字的意义，因为妈妈是女的，“马”表示这个字的读音。学生掌握了这个字的构字特点以后，进而引导学生归纳出“妈”是个形声字。凡是形声字，形旁就是表意的，声旁就是表音的。学生掌握了这一方法，以后再学“吗”、“蚂”、“玛”、“码”、“骂”等同一声旁的形声字，以及其他结构的形声字就比较容易了。

再从词汇教学来看，只要抓住了词与词之间的内在联系，就容易使学生触类旁通。如教“忘我”这一支配形式的复合词，我们不要满足于学生孤立地了解这个词的含义，简单地告诉学生“忘我”就是完全不为自己打算的意思。而应该告诉学生“忘”——忘记，表示一种行为，它在这个词中起支配作用；“我”——自己，是受“忘”支配的。“忘”、“我”这两个词素连起来就是完全不为自己打算的意思。学生懂得这个方法再去学具有同一支配词素的支配词，如“出席”、“发言”、“负责”、“干事”等也就不那么困难了。

从上述识字和词汇教学的两个例子中，不仅使我们看出规律性知识教学的效果良好，使学生学一知十，触类旁通。同时，还使我们看出它对学生学法产生良好的影响。如“忘我”一词的教学，先引导学生了解“忘”和“我”这两个词素的意义和它们支配与被支配的关系。通过这种分析，再引导学生明白这两个词素组合在一起的意思，这是综合、判断。学生懂得了这个词组成的道理后，再引导他们去学同一支配词素的支配词和不同支配词素的支配词，这是推理。教师教这一词的过程，实际上是引导学生开动脑筋，进行分析、综合、判断、推理的过程。开动脑筋，进行分析、综合、判断、推理，这是最佳的学习方法。由此可见，教师教给学生规律性的知识，不仅能提高学生学习效率，而且还能促使他们掌握良好的学习方法。

（三）要科学地进行考试

考试是检查教学情况的重要手段。对教师来说，通过考试可以了解自己教学效果，总结教学经验，改进教学方法；对学生来说，可以促进自己复习已学过的知识，巩固收获发现问题，改进学习方法。考试这一手段，实际上起着强化知识、能力和促使教法、学法转化的作用。人们常把考试称为“指挥棒”，意思是指考试的内容和方法直接影响着教学内容和教学方法。教学中往往有这种情况：考什么，怎样考，影响教师的教学内容和教学方法；学生学什么，怎样学的方向。近年来，小学语文考试从内容上看，一般是重知识，轻能力；从方法上看，重书面，轻口头，而且考的次数过于频繁。为了对付这样的考试，迫使教师忙于向学生灌注知识，无法培养学生能力，特别是听、说、读等方面的能力。因而导致学生也忙于死记硬背这些知识，最后成为能力不强，智力发展不佳，徒有一些死的知识的蹩足学生。无论从理论上和实践上都证明考试内容和方法若不符合教学原则将会使教学内容和教学方法出现种种弊端。因此，必须改革考试内容和方法，使这一手段真正起到强化知识、能力和促进教法、学法转化的作用。考试内容和方法应怎样改革呢？考试内容应以教学大纲为依据，以教材为准绳，既要考查字、词、句、篇等语文基础知识，又要考查听、说、读、写等方面的能力。根据这个精神,考试的内容和方法我们能否这样来设计:如考查中、高年级学生掌握词语情况,可要求他们联系上下文的具体语言环境,通过查字典解释词义。这样,既考查了学生是否真正掌握了词语的意义,同时又考查了学生运用工具书的能力。又如考查学生阅读能力,可提供一篇适当的短文要求学生自学后,进行朗读;给文章分段,概括段意,归纳中心思想;复述文章的主要内容。这样,既考查了学生的默读、朗读能力,口头表达能力和分析、综合、抽象、概括能力,同时又考查了学生对篇章结构等基础知识的掌握程度。在这样的考试内容和方法影响下,教师的教法和学生的学法是会更科学些,更有效地促进知识、能力的强化和教法、学法的转化的。

(四)教法要适应教材内容和儿童年龄的特征

不同的教材和儿童不同的年龄,教法和学法相应地有所不同。以阅读课文为例:刚入学的儿童由于有声思维起着重要作用,无声思维正在发展中,在阅读中只有借助言语运动分析器(即发音器官)的作用,对读物有声朗读出来,才能把书面文字和它的含义联系起来。因而在这个阶段中,教师培养儿童的阅读能力应指导儿童如何朗读,才能为儿童所接受。随着儿童年龄的增长,朗读能力增强,到了二年级的时候,他们对文字的感知和内容的理解距离逐渐缩短,不必再借助言语运动分析器参加活动就可以理解读物,这时,就可逐步指导儿童学会用默读方法进行阅读。此外,教材不同,教法和学法也应有所不同。仍以朗读、默读为例,一般诗歌、童话、寓言、写景状物等抒情作品,宜于指导儿童多次朗读。说明文、科学性等之类的课文,则宜于指导儿童多默读。因此朗读有助于理解含蓄的语言,寓意深刻的文字,有助于体会作者的思想感情;朗读又是背诵的基础,朗读到了烂热的程度,就是背诵。而诗歌、童话、寓言、写景状物等抒情作品,正是具有语言文字含蓄,寓意深刻,思想感情充沛的特点,而这类作品一般都要求学生背诵,因此,多采用朗读方法是恰当的。

默读是一种积极的思维过程,通过默读有助于发展儿童内部语言和思维能力。而且默读的速度快,是培养学生阅读能力的最终目的。而说明文、科学性等之类的课文重在要求学生理解,因而多采用默读是符合实际的。

(五)指导儿童课外阅读的方法

小学生掌握了一定数量的字、词后,喜欢阅读课外书籍,特别是到了二年级以后,他们更是贪婪地阅读课外书籍。阅读课外书籍对增长儿童知识,提高儿童思想觉悟,发展特长爱好,培养儿童读写能力都有很大作用。但儿童要在课外读物中获得较好的效益,则需要具备一些起码的读书方法。他们虽然在课堂上从教师的教法中直接、间接地获得了一些读书方法,但仅凭这些方法要有效地进行课外阅读还是不行的。因为小学生的年龄特征和生活经验、知识水平有限,在阅读中或从个人兴趣出发,贪多求快,有时读得入迷,废寝忘食,以致影响课堂学习,妨碍身体健康;或不善于选择读物,受到坏书的影响。因此,教师对他们课外阅读还要作一些必要的指导。要指导他们如何选择适当的读物,如何注意阅读卫生和养成良好的阅读习惯,指导他们在阅读中如何作圈、点、批、画;如何作读书笔记和写学习心得,等等。有了这些指导,才能促使教师的教法更全面地转化为学生的学法。

参考文献

[1] 吕叔湘. 关于中学教学的种种问题. 语文学习,1980(1).

[2] (德)第斯多惠. 德国教师指南//张焕庭. 西方资产阶级教育论著选. 人民教育出版社,1964.

[3] (俄)苏·霍姆林斯基. 与青年校长谈话//蔡汀编译. 瓦·阿·苏霍姆林斯基文选(第四卷). 教育科学出版社,2001.

[4] 中央教育科学研究所编. 叶圣陶语文教育论集. 教育科学出版社,1980.

[5] (俄)米·伊加里宁. 陈昌浩,沈颖译. 论共产主义教育和教学. 人民教育出版社,1957:117.

谈谈小学语文教学改革的几个问题①

辛　亮

一、"三个面向"对小学语文教学的改革提出了更高的要求

"教育要面向现代化,面向世界,面向未来"是去年十月国庆前夕,邓小平同志给北京景山学校的题词,实际上是党中央在我们面临世界新技术革命前面而采取的一个极为重要的对策,也是针对我国教育的现状而提出了一个根本的办教育的方针。当然对我们小学语文教学的改革有着重要的直接的现实意义。

"三个面向",核心是面向现代化。现代化对我们的教育提出什么要求?它要求我们教育要培养高质量的人,这种人不仅要掌握现代的科学文化知识,要有较高的共产主义觉悟和思想,而且需要科学的思维和素质。第二次世界大战以来几十年世界各国经济发展的情况表明,提高生产力的因素是多方面的,资金、设备、资源、技术水平,劳动力的数量、质量等等,而最根本的,一是科学技术,二是掌握了科学技术的人。在这种情况下,不少国家对人才开发、智力开发大大重视,配合智力的开发,对脑科学的研究也加强,大大超过了巴甫洛夫时代。在研究脑科学的同时,有的人提出"早期教育"的思想等等。

同时,当今世界处于"知识爆炸"的时代。它一方面表现为,人的知识总量在急剧增长,同时,人的知识废旧率也在急剧增长;另一方面是新的科学门类也在增加,特别是出现了许多综合性的学科,如航天科学、海洋科学、能源科学、环境科学、生态科学,这些单靠过去的一个地理学,生物学是不能解决问题的,需要多科学的综合运用。"知识爆炸"就给教育上带来了两个问题:知识的不断增长和教材又要求稳定性的矛盾,人们学习时间的有限性和知识无限性的矛盾。

一个是现代化建设需要高质量的人,一个是"知识爆炸"的新形势,这就是我们面临的现实。这个现实要求我们的教学必须改革,而且必须从根本上进行改革。新中国成立三十多年来,我们为适应经济建设的需要有几次大的改革。但那几次改革都是着眼于让学生学得多一点,扎实一点,仅是对传统的教学方式、经验加以改进。而这次改革就必须对传统的教学方式来一个比较彻底的改革,是对传统的教学观念、教学方法的否定,是一个质的变化。

具体来讲,要在教学上实现四个方面的转变:

(1) 就教学的任务来讲,要从单纯的传授知识转变为在打好基础的同时,重视学生能力的培养和智力的发展。同时,在学习的过程中掌握学习的方法,变"学会"为"会学"。

(2) 从课堂教学上要彻底改变教师讲风太盛的毛病,要转变为在教师起主导作用的同时,激发学生的积极性,充分发挥学生在学习中的主导作用,减轻学生的作业负担,让学生自己动脑、动口、动手去发展智力,获取知识,把"讲堂"变为"学堂"。

---

① 原文发表于《教育理论与实践》1985 年第 5 期。

(3) 从教学的组织形式上,从单纯靠课堂教学转变为在搞好课堂教学的同时,还要开展好课外活动,搞好教育与劳动生产相结合,要以多样化的方式、方法来组织教学,通过多种渠道汲取知识,发展才能。

(4) 从单靠教师的一张嘴一支粉笔来输送信息,转变为在运用语言、教材、教具进行教学的同时,要大量采用现代化的教学手段,如用幻灯、投影、录像、电视等,让学生的感官接受多种信息,变单色的教学为多彩的教学。

二、要从小学语文教学的特点、规律出发进行教学改革

小学语文教学有些什么样的特点和规律呢?我认为有以下几个主要的特点。

(一) 思想性

小学语文教学是思想性很强的一门学科。这首先是由这个学科的特点决定的。因为语言和思维是紧密联系着的。在人类社会的一般场合,思维活动很难设想离开语言材料,语言作为一种交际工具,至少可以说,给思维活动提供了有效的媒介,没有思想的“语言”(没有语文的信息)只是一堆无意义的自然声,不是“语言”。可见,语言学习中不仅伴随着思维活动,而且是思维的一个必要条件。所以,语言的实践和思维活动是相连在一起的,进行语文教学也必然地要进行思想教育。人们常说的“文道统一”就反映了语文教学的这一特点。其次,小学语文教学是一门从小打基础的重要学科。十二大文件指出,普及教育是实现物质文明和精神文明的重要前提。小学语文就必须发挥它的优势,义不容辞地担当起培养一代新人的重任。有的人否定小学语文的这一任务,这是不对的。这样既违背了党的总任务、总目标的要求,也不符合语文学科本身的特点。当然,如何理解语文学科的思想教育,如何进行思想教育,我们要理解的宽一点。所谓思想教育一般包含思想品德教育、情感教育、审美教育和辩证唯物主义基本观点的教育等,在语文训练中还有意志性格和态度作风的教育。教育的方式途径也是多样的,灵活的。要把思想教育渗透融会于语言训练之中。对于语文教学中进行思想教育这一问题,我们不能简单地提出清“左”,我们要有“左”反“左”,有“右”反“右”。对“文革”中形式主义那一套我们要清除,而当前一些学校在语文教学中重文轻道的问题也是不能忽视的。

(二) 实践性

语文原是一门工具课。语言学家张志公先生说:“语言是个工具。掌握工具要靠练,练才能熟,熟能生巧。”这就是说,在语文教学过程中,教师要引导学生自己去认识和掌握个工具,并在掌握语言中进行开拓和发展学生的思维。实践是认识的动力,是知识的源泉,学生的语言和思维能力,离开自己的实践是没有法子提高的。我们必须以实践第一的观点来组织语文教学的过程,把语文课上成思维和语言的训练课。

同时,把语文课上成训练课,不仅符合人们认识事物的规律,而且也符合语文学科的特点。语文课是一门工具学科,是属于技能课,要让学生掌握语言这个交流的工具,培养学生听说读写的能力,只懂得一些知识是不行的,必须经过科学训练。就好像我们学游泳一样,只知道如何游泳不下水练习怎么能成呢?当然,必须在教师的指导下练,盲目地练是不能取得大成效的。

我们现在的语文课很大一个弊端是讲风太盛,这种教师独霸讲台的局面,其一,它剥夺了学生动脑、动口、动手的时间,影响了学生语言思维能力的发展,其二,影响了学生直接和新教材、新知识打交道。学生只是通过老师的讲授间接地和新知识发生关系,不利于学生学会学习和发展智力。这种讲法非改革不可。

还有一种情况是,又回到了过去"书读百遍,其义自见"的读书方法上去。提倡读书是重要的,但缺乏教师点拨。学生盲目地读书,没有把读和思结合起来,如同"小和尚念经",有口无心,抹杀了学生学习的兴趣。这种忽视阅读教学中的指导,指引方向和规律,也是当前语文课效率不高的一个重要原因。所以,用实践的观点把语文课上成一个语言和思维的训练课是十分重要的。

(三)社会性

语文教学的社会性是它的又一个特点。因为语言是全社会的交流工具。学习语言有广阔的社会语言环境这样一个社会背景,绝不仅仅局限于语文课堂。事实上,许多儿童在未上学之前,已经掌握了丰富的语言,毛泽东同志曾经讲过:"其实,入学前的小孩,一岁到七岁,接触事物很多,二岁学说话,三岁哇啦哇啦跟人吵架,再大一点就拿小工具挖土,模仿大人劳动,这就是观察世界。小孩子已经学会了一些概念。狗是一个大概念。黑狗、黄狗是小些的概念。他家里的那条黄狗,就是具体的。人,这个概念已经舍掉了许多东西,舍掉了男人、女人的区别,大人、小孩的区别,中国人、外国人的区别……只剩下了区别于其他动物的特点。谁见过'人'?只见过张三、李四。'房子'的概念谁也看不见,只看到具体的房子,天津的洋楼,北京的四合院。"这段话生动地说明了儿童在入学之前已经有了丰富的语言,而且运用语言生动细致地观察、综合、判断。所以,我们一定要充分估计到学生在社会语言环境中所学的基础,切莫一切从零开始。那样,既浪费了青少年的宝贵时光,也抹杀了他们学习语文的兴趣。语文课的重要任务是要指导学生在社会中学习语文,起典型示范作用。当今世界,新兴科学信息对语言的要求更高,它要求语言要有计划化、标准化、规范化,我们要从这些方向去培养训练学生的语言能力,产生最大的交流功能。

(四)基础性

语文学科的工具性和小学语文的起始性决定了它的基础性,从纵的方面讲,小学是人们从事文化学习的开始。小学阶段是一个独立的教育阶段。它主要是培养青少年掌握初步的读写算基本知识和技能。所以语文在小学阶段处于极为重要的地位,是基础的基础,从横的方面讲,也是学好其他学科的基础。毛泽东同志在延安时就讲过:"一个革命干部,必须能看能写,又有丰富的社会常识与自然常识,以为从事工作的基础与学习理论的基础,工作才能有做好的希望,理论也才有学好的希望。没有这个基础,就是说不识字、不能看、不能写,其社会常识与自然常识限于直接见闻的范围,这样的人虽然也能做某些工作,但要做得好是不可能的。"这里充分说明了识字、读写能力的重要性、基础性。

这就要求我们在语文教学中,要严格要求学生不能有丝毫的马虎。哪一个环节上出了问题,都影响学生的终身。不少人写字笔画不顺,问其根由则是小学老师没有教对,久而久之改不过来了。这样的事倒是屡见不鲜的。让小学生从小就打好初步的听说读写的能力是我们每个小学语文教师应完成的光荣使命。

三、从实际出发，因地制宜去积极改革语文教学

当前影响改革最大的一个问题是片面追求升学率的思想作怪。在这个问题上学校还受到来自社会和家长的压力。在教学过程中，教师重书本知识的落实，忽视对学生的全面关心教育，再加上传统观念、习惯的束缚，这就使教育方针的全面贯彻和教学改革受到了相当大的牵制。而且这种思想从中学已经影响到小学。这种思想不端正，教学改革很难进行。

就小学语文教学而言，突出的问题是“三重三轻”，这和片面追求升学率是直接联系在一起的。

（一）重知识、轻智能

重知识是对的，因为传授语文知识是语文课的重要任务之一，也是培养能力发展智力的基础、条件。但是由于当前考试的内容和方法往往偏重于知识的记忆和背诵，这根指挥棒捆住了教师的手脚，为了赢得高分不得不引导学生去背诵记忆，影响了学生智力和能力的培养训练。

（二）重读写、轻听说

这是和传统的“重文字轻口语”有关。很多人都认为语文教学的任务主要是认字、读书、作文，很少提及口语训练。另外，由于认识不到口语训练的重要性，所以也不列入考试的范围，致使口语训练任其自流。同时，也由于口语训练缺少一个周密的计划，没有一套完整的训练教材，因此，引不起人们的重视。叶老早就指出：“忽视口头语言，忽视听和说的训练，似乎是比较普遍的情况，希望大家重视起来，在小学尤其应该重视。”从当前现代化建设来看迫切要求加强听说的训练。这是因为随着科学技术的发展，人们从广播、电视、录音录像中可以得到许多科技知识，这些新的信息手段代替了部分用眼阅读的书籍。而且随着人们社会交往的频繁，口头不能说或说不好，将直接影响语言的交流，造成互相学习的障碍。加强口语训练是小语改革中亟待解决的一个问题。

（三）重教轻学

教学工作是由教和学两个方面组成的。但长期以来研究教育的人，研究教师如何教的文章极多。而研究学生学的文章却很少。这两年人们开始注意学生的学这一面了，但注意得很不够。如何研究学生学习，指导学生学习，是教师的一项重要任务，也是语文教学改革的一个方面。

其次，忽视学生的书写，也是小学语文教学中应该引起重视的问题，学生写好字不仅是一个语文教学问题，而且是一个艺术鉴赏、审美教育的问题，写好字对学生进行美的教育、性格的陶冶都起着重要的作用。

当前小学语文教学的改革，就要从上述的现实出发进行。

从当前各地教改的情况看，不少地方，不少学科，都在探索新的课堂教学结构，在加强自学能力方面努力。有的人提出，从打破单一的“三中心”教学制度，创造第一、第二课堂两个渠道同步发展的教学体系作为突破口，带动其他方面的改革。具体地讲，一是改进课堂教学，达到减轻学生负担，提高教学质量的目的，二是建设和发展第二课堂。

以对话为学习策略的小学语文教学模式探索①

邢秀凤

“对话”理念变革着传统的小学语文教学的课堂。对话意味着教师对学生学习过程中主体地位的重视,但是教育教学实践中有教师对此认识存在着一些偏差,如将“对话”仅仅看成是一种形式,忽视了对“对话”本质的思考,缺乏对学生思想情感的真正重视;缩小了“对话”构成者的范围,将对话仅仅理解为“师生”之间的互动,忽视了“生生对话”、“人机对话”、“生文对话”等其他的对话因素;将对话理解为外在的“对答”,而不考虑学生内在的思想和对思想的完整表述,因此出现了诸多“零碎对话”的现象。基于这种种现象,笔者认为有必要对真正意义上的“对话”进行界定,并建立以“对话”为学习策略的小学语文对话式教学模式,给予广大一线教师以方法论意义上的指导,提高学生的学习成效。课堂教学影响学生学习成效的因素主要包括教师是否真正关注学生的学习需要和兴趣,是否关注学生的思想和情感,是否促进学生语文能力的提高,是否关注营造和谐的课堂环境。因此,我们将从上述四个方面建立“对话”的教学策略。

一、以“对话”为学习策略的小学语文教学模式及内容特点

(一)以“对话”为学习策略的小学语文教学模式

以“对话”为学习策略的小学语文教学模式是以“对话核心主题”为中心点,以“对话分主题”为线索,以“对话依托点”为具体内容,“由点拉线、由线画面、由面及点”的构成一种主题鲜明、各环相融、对话引证式的课堂模式。该模式以“预习与交流—确定对话核心主题—引出分主题—借助对话依托点阐述分主题—整合分主题回归核心主题”为基本框架。

1. 对话核心主题

对话核心主题是语文教学中师生对话的中心,是“显性对话者”—“教师、学生”与“隐对话者”—“作者和编者”借助教材这一载体,共同构筑的一个话题。教学的过程,就是教师和学生围绕这一对话核心主题进行对话的过程。

2. 对话分主题

在对话核心主题的总体框架下,学生会有自己不同的感受和理解,他们会提出自己不同的观点,这些在对话核心主题之下的主题就是对话分主题。

3. 对话依托点

如果说“对话核心主题”和“对话分主题”是课堂对话赖以展开的中心,那么对话依托点就是阐释对话核心主题和分主题的“论据”。语文课堂对话的依托点包括文本的字、词、句、段、篇等不同层面的语言单位,也包括在此基础上延伸的相关内容。

---

① 原文发表于《教育研究》2006年第3期。

4. 对话式语文教学的基本要求

第一,确定"点"。通过预习和交流,学生和教师共同确定"对话核心主题"。第二,由点拉线。在"对话核心主题"之下,学生表达自己的理解和感受,出示"对话分主题"。第三,由线画面。学生和教师围绕"对话分主题",寻找各依托点,各抒已见,在此过程中,师生共同生成相关问题、共同研究相关问题,同时,各依托点也可以互相批评、借鉴和补充,使单个的依托点成为整合的依托点群。第四,由面及点。学生和教师根据课堂对话情况,整合各分主题和依托点进行总结和提升,使"对话核心主题"有一个多方面、多层面的研究内涵。

(二) 以"对话"为学习策略的小学语文教学模式的内容特点

1. 强调对话的核心主题

将整个语文课堂看成是一个浑然一体的对话场,始终围绕着一个对话核心主题展开对话。"对话"式语文教学强调对话的核心主题来自于学生和教师对文本的整体感受,还文学作品应有的完整性。所以,在教学一开始,就要让教师和学生一起来确定一个对话核心主题,对话核心主题或者从认知角度,或者从思想角度,或者从情感角度进行概括,根据不同文本的内容而确定。因此,对话式语文教学尊重学生的阅读心理感受。

2. 力求还语文课堂最质朴的特色

教学本身是一件很朴素的事情,孔子培养学生,苏格拉底启迪青年,都凭借着最单纯的手段——语言,但是他们的思想却影响了无数人的心灵,在历史上留下深刻的烙印。然而,目前的语文教学,已不同范围和程度地陷入了"作秀"和"浮华"的怪圈。因此,语文课回归本质成了许多有思想的教师的追求。该模式在教学中有着最单纯的线索,即紧紧围绕着对话核心主题开展思考和对话,这就像是一棵大树的主干,在这一粗壮的主干上,通过各个依托点生长出繁茂的枝叶,撑起一片富有活力的语文天地。该模式下,教师的行为是组织大家对对话核心主题进行思考,使学生的认识不重复、语言具有个性、感情真诚,在围绕核心主题的对话中,充满着智慧。

3. 将学生的预习作为教学过程的重要内容

要产生对话的需要和动机,让学生有一种对话的冲动,就必须关注学生自主阅读时产生的阅读期待,也就是说要关注学生在阅读文本之后获得的渴望与人进行交流和探讨的理解、感悟和质疑。为此我们强调开展学生预习和交流环节,在这一环节基础上,确定对话核心主题。一般情况下,可以以学生中相对比较集中的感受、疑问或建议为对话核心主题,有的时候也可以以个别同学的独特的理解作为对话核心主题。由于阅读中期待心理的原因,学生会非常希望自己的感受得到认可和支持,希望自己的问题能够得到解决,这就使学生的内心形成了非常强烈的需要和动机,而这种强烈的需要和动机正是学生积极对话的良好心理基础。

4. 强调"对话"方式的多样性

对话式教学关注将各种形式的对话融合在一起,动、静交替。这就涉及对话的形式问题。其实,对话并非仅仅是出声的行为,在很多时候,个人对文本的默读和品味,也就是学生与作者、与作品进行对话的过程。因此,在这样的语文课堂对话中,一方面保留课堂中静态的心理紧张,同时也将部分静态的心理紧张转化为动态与静态相结合的时间分配,学生处于动与静交替的状态,其注意力也呈现出张与弛结合的状态。

二、以对话为学习策略的课堂活动过程

基于上述的思考,我们积极地探究以对话为学习策略的课堂活动过程。下面就以课题组的研究课——人民教育出版社《语文》四年级下册《生命　生命》[1]为例来进行具体阐述。

首先,通过预习、谈话及书面反馈了解到,学生在理解这篇文章的过程中,提出的较为集中、也较有深度的问题为:作者为什么要写这篇文章?为什么要用两个"生命"作为题目?课文用三个例子来写生命,有什么不一样?基于对学生预习情况的把握,课题组在研究教材和教法的过程中逐渐明朗了本文教学的"对话核心主题":即从对文章第一段"我常常想,生命是什么呢?"一问的回答切入,以"生命是(　　)"为该课的"对话核心主题"。课堂教学中的各个环节,都以"生命是(　　)"作为引入和提升。

第一步:教师从身患癌症与死神顽强抗争的16岁少女张穆然的微笑、快乐、坚强、充满爱心入手引出该课学习的"对话核心主题"。

教师运用幻灯,首先呈现了带着灿烂笑容的张穆然的照片,将如此灿烂的笑容与身患绝症进行连接,从强烈的对比冲突中引发学生对"生命"的关注。教师用充满感情的语言说道:张穆然和所有的孩子一样,她天真、可爱,充满梦想。然而,中学毕业后,她不幸患上了癌症。癌症剥夺了她上学的机会,破坏了她正常的生活。面对着癌症,面对着死亡,张穆然以超乎常人的勇气、坦然地笑着。你们看(出示张穆然照片),这就是不哭的张穆然。崔永元听了她的事迹很受感动,专门录制了一期与她有关的节目,当这期专辑播出的时候,张穆然已经离开了这个世界,离开了她的亲人、朋友和所有爱她的人。在她人生的最后一段,她对爸爸妈妈说:"爸爸妈妈,我舍不得你们!生命的长短不是一个量词,活得有价值就长,没有价值就短。"同学们,张穆然已经离开了,然而她用她的行动告诉我们什么呢?让我们一起来读一读。(出示话语)生命是什么?生命是勇气,生命是坚强,生命是坦然,生命是乐观。

接着,教师将关注点转移到课文《生命　生命》,进行了这样的过渡,并引出了"对话核心主题":

师:生命还是什么呢?有位台湾作家叫杏林子。她对生命也进行了反复的思考,在她的文章中有这样一句话(生齐读):"我常常想,生命是什么呢?"

师:这节课,我们就来学习作家杏林子写的《生命　生命》(生齐读题目:生命　生命)。

师:那么,杏林子认为生命是什么呢?请同学们打开书本,好好地去读一读,然后想一想,你是从课文的哪些句子中感受到的。(出示幻灯)

我常常想,生命是什么呢?

生命是(　　)

生命是(　　)

生命是(　　)

生命是(　　)

第二步:学生和教师围绕着"对话核心主题"谈自己的感受,得出一个一个分主题,并运用课文(通过关键词句)或课文之外的各种依托点阐述自己的分主题。

我们首先来看下面一段课堂实录：

师：谁来告诉大家，你读了之后，觉得生命是什么呢？

生1：我觉得生命是勇气。因为在第一自然段，她说，一只飞蛾飞来飞去地骚扰着我，趁它停下来的时候，我伸手捉住了它，这时候只要手指稍微一用力，它就动弹不了了。但它挣扎着，极力鼓动双翅，这足以证明它很有勇气。它挣扎，说明它很想继续活着。

师：很好！×××同学说生命就是“勇气”（师板书：“勇气”，并出示相应的自然段）他是从课文的第二自然段得出的。你认为第二自然段除了写出生命是“勇气”外，还有什么呢？

生2：我觉得生命还是一种力量，是一种求生的力量。

师：是一种力量，是一种求生的力量，你是从哪里特别感受到的？

生2：我是从最后一句感受到的。因为“飞蛾那种求生的欲望令我震惊”，这只飞蛾用最强的力量在挣扎，要飞走，尽管知道自己只是挣扎，知道自己飞不走，但它还是要试一试。

师：尽管知道力量很小，但它还要试一试，那你能把这句话读出来吗？

生2：“飞蛾那种求生的欲望令我震惊，我忍不住放了它。”

师：还有吗？

生3：我觉得生命是坚强。飞蛾可能觉得自己要死，但它觉得一定要活下来，所以说不管自己能不能活下来，它都要挣扎。我从“它挣扎着，极力鼓动双翅，我感到一股生命的力量在我手中跃动，那样强烈，那样鲜明”中看出，所以说也是一种生命的力量。

师：你是觉得不但可以从最后一句看出来，还可以从这一句看出来，是吗？很好！还有吗？

生4：我觉得生命是一种信念。如果说它没有这种信念的话，那它也就没有这种勇气。它知道自己的弱小，所以它如果没有信念的话，它是绝对不会挣扎的。

师：是的。生命是一种信念，因为飞蛾具有这种信念，那就是要生存，所以它在不停地挣扎，鼓动着双翅在挣扎，是吗？我们一起来读一读。

生（齐读）：“只要我的手指稍一用力，它就不能动弹了。但它挣扎着，极力鼓动双翅，我感到一股生命的力量在我手中跃动，那样强烈！那样鲜明！飞蛾那种求生的欲望令我震惊，我忍不住放了它！”

上面的实录很真实地反映了师生对该课题理念的实践，即在“生命是（　　）”这一“对话核心主题”的统领下，学生们提出了各个分主题，“生命是勇气”、“生命是力量”、“生命是坚强”、“生命是信念”，教师热情的肯定和充满期待的“还有吗？”一语，使学生与文本的对话真正实现了“一千个读者就有一千个哈姆雷特”的阅读本质。

与此同时，学生们结合自己的认知经验，结合课文中的词句，对自己的观点进行了说明和阐释，这些词句就是对话得以开展的依托点。当然，在这一对话过程中，教师要发挥“平等中的首席”作用，以各依托点为切入口，通过体会语言文字和其他的手段帮助学生更深入地理解和感受，通过“说课文内容”、“品关键词句”、“读相应语段”等方式表达自己的感受。当然，作为平等中的首席，作为一个先知先行者，教师还要善于引导学生去发现文本中一些重要的但学生尚不能发现的语言表达方式，以此提高语文能力。

第三步：教师通过总结，提升大家的认识，完成对对话核心主题的集体构建。在该课中，教师主要采用了三种方式提升大家的认识，完成对对话核心主题的集体构建。

第一种，围绕第四自然段——作者用医生的听诊器听自己的心跳后得出的一句话“这就是我的生命，单单属于我的”进行辩论，从不同的角度理解“单单属于我的”一语的真正含义。对“不单单属于自己”，教师提升道：“我们的生命不仅仅属于我们自己，还属于深爱我们、把我们的生命与他们的生命融为一体的家人；我们的生命还属于曾经关心过我们、帮助过我们的许许多多的人；我们的生命还属于祖国，因为我们是祖国的未来，祖国需要我们；我们的生命还属于这个世界，世界因拥有许许多多这样的生命而丰富多彩……”对于“单单属于自己”，教师提升道：“我可以好好地使用她，也可以白白地糟蹋她。一切全由自己决定，我必须对自己负责。正像同学们所说的，生命是一种责任。”

第二种，通过在对话即将结束的时候介绍杏林子的遭遇，强化对课文一开始所说的“我常常想，生命是什么呢”的回应，将学生的理解纳入到一个经历重大人生苦难的真实人生之中，强化对生命的理解。教师是这样引入的：“通过杏林子的这篇文章，我们思考了生命。与我们的思考不同的是，作者杏林子常常在想，生命究竟是什么。为什么她会常常想呢？”在介绍了其人生灾难后，教师又以“她会在什么时候常常想生命是什么呢？”为问题设计了一个个学生能够亲身体会到的情境，比如在杏林子不能翩翩起舞的时候、在看到伙伴们背着书包上学的时候等，让学生加深对生命的认识，再以杏林子战胜疾病与自我，不断地为慈善事业而工作的事迹以及“除了爱，我一无所有”的名言，提升学生对生命的意义的认识。

第三种，教师呈现根据自己对生命的理解而写的一首小诗，并让学生串联起学生自己理解得出的各个分主题，进行有感情朗读，从而得到对生命的整体理解，达成“活着的每一天都很美好”的人生观，真正起到了对学生进行生命教育的育人目标。整个课堂对话在学生慷慨有力、乐观向上的朗读中，在饱满而强烈的感情中，在整体内涵的提升中结束。

综观这一课堂活动过程，我们可以看出，在整节课的教学中，教师和学生始终围绕着“生命是(　　)”这一话题展开，而在展开的过程中，学生具有非常突出的自主性，他们可以选择文本给自己留下印象最深、感触最深的一点进行引发，包括字词、句、段、篇以及课外的内容，也可以从不同的角度对文本进行发散性思考。从课堂结构角度看，以对话为学习策略的课堂教学注重教学各个环节之间的紧密的逻辑联系，前后照应，具有思想和情感的升华与提高的作用，很好地训练了学生的逻辑思维能力，训练了学生围绕一个中心和主题组织语言的能力。

三、成效分析与研究结论

经过分布在近十所中小学校的课题组成员一年多的课堂实践尝试，实验班取得了预期的效果，以对话为学习策略的语文课堂教学带给了学生全新的感受和突出的成效。

1. 学生对语文课学习的兴趣明显提高

我们对两所不同学校的刚上完以“对话”为学习策略的语文课的两个班级当场进行了问卷调查。[2]80%以上的学生认为课堂时间过得有点快或特别快，这种时间错觉是由于对某项事情的兴趣程度所决定的，而兴趣又决定了其在课堂中的注意力的集中程度，这种突出的兴趣和注意力的高度集中是语文课堂教学取得高效的重要基础。该模式实行的是一种没有强制的教学。由于学生在课前已经进行了充分的预习，而且对话核心主题又来自于学生，因此，学生有了对文本学习的感受和问题，这种感受和问题就使学生形成了迫切想与别人进行交流和沟通的愿望，这种愿望的达成成了学生发自内心的一种需要，而不是外在的要求，激发了学生学习的主动性。而在对话中，教师的欣赏和鼓励更加激发了学生的成就感，进一步提高了学生对话的兴趣和热情。同时，在该教学中，采用的对话形式并不仅仅是开口说话，而是包括个体品位等方式，这就使课堂很好地实现了“动”与“静”的结合，提高了学习的效果，因此，将近90%的学生是喜欢这样的课堂学习方式的。

2. 提升了学生的学习能力

“教是为了不教”，不断提升学生的学习能力是课堂教学活动的重要任务。学生学会学习是检验学习策略有效性的主要指标。一年多的实践初步表明，以对话为学习策略的课堂教学有助于学生学习能力的提升。第一，有效地培养了学生良好的倾听习惯。对话是建立在“倾听”的基础之上的，实验班的学生在听别人说话时显得更为耐心、专注，更能客观地看待、把握对方的话语。以对话为学习策略的课堂尊重每一个学生思考和发表想法的权力与机会。第二，有效地培养了学生积极表达的能力。以对话为学习策略的课堂教学给予了学生锻炼表达的机会。学生在倾听对方的话语之后，能迅速地作出反应，快速地整理自己的思维，理清自己的思绪，并组织好内部语言。第三，训练了学生缜密的逻辑思维能力。以对话为学习策略的语文课堂中，我们始终围绕着一个中心话题进行对话，此中有分析、有综合，有具体、有抽象，但是不管如何延展，学生最终都需要回到对话核心主题上来。这就为学生思维能力的发展提供了保障。能否参与到对话中来、能否质疑、能否对问题进行评价，可以反映学生逻辑思维能力的缜密程度。课后当场调查表明，这样的学习方式有助于学生质疑问难、积极表达，有助于学生在倾听的基础上对提问的优劣情况作出恰当的评价。在回答“今天这节课你觉得哪位同学提的问题最棒”这一问题时，对比班和实验班分别有27人次(占全班人数的44.3%)，11人次被同学提到(占30.6%)。在回答“你有没有觉得这篇文章什么地方写得不好？如果有，请写出来”这一问题时，有13人提出异议，占全班总人数的36.1%。有7人认为生命不单单属于自己的，有2人认为，“她”为什么要听自己的心跳，还有人提出写得太深奥，写得有些粗糙，有些地方容易让人误解，特别是没有杏林子的简介等不满意的地方。

90%左右的学生对自己所提问题是“有点满意”或“很满意”，反映出他们在学习过程中的思维是敏捷的、严密的，也反映了他们对自己学习行为的反思能力。这种反思能力同样也体现在他们对教师的教学行为的评价。

学生们还针对“课上得好”的原因进行了分析，对比班学生把它归结为细心(7人次)、对生命的理解(7人次)、幻灯等(6人次)、教师素质好(5人次)、方法好(8人次)；实验班学生则认为是亲切(7人次)、微笑(8人次)、丰富的教具(18人次)、有趣(5人次)、方法好(8人次)。这也反映了学生对学习活动、教学活动的元认知能力的增强，学习能力的提升。

四、问题讨论和研究展望

作为一种新型的课堂模式，在研究过程中也出现了一些困惑，主要体现为以下几个方面。

首先，从教材来看，由于目前的教材内容并没有按以对话为学习策略的语文课堂模式编排,这就为对话模式的实施带来了相应的困难。也对教师对教材的重新整合提出了更高的要求。其次,从学生角度看,对话核心主题的确定来自教师和学生双方的努力,而教师对学生的了解主要来自于对学生预习情况的了解和把握。这就出现了如何不断改进预习的方式以克服学生对长期的预习的惰性并使之成为学生的良好习惯,同时,如何解决低年级学生因书写等原因带来的预习问题。另外,从教师角度看,教学专业化绩效不显著的深层次原因就在于教师对教学控制能力太弱。[3]而以对话为学习策略的语文课堂教学对教师提出了更高的要求,一是教师需要对文本的方方面面都形成自己的理解和感受,只有这样,才能够在课堂中顺利地与学生进行对话。二是在课堂展开的过程中,教师如何帮助学生形成对话核心主题和依托点之间的链接,如何巧妙地将学生的各种依托点融合在一起,最后形成整合的认识和理解,都将成为该模式下教师所必备的基本技能。三是学生的阅读能力存在着很大的差异,在众多具有差异性的对话信息面前,教师如何有效地运用对话的优势面对这种差异,激发不同层次的学生的对话积极性,也是教师们需要特别注意的。可见,以对话为学习策略的小学语文课堂教学的探究是有价值的,它能提高学生学习语文的效能,并能促进教育理解的生成。[4]

参考文献

[1] 执教者是市教坛新秀、名师培养对象、省春蚕奖获得者金华师范附属小学贾淑玮老师。

[2] 课后要进行问卷调查及问卷的内容执教者事先不知晓.问卷由组长亲自一人指导学生当场完成。

[3] 操太圣,卢乃桂.论教学专业化的理论挑战与现实困境.教育研究,2005(9).

[4] 熊川武.教育理解论.教育研究,2005(8).

感知课程的内容与影响因素的初步研究①

——以小学语文课程为例

刘彩祥　谢锡金　吴凤平

一、研究背景

在全球化的背景下，每个国家都面临着新的人才需求，这种需求促使教育做出反应。"进入21世纪以来，全球化、信息化、国际市场的竞争化以及各地不断增长的社会政治需求，对教育产生了强烈的冲击，世界各地进行了无数次教育改革。"[1]教育改革同时又是时代发展、经济发展的需要和产物。本次课程改革自1999年酝酿、启动至今，不论从规模、内容还是理念上讲，都可以说是中国历史上一次重大的教育改革。根据基础教育课程改革的计划，"2005年秋季，中小学阶段各起始年级的学生原则上都将进入新课程"[2]。2007年夏季，首批使用课程改革实验教科书的小学生将升入初中，也就是说，第一批经历小学课程改革实验的教师和学生已经完成了小学阶段的整个教材实验过程，对于整个课程改革来说，这应该是一件具有重要意义的，值得关注的事情。

课程改革可以说是没有止境的，回顾某一个阶段的课程发展历程，对于思考课程改革中产生的困惑，审视改革中遇到的矛盾，都有鉴往知来的意义。课程改革总是存在一个不可否认和无法回避的事实，那就是课程政策或课程改革文件所提倡的理念在体现到教师的课堂教学和学生的学习实践的过程中，会经历很多变化，产生很多差异。也就是说，任何课程改革的理想的实现，经历了层递、传达之后，最终会呈现出另外的状态。本文意图依循课程改革的时间线索，借鉴古莱德(Goodlad)的五种课程形态(ideal curriculum 理想课程、formal curriculum 正式课程、perceived curriculum 感知课程、operational curriculum 运作课程、experienced curriculum 体验课程)的观点，分析当前课程改革背景下感知课程的内容及影响因素。

表1　大陆课程改革背景下的五种课程形态(以语文课程为例)

课程形态	理想课程	正式课程	感知课程	运作课程	体验课程
课程产生过程	教育部组织起草国家课程改革文件	基础教育课程教材发展中心组织编写学科课程标准	教材编写、教材训练、教师理解	教师在课堂上对课程的操作	学生通过各种途径进行学科学习

① 原文发表于《教育学报》2007年第5期。

（续表）

课程形态	理想课程	正式课程	感知课程	运作课程	体验课程
表现方式	基础教育课程改革纲要	语文课程标准	语文教材、教师培训、教师课程	语文课堂教学	语文学习

所谓感知课程(perceived curriculum)[3]是指个人心目中的课程,正式课程经过政府的批准和认可,用来指导课程的进一步实施满足不了大家实践中的需求。每个团体或个体都会根据自己的不同需要,对课程进行进一步的诠释和表达。在课程改革的过程中,会有不同的感知课程形式产生(如表2所示),感知课程一则指的是教材编写者通过对正式课程的理解,把自己的感知课程渗透、表现到教材中,也就是说教材编写的过程所实现的感知课程。感知课程一则通过教材培训者来实现,在实验教材的介绍、推广过程中,各个培训者的资历不同,文化背景不同,因此每人也有自己理解的课程。感知课程二是教师本身所感受、领悟到的课程。到了每个学校,基于不同的需要,每位教师也因为学校文化、地域环境、办学条件、家长需求、教师素质等因素对课程重新设计,从而呈现出更为复杂多样的,具有个性化的课程。

表2　当前大陆感知课程形态与体现方式

感知课程形态	感知课程一	感知课程二	感知课程三
体现途径	教材编写过程	地区课程的调适	教师理解课程和教材

二、研究方法

本研究主要采用文本分析(text analysis)的方法,根据陈向明的说法,文本分析法属于实物分析方法的一种[4],本研究所搜集和使用的文件既有教育部的官方文件,也有来自小学语文教材网站的有关教材编写者、教材编写理念等的介绍,还有非正式的个人资料比如培训工作汇报、教材回访报告等。非正式的个人资料均得到资料提供人的同意,但本文写作时为尊重个人信息所有权,一律隐去其姓名,引用资料时均采用字母符号代替。“实物分析是质的研究中一个非常有效的收集资料的方式。不仅可以为研究提供一些物质依据,而且可以揭示制作者和使用者的动机和意图。”[4]而对本研究来说,如何克服研究范围的限制,搜集尽量详细、全面的文本资料至关重要,当然这首先应得到相关研究对象的理解、支持和帮助。

(一)感知课程一　教材编写过程

感知课程在当今课程改革的背景下通过三种形式来体现,第一种形式是教材编写。文件课程(即各学科课程标准)公布以后,教材编写呈现出多元化的状态,拿小学语文教材来说,通过评审的课程标准实验教材有12种之多。[5]因此研究文件课程向感知课程转变的第一个问题就是在教材编写过程中课程理念产生了怎样的变化。

1. 教材评审过程概览

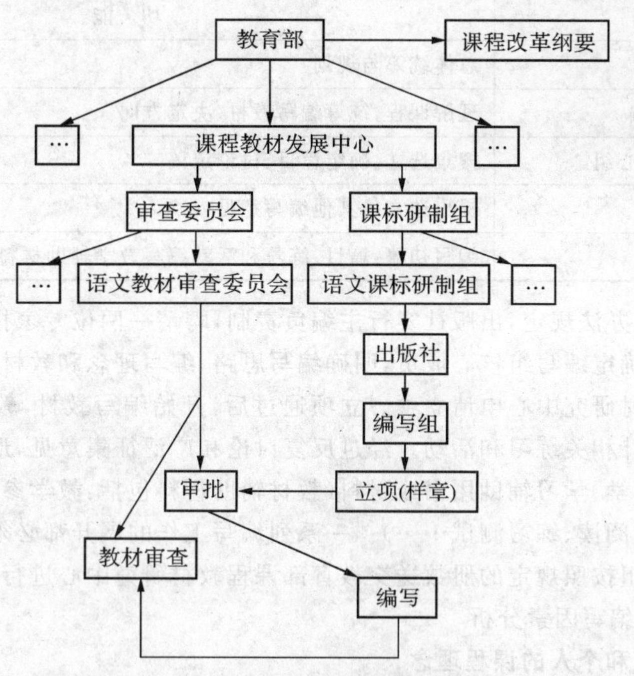

图 1 课程改革实验教材审定过程

教育部于 2001 年 6 月印发《基础教育课程改革纲要(试行)》[6](以下简称《课程纲要》),2000 年 1 月至 6 月,通过项目申报、评审、复审等程序,成立了由数百名专家参加的 18 个课程标准研制工作组;2001 年 7 月,教育部印发了 18 个学科课程标准(实验稿)。[7]《课程纲要》规定教材编写实行审定制度,由出版社和编写组向教育部课程教材研究中心申请立项,立项批准后,出版社和编写组需要在规定时间内送审规定册数的教材,教材通过评审,由实验区选择后进行实验使用。

> 实行国家基本要求指导下的教材多样化政策,鼓励有关机构、出版部门等依据国家课程标准组织编写中小学教材。建立教材编写的核准制度,教材编写者应根据教育部《关于中小学教材编写审定管理暂行办法》,向教育部申报,经资格核准通过后,方可编写。完善教材审查制度,除经教育部授权省级教材审查委员会外,按照国家课程标准编写的教材及跨省使用的地方课程的教材须经全国中小学教材审查委员会审查;地方教材须经省级教材审查委员会审查。教材审查实行编审分离。[6]

《义务教育小学语文课程标准(实验稿)》[8](以下简称《课程标准》)是小学语文实验教材的编写依据,人教社、江苏教育出版社和北京师范大学出版社编写的小学语文教材,于 2001 年首批通过课程标准实验教材评审委员会审定,于 2001 年 9 月在全国 38 个国家级课程改革实验区实验使用。

2. 课程标准实验教材编写过程

(1) 课程标准实验教材编写组织及功能

表 3　实验教材编写组织与功能

组　织	功　能
出版社	总体统筹与规划
教材主编	理解课程,统筹编写教材、决定方向
教材编写核心组	搜集选文、确定篇目、讨论定稿
咨询团	提出选文或其他编写意见
编写组	编写初稿:篇目、练习和活动编写教学辅助材料

根据教材管理办法规定,出版社实行主编负责制,聘请一两位专家担任教材主编。主编组织成立编写组,确定编写组核心成员,明确编写思路、编写理念和教材结构框架,编写教材样章,报送课程教材研究中心申请立项。立项通过后,开始编写教材,教材编写的第一步是确定选文,然后设计相关练习和活动。经过反复讨论和广泛征集意见,形成教材定稿。接下来组织编写相关教学、学习辅助用书或材料(教材辅助材料包括:教学参考、挂图、磁带、多媒体光盘、卡片、同步阅读、练习测试……)。一系列编写工作的展开都必须在教育部规定时间内完成,教材编写组按照规定的册数送交教育部课程教材研究中心进行评审。

(2) 影响教材编写因素分析

编写者的经历和个人的课程理念

教材编写者对文件课程的理解,以及如何确定教材编写思路、教材结构框架都受到个人资历、经验的直接影响。也就是说,每个教材的编写者都在努力实现着自己心目中的文件课程。仅以三位教材主编对小学语文教材编写思路的阐释为例,来看不同版本教材力图体现的编写理念和思路。

人教版主编崔峦:人民教育出版社编审,教育部课程教材研究所研究员,教育部语文课程标准专家组核心成员。参加《全日制义务教育语文课程标准(实验稿)》的研制工作。参加编写或主持编写多套人教版小学语文教科书[9]。以下摘录他对人教版小学语文教材改革重点的介绍:

> 首先,教材确保实现课程标准提出的基本要求,能使绝大多数学生语文学习达标;其次,教材在内容、要求上增加了弹性,做到"下要保底,上不封顶",体现承认差异和因材施教,同时也给师生留有选择、补充、创造的空间;再次,教材加强同现实生活、同相关学科的联系,从课程内容到实施途径向生活开放,以引导师生开发、利用各种语文课程资源,共同建设开放的、富有活力的语文课程。[10]

苏教版主编朱家珑:原江苏省教研室副主任。他苏教版教材编写的指导思想和基本思路有这样的概括阐述:

> 坚持走"民族化、现代化、简约化"的教材建设之路。
>
> "民族化"——教材要传承中华优秀文化,弘扬民族精神,讴歌民族英雄和仁人志士,培养学生的民族意识和爱国主义情感。
>
> "现代化"——教材要体现时代特点,宣传现代文明和现代科技成果,渗透现代意识,培养学生关注自然、关注环境、关注人类,理解和尊重多样文化。要根据未来社会的

需要，培养作为现代人应具备的各种语文能力和素养。

"简约化"——教材内容的安排要避免繁琐、简化头绪、突出重点强化整合，使教学目标集中明确，具有较强的可操作性。要给教师留有余地，给学生留有空间，要有助于减轻学生过重的课业负担。[11]

北师大版主编郑国民：语文课程与教学论专业教授，教育部基础教育课程改革语文课程标准研制工作组核心成员，课程标准制定者。他对北师大版小学语文教材"主题单元"编写思路是这样解释的：

以学生语文实践活动为核心，设计主题或情境，引导学生围绕这些主题或情境，进行丰富多彩的语文实践活动，形成语文综合素质。

每个主题单元，强调整体和综合，是一种综合性的语文学习，除了听说读写等语文基本活动之外，还要进行观察、调查、参观、访问和搜集查阅资料等，在活动中提出问题、解决问题，在活动中学习语文、运用语文，在活动中用各种方式不断呈现学习、探究的结果。在培养语文能力的同时，形成语文学习的兴趣、态度、策略、方法等。每个学习板块是一个相对完整的学习领域，在培养语文综合素养的同时，挖掘学生创造潜能。[12]

以上三位主编分别阐述了他们理想的、力图实现的教材的样子。他们所关注、所强调的教材的特点是各有不同的，尽管表述在文字上有相似之处。"给师生留有选择、补充、创造的空间"和"要给教师留有余地，给学生留有空间"看起来意思相近，但前者更趋向于强调教材的开放性，而后者则侧重于编写时的"简约"。同样，从文字中看出，北师大版教材关注更多的则是通过开放式的编写手段达到语文学习的整合，鼓励学生在生活中学习和运用语文。

评审标准

教材编写出来之后，首先要提交教材评审委员会接受审查，因此，教材编写过程中会设想评审委员的意见，对编写内容进行调整。

比如在确定教材选文过程中，2004 年教育部规定必须在小学语文课本中选用《朱德的扁担》、《吃水不忘挖井人》、《珍贵的教科书》等对学生进行革命教育的选文[13]。各套小学语文教材均按照这一文件要求在 2004 年秋季的教材中将这几篇选文补充进去。

教与学的需要

教材编写考虑最多的当然还是教与学的需要。北师大版教材编写组在阐述教材编写理念时提到：

在本套教材的编写和实验中，力图解决三个问题，一是学习语文的兴趣问题，让学生喜欢语文；二是学习语文的方法问题，让学生会学语文；三是人文性和工具性的统一，让语文学习的过程，既是学习语言文字的过程，又是学习现代文化知识的过程，还是接受现代文明熏陶、感染的过程。[14]

这段文字的表述，字里行间体现出的是编写者对学生语文学习过程的关注，他们不仅关注学生的学习兴趣、学习方法，而且力图为学生的精神发展打下良好的基础。可以说，这套教材在编写时也会更多地考虑如何将教材内容服务于学生语文学习的需要。

人教版教材主编崔峦谈及教材呈现方式时认为：

> 教材的呈现方式既根据手段的不同有一定的格局,有人教版的特色,又从方便教师的教、服务学生的学出发,在内容安排、练习编制、版式设计、叙述方式等方面,为更好地发挥师生双方在教学中的主动性和创造性提供条件,以利于教师有效地指导,以利于学生自主、合作、探究地学习,以利于学生在学习语文的过程中逐渐学会学习。[10]

这段话表明,人教版教材在编写之初同样考虑了"教"和"学"两方面的因素,通过这样一种"方便"的呈现方式为教师的教和学生的学提供素材和途径。具体到教材编写过程,编写者一般会从以下两个大的方面来考虑:

第一,教材选文

确定选文是教材编写的第一步,北师大版教材的选文有以下的采用原则:

> 内容形式精美,既符合小学低年级儿童认字、写字教学的需要,又具有一定的人文精神内涵;体现学生的身心发展规律,贴近儿童生活,联系学生的经验世界和想象世界,潜移默化地培养学生的想象能力和创新精神;符合时代精神,体现现代社会的思想、观念,使学生在学习课文的过程中受到爱国主义、集体主义、保护环境等思想的熏陶;体现民族优秀文化和世界进步文化的精华,使学生受到中国优秀传统文化的感染和教育;诗歌与散文,现代与古代,中国与外国,主体课文与自读课文保持适当比例。[14]

选文的数量也是需要考虑的因素。北师大版教材选文数量明显多于其他版本,对如此编写的目的,教材主编认为主要是想照顾贫困地区的学习需要,因为很多边远地区的学校和学生没有购买课外书的能力,教材是他们唯一的阅读材料。因此想通过这个途径扩大学生的阅读视野,培养他们阅读的兴趣。

第二,编写体例

正是出于不同的编写思路,每套教材都会根据自己的设计理念采取不同的编写形式。还是以上文提到的三套教材为例:

人教版。从一年级下册开始,加大改革力度,围绕专题组织单元,以进一步整合每组教材的内容。每一组教材,首先是简短的"导语",接下来是一课以韵文形式编写的识字课,再往下是四五篇课文,每组之后设"语文园地"。"语文园地"内有四个板块:"我的发现""日积月累""口语交际""展示台"。每组教材的内容,都是围绕专题编排的,所有语文实践活动,都是围绕专题设计的。每组教材结构示意如图 2[10]:

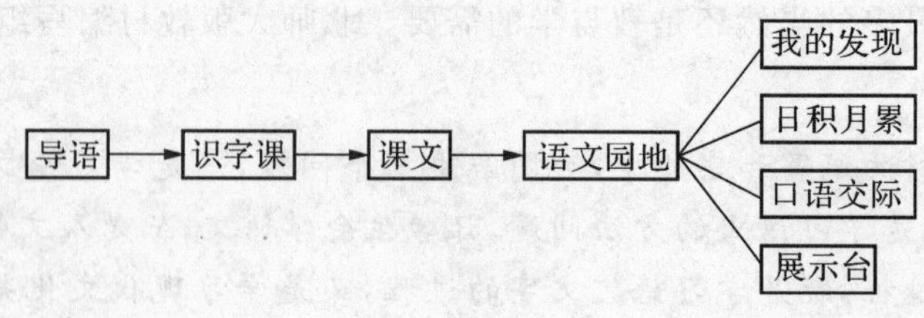

图 2

再看苏教版的教材编写框架,教材(第一册)分五个部分:培养良好的学习习惯、汉语拼音、识字、课文和单元练习。对于单元练习,教材编写者将单元练习分三个板块:综合练习、语言积累和口语交际。与过去的教材相比有三个特点:变繁琐的单项练习为综合练习;与社会实践活动相结合,向其他学科渗透;注意培养小学生的探究意识。为了在教材中落实"标准"关于口语交际的目标,我们摈弃了过去低年级清一色的"看图说话"模式,构建了"口语交际"的系列。本册教材我们便安排了同学之间相互作自我介绍、借铅笔、打电话、讨论、讲故事等口语交际内容。在方法上,我们注意了设置交际情景,以强化交际双方的互动性。[11]

> 北师大版教材采用"主题单元"的编排方式,首先确定贯彻1—6年级的主题领域,然后确定每个年级、每册的主题单元,每个主题单元一般有2—3篇主体课文(选择与主题相关的各种类型、各种体裁的作品)和一个"语文天地","语文天地"包括巩固及扩展的练习、课堂与课外的活动、"金钥匙"(学习习惯、方法、策略等),"自检"(自我检查的意识、习惯和方法)等几项。一个主题单元构成一个相对完整的学习单位。这种编排方式突破了文选式体例对语文教学的束缚,使语文教学能够向课外延伸,向学生的生活、学校的活动、其他课程和社会延伸,突破了按表达方式组合教学单元的模式,有利于学生持续保持学习的兴趣,同时,使生字新词复现率更高,有利于及时巩固所学生字新词。[14]

从以上三个版本编写体例的介绍可以看出,编写者都在追求教材内容的"整合",这显然是为了配合当前课程改革理念与课程标准的要求而进行的一些编写尝试。在这个共性的背后,我们可以感受到不同版本的编写者试图通过编写体例传达的各自对小学语文教学与学习的理想与追求的差别。

(3) 教材编写者感知课程的表现差异

各套实验教材编写均以课程标准为依据,但是具体到每套教材,又呈现出对文件课程(formal curriculum,这里指义务教育语文课程标准)的不同理解。教材编写者在编写过程中对课程标准的接受和采用程度,具体体现在如下几个方面:

对课程标准所规定的课程理念理解上的不同

拿三个不同版本的第一册为例,这种理解的不同最明显体现在对汉语拼音学习的安排。

课程标准第一学段"识字与写字"第5—6条为:学会汉语拼音。能读准声母、韵母、声调和整体认读音节。能准确地拼读音节,正确书写声母、韵母和音节。认识大写字母,熟记《汉语拼音字母表》。能借助汉语拼音认读汉字。能用音序和部首检字法查字典,学习独立识字。[8]

从不同版本对拼音教学的编排内容来看,编写者对这一个目标的认识体现出较大的差异,人教版在第一册的前四个单元,用13课完成拼音学习的任务。[15]江苏版共安排15课[16],把学习拼音字母寓于故事之中,并辅以朗朗上口的语境歌,化难为易,寓学于玩,既增加了学习的情趣,又渗透了文化素质的教育。在学习程序上,我们采取了拼音、识字"双线并进"的编排方法,即将拼音、识字交叉起来安排。

北师大版采用先识字后学拼音的方法,将拼音学习安排在第一册第五至第九单元[17]。编者尝试用"熟字代拼音"的方式,消除儿童对拼音学习的畏惧和枯燥感,同时突出拼音的"工具"性,让学习拼音为认字服务。

再比如对"口语交际"、"综合性学习"两个部分的理解。北师大版的教材认为,口语交际是渗透和体现在语文课堂教学和学习的全过程中的,因此,所有的教学内容都包含着对学生进行口语交际能力指导的机会,在教材内容的编排上,力图避免出现单独的"口语交际"的字样和内容,尤其不在教材形式上给教师安排"口语交际课"的印象。"综合性学习"也是如此。教材编写者认为,综合性学习是一种课程的理念而不是孤立的僵化的课型,或者说,如果在教材里面设计"综合性学习"这样一项内容,是完全违背了课程标准的初衷。教材编写者在教学内容的整合上下工夫,努力做到听说读写能力的全面发展。这两点可以说是课程标准和以往教学大纲的根本不同,不同的教材也呈现出迥然不同的编写形式。

对课程标准目标要求的补充与具体化

由于文件课程在表述上的概括化,很多时候,教材编写者需要对文件课程的规定加以补充,使之具体化。以习作为例,课程标准第一学段写话目标第一条是:"对写话有兴趣,写自己想说的话,写想象中的事物,写出自己对周围事物的认识和感想。"[8] 第一学段是小学一、二年级,如何通过教材内容,启发和帮助学生开始用字,通过书面语来表达自己的想法,需要教材编写者进一步思考和设计。北师大版教材强调从生活需要出发,先从简单的观察记录开始,逐步过渡到写留言条,用一句话写自己的感想,到第一学段结束鼓励学生写简单的日记。

(二) 感知课程二　地区课程的调适

实验教材出版发行之后,在教材实验区组织选用。如何让教师认识、理解实验教材成为一个首要的任务。教材培训者的感知课程(感知课程二)继续着对课程形态新的诠释、理解和呈现。自教材实验以来,全国上下开始进行规模不等的新课程、新教材培训。而这种培训也成为改革初期教师接触新课程和新教材的主要形式。但是培训者对新课程理念,对教材编写的认识和理解不可能是完全一致的,他们所诠释给受培训者的课程也不可避免地带有很多个人色彩,有时甚至会有本质的差异。我们在此仅从课程实验和培训的计划部署、相关管理机构以及参与培训的人员等方面,探讨对各地区教师培训效果产生影响的可能因素。

1. 实验教材使用和推广的阶段

根据课程改革的计划部署,课程标准实验教材分期逐步扩大范围。义务教育阶段课程改革实验工作拟于2001年启动,2003年基本完成,主要工作进程如下:

2001年秋季,绝大多数义务教育学科课程标准及其实验教材在38个国家课程改革实验区开展实验,探索三级课程管理的具体工作机制,探索评价、考试制度的改革。

2002年秋季,义务教育新课程体系(包括三级课程管理的运行机制、评价制度等)全面进入实验阶段,根据各地的具体条件,原则上,各省(自治区、直辖市)在所属的每个地级市可确定一个省级课程改革实验区(以县为单位),全国实验规模达到同年级学生的10%—15%。

2003年秋季,修订义务教育阶段课程计划、各学科课程标准,以及《地方课程管理与开发指南》、《学校课程管理与开发指南》和中小学评价与考试的改革方案;在全国范围内,起始年级使用新课程的学生数达到同年级学生的35%左右。

2005年秋季,中小学阶段各起始年级的学生原则上都将进入新课程。[18]

毫无疑问,38个国家级实验区是最早开始接受教材培训的地区,在以后的过程中,他们的经历也为后面的实验区提供了很多宝贵的经验。实际情况也表明,一批国家级实验区的优秀教研员甚至一线教师后来成长为教材培训者,到其他实验区进行教材培训。

2. 负责机构

各省(自治区、直辖市)的师资培训部门、基础教育处以及教师教育机构、教学研究机构、教育科研机构等要在教育部有关司局的宏观指导下和本省(自治区、直辖市)"基础教育课程改革实验工作领导小组"的领导下,共同参与,分工协作,形成合力。要充分发挥现有各级教师培训机构的作用,加强培训基地建设,充分调动教师教育机构和教研机构的积极性,共同做好新课程的师资培训工作。[18]

以上是教育部关于开展基础教育新课程实验推广工作的意见,具体到各个省(市、区),进行教师培训的机构设置各不相同,组织方式也因地而异。

有些出版社在部分省区设立教材办事处,也会参与协调联络教材培训事宜,与当地教育部门接洽安排场地,联络培训教师,为当地参与培训的教师提供教材、培训资料等等。当然,每个出版社的教材维护和培训工作的管理情况各不相同,在各个教材实验区的工作方式也各有特色。这同样对各个实验区教材的使用产生不同的影响。

3. 教材培训人员

教材培训人员一般由教材编写组确定,参与培训人员结构一般包括:教材编写者、优秀教研员、特级教师、一线优秀教师。由于培训任务的繁重,教材编写者不能全部承担和完成所有的培训,出版社和教材编写组会根据他们对教研员或其他一线教师的接触了解,委托教材实验区的部分教研员、特级教师或一线优秀教师担任教材培训者。从教材实验初期教材工作室负责人的培训总结中,可以发现培训者队伍建立是一项重要的工作:

聘请实验区教师讲课要注意一点如到经济欠发达地区及县城就要找与之相配的实验区教师,这样易有共同语言。这次到云南祥云县培训,聘请贵州贵定实验区教研员 Q 老师,这两个实验区同处大西南高原地区,Q 老师在实验过程中所遇到的问题,祥云县实验区老师易接纳。

在聘请实验区教师讲课时,总感到有一定不足。这次聘请的教师,都是教研员。因此,他们从教研员角度讲如何组织教师培训的内容较多。今后,在聘请讲课教师时,要进行适当的培训。(G 老师,2003 年暑期培训小结)

4. 组织形式及培训规模

培训的组织者可以分为两种,一种是出版社和编写组进行召集组织,另一种是教材实验区组织教师参加培训。

出版社、编写组一般会在夏季和冬季各组织一次全国性的培训会,参加培训的人员以教研员为主,希望这些人员能在本地区承担一级培训的任务,对当地一线教师进行再培训。而各省区教研部门在暑期也会分别组织当地的培训,把各地一线教师集中在一起,与出版社和编写组协调,请培训者直接对一线教师进行培训。教材编写者面对全国各地实验区,经常一两个月陆续到各地进行培训。

各学科都编辑了培训资料,做了资料包,预计要求培训的地方不会太多,而真正实施以后,要求培训的地方不断增加。我是 7 月 2 日赴西安,原想 1 个月能结束没想到历时 2 个月。我总是在想歇口气时,又接到新的培训任务。

陕西省我去的是北线,商洛、铜川和榆林。接着又来到了去年培训过的黑龙江省,这次是新扩大的实验区,鸡西、哈尔滨市及其周围的一些县城。从黑龙江省回来后立即奔赴河北唐山及为期一周的内蒙古自治区的培训,可能我与江西省有缘分,这次是第三次到江西,对赣州、抚州实验区进行培训。之后,我来到了经济发达的广东顺德区和经济欠发达的云南祥云县。这2个月跨七个省11个地区,培训实验教师达3 300人次,培训实验教师最多一次是抚州,抚州组织六百人培训,实验教师全员参加。培训实验教师最少的是内蒙古呼和浩特市,一次培训只有5名实验区的培训代表。(G老师,2003年暑期培训小结)

5. 影响培训效果的因素分析

教材培训内容随着教材实验的时间不断得到充实。在实验教材使用初期,教材培训更多地侧重于课程改革理念的阐释,教材编写思路和教材结构的介绍和分析。随着教师对教材认识和熟悉程度的增加,以及教材培训过程中意见的反馈,教材培训更多地侧重于实际教学操作的建议和课堂案例探讨,解决教师实际教学中遇到的困惑和问题。

培训内容一般包括:课程理念分析,教材思路、结构介绍、教学建议,现场或录像课例、互动交流、专题研讨。

影响培训效果的主要因素包括这样几个方面:培训者的身份和个人经验、组织方式、接受培训者的态度和经验。

(1) 培训者的身份和个人经验

教材编写组所聘请的培训者大多数是各教材实验区的教研员,编写组基本保证这些人员都提前接受过培训。这些培训人员有很多丰富的教研、教学经验,对实际教学中的问题了解很多,但情况并不完全相同。一部分教研员结合自己的研究,在培训时充实了很多实践操作上的宝贵经验,为理解教材补充了很多宝贵的鲜活的内容;但有时因为培训任务繁重,来不及进行提前讨论或沟通交流。个别教研员在培训时阐释的只是个人对语文课程的看法,与教材本身的理念相差甚远。因此培训效果受到很大影响。

(2) 组织方式

地区之间不同的教材培训负责机构和组织方式各不相同,也使教材培训效果存在较大差异。各地的大规模培训一般集中在暑假期间,省级培训有时参加培训的老师只有不到十人,也有时候,组织单位把使用几个不同版本的教师集中在一起进行培训,而参加省级培训的人员可能承担着当地培训的任务。

(3) 受培训者的态度和经验

另外一个重要的因素当然是受培训者的个人状况。这又表现在几个方面:对教材实验的认可程度、个人已有的课程观念和教学经验。

对教材实验的认可程度

由于教材选用情况的复杂性,一线教师在接受教材培训时的态度受到很大影响。有些地方教学研究传统较好,教师乐于接受新课程新教材,态度上表现积极,可以主动地认识、理解并创造性地使用新教材。在接受培训时就会与培训者保持一种良好的互动合作关系。相反,也有些地方的教师,在教材培训的现场才知道新学期要使用新教材,而这些教师刚刚使用了一年另外一个版本的实验教材。在这种时候,教师可能难以进入接受状态,当然更来不及消化新教材的理念和内容。

个人已有的课程理念和教学经验

严格说来,每个教师都有各自不同的课程观念,也就是说具体到个体层次的感知课程。这单仅就个人经验对教材培训效果的产生的影响展开讨论。

首先,个人的课程理念和教学经验不成正比。也就是说,丰富的教学经验并不代表具有先进的课程理念,相反,有时候由于已有的教学经验,反而会影响教师接受新的课程理念。

其次,个人的教学经验和已具备的课程理念对培训的效果有直接的影响,这种影响可能是积极的,也可能是消极的。

总体来看,教师对教材培训的反馈意见最多集中在培训内容方面。他们希望得到更多具体的教学操作层面的资源和材料,尤其是随着使用实验教材时间的增加,对教材培训内容的理念分析部分关注越少,他们认为这些理念比较空洞,听起来漂亮,但如何加以实践却是很大的问题。而培训者则认为,具备什么样的课程理念直接影响着教材的使用。在这一点上,培训者和受培训者之间似乎存在着一种矛盾。另外一个矛盾是,如何满足受培训者的需要。

比如教材培训时,教师希望看到具体的课堂教学案例,他们认为这样有一个可以模仿、学习的具体例子。而教材编写组的人员认为,课例不可能提供和呈现全部的教学实际,而且不恰当的例子或者不能对课例的处理方法很好理解和体会,容易产生教学上的误导。实际情况也是如此,由于需要课例的呼声很高,教材培训会增加现场课例,反馈的意见也出现了多样化。

不能感到满意的是课堂教学。应该说,登台执教的每一位教师都展示了自己高超的教学风格,有他们独到的见解。好与坏,只有执教者说了算。但是,语文教学走到今天,基本还是传统的模式,所不同的是,牵风筝的线稍稍放长了点。大量阅读,教是为了用不着教,个性化阅读,学生的真实感受,阅读兴趣,等等,这些问题,我认为还是不能得到有效的解决。

(教材论坛,关于教材培训会的讨论意见,摘自C老师的工作笔记)

(三) 感知课程三　教师理解课程、使用教材

感知课程的第三种形式是教师个体对课程的理解。对这一课程形式的讨论涉及如下方面的内容:教师感知课程的途径;影响教师对课程感知的因素;教师感知课程的变化与调适。

1. 教师感知课程的途径

教师感知课程的途径有如下几种:

第一,接受教材培训,在上文中已经讨论。

第二,通过学校同事之间或其他机会的教研活动,交流补充个人对课程感知的结果。

第三,通过自己阅读有关课程文件,自我学习,加深对课程的认识。

第四,认识和理解教学材料,比如教科书、教学参考书或通过杂志、网络获取其他教材辅助资料来感知课程。

2. 影响教师感知课程的因素

影响的因素包括内部因素与外部因素两个方面。内部因素,是指教师本身的课程观念、教学经验等;外部因素则包括培训者传达的课程理念,所处地区、学校教研的氛围及教研活动的组织情况,教研的传统等,另外还涉及教师所能利用的环境和条件,包括可能的个人业务进修条件,以及当地的经济发展水平和信息化程度等。

(1) 个人已有的课程理念

每一位教师在自己的心目中都有一个课程的样子,尽管这个心目中的课程可能是不完整的。在课程改革的背景下,教师个人对课程的感知增加了产生变化的条件和需要。参与课程改革,使用实验教材的过程,可以说是教师重新认识、理解和重组个人课程观念的历程。

从这个角度来说,个人已有的课程理念对课程改革产生非常重要的作用。如果课程改革的理念能够与教师个人已有的理念相吻合,课程改革进展就会比较顺利,如果很多理念相矛盾,那么课程改革就会遇到很多障碍而困难重重。

课程标准强调要关注学生的个性,鼓励学生的质疑和探究。这一观念对有些老师来说并不觉得新鲜,因为他原来也持有这种观点,在自己的课堂上给学生发表个人看法的机会。但对另一些老师来说,却可能是一个很大的困难,他原本认为教师应该是课堂上的权威,学生应该按照教师的要求去做,不允许有疑问和反对。从这个简单的例子可以明显看出,教师个人已有的课程理念对他们感知新课程会有截然不同的作用。

(2) 个人教与学的经验

当然,每个人对课程的感知和理解不是一成不变的,随着经验的积累,他们对课程的感知也会愈加丰富和全面。下面两位老师就是通过教学过程的体验,而有了对课程理念的重新认识,丰富了个人感知课程的内涵。

> 通过培训、学习、观摩和自己的教学实践,我对"课标"有了进一步的认识。
>
> 首先,我深切感受到新课标理念下的教学活动是"沟通"与"合作"的活动。要改变以往那种"以教师为中心"的状况,让老师的教路顺着学生的学路走,实现师生间、生生间的沟通与合作。把学生的主体地位凸显出来。……(摘自北师大版教材工作室资料集)

> 语文课上,为鼓励学生把课文朗读得更好,我准备了一盒空白录音带,把孩子们的朗读录了下来,然后再把录音播放给他们听。孩子们也许从未听过自己被录下来的声音,一个个显得特别兴奋。一个学生竟高兴地拍起桌子来,两个、三个……更多的学生跟着拍起来。教室里闹哄哄的,我费了好大的工夫才把他们"平定"下来,望着似乎余兴未尽的他们,我真有些恼火,但我静下心来一想:这可能就是孩子的天性,第一次听到从录音机里播出来的自己的声音,能不乐吗?更何况他们还是刚刚入学的孩子。于是我启发他们思考:"你们觉得这样拍桌子合适吗?"有的学生说不好,会把桌子拍坏,有的学生说这样纪律不好,还有的学生说这会影响别的班上课……我肯定了孩子的思考,并进一步引导:"老师知道小朋友们听到自己的声音,特别激动、兴奋,那我们换一种不影响别人的动作来表达你的高兴,好吗?"有的建议拍手,有的建议挥拳头……我都表示赞许。又听了一次孩子们的朗读课文录音,这次孩子们有的鼓掌,有的挥拳头,显得有秩序多了。看着孩子快乐的笑脸,我也由衷的高兴,要是刚才我对孩子们一阵怒吼,再禁止他们发出声音,必须坐好认真听,换来的也许是课堂上的"秩序井然",可失去的恐怕是孩子们纯真的童心,高昂的学习热情。蓦然想起大禹治水留给我们的启示:"堵塞"不如"疏通"。(摘自北师大版教材工作室资料集)

以上两个案例描述了教师个人理解和体会课程理念的经历,正是在自己的不断学习、实践和反思过程中,教师的认识得以提高,自己的课程观念也在不断丰富。

(3) 教师所处的外部环境

前面已经分析过,各个地区有着不同的培训组织形式,具体到教师个人所接受的培训理念因此存在着很大不同,培训者个人的经验和经历等因素决定着培训者个人所感知的课程,也直接影响着受培训者对课程的理解。这单仅就教师所处的环境因素展开讨论。

每个教师个体都不能独立于学校而存在,因此学校领导的课程观念、学校或地区的教研传统,上级教学研究部门或其他教学管理人员的课程观念也对教师感知课程产生着影响。教研氛围同样存在着学校、地区之间的差别。但在这方面,研究者认为学校领导的态度、上一级教研部门、教育行政部门的工作方式与重点对教师感知课程有着直接的影响。研究者去过某省的很多县区进行培训、回访,对其中两个县印象尤其深刻。从经济条件和学校设施来讲,两个县的县直学校没有多少差别,同样处于贫困地区。但一个县的教育领导对教育非常重视,热心投入课程改革,申请加入了省级课程改革实验区,另外一个县教育部门的领导把进行调研的编写组人员看作教育领导,表面上恭恭敬敬,但私下与教师交流得知,由于本地对课程改革并不重视,只是表面应付形式,派了几位老师到地区所在地参加暑期教材培训,本县教师根本没有机会和可能更多地接触新课程。

暑假期间没有举办培训,县教研员也没有参加暑期陇南的教材培训,暑假共派出 30 余人参加教材培训,但相当一部分开学后并不使用实验教材,而是担任高年级教学工作。(C 老师 2004 年 11 月回访报告)

可想而知,后者的教师对新课程的感知程度。听课中也发现,教师对实验教材充满了困惑和不解。同样,一个学校的领导怎样看待课程改革,直接影响着一线教师感知课程的效果。

三、总结与讨论

通过以上的分析可以看出,义务教育语文课程标准中所规定的课程理念、课程目标的含义、内容在落实到小学语文课堂中去的过程中,实际上经历了教材编写、教材培训和教师理解等三种不同途径、不同方式的转变。本文主要以一种静态描述的方式,从多个角度、多个侧面搜集并分析了相关的文件、文献资料,力图呈现出小学语文感知课程的三种形态及各自的影响因素。

第一种形态,教材编写者感知的课程。课程改革推行教材审定制度促成了不同版本的小学语文实验教材的产生,出版社聘请专家并成立教材编写组,组织开展教材的编写工作。尽管大家都以课程标准的要求为编写的最终依据,但是教材主编、主要编写人员及其他编写者的身份和经验,对小学语文课程和教材的理解等方面的不同,使得教材在编写思路、结构、体例、内容等各个方面都表现出不同的特色。教材编写的过程是实现课程标准规定的课程理念的第一个阶段,同时也是非常重要的一个阶段,因为教材是教师和学生在课堂教学过程中重要的甚至是唯一的文本媒介。

第二种形态,教材培训者传达的课程。在国家课程标准实验教材进入课堂教学的过程中,除了通过教材表现出来的编写者的感知课程之外,还存在着教材培训者传达的感知课程形式。需要说明的是,这种感知课程形式尽管在课程改革的背景之下,也并不是必然存在的。也就是说,不排除有些教师在使用实验教材之前从来没有参加过有关的教材培训。教材培训者的来源、身份更加多样化,相对来讲,他们比单纯的教材编写者有更多的参与课堂观察、教学指导以及与教师互动交流的机会。同样,他们在进行教材培训时所传达的课程理念也就表现出更具有个性的、丰富的状态。

第三种形态,教师个人理解的课程。不管教师是否接受过教材培训,使用实验教材的教师在拿到实验教材准备课堂教学的时候,都会对自己手上的课本进行一番理解。教师认为实验教材的内容与以往所用的教材有什么不同?为什么发生改变?他们是否认可这些变化,并试图领会编者的意图?最后,教师心目中呈现出的"新课程"和"新教材"是什么样子的?和课程标准的要求与教材编写者的预期存在多少差距?这些问题都会通过这第三种感知课程形态表露出来。

我们认为,从感知课程的视角研究和分析小学语文课程其意义在于:

第一,有助于全面把握课程理念的转化过程。在教材多样化的背景下,课程的含义比以往更加丰富和复杂。对课程感知者进行分析,可以帮助我们认清不同的角色所处的位置,他们所担负和希望实现的任务,从而进一步思考这些角色考虑课程的出发点对课程认识多一份冷静和理解,少一些偏激和批评。通常情况下,教材编写者和培训者希望自己的课程理念在教学中得到最大程度的实现,而教师则埋怨编者或者培训者不了解教学实际情况,脱离现实,过于理想化。诚然,教材编写和课堂教学永远不可能等同,二者之间需要互相调适,最终的目的都是为了实现学生能力的发展。但是我们认为,如果编写者和教师都能够尝试从对方的角度考虑,深入思考一下对方在感知课程过程中可能处于怎样的情境,二者的距离也许就能拉近。

第二,促进深入思考课程理念转化的影响因素,为理想课程的实现提供一条途径。课程理念不是自上而下"忠实"贯彻和落实的,而是经由不同的角色感知和领悟,每一个角色的背后都存在着能够加速或消解理想课程实现的因素。不同的部门、机构、团体或者不同身份的个人都有可能对感知课程产生影响。如何把来自不同方面的影响化成一股合力,共同为学生的发展和成长服务,有待于进一步探索研究。

本文是对感知课程研究的一次尝试,在研究设计、研究方法方面都需要作进一步的思考和改进。笔者希望在今后的研究中,可以由对文件、资料的静态分析转向对不同角色研究对象的动态调查和访问,充实研究证据,更全面、立体化地展现感知课程的详细图景。

参考文献

[1] 郑燕祥.教育方式转变——效能保证.上海教育出版社,2006.

[2] 中华人民共和国教育部.关于开展基础教育新课程实验推广工作的意见(讨论稿).

[3] Goodlad, J. L. & Associates. Currilum Inquiry-the Study of Curriculum Practice. New York: McGraw Hill Book Company, 1979.

[4] 陈向明.质的研究方法和社会科学研究.教育科学出版社,2000.

[5] 中华人民共和国教育部.2006年教材目录.

[6] 钟启泉,崔允漷,张华.为了中华民族的复兴,为了每位学生的发展:《基础教育课程改革纲要(试行)》解读.华东师范大学出版社,2001.

[7] 温泽远.解读课程标准——访巢宗祺、顾振彪、郑桂华.语文学习,2002(1).

[8] 中华人民共和国教育部.全日制义务教育语文课程标准(实验稿).北京师范大学出版社,2001.

[9] 人民教育出版社.崔峦老师个人简介.

[10] 崔峦.人教版义务教育课程标准实验教科书语文(一至三年级)教材改革重点及思路.小学青年教师,2004(7):4-6.

[11] 朱家珑,李亮.优质的凭借,有益的探索.

[12] 郑国民.对于语文教材编写的思考.北京师范大学小学语文教材编写组.2003.

[13] 大江网——江西日报.吃水不忘挖井人再次选入教材.

[14] 北京师范大学国家课程标准实验教材小学语文编写组.北京师范大学新世纪义务教育课程标准实验教科书小学语文教材简介.学科教育,2002(12):22-25.

[15] 课程教材研究所,小学语文课程教材研究开发中心.语文(一年级上册).人民教育出版社,2003.

[16] 张庆,朱家珑.语文(一年级上册).江苏教育出版社,2003.

[17] 马新国,郑国民.语文(一年级上册).北京师范大学出版社,2003.

[18] 中华人民共和国教育部.关于开展基础教育新课程实验推广工作的意见(讨论稿).

情境教学的理论与实践[①]

李吉林

小学语文是一门综合性很强的学科，它对儿童的智能、情感、意志及个性品质的发展，影响极为深远。语文学科的重要特点是思想政治教育和语文知识教学的辩证统一。因此，小学语文教学本身，包含了促进儿童全面发展的诸多因素，通过小学语文教学，促进儿童全面和谐的发展，不仅是必要的，而且是可能的。

新中国成立以来，小学语文教学作了许多有益的改革，但由于传统习惯势力的羁绊，致使小学语文教学在实现其任务方面，仍存在不少问题。如长期以来，“为考而教”、“为考而学”的偏向，造成小学语文教学“呆板、繁琐、片面、低效”的弊端，压抑了儿童的发展，延误了儿童发展的最佳期。如何针对传统教学的片面性与当今儿童发展之间的矛盾，进行一番改革，从整体出发，在语文教学过程中，促进儿童智能及心理品质的全面发展，近年来，我就小学语文教学(一至五年级)全过程，进行探索改革，从外语教学中运用情景进行语言训练得到启示，借鉴我国古代文艺理论中的“境界学说”，吸取传统教学注重读写以及近代直观教学的有效因素，总结出“情境教学”体系。

情境教学的探索经历了“创设情境，进行片断语言训练”，“带入情境，提供作文题材”，“运用情境，进行审美教育”，“凭借情境，促进整体发展”四个阶段，实验由雏形到日臻完善，逐渐形成了具有以情景(境)交融为主要特色的小学语文教学新体系。

一、情境教学的特点

情境教学的出现，受到学生的普遍欢迎。在小学语文教学中运用情境教学，学生学语文就感到“易”、“趣”、“活”，极大地提高了课堂教学的效率。语文教学在运用情境教学后，不再是那薄薄的一本教材，不再是那没完没了的单调重复的各种习题和可有可无的乏味的问答；学生的视野，学生的思想，也不再是被禁锢在小小的教室里。那丰富有趣的教学内容，鲜明生动的形象，真切感人的情意，以及耐人寻味的哲理，使教学变为具有吸引力的有趣而有意义的活动。这是由情境教学本身具有“形真”、“情切”、“意远”、“理念寓于其中”的特点所决定的。

(一) 以鲜明的形象，强化学生感知教材的亲切感

叶老曾指出：“作者胸有境，入境始于亲。”只有感受真切，才能入境。进入了情境，便可见可闻。教材中，无论是革命战争年代的英雄刘胡兰、黄继光、李大钊，还是异国他乡的小音乐家杨科，以及托尔斯泰笔下的桑娜、渔夫；无论是山明水秀的漓江风光，四季如画的小兴安岭，还是日出的壮观，海底世界的奇景，通过情境教学，学生仿佛都看到了；也无论是大榕树

① 原文发表于《人民教育》1991年第5期。

下鸟的鸣叫，瀑布的轰响，还是小茅屋里、月光下贝多芬为盲姑娘弹奏的《月光曲》，凡卡给爷爷写信时轻轻地哭泣，通过情境教学，学生也仿佛听到了……情境缩短了久远事物的时空距离，增强了形象的真实感。这才有可能引起儿童对课文中的人物事件的关注，才能产生细致的情感体验，得到精神的力量，促使儿童的情感敏感起来。并由此情此景打开认识更远、更广阔的世界的通道。而对语言的感受也必然敏锐起来。

"形真"，是情境教学的第一特点。但这并不意味着所有情境都必须是生活真实形象的再现。所谓"形真"，并不是实体的复现，而是以简化的形体，暗示的作用，获得与实体在结构上对应的效果，给学生以真切感，即神韵相似，能达到"可意会，可想见"就行。如同京剧中运用的白描手法一样，演员操一把船桨，就表示船在水中行驶；着一根竹鞭，就意味着跃马奔驰……中国画里的白描、写意，简要的几笔，勾勒出形象，并不要求重彩，看来同样是真切，栩栩如生的。以"神似"显示"形真"，形象才更有典型意义。

（二）以真切的感情，调动学生参与认识的主动性

情境教学在小学语文教学中运用的目的，是为了促使儿童心理品质、智能及个性的和谐发展。儿童的情感易于被激起，一旦他们的认知活动能伴随着情感，那他们对客观世界的认识会更为丰富，更为深刻，也更为主动。情境教学是以生动形象的场景，激起学生的学习情绪，从而促使他们主动积极地投入整个学习活动。情境教学正是抓住促进儿童发展的动因——情感，展开一系列教学活动的。它是以教师的真切情意去感染学生，从而激起学生的相应的情感，使教学成为学生主观所需，成为他们情感所驱使的主动发展的过程。

情境教学的"情"并非是凭空产生，它植根于教材及生活之中。情境教学通过再现教材的有关形象，引导学生对优美的或丑恶的、崇高的或卑劣的、愉悦的或悲惨的种种不同事物，作肯定的或否定的评价，体会到自己所表现的爱与憎、满意与讨厌的情感。进而对课文塑造的领袖人物、英雄人物从心底升腾起崇敬之情，受到激励，并决心付诸行动，对课文描写的祖国山河的秀美，为之赞赏、惊喜，甚至骄傲；而对课文揭露的资本主义制度摧残下的小伙伴的不幸，倾注不安的关切与忧虑……在这一点上，情境教学"情意真切"的特点，有它特有的教育功能。

（三）以广远的意境，激发学生拓展课文的想象力

教材所选取的是生活中或大自然中典型的形象，其内容来源于现实生活。"情境教学"取"情境"不取"情景"，其原因就在于情境要具有一定的深度与广度。情境教学是把学生带入作者创作时置身的意境中，因而使所创设的情境意境深远。

情境教学讲究"情趣"和"意象"，因此，它不是图解式地机械地运用情境。情境，它总是作为一个整体，展现在学生的眼前，而且为学生开拓广远的想象空间。情境教学把教材内容与生活情境相联系，如此由近及远，由此及彼，由表及里，以今及昔以至未来……因为情境给学生想象造成"直接的印象"；在情境中，学生激起的情绪，又成为"需要的推动"，这种"直接的印象"、"需要的推动"，会引起大脑皮层上相当强烈的兴奋。在这种状态下，大脑贮存的表象便会进行新的组合，这就形成了想象。因此，情境往往成为学生想象的契机，教师便可凭借学生的想象活动，随着学习课文或观察活动，带学生一同进入广远的意境中，可以飞向蓝天，潜入大海，越过崇山峻岭，跨过历史的长河，把学生带到世界上任何一个地方……情境教

学所提供的广远的意境,发展了儿童的想象,儿童的想象又丰富了情境。教学效果表明,意境的广远,不仅发展了学生的创造性,而且促使学生更深地理解教材内涵。

(四)以蕴含的理念,诱导学生提高对事物的认识力

情境教学所创造的鲜明的形象,所伴随抒发的真挚的情感,以及所开拓的广远的意境,这三者融成一个整体,其命脉便是内涵的理念。情境教学失去理念如同没有支柱一样,站不起来,深不下去,只能是内容贫乏、色彩苍白的花架子。如《桂林山水》,其理念便是祖国山河的壮丽,而漓江的山水则是这壮丽山河中的明珠。《詹天佑》则是表现一个爱国者不畏千难万险,在崇山峻岭中创造的奇迹,表现了詹天佑火热的爱国心。因此,可以说,情境教学所蕴含的理念,是教材所要显示、阐述的思想观点,也可以说是课文的中心。情境教学的"理寓其中",正是从教材中心出发,借助图画、音乐、实物、表演、语言及活动场景,一步步地展现、引导学生去琢磨、领悟。因此,情境教学"理蕴"的特点,决定了儿童获得的理念,是伴随着形象与情感的,是有血肉的。这不仅是感性的、对事物现象的认识,而且是对事物本质及其相互关系的认识。

情境教学正是具有以上所说的"有形"、"有情"且"意境广远"而"理寓其中"的特点,使它为学生学好语文,并同时促进诸方面发展提供了一条有效的途径。

二、情境教学的理论依据

情境教学为什么具备以上的特点,能为学生喜闻乐见,这便要追究到情境教学的理论依据。情境教学所具有的"形真"、"情切"、"意远"、"理蕴"的特点,之所以形成独特的优势,这是由它的科学性所决定的。

(一)从心理学看

研究表明:人的大脑功能,左右两半球既有分工又有合作,大脑左半球是掌管逻辑、理性和分析的思维,包括言语的活动;而大脑右半球则负责直觉、创造力和想象力,包括情感的活动。传统教学中,无论是老师的分析讲解,还是学生的单项练习,以至机械的背诵,所调动的,主要是逻辑的、无感情的大脑左半球的活动。而情境教学,往往是让学生先感受而后用语言表达,或边体验感受边促使内部语言的积极活动。感受时,管形象思维的大脑右半球兴奋;表达时,管抽象思维的大脑左半球兴奋。这样,大脑两半球交替兴奋、抑制或同时兴奋协同工作,大大挖掘了大脑的潜在力量。学生可以在轻松愉快的气氛中学习。因此,情境教学可以获得比传统的注入式教学明显良好的教学效果。

(二)从方法论看

情境教学是利用反映论的原理,根据客观存在对儿童主观意识的作用进行的。而世界正是通过形象进入儿童的意识的。意识是客观存在的反映。儿童的意识也同样是客观世界的反映。情境教学所创设的情境,因其是人为有意识创设的、优化了的、有利于儿童发展的外界环境,这种经过优化的客观情境,在教师语言的支配下,使儿童置身于特定的情境中。不仅影响儿童的认知心理,而且促使儿童的情感活动参与学习,从而引起儿童本身的自我运动。

（三）从儿童的思维与语言特点看

儿童的思维是处在表象思维的阶段，即直观的形象思维，以后逐渐向抽象的逻辑思维阶段过渡、发展。情境教学正是从儿童感受形象开始，去感知教材，去认识大千世界。而儿童在感受形象时，观察的客体和词语之间就会建立相应的联系，就会努力检索贮存在大脑中的词语仓库，并迅速地按一定顺序进行词的组合来描摹眼前景物的情态、声色。"视觉经验的词语化"，即词与形象沟通起来，语汇及表象的贮存随之丰富。而注入式的词语教学，注重学生背熟词的解释，但往往不会灵活运用，因为凭记忆是不可能形成词和它所显示的那个形象之间的联系的。这种在儿童记忆中没有形象的词，是无法投入周转的。而运用情境教学语言，词是带着生动的形象，连同色彩、音响活生生地进入儿童的意识。因此，情境教学成为丰富儿童语汇，发展儿童语言的好途径。

综上所述，所创设情境本身的丰富美感，鲜明的形象，伴以教师情感的抒发、渲染，又激起儿童的情绪，使儿童纯真的情感参与学习活动。这样，在运用情境教学的过程中，儿童不光是靠耳朵听，靠眼睛看老师的演示，而且以教师的情去拨动儿童的心弦，促使他们用"心眼"去学习。这样，主客观的一致，智力、非智力因素的和谐，使整个情境，成为一个多向辐射的心理场。儿童置身于这样特定的心理场中，会产生一种驱动力，主动地投入学习活动，而对具体情境的感受、领会，一般又要比所表述出的语言更加深入，处于"未尽人意"中。这种整体和谐的情境，必然带来儿童知识、能力及心理品质的协同发展的令人愉快的效果，从而保证语文教学任务的全面完成。

三、情境教学的内在机制

情境教学因为从理论上决定了它特有的优越性，因此，它有效地促进了儿童的全面发展。它从促进儿童发展的前提、基础、动因、重点及手段五方面，构成它的内在机制。

（一）以培养兴趣为前提，诱发主动性

教学过程，准确地说，应该是促进学生"自我发展"的变化过程。情境教学的目的，就是促进教学过程变成一种不断能引起学生极大兴趣的、向知识领域不断探索的活动。心理学家告诉我们，除无意、有意注意外，还有第三种注意，即后继性有意注意，这种注意便是靠兴趣来维持的。情境教学借助新异的教学手段，创设生动有趣的情境，激起学生的学习情绪，使学生固有的好奇心、求知欲得以满足。在情境中，教师所表现出的鼓励和期待学生逾越学习"障碍"的情感，又进一步激发、强化了这种心理。因为"好奇"、"求知"的兴奋情绪使他们注意力非常集中而且可以持续，但无需作意志的努力。所有这些，就有利于形成"老师的肯定—学生满足、树立自信心、自尊感—需要学习—再肯定、再满足—需要学习更新的、有一定难度的内容……"的学习程序，学生的主动性便得到进一步调动。

（二）以指导观察为基础，强化感受性

情境教学提倡把学生带入大自然的怀抱，去接触社会，认识周围世界；在课堂上再现富有美感的生活情境，所有这些观察活动都帮助学生积累了丰富的感知材料。情境教学一般优选具有深远意境的观察客体，又通过启发性导语，激起观察者的情致。它利用大自然有的

色彩、风姿、奥秘,拓宽想象空间,激起学生对它的神往;优选社会生活中光明美好的人物和景象,多角度地显示祖国、家乡的美好,社会主义的优越,培养学生对生活的热爱……总之,情境的美感,激起了学生的情绪,情绪又激起了想象的展开,加上语言的表述,使学生的感受丰富而深刻,并且由于"情绪记忆"的形成,使所获表象带着情感色彩,久远地保持在学生的记忆中,成为学生发展的基础。

(三)以发展思维为重点,着眼创造性

只有当教学走在学生发展前面的时候,才能通过教学不断地把学生带入永远没有终结的一个又一个的最近发展区,使学生不断意识到以前没有意识到的东西。情境教学是以"发展"作为教学的目的。其"发展"的内涵,并不局限于智力的发展,它是以教育方针为总原则,包括知识的积累,语言、智力以及情感意志等心理品质的整体和谐发展。其重点为发展思维力,尤其是思维的创造性,而着手处则以学科特点为依据,在学生理解和运用祖国语言文字、发展语言的过程中进行的。基本途径为:注重词的理解和运用,发展思维的准确性;引导运用修辞手法,丰富思维的形象性;加强篇章训练,发展思维的逻辑性;设计想象性作业,发展思维的创造性。

(四)以陶冶情感为动因,渗透教育性

情感是儿童思想意识、道德行为强有力的发动者和鼓舞者。儿童的道德行为都以道德情感为先驱。情境教学正是以激发学生情感为主要特点的。一方面让学生从感受形象出发,以教师的真实情感激发学生的审美情感及道德情感,从而促使正确的道德观念逐渐形成,达到思想教育的目的。从另一方面来讲,这种热烈的情绪及丰富的美感,高尚的道德感,又必然会成为学习的动机。这样,学生在美感中感受到愉快。在道德感中感受到高尚,在学习中体验到自己的智慧,享受到创造的愉快。

(五)以训练语言为手段,贯穿实践性

上述所论及语文教学中培养兴趣、指导观察、陶冶情感、发展思维四者并不是外加的,而是贯穿在学生语言的实践过程中。只有这样才是语文教学中的"发展";是"着眼发展"的语文教学。语文课就是要讲究训练,加强学生的语言实践,并将其贯穿整个语文教学过程中。情境提供了训练的题材,激发了学生训练的主动性,情境教学的语言训练从整体结构出发,采取识字、阅读、作文多向的螺旋式上升的序列进行,以改革结构,优化情境,提高效率。

四、情境教学的实际操作

运用情境教学首先需用"着眼发展"的观点,全面地提出教学任务,而后优选教学方案,根据教学任务、班级特点及教师本人素质,选择创设情境的途径。

(一)创设情境的途径

创境的途径初步归纳为:生活展现情境;实物演示情境;图画再现情境;音乐渲染情境;表演体会情境;语言描述情境六种。

生活展现情境:即把学生带入社会,带入大自然,从生活中选取某一典型场景,作为学生

观察的客体，并以教师语言的描绘，鲜明地展现在学生眼前。

实物演示情境：即以实物为中心，略设必要背景，构成一整体，以演示某一特定情境。以实物演示情境时，应考虑到相应的背景，如“大海上的鲸”、“蓝天上的燕子”、“藤上的葫芦”、“珊瑚礁的珊瑚”，通过背景，激起学生广远的联想。

图画再现情境：图画是展示形象的主要手段，用图画再现课文情境，实际上就是把课文内容形象化，课文插图，特意绘制的挂图、剪贴画、简笔画都可以用来再现课文情境。其中剪贴画、简笔画，更简便易行。

音乐渲染情境：音乐的语言是微妙的，也是强烈的，给人以丰富的美感，往往使人心驰而神往。它以特有的旋律、节奏，塑造出音乐的形象，把听者带到特有的意境中。用音乐渲染情境，并不局限于播放现成的乐曲、歌曲，教师自己的弹奏、轻唱以及学生的表演唱、哼唱都是行之有效的办法。关键是选取的乐曲与教材在基调上、意境上以及情境的发展上要对应、协调。

表演体会情境：情境教学中的表演有两种，一是进入角色，二是扮演角色。“进入角色”即“假如是课文中的××”；或扮演角色，则是担当课文中的某一角色进行表演。由于让学生自己进入角色，扮演角色，课文中的角色不再是在书本上，而就是自己或自己班集体中的同学，这样，学生对课文中的角色必然产生亲切感，很自然地加深了内心体验。

语言描述情境：以上所述创设情境的五种途径，都是运用了直观手段。因此，情境教学十分讲究“直观手段与语言描绘的结合”。在情境出现时，教师伴以语言描绘，这对学生的认知活动，起着一定的指向性作用，提高了感知的效应，情境会更加鲜明，并且带着感情色彩作用于学生的感官。学生因感官的兴奋，主观感受得到强化，从而激起情感，促进学生进入特定的情境之中。

随着年龄的升高，直观手段逐渐减少，单纯运用语言描绘带入情境日渐增多。

（二）情境教学在阅读教学中的运用

阅读教材中的每一篇课文，几乎都描写了一个特定的情境，而一个情境便是一个整体。其中包含着作者所要抒发的情感，表达的思想，或说明的道理。所有这些，都是由具体的字词句篇构成，以一定的表现形式展现在读者面前的。情境教学正是从这个具体的整体出发，把知识、能力、智力、情感综合起来进行教学的。但在教学过程的不同步骤上，有所区别。

1. 初读——创设情境抓全篇，激发动机理思路

初读，是学生第一次感知教材，这在教学一篇课文的全过程中，显得分外重要。因此，实验班在教学一篇课文的起始阶段，或通过语言描述情境，或描绘画面，或揭示实物，或联系学生的已有经验，导入新课，激起学生阅读全篇的兴趣，使学生主动地去读全篇，弄清作者思路。而不像注入式教学那样等待灌输，被动接受，那样也就无动于衷了。写人、写事的课文，通过情境的创设，唤起学生对故事中主人公的关注；写景、抒情的课文，通过情境的创设，把学生带入丰富的美感中，使学生因爱美而乐于读全篇，主动地了解、欣赏课文所描写的景物，从而体验作者抒发的情感；状物的，则通过情境的创设，对所摹状的物体，获得具体的表象。在此过程中，教师充分利用已激起的学习兴趣，培养学生良好的阅读习惯。从“爱读—认真读”，每次读全篇，做到要求明确，激起思考。防止产生追求情节而对语言、文字不求甚解的毛病，并注意培养学生自己下工夫读通、读懂课文的独立性。教给学生一套自学符号。

2. 细读——突现情境抓重点,从整体上理解关键词、句、段

在概览全貌后,准确地掌握重点段,区分主次是培养学生实际阅读能力的十分重要的方面。实验班,一般都通过带入教材描绘的具体情境,并结合使用点拨、设疑、对比等方法,引导学生去理解关键词句。作者总是通过一定的语言文字去表达胸中的某一情境的,由此也可推论,一旦学生进入了作者描写的那个情境,作者用来表达这一情境的语言文字,则可以从整体上、从内在的相互联系上去理解。即形成"作者用语言文字——(表达)——胸中之境;学生进入作者所描述的情境——(理解)——描述作者胸中之境的语言文字"这样的阅读程序。就拿教学叶圣陶先生的韵文《小小的船》来说,文章虽是短短的四行,但是教师给学生的却是丰富而奇趣的。不过丰富而有趣的课文往往也会因为教授不得法而致使学生学得单调而乏味,如果用"弯弯的月儿像什么?"(像小船)"小小的船是什么样儿?"(两头尖,"尖"就是下面大上面小)"我坐在小船里看到了什么呢?"这样的纯客观的抽象的分析,作品中描写的蓝天、明星、弯月的美感;小朋友凝望月亮而展开的奇妙的联想;登上月亮的无穷乐趣,一年级学生怎么能感受理解呢?又如何通过课文学习,激起他们长大去探索宇宙奥秘的遐想和志趣呢?而情境教学,正是细致地体会了作者的写作意图,引导学生进入课文描写的情境,突出课文重点三、四两句的教学"我在小小的船里坐,只看见闪闪的星星蓝蓝的天"。教学时,教师以一张画有蓝天、星月的很简单的挂图,结合语言描绘把学生带入月夜小朋友凝望像小船一般的弯月的情境中,启发学生在其间观察、思考、想象:"课文中那个小朋友想飞上月亮,你们想上去吗?""好,现在老师带你们上月亮,想想现在你们正坐在院子里,你看着月亮,听着琴声,看着,听着,慢慢地眯上眼睛,于是你一直向月亮飞去"……图画、音乐与老师形象的描述结合,使情境具备一定的强度律,学生多种感官兴奋,产生强烈的情绪,想象开去,一个个圆脸上露出甜甜的笑容。这表明他们已进入看着月亮,仿佛飞上月亮的情境中。片刻,孩子睁开眼睛,兴奋地说:"我上月亮了!""我也上去了!""我觉得身子轻了!""我的腿好像长长了!""我好像有了一对翅膀。"……学生真实的感受,美妙的遐想,不仅有眼前的景,也有广远的境,且激荡着美好的情感,使学生一个个成了课中的"我"。这就不是课文上的那个小朋友上了天,而是"我"上了月亮,这种感情体验真切感,对课文的亲切感,使学生兴奋不已。阅读过程的多种心理因素积极活动,读出韵文的情味,而且是百读不厌。当进行"我在月亮上,看见______""______在蓝蓝的天上______"的句式训练时,学生恰到好处地表达了自己真实的感受,这与那种搜索枯肠的用规定词儿造句的情绪与效果是大不一样的。因为情境为学生提供了运用语言的整体的具体形象的场景。在细读过程中,通过创设情境,带入情境,引导学生从蕴含在教材字里行间的情理的整体上来理解词、句、重点段,这样的理解是伴随着形象与情感的理解。这才是真正的语言学习。同时,如何通过语文教学渗透教育性,发展审美情感及道德情感也随之得到落实。经过如此引导训练,日后就可不待老师带入情境,学生即可运用"视像",自己进入作品描写的情境。从而理解作品语言,深受作品感染——应该说,这是情境教学的理想境界。

3. 精读课文,凭借情境品语感,欣赏课文精华

所谓"精读",要求能在读懂全篇的基础上,抓住课文精华读深。课文精华即绝妙之笔,或一段,或一节,或一词一句。多读精华之处,是体会教材思想感情,提高文字表达能力的重要环节;也是提高学生阅读能力、欣赏水平的有效步骤。并从中形成关于"美"与"丑"、"是"与"非"的审美观念,因此,培养初步的鉴赏能力显得十分重要。

在实验班，主要做法是引导学生体会语感。读画，要能悟出其中神韵，体会“画中之情，画外之音”。同时，读书也要能悟出文章中传神的字字语语。而作为一个读者对文章神韵的敏锐的感受，便是语感。抓住语感便抓住了语言最本质的东西。苏霍姆林斯基曾强调“学校里应该有一种高度的言语素养，有一种对词的高度敏感的气氛”。在实验班组织学生精读时，教师十分重视对教材语言的形象、节奏、气势以及感情色彩的推敲、品味。文章的语感，非读者在阅读过程中亲自体会不可；教师的讲授、解释是不能代替学生对语言的感受的。到精读阶段，则凭借所创设的情境，抓住教材传神之笔，让学生体会其语感。做法：一是比较，二是诵读。“有比较，才有鉴别。”比较的方法是最有效的。具体说来，有如下几种：① “增”与原文相比；② “删”与原文相比；③ “替换”与原文相比；④ “前后改动”与原文相比。引导学生比比、读读、想想、讲讲，从而体会到整齐与错乱，细腻与粗略，形象与干巴，具体与空洞，准确与牵强之间的差异，从而在比较中加深感受。例如：《粜米》一课：“‘还是不要的好，我们摇回去放在家里吧！’从简单的心里喷出了这样的愤激的话，”句中“简单的心里”就用“删”与“留”相比的方法，而“喷”则用“替换”与“原文”相比的办法。这样的推敲、比较，学生对语言的敏感程度必会逐步提高。在阅读中就会较敏锐地抓住一些富有神韵的词句，在自己的书面表达中，也逐步懂得锤炼词语。

文章的语感除了内含的神韵，还可以通过声音和语调显示出它的气势和节奏。因此，在实验班的语感教学中，常常把比较词语与比较朗读结合进行。这样一比一读，学生通过自己的运动觉，发出声响，又传到听觉，多种感官活动，从而体会到语感，对文章语感的体会就更深了一层，长此以往，语言的功底才会逐渐打好。

如上所述，实验班在情境教学的探索中，摸索出“带入情境读全篇”，“强化情境抓重点”，“凭借情境品语感”适用情境教学的阅读程序，达到“初读—读通—弄清作者思路”，“细读—读懂—理解关键词句段”，“精读—读深—学会欣赏课文精华”。这是顺应了学生学习生活及将来工作实践的阅读程序的。

（三）情境教学在作文教学中的运用

1. 指导方式：以观察情境为基础

“观察情境作文”可为作文教学的主要形式。所谓“观察情境”，它的内涵就是去观察世界，不过它更讲究观察客体的意境和观察者本身的情致。从儿童的思维特点、心理特点以及学习语言的特点可看出观察情境教作文的科学性。

那么，让儿童观察些什么呢？主要是观察大自然，观察社会生活（也包括学校生活），此外也要观察一些艺术作品或具体的实物。这三者从美学原理来讲，正涉及自然美、社会美和艺术美的审美范畴。这样，儿童在学习作文的同时，也势必会感受到美，从而使儿童的情操得到陶冶。在这里，应该十分强调儿童对大自然的观察，那是艺术语言的发源地。我常常把学生带到大自然，带到美的世界中去。在大自然的怀抱中，学生心情愉悦，爱美之情升腾起来，学生的语言便会伴随着情感而产生飞跃。生活中种种充满活力的声音，简直像音乐一样诱惑着孩子们。在实验班，学生观察大自然是持续进行的，概括起来，大致是五个方面：即“春夏秋冬、日月星辰、山川田野、风云雨雪、冰雾雷电”。到了中高年级应有计划地引导学生去认识社会生活。观察社会生活，一定要选取那些光明的、美好的人和事。我总是让我们社会主义祖国那些光明的美好的东西作为主流，首先进入学生的意识，选取那些美的人和事为作文题材,让学生在情境中观察体验,培养学生健康、纯真的情感。这样有选择地带领学生去观察社会生活,不仅丰富了写作题材,而且在此过程中使学生受到了良好的审美教育和道德教育。

在观察情境中,努力选取鲜明的感知,安排合理的观察程序,考虑好富有启发性的导语,那么,学生便有可能做到"多见而识之",通过学生自己实际的感受,让他们去说、去写,表达的是真实的感受。学生的作文便是有感而发。

2. 指导重点:激发情趣,开拓思路

谁要想发展学生的语言能力,首先应该发展他们的思维能力。从当代教育的培养目标来要求作文教学,更应该将训练学生的思维,发展他们的创造性,列入教学要求。不着力开拓学生的思路,指导得再详尽也无济于事。事实上,只有注重儿童思维的发展,尤其是创造性思维的发展,学生的作文才能写出自己的感受。作文指导"统得过死",无益于学生语言和思维的发展。"观察情境教作文",通过观察情境,学生获取了题材,写作欲望也随之激起。在作文指导课上,通过教师的引导、描述或某些直观手段,将观察的情境再现学生眼前,唤起他们亲切的回忆,进一步激发写作动机,使思维活动处于最佳的情绪状态,教师利用学生急于表达的心理,把重点放在拓宽学生的思路上,促使学生在情境中构思,在情境中表达,进入"情动而辞发"的境界。至于审题立意,布局谋篇的能力,不是靠注入式的教学、靠老师的讲解所能形成的,而是要靠学生在一次又一次的写作实践中,在成功与失败之中去体会,去领悟的。

拓宽学生思路的具体做法,可概括为以下四点:

① 确定题材范围,自我选材命题;

② 灵活运用提纲,提倡多种组合;

③ 抓住重点段落,帮助生发开去;

④ 鼓励大胆创造,进行想象性作文。

3. 指导原则:范文引路,实行读写结合

一篇教材就是一个例子,以范文引路,实行读写结合,是提高小学语文教学质量的重要原则。同样,在运用情境教学的过程中,为进一步发挥范文的作用,实验班对教材的增选编排,以及使用都作了初步的改革。

运用情境教学改革,仅仅是个教学途径、手段的问题,重要的是教学内容,即教材。我们的实验以发展儿童的创造精神和审美情趣为重点,带动儿童的全面发展。因为人的创造精神及审美情趣,不仅影响着人的智力发展,而且直接影响人的道德情感、道德观念的形成。实际上,这正是语文教学发展性与教育性的体现。这种指导思想需要通过教材去体现。于是,我们除了使用部编教材,又自行编写了一套补充教材(共十册,已由江苏教育出版社出版)。这套教材在编写意图上,① 体现了实验目标的重点,侧重发展儿童的创造性和审美情趣;② 体现学科特点,以能力训练为主线,使儿童提早掌握读写工具;③ 考虑未来社会对学生的需要,早期渗透科普教育,注意应用性语言的训练。总的编写原则是"着眼发展,着手基础"。每册50篇,全套500篇,入选文章注重语言规范,文字优美,名家名篇所占比重逐年增加,以真正发挥范文的示范作用,使学生可读、要读、爱读。

一、二年级从改革教学序列、结构着手,采取"识字、阅读、作文"三线同时起步;结合学生生活组成单元,然后根据单元主题,进行观察说话、写话。三、四、五年级,为强化感知效应,帮助学生掌握规律，采取四结合大单元教学强化。将部编教材按题材类型归类，相对集中，重新组合单元，并紧密结合单元内容，安排观察、访问、劳动、制作等课外活动及相应的习作训练。由于单元入选教材基本属同一范畴，不仅可以强化思想教育，而且可在习作上帮助学生触类旁通，充分发挥每篇范文的范例作用。教学内容这样编排单元，途径上情境教学，使读与写、认知与情感、课内与课外、训练语言与发展智力四结合，形成一个整体，以单元形式集中教学，集中训练，有利于以读带写，以写促读，文道统一促进儿童诸方面和谐发展。

4. 训练程序：提早起步，螺旋上升

儿童发展的诸多方面，是通过语言实现的。小学儿童还处在语言发展的最佳时期，需及早地加以培养训练。为了不失时机地促进儿童的发展，实验班的语言训练提早起步，提高起点，从一年级起，在识字的同时，进行大量的语言训练，以词句训练为主，并同时开设口头作文课，包含着简单的字词句篇的综合训练。从二年级写观察日记到三年级情境作文，有词句段篇的训练，克服"注入式"教学搞大量单项的习题式训练的弊病，而是从整体出发，各年级有所侧重，螺旋上升，有效地促进儿童语言的发展。具体做法，概括为四句话：① 从写"一句话"开始。② 观察日记打下认识与表达的基础。③ 情境作文是训练的主要方式。④ 辅以各种应用性语言训练。

情境教学的运用，使实验班的作文教学出现了生机勃勃的现象。观察情境作文，极大地丰富了学生的表象，他们作文不再为无话可说而苦恼。学生语言文字的基本功，早期得到扎扎实实的训练。因此，实验班学生的思维与语言通过情境作文这项创造性的作业，得到较大的发展。实验班 43 个学生，有 33 人在报纸、刊物上发表了观察日记、作文 70 余篇，有 3 名学生作文在全国获小学生作文一等奖，有 93.5%作文成绩达到优良，其中 55.8%达到优秀。

情境教学在操作过程中，注重情感的作用，把儿童的情感活动与认知活动结合起来，二者互为手段，互为目的，不仅促进了学科能力的"特殊发展"，而且促进了儿童智力、情感意志的全面发展。从这样的理论高度再思考，再探索，情境教学将获得进一步的发展。

小学语文"大量读写·双轨运行"实验报告[①]

李昌斌　张振国　沈培坤

一、起步前的思考

(一) 从提高劳动者素质的需要引起的思考

《中国教育改革与发展纲要》(以下简称《纲要》)指出:"世界范围的经济竞争、综合国力竞争,实质上是科学技术的竞争和民族素质的竞争。"《纲要》第(4)条把我国当前出现一系列问题的一个重要原因归结为劳动者素质低下,接着指出:"发展教育事业,提高全民族素质","这是我国实现社会主义现代化的一条必由之路"。素质教育呼唤改革。

(二) 从小学语文教学现状引起的思考

从素质教育的要求看,我市小学语文教学主要存在两个问题:① 只抓小块试验田,不抓大面积丰收。全市目前参与各种教改实验的学生不足 3 000 人,班级不足 50 个,只占学生总数的 0.6%,这与素质教育的要求是相背离的。② 还有 99.4%的学生处于传统教学的统治之下,教学思想落后,教学方法陈旧,教学质量低下。大多数农村小学约有 60%的学生达不到《纲要》要求。

(三) 从龙口实验小学语文教改经验引起的思考

1986 年秋,龙口实验小学在三至五年级每周开设三节"自由读写课"(从语文课挤出两节,加上课外阅读一节),学生分班轮流到阅览室博览群书,随时写出读书笔记。三年后,两个惊人的数字出现了:三年内每人平均读课外读物 150 万字,是 10 本小学语文课本总字数的五倍,平均写读书笔记 8 万字,是课堂作文总量的四倍,学生的读写能力大面积大幅度提高,为语文教学改革找到一条低耗、高效的成功之路。

二、实验构想

在总结龙口实小经验的基础上,结合我市实际情况,博采众长,优化组合。初步形成小学语文"大量读写·双轨运行"(以下简称"大量读写")的基本框架:一个目标,四条原则,两条轨道,两个结合,六种效益,简称"14226 工程"。

实现一个目标:以素质教育为基点,以"大量读写"为前提,以"双轨运行"为机制,面向全市 50 万小学生。在不改变现行教材、不增加课时、不挑选教师、不加重学生负担前提下,大面积大幅度提高小学语文教学质量;同时还要在培养兴趣、开发智力、"转差促优"和强化思

---

① 原文发表于《山东教育科研》1988 年第 3 期。

想品德教育诸方面有所突破,为小学生各种素质的全面发展创造条件,打好基础。

坚持四条原则:限时、大量、低耗、高效。即在规定的语文教学时间内做到"大量读写",在不加重学生负担的情况下提高效率。

实行"双轨运行":指把国家规定的语文教学时间一分为二:以五分之四的时间用于课堂教学,强化"双基",抓根固本,这是一条轨;以五分之一的时间开设"自由读写课",一年级每周一节,二年级每周两节,三至五年级每周三节(包括课外阅读一节),培养自学能力,开发智力,以弥补课堂教学的缺陷和不足,这是另一条轨。课堂教学和"自由读写",各有优势,也各有自身难以克服的缺陷。二者的有机结合,才能形成缺陷相克、优势互补的教学新体制。

做到两个结合:

(1) 课堂阅读教学与"自由阅读"相结合,建立阅读教学"双轨运行"新机制。课堂教学打基础,"自由阅读"练能力,要得法于课内,受益于课外。二者的联系点是:① 从基础知识上联系;② 从阅读技巧上联系;③ 从理解能力上联系;④ 从篇章结构上联系;⑤ 从训练重点上联系。

(2)"生活作文"(即命题作文)与"阅读作文"相结合,建立作文教学"双轨运行"新机制。"阅读作文"打基础,"生活作文"上水平。"阅读作文"从三年级开始,在指导学生大量阅读的基础上写好四种类型的读书笔记:摘抄型、提纲型、感想型、评价型。这些读书笔记对"生活作文"有"营根固本"的功能:① 积累功能;② 表达功能;③ 启智功能。所有这些,都为"生活作文"在语言、思维、方法、题材诸方面提供借鉴,积累材料。

"生活作文"即反映学生自己生活实践和感情体验的作文。建立在"阅读作文"基础上的"生活作文",必然有后劲,有活力。"生活作文"要求做到"三个开放"、"四步程序"、"快慢结合"。"三个开放"是:向大自然开放,向社会开放,向学生的心灵开放。"四步程序":写前准备,独立试写,质疑评议,修改达标。"快慢结合"即快速作文(当堂命题,40 分钟成文)与常规作文(120 分钟完成任务)相结合。

创造六种效益:六种效益是兴趣效益、阅读效益、写作效益、启智效益、教育效益和学习习惯养成效益。这六种效益是从素质教育的需要分解出来的,也是这项教改实验本身所具有的,有主有从,相辅相成,辩证统一。

三、实验过程与方法

实验过程:大体分三个阶段,第一阶段为培养典型(1990 年至 1992 年),帮助龙口市实验小学进行经验总结和理论升华;第二阶段为规模实验(1992 年至 1994 年),在龙口市、招远市、福山区、牟平区、开发区逐步推开,成效显著;第三阶段全面推广(1994 年至 1995 年),到目前为止,全市 13 个县市区参与这项教改实验的学生达 40 万人,11 800 个教学班,普及面达 80%以上。

实验方法:我们通常采用下列几种方法:

(一) 文献法

就是对有关文献资料进行查阅、分析、整理,从而找出事物的本质属性。如对我国目前小学语文教学改革主要流派的比较研究,对"双轨运行"互补性的研究,都是在查阅了大量文献资料的基础上,进行分析、比较、归纳,从而找出其精华与缺陷,为我所用。

（二）实验法

分单组实验、等组实验和轮组实验。如为了证明开设“自由读写课”对教学质量的影响，我们于1990年秋以福山实小三年级三班为实验班，每周开设三节“自由读写课”，其他三个班为对比班，按常规教学。一年后区教研室进行统考，实验班平均高出三个对比班10.8分。

（三）调查法

通常是围绕一个重点，编写调查提纲，通过走访、听课、检查作业、召开座谈会、进行问卷调查等方式，从中找出规律性的东西。例如对“双轨运行”互补性的研究，就是通过调查在掌握大量事实和数据的基础上，从学习兴趣、基础知识、读写能力、“转差促优”、发展智力、思想教育等六个方面进行分析论证，说明“双轨运行”有很大的互补性。

（四）个案研究法

例如福山区浒口小学三年级学生赖丽，历次考试语数两科总分不满20分，字不会写，书读不成句，说话颠三倒四。自他喜欢读课外书后，不停地读呀，写呀，半年后语文成绩由8.9分上升到50多分，期末考试竟达69分。通过这个典型案例的剖析，不难看出语文学习后进生转化的三个基本条件是：第一，对语文学习要有兴趣，这是转化的秘诀所在。兴趣越浓，转化的动力就越大。第二，要多读多写，多中求好。第三，要掌握读写的基本规律和方法，才能无师自通。

（五）经验总结法

这是基层单位最常用的一种方法，具有广泛性、群众性和多样性的特点。在我们所占有的全部资料中，有80%属于经验总结。运用这种方法，要正确处理现象和本质、局部和整体、材料和观点、内因和外因等关系，切忌主观性、片面性和表面性。

四、实验成果与初步结论

小学语文“大量读写·双轨运行”教改实验，目的在于创建素质型的小学语文教学体系。素质教育不同于“应试教育”，它把着眼点放在人的素质的全面发展上，即人的质量的全面提高。许多专家早就提出“素质教育”的主张，但在小学语文教学中却难以落实，原因是多方面的，传统的“三为主”（教师为主、课堂为主、课本为主）教学机制的约束恐怕是主要的。我市实施“大量读书”教学实验以来，彻底打破了“三为主”的教学模式，为语文教学带来无限生机和活力。素质教育因素从五个方面突出地反映出来。

（一）学习兴趣

兴趣出勤奋，出智慧，出成绩，出人才。兴趣带有强烈的感情倾向和个性特点。它能使学习由难变易，由苦变乐，由低效变高效。过去，学生对语文学习感兴趣的约占25%，自从开展“大量读写”后，三年级以上学生每周都有三节自由阅读课，学生面对大量图书感到新奇、兴奋，热爱语文学习的人数很快上升到85%以上，并具有稳定、持久的特点。这种兴趣，与教师通过种种“激情引趣”的教学手段诱发出来的学习兴趣是截然不同的：前者是自发的内在的,后者是引发的外现的;前者主要是内因起作用,后者主要是外因起作用。正如布鲁纳所说:"最好的学习动机莫过于学生对学科本身发生兴趣。""大量读写"使学生通过"自由阅读"进而热爱语文学习,从而进入"乐学"的理想境界。

(二) 语文成绩

多次测试表明,实验班的成绩每年以高出对比班 5 至 10 分逐年递增。到小学毕业时,学生的阅读能力和写作能力能够接近或达到一般初中二年级学生的水平。1990 年秋,我们在福山实验小学三年级(三)班搞"自由读写"试点。该校三年级共四个班。其师资水平和学生基础相差无几。一年后,区教研室进行全区统考,结果实验班比三个对比班平均高出10.8分。龙口市教研室和牟平区教研室分别对各自的实验小学和当地初中二年级学生的读写能力进行对比测试,其阅读能力(有四项指标)和作文能力(有六项指标)的平均成绩均高于初中二年级学生。

布卢姆认为:教学的三大变量是认知的前提能力、感情的前提特征和教学的质量,它们对学习达成度的影响分别占 50%、25%和 25%。"双轨"教学之所以能大面积大幅度提高教学质量,就因为它较好地发挥了"认知的前提能力"和"感情的前提特征"两大变量在教学中的巨大作用。通过"自由读写":① 充分调动了学生的学习积极性;② 为语文教学创造了一个广阔的知识背景和智力背景,能使大量的后进生转化为中等生和优秀生;③ 有充分的自学时间,能使学生的自学能力得到迅速的发展和提高。

(三) 智力开发

苏霍姆林斯基说:"30 年的经验使我深信,学生的智力开发决定于良好的阅读能力。"大量的自由阅读,能使学生冲破教科书的局限,遨游于书籍的海洋,知识丰富了,眼界开阔了,思维活跃了,智力也就发展了。智力的开发,既能使优生超常发展,又能使差生及早转化。例如龙口市羊岚小学实施"双轨"教学两年后,一至五年级及格率由 88%提高到 99.2%,优秀率由 34.4%上升到 71.2%。据多次调查表明:有 70%以上的学生认为在他们掌握的知识总量中,有 40%来自课堂教学,有 60%来自课外阅读。正是来自课外阅读的这部分知识,涉及数学、自然、历史、地理、思想品德等学科,从而也促进了这些学科教学成绩的提高。

(四) 思想教育

开设"自由读写课"能产生一种强大的教育力量,它在很大程度上能承担并完成小学思想品德教育的任务,从而改变学校德育的基本格局。在小学,最富思想教育因素的活动有五项:自由读写、班主任工作、少先队活动、语文教学、思想品德课教学。在这五项活动中,哪一项对学生的政治思想、道德情操、意志品质的影响最大?福山区十个乡镇 4 970 名五年级学生回答如下:

项目	自由读写	班主任工作	少先队活动	语文教学	思想品德课教育
人数	2 490	796	696	499	489
百分比	50.1	16	14.1	10	9.8

"自由读写"十课堂语文教学形成"双轨运行",二者的和占60%,很快占领了小学思想政治教育阵地的"半壁江山",这不能不说是一个奇迹。

(五) 习惯养成

学习方法也好,学习习惯也好,它的形成和发展决定于两个因素:一是学习兴趣的浓淡,二是运用机会的多少。"自由读写课"的开设,既能使学习兴趣大大提高,又能使学生运用课堂所学知识和技能的机会大大增加,从而取得显著成效。掌握科学的学习方法和养成良好的学习习惯已成为学生的主动行为和自觉要求。据抽样调查,四、五年级有93%的学生掌握了朗读、默读、背诵、复述、泛读、浏览的方法和要领;90%的学生掌握了推敲词义、理解句子、概括段意和中心思想的规律;92%的学生掌握了审题、选材、立意、谋篇和修改的要领和写四种读书笔记(摘抄型、提纲型、感想型和评价型)的方法。与此同时,边读边思考的习惯,使用工具书的习惯,写读书笔记的习惯,修改文章的习惯,都已基本形成。

以上所述是"双轨"教学实验的主要成果,它涉及学生的身体心理素质、文化科学素质、思想道德素质,包括小学素质教育的大部分内容。除此之外,这项实验还有三大优势:① 覆盖全。全国小学语文教改流派纷呈,成果累累,可惜不少教改实验的覆盖面太小,或几个班,或几十个班,多半集中在城市,占学生总数80%的农村学生被拒之于教改门外。素质教育要求小学语文教学必须覆盖所有小学、所有学生(包括贫困山区的学生),使95%以上的学生从中受益。我们曾对"双轨"教学的可行性在一个山区乡镇学校进行调查,结果说明它受到所有教师的一致称赞和欢迎。② 效益高。集中表现为"一高三大","一高"是学习热情高,前所未有,经久不衰;"三大"是知识总量大,是教材知识规定量的1.5倍,阅读总量大,是教材实有量的3倍,写作总量大,是教材规定量的2.5倍,这是大面积提高语文教学质量的关键所在。③ 功能多。多数教改实验的功能都是单一的,而此项教改实验的功能是多项的:除大面积提高教学质量之外,还在激发兴趣、开发智力、思想品德教育等方面发挥出巨大的潜能,取得显著成果。

"注・提"实验:小学语文教改的整体构想①

佟乐泉　张一清

一

几十年来我国小学语文教学改革的历史,是一个不断探索中国儿童学习中国语文规律的过程。虽然这个规律现在还不能说得一清二楚,但每种教学方法都从某一侧面去探索它,并取得了可喜的成绩。"注音识字・提前读写"(以下简称"注・提")实验虽然出现得比较晚,但它更多地吸取了前人的经验,对小学语文教学的系列和环节重新进行了合理安排,从而使之更符合语文学习的规律。

50 年代初,为了改变当时语文教学中普遍存在的事倍功半现象,语文教学专家明确提出了"小学低年级以识字为重点"的方针,这在当时是一个进步。明确了任务、重视了基础,无疑是一种改革。尔后,人们把注意力集中在识字这个重点上,创造了行之有效的"集中识字""分散识字"等多种方法。与此同时,也就有意无意地固定了一种模式,就是小学生入学之初先集中力量识字,然后再读书、作文。这个被形容为"三阶段"的做法沿袭日久,人们也就习以为常了。然而,这种做法存在着一些问题。

大家知道,学前儿童的口语发展和思维发展基本上是同步的、相互促进的,到将上小学时已经达到了相当的水平。但一入学,口语和书面语的差距就明显地表现出来了:能听懂的故事看不懂,能说出的话写不出来。要想解决好这个矛盾,只有尽快学好书面语。学习书面语的途径有两条,一条是先集中力量识字。但学习汉字不花费相当长时间积累到一定的量是不能读书的,用有限的字写出一些文句来,内容也远远达不到儿童思维的水平,所以,这个办法虽然在教学安排上比较集中整齐,却不利于甚至可能阻滞儿童言语思维的发展。另一条是抓住语言和思维发展这条主线,合理安排书面语的学习。

"注・提"实验者正是从这一指导思想出发去探索的。具体到教学上,就是不从所学汉字出发去选择学生读的课文,而是放手让学生去读适应他们言语和思维水平的加注拼音文章。作文不局限于学生会写哪些字,而是鼓励学生写出他们的话语和意思来。由于低年级儿童口语和书面语水平相差悬殊,因此要借助汉语拼音进行过渡,也就是让学生阅读加注汉语拼音的文章,允许学生用汉语拼音写话。这样一来,就不再单费时间去学习汉字,而是尽快地接触到书面语本身。也就从"三阶段"的学习变成了综合提高。阅读训练、写话训练开始较早,识字、写字融入其中。每一个环节训练的目的都不是单一的。事实上儿童口语和书面语的发展、言语和思维的发展都不是脱节的,而是相辅相成的。我们并不是说现在的"注・提"实验已经把这些原则贯彻得很完美了,但这种讲求综合效益、紧扣语文教学总目标的努力是值得提倡的。

---

① 原文发表于《语文建设》1993 年第 4 期。

以前,低年级的语文课几乎每个课时都规定了识字的具体数额,完成的标准是当堂或当天达到"四会"(读、写、讲、用)。这个标准不够合理,因为它不符合循序渐进的原则和记忆的规律,实际上是很难达到的。"注 · 提"实验改变了这种做法,学了汉语拼音之后就让学生读加注拼音的故事。最初学生只能读拼音,但由于拼音下面就是汉字,所以他们读拼音的同时就看到了汉字。读的文章多了,汉字见面的次数也就多了(特别是出现频率高的汉字),对它们的音、形、义就渐渐熟悉以至逐步掌握了。一段时间后,学生就不读拼音而直接读汉字了。这样,学生就从开始读拼音进到读拼音夹汉字,再进到汉字夹拼音,最后达到读汉字文章。这个过程是个渐变的过程,不规定指标,也不强求一致。由于学生在阅读中识字有个从似曾相识到熟悉再到掌握的过程,所以记忆比较牢固,识字的范围也形成了不同的层次,并渐次扩大。实践证明,这样的教学安排不但有利于训练读写,而且同样能够达到牢固掌握汉字的要求。因此我们认为,这种讲求综合效益的教学安排符合儿童的学习规律,具有创新意义。

二

"注 · 提"实验的成功,关键是提前、大量阅读。

阅读是语文教学的中心环节,阅读技能的获得只能逐渐培养而不可能通过传授一蹴而就。因此,及早阅读、大量阅读是十分重要的。以往的语文教学之所以不能及早阅读,主要是受识字量的限制。"注 · 提"实验让学生读汉语拼音和汉字并排的双行课文,识字量少的障碍就可以绕过去了。因此它提供了及早阅读的可能性。但只有可能性还不够,因为就是把所有语文课的课时都用于阅读,读的篇数也是很有限的。要想做到大量阅读,还要解决学生课后自觉、主动找书读的问题,也就是要激发儿童的阅读兴趣。在这方面"注 · 提"实验改变了学生受识字量限制不得不选择早已听熟的或过于浅近的故事的状况,使学生能够自由地选择自己感兴趣的、能获得新知识的作品去读。这样,就变老师指定读为学生找书读了。学生这种可贵的阅读积极性就使大量阅读成为现实。

为什么只有通过大量阅读才能提高阅读技能呢?

人们一般认为,阅读理解是"被动"发生的,也就是说,给什么材料就读什么材料,材料超出了认识水平,就会产生理解上的困难。这话没错,但实际情况还要复杂一些。为了探明理解的过程,我们进行了这样的实验:以 1/10 秒的速度在屏幕上呈现两组句子,让二、三年级的儿童读。一组如"老师教学生","阿姨讲故事"等,内容都是极常见的事实;另一组如"学生教老师""阿姨听故事"等,也都是事实,但不常见。两组句子形式、长短完全相同,只是用词上小有差异,或只是主宾互换。然而实验结果,两组句子的正确率却出现了明显的差异。学生读第一组句子很轻松,成绩很好;读第二组句子却错误很多,或读不出来,成绩较差。这个结果说明,人并不完全是"被动"接受外界刺激的。当人读了第一句话的第一个词之后,就会对下面将要出现的语词有所预期。这种预期来源于他的生活经验、阅读经验和知识背景。也就是说,人脑中已经储存着过去得到的某些模式,只要一开始阅读,就自动地以这些模式和现在的外界刺激相匹配。匹配成功了,阅读理解就能顺利进行;匹配不上,就会产生理解上的困难无法读下去。小学生看到"老师",立即预期后面可能是"教"这个动词;看到"老师教",大都预期后面是"学生"这个名词。我们呈现的恰恰是"老师教学生",学生当然就读得很顺利。当出现"学生"时,儿童会预期下面是"学",如果是"教",学生脑中没有储存过这个模式,就会不相信自己的知觉,认为看错了,因而产生理解上的困难。成人则不同,他们看到

"学生"一词,也首先预期会出现"学",但现实刺激是"教"而不是"学",这时他们就能自动提取另外的模式去和它匹配,从而顺利地读下去。他们脑中储存的模式比儿童多,转换的灵活性大,因而预期的准确性也就高。这个实验说明,阅读理解不只是人眼接受外界刺激传入大脑进行加工的过程,同时也是人脑不断提取已储存的模式和外来刺激相匹配的过程。儿童的生活经验还不丰富,词语搭配习惯、各类知识都需要通过阅读去积累。大量阅读使得学生见多识广,储存的模式便不断增加,预期的准确性越来越高,阅读技能也就不断提高。

抓住了提前、大量阅读这个关键,各项训练就可以有机地组织在一起了。例如学习汉语拼音,主要目的是为了给提前、大量阅读及写话开辟道路,同时也起到了正音的作用,特别是在方言区和少数民族地区。阅读的内容与儿童的思维及口语水平相适应,就不但能发挥以语带文的功效,而且有利于听、说能力的提高。阅读拼音与汉字的双行文章,不只是在进行阅读训练,而且是在应用中学习汉字,阅读成了识字的手段。阅读中学到的东西能应用于作文,而作文又增加了运用拼音和汉字的机会,反过来又促进了阅读能力的提高。这样一来,各种训练就不再是先后次序的关系,而像一棵以阅读为主干的大树,各种训练犹如树杈,都从主干派生出来,却又声气相通,彼此滋养。因此,提前、大量阅读,是"注·提"实验成功的关键。

三

小学高年级的"注·提"实验,要加强横向联系,注重实际应用。

近年来,我国小学语文教学改革流派纷呈,出现了相互竞争又相互学习的好局面。但许多实验,都存在着低年级段特点鲜明、高年级段特点不够突出的情况。也就是说,到了高年级段,不大容易看出各种实验在教学方法上的差别来。应当怎样看待这种现象呢?我们认为,这种情况是正常的。儿童入学之初,语文基础较薄弱,多数儿童还没有接触过书面语,他们学习的自主性比较差。这个时期学语文从哪里入手,用什么方法入门,主要是由老师选择的教材、教法决定的。这些选择的效果,也比较直接地从学生的学习成绩中反映出来。因此在这个时期,不同的教学方法对学生的制约作用比较大,各种教学方法呈现的特色也比较鲜明。在这一时期,一年级小学生在"集中识字"实验班就可能掌握较多的汉字;在"部件识字"实验班就可能对汉字的部件名称、结构方式了解得更多;在"分散识字"实验班就可能对字的音、形、义的结合及运用更熟练些;在"注·提"实验班则可能读汉语拼音的短文更流利些。语文学习要培养各方面的能力,各种实验都在强调能力的全面培养,但由于侧重面不同,就某一实验来说,总有一些能力获得长足的进展,表现出优势,而另一些能力只得到一般发展,不那么突出。这是很正常的现象。到了高年级,情况就发生了一些变化:学生的语文知识积累增加了,基础比较厚实了,学习的自主性也相应增强了,教材、教法虽然仍起着一定的制约作用,但这种作用不再那么直接地在学生身上反映出来了。由于高年级影响学习效果的因素增多,教学方法的改变不容易很清楚地显示出对应的效果。高年级学生无论是知识的积累还是能力的培养,都逐渐从单一走向综合。这时起主要作用的是学科自身的特点和儿童的认识规律,各项教学改革的特点就渐渐让位于学习的共同规律了。

"注·提"实验也不例外。它在低年级所表现出的鲜明特色,到了高年级就不那么突出了。我们认为,应当看到这种趋同现象的合理性。教学改革的目的是为了更好地完成语文教学任务,只要目的能达到,就没有必要为显示特色而刻意地去追求标新立异。那么,在高年级段,“注·提”实验怎样继续发挥自己的优势,把总体构想贯彻到底呢?有人主张把原来中学阶段的知识下放,学一些初中的课文。我们不笼统地反对实验班多学一些知识,或进行一些中学才进行的训练,因为事实上现在高年级实验班已经学了一些一般学校没有学到的知识。我们只是反对简单地下放知识,不赞成实验班要达到现在中学几年级水平之类的要求。我们建议在加强横向联系和注重实际应用上多下工夫。

语文各项技能的培养并不只是在语文课上完成的,它需要多方面的综合与配合。语文和历史、政治等学科有着天然的联系,又是算术、常识等学科的基础。如果以语文实验为突破口,带动其他各科全面改革,进而使学校的“德智体美劳”五育都出现新的面貌,就能使教改实验真正落实到培养人才上。我们看到,近年来,许多“注·提”实验班也同时进行算术教学改革,取得了很好的经验。也有的班结合思想教育、美育甚至体育,进行了可贵的探索。这种加强横向联系、彼此促进、共同提高教学水平的做法,是应当提倡的。

现在有些学校,一至五年级进行“注·提”实验,到了六年级,为了应付中考,不得不把统编教材有而实验教材没有的课文全学一遍。这样做的良苦用心我们很理解,但这并不是实验者预期和自愿的。不少地区的“注·提”实验已经进行了五六年,在高年级段如何发挥和扩大自己的优势方面也取得了一些经验。其中重要的一条是加强与社会生活的接触,注重实际应用。例如让学生读一些法律法规条文、合同契约、产品说明书,写一些社会调查文章,评报评书,进行街头宣传等等。这些活动实用性强,其中有不少活动的主要目的虽然不是学语文,然而有助于加深学生对学好语文的认识,同时开阔了视野、了解了社会。

当然,我们也要坦率地承认近十年来,实验的重点是低年级的“注音识字,提前读写”。因此低、中年级的经验多些,成熟些;高年级的经验少些,尝试性的东西多一些。实践出真知,有了小学语文学习的宏观构想,有了低、中年级的较扎实的经验积累和高年级实验的尝试,我们相信“注·提”实验将为确立中国小学生语文学习的总体框架,为探索中国儿童学习语文的基本规律作出新的贡献。

小学语文"作文先导式"教学模式探索①

方展画　庞红卫

我们于 2000 年开始在浙江省 7 市 23 所实验学校所进行的教育部"十五"重点课题——"作文先导式"教学改革实验，正是力图以"语境—语用"为主线来重整语文教学板块，将语文学习与情景语境相关联，引导学生出于表达和交际的需要，自觉、主动地识字、阅读，学习口语和书面交际，探索语文教学改革的新路径。为了便于总结、推广，我们在实践过程中提炼出"作文先导式"的基本教学模式。

一、"作文先导式"教学的基本理念表述

所谓"作文先导式"教学，是以"作文"或"说文"为教学载体，以表达与交流为操作平台，以整体性和综合性为价值取向，以学生的兴趣需求为教学逻辑起点，以学生的自主体验为语文学习的认知基础，构筑一种全新的语文教学模式，切实提高语文教学效率。"作文先导式"教学，不是作文教学的改革，而是语文教学的整体改革。

"作文先导式"教学的基本做法是：打破现有语文的教学程序与内容序列，通过创设一种情景，鼓励学生进行自主活动(包括自主合作)，诱导学生进行表达和交流，并以"作文"为载体，使学生产生识字的需求、阅读的需求以及提高表达水平的需求。在此过程中，教师根据学生自主活动的实际情况与需求，有机地并且是动态地组织教学，使学生在自然的体验过程中兴趣盎然地学习。

因此，"作文先导式"语文教学实验是以学生的体验为基本教学资源、以学生体验的表达(说文、作文)为主要教学环节的语文教学改革。它不限于"作文教学"范畴的改革，而是属于"语文教学"范畴的改革。

"作文先导式"语文教学实验力图打破原先以书本为中心的语文学习模式，以兴趣需求为逻辑起点、以自主体验为认知基础、以作文(说文)为载体，在"情境—需求"的平台上有机地综合传统语文教学中的识字教学、阅读教学和作文教学。通过这种综合，凸现语文学习中的固有的体验与感悟过程，努力提高小学低段语文教学的效率，努力培养小学生在语文学习中的自主性和自信心，努力提高小学生学习语文的兴趣，并且比较扎实地培养小学生的语文能力，尤其是表达和交流的能力，从而为学生继续学习语文奠定坚实的能力基础。

基于上述认识，小学语文"作文先导式"教学改革的理念可以表述为以兴趣需求为逻辑起点，以自主体验为认知基础，以知情合一为教学理想，定位于以作文为先导带动小学语文整体变革的一种语文教学新模式。

---

① 原文发表于《教育探索》2009 年第 4 期。

二、"作文先导式"教学模式的基本模式与变式

"作文先导式"教学模式的探索从落实三大基本要素(活动体验、表达与交流、阅读与升华)入手,将突破点放在课堂教学中,要求实验教师根据作文教学的实际需要与进度,灵活安排或穿插拼音教学、识字教学、阅读教学、作文常识教学以及相应的思维训练(包括想象力、观察力训练),培养学生的语文创新能力,在实验的过程中,逐步形成"作文先导式"教学的基本模式。

(一)"作文先导式"教学的基本模式

"作文先导式"教学模式的建构有两个认识前提。一是以学生语文学习的过程为教学的中心,将"学"(自主学习)的需求置于教学的核心地位,将语文的教学过程理解为学生语文学习"需求"的培育过程;一是摒弃小学语文教学"学科化"的传统倾向,打破现有的"识字教学"、"阅读教学"和"作文教学"三板块教学体制,努力在"返璞归真"价值取向下实现小学低段语文教学的活动性和综合性,以此提高语文教学的质量与效率。

"作文先导式"教学强调让学生在活动中体验,在情境中感受,激起学生的表达欲望,然后引导学生积极主动地参与表达与交流,在此过程中自然地产生识字的需求和阅读提升的需求,推动学生进入阅读实践阶段,运用获得的新知达成习作目标。

以此为基准,我们构建了"作文先导式"课堂教学的基本模式(见图1):

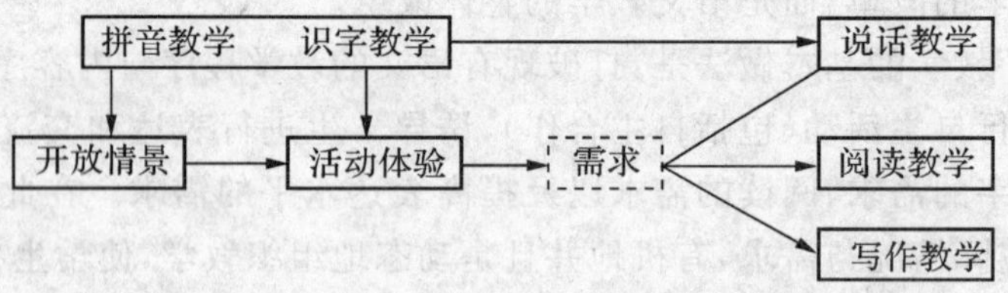

图1 "作文先导式"教学基本模式

"作文先导式"教学以开放的情景导入,通过活动体验来激发学生的学习"需求"。教学的展开则以在活动体验中产生的"需求"为切入点随机进行,借助"作文先导式"教学的三个基本要素(活动体验、表达与交流、阅读与升华),实现拼音教学、识字教学、阅读教学、作文常识教学以及相应的思维训练的有机整合,构建整体性语文教学体系。

如图1所示,"说话教学"、"阅读教学"、"'写作教学"由"需求"激发,并根据"需求"随机进行,这三方面教学的切入以及序列安排根据在情景中产生的"需求"确定。同时,在整个教学过程中,拼音与识字教学贯穿始终,在各个教学环节遵循学生的"需求"随机进行,学生在开放情景中可能会产生识字"需求",可以随机进行拼音与识字教学。此外,在活动体验、说话教学、阅读教学、写作教学等环节也可以根据学生的"需求"随机进行拼音与识字教学。

在基本模式的基础上,我们在各实验学校中对图1虚线表示的种种不确定性进行探索性尝试,构建了"作文先导式"教学模式的各种变式。

(二)"作文先导式"教学的几种变式

1. "表达交流型"教学模式

在"作文先导式"语文教学中,学生的兴趣需求始终是教学的逻辑主线。在此基础之上,

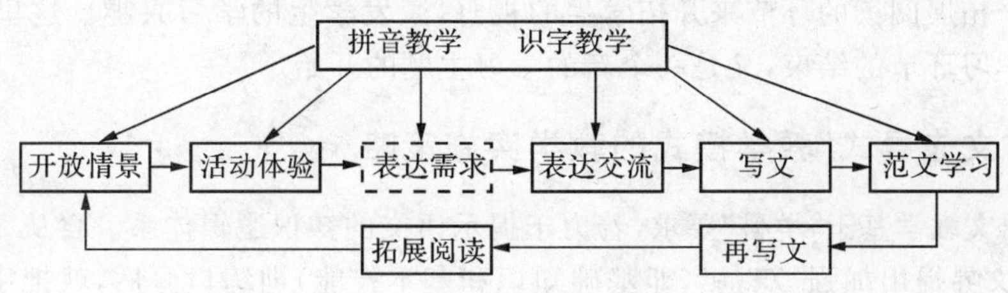

图 2 表达交流型教学模式

建构模式的变数就在于随机介入的识字教学、拼音教学、师生评议、范文学习、拓展阅读等各子要素的组合方式，根据不同的教学目标要求，达成不同的组合方式。

“表达交流型”教学模式以不断递进的情景创设方式来整合语文教学内容，引导学生不断完善表达。模式的设计主要是针对小学低段学生的，这一阶段教学的重心是引导学生的表达欲，完善表达方式，并随机进行识字教学与拼音教学。这一模式有两种循环变式：一是在初步活动体验、表达交流与师生评议之后，以层进式的情景引导学生进行循环的活动体验与表达交流，在不断深入的情景中整合语文教学内容，引导学生完善表达，并在此基础上适当引导学生的阅读。

二是将活动体验的循环延迟到写文之后，让学生在经历一次口头语言向书面语言的成功转变之后，再进行一次更深入的情景体验，以达到整合语文教学内容，完善学生表达的目的。

在这一模式中“表达交流”、“写文”与“再写文”等环节都是学生在一定活动情景之中所激发出的表达欲的一种“自然流露”，而不是教师摊派给学生的“硬性任务”，而“师生评议”以及适时的引导则是学生表达要达至准确、完整、生动的目的的保证。

2. “阅读拓展型”教学模式

鉴于现有语文教学中拼音、识字、阅读、写作板块割裂造成的语文教学质量低下的现象，我们对“作文先导式”教学模式的探索，最初是从创设情景、激发学生的表达欲开始的，让学生的表达与交流能够贯穿于语文教学的始终，在此基础上来实现语文教学内容的整合，以此来达至提升语文教学质量的目的。在“表达交流型”教学模式取得初步的成果之后，我们开始关注如何在课堂教学中拓展学生的课内外阅读，增进学生的语言积累，因此有了对“阅读拓展型”教学模式的建构。我们也希望通过对“阅读拓展型”教学模式的探索，能够带动学生的课外阅读，以达至自主学习的目的。

“阅读拓展型”教学模式主要针对小学中高段学生，在“活动体验”、“表达交流”、“师生评议”环节之后导入“范文学习”环节，以提升与完善学生的言语表达。这里的“范文学习”既可以是经典美文，也可以是修改后的学生作品。因为我们认为在特定情景下生成的学生作品更容易引起学生的共鸣，能够起到更好的教育效果。同时，在一个主题活动结束之后，我们

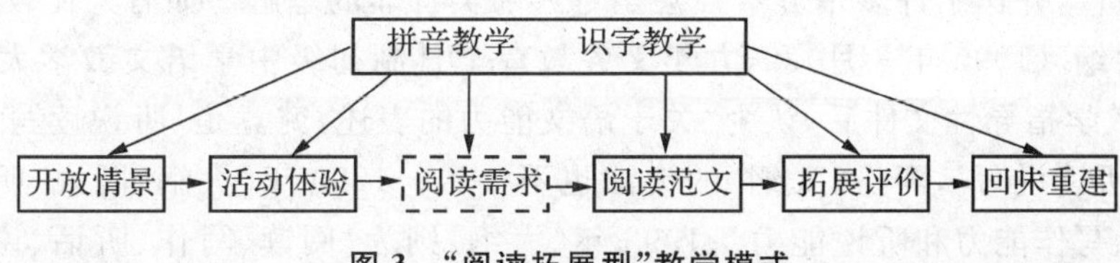

图 3 “阅读拓展型”教学模式

也安排了一个拓展阅读的环节来开拓学生的视野,激发学生的学习兴趣。这里的拓展阅读可以是一个学习环节的结束,又是一个新的学习主题的开始。

三、"作文先导式"教学模式的教学实施策略

传统的语文教学基于"学科"要求,着力于揭示语文的知识逻辑体系。自从20世纪60年代初,我国语文界提出加强'双基'(即基础知识和基本技能)训练口号后,就把字、词、句、篇、语、修、逻、文作为语文这门"学科"的基本结构和教学内容,故又称语文教学的"八字宪法"。

我们认为,传统的语文教学思想,基本上体现为以(语文)学科知识(体系)为中心。这实际上背离了"语文"的内在功能。根据"作文先导式"实验的基本理念,我们提出了以下四项教学实施策略,以此来整合语文教学中的识字教学、阅读教学和写作教学。

(一) 生成:"作文先导式"教学策略之一

我们认为,将语文理解为一门"学科",并且按学科的要求建构所谓的语文知识体系,这是认识误导,在很大程度上也是语文教学"课时最多、成效最差"的主要原因。因此,我们首先将语文教学过程理解为学生语文能力的自然形成过程,是一种由内而外、由隐而显的生成过程,而不是一种知识的传授与灌输过程。

本实验要求教师在备课时,要淡化所谓的"知识目标",如认多少个生字,认哪几个生字,如何让学生掌握并巩固这些生字,等等。教师要将备课的重点放在创设情境以及如何引导学生进行有效而充分的表达与交流上,要按照语文知识和能力"生成"的思路而不是语文知识"传授"和语文能力"训练"的思路来设计教学内容及环节。在整个课堂教学过程中,表达和交流构成了"生成"教学设计的主要机制。

为了使"生成"这种教学策略能得到充分的贯彻和体现,本实验淡化了传统意义上的"教材"的作用。在实际教学过程中,教师的教学依据不是教材,而是学生的活动、体验、表达、交流过程中的反馈。虽然在实验过程中许多实验教师编写了一些"教材",但在很大程度上,这种教材并不是传统意义上的教材,而是课堂教学的辅助资源或可供随机组织利用的"教学资源"之一。

(二) 整合:"作文先导式"教学策略之二

传统小学语文教学将教学内容分成四大块,即拼音教学、识字教学、阅读教学和作文教学。这种分类,也是小学语文教学"学科化"带来的弊病之一,因为这种分类是在"学科知识"的名义下将原本是整体的语文学习过程人为地加以肢解。根据结构决定功能的原理,这种"分析式"教学框架大大地影响了语文教学应有的效率。

事实上,学生的听说读写能力,是相辅相成、无法割裂的。但传统语文教学试图将它们一一单独"分析",并作了许多十分牵强甚至令人啼笑皆非的理解。如有人比较了《全日制中学语文教学大纲》(1990年3月)和《九年义务教育全日制初级中学语文教学大纲》(1992年6月)这两份教学指导性文件后,认为"关于语文能力的表述,究竟是'听说读写',还是'读写听说',抑或'听读说写',两份《大纲》的说法也不一致。1990年《大纲》既说'听说能力',又说'阅读能力、写作能力和听说能力';1992年《大纲》则为'阅读、写作、听话、说话的能力'。显然,两份《大纲》都强调'阅读、写作能力',有意识地把'听说能力'往后挪"。"听说能力"与

“读写能力”均可合二为一，为何“听说读写能力”不能合四为一？“听说能力”与“读写能力”的培养为何一定要分出一个先后？在语言能力的培养过程中，能做到有意识地把“听说能力”往后挪吗？

本实验强调了在语文课堂教学过程中充分使用“整合”这种策略。其中最为重要的，是根据教学过程的需要以及学生在教学过程中生成的学习需求，将传统的识字教学、阅读教学和作文教学整合在一起。“整合”教学策略，彻底改革了传统语文教学单一的线性的结构，形成了一个多向的螺旋式的新结构(详见图4)。

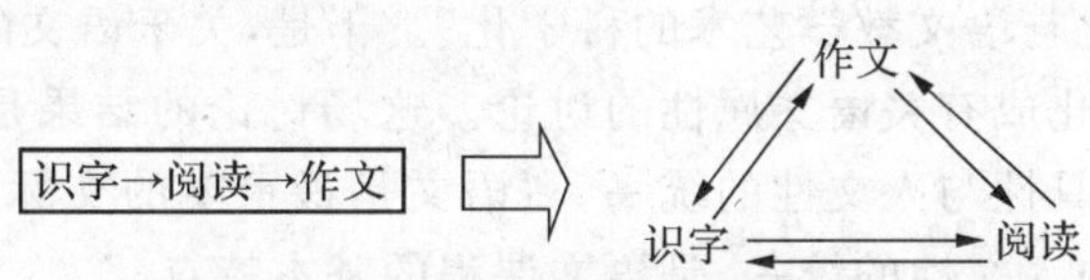

图4　语文教学整合小意图

本实验的做法是：在小学生入学后，先集中扫除“拼音”关，即用两周到一个月的时间完成拼音教学的主要任务，使学生有可能把所学的拼音知识作为工具在后续的学习活动中自主运用，尤其是在书面表达过程中自主运用。然后，语文教学进入“作文先导式”模式。

在“作文先导式”教学模式中，小学生首先是在特定的活动情境中产生相应的内心体验，在教师的引导下，先是通过口头语言将这种体验按照完整、准确、生动、有效的要求进行表达(在很多情况下体现为“描述”)，进而要求学生用书面的形式将这种表达“记载”下来。在这个过程中，学生会碰到一些不会写的生字，教师允许学生用拼音表示。但在绝大多数情况下，儿童的好奇心和求知欲会强烈地诱发学生去“认”、去“写”这个生字，从而达到了“识字教学”的任务。与此同时，学生往往对自己的“现场作品”感到不满意，体验到自己的表达方式有各种各样的问题，表达水平不高，由此产生了欣赏和学习他人表达方式的内在需求，在这个时候显示相应的“阅读素材”，包括名家的范文、佳句和同学的佳句，会收到良好效果，从而实现了“阅读教学”的目的。

我们认为，“作文先导式”教学的这种“整合”策略，其心理机制是学生在学习过程中自然生成的求知需求，也正是由于这种发自学生内心的心理需求，才使得“语文教学”成为必要，才能实现提高语文教学效率的目的。

(三) 潜移：“作文先导式”教学策略之三

人文性是语文最重要的本质属性。在一个很长的时期内，语文一直被视为一种工具。应该看到，工具论的语文本质观对传统语文教学产生了十分严重的负面影响，因为它把人们的注意力引向语文的形式，引向语文的效用，而极大地疏忽了语文所固有的人文陶冶作用。对此，有人批评道：小学语文“传统的主题先行的教学模式，客观上要求课文解读的整齐划一，从字、词、句到段，再到篇，都追求某种规范的、符合某种权威的解释方式，比如词典、教学参考书等，师生大都不知不觉地或者说习惯地把自身思维趋向于去寻找此标准答案，他们很少考虑，或者说先在性地放弃了在当时当地的真实情境中，去寻求自我的真实理解，于是不管自己的内心如何理解，只是跟着标准化的整体教学思路去机械认同，这样的结果是一切都在预设中，教学的意义趋于单一化，乃至贫乏，自由陶冶也成了一句空话”。

从20世纪80年代中期开始，我国语文界开始对传统的工具论进行深刻反思。复旦大学申小龙先生在1987年第8期《读书》杂志上发表《汉语的人文性与中国文化语言学》一文，认为传统语文研究以人的感受去拥抱汉语精神，运用辩证的两端来具象化，用简单的比喻来表达自己的语感和体验，从内容和形式的有机统一所产生的表达效果，整体上把握语言特征，符合以神统形的汉语特殊性，即注重功能、注重内容、注重韵律、注重意合。1987年，上海的陈钟梁在第8期《语文学习》上发表《是人文主义，还是科学主义》一文，副标题是"语文教学的哲学思考"，从而在我国语文教育界开展了一场关于语文教育人文性的大讨论。陈钟梁认为，语文教学发展的趋势"很可能是科学主义思想与人文主义思想的结合"，呼吁"实现语文教学科学的艺术化与语文教学艺术的科学化"。于是，关于语文的人文性问题引起人们广泛的关注，并渐次演化成有关语文属性的讨论。这场讨论的结果是形成了一个新的重要观点，即认为语文是工具性与人文性的统一。"语文是最重要的交际工具，是人类文化的重要组成部分。工具性与人文性的统一，是语文课程的基本特点。"

我们认为，语文作为人类最重要的交际工具，它无疑具有人文性与工具性的特点。但是，在某种意义上，人文性与工具性是一个对立统一的矛盾体，而人文性则是这个对立统一矛盾体的主要方面。传统语文教学在认识论上存在着两个问题，一是误以为工具性是矛盾体的主要方面，把认识的焦点置于"工具性"上，从而使语文背离了其本源；一是不关注甚至是忽视语文的人文性与工具性之间相互转化的辩证关系，形而上学地理解两者之间的关系。

本实验在语文教学中强调潜移默化功能，将潜移作为语文教学重要策略之一。具体表现在以下几个方面：

第一，把学生的表达与交流，作为语文教学的基本渠道。本实验所关注的学生表达，不是一种生造硬套的表达，也不是一种鹦鹉学舌般的表达；整个教学活动，自始至终强调学生内心体验的表达。

第二，在学生的表达与交流过程中，教师尤其重视学生情感体验的传递，这往往通过学生富有童稚的想象来实现。在"作文先导式"的课堂教学中，学生的情感有着足够的外泄的机会，并且通过教师的引导，努力实现学生情感的升华。因此，在"作文先导式"的教学中，学生的想象活动不是一种手段，而是一种教学目的。

第三，注重营造"安全"的课堂心理氛围，积极鼓励学生畅所欲言。"作文先导式"教学将师生平等作为课堂教学活动组织的基本原则。在教学过程中，要求教师能以一个参与者的身份与学生共同活动，共同体验，共同表达。

第四，摒弃"训练—巩固"的传统教学思路，突出学生语文知识的日积月累。在整个教学过程中，本实验要求教师尽量不布置作业，尤其是巩固性的作业，如"抄字"、"背字"等，尽量通过提高学生的语文兴趣促进学生语文知识的自然积累。在潜移教学策略方面，本实验格外强调以下两点：① 诵读。要求实验班反复诵读有关的课文或阅读材料。学生通过"读"把无声的书面语言转换成有声的口头语言，通过"读"把不熟悉的语言变成了熟悉的语言，逐步感受到语言的内蕴和文章的气势，领会其布局谋篇、遣词造句的精妙，从而积累大量的语言材料。另外，从一年级开始就有选择地让孩子诵读唐诗。短小精悍、文辞优美的唐诗不仅能启迪儿童想象，而且能净化童心，在潜移默化中，对孩子产生一种"先入为主"的效应，左右他们的内心世界。这是一笔丰厚的精神财富。② 大量阅读。我们实验班每班每周专门开设1节自由阅读课。阅读课形式由教师根据实际情况来定，主要有以下几种：读读背背，品读欣赏，说说演演。平时，我们还定期向学生推荐优秀儿童阅读篇目。

（四）评议：“作文先导式”教学策略之四

作为强化语文教学人文性的一种逻辑的结果，我们在教学过程中，突显了“评议”环节。

“作文先导式”教学改革直接将“评议”融入教学过程，将这种导向权交还学生本人，体现教学的民主性，使学生在语文教学活动中能真正成为一个认识与实践的主体。鼓励学生在语文实践中的参与意识、自主意识、合作意识，并将学生之间的合作型评议而不是教师的评议作为学生语文学习升华的一个重要手段，以充分发挥学生学习的积极性与参与意识，而教师则成为一个引导者和点拨者。

合作型评议指的是在学生充分地说话、写话或写作之后，广泛地开展同学评议与小组评议（既可以是台上的，也可以是台下的），让学生能够参与到其他同学的展示过程当中，而不是如以往那样游离在其外。这样既让当事人看到自己的长处与不足，同时也使其他的同学受到教育与启发。合作型评议的引进将会使教师在课堂教学中的控制时间大大减少，学生将真正成为课堂的主角。

“评议”可以评识字，评写作，评阅读，因而，它也可以作为识字教学或写作教学的一种方式。通过“评议”，让学生以互助的方式进行识字或写作，在充分发挥学生主动性的同时，增进了学生间的合作。“评议”的最主要的目的在于让学生可以实现进一步的发展与升华，使他们获得一个新的认识，通过“重写”，实现升华。

参考文献

[1] 冯起德．现行语文教学大纲若干说法再推敲．语文学习，1994(7).

[2] 刘铁芳，郑平．浅谈小学语文教育人文陶冶．当代教育论坛，2002(12).

[3] 教育部．全日制义务教育语文课程标准（实验稿）．北京师范大学出版社，2001.

"小学语文导读法"介绍①

靳家彦

我所从教的小学语文教学中的阅读课,多年来经过理论与实践的探索,逐渐形成了一种新的教学模式,我们称之为"导读"。现以"小学语文导读法"为题,作以阐发。

一、什么是导读

概括地说,就是教师致力于导,学生循导学读,以学生的阅读实践活动作为培养阅读能力、掌握阅读方法、养成阅读习惯的主要方式,通过扎实有效的序列训练,培养学生综合的语文素质的一种教学模式。

导读式教学在实验的全过程中十分强调转变教育观念,把语文教育观转到素质教育的轨道上来。这其中主要包括:① 整体教育观。语文教育活动应促进儿童德智体美、口头语言、书面语言、理解能力、表达能力全面和谐发展;处理好语文学习与思想品德教育、语文训练与思维训练、语文学科和其他学科的关系;应该突出语文训练这个重点,把其他教育和训练贯穿在语文训练的过程中,并在语文训练中交融、渗透、综合、发展。② 学生主体观。小学语文教育应在教师引导下,使儿童在学习语言的实践中达到全面育人的目的。一方面教师应具有正确的儿童观,在面向全体学生的同时,注意满足不同层次儿童的求知需要,适应儿童的个性差异,体察儿童心理;另一方面,要使儿童不仅有主动学习的动机和愿望,同时还要有良好的学习方法、思维品质和学习习惯。③ 综合实践观。小学语文教育应当突出语文学习的综合性、实践性和应用性,做到手耳口脑眼并用,知行统一,注意学科课程与活动课程的结合,语文教学与语文活动的结合,语文教育与生活的结合。

叶圣陶先生指出:"教师当然须教,而尤宜致力于'导'。导者,多方设法,使学生能逐渐自求得之,卒底于不待教师教授之谓也。"[1]这一精辟的论述,为我们研创"导读"模式,提供了丰富的思想营养。

二、导读模式的设计应遵循的原则

导读模式的设计应遵循的原则,主要有如下四点:其一,语思统一的原则,是指把语言文字训练与思想品德教育统一起来,把语言文字训练与思维训练统一起来,在发展儿童语言的同时,发展儿童的认知能力,思维品质。语思两者相互依存、相互促进,贯穿于整个教学过程之中。导读教学法要引导学生在听、说、读、写等语言活动中发展思维能力,养成良好的思维品质;反过来,思维的发展又促进了听、说、读、写质量的提高。

其二,口书并重的原则,是指学生的口头语言能力(听与说)和书面言语能力(读与写)协调发展,相应提高。语文教学要培养学生听说读写能力,其中书面语言的发展必须以口语能

---

① 原文发表于《天津师范大学学报(基础教育版)》2000年第6期。

力的发展为基础。读的能力和写的能力与听的能力和说的能力一脉相承，相互依存。听、读是吸收储备，说、写是综合运用，听读与说写不能也不应割裂开来进行教学，必须有机结合，融为一体。这就要求导读模式的设计要着眼于学生听、说、读、写诸能力的和谐发展，不能孤立片面、顾此失彼。

其三，内外相通的原则，是说小学语文教育包括三个渠道：一是课堂教学，包括学科课程和活动课程，这是主渠道；二是课外活动，包括课外阅读、兴趣小组和其他活动；三是语文生活，包括学生在生活中所接触到的一切语文环境。导读让这三个渠道相互沟通，可以加速培养并有效地提高学生听说读写能力；可以开阔视野，增长知识，有利于阅读方法的掌握和良好习惯的培养；可以激发学生的兴趣，发挥特长，发展个性；可以陶冶学生的情操，使学生受到思想教育；可以把课堂教学加以扩展和延伸，使语文学科与其他学科联系起来，相互配合，共同发展。

其四，以读为本的原则，是指继承我国传统的语文教学的精华，坚持阅读教学的主要活动形式是学生读书的原则。在课上，学生通过朗读、默读、背诵、复述等方式，做到眼看、口诵、心唯，在理解的基础上把书读通顺，读连贯，朗朗上口，披文入情，入境悟神。鼓励学生在读书的过程中发现问题，大胆质疑，主动钻研，相互探讨。识字、释词、析句、分段、概括主要内容和归纳中心思想，都放在读书的过程中去完成。学生通过对课文语言文字的理解，掌握内容，体察作者的思想感情，在读书的过程中积累读书方法，培养阅读习惯，在阅读实践中逐步学会怎样阅读。而这一切，都是在教师精心引导和辅导下进行的，充分体现学生的主体地位和教师的主导作用。

“语思统一，口书并重，内外相通，以读为本”是小学语文阅读教学导读模式设计的四条原则，它体现在学法、教法、考法改革的全过程中。在备课、上课、辅导、考核时，针对低、中、高不同的年级，好、中、差不同的班级及学生不同情况分别加以贯彻。

三、导读模式的结构框架

根据上述四条原则，我们设计了导读课堂教学结构的基本框架。

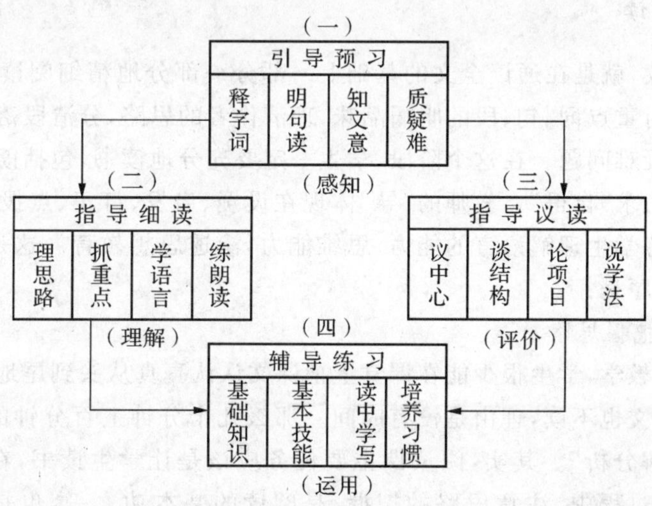

导读模式结构框架（常式）

如图所示,这种导读模式结构框架,是把阅读教学的目标、教材内容和课堂教学过程体系划分成一个一个紧密联系的小的部分,使学生一步一步地循导学读,是一种合乎科学的、可操作的训练程序。这种框架创造了一种及时反馈的条件,使教师能及时调整控制教学的方向和进程。由于它是以学生阅读实践为主要活动方式的,有利于培养学生自己掌握阅读程序,并逐步形成独立的阅读能力。

张志公先生曾经指出:"好的模式同科学方法有联系,它体现着一定的规律性。我们要善于运用模式,这就是既掌握模式的基本精神,又不拘泥于模式。"[2]上面讲的导读模式结构框架是"常式",并不是一成不变的僵死的程式。导读的生命力就在于"活"与"实"。导读式教学也应依需要形成"变式"。这种"变"是为了更好地发挥学生学习的积极性和主动性,充分体现学生的主体地位,着眼于学生独立阅读能力的形成过程,由以"导"为主向以"读"为主过渡。

四、导读的一般步骤

(一)引导预习

预习,或称预读、初读,属于感知性阅读阶段,可以在课前进行,也可以在课上进行。预习前教师应做必要的发动,用以激发学习动机,引起阅读兴趣。如提出预习要求,介绍课文背景或作者,设置相应情境,印发预习提纲,动手进行某些操作等等。预习时一般要求学生三读课文(不是读三遍):一读找出不懂的生字新词,通过查字典、结合上下文或请教别人达到初步了解意思,能顺利地把课文读下来,对课文内容有个大概的了解;二读要理清思路,弄懂课文的主要意思,大体能划分课文的段落,对作者的写作目的和意图有所领会;三读要结合教师的要求和课后的练习题思考重点内容,记下问题,上课时提出来。预习中提倡三问:问自己,问字典,问他人(包括教师、家长、同学和其他人)。三读时,提倡在书上圈、点、画、批、注,边读书边思考边动笔。读后要提出问题,大胆质疑,激其有疑,导其设疑,促其释疑。

(二)指导细读

细读,也称精读,就是在通读全文的基础上一部分一部分地精细阅读,属于理解性阅读阶段,目的是通过对重点词、句、段的咀嚼品味,理清作者的思路,分清段落层次,掌握文章内容,解决阅读中的疑难问题。在这个阶段,学生一定要充分地读书,包括朗读、默读、听读,在"理解"上下工夫,力求"自得"。教师的"导"体现在设疑、启发、订正、点拨、范读和必要的讲解上,有意识地训练学生理解语言的能力、思维能力,渗透思想教育。这是导读过程中重要的一步。其一般程序是:

1. 通读全文,把握思路

现在有些阅读教学,学生很少能在课堂上把课文认认真真从头到尾地读上几遍,甚至有的连一遍完整的全文也不读,理由是没有时间。那么几十分钟上百分钟的时间做什么去了呢?据说是在"讲解分析"。其实,阅读课主要任务应该是让学生读书,在教师的指导下读书。在通读全文的过程中,注意思路的把握,是阅读的基本功之一,也是指导细读的重要任务。

2. 逐段品味,披文入情

叶圣陶先生在《语文教学二十韵》中提出:"作者胸有境,入境始与亲。"就是说读者胸中有个境界,进入了这个境界,才能与作者的思想感情相通,才算"披文入情"了。不"披文"无以"入情",不"入情"难以"达境"。学生在逐段阅读品味之前或之中,教师要提出要求,提示有利于学生理解的导读思考题,从全文入手,训练学生分析、概括、理解和表达的能力。学生在阅读过程中理解不全面、不深刻的地方,教师以灵活、自然、巧妙、恰当的方式进行诱导、点拨、启发、示范,从而引导学生再读书。实在难以理解的深奥句段,教师可以"畅讲"。这里的"畅讲"实际上是在自读的基础上引导学生正确理解,使学生印象更深。

3. 相机进行语言训练

在引导学生细读课文的过程之中,根据"大纲"要求,教材特点和学生实际,相机进行语言基本功的训练,这是一项很重要的工作。教师选择重点词语、句子、句群或段落,教给学生规律性的知识,帮助学生理解,并逐步转化为能力。我们把这些字、词、句、段、章的训练内容称之为"训练点"。训练点的选择和训练方式的设计,是备课时着力最多的地方。教学时,一定要选准时机,在学生感到困惑、迫切希望解决时,主动施导,展开训练,进行有针对性的练习。

4. 认真指导学生朗读

在学生理解词句与内容的基础上,教师选择重点片断指导朗读。"大纲"指出:"朗读和默读是阅读教学中最经常最重要的训练。"在指导朗读时,有些句子或段落,教师可以先范读,再让学生练习读,体会语感,加深理解,读出感情;有的句子或段落,可以先让学生读,读后由学生说一说为什么要这样读,教师再予以评价和指导,这是在"理解地读"的基础上再导读。对某些字面意思并不难懂、而感情真挚、语言优美的句段,教师可以采用"以读诱导"的方式,通过绘声绘色、情真意切的范读再现情境,体察并表达出文章的思想感情,引发学生感情上的共鸣,起到潜移默化、熏陶感染的作用。学科德育的重要渠道之一,即在以读吸纳、思索、动情、明理。

以上是导读的第二步——指导细读。不难看出,细读阶段要经历"导读—自读—再导读—再自读"的往返过程。教师致力于导,授之以法,学生循导学读,读中悟法,真正达到训练阅读能力的目的。

(三)指导议读

是指在读书过程中给学生创造一个充分发表自己意见的机会,做到有读、有议、有问、有答、有反驳、有争辩。教师要给学生充分的时间,组织学生进行热烈的讨论。教师不只是评判是与非的"裁判员",更应该是"教练员",引导学生抓住教材的重点、难点、特点和学习中的疑点,集中在一些关键问题上进行议论。议论的主要内容包括:

1. 课文的中心思想,即作者的写作目的、意图是什么

作者写一篇文章,总有一个主旨,或歌颂、赞扬,或批评、鞭挞,或表现、说明,或抒发某种情感。学生在掌握全文主要内容的基础上,根据自己的理解和感受,概括出文章的中心思想。在概括过程中,可能发生意见分歧,或遇到某些困难,这就需要指导学生结合课文内容进行讨论,达到深入理解课文的目的。

2. 课文的结构方式，即文章内部构造和组织安排材料的方式

结构是作者思想认识的反映，也是作者思路的体现。教师应引导学生对课文的层次、段落、过渡、照应、开头、结尾等内容进行讨论。引导学生议论课文结构的过程，也是认识逐渐深化的过程。

3. 读写训练的重点项目

中高年级的读写训练项目，通常由"读写例话"或"阅读指导"、"写作指导"体现出来。教材是一组一组编排的，每组教材一般都围绕一个重点项目进行训练。教学中由导读到自读，再导读到再自读构成，随着学生阅读实践的增多，自学比重的加大，学生对训练的重点知道得越来越真切，对重点项目之间的内在联系也越来越理解。这样，认识就逐渐会由量变到质变，获得的读写知识就会逐步转化为读写能力。教师引导学生结合课文讨论重点项目，是凭借一篇课文作例子，学会阅读这一类课文的方法，然后举一反三，掌握阅读规律。

4. 阅读的方法

在阅读教学中，随着对"教"与"学"关系认识的不断加深，许多教师重视了教给学生阅读的方法，这无疑是正确的。但是，从培养学生独立阅读能力的长期目标来看，仅仅停留在"教师教给"的阶段是不够的，还应进一步研究如何引导学生自己去探索、选择、运用，创造适合个人情况的阅读方法。只有具备了这样的能力，学生才能运用自如，形成独立的阅读能力。在指导议读阶段，要使学生有意识地总结自己是如何把过去学会的读书方法在这一课中加以综合运用，并有所创新。

以上是导读的第三步，这一阶段，主要是教师指导学生进行探究、讨论。

（四）辅导练习

这个阶段主要是在读的基础上，教师引导学生进行语文基础知识的练习，进行阅读基本能力的训练，在读中指导写作，并培养良好的阅读习惯。基础知识的练习包括字、词、句、段、篇有关知识的掌握；基本能力的训练包括朗读、默读、复述、背诵的指导和练习，读中学写主要是学习作者是怎样观察事物、思考问题和表达思想的；培养良好的读书习惯主要包括预习的习惯，认真读书、认真思考的习惯，独立完成作业和检查作业的习惯，看书报和听广播的习惯，勤动笔的习惯等等。

辅导练习是导读的第四步，它是在分析、评价性阅读的基础上进行创造性阅读与运用的阶段。这个阶段的主要任务是练读、学写、吸收、贮存。练习的内容不宜过多，注意抓住一两个重点练会、落实。要求不宜过高，要符合学生的年龄特征、知识和能力水平，形式不宜过死，提倡生动活泼，方式灵活。在练读中把阅读训练和写作训练融为一体，增加写作指导的因素，加深、巩固阅读效果。

以上关于导读的四个步骤，是在长期的教学实践中，经过众多的老师实验、摸索总结出来的。这四个步骤实质是"导读—自读—再导读—再自读"的教学结构在导读式教学中的具体化，目的是要适应素质教育对提高小学生语文素质要求，增强阅读教学的实践性与实效性，发挥学生的主动性与创造能力，彻底改变阅读教学以"应试"为目标的陈旧面貌。

五、导读式教学在课堂教学中的特点及常用的几种方法

概括地说，就是"以情励学，以趣激学，调动参与，启迪创造，注重内化，求精求活"。"以

情励学"的"情"字,包括饱满的情绪、真挚的情感和高尚的情操三个层次;"以趣激学"的"趣"字,包括浓厚的兴趣、成功的乐趣和高洁的志趣三个梯度,对知识对科学的探索,对自身价值与能力的自信心,对个性发展的高标准严要求,构成"趣"字的广泛内容;"调动参与"关键是一个"动"字,学生要动起来,主动、自动、动脑、动眼、动口、动手、动身,达到生动活泼地学习语文,突出学生主体的能动作用;"启迪创造"重点是"创"字,充分发挥学生的思考力、想象力和创造力,拓宽思路,把学生中蕴藏的巨大潜力开发出来;"注重内化"即在"内化"上下工夫,因为人的遗传、教育、环境、自身的意志、情感、品质、学识等等,内化就是素质,外化就是能力,在某种意义上说,素质教育就是一种内化的教育;"求精求活"的"精"字包括课前精心备课,课上精讲精练,课后精心辅导,"活"字包括教得活、学得活、用得活、气氛活,总而言之,要生动活泼。

这六个特点也是导读式课堂教学的六要素。在课堂教学中,不同的年级、不同的班级、不同的教材、不同的课堂类型,采用的导读方法也不一样。

经常采用的导读方法有:

(一) 设问导读

通过设置思考性问题的方式引导学生深入阅读,以问促读,称之为设问导读。设问应掌握问点、问时、问法。问点是指设计问题时要抓住教材的重点、难点、特点和学生的疑点设计训练点。问时是指课上发问的时机,或问而后读,或读而后问,或边问边读。问法是设问的方式与办法,包括正与反、顺与逆、聚与散、放与收等等。

(二) 程序导读

遵循阅读教学"整体—部分—整体"和"语言形式—思想内容—语言形式"这样两个回合的程序,把学生的阅读过程划分为一个个的步骤,使学生一步一步对全篇课文有比较深刻的理解。它的特点是对每部分的学习都提出一定的目标,引导学生总结读书方法,创造及时反馈的条件,教师随时调控课堂的进程、方向与速度。程序导读有时也采用变序式、跳跃式、逆推式等多种形式。

(三) 图示导读

所谓图示导读,是指在引导学生读书的过程中教师运用图画、图表、板画、地图等图形媒体指示思考方向、揭示文章思路、认识文章内在联系,使学生借助直观的、形象的、艺术的图示读书学习、认识事物的一种导读方法。

(四) 对比导读

对比导读就是把一篇课文中意义相近、相对或相反的部分互相参照、对比,引导学生分析、辨别,从而加深理解的一种导读方法。这种对比可以是并重的,也可以是主从的,还可以是相辅相成,甚至是相反相成的。例如《一定要争气》一课中,童第周 17 岁上中学和 28 岁到比利时留学时刻苦学习,为民族为国家争气的对照;《桂林山水》一课中,水的静、清、绿与山的奇、秀、险的对比;《卖火柴的小女孩》一课中,现实的悲惨生活与幻想中的美好事物的对比等等。对比导读的优点在于给学生的印象深刻而鲜明,学生得到的结论是在对照与比较中自己总结出来的,这对培养学生的思维能力和理解能力有很大的促进作用。

(五) 赏析导读

小学语文教材中有许多感情丰富、语言优美的诗歌、散文、记叙文。在教师的正确引导下,学生用课文所表达的美的思想、美的意境和美的情感来陶冶自己的情操,吸收语言营养,提高自己的审美能力,培养自己高尚的情趣。这是小学语文教学中美育的一项重要内容。我们把欣赏、品味、体验吸纳为目标的导读方法称之为赏析导读。赏析导读包括体验意境型(如《草原》)、陶冶情感型(如《小抄写员》)、品味语言型(如《瀑布》)等。我在《松坊溪的冬天》一课的教学中,通过朗读理解"雪中"和"雪后"松坊溪的美丽景色激发学生热爱大自然的思想感情,在读中吸收语言营养,收到很好的效果。

(六) 逻辑导读

逻辑导读是以逻辑思维训练为核心,引导学生用推理的方法,探寻作者布局谋篇的思路,组句构段的规律以及事物内在联系的一种导读方法。运用逻辑导读方法指导学生阅读时,要通过对课文语言文字的理解,进行一次又一次严格的逻辑思维训练。学生可以依托形象把逻辑思维具体化,又可依据逻辑思维把形象深刻化,这对学生以形象思维为主导向抽象思维为主导的"过渡"有重要意义。我在《惊弓之鸟》一课的教学中运用逻辑导读的方法引导学生理解为什么更羸不用箭就能"射"下大雁来,使学生的分析能力得到充分的训练与提高。

除了上述 6 种导读方法之外,我们还经常采用辩议导读、提纲导读、快速导读、想象导读等多种手段,提高阅读教学效率。

综上所述,对导读的概念、原则、结构、框架、步骤、特点和方法进行了简略的介绍与论述,导读的最终目标是全面提高学生的思想品德与语文的基本素质,为培养跨世纪的人才做出应有的贡献。

参考文献

[1] 叶圣陶.叶圣陶语文教育论集(下册).教育科学出版社,1980:718-719.

[2] 张志公.张志公语文教学论集.福建教育出版社,1983:342.

"主题教学"的思考与实践①

窦桂梅

一、主题,精神成长的养料

检索自己在学校积累的知识,如目不暇接的满汉全席。然而,随着时间的流逝,我发现这些"片断"的知识不是遗忘就是孤立地存在,与其他经验无法链接。尤其是在知识爆炸的今天,许多昨天的知识和方法显得苍白无力。猛然间,我觉得以往所学内容似乎是一场空。

我一直在思考,语文教学如何适应这一时代挑战。我曾经写下《为生命奠基——语文教学改革的三个超越》(见《人民教育》2002 年第 1 期),从大语文观的角度,提出要为学生打好"人生的底色",我以为找到了一条改变语文教育的道路。可在实践这一理念时,我发现,尽管自己倾注了大量的精力和热情,在教学中增设了大量的活动项目和选读内容,但限于种种原因,我大多只能利用课余时间努力实现对教材与课堂的超越。

我痛苦地意识到,自己的课堂教学还只限于改良层面,甚至只是有一点"茶壶里面翻波浪"的味道——我们的许多教师,不就是这样只能从课外打包围战,而未完全进入教改主阵地吗?

教学,尤其是课堂教学,是教育活动的基本组成部分,是教育改革的攻坚战场。那么,真正能够改变课堂教学的道路在哪里呢?换句话说,我们能否找到让学生在较短的时间内有效地提高语文素养、积累智慧和情感的教学方式呢?而我个人的使命,就是要从新课程观的高度,在"三个超越"上又有所超越,"让课堂焕发生命的活力",使教师和学生以整体的生命,而不是生命的某一方面投入到课堂活动中,从而更好地为学生的生命奠基。我读了西方统整课程理论,又联想到比较文学中的母题研究,于是提出了"主题教学"。

什么是主题教学?我个人的理解,主题教学是要从生命的层次,用动态生成的观念,重新全面认识课堂教学,整体构建课堂教学。简单地说,它围绕一定的主题,充分重视个体经验,通过与多个文本的碰撞交融,在重过程的生成理解中,实现课程主题意义建构的一种开放性教学。这样,就将语文教材零碎散落的,甚至单一的内容统整起来。这样的教学的特点是教学内容密度高,容量大,综合性强,学生所学习的知识是多方面的、立体的,如信息资源的获得,知识以及能力的掌握与提高,价值取向的形成,等等。

从主题教学的视野看,语文学习既要着眼民族的未来,又要着眼学生个体的发展,引领学生关注文化,亲近母语,在他们熟悉的系列生活中,寻找语言文化的根源,汲取语言文化的汁液,让他们在语文生活中找到精神的栖息地,在立体多维的大语文生活中,沐浴母语文化的光辉,通过体验与熏陶,理解与扬弃,鉴赏与反思,使得语文素养在对精神相通的主题学习中获得质的提升,从而夯实学生语言文化的根基。

---

① 原文发表于《人民教育》2004 年第 12 期。

因而，我们所说的“主题”，不是思想主题，不是知识主题，也不是写作主题，而是文化主题，如那些连接着孩子精神世界、现实生活或者与历史典故、风土人情等有关的“触发点”、“共振点”、“兴奋点”。也许你有这样的感受：学习一篇文章或一部作品时，首先感受到的是人世间的爱恨和冷暖，领悟到的是自然万物的生命短暂和崇高，欣赏到的是社会历史进程中的神奇和悲欢……也就是说，首先吸引你的是文字中的精神滋养，而不是那些语言表达形式。这一个个情感激荡起伏的“点”，如“诚信”、“家乡”、“成长”以及对大自然的关爱，对弱小的同情，对未来的希冀，对黑暗的恐惧，等等，就是一个个主题。

需要说明的是，用什么样的主题进行教学要根据学生的年龄特点来确定，主题内容的选择是多角度的，结构是灵活多样的。因此，主题教学虽然有基本的操作框架：话题切入—探究文本—比较拓展—链接生活—升华自我，但这是个开放的框架。教师可以根据教材提供的主题单元，也可以依据自己建构的主题单元，挖掘主题内涵，结合相关语文知识灵活地规划、实施教学。

这就要求教师既能当主题教学的“设计师”，更要能当主题教学的“建筑师”。上课前，教师就要对教学内容、计划、目的、学习时间以及将要进行的主要教学活动通盘考虑、全面规划，教学的设想、教材的整合、教学方法的选择，等等，都需要细致策划。因此，教师必须花大量时间收集相关资源，并花心思、下工夫创设教学流程(可以把教学创意全盘告诉学生，和学生一起拟定教学方案)。当一个主题愈有意义，愈被深入或精致地处理，愈能置于情境脉络，愈能根植于文化、背景、认知以及个人的知识中，学生便愈容易学习、记忆和生成。当儿童的生活兴奋点与社会建立起不同层次的密切关系时，学习就趋于统整。

几年来，我上了许多教学观摩研讨课，努力将主题教学的构想转变为实践，围绕一个个主题探讨如何以教材的一篇带动多篇，尝试在现有教学的基础上进行扩展与提高。在研究过程中，我注意两方面关系的整合：一是找出知识体系的内在的多重联系，以便整合；一是找到学生生命活动诸方面的内在联系，以求互相协调，促使学生整体发展。

另外，可喜的是，新课程的一些实验教材已经以“主题单元”取代“知识体系单元”。使用这些教材的教师，就不用花大气力对教材进行统整，而可以把主要精力放在创造性理解和使用教材文本上。当然，不是使用这些教材的教师，也可以从大语文观的视角审视、建构教材，超越教材，从而围绕主题重新选编教学内容。

令人遗憾的是，大多数教师对“题单元”缺乏认识，使用实验教材的教师仍然按照“知识体系单元”的形式一课一课地教，学生一课一课地学——课程教材再先进，如果我们的教师仍然穿新鞋走老路，甚至以不变应万变，课堂教学就没有改变的希望。

二、文化，诗意地栖居

我把语文主题教学的内涵分为三个层面：第一个层面是指文本负载的言语方式、知识信息以及能力附加等；第二个层面是指母语文化系统包含的民族精神、风骨情操等人文底蕴；第三个层面是指个体的精神、理想、人格的生长与形成。相比之下，第一个层面是显性的，后两个层面是隐性的。不过，三个层面没有顺序之分，而是你中有我、我中有你，互相包容，交织在一起。由这三个层面，衍生出主题教学要建立的三对关系。

(一) 整合——建立第一对关系:人和自然、社会

整合的目的是要把原来破碎分解的知识体系以及人文内涵统整成一个"集成块",由个及类,由类及理,个性与共性相融,从而形成立体的主题内容。学生阅读同一主题下的系列话题,多角度获取信息,并在同一主题的语境中,得到审美教育和情感熏陶。

比如去年秋天,看到落叶满地,我便在一年级围绕"落叶"这一主题,设计系列主题教学内容:整合几篇文章进行细致学习,捡地上的树叶进行"拔根儿"的说话游戏,选合适的落叶进行贴画写话的比赛,等等。下面就以课文为主,附带其他内容编创的"童话剧"为例。

主要课文内容是:

秋天到了,天气凉了。一片一片的树叶从树枝上落下来。

树叶落在地上,小虫爬过来,躲在里面,把它当作屋子。

树叶落在沟里,蚂蚁爬上去,坐在当中,把它当作船。

树叶落在河里,小鱼游过来,藏在底下,把它当作伞。

树叶落在院子里,燕子飞来看见了,低声说:"电报来了,催我们赶快到南方去呢。"

教学伊始我就创设情境,教师和学生扮演课文中的不同角色,采用文本、师生、生生对话的方式,抓住"爬、躲、藏、游、飞"这些表现小动物动作的词语,进行比较品味。然后再采用朗读的手段体会落叶给蚂蚁、燕子、小鱼、小虫带来的情趣。之后加入课外作品《秋姑娘的信》:

秋姑娘摘下片片枫叶,给她的好朋友们写信。

一封写给南去的大雁,让它们路上多加小心。

一封写给要冬眠的青蛙,盖好被子别着凉生病。

一封写给贪玩的松鼠,快准备好充足的食品。

再写一封给山村孩子,别忘了给小树裹上冬衣。

咦,树上的枫叶都到哪去了?

哈,全被秋姑娘写了信!

这一环节的目的是让孩子们体会秋姑娘的聪明能干——还能写信给冬眠的青蛙、贪玩的松鼠、南去的大雁、山里的孩子。最后和学生一起朗诵我编写的小诗:

春天来了,带着微笑,飞上树梢。
风吹过,哗啦啦,我们舞蹈。
风住了,静悄悄,我们思考。
放假了,乘着风儿,带上奖状,回到大地的怀抱。
小虫的屋子,蚂蚁的小船,鱼儿的大伞,燕子的电报……
啊,大地,亲爱的妈妈!在你的怀里,我们好好睡觉。

这样,用描写落叶的童话、诗歌组合进行教学,孩子们认识的落叶就人性化了、立体化了:这落叶,在春天,带着微笑飞上树梢;夏天,风吹来她们舞蹈,风住了她们思考;秋天,她们就带着奖状落到大地。小虫的屋子,小鱼的大伞,燕子的电报,还有给青蛙、松鼠、大雁的信……都成了落叶的创造。就这样,落叶带着快乐回到了妈妈的怀抱,静静地睡去。来年,落叶还会继续当屋子、做小船、拍电报、写封信……语文教学的重要任务之一,不就是要让学

生能够诗意地欣赏我们周遭的一切吗?

(二) 积累——建立第二对关系:人和母语文化

如果说整合是为了学生在建立正确的人与自然、社会关系的基础上分辨自然人和社会人异同的话,积累则是在建立人和母语文化的关系的基础上,逐渐学会分辨本民族文化和其他民族文化的异同。也就是说,主题教学除了让学生积累语文知识,还要让学生学会尊重地域文化和母语文化。教学内容应尽可能以母语和世界文学精品为主要内容,体现国家、民族的精神。惟其如此,在语文学习的过程中,语言才不只是学生交流情感和思想的工具,更是学生的精神家园。

主题教学好比一个背景。这个背景既包括母语文化和世界文化这个巨大的"场",也包括母语文化的承继、世界文化的吸纳,还包括每个孩子成长的精神环境。

小学阶段是个体开始体认人的社会意义和价值过程的重要阶段,教师一定要引领学生多角度、多渠道、全方位从书本中积累文化知识,获得情感体验、生活经验等,丰富人生的涵养。而有限的教材是远远无法满足这一需要的。所以我一再呼吁要超越教材。但是,怎样让学生在学习科目繁多、学习压力巨大的前提下,还能有兴趣、有机会投入母语文化的怀抱呢?这是我们必须思考的问题。

譬如,对于我国古代诗词的积累,以前我只注重积累的量,并没有认真考虑怎样才更有效。如果利用主题来建构,如按照四季、地域、风俗等分别组合成"山水"、"离别"、"节日"等主题系列诗歌,学生学习起来就会轻松许多,并学会对比与区分。那些经过一代又一代生命参与的诗词精品被统整之后,就如同空气一样从学生的口中进入大脑,流入血液,渗透到他们生命的深处。

总之,母语教育强调文化背景的渲染是十分重要的。主题教学的过程就像在一幅伟大作品的背景或者框架中,整体把握、螺旋渐进,让学生积累包括语言材料、篇章样式、人生体验、思想情感等方面的内容,这样,学生知识和情感的大楼或者母语文化的画面主体,就会一点一点地被描绘出来,从而在超越教材、超越课堂、超越教师的过程中,完成一幅壮美深远的教育理想的图画。

(三) 自省——建立第三对关系:自我的确立

如果说积累是强调对于文化的认同和传承,那么主题教学中的另一个层面——自省(自我的确立),就是强调对于个体人格或个性的养成。努力让所有孩子拥有个性化的精神世界是语文教学追求的重要目标。

我的基本立场是,不是在教学中造就学生的思想,而是学生个人的思想从课堂学习中汲取营养,从而成长,由种子到大树,到开出花并结出属于自己的果实。因此,主题教学也是学生的灵魂吸取自身成长所需养料的过程。它不是把学生的语文学习视为一元思想的灌输,而是引导每个学生在既获得基本认同的前提下,又根据自己的个性及经历产生不同的感受,走上知识积累和精神成长的跑道,并最终建立起属于自己的丰满而充满活力的生命世界。

我在以"亲人"为主题的课堂教学时,以同一个作者魏巍的《再见了,亲人》、《我的老师》为主讲教材,结合现实生活,补充丰富的语文资料,跨越时代、跨越国籍、跨越自己,从不同的角度、不同的侧面,探讨对亲人的理解。教学时,从会意字"亲"入手,让学生想象"树木高高立，枝壮叶儿绿；父母和子女，就像叶连枝”，领会亲人间血脉相连。然后引导学生从抗洪抢险的战士、抗击“非典”的白衣天使以及“感动中国 2003 年十大年度人物”身上体会毕竟是同一个祖先同一个中华的亲人之爱。接着重点引导学生跨越国界，放眼世界，学习《再见了，亲人》，体会其中爱的奔流与燃烧，人间至贵的爱的轰轰烈烈。然后回到《我的老师》中平平淡淡的爱。最后，我推荐几本表现各种亲情的书给学生，如《爱的教育》、《马燕日记》、《我们仨》、《鸟奴》、《红奶羊》、《一只猎雕的遭遇》、《独耳大鹿》、《雁王》和《消失的野犬》等。

我想，这小小的课堂是不能把“亲人”的主题讨论得全面而深刻的，重要的是把学生引发开去，让他们带着对“亲人”的体悟去感受更为博大的亲情。我相信，在这堂课中学生学会的不仅仅是感动，更重要的是这份感动将会内化为他们的力量，去学会爱。

这样，主题教学就在个体人格建构过程中起到了应有的作用：学生知识积累多了，眼界开阔了，思想认识自然就会深刻起来，进而产生思想的交锋、观点的碰撞，丰富自己的心灵，深化自己的认识，开掘自己的智慧。

总之，围绕特定主题进行的教学，就像一曲优美的充满了人文性的旋律，而与之交融一体的工具性，也不再是脆弱的断续的音符，人文与工具，将共同演奏出富有生命激情的语文教育交响乐。

最后，我要说的是，主题教学的研究还处在青涩阶段，主题阅读、主题作文等方面的研究也有待进一步开发。但我坚信，只要不断审视自己每天都在进行着的、习以为常的教学行为；只要既紧贴地面行走，又怀抱问题意识，大胆尝试探索；只要有着向更高的教学境界迈进的强烈愿望，主题教学的实践就不会是个问题，创造充满生命活力的课堂就不会是遥不可及的事情。

语文本色和本色语文①

杨再隋

语文课是什么？什么是真正的语文课？何谓语文的本色，又何谓本色语文？

语文课就是教师引导学生学习语文的课，是学生学习理解和运用祖国语言文字的课，是学生听、说、读、写的综合实践课，是引导学生提高语文综合素养的课。说到底就是学生学习说语文、讲语文、读语文、写语文、用语文的课。既然如此，为什么有的老师说："语文越教越难教了！""语文越教越糊涂了！"……语文课怎么啦？看来，语文课又该重新审视，又该自我反思了。

众所周知，课程改革实验启动四年来，给比较沉闷的语文教学注入了生机与活力，给迷茫的、困惑的语文教学指明了前进的方向，增强了改革的信心。从实验区所反映的情况看，学生学习语文的兴趣提高了，思维活跃了，口语交际能力、综合性学习能力都比过去增强了。老师们重视了学生自主探究精神和创新精神的培养，重视了对学生创新潜能的开掘。通过课程改革，密切了语文和生活的联系，和社会的沟通以及和其他学科的渗透。在课程改革中，开始重视校本研究，重视本土课程文化的发掘，也重视开掘广阔的母语教育的资源。特别要提出的是，跟课程改革一起成长的广大教师、教研员经受了一次教育思想的洗礼，更新了教学观念，提升了课程意识，焕发了"课改"热情，涌现出一大批优秀的中、青年教师。同时，也锻炼了一批特级教师，他们"周游列国"，四处传经送宝，用生动的课示范式地诠释了新的课程理念，演绎了新的课程文化，营造了"课改"的氛围，活跃了教研空气，受到了广大教师的欢迎。

成绩是有目共睹的，但也出现了一些应该引起重视的问题，这是"课改"进程中出现的问题，不必大惊小怪，但也不要轻视。

第一，虚。

这表现在语言训练不落实，不到位，虚晃一枪，虚以应付，因而花动作多，花拳绣腿多，花里胡哨多。内容庞杂，课件繁杂，这在公开课上更甚。教师不范读，不板书，淡化了教师的指导作用。虚，还表现在课堂上不抠词抠句，不纠正学生错误的语言，不辨析字形。该认的不认，该写的不写，该积累的不积累。脱离文本的议论太多，自由诵读的琅琅书声太少。课件把学生的兴趣提起来了，可真正面对文本的时候，学生反而失去了兴趣，所以课件的使用要适时、适度和有效。

有些课离开课本，远离文本，天马行空，漫无边际，随意发挥，用集体讨论取代了学生个人言语实践活动，还美其名曰开拓延伸；有些课画蛇添足，文本还没弄清楚，就塞进了一些课外的东西；有些课让学生离开书本去传播从网上得到的一些似懂非懂的、深奥的科学知识。

第二，闹。

---

① 原文发表于《小学教学参考·语文》2006 年第 3 期。

课堂上热热闹闹,没有给学生思考的余地,也没有给学生质疑的机会。因“假主体行为”造成的课堂上表面的活跃,掩盖了教学的真相。闹,反而使课堂封闭,学生的心灵之窗紧闭,没有另类的声音,没有独特的感悟,没有多元的结论,没有因思维撞击而迸发的火花。在这样的课堂上,学生缺失了自我,缺失了个性,众声喧哗,异口同声,许多是虚假的反应,甚至连笑也是勉强挤出来的。为了应付场面,有时不得不故作姿态,故作矫情,这种情况令人不安。我们希望给孩子们一片宁静的天空,一块安静而干净的土地。

第三,杂。

由于语言文字训练不落实,语文活动没有很好的开展,因而另一种形式的“架空分析”有所抬头,即以牺牲工具性为代价的所谓张扬人文性,成了课堂上另一道风景线。它所表现出来的现象是:语言文字太浅了,思想内容太深了。教师用大量的时间去深究思想内容。有些问题脱离了时代背景,远离了学生实际。杂的表现之二是各种非语文现象、非语文活动在课堂上尽显其能,占据了课堂。课堂上吹拉弹唱等非语文活动,与文本本身没有多大的关系,有的只是教师才艺的展现。还有一些好像是语文活动的东西也塞进了课堂,耽误了教学时间。比如举办记者招待会、电视访谈、实话实说,等等。这些形式偶尔为之也可以,但需要严格控制时间,且需要教师具有很强的驾驭课堂的能力。由于只是给少数优等生提供了展示才华的机会,大部分学生是旁观者,教学不是面向全体学生,效果不大。

第四,碎。

课文是一个整体,即内容的整体、语言形式的整体和形象的整体。当前有些课随意宰割、肢解,弄得支离破碎。在教学中,要学生凭兴趣选读某个段落,难道不感兴趣的就不读了吗?最后又不返回整体;有的教师脱离了上下文,脱离了文章整体,让学生孤立地理解课文中的一句话;有的教师让学生在预习后写下对这篇课文最感兴趣的一句话,难道学生就对一句话感兴趣,其他的都不感兴趣,不感兴趣的就不学了吗?随意性很大。由于大量使用课件,课本被闲置一旁,让学生只读屏幕上的某段、某句、某词,脱离了课文整体。

第五,偏。

当前在某些实验区出现了轻视“双基”的现象,尤其是轻视基础知识的传授。小学处于基础教育阶段,小学语文是基础的基础,无知即无能,没有知识就没有创造。有位教育家说得好,什么叫智慧,智慧就是组织得很好的知识体系。由于轻视知识,导致轻视讲解、轻视讲授等这些基本的教学方法,把接受性学习和自主、合作、探究式学习对立起来。由于轻视知识传授,还导致了完全否定分析。我们过去所否定的是繁琐分析,新“课标”修改稿明确提出:“不应完全用教师的分析代替学生的思考。”说明部分的分析还是必要的。比如说,面对文章整体要找一个切入点,当然要分析;在具体形象的描绘后,或在情感活动的熏陶后,教师以简明的语言,对文章某部分进行分析、讲解、提炼、归纳,作出小结,引导学生从具体到抽象,当然要分析;对段意的归纳,对中心思想的体会,都离不开必要的分析。当然,分析不宜多而杂,更不能变成繁琐的分析。所以,分析要适时,不宜处处分析,尽可能以“读”或其他个体的语言实践取代。再者,由于语言的形象性、情感性,要在打好基础的前提下尽量让学生去感悟、体会、揣摩、体验。总之,分析和综合要交替使用,分析是综合的基础上的分析,是在整体背景上的分析,分析之后又必须回归整体。

偏,还反映在弱化教师职能,不敢严格要求学生,对学生中“出格”的言行也不敢批评,廉价表扬,普遍肯定。我们说,赏识学生是必要的,严格要求学生也是必要的;愉快学习是必要的,勤奋学习、刻苦学习更是必要的。当前,尤其要培养学生学习的决心、恒心和信心,培养学生的韧性和知难而进的精神。

上述现象,反映出对我国优秀传统文化的认同、吸纳不够,对我国母语教学的历史经历和现时成果的认同和吸纳不够,对我国的国情实际特别是广大农村教育实际深入了解不够,以致缺乏厚实的历史文化背景的依托和生动的教育实践的支撑。语文教学被抹去了本色,拧干了原汁,使语文教学错位、变形、变味、变质。语文课又怎么啦?语文课又该怎么样?语文课应怎么教?

我国哲学家在探讨“当代中国哲学发展道路”之时,曾发问道:我们能否或者说我们为什么不能平凡、真实和快乐地生活?究其原因,是“由于我们文化传统中陈义太高,对人的期待和要求太高,事实上即使个人竭尽全力也不能真的践履笃行,这就不可避免地弄虚作假”,加之“我们精神文化中尚有许多神圣的、虚灵的幻象需要消解”,(参见《新华文摘》2005 年 12 月 20 期孙利天著文《朴素地追问我们自己的希望》)使我们难以过上平凡、真实、快乐的生活。其实,平凡、真实、快乐地生活正是人们对自身解放的吁求。冷静思考着这个简单而又平凡的生活真理,朴素地追问语文教学的问题和希望,让我们平淡地、简单地、扎实地、轻松地教语文,难道不是每一位语文教师发自内心的希望吗?

一、平平淡淡教语文

《现代汉语词典》对“平淡”的解释是“平常;没有曲折”。本文拟改其意而用之。平淡即平实淡雅,不加色彩,不加修饰,不刻意雕琢,不自作矫情,不故作姿态,不故弄玄虚,是原色、原汁、原味,是本色语文,本体语文,本真语文。平淡为真。返于自然之色,归于纯净无欺。教师持这种心态,就会心平气和,以真心跟文本、跟学生作平等的对话,以真情和作者和学生作真诚的交流。所谓“清水出芙蓉,天然去雕饰”。(李白)

平淡致静。教师心静如水,学生雅静无声,不讲奢糜,不求浮华。师生之间,师生和文本之间有心灵的絮语,有自然的默契,有随机的暗示,有会心的微笑。这就是潜移默化,也就是“不言之教”。即所谓“萧条淡泊,闲和严静”。(欧阳修)

平平淡淡不是平板淡漠,更不是平庸散淡。平淡之中,有时也会奇峰突起,有奇思妙想,有神来之笔;有时也会峰回路转,有曲径通幽,有柳暗花明。

平平淡淡教语文,方露语文本色。如司空图在《诗品》中所言“生气远出,妙造自然”,又如苏轼所言“无穷出清新”、“绚烂之极归于平淡”。可见对教师的综合素养,尤其是人文素养的要求更高了。在某种意义上说,平平淡淡更像一种心态,一种风格,一种修养,一种境界。

二、简简单单教语文

语文课就是教师引导学生学习口头语言和书面语言的课。不要硬给语文课加码,加重任务,拔高要求,也不要脱离学生实际,求全、求多。不要把教学环节设计得过于复杂,也不要使教学方法花样常常翻新,更不要让课件充斥课堂,喧宾夺主。不要因为语文的综合性强,把什么都“综合”了起来,也不要因为语文和其他方面的关系、联系很多,和什么“结合”、与什么“统一”太多,结果把自身也“综合”掉了、“统一”掉了,使语文本体淡化了,削弱了,甚至消融了。

当然,有些课,尤其是公开课,容量太大,节奏太快,课件太多(画面太多、音乐太响)。教师连珠炮式地讲话,手忙脚乱地演示,学生急匆匆地对答,扫描式地观看,没有回旋的余地,没有咀嚼回味的时间,知识如浮光掠影,训练似蜻蜓点水。如此,知识如何能内化?技能如何能熟练?

鉴于此,语文课要"消肿""减肥""瘦身",化繁为简,削枝去叶,突出主干,凸显主体,理清主线。所以要念好"字、词、句、段、篇、听、说、读、写、书(写字)"十字真经,紧抠"知识、能力、方法、习惯"八字要诀,强调"基本知识、基本能力、基本方法、基本应用"四项要求。再次倡行"一课一得",即一堂课,目标要集中,任务要单一,要求要明确,训练要落实。一,言其少也,精也。不是说只有一个要求、一项任务。也要重提"精讲多练",精讲,即讲精炼,讲精华,讲精髓,画龙点睛,提要钩玄,要言不烦,惜时如金。当然也要求学生的问答简明扼要。多练是相对精讲而言,即让学生多读、多写,自主参与言语实践。当前语文教学中有"脱离文本,过度发挥"以及"用学生集体讨论代替学生的个体言语实践"的现象,因此要强调,对话主要是和文本的对话,要深入钻研教材,疑问主要从文本中来,答案主要到文本中去找,要不离文本,紧抠词语,有时要咬文嚼字。

把复杂的内容变得简单明了,使冗长拖沓的教学过程变得便捷,使复杂多样的教学方法变得简单易行,需要教师具有很高的教学素养。荀子说:"不全、不粹、不足以谓之美"。教学中要求面面俱到,平均用力,点滴勿漏是不可能的,效果也未必好。其实,正是这种"不全、不粹、不足",才使得语文教学更精炼、更精彩。所谓"简洁为美",意在于此。

三、扎扎实实教语文

语文学科是基础工具性学科,母语是民族之魂、国家之根、智慧之泉、创新之源。从小打好学习母语的基础,对学生的终身发展至关重要。就小学语文教学而言,最重要的就是要奠基固本,要求切实,训练扎实,效果落实。当前,小学语文教学中虚化现象比较普遍,热热闹闹走过场,认认真真搞形式,语言训练不到位,不落实。难认的字不多念几遍,难写的字不多写几次,该解释的词不解释,该辨析的词不辨析,该品味的句子不反复品味,该归纳的段意不归纳,至于最基本的句子、篇章知识、标点符号知识更是一溜而过。记得老一辈特级教师袁瑢执教《少年闰土》,文中有"秕谷"一词,学生查字典回答:"秕谷是干瘪的谷子。"一般来说,到此为止就够了,可袁老师又问学生:"能不能说秕枣啊?"学生答:"不能"。袁老师笑问:"为什么?"学生答:"因为秕字是禾旁,是专用来形容谷子的。"解释一个"秕"字,增长了多少见识啊!

要认真研究教学过程,这既是学生思维、想象的过程,也是能力培养的过程,是教学的"三维目标"统一的过程。过程由各个环节组成,随着教学进行,要环环相扣,步步为营,如有错误要及时矫正,如有遗漏要随时填补,发现生成性的课程资源,要随机应变,充分开掘利用。不要视而不见,充耳不闻,仍按"预设",一成不变,也不要虚晃一枪,虚以应付。由于语文学习不可能一步到位,也不可能一蹴而就,有时需要回旋反复,有时需要重槌敲打,有时又需要"轻拢慢撚",有时甚至需要以退为进。教师要善于审时度势,穿针引线,因势利导。

实,不是僵硬死板,应实中求活,活中求变,变中求新,使语文教学永远充满生机活力。

四、轻轻松松教语文

当前语文教学,师生都感到负担重。广东某地一位教师写信给我说:班额大,作业多,师生不堪重负,考试频繁,加之统考,压力太大。他呼喊:救救老师,救救孩子!但愿这不是普遍现象。为何教师负担重、不轻松、不开心?有教育体制的制约,尤其是考试制度的羁绊,也有学校自身的问题。就语文教学而言,要求太高,任务太多,挤得满满的,填得死死的,作业多多的,哪有多少自由活动的时间和空间。就一堂课而言,也是铺天盖地、倾盆大雨,教师气喘吁吁地牵着学生走,学生匆匆忙忙地跟着教师跑。我认为,为了轻轻松松、开开心心地学习,要留下空白,留有弹性。所谓留下空白,就是教师要引导学生深入钻研文本,坚持和文本对话,善于从文本中词与词、句与句、段与段之间的关系和联系中去发现文本中的空白,从文本的字里行间去揣摩作者的未尽之言、未了之情,从作者写出来的文字中去发掘未写出来的文外之意、弦上之音。所谓留有弹性,即在教学过程中根据学生学习态势,能伸缩自如,进退有节,开合有度。一是由浅到深之间的弹性,使全班学生在一定范围内都能自由选择,自主发挥;二是从一种思路到多种思路的弹性。教师要善于打开学生的思路并梳理学生解决疑难的思路,引导学生以开放的心态,完成从一种思路到另一种思路的转换;三是从一元结论到多元结论的弹性,学生阅读文本,是重新创造意义的过程,因此要鼓励探讨多元结论。轻轻松松学语文,并非降低要求,放松训练,而是营造氛围,研究策略,讲求方法,让学生在有限的时空中,愉快地学习,聪明地学习,轻松地学习,高效率地学习。自己品尝到智力活动的快乐,体验到学习成功后的喜悦。

如能如上述四点,我想,这就是语文本色,或称之为本色语文。刘勰说:"生也有涯,无涯惟智。逐物实难,凭性良易。"(刘勰《文心雕龙》)的确,人生有尽,知识无涯,在有限的人生里,去穷尽万物之奥妙真是太难了。

还是凭着天性,顺乎自然去做吧!让语文还原本色,复归本位,返璞归真,与时俱进!

追寻童年的语文课堂[①]

——诗化语文的诗与思谈片

周益民

一

教师的意义在课堂，如果离开了孩子，那么，一切所谓的“诗”与“思”便都失去了其存在的价值。

为了师生课堂生活的诗性存在，就须有教师课前的智慧积淀与倾情投入。

语文教师面对文本的姿态、解读文本的视角、切入教学的端口，固然受其文化涵养、思维品质等方面的制约，但同时也是其课堂观的物化。可以说，课堂观至少在一定程度上作用着教者的准备风格。

那么，我理想中的语文课堂是怎样的呢？

言语的发展（母语的习得）状况几乎决定着儿童的童年生态，我理想中的语文课堂应该就是基于儿童同时为了儿童的课堂。我们都在追寻理想课堂，角度理解不一，外化表现多元，但很多情形下忽略了课堂的主体——儿童。瑞典“智慧女神”爱伦·凯曾经乐观地预言：20 世纪将是“儿童的世纪”。然而，即便仅就语文学习而言，迄今为止并且还将在不短的时间内，我们很难宣称已经让儿童享受到了真正的童年课堂生活。美国诗人惠特曼在他的《有一个孩子向前走去》中写道：“有一个孩子每天向前走去，他看见最初的东西，他就变成那东西，那东西就变成了他的一部分……”作为孩子的母语导师，在个体最为美好的阶段，我们该播下怎样的种子？“童年”作为一种意义的负载者，其意义不仅在于生物学而更指向文化层面。我们需要尊重童年的权利，张扬童年的价值，逐渐消解遮蔽童年的课堂现实。我们语文教师需要一双孩子的眼睛，需要一颗孩子的童心，应该是一名“长大的儿童”。

我常常怀揣着这样的理想，漫步在走向课堂的准备之路上。

二

走近文本，这是教学准备的首要环节。有人认为阅读是一种读者与文本（潜在的作者）之间的对话活动，读者是阅读的核心，是解释文本的权威。作品不是作者的丰碑，而是乐谱，需要读者演奏。由于一代代读者的参与，作品的意义才被不断揭示、创造，并不断积累，因此读解永无止境。

永无止境并非浅尝辄止的借口，虽不能穷其尽，却须求逼近。面对文本，我常常喜欢以不同的视角分别尝试着去了解、去接纳、去审视，力争多角度交流，全方位把握。

---

① 原文发表于《语文教学通讯·小学刊》2006 年第 9 期。

我喜欢将自己设想成不同的角色身份走近文本：

——我是作者

“我是作者”是求其“真”的过程。文本主要传递什么信息，主要抒发什么情怀？其源初本义为何？这一过程其实便是追寻文本基本含义的过程。“识真”既是对作品的尊重，也是进一步求解的先在。

“我是作者”要力争准确还原文字传载的信息。“缀文者情动而辞发，观文者披文以入情。”作者与读者间固然由于诸多因素，无法达成合一的体认，但文字毕竟具有一定的客观性，阅读者完全可以凭借文字信息的深刻把握，最大限度地逼近作者的本义所在。要识得其“真”，就须真切地走进，实在地揣摩，从而还原抑或再建。叶老说：“作者思有路，遵路识其真。作者胸有境，入境始与亲。一字未宜忽，语语悟其神。”寓言《狐狸和乌鸦》叙述狐狸用奉承话骗取乌鸦嘴里叼着的肉，揭示了爱听奉承话的危害。不少教师似乎忽略了文中的“邻居”一词，正因为狐狸和乌鸦是“邻居”关系，住家毗邻，彼此脾性定然熟了，乌鸦自是明晓狐狸的狡猾习性，这就使得故事所寓更为深刻与辛辣。遗憾的是，目前选用该文的几个版本的教材均删去了此句。

“我是作者”要以接近作者的情感面对文本。时间、空间、阅历、气质都是横跨作者与读者间的鸿沟。阅读者就要设法通过先走近作者再走近作品。柳宗元五言绝句《江雪》用洗练的文笔，勾勒出一幅寒江雪钓图，似是写景。此诗作于诗人谪居永州期间，了解诗人生平遭遇，就会顿晓诗中“渔翁”实是诗人自喻。柳宗元被贬永州，精神受到很大打击和压抑，这首诗就是他借助歌咏隐居山水的渔翁，来寄托自己清高孤傲的情怀，抒发政治上失意的苦闷压抑。而将四句首字连读，更读出诗人“千万孤独”的落寞孤寂。

——我是孩子

“我是孩子”是对母语学习规律的认识。教材的主要阅读对象是孩子，教材的阅读学习是他们语文素养提高的重要凭借。儿童的阅读心理与成人有着很大差异，他们重直觉把握，重感性体验。教学的成功建筑在对儿童的理解上，需要教师拥有一双孩子的眼睛。

“我是孩子”是一种真诚的教师情怀，而非故意做出的“下蹲”姿势；是一个感情真实的心性意义的儿童，而非耐着性子模仿孩子的“伪儿童”。

“我是孩子”为教师解读文本开辟了一个新奇的天地。“儿童的眼睛是奇异的。世界在儿童的眼里犹如童话一般。孩子看山，好像山洼里会走出一个白胡子老爷爷，坐下来跟他讲故事；孩子看云，云儿在飘，好像大白马在草原上奔跑，咦，马儿跪下来，还等着他骑呢。……我用儿童的眼睛看世界，啊，真的，那山那水也瞧着我，那花那树点头微笑，诱惑着我和孩子们投入她的怀抱。”(李吉林《孩子的眼睛》)教育学者李庆明指出：这里的“看”是一种基于师生心灵对话与沟通的参与性、移情性、体验性的“本质直观”，它摆脱了观察者的自我中心，克服了观察者与观察对象的二元分离，从而避免了那种纯自然科学式的简化“解释”，获得了对作为活生生的人的“儿童”的丰满理解。用“孩子的眼睛”看教材，我们就会想，《江雪》诗中，那“蓑笠翁”为何怪怪地钓起了雪来(“独钓寒江雪”)？小猴儿好可爱，他们舍不得那么美丽的月亮掉进水中(《捞月亮》)。

——我是教师

“我是教师”是多种角色的融合。以作者的视角易于领悟文本的原始意义，以孩子的视角易于了解学习对象的心理状态，但这些仍都不够，我们还要斟酌，作者所寓是否适于向孩子揭示,应该领着孩子求解到何种程度?文本进入教材,除却原先意义的价值,编者又赋予其何种担负?这就是教师的视角。我觉得,优秀的教学实施,建立在对文本的三种解读视角的融合之上。“我是教师”,所以我要考虑,《江雪》诗中所寓应该向孩子们揭示到几分?“蓑笠翁”的“钓雪”误会又该如何消除?“我是教师”是一种专业解读。教师对教材文本的解读同一般读者的文本阅读是不尽相同的。一般意义的阅读主要旨在理解文章内容、接收相关信息、获取精神享受等等,具有一定的随意性与自由度。教师阅读则更讲究准确与深入,同时还是一种“为他”式解读,一切皆是为着更好地扶助儿童,考虑的是如何以其为凭借促成学生的言语发展、文化熏陶。

我喜欢以不同的姿态面对文本:

——先做“信教徒”

做“信教徒”,意味着我们对待文本的一种应有礼遇。每个文本都是作者智慧的结晶,这种劳动的成果理应得到读者的认同尊重。受某些思潮影响,有些人总想着如何解构、颠覆甚或“大话”文本,我以为这是很不严肃的表现。即便“解构”“颠覆”,也应以洞察文本、占有文本为前提,也首先应该真诚地领会与感受。其实,很多的误会盖因于误解。做“信教徒”是对文本认同的过程,是获得经验、汲取智慧、赢得力量的过程,也是即将起飞的必不可少的助跑。

——再做“反思者”

自然,教师不该成为教材的奴隶。如果说“信教徒”是“入”,那么“反思者”就是“出”。作为一种精确化、典型化的材料,教材曾经是教师、学生心中的膜拜,是少数学科专家、权威人士的意志物化,几乎成了“真理”的代称,教师、学生不会也不敢对其生发疑问。正是长期囿于这种观念,我们的课堂鲜有争执与怀疑,教师习惯了教教材,孩子则习惯了以教材为标准的演绎与推理,与生俱来的好奇、怀疑渐行萎缩。其实,教材仅是课程资源的一个维度,教师、学生才是创造课程的最重要因素。如是,就将教师、学生置于跟教材“等高”的平台,甚至,教师、学生也完全可以理直气壮地参与“自我教材”的构建,由此催生了全新的学习方式,有力地提升了课程质量。这就对教师提出了“反思者”的角色要求。

记得在《可爱的草塘》的教学准备中,通过先期的阅读体悟,我感受到北大荒翻天覆地成“米粮仓”的喜人新貌,感受到其景美、物富、人勤的内蕴。但是再往深里思索,在当今人与自然和谐的环境伦理理念下,这种开荒垦荒还值得宣扬吗?其时恰巧阅读到《喜闻北大荒又荒》一文:“过度开荒也造成了原始生态系统的破坏,曾经肥沃的黑土地日益贫瘠,为此黑龙江垦区全面停止开荒,恢复生态,这无疑是一个历史性的转变。……可持续发展的实质是由片面强调人的主体性和人对自然的征服掠夺,转变为追求人与自然的和谐共生。北大荒的变迁使人聆听到了人与自然的协奏曲,看到了再造秀美山川的多彩画卷。”这正解决了我的疑虑。

像这样的反思常常成为教学设计的一个有力抓手,成为利用教材、改造教材的有效资源。

我还喜欢用一些自创的“招数”走近文本:

——假想名家用心读

我很认同张平南老师的一个观点:“备课是语感的心理体验。”语言的审美效果首先体现在语音、节奏和韵律上,语感的问题主要在于理解而非技巧。我觉得,涵泳诵读是走近文本的重要策略，声音的抑扬顿挫、起伏变化表现着读者对文本的了然程度。

汉乐府民歌《江南》吟道："鱼戏莲叶东，鱼戏莲叶西，鱼戏莲叶南，鱼戏莲叶北。"如果机械单调地去读，就会有莫名的重复感。设若朗读者捕捉到了语调、重音、气息的有效变化，则其内心定然是感受到了鱼儿和孩子一样，在莲间游窜，忽游忽停、忽南忽北，自由自在、活泼至极的情景。

备课时，我喜欢将自己假想成不同的朗诵名家，在内心里一遍遍模拟诵读。表面风平浪静，心海却波涛澎湃。阅读是个性的，我会想象，面对眼前的文本，孙道临会如何体现其风雨人生的饱经沧桑，瞿弦和会如何运用自己激情浓郁的嗓音演绎，丁建华又该怎样举重若轻展现轻灵华章，而鞠萍姐姐的永远童音肯定呈现另一番风貌。在这种自我陶醉般的想象中，已有背景逐一钩沉，积淀得以复活，与文本形成了频繁的亲密接触。

——闭上眼睛过电影

对于叙事写景甚或抒情诗歌类文章，几番诵读完毕，我常喜欢用"闭上眼睛过电影"的方法加以回味。往往在这"过电影"的过程中，我会看到文章描绘的鲜明形象，甚或听到人物的言语心声。文本是模糊的"灰色系统"，很多形象并无确定性，只是一个轮廓。我们按照自己的生活框架细部加工，把"灰色系统"转化为"彩色系统"，使得"我们相信看到了自己实在没有看到的东西"，甚而获得"象外之象"，塑造出一个新形象。闭上眼睛，则免除了外事杂物的干扰，心无旁骛，心思纯一。这其实是一个凭借语言文字驱遣想象的过程，我的对文本的感受也在这种内心视像的晕染下得以强化。

伴随着这一想象运动的还有情感运动。在表象生成的同时，我们会体验到情感的冲动，对文本形象产生深切真诚的关注。在想象郭沫若的散文诗《白鹭》描绘的情景时，我眼前竟然浮现出飘逸俊朗的芭蕾舞演员形象，我喜悦于这种意外获得的隐喻，随即找到了艾青的一首描写芭蕾演员的诗歌，融合在了教学设计之中。

教学《只有一个地球》时，我曾让学生眯眼听教师描述拟人想象地球母亲原先的样子，学生眼前都不由浮现出一个身材苗条、秀发披肩、身穿纱裙的东方女性形象，此教学灵感正是这一情景的产物。

——相关资料大搜寻

尽量占有与教学文本相关的资料，也是我备课的一个着力点。

贺知章的《咏柳》描写春风吹拂下柳树的迷人姿态，礼赞万物复苏、生机盎然的春天。诗中"碧玉妆成一树高"一句，我查找资料，了解到"碧玉"除指美玉外，还是古代传说中的美女名。"碧玉小家女，来嫁汝南王"（肖绎《采莲赋》）"碧玉破瓜时"（《碧玉歌》）等都是有名的诗句。加入这一领悟，柳树形象愈发美丽——亭亭玉立，婀娜多姿，多像刚刚打扮好的清秀少女！"碧玉妆成一树高"，柳树化身美丽少女出现；"万条垂下绿丝绦"，千条万缕的垂丝也随之变成了她的裙带。由于对"碧玉"一词的语意延伸，诗歌的意蕴获得了扩展，也使阅读者获得审美的满足。

这种相关资料，既指内容关联的文本材料，也包括音像、电子、绘画等其他表现、承载形式。记得若干年前我准备语文综合性学习《周总理，我们怀念您》时，除收集了当时能找到的包括连环画在内的所有周恩来的传记性读物，还聆听了大量赞颂总理的歌曲，像《绣金匾》《歌唱周总理》《想起周总理纺线线》等，这些对我了解伟人情怀、走近人物内心发挥了很大作用，其中相当一部分还被用作提供给学生的课程资源。

这种相关资料还包括对专门人士的咨询请教。语文的天地宏阔绵远，其中的厚重远非个人所能完全拥有，如果有机会向专门人士咨询，将会获取不小的启迪。教学古典诗歌，我曾请教国学老专家，他的首肯认同让我获得了教学的自信。教学《逆风的蝶》，我则就有关问题求教于作者、著名诗人金波先生。

三

对文本的良好解读仅是走完了准备工作的第一步，教师所有的深度解读与美好设想还都应该转化在对课堂的设计蓝图中。

在这种“转化”、设计时，我一般着眼并着力于以下几个方面：

——让课堂流动“孩子气”

成尚荣先生说，教室中的儿童要与文本中的儿童联结，老师的精神状态也要和孩子一样，三个儿童走在一起进行沟通，那是诗意的欢聚。

游戏，几乎就是童年的象征。评论家班马先生说，游戏精神其实也就是“玩”的精神。语文学习首先要给孩子乐趣，要让孩子在语文中找寻到欢欣的元素。语文课堂自然应该有泪光闪耀，但也应有笑声飘飞。记得教学主题单元《大海啊，故乡》时，我设计了一个很有意思的话题：你们觉得大海是小伙子还是大姑娘？是老奶奶还是老爷爷？是大胖小子还是丫头片子？课堂现场孩子们对这个话题很感兴趣，扣住文本侃侃而谈，气氛活跃宽松。再如教学古诗《小儿垂钓》时，我组织学生就一个词义的不同理解进行了一场有趣的辩论赛，教师煞有介事的话题渲染，学生唇枪舌剑的据理力争，让孩子们欲罢不能。

儿童是情感的王子，想象是儿童生命和儿童文化的魂魄。让课堂流动“孩子气”，就要注重为孩子的情感释放、想象放飞创造空间。我经常运用角色扮演的方式，让孩子对文本形象产生角色认同与移情体验。孩子们物我同一，在自然的状态中、在想象的推动下，创造出活泼的语言。

——让课堂飘散“文学味”

教师在解读《咏柳》时获得了意蕴生成，在解读《白鹭》时获得了诗意享受，同样重要的，我们还要思索如何也让这种美好的情愫如水一般浸润孩子的心田。教师要努力让课堂飘散起文学的味道。在这儿，文学并非少数人掌握的一种技艺，而是人类的生存状态。你可以不是诗人，但不能没有诗意。海德格尔认为，文学在大地和天空之间创造了崭新的诗意的世界，创造了诗意生存的生命。文学就好像一盏灯，照耀着人们的心房。

让课堂飘散文学味，就要以“文学的方式”把握教材。不少教师习惯于以分析的方式研究教材，容易走向支离破碎。强调“文学的方式”，是说教师要帮助学生一起走进文本，体会文本言与意的统一。记得我教学《白鹭》一课，就着重引导孩子想象文字描绘的画面与作者遣词造句的精美，在诵读与描述中感受文本传递的愉悦体验。

让课堂飘散文学味，还要讲究课堂对话的方式。我以为最重要的，就是要引导孩子走向内心。优秀的文本总是呵护着我们内心的梦想、丰富着我们的想象、温暖着我们的感受，让我们从小就成为一个有趣味、有气质、有道义的人。儿童是一种缪斯性存在，是最富于灵性和诗意的。从本质上说，每一个孩子都是亲近文学的。日本作家新美南吉的《去年的树》，讲述鸟儿和树是好朋友，它天天唱歌给树听，将要飞回南方时，鸟儿答应了树的请求——还回来唱歌给它听。可是第二年春天，当鸟儿飞回来找它的朋友时，树却不见了。鸟儿四处寻访,最后找到由树做成的火柴点燃的灯火。朋友不在,友情还在,诺言还在,它心里充满了忧伤和惆怅,面对着由朋友生命点燃的油灯,唱起了去年的歌。行文留下大量空白,这固然成就了本文淡然、内蕴的风格,也为教学提供了良好的切入角度。我着重于开掘内心的想象体验,抓住"眼睛"这一心灵之窗,前后贯通,脉气相连,引导学生走近角色、体验情思、获得感动。

如果你就是树根,就是大门,就是煤油灯旁的那个小女孩,看着飞来又飞去的鸟儿,是否注意了她的眼睛?那是一双怎样的眼睛?那是一道怎样的目光?(默读后交流,指导朗读)还是去年的歌曲,还是去年的旋律,但是什么已经不一样了?可是有一样东西没变,而且永远不会变?(友谊、情感)想着鸟儿的那双眼睛,男女生分角色读。

文章中还有一双眼睛、一道目光,你们发现了吗?这双眼睛鸟儿看到了吗?(感受到了,这双眼睛永远印在她的心里,这就叫"永恒""天长地久")

此时此刻,他们用眼神在诉说什么呢?请为鸟儿和树设计两句简短对话。

——让课堂生长"冥思力"

语文课堂应该有诗意的流淌,也应该有思想的流动。所谓"冥思",是一种沉入灵魂深处的默想,当儿童调动已有知识、情感积淀与新的问题情境碰撞时,便会产生活泼的"悟"来。这既是对原先语文教学过多抽象色彩的扬弃,又是对当下语文教学过多强调感性的超越。"思"的缺失,常常导致很多课表面看似热闹,深思起来却又觉得苍白无力。有西哲说,必须有思者在先,诗者的话才有人倾听。这就是语文课堂的诗性智慧。

"冥思力"的生长需要课堂的"静""净""境"。

课堂需要"安静",表面的浮华不利师生的深度交流。自然,"安静不是静止,不是封闭","是湖的深邃才使得湖面寂静如镜","最好的境界是丰富的安静"。周国平先生是在说人生,课堂何尝不该如此?由于课堂丰富的安静,师生精神进入极为活跃的状态,"观古今于须臾,扶四海于一瞬"。

课堂需要"纯净",读与思,自悟与分享,框架简洁,手段简明,智慧生发,精神澄明。因为,艺术上的单纯常常不是低级而是高级,是真正的上乘功夫。

语文课堂还追求"境"的生成。首先是得体的物理环境的营建,其次是与课堂和谐的师生良好心境的形成,此二者加之文本张力的协同作用,便使语文课堂产生一种动人的情境乃至意境:或欢欣活泼,或抒情温馨,或深邃智慧。师生徜徉其间,怎不生母语学习的幸福与满足?这样的理想何其远!但是,走在这种追寻的路径上,不也是一种快乐?组织学生阅读金波先生长篇童话《乌丢丢的奇遇》,讨论《逆风的蝶》这一章节时,我只引导学生思考了这样三个问题:蝴蝶和狂风谁的力量更强大?蝴蝶这一路上孤单吗?蝴蝶和蔷薇谁更幸福?以三个具有一定张力的话题拉动整堂课的进行,追求线条的简洁却内里的深入。

让课堂生长"冥思力"其实是引导孩子们站到文字后面去。肖川曾引用一位海外中国诗人的话说,每当他看到"碧海、沧桑、江湖"这些汉语独有的词汇时,都会莫名地激动,甚至落泪。确实,语言的背后是家园,是永远无法忘却的记忆。只有学会站到文字后面,才会真正体悟到母语的"根"之情怀,才会真正得到心灵的荡涤。教学郭沫若的《白鹭》,最后,我轻轻地说:"白鹭如画、如歌、如诗,它独具的诗情打动了我们。有人说,世界上的事物,有的因为美丽而可爱,有的因为可爱而美丽,课后想想,白鹭又属于哪一种呢?"课的结束不是画上句号，而是在心中留下一串省略号，这是我的向往。

自然，所有的理想都难以完美地物化。虽不能至，心向往之。朋友，当所有这一切——你的智慧，你的心灵——都整装待发，不只在纸张上或者电脑里，更是跳跃在心头时，那么，就让我们满怀期待地步入另一个创造与享用的天地——课堂！

小学语文应是儿童语文[①]

周一贯

小学生处于儿童的年龄段,称之为小学生,着眼点在于学业程度。严格地说,当小学生的可以不一定是儿童,而"儿童"则是生命历程的一个特定阶段。是人生之十分重要而珍贵的驿站。小学语文教学,不仅要考虑到"小学"这么一种学业水平,更要考虑到"儿童"的心灵感受和精神家园。而今天的儿童,正在遭遇可怕的成人化的入侵,过早地告别他们本应具有的童真面目,这不仅有来自网络、影视等现代媒体的影响,也有来自学校的课程教学的影响。小学语文教学改革,不能无视这种现象。小学语文应当是"儿童语文"。

"童年"的重要,在于它会对每个人的一生产生极其重要的影响。童年留下的印痕,往往终身难以磨灭。正如古罗马教育家昆体良所言:"我们都生性自然地、清楚地记着童年时期所吸收的东西。"人这一辈子,在乐与苦、逸与劳的时刻,都会不时地在对童年的回忆中找到精神的栖息地。这一切都因为儿童可以享受的,正是我们成人可能已丢失殆尽、十分珍贵的东西。儿童尽管幼稚,却更接近自然,更直接地接受着造化的赐予;儿童尽管不如成人成熟圆滑、能够灵活应变,可他们单纯、简洁,更安于当下,从他们自在的生活中去发现丰富的乐趣;儿童尽管没有成人那么多喧嚣的节目,那么多时尚的诱惑,那么多微妙的人际关系,可他们总是能在自己简单的游戏中快乐地尖叫;儿童尽管不能去很多地方,像成人那样闯荡四海,领略人生甘苦,可他们拥有一个比大地更开阔的想象世界,那可是一个五彩缤纷的私密空间;儿童尽管没有能力应对效率社会中工作的快节奏、强刺激,可他们却能比成人更深地体会到亲情,更直接地触摸到自己的灵魂,也就能更清晰地听到自己内心真实的声音。这就是儿童,在成人眼里微不足道、啥也不懂的乳臭小子,却比我们成人拥有多得多的人类的良知和天性。这就难怪英国大诗人弥尔顿会说:"儿童引导成人,如同晨光引导白昼。"

童心并非只在童年阶段存在,它可以在一生中发挥出神奇的力量。它是健全人格的开端,是终生活力、创造力的源头,是一辈子自由、幸福的基石,甚至是一个民族和国家健壮活力的标志,所以我们的小学语文教学,应当更多地关注儿童的心态、儿童的感受、儿童的话语、儿童的兴趣特征和思维方式……一句话,应当更多地去追寻儿童精神,莫让童心过早地消逝。然而,小学语文教学的某些现状却不容乐观:儿童精神日趋边缘化,儿童文化没有受到足够的关注,儿童观念也在逐渐淡化。

一、莫让"高雅"扼杀了童趣

走进新课程,小学语文教学的人文情怀得到了强化,这无疑是语文教学的巨大进步。但是,在有些语文课堂里,对"人文"的理解似乎有点偏颇。富有人文情怀的语文课,说得简单些应当是最亲近儿童生命状态的课,最能滋润儿童心灵成长的课,最能生发儿童情趣的课;

① 原文发表于《人民教育》2005年第20期。

而不可误以为只有那种和之者寡的"高雅"，脱离儿童接受水平的"深邃"才是人文的。教师在教学语言中旁征博引的诗词曲赋，成对成串的对偶排比，过分含蓄的双关和叠床架屋的形容，再加上重复累赘的文史资料的引入……这些刻意的斯文和过度的雕琢，令儿童似懂非懂而兴味大减。此时此刻我们也许可以听到钦佩教师文学功底的掌声响起，可惜它不是来自"服务区"(学生)，而是从听课的老师那里发出。这种难以引发童趣、赢得童心的"高雅"，只能是一种被成人"秀"了的"虚高"，由于缺乏儿童的心灵感动，也就难说有良好的教学实效。笔者曾从报上读到一个案例，作者盛赞一位特级教师在课堂上使用的"独具语文韵味的诗化评价语言"，深感此语言"为课堂增添了迷人的色彩"。案例中列举的所谓美的评价语言是：

"你个性的发言是水，清澈迷人。"
"你个性的发言是木，挺拔参大。"
"你个性的发言是土，博大幽远。"
"你个性的发言是金，灿烂夺目。"
"横看成岭侧成峰，你说了你独到的见解。"
"远近高低各不同，这是你的答案。"
"领异标新二月花，你的发言富有诗意。"
……

我们没有现场聆听过这位特级教师的课堂评价语言，但如果真如案例所言，是这样混沌一片的评价，只给人一种"月朦胧，鸟朦胧"的感觉，别说孩子不懂，连我们也不太明白。教师对学生的当堂评价，不仅是对儿童学习行为的积极勉励和缺失的补正，更有着开启心智、交流沟通、即时引领的重要功能。所以，明白晓畅、准确鲜明是评价的基本要求。否则，理解尚且困难，又何来引导的功能？如果说学生的发言"好"，好在哪里竟是一片混沌，难以捉摸，学生即使能笼统地感到被夸奖，但根本不知道为什么好，好在何处，并不能受益。再说，"发言是土"、"发言是金"又到底是怎么回事，谁能理解得清楚？教师也许觉得这样设喻义蕴深远，且又新鲜生动，富有诗意，可孩子能对这种半懂不懂的话产生兴趣吗？这样的"高雅"，叫人如堕云雾，如坠深潭，大脑一片空白。多次这样，儿童也就不会再去专注倾听，童趣当然也就荡然无存了。

二、拒绝矫情

语文课的价值取向之一当然是要让孩子心灵感动。儿童不应当只是为了受教育才出生的，把儿童一味当作学习工具来对待，是对童年不该有的忽视和摧残。语文教学在学字习文的同时，还担负着人的精神建设的重任，因此，儿童心灵感动就更有其重要意义。否则，童年将变得"贫血"、"缺钙"。如果孩子们失去了心灵感动的能力，那将是民族莫大的悲哀。正因为如此，几乎所有语文教师都重视在课堂上"以情感人"。但是，要怎样才能以情感人，以什么情去感人，都是值得我们深刻反思的一个课堂现实问题。这里的关键是必须以"真情"感人，事实上，也只有"真情"才能感动人。

有时候，教师过于"感人"心切，动不动就想"以情感人"，或者误把"感情"当技巧，把一种千篇一律的僵化模式当作激情的法宝，其结果只能是成了一番"矫情"而难达"感人"的效果。如在学习一些表现英雄人物或历史伟人的课文时，教师每每要让学生作一番心灵表白——

"此时此刻,你想对谁说些什么"之类,如教学进行得比较充分,学生确实情动而辞发,有跃跃欲试之求时,这样让大家畅所欲言,自然效果很好;但如果只是把这种心灵表白视作一种激情技巧而不顾课堂现场火候,广为滥用,就只能使儿童勉为其难,他们只能矫情地说些废话以应付尴尬,或者言不由衷地贴几张成人化的标签以迎合教师。事实上,文学作品讲究的是意境,孩子在已有所意会有所感动的情况下,一时难以言传是正常的,未必都要作激情演说。再说,孩子毕竟是孩子,对有些历史伟人或英雄人物的评价对他们来说是一个沉重的话题,要真正理解乃至感悟,也不是一朝一夕的事,还不如让学生多读课文去体味一番为好。另一方面,最深沉的感情往往会隐藏在人的心灵深处,一定要即时简化为几句简单的口号,不仅于事无补,反而会坏了这种情绪。所以,真情有时不一定要说出来,如果硬要学生表白,师生双方就难免陷入"矫情"的误区。课堂上矫情多了,做作多了,大话、假话、套话也就多了。

某市举行优质课选拔赛,共有六名来自不同县区挑选出来的参赛者,其中一位老师执教《黄继光》(二年级),一位老师执教《我的伯父鲁迅先生》(六年级),还有一位老师教的是《詹天佑》(六年级)。三篇不同年级的课文,主人公是不同时代的人,又由不同的老师设计、施教。可奇怪的是课末的环节竟如出一辙,都是老师说:"让我们深情地呼唤他的名字……","让我们又一次崇敬地呼唤他的名字……","让我们再一次自豪地呼唤他的名字……",学生则三次声嘶力竭地呼喊主人公的姓名。最后又都在"感动中国"的评选颁奖中,由学生写"颁奖词"结束。如果说这只是一次巧合,"巧合率"也太高了。出现这样的问题,我以为是因为执教者把这样的"煽情"仅仅看作是一种操作技巧、一种课堂教学的构成元件,可以任意拆卸、搬用和重新组装,而全然不必顾及不同教学现场的不同情感氛围与不同年级学生的不同情感特征,忽视了课堂情感应当源于儿童、教师的心灵感动,而心灵是否真的被感动,则是一种生命原生态的存在。它可以适度引导,而不能用一种外加的、僵化的形式加以"图解",逼其就范。显然,如此全然不顾孩子的情感特征,会造成对儿童情感的误导、伤害,甚至可能害及终身。这不是危言耸听。

三、保护儿童的想象

与成人相比,儿童有自己的思维方式。有人说,童年是一个做梦的季节,他们生活在自己的想象世界之中。这话有一定道理。这也就意味着想象是儿童思维方式的一个重要特点。然而,在现实生活中,成人往往会忽视对儿童思维方式的维护,不讲场合地用自认为是科学的思维方式,自觉不自觉地去影响孩子,引导孩子过早地告别他们本应具有的童真面目,对于与孩子年龄并不相称的早熟给以各种形式的鼓励。老师给四五岁的幼儿讲述嫦娥奔月的故事,一位幼儿说月亮上面是不能居住人类的,它是地球的卫星,哪有嫦娥。老师便会表扬他"聪明"、"懂得真多"。对于这种情况,我们应该感到欣喜还是悲哀?

有一个案例:

课堂上正在学习《鹬蚌相争》的故事,一个学生高高举起小手:"老师,课文有问题。书上写鹬威胁蚌说,'你不松开壳儿,就等着瞧吧。今天不下雨,明天不下雨,没有了水,你就会干死在这河滩上!'你想呀,鹬的嘴正被蚌夹着呢,怎么可能说话?"于是,教师组织大家讨论,同学们一致认为要给编辑写信,可以把课文改为"鹬用尽力气,还是拔不出来,便狠狠地瞪了蚌一眼,心想……"、"蚌好像看透了鹬的心思,得意洋洋地想……"老师以教育实践智慧机智地作了处理,不仅肯定了同学的这一提议,而且临场生成得相当精彩。但这时又有一位学生有了新发现："鹬的嘴被蚌夹住了，确实不能说话，可蚌就不一定了。它是软体动物，嘴应该在壳内，也许不用开合壳就能说话呢？"于是，似乎还得研究"蚌的嘴在哪里"这个难题。

当然，学生们那种不迷信课本，敢为课文挑刺的精神确实不错；课堂上这种思维活跃、敢于独立思考，坦陈己见，确实也是充满活力的一种表现，应该受到老师的鼓励。

但这也引起了我们更深的思索：这样改就没有问题了？不，其实从学生修改意见中的"蚌好像看透了鹬的心思"这句话中，我们是否还可以再问"蚌有眼睛吗"、"蚌的眼睛又在哪里"……如果再深入下去，那么还有"鹬会说人话吗"……如果还要深入下去，那么被儿童视为天使的许多童话和寓言是不是都会成了不真实、漏洞百出的故事？这又该怎么办？

显然，教师引导学生解决诸如此类的问题，不可消解了儿童善于想象、乐于想象的思维方式，不要引导孩子对美丽的艺术想象去一一加以科学的实证。尽管问题是学生提出来的，但教师引导解决的途径应当多从维护儿童的思维方式去考虑。孩子是善于想象的，而寓言是想象的故事，是从生活中来的，让他们想一想在我们的生活中是否有像"鹬蚌相争"这样的事，他们就不会再去关注"嘴被夹住就不会说话"这类问题，如此，才能从发展孩子独特的想象能力着眼去正确解读寓言、童话一类的文学作品。

再来看一课：

一位老师在引导学生深读《啄木鸟和大树》这一课时，多数学生批评大树不愿治病的态度，但也有几个孩子批评啄木鸟缺少爱心："他只对大树劝说了一次，而且是在大树病得还不重的时候，如果啄木鸟能更多地关心大树，多去劝说几次，特别是在病重的时候，大树他是会接受治疗的，这样大树他也不会死了！"显然，课文的本意在于说明小病不治，后果严重，不可讳疾忌医的道理，而孩子曲解了这个意思，因此为大树死得可惜而责备啄木鸟了。当时，执教的老师觉得难以应对，只好不了了之。

其实，教师既可以引导学生去重点研读表现大树自以为是、讳疾忌医的态度的文字，帮助学生端正认识；甚至也可以这样处理：其实啄木鸟是好几次劝过大树的，但都被大树拒绝了。故事编成课文的时候，把这简化了。现在既然大家对这个问题很关心，我们可不可以来写一段"啄木鸟二劝大树"的情形，好吗？显然这样处理会更符合儿童生活在一个想象的世界中的思维方式。虽然这是老师的美丽编造，但不仅无伤大雅，而且融合了拓展课文、强化主旨和读写一体的多种功能，当会有很好的教学效果。

四、反思"小孩子懂什么"

尽管很多人都知道儿童是世界的明天，时代的未来，但成人主宰世界、引领时代是不争的事实。也正因如此，成人总是居高临下地看孩子，觉得儿童能懂什么！

《半月谈》上刊登过一篇文章，讲述了作家叶兆言与女儿之间的冲突。一方面，身为父亲的叶兆言一直用自以为是的"理论"管教女儿；另一方面，女儿却在潜意识里以自己的思想与父亲进行着多方面的抗争。直到有一天，看过女儿出国前交给自己的日记本，叶兆言才在震惊之余开始反省自己的父亲角色。他说："小女曾说过，我这个当作家的父亲让她还没有学会欣赏之前，就先教她学会了批评。这一点真让我汗颜。"

请看一位老师写的一则"教学笔记"也颇能发人深省：

我们正在学习《太阳》一课,就在我进行总结归纳的时候,一只小手高高举了起来。是铭——一个喜欢发言却又词不达意、经常会制造点麻烦的孩子。我皱了皱眉,有点无奈地请他站起来说。他结结巴巴地讲:"老师,太阳不是圆的……"同学们一听,哈哈大笑起来,说:"我们天天都看到太阳,太阳怎么可能不是圆的呢?"……可是铭涨红了脸,固执地坚持:"真的,太阳真的不是圆的。我从书上看来的。"我不假思索地说:"你是不是有点信口开河,你能把那本书拿来让我们见识见识吗?"

第二天,铭拿来了一本厚厚的书,他翻到了书签夹着的那一页,指着其中用铅笔画出的句子让我看:"太阳的光球是我们肉眼能见的部分,其实光球并不如我们肉眼所见的那样是圆形的,它的形状是不规则的多边形。"

看来我确实错了。我为自己的无知和骄横感到后悔不已,这份后悔也许会伴随我终身。

孩子虽然幼小,但他们也是独立的生命。生命之间,不论成人、儿童应当是平等的。在"小孩子懂什么"的背后,是成人对孩子的蔑视态度,是对孩子的一种不平等待遇。这会很伤儿童的心,会严重影响他们的健康成长。这种轻视儿童的观念是落后的儿童观的历史阴影。从历史的进程看,人类社会对儿童的态度经历了这样的发展历程:由"忽视儿童阶段"(认为孩子什么都不懂,只是没有开化的生命)到"俯视儿童阶段"(承认小孩子也是人,但十分幼稚,一切都得听大人的话);从"平视儿童阶段"(意识到儿童也是一个个独立的生命体,在人格上和大人是平等的)到"重视儿童阶段"(认识到儿童不仅和成人是平等的,而且童年有其特殊的重要性)。尽管鲁迅早在1919年就提出过"儿童胜于成人",应当重视儿童的结论,但落后的儿童观并不会很快就销声匿迹,我们仍然需要不断努力提升对儿童的认识。

另外,成长在互联网时代的孩子,他们拥有信息量的渠道和机会,几乎和成人一样。对于今天的孩子,我们自然更应当刮目相看,"小孩子懂什么"的观点,终将成为历史陈迹。

五、警惕儿童失语

语文教学当然要学语言,但因为小学语文是儿童语文,我们就不能忘记作为学习主体儿童的生命状态。教师应当引导、鼓励他们用自己的话来表达自己的思想,在这样的过程中逐步提高语言质量,做到"随风潜入夜,润物细无声"。而不要致力于把一些知识概念、所谓课文的中心思想、标签化的人物评价和标语口号式的思想内容分析,简单化地灌输给孩子。这样做,只能促使儿童普遍地去模仿、挪用成人的话语,久而久之便会造成可悲的"儿童失语"现象。听说在"少代会"上,一些少儿代表写了挺不错的提案,但在接受记者采访时,却根本说不清与提案相关的情况。原因是这些提案是大人们给搞的。这说明儿童的失语现象,是因为他们处在无时不被成人话语"人为遮蔽"的状态。这些成人话语又往往以尊严、正确、霸权的态势,挤压了儿童话语的存在理由和空间。

当然,儿童话语有时会有其不正确、不规范、不全面的一面,这是正常的。但是,不管怎么说,儿童话语是儿童的思想表白、精神宣泄和心灵交流,是他们的一种生命状态,应当受到我们的尊重。对其欠缺的一面,教师完全可以作富有亲和力的循循善诱。请看下面的案例。

在一堂低年级的语文课上,老师正在教《小蝌蚪找妈妈》。

师:同学们,学完了这一课,我们来谈谈对青蛙的了解好吗?

生:青蛙会捉虫,是庄稼的好朋友。

生：青蛙的叫声很好听，它还会写诗："呱呱，呱呱，呱呱……"

师：你的想象力真丰富。

生：青蛙走路是蹦蹦跳跳的，它还是游泳能手。

师：你观察得真仔细。

生：老师，我知道蛙泳就是青蛙发明的。

师（微笑地）：是吗？

生：不对，是我们学习青蛙游泳时的动作来游泳。

师：也可以说是人模仿青蛙的动作。

生：青蛙的肉很好吃。（教室里一阵哄笑。）

师：哦，你吃过青蛙肉吗？

生：我吃过，爸爸说青蛙会捉蚊子，吃了青蛙，蚊子就怕我了，不敢叮我。

师：其他同学有什么看法？

生：你吃了青蛙，也不可能变成青蛙，蚊子怎么会怕你呢？

生：青蛙是庄稼的好朋友，它一天能捉很多的害虫，要保护它，怎么能吃呢？

生：如果我们把青蛙全吃了，那地里的庄稼不就被害虫吃光了吗？我们人类还吃什么？

生：哦，原来不能吃青蛙的肉！

造成儿童失语现象的原因很多，社会强势语言（如网络语言、股市语言、娱乐圈语言、外语等）的影响，成人霸权语言的挤压，时尚流行语言的诱惑，都会使儿童不再习惯于用自己的语言来表达自己的思想和情感。这是对童年十分严重的入侵。语文教学必须非常重视呵护儿童的话语权。从上面的案例看，这些低年级小朋友用自己的话语畅谈感受有多么精彩，真是五花八门、童言无忌。他们之所以能这样毫无顾虑直抒胸臆，是和老师懂得尊重儿童的话语权，极富亲和力的正面鼓励孩子说自己的话分不开的。即使孩子说错了，教师也没有简单地否定，而是引导大家在自由发言中自我纠正。因为儿童的话语权，不仅涉及话语的思想文化内核（话语内容），也包括话语的言说形态（话语形式）。儿童应当表达与他们的生理和心理发展水平相适应的真情实意。一位哲人说得好，一个时代如果孩子说大人的话，想大人的事，那么大人就会说孩子的话，做孩子的事。这真是一种可怕的现象。显然，今天语文教学改革的一个重要行动，应当引导儿童敞开心扉用自己的话语与课文对话。这才是儿童的语文，因为这不光是从儿童的实际出发学习了语言，更因此润泽了儿童的生命，呵护了儿童的精神家园。

六、语文知识应是可爱的

强调了语文教学的人文性，我们不该疏远语文教学的工具性。语文不可能没有知识，没有技能；学字习文无法回避知识与技能的训练。如果语文课不注重学语习文，那"语文"之"本"就不复存在。所以，儿童语文关键不在于要不要学习语文知识，而是怎样学习语文知识。在儿童语文中，语文知识应当使儿童感到是可爱的才好。

一位教师在课堂上组织学生听写词语，其中几位发展水平不一的学生被教师请到讲台前写在黑板上。听写结束，大家对照课文找错误，何冰儿在黑板上把"一户人家"写成了"一尸人家"，把"鸟儿"写成了"乌儿"。老师没有批评何冰儿，而是笑着对大家说：

“今天的听写完成得很好，有的同学写错了能自己发现、自己改正。有趣的是这些写错的字，它还是一个字。你们看这‘一户人家’的‘户’，头上少了个点就不是‘户’了，而叫做‘尸’，‘死尸’的‘尸’。这个点就像脑袋一样，一个人脑袋掉了还能活吗？不就成‘死尸’了？（孩子们开心地笑了）再看这个‘鸟’字少了一点，就不是‘鸟’，而变成‘乌’，是‘乌黑’的‘乌’。这一点就像是鸟的眼睛，鸟儿眼睛没了，不是就乌黑一片，什么也看不到了？（孩子们笑得更欢）小朋友，你们看我们的汉字多么有趣啊！”

分明是教识字，又分明是学生错写了两个字，可教师即时生成，随机点化，十分风趣地讲了有关识字的知识。这就使课堂不仅不显得枯燥乏味，而且生动有趣，化“错”为“宝”，深入浅出地激发了儿童识字的兴致，调动了他们学字习文的积极性。这里的关键就在于教师坚持了一个理念：学习语文知识也应该是儿童化的。

请别以为所有的语文基础知识、基本能力的训练，都是机械僵化的，都会欠缺人文情怀而不为儿童所喜爱。

一位教师在指导学生学习《台湾蝴蝶谷》一课时，讨论到描写彩蝶飞舞的情景时，一个小朋友打了个比喻——“这些彩蝶就像在空中飞动的一条绳子”。教师并不忽视孩子的这一说法，而是要大家再读读课文，品味一下“这个比喻像吗？”于是便有了这样一番议论：

“说像一条绳子，就不像蝴蝶飞舞的样子了。因为绳子是细细的么。”

“把很多彩蝶在空中飞舞说成一条绳子，就不美了。”

“绳子怎么会在空中飞呢？好像要打人、抽人，叫人害怕。”

“彩蝶飞舞的景象，应该更像一条彩带在空中飞舞，因为蝴蝶是彩色的呀。”

“彩蝶飞舞很美，就像人们翩翩起舞时，舞动的彩带在空中飘呀飘的。”

……

于是，教师因势利导：“是呀，要写好一个比喻句真不容易，现在请大家读读课文中群蝶飞舞的美景，再写一个合适的比喻句，好吗？”

谁也不会否认这是语文基础知识、基本能力的训练，但这样的训练是鲜活地生成于学生随堂发生的错误之处，融合在儿童对课文的赏读之中，不同样以浓浓的人文情怀为儿童所接受，所喜爱吗？在课文中语文知识本来就是和人文情怀血肉相连、难分彼此的。儿童喜爱课文又怎么会对课文赖以存在的语言形态不生喜爱之情呢！问题就在于教师该如何去“随风潜入夜，润物细无声”。

健康深入地开展小学语文教学改革，离不开正确观念的指导。树立正确的儿童观，正是一个十分重要而又被我们忽视了的问题。个人以为，小学语文教学之本是要追寻儿童的语文，让儿童喜欢语文、拥有语文；要用儿童语文来呵护儿童的生命发展，润泽儿童的精神世界！这应当是小学语文教学改革的目标和归宿。

13 岁以前的语文

——重构小学语文教学体系[①]

孙双金

一、问题的提出

先从故事说起吧。某大学教授给大学生们做了一个有趣的实验。教授从讲台下拿出一只装满大石块的大烧杯问学生:"请问烧杯装满了没有?"学生们异口同声地回答:"装满了"。教授末作评价,伸手又从讲台下拿出一只装满小石子的杯子,高高举起,然后把小石子"哗哗"地全倒进了大烧杯里,问:"烧杯装满了没有?"学生有的说"装满了",有的说"没装满"。教授仍不评价,又从讲台下拿出一只装满细沙子的杯子,高高举起,然后把沙子"刷刷"地倒入大烧杯里。教授笑着问:"装满了没有?"学生们没有声音了,他们不敢再轻率地回答。教授微笑着又从讲台下拿出一杯水,高高举起,然后把水慢慢地倒入了大烧杯里。实验结束,教授正式发问:"请问,这个实验说明了什么?"有的回答:"看似满的东西其实没有满。"有的回答:"人就如大杯子,说明人的潜能是无限的。"教授接着再问:"假如我的大烧杯内先装满沙子或者是水,请问大石块还能放进去吗?"

这个问题如当头棒喝,让我震动,我进一步思考——基础教育,小学教育,小学语文教育的"大石块"到底是什么呢?现在语文教科书里选用的篇篇白话文是语文教学的"大石块"吗?如果不是,那什么才是小学语文教学的"大石块"呢?这个故事促使我对"13 岁以前的语文应该教什么"有了一个系统的反思。要知道,"种瓜得瓜,种豆得豆"啊,童年期播下什么种子太重要了!而我们现在种的又是什么呢?

首先我们不禁要问,人在 13 岁以前的智力特点是什么?根据心理学家的研究,13 岁之前是人记忆力的黄金时期。所谓少年之记,如石上之刻;青年之记,如木上之刻;老年之记,如沙上之刻。人是自然之子,人之成长也如四季之转换。13 岁之前如自然之春天,春天是播种的季节,人在学习的春天是记忆的季节,是积累的季节。13 岁之后如自然之夏秋,夏天是生长的季节,是人的理解力生长的季节,秋天是收获的季节。人在 13 岁之后的学习应侧重理解能力的培养。基于 13 岁之前的智力特点,我们到底应该如何教语文?是重记忆、积累?还是重分析、理解?这可是个大问题啊。

过去的老师是怎样教语文的呢?梁实秋先生在《岂有文章惊海内》中说:"我在学校上国文课,老师要我们读古文,大部分选自《古文观正》、《古文释义》,讲解之后要我们背诵默写,这教学法好像很笨,但无形中使我们认识了中文文法的要义,体会摅词练句的奥妙。"朱自清先生也多次在文章中谈到背诵的重要性:"中国人学诗向来注重背诵。俗话说得好:'熟读唐

① 原文发表于《人民教育》2009 年第 21 期。

诗三百首,不会作诗也会吟。’熟读不但能领略声调的好处,并且能熟悉诗的用字、句法、章法。诗是精粹的语言,有它独特的表现方式。学习这些方式最有效的方法就是综合,背诵便是这种综合的方法。”过去语文教学的成功经验难道对我们今天的教育没有启示吗?我们真的要把几千年来语文教育的精华彻底抛弃吗?

以上反思,使我产生了一个大胆的想法:重构13岁之前的语文教育体系!为了避免自己走入盲目轻率的误区,我慎重地阅读了相关书籍,提出了重建体系的几点理由。

二、重构的理由

其一,宏观教育史的视野。

北京师范大学教育系博士生导师郭齐家教授认为:中国的教育发展大致走过了三个阶段。第一个阶段是从三皇五帝一直到清朝末年。这个阶段我们可以把它叫做人文教育的阶段,重视道德教育、人文教育,缺点是重道轻艺。第二个阶段是近一百年来,鸦片战争以后,我们引进了西方的教育,特别是科学技术的教育,这个阶段叫科学教育阶段,缺点是重艺轻道,或者是学艺忘道。第三阶段是从二十世纪末到二十一世纪,是把前两个阶段的缺失加以整合,把前两个阶段的优点集中起来,形成一个科学加人文整合的新教育阶段。站在宏观教育史的角度来审视中国小学语文教学,我们不可采用民族虚无主义态度,对本民族的传统文化一概摒弃。请看看当下小学语文教材,除了几十首古诗以外,还有哪些是对传统文化的吸纳与传承?

其二,对五四新文化运动的反思。

张灏先生在《传统与现代化》文中指出:“谈到批判传统,首先我们必须澄清一些对传统的误解。我们最需要正视的当然是‘五四’时代所产生的全盘反对传统思想。这种思想演变到极端,是视传统为一切非理性的黑暗,阻挠着中国的进步,必须把这片黑暗全部扫除,中国的前途才能光明。这种以黑暗过去与光明未来作简单对照,难免流于武断和曲解。然而,不幸的是,武断的结论常常是一般人所欢迎的。这份‘五四遗产’到今天仍然在中国知识分子中间有着极为广泛的影响,就是这个原因。”五四运动在中国近代史上有着举足轻重的作用,是现代教育和传统教育的分水岭,它高举“民主”、“科学”的大旗打倒“孔家店”,废除文言文,推广白话文。它无疑是近代中国文化的一场革命。但当历史的车轮走过了一个世纪,我们今天再冷静审视,它对传统文化的全盘否定显然是失之偏颇的。其实,即使是五四文化运动的健将,哪一个不是在传统文化中浸润成长的呢?朱自清先生曾在文章中坦承,五四运动之后中学生国文水平下降了!

其三,学习语言的规律。

心理学家朱智贤先生认为:“儿童个体智力发展史是人类种系智力发展史的缩影。”人类种系是怎样发展过来的呢?是靠口耳相传,靠不断地传诵民族的史诗、经典、语言、民族的自然常识和社会常识。所以,靠记忆,人类传承了文明;靠记忆,人类发展了自己的大脑。心理学家经研究得出结论:13岁以前是人类记忆力的高峰,15岁以后人的理解力慢慢上升,记忆力慢慢退化。根据这一规律,语文学习在小学阶段应以记忆、积累为主!叔本华在《论教育》一文中论述:“相比之下,记忆力在青少年时期是至为旺盛和坚韧的,所以,我们要特别发挥它的作用,但是这需要我们经过谨慎、周密的考虑以后做出一定的挑选……既然每人只有不多的年轻岁月,并且,记忆的能力总的来说相当有限,那么把每个学科知识最基本和最关键的东西教给孩子，而其他的一概免去，就成为至为重要的事情。”重诵读、重记忆、重积累应是13 岁之前学习语文的重要法则！

其四，当代实验的有益启示。

当代小学语文界，一些有识之士已经有了许多有益的探索。陈琴老师的“素读”实验，让孩子从小“素读”大量中国传统文化经典，取得了很好的成效。韩兴娥老师两周教完一本教科书，它重诵读、背诵的做法给人许多有益的启示。挤出时间后，韩老师带领学生“课内海量阅读”，她所谓的阅读就是三大块：第一为读熟，第二为背诵，第三为运用。我曾经带着我校“情智语文组”8 位骨干教师专程赴山东潍坊听了韩老师两节语文课。一节课她让学生背诵120 多个成语，方法是熟读成诵，用各种方法读，用各种方法帮助学生记诵。另一节课她用半节课给二年级孩子上苏教版四年级课文《槐乡五月》，通读课文后立即背诵优美句段，然后提出两个问题，一篇课文就过去了。然后让我们听课教师每人上黑板写一句名言警句，她带领学生读一句，然后让学生背诵和名言相近的成语、诗句、警言。二年级学生口若悬河、张口即来，学生丰富的积累给我留下深刻的印象。韩老师从语文教材中突围的尝试给语文教学改革增添了一缕希望的曙光。

三、重构的体系

现在我们来回答这个问题。什么是小学语文的“大石块”呢？这需要谨慎、周密考虑后做出一定的挑选。

张志公先生在《传统语文教育》一文中指出：“传统语文教育非常重视字的教学，采取的办法是集中识字。儿童入学后，用一年左右的时间集中认两千多字，以后集中识字课文逐渐形成‘三、百、千’那么一套，即《三字经》、《百家姓》、《千字文》(三本合起来正好是两千多常用字)……再者，‘三、百、千’音节整齐，押韵，也不太艰涩，便于学童记诵。这个办法不失为一个好的经验。正因为如此，集中识字，使用‘三、百、千’做教材，这个办法通行上千年。”

鉴于此，我认为，小学语文教育的第一块“大石块”是国学经典。中国文化是儒释道三家文化，其中尤以儒家文化为主流、主脉。什么是经典？《现代汉语词典》上说：“经典，就是历史留传下来的具有权威性、典范性的著作。”那么，《三字经》、《百家姓》、《千字文》、《弟子规》、《论语》、《大学》、《中庸》、《孟子》、《声律启蒙》、《增广贤文》就是国学经典的重要组成部分。

1995 年赵朴初等 9 位老人，在政协开会的时候提出个“016 提案”，在提案里他们呼吁，要建立幼年古典学校。我们的“经典”一直没有中断，如果现在再不重视，我们就面临着中断的危险。“经典”的意义在哪里？它是我们民族智慧、民族心灵的载体，是民族生存发展的依据，它也是几千年来，我们民族屡遭灾难而始终发展的强大纽带。这几位老人呼吁，如果我们不采取措施，此文化遗产在下一代消失，我们将是民族的罪人，历史的罪人！

从小诵读国学经典意义重大，首先在于传承延续民族文化，其次在于“蒙心养正圣功也”。蒙童时期应该培养纯正无邪的品质，造就圣人君子的气质，追求“为天地立心，为生民立命，为往圣继绝学，为万世开太平”的博大境界。再次，“读书变化人的气质”。一代人的气质变化了，就会影响社会风气。“五四”以来传统文化失落了，现在我们再把它重新找回来，在现代文明的背景下重建它，重建新的文明秩序。

小学语文教育的第二块“大石块”是诗歌经典(我把诗歌作为韵文单独列出)。有人说，中国文化是诗性文化,中国教育的核心是诗教。孔子对儿子孔鲤的教育是“不学诗,无以言;不学礼,无以立”。在中国民间,孩子咿呀学语,首先背诵的是朗朗上口的五言绝句。朱光潜先生在《无言之美》中这样表达他对诗歌的认识:“就文学说,诗词比散文的弹性大;换句话说,诗词比散文所含的无言之美更丰富。散文是尽量流露的,愈发挥尽致,愈见其妙。诗词是要含蓄、暗示,若即若离,才能引人入胜。……现在如果要提高文学,必先提高文学欣赏力,必先在诗词方面特别下工夫,把鉴赏无言之美的能力养得很敏捷。因此我很希望文学创作者在诗词方面多努力,而学校国文课程中诗歌应该占一个重要的位置。”

小学诗歌怎么筛选,我个人认为应以中国古代诗词为主,以现代诗歌为辅。一、二年级可以历代经典绝句为主,约 80 首。三、四年级可以唐诗为主,约 80 首,五、六年级可以《诗经》、《古诗十九首》、《楚辞》、《宋词》节选为主,大约 80 首。现代诗歌可以名家短篇为主,精选冰心、泰戈尔、普希金等中外名家,适合小学生诵背的名篇约 60 篇,这样小学阶段古诗加现代诗约 300 首。通过诗教涵养我们的民族气质,培养有高贵气质的一代新人。

小学语文教育的第三块“大石块”是儿童文学经典。如果说国学经典、诗歌经典更多的是面向历史的话,那儿童文学经典就是面向现代,面向儿童。因为儿童文学是专门写给儿童阅读的文学,它充满想象力、童趣和童心。张志公先生在《汉语教学的过去、现在和未来》一文中说:“文学教育是一种精神教育、思想教育、美学教育。同时又是一种非常有利于智力开发的教育。学文学有助于发展联想能力、想象能力、创造思维能力。”儿童是天生的幻想家、作家、诗人、哲学家,因此儿童文学是小学文学教育重要的基石。

我认为小学阶段儿童文学可大致分为:低年级以绘本阅读为主,中高年级以童话和儿童小说为主。当然教师要给学生精选名家名篇,在激发阅读兴趣的前提下鼓励自由阅读、共享阅读、亲子阅读。

四、重构后怎么教

我提出在小学阶段增加语文教育的“三块大石块”的观点,一线教师最大的疑问就是内容这么多该怎么教?

其一,时间如何分配?

可向韩兴娥老师学习,压缩教材教学时间。韩老师两周教完一本书,如果我们有困难,能否一个月两个月教完一本书,挤出一半时间来教国学、诗歌、儿童文学经典。另外,每天早读时间可让学生诵读国学和诗歌经典。每天早上读 10—20 分钟,一年下来时间就非常可观了。

其二,现有教材怎么教?

现有教材基本上是由一篇篇白话文组成,学生阅读理解不是主要问题。因为白话文已写得很白、很直露了,没有多少可以值得反复咀嚼品味的了。一般可先让学生通读全文,然后提一两个关键问题理解课文,接着叫背诵其中的精彩成语、句子或片段即可。大可不必在理解课文上花太多时间。这样一来,大块时间可以节省下来,为校本教材的学习赢得时间、赢得教学的主动权。《语文课程标准》说得好:“教材要有开放性和弹性。在合理安排基本课程内容的基础上,给地方、学校和教师留有开发、选择的空间,也为学生留出选择和拓展的空间,以满足不同学生学习和发展的需要。”

其三，国学、诗歌经典怎么教？

国学诗歌经典因其语言精练，富有韵味，充满音律美的特点，教学时应以诵读、背诵为主，辅以适当讲解，让学生大致了解意思即可。"不求甚解"、"熟读成诵"应是国学诗歌教学的原则。对于吟诵，背诵，朱自清也有一段精辟的见解："这儿可以看出吟诵的重要来。这是诗的兴味发端，也是诗学的第一步，但偶然的随意的吟诵是无用的；足以消遣，不足以受用或成学。那得下一番切实的苦功夫，便是记诵。学习文学而懒于记诵是不成的，特别是诗"。为了激发学生的学习热情，教师可运用各种方法，像竞赛法、情境法、表演法、展示法、师生共读法、亲子共读法等等都是有效的方法。教师要用灵活多变的方法让学生乐此不疲，出口成诗。

其四，儿童文学怎么教？

儿童文学的教学和国学、诗歌经典应有区别，因为儿童文学语言通俗易懂，没有阅读障碍。再加上儿童文学是以故事为主，有人物、情节，特别吸引学生。因此儿童文学教学重在积极引导，推荐书目，激发兴趣，以孩子自主阅读为主。为了提高阅读兴趣和效果，有条件的话可以全班共读同一本书，共同交流阅读心得。也可以利用中午午休时间老师读书，同学听书。还可发动家长参与，提倡亲子共读。一旦引导孩子走上阅读的金光大道，养成手不释卷的良好习惯，我们语文教学的任务也就完成了大半。

其五，课内、课外怎么处理？

课内教的东西要适当难点，要有智力挑战，要对学生有智力吸引力，课堂内要有紧张的智力生活，这叫"跳一跳摘到苹果"。我建议国学、诗歌经典大多放在课内教学。课外阅读的内容可有趣、丰富点，简单点。比如儿童文学读物，就特别适合学生课外阅读、家庭阅读。这样课内外有机结合，学生阅读量就会有极大提高。

其六，语文作业做什么？

鲁迅先生早就说过：学习语文没有什么秘诀，无非是多读多写。语文水平、语文素养不是做作业做出来的，而是在大量阅读、背诵、积累、运用的语言实践中锻炼出来的。因此，语文作业的"三字经"是"读、背、写"，其中"写"就是写日记、随笔、读书笔记，而不是写段落大意、中心思想。自然而然，学生在读、写熏陶中语文素养便提高了。格外提醒语文教师要转变观念，让学生从题海战术中走出来，真正享受语文学习内在的快乐。

13 岁以前的语文是童年的语文，积累的语文，种子的语文，经典的语文，综合的语文；是暂时不求甚解、逐步反刍的语文，是为一辈子奠基的语文。

生本理念下的小学语文教学[①]

何建芬

生本教育,历经十年的风雨,见证了生命自然的精美与和谐。生本教育,以"高度尊重学生,全面依靠学生",创造了取之不尽、用之不竭的教育资源。生本带着创新而来,载着和谐而归,让我们在教学实践中不断分享着课堂教学的简单,品味着师生和谐相长的成功与喜悦。

十年的生本教育实验,让我深有感触。生本理念下的语文教学自然真实,轻松和谐,就像常挂在嘴边的话语:简简单单教语文,踏踏实实学做人。生本教育提出,"儿童是天生的学习者","儿童人人可以创新","儿童潜能无限"。学习既是儿童的本能,也是儿童的需要。做母亲的不用刻意去传授语言,婴儿就会牙牙学语,自然而然地学会了说话,学会了表达,学会了交流,这是内在学习动力的外在表现。郭思乐教授反复强调,要让学生广泛、自主阅读,大量进行语言文字活动,形成学生的个性语文。语文能力就附着在他们的语言表意上,这不过是与生俱来的像吃饭睡觉那样自然的能力。关于这种能力,人类千百年的发展已经在基因中有了全套的丰富的库存,它虽然不是具体的语言材料,却是学习语言的基本框架,是学习语言的本能。

所以,我们以教材为载体,利用教材与学生共同感悟学习中的乐趣,培养学生自主学习的良好习惯,进而学会生活、学会发展。课堂教学中注重发挥学生的主体作用,激发学生学习的内在动力和热情,引导学生在合作探究中发现,诱发学生在讨论交流中质疑,鼓励学生在阅读欣赏中感悟。让学生在体验中创新,在创新中发展,在发展中成长。

一、"有困难找学生"——全面依靠学生

突然接到通知,说过两天要执教一节全国的生本公开课,我第一个反应就是"有困难找学生"。回到教室,如此这般地说了一番上公开课的通知,不说不知道,一说不得了,同学们竟说是大好消息,还大呼"我们的课我们做主"。经过一阵热火朝天的七嘴八舌,一番争先恐后的各抒己见,同学们最后竟选定了《墨菲定律》作为公开课内容。当时,我真有点傻了眼,直埋怨孩子们选得怪。要知道这定律不太好理解,真不知该从何入手?但同学们却觉得这课有说头,还美其名曰:"就是因为知道的人太少,所以选择它来做学习示范,让更多的人知道墨菲定律。"

同学们句句有理,声声坚定,我无话可说,虽有些心虚,但还是点头同意。同学们又是一阵欢呼,犹如冬天里的一把火,热情满怀。这时,我唯一的感觉就是:给学生最需要的,真好!心虚的感觉没有了,取而代之的是温暖的感觉。

无论对于执教者还是学习者,这种温暖来自"一切依靠学生,高度尊重学生,全面相信学生"的生本理念。生本的民主与平等,使备课变得那么简单。记得当时学生用了一节课时

① 原文发表于《人民教育》2005年第15-16期。

间，把初读感知的课文内容概括得有条有理，并提出了许多值得深思探究的话题，诸如墨菲定律的真正含义，其运用的积极意义，科学家们的新发现等。孩子们的质疑和思考，足可以成为他们课外阅读和主题研讨的依据。

有困难找学生，以学定教，不教而教，就这么简单！它尊重了学生实际理解的水平，也见证着学生是丰富的教育资源。这种教学双边的雪中送炭，本身就是一种和谐，一种默契，更是一种教学的充实！

二、学生自定步调——高度尊重学生

所谓“四两拨千斤”，生本的课堂学习过程线索清晰，学生上课得心应手。曾经有人取笑说，生本的课堂从来就是三步走：“读了课文，你知道了什么？”“你怎么知道的？”“学完课文，你最大的收获是什么？”也许我们真是这样走过来的，学生们也都约定俗成：学一篇课文，首先得整体感知，了解内容，查阅相关资料；接着是重点品味，体会思想；然后是阅读拓展的交流、运用与延伸。教师抓住主线适时加以点拨，让课堂学习牵一发而动全身，教与学产生共鸣，游刃有余、挥洒自如。

这种和谐来自“学生自定步调”的“自调节教育”。其实，我们的课堂教学是一个永无止境的实践过程。强调生本并不弱化教师的作用，更不是无师自通。教师需要把握学生的实时学习动态，进行无痕的引领、有针对性的诱发和有创意的调控。所以，我们的课堂是鲜活生命的体现。只要遵循学生天赋的学习本能，就能达到教学的水到渠成。长此以往，教学就变得简单而轻松。

三、教师“不现自我”——充分展示学生

郭思乐教授认为，相对于学生生命体，教师应该是一个“牧者”。教师的意义仅仅是激发和引导，教师的作用就像是在点燃火把，而不是过去所认为的“灌满一壶水”。我们的课堂不再是教师的满堂灌，而是教师点燃激情，让课堂成为学生燃烧学习热情的舞台。

第一，小组合作学习、交流讨论是生本教育常规的课堂教学方法。

在《墨菲定律》的小组合作学习中，同学们尽展学习的风采，他们引经据典，旁征博引，从别人讲到自己，从远古谈到今天，从过去说到现在，从怪诞悲观论述到积极乐观。他们上下互动，取长补短，相互纠正，相互完善，和谐有序，时不时来一阵热烈的讨论，时不时又是一番掷地有声的论说。作为教师，我此时只是个专注的旁观者，充当及时点拨、组织、参与、配合的角色，促使课堂学习各层面实现超越与突破。我个人认为，小学语文的课堂教学，不需要太多的求全求美，只要把握好学生学习热情的导火索，就能引起教学的共鸣。

第二，以读引读、读说结合，读写相辅是生本语文的重要策略。

生本教育的独特魅力就在于，以学定教，不教而教，引领学生自觉热情地投入学习，学会阅读，学会感悟，学会品味，获得道德品质与学习能力的相应提高。因此，教师无需预设太多，只需要以学生的知识储存和认知水平为起点，根据学生的“最近发展区”进行恰如其分地诱导。学生在真实反馈自身阅读感悟的同时，自然会理解、内化、迁移，无声地积淀人文品质。

在低年级，语文课的重要内容是识字，尤其重在激趣。结合形式多样的识字游戏，让儿童自主自觉地与文字打交道，鼓励想象、联想、创编、表述，培植学生对语言文字的热爱，鼓励他们遨游书海，泛舟拾贝。

在中年级,讲究以读引读,重在积累。比如读着《论语》,就去了解孔子及其弟子丰富的言论;读着《我爱花城》,就能叙说广州悠久的历史与风土人情;读着《生命的掌声》,就能抒发为别人鼓掌喝彩的情怀……

到了高年级,更多的是读有所悟、读写相辅,力求全面的提升。从小广泛地读书,是儿童丰富思想的重要保证。思想丰富了,发表见解时就呼之欲出、滔滔不绝了。这是生本语文教学倡导从独立自主地大量识字到积极主动地广泛阅读,再到轻松自如地发表见解,最后情不自禁地执笔写作的美好境界,是由量变到质变的过程。例如,《兵马俑的个性》让学生深深感受中华民族悠悠几千年的历史;《请现在就付诸行动》,使学生真切体会起而行动总比坐而论道要强得多;《泪的重量》引发学生为奥运夺金而激情澎湃,为汶川地震而泪流满面……凝聚的思想,让学生下笔成文,同学们争着诉说阅读感悟的收获,他们的习作流泻着学习生活的情趣,记载着童年纯真的印记。

四、静待花开——教学评价和谐简单

教学本身就是不断发现问题、解决问题的过程。我们关注的是学生从发现问题到解决问题过程中的收获与生成,所以我们允许学生在学习过程中出错,并营造空间引导学生凭借自身学习经验进行互相评价、更正错误并找出预防再次出错的方法。于是,"评研"就应运而生了。

所谓"评研",就是评价、研讨,由学生自行发现学习上的问题,通过小组内自主合作的交流、研讨,寻找解决问题的办法。每个单元的课文学习后,学生都要针对自己的学习弱项,自行出题,与同学交换做题,相互评改,自行建构知识体系。在这个过程中,学生乐此不疲地充当老师与学生的双重角色。他们既是接受考评的学生,又是考评别人的老师,这种角色的并存,让应试教育"谈考色变"的紧张焦虑转化为生本评研的乐此不疲。"知之者不如好之者,好之者不如乐之者",这种对学习评价的喜好就是学生发展的源头活水!

作为教师,再也不用挖空心思去出题考倒学生,更不用在题海中带领学生艰苦跋涉,只要做一个旁观者,关注学生的评研过程,学生就能自觉地在评议中识别学习的优劣,在研究中学会取长补短。

评价走向生本,和谐又简单。我们不求高分,但求学生综合素养的全面发展。所以,我们需要更多的等待。华阳小学第一届实验班有一个"小金哥",从小学习懒散,作业不做,专爱看书,特好讲话,小学六年的成绩中下,有时还不合格,到了初中,时好时坏。然而,这位小伙子秉承了生本教育的个性张扬,他博览群书,标新立异,十年不鸣,一鸣惊人,中考时以高分被广州市一所著名高中录取。在华阳小学生本实验班里,这样的例子很多。生本教育让简单的无为成就了和谐的大有作为。

每种花,遗传基因的不同,决定她是国色天香的牡丹,还是清香怡人的茉莉;是常开不败的三角梅,还是转瞬即逝的昙花。每朵花,承受的阳光雨露不同,决定她的花期或长或短;或盛开于春夏,或怒放于秋冬。

是花,总有盛开的时候,即使花季已过,也会在合适的时机绽放一生最明艳的美丽。同样的道理,只要是正常人,总有开窍的一天。因此,不要急于拔苗助长,只需提供足够养分,然后静静等待,就像守候一朵花悄然开放……耐心地静候花开,更能体验到教与学共同成长的真正和谐,也更能真实地感受生本理念下简单的"牧者"的幸福。

本位语文谛求语文教育的原点[①]

陈建先

语文新课程改革之初,由于对“人文性”的认识不清和肆意夸大,导致了“人文性”的过度“膨胀”和“浮躁”不已,语文教学目标一度出现了“错位、缺位、越位、脱位”等偏差,语文教学出现了“人文过盛、工具不足”的不良倾向,学生的语文素养和人文情怀被廉价地稀释,学生的语文能力在“虚、闹、杂、碎、偏”中被人为地架空,表达能力(尤其是书面表达能力)严重下滑,“人文语文”、“非语文”、“去语文化”堂而皇之地侵蚀着语文教育的肌体。语文教育的原点究竟在哪里?作为当时的一名“逐流者”,我慢慢地从浑然不觉中逐渐觉醒,于是开始了“本位语文”的实践和探索。

一、何谓“本位语文”

“本位语文”,就是本色的、本真的、本质的、本源的语文。它以儿童的身心特征及学习规律为基点,从汉语言的特点及语文学科的本质属性出发,凸显儿童的主体地位,激发儿童的语言创造潜能,引导儿童学语文,用语文,爱语文,努力追求儿童本位、语言本位、实践本位、生活本位、习惯本位、能力本位的和谐统一,以“本位语文”升华本位人生。“儿童本位、语言本位、实践本位”是其基本理念,“扎根语言,着意精神,立足发展”是其核心目标,“读为本、悟为核、用为宗”是其教学主张,“三三四”实践策略是其独特的课堂特色。它强调语文的工具性就是人文性,工具性和人文性统一于语言,语言的学习是语文教学的根,是语文教育的原点。语文教学就要紧紧凭借课文这个“例子”,充分挖掘文本的“语言”因素,多角度地为儿童搭建语言实践的平台,引导儿童在实践中内化语言,运用语言,在语言的建构中实现语言与精神的同构共生。“儿童·语言·实践”三位一体,是“本位语文”的鲜明特色。简言之,“本位语文”就是“儿童的语言实践活动”。

二、“本位语文”的研究背景

(一)错位:非语文的东西“越组代庖”——“泛语文”

课改初期,不少人狭隘理解“语文是中国文化的组成部分”,以为既然是文化,当然是越丰富越好,于是音乐、美术、舞蹈一股脑儿地涌人课堂。这是典型的没有语文的“语文”课。但在当时却是备受好评的“样板课”,不光在大型的课改教学观摩会上频频亮相,而且已经飞入平常的课堂。

① 原文发表于《江苏教育研究》2011年第4期,选入本书时编者作了删节。

(二) 缺位:工具性“备受冷落”——“空语文”

新课标淡化“训练”,意在避开“机械训练”之嫌,但不等于不要“训练”,既然是“工具”,不练怎么行呢?但老师们曲解了课标,课堂里很少有说写训练,导致学生缺乏语言实践,尤其是书面表达能力下滑严重。

(三) 越位:人文性“过度膨胀”——“虚语文”

新课标首提“人文性”,大家便在“人文性”上做文章,于是课堂上少了语言实践,空谈感悟的多了,挖空心思煽情的多了。情煽完了,空谈结束了,课也就没了。语文是工具性和人文性的高度统一,语文教学担负着指导学生感悟母语、积累母语、运用母语的任务。即使是感悟“人文”,也要有感悟“人文”的抓手,要和文本语言生发更多的联系。这种貌似“很语文”的“人文课”在当时风头极盛。

(四) 脱位:搞不清“人文性和工具性统一于什么”——“盲语文”

新课标说“工具性和人文性的统一,是语文课程的基本特点”。统一于什么?新课标没作表述。于是,老师们对“统一”把握不准,导致语文教学的迷茫。一些教师在教学中忧心忡忡,生怕顾及了人文性,而忽视了工具性,重视了工具性,又冷落了人文性。甚至有人干脆设计两套系统,一套是工具性的,一套是人文性的。大多数人只好凭感觉盲教。其实,没有离开工具性的纯人文性,也没有撇开人文性的纯工具性,二者本身就是一体,统一于语言。

三、“本位语文”的基本内涵

(一) 教学思想的本源性

1. 儿童本位

小学语文不但要姓“语”,还要姓“小”,小学语文应当是儿童语文。儿童本位,要求教师引导学生凭借自己的经历、阅历和文化积淀,去体味、感悟作品,引导学生在充分的思维空间中,多角度、多层面去理解、鉴赏作品,产生对文本的情感美、文体美和语言美的认同与赞赏,并产生强烈的阅读欲、创作欲,这样,在长期的耳濡目染中培养学生的语感和美感,触发学生的灵感,丰富学生的精神世界,涵养学生优美的文明气质和优雅的文化风度。

2. 语言本位

语言本位就是还“语文味”于课堂。“用语文的手段解决语文的问题。”语文的工具性就是人文性,工具性和人文性统一于语言,语言的学习是语文教学的根!语文教学就要扎根语言,着意精神,紧紧凭借课文这个“例子”,充分挖掘文本的“语言”因素,引导儿童学习理解和运用祖国语言文字,培养学生听、说、读、写的综合能力,提高学生语文综合素养,在语言的建构中实现语言与精神的协同发展。

3. 实践本位

语文素养的形成离不开反复的实践,学生能力的培养离不开实践,一切学习行为都离不开实践,实践是检验真理的唯一标准。语文课就要紧紧凭借教材这个“例子”,为学生搭建语言实践的平台,引导他们在实践中内化语言,运用语言,从而升华他们的人文内涵。如此,抓住实践不放松,给学生发展自我的平台,语文教学才不会虚空,才是回归了本位。

(二) 教学目标的本质性

1. 工具性是什么:语言

新《语文课程标准》指出,语文具有工具性,是人们用以交际的工具。靠什么交际?自有人类以来,交际自然始于语言(首先是言语,下文统称语言)。因为:

(1) 语言是人类特有的交际工具。人类优越于一切动物的地方,在于它是社会化的动物。人类之所以能够取得如此巨大的进步,就在于它结成社会。而人类社会之所以能形成,并存在下去,不断地发展进步,又在于它有语言作为自己的交际工具。没有语言的人类社会,过去没有,现在没有,将来也不会有。所以说,语言是人类特有的交际工具。

(2) 其他交际工具的局限性。手势、表情、图画、烽火、红绿灯、数学符号、礼节等等,都能够帮助人类传达一定的信息,也是人们的交际工具。但谁又能够用手势把《人民日报》的一篇社论的内容准确无误地表达出来呢?(当然,哑语除外)所以,正如列宁所说,语言是人类最重要的交际工具。

(3) 人类社会离不开语言。任何一个人,要想成为社会的一个成员,要想在某一个社会里生存下去,就得掌握这一社会里一切成员所共同使用的语言。因为人类是社会的动物,要想在某一个社会之中生活下去,就得和他人发生这样或那样的关系,就得和他人交流思想,而这一切是离不开语言的。

2. 人文性是什么:语言

语文具有人文性。而人文性是看不见、摸不着的,如何让人感受到?靠什么来承载呢?当然,还是语言。因为:

(1) 语言是意识,是思想的直接现实。马克思和恩格斯说:"语言是思想的直接现实。"人文性,不管怎样理解,说成是人类、文化、文明也罢,说成是人性、修养、情操也罢,总之,必须承认,它在本质上还是一种意识,一种精神活动,一种思想活动。它的物质基础仍然是语言。

(2) 语言存在于自我构建的文化环境里。伽达默尔告诉我们,语言具有一种自我遗忘性。在活语言中语言学家运用巨大的抽象力所研究出的法则完全消失了。越是生动的语言越难以使人意识到"语言",因为语言本身构成了人生活其中的文化环境。文化环境是什么?最起码说,这已足以包含语文的人文性了吧。可见,语言存在于人文,人文同样依附于语言。

(3) 语言的无限包容性。语言具有无我性,说话不是个人的行为,而是与他人共同参与的一个行为。一个人说话不可能使用他人不懂的语言,也不可能不期待他人的理解,语言不是属于"我"而是属于"我们"。语言这种把你、我、他统一起来的精神,远远超越了工具的属性。

(4) 语言是文化的载体,是一种精神活动。每个民族都不可避免地把自己独特的主观意识带到自己的语言中,因此,每一种语言里都包含一种独特的世界观,这种语言世界观又可以反过来影响人的思想行动。西方著名语言学家洪堡特认为,"语言实际上是精神不断重复的活动"。现代语言学家说:"语言是文化的载体。"说人文性是文化的组成部分,应该是一种观念文化,主要是指人的价值观念、审美情操等。

3. 工具性和人文性统一于什么:语言

综上,语文的工具性和人文性的统一便是语言,这正体现了语言的性质。语言和思维、语言和思想、语言和精神是统一的。工具性和人文性的统一,就是语言和精神的统一,而语言是第一性的,精神蕴涵于语言之中。因此,语言是工具的,也是人文的,它是工具性和人文性的统一。

(三)教学风格的本真性

新课改以来,语文课堂上所谓的“多动症”、“浮躁病”,是对新课改的思想、理念、方法的理解偏差而产生的一种现象。课改要求学生自主地、个性化地学习,却误以为课堂越“活”越好,结果表现出的不是学生思维、想象的活跃,而更多的是肢体的活跃。课堂上只见热闹,而不见沉思;只有满堂的“热烈”,而不见冷静和有序。

崔峦老师主张要“简简单单教语文,本本分分为学生,扎扎实实求发展”。杨再隋教授也大力呼唤本色语文。“本位语文”就是要让语文复现出天然的清纯和本色,把本位、本真、本质的语文凸显出来。历史教训告诉我们,如果刻意追求标新立异,去创所谓的风格和流派便难免偏离了主旋律,这往往会“走火入魔”而深陷泥潭,难以自拔。所以,求真、求实、求善,也正是小学语文教学应当弘扬的“主旋律”,真实、朴实、扎实的课堂始终是“本位语文”坚守的信念。

四、“本位语文”的“三三四”实践策略

所谓“三三四”实践策略,是指具体到一篇课文的大致的教学策略,目标简约,操作便利,效果显著。“三点”,即抓文本语言的“亮点”,寻文本语言的“空白点”,找学生和文本语言的“撞击点”;“三层次”即机械运用文本语言,灵活运用文本语言,自由生发个性化语言;“四个留下”即一堂语文课要给学生留下形象、留下情感、留下语言、留下方法。

(一)抓住语言实践的“三点”

1. 抓文本语言的“亮点”

所谓文本语言的亮点是指一篇课文中写得精彩的地方。读起来酣畅淋漓,回味无穷。那生动、形象的比喻,那节奏明快、气势磅礴的排比,那贴切传神、栩栩如生的比拟,那工整而有韵律的对仗,还有那令人叫绝的神来之笔、精巧有序的布局谋篇等等。这些优美规范的语言可谓语言中的精品,它们往往也是课文的情理意趣之所在。抓住这些亮点语言反复诵读乃至背诵,不但能快速感悟文本的人文内涵,陶冶学生的思想素养和审美情趣,而且对丰富学生的语言积累以及语感能力的培养无疑是一条捷径。

如在《特殊的葬礼》教学中,当发现学生赞美瀑布的语言比较单调时,我就没有急于让他们一味地说下去,而是立即话锋一转:“我们来读读课文,看看课文中是用哪些词句来赞美的?”让学生品悟文中的精彩语言,然后,再让学生来赞美,结果他们的发言赢来老师们的阵阵掌声,有的说“塞特凯达斯瀑布,我爱你!你滔滔不绝、一泻千里的雄姿将永远铭刻在我的心中”。有的说“我在你从天而降的巨大水帘面前惊叹,我在你咆哮如雷的巨大声响面前陶醉。是你,让我感到大自然的神奇;是你,让我感到大自然的伟大”。……这样积极地内化并及时地运用文本中的“亮点”语言,工具性、人文性融为一体,岂不妙哉!

2. 寻文本语言的“空白点”

现代接受理论认为，文学作品使用的语言是一种具有审美功能的表现性语言，包含着许多“不确定”与“空白”。即文本语言的空白点。这些空白不是作者行文的疏忽、完结或无奈，恰恰是不忍点破的韵外之致、只可意会的弦外之音、布局谋篇的匠心独运。入乎其内，徜徉其中，必有“柳暗花明”之豁然开朗。作为教者，我们就应引领学生遵其路，识其真，激昂处还它个激昂，委婉处还它个委婉，品得个中妙谛。从而，操想象之舟神游于文本之海，或喜，或悲，或歌，或舞，或爱，或恨，或恶，或仇……感受生命，倾吐性情。

如课文《郑成功》“海上激战”中有这样的叙述：“敌人惊恐万状，敌舰队乱作一团。郑军官兵乘势用钩子钩住敌舰，一个个跳了上去。敌舰官兵无法逃脱，只好统统举手投降”。显然，这里的“惊恐万状”、“乱作一团”就是空白点，作者并没有作具体的描写。我便以此为突破口，引导学生发挥想象，做一回编剧，把敌人“惊恐万状”、“乱作一团”的惨相写下来。这样就升华了孩子们的人文感悟，丰富了他们的语言表达，让语文的工具性和人文性在语言实践中得到了交融。

3. 找学生和文本语言的“撞击点”

所谓撞击点就是在文本中能够引起学生产生强烈共鸣的地方。一般说来，根据文章的类型，可分为感性撞击点和理性撞击点。感性撞击点较多集中于情感类的文章中，理性撞击点则较多存在于富含哲理的课文中。撞击点最能拨响孩子们的心灵之弦，找得准，撞得正，一石激起千层浪，在学生和文本之间就会产生巨大的“磁场”，就会生发学生和文本之间情、理、意、趣的“高端对话”。如课文《郑成功》的第二节只有两句话：“明朝末年，荷兰侵略者强占了我国的宝岛台湾。他们残酷地奴役台湾同胞，台湾人民恨透了这伙强盗。”这里的“奴役”和“恨透了”就是撞击点，当然也是个空白点。我便以此为突破口，及时补充关于“奴役”的历史资料，引导学生就“奴役”和“恨透了”想象说话，“假如你就是当时被荷兰侵略者残酷奴役的台湾同胞，你会对侵略者怎么说？”这既撞开了孩子们的情感之海，又加强了他们的语言训练，语文的工具性和人文性在这一“撞”之中得到了升华。

理性撞击点不大容易把握，因为理性的东西较为抽象，内涵较深，离学生的生活实际甚远。因此，教学中要化抽象为形象，化理性思考为情感体验，变空洞说教为充实述说，以形象感悟内涵，以外延来建构“哲理概念”。

（二）把握语言实践的层次

1. 第一层次：机械运用文本语言

儿童语言学习的初始步骤是“模仿”，这是一种机械学习的过程，有时甚至还属于“无意记忆”的范畴。故而，把学习对象“模式化”是语文学习入门的捷径。在这一方面，传统语文教育有很多成熟的经验，尤应继承、借鉴。这个机械运用是指直接使用课文中的规范语言，比如背诵、反复诵读以及简单的复述等。虽然这种机械运用比较单调，但却是积累语言、培养语感的很好的手段。

2. 第二层次：灵活运用文本语言

语言学习的第二个环节是“仿中有创”。这是一个“尝试—调整—再尝试—再调整……”的过程。灵活运用文本语言，内化是关键。尤其是要把课文的语言材料内化为自己的语言材料，因为它是构筑语言能力大厦的建筑材料。一般体现在课文中尝试换词、换句、换人称甚至更换表达方法、改编文体等,让学生体会文本遣词造句、布局谋篇之精当。这一层次无论对文本语言的“亮点”、“空白点”还是“撞击点”均可行。

3. 第三层次:自由生发个性化语言

自由生发个性化语言是指当学生徜徉于文本情境之中时,物我两忘,进入“文我合一”的巅峰体验。这是语言学习的最高境界,在一般情境里很难激发这样的神奇。这就要求我们必须捕捉先机,特别是在文本语言的“空白点”和“撞击点”给学生释放自我的突破口。教学《特殊的葬礼》,在熟读课文后,我问:“面对这雄伟壮观的瀑布,你能赞美一番吗?”这一提问正好挠到了孩子们的“痒”处。令人叫绝的是有学生发出了这样的赞叹:“塞特凯达斯瀑布,如果我是当年的李白,情愿永远伴你身边,不想再回唐朝了!”“哇!塞特凯达斯瀑布!你‘谋害’了多少游客的‘胶卷’啊!”你说,这样的语文,谁不醉在其中呢!

(三)夯实语言实践的目标

1. 留下形象

形象大于思维。小学生是靠形象来记忆、思维和建构的,离开了形象,学生很难建立和记牢某一个意义或道理或情感。而课文本身就有丰富多彩的形象,让学生读过之后,在脑中牢固建立某一个形象,记住课文写的是什么人、事、物,这是语文教学的第一步,也是学生学习特点的规律所在。所以,语文课必须先让学生通过读书,对文中人、事、物留下一个清晰的形象。

2. 留下情感

文章不是无情物。学生的思维往往带有明显的情感性,情感是学生学习的助推剂,而一篇课文总有这样那样的情感让孩子们去体验,去净化,去感动,去升华,每一个形象往往都是一种或多种情感的化身,抓住情感,就抓住了孩子们的心,为深入学习课文,通过课文来感受人类广阔的精神生活和感情世界,涵养孩子们的情操,非常必要。

3. 留下语言

语言是文学的第一要素。小学生学习语文不仅要披文以入情,不仅要知道文章写了什么,都有哪些收获哪些感动,仅有这些所谓的人文熏陶是不够的,还必须知道作者是用怎样的语言描绘出来的,这些切适传神的语言本身就是学生学习语言的范本,当然应该让学生熟读成诵,涵咏识记,迁移运用。这也是由语文课的特性所决定的。

4. 留下方法

语言形式决定表达效果。同一个事件,同一种情感,同一个道理,不同的语言形式产生不同的效果。一篇课文,从布局谋篇到遣词造句及每一个标点符号,都有值得玩味的地方,赏析之后,要找出其中的规律来,作者使用什么样的方法让自己的语言表达这样生动和传神,这恰恰是小学生学习语文的一个重要内容,不仅要内化课文语言,更要有外化语言的能力,而学会其中的方法至关重要。当然,语文教学必须给孩子留下方法。

拼音教学

- 《汉语拼音方案》的制订过程（周有光）
- 谈小学语文汉语拼音教学的定位问题（高　鸽）
- 小学汉语拼音教学的目的、要求和教学法（曹澄方）

《汉语拼音方案》的制订过程[①]

周有光

《语文建设》的编者对我说:刊物要纪念《汉语拼音方案》公布 40 周年,请你写一篇文章,回忆方案的制订过程,你是拼音方案委员会唯一一位健在并且还能执笔的成员了。我欣然同意。

新中国成立初期,中央为了使人民大众迅速提高文化,把研究制订一个比较理想的拼音方案作为重大工作,由毛主席和周总理亲自领导,由胡乔木承上启下,指导工作。

上海解放后不久,我回到上海,在复旦大学经济研究所任教,业余参加倪海曙主持的上海新文字研究会。大约在 1952 年略早,倪海曙告诉我,毛主席到苏联问斯大林,中国的文字改革应当怎么办;斯大林说,中国是一个大国,可以有自己的字母。毛主席回到北京,指示中国文字改革研究委员会研究制订民族形式的拼音方案。同时上海新文字研究会停止推广北拉(北方话拉丁化新文字),等待新方案的产生。倪海曙创办《语文知识》月刊,刊登有关文字改革的研究文章,协助北京的设计工作。

我写了一些介绍各国古今字母的文章,发表在《语文知识》上,作为选择或创造字母的参考,后来编成《字母的故事》一书,1952 年出版。我体会到,一种字母成为民族形式,需要极长时期的实际应用,经过约定俗成,方能成为公认的民族形式。新创字母很难得到公认是民族形式。创造字母不难,大家同意极难。国外的历史告诉我们,国际形式和民族形式是相互转变的,国际形式用久了就成为民族形式。例如,英文字母间接来自罗马,借用了几百年,英国人就认为这是英国的民族形式了。

1955 年 10 月 15 日,全国文字改革会议在北京开幕。叶籁士在发言中说:"从 1952 年到 1954 年在此期间,中国文字改革研究委员会主要进行汉字笔画式拼音方案的研究工作,经过了三年的摸索,曾经拟订几种草案,都放在《汉语拼音文字方案草案初稿》(汉字笔画式)里头。"

这个《草案初稿》(书稿)现在很难找到了。我大致记得是这样:参加文字改革会议的代表们看到一份征求意见的材料,有六种方案草稿,四种民族形式,一种拉丁字母形式,一种斯拉夫字母形式。四种民族形式草稿的设计者是:吴老(玉章)、丁西林、黎锦熙(改良注音字母)、委员会秘书处(陆志韦、郑林曦所拟,汉字笔画式音素字母,结合成为音节)。全国文字改革会议对这些草稿没有进行讨论。

1954 年底,中国文字改革研究委员会改组成为中国文字改革委员会,直属国务院。在 1955 年 2 月,文改会内部设立拼音方案委员会。委员有吴玉章(主任)、胡愈之(副主任)、韦意、丁西林、林汉达、罗常培、陆志韦、黎锦熙、王力、倪海曙、叶籁士(文改会秘书长)、周有光、胡乔木、吕叔湘、魏建功。

---

① 原文发表于《语文建设》1998 年第 4 期。

1955年6月,拼音方案委员会分为甲乙两个小组,甲组拟订汉字笔画式(民族形式)方案,乙组拟订国际通用字母(拉丁字母)拼音方案。

文字改革会议以后,吴老向毛主席报告,民族形式方案搞了三年,难以得到大家满意的设计,不如采用拉丁字母,毛主席同意,并在中央开会通过。这一决定的经过,叶籁士有文章说明(见《关于文字改革的几个问题》,载《语文现代化》1981:5)。此后,拼音方案委员会只研究拟订拉丁字母方案。

拼音方案委员会指定叶籁士、陆志韦、周有光三人起草一个初稿,作为开会讨论的基础。我们三人夜以继日拟成一个《汉语拼音文字方案初稿》。初稿的主要特点是:① 完全用现成的拉丁字母;② 用几个双字母,但是尽量少用;③ 标调用注音字母的调号,调号之外没有其他附加符号;④ "基欺希"由"格克赫"(g,k,h)变读。

拼音方案委员会开会讨论初稿的时候,除个人意见之外,还提出各个重要部门的意见。为了顺应语言研究所提出的严格的"一音一母"原则,把初稿中六个双字母改为六个新字母(无点 ı;带尾 z,c,s;长脚 n;俄文"基")。初稿经过这样修改之后,成为《汉语拼音方案草案》(删除"文字"二字),在1956年2月12日由文改会发表,公开征求意见。

群众提出的意见,来路广,创见多,反应热烈,无以复加。多数人不同意用新字母。邮电部门说,即使中国造出有新字母的电报机,也难以叫外国都改用同样的电报机,中外设备不同,就无法通电报。

国内国外群众来信4 300多件,无法归纳成为一个草案,结果归纳成为两个草案,作为两种"修正式",在1956年8月由文改会发表,再次公开征求意见。

两式的分歧,关键在"基欺希"的写法,第一式由"格克赫"(g,k,h)变读"基欺希"。第二式由"知吃识"(j,ch,sh)变读"基欺希"。注音字母的"基欺希"有专用字母,不用变读法。新方案可否也用专用字母呢?一早就有人建议,用"j,q,x"代表"基欺希"。但是拼音方案委员会不敢贸然采用,因为"q,x"读作"欺希"跟外文(主要是英文)习惯不同,不仅英美人反对,读过英文的中国人也反对。

拉丁字母的"国际音域"分为三层:第一层是"基本音域",第二层是"引申音域",第三层是"特殊读音"。"q,x"读作"欺希"是"特殊读音",这要谨慎从事。其实,"j在英文中的读音也是"特殊读音"。英文把半元音的"j"读成辅音,西欧国家多数人觉得英国人古怪。英国可以用一个古怪字母,我们再加两个古怪字母有何不可?两式相持的解决办法是打破习惯,采用三个专用字母"j、q、x"(基欺希)。请看比较:

注音字母	ㄓ	ㄔ	ㄕ	ㄐ	ㄑ	ㄒ	ㄍ	ㄎ	ㄏ
威妥玛	ch	ch'	sh	ch	ch'	hs	k	k'	h
国罗	j	ch	sh	j	ch	sh	g	k	h
北拉	zh	ch	sh	g	k	x	g	k	x
拼音	zh	ch	sh	j	q	x	g	k	h

从上面的比较,可以看到字母的使用方法是逐步改进的。拼音方案青出于蓝。

拼音方案的制订是在十分慎重中进行的。文改会提出的方案,都要再经过国务院组织高级"审订委员会"加以审订。《汉字简化方案》如此,《汉语拼音方案》也是如此。1956年10

月，国务院成立高级“汉语拼音方案审订委员会”，在听取文改会拼音方案委员会的报告之后，决定采用“j,q,x”代表“基欺希”，解决了两式的相持。这个统一的草案叫做“修正草案”，由国务院在1957年12月11日公布，让群众先知道，并提请全国人民代表大会讨论和批准。1958年2月11日得到全国人民代表大会通过。经过三年的谨慎工作，《汉语拼音方案》终于诞生。

方案的名称从“拼音文字方案”改为“拼音方案”，删除“文字”二字。这在拼音方案委员会中没有引起争论。因为，委员们都了解，叫它“文字”，它也不可能代替汉字；不叫它“文字”，它也有文字的性质。从一套字母到成为公认的文字，是一个历史发展过程。这不是几十年的事情，而是几百年的事情。日本使日语罗马字取得法定地位，结果至今也没有成为真正的通用文字。与其有文字之名而无文字之实，不如有文字之实而无文字之名。周总理在1958年1月10日《当前文字改革的任务》报告中申明，“汉语拼音方案是用来为汉字注音和推广普通话的，它并不是用来代替汉字的拼音文字”。这是切合实际的政策，避免无谓的争论。“拼音”不是“拼音文字”，它是汉字的助手。助手能做汉字不便做和不能做的一切工作。

可是，是否是“文字”方案的问题在群众中间十分关心。不少希望有一个“文字”方案的热心分子，不断创制“文字”方案，寄给文改会。从1950年文字改革研究委员会时期到1955年8月31日举行全国文字改革会议之前为止，寄来655个“文字”方案。从1955年8月31日到1958年2月拼音方案公布时候为止，寄来1 000多个“文字”文案。从1958年2月公布拼音方案到1980年“文化大革命”结束之后为止，寄来1 667个“文字”方案。群众创制的“文字”方案共计有3 300多个。这种创制“文字”方案的群众热潮，是中国特有的爱国现象。

中国制订拼音方案之前，苏联已经悄悄地废除拉丁化，改为斯拉夫化，把所有的拉丁化民族文字方案一概改成斯拉夫字母。蒙古文也是如此更改了。中国的拉丁化运动没有追随苏联。50年代，中国向苏联一边倒，有些同志主张采用斯拉夫字母，跟苏联结为文字同盟。苏联前来讲学的语言学者也提出这种建议。据说，苏联一位副总理来到中国，跟陈毅副总理说，希望中苏采用相同的字母。陈毅副总理说：中国文化必须跟东亚和东南亚联系，东亚和东南亚都习惯用拉丁字母。

关于语音标准问题，1955年全国文字改革会议重新肯定1924年实行的以北京语音为标准音。在此之前，拉丁化运动反对纯粹以北京语音为标准，北拉接近“老国音”而不同于“新国音”，并且提倡方言拉丁化。例如：北拉区分“尖团音”，“基欺希”写“gi、ki、xi”，“济妻西”写“xi、ci、si”。这时候，拉丁化运动团体解散了，不再谈方言拉丁化。

回顾历史，19世纪后半叶的教会罗马字主张方言拼音文字。在清末的切音字运动中，不少人提出方言拼音文字。劳乃宣提出了有名的“以南就北”的理论。瞿秋白把中国的方言等同于苏联的民族语言。这些主张的共同特点是，只看到中国语言的分歧现象，没有看到中国人民的国家意识已经高涨，群众迫切要求从“书同文”向“语同音”前进。汉语拼音方案是国家共同语的拼音方案，不是地区方言的拼音方案。

今天，还时常有人提出改进汉语拼音方案的建议。我十分注意这些建议。但是新的建议中很少是在50年代没有仔细研究过的。略举数例如下：

拼音方案里的字母“迂”(ü，两点)，破坏了除调号以外不用符号的规则。“两点”上面再加调号，重床叠屋。改为“iu”(双字母)表示“迂”(“国罗”如此写)，不更好吗？拼音方案委员会当时的考虑是：“迂”是个重要元音，需要有一个单独字母代表它。现在看来，这仍旧是一个问题。有人建议用“v”代表“迂”,经过研究,弊多而利少。近来有人建议,用“yu”代表在音节“吕”“女”中的“迂”,作为“技术处理”,只在必要时候使用,并不是改变方案,其他音节照旧不改,但是都省略两点,这或许是比较有可行性的建议。

舌尖元音要不要写,如何写,是一个棘手问题。台湾注音符号第二式用“r”表示舌尖后元音,用“z”表示舌尖前元音。用这两个辅音字母代表元音,拼音方案委员会曾经做过试验,觉得不好,特别是上面还要加上调号。拼音方案委员会尝试过多种方法,包括“省略不写”,写无点 ı;写 ih;写 Y,等等。只有现在的办法(写“i”),比较符合原理,也方便实用。这种写法有语音历史变化和现代“十三辙”作为依据。

有人建议,北京语音“俄”(e)和“喔”(o)实际是一个音位,可以合成一个字母,不必分为两个。注音字母原来只有一个“ㄛ”,实用之后觉得不方便,就在“ㄛ”头上加一点,后来一点连接起来成为“ㄜ”。根据这个历史经验,拼音方案也分为两个。

好些人建议,“ao”“yao”改为“au”“iau”。这是一个实用问题。为了书写避免跟“n”混淆,改“u”为“o”,有实用价值。国罗、北拉,也是如此写的。对这个问题,徐世荣做了理论的解释。

有人建议,用“z、c、s”代表使用频度较高的“知吃识”,用“zh、ch、sh”代表使用频率较低的“资此斯”。或者,“知吃识”和“基欺希”都用“J、q、x”。这样可以节省大量纸张。拼音方案委员会考虑了节省问题,但是还要考虑国内和国外的习惯,因此这个建议未被采取。

北拉“波”写“bo”,“多”写“do”。拼音“波”写“bo”,“多”写“duo”。有人建议一概按照北拉写法,可以节省字母。又有人建议把“波”也写成“buo”,统一规格,符合原理。方案委员会研究之后,决定采用注音字母的传统写法。

“Y、W”这两个半元音字母要不要的问题,经过几次反复,最后决定要用。因为,这是分词连写所必要,而分词连写是书写普通话所必要。普通话是以词为表意单位的,应当分词连写。分词连写是拼音正词法的基础。汉语拼音的“阅读法”采取“元音连读”原则,因为汉语中有许多复元音的音节,例如“iao”是一个音节“要”,不是三个音节“伊阿握”。日语罗马字跟汉语拼音不同,它采取“元音分读”原则,因为日语的音节基本上都是单元音的音节,例如“aoi”(“青”)是三个音节,不是一个音节。半元音字母对“元音连读”能够帮助分清音节,是拼音正词法的极有用处的条件。

调号问题是一个难题。采用注音字母的调号,有历史经验可以依靠,而且跟欧洲文字中的“分音符号”也相似。声调有原调,有变调,如何标呢?决定标原调,不标变调。(变调可以在语音学书籍中用科学方法标记)。后来出版的《现代汉语词典》中“一七八不”的标调方法是实用规范。

调号标在哪里,也是有争论的。标在音节末尾可以区别音节,但是过于松散。标在元音字母上面,能表示声调基本上是元音的声高变化。但是,“iu”“ui”,标在哪一个字母上面好呢?这个问题,方案委员会没有做出决定。现在标在后一字母上面,已经成为习惯,这是群众的约定。

方案规定了字母名称,但是没有认真推行。注音字母的名称事实上代替了拼音字母的名称。近来又有用英文字母名称代替的趋势。这是一个先入为主的习惯问题。

问题很多,不能细谈。《汉语拼音方案》不是没有缺点的,但是改掉一个缺点往往会产生另一个缺点。缺点和优点是共生的。只能两利相权取其重,两弊相权取其轻。

汉语的字母方案一百多年来的演变历程是：从外国方案（威妥玛式）到本国方案（注音字母），从民族形式（注音字母）到国际形式（国语罗马字），从内外不同（国内用注音字母，国外用威妥玛式）到内外一致（国内国外都用汉语拼音），从国家标准（国语罗马字、汉语拼音）到国际标准（汉语拼音：ISO 7098）。

40 年来的经验表明，《汉语拼音方案》是一座现代化的文化桥梁。它一方面方便人民大众走向文化，另一方面方便中国文化走向世界。

谈小学语文汉语拼音教学的定位问题[①]

高 鸽

汉语拼音毋庸置疑是小学语文教学的一项教学内容,但对汉语拼音在小学语文教学中的定位问题,长期以来在认识上存在一定的分歧。各类观点大致可以分为两种:一种认为汉语拼音教学的目的是辅助识字和查字典,也可以帮助学习普通话,教学要求要低,教学时间要短;一种认为,汉语拼音的功能是多方面的,可以帮助阅读、识字、写作,帮助学习普通话,帮助操作电脑等等。熟练地掌握汉语拼音可以培养学生多方面的素质。小学语文教学要充分发挥汉语拼音的多功能作用,对汉语拼音的教学要求要适当提高,教学时间应适当延长。目前看来,持第一种观点的居多,有许多人对儿童入学之后学习汉语拼音感到不理解,主张降低汉语拼音在语文教学中的作用的观点不在少数。"注音识字,提前读写"实验,多年来一直坚持小学语文教学要充分发挥汉语拼音多功能作用的观点即前面所陈述的第二种观点。在"注·提"实验中,汉语拼音的教学被重视到前所未有的程度。"注·提"《实验纲要》中明确指出,"汉语拼音教学的目标是培养学生熟练直呼音节和书写音节的能力,使汉语拼音成为提前读写,全面进行语言训练的有效工具"。汉语拼音教学被赋予的使命也是十分重大的,直接涉及学生提前读写,发展语言,开发智力的效果。笔者认为,对汉语拼音教学的准确定位关系到小学语文教学的质量。小学语文教学对汉语拼音要引起足够的重视,对汉语拼音教学的要求也应适当提高,应使学生能够熟练地掌握和运用汉语拼音。理由如下:

其一,汉字由于其不同于字母文字的特点和规律,比较难学难记,尽快掌握汉字,以运用汉字进行书面交流成为千百年来中国启蒙教育所面临的一个共同的难题。再高效的识字方法,也得一个字一个字地去学,效率是很低的。拼音与汉字相比,具有字母文字的特点,有好学易掌握的优势。小学语文要解决"识字难"这个问题,不妨将拼音和汉字作为两种并行的符号系统。儿童入学先学会汉语拼音,运用汉语拼音进行阅读和写作,充分利用儿童原有的口语优势发展学生的书面语言,使学生的口语和书面语相互促进,从而达到发展学生语言和思维的目的。通过这条途径,解决由于汉字难学难记,学生迟迟不能进入读写阶段,语言、思维和智力的发展受到阻碍的问题。汉字方面,按照学习汉字最便捷的途径,按部就班地学习汉字。这样,拼音和汉字两种并行的符号系统将小学语文教学分成两条相互渗透的线索:汉字方面,用拼音来帮助读音;拼音方面,除了用拼音读,用拼音写之外,又用汉字注音来读,用学过的汉字掺进拼音来写。学汉字,利用拼音;学拼音,掺入汉字。这样做的结果是既学习了拼音,又学习了汉字,殊途而同归,不但不耽误学生学习汉字,而且利用汉语拼音使读写提前了两年时间,为开发学生的智力,发展学生的思维争取了宝贵的时间。这种"两条腿走路"的"分进合击"的小学语文教学体系在"注音识字,提前读写"实验中得以完整的体现,它多年来所取得的成绩是令人瞩目的。这种小学语文教学体系在孩子们还没有掌握一定数量的汉

① 原文发表于《黑龙江教育》2000年第3期。

字足以进行读写的时候，对汉语拼音除保持继续起注音的作用之外，适当提高些学习要求，暂时替代汉字帮助儿童尽早跨入美好的学习境界，在小学语文教学上应该称得上独树一帜，它的经验被许多小语教学流派广为借鉴。

其二，实践证明，汉语拼音的功能是多方面的。除了学习普通话，辅助识字和查字典之外，还能够帮助阅读和作文，它还能够帮助人运用拼音码操作电脑。吕叔湘先生在文章中提到拼音有八九个功能。那么充分发挥汉语拼音的多功能作用，就能够培养学生多方面的素质。单就拼音与电脑来说：在未来的新世纪，适应社会必备的素质之一就是使用电脑。实践证明，利用拼音码操作电脑好学易记，比其他的操作方法更具优越性。有关方面正在进一步挖掘拼音码在操作电脑方面的优势，进一步完善拼音码，在未来，智能拼音码操作将成为电脑操作的重要手段之一。那么小学语文教学的改革要适应新世纪的需要，教会学生熟练地掌握汉语拼音无疑是十分重要的。由于汉语拼音功能的多面性，它作为小学语文教学的一项教学内容，与汉字的教学应当是相互独立的关系，应当有独立的教学要求和目标。如果只把汉语拼音定位于辅助识字和查字典，用识字教学来包容拼音教学，把汉语拼音置于单为识字服务的地位，那是对汉语拼音的功能认识不足。

其三，从历史上看，人们在过去就已经注意到了汉语拼音的作用，从 19 世纪 90 年代起，我国就开始有人拟订拼音方案，提倡走文字拼音化的道路。文字拼音化正确与否这里暂且不论，至少利用汉语拼音是有众多优势的，这一点早已为人们意识到了。从 50 年代开始，我国就不断有人提出改革方案，建议加强小学语文拼音教学，用拼音帮助识字，摆脱汉字束缚，用汉字注音夹用拼音的方法来提前读写。50 年代末 60 年代初，我国农村在扫盲工作中运用上述方法取得了明显成效，山西省万荣县等地还总结出成型的经验。国家积极向全国各地推广这些经验，当时在《人民日报》上还发表了题为《拼音识字多快好省》的社论。后来由于三年困难时期和十年“文革”，有关拼音的研究和改革中断了。由此可见，发挥汉语拼音多功能作用的研究是由来已久的。试想，如果关于拼音的研究和改革不曾中断，发展到今天，将不会是目前这种状态。从适应新世纪的教育教学要求来看，汉语拼音教学的要求不但不应当降低，而且应当适当提高。实践表明，学生初步达到直呼音节和书写音节的要求即“看到一个音节就能读出来，想到一个音节就能写出来”，一般需要八周左右的时间；而学生学会拼读音节一般也需要五周左右的时间。两种要求在时间上只相差二三周，但从其价值上看却相去甚远。学生拼读音节只能辅助识字，但学会直呼音节和书写音节则能提前读写，发展语言，发展思维，开发智力。因此，如果降低拼音教学的要求，缩短教学时间，将使多年来有关拼音的研究和改革成果付诸东流，给小学语文带来的损失将是不可估量的。

其四，《九年义务教育全日制小学语文教学大纲》是原国家教委制订的关于小学语文教学的纲领性文件，对全国的小学语文教学具有权威性的指导意义。《大纲》中指出，“汉语拼音是小学语文教学的重要内容，是帮助识字、阅读和学习普通话的有效工具”“有条件的可以逐步做到直呼音节”“在整个小学阶段，都要重视复习巩固汉语拼音，发挥汉语拼音的作用”，并对汉语拼音拼读和书写的学习要求都做了翔实的说明。而在以往的小语《大纲》中，对汉语拼音是没有做这样的要求和说明的。这恰恰说明了适当提高汉语拼音的教学要求是教学改革所需要的。如果主张降低拼音教学的要求，缩短拼音教学的时间，把拼音教学只定位于辅助识字和查字典，甚至不主张学习汉语拼音，无疑是不符合小语《大纲》的要求的。

小学汉语拼音教学的目的、要求和教学法[①]

曹澄方

小学教学汉语拼音的目的和要求似乎是明确的,但细细琢磨,觉得并非如此。三十多年来它们经历了曲折的发展过程。

先谈教学目的。1958年2月21日,《汉语拼音方案》由全国人大一届五次会议通过,各地小学一年级从秋季开始教拼音字母。人代会《关于汉语拼音方案的决定》里指出:"汉语拼音方案作为帮助学习汉字和推广普通话的工具,应该首先在师范、中小学进行教学。"因此,小学教学汉语拼音的目的就是帮助识字和学习普通话。

在《汉语拼音方案》公布以前,1956年的《小学语文教学大纲》(以下简称《大纲》)就曾指出:"要认真教拼音字母。除了用来帮助识字,还要用来学习普通话。"《大纲》注明:在拼音字母公布前用注音字母。可见,小学教学拼音字母的目的是早已明确了的。但是,从1963年开始却起了变化。1963年的《小学语文教学大纲》(以下简称《大纲》)提出:"学会汉语拼音字母,能用来帮助识字。"《大纲》一字不提汉语拼音也是帮助学习普通话的工具。这不是疏漏,而是有人认为汉语拼音当识字工具就可以了,不必用在其他方面。认为识了字也就正了音,正了音也就等于学习了普通话。这种观点是片面的。小学语文教学专家蒋仲仁先生说得好:"如果《汉语拼音方案》仅仅用来为汉字注音,为什么不命名为'汉字注音方案'而要命名为'汉语拼音方案'呢?""有人说,用拼音字母帮助识字也就是帮助学习普通话了。一个字一个字都照普通话的语音读准了,字组成词,词组成句,这不就是学了普通话吗?这个话很对。可是,光凭这点还不够。儿童入学要学的普通话不能限于用学过的汉字所能写出的范围。"[1]语言学家吕叔湘先生在当时就曾提出:"我们这几年做的工作几乎限于把拼音字母作为帮助识字的工具这一方面(连这一点也还做得不够好,不然不会发生回生问题),对于如何利用拼音字母来教学普通话,还没有认认真真做过工作。"[2]可以说,1963年《小学语文教学大纲》对教学汉语拼音目的的提法是不符合人代会决议的,是一种倒退现象。"文化大革命"以后,1978年的《小学语文教学大纲》根据专家和教师的意见,才恢复了"学会汉语拼音,以帮助识字和学习普通话"的提法。在这以后的十几年中,特别是在小学语文"注音识字,提前读写"教学改革实验的推动下,小学逐渐发挥了汉语拼音的多功能作用,教学目的有了新的发展。1992年的《小学语文教学大纲》提出:"教学生学会汉语拼音,帮助识字、阅读和学习普通话。"加上"阅读"二字意义重大。根据"注音识字,提前读写"的经验,应该让小学生在入学不久掌握汉语拼音,之后就开始进入阅读阶段。先阅读纯拼音课文,然后过渡到阅读注音课文,再过渡到汉字课文(生字注音)。利用汉语拼音提前阅读和扩大阅读量,能够发展儿童语言,开发学生智力,提高读写能力,加强思想教育,好处是多方面的。从很多学校的教学实践看,汉语拼音不仅是识字、阅读、学习普通话的有效工具,也是写作的有效工具。刚入学的

① 原文发表于《语文建设》1993年第5期。

小学生在不识字或识字不多的情况下，可以借助拼音进行简单的写作练习，这为以后的汉字写作打下了良好基础，同时也有助于培养学生独立思考的能力和学习兴趣。根据以上所述，我们认为小学教学汉语拼音的目的应该是帮助识字、阅读、写作和学习普通话。这样的提法比较全面，也是符合实际情况的。

其次谈谈教学要求。拼音教学的要求是随着教学目的来确定的。1956 年的《小学语文教学大纲》提出，一年级识字教学前用 60 课时教拼音字母，“学会字母，会念，会写，学会拼音；认识四声符号，初步掌握四声的读法；认识轻声符号，依照教师的指导，把该读轻声的音节读轻声”。要求二年级“认识的字能注出拼音字母来，写不出的字能用拼音字母写出来”。还要求“各学年的汉语课和阅读课，都应该经常进行语音教学和关于语音的练习，使学习拼音字母的成果更巩固，并逐渐扩充语音教学的内容”。1956 年《大纲》提出在二年级“写不出的字能用拼音字母写出来”，这是个突破，是 1920 年开始教注音字母以来所没有的。1963 年的《大纲》由于教学目的只是“能用汉语拼音帮助识字”，所以对汉语拼音只要求认读。能认识声母、韵母，会拼读，会读声调。1963 年小学语文第一册的教学指导书上指出“这些要求是指整个学期说的”，“不要求学生给汉字注音”。这样的教学要求比起前几年来显然是降低了。“这些要求是指整个学期说的”这句话的副作用是使教师思想上放松了识字教学前四五周的拼音教学。教学指导书也不应提出“不要求给汉字注音”。认读和注音（拼写）是互相促进的，不要求注音，等于放弃了这一有效的学习方法。1978 年的《大纲》要求学生“学会声母、韵母、声调、拼音和整体认读的音节”，“要求默写声母和韵母”，“二年级教学字母表、大写字母，会利用拼音查字典。以后各年级教学中，继续运用汉语拼音帮助识字，正音，学习普通话，阅读注音读物”。这些要求，比起 1963 年的《大纲》是进了一步，特别是提出阅读注音读物和默写声韵母，对帮助提前阅读和扩大阅读量以及写作是很有意义的。1992 年《大纲》的教学要求，比过去任何大纲的要求都提高了。一年级要求“能读准汉语拼音的声母、韵母、声调和整体认读的音节。学会拼音方法，能熟练地拼读音节，有条件的可以逐步做到直呼音节。学读轻声。能利用汉语拼音帮助识字、阅读、学习普通话。能默写声母、韵母并抄写音节，在四线格上写得正确、工整。写话时可以利用汉语拼音代替没学过的汉字”。二年级能“认识大写字母，能背诵《汉语拼音字母表》”。1992 年《大纲》首次提出了直呼音节的要求，提出了在一年级可以用音节代替没学过的汉字，这是汉语拼音教学史上一大转变。这种转变是对拼音作用认识的转变。

汉语拼音是帮助阅读和学习普通话的工具，而且教学实践证明它也是帮助写作的工具。因此，应该要求学生会直呼和书写音节。所谓直呼音节的能力，就是看到一个音节不用临时现拼就能直接读出来。有些地区和学校提出“扫读”的要求，这种要求太高。所谓书写音节，就是听到或想到一个音节就能正确地写出来。

最后谈谈汉语拼音的教学法。34 年来小学拼音教学法不断在改进，目前一般采用的教法是：教 23 个声母（包括 y、w）、24 个韵母（包括单韵母 6 个、复韵母 8 个、鼻韵母 9 个、特别韵母 er）、16 个整体认读音节和 4 个声调。声母拼带介母的韵母时采用三拼连读法，要求在熟练拼读音节的基础上达到直呼音节。为了使学生更好地直呼音节，现在有些学校在进行一些试验，如“支架法”“本音连读法”，“直读法”等。这些教学法都具有一定的优点，但总的看都存在难教难学的缺点，普遍推广是有困难的。“支架法”的主要缺点是成音方法不易说清楚，一般学生也不易掌握。拼音时，往往出现丢掉声母只发韵母的情况。另外，“支架法”

只能照顾声母的发音部位,不易分辨声母的发音方法,因此,遇到发音部位相同而发音方法不同的 b 与 p、d 与 t、g 与 k,往往混淆不清。“本音连读法”的主要缺点是:声母本音不容易被学生掌握,不适宜在课堂上教学,特别是 b、d、g 很难进行教学。另外,成音方法也不易说清楚。“直读法”实际上就是直呼音节法,没有必要另外再起个名字。它的主要缺点是:不经过声韵母的严格训练,就急于练习音节,这样对方言区学生掌握汉语拼音基础知识和发准音节是不利的,而且一开始就要求掌握 23 个基础音节,特别是有些教师按整体认读音节(即死记音节)去教,似乎难了些。总的来看,我认为还是采用现行的一般教学法为好。当然要做些改进,主要有两点:一是要加强直呼音节的训练,从拼读音节较快地过渡到直呼音节,一定要改变过去“呼必有三”的习惯;二是低年级要安排纯拼音材料的阅读练习,不断提高直呼音节的能力。有人认为一般教学法很难达到直呼音节的要求,这种看法是不符合实际情况的。1989 年,有关单位曾对上海、青岛两市城乡小学生作过调查,在被调查的 390 名小学生中能直呼音节的有 323 名,占 82.8%。这两市很多小学生还具有听写音节和看汉字写拼音的能力(当时“教学大纲”尚未提出这些要求)。如在被调查的上海市 588 名城乡小学生中有 63.4%具备了这两种能力,青岛市的 1 087 名城乡小学生中有 75.6%具备了这两种能力。可见,采用一般教学法,教学效果是好的。加以改进,效果还会更好。

关于拼音教学法,除了强调直呼音节以外,还应注意在教学中结合语言,把拼音同语义联系起来。这样既可丰富词汇,发展语言,还可调动学习积极性。

参考文献

[1] 蒋仲仁. 汉语拼音方案在教学上的应用. 文字改革,1983(6).

[2] 吕叔湘. 再论拼音字母和语言教学. 文字改革,1962(10).

谈谈汉语拼音的拼音教学[①]

捷　亚

使几个字母成为一个音节，把它们拼合到一起，中间必定要经由拼音这么个过程。顾名思义，拼音，应该说是汉语拼音教学里重要环节中的一个。这些年来，在不断改进的教学实践中，教法研究上，教材编写上，各地教师们的创造还是够多的。

这里，只谈一谈关于拼音教学方面的几个问题。

拼音的方法。汉语拼音一般也都跟注音字母的拼法大致差不多。bo，a，ba，声母、韵母，到音节。

在小学和成人识字班里听课，曾经不止一次地见到：开始的时候，如果不是教师领着拼，很多人都是 bo，a 一下子拼不成 ba。有 bo，a，a 的；有 bo，a，bo 的；还有 bo，a，bi 的；简直是 bo，a，什么的都有。曾经有一位同志说过：他总觉得，bo，a，ba，是硬记下来的。本来也是，反反复复地拼来拼去，实际上也在起着个背诵口诀的作用。

从推行速成识字法的年代起，一直流行着这么一个"拼音要领"："前音轻，后音重，两音相连猛一碰。"后来，有的改变成："前音轻短，后音重长。"也有的说：声母用它轻短的"呼读音"来拼，等等。本来，由这个音过渡到那个音上的拼音，跟火车挂钩可不一样。它们并不是经过了前后碰撞才连接起来的。至于音的轻重，各个人的体会也不完全相同。有位教师曾经提出过疑问，他体会到的是：前音轻不了，后音也重不了，而是前音重，后音轻。他认为，只有这样发音才能够拼得准。这话，说明他体会得也没错，前音，声母都是些辅音，发音的时候，气流要冲过各种形式的阻碍，所以显着重；后音，韵母主要的都是些元音，气流比较通畅，所以反而觉得轻。一般所说的"前音轻"，指的还是声母"呼读音"里挟带着的那个元音轻，也就是叫它发得弱一些，别太响亮，好让它不那么碍事。

还有一种是支架法。要领是"声母支好架，韵母跟着发"。真要是这么一来，声母就都变成哑巴了。声母虽然没有韵母那么响亮，可他也不是静止地光支个架子不动，干等着韵母来发音的。要像是 l，m，n，r 这 4 个声母，他们的本音，就很容易清晰地听出来。就算是 b，d，g 这 3 个不送气的塞音，它们也不能没有个除阻的过程。在拼音当中，声母也得要发音的。

拼音的开始，有的是全部声母、韵母都教完了以后再说；有的是教过几个字母就用它们先拼起来了，一边教字母，一边练习拼音。比方说：教会了 a，e，i，o，u 这 5 个字母，跟着就开始拼音。练习拼 ai，ao，ei，ia，iao，in，ou，ua，uai，ui，uo。这些，拼起来很容易准确。

用声母跟韵母相拼，练习的时候，最好从 m，n，l，r 或是 f，s，sh，x，h 等声母下手。因为它们的本音可以拉得很长，便于搭到后边的韵母上，发音上太短暂的 b，d，g，它们的音稍纵即逝，对刚学拼音的人们来说，可能抓不住。让这些声母跟后边的韵母搭上钩，的确不那么容易。拼音练习，如果按字母顺序进行的话，不论是 b，p，m，还是 a，b，c，一开头碰上的，都

① 原文发表于《文字改革》1985 年第 4 期。

脱不开这个 bo,a,ba。教学中,b,d,g 的拼音,最好放到末尾去练习。先把那些比较容易的弄得熟练了再说。

韵母带韵头 i,u,ü 住的,它们的拼法:有的是 he,u,hu,hu,a,hua。有的是 u,a,ua,he,ua,hua。再有就是 he,u,a,hua。前两种都是分成三拍子一节的两节,后一种是四个拍子。

韵头 i,u,ü,也就是注音字母里的介母。它们的划归前边,划归后边或是独立出来,前后都不归,这么一划分就形成了三种拼法。还有一种是重复介母的拼法,前、后各有一个介母。像用 hu 跟 ua 来拼成 hua,等等,这种方法倒是挺容易拼的。有人提倡过,但是没推行开。

此处,还有个音素连读的拼音方法,也叫"一口定音""一口呼""直呼",等等。它彻底地打碎了韵母,带的头的都把韵头分离出来,带韵尾的也都把韵尾分离开。像:ai—a.i;an—a,n;ang—a,ng;ao—a,o。ei—e,i;en—e,n;eng—e,ng。in—i,n;ing—i,ng;iu—i,u。ong—o,ng;ou—o,u。ui—u,i:un—u,n;ün—ü,n。

带鼻音韵尾的 an,en,ang,eng 等,开始如果拼不准确,可以先用上个双唇鼻音 m 来练习,像:am,em,im。m,um,um。m 的发音部位在发音器官的外部,闭住不除阻可以看得很清楚,示范也容易。鼻音韵尾的拼法,一下子就能够掌握了。然后,再把这个 m 换成舌尖鼻音 n,它们就是 an,en,in,un,ün 了;换成舌根鼻音 ng,就是 ang,eng,ing,ong 了。

有的方音地区,念不好鼻音韵尾,把这类韵母念成了鼻化元音。为了改变这一点,练习当中,可以强调一下:发元音的时候先别带鼻音,等到元音发过了以后,紧跟着再发那个作为韵尾的鼻音。鼻化元音,是带着鼻音的元音,元音跟鼻音同时发。鼻腔和口腔,一齐都有气流出来。

这两种鼻音韵尾。在一些方言地区,有的只有其中的一种,另一种就念不好。毛病主要出在 n 和 ng 这两个音上。练习的时候,可以注意:把舌头尖儿顶在前边,像发 d,t 似的,发出来的鼻音就是 n,所以它又叫前鼻音;把舌头根儿顶在后边,像发 g,k 似的,鼻音就是 ng,所以又叫后鼻音前、后鼻音能够区别开了,这两个韵尾也就都准确了。

这里,用 shuang 这个音节作为例子,把几种拼音方法归纳到一起,对照一下:

双拼法	sh	u	a	ng
音素连读法	sh	u	a	ng
三拼法	sh	u	a	ng
声介合母法	sh	u	a	ng
重复介母法	sh	u / u	a	ng

声介合母的拼法,要先认熟韵母是 i,u,ü 的一些音节:bi,pi,mi,di,ti,ni,1i,ji,qi,ai;du,tu,nu,lu,gu,ku,hu,zhu,chu,shu,ru,zu,cu,su;nu,lü,ju,qu,xu。用这些再跟韵母相拼的时候,它们就是声介合母,也可以叫结合声母。

单另说一说音素连读的拼音方法。这种拼法必须一口气直呼才行,中间不能重复,不能分拍子。声母发本音,不能用它们的"呼读音"。练习的时候可以从慢到快,比方说:h-u-a-n,再 h-u-a-n,最后达到 huan,别的那几种拼法,也都可以一口体让气直呼。不过,它们并不是非直呼不可的。

直呼是值得提倡的。它有利于拼音文章的扫读，也可以使拼写流利。现拼现读，那只能用来查字典，给单个儿的汉字去注注音。拼音的用途改变了，对拼法上的要求必然也就不大一样了。

直呼的习惯，最好是在刚接触拼音的时候就开始建立。不然的话，等到养成了非现拼不可的习惯，以后，再去改造可就太麻烦了。不大声拼还得小声儿拼，嘴里不拼心里默拼，读篇拼音的东西费劲得厉害。

拼音练习当中，常常会碰到哪两个字母不能往一块儿拼，哪个声母不见哪个韵母，等等。其实，哪个跟哪个都可以相拼，而且念得出来。不过，在普通话标准音里没有那样的一些韵母或是音节罢了。在有些方音里，就可能出现《汉语拼音方案·韵母表》里所没有的那些韵母，像山西稷山一带 üa，ie 等等。还可能有另一种现象，那就是方音里有的一些音节是普通话标准音里所没有的，而它们的声母和韵母，可都是《汉语拼音方案》的《声母表》《韵母表》里有的。比方说，晋南的一些地方就有：be，pe，cei，fai，bia. pia. mia. tia，lui，等等，这样的一些音节。

为了熟悉音节，可以画一张音节表，把韵母横排在上头，声母竖排在左边，然后按声母、韵母把全部音节都填进表里去。普通话标准音基本音节，它们声母跟韵母的搭配情况，就可以一目了然了。

扇形拼音图挺不错。用一个声母作轴儿，放射着排列好几个韵母，分别相拼；或者反过来，用一个韵母作轴儿，分别跟几个声母相拼；或者几个声母、几个韵母都作轴儿，交叉相拼；或者用韵头 i，u，ü 作轴儿，两边是几个声母、几个韵母，交叉相拼。比方像：

m — a, e, i, o, u

b, c, d, f — an

g, k, h — e, ei, en, eng

n, l, j, q, x — i — a, an, ang, ao

谈谈字母教学[①]

陈道玉

一、字母教学是拼音教学的基础

《汉语拼音方案》字母表的26个字母到底有多大作用，这个问题一直没有被人们全面地认识。过去，有的教材把它砍掉了；有的教材把它放在最后去教；有的教材虽然把它放在前面，但是在教学上只是走过场。总而言之，它似乎可有可无。据说加上字母表只是为了学生今后能查字典。字母的作用，难道就是这一点点吗？

顾名思义，字母就是文字之“母”。汉语拼音不是文字，但是26个字母却是整个汉语拼音的基础。字母教学对于整个拼音教学有三大基础的作用。

第一，语音基础。

26个字母中有5个元音字母ɑ、o、e、i、u，u加两点成ü，这就有了6个单韵母。由元音字母相互组合，就可以得出所有的复韵母。由元音字母后加前后鼻音-n,-ng，就可以得出所有的鼻韵母。另一方面，26个字母中又包括了几乎所有的声母，如b、p、m、f、d、t、n、l、g、k、h,j、q、x、z、c、s。只有zh、ch、sh、r 4个声母需要补充说明一下(h表翘舌，r作声母读“日”)。因此，如果把26个字母学好了，教师在语音上稍加启发诱导，就为今后学习音节打下了相当坚实的基础。近几年来，直读法教学重视字母的基础作用，很多教师尝到了甜头。有的教师说：“掌握了26个字母等于掌握了汉语拼音的一大半。”这句话并不过分。

第二，书写基础。

汉语拼音千变万化，都是由26个字母的形体组成的。如果拼音教学一开始，我们让学生掌握了这26个字母的规范写法(字形、笔顺、位置)，那么在书写上就可以收到“一劳永逸”的效果。换句话说，用不着以后再去教声母怎样书写，韵母怎样书写，音节怎样书写，等等。只需要补充说明，音节或词必须把各个字母紧紧地靠在一起写就行了。因此，在拼音教学的开始阶段，除了教学生把26个字母认准读谁以外，还要教学生下工夫把字母写得标准，写得美观。在这里多花费一些时间，以后就可以节省很多时间，并没有“吃亏”。

第三，排序基础。

排序基础，这个作用很多人是看到了。但是字母排序的应用，并不仅限于查字典一项，它的范围要广泛得多。26个字母的顺序，应该让学生掌握得非常熟练，形成一种基本技能，今后一生真是受用不尽。为此，不仅在字母学习阶段要加强训练，就是在以后适当的机会也要插入这方面的内容。

如果我们认识到了字母教学有这样的三大基础作用，那么就很容易明白：把字母教学砍掉固然是非常错误的；把字母放到拼音的最后才去教也是错误的；就是把字母放在开头，但

① 原文发表于《语文建设》1989第6期。

只是唱唱字母歌，蜻蜓点水，一掠而过，仍然是错误的。直读法实验教材把字母教学作为第一单元，用一个星期的时间，让学生把它学好，学扎实，这种安排是十分正确的。我们在教学实践里，充分证明了这一点。

二、字母教学应采用什么样的方法

由于过去忽视字母教学，因此在这方面的经验也是少得可怜。今后急需大家来创造和积累。下面谈谈我个人在字母教学中采用过的效果较好的一些方法。

（一）联想法

有人说，26 个字母都是一些抽象的符号，太枯燥，引不起儿童的兴趣。这话不完全对。能引起儿童兴趣的东西，并不仅限于小猫、小狗、汽车、飞机等等。一切新奇的东西，都对儿童具有吸引力。当这 26 个形状各异、他们从来没有看见过的“怪”符号，展现在面前时，人人睁大了小眼睛：这是些什么东西呀？这时，“联想”就成为教师能够运用的最好的手段了。

字母有“音”和“形”两个方面，教师要尽量把“联想”引导到这上面来，才算成功。例如 Ss 蚕儿吐丝弯扭扭（音形兼顾），Yy 活像一根树桠杈（音形兼顾），Qq 飞起一只大气球（音形兼顾），Mm 工厂大门多气派（音形兼顾），Oo 嘴巴圆圆哦哦哦（音形兼顾）。有的字母不易联系读音，但可联想字形，如 h 像椅子，f 像拐棍，t 像伞把，r 像嫩芽，x 像一把叉，等等。这样容易帮助儿童增强记忆。

儿童掌握了字母名称音以后，可以进一步启发他们“联想”同韵或同声的音节。比如 ɑ，启发他们找出 bà，mā，fà，yā，wā，学了 b，启发他们找出 bao，ban，ban，bu……这种联想对于今后直读音节大有用处。实践证明，儿童具有这种类推的能力。

（二）对比法

联想法帮助儿童记忆字母的形和音，对比法则帮助儿童分辨那些容易混淆的字母的形和音。拉丁字母形体简单，有一部分字母最容易混淆。例如我在教字母 b，d 时，一个孩子说：“b 有一个大肚子。”另一个孩子说：“d 有一个大肚子。”在教字母 p，q 时，一个孩子说：“p 有一个大额头。”另一个孩子说：“q 有一个大额头。”这样联想，分辨不出 b，d 的区别，也分辨不出 P，q 的区别。于是我就让孩子联想在教学中学过的阿拉伯数字，并且编出顺口溜：“正反 6d；正 9q，反 9p；9 下带钩 ggg。”这首顺口溜把几个最容易混淆的字母，6b，这一用对比的方法区分开了。其他容易混淆的字母也可以采用对比的方法加以区别。例如“拐棍 f，伞把儿 t”，“矮凳子，n n n；高椅子，h h h”，“单门儿 n，双门儿 m”，“底朝下，u u u；底朝天 n n n”等等。

（三）游戏法

儿童喜欢游戏，寓教于乐，常常能产生很好的效果。如果在游戏中加进一些竞赛的成分，适应儿童好胜心强的特点，效果更佳。字母排序本来是一件很枯燥的事情，但是如果把它变成各种游戏，让大家来比赛，就会显得趣味盎然了。例如我制了 7 张画有动物图形的卡片：jī、yā、é、māo、gǒu、zhū、tù，先让大家读出这些动物名称的拼音，然后请大家按第一个字母的先后顺序，重新排列这些动物的顺序，看谁排得最快最好。这样，全班学生都活动起来了。另一个难度更大的游戏就是排列全班同学姓氏的先后顺序。查字典也可以变成一个比赛性的游戏,比如写出一个句子,让学生把每个字都查出来,看谁先查完。学生张洁洁后来在日记中写道:“今天,我照老师教的方法在字典上去找我的名字,一下就找到了。我真高兴!我大叫一声,把爸爸吓了一跳,他拿在手里的报纸都掉在地上了。”

三、两个值得研究的问题

关于字母表有两个问题值得提出来供大家研究:

(一)大写字母的教学问题

大写字母是和小写字母同时教学呢,还是先教小写后教大写呢?根据去年我教的实验班来看,大小写字母同时教学,用一周时间,学生接受得很好。因为大小写完全相同的有9对,近似的有7对,合起来占了60%,重点教好那些完全不同的就行了。大写字母能够提前学有很多好处。没学大写字母,不便于出现完整的句子,也不便于出现专有名词(如北京、天安门、雷锋)。如果我们先暂时使用小写代替,将来再去纠正,由于先入为主,常常会事倍而功半。因此,即使不能大小写同时教学,大写字母的出现也不宜过晚。我认为,至迟不能晚于开学后一个月。1989年新编直读法教材第7课开始出现大写,第13课学完总结大小写字母对照表,这样处理还是适当的。

(二)字母名称问题

《汉语拼音方案》规定了26个字母的名称(a,b……)我们现在一律按此来教。有的同志认为,“呼读音”(bo,po,mo,fo……)的习惯势力太大,不如把字母表的名称改为a,b,o,ci,de……,这样可以两套合一套,两全其美。其实作为字母的名称来说,两种办法都无可无不可。不过,如果改称a,b,o,ci,de……要牵涉方案的改动,这件事不是那么容易办。因此,我们现在仍按a,b,o,ci,de……一来教,也许普及以后,就没有必要再改a,b,o,ci,de……了。不过,这是一个值得研究的问题。

直读法——汉语拼音教学的一种新方法①

尹斌庸　金惠淑　史定国

一、拼音教学的两大类型

拼音教学(包括拼音文字教学)可以分为两大类型:分析法和综合法。分析法的主要特点是,从零件教学入手,等到零件掌握之后,逐步"组装"成为整体。综合法与之相反,主要特点是,从整体教学入手,等到整体掌握之后,再对零件进行分析。这里所谓"零件"和"整体"是两个相对的概念。"零件"指音素和音素的结合体,"整体"指音节、词、词组、句子以至整篇文章。两者的界线在于:前者一般不表示语义,而后者表示一定的语义。

世界上绝大多数国家都使用拼音文字。拼音文字的传统教学方法是分析法,即先教学表示音素(或音素结合体)的字母,再由字母拼合成词,由词而句,直到整篇文章。这种方法沿用了很多年,几乎成了天经地义,很少有人表示怀疑。从语言结构的组合顺序来讲,分析法按照由简单到复杂的规律安排教学程序,似乎是合情合理的,无懈可击的。但是,从儿童对语言的习得过程来讲,分析法却暴露出它很大的缺点。

儿童学习语言,不论是中国的儿童还是外国的儿童,都是从整体的、有意义的语言单位入手,而绝对没有从不含任何意义的零件(如音素这样的语言单位)入手。以讲汉语的儿童为例,妈妈教孩子学话,总是教"mama"(妈妈)"cheche"(车车)这样整体的词或音节,而没有一个人会先教孩子学 m,a,ch,e 这些音素,然后再教孩子把它们拼合成为音节或词的。从语言单位来看,单位越大,越形象具体;单位分析得越小,越抽象空洞。词比音节形象,音节比音素形象。这是一条规律。儿童对语言的认知,是由形象逐渐走向抽象。分析法的教学程序恰好是由抽象走向形象,完全违反了儿童认知语言的心理过程,所以暴露出它很大的缺点。

欧美一些使用拼音文字的国家,凡是采用传统分析法教学的,几乎都有一小部分儿童产生所谓的"阅读障碍症"(dyslexia),引起社会和学者们的普遍关注,甚至成立专门的研究机构进行研究。在美国,大约有5%—10%的儿童有这种"阅读障碍症"。其中一个主要原因,就是分析法从抽象的字母入手,违反了儿童认知语言的心理过程。美国宾夕法尼亚大学心理学教授罗森(Paul Rozin)说:"字母文字需要初学阅读的人理解一个较为复杂和抽象的事实:语言中的一连串声音可以分解成为所谓'音素'这样的单位。有一小部分美国儿童,在学校的开头几年,弄不懂这个道理。对于这些儿童(约占儿童总数的不到1 000人),用一种不需要进行音素分析的文字作为'过渡'文字,也许更为有效。"(《文字改革》1984年第3期26页)罗森教授后来采用综合教学实验,从整体的汉字(但用英语读音)或者整体的英语单词入手,不做音素分析,效果很好,基本上克服了这一部分儿童的"阅读障碍症"。据我们的了解,

---

① 原文发表于《语言文字应用》1992年第4期。

欧美使用拼音文字的国家,在60年代或70年代以后,文字教学大都由分析法改为综合法,这似乎可以看成是拼音教学的一个发展趋势。

台湾的国民小学国语课本在一年级第一学期的开始,用10个星期的时间进行注音字母的教学。根据1975年“国民小学课程标准”(类似我们的教学大纲)的规定,注音字母的教学采用综合直接拼音法。对于采用综合直接拼音法,也曾在台湾教学界引起争论,有人赞成,有人怀疑。为了弄清这个问题,台湾的世界华文教育协进会国语组的会员,在台北县及台北市郊区选择了4所中下水平的小学校,共12个班,进行两种教学方法效果的对比实验。实验结果,采用综合法的班级学习成绩显著优于采用分析法的班级(有的平均分数甚至相差10分以上)。这些情况对于我们的拼音教学改革很有参考价值。

二、我国汉语拼音教学的发展过程

1958年《汉语拼音方案》公布以后,小学语文课本立即就采用了。当时汉语拼音在小学语文教学中主要是作为帮助识字和学习普通话的正音工具,对于学习的要求是很低的。另一方面,由于很多人对于汉语拼音的重要意义认识不足,曾几度产生“教”还是“不教”的争论,甚至差一点把汉语拼音从小学语文教学中“砍掉”。

在这种情况下,当然谈不上汉语拼音教学法的研究。为了争取大多数人能够教得下去,很自然地几乎照搬了注音字母的教学方法。连汉语拼音方案的体系也“削足适履”地尽量靠拢注音字母的体系。而注音字母的教学方法,由于受到早期西方拼音文字传统教学法的影响,几乎无一例外地采用了分析教学法。(注音字母的体系和传统分析法的教学方法,这大概就是汉语拼音教学前一阶段的基本情况。)

注音字母式的传统拼读法,不但有上述违反儿童认知语言的心理过程的缺点,而且对讲汉语的人来说还存在另一种特殊的困难。汉语普通话的声母都是纯粹的辅音,而纯粹的辅音在汉语中几乎不独立存在。即是说,声母不能独立,它总是伴随着韵母以音节的形式出现。因此,在教学中声母b,p,m,f只好念作bo,po,mo,fo,即所谓的呼读音,实际上就是声母的名称。没有受过语音学专门训练的大多数人,误认为声母就是bo,po,mo,fo,这种概念简直是根深蒂固。所谓声母与韵母的拼音,实际上是音节与韵母的拼音。这种“拼音”当然是十分困难的,例如:

bo+a无论怎样出不了ba(八);

bo+i不像是bi(比),反而十分像bei(杯);

bo+ie拼不出bie(别),只像boye(伯爷)。

声母与韵母中间梗塞着一个o,阻碍着“拼音”的顺利进行。后来在教学方法上作了一些改进,把bo念得轻短一些。但是这个o的影响仍然存在,使得b总带有一个圆唇的动作(即所谓辅音唇化),b+i仍然不像bi(比)而十分像bei(杯)。

像这样的“拼音”,儿童当然理解不了(参看前节罗森教授的那一段话),只好跟着教师念。“拼音”成了“背口诀”,成了一种死记硬背的、枯燥无味的“鹦鹉学舌”。一堂拼音课下来,教师和学生都弄得口干舌燥,疲惫不堪,无怪乎要说汉语拼音是一种很沉重的学习负担了。

问题还不仅如此。长时期的这种“呼必有三”的拼音,给学生养成了一种“见字必拼”的坏习惯(有人称为“拼读定势”)。看见一个拼音的句子,一路拼下去,结结巴巴,拼到后面忘了前面。一个句子读完了,还不知道句子说的什么意思。用传统拼读法教出来的学生,大多不能顺利地阅读拼音读物,把拼音学习看成是枯燥无味的事情,望而生厌。所谓“回生现象”,实际上开始就没有学好,本来就是一锅夹生饭。

三十多年来,我国的汉语拼音教学大多数地方效果是不理想的。如果说欧美国家有5%—10%的儿童在拼音文字上患有“阅读障碍症”,那么我国则有大多数的儿童在学习拼音上也患有“阅读障碍症”。“拼音教学难”、“拼音教学负担重”这两顶帽子长期摘不下来。遗憾的是,长期以来拼音教学指导部门没有弄清楚关键问题是教学法的改革,而一味在“砍内容”这个非关键的问题上去做文章。弄来弄去,“负担重”的帽子仍然老是摘不下来。

80年代初“注音识字、提前读写”实验开展以后,情况发生了变化。首先是汉语拼音的性质和作用发生了变化。它原来只是识字正音的拐棍,现在变成了辅助文字性质的工具。作为识字正音的拐棍来说,传统的拼读法还能勉勉强强地适应下去,因为“呼必有三”的拼读定势虽然不好,但拿来应付识字正音还不很碍事。现在拼音变成了辅助性文字工具,要求学生能够顺利地阅读拼音读物,“直呼音节”成了最起码的必要条件。在这种情况下,传统拼读法的缺点就充分暴露出来了,再不改革就适应不了新的要求。真是“逼上梁山”。可以说,“注音识字、提前读写”实验的开展,逼出来了一个“拼音教学改革”。

拼音教学改革的第一个成果是产生了“支架法”。“支架法”是在拼音技术上的改革。用“声母做支架”(语音学的术语叫“成阻”)去拼音,代替传统拼读法中用声母“呼读音”去硬拼,是一大进步。因为“支架”丢掉了呼读音所带的元音,使拼音能顺利地进行,也就更容易达到“直呼音节”的目的。但是,“支架法”也有困难的地方,就是有一部分声母发音部位看不见,也不容易说清楚。要说清楚必然要讲一些语音知识,这对六七岁的儿童是不很适宜的。另外,声母除了“支架”(发音部位)之外,还有发音方法,这也是很难一下子讲清楚的。

拼音教学改革的第二个成果是产生了“总—分—总”的教学方法。“总—分—总”是拼音教学程序上的改革。例如教音节 ba。先教给学生一个整体的音节 ba(总);掌握之后,再把这个音节分成声母 b 和韵母 a(分);最后再把声母 b 和韵母 a 拼合成音节 ba(总)。“总—分—总”的教学方法已经摆脱了传统的从零件到整体的分析法模式,向综合法迈进了一步,这是它的可取之处。但是,它紧接着就把零件拆开,声母 b 一旦孤立,就会“还原”成为呼读音 bo。到了最后“总”的时候,仍然变成了 b+a,又落到了传统拼读法的窠臼。所以“总—分—总”成了“半截子革命”。

1987年在杭州市上城区开始了汉语拼音直读法教学的实验。到现在为止,这项实验已经扩大到十几个省的若干实验点。

汉语拼音直读法教学是有别于传统拼读法教学的一种新的比较科学的教学方法。它有自己的教学原则、教学方法和具体的操作程序。从我国拼音教学的实际情况出发,并且吸收其他几种拼音教学改革成果的经验,直读法教学不断得到改进和完善,现在已经基本上接近成熟的阶段。直读法教学在发展过程中不但形成了自己特有的教学原则、教学方法和操作程序,同时也有自己的教材体系。直读法教学可以和“注音识字、提前读写”实验相配合,也可以和其他小学语文教学相配合。另外,几年来也培养出相当一批熟练掌握这种教学方法的教研员和教师队伍,为进一步推广这种新的教学方法准备了人才力量。

下面对直读法教学的教学原则、教学方法和操作程序以及各地的实验情况、教学经验、存在问题等作一个比较具体的介绍。

三、直读法教学的原则

直读法教学的特点具体体现在它的三个教学原则上。

(一) 整体性原则

整体性原则就是说,直读法教学始终把音节放在教学的中心位置。

汉语拼音目前还不是独立的拼音文字,它只是一种辅助性的文字工具。所以它不可能像拼音文字那样,以“词”为中心来教学。汉语拼音以“音节”为中心是符合我们拼音教学的实际情况的,也是非常有利的。音节掌握了,上可以通“词”,下可以通“零件”(声母、韵母)。抓住了音节,就抓住了拼音教学的要害和关键。

直读法教学从音节教学入手,而不是从零件(特别是声母)教学入手,这是直读法教学不同于拼读法教学的一大特点。音节有很多,从哪些音节入手呢?直读法教学从极少数“基础音节”入手,等到“基础音节”熟练掌握以后,采用“替换类推”的方法学会其余的所有音节。从音节类推音节,这是直读法教学不同于拼读法教学的另一特点。

直读法教学贯彻以音节为中心的整体性原则,绝不等于教学生死记硬背音节。直读法教学同样重视零件(声韵母)的教学。直读法也要教学声母和韵母,但是它和拼读法的教法大不相同。拼读法是在孤立情况下教学零件,而直读法是在整体(音节)中分析零件。

以声母教学为例。直读法先教学生掌握“基础音节”,在熟练掌握基础音节的前提下,逐步引导学生体会并掌握声母的“发音动作”(“发音动作”是发音部位和发音方法的通俗说法)。比如先教学生掌握基础音节 bo。等到 bo 已经熟练掌握了,可以通过 o—bo 的对比,使学生体会出 bo 前面的 b 的发音动作是“先把嘴闭起来再突然张开”。这样,学生就掌握了声母 b 的本音。在整体(音节)中分析零件(特别是声母),而不把零件先孤立地进行教学,这也是整体性原则的体现,同时也是直读法教学不同于拼读法教学的特点。

(二) 规律性原则

规律性原则就是说,直读法教学充分利用汉语音节结构的规律性,从少数基础音节出发,运用替换类推的方法,举一反三地学会其他所有的音节。

直读法教学把音节一律划分为声母和韵母两个部分,使音节的结构规律化,同时符合汉语拼音方案的精神。(韵母单独作音节的情况,可以解释为零声母,但这一术语不必给学生讲)因此直读法教学取消了“介音”的说法,也没有什么“声介合母”、“三拼连读”这些复杂的东西。总之,音节结构简单化、规律化了,为替换类推创造了有利的条件。

直读法教学采用 35 个韵母,和汉语拼音方案相一致。现行小学语文汉语拼音只教 24 个韵母,而直读法教材把其余 11 个韵母(is, iao, ian, iang, iong, ua, uo, uai, uan, uang, üan)恢复了。这 11 个韵母只需采用连读方法就很容易学会,几年来的实验证明,并不增加学生什么“负担”。但在另一方面却使音节结构简单化、规律化,带来了好处。为了和现行小学语文汉语拼音相配合,1992 年新教材把大纲规定的 24 个韵母作为重点来教学,而其余 11 个韵母则作为非重点来教学。这样处理可以兼顾两个方面。

因为直读法教学采用“替换类推”的方法而不采用“拼合”的方法来教学音节,所以没有必要再搞什么“整体认读”音节。“整体认读”是没有办法“拼”而只好叫学生囫囵吞枣似的死记硬背的音节。直读法教学的所有音节都是可以分析的(一分为二),因而都是可以通过理解来记忆的。例如:

zhi　声母是 zh,韵母是 i;
yi　声母是 y,韵母是 i;
yin　声母是 y,韵母是 in;
yang 声母是 y,韵母是 iang;
wu 声母是 w,韵母是 u;
yu 声母是 y 韵母是 u(两点省略);
yue 声母是 y,韵母是 ue(两点省略);
yuan 声母是 y,韵母是 uan(两点省略);
yun 声母是 y,韵母是 un(两点省略)。

唯一比较难于处理的是音节 ye(因为 e 是变读)。可以采用这个办法:把 ie 中的韵母 i 替换成声母 y,于是 ye 也可以分析为声母和韵母的结构了。

直读法教学贯彻规律性的原则,采用替换类推的方法学习新的音节,把汉语拼音教学变成了一个“举一反三”的启发式教学过程,改变了过去以“注入式”为主的传统教学法。根据几年来的经验,学生学了 1/3 甚至 1/4 的音节,其余的音节,只要会了韵母,都能类推出来。这样,不但学得生动活泼,而且培养了学生类推的逻辑能力,开发了学生的智力。

(三)趣味性原则。

趣味性原则就是说,直读法教学应该尽早让儿童进入语言环境,充分利用汉语拼音这个有力工具发展儿童的语言能力。

传统拼读法教学因为难于迈过“拼音”关,整天陷在“b-a、ba”这种枯燥无味的拼音技能的训练里,所以很难尽早地进入阅读和写作这块快乐的天地,对于发展儿童的语言能力十分不利。

直读法教学比较顺利地解决了音节教学这一关键性的问题,能够使儿童尽早进入阅读和写作的广阔天地,为发展儿童的语言能力创造了极为有利的条件。儿童学习拼音不再感到枯燥乏味,而是兴趣盎然。所以,直读法教学特别强调趣味性的原则。

有人认为只有学会了汉字,才能谈得上阅读和写作,这是一种偏见。汉字能够发展儿童语言,汉语拼音同样能够发展儿童语言,一点也不比汉字差。例如直读法教学课本上有一个拼音词 pubu(瀑布)。有的儿童以前不知道这个名词,有的儿童可能在电视上遇到过这个词,总之都不知道它的汉字写法。现在通过拼音学习了这个词,知道了什么是 pubu,这不就是丰富了自己的词汇,从而发展了自己的语言能力吗?

直读法教材上还安排了一定数量的句子、儿歌、短文等,这些都是为了使儿童尽早进入阅读的广阔天地。儿童学了拼音也可以动手用拼音来写话、写日记,这个方面教师可以不提要求,但是也决不要去禁止。在阅读和写作方面充分发挥汉语拼音的“多功能”作用,其结果也就很自然地发展了儿童的语言能力。同时也培养了儿童喜爱汉语拼音的感情,使拼音学习生动活泼。

要注意防止另外一种倾向，就是在汉语拼音学习这一阶段里，在课堂上离开学习的内容而单纯地去“发展儿童语言能力”。应该把汉语拼音学习和发展语言能力有机地结合起来，在发展语言能力的同时又巩固了汉语拼音学习的内容，这样才算是成功的范例。希望实验教师们在这方面要多动脑筋，多下工夫。

最后还要补充一句重要的话：直读法教学的三个教学原则，即整体性原则、规律性原则和趣味性原则三者是密切结合的，而不是相互孤立的，贯穿在它的教学法和操作程序之中。

四、直读法教学的教学方法和操作程序

汉语拼音直读法教学经过五年的探索实验，形成了独具特色的教学方法和教学程序。我们根据蹲点实践研究的认识，综合各地的教学经验，就直读法教学的教学方法和教学操作程序试作论述如下。

（一）直读法教学的教学方法

汉语拼音直读法教学最主要、最具特点的教学方法是“对比类推”的方法。

“对比”是认识事物的一种有效方法。“对比”方法主要运用于三个方面：基础音节教学、对比类推音节教学和复合韵母教学。基础音节教学时，先教会学生与声母呼读音相一致的音节，然后通过这些音节和韵母的对比，引导学生体会掌握声母的“发音动作”。例如教学音节 bo。先教学 bo 的读音，待学生非常熟练地掌握音节读音以后，再进行音节 bo 和韵母 o 的对比。通过对比使学生体会出韵母 o 发音时嘴巴始终是张开的，而音节 bo 的发音先是把嘴巴闭上再突然张开。这样，通过对比分析，学生就掌握了声母的发音动作。

在对比类推音节教学阶段，运用对比的方法拿基础音节与其他音节进行多方面的对比，进而揭示音节成音规律。例如音节 bo 和 ba 对比。首先把这两个音节和它们的声母做比较，学生知道了音节 bo，ba 的声母相同，发音时都要把嘴巴闭上再打开。再比较韵母和音节，o-bo 对比，a-ba 对比，学生体会出这两个音节的不同之处在于韵母部分，bo 的发音要有 o 的音，ba 的发音则要有 a 的音。最后再对比音节 bo-ba，综合体会两个音节的异同点，体会音节成音规律。

进行复合韵母的教学时，先教会学生复合韵母的读音，然后通过单韵母和复合韵母的对比分析，引导学生理解复合韵母的成音过程。如单韵母 a 和复韵母 ai 作对比，比较发音动作的不同。学生体会到 a 的发音动作，嘴巴张开不动；ai 的发音嘴巴先是张开再变得扁平，a 和 i 的音连着发出来。

“类推”方法又叫“替换类推”方法，运用于从基础音节学会其他音节的教学过程中。当音节与音节进行各种对比以后，学生知道了音节 bo 的读音，如果保持声母 b 的发音动作，把韵母部分 o 替换成 a，就成了音节 ba。运用同样的原理把 bo 的韵母替换成 u，就成了 bu；替换成 i，就是 bi；替换成 ai，就是 bai；等等。以此类推，de 的韵母 e 分别替换成 a、u、i，就成了 di、du、di，等等。这种替换韵母的方法称为“换韵类推”。同样的还有“换声类推”，即韵母不变，声母加以替换。如 ba，可以替换声母类推出 pa ma fa da ta na la……换韵类推，声母的发音动作相同，便于反复体会声母的发音部位和发音方法。换声类推，韵母的发音相同，读起来押韵上口，类推比较容易。因此，教学过程中，交替适用两种替换类推方法，使替换类推的优势充分发挥出来。掌握了“替换类推”的规律以后，就不需要一个一个音节

进行直呼训练，只要通过替换声母、韵母就能类推读出成串的音节。

学生形成对比类推音节的能力以后，在这个基础上进一步提高，就可以形成直读音节的能力。音节对比类推能力可以理解为：学生能读出一组有序的音节（按照声母或韵母的序列），或者依靠基础音节类推读出相应的音节（构成音节的声、韵零件已掌握）。直读音节能力理解为：学生能直读出无序的音节（即所谓音节能"搬家"）。对比类推音节能力发展得比较强了，并了解了音节的成音规律，自然会开始向直读音节能力发展。因此，直读法教学经过两组音节的对比以后，应该适时讲明音节成音的原理，以利于学生直读音节能力的迅速形成。

"对比类推"学习声母和音节的出发点是基础音节。与声母相对应，基础音节定为 23 个，即 bo po mo fo de te ne le ge ke he ji qi xi zi ci si zhi chi shi ri yi wu。这些音节的读音也就是所谓的"呼读音"，这一选择是为了适应社会习惯。从语音的发音原理来看，这些音节的韵母是声母的发音部位稍一放松、声带振动自然发出的，所以具有便于揭示音节成音规律，便于教学声母的优点。

根据以上所说的"对比类推"的教学方法，结合近年来各地直读法教学的实践经验，为了实验教师便于掌握运用，我们把直读法教学的全过程归纳为四阶段操作程序。以下就这个操作程序作一介绍。

（二）直读法教学的操作程序

第一阶段：单韵母及声调教学。

教学目的：学习单韵母的读音和四个声调。为进入音节教学做准备。

学习六个单韵母 ɑ，o，e，i，u，ü。认识声调符号，认读带调单韵母。学写单韵母。（教学过程略）

第二阶段：基础音节教学。

教学目的：① 了解音节结构，知道音节是由声母和韵母两部分组成；② 体会、掌握基础音节前面的部分——声母的发音动作。

教学过程以教学音节 bo 为例。

出示图片，引出音节 bo 的读音。老师准确地示范读音节三遍。

出示规范地书写在四线三格里的音节。声母和韵母分别用不同颜色标示出来。说明这是音节。老师领读几遍音节，请学生个别模仿读音，检查音节读音掌握情况。用同样的办法认读音节 po，mo，fo。然后通过老师领读、学生齐读、个别读、打乱顺序认读，再运用游戏的方式等，帮助学生读准、记住新教的基础音节。

采用对比方法从基础音节中分析声母的发音动作。请学生观察并回答音节的哪一部分学过，哪一部分没有学过。老师在学生回答的基础上引出声母概念，说明音节是由声母和韵母两部分组成的。

在音节的上面，与单韵母相对的位置上出示相同的单韵母。例如：o bo

老师领着对读两遍单韵母和音节，然后提示学生注意体会单韵母的读音和音节的读音有什么不同。学生一起对读单韵母和音节，再自读体会，然后回答问题。学生能够体会到单韵母与音节读音上的区别。学生回答：单韵母 o 的读音嘴巴始终是打开的，音节 bo 的发音开始要把嘴巴闭上再打开。老师说明这个双唇先闭后开的动作就是声母的发音动作。

出示声母，教学声母发音。先让学生自我体会，做双唇闭开的动作，尽量不要把后面韵母的音发出来。然后老师示范声母发音，不送气的清辅音可略微带出一点韵母的音，以便能够听到，并说明声母要读得轻短。

音节与声母对读，进一步体会声母的发音动作。检查学生掌握声母情况。

用同样方法启发学生掌握 po，mo，fo 及其声母的发音动作。

练习带调的基础音节 bo，po，mo，fo，按四声顺序读，再打乱顺序读。同时结合进行带调音节的组词练习。

读词语、短句、儿歌，进行阅读训练。指导书写。(教学过程略)

第三阶段：对比类推音节教学。

教学目的：① 培养换韵类推直读音节的能力；② 了解声、韵组合成音节的原理。

教学过程以类推音节 ba，bu，bi 为例。

出示基础音节 bo，齐读两遍。基础音节与声母对读两遍。在基础音节下面出示新授音节 ba。请学生观察 bo 和 ba 哪儿相同，哪儿不同。学生回答：声母部分相同，韵母部分不同。提这个问题的目的是要学生注意区分两个音节书写上的异同点。

教学 ba 的读音。老师示范两遍，然后领读、齐读。检查学生音节读音掌握情况。

多方面对比，体会换韵直读规律。“对比”方法通过对读的方式体现。对读分三个层次进行：

① 音节与声母对读，体会两个音节发音上的共同点。

bo-b 对读；ba-b 对读。对比出两个音节的声母发音动作相同。

② 单韵母与音节对读，体会两个音节发音上的不同点。

o-bo 对读；a-ba 对读。对比出两个音节的韵母发音不同。

③ 音节与音节对读，体会声、韵组合成音节的过程。

bo-ba 对读。

通过上述对比后，老师总结：这两个音节声母的发音动作相同；在声母发音动作不变的情况下，连发 o 的音就是 bo，连发 a 的音就是 bao(下一次新授音节对比后，请学生自己总结规律)。

出示音节 bu，bi。学生自我体会，试读类推，然后老师引导类推。老师读韵母，学生对读音节。对读顺序是：o-bo，a-ba，u-bu，i-bi。然后再对读音节，老师读基础音节，学生对读类推音节。类推音节顺读，再打乱顺序读(类推也可以按照替换声母进行，如：类推出 pa，ma，fa)。

训练、阅读、书写指导。(教学过程略)

对比类推音节教学阶段主要在单韵母音节范围内进行。下一阶段一般从复韵母音节开始。

第四阶段：直读音节教学。

教学目的：① 学习复韵母及鼻韵母等；② 巩固、提高音节直读能力。

教学过程以直读有复韵母 ai 的音节为例。

出图，通过图示引出复韵母 ai。出示规范地书写在四线三格里的复韵母。讲明复韵母是由多个字母组成，ai 就是 a 和 i 两个字母组成的。领读、齐读复韵母。检查学生读音掌握情况。

分析复韵母读音。学生对读单韵母和复韵母，a-ai 对读。然后老师提问：这两个韵母读音的时候，嘴巴的动作有什么不同？学生回答：读单韵母 a 嘴巴张开不动，读复韵母 ai 嘴巴要活动，嘴巴先是张开再变得扁平。老师领着学生缓读复韵母 ai，体会成音过程。在对读和缓读的基础上，老师总结：读复韵母 ai 的时候，把 a 和 i 的音连着读出来，就成了 ai（下一次对比分析复韵母以后，请学生总结读音规律）。

对比分析复韵母的目的是，使学生了解复韵母的成音过程，掌握音素连读方法，为教学带介音的复韵母做准备。在直读音节教学开始阶段，复韵母的对比分析可以比较详细，随着学生逐步掌握规律，分析过程也可以随之简化。带介音的复韵母放手让学生自己去读，只要把介音和后面的韵母连读出来就成了。

读带调复韵母。穿插进行带调复韵母组词练习。

出示声母与新授复韵母组合的音节，请学生自读几遍，然后按音节顺序齐读两遍，再打乱顺序齐读音节。请个别学生打乱音节顺序读音节（方法可多样，力求有趣味性）。

训练、阅读、书写指导。（教学过程略）

教学是动态的过程，随时可根据需要作机动灵活的处理。按上述操作程序进行教学时，应视具体情况及时调整教学方式，做到有的放矢。为此，提出如下教学建议，供大家参考。

（1）通过基础音节教学建立起声母的框架。类推音节和直读音节的教学能否顺畅地进行，关键在于声母的发音动作掌握得如何。因此，应训练学生声母一见即识，大脑反射到口腔摆好发音姿势。声母的巩固复习采用基础音节与声母对读的办法。

（2）上述基础音节的教学程序在教完 bo po mo fo，de te ne le，ge ke he 音节教学以后，从音节 ji qi xi 开始，对比分析的过程可以稍作简化，即直接从基础音节中分析出声母，并把基础音节与声母作对比。教学实践表明，bpmf，dtnl 这两组声母教学以后，大部分学生已经掌握了对比分析声母的方法，具备了从基础音节中分析出声母本音的能力，因此教学过程可以简化。

（3）对比类推学习音节注重揭示规律，只要抓住一组音节开头的音节对比分析透彻，学生便能触类旁通，自己推出其他音节。这一方法可称为“典型引路”。重点对比分析的音节组是 bo-ba de-da ge-ga ji-ju zi-za zhi-zha。这些音节处在声母发音部位相同或相似的一组音节的开头位置，因此，打头音节的声母发音部位找准了，其后的一组音节就容易类推出来。“典型引路”的方法调动了学生主动学习的积极性，可以收到举一反三的效果。

（4）对比类推学习由单韵母构成的音节教学阶段，学生能力的形成、发展、变化很快，教师应注意观察，随时根据变化了的情况及时调整教学。可以由最初的多元对比、引导类推，过渡到稍作引导类推，以至彻底放手让学生自己去类推音节。这个过程体现为：扶一半扶半放一放。直读音节的训练根据学生能力的发展情况，可以提前到类推音节的后期就开始。

考查学生能力形成情况，可以通过“类推音节超前测查”方法进行考察。测查从类推完第一组音节开始进行。测查对象可以是全班所有学生，也可以是分别代表不同层次的部分学生，还可以是学习中下的学生。测查方法是，请学生读还没有学过的音节，如类推学完 bpmf 和单韵母组成的音节以后，拿来部分还没有学过的音节 da du di 或 da to na la 等，请学生读。开始让学生按照音节的顺序直接读音节，如果能够顺读出音节，就可以打乱音节顺序再读，结果还能直接读出音节的学生，可以确认他们具备了直读音节的能力。直读音节能力还没有形成的学生，可以让他们再试着对读基础音节和测试音节，如果通过对比类推读出还没有学过的音节,可以确定这些学生具备了类推音节的能力。但是,通过测查还会发现,少数学生类推音节的能力也还没有具备,还不能通过与基础音节对读念出类推音节。对这些学生,教师应在课堂上适当地多提问,多给予一些练习的机会。通过上述的考察可以了解学生能力形成发展的状况,针对不同的学生施以不同的训练。

(5) 直读法教学的音节组合模式为"声母—韵母",即23个声母(包括y、w)与35韵母相互组合成为音节。随着复韵母教学阶段的开始,能否直读出音节的矛盾逐步转移到了韵母部分,只有韵母零件辨析得清楚,发音准确,音节才能顺畅而正确地读出来。因此,逐步建立起韵母的框架同样是十分必要的。

为了替换类推的规律化,直读法教学把介音包含在韵母之中,作为一个"零件"再与声母组合成为音节。这样,保持了音节结构规律性,音节都可以分析为声母、韵母两部分。例如带介音的音节分析如下:

jia 分为 j-ia;　　gua 分为 g-ua;
biao 分为 b-iao;zhuai 分为 zh-uai
dian 分为 d-ian;kuang 分为 k-uang;
jiong 分为 j-ong;juan 分为 uan(省略 ü 上两点)。

直读法教学把11个带介音的韵母作为非重点韵母处理。所谓非重点韵母,就是说,教学采用介音和后面的韵母连读的方法,让学生自己读出来,而不必一个一个对比分析。

(6) 汉语拼音教学除了完成新课以外,很重要的一点是训练、阅读要跟上。通过训练达到巩固、复习的作用。例如老师读一个音节,请学生找出声母和韵母的卡片摆成音节。这样,即训练了学生的听音能力,又有助于加深理解音节成音规律,还巩固了声母、韵母、音节。但是,训练的量要掌握得当,量少了复习、巩固不够,量大了容易引起疲劳,同样达不到最佳效果。例如认读音节卡片,根据课堂教学效果来看,一次连续认读的词语卡片15—20个为宜,少了训练量不够,多了学生会产生厌烦情绪。一种训练的内容最好用不同的方法进行。

汉语拼音直读法教材由于篇幅有限,词语、儿歌的编排量还是不够的,因此需要老师补充阅读材料,从拼音教学一开始就培养学生的阅读能力。学生一旦对拼音阅读产生兴趣,就能够提前读写了。

五、直读法教学实验的回顾和展望

(一) 直读法教学实验发展概况

1. 起步试点阶段

1987年,第一轮实验首先在杭州市上城区高银巷小学试点进行。这是该区的一所普通小学,执教的是一位有较丰富拼读法教学经验的老教师。教学按照拟定的"实验纲要"进行(第一轮实验没有教材,只有一个简单的"实验纲要")。全部内容分为字母表和声调、韵母、音节直读,综合练习四个单元。整个教学采取了从零声母音节向有声母音节过渡的程序,其过程可以表示为"字母—零声母音节—有声母音节"。教学中尽可能排除其他非实验因素的影响。教学法采取所谓"横排类推"(换韵不换声)的方法。

实验结束,取得了出乎意料的成绩。音节教学进行到大约三分之一内容的时候,多数学生在老师指导下，可以举一反三，不经拼读，自己类推读出同组其他音节以及含有这些音节的与学生生活接近的词语。经过六周半的教学，有95%的学生能顺利进行直读，在读单音节词、双音节词、拼音句子、拼音短文的各项测查中，其速度和正确率均优于其他非实验班。实验效果明显，初步证明了直读法教学的可行性。实验引起了当地有关教学部门和其他地区同行的关注。

2. 探索研究阶段

选点实验的成功并不能肯定实验是否有广泛的适应性。为了巩固实验的初步成果，进一步论证直读法教学的可行性，提高其适应性，从第二轮实验(1988年秋季)开始，我们适当扩大了实验范围，实验规模从一个教学班增加到几十个教学班。实验点主要分布在浙江、河南、四川、广西等省区。同时开始进行实验教材的编写工作。教材体系在第一阶段"实验纲要"的基础上作了改进。教学程序为，在字母表教学之后，即转入有声母音节的教学，其过程可以表示为"字母表—单韵母音节—复鼻韵母音节—有介音韵母音节"。

在教学程序和教学方法方面，第一、二两个阶段的共同点是，以字母教学为基础，把字母教学作为教学的基础和出发点，把音节作为教学的中心和落脚点，韵母从简单到复杂，贯穿学全过程。

在第二阶段实验过程中，还对直读法教学的理论基础等问题进行了初步的探索和研究。

3. 深入提高阶段

从1990年开始，直读法教学实验成为国家语委语用所汉语拼音研究室和中央教科所教学法研究室的合作研究项目。在前几轮实验的基础上，逐步进入深入研究和提高完善的阶段。这一阶段有如下一些特点：

以音节为中心的整体教学原则进一步突出。这一阶段开始使用了"基础音节"这个新的概念，确定了与23个声母相对应的基础音节作为换韵类推的出发点。即按照汉语音节的声韵组合规律，更换基础音节的韵母，类推掌握新的音节。其教学模式可以概括为"音节—音节"。教学模式的改变，使得直读方法更加具体化，更便于操作，这不能不说是一个进步。

实验中遇到的一些问题较好地得到了解决(详后)。

教材教法朝多样化发展。这一阶段，教材体系已基本定型，趋于稳定。同时，在以音节为中心的指导原则下，部分地区结合各自不同情况，对教材作了调整或自编了教材，教法也更灵活多样。如杭州市教材以开口度大、发音响亮的 ba，pa，ma，fa……作基础音节。广西扶绥县增加部分零声母音节作基础音节。杭州市实验汉语拼音直读法教学、识字、说话同时起步。重庆市把 yi，wu，yu 三个音节提前放在第一单元与单韵母 i，u，对比学习。重庆、新乡等地把23个基础音节按照声母发音部位分组教学，边教学基础音节，边类推学习其他单韵母音节，边巩固换韵方法。成都市锦江区、乌鲁木齐市把直读法教学引入九年制义务教育教材。这些情况表明，直读法教学正在朝着灵活多样、各具特色的方向健康发展。

在提高教学质量的同时，注意了减轻负担，愉快教学。本阶段特别强调了直读能力的培养，对有关的汉语拼音知识，采取分散渗透的方法，不过分提出超越教学大纲的要求。

汉语拼音直读法教学大体经历了以上从起步到逐渐走向成熟的三个发展阶段。纵观其发展，实验经历了认识由浅入深，方法由难到易，教材由繁到简的过程。几年来，直读法教学实验总的发展趋势是，音节为中心的特点更加突出，直读方法的可操作性逐渐加强，坡度逐渐放缓，难点逐渐分散，借鉴吸收其他教材教法之长逐渐得到体现。也正是因为如此，实验规模才越来越大,效果也越来越好。

(二) 直读法教学实验取得了较显著的成效

汉语拼音直读法教学实验从1987年开始,至今已发展到20余个省市,初步统计约有800个班,30 000余名学生,在教学上取得了较为显著的效果。下面仅举数例作一简要介绍。

四川省彭水苗族土家族自治县是一个老、少、边、穷的特困县,经济文化发展十分落后。汉语拼音教学多年来一直是该地区困扰着语文教学整体改革的一个待研究解决的问题。该县1990年秋季开始进行第一轮直读法教学实验。取得初步成效后,1991年又将实验扩大到乡一级中心校和部分村小。一般经过近七周的学习,学生基本能做到直读拼音短文,并用纯拼音写约200字的片段或短文。县教研室的同志认为,这是其他拼音教学法所做不到的。下面从该县农村直读法教学实验班与城镇普通班对比测查成绩中,选出几项列表如下,便可见一斑。

		实验班	普通班
读词	每人读词数	24	24
	准确率	100	82.5
	平均时间	1′25″	3′18″
读句子	每人读句数	3	3
	准确率	100	97.2
	平均时间	58″	2′38″
读短文	短文平均音节数	168	168
	准确率	99.3	不能拼读2人,最好1人
	平均时间	5′37″	9′5″

(上表所列读词、句子、短文,均为拼音的)

仅从以上三项对比成绩可看出,直读法实验班同普通班的差距是明显的,汉语拼音教学结束时两个班学生拼音阅读能力已明显不同。

为了进一步检查实验的教学效果,1991年我们在拼音教学过程中对部分实验班作了一次跟踪测查,主要是对直读音节、换韵类推、阅读理解等方面能力的考查。下面仅就"换韵类推能力测查"一项作一简要介绍。

具体做法是,在单韵母音节教学结束以后,教给学生部分复韵母,但不教含有这些复韵母的音节,也不作任何指导,考查学生能否运用前面学过的类推单韵母音节的方法,进一步换韵类推读出含有复韵母的音节。

测查结果,成都市三个抽样班的平均成绩分别为82.2,95.0,96.0,说明多数学生在单韵母音节教学之后,对类推方法已基本掌握,直读能力已初步形成。

与上述测查目的相同,河北省石家庄市桥西区教研室在实验前期对两个实验班搞了两次超前测试,考查类推能力形成情况。成绩见下表:

测试时机	测试内容	测试结果			
		学校	完全正确	部分正确	不会类推
教完 a 组，但 u 组尚未开始	直接音节 bu pu mu fu	菜市	27	19	3
		东里	36	10	3
单韵母音节类推完，复韵母音节尚未开始	① 先将 a-i 合成 ai ② 直读音节表中带 ai 的全部音节。	菜市	30	11	8
		东里	30	10	9

桥西区的测试结果，可以得出与成都市三个抽样班相同的结论。

以上两例对类推能力的考查是十分必要的，因为类推能力的形成不仅关系到学生的拼音阅读，而且对其掌握科学的学习方法和正确的思维方式，也将产生积极的影响。

汉语拼音直读法教学经过几年的实践，取得了可喜的成绩，对入学儿童读写提前起步起到了积极的促进作用，因而也受到了社会的好评。浙江省淳安县一位学生家长曾深有感触地说："过去学拼音，只能一个一个拼，使用起来很不方便。现在我的小孩学习了直读法就大不一样，读拼音读物像大人读汉字一样流利，不仅能读拼音小故事，而且还能用汉语拼音写日记、写信、写便条、写小作文，回想起我上小学一年级的时候是根本做不到的。"

（三）探索和展望

几年来，我们对实验中的一些问题不断进行探索和改进，使这些问题较好地得到了解决。主要有以下两个问题。

1. 声母教学问题

直读法教学从基础音节入手，把声母教学放在对基础音节的分析中进行，通过学习基础音节掌握声母。这种从整体中分析零件的方法对声母教学是否可行，效果如何，过去习惯于分析教法的同志，很多人曾表示怀疑。实践表明，这种先整体后分析，通过音节学习声母的方法不仅切实可行，而且有利于对音节内部结构和声母发音动作的理解掌握，有利于促进直读能力的形成。在这个方面，如何采取多种多样的、适合儿童特点的教学方式，使学生牢固掌握声母的发音动作，还有待于进一步的探索。由于声母教学方法的改进和逐渐完善，较好地处理了掌握拼音知识和培养拼音阅读技能的关系，使小语教学大纲中"通过语文基本功的训练把知识转化为技能"的要求在直读法教学中进一步得到体现。

2. 类推能力形成问题

类推能力的形成是培养直读音节能力和进入拼音阅读阶段的重要基础，它体现了从被动学习到主动学习的学习能力形成过程。经过几年的探索，现已初步形成了一套从"扶"到"半扶半放"，再到完全"放"的教学程序（详前）。但是，这个程序的每一个阶段，应安排在什么时候（所谓"火候"），"扶"与"放"怎样自然过渡，等等，有待于进一步探索。我们的教学目的正在于促使学生这种主动学习能力的尽早形成。教学中也注意到了学生接受能力的差异，对能力较差的学生，不搞揠苗助长式的"速成"教学，允许这部分学生慢一些，对他们多扶一扶，晚放一放，水到渠成，效果较好。

另外，我们还对直读法教学的适应性问题进行了探索。所谓"适应性"问题，就是"拼音"

这一教学阶段，与不同教学法体系的各种教材(如“注、提”实验教材、普通教材、集中识字教材等)的后续阶段如何紧密结合起来的问题。在这方面，几年来已经有了一些经验，今后需要继续进行探索和研究。

汉语拼音教学是小学语文教学的第一步，是语文教学整体改革的重要一环。直读法作为一种新的拼音教学方法，还有许多问题有待进一步探索和实践，我们将为此而努力。

直呼音节“八层次教学法”[①]

河南偃师县教育局教研室

1986 年在省语委的直接指导下，我们从低年级开始，进行了改进汉语拼音教学的实验。三年来，我们结合直呼音节教学的特点，总结出直呼音节“八层次教学法”，这对提高我县小学语文教学质量起到了积极作用。“八层次教学法”是：

一、宜观领路，引出音节

教学的直观性可以激发学生学习的积极性。根据直观性原则，每当学习新内容时，教师依据学习内容，首先出示实物或挂图、模型等，启发儿童说出所示实物的名称或图片的内容。然后教师用拼音的形式板书出来，唤起儿童学习的欲望。例如：教学“qi-qiu（气球）”一词，教师首先出示彩色气球（或图片），问：“这是什么？”因为儿童入学前已认识了许多事物，所以他们一见到事物（或照片）就会兴致盎然地纷纷举手回答，说：“这是气球！”然后教师板书出拼音词“qiqiu”，指出所要学习的新音节：“qiu”。

二、整体入手，直呼音节

板书拼音词后，教师要先读两遍，使学生对所学拼音词有个表象认识，然后引导学生进行直呼练习。这一层的教学，要以拼音词为中心，从词中分出音节，进行教学。这是因为：① 以音节为中心进行汉语拼音教学，适合汉语语音结构特点。学生掌握了 400 多个音节，就为今后大量阅读拼音、注音文章打下了基础；② 小学生学习知识往往是“先入为主”。传统的拼音教学法，是先教单韵母，再教声母、复韵母、声调，然后学习拼法，逐步使学生形成拼读的模式。现在从整体入手，进行直呼训练，就容易使学生形成直接呼读音节的习惯，并对所学音节有一个整体的印象。

三、分析成分，理解音节

分析成分是让学生从音节里分析出声、韵、调来，逐个学习。分析音节的目的在于理解音节。理解音节的目的是为了帮助记忆。学生学习一个音节，不可能一下子就掌握了，只能在对所学音节有个初步表象认识之后，经过对构成音节的各个音素进行分析，进一步理解各个部分之间的关系，最后形成一个新的印象，达到在理解的基础上加深记忆。

分析成分时要先念准音节，然后从快到慢。例如：省编《直呼音节》课本第 3 课中“po shui（泼水）”的 po，教学时由快读 po（近于直呼），逐渐到慢读 p-o，p-o 使音节分为 p 和 o 两部分。接着学习 p 含介音的音节。可以用同样的方法把音节分为基本音节和后随韵母两部分，然后按教学内容进行教学。如 pi-ao，piao（瓢）。分析成分时不仅要求学生留心听，用心看，还可以

① 原文发表于《语文建设》1989 年第 5 期。

让学生"闭上眼睛想一想",让学生交替使用多种感官感知音节,理解音节的构成成分。

四、直呼定势,还原音节

学生掌握了音节的声韵调之后,接着进行音节定势练习,即在分析音节成分之后,反复进行音节和词的直呼练习,使学生养成直呼的定势。心理学告诉我们:定势是心理活动的一种准备状态。这种准备状态容易影响人对刺激情境以某种习惯的方式进行反应。这就告诉我们,定势练习能锻炼学生直呼的能力,养成直呼的习惯。同时,汉语拼音音节的直呼定势,可以促进同类或相似的音节的学习与迁移。比如"yuanquan(圆圈)"一词,前面已经学过qu,yu,an 等知识,当看到"yuanquan"这个拼音词时,他们会马上利用先行的学习经验将yu 和 an,qu 和 an 组成整体音节。定势过程中声调的处理一般是韵母直接带调,以增强直呼意念。

五、练习四声,巩固音节

"课堂上的最初巩固知识工作是一个重要环节。""因为巩固知识的过程就是加强记忆和发展记忆能力的过程",教学中为使学生在记忆上不断留下新知识的烙印,丰富学生的学习,加强对客观事物的认识,每学一个新音节,都要进行四声训练。通过训练使学生懂得每个音节由于声调的调值不同,读法就不同,所表示汉字的意义也不同。训练中,教师要指导学生按调值正确发音,把四声练准,为以后的正确阅读奠定基础。

进行巩固练习时,应注意:① 有些音节普通话里没有它的个别声调,不能盲目练习,以免造成学习错觉;② 最初巩固工作是在学生刚刚学习新知识之后进行的。这时学生往往学习兴趣不高,注意力不大集中,教师要根据学生的年龄特征进行变式练习。

六、选调组词,扩散知识

《教育心理学》中有这样一句话:教学必须以学生适当的发展为基础,而教学又有助于学生认知的一般发展。所谓适当的发展,就是说教学内容要联系学生实际,能为儿童所接受所领会,能激发出新的要求,在此基础上求发展。也就是说,教师在教学中,不要停留在教材的原来要求上,要在原有要求的基础上适当拓宽知识领域。儿童入学前,大脑中已积累了上千个词汇。四声练习之后,为使学生的音节学得更活,能将所学知识进行迁移,要紧密结合学生的学习生活实际,引导学生根据所学的不同声调的音节,进行组词练习。例如:"qiqiu"(气球)的 qiu,学生可以组成"要求、皮球"等词,qiu 可以组成"秋天、秋风、秋千"等词,这种组词练习,不仅对所学音节起到巩固作用,而且了解了所学音节的功能,使学生开阔了视野,扩大了知识领域。

七、练习说话,发展语言

苏联心理学家、教育家赞可夫认为:如果交给学生的东西使其智力活动负荷不足,就会导致智力的退化。基于这种思想,教学中既要根据量力性原则,尊重学生的实际,又要结合发展的要求,不完全限于这种实际。要比实际略多一点,形成"跳起来摘果子"的局面。也就是既要符合学生现有的智力发展水平,又能促进智力向高一级水平发展。传统的汉语拼音教学忽视语言训练,降低了语言训练的要求,致使儿童的说写能力得不到相应的发展。为了提高儿童的语言表达能力，为以后的阅读写作奠定基础，在组词的基础上，教师要善于引导学生用词说话。实际生活中我们可以看出，学龄儿童的口头语言已经相当丰富，思维能力已经有相当的水平，在这个时候对儿童进行语言训练，自然生动，符合儿童的认知规律。不过，儿童平时的说话只是无意识的，现在要求有意识地有条件地说话，刚一开始会有一定困难。但是，根据儿童的模仿性、好胜心强，又急于发展语言的特点，经老师的示范、激发、引导他们会用同一个词语说出许多不同的、完整的、生动的语句来。

八、练习书写，掌握写法

每教一个音节，不能只注意发音、组词、说话练习。另一个重要任务就是要让学生学会书写。学习书写不仅能使学生掌握写法，而且能加深对音节的记忆。教学生书写时，教师要在四线三格上认真示范，明确交代每个字母的书写规则。书写练习要严格要求，以培养学生认真、正确书写的习惯。随着教学时间的延伸，书写练习要由词到句，渗透分词连写的知识，为以后的写作打好基础。

"教必有法"，"教无定法"。"八层次教学法"仅仅是在教学实践中总结出来的汉语拼音课堂教学的一般程式。教学中不必拘泥于此，也不能平均使用力量，要根据教学情况，以发展语言、发展思维、开发智力为目标转移侧重点，灵活教学。

由于"八层次教学法"的应用，我县的汉语拼音教学质量明显提高。具体表现在以下几个方面：

第一，"八层次教学法"强化直呼训练，要求学生具备直呼能力，为以后的识字、阅读、写作奠定了基础。1988 年 10 月，也就是《直呼音节》教材学完后，我们用普通话常用音节对部分学校进行了测试。结果表明：34 个班的 1 151 名学生中，能正确流利地直呼音节的占 52.5%，能正确呼读的占 28.6%，直呼速度较慢的占 12.0%，不会直呼的占 6.9%。最高的每分钟直呼 77 个音节。

第二，改"拼读"为"直呼"，提高了教学效率。《直呼音节》教材讲完后，转入统习汉字，因此字的"音"、"义"不作为重点，重点放在"形"上。这样就大大加快了识字速度，过去两课时的识字任务，现在一个课时就完成了。

第三，由于学生掌握了直呼音节的本领，可以提前阅读。在阅读过程中，儿童利用汉语拼音能够无师自通地增识再现率高的汉字。统编教材第一册要求识字 282 个，期末对县实验小学的一个中等班进行了测查，结果人均识字 321 个，平均增识 39 个，最高的认识 475 个，增识 193 个。80%的学生超过了教材规定的识字量。1989 年 3 月 30 日，我们对蔡庄乡沟口头小学的一年级学生进行了识字量测查，结果是：人均识字 672 个，最高的识字 1 121 个，最少的识字 400 个，超过了统编教材规定的数量(按教材进度应识字 395 个)。

第四，说话、写作能力明显提高，为中年级的作文打下了良好的基础。由于儿童读了许多童话、寓言、故事以及科技等方面的拼音、注音读物，发展了语言，丰富了知识，开阔了眼界，口头语和书面语的表达能力提高很快。学生不仅能说、写一句完整生动的话，还能说写一段意思连贯的话，例如，1988 年 4 月份，省语委组织我省 15 个地市县教育局长到我县视察直呼音节教学情况，实地考察学生(二年级)时，一位代表无意中发现教室墙角的洒水壶，即让学生以"壶"为题，进行当场说话。几名学生都能说出连贯的一段话。最后一名学生还以"壶"为题，编了一首儿歌，赢得了全体代表的喝彩。

重新认识汉语拼音教学[①]

魏南江

一、关于汉语拼音教学的定位

1958年2月11日,第一次全国人民代表大会通过了汉语拼音方案。当年秋季,汉语拼音作为重要的教学内容,走进了小学语文课堂,屈指算来,已经整整43年了。43年来,汉语拼音教学跟随时代的风云,几番风雨,几经周折,取得了辉煌的成就,但也存在着明显的不足。到20世纪末,低年级汉语拼音教学内容偏难,学生负担较重的呼声日益升级。

《全日制九年义务教育语文课程标准》(以下简称《课程标准》)总结了43年汉语拼音教学的经验,以平和稳健的姿态,从尊重儿童的认知规律出发,将汉语拼音的功能定位在"帮助识字,学说普通话"上。也就是说,对小学生而言,汉语拼音仅仅是"识字,正音"的工具。当然,汉语拼音方案在其他领域还可以发挥更多更好的功用。

《课程标准》对汉语拼音的定位与1992年颁布的《小学语文教学大纲》(以下简称《1992年大纲》)中的"汉语拼音是帮助识字、阅读和学习普通话的有效工具"相比较,不再提"帮助阅读"了。这就简化了汉语拼音教学头绪,明显减轻了学生的负担。另外,汉语拼音教学内容在各年段的比重分配上,也有明显不同:《1992年大纲》把汉语拼音作为五大块之一(另有识字、写字、听话、说话、阅读、作文),贯穿在小学语文教学的各年段。而《课程标准》仅作为第一学段(1—2年级)"识字与写字"教学中的部分内容来设置,这样的安排与其功能定位是一脉相承的。"课程标准"的教学目标突出"三会",即会认、会读、会拼;《1992年大纲》的教学目标突出"五会",即会认、会读、会拼、会默、会背。

当然,《1992年大纲》是教师教学的依据,《课程标准》是学生学习后应达到的标准,两者有所区别。而笔者之所以要作上述的分析,无非是想进一步领会"课程标准"对汉语拼音教学功能定位的精神实质。因为,教学功能的定位既是教学的起点,也是教学的终点,它直接影响着教学要求的设计、教学内容的分布,更影响着教学方法、教学评价以及整个教学流程的规划,作为一线教师,必须有清醒的认识。

二、关于汉语拼音教材的编排

目前正在全国38个实验区分别使用的人民教育出版社、江苏教育出版社、北京师范大学出版社出版的三套实验教科书(分别简称"人教版"、"苏教版"、"北师大版"),为体现课程标准中有关汉语拼音的功能定位问题,与以往的教材编写相比,有两点根本性的突破。笔者想就此共性特征作些客观的介绍,不作主观的评析,也不涉及各教材的个性特征。这两点突破是:

---

① 原文发表于《小学语文教学》2002年第8期。

1. 拼音、识字双轨进行，两者互为补充

长期以来，小学语文教材一律采用开学集中学习汉语拼音，然后再学习汉字的方式来编排，这似乎已成为一种定律。但刚入学的儿童，要用几个星期的时间，整日为学拼音而学拼音，拼音学习的工具性不能得到及时的体现。为此，三套实验教科书的编者打破陈规，不约而同地选择了拼音、识字同时进行的方式来编排教材，这是汉语拼音教学史上的一次创新。

通过比较我们可以发现，三套实验教科书均是以拼音、识字双轨运行的编排来落实汉语拼音工具性问题的。但呈现的方式却有所差别：人教版、苏教版都是以拼音为主线，拼音识字为辅线安排教学的。不同的是，苏教版采用单元集中归类拼音识字的呈现方式，人教版则采用随文拼音识字的呈现方式。北师大版则另辟蹊径，力求采用识字带拼音、拼音带阅读识字的双向互动的呈现方式。

尽管三套教科书呈现的方式有所不同，但拼音、识字同时进行的创意，却能给今后的汉语拼音教学带来互为补充且相得益彰的勃勃生机，这是因为：

第一，拼音识字，让学生及早尝到了学拼音的成就感，而在识字的过程中又巩固了拼音的能力。

第二，拼音字母是抽象的语音符号，和儿童的心理图式确有一段距离，但揉进了汉字的学习，情况就大不一样了。汉字的部件大多具有物象，识别的信息模块与儿童思维模块容易匹配、连通，因而就能够激发儿童学习欲望。儿童一旦愿意多识字，那么，他们就必定愿意尽快掌握拼音这个工具

第三，语言文字是一个民族的活化石，它记载着一个民族的历史文化汉字，是世界上唯一经历了几千年的发展变化仍在使用的古老文字，它承载着中华五千多年的文明，生生不息，其旺盛的生命力为世人所惊叹。孩子们早点接触汉字，就早点接触了中华文化，也就早点进入了母语教育的内核。母语教育是一个人生存发展的根基。

2. 在言语实践中学拼音，在拼音练习中培养语文综合素养

儿童学习汉语拼音的过程，实际上是一个从言语实践中来，再回到言语实践中去的过程。例如，儿童学拼音前，虽不认识 a、i、b 等字母，但以这些字母标识的语音却在儿童口语中经常出现，如："阿姨、爸爸"中的"a、i、b"。因而教学拼音，就是把儿童熟悉的语音和与之相对应的不熟悉字母进行沟通，再组成有意识的语言单位，回到言语实践中去运用。这就是音素不离音节，音节不离词语，词语不离句子的"糖葫芦"串联教学法。这种教学法是语文教育工作者几十年共同实践的成果。

三套实验教科书的编者一方面继承了这一成果，另一方面又有所创新：他们在每组拼音后面均附上一个完整的语言片断（或小故事、或儿歌、或童谣、或古诗），以此用来进行拼音练习，培养拼音能力。其实，任何一种能力的培养，从一开始就不是单一的，而是多元的；任何一种教学内容的安排，也不是单一的，而应该是多元的。由于语言片断可以表达一个完整的生活意象，其中渗透着作者的情感、态度、价值观等因素。所以，诵读这些语言片断，不仅复习巩固了拼音，还起到了综合培养学生语文素养的作用。例如：

苏教版将同一组字母纳入一幅"情境图"中，并配上相应的"语境歌"如 b、p、m、f 一课的情境图便是：大家爬上山坡（po）去看大佛（fo）。这时一个小朋友想要上前摸（mo）大佛，爸爸告诉他："你听，大喇叭里正广播（bo）：大佛是文物，大家要爱护！"与之相配的语境歌是：爸爸带我爬山坡（p），爬上山坡看大佛（f），大喇叭里正广播（b），爱护大佛不要摸（m）。这样

将字母寓于一个小故事中进行教学,并辅以语境儿歌,既增加了学习的情趣,又锻炼了普通话口语表达能力,还渗透了爱护文物的教育。

人教版在学习 d、t、n、l 时,课本上出现这样一幅图:一匹枣红马(m_)驮着一袋大米(d_m_),奔驰在辽阔的土地(t_d_)上,小兔(t_)紧紧追赶,满头大汗地劝说枣红马不要踩坏了小草。图下还配上一首儿歌,供学生朗读:"小兔小兔轻轻跳,小狗小狗慢慢跑,要是踩疼了(le)小草,我就不跟你(n_)们好",这样既学了声母,又学了汉字,还在儿歌的诵读中,增强了环保的意识。

北师大版在集中学习 21 个声母后,让学生集中练读儿童《大家都说普通话》:"鸟有鸟的话,风有风的话,有的像唱歌,有的像吵架。说话不能猜谜语,大家都说普通话。"声母全用红颜色标注,学生一方面边看拼音边读出每个音节的声母,体验学好拼音对加快识字的好处;另一方面,学生诵读全诗,又明白了大家都要说普通话的道理,以及拼音对说普通话的作用。

三、关于汉语拼音教学的建议

中国的基础教育历来重视知识体系的构建,重视对知识的积累和灌输,从而培养学生对知识和权威的尊重。而发达国家的基础教育则重视培养学生运用知识的能力,重视对知识的拓展和创造,从而培养学生对知识和权威的质疑和批判。源于这样的背景,我国新一轮的基础教育改革,一个重要的任务就是要从重知识的构建而转为对知识的运用。为此,对汉语拼音教学提两点建议:

1. 删去烦琐的知识讲解,让学生多些模仿实践的机会

一年级学生的汉语拼音能力主要经历"模仿—强化—重复—形成"四个阶段。而有些教师却偏爱给孩子们讲音理、讲名词术语概念。例如,有的教师开学第一天,就带上发音器官模型,讲解发音的各个部位。殊不知孩子越听越糊涂,越听越不知如何开口动舌。于是挫伤了孩子学习积极性,产生厌学心理。于是,老师们着急,家长们也着急,请家教,买磁带,而学生则一直处于被动学习中。殊不知这样的恶性循环是教学之大敌。我们说,教师要精通音理,但不等于孩子也要懂音理。与其这样的费神劳力,还不如作个典型的示范,让孩子在模仿实践中尝到学习的成功和欢乐。

汉语拼音教学中牵扯的拼音规则特别多,例如 ü 和声母 j、q、x 相拼时,什么时候加点,什么时候去点,比较复杂。教师不需要在教学中细细解释,只要让学生记住 j、q、x 后的 ü 读音就行了,多去混读一些音节,多实践,学生自然就掌握拼音规则了。

2. 删减不必要的考试考核,让学生多些趣味性的游戏活动

笔者曾利用讲学之机,走过一些省份。发现好几个地区的孩子,形成了一个固定的拼读音节的唱读模式,如读 pa 和 zhi 一律读成:

声母 p 韵母 a,害怕的 p_。

整体认读音节 zhi,知识的 zh_。

问其原因,答案是为了完成考试的填空。试想,学生会填"p"是声母,"zhi"是整体认读音节,如果读不准,又不会拼,学汉语拼音又有什么用?这样的考试考核又有什么必要?

汉语拼音是口耳之学,学拼音就是要练口、练耳,反复历练,达到自如运用。这种练习不是蛮练,教师必须懂学生的学习心理。刚进校的儿童,其实还不知道什么是真正的学习,他们往往把学习、游戏混为一谈,即使在接受学习任务时,儿童也总想把这种任务变成游戏。

他们感兴趣的是学习活动的过程，而不是结果和目的。另外，他们正处于好动、注意力的持续时间相对短暂的特殊年龄。因而汉语拼音教学尽可能具有趣味性，宜以活动与游戏为主(课程标准)我们的教师在教学中创造了许多行之有效、行之有趣的游戏活动。诸如，“找朋友”：学生各自脖子上挂着一个字母，一边读一边自由拼成一个音节。“摘苹果”：拼音字母贴在一个个纸做的苹果上面，然后挂在道具的苹果树上，教师念某一字母，让学生去摘下来，听音、辨音能力就在游戏中形成了。“大转盘”：教师把声、韵母做成里外转盘，转到一处由学生马上拼出，然后当场发奖品鼓励。目前，随着多媒体现代教育技术的普及，老师们还可以和学生共同配合创造出更为丰富的游戏方式，以满足汉语拼音教学的需要。

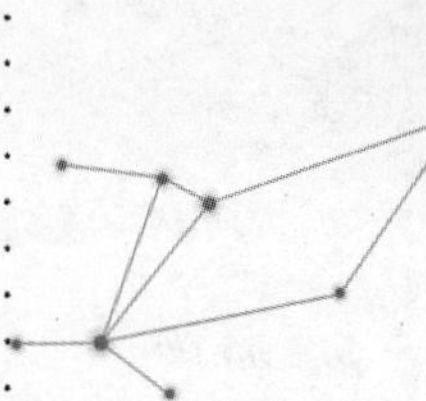

识字写字教学研究

汉字教学的原理与各类教学方法的科学运用①

王 宁

汉字是超越时空传递语言信息的符号系统，在一切信息载体中，它具有无可取代的作用。汉字是通过记录汉语来存储知识的工具，未经记录的知识无法多次多人使用、验证并加工，更无法进行创造性思维，那样，社会的进步就会迟缓。汉字是具有民族形式的、适合汉语的书写系统，它自身也是一种文化现象。汉字教育是一切教育的基石，使全民了解和正确使用汉字，是提高民族文化素养的奠基性工程。

在我国，汉字的初始教育(即零起点的识字教育)是在不同年龄段和不同的领域进行的，以年龄段为分类标准，可以分为小学识字和成人扫盲两类。以领域为分类标准，可以分为学校教育、社会教育和自我教育三类，不论如何分类，小学识字教学都是汉字教育的正常开端。

小学教育职业是极其光荣而艰苦的，它拥有一批十分敬业、富有奉献精神的教师群体，50年代开始的文化建设高潮，进一步激发了这个群体的创造性，各种教学方法不断产生，有些已经形成了不同的教学流派。到2000年"全国小学识字教学研讨会"召开前，有定称的教学方法已经有30多种，其中比较成熟的流派，都有相当长的创建历史，有自己的代表人物和教学实验基地；与此同时，适应不同的方法，各种教材和教具、参考书和工具书也相应产生。

但是，由于关于汉字宏观理论的研究未能及早介入汉字教学，作为表意文字的汉字所具有的规律未能引起识字教学领域的关注，随着教育工作的进展，在这识字教学领域，也产生了几个普遍的问题，有些地方似乎进入了误区。以下三方面的问题十分明显：

第一，盲目提前识字年龄。由于对文字与语言的关系缺乏科学的认识，对识字、写字与语言能力的提高之间的关系没有完全摆对，在一部分家长"望子成龙"过分渴望的激励下，社会上不断有人推行学前识字，竞相提前识字的年龄，有人甚至提出"文字训练先于语言"的主张，用"不会说话的婴儿也可以识字"来做广告办起了各种婴幼儿识字班，也就是说，在小学一年级识字教学开始的时候，教师面临的已经不是清一色的"零起点"学生了，而是接受了五花八门"婴幼儿识字"的孩子。小学识字教学实际上受到这些不规范的超前教育的干扰，面临着许多新的问题。

第二，单纯追求速度与数量。很多社会舆论对识字教学成绩的评价，往往用一年之内识多少字作为唯一标准；甚至有些正式的评估体系也把初期积累的速度和数量当成主要标准，给予不适当的强调。我们已经可以看见"一年识字三千五"的令人难以接受的虚妄宣传见诸报端。这种宣传使小学和幼儿园教师与儿童的压力都无形加重，而汉字教学的很多重要功能与应有的质量却无法保证。

第三，教学方法一元化。由于一些具体教学方法以"流派"的方式推出，各自强调某一特色，刻意求异，相互的吸收变得难以做到。在一些"流派"的内部，则各自推行自己的教材和

① 原文发表于《课程・教材・教法》2002年第10、11期。

实验点,以表演的形式推行一种教学模式,使一些地区和学校教学方法单一,教学程序固化,重模仿而不能因人、因地、因时制宜,无法发挥每个教师的创造性。

针对以上问题,汉字教学的普遍原理必须加以阐述。小学识字教学必须提到全民汉字教育的高度来认识,识字教学的目标不应当仅仅是把汉字当成记录语言的工具来提供读写,而且要在此同时,发挥它的培养思维能力和培养民族自尊心的更高功能。为了全面体现这些功能,小学识字教学不能只讲教法,不讲学理。下面就以下五个问题加以说明:

汉字第二性的特征及识字教学的滞后性。
汉字的性质和小学识字教学的困难所在。
汉字教学的阶段递进性及各阶段速度的变化。
几种主要识字教学的学理依据和识字教学方法的多元化。
识字教学科学学理的普遍性。

一、汉字第二性的特征及识字教学的滞后性

汉字是记录汉语的符号系统,因此,它必须依存于汉语,对语言来说,汉字符号是第二性的。

字形是汉字的本体,而音与义是它从语言那里承负来的。汉字必须以自己的字形关联了语音、语义才能称为"文字",才有价值。完整的识字过程,是把汉字的形体和词语的音义全面联系起来,也就是把口语词转化为书面语词的过程。严格地说,没有承负汉语语词的字不能算作"已识字"。近几年来有些人提出让零至六岁的婴幼儿认字。他们说的"婴幼儿"甚至包括不满一岁的婴儿。一些私人印制的广告说:"婴幼儿识字比学习说话、学会听人说话还容易","识字越早,越能激发婴幼儿的智慧",有一些私人运作的广告和宣传材料,把孩子凭借声音或颜色、图形的多次重复挑出指定汉字的字片来,叫做"识字"。他们还培养了一些这样的"范例",表演给家长看,吸引家长带婴幼儿来"识字"。其实,这是一种假象。儿童对汉字字形的感受比对音义的感受强,对音的感受又比对义的感受强。这是因为,汉字是方块字,简单的字形容易引起儿童的视觉联想。举一个简单的例子来说吧,"日"是一个构形很简单的字,看到这个字,会使儿童联想到窗户格、地板砖、双层抽屉、双层黑板等等……如果在这种联想的基础上,再加上实物、图形和经常重复的声音,是可以让儿童直接或间接把字形识别出来的。但如果不懂它的意义,只是认识形体,这不过是一种条件反射,跟认字完全不是一回事。孩子可以记住一个苹果,一块巧克力,因为苹果和巧克力与儿童的生活有关,凭借着儿童的经验,他会保留住这个记忆;如果一个没有意义的笔画组合与孩子的生活毫不相关,那么他就会很快忘记。对意义的感受必须在亲自体验之后,意义与语音的结合是思维的成果,是与生活经验和理解分不开的。不同年龄的孩子有他们的心理词典,必须是他们的经验所覆盖、懂得意义的词语才能进入心理词典,汉字必须关联了心理词典中的词,才是"已识字"。就字形而言,"日"似乎很简单;但是,"日"是一个在儿童心理词典中组词量极少的语素,在现代汉语里又不能单用,类似"星期日"这样的词,单独把"日"抽出来,它的意义和文化内涵相当复杂,难以被儿童理解,所以,婴幼儿真正把这个字和它记录的词联系起来便无由做到。汉字字形与音义的结合的识字教育绝不能超越儿童的语言能力,有形而没有与语音结合,有音形而不懂其为何义,这种纯粹的字形偶然过一过孩子的脑子,与他们看见一些不

理解的图形一样，不能叫“识字”。

基于以上原因，识字教育必须依赖于语言习得，识字教育的效果必然滞后于语言能力的培养，最多与语言习得同步，而无法超越语言能力。阅读能力是对书面语言把握的能力，培养这种能力不是汉字教学单独可以完成的，所以，识字教学一般应当与语文教育同时进行。写字比之识字，更有一定难度，不宜与识字同步进行，应当更滞后于识字。国家规定从小学一年级开始系统学习汉字。1996 年 6 月 1 日，教育部开始实施《幼儿园教育指导纲要（试行）》。其在“语言”一项里规定了关于幼儿语言教育的内容，其中涉及文字教育的有两条：“培养幼儿对生活中常见的简单标记和文字符号的兴趣”；“利用图书、绘画和其他多种方式，引发幼儿对书籍、阅读和书写的兴趣，培养前阅读和前书写技能”。这些规定进一步明确了识字教育的起点是小学阶段，幼儿园只是为小学识字教学做准备。这种准备分两个方面：一是心理上的，让孩子们建立对符号的兴趣，关注书写符号，逐步具有文字符号的意识；二是技能上的，“前阅读和前书写技能”应当指的是习惯书本上文字的横排、分行规则，懂得页码和翻页，学会利用图画了解意义，了解拿笔的手势和书写的姿势等。伴随着“前阅读和前书写”的技能训练，5—6 岁的儿童也会多少认一些字和写一些字，但这是少量的，也不是学前教育的目标。

盲目提前识字年龄，不但无效，而且有害。认字超越了应有的语言能力发展，由于自发的联想，会把汉字的字形，与那些和语言无关的形象联系在一起。在孩子头脑里，与字形的关联物是随意选取的，因此，每次的联想都可能变化，加之这些字形没有与语言结合，没有使用的价值，那些假象是维持不了多久的。如果允许一些出于商业目的的人在社会上胡乱办什么“婴幼儿识字班”，抱着还在咿呀学语的婴儿去接受那些胡乱的所谓“识字教育”；或者利用我们的幼儿园做一些不合程序的识字操作，教一些不合规范的识字内容，个别孩子也许能记住那些“半识字”的形体，后果就更加令人担忧了。等到小学识字教学系统开始时，教师面对的已经不是清一色的零起点儿童，而是面对一些在学前接受过五花八门“婴幼儿识字”的学生，必然给未来的小学教育带来两种危害：首先是，孩子们上小学后受到的正规教育与以前存留的自发联想一旦冲突，必然产生思想的混乱，由于六岁儿童还不能准确表述自己联想的前后差异，这种混乱是不容易觉察的，因此危害更大；其次是，那些不合程序的识字操作和不合规范的识字内容会在无形中冲淡正确的识字教学，产生对教师实施正常小学识字教学的干扰，变成一种教学的负效果。

6 岁以前正是儿童语言发展的关键时期，也是他们积累生活经验、初步建立审美情趣的关键时期，如果充分运用这段时间让孩子们融入大自然，无拘无束地嬉戏，把这段时间让给对语言能力和生活能力的培养，对儿童身体与智力的发展都更为有益。

二、汉字的性质和小学识字教学的困难所在

汉字虽然依存于汉语而存在，但是，它与汉语就符号体系而言，有着很大的差别，是不能混为一谈的。汉字是表意文字，它与拼音文字有性质上的不同。拼音文字属于音义统一的符号体系，这种体系与语言体系具有较多的一致性；而汉字是表意文字体系，这种体系凭借汉语语素的意义来构造自己的个体字符，属于形义统一的符号系统。在这种符号系统里，每一个汉字个体字符对汉语意义的依存关系比它对汉语语音的依存关系更为密切。汉字构形系统是形义的结合，汉语的词汇系统是音义的结合，所以，词汇按音或按义的聚合所显示出

来的系统与汉字的聚合所显示的系统差距很大,是不同一的。

人对任何一种符号的把握都要在达到整体系统认知后才能自如运用,所以个体字符要依赖体系统。人对符号系统的把握是在个体符号积累基础上达到的,这种积累可以是无序的增多,也可以是在不断的梳理中达到系统化,但是,系统的内在联系只有在个体字符达到一定数量后才能显现,所以,把握系统的前提是要使个体字符的积累达到一定的数量。汉字教学在个体字符一定数量的积累之后,要依赖它的构形系统,利用字与字的关系加强联想,减轻记忆负担,建立构形规律的基本观念。汉字自身的规律是在个体字符形体类聚中存在并显现的。例如:在"妈""姐""姑""姨""姥""奶"……这一系列汉字经过个别识读,积累到一定数量以后,"女"与这些字的关系便会自然而然地显示出来,在"请""清""情""晴""静""精""睛"等字积累到一定数量以后,"青"与这些字的关系也会逐渐明朗。这种类似的关系不断增多,便使形声系统观念的建立有了初步的基础。

但是,另一方面,汉字的功用是用来识读别人的言语作品和书写自己的言语作品的,也就是说,文字与语言的契合是在言语作品的环境里,也就是在字词组合的状态下存在的。用汉字记录的言语作品是以意义为组合依据的,在言语作品中,汉字的出现不可能依照构形系统的需要;言语作品的用字也不可能完全按照汉字的难易程度来安排,语言浅显,文字未必简易。在言语作品里,汉字的存在是无序的。

基于以上原因,识字教学必然是在以下两个矛盾中进行的。

第一,个体字符与汉语的意义有紧密的依存关系,而构形系统却与语音系统、语义系统不完全一致。这里举一个典型的例子来说明。下面是山东某县编写的音节综合歌(节录):

别撇灭,伴盼慢,宾贫民,瑞朋猛。
姐怯血,掘雀穴,今亲信,君群寻。
夹掐灯,教巧笑,见钱嫌,将抢象。

看得出来,编写者想把同韵的语音集合赋予一定的意义,便于记忆,但是,由于言语意义的表达与同韵的语音集合是不可能完全契合的,所以,在这些集合里所显示的意义,基本上是非口语的,不通顺的,难以记忆的。如果说在这些集合里还能有一些非口语的意义显现,那么,显现形体的构造关系就完全不可能了。

第二,个体字符的积累需要有序,依存的环境却是难以有序的言语作品。这里也举一个典型的例子。某地编写的《科学分类识字课本》,第一课是"五指歌":

一二三四五,上山打老虎,
老虎没打着,见到小松鼠。
松鼠有几只?让我数一数,
数来又数去,一二三四五。

这课书就语言的儿童口语特点,内容的趣味性等方面来说,的确编写得很好,他的意图是教会表示前五个自然数的汉字。但是,中国数字的构形,"一、二、三"是一组,"四、六、八"是一组,"五、十"是一组,"七"与"九"自成一组。"五指歌"照顾了先学前五个数字的需要,就难以照顾构形系统。而且,前五个数字是易学的,篇中的"虎""着""鼠""让""数"等字都不是易学字,这个问题编者也都难以顾及了。

以上两点就是表意汉字教学产生困难的原因,汉字教学要想由难变易,必须在教学方法、教学程序、教材编写等方面，做好多方的协调工作。可以说，面对这些由汉字性质带来的诸多复杂问题，汉字教学的方法和程序，必须运用汉字学的科学原理使其科学化，不能因为教学内容显示出的知识不多，就认为教育者所需的知识也很简单。应当说，小学识字教学是一个尖端的课题，在这个领域遇到的问题，需要大量的汉字学成熟理论作支撑，才能处理得当。

三、汉字习得过程的阶段递进性及各阶段速度的变化

识字是一种掌握字的数量逐步累积的过程，每累积到一定的数量，学习者的认知规律和思维特点就要发生变化，速度的要求也要随之变化。认字的速度不是匀速的。

如果我们把小学识字教学的对象设为零起点的对象，从初始的习得到掌握 2 500 个常用字，可以划分为三个阶段：

初期积累阶段，也就是突破零的阶段。在这个阶段，学习者把单字字形与语素或单音词联系起来，从而把握了它的音和义。由于没有任何系统可以依托，这些字的识别完全靠机械识记，而且是以对轮廓的整体识记为主，不使用任何理性的分析。由于认字的量很少，无法实现组合，读音与明意只能是从个体进行的。由于对笔画的感觉还没有形成，写字在这一阶段也不能大规模展开。这一阶段识字的进展一般是匀速的，快慢要由儿童的智力及学习兴趣决定。利用朗读以语音来强化字形与口语的关联和利用构图来显示字形与语义的关联，便成为两个重要的手段。增进识字的兴趣，往往是教学成功的重要前提。这一阶段难度最大，意义也最重大。因为这一阶段所识字的选定，直接影响下两个阶段教学的进展。这一阶段的合理与巩固程度，直接影响下两个阶段的教学效果。

中期积累阶段，也就是识字量大幅度增加的阶段。在这个阶段，随着单字字数的逐步增多，字理的显现越来越明显，学习者很容易进入字理的归纳。在加以引导之后，汉字表意性的观念、形声系统的观念就会逐步产生。由于单字量的增多，已识字渐渐可以与双音词、简单的句子联系，在语言环境里，意义的掌握不断加深。汉字的表意性一旦显现，表意汉字与文化的联系也越来越明显，为汉字教学内容的人文性和趣味性创造了条件。在这一阶段，学生把口语转化为书面语——也就是阅读与写作的要求会自然产生，骨鲠在喉，不吐不快。因此，写字教学必须也可以大面积展开了。由于单字数量的增加，同音字、同形字频率上升，字理在辨异中的作用显得格外重要。在这一阶段，把握字形的速度是不均匀的，有时出于深入了解意义或者辨析同音字、形近字的需要，速度甚至会放慢。衡量这一阶段的教学效果，不能简单地以把握字形的数量和速度为标准，在总体数量达到一定程度后，重要的是看学习者在识别字形的同时依靠字理掌握意义的深入程度，看他们无形之中形成的关于汉字的正确观念的程度，看他们书面阅读和表达能力的提高程度。

后期积累阶段，也就是识字的巩固阶段。在这一阶段，阅读和写作与单字的增加同步进行，识字进入字用阶段，形音义是并重的，新字的积累主要采用演绎的方法。在用字过程中，语言环境对汉字识别的作用日益增大，汉字在聚合中见其形义系统，又在组合中见其音义系统。到这一阶段，识字教学应当摆脱了困难，速度不断加快，也不可能是匀速的。

综上所述可以看出，速度和字形识别的数量不是评定小学识字教学各阶段成绩的唯一指标，在有些阶段，甚至不是最重要的指标，识字教学的最终目标应当是：

① 积累一定数量的汉字，达到形音义全面把握。

② 在符合汉字表意性、构形系统性的教学方法强化下，产生掌握汉字的科学方法，以达到不教而终身识字。

③ 在对汉字有正确认识的前提下，强化民族文化意识，增进爱国主义情操。

我们应当用这些综合的目标来评价汉字教学的成绩。

四、几种主要识字教学方法的学理依据及其阶段适应性

为了达到上述综合的目标，必须重视选择教学的策略和方法。目前在小学识字教学领域实行的教学方法，是从不同角度提出来的。

在突破零的阶段。由于从不同方面增强学习者的记忆，产生了不同的教学法，例如，利用直观教具从视觉入手增强学习者记忆的拼字教学法和看图教学法，利用韵律的作用从音感入手增强学习者的记忆的韵语识字等。

在汉字积累过程中，由于选择不同的切入点，产生了不同的教学法。强调字形与口语关联。产生了注音识字法；强调利用汉字自身的系统进行积累，产生了字族文识字法和字理识字法。后两种方法之间还有不同：字族文识字强调利用汉字的声符系统，而字理识字强调利用汉字的义符系统。

在整个教学的程序设计上，由于对识别和运用关系处理不同，产生了不同的教学法。主张应用与识别同步。也就是积累和运用一步到位，就必须在组合状态下识字，这就是分散识字法；主张先积累后应用。以便利用汉字自身的系统加强横向联系，就必须在聚合状态下识字，这就是集中识字法。

上述识字教学方法都有科学学理的依据和自身的特点，也都能够产生一定的效果；但是他们只适用于某一个或两个教学阶段，如果在全过程中单独使用，又都有一定的局限。下面对几种主要的方法作简要的分析。

（一）韵语识字

这是中国传统的识字教学法，它是运用有韵的诗歌在阅读中进行识字教学。它的根据和优点是：① 韵语有利于语感的形成。② 韵语有利于加强记忆。③ 韵语有利于培养识字的兴趣。它较适用于初期积累阶段。它的局限是：① 由于言语作品与汉字系统难以有效契合，编写韵语的同时又能适宜汉字难易顺序这点不易做到，因而，韵语教学不可能贯穿识字的全过程。② 由于语音系统与形义系统不一致，一旦韵语编写得不好，容易违背口语诘诎难通。

（二）注音识字

注音识字是利用拼音提前阅读，在课文中教学汉字。先全文拼读逐步只拼生字。最后全部取消拼音。它的根据和优点是：① 有利于将汉字与口语联系，体现汉字第二性的特征。② 有利于在方言区推广普通话和正音正读。它特别适用于初期积累阶段，而且在任何阶段都可用作辅助手段。它的局限是：① 汉字的形义关系容易被淡化，违背汉字的表意性质。② 识字量增加后，如不加强字形、字理教学，容易产生别字。

（三）字族文识字

字族文识字是把同声符的字编进各首诗歌中，以便对这些字成批识别。它的根据和优点是：① 它利用汉字的声符系统成批识字。② 它可以取得韵语识字的一切效果。③ 它有利于对汉字的形声系统的声符系统产生较强的感受。它适用于中期积累阶段。它的局限是：① 现代汉字的声符表音度不高，字族文难以编写。② 汉字声符系统比较复杂，难以全面把握，不宜为纲，只能辅助。

（四）字理识字

字理识字是利用汉字形义统一的原则，加强对字理的讲解，使识字教学逐步理性化。它的根据和优点是：① 它以汉字的义符系统为纲，切合汉字表意文字的性质，易于产生对汉字的正确观念。② 易于培养归纳和演绎的思维能力。它较为适用于中后期积累阶段。它的局限是：① 字理只能在积累达到一定数量后才能对教学起作用，因而初期难以使用。② 现代汉字并不都有字理，生硬的、编造的讲解反而会扰乱汉字构形的系统性，破坏已经取得的成果。有一种叫做“联想识字”的方法，违背汉字规律，乱编理据，把形声字都讲成会意字，这不是真正的字理教学，危害很大，是不能采用的。

（五）集中识字

集中识字是采用基本字带字的方法，在提高识字量之后，逐步进入读写。它的根据和优点是：① 由于利用了汉字自身的系统，增强了对汉字的科学认识，有利于今后的自学。② 培养了归纳和演绎的思维能力。它的作用要到后期才能明显。它的局限是：① 基本字不一定是易识字，教学程序难以设计。② 基本字带字必须配合课文，因而最终与分散识字相辅相成。

（六）分散识字

分散识字是我国最常用的识字方法，它以课文带识字，识字与用字、写字同步进行。它的根据和优点是：① 它以语言为切入点，符合汉字第二性特性。② 识字、用字、写字同步，易于边学边巩固。它适用于中后期积累阶段。它的局限是：① 较难进入零的突破，因而不宜使用于初期积累。② 到一定时期，分散所识之字，仍要进入对汉字内在规律的整理，因而最终与集中识字相辅相成。

从以上分析看，各类识字教学方法如果形成了流派，各自强调自己的特点，单一应用而失去了综合性，它的局限就要扩大。必定要在其他方面付出代价。我们应当提倡教学方法与教学策略的多元化。多元不但是为了适应习得的不同阶段，也是为了对付汉字的复杂状况。汉字符号系统经过数千年的演变，情况相当复杂，不同的汉字具有不同的属性。

构形属性：部件多少及放置，梅形模式，构意清晰度（字理可见度）等。

书写属性、风格属性：书本、笔画等。

职能属性：记录语素是否成词、构字频度、构词频度、使用频度等。

这些属性都会影响识字教学的方法和策略。使用单一的教学方法，在不同的阶段采用同一种策略，是难以适应汉字的复杂情况的。应当具有这样的认识：没有一种教学法是适用于教学的各个阶段以及各种汉字字符的,也没有一种一元化的识字教学法是万能的、没有局限的。过去的一些被称作教学法的经验总结,都是有价值的,它们属于不同的教学途径和不同的教学切入口,适用于不同阶段,彼此并无对立性,应当相互取长补短,自觉地综合使用,因地因时甚至因人而具体选用。

教学特色值得提倡,但是,基础教育从总体看,是一种科学。不同的教学途径和不同的教学切入口以及具体方式的选择所形成的教学特色,都要服从教育学与汉字学的规律,与文学风格独特性的差异是不同的。是否能够称为"流派",值得研究。在基础教育里,应当强调的是汉字科学和教育科学的普遍性。

五、识字教学科学学理的普遍性

汉字的本体结构是有规律的,识字教学的效果和速度都要遵循科学规律,也只有按照规律进行教学,效果才是长远的,速度才是合理的,激发出的兴趣才是有益的,而且具有培养思维能力的功效。

汉字教学不但要注重教法,更要注重学理,也就是要遵循汉字自身的规律,接受科学汉字学的指导。在这方面,有三个问题必须引起重视。

(一)根据汉字的属性来确定识字教学适应的字量、字表,特别是初期积累的字表

1. 根据汉字的使用频率确定小学识字教学总的字量和字表

频率是汉字的字用属性。个体字符的使用频率是不平衡的。汉字使用的频率随汉语词与语素使用的频率而定。汉字频率到一定程度,使用覆盖率基本不再上升。从下表可以看到汉字效用的递减律。[1]

字种数	增加字数	合计字数	覆盖率
1 000		1 000	90.000%
1 000	1 400	2 400	99.00%
2 400	1400	3 800	99.900%
3 800	1 400	5 200	99.990%
5 200	1 400	6 600	99.999%

既然汉字依使用字频降次排列,在 2 400 个以后,效用的提高就已经不足 1%,那么,准确选择前 2 400 字,就能使所识字发挥最大的效用。汉字的形体(包括异构字和异写字)经过数千年书面文献的积淀,已经多到 60 000 字左右,[2] 每个人随着文化水平的提高,阅读量的加大,识字量会不断增大,所以,我在前面说过,一个以使用汉字为文化教育背景的人面临着终身识字的问题。认识 2 400 字不是识字的终结,而是终身识字的开端。用现代高频字来作为识字的开端,并且通过他们来学会识字的方法而达到终身识字的目的,是科学而高效的。因此,选择 2 400 识字字表,尽量少学习效用不高的字甚至废字,是非常重要的。

2. 选择好初期积累字

提高教学质量的关键是选择好初期积累的字，也就是选择第一批字来突破“零”。这一批字必须是比较容易的，同时还应当是能够更有效地带动以后的学习的。确定这一批字必须根据汉字的属性，而且要根据汉字的多种属性综合确定。选择初期积累字的条件一般应当是：

① 结构相对简单，即构件一般不超过两个。

② 构意明晰度高，即不含理据丧失的记号构件。

③ 构字频度高，特别是作表义构件的构字频度高，有利于带动第二阶段的学习。

④ 一般先教书写自由语素的常用字，选择书写不自由语素的单字时，应同时选择经常与之构成双音词的另一个字进入初期积累字表。

⑤ 初期积累字对应的词应是6—7岁儿童口语中已经会说的，也就是音与义已经被学习者把握了的。

⑥ 适当选择虚词，以便组句。

要同时满足以上六个条件，必须运用汉字构形学所提供的汉字属性—包括构形属性、职能属性和字用属性，进行综合的择定。

比较成熟的小学识字教学的初期积累字表目前还不多，这是因为6—7岁儿童口语词表测查不足造成的。[3]下面的字表是在双语教学领域为汉语为第二语言的成人作的，并不一定适合小学识字教学，为了推动这项工作的进展，列在这里仅供参考。[4]

A 安 按 案
B 八 把 班 宝 贝 笔 冰 卜 补 不
C 采 踩 菜 产 厂 倡 唱 车 尘 闯 成 虫 臭 出 初 穿 床 从
D 达 大 担 旦 刀 到 道 得 的 地 点 电 丢 动 都 对 多
E 儿 而 耳 二
F 发 伐 方 房 分 纷 粉 份 伏 父
G 甘 杆 革 个 工 功 宫 谷 瓜 广 鬼 国 过
H 旱 好 和 很 轰 后 虎 户 护 画 还 回 会 火 伙 获
J 饥 机 集 计 家 嫁 稼 间 见 交 角 她 解 巾 进 经 晶 井 九 就
K 卡 开 看 可 口 扣 库 裤 捆 困
L 来 牢 老 泪 里 力 立 粒 帘 了 劣 林 淋 六 龙 笼 拢 漏
M 妈 马 码 骂 吗 毛 么 没 美 门 闷 们 迷 米 眯 面 苗 描 灭 民 名 明 鸣 木 目
N 内 那 男 能 你 年 鸟 牛 女
P 片 品 扑
Q 七 启 起 气 汽 千 前 去 雀
R 然 人 认 日 肉
S 三 伞 嗓 森 山 闪 扇 上 涉 身 生 牲 十 什 石 时 食 示 事 是 手 鼠 束 刷 双 水 说 丝 四
T 他 天 田 同 头 突 土 吐 兔
W 瓦 网 为 尾 文 纹 我 五

X 夕 虾 下 吓 仙 鲜 现 相 箱 想 象 像 小 些 心 辛 行 凶 兄 休 学

Y 呀 鸦 牙 芽 岩 炎 羊 阳 洋 氧 样 要 也 一 衣 依 以 义 阴 引 用 有 又 于 鱼 渔 雨 玉 月 云

Z 灾 在 咱 早 赵 这 征 正 证 症 止 只 中 忠 钟 种 众 洲 竹 逐 主 祝 着 仔 子 自 宗 走 足 作 坐 座

3. 依据汉字构形规律科学地讲解字理

如何依据汉字构形属性来讲解汉字；如果有人讲错了汉字，我们如何运用汉字构形学的原理指出他的错误所在，这也是教学中必须遵循的普遍学理。

(1) 不可讲错构件的形音义

汉字是由构件组合而成的，每一个组成字的成字构件，都已有确立的形、音、义，讲错了构件的形、音、义，就会使整个字的讲解发生错误。例如，有人把韭菜的“韭”，讲成“不是(非)只有一根，而是一大片”；把“悲”讲成“心里像长了韭菜一样悲哀”，这就是对汉字构件的曲解造成的。“韭菜”的“韭”上的构件表示韭菜丛生的形象，是不成字的，与“是非”的“非”无关。悲哀的“悲”上的构件是“是非”的“非”，与韭菜无关。

(2) 不可曲解构件体现构意的功能

汉字的构件在进入构字后，就具有了或表形、或示音、或表义、或区别标示的功能，解释汉字必须依据它们的客观功能。讲错了或曲解了构件的功能，就会使整个字的讲解发生错误。例如，有人把“饿”字讲成“我要吃(食)，因为我饿”，这就是曲解了构件“我”的功能。“饿”是形声字，“我”在结构里的构意功能是提示声音，不能讲成第一人称的“我”。

(3) 不要把层次结构讲成平面结构

由基础元素组构成汉字，大部分是依层次逐级组构的，构意是逐级生成的。小部分是一次性平面组构的，以集合的方式产生构意。在讲解汉字时，既不能把层次结构讲成平面结构，也不能把平面结构讲成层次结构，否则就会发生错误，而人们常犯的错误是不懂得汉字构意依层次生成的道理，见一个构件讲一个构件。例如，有人把“温”字讲成“太阳照在器皿里，使水变温”，这也是不符合结构规律的。“温”是按层次结构起来的：首先由“日”与“皿”构成“显”，得到了声符，再加“氵”构成，不是由“日”“皿”“氵”平面构成；“日”是“囚”的变体，也不能讲成太阳。

(4) 对黏合、省简、变形、错讹而变得无理据的字不可乱编理据

例如，有人把“春”讲成“三人一起晒太阳”，把简化字“鸡”，讲成“又一种鸟”。这更是望形生训。“春”的上部是“艹”和“屯”的黏合构件，理据已经丢失；“鸡”是符号替代的简化字，“又”是“奚”的替代符号，简化后的“鸡”字已不成理据。

(5) 用汉字构形系统成批或类推讲解汉字构意时，要进行有理归纳，不可仅因形体相同而认同

汉字构形是成系统的，现代汉字90%以上是形声字，讲解汉字可以利用形声字的声符系统和义符系统通过归纳和演绎成批地进行。例如：义符“酉”，可以组成“醉”“酣”“酿”“酗”“醒”等字，都与饮酒后的生理反应有关，可以合起来进行归纳和序列化的讲解。表音度较高的声符“青”，可以组成“清”“蜻”“情”“晴”“请”和“精”“睛”“靖”“菁”“静”等字，可以归纳出qing和jing两种读音合起来讲解。但是，隶变、楷化以后，由于系统的简化，在古文字阶段不同的构件，产生了混同现象，这些混同构件实质上不属同一系统，就讲解构意而言，不应归

纳到一起，也不能相互类推演绎。例如：

前一个例子中归纳出的“口”，只有“吹”中的“口”是“口鼻”的“口”，其余都是象形符号。后一个例子中归纳出来的“土”，只有“地”中的“土”是“土地”的“土”，其余都是其他字符的变体或非字的记号构件。

既考虑形，又考虑音义的归纳，我们称作依理归纳；只考虑形，不考虑音义的归纳，我们称作依形归纳。在对不发生混同现象的构件进行归纳时，依形与依理是一致的；而在对发生混同现象的构件进行归纳时，依形与依理之间就要产生一定的矛盾。学会运用依理归纳，准确地分析构意，是学习汉字科学的一项基本功，随时都要注意。例如：“鼻”“咱”“息”中的“自”可以归纳，但与“首”下的“自”不能归纳。“咫”“呎”“迟”中的“尺”可以归纳，但与“尽”上部的“尺”不能归纳。“弄”“开”的下部，与“升”的下部形体相同，但不同源，不能归纳。“弄”“开”的下部与“兵”“共”“与”“兴”的下部形体不同，但同源，却可以归纳。

科学的汉字讲解，就是要在不违背汉字构形规律和演变规律的前提下，对构意直接、明确的字加以准确讲解；或对需要经过推源再来讲解的汉字，推源后再来讲解。在讲解个体汉字时，要把它放到汉字构形系统中去，找到它应有的位置再来讲解，以免讲了一个，乱了一片。

现代汉字确有少数的字变异度很大，难以讲解，对已经不能反映构意的形体，或探讨形源迂曲困难的字，不要随意乱加分析。在基础教学里，也没有必要字字去讲字理对构意明晰度不同的字，要采取不同的教学策略来教，要培养学生科学的汉字学观念，为他们进一步的学习打下良好的基础，这是提高学生文化素养的一个重要方面。

以上五点，都是汉字构形的规律决定的，把握这些规律，汉字教学的科学化才能实现，这就要求教师要有较高的理论修养和丰富的汉字知识。只有掌握了学理，才能科学地采用教法。

（二）根据不同教学阶段和汉字不同的属性，选择不同的教学策略

识字教学是分阶段进行的，每到一个阶段，教学方法和策略都要因积累的不同而发生变化。例如：教传统独体字、黏合独体字、会义合成字、义音合成字等，教学策略应当不同。在初期积累阶段、中期积累阶段、后期积累阶段，都应采用不同的教学方法。

（三）从汉字自身的规律出发，增强教学的趣味性

有人为了增强汉字教学的趣味性，常常违背汉字构造的科学规律编一些歌谣出来，这不是一个好办法，其实，汉字构形及其形、音、义统一的科学规律已经为增强教学的趣味性提供了足够用的条件，只要教师掌握了足够的汉字知识，又能在汉字科学指导下教学，可以发掘的趣味性是很多的。

兴趣来源于汉字的形象性。在讲解独体象形字的时候，古文字的形体可以作为背景，帮助识别和记忆，如：

果　鱼　网　初

兴趣来源于汉字的可解释性和可联系性。例如,从"买""卖""财""购""贸""货""贵""贱"……这些字中可以归纳出"贝"字,又可以用古代以贝为货币的历史来解释它们从"贝"的原因。当然从简化了的"买""卖"中已找不到"贝"字的踪迹,但实际上"买""卖"是与"贝"有关的,这从简化前的汉字"置"和"賣"中可以清晰地看到。

兴趣来源于汉字构形的生活文化内涵。例如,"突"字从"穴"从"犬",是根据犬从穴中碎然而出的事实来构字,"默"字从"犬",是根据猎犬见到捕获物不吠叫的事实来构字。这些是古代畜牧生活的写照。汉字是一种文化内涵丰富的文化现象,一旦有了必要的汉字知识,又能运用恰当,产生的兴趣才是有意的。

汉字学基础理论总结了适用于汉字教学的汉字构形基本原理,提供了与汉字教学直接或间接相关的科学数据。21 世纪的中国,广泛的科学普及要形成一种潮流,教育科学、汉字科学与汉字教学原理的科学普及也不会例外。

在小学基础教育的汉字教学领域,应当遵循"理有定则,勿离勿违"和"教无定法,殊途同归"的原则,提倡汉字科学与认知心理科学同时进人课堂,树立教学经验与教学手段必须提高到理性的科学意识。没有上升为理性的个人经验不宜推广,即使是科学有效的方法也不宜作为唯一的方法形成"流派"去让大家硬性模仿。

用科学去激发学生的学习兴趣,以有规律的思维训练为前提去探索如何生动活泼地教学和减轻学生的学习负担,用更高的境界去看待汉字教学的意义,规定汉字教学的目标,汉字教学才可以真正承担"教育的基石"这个重要的任务。

参考文献

[1] 周有光. 周有光语文论文集第二卷. 上海文化出版社,2002:109－110.

[2] 现在有些字典、字表和信息处理字符集,已经把汉字字数扩大到 120 000～140 000 个以至更多,那些数字中包含一大批废字(从未使用过以后也不会再使用的字),还包含一大批仅在个别人名、地名、方言土语上使用、现代又有字可以代替的生僻字。所以,本文不采用那些数据。

[3] 香港大学教育学院课程系谢锡金博士,已经测查了香港粤语儿童的口语词表,谢博士的词表有很大的参考价值,但是由于规范的书面语是由普通话写成的,在词表转换为字表时,还要经过必要的调整。

[4] 这个字表是北京语言文化大学万艺玲博士为对外汉语教学中的汉字教育测查的,她的字频是采用现代成人语料所覆盖的字频,不是儿童口语字典的字频,这个成果也还不能完全适合小学识字教学,列在这里只是为了说明初期积累字表的测查方法。

对随课文分散识字的看法[①]

斯　霞

识字是阅读和作文的基础。识字教学的质量直接关系到语文教学的质量，关系到学生掌握语言文字这一工具，促进其他各门学科学习的质量。研究识字教学，探求既减轻学生过重负担又提高识字质量的更科学、更艺术的识字教学方法和途径，实在很有必要。

我长期从事小学语文教学，长期采用随课文分散识字教学方法，现谈谈我对随课文分散识字的看法。

一、随课文分散识字的由来

随课文分散识字也叫随课文识字或分散识字。我主张将两者合起来称“随课文分散识字”，因为这样更清楚明确些。20 世纪 80 年代我在《我的教学生涯》中就是这样提的。作为一种识字教学的流派，它形成于 20 世纪 60 年代初。

1958 年秋季开学前夕，经江苏省教育厅经江苏省委同意，确定在我校进行学制改革试验，即要求用 5 年时间完成小学 6 年的教学任务，学制缩短 1 年，不能加班加点，不能影响儿童的身体健康，儿童的思想品德要和平时一样抓。学校把任务交给了我。经过 5 年的努力，到 1963 年 7 月，我带的这个学制改革试点班，圆满地完成了试验任务。

1960 年 4 月，教育部在辽宁黑山召开集中识字现场会，我随江苏省的代表队观摩了黑山的集中识字。会议肯定了集中识字的教改成果——两年内识字 2 000 多个。其时，我带的试点班儿童识字量平均 1 888 个，最多的识了 2 746 字，而且读写能力也比较强：有好几个孩子看了 120 多本课外书，一般的也看了 40—50 本。他们除了阅读《新少年报》《小朋友》《儿童时代》等报刊外，还看了《我的一家》《卓娅和舒拉的故事》《渡江侦察记》《红旗谱》等内容比较深的书籍。多数儿童的写话能写到 400—500 字，最好的写到 1 360 字。他们能正确表达自己的思想，语句比较通顺，层次比较清楚，会用学过的 7 种标点符号。作文中的错别字比较少。我是在人教版通用教材为主的基础上，采用“多读课文多识字”的方法，大大提高了儿童识字的数量和质量。回来以后，教育厅吴天石厅长鼓励我继续试验下去，并选了六年制第七册的《一个伤员的愿望》让我在二年级试教，亲临课堂听我的课。他还让别的学校老师试教，也都取得较好效果。此后，我教低年级儿童识字的方法就被叫作“随课文分散识字”。实际上随课文分散识字是继承了“五四”新文化运动以来，小学语文以语体文为主，采用边识字边阅读、寓识字于阅读之中的方法，我不过是突破了“三五观点”，克服了少慢差费而已。

随课文分散识字最大的特点是：“字不离词，词不离句，句不离文”，把生字词放在特定的语言环境即具体的一篇篇课文中来感知、理解和掌握。现在有些老师对什么是集中识字，什

---

① 原文发表于《课程 · 教材 · 教法》2001 年第 2 期。

么是分散识字,认识上有些模糊。把一篇课文中的生字提出来先教就以为是集中识字,而提到分散识字,就以为要学生识的每一个字都必须在课文中出现,随课文教学。这是一种误解。随课文分散识字之前,同样要教汉语拼音,要教看图拼音识字,要学若干短语、句子。几十个独体字,是以后学合体字的基础,它们又有独立的意义,可以用图画表示,孩子们喜欢学;短语、句子也都是孩子们生活中熟悉的语句,现在用文字表示出来,学起来也很有兴趣。但以后的大量识字任务是分散在一篇篇课文中,通过教学课文使学生掌握汉字。就像现在三年级以上的语文教材,都是一篇一篇的课文,没有单独的识字教材,我不过是提前开始罢了。至于一篇课文中的生字词,是集中先教,还是部分先教,还是边学课文边教……那是随课文分散识字中的具体技巧处理问题。我曾在《字词的出现、讲解和巩固》一文中归纳了随课文识字几种不同的字词出现方式:按照课文内容顺次出现生字词;课文中占主要地位的生字词先出现;结合讲读时提出生字词;在理解课文内容以后再提出生字词。这就是说,分散识字注重研究生字在具体语言环境中的地位,也充分考虑学生是否便于学,是否学有兴趣,并且在教学生字时要分析笔画、笔顺、字形结构,相机进行听说读写等各种训练。随课文分散识字运用得好,字的音形义紧密结合,读说写紧密结合,的确能有效地提高识字的数量和质量,能有效地促进儿童语言的发展。

二、随课文分散识字符合儿童的认知规律和汉字规律

识字教学的对象是学龄初期的儿童,他们只有6—7岁。心理学研究证明,这一年龄段的孩子共同的心理特征是:好动、爱玩,不能长时间专注某一事物,喜欢接触形象的具体的有趣的东西,记忆力比较强,但易记也易忘……即便是“神童”也同样是通过那些与他们心理特征相适应的内容和方法而获得知识、产生兴趣的。教6—7岁儿童识字,切不可忽略这一普遍的规律。

识字教学要从内容、形式、方法等方面为儿童接受新知识提供方便。比如,识字教学的内容要由易到难、由简到繁、由浅入深。教学形式要生动活泼,教学难点要分散,教学方法要灵活多样,使儿童喜闻乐见,易于接受,便于记忆。如汉语拼音,是一个个毫无意义可言的表音符号,死记硬背固然也能让儿童掌握,但费时多负担重精神压力大,不可取。为此,教材的编者不断地加以改进。为汉语拼音字母设计了越来越便于教学的图像,现在,教学要求也有所降低,把汉语拼音定位于帮助识字正音学习普通话,教师采用恰当的教学方法,就可以用较短的教学时间(如两周)使儿童学会声、韵、调及拼音方法,会临写。以后在汉字教学中充分运用,反复重现,学生就能熟练掌握乃至终身受用。但如果在以后的教学中不善于运用汉语拼音去识字,即使初期记得滚瓜烂熟,长期不用也会回生、遗忘。

识字教材同样如此。内容要贴近儿童的生活实际、思想实际,字形要由简单到复杂,要配上色彩鲜艳的图画,儿童就爱学,乐意学。汉字中几十、上百的独体字,字形简单,又有独立的意义,便于用图形表达字义,便于书写,有不少独体字还是以后学合体字的组成部分,看图识字便应运而生经久不衰。我在汉语拼音教学后安排独体字、短语、句子的教学就是基于这一点。低年级的课文,句子宜短,篇幅宜小,要有点故事性、趣味性,读起来朗朗上口,再配上插图,图文并茂,就能吸引儿童。随课文分散识字的教材正是体现了这些特点:儿童识了十个八个的生字词,立即回到课文中去诵读,凭借课文内容的情节,语句的连贯,篇幅又不长,儿童能很快熟读背诵。一篇篇课文学下来,他们就像滚雪球似的一篇连一篇地反复诵

读，不待老师布置，大多便能背诵了。这当中，阅读能力得到训练，生字词得到巩固，还受到规范语言的熏陶。这就是60年代初教育厅长吴天石同志帮我总结的"以语言教学为中心，把识字、阅读、写话三者结合起来"。坚持这么做，儿童的语文能力就能得到全面提高。一篇篇的课文，传递了自然的生活的社会的各种信息，是孩子们认识世界、认识社会、认识人、认识真善美、认识假丑恶的极好窗口。及早给他们这种熏染，有利于促进儿童的发展和健康成长。

随课文分散识字，在起始阶段，我就相机把汉字的一些规律，如汉字的形成、演变，形声字的构成，书写的法则，音形义一体的特点等等，或在教生字词时，或在复习巩固时加以渗透，使得识字教学更加丰富多彩，孩子们更容易接受，更便于巩固。我一直注重识字教学的"第一印象"，即在学生接触生字词时给予强烈的刺激；也非常注重适时的复习巩固，因为真正"过目不忘"的孩子是极少的。要使所有的孩子都识好字、学好语文，离不开这两个"注重"。

教材内容符合儿童认知规律，只是提供了教学的条件。教材要靠教师去贯彻实施。如果教学中不遵循儿童认知规律，仍然会出现这样那样的问题，影响儿童学习积极性。如机械地读、抄、写，儿童会感到厌烦，不仅学习效果不好，还会影响到他们生动活泼主动的发展。因此，越是在低年级，越是在学龄初期，越要讲究教学方法的灵活多样，越要善于集中儿童学习的注意力，调动儿童学习的积极性。要根据教材和儿童的实际，尽可能地采用实物、标本、模型、图画、幻灯片、录音、动作、表情或语言描绘等手段，把生字词的第一印象深深地印在儿童的脑海里；还要引导儿童用眼、耳、鼻、舌、手等感官参与获得新知识的活动，瞧一瞧、听一听、闻一闻、摸一摸、尝一尝、做一做的效果有时远远胜过单纯地听、记、背。因为这样做，强化了汉字音形义的联系，符合儿童爱动、好奇、容易接受具体形象的东西等心理特点，所以能收到事半功倍的效果。

三、随课文分散识字强调了语言环境，有助于儿童语言和智力的发展

我一直认为，认识事物离不开具体环境，离不开反复接触，反复实践。教儿童识字同样如此。"字不离词，词不离句，句不离文"，就是强调生字词的教学要与具体语言环境相结合。有了具体语言环境，儿童对生字词的识记就容易得多，省力得多，也便于引发兴趣，调动积极性。前面说过，一篇篇的课文，传递了各种各样的信息，读起来又朗朗上口，很容易吸引儿童注意力。这里说的"语言环境"是特指课堂教学中的语言环境。当然，教学识字时都要创造一定的语言环境，但口头的瞬间即过，儿童很难再现；而随课文识字，生字词学过后，就在课文中重现，这种语言环境（课文）对孩子的积极作用是其他语言环境所不能替代的。儿童通过诵读课文，生字词及时得到复习，对以后的巩固也极为便利。读课文，是接受规范语言的熏陶，是进一步加深对字词的理解，特别是对字（词）义理解得比较清楚，孩子在写话、作文中的错别字就相对要少得多。

有人认为分散识字头绪多：要识字、掌握字的音形义；要阅读、理解课文内容；要培养说话能力……其实这许多并不是齐头并进平均使用力量的。比如音形义的掌握，不一定同时要求达到。那些字形简单意义清楚的，可以同时解决；字形稍难的，可放在课堂写字教学时解决，甚至留在以后再解决。人教版、江苏版等一二年级语文课本实行了"识写分流"的办法，教师很容易掌握。就一堂课来说，随课文分散识字是识读说写有机地交织在一起。正是

这样的交织,使课堂教学生气勃勃,儿童的情绪被调动起来,他们愉快地兴高采烈地去学去记。识字教学中的这些活动,都能推动儿童积极思维,踊跃发言,喷发出智慧的火花。尤其是怎么记住字形,怎么组词造句说话,最能调动孩子的积极性,有助于培养儿童的观察力,发展儿童的思维和想象力,增强儿童的记忆力。所以,识字和听说读写完全是有机结合、融为一体的。思想上认识清楚了,教学中就不会产生顾此失彼的毛病。当然,在识字教学的具体步骤、环节上,听说读写的训练也不是平均分配的,而是有主有次,有重有轻,但任何时候都不是"单打一"。

我还强调,识了字就要用。学用结合是熟练掌握知识的必要条件,是开启儿童心扉的好办法。识了字就要用。用多了,用熟了,就能"生巧",这个"巧"就是智力的一种表现。从这个意义上说,识字和听说读写应该是一体的,不能人为地把它们分割开来。听说读写就是把识的字付诸实用。可以这样说,谁学用结合得好,结合得早,谁就在发展儿童语言、发展儿童智力上占了优势。在低年级,以语言训练为中心,把识字、阅读、写话结合起来是一条行之有效的途径。学用结合要由易到难,由简单到复杂,紧扣儿童知识基础、思想水平和生活实际需要。教师要有意识有步骤地示范、引导。如把每天的课表、值日生名字写在黑板上,把要告诉学生的话写在黑板上(识字不多的时候拼音夹汉字,识字多了,汉字夹拼音),让学生读并按要求去做;如鼓励学生自己写姓名,辨认同学姓名,识路牌,看商店名称,记班级日志,记种植情况、作物生长情况,给家里的器具贴上自己写的名称,提倡有事给老师写条子……这些措施是充分利用儿童的无意注意,让他们和字词反复见面,体会到识了字用处大,进而提高识字、学习文化科学知识的积极性自觉性。我教的学生,一年级下学期就会写请假条。有个二年级的学生放学回家后,给哥哥写了这样一张留言条:

> 哥哥:下雨了,妈妈去看病了,我去送雨伞、雨鞋给妈妈。你回来后就到食堂去打饭。饭票在大抽屉里的一个红夹子里。去的时候,顺便把雨伞、雨鞋交给爸爸。回来后再把铜hu(壶)灌满水,放在炉子上。
>
> 妹妹

我在家访时知道了这张字条。这张七八十字的留言条,没有一个错别字,这是一。一个二年级的孩子知道下雨了要给爸妈送雨具,还知道安排家里的活儿,这是二。几句话写得清清楚楚明明白白。我在班上充分肯定并表扬了这个学生、这种做法。做老师的,就是要捕捉各种机会,不断刺激学生的求知欲;要及时树立一个个通过努力学生能够达到的目标;要热情点燃学生智慧的火花。

四、随课文分散识字有利于减轻学生过重负担,促使学生身心健康发展

减轻过重负担、提高质量是教学改革要解决的难题。小学识字教学的研究和改革同样不能避开这个难题。时至今日,一年级小学生负担重的呼声仍不绝于耳。一上小学,孩子回家就要读呀,背呀,写呀,忙个不停。课业负担重了,影响到身心健康,影响到个性发展。孩子从小觉得读书苦,总不是好现象吧!学生如果能在轻松、愉快、积极、主动的状态下获得知识、培养能力,岂不更理想?因此,我以为研究识字教学,既要提高质量,又要着眼于减轻负担,要把两者统一起来。1958年我接受学制改革任务时,领导交代很明确:儿童的思想品德要和平时一样抓,学制缩短一年,不能加班加点,不能影响儿童的身心健康。我牢牢记住这

些要求。通过认真备课，努力改进课堂教学，提高课堂教学效率，采用各种方法使儿童爱学、易学。课堂上的"文章"做好了，学多、学快、学好就有了保证，有了基础，避免了加班加点、加重儿童负担的做法。1989年，我带的试点班学生从各地赶回南京，祝贺我80岁诞辰。他们在回忆小学生活时说：当年我们学得很轻松、很愉快，下午三四点钟后就可到操场上打球，进行各种活动，小学阶段是最快乐的时候。可现在，我们的孩子学习负担比我们当年重得多，不知为什么。这真是一个值得研究的问题。

在低年级，采用随课文分散识字，孩子学得轻松愉快，负担不重，我实践下来的主要体会有以下几点。

（一）合理把握教学要求

如汉语拼音教学，我始终把它定位在识字、正音、学说普通话上。入学初期，孩子负担就不重。汉字教学，一直有"四会"（读说写用）的要求，我在实践中，根据汉字具体特点和儿童实际情况，实行"四会"分步走。在识字教学中，各种知识、各项训练不平均使用力量，而是抓主要矛盾。如初学汉字，在方言区，一定要用汉语拼音来正音；字形和书写是儿童学习中的难点，识字教学就要抓住这个主要矛盾，从笔画笔顺入手，培养儿童掌握字形的能力。识字多了，掌握字形的能力形成了，重点就转移到对词义的理解……这样安排，旨在分散难点，减轻负担。

（二）引导学生掌握识字方法

如拼音识字，汉字的基本构字方法，各种归类识字，查字典识字，等等。

（三）优化教学方法，化抽象为具体形象，化难为易，减轻儿童识记汉字的心理负担

这方面的例子很多，如"灭"字，说"火"上加了盖（一），火就灭了。如"攀"，笔画繁多，我一边说一边板书：山上有很多树，树上有很多枝枝杈杈，所以两个"木"字中间有两个叉；大手一用劲，就攀上去了。形象、直观并非一定要做多少繁难的准备，但要对教学内容、儿童实际深入思考，处处用心，那么，抬头、举手、投足之间，便能产生出许多令学生终生难忘的镜头。

（四）发挥语境的整体功能，力求教学的高效

在课堂教学中，抓住课文和识字的关系，充分利用语言环境，可以创造出许多生动活泼的画面，使孩子们识字、阅读、说话、理解等都在一种轻松愉快的情景中进行，而且印象深刻，他们的负担自然不会重了。

现在教学大纲作了进一步修改，教材也相应降低了要求。这对从事实际教学的教师来说，是一个减轻负担的有利时机。我们再做些努力，在教学思想和教学方法上加大改革力度，学生负担过重的问题有望解决。

最后我说一下我对江苏版小学语文课本的看法。这套教材有一些创新，试用几年来，获得教学第一线老师的好评。对这套教材中的一、二年级语文课本中的识字情况，我做了统计，第一册，生字234个，安排在课文中识的有154个，占识字总数的66%；第二册，生字396

个,安排在课文中识的有 302 个,占识字总数的 76%;第三册,生字 431 个,安排在课文中识的有 344 个,占识字总数的 80%;第四册,生字 445 个,安排在课文中识的有 355 个,占识字总数的 80%。由此可见,江苏版的识字教材,在吸取多种识字方法的前提下,较多地采用了随课文分散识字。四五年试用下来,效果是好的,学生的负担也不重。教材还非常重视写字教学。对要求掌握的每个生字的笔画名称、笔顺书写都作了安排,这对加强写字教学极为有利。

关于小学语文识字形义联想教学法的构想①

王贵福　杜晓俐　王玉凤　吕景和

一、小学语文识字形义联想教学法的涵义和意义

汉字教学是小学语文教学的中心环节。汉字属于表意体系的文字，字形和意义有着密切的关系。

“因义赋形”是汉字造字的基本规则，而“四书”(象形、指事、会意、形声)是汉字造字的基本方法。因此，我们认为，在小学语文识字教学中，按照“四书”结构方式，利用汉字形义的潜在规律，依据字形辨析字的本义，了解和掌握其引申意义，也就是将古之“因义赋形”的造字规则，同今之教学识字“据形释义”的认识规律统一起来，按义项间事理联系理清多义字的词义系统和用法——我们把这种教学法称之为汉字形义联想教学法，是一种有效的方法。

采用这种识字教学法，首先有利于提高汉字教学质量。“因义赋形”创造的汉字，数量多形体复杂，仅用三十几个笔形，组合成数以万计的汉字。音同、义近、形似字多，又相互交叉，而且古今形音义演变复杂。如果像教识语素文字的几十个字母和拼写规则那样教学，甚至只把它当作符号来教学，非但错别字现象难以消除，且因掩盖汉字形义的内涵和规律，使学生只能知其然，而不知其所以然。如果采用“据形释义”的形义联想教学法，则可解决这个问题，有利于提高汉字的教学质量。如“突”字，是个会意字，是由“犬”和“穴”会意而成，表示“犬”从“穴”中出，指突然急速。如果丢了“犬”上的一点“、”，则成“人从穴中出”，丢了“穴”字中的“八”，则变成犬钻进屋里，都违背原字义。所以形义联想教学法，是汉字教学行之有效、理想的一种教学方法，是使学生能彻底了解字义的一种科学方法。

其次，有利于学生了解掌握字的本义和引申义，提高阅读能力和运用汉字表达的能力。在汉字创造过程中，象形是最基本的造字方法。指事、会意及形声字一般都是在象形字的基础上发展起来的。象形字、会意字和指事字主要是独体字。可以说独体字是字根，是学好汉字的基础。常用汉字中的独体字约二百个左右，加上已不能独立成字的生僻偏旁，也只有四百余个，但它们却构成上万的合体字，并在所组合的字中表意或表音。所以分析合体字的形义关系时，哪个偏旁也不能忽略。独体字和偏旁是认识汉字本义和发展引申义的起点、基础。掌握字本义的方法就是从字的结构方式中分析归结。

独体字多在小学低年级教材中出现，低年级语文教学又以识字教学为主。要正确认识汉字特别是独体字，应该知道现在楷书与古文字的关系。许慎的《说文解字》主要是凭据字形来说明字的本义。现在有了甲骨文和金文字的研究，对字的形义辨认提供了更加可靠的根据。因此在识字教学中，适当引用古字形作为辅助教学手段讲解字的形义联系，会更形象直观，更能激发兴趣，促进联想，加深记忆，既符合儿童的心理特征和认识规律，又为继续学

---

① 原文发表于《教育探索》1997 年第 2 期。

好合体字奠定了坚实的基础。清代对文字学有精深研究的王筠,在为他的好友教孙子识字而撰写的识字教本中,就把楷书和篆文并列,并从篆文的字形结构上讲解字的本义根源,以适应儿童的需要来指导识字。

再次,形义联想教学法,也可收到熔识字教学与优秀民族文化传统教育和思想品德教育于一炉的效果。汉字字义除了生活内涵外,还富有哲理性和思想品德教育的因素。如"政"字,是手执法律使人走正道的意思;"公"字,是人"八(背离)(私的本字)"的意思;"德"()字,是说心地正直方为美德;"丞"字,甲骨文像左右两手救助陷在深坑里的人,以后称官职为丞相、府丞、县丞,都含有当官应为百姓做好事的意思,等等。学生可以从字的形义分析中获得有益的教育和知识,并可增强对祖国民族优良文化传统的热爱感情。

二、形义联想教学法主要方法的设想

汉字形义联想教学法的原则是揭示汉字的内涵,利用汉字造字的潜在规律,"据形释义",提高教识汉字的质量和效率,其主要教学方法,设想有以下几种。

1. 象形联想法

象形字是用描画事物形象、局部特征、物体轮廓的方法造出来的字。对字形所像之物进行联想,认识字义,就是象形联想法。如"木"(　)像树的形状,"竹"(　)像竹子的形状;"人"(　)像侧立的人形等。我们用"象……形"的句式表示。如"木(甲),像上有枝干下有根的树形"。

2. 指事联想法

指事字是用抽象符号或在象形字上加指事符号的方法造出来的字。联想符号所指的部位认识字义,就是指事联想法。如刃(　)、本(　)、上(　)、下(　)等。我们用"从×、加×指示……"的句式表示。如"本,从木(树),下部加一短横指示树根所在部位",字的本义是树根。

3. 会意联想法

会意字是用几个偏旁(或是字)义组合成一个新义的方法造出来的。通过对几个偏旁义的分析理解其所形成的新义的认字方法,就是会意联想法。如"间"、"妇"等。我们用"从×、从×会意,表示……之意"句式表示。如"休,从人,从木(树)会意,表示人倚树乘凉休息之意"。

4. 形声联想法

形声字是用一个或几个形旁,加上一个声旁的方法造出来的字。通过明确形旁表示字的义类范畴和声旁表示的读音联想字义的认字的方法,就是形声联想法。我们用"从×、×声,谓……"句式表示。如"棋",从木(义类是木制的器具)、其声,谓木制音其的事物——棋子。

以上是按汉字"四书"的结构方式分析联想,这是我们学习汉字的最基本的方法。分析联想的步骤大体是先明确是独体字,还是合体字。对独体字,先考虑是否是象形字,然后再分析像何类事物的形状;而其他独体字就是指事字。对指事字要找出指事符号和所指示的事物的意义。

对合体字,先将字切分出几个字(或偏旁义),然后联系起来,能形成一个新义的就是会意字,不能的就是形声字。

形声字是"四书"造字法中最主要的方法,形声字约占汉字总量的百分之八十以上。对形声字,要找出形旁和声旁。形旁表示字义所属的义类(意义范畴),如水(氵)旁,多与水或其他液态物质、水名、水的性质、状态及与水有关的动作有关。如"汲",本义从井里提水,泛指打水。声旁起帮助读音作用。

有的古今字读音一样,有的则变化很大。如"台"字,古音读 yí,今音读 tái。但"怡"字,从声旁"台"的古音读 yí,却不从"台"的今音读成 tái。

5. 古字、繁体字联想法

引用古字(主要指甲骨文、金文、篆文)、繁体字进行联想可以帮助分析理解字的形义关系。一般独体字要引古字形。如日,甲骨文写作;月,甲骨文写作。规范的简化字要引繁体字,说明简化方法、繁简的差别,以便准确掌握简化的形义。如"发",由发和合并简化来的,明确原字形义,便于从理性上规范用字。

6. 部首联想法

利用部首表示字义类属范围的规律进行联想,是集中掌握或复习同部字的字义和用法的一种有效方法。例如,从卩部的字,字义多与屈膝躬身的动作有关,如却、卸、叩等;从阝左(阜)部的字,字义多与地势、地名、山石有关,如陵、险、阻等;从阝右(邑)部的字,字义多与城邑、古国名、地名有关,如邦、郑、郊等。

7. 同音联想法

利用声旁标音(帮助读音)的作用进行联想,可以集中认字或辨析字义和用法。如央 yāng——秧、殃、鸯、鞅;巴 bā——笆、疤、把、靶、爸、耙等。

8. 声旁表示联想法

依据部首表示字的义类范围,利用声旁表示联想字的具体义的方法。如"训"字,言形川声,"言"作形旁,义类范围与说话有关;声旁"川"表音,川,水流,川流必由高及低,含顺畅意,故"训"的本义就是用合情顺理的话语教导别人。

三、汉字形义联想教学法可行性试探

小学语文识字形义联想教学法只是我们提出的设想,还需要从理论上特别是实践中认真加以研究和实验。欢迎有志于此种教学法探索的小学领导和语文老师参加我们的研究和实验。

小学语文识字形义联想教学法是否可行,能否为小学生所接受,我们认为是可行的,也能为小学生所接受。

实际上这种教学法古已有之。班固《汉书·艺文志》中说:"古者八岁入小学,故周官保氏(周朝时的官名)掌养(主管教育)国子(当时公卿大夫的子弟),教之六书,谓象形、象事(指事)、象意(会意)、象声(形声)、转注、假借。"清人王筠引好友陈山嵋的话说:"苟于童蒙时,先令知某为象形,某为指事,而会意字即会二者以成之,形声字即会此三者以成之,岂非执简御繁之法乎?"他认为象形、指事、会意、形声字有代表性的字约计两千余字,"当小儿四、五岁时识此二千字非难事也",运用"四书"教识汉字乃是"训蒙之捷径也"。

目前国内外一些汉字研究工作者和汉字教学实践者认为,汉语汉字的科学性、智能性及容易接受的特点日益鲜明地显示出来,甚至有人预言将是声控计算机的第一语言,人类总有一天都要学习汉语(英国著名科技发明导报专家迈克·克鲁斯语)。日本汉字教育家石井勋

博士关于儿童学习汉字的研究意见,对我们也很有启示。他认为:

汉字是一种"视觉语言",以汉字进行语言教育将会有惊人的效果;

记忆汉字的能力以3—6岁年龄段为最高,随着年龄增高,其能力递减。一年级记六百个字不困难,六年级记两百个却困难;

识字能力是阅读能力的基础,阅读能力是学好任何学科知识的基础,所以培养孩子的认字能力是启发幼儿智力最重要的手段,是基础的基础;

幼儿的认知与成人的认知有很大差异。成人的思考过程是先部分后整体,先理解后记忆;儿童的思考方法是先整体后部分,先记忆后理解。用成人的思考方法教孩子汉字难上加难,用孩子的思考方法去教汉字就轻松愉快,而且见效。

以上略举的古今中外关于学习汉语汉字的论述,无疑对我们研究和实验汉字形义联想教学法是大有帮助的。

当前,汉字教学模式、方法纷呈流派蜂起,反映出汉语教育研究者和实践者积极探索的可贵精神。我们提出汉字形义联想教学法,也是力图根据汉字"因义赋形"的造字原则,利用其规律,揭示其内涵,化繁为简,"据形释义"。希望在汉字教学改革中,经过不断研究和反复教学实践,使其能成为一种有效的教学方法。

对识字教学不同体系的分析与评价①

林增祥

识字教学是语文教学的起步。在识字教学的众多流派中，强调在语言环境中教学识字——“阅读识字教学”仍居主导地位。而“集中识字教学”实验和“注音识字”，教学实验，对“阅读识字教学”则持不同程度的否定态度，意在取而代之。这三种识字教学都有与自身相配套的教材，对教学的任务、过程、进度也都有各自的要求，形成了不同的体系，同时牵动着小学语文教学的总体变革。究竟后两种识字教学实验能否取代“阅读识字教学”的地位？我们可从两方面去考察：一看在不加重学生负担的情况下，学生掌握的字量是否与发展语言、阅读和写作的能力相适应，二看是否面向全体，便于学生认识汉字的特点与规律，更快地掌握识字方法，提高识字能力。本文将围绕这两个衡量标准，对三种识字教学作简要分析比较，旨在说明“阅读识字教学”是识字教学的主导性体系。

一、从汉字性质和传统教育看识字教学

按照传统文字学的观点，汉字是属于用文字符号表示语言中的词或语素的一种表意文字。有的学者则认为汉字是语素文字，因为“现代汉字的‘字’约有 90%对应于汉语的一个‘语素’”[1]。两种说法不同，但都相对准确地揭示了汉字的性质。无论是单音节的单纯词，还是双音节的单纯词，都由一个语素组成，其词义与语素义是一致的。合成词则由两个或两个以上的语素组成。作为能够表达完整意思的语言单位——句子，又是词或词组构成的。基于多数汉字具有语素性质这一点，决定了识字教学基本上应遵循“字不离词”、“词不离句”的原则。前人把识字称为“识文断字”，不识文就难以断字，正是意识到汉字与汉语的关系，跟我们今天“阅读识字”的意思相吻合。

有的同志却把“字不离词”、“词不离句”的“阅读识字教学”，说成“是拼音制文字出于某些语言文字特点而不得不采用的办法”，到了 20 世纪初才在我国出现，而“我国自古就用集中识字的方式进行识字教育”，并将《三字经》、《千字文》与《急就篇》、《百家姓》等统称为“集中识字教材”[2]。可实际情况并非如此。

在我国古代供儿童学习的各种教材中，像《百家姓》[3]这样单纯的字书，毕竟是不多的；像《五言杂字》这样的集中识字教材，其流行的范围与时间均很有限，影响并不大。而大多数的蒙学课本，基本上采用韵语或骈语文体编写，融字词句篇于一体，博采社会、自然、历史、伦理、教育等领域的知识。如《三字经》、《千字文》、《幼学琼林》、《蒙求》等，无论从内容或形式上看，都算得上当时社会的综合性儿童读物。因此，在传统的教育中，“集中识字教学”的地位并不突出，主要还是通过阅读教学来识字的。

但是由于种种原因，只有到了新中国成立后，“阅读识字教学”才走上健康发展的道路。

① 原文发表于《福建师范大学学报》哲学社会科学版 1991 年第 2 期。

1987年颁布的《小学语文教学大纲》明确指出:“要在语言环境中教学识字”,阅读教学“是识字的基本途径”。1990年初审通过的《九年制义务教育全日制小学语文教学大纲》再次确定:“要在语言环境中教学识字”,阅读教学“是识字的重要途径”。“阅读识字教学”之所以是识字教学的主导性体系,可以说是由汉字性质所决定,也是对传统识字教学的批判、继承、发展的必然结果。

“阅读识字教学”相对合理地满足小学生对识字量的需求

“人的需要是人从事劳动的一般目的和内在动机”[4]。学生在小学阶段应识多少字,识哪些字,识字进度怎样安排,也应从小学生的实际需要来确定。“集中识字教学”和“注音识字”实验的倡导者认为,“阅读识字教学依照课文教学识字,限制了识字量,延缓了儿童识字进度,降低了语文教学质量,拖了各科教学的后腿”。其实这种说法是没有科学依据的。

汉字使用频度的核查统计表明,汉语常用字具有高度集中性。一个人只要认识2 400个常用字,“一般白话书报刊物上的字,99%他都认得”[5];即使只认识1 106个常用字,阅读一般书报刊物的识字率,也达到92.38%。由此可见从新中国成立初期至70年代,要求小学毕业生识字3 500个,是偏高了。1987年的“教学大纲”把这个识字量降到3 000个左右,就比较合理些。1990年初审通过的“教学大纲”再次下调识字量,明确规定了“在小学阶段,要使学生学会常用汉字2 500个左右”,特别是把低年级阶段的识字量定为1 150个,比以往历次“大纲”规定的减少了400多个,无疑是更符合小学生的实际情况。只要我们按照常用字的规律,科学地编写教材,学生在小学阶段识字2 500个,就完全可以满足自身的需要。这样,“阅读识字教学”依教材教学识字的时间相对减少了,引导学生去阅读、写作、思考、钻研的时间便相应增多了,既便于提高学生的识字质量与能力,又利于语文和其他学科的教学。

二、“集中识字教学”难以推广的原因

有的同志断言,“集中识字教学”使小学生读完二年级掌握2 500字,给语文和其他学科教学开辟了一条捷径[6]。然而30年过去了,这种识字教学仍处于实验阶段。究其原因,大概有如下几点。

(一)“集中识字教学”体系把汉字分为三大类,利少弊多

第一类是由900个有构字能力的基本字组成的字(如:基本字“半”加某些偏旁拼组成“伴　拌　绊”等),第二类是由140个构字部件组成的字(如:构字部件“喿”加某些偏旁拼组成“操　澡　燥”等),第三类是不予或难以归拼的160多个孤立字[7]。在一定条件下,由一个基本字或构字部件带出若干拼组字的识字方法,有助于小学生同时认识某些有内在联系的字,但也带来了三个问题。

1. 许多拼组字和基本字只有外在的形近,并无内在的联系,集中越多识字负担就越重

当拼组字从“音”或从“义”归属于基本字时,掌握一个基本字,才有助于在一定程度上认识一串有内在联系的字。但是众多的拼组字和基本字之间没有“音”或“义”上的联系。如,掌握了基本字“台”或“每”,却丝毫无助于对拼组字“冶治怡始”或“侮海悔”的认识。因而“集中识字教学”也就失去了意义。

2. 新设了无法称说、难以识记的构字部件,给识字教学增添了麻烦

在140个构字部件中,像"朕"这样无法称说、难以识记的约占四分之一。如:构字部件"朕",右旁下方加"马",为"腾"字;加"氺"为"滕"字;若"滕"加"朴",则为"藤"字。在教学中,多一个这样的部件,相当于多一种构字形式,徒增烦琐。

3. 许多基本字是冷僻字或次常用字,拼组字却是常用字

在这种情况下:如:为了认识"津律"、"密蜜"、"低底"、"没设"这些常用的拼组字,儿童得先学会"幸"、"必"、"氏"、"殳"这几个冷僻的基本字;要学会"笑跃"、"孩该"、"使"、"沉"这些常用的拼组字,儿童得先认识"夭"、"亥"、"吏"、"冗"这些次常用的基本字。这种从冷僻的或次常用的基本字入手,再带出常用的拼组字的集中识字,反而增加了识字的难度,也不符合识字规律。

(二)"集中识字教学"过分夸大形声字的"预示能力",容易引起读音、释义的混乱

文字学家把一种文字符号分为两个部分,一部分是需要老师教的基本符号,另一部分是由基本符号组成的组合符号。掌握基本符号以后,能类推出组合符号的"音"和"义"的能力,叫做文字符号的"预示能力"。预示能力越高,表明这种义字越容易掌握[8]。约占汉字总字量90%的形声字,是由1 300多个声旁和250多个形旁这两种基本符号组成的,其预示能力则取决于声旁表音和形旁释义的功能。

据周有光先生在《现代汉字中声旁的表音功能》一文中所作的统计,声旁的表音率大约是39%,另一种意见认为,形声字中75%的声旁不起标音作用[9]。如取两者的平均值,声旁预示能力大约是32%。这就是说,即使掌握了1 300多个声旁的读音,去认识一个生的形声字,读音正确的可能性还不到三分之一。形声字形旁释义的预示能力则还不到28%,[10]其中,直接表示形声字(语素)意义的形旁为数极少,绝大部分形旁只表示与形声字有种属、范围或材料等某种关系,对确定形声字(语素)的意义,仅具参考、辅助的作用。

总之,学生就是掌握了1 550多个基本符号(声旁和形旁)之后,去认识生的组合符号(形声字)的成功率不会超过30%。换言之,有70%以上的形声字还需靠硬记而习得。"集中识字教学"过分夸大了形声字的声旁和形旁的功能,甚至向学生灌输"什么加什么是什么"、"什么换什么念什么"的识字模式[11],容易使学生见旁发音,望形生义。

(三)集中识字学得多忘得快

1. 集中识字忽视了记忆对材料数量的依存关系,反而不易记忆

心理实验的研究表明:随着材料数量的增加,识记所需要的时间,并不直接按照所识记的数量来增加,而是比这个比例大得多。所以,教师不应该在较短的时间内要求学生去识记过多的内容,不然就容易遗忘。"集中识字教学"要求小学生在两年内掌握正常情况下需要五、六年时间才能掌握的2 500字,自然影响了记忆效果。

2."集中识字教学"要求学生同时识记成串形体或形声相近的字,对记忆所产生的抑制尤为严重

心理学家把先前的活动对后面的记忆产生消极的影响,叫前摄抑制,把后面的活动对前面的记忆产生消极的影响,叫倒摄抑制。当前后识记类似的材料时,都会引起这两

种抑制。为了防止这两种抑制所产生的遗忘,就不要把相类似的材料放在一起去识记。"集中识字教学"恰恰是要求同时识记一串串形体或形声相近的字,这就不可避免地要产生上述两种抑制。据调查:中小学生写错别字的主要原因,是前摄抑制和倒摄抑制造成的遗忘所致;中学生识字量比小学生大,受形近、音近影响的写字致误率也比小学生高。可见,接受集中识字的实验班学生因前摄抑制和倒摄抑制所引起的遗忘,要比非实验班学生来得严重。

3. "集中识字教学"把识字与阅读截然分开,识字没有明确的具体目的,忽视了记忆对目的任务的依存关系,难以进行有效的记忆

就低年级阶段而言,集中识字实验教材的内容分成各自独立的两个部分:先是集中识字,而后是集中阅读,一个学期各两次,相间进行。每次集中认识的字,都是由基本字牵头,一个基本字带出若干拼组字,基本字和拼组字再分别组词。这么一来字词的数量就相当庞大,但真正学以致用,出现于阅读之中的却为数不多。大部分字词依然脱离了语言环境,游离于阅读之外,识字缺乏明确的目的性。这样就很难进行有效的记忆。

(四)"集中识字教学"的成功概率小

汉字形声字的预示能力为30%左右,"集中识字教学"的成功概率大体也是30%左右。以要求低年级学生掌握的2 500字计算,"集中识字教学"有助于认识其中的750字,而对余下的1 750字实际上不起什么作用。这还是理论上的乐观估计。如果再考虑到七八岁儿童的认识能力和接受能力,他们要在两个学年内完成如此艰巨的识字任务,除了承受沉重的负担之外,就别无选择。实践已经证明,只有一小部分智力素质较好的儿童能经受住集中识字的压力,并有所得益;要求广大低年级学生识字2 500个,却是强人所难。

三、对"注音识字,提前读写"的思考

"集中识字教学"和"注音识字,提前读写"这两种实验的出发点,都是为了改变"阅读识字教学"使儿童识字进度"缓慢"、识字数量"不足"的状态。但在提高识字速度和数量的方法上,二者却有天壤之别:前者先让儿童大量集中识字之后,才开始阅读教学,后者则直接利用汉语拼音进行读写教学,然后逐步过渡到拼音加汉字,汉字加拼音,最终完全使汉字读写。据说,"注音识字,提前读写"取得了成效,但是如果把这种实验,看成是解决个别语文教学事倍功半问题的"一揽子计划"[12],恐怕言过其实。

(一)"提前读写"比"集中识字"难度更大

所谓"提前读写",显然是依照"教学大纲"的规定,跟"阅读识字教学"相比较而言的,即把"大纲"所规定的某学年读写教学任务,提前到低于该学年的年段里去完成,其中最突出的两点,就是让刚跨入校门的六七岁儿童借助汉语拼音,立即接受大量阅读和大量写作的训练[13]。跟"集中识字教学"一样,"提前读写"主要也是针对低年级学生的。试想:集中识字仅要求提前识字、大量识字,低年级学生尚且不胜其苦,何况"提前读写"要求学生"提前阅读、大量阅读,提前写作、大量写作"[14],远比提前大量识字难得多,其可行性比集中识字更成问题。

(二)"阅读识字"比"提前阅读"更有利于儿童语言的发展

学龄前儿童已具有相当丰富的口头语言,但这跟识字或阅读没有任何直接关系,而是在跟人的交往中习得的。这种从人际交往中才能习得的口语,是一个连续体,从阅读中习得的书面语,也是一个连续体,"两者有重合的部分,又有各自独特的部分"[15]不可不加区别。因此,一味倚重提前阅读来发展儿童的语言并非最佳选择。"阅读识字教学"体系兼顾到口语与书面语的异同,在低年级阶段分设既有联系,又各自独立的"说话"与"语文"两科,将更有利于儿童语言的发展。

(三)"提前读写"忽视了读写能力是一种综合能力

识字不多,阅读受限制,阅读不够量,阅读能力自然难以提高。但这不等于识字量、阅读量与阅读能力之间有着自然的正比关系。即便是识字量、阅读量几乎相同的同班级学生,他们的阅读能力也有不同程度的差异,甚至有很大的差距。有的学生阅读面广,阅读量大,但阅读测试成绩并不见好。因为阅读能力是一种综合能力,它的形成与提高有个潜移默化的过程,其间除了跟识字量、阅读量有关之外,还受到年龄、心理、环境,特别是认识能力和接受能力的制约。"注音识字,提前读写"实验只考虑到识字量,阅读量与阅读能力的关系忽视了其他因素,试图让七八岁儿童通过提前阅读、大量阅读来提高阅读能力,未免操之过急,失之偏颇。

同样,阅读量少、阅读能力差,写作必然差,但阅读量、阅读能力与写作能力之间也不存在正比关系。在现实生活中,不少人会看大部头书,谈起名篇巨著也头头是道,可写一封信却相当吃力。因为同是综合能力,写作能力的综合性要比阅读能力大得多。写作特别有赖于观察和生活实践,而一二年级小学生正亟须指导他们学会观察和生活。在他们尚未具备这两个写作基本条件的情况下,要求他们"提前写作,大量写作",是很不现实的。如果认为掌握了汉语拼音这套书写符号,看了一定数量的汉语拼音读物,就能轻易地达到"我手写我口"的目的,未免把写作看得过于简单了。实践告诉我们,由于种种原因,大多数小学生是畏惧写作的,连有一定写作能力的高年级学生也很少例外。试问,尚不知何谓作文的儿童,究竟有多大的可能大量写作呢?

(四)对"注音识字"教学的三点疑虑

自实行《汉语拼音方案》以来,无论哪一种识字教学都是把汉语拼音作为正音和帮助识字的辅助工具。从这个意义上讲,"注音识字"并非"注音识字,提前读写"实验所独有或首创。不同的是,这个实验先让学生避开汉字,直接把汉语拼音作为读写工具,因此"注音识字"的实质乃是"拼音代字"。在儿童学习汉字的初期,在一定范围内用汉语拼音代替某些字或语句,无疑具有积极意义的。但是,念完一年级上学期,儿童的识字量基本上能满足自身的实际需要,此时若继续采用纯粹的"拼音代字",反而会增加累赘。再说,在汉字尚未拉丁化的今天,纵使学生使用拼音符号读写已得心应手,最后还得回到使用汉字符号的读写上来。"注音识字"教学实验主要采取汉语拼音与相应的汉字双行对照的形式,来解决识字问题。对此,我们有三点疑虑。

第一,从阅读的心理习惯讲,汉语拼音与汉字上下行对照出现时,一般学生不会自觉地兼读双行。已经识得汉字的学生,对拼音符号自然不屑一顾。实验班学生早已把汉语拼音作为读写工具,也不会去顾及汉字符号。即使指令他们对着拼音读汉字,他们对汉字的认识也是笼统的,模糊的。因为他们没有经历过识字阶段,很难把这两种不同的书写符号联系起来。

第二,从教学任务上看,实验班学生致力于使用汉语拼音读写,汉字的基本知识极为薄弱,一旦回归使用汉字,势必造成读音、释义和用字、写字上的混乱。原先使用拼音读写的时间越长,混乱程度也就越严重。同时在相当长的时间里,实验班学生失去了写字训练,对日后的书写也极为不利。

第三,就识字教学的目的而言,针对汉字难记、难写、容易读错这三个习得上的问题,"阅读识字教学"从一年级开始,就结合具体语言环境中的汉字,长期地、持续地、反复地指导儿童去认识汉字的特点与规律,因而有助于儿童独立识字能力的形成。实践证明,在任何学习阶段,特别是低、中年级的阅读教学中,一旦疏忽了对识字的指导,都不利于学生识字能力的形成,也会直接影响到阅读教学本身。

"注音识字"实验一方面意识到"汉字繁难,短时间难以掌握",另一方面却又取消了所谓"单纯的识字阶段",在儿童已经习惯于使用汉语拼音的情况下,竟强调对汉字要"强化认识、加强记忆"[15]。而实验班学生几乎尚未接触到汉字的特点与规律,单凭拼音与汉字的上下对照,是很难达到"强化认识、加强记忆"的目的。

四、几点建议

"阅读识字教学"无疑是识字教学的主导性体系,但它毕竟受过挑战,可见也有其不足之处。"集中识字教学"与"注音识字"实验的某些合理部分仍不失其实用价值。为了完善"阅读识字教学"体系,发挥各识字教学体系的作用,协调彼此间的关系,以利于识字教学的优化,有必要着手如下几项工作。

第一,以国家公布的《现代汉语常用字表》为标准,结合小学生实际,制定出小学教学常用字表及其相应的频度表,作为编写小学教材的用字依据,使"阅读识字教学"更有科学性。

第二,更新"阅读识字教学"观念,广义上把"阅读"概念从单一的语文"阅读",扩大到各有关学科的"阅读",各学科教师也要树立"阅读识字教学"的意识。这样既给学生创造更多地在阅读教学中识字的机会,又有利于各个学科的教学。

第三,利用形声字30%的预示能力,分阶段把学生学过的常用字重新组合归类,让"集中识字"作为巩固识字的一种有效手段。

第四,利用汉语拼音的"准文字"职能,明确"拼音代字"的限量与限期,用来解决低年级学生因识字量暂时不足给学习所带来的困难,并借以熟练汉语拼音。

此外,通过观察图画和实物,联系生活实际等识字方法虽不成体系,却是"阅读识字教学"的必要补充,也同样是可以量化的。

参考文献

[1][8][10] 文武.关于汉字评价的几个基本问题.语文建设,1987(2).

[2][6] 段生农.论语言文字特点与识字教育.教育研究,1983(7,8).

[3] 材料详见《辞海》(教育、心理分册)"中国教育史"部分。

[4] 薛德震，远志明．人的需要与人的劳动．中国社会科学，1983(5)．

[5] 郑林曦．印书印报得用多少字．人民日报，1982－1－14．

[7] 分类详细情况见张学涛，杨文科编．快速集中识字手册．

[9] 福建师范大学主编．现代汉语专题说略(上册)．

[11] 陈守钦．集中识字实验两年回顾．福建师范大学学报(哲社版)，1984(2)．

[12][16] 乐泉．注音识字，提前读写”四议．语文建设，1987(3)．

[13][14] 吴斌．“注音识字，提前读写乃有利于儿童早期智力开发．语文建设，1987(1)．

[15] 吕叔湘．汉语语法研究中的三个问题．中国语法学史稿(序)．

情境识字教学法刍议①

赵蒙成

一

汉字的识字教学方法丰富多样，一般说来，包括以下几类：① 韵语识字，运用有韵的诗歌进行识字教学。② 注音识字，提前读写。这种方法是利用拼音提前阅读，在课文中教学汉字先全文拼读，逐步只拼生字，最后全部取消拼音。③字族文识字，把同声符的字编进各首诗歌中，以便对这些字成批识别。④ 字理识字，利用汉字形义统一的原则，以汉字的义符系统为纲，加强对字理的讲解，使识字教学逐步理性化。⑤ 集中识字，采用基本字带字的方法，先集中一段时间学习一批汉字，在提高识字量以后逐步进入读写。⑥ 分散识字，又称随文识字，即以课文带识字，在学习课文的过程中教学汉字，识字与写字、用字同步进行。[1]

上述识字教学方法各有优势与不足，应当取长补短。实现不同识字教学方法之间整合的前提是确立衡量识字教学方法合理性的标准。科学的识字教学方法必须建立在两个相互依存的基础上：一方面必须符合汉字系统本身的规律，另一方面还必须符合学生认知心理的规律。从实践的角度看，掌握汉字的指标是一般语文教学所提出的“四会”，即读、写、讲、用，要求学习者能够读准字音、写清字形、讲明字义、正确使用，一个有效的识字教学方法应当满足这四项指标，或者满足其中的某一项要求。然而，四项指标的效度并非平分秋色。衡量是否掌握汉字的最重要的标准是什么？当前的识字教学对此认识不清，好像各种识字教学方法的重要性没有差异，致使不同方法的整合缺乏合理的基础。本文认为，读、写关注的是汉字的字音、字形，是表面的物理特征。而衡量学习者是否掌握某一汉字的关键是看其是否知道它的确切意思，特别是能否正确使用。因此，理解和使用是对文字符号的深层把握，是与读、写相互联系，同时又是更高和更基本的要求。在个别情况下，讲、用甚至能够脱离读、写而独立存在。例如，有些字我们可能并不知道它的确切读音，但在具体的语言环境的帮助下，我们仍然能够理解并使用它们。相反，如果仅仅能够读出某一个汉字，或者辨认其形状，但不知道它的意思更不会使用，这显然不能算掌握了该汉字。目前有一些私人运作的广告，把儿童凭借声音或颜色、图形的多次重复挑出指定汉字的字片称做“识字”，这种没有承载意义的识字不是“已识字”，纯粹的物理训练也不是识字教学。若是那样的话，猫、狗等动物也能识字。因此，识字掌握的是汉字音、形、义的统一体，其中，字的意义应当是统帅。

以字义和使用为根本标准来衡量，各种识字教学方法虽各有所长，但它们是存在主辅关系的。韵语识字、注音识字、字族文识字依据汉字的读音为线索帮助儿童识字，虽然有一定的价值，但汉字是表意文字，语音系统与形义系统不一致，这些方法容易导致形义关系被淡化。学生常常会读某些字，却不知它们的确切含义。例如，在注音识字方法的教学中，学生

---

① 原文发表于《苏州大学学报(哲学社会科学版)》2004 年第 4 期。

往往会出现别字，若要顾及字义，韵语、字族文的编写又会遇到极大困难。字理识字符合形义统一的原则，但这种方法假设每一个孤立的汉字本身都具有理据，可以通过讲解理据让学生掌握汉字的意义，这不符合现代汉语的实际情况。一些现代汉字的字理很深奥，或者从表面上看容易产生歧义，不是一般人能懂的；有一些汉字本身就是一个词，具有多个义项，把它们从语言环境中析出难以讲清其意义；更重要的是，在汉字的发展过程中，经过隶变、楷化，汉字系统大大简化，由于黏合、省简、变形、错讹，不少现代汉字已无理据可言，或者追寻其理据已相当困难。例如，有人把“春”讲成“三人一起晒太阳”，把“鸡”讲成“又一种鸟”。其实，小篆体“春”的构件是“艹”、“日”、“屯”，取春天太阳温暖、草木复苏之意，隶变时其上部的“艹”、“屯”粘合成“𡗗”，理据已丢失；“鸡”中的“又”是“奚”的替代，简化后也已不成理据。因此，字理识字法在一定程度上能够帮助识字，但不宜过分宣扬这种方法，把汉字看做独立于生活和实际语言交际的、固定不变的符号系统，并假设每个小学语文教师都是文字学家，这显然是不成立的。集中识字在利用基本字带字的时候，必然要依据字音或字形的规律把汉字进行归纳集中，它与上述的几种方法在本质上有共通之处。总之，依音或依义对汉字进行梳理集中的教学方法有一定的合理之处，根据某种线索对汉字进行归类能够赋予一组汉字形式上的意义，把机械学习转变成有意义学习，有利于提高学习效率，并增强学习兴趣。另外，信息加工学习心理学指出，人类加工信息的能量是有限的，短时记忆一次只能记住 7±2 个项目可是，如果从信息中抽取一种或多种分类特征进行组块记忆，则不仅有利于信息提取，而且能够扩大记忆容量。[2]以上方法是符合心理学原理的。但是，文字是从属于语言的，是第二性的，而这些方法过分强调汉字系统本身的音、形、义等构字规律，并把字义从其具体的使用环境中析离，这就把汉字变成了独立于语言的、第一性的东西。为了便于记忆，这些方法赋予一组汉字某种形式意义，但它们关注的是汉字的表面特征，所谓的“意义”是人为的，并非是汉字在语言交际中的真实意义。学生即使记住了某个字的意思，也不一定能在交际中正确使用。而人的有效学习在根本上应该是意义学习。这些方法之所以受到推崇，还因为识字教学理念上存在误区。以上各种方法有一个相同的目的，就是加快识字的速度，使儿童在尽可能短的时间里认识尽可能多的汉字。单纯追求识字的速度和数量是识字教学观念上的偏差，它导致把识字教学孤立起来，没有认识到识字仅仅是儿童语言发展中的一个辅助部分，没有生活经验的积累，没有思维和语言的发展，识字教学不可能单独超前进行。若强行超越儿童整体的心理发展水平进行识字教学，就必然只关注汉字的音、形等表面特征，势必顾不到字义，从而无法保证识字的质量。

分散识字是以应用为线索展开教学的一种识字方法，主张把识字融入课文教学之中，着眼于识字与语境的有机结合，提倡字不离词、词不离句。如前所述，识字的标准不仅仅限于能够读准字音、写对字形，而且还包括讲清字义、正确使用。使用是指能在恰当的场合表情达意。分散识字要求在具体的语言环境中让学生正确理解和使用汉字，这一点切合识字教学的重点，因而分散识字长期以来是应用最为普遍的一种识字方法。然而，迄今为止，这种方法还停留在经验形态。为什么必须在具体语境中进行识字教学？“语境”的含义和特征是什么？分散识字与其他识字方法的关系怎样？在操作中应注意哪些问题？对这些问题进行探索、回答，是提升分散识字方法的科学性、进一步整合各种识字方法的必然要求。

二

汉字是表达汉语言的书面符号。当前识字教学忽视字义与用法,根本原因在于把语言看做独立于生活的、静态的符号系统,没有认识到语言的意义来自生活,语言的功能依赖生活。西方日常语言哲学的代表人物之一、英国哲学家奥斯丁(J. L. Austin)批评传统语言学理论只注意到语言的陈述和描绘作用,忽视了它作为人类行为的一方面他主张把语言功能与人们的生活形式紧密结合,把说话看成说话人在具体场合下所做出的语言行为,"说话即做事"。他提出的语旨力理论把语言分成以下三种不同的行为:"① 语意行为,这是说出具有一定意义或指称的句子的行为。如'粉笔在桌上'这句话,它的意义来自句中各词的定义,它的指称即粉笔在桌上的事态。② 语旨行为,指说话人所欲达到的意图、旨意、目的如'粉笔在桌上',或想让人了解粉笔所在(告诉),或想使你拿来写字(催促)。③ 语效行为,由于语旨,人们可能成功地使他人做了某事,取得了效果。如说了'粉笔在桌上'后,别人可能已拿来写字了。"[3] 在奥斯丁看来,语意行为与语旨行为只是理论上的抽象,凡真正的语言行为都兼有二者,由此可见,语言的意义须依赖于说话时的具体情境,不仅仅是对事实的描述,还要表达说话者的意图。同样,文字的意义也须依赖具体的生活和语言情境,若非如此,文字所蕴涵的丰富意义将被大大简化,识字教学将被异化成单纯的物理特征的辨认。因此,识字教学必须在具体语境中进行,让学生体认汉字确切的、丰富的含义。具体而言,语境在识字教学中具有如下三方面的作用:

其一,语境制约着汉字的意义。汉字的意义依赖具体语境,主要是因为汉字能独立成词或与其他字组合成词,而词的意义受制于语境不同类型的汉字(词),其意义受语境制约的情况也有区别。有些汉字本身是虚词或者能构成虚词,其意义只能通过语境的限定才能明晰起来,例如,"才"字是一个虚词,常用义项有三项:表示不久以前、表示事情发生得晚或结束得晚、表示只有在某种条件下然后怎样。如果让学生孤立地去记住这三个义项,不仅枯燥费力,而且根本不可能真正理解。如果放在句子中,如"演出才开始他就走了","我昨晚一直到深夜才到达上海","只有全身心地投入,才有可能完成这项困难的任务",学生就会比较容易理解。可见,虚词的意义和大的集合体的意义联系在一起,是通过集合体的整体意义表现出来的。换言之,虚词意义的独立性差,只有放在具体语言环境中才能明确,才容易把握。有一些汉字本身并不能独立成词或者含义比较抽象,如玻、葡、然、兴、情等,只能结合词、句才能明了其含义。还有一些多音字或同音字,如重(zhòng,chóng)、向与象等,其意义必须在词、句中确定,对这些字的教学也应结合语境。另外,还有一类汉字能独立构成多义词,对它们的教学也离不开语境例如,"打"字本身又是一个多义词,具有"用手或器具撞击物体"、"殴打"、"发生与人的交涉行为"、"编织"、"举、提"等多种义项。如果对这些义项孤立地、抽象地解释,儿童就无法真正把握只有通过"打鼓"、"打架"、"打交道"、"打毛衣"、"打灯笼"等词,儿童才能准确理解"打"的多种义项。最后,一些普通的汉字一旦放在特定的语境中,就获得了非常丰富精妙的意蕴。对汉字的这种深层次的或艺术层面上的意义的把握,更离不开具体语境,否则儿童无从感悟汉字的这种精微之义因此,我国古代的语文学习流行"炼字","鸟宿池边树,僧敲(推)月下门"的故事,典型地说明了汉字的意义对语境的依存性。总之,在以上各种类型的汉字教学中,语境是不可或缺的。事实上,只有一些本身能够独立成词、含义又十分具体的字,如人、月、手、书、灯等,其意义能够相对独立于具体语境,除此之外的汉字的学习必须结合语境。

其二，语境规定了汉字的用法与对字义的制约相似，语境对汉字用法的限制其实也是对词的限制。汉语是非屈折语，词不具备形式标志，用在句中也没有形式变化，属性的确定只能根据词在句中的位置及功能。[4]例如，孤立地看"数"这个字，是名词还是动词无法确定。如果放在句子中，"你数一下来了多少人"，"数的概念是需要掌握的"，"数"的词性与用法就相当清楚。因此，对于汉字的教学来说，孤立地学习每一个字只是为正确使用打下了基础，但离使用还有一定的距离。许多外国留学生认识并清楚"游泳"这两个字的意思，却造出了"我游泳了一下午"这样的句子。避免这样的错误，不能单纯依靠规则的讲解，必须引入适当的语境，才能事半功倍。

其三，语境对掌握汉字的字形也具有不可忽视的作用。在儿童学习汉字的过程中，不随意记忆和随意记忆各自起着独特的作用。初识汉字，儿童从一笔一画学起，对字的识别建立在精细辨认的基础上，印象深刻但速度慢，这时候起作用的是不随意记忆。儿童积累了一定量的汉字后，就可以通过阅读记认汉字了。这时候主要是随意记忆起作用，因为儿童在阅读中辨认字形是为了阅读，而不是为了记住字的本身。他的注意主要指向对课文的理解，对字形的识记是不自觉的。然而，随意记忆的效果在许多情况下反而优于不随意记忆，至少可以对不随意记忆起辅助和促进作用。儿童在阅读中对字的随意识记起到了巩固汉字的作用。通过阅读，儿童反复见到一些字，对它们的掌握越来越熟练，辨认的速度越来越快，直至达到自动化程度，这才算真正掌握了这些字如果拘泥于不随意记忆，让儿童枯燥地记忆一个个单字，效果显然不理想。

识字教学应当结合语境进行，但如何进行，口前还缺乏比较深入的研究。通常认为，识字教学的语境就是词、句，扩展开来看，也包括上下段落甚至整篇文章。这样的观点似乎是正确的，其实并不全面。从认知心理学的角度看，识字教学中的"语境"是人类认知活动中的"情境"的一种。西方当代认知心理学认为，传统的符号加工观集中关注心理的神经机制和符号表征，但是，人类的知识和认知不能与真实的世界分割开来。如果这样做，就是在研究离开躯壳的智力，这种智力是人造的、不真实的。情境和人们从事的活动、人和环境的相互协调是真正重要的，所有的学习都是情境中的学习。而情境"并不意味着某种具体的和特定的东西……它意味着，在特殊性和普遍性的许多层面上，一个特定的社会实践与活动系统中社会过程的其他方面具有多重的交互联系"。[5]就是说，不应认为情境认知仅仅适合局部情境下的具体学习，它强调的是真实行为所发生的社会网络和活动系统，其突出特点是把个人认知放在更大的物理和社会的情境脉络中，这一情境脉络是互动性的，包含文化性建构的工具和意义。以此观照，识字教学中的语境不能仅仅理解为某个汉字所处的文字环境，有效的语境应当具备以下特征：

生活化。识字教学之所以应当在语境中进行，是因为儿童能够通过具体语境来获得汉字真实多变的意义。要做到这一点语境必须来自儿童真实的、熟悉的、亲切的生活，关注儿童的生活世界。"生活世界"是现象学哲学家胡塞尔提出来的概念，其基本含义是指我们各人或各个社会团体生活于其中的现实而又具体的环境，具体包括四个方面的含义："第一，生活世界是一个非课题性的世界，是自然的、始终在先存在着的世界。它是前科学的世界，是毋庸置疑、不言自明的前提，是不能也不需要追问的问题；第二，生活世界是一个奠基性的世界；第三，生活世界是一个主观、相对的世界；第四，生活世界是一个直观的世界，是日常的、伸手可及的、非抽象的。”[6]生活世界是与科学世界、思维世界相对应的概念，它指的是活生生的日常生活本身，只有生活世界才能赋予每个人生活的根本意义但在识字教学中，出于种种其他目的的考虑，语境设置也不乏远离儿童生活世界的现象例如，江苏教育出版社出版的小学语文课本第一、第二册中(2000年第4版)，选入了“东方明珠”、“怀素写字”、“骑牛比赛”、“我不认识你”、“陈毅探母”等几篇课文。上海电视塔虽有东方明珠的关称，但许多一年级的小学生没见过，无法体会课文描绘的关景，从而影响他们对文中汉字意义的掌握。至于南美洲骑牛比赛的场景，学生更是只能凭想象推测。“我不认识你”讲的是已故作家高士其认真听讲的故事，对于小学生来说，怀素、高士其太陌生了。“陈毅探母”讲陈毅孝敬母亲的故事，陈毅对于现在的成年人可能是熟悉的，然而对于儿童来说，也太遥远了。当然，这些课文或者能扩大学生的见识，或者具有思想道德教育的价值，但这些目的可以通过其他的有效方式来实现。识字是低年级语文教学的重点，不能为了满足与识字无关的需要而提供一些儿童不熟悉的、难以认知和体验的语境。总之，语境愈是贴近儿童真实的日常生活，对儿童的识字就愈有帮助。

应用性。儿童对语境是否熟悉，在一定程度上取决于儿童在语境中应用某些汉字的频率。儿童在某些场景中使用某些汉字的频率越高，对这些语境就越熟悉。同时，有些场景儿童也是熟悉的，但指称的汉字，儿童应用的频率并不高比较之下，儿童生活于其中、对其熟知，并在这些场景中经常要使用一定量的汉字，这样的语境应当是首选。有些汉字笔画简单，在构字中应用频率高，儿童对其指称的事物也是熟悉的，然而，它们在儿童生活中使用的频率并不高，如“日”、“足”、“目”等，儿童在口语交际中一般是说太阳、脚、眼睛，这样的字在识字顺序中应当靠后。有些汉字，儿童熟知其指称的事物和语境，但这些字应用频率不高且比较复杂，如“嫩芽”、“蜜蜂”等，这样的字也应后学。相反，如果儿童在个人生活中使用某些汉字的频率高，这也意味着儿童熟悉这些字的语境，即使这些字比较复杂，也应该先教，如脚、药、饭、厨房、柜子、玩具、电视、爸爸、妈妈、老师、朋友等。儿童知道这些字的确切含义，更重要的是，他们能够在高频率的使用中很快掌握。

互动性。语境的生活化与应用性决定了语境应当是互动的若由课本或教师单方而设定语境，就有可能偏离儿童的真实生活，不符合他们的认知意愿因此，即使处于识字阶段的儿童年龄较小，也应该把他们看作认识主体。语境在本质上不应当是预先规定的，而应是教师在与儿童的互动中生成的教师可以提供语境的框架，更要观察儿童的生活，关注他们的兴趣，鼓励他们提问或表达。以此为基础才能探索有效的识字教学方法。另外，在识字语境的生成中，主体不限于教师与学生，父母也可以扮演重要的角色。在日常生活中，父母能够随时提取语境，帮助孩子识字，而且由于语境是真实的、鲜活的、独特的，往往能取得意想不到的效果。例如，有个孩子在写“游”，字时，总是把右边的“斿”，写成“攵”，而他爸爸的名字中有一个“子”字，他妈妈就提醒他，“‘游’，的右边部首中有你爸爸名字中的‘子’字，不是‘攵’”。从此这个孩子再也没有写错过。可见，父母在与孩子的交往中能够自然地生成语境，为孩子的识字提供不小的帮助。

趣味性。要提高识字的效率，语境还应该具有趣味性儿童若是对汉字的语境感兴趣，识字的效果就会大大提高课本的印刷要精关，应配有鲜艳的图画。课文应尽可能采用儿童喜爱的儿歌、故事的形式。多媒体教学技术能够提供生动逼真的声音和画而，使语境活灵活现，在识字教学中应广泛应用。趣味性也与真实性紧密相关。应让儿童多到他们喜欢去的地方，如动物园、植物园、风景优美的景点等，这样既可以开阔他们的视野，又有利于识字教学。

规范性我国汉字的读音以普通话为基准，字形也有规定的标准。识字教学应遵循这些标准，注意规范性。我国是一个多民族国家，方言复杂，不少儿童开始识字时不懂普通话，少数民族的一些儿童甚至不懂汉语。这就要求教师在开始识字教学时注意纠正读音，写字也要写标准的简化字，字应写得清楚、工整。有些教师讲不好普通话，也有些教师写字潦草，或者喜欢写繁体字，这都会给儿童的识字带来消极影响。如果儿童在识字之初就习得了错误的读音或字形，以后纠正必将遇到较大的困难。因此，汉字及其语境的规范性也是识字教学中不容忽视的一个重要问题。

参考文献

[1] 王宁. 汉字教学的原理与各类教学方法的科学运用(下). 课程·教材·教法，2002(11).

[2] 施良方. 学习论：学习心理学的理论与原理. 人民教育出版社，1994：287.

[3] 刘放桐. 现代西方哲学(上). 人民出版社，1990：430－432.

[4] 佟乐权，张一清. 小学识字教学研究. 广东教育出版社，1999：115.

[5] (美)戴维·H·乔纳森. 郑太年，任友群，译. 学习环境的理论基础. 华东师范大学出版社，2002：55－67.

[6] 倪梁康. 现象学及其效应——胡塞尔与当代德国哲学. 三联书店，1994：131－132.

字理识字教学法①

贾国均

汉字识字教育历来被视为制约中华文化与经济发展的"瓶颈"。探索识字教育的坦途是我国自古以来历代仁人志士为之奋斗的事业。尤其是在20世纪90年代,识字教育研究异常活跃,识字教学流派达20多家,出现了百花齐放的喜人局面。

在这些识字教学法中,有"集中识字"、"分散识字"、"注音识字"、"韵语识字"、"字族文识字"、"分类识字"、"部件识字"、"循环识字"等等,它们各有优势和特点,而且经过实践证明确实有效可行。但是,经过深入分析可以发现,这些识字教学法并未注重研究我国汉字构形规律最明显的特点——形与义的关系。在这识字教学法百花齐放的形势下,如何集各识字教学流派之大成,把识字教学推向一个新的阶段,就成为众多研究人员和教学工作者的共同心声。在这种背景下,我们于1992年开始进行了"字理识字"教学法的研究。

一

所谓字理,即汉字的构形理据。字理识字教学法是依据汉字的组构规律,从汉字形与义、音的关系着手进行识字教学的方法。它注重通过对汉字的象形、指事、会意、形声、转注、假借等构形理据的分析来突破字形这个难关,达到提高识字教学效率的目的。

字理识字教学法主张小学阶段识字3 000个左右,一、二年级识字2 000个左右。

抓住汉字的组构规律进行识字教学,即可抓住汉字的本质特点,也即抓住识字教学的根本。湖南省语言学会会长王大年教授说:"字理识字教学是一种行之有效的好方法,它具有强大的生命力。"[1]

二

(一)字理识字教学法的基本原则

字理识字教学法的基本原则除具有我国教学原则体系中的一般原则外,最基本的是科学性原则、理论联系实际原则和开放性、兼容性原则。

科学性原则是字理识字教学法的灵魂,它要求识字教学符合汉字组构规律,符合识字教学规律,符合人的认知心理。理论联系实际原则是指在运用文字学、语言学、心理学、教育学理论指导识字教学时,一定要与各种实际情况紧密结合,要注意结合汉字发展、演变的实际,儿童身心、生活的实际,教学大纲、教材要求的实际等等。在教学中坚持重在实用,讲求实效,注意处理好字理解析的面与度。由于字理识字教学法抓住了识字教学的主要矛盾,把握了汉字的本质特点,因之,它具有博采众长的开放性和与其他各教学研究同步进行的兼

① 原文发表于《中国教育学刊》1996年第3期。

容性。

（二）字理识字教学法课堂教学程序

字理识字课堂教学程序与常规教学相比，不同之处是在识字教学中增加了字理解析。其程序如下：

1. 教学字音

在提出生字定向后，用拼音教学字音。

2. 解析字理

教师用各种直观手段引导学生观察、联想、比较，解析象形、指事、会意字；讲清形声字的形旁和声旁的表意、表音作用；进行组词造句等。

3. 分析字形

教学汉字的笔画、笔顺、间架结构等。合体字按部件分析。

4. 书写练习

每教完一个生字就让学生抄写（或默写）一次，然后引导学生与教材或黑板上的范字对照检查。写对了的再写一个，写错了的需找出错误重写。在教完一节课全部生字后，老师按教学顺序和用语报出生字让学生听写一次（不带拼音），发现问题，当场矫正。[2]

（三）象形字教学基本模式

字理识字教学法象形字教学基本模式为"定向—明理—析形"。

1. 定向

这是指教师在开始教生字前引导儿童进入准备状态，使其产生对学习新知的趋向心理。教学一开始，教师应在儿童熟识的一定语言环境中提出所要教的生字，以建立儿童的定向基础，生字可通过课文语言、图片、实物、旧知、日常生活中的见闻等提出。

2. 明理

这是指教师边展示汉字形体的演变过程边阐明字理。

(1) 展示内容。一是实物彩图。这是根据汉字表现的客观物体的形状绘出的与汉字相应的实物彩图（有的字可用实物演示时则不必另绘彩图）。二是概括抽象图。这是对实物图的抽象。由实物到文字的产生，有一个对实物进行抽象概括的心理过程，没有这个过程就没有文字的产生，教学时的概括抽象图是帮助儿童由图到字形成思路，进而理解和识记汉字的重要条件。三是古体汉字。这是从图画到楷体汉字的过渡。实物彩图和概括抽象图都是图画，而不是文字，只有甲骨文、金文、六国古文、大篆、小篆及其他诸体才是文字，文字是在实物形象的基础上产生的，甲骨文、金文等形象性很强，但字形与楷体相去甚远，较难在字形上找到前后二者间的联系。小篆虽形象性比甲骨文、金文等稍差，唯其保留了象形的特点，字形与楷体又比较接近，因此选择小篆作为从概括抽象图过渡到楷体的字体比较适宜。当然，也不排斥部分汉字选用甲骨文、金文等字体作为过渡，只要便于儿童理解即可。有的字不用古体字过渡也是允许的。四是正楷汉字。这是要求学生掌握的生字，字体须与教材要求——正楷相同。

(2) 展示顺序。教学时展示的内容通常按以下顺序展示：

实物彩图——概括抽象图——古体汉字——楷体汉字

有时也可按以下顺序展示：

楷体汉字——实物彩图——概括抽象图——古体汉字

第二种展示顺序与第一种略有不同，只是楷体汉字与古体汉字交换了位置。

(3) 展示方式。展示方式一般有分步展示和一次性展示两种：分步展示指按顺序分步骤展示汉字形体的演变过程。展示一个内容后，随即引导儿童观察理解，接着再展示下一个内容。这种展示法常用于初学时或教学一组象形字之初。一次性展示指将展示内容一并展出，再引导儿童依次逐一观察理解。这种展示法常用于掌握了一定的汉字演变规律之后。

展示的手段可视学校和教师的实际情况而定，用卡片、挂图、幻灯、简笔画、录像、电脑等均可。

3. 析形

这是指在展示汉字演变过程后，将楷体汉字各部位与客观物体各部位进行对应分析。这是形义联系的关键步骤。通常有两种对应分析方法：① 汉字笔画与物体部位对应。可以是汉字的一画对应物体的一个部位，也可以是汉字的一画对应物体的多个部位或多画对应物体的一个部位。② 汉字的局部与物体的局部大体对应，这两种方法往往也交叉使用。

本模式适用于象形字的教学，指事、会意、形声字的教学与象形字既有共同之处，也有各自的特点，可参考、借鉴本模式进行。

(四) 字理识字教学的基本方法

总的说来，常规的教学方法，如演示法、讲授法、讨论法等都适合于字理解析。与此同时，字理识字教学还可结合生字和课型的实际灵活运用分类、循环、听读、猜认、基本字带字等多种教学方法。字理识字教学法主张根据不同的情况采用不同的教学方法，只要能收到较好的教学效果，各种教学方法都可采用。根据字理解析的需要，字理识字十分注重联想法和比较法。

1. 联想法

联想法是在解析字理时引导学生合理联想，以加深对汉字形、义、音的理解。我们今天引导学习者去领会五六千年前先民的造字理据，有着相当大的历史差距和思维差距。对于儿童识字来说，其思维差距更大。怎样缩小这个差距呢？一个有效的方法就是联想。汉字是以形义为主的联想系统，其特点在于形象，它是符号，是通过联想来认识其意义的。[3]汉字的这个特点为我们今天通过联想来学习汉字提供了条件。

根据不同的汉字，有的要引导学生联想自然物体、自然现象，有的要联想先民的生产、生活，有的要联想古代战争……

运用联想法教学要注意联想要合理，即符合客观实际和历史事实，不可漫无边际地乱想。

2. 比较法

比较法是确定两个或两个以上汉字异同的思维过程。在汉字系统中，汉字与汉字之间有着千丝万缕的联系。通过比较可以把汉字的个别部分和特征分析出来，发现它们之间的异同，以利抓住字与字的本质联系和区别，从而提高教学效率。

运用比较法教学，有的可比整体，有的可比声旁，有的则可比形旁。

岳阳市近两年来开展字理识字教学实验的情况反映出，小学生的识字兴趣浓厚，课堂教学效率提高.学生不仅识了字,而且由于增加了信息量,从而扩大了知识面,丰富了语言,发展了观察能力、分析能力、思维能力和识字能力。

笔者于1994年3月在小学一年级中进行了一次字理识字教学认读、默写效果实验,同一教师在随机编组的情况下,对实验组和对照组分别采用字理识字教学法和常规教学法教学5个生字(2个象形字,2个形声字,1个会意字),当堂测验,结果如下表:

表1　实验组与对照组认读、默写情况

组别	n	认读正确率		默写正确率	
		人次	%	人次	%
A实验组	30	147	98	145	96.67
B对照组	30	138	92	138	92

正如杭州大学朱作仁教授所说,汉字"有其以形表义的主要特点,每个汉字类似图形,形象、生动、直观,示差性强,更便于联想记忆,儿童学起来兴趣盎然,效果很好"[4]。

1995年8月,笔者对岳阳市数十所开展实验的学校进行抽样调查,发现被试班的学业成绩普遍高于对照班(见表2)。

表2　1995年岳阳市字理识字教学实验部分校语文成绩抽样调查表

类别	学校	班别	N	$\overline{X}$	S	Z	P	结论
城市	岳阳师范附属小学	实验班	60	93.93	3.5735	2.8641	<0.01	有高度显著性差异
		对照班	56	90.35	9.0660			
城镇	岳阳县城关镇新长征小学	实验班	64	91.28	7.4779	2.9024	<0.01	有高度显著性差异
		对照班	68	84.33	16.6260			
农村	郊区北港乡枫树小学	实验班	62	86.3	12.9314	1.9701	<0.05	有显著性差异
		对照班	60	82	14.4328			

由此可见,字理识字教学有利于提高教育教学质量。

三

在我国诸多识字教学流派中,字理识字教学法虽起步较晚,但自它一问世,很快就受到各方人士特别是广大教师的青睐。究其原因,重要的一条就是它具有较广泛的适应性。

(一)适用于各类识字教学

字理识字教学法抓住了识字教学的主要矛盾——汉字形与义的关系,并从问题的根本入手,对汉字追本溯源,因而对于各类识字教学都具有普遍意义,它既适用于中小学汉字教学,也适用于成人扫盲教学。既适用于我国汉族的汉字教学,也适用于我国少数民族和外国人的汉字教学。

(二)适应各种教学条件

教学条件的好坏,很大程度上制约着教学过程,影响着教育效果,而字理识字教学法能在各种环境条件下发挥自身的优势：

1. 城市、农村学校都适用；

2. 师资水平高低都可用。

提高教师素质是提高教育质量的前提。在字理识字教学中，教师水平的高低同样决定教育效果的优劣。但是，教师水平的高低却不能决定其能否运用字理识字教学法，水平高的教师运用字理识字教学法当然好，能取得明显效果，而水平一般，甚至水平较低的教师也能运用字理识字教学法，取得比以前更好的教学效果。

由于字理识字教学要运用文字学知识，因此，许多人对教师的学识水平产生顾虑，这种顾虑是有道理的。然而，问题并不难解决，办法之一是培训教师，可对教师进行“现买现卖”式的培训。从岳阳市前段的实践经验看，由于教师理解能力强。加上汉字形义联系紧密，易性易记，通常一学期的内容培训两天就可以。办法之二是提供资料，有关方面可向教师提供一些介绍汉字组构理据的普及读物，让教师自学。办法之三是把文字学知识编进中师篇语文教材，让教师在上岗前就打好文字学基础(这是最根本的措施)。办法之四是将在岗教师所偏的文字学知识列入教师继续教育内容，限期提高。

3. 教学设备优劣都适用

对于字理识字教学来说，离不开教学设备，设备优良的当然更好，教师可利用幻灯，甚至录像、光盘、电脑来表现汉字的演变过程，带来理想的教学效果，而设备较差的学校同样可以使用这种教学法，即使没有电化教学设备，仍然可用教学卡片代替。有的教师擅长即兴简笔画，亦能收到较好的教学效果。

综上所述，字理识字教学法具有广泛的适应性，这是它具有强大生命力的重要原因之一。

参考文献

[1] 王大年.“湖南省语言学会字理识字研究会95年会”的题词，1995-12-26.

[2] 朱作仁，李人凡.朱作仁语文教学研究文集.广西人民出版社，1988.

[3] 钱伟长.“汉字是科学、易学、智能型、国际性优秀文字”座谈会上的发言.汉字文化，1991(3).

[4] 朱作仁.“汉字标音”实脸，效果好，能行!.汉字文化，1993(2).

识字教学效率低的根本原因分析[①]

金文伟

识字教学是小学语文教学的一项重要任务。《九年义务教育语文课程标准》(实验稿)对小学毕业生的目标要求是"累计认识常用汉字3 000个,其中2 600个左右会写"。这个任务对教师的教和学生的学都相当重。要正确地教授汉字,提高学生的识字效率,最好的方法当然是识字教学的科学化,即科学地分析和讲授汉字知识。因此,从专业角度说,小学语文教师掌握"汉字学"的科学知识,熟谙所教汉字的形音义关系,应该是再正常不过的事了。但是,笔者在与小学教师的多次交流中发现,由于新中国成立以来师范院校小教专业几乎没有开设过"汉字学"课程,仅在"汉语"课中讲授了汉字的一点皮毛知识,使得小学教师们对"汉字学"的知识了解甚少,甚至大多数教师不知道有"汉字学"这门学科。因此,尽管几十年来广大教师和教育工作者为探求最优的识字教学方法下了很大工夫,做了许多探讨,并先后创造30多种识字教学方法,例如集中识字、分散识字、部件识字、注音识字、字根识字、联想识字、韵语识字、趣味识字、口诀识字、字谜识字、计算机辅助识字,等等,由于没有充分认识到汉字的表意特点,不能正确地解说汉字的构字原理,使这些耗费了大量心血的识字方法只能局限在解析笔画符号的范围内,其结果仍然是耗时多、费力大、效率较低。比如识字教学占用的课时仍然比较多,已经影响到了语文其他内容的学习,但是小学生进到高年级时识字的回生率还是比较高的。特别要指出的是,这些教法还使汉字形体所负载的大量文化因素不能在识字教学中有效利用,并使学生们对汉字产生了很多不正确的认识,从而影响了整个语文学习的效率。因此,要切实提高识字教学的效率,教师必须掌握"汉字学"的科学知识。

一、"汉字学"是研究汉字的学科

"汉字学"是什么学科?是研究汉字的学科,即研究汉字的字形及字的形、音、义相互关系的一门学科。该学科在我国历史悠久,萌芽于西周至春秋时期。那时,人们已经开始分析解说汉字的形体结构,并产生了"六书"说。东汉班固承袭西汉刘欲《七略》而作的《汉书·艺文志》介绍说:"古者,八岁入小学,故周官保氏掌养国子,教之六书,谓象形、象事、象意、象声、转注、假借,造字之本也。""保氏"是周代掌管教育的一种官职,"国子"指贵族子弟。班固的这段话说明,在周朝的小学识字教育中儿童已经学习"六书"理论了。虽然这个"六书"的名称用字及次序与后来许慎解说的"六书"有所不同,但基本内容是一致的。由于小学先教文字,汉代就把"汉字学"称为"小学"。

东汉时,许慎集前人研究之大成,创编了中国乃至世界上第一部自成系统的汉文字学著作——《说文解字》。《说文解字》成为我国文字学的奠基之作,标志着中国汉字学的正式创立。许书具体解说了"六书"(指事、象形、形声、会意、转注、假借)理论;逐个地分析了上万个

---

① 原文发表于《集美大学学报》2006年6月第2期。

汉字的形体,发现了汉字的部首系统,创造了汉字的部首编纂法;抓住了汉字表意的根本特点,创造了结合字义、字音分析汉字字形的科学方法。由于《说文解字》具有很高的理论研究价值与实际应用价值,因此成为后人深入学习汉字和教授汉字的必备之书,并且一直到清朝末年,在我国文字学发展史上形成了一个"说文学"时期。隋唐以后,"小学"的范围扩大到音韵和训诂。清朝时期,对"小学"的研究达到了高潮。特别是清光绪二十五年(1899 年)在河南安阳殷墟发现了甲骨文,同时,先秦青铜器和其他文物也大量出土,更丰富了汉字研究的内容,汉字研究进入到科学文字学时期。[1]清朝末年,章太炎先生对"小学"的名称提出异议,认为"小学"之名不够确切,建议改称"语言文字之学"。"五四"以后,"文字学"逐渐代替了"小学"的旧称。由于"文字学"实际上只研究汉字,不包括中国其他少数民族的文字,解放后,一些研究者就把专门研究汉字的学问称为"汉字学"或"汉文字学",并且根据语文的现代化,又把"汉字学"分为"古代汉字学"和"现代汉字学"。

现在,"汉字学"研究的内容空前丰富多彩,已经取得了多方面的成就。其研究内容主要有汉字的本质、汉字的起源和发展规律,汉字的结构和形体的变迁规律,汉字的应用、汉字的规范化以及汉字改革规律等等。其中还涉及对现代汉字教学的研究,比如:九年义务教育要教多少字,都是哪些字;汉字的笔画有多有少,哪几种笔画负载的汉字数量最多,为什么;汉字在学习和书写时,对字形应该怎么分析;多数字是由几个小的构字单位组成的,组合时有没有理据可言;如何使汉字变得更加合理更加规范,使学习和使用都比较容易;等等[2]。这些研究对小学识字教学极具理论指导作用。特别是当代汉字学家们在继承《说文解字》等著作的说解文形基础上,对每个现代汉字的字形构成原理和应用发展情况都做了严谨的探讨和相对合理的解析,给识字教学提供了可以直接应用的教辅材料。显然,小学语文教师学习了"汉字学"的相关知识,借鉴了这些成果,必定会促进识字教学的科学化,迅速提高教学的质量和效率。

二、忽视表意特点,教学违背汉字科学

小学语文教师们至今很少有人来认真地学习汉字学知识和研究成果,因此在教学中存在着许多违背汉字科学的现象,平白增添了许多教学难度,耗费了许多时光。其中最突出、最明显的是忽视汉字的表意性质,违背了汉字的构字规律和汉字的系统性规律。

(一) 讲"形"不顾"义",违背构字规律

识字教学违背汉字的构字规律主要表现在教学中经常使字的"形"、"义"分离,即往往只讲解字"形",不顾字"义",好像字形是与字义毫无关系的符号。

汉字是表意文字,是形音义的统一,具有因义构形的特点。这不仅在早期的汉字中十分明显,即使是经历了几千年演变,已经笔画化、符号化了的现代汉字,也因其一脉相承的因素和顽强的表意性,使大部分汉字仍能通过形义分析找到其构形的原因。[3]因此,识字教学应该科学地讲解每个字的形义关系,并利用"义"的决定因素,讲清字的构形原理,从而使学生容易理解和轻松识记。这是提高识字效率的科学方法,实践已证明了这一点。比如许多教师讲解"看"是个会意字,上"龵"(手)下目,表示"用手遮住眼睛远望"之义;"刃"是指事字,"刀"上加指事符号以表示刀口之义;"灭"是会意字,用物"一"覆盖"火"则熄灭。显然,按照汉字的造字原理进行讲授,形义结合,字理清楚,形象鲜明,生动有趣,利于学生识记,具有事

半功倍的效果。可惜,这样科学的教法很少,大多数的教法是只讲解字"形"而不管字"义",使学生对众多字的构"形"原理不明白,只能一个个地死记硬背。比如"名"字,是会意字,从夕从口,表示傍晚(夕)光线暗互相看不清,人与人之间只好呼叫(口)名字,本义是人的名字。这个字的形义关系很有故事性,也符合小学生形象性强的心理特点,正确讲解会使他们产生兴趣并容易识记。但是,教师只是让学生机械地反复识记。又如"初"字,会意字,从刀从衣,表示"用刀剪裁布料是制作衣服的开始"之意,本义是开始。"初"的形义关系也显明易教,但是很多教师不懂"初"的形义关系,只好反复给学生强调该字是"衤"旁,不要少写了一点成了"礻"旁。苦口婆心,费力费时,结果却是很多学生照旧写错这个字。学生还常写错"即"和"既"、"寇"和"冠"等字,对"具、染、轨、武"等字也常少写一横或多加一点(撇),这都与教师缺乏"汉字学"知识,难以讲清字的形义关系有关。

许多教师为了增强小学生识字的趣味性,降低识字的难度,经常创编一些儿歌、故事、字谜等来解说字形。这种方法如果符合字理,就会提高识字效率,如果不顾字义而随意解形,把汉字教学当成了拆字的游戏,反而会影响学生的语文整体学习效益。例如"碧"字,有老师解析道:"王老头,白老头,坐上大石头"。这样解析字"形",虽然新奇有趣,押韵易记,但与碧"义"有什么关系呢?学生记"形"而不明"义",能算学好了这个字吗?更糟糕的是,这种教法影响了学生对课文的理解。试想,他们不明白字义,怎么能准确地理解课文呢?仍以"碧"为例说明这个道理。"碧"是个会意兼形声字,从石从白(琥珀),意思是像琥珀般的玉石,珀兼表声;本义是青玉,引申泛指青绿色。[4]学生理解了"碧"的形义关系,不但容易记"形",而且还能因"义"加深对课文的理解,比如学习教材中杨万里的诗《晓出净慈寺送林子方》中"接天莲叶无穷碧"一句,就会增强其形象感。"碧"又引申比喻水的碧绿而平静,学生据此义项学习教材中李白诗《望天门山》中"碧水东流至此回"一句,就容易想象到"宽阔平静的楚江碧水东流到这里(天门山)突然回旋激荡"的情景。如果学生不明白"碧"的字义,是不能充分理解这些诗句的意境的。可见,违背汉字构形原理的教法,即使活泼有趣,识字的效率也并不算好,而科学的解字析义不仅能使学生正确地理解和使用汉字,而且能使整个语文学习的效率迅速提高。

(二) 随意解字"形",违背汉字系统规律

汉字的系统性规律,是指汉字因为坚持表意的特点,在产生、发展和应用的漫长岁月里,形成了许多相互联系的系统,比如部首系统、形部系统、声部系统、本义与引申义系统、同源字系统、字的假借系统,等等。每个汉字都在某些系统中有着自己适当的位置,并产生着纵横两方面的字际关系,讲解每一个字的形、音、义,都会涉及其他的一些字。因此,遵循汉字的系统性规律,科学地讲解每一个字,有助于学生识记其他一些字,从而极大地提高识字效率。反之,随意解析某个汉字就等于是在破坏这个字的相关系统,是在隔断字际之间的联系,从而增加了对其他许多字的识记难度。比如"题"字,有位教师给学生拆解为"考试题是一页一页的"。真是大错"题"是形声字,从页(页,音 xié)的是声(古音),部首系统属"页"部。"页"的本义是"头"(假借为书页的"页"),该部的字大都与"头面"义有关,如"顶、项、须、顾、颅、颈、颊"等。"题"的本义是"额"。在本义和引申义系统中,"额"在人体上部,与"目"构成一个人外貌的重要特征,因此引申指放在文章上面、揭示文章主旨的"题目","标题",进而引申出"题名"、"题写"、"题字"、"题跋"、"题匾额"等义。那位教师错解了"题"的形音义关

系,不仅影响了学生对“页”部首许多字的识记,也影响了对“题”的几项引申义理解,因此,妨碍了识字效率的提高。

违背汉字系统性规律最突出的是部首教学。部首教学在识字教学中具有举足轻重的作用。多年的经验证明,正确地讲解某个部首的形义,能使学生快速地识记该部首系统中的许多字。比如,教师一般都教给学生“氵”表“水”义,“艹”表“草”义,“忄”表“心”义,“扌”表“手”义、“亻”表“人”义,等等,使学生识记这些部首系统的字比较轻松、比较快。由此推论,教师教授的部首义越多,学生识字的效率就越高。1988 年 1 月 26 日国家语言文字工作委员会和国家教育委员会联合发布的《现代汉字常用字表》确定了 201 个部首,如果教师能够正确地解说这 201 个部首的形义关系,部首系统规律定会在识字教学中发挥最大的效用。但是,据笔者对集美大学专升本小教专业函授班三届学员的了解,绝大多数在职教师对其中约一半的部首义不清楚,例如:彳、左阝、右阝、囗、口、止、页、厂、广、冖、彡、攵、殳、皿、廾、冫、廴、釆、自、寸、旡、方、业、勹、匚、凵、冂、彐、厶、干、大、乙、儿、尢、尸、歹、欠、未、辛、麻、黑……甚至很多教师把“釆”(音 biàn)认作了“采”。

教师不了解某部首的义和在部中的作用,该部首在识字中的作用就小多了。以含字量较多的左右“阝”两个部首为例。“左阝”和“右阝”在教学上长期称之为“左耳”部和“右耳”部。这种称呼或许形象有趣,却违背了汉字科学。它没有说明部首的义,学生也不明白这两只孤独的“耳朵”在构字中起什么作用,只能对两部首系统中的字一个一个地死记。

“汉字学”指出,左“阝”在甲骨文有译、等形,像山崖边的石橙形,小篆写作,隶书写作,楷书写作“阜”,《现代汉字常用字表》定部首为“阜”部,作左偏旁时楷书写作“阝”。本义是“土山”;左“阝”(阜)作部首所从字多与山、山势高下和阶梯等义有关。例如:“阵”,表示古代打仗在山前排列战车以布阵;陵、“阿”(e),是大土山;“阳”(阳),指山的南面、水的北岸;阴(陰)是山的北面、水的南面;“陟”用趾形向上(步)表示登山;“降”用趾形向下表示人自高处下来;“险”、“限”、“阻”都是形声字,均含有山势高峻,难以逾 é 越的意思;“阶”、“除”、“陛”的本义都与台阶有关。

右“阝”是“邑”,甲骨文写作,篆书写作,隶书写作,从囗(wéi,同围,表示疆域)从(卩 jié,跪坐的人形,表示人口),合起来表示“人居住的地方”义。《现代汉字常用字表》定部首为“邑”部,作右偏旁时楷书写作“⻏”,所从字多与城郭、地名、地域等有关,例如“邓(鄂)”、“邢”本是古代国名,后来用作姓;“邱”、“郎”、“部”、“都”、“邯郸”本是古代地名;“邦”古代指诸侯封国;“郡”是古代行政区域“都”本指大城市;“郭”本指在城的外围加筑的一道城墙;“郊”指国都城外百里之内的地方。

按照汉字科学来解说二“阝”之义,识记其部首系统的字显然省时省力,容易多了。由此可见,教学中违背了一些部首的系统规律,也是妨碍识字效率的一个重要原因。

三、运用汉字科学,提高识字效率

从事汉字教学工作,教师却缺乏“汉字学”知识,从专业角度说,无论如何是不应该的,从教学效果看,耗时多、费力大,收效低也是必然的。那么,为什么会产生这种现象呢?究其根本原因,与人们长期对汉字的错误理解有关。多年来,人们过于强调了汉字的符号性,把汉字看成是一个个只需死记硬背的符号,没有充分认识到汉字本身具有的构字原理,不知道汉字里存在着严密的各种体系和丰富的科学知识，因此忽略了“汉字学”在识字教学中的主导作用。在这种观念下，师范院校的小教专业自然不会开设“汉字学”课程，小学语文教师的各种培训自然也不会增加“汉字学”的内容，小学语文教师自然也不会去主动地学习“汉字学”知识。即使是广大教育工作者创造了前面所说的多种识字教学方法，也因为没能充分认识到汉字的表意特点，不能正确地解说汉字的构字原理，而使这些耗费了大量心血的识字方法只能局限在解析笔画、符号的范围内，效果始终难遂人愿。值得一提的是，20 世纪 90 年代初又产生了一种“字理识字”教学法。字理是指汉字的构字依据和组成规律。该法的优点是根据汉字字形、字音来分析字义，使字的形音义结合。这是识字教学的一大进步。但是该法仅用于“个”字的分析，没有看到汉字的各种系统规律。同时，该法有时生造字理。例如把“臭”解释为“因为自大一点，惹得人人讨厌”[5]就违背了字理。“自”的本义是鼻子，所以作部首时“息（本义是喘息），臭、鼻”都与鼻子有关。“臭”的下部是“犬”，与“自”合体，表示狗的鼻子很灵敏，是“嗅”的初文，引申主要指臭味后，就又加意符“口”造“嗅”来表示本义。因此，该法没能真正做到识字教学的科学化。

综上所述，要扭转识字教学不科学的状况，提高识字教学的效率，最好的方法应该是用汉字科学来指导教学，这就要求教师们必须学习和掌握“汉字学”的有关知识。对此，有关方面的负责人应该转变对汉字教学的不正确看法，给予识字教学科学化以充分的重视和最大的支持；高等院校的小教专业应该开设“汉字学”必修课程；各地的教师培训应该增设这方面的内容；语文教学法应该对识字教学展开新的研究；有关部门应该尽快组织专家创编一套适合小学教育专业的“汉字学”教材。当然，“汉字学”历史悠久，内容广博，教材应该根据识字教学的需要有所取舍。内容应该大致包括：汉字的产生和性质、汉字的构字原理和发展规律、现代汉字的特点与教学等基本理论和基础知识，201 个部首的解析以及在构字中的作用，小学识字目标的 3 000 个汉字字形分析，汉字的几个主要系统，以及与小学生的认知规律相适应的教学方法。只有教师们具备了这些理论和知识，并以合适的方法运用于教学，才能真正做到小学识字教学的科学化，才能真正给小学识字教学带来质的变化，量的提高。因为这是符合汉字科学的识字教学，它不但能科学地讲解汉字，使识字过程变得比较轻松和有趣，从而丰富学生的语文知识，提高了识记效率，而且还能使学生正确地认识汉字，更深切体会到祖国文化的博大精妙，由衷地热爱祖国的灿烂文化。

参考文献

[1] 孙钧锡. 中国汉字学史. 学苑出版社，1991：212.

[2] 苏培成. 现代汉字学纲要. 北京大学出版社，2001：1－2.

[3] 王宁. 汉字学概要. 北京师范大学出版社，2001：152.

[4] 谷衍奎. 汉字源流字典. 华夏出版社，2001：778.

[5] 教育部《基础教育课程》编辑部. 小学新课标资源库，语文卷. 北京工业大学出版社，2004：100.

小学一年级语文汉字重复与识字效果关系的研究①

丁道勇

一、问题提出

2001年9月,《全日制义务教育语文课程标准(实验稿)》(以下简称《语文课程标准》)和按其编写的实验教材开始进入课改实验区。与以往不同,该标准通过免设"内容标准",增设"教材编写建议",[1]为教材的选编提供了更加灵活的操作空间,但同时也给教师处理教材时把握新课程的理念增加了难度。

在小学一年级识字教学中,教师们遇到的困难之一来自"多认少写"、"识写分开"的原则。按照规定,义务教育第一学段(1—2年级)的认字数量由原来的1 250个增加到1 600—1 800个。[1]这些汉字要求学生"认识",即:在本课认识。放到其他语言环境中也认识,不抄,不默,不考。《语文课程标准》作出这一规定,意在减轻学生的负担,防止"识"与"写"的相互牵制,以利尽早、尽快、尽多地认字,并为学生及早进人阅读做准备。然而,教师在进行识字教学时常常违背了新课程的初衷。许多教师反映,在"学会"要求之外,每课仍提出十来个汉字要求学生"认识",任务过重。为此,他们采取了一些对策,概括起来不外有二:其一,不断强化训练。这种方法的结果是造成师生负担进一步加重。其二,寄希望于后面课文对汉字的重复,在应用中掌握汉字。在我看来,这种做法更加切合新课程的理念。但是,这个问题能够得到解决吗?这种看似把教学任务后移的做法,很难让人信服。有鉴于此,本研究对小学一年级第一册语文教材中的汉字分布和识字效果进行了对比研究,希望能为教师们走出识字教学的困境提供一点帮助。

二、研究方法

(一) 关于教材分析的说明

根据被试学校使用教材的版本,选择义务教育课程标准实验教科书进行汉字分布统计。该册教科书由课程教材研究所、小学语文课程教材研究开发中心编著,经全国中小学教材审定委员会2001年初审通过,人民教育出版社2001年6月出版。本册教材要求"认识"400个汉字。

为便于统计和说明,将教材中相对完整的每一独立部分称为"节"。在本册教材中能够独立成"节"的板块包括:"拼音""复习""识字""语文园地""课文"五个板块。全书共计51节。

在本册教材中,对汉字提出"认识"要求,往往不在该字首次出现的"节"。鉴于这一差

① 原文发表于《课程教材教法》2005年第9期。

异，笔者选取两个维度考察教材中汉字的分布特点，进而研究这些特点与识字效果的关系。

以对汉字提出“认识”要求的节为起点，考察之前、之后是否重复。据重复的方式，将400个要求“认识”的汉字划分为四类：前后都有重复，仅前面有重复，仅后面有重复，前后都没有重复。

以对汉字提出“认识”要求的“节”为起点，考察“节”前、“节”后该汉字分别重复出现在多少“节”，并计算该汉字在全书出现的“节”数。

（二）关于识字量测试的说明

宁波市海曙小学在使用本套教材后，于2004年1月，对一年级四个平行班的188位学生进行了识字量测试。四个班级人数分别为：46、46、48、48。

以2 500个常用汉字字表为测试试卷，请学生勾选其中能“认识”的汉字，然后统计出教材中提出过“认识”要求，而学生未予勾选的字数。据此，得到400个要求“认识”的汉字中，每一个汉字在188名学生中的总误识人数，以此作为衡量该汉字识字效果的指标。400个汉字的测试结果中，有效数据386组。

（三）关于数据处理的说明

选用SPSS12.0作为统计分析工具。

从两个维度考察汉字的重复与识字效果的关系。

汉字在教材中的重复方式：分别考察前后都有重复、仅前面有重复、仅后面有重复、前后都没有重复与误识人数的关系，据此说明与识字效果的关系。

汉字在教材中的重复出现“节”数：分别考察“节”前重复节数、“节”后重复节数、全书重复“节”数与误识人数的关系，据此说明与识字效果的关系。

三、结果分析

（一）汉字在教材中的重复方式与识字效果的关系

1. 400个要求“认识”的汉字在教材中的分布情况

本册教材要求学生“认识”的400个汉字在教材中的重复方式不同，其中：167个字前后都有重复；40个字仅前面有重复；152个字仅后面有重复；41个字前后都没有重复。上述结果中，值得注意的是，教材中有41个汉字，在学习的前后都没有出现过；同时还有40个汉字在学习以后就没有在教材中重复出现过，这对学生识字是非常不利的。

2. 四种重复方式的识字效果比较

下图显示：汉字的不同重复方式，在四个班误识人数的平均数上存在极大的反差。其中，“前后都有重复”和“仅后面有重复”的平均误识总数，明显低于其他两种重复方式。意味着以这两种方式重复的汉字，比其他汉字的识字效果更好。具体来说：“前后都有重复”的平均误识人数是21.3；“仅后面有重复”的平均误识人数是24.5；“仅前面有重复”的平均误识人数是49.7；“前后都没有重复”的平均误识人数是49.2。

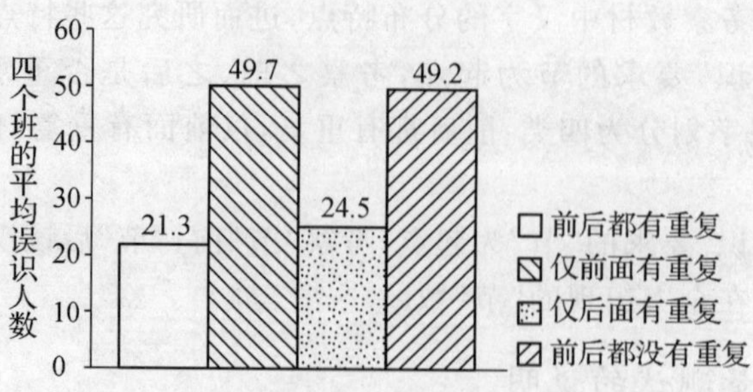

图 1　汉字在教材中的重复方式

3. 节后有无重复的识字效果比较

表 1　四种重复方式误识人数比较

(I)在全书出现的方式	(J)在全书出现的方式	约值差(I—J)	标准误	Sig.
前后都有重复	仅前面有重复	−28.339(*)	5.034	0.000
	仅后面有重复	−3.199	3.181	0.315
	前后都没有重复	−27.834(*)	4.981	0.000
仅前面有重复	前后都有重复	28.339(*)	5.034	0.000
	仅后面有重复	25.140(*)	5.082	0.000
	前后都没有重复	0.505(*)	6.366	0.937
仅后面有重复	前后都有重复	3.199	3.181	0.315
	仅前面有重复	−25.140(*)	5.082	0.000
	前后都没有重复	−24.635(*)	5.030	0.000
前后都没有重复	前后都有重复	27.834(*)	4.981	0.000
	仅前面有重复	−0.505	6.366	0.937
	仅后面有重复	24.635(*)	5.030	0.000

注:标注"*"表示所对比两项的均值在 0.05 水平上有显著性差异。

表 1 对四种不同的重复方式,进行了两两间的差异显著性检验。表中显示,不存在显著性差异的配对组包括:"前后都有重复"——"仅后面有重复"、"仅前面有重复"——"前后都没有重复";存在显著性差异的组包括:"前后都有重复""仅前面有重复"、"前后都有重复"——"前后都没有重复"、"仅前面有重复"——"仅后面有重复"、"仅后面有重复"——"前后都没有重复"。

据此,可以判断,造成四个班误识人数是否存在显著差异的主要因素是提出"认识"的"节"以后是否有重复。把数据按照"节后有无重复"重新分组,并检验两组在误识人数上的差异。

表 2　节后有无重复情况下误识人数的简单描述统计

节后有无重复		观测量的数目	均值	标准差	各组均值的标准误
四个班的误识人数	节后有重复	309	22.87	25.982	1.478
	节后无重复	77	49.43	34.567	3.939

表 3　四个班误识人数独立样本 T 检验结果

		方差齐性检验		t-test for Equality of Means		
		F	Sig	t	df	双尾 T 检验的显著性水平
四个班的误识人数	假设方差相等	16.190	0.000	−7.477	384	0.000
	假设方差不相等			−6.313	98.424	0.000

表 3 数据显示，节后有重复与节后无重复的两组，在误识总数上，存在极其显著差异。说明，在提出“认识”要求以后的教材中，继续重复出现该汉字，对提高识字效果有着重要意义。

(二) 汉字在教材中的重复出现节数与识字效果的关系

1. 从三个角度考察重复节数与识字效果的关系

表 4　重复节数与四个班误识人数的相关性

		节前重复节数	节后重复节数	全书重复节数
四个班的误识人数	皮尔逊相关	−0.075	−0.344(＊＊)	−0.323(＊＊)
	双尾 T 检验	0.142	0.000	0.000
	有效观测量数	386	386	386

注：标注“＊＊”表示相关系数的显著性概率水平为 0.01

上表显示，三个不同角度得到的重复节数与四个班的误识人数之间，相关程度不尽相同。其中，提出要求的“节后重复节数”与四个班的误识人数之间存在极其显著负相关，而“节前重复节数”与误识人数之间的相关性则很弱，没有达到显著水平，所以，可以认为“全书重复节数”与误识总数的相关主要是由于节后重复节数的影响。

2. 节后重复的节数与识字效果的关系

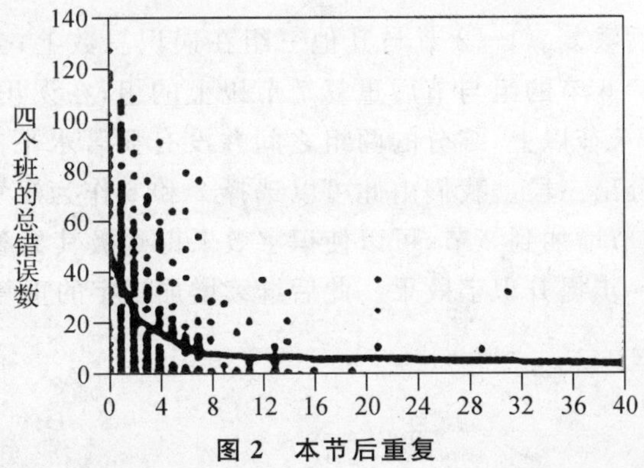

图 2　本节后重复

上述散点图显示,所考察的386个汉字根据四个班的总误识人数与节后重复节数确定的分布情况,即根据这两个因素确定某个汉字在图中的位置。随着节后重复节数的增加,点分布越来越靠近横向坐标轴。通过局部加权回归(Lowess)绘制拟合线,我们可以观察到随着单字在节后重复节数的增加,总的误识人数有明显的下降趋势。也就是说,随着节后重复数的逐渐增加,识字效果越来越好。

3. 分段考察节后重复节数对识字效果的影响

通过观察图2曲线的下降趋势,我们将汉字在节后的重复分为三类情况:全书出现0—2节、全书出现3—6节、全书出现7节及以上。同时,将最后一组细分为"7—14"和"15节以上"两组,以检验这一组内的差异。

表5 重复节数的分段对比

(I)节后重复的节数		(J)节后重复的节数	均值差(I—J)	标准误	Sig.
0—2节		3—6节	20.119(*)	3.202	0.000
		7—14节	29.339(*)	4.319	0.000
		15节以上	33.110(*)	7.280	0.000
3—6节		0—2节	−20.119(*)	3.202	0.000
		7—14节	9.219(*)	4.680	0.050
		15节以上	12.991	7.500	0.084
7节及以上	7—14节	0—2节	−29.339(*)	4.319	0.000
		3—6节	−9.219(*)	4.680	0.050
		15节以上	3.771	8.041	0.639
	15节以上	0—2节	−33.110(*)	7.280	0.000
		3—6节	−12.991	7.500	0.084
		7—14节	−3.771	8.041	0.639

注:标注"*"表示所对比的两项均值在0.05水平上有显著性差异

检验结果显示,节后重复。1—2节与其他三组在误识总数上,分别达到了极其显著的差异水平。节后重复3—6节的组与节后重复7节以上的组,在误识总数上,也存在显著水平的差异。而节后重复7节以上,细分的两组之间并没有显著水平的差异。这样图2中的拟合线上,可以概略地分出三段。我们由此可以选择2和6作为汉字重复节数的两个重要的拐点。节后重复由0节增加到2节,可以使识字效果得到极其显著的改善;节后重复由2节增加到6节,可以进一步提升识字效果。此后继续增加汉字的重复节数,对于识字效果没有显著的影响。

四、结论与讨论

（一）本册教材体现了以重复应用促进识字的思想，但是在汉字重复上存在缺陷

本册教材在字的使用上体现出不断重复的特点。全书要求“学会”的400汉字，平均重复5.9节。如果对照上述研究结果，应该说这种重复量是比较理想的，十分接近6节的拐点。然而，由于不同汉字的重复情况有较大的差异，造成节后重复数量和重复方式上的缺陷：

在400个要求“认识”的汉字中，重复不足的占有相当大的比例，同时也有部分汉字重复次数过多，占用了大量的课本空间。从节后重复节数来看，少于6节的有317个，少于2节的有162个，节后没有重复的有81个（这81个字也是从重复方式角度看没有节后重复的字）。这部分汉字由于重复方式上的缺陷以及节后重复数的不足，使识字效果难以保证。

（二）识字过后的复习巩固对提高识字效果有显著作用

通过上述结果分析，我们看到汉字在学习之前是否出现，对于识字效果并没有显著的影响。对于识字效果至关重要的，是作出“认识”要求以后的重复情况。所以，教师在进行识字教学时，就应该有意识地加强识字后的重复。

具体来说，教师可以针对自己授课所选用的教材，细化汉字复现的具体指标，例如：汉字复现的节数、汉字的重复方式等。做到各个汉字在全书的分布特点了然于胸，使自己的教学更加有针对性，更加有利于学生学习。在不加重学生学业负担的基础上，通过适当的节后重复，实现新课程标准提出的识字要求。同时，学生在不断重复应用中认识汉字，能够更好地保持对母语学习的兴趣。

（三）有针对性地补充材料，使学生在课上有机会复习所学的汉字

本研究涉及的班级，人均汉字误识率是3.7%，笔者在调研中了解到，教师在教学中常常自觉地补充一些学习材料，增加学生识字过后重复接触所学汉字的机会。补充的童谣、童话等对提高识字效果有积极意义。但是，在没有数据验证的情况下，这类补充往往追求面面俱到，没有针对生字的具体情况。一些重复不够的汉字虽得到了强化，但那些已经有大量重复的汉字也在其列。结果常常是400个汉字的整体学习效果得到了提高，这种提高实际上是以师生学习负担的大幅度增加为代价的，而部分汉字在教材中分布的缺陷还是没有得到很好的解决。

笔者认为，应根据上述研究结果，对几类存在重复缺陷的汉字，在教学中予以强化。通过自觉地补充儿歌等材料，保证每个汉字都在学习过后，得到2节以上的应用，如有可能争取达到6次。同时，鉴于部分汉字在教材中的重复过分频繁，教师可以将自己的识字教学重点偏向重复不足的部分。以此，有望减轻目前识字教学中师生的负担。

(四)本研究考察了识字教学的一个影响因素,但仍存在许多未考察的空白领域

首先,教材的汉字分布特点,可以考察的维度还有很多。仅笔者进行的统计分析,就曾涉及具体重复的间隔、重复的字数等角度。本文现在选择的两个维度,没有完全揭示出教材中汉字分布的特点。其次,影响识字效果的因素实际上有很多,例如:字的间架结构、笔画构成、笔顺、字意、使用频度,乃至教师、同学的姓名、班级的布置、不同教师对于教材的加工方式等。诸多因素有赖于研究者的进一步考证。

参考文献

[1] 中华人民共和国教育部. 全日制义务教育语文课程标准(试验稿). 北京师范大学出版社,2001:11,5.

[2] 语文课程标准研制组. 全日制义务教育语文课程标准(试验稿)解读. 湖北教育出版社,2002:52.

学前识字量与小学语文成绩的相关性研究[①]

刘晋斌　肖　晶

学前教育越来越受到家长和社会的重视，而名目繁多的学前教育行为在一定程度上迎合了家长对孩子进行"超前教育"的需求。一些家长(甚至一些教育机构和非教育机构)认为孩子认字越多越聪明，越有利于他们将来的语文学习。本文对学生学前识字量与其四年级上学期的语文成绩进行了相关性研究。研究显示，学前识字量对语文成绩有影响但也是有限的；学前识字量的多少不能完全反映儿童心智水平；识字量只是促进语文成绩提高的一个方面。

2001 年 9 月，武昌水果湖二小对刚入学的一年级学生(≥6 岁)进行了学前识字量检测。检测内容是苏教版一年级语文上册教材中的 261 个生字，检测对象是使用苏教版一年级语文上册教材的六个班约 260 名学生，检测方法是教师与学生一对一面对面。本文中所取样本为一年级六个班中的一个教学班 44 名学生(此班原有 47 名学生参加检测，3 名学生因故转学)，语文教师从一年级带班至今(四年级上学期)。表中的语文成绩是该班四年级上学期(2005 年 1 月)语文期末的考试成绩(百分制)。需要特别说明的是，本文中出现的排序仅为统计分析所用。

一、调查结果

学生学前识字现象较普遍，44 名学生都能认识一些汉字(表 1)，学生学前识字量与语文成绩相比表现出较大的差异性。

表 1　44 名学生识字量与语文成绩数据统计

	人数	均分	最高分	最低分	方差	相关系数	相关系数显著性检验
识字	44	44.18	100	10.73	$\sigma x=28.18$	$r=0.484$	$t=3.585>\tan\theta=2.690$ $P<0.01$
语文	44	77.03	98	37	$\sigma y=10.63$		

识字量的频数分布情况(表 2)表明，学生学前识字情况呈不平衡且有两极分化的倾向。表 1 中的 $\sigma x=28.175$ 则给予一定支持。

表 2　44 名学生识字量与语文考试成绩频数分布

	90—100	80—89	70—79	60—69	50—59	40—49	30—39	20—29	10—19	0—9
识字	5	4	1	2	4	0	6	15	7	0
语文	2	17	16	7	1	0	1	0	0	0

① 原文发表于《上海教育科研》2007 年第 3 期。

44 名学生识字量与语文考试成绩的相关系数 r=0.484 及其 t 检验表明(表 1),学前识字量与学生目前(四年级)语文考试成绩呈中度相关。

学前识字量前后 10 名学生识字量的排序与目前(四年级)的语文成绩排序发生了一些变化(表 3)。识字量前 10 名学生识字量平均排名为 5.4 名,语文成绩平均排名为 13.7 名,与识字排名相比语文成绩排序整体下降了 8.3 名;识字量后 10 名学生识字量排名平均为 39.2 名,语文成绩排名平均为 30.4 名,与识字排名相比语文成绩排序整体上升了 8.8 名。尽管 13.7 的平均排名依然远比 30.4 靠前,但我们还是应该看到识字量前后 10 名学生的语文成绩距离在缩小。表 1 中的 $\sigma y=10.63<\sigma x=28.175$ 进一步表明所取样本学生间的语文成绩差异小于学前识字量的差异。

表 3 识字量前后 10 名学生语文成绩排序变化情况

识字量前 10 名学生				识字量后 10 名学生			
学号	识字量排序	语文成绩排序	排序变化	学号	识字量排序	语文成绩排序	排序变化
14	1	1	0	33	35	12	+23
42	1	7	−6	15	36	12	+24
34	3	11	−8	2	37	42	−5
1	4	15	−11	22	38	37	−1
32	5	2	+3	12	39	25	+14
35	6	10	−4	13	39	33	−6
17	7	39	−32	39	39	34	−5
16	8	4	+1	41	42	29	−13
36	9	19	−10	31	43	36	−7
10	10	29	−19	9	41	44	0
$\overline{X}$	5.4	13.7	8.3	$\overline{X}$	39.2	30.4	+8.8

二、讨论

1. 学前识字量对小学语文成绩的影响是客观存在的

指导儿童学前识字是对孩子进行语文启蒙教育的一种手段。学前识字量多的孩子,会在小学语文学习的识字阶段有一定优势,如果在此基础上培养孩子的语言表达能力和阅读理解能力,培养其浓厚的阅读兴趣和良好的阅读习惯,就抓住了孩子语文学习的关键,语文成绩也会得到相应的提高。

从表 3 我们可以看到,在识字量前十名的孩子中,依然有五名同学在语文学习中保持前十名的优势。其中 14 号学生识字量排名第一,语文考试成绩也是第一,他在 2004 年武汉市楚才作文比赛中荣获一等奖。就相关系数 r=0.484 及其 t 检验情况来看,学前识字量对语文成绩的影响是存在的。

识字作为早期教育的一部分,对儿童的发展存在着有益的一面。在无压力的情况下提早识字,可以为儿童凭兴趣开始阅读提供物质基础,使他们开阔视野,增强求知欲。汉字是由音、形、义三个要素构成的方块图形符号，儿童要掌握它，既要认识字形本身的结构关系，又要建立字形与音、义之间的统一联系。识字过程不仅要感知字形，而且要进行复杂的思维活动，识字必然引起儿童认知结构的变化与改组。孩子们在识字过程中的收获不仅在于识字量、阅读量的提高，更重要的是他们的思维能力、理解能力都会有明显进步，这无疑对孩子日后的语文学业成绩有着积极的影响。同时，从学前儿童的识字量这一侧面，反映出家长、社会机构等方面对孩子早期教育的关注。

2. 儿童学前识字量的多少不能完全反映儿童心智水平

表 3 数据显示，识字量前 10 名学生中的 10 号和 17 号学生分别从识字量排序第 10 名和第 7 名降至语文成绩排序的第 29 和 39 名，而识字量后 10 名学生中的 33 号和 15 号学生分别由识字量排序第 35 名和 36 名升至语文成绩排序的第 12 名。有关研究结果表明，接受早期干预的儿童 IQ 会上升；儿童 6 岁以后的智商趋于稳定，其智商与学业成绩的相关也更高。显然，数据所显示的情况与上述研究结果是存在一定矛盾的。

一个人学习上的成功与否是与其心智模式密切相关的。认知心理学认为，心智是指人们的心理素质、思维方式和心态；心智模式是指一个人在思想、心理、思维方式诸方面比较趋于定型化，并且外显为习惯性的行为方式。由于目前存在着把学前教育简单地理解为认识多少字、会算多少题，而没有在指导学龄前儿童识字的同时关注改善儿童心智模式的现象，出现学前识字量大而语文成绩不高甚至明显降低这样的案例就不足为奇了。识字量与语文成绩的升降变化，反映出学前识字量的多少不能完全反映儿童的心智水平。

促进儿童心智模式的改变，需要我们注重他们的观察、记忆、想象、意志、语言表达等方面能力的培养。提前识字，对培养孩子的记忆力、提高其阅读兴趣有一定益处，但也不能片面夸大其作用，更不可违背孩子的身心发展规律使孩子产生厌学情绪。学前儿童的求知欲强，好奇心旺盛，他们对各种新奇事物都会表现出极大兴趣，他们的大脑和神经系统发展不完全，思维（尤其是抽象思维）发展有限，表现出注意力不集中，兴趣转移快，因而不适宜也不易接受系统的文化学习。如果仅以知识教育为目的，就会给孩子精神上和心理上造成沉重的负担，并严重阻碍他们的智力发展。如果孩子们只是靠死记硬背获得知识，会使其思维发育出现逆转，丧失培育形象思维发展的关键阶段。

3. 识字量只是促进学生语文成绩提高的一个方面

影响学生语文成绩的因素是多方面的，识字只是其中因素之一。《语文课程标准》指出："语文课程应培育学生热爱祖国语文的思想感情，指导学生正确地理解和运用祖国语文，丰富语言的积累，培养语感，发展思维，使他们具有适应实际需要的识字写字能力、阅读能力、写作能力、口语交际能力"，识字能力"是阅读和作文的基础，是为读写服务的，其本身不是语文教学最终的目的，更不是语文素养的全部"。学前识字量多的孩子会为阅读奠定一定的基础，但无证据表明识字量多少会直接影响孩子"听、说、读、写"等各项能力的发展。

学前识字量不多的一部分孩子，通过长期的语文训练，包括对阅读、口语交际、写作等方面能力的逐步培养，就能弥补学前识字量少的"缺憾"。由表 3 中识字量后十名学生语文成绩的提高我们可以推测，他们入学后，经过听说读写等方面的训练、学习习惯的培养，语文素养相应得到了提高。

我们必须清醒地认识到，影响学生学业发展的因素是多元的。家长或学前教育机构在指导孩子识字的同时，是否应考虑识字与智力发展的关系，是否应考虑识字能否促进孩子的非智力因素的发展，是否还应考虑识字为孩子的可持续发展有哪些帮助等等。

三、建议

指导儿童学前识字应遵循儿童身心发展规律进行，应尊重儿童的人格和权利，尊重儿童身心发展的规律和学习特点，应以游戏为基本活动，保教并重，关注个别差异，促进每个儿童富有个性的发展，不可立竿见影，不可急功近利。学生进校时，已不是一张白纸，已经打上家庭、社会对其期望的烙印。学校教育既要充分利用儿童已有的经验，还要树立面对全体学生的意识，用发展的眼光教育学生、看待学生的变化，避免用学前识字量的多少作为衡量学生发展的依据，轻易肯定或否定学生的发展前景。我们要关注识字水平与心智发展不平衡的学生，要促进其全面发展；我们还要关注识字量偏低的学生，了解他们的生活，走进他们的内心世界，寻求一条适合他们发展的路。

（本研究得到武昌水果湖二小罗海燕、杭州市天杭实验学校夏淑莱老师的帮助和支持。）

参考文献

[1]（美）劳拉·E.贝克.吴颖，等，译.儿童发展.江苏教育出版社，2002.

[2] 中华人民共和国教育部制订.小学语文课程标准.北京师范大学出版社，2001.

[3] 中华人民共和国教育部制订.幼儿园教育指导纲要（试行），2001.

[4] 汪乃铭，钱峰.学前儿童心理学.复旦大学出版社，2005.

[5] 方富熹，方格.儿童发展心理学.人民教育出版社，2005.

小学语文识字教学的课程境遇①

石战晓

众所周知，"高耗低效"是半个世纪以来人们对小学语文识字教学乃至整个语文教育比较普遍的一种判断。但是，我们还必须看到问题的另一面，那就是"高耗低效"现象的背后可能存在着某种客观原因。为此，本文拟对小学语文识字教学的课程境遇作出分析，以期引起人们对于小学语文识字教学的理解和重视。

一、小学语文绝对课时数与相对课时数比的历史演化

如果小学语文识字教学要保质保量地完成教学目标，那么，必需的教学时间就应该在正式的课程计划中予以保证。识字教学的时间从小学语文教学时间而来，所以，其时间投入的多寡在很大程度上取决于小学语文教学时间。其中，绝对课时数与相对课时比，反映出识字教学在教学时间上的课程境遇。

1. 绝对课时数的演变趋势和特点

从目前查阅的相关资料来看，可以对小学语文教学的绝对课时数的变化做出一些分析，从而探讨自 1949 年以来，我国大陆地区小学语文课时数的演变趋势和特点。

通过表 1 中的数据大致可以发现，新中国成立以来，小学语文课时数的变化有一些明显的特征，可以用来描述小学识字教学乃至整个语文教育在各个时期的课程地位与处境。

第一，1963 年小学各年级语文课时数达到新中国成立以来的最高峰。周课时在一、二年级达到 15，三、四年级达到 16，五、六年级达到 12；而 2001 年成为新中国成立以来的最低点，一、二年级减至 8 课时每周，三到六年级减到 6 课时每周。

表 1　小学各年级周课时数一览

年级 / 课时 / 年份	一	二	三	四	五	六
1949 年[1](412)	10	10	10	10	8	8
1953 年[2](213)	14	14	14	14	10	10
1956 年[2](457)	12	12	12	12	9	9
1963 年[2](296)	15	15	16	16	12	12
1978 年[2](329)	13	13	11	8	8	

① 原文发表于《基础教育》2008 年第 5 期。

(续表)

年级 课时 年份	一	二	三	四	五	六
1981 年[2](332-335)	11	12	11	9	9	
1984 年[2](346)	10	10	10	9	9	9
1988 年[2](356)	10	10	9	8	7	7
1992 年[2](380-381)	10	10	9	8	7	7
1994 年[2](388)	9	9	9	8	7	7
2001 年[3]	8	8	6	6	6	6
2003 年	8	8	7	7	6	6
2007 年	8	8	7	7	6	6

(注:教育部 2003 年发出对课程计划修订的通知,从 2003 年以后各地方的课程计划来看,基本上是在一、二或者三、四年级每周增加了 1 课时。五、六年级与 2001 年比均未变动)

第二,从 1963 年开始,随着时间的推移,特别是在经历了十年"文革"之后、改革开放以来,小学各年级的语文课时数整体趋势走低,进入 21 世纪则进入历史最低位,并延续至今。

第三,与历史最高峰时的语文课时数相比,现阶段语文课时数几乎已减少了一半。其中,小学阶段减少了近一半,中高年级减少了一半有余。

那么,语文课时减少的原因是什么呢?可能的原因主要有两个方面:一方面,节假日时间的增多,使得教学总体时间绝对数量减少。1978 年寒暑假为 8 周;1981 年寒暑假从 8 周延长为 10 周;1984 年寒暑假 12 周,国家规定的节假日 1 周;1994 年开始实施每周 40 小时新工时制,学校周课时量相应减少。[3](385-392) 寒暑假时间的增多、国家规定节假日的出现和新工时制的实施使得年教学时间的绝对数量减少。另一方面,课程门类的增多使得基础学科的教学时数降低。这一表现以 1978 年为分水岭,在此之前中小学的课程主要是语文、数学、历史、地理、体育、音乐、美术 7 门课。由于我国改革开放和经济发展需要,科学技术和国际交流在经济发展中的作用越来越明显,1978 年开始增加了自然、外语两门课;1981 年,增加了思想品德、科技、体育、团队等课外活动;1992 年开始,随着三级课程管理制度的明朗化,增加了地方课程,同时历史、地理课取消,出现了社会课;2001 年各种课外活动被综合实践活动取代,同时出现了校本课程。20 世纪 80 年代以来,外语、科学、地方课程/校本课程、综合实践活动开始在小学课程表中占有一席之地。

从与各学科的课时数比较来看,可以发现语文课时的减少幅度是更加突出的。数学一直维持在 4—6 课时每周,目前略有减少,一般是 4—5 课时每周;音、体、美各科均维持在 2 课时每周,体育在某些时期是 3 课时每周;所以,在课程表中恒定不变的五门学科中,只有语文课时数一直在减少。其他增加的课程,思想品德(品德与生活/社会)每周占 1—2 课时,外语 3—4 课时每周,信息技术 1 课时每周,综合实践活动、地方/校本课程共 3—5 课时每周。不难推测,增加的课程门类基本上是从语文、数学两个学科的课时数瓜分出来的,其中语文课时受到的冲击更大。

2. 小学语文相对课时比的变化趋势

表 2　小学语文课时占总课时比例一览

年份	1953 年	1963 年	1978 年	1988 年	1992 年	2001 年	2007 年
比重%	47.3	48	40.8	35	34.9	22	22

（注：表 2 数据来源同表 1，有些比例的数据由笔者根据资料计算而来）

通过表 2 可以看出，小学语文课时占总课时的比重一直呈下降趋势；语文课时在总课时中的课时比例由新中国成立之初的近 1/2，到八九十年代减至 1/3 左右，21 世纪以来则维持在 1/4 左右。

可以说，语文课时数及其比例几乎是呈直线下降的趋势。如果说绝对课时量会受法定工作日减少的影响而必然会有所减少的话，那么相对课时比却也大幅度减少，也许就应该是值得我们警戒的一种现象了。如果拿我国“两岸三地”的语文课时量做个比较，这种下降趋势似乎就更值得我们正视和反省。

表 3　我国大陆、台湾、香港的小学阶段语文周课时分配

年级	一	二	三	四	五	六
大陆	9	9	9	8	7	7
台湾[4](121)	10	10	9	9	9	9
香港[4](171)	11	10	9	8(9)*	8(9)*	8(9)*

（注：表中台湾数据来自于 1994 年台湾新颁小学课程标准，香港数据来自于 1993 年《小学课程指引》，大陆的数据来自于 1994 年教育部发布的《实行新工时制对全日制小学、初级中学课程（教学）计划进行调整的通知》）

从表 3 可以看出，同一历史时期、同一年级，我国台湾、香港的语文周课时数都略高于大陆的周课时数 1—2 节。大陆地区的语文课时量确实是令人担忧和值得反思的。

二、不同历史时期的小学语文识字量要求

回顾历史，小学语文识字量的演化与整个教育事业乃至整个社会的事业发展状况是密切相关的。目前，小学语文识字教学的识字量是否适当，无论在理论界还是在实践层面，都有不小的争议。但如果我们从小学语文识字量的历史演变状况来看，或许能够对当前的小学语文教育的处境有更多的理解。

1. 1949—1966 年：教育事业恢复与曲折发展时期的小学识字量

这一时期大致可以分为两个阶段：一是 1949—1956 年，是新中国成立后，国家各行各业的恢复时期。这一时期的特点就是恢复和曲折发展。1953 年，中共中央在总结三年来的文教工作时指出，教育事业基本上完成了恢复工作，并且有了很大的发展。但开始出现一些脱离实际的问题，重量轻质、贪多冒进和要求过高过急的形式主义倾向开始出现。[6](97) 而且第一个五年计划中，中小学教育为了改变教育事业发展落后于国家经济建设的状况，加快教育发展，致使 1956 年一度出现教育事业冒进的情况。辽宁黑山的集中识字方法也是这一时期产生的，这一教学方法公布的实验学校的识字量——小学一、二年级两年集中学会 2 500 个常用字[7](35)，这种特定背景下产生的识字量，恐怕不能不假思考地作为我们当今识字量的

参考。二是1956—1966年,这十年,一直受"左"倾思想的影响,尤其是1958—1960年的"大跃进"中,各行各业都在跃进,"越多越好"是做事的宗旨。所以,在这样的大环境下,这一时期小学阶段3 500字的总识字量,我们是要谨慎看待的。

1950年8月,国家发布《小学语文课程暂行标准(草案)》,此标准没有明确提出对识字量的要求,而是包含在语文基础中提出,具体提法如下:一年级掌握由500个最常用字组织的基本词汇,二年级掌握由1 000个最常用字组织的基本词汇,三年级掌握由1 600个常用字组织的基本词汇,四年级掌握由2 200个常用字组织的基本词汇,五年级掌握由3 000个常用字组织的基本词汇[5](65)。所以,由此可以推测,一、二年级识字量大概为1 000字,整个小学阶段的识字量大概为3 000字。

1956年《小学语文教学大纲(草案)》中明确提出:"识字是阅读的基础"、"小学第一、二学年的阅读教学以识字为重点,在这两年里比较集中地教会儿童认识必要数量的(不超过1 500个)常用汉字。"总识字量为3 500左右。[5](119-129)

1963年《全日制小学语文教学大纲(草案)》在识字方面的提法是:"为了适应阅读和写作的需要,3 500个常用汉字,应该在一、二年级掌握半数左右,其余半数的教学在以后四年中陆续完成。"[5](154) 由此,可以看出,一、二年级识字量大概为1 800字,整个小学阶段的识字量为3 500字。

从1966年"文革"开始到1976年"文革"结束,教育成为重灾区,教学计划和教学大纲的执行处于混乱甚至是完全瘫痪状态,这种非常时期的小学识字量的数据一方面是难于搜集,另一方面也没有多大参考价值。所以,在此不作单独的考察。

2. 1976—1985年:教育拨乱反正与恢复发展时期的小学识字量

1976年,"文化大革命"十年浩劫结束,以1977年恢复高考制度为标志,教育就进入了拨乱反正与恢复发展时期。为了弥补"文革"十年耽误的时间和造成的损失,人们普遍充满了多出人才和快出人才的紧迫感,因而存在一种急于求成的发展思路。这一大的背景在一定程度上催生了小学语文的"注音识字、提前读写"、"集中识字、大量阅读、分步习作"等识字方法的出现。可以说,这一时期的识字量也是一段特殊时期之后的目标,究竟是否适宜,也是值得商榷的。

1978年《全日制十年制学校小学语文教学大纲(试行草案)》中提出:"在小学阶段要使学生学会常用字3 000个左右,前三年学会2 500个左右,为四、五年级较快地提高读写能力打下基础。"[5](177) 从此次大纲对各年级的教学任务说明中,可看出各年级识字量分配如下:一年级学会700字;二年级学会1 000字;三年级学会800字;四年级学会300字;五年级学会200字。[5](182-183) 由此可看出,此次大纲小学一、二年级识字量约1 700字,整个小学阶段识字量约3 000字。

3. 1985—1999年:教育变革与稳步发展时期的小学识字量

以1985年《中共中央关于教育体制改革的决定》和1986年《义务教育法》的颁布为标志,基础教育进入变革与稳步发展的历史时期。这一时期教育战线经历了全面的拨乱反正并展开了一系列的改革探索,走上正轨并稳步发展起来。因此,这一时期,从整个大环境来说,应该是新中国成立以来教育发展处于相对比较理性与正常的时期,因而这一时期小学识字目标也许是最有参考价值的。

1986年《全日制小学语文教学大纲》对识字方面的规定是:"在小学阶段,要使学生认识常用汉字3 000个左右，其中要求掌握2 500个左右。前三年完成大部分识字任务（认识2 400个左右，其中80%要求掌握）。”[5](195) 五年制小学各年级识字量的分配与1978年大纲相同，六年制小学各年级识字量分配如下：一年级认识650字；二年级认识900字；三年级认识750字；四年级认识400字；五年级认识200字；六年级认识100字。所以，从六年制小学识字量的分配来看，一、二年级识字量为1 550个字左右。[5](205-208)

1988年《九年制义务教育全日制小学语文教学大纲（初审稿）》提出，“在小学阶段，要使学生学会常用汉字2 500个左右。要能读准字音，认清字形，了解字义，并能正确的书写，大部分会用。前三年完成大部分识字任务”[5](210)。五年制小学各年级识字量分配如下：一年级450字；二年级800字；三年级600字；四年级400字；五年级250字。六年制小学各年级识字量分配情况：一年级400字；二年级750字；三年级550字；四年级400字；五年级250字；六年级150字。[5](216-226)

1992年《九年义务教育全日制小学语文教学大纲（试用）》在识字写字方面的提法与1988年相同。

4. 2000年至今：课程改革启动和新课程实施时期的识字量

2000年，这是一个世纪转折点，我国教育发展的战略性地位更加凸显，基础教育进入课程改革启动与新课程实施的重要时期。

2000年《九年义务教育全日制小学语文教学大纲（试用修订版）》对识字、写字方面提出的要求是最详尽的一次。整个小学阶段的要求是：认识常用汉字3 000个左右，学会其中2 500个左右，做到会写，并了解在具体语言环境中的意思；低年级的要求为：认识常用汉字1 800个左右，其中1 200个左右会写。掌握汉字的基本笔画、笔顺规则、间架结构和常用的偏旁部首；高年级的要求是：认识常用汉字3 000个左右，其中2 500个左右会写，并能在阅读和习作中正确地理解和运用。[5](256-259) 同时，对“会认”和“学会”两种不同的要求作了进一步解释：“会认的字，只要求读准字音，不抄不默不考。要求学会的字，能读准字音，认清字形，了解字词在语言环境中的意思，并能正确书写。”也就是今天我们经常见到的“识写分流，多认少写”的提法。

2001年，基础教育课程改革正式启动，教育部颁布《九年义务教育全日制小学语文课程标准（实验稿）》，在识字方面沿袭了2000年修订大纲的要求，一直实行到现在。

三、小学语文课时数与识字量之间日益突出的矛盾

通过从时间和识字量方面的历史考察，我们不难发现，小学语文识字教学的课程境遇在不断恶化，小学语文课时数与识字量之间的矛盾日益突出。

1. 小学语文识字总量相对稳定，但低学段识字要求目前处于历史高位水平

五十多年来，我国大陆地区小学语文识字教学的识字量变化究竟走过了一段什么样的轨迹，我们不妨看一看图1。

如果把1949年当作我们识字教学的起点，那么，从小学阶段的总识字量来看，今天我们还站在3 000个常用字的起点上；从小学低段即小学一、二年级的识字量来看，今天我们却是在1 800个字的历史最高峰。

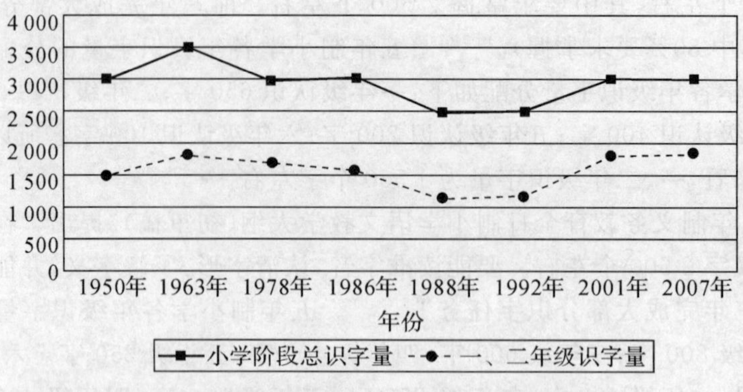

图 1 新中国成立以来小学语文识字量的变化

翻阅这些资料便会发现,整个小学阶段的总识字量以 3 000 字为主导,相对比较稳定,而低段识字量的要求在现阶段则以 1 800 字达到历史最高位。可见,五十多年来小学语文教学并没有减少识字量,虽然某一阶段、某一时期识字量的调整都会引起教育界甚至是社会各界人士的关注,或赞成或担忧,但是很少有人注意这一历史趋势或脉络。

2. 相对稳定的识字量要求与日益减少的课时数之间形成越来越尖锐的矛盾

从图 2 来看,起伏中有所回升的识字教学目标与直线下降的语文课时数形成鲜明的对比,特别是改革开放以来,这种矛盾一直在加剧,成为也许是识字教学中遇到的一个本身无法解决的矛盾。这可能是我们一直在喊减轻学生课业负担,而学生却感到负担与压力越来越重的一个重要原因。当然,可能还有更为深层次的原因,但小学语文识字教学乃至整个语文教育的不利课程境遇是不应该被回避的基本事实。同时,这个矛盾似乎在一定程度上也对小学语文"高耗低效"的批判作了一种无言的解释。

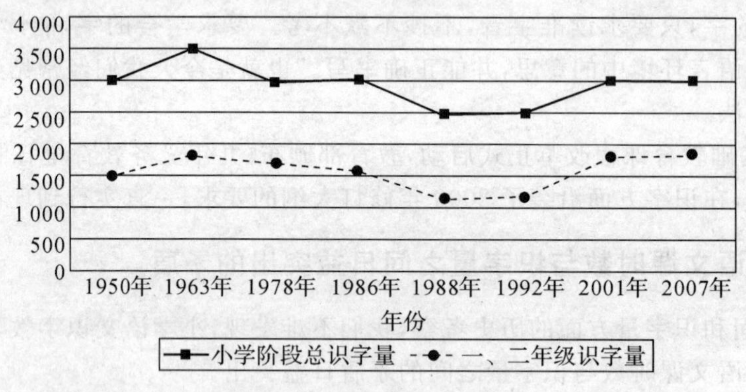

图 2 识字量与语文课时比

其实,小学语文识字教学乃至整个语文教育,由于能够掌握的时间有限且一直在减少,因而能够做的事情是非常有限的,"高耗低效"的判断似乎并不具备非常充分的依据。即使语文识字教学乃至整个语文教育成效不高,而我们要提高其成效,可能也需要有更加建设性的思路和办法。在当前的时代背景下,识字教学继续沿用惯性思维所形成的数量扩张的思路越来越面临挑战,从根本上讲恐怕是行不通的,而很可能需要从课程设计、教学方法和教学模式上探寻解决识字教学问题的综合策略。

参考文献

[1] 林治金.中国小学语文教学史.山东教育出版社,1996.

[2] 课程教材研究所编.20世纪中国中小学课程标准·教学大纲汇编:课程(教学)计划卷.人民教育出版社,2001.

[3] 北京市义务教育课程设置表,http://www.bjedu.gov.cn/bjsjwcs/653024144991977472/20070112/27591.shtml.

[4] 冯生尧.亚洲"四小龙"课程实践研究.福建教育出版社,1998.

[5] 课程教材研究所编.20世纪中国中小学课程标准·教学大纲汇编:语文卷.人民教育出版社,2001.

[6] 何东昌主编,方晓东,李玉非,毕诚,宋荐戈,王洪元.中华人民共和国教育史纲.海南出版社,2002.

[7] 中央教育科学研究所教学法研究室.集中识字教学经验选.教育科学出版社,1980.

“多认少写”的学理依据①

董蓓菲

识字教学是语文教育的基石,已有的识字教学方法、经验都期望能解决识字与阅读的矛盾。2001年教育部颁布的《全日制义务教育语文课程标准(实验稿)》,简化了识字教学要求,提倡“多认少写”策略,目的在于提高识字效率,使学生尽可能早地进入阅读阶段。课改以来,有关识字和写字教学体系的确立、识字量的确定等问题迫切需要进一步科学的论证和采取相应的对策。

一、“多认少写”的含义

(一)“多认少写”策略的提出

2001年教育部颁布的《全日制义务教育语文课程标准(实验稿)》提出简化识字的教学要求为“认识”和“会写”两种。“认识”汉字,要求能读准字音、大致懂得字的意思;“会写”汉字,要求能读准字音、了解意思,会书写,还能在读写中运用。《语文课程标准》在第三部分“教学建议”中,明确提出实施建议:“识字与写字的要求应有所不同,1—2年级要多认少写。”[1]

(二)“多认少写”策略读解

“多认少写”的策略可以从数量和时间两个维度加以理解。

1. 数量的差异

在识字总量中,要求“认识”的字量多于“会写”的字量。这在《语文课程标准》分学段目标(详见图1)和各套一、二年级的识字教材中(详见图2)均有体现。

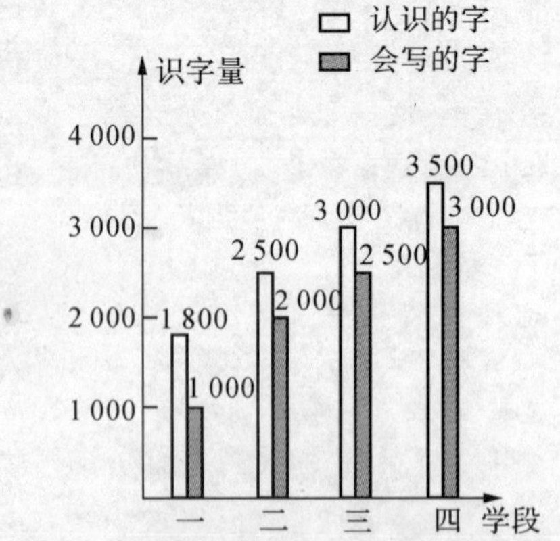

图1 “认识”和“会写”字量的学段要求

① 原文发表于《小学语文教学》2006年第2期。

认识的字 13 个

古　诗　首　眠　处　闻　村
居　醉　烟　童　散　忙

会写的字 6 个

古　多　知　声　处　忙

图 2　一年级下册第 4 课识字要求

2. 时间的差异

一些汉字在识字要求和写字要求的达成时间上存在先后差异，往往先要求"认识"该字，后要求"会写"该字（先认后写）。如"童"字，在一年级下册第 4 课中作为"认识"的字出现，随后，在第 13 课中以"会写"的字出现。

（三）"多认少写"策略的取向

提出"多认少写"的识字教学策略，目的在于提高识字效率，使学生尽可能早地进入阅读阶段。大多数资料显示"多认少写"策略的取向在于：低年级是儿童识记汉字的黄金时期，但是这一年龄段的儿童由于手部肌肉和神经发育不够完善，写起字来比较费劲。

二、多认少写的学理依据

（一）汉字音、形、义的心理联系

汉字是唯一的非拼音的语素文字，是音、形、义的结合体。每个汉字从知觉上具有整体性，同时汉字的构字规则简明，形声字较多，声调变化成四声。这些特点导致了人们识记汉字的认知加工与识记其他文字的认知加工的不同。就心理学的角度而言，学生识字的本质就是记住汉字的音、形、义，而且让这三个因素相互沟通，使神经联系过程可以在任何一方进行。

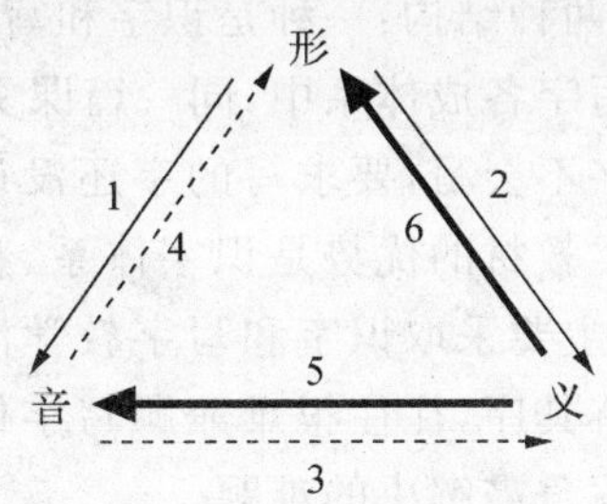

图 3　汉字音、形、义间的 6 种联系

具体而言，识字就是在汉字的音、形、义之间建立起 6 种心理联系。

看见字形，知道该汉字的读音。如在读报时看到"酷"字，知道该字的读音是"kù"。见上图箭头 1 所示。

看见字形，知道该汉字的字义。如在读报时看到"酷"字，知道该字的意思是"前卫、时尚"。见上图箭头 2 所示。

听见字音,知道该字音所表达的意思。如听别人说“你今天很酷!”明白是在夸自己时尚。见上图箭头3所示。

听见字音,知道该读音所代表的汉字的字形。如听别人说“你今天很酷!”知道句中的“酷”字左边是个“酉”、右边是个“告”。见上图箭头4所示。

想表达一个意思,能发出该汉字的读音。如看到朋友染了一头红发,想用一个字来形容,能发出“ku”音。见上图箭头5所示。

想表达一个意思,能写出汉字的字形。如看到朋友染了一头红发,想用一个字来形容,能写出“酷”字。见上图箭头6所示。

对于学习汉语言的学生而言,如果生活环境中以汉语作为主要的交流语言,建立汉字音、义间的联系(如箭头3、5所示)并不难,难的是建立音—形(如箭头4所示),义—形(如箭头6所示)之间的联系。所以,字形教学是汉字识字教学的关键,也是中国及东南亚许多国家学生畏难的根本原因。

2. “多认少写”策略的心理学读解

“认识”汉字,只要求建立该字六种联系中的两种联系:形—音、义的联系,规避了儿童识字的难点音—形、义—形联系的建立。

“会写”汉字,要求建立该字全部六种联系。

“多认少写”的实质是将掌握一个汉字所需建立的6种联系分解,先建立形—音、义的两种联系(见图3箭头1、2所示)——“认识”汉字,再建立剩下的四种联系(见图3箭头3、4、5、6所示),达到“会写”汉字。

所以,“多认少写”策略可以使学生在单位时间内认识更多的汉字,便于阅读,扩大阅读量。但是,“多认少写”策略有助于学生提高识字总量的结论有待商榷:因为“认识”汉字只要求学生建立某个汉字的两种心理联系,所以在“认识”的汉字数量增加的同时,质量也可能会随之降低。

三、问题探讨

1. “多认少写”策略下的识字和写字教学体系

“多认少写”在教材编写中有两种结构:一种是识字和写字教学各成体系,另一种是识字和写字教学混合体系。在识字、写字各成体系中,同一篇课文认的字和写的字按各自的体系循序渐进,同一篇课文中会认的字不会写,要求写的字还没认的现象比比皆是,容易造成学生识字知识结构上的混乱,但这类教材的优势是识字体系、写字体系都能体现循序渐进、先易后难的原则。现行的语文教材主要采取识字和写字教学混合体系,即从要求认识的字中选一些来写,由于识字和写字各有其序,往往很难兼顾写字体系的序列。因此,如何整合语文教材识字、写字序列是教材编写急需解决的难题。

2. “多认少写”策略下的识字量

我国现行各套语文教材,每册教材识字量都有明显提升。以第一册为例,教育科学出版社的课本识字量为309个,北京师范大学出版社的为345个,江苏教育出版社的为375个,人民教育出版社的为400个,上海教育出版社的为460个。其中上海教育出版社第一册26%的课文,每课要求学生认识汉字11个,第三册平均10个,学生和教师普遍反映识字量过大。[2]“多认少写”策略的识字量以何为据?美国心理学家米勒(G. Miller)1956年提出人的短时记忆容量为7－2至7＋2,其单位是组块。“组块”是指人们生活中一个熟悉的记忆单位,它可以是一个数字,一个汉字,一个词语或短语,甚至一个句子。如果呈现一组无关的汉字,你大约只能记住五六个,如果根据知识经验将材料加以组织,你能毫不费力地记住五六个词,其中的字数大大超过五六个,原因就在于人的记忆是以组块为单位的。“多认少写”策略的识字、写字量的研究可以此作为一个重要的依据。

3.“多认少写”策略下的错别字

实践“多认少写”教学策略四年多,学生错别字问题比较突出:进入三年级习作学习时,学生错别字剧增,而教师的纠错行为又进一步引发了学生对习作的畏惧感。

心理学认为学生掌握汉字字形的心理过程大致经过:整体感知字形—字形拆分—字形重组—再次整体感知—达到记忆,从而认识了一个字的字形。学生记忆汉字字形,则另需经过三个阶段:泛化阶段、初步分化阶段、精确分化阶段,才能最终准确掌握。“多认少写”教学策略中的“认识”汉字,只要求学生经历掌握汉字字形的第一个心理阶段:整体感知字形,缺失了字形拆分、字形重组、再次整体感知的其他几个阶段过程,再加之“多认”带来的数量上的增加,学生大量“认识”的字,一般都停留在记忆的泛化阶段。而“多认少写”促成的大量阅读和提前阅读,使学生拥有了一定的语言积累,但这些语言积累的汉字尚未建立义、音—形的心理联系,学生在习作的第二次心理转换过程中,必然出现错字和别字。教师尽职的批阅,又善意地挫伤了学生的习作热情。

显然,就如同“多认少写”策略能达成提前阅读的目标一样,“多认少写”策略本身无法规避错别字增量的问题。那么,这就是识字教学上的一个难题,需要我们在教学实践中进一步研究解决。

参考文献

[1] 中华人民共和国教育部.全日制义务教育语文课程标准(实验稿).北京师范大学出版社,2001:16.

[2] 上海市二期课改小学语文教材组.小学语文全套教材自查报告及修订方案.内部资料,2005:2.

[illegible]

[illegible]

[illegible]

[illegible]

参考文献

[illegible]

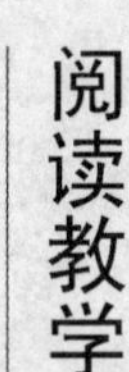

阅读教学

- 简论我国传统的阅读教学（吴立岗）
- 图式理论在小学语文阅读理解中的应用及其对语文学习成绩的影响（张向葵　暴占光　关文信　于志华　李晓燕）
- 小学阅读教学的个性化（胡海舟）

简论我国传统的阅读教学①

吴立岗

小学教育在我国的历史源远流长。早在殷、周时期,已经出现了为贵族子弟设立的小学。春秋战国时期,民间也有了对儿童进行启蒙教育的机构。及至汉代,对儿童进行启蒙教育的“书馆”规模已经较大。宋、元以后,蒙学进一步发展,不仅有民间办的私学,还有政府办的官学。这些蒙学的每日功课主要是识字、习字、读书、背书、对课与作文,同时进行基本的道德观念灌输和行为习惯的培养[1]。千百年来,我国历代教师在阅读教学中积累了丰富的经验,许多学者都有这方面的论述。用现代教育的眼光审视传统阅读教学经验,继承我国传统阅读教学中的精华,对于构建具有中国特色的阅读教学体系具有重要的意义。

一、我国古代学者论阅读方法和阅读教学过程

《中庸》把学习方法和过程归纳为五步:“博学之,审问之,慎思之,明辨之,笃行之。”这里第一步就是大量阅读,广泛吸收各种信息;第二、三、四步则是通过质疑、思考、辨别等活动,对这些信息进行筛选、鉴别和领悟;第五步把领悟的东西付诸实践,身体力行。这个学习过程首先是注重理论与实践结合,同时强调大量阅读、广泛吸收,还十分重视阅读过程中读者主体作用的发挥,不是简单地让别人的思想在自己头脑里跑马,把自己的思想踩得一塌糊涂。《中庸》提出的学习方法和过程对于现代人的阅读和专业学习都有指导意义。

荀子则从心理学角度分析了阅读的过程。他说:“君子之学也,入乎耳,箸乎心,布乎四体形乎动静;端而言,蠕而动,一可以为法则。”他把阅读过程分为三个阶段:① 通过感觉器官接受外界事物;② 把感受到的反映到脑子里;③ 由脑传递到全身,在语言、行动上表现出来。这个过程从感性认识到理性认识,再到行动,也是符合唯物论和认识论的。

宋代朱熹把阅读教学的序列归纳为十二个字,即“自博而约,自易而难,自近而远”。先博览后精读,先容易后艰难,先读内容与学生生活实际接近的,再读距离较远的。他认为只有这样“乃得其序”。朱熹的这一主张与现代教育的观点不谋而合:主张教学要切合学生的原有基础,由近及远,由浅入深。这里特别值得重视的是“自博而约”。少年儿童处于人生和学业打基础的阶段,早期的阅读宜“博”,不要把范围规定得过死,通过博览对社会和人生的各个方面都有所涉猎,形成多方面的兴趣,然后到青年或成年期再决定学业专攻的方向。过早的“约”会影响人视野的拓展和潜能的开发,无法感受社会和人生的丰富多彩,而这对于一个人的成长是极为不利的。

朱熹还论述了一篇文章的阅读顺序。他说:“凡读书,须有次序,且如一章三句,先理会上一句,待通透,次理会第二句,第三句,待分晓,然后将全章反复䌷绎玩味。如未通透,却看前辈讲解,更第二番读过。”这里朱熹强调两点:一是从部分到整体,经过字字咀嚼,字字领

---

① 原文发表于《小学语文教学》2005年第6期。

会,然后概括全篇;二是参看前人的注解。阅读过程中让学生自己看注释的做法现在也值得提倡。但朱熹只强调从部分到整体,而没有一个从整体到部分的过程,这样阅读速度不易提高,对句子也不要求联系全篇来理解,这又容易断章取义。这是朱熹阅读过程论的不足之处。

二、传统阅读教学的经验

我国传统的语文阅读教学,内容至为丰富。其中既有不合时宜的观念,也有值得继承的宝贵经验。下面择其要者加以概括。

(一) 熟读成诵

熟读以至成诵,是传统语文教学很重要的一条原则。古人认为书不能单用眼看,必须大声诵读,并且要读得字字正确。朱熹在《训学斋规》中说:“凡读书……须要读得字字响亮。不可误一字。不可少一字。不可多一字。不可倒一字。不可牵强暗记。只是要多诵遍数,自然上口,久远不忘。”崔学古在《幼训》中对诵读书的要求比较具体:“毋增毋减毋复毋高毋低毋疾毋迟。”不仅要求读得正确流利,还要有一定的语调速度,包括有感情地读。传统语文教学特别强调读的遍数要多,认为多读才有助于理解。陈寿的《三国志》引用《魏略》所载董遇教人读书的方法:“人有从学者,遇不肯教,而云必当先读百遍,言‘读书百遍,其义自见’。”朱熹非常赞成这种方法,他说:“古人云‘读书百遍,其义自见’。谓熟读,则不待解说,自晓其义也。”这些论述都强调朗读是最重要的阅读方法,对儿童来说更是如此。

现代心理学的研究表明,朗读是符合儿童言语发展的年龄特点的。由于儿童内部言语尚未充分发展,大声朗读有助于注意力的稳定。同时,通过朗读把无声的书面言语转换成了有声的口头言语,必然有思维的参与,就有助于对文章的理解。现在我们让儿童阅读现代白话文著作,多读对于理解的作用更加明显。因为初学者要读的材料所包含的词汇和句式多数已在口语中掌握了,通过朗读把不熟悉的文字符号变成已经熟悉了的口语,朗读遂成为理解书面言语的中介。朗读,特别是多读,有助于记忆。清人陆世仪在《论小学》中说:“凡人有记性,有悟性。自十五以前,物欲未染,知识未开,则多记性,少悟性。……故人凡有所当读之书,皆当自十五以前使之熟读。”已经自发地从儿童心理学的角度对熟读的依据作了探讨。从现代心理学的观点来看,说儿童“少悟性”未免有些片面,但说儿童“多记性”完全是正确的。儿童记忆能力较强,思维能力处于发展阶段,相对较弱,所以在这个阶段,让儿童多诵读一些名篇,可以“不求甚解”,有些较深的意义可以留待阅历增长后逐步感悟。把一些名篇熟读成诵,能帮助学生打好精神的底色,终身受用。

熟读还应当有一定的数量。在学塾中广为流传的《古文观止》,选入历来有定评的名文二百二十二篇。前人似乎形成了这样的看法:为了培养学生最基本的读写能力,至少要让他们熟读背诵二百来篇文章。有了这样一个基础,才能广泛涉猎,进一步深造。让学生熟读背诵一批优秀的范文,至少有几方面的好处:① 用规范典雅的书面语言改造口头表达中不规范的语言;② 积累丰富的语言材料,运用时才能得心应手,意到笔随;③ 不仅提高理解和记忆能力,在诵读中还可以受到情的感染,美的熏陶。《语文课程标准》要求 1—6 年级学生背诵古今优秀诗文 160 篇(段),7—9 年级学生背诵 80 篇(段),合计 240 篇(段),这个数量与前人的看法相当。《语文课程标准》推荐的 1—6 年级背诵的 70 首古诗都是淘沙披金历代素有定评的名篇。此外，教材编者和教师都还会指定一些优秀诗文让学生背诵，做好这件事，将使学生受益无穷。

不过应当看到，传统语文教学过于强调熟读，也有其弊端。有的人机械地、形式地要求每篇文章一定要读够几十遍。其实，各人要熟记一篇文章所读遍数的"度"是不同的；再说，在古代"文白分离"的情况下，如果撇开生活体验或旁观涉猎，一味地多读未必能增进理解，而最终只能如朱熹所批评的那样"牵强暗记"。我们看到一些关于学塾的记载，许多塾师不管学生懂不懂，只是要求学生死记硬背。这是违背记忆规律的，也使学生觉得枯燥无味。学生这样得来的一点东西，只能作为谋取功名的阶梯，而不能成为日常需要的工具，更难以感受到阅读的乐趣。我们必须引以为戒。

（二）学思结合

前人强调多读、熟读，但一些有见解的学者也并不主张只是糊里糊涂地读，而是要求把读书跟思考结合起来，提倡"精思"。苏轼送安惇的诗中说"故书不厌百回读，熟读深思子自知"，强调把"熟读"和"深思"结合起来，以为这样读书才能见效。朱熹则明确指出："大抵观书先须熟读，使其言皆若出于吾之口。继而精思，使其意皆若出于吾之心，然后可以有得尔。""出于口"只是把握了语言的表层，而"出于心"才达到了语言的深层。从表层到深层的理解，只有通过思维才能实现。

为了做到"精思"，朱熹提倡"读书有三到，谓心到、眼到、口到。……三到之法，心到最急"。眼到是看，口到是读，心到首先是注意力集中，心不旁骛，同时包括思考、理解。理解又务求透彻。朱熹对此有生动的比喻："看文字须是如猛将用兵，直是鏖战一阵；如酷吏治狱，直是推勘到底，决是不恕他方得。"

前人已经认识到，在阅读思考的过程中，问题的提出与解决是从产生疑问开始的，因此，提倡读书要"有疑，从疑而悟"。《朱子读书法》记载朱熹的观点："读书，始读未知有疑，其次则渐渐有疑，中则节节有疑。过了这一番后，疑渐渐解，以至融会贯通，都无可疑，方始是学。又云：大疑则大进。又云：无疑者须要有疑，有疑者却要无疑。"从朱熹的论述可以看到，他把"有疑——解疑——无疑"作为一种非常有价值的方法加以提倡。清唐彪则进一步认为："凡理不疑必不生悟，惟疑而后悟也。小疑则小悟，大疑则大悟，故学者非悟之难，而疑之难。"发现问题是解决问题的开始。在某种意义上说，提出问题比解决问题更重要。前人的这些见解对我们今天的阅读教学仍有指导意义。

但是也应当指出，古人的所谓"精思"往往是脱离社会实践的闭门苦思，有的人终身就是咬文嚼字，以至东拉西扯地去"微言大义"，这是不足取的。对阅读是否要理解透彻，古人也有不同的意见，像陶渊明就主张书不一定要读得非常透彻。他在《五柳先生传》中说"好读书，不求甚解"，随兴而至，自由阅读。有人指出，现在的语文教学是"求甚解，不好读书"。阅读教学如果处处"求甚解"，就有可能把好端端的作品肢解得支离破碎。对小学生来说，应当重在阅读兴趣和习惯的培养。

（三）博览群书

古人学习语文，不但主张"熟读精思"，同时也主张博览群书，广泛涉猎。刘勰《文心雕龙》中说："凡操千曲而后晓声，观千剑而后识器，故圆照之象，务先博观。"王安石用自己的读书经验指出:“读经而已,则不足以知经。故某自百家诸子之书,至于《难经》《素问》《本草》诸小说,无所不读;农夫女工,无所不问。然后于经为能知其大体而无疑。”清人唐彪说:“欲知天下之事理,识古今之典故,欲作经世名文,欲为国家建大功业,则诸子中有不可不阅之书,诸语录中有不可不阅之书,典制志记中有不可不阅之书,九流杂技中有不可不阅之书。”这是以书的内容说,要博;从文章体裁说,唐彪也主张要博:“学者读文,不可专趋一体,必清浓虚实、长短奇平并取。”陈芳生还提出一种办法,主张蒙馆里藏书要多,“使童子自幼即知某书有某用,某事当看某书”。

古人博览的主张,今人也很赞同。鲁迅就主张“多看”。他在《读书杂谈》中鼓励“爱看书的青年,大可以看看本分以外的书,即课外的书,不要只将课内的书抱住。……应做的功课已完而有余暇,大可以看看各样的书,即使于本业毫不相干,也要泛览”。在《给颜黎民的信》中又打比方说:“必须如蜜蜂一样,采过许多花,这才能酿出蜜来,倘若叮在一处,所得就非常枯燥,有限了。”林语堂则批评现代不少学校是所读非书(只是读文学概论、史学概论之类,没有读原著),无书可读(图书馆资源不足),不许读书(从早到晚做练习,没有时间读书),读不好书(只是揣摩老师的标准解读,不能自由阅读和思考)。[2] 前人的这些教诲,至今听来还有现实意义。

博览对儿童发展的促进作用是显而易见的。从广义的学习看,博览使学生扩大了知识面。按照建构主义心理学的观点,学习是新信息与原有认知结构的重新组合。博览获得了广阔的知识背景,就有助于信息的组合,也就提高了获取新知识的能力。在科学技术突飞猛进的今天,一方面是学科越分越细,另一方面则是各学科之间的相互渗透融合。要想进入跨学科领域这座深山中探宝,博览更是不可缺少的。从语文学习的角度看,博览有助于词汇和句式的吸收,借鉴多种风格,对于学生表达能力的提高大有裨益。所以“博览”的经验更值得今人借鉴。

参考文献

[1] 孙培青.中国教育史.华东师范大学出版社,2000.
[2] 陆自平.语文课程新探.东北师范大学出版社,2002.

图式理论在小学语文阅读理解中的应用及其对语文学习成绩的影响①

张向葵　暴占光　关文信　于志华　李晓燕

一、问题提出

图式理论(Rumelhart,1980)[1]是一种关于人的知识是怎样被表征出来的,以及关于知识的表征如何以特有的方式有利于知识应用的理论。依据该理论,人脑中所保存的一切知识都能分成单元、构成“组块”和组成系统。这些单元、“组块”和系统就是图式。有关图式的研究,西方学者曾提出过阅读模型(Gough,1985)[2]和课文理解模型(Kintseh 和 VanDijk,1975)等。[3]这些模型对提高阅读理解效率产生了极大影响,引起了专家和学者的高度重视。Rumelhart 本人(1985)[4]曾对图式在记叙文中的应用进行了研究,结果证明图式能够促进学生对课文的理解。

目前,我国对图式在阅读理解中的作用尚处探索阶段,研究大都局限在学科图式训练课上。结果表明,学生关于知识的图式是可以训练成功的,但是,要把它成功地迁移到日常学科学习中是比较困难的。其中最主要的原因是:学科图式训练课时间短、随意性强、知识类型少、系统性和连续性差,对学生学习能力提高影响不显著。这个问题的出现有多种原因,但就教学而论,很重要一点是在教学理论上没有建构反映学科特点的学生图式能力培养的教学策略。世界上一些先进国家和地区图式教学的经验表明,将构建图式教学由单纯地引入学科训练,变为把图式训练与基本的教学内容联系起来,在学科教学中教会学生构建图式,使其会学习和会思维,是培养适应未来社会需要人才的有效途径。有鉴于此,我们应研究如何解决这个问题,以此来推动我国的图式教学。

在图式为本教学思想指导下,为了解决教育实践中在学科教学中培养学生构建图式能力,使构建图式能力培养能普遍地落实在日常的语文、数学教学活动中,使小学构建图式能力培养走向系统化、规范化和科学化,并探讨其规律。本课题组确定以小学语文基础学科的教学为切入点,开展强化策略因素,教学小学生会学习和会思维的实验研究。本文是该课题的子课题之一。其目的是探究在自然教育状态下的有目的、有计划的学科图式教学对学生语文学习成绩的影响。

二、研究方法

(1) 指导思想。采取自然实验法,不改变学科教学大纲和教材体系,不增加教学时数和练习,通过转变教师的教育观念,改变教学方法,提高学生的学习成绩。

(2) 实验原则。① 主体性原则　教师要转变传统教育观念,发挥学生在学习中的主体

① 原文发表于《心理科学》1999 年第 22 卷。

作用;② 渗透性原则　图式训练同学科教学有机地结合起来,使二者融为一体;③ 基础性原则　在学科教学中,要重视基础知识和基本技能的训练,为图式能力形成打好基础。

(3) 被试选择。选取吉林省松原市逸夫小学作为实验校,在一至五年级各随机选取两个班,一是实验班,另一是控制班。本课题被试是四、五年级学生(每班 40 名,共 160 名,实验班简称 EC,控制班简称 CC)。EC 与 CC 教师的性别、年龄、教龄和学历基本相似。实验教师对 EC 学生进行有目的、有计划地图式教学法教学,对 CC 用常规方法教学。

(4) 实验时间。1997—1998 学年的第一、第二学期。

(5) 实验材料。全国九年义务教育五年制小学教科书中的第七、八、九、十册。

(6) 实验程序。

① 实验准备阶段。培训实验教师(上理论课、教法课、印发理论资料、实验者亲自参与各研究课的备课、试讲及评课活动等)使其了解图式教学研究的意义和目的,做到准确理解,融会贯通。

② 前测。对 EC 和 CC 学生进行语文前测,试题由该校语文教研组统一拟定(包括后测试题),实验教师回避。

③ 图式教学的具体实施过程。

课前教学环节

第一:明确图式教学的精髓。在阅读理解中,教学生构建图式有两方面意义:其一,它能够使语文知识结构化,结构化的知识可被浓缩成框架,组成网络,容易记忆;其二,它有利于优化学生的认知结构。被优化的认知结构使所储存的知识都是“产生式”的,知识结点间具有高度组织化,易于激活,便于迁移(张向葵,1997)[5]。例如划分段意,其关键是弄清段与段之间的层次关系,即段意图式,如因果关系语段(前因……后果)。若学生把握了这种图式框架,他们就能够很容易地分辨出课文的某个段落属于这种图式。如果图式不断地得到强化,学生的认知结构也就不断地得到深化及优化。因此,在语文阅读教学中,教师引导学生学会构建图式,有利于他们对知识的认同、内化、提取和巩固,有利于他们触类旁通能力的形成,更有利于他们提高学习成绩。

第二:选择相关策略。依据小学四、五年级语文教材特点,我们把勾画、摘录、提要、标题、笔记等精制策略作为辅助图式教学手段。

第三:确定每种图式使用条件和应用范围(略),列出使用程序表(略),其目的是要求实验教师灵活地选择图式,防止它僵死在背景知识上。

第四:制定图式教学计划。总计划、年度计划、单元计划和每课计划(略)。

第五:确定图式教学种类。段意图式和纲要图式。前者包括承接、并列、总分、因果、转折关系语段;后者包括记叙文、议论文、说明文、散文文体纲要(详细图式框架略)。

课堂教学程序

第一步:初读课文把握大意时,使用勾画和摘录策略,引导学生对课文内容形成整体印象,把握图式基本要点,目的是对图式进行认同。

第二步:细读课文弄清段与段之间的层次关系时,使用提要和标题策略,引导学生逐字逐段理解课文的字词语句和段落,分析图式框架,把新的知识纳入已有的图式框架中,实现图式的内化。

第三步:精读课文按一定顺序把内容组织起来时,使用笔记策略,帮助学生挤掉水分,抓住精华,编写纲要,把握结构,形成图式,达到新旧知识的有机结合。

第四步：总结整理。将本节课构建的知识图式联系起来，使知识系统化，组织化。

(7) 强化图式训练时间。根据课文内容从15分钟到25分钟不等。

(8) 统计。运用SPSS统计软件包中的ONEWAY进行统计分析。

三、结果与分析

由于实验全程测查次数较多，仅抽取其中的单元(三次成绩的平均)、期中和期末测验成绩作为代表成绩对实验结果进行统计分析。

(1) 前测成绩比较(结果见表1)EC和CC学生前测语文成绩，满分为100分(100—90为优，89—80为良，79—70为中，69—60以下为差)。

表1　EC与CC学生的前测语文考试成绩(分数)

年级	组别	优	良	中	差	平均分	总分
四年级	EC	3	13**	12**	7**	87.9	3 516
	CC	2	16**	12**	10**	85.8	3432
五年	EC	3	19**	13**	15**	88.2	3 528
	CC	2	20**	14**	14**	87.5	3 500

注：* $p<0.05$，** $p<0.01$

经方差分析，四、五年级EC与CC成绩间差异均不显著，$P>0.05$(F值略)。每次测试成绩间差异显著($p<0.05$)。t检验发现，优与良、中、差成绩间差异分别在。0.01水平上显著。良、中、差各成绩间不存在显著差异($p>0.05$)。

(2) 第一学期测试成绩比较(结果见表2)

表2　EC与CC学生的第一学期语文考试成绩(分数)

年级	考试	组别	优	良	中	差	平均分	总分
四年	单元	EC	18	13	9*	0**	88.11	3 785.0
		CC	15	13	9*	3**	86.12	3 535.0
	期中	EC	39	1**	0**	0**	93.12	3 724.8
		CC	23	13*	4**	0**	91.51	3 660.4
	期末	EC	28	7**	5**	0**	89.17	3 526.8
		CC	24	11**	5**	0**	87.52	3 540.8
五年	单元	EC	12	19*	9*	0**	88.68	3 427.0
		CC	1	16**	13**	10**	77.70	2 988.0
	期中	EC	19	13*	8**	0**	89.36	3 494.0
		CC	3	14**	9*	14**	79.26	2 970.4
	期末	EC	22	14*	3**	1**	90.51	3 620.4
		CC	13	17*	6**	4**	85.30	3 412.0

经方差分析，四年级EC与CC的单元、期中和期末成绩间差异都显著($P<0.01$，F值

略)。经t检验发现,EC期中与单元、与期末成绩在0.05水平上存在差异,CC的情况与EC相同。EC和CC每次测验成绩均存在差异(P<0.05,F值略)。经t检验发现,EC和CC优与良、中、差成绩间差异分别在0.01水平上和0.05水平上显著。五年级EC与CC的单元、期中和期末成绩间差异在0.05水平上均显著(F值略)。EC和CC每次测验成绩均存在差异(P<0.05,F值略)。经t检验发现,优与良、中、差成绩分别在0.01水平上和0.05水平上存在差异。

(3) 第二学期测试成绩比较(结果见表3)

表3 EC与CC学生的第二学期语文考试成绩(分数)

年级	考试	组别	优	良	中	差	平均分	总分
四年	单元	EC	25	5**	5**	0**	89.9	3 596.0
		CC	15*	5**	7**	13	74.1	2 964.0
	期中	EC	25	13**	2**	0**	93.12	3 724.8
		CC	21*	16*	3**	0**	91.51	3 660.4
	期末	EC	39	1**	0**	0**	88.17	3 526.8
		CC	30*	7**	3**	0**	88.52	3 540.8
五年	单元	EC	35	4**	1**	0**	91.96	3 678.4
		CC	19*	18	2**	1**	87.22	3 508.8
	期中	EC	29	9**	2**	0**	91.30	3 652.0
		CC	10	20**	6*	4**	83.85	3 354.0
	期末	EC	31	8**	1**	0**	92.44	3 697.6
		CC	20	11**	5**	4**	89.28	3 570.0

经方差分析发现,四年级的EC与CC单元、期中和期末成绩间差异都显著(P<0.01,F值略)。

EC与CC每次测验成绩间差异均显著(P<0.05,F值略)。经t检验发现,优与良、中、差成绩差异分别在0.01水平上和0.05水平上显著。五年级EC和CC的单元、期中和期末成绩何差异在0.05水平上亦显著(F值略)。EC和CC每次测验成绩均存在差异(P<0.05,F值略)。经t检验发现,优与良、中、差成绩差异分别在0.01水平上和0.05水平上显著。经t检验还发现,EC与CC在每次测试上的优、中、差成绩存在明显差异(P<0.01)。

四、讨论

经过一年的图式教学实验,我们取得了初步成效,主要表现在以下几个方面。

四、五年级EC学生的语文学习成绩普遍提高,尤其是五年级第二学期,语文成绩明显提高(平均为3.76分)。这说明两点:第一,在阅读理解中图式的指导作用具有普遍性。因为图式是一种高级的学习策略,它能够有效地引导学生深入、精细和概括地理解课文的内涵、结构和特征,掌握精华。如学习《飞夺泸定桥》一课,是一篇以记事为主的记叙文,它带给学生的信息能够激活学生头脑中有关记叙文“六要素”的图式。学生在这个图式指导下,从课文中(用精制策略)找到"1935 年 5 月"、"大渡河"、"红军"、"夺取泸定桥"、"红军北上必须夺取泸定桥"、"夺取泸定桥,红军主力渡过天险大渡河"这些信息,使记叙文中的时间、地点、人物、事件、起因和结果这六个变量具体化了,也就是把握了文章的主要内容,于是,课文中的信息被纳入到了图式提供的框架中,整合为一体。记叙文的图式一旦抽象出来,它就具有举一反三的作用,可以为理解本册书的《登山》《落花生》《狼牙山五壮士》和《丰碑》等类似文章提供最理解的框架,在利用这个图式去学习这些文章时,学生认知结构中有关记叙文的知识就得到了进一步的丰富和发展,建立在对知识理解基础之上的图式,必然进一步影响他们对新知识的吸收和内化,使学生的效率提高。第二,在阅读理解中图式更有利于高年级学生。结果表明,五年级 EC 学生学习成绩不仅普遍比四年级 EC 学生高,而且优秀率比例占总体成绩的三分之二。这说明随着学生年龄增高,其分析、综合、修括、推理及类比能力都明显提高,这为学生深入、细致、准确、快速地理解课文内容奠定了良好基础。因此,高年级学生普遍地提高了学习质量。

与图式教学对照的常规教学班级,其学习成绩比前测有所降低(四年 0.6 分,五年 6.8 分)。其原因可能是:一方面,随着年级的增高,教材内容加深、变难,学生学习成绩相对低年级有所下降。这是常规教学的普遍现象,尤其是到了小学五年级,作文内容比例增大后,学生成绩达到 90—80 分是比较困难的;另一方面,常规教学方法强调以教师为中心,重视教陈述性知识,忽视程序性和策略性知识;重视课堂上多讲、课外多训练,忽视学生的自主性学习,更不从学生认知过程和结构特点出发,挖掘教材的内涵,选择优秀教学方法。因此,一旦教材内容丰富、难度增加,教师提高学生学习成绩的"指挥棒"就显得力不从心了。

总之,研究结果证实,在小学语文阅读理解中图式理论具有指导作用,一方面,它能够普遍提高学生的语文学习成绩,另一方面,它能够优化学生的认知结构,使学生学习成绩的质量明显提高。

参考文献

[1] Rumelhart, D E. Sehemata: The building blocks of cognition. In: R. J. Spro, B. C. Bruce, W. F. Brewer(Eds.) Theoretical Issues in Reading Comprehension. Hilsdale N. J.: LawreneeErlbaum Associates. 1980.

[2] Gough P B. On second of reading. In: H. Singer & R. Ruddell(Eds.), Theoretical Models and Processe Reading Association. 1985.

[3] Kintsehw, VanDijkTA. Toward a model of text comprehension and production. Psychological Review, 1978; 85: 363 - 394.

[4] Rumelhart D E. Toward and Interactive Model of Reading. In: H. Singer & R. Ruddell(Eds.), Theoretical Models and Process Reading. (third edition). Newark, Del. International Reading Association. 1985.

[5] 张向葵,等. 图式理论在语文阅读理解中的应用. 心理发展与教育,1997(4).

小学阅读教学的个性化[①]

胡海舟

近年来,我国小学阅读教学出现程式化的误区:无论教什么课文、无论面对什么样的学生,教学程序都是"时代背景——作者简介——段落大意——中心思想——写作特色"以及"审题解题——朗读课文——教师提问——学生交流——教师总结——布置作业"。教学单调刻板,缺少变化,缺乏特色,高耗低效,激不起学生主动学习的兴趣热情和智慧潜能,激不起教师探求阅读教学艺术的激情和自觉意识。

个性化是阅读教学的必然追求。阅读教学理应个性鲜明,风格各异,丰富多彩,充满创造激情和个性魅力。首先,个性化的课文内容、体裁要求阅读教学个性化:课文内容包罗万象,写作风格异彩纷呈,体裁功用各有不同,教学方法理应因文而异。其次,个性化阅读呼唤阅读教学个性化:新课程关注学生的个体差异,尊重学生在阅读过程中的独特体验。教学对象不同,教学策略的运用理应因人而异。最后,教师的个体独特性决定阅读教学必须个性化:不同的教师,气质禀性、才情学识、文化背景等各有不同,由他们实施的阅读教学必然闪烁五彩斑斓的个性光辉。

一、个性化的教学内容、体裁要求阅读教学个性化

课文是作者思想和情感的结晶。课文内容包罗万象,上至广袤星空,下至深邃海底,大到河流山川,小到一花一木,从客观世界到精神领域,从自然科学到社会科学,可谓五彩缤纷;课文写作风格各具特色;内容不同、风格各异的课文又分属不同的体裁,具有不同的结构形式和表达方法。因此,用单一的、一成不变的教学模式进行阅读教学,显然既不科学,也行不通。内容不同、风格各异、体裁有别的课文首先决定了阅读教学必须走个性化道路。课文的教学策略必须结合具体的课文加以论述,无法抽象概括。本文仅就小学语文教材中常见的几种文体谈谈阅读教学如何追求特色、彰显个性。

(一)叙事性作品

1. 理思路,了解事件梗概

"作者思有路,遵路识斯真。"[1]一般说来,叙事性作品头绪较多,情节较复杂。要帮助学生迅速打开进入课文内在天地的通道,理解叙事性作品丰富的思想内容,把握作品塑造的人物形象,可以从理思路、了解事件梗概入手,让学生对课文全貌有整体的、高屋建瓴的印象,从而为下一步抓文章关键和重点的突破做好铺垫。

课文不同,理清思路的方法也应不同。有的课文可借助审题、释题揭示思路,如《日出》的教学,可让学生利用审题时的阅读期待揭示思路——课文写的就是日出前、日出时、日出

---

① 原文发表于《中国教育学刊》2006年第7期。

后的景象；有的课文可引导学生在预习的基础上，按叙事性作品结构规律理清思路，如《我的伯父鲁迅先生》采用的是横式结构，通过并列的几件生活小事表现鲁迅先生“为自己想得少，为别人想得多”的品质。

2. 抓关键，领悟文本内涵

打蛇要打七寸，浇花要浇花根。要在有限的时间内引导学生获得个性化的阅读视角，通过对课文语言文字的品味，理解、领悟叙事性作品深刻的思想、丰富的内涵，学到阅读同类作品的方法，教学就不能从头到尾面面俱到、浮光掠影，而必须打破常规，寻找牵一发动全身的“突破点”并由此切入，抓住对刻画形象、表达主旨有突出作用的关键词、句、段进行读、品、评。课文的关键处可以是人物传神的对话：强红权老师在“全国第五届阅读教学观摩活动”中执教《船长》一文，就是通过引导学生聚焦哈尔威船长指挥救险的两次震撼人心的对话，来凸显船长临危不惧、镇定自若、忠于职守的崇高品质与伟大人格的；课文的关键处也可以是表现人物形象、心理的生动深刻的词句，如于永正老师教学《白杨》，在比较“高大挺秀”与“高大挺拔”的基础上，把描写爸爸前后两次“沉思”的词句作为关键处，引导学生深入人物内心世界，体会这两次心理描写的深刻内涵，从而把握了课文主旨；课文的关键处还可以是作者精辟的议论和抒情性的句子，如王崧舟老师执教《一夜的工作》时，就选择了择点辐射、映照全篇的方法，他巧妙地引导学生紧扣作者在文末发出的“他是多么劳苦，多么简朴”的抒情性议论，反复默读，对比阅读，大胆猜想，激情诵读，从而使学生很快跨越了时空、心理距离，走进总理灵魂的深处，领悟到课文极其丰富的内涵。

3. 说感受，升华阅读情感

在前面的基础上，让学生发表个性化的感受，从读到说，从读学写，轻松迁移，强化言语实践，深化体验、认识，升华情思、情感。例如：为了让学生更进一步与船长进行心灵对话，在学习语文知识、发展语文能力的同时受到情感的熏陶、精神的洗礼和人格的启迪，强红权老师在《船长》结课阶段，巧妙地加进说话练习，让学生进入情境——“透过阴森可怖的薄雾，凝视着这尊徐徐沉入大海的黑色雕像，对船长发表真实的感受”，将语文的工具性与人文性有机地统一起来，收到了很好的效果。

（二）说明性文章

1. 抓要点

从教学形态上说，说明性文章的教学属于“应用性阅读教学”，即“把文本当作‘有用’的对象，阅读以解决问题、做出决策和得出结论。……应用性阅读教学成功与否的标志是：学生是否学会了利用这类文本达到某种实用目的的知识、策略与技巧”[2]。在教学中，教师应根据说明性文章层次清楚、结构明晰的特点，要求学生通过快速、准确、高效的阅读迅速抓住要点，在获取相关知识、发展思维的同时，掌握阅读技巧，提高阅读速度，增强捕捉信息的能力。

2. 明方法

为了把事物说清楚明白、通俗易懂，小学语文教材中的说明文常采用多种说明方法。教师在教学说明文时，除了要指导学生弄清说明事物的特征、本质以及理清说明的脉络外，还要注意指导学生认识并学习作者说明事物的基本方法。例如：为了说明太阳的远、大、热，《太阳》一文不仅运用了具体的数据，而且运用了比喻、比较和联系生活实例等说明方法。教师在教学中应结合课文中的具体语句,引导学生体会这种说明方法的好处,并尝试运用这些基本的说明方法。

3. 析语言

说明文的语言具有简洁、平实而又准确、严密的特点。教师在教学中要有意识地抓住这些语言特点指导学生进行分析,使学生明白用词确切才能准确反映事物的特点,而要用词确切,必须提高观察能力。《爬山虎的脚》中有这样一句话:“细丝原先是直的,现在弯曲了,把爬山虎的嫩茎拉一把,使它紧贴在墙上”。粗看,此句平淡无奇。细究,“直”、“弯”、“拉”、“紧贴”等词都非常贴切:由“直”变“弯”,缩短了距离,产生了“拉”力;由于产生了“拉”力,嫩茎就“紧贴”在墙上。如果再把这句话同课文结束时的“那些脚已在墙上相当牢固”联系起来加以分析、品味,学生就能更好地认识到“牢固”的原因,对“牢固”前修饰词“相当”用得准确性和严谨性有了更深的认识,并且意识到细致观察的重要性。

(三)诗歌

1. 引导揣摩,领略语言美

诗歌的语言不仅具有鲜明的形象性、强烈的抒情性,而且具有组合的灵活性、表达的凝练性等特点,特别能体现汉语言约意丰、言近旨远、意在言外的妙处。教学中教师要指导学生含英咀华,潜心揣摩,领会诗歌内蕴,体会诗人情思,把握语言特色,领略炼字功夫。在疏通文字、理解诗句的基础上,寻觅诗眼,抓住含义深刻、感情强烈的警句重点品读,细致感受。孙双金老师在教学王安石的《泊船瓜洲》时,别出心裁地扣住诗眼“还”字指导学生提炼主线,披文入情,提升语感:靠家近,应该“还”→离家久,更该“还”→思家切,不能不“还”。[3]如此抓准诗眼悟诗情,咬文嚼字学推敲,不仅让学生理解了诗句字面义、字中义,更让学生体会到字外之义,领悟到诗人遣词造句的精当、精妙,领略到诗歌的语言美。

2. 启发想象,体会意境美

“意境是‘情’与‘景’(意象)的结晶。”[4]“情景名为二,而实不可离。神于诗者,妙合无垠。”[5]教学诗歌,不能止步于语言形式与技巧,还必须注意领会其融情入景、借景抒情、情景交融、物我一体的特点,启发学生张开想象的翅膀和感受的触角,让诗情画意在学生的头脑中形成画面,从而进入诗人精心创设的意境,受到熏陶、感染。

以柳宗元的《江雪》教学为例。“千山”何故“鸟飞绝”?“万径”何以“人踪灭”?孤舟蓑笠翁为何要在雪中垂钓?江无声,雪无语,人无言,字字看来皆是景,细细品味总关情。只有启发学生充分发挥想象,进入诗的意境,进入诗人的内心,学生才能理解这情中之景,参透这景中之情:诗人把所有的热闹陪衬去掉,只留一个“千万孤独”的寂寞空旷的世界,正是为了突出不畏严寒、不向恶劣环境低头的渔翁,从而在这个艺术形象上寄托了自己改革失败后虽屡遭打击却理想不泯的精神。

3. 加强诵读,鉴赏声韵美

诗歌声韵动人,具备节奏美和韵律美。教师应指导学生注意抓住重音、停顿、速度、语调,以入情入境的诵读鉴赏声韵美,增加语言积累,增加文化积淀,并进一步感受诗歌的意象、情绪、韵味。

需要强调的是,以上阐述的所谓“个性”,其实只是教学叙事性作品、说明性文章、诗歌区别于其他体裁的类别共性。要真正做到个性化教学,一定要把这些体裁共性与具体课文内容、写作风格融合起来，这样才能千变万化，彰显特色，与刻板僵化绝缘。

二、个性化的阅读呼唤阅读教学个性化

阅读是发生在阅读主体与阅读客体(即文本)之间的一种复杂的心智活动。阅读主体在阅读过程中逐渐实现“意义建构”。由于每一个阅读主体都有独特的生活经验、认知经验和阅读经验，因此他们最后实现的“意义建构”是各不相同的。阅读主体通过阅读活动建构的文本“新意义”及其建构的方式，就是阅读的“个性”。

个性化阅读是《语文课程标准》积极倡导的阅读取向，是关注学生主体性、凸显学生生命独特性、尊重学生对语文材料反映多元化的具体表现。推行个性化阅读，其本意是不让摇曳多姿、五光十色的文本内容衍化为千人一腔、千篇一律的结论，不让血肉丰满、呼之欲出的艺术形象被抽象为苍白干瘪、枯燥乏味的概念，不让充满灵性、千姿百态的生命个体被长期僵化刻板的教学异化为唯唯诺诺、只知接受的“两脚书橱”。个性化阅读呼唤我们摒弃千人一面、千课一面(一样的阅读方法、一样的阅读过程、一样的阅读结果、考试时一样的标准答案)的传统阅读教学模式，了解阅读主体的心理需求，关注阅读主体兴趣、爱好、知识和经验背景、个性气质等方面的差异，着眼生成，以宽容、民主的态度以及灵活、多变的方式和方法组织教学，唤醒学生阅读的个性化意识，尊重学生阅读的个性化选择，倡导学生阅读的个性化建构，启发学生悟读，引导学生研读，鼓励学生创读，以阅读教学的个性化来保证、提升阅读的个性化。

(一) 框架结构，留足时空，鼓励个性解读

“现代阅读理论认为，文本不是一座自言自语宣告其存在的纪念碑，而像是一部乐队总谱，只有读者发挥出自己的主体性——自主性、能动性和创造性，才会使其产生具有个性特色的动人交响。”[6]要想让学生读出自己的思考，读出自己的见解，与文本奏出“具有个性特色交响曲”，教师就不能越俎代庖、串讲串问、烦琐分析、牵着学生的鼻子走，而应着眼于教学动态生成的特点，构建粗线条、框架式的教学结构，增加弹性处理成分和现场应变机制，以民主的态度和不拘一格的姿态进行教学，为学生个性化阅读留下充分的时间和广阔的空间，放手让学生深入文本世界，以自己的智慧、真情与作者对话。同时，又善于以精当的点拨和巧妙的引导使对话不断走向深入，从而保证学生从自己的个性特征出发，对文本做出真正属于自己又有一定深度的感悟、理解、发现。

特级教师孙双金教学《林冲棒打洪教头》为我们提供了成功的范例。为了让学生真正发挥阅读的自主性、能动性、创造性，孙老师不但注意引发学生内在的阅读动机，留足时间让学生反反复复地朗读课文，兴致勃勃地与同座交流，而且巧妙地根据小说通过典型事例塑造典型人物的特色，引导学生围绕“什么样的林冲”、“什么样的洪教头”这两个具有多元理解质地的问题扎扎实实与文本深入对话。极具开放性的问题给了学生巨大的空间，激发了学生主动参与的热情，引爆了学生个性解读的火花。他们认真研读，互相启发，新见迭出，不但说出了个性化的认识，而且从课文中找到了充分的根据，这就把个性阅读、多元理解与语言文字的品味很好地结合了起来，在个性张扬、思维驰骋的探究中进行了语言文字学习，自然渗透了中国传统名著里的人物具有丰满、立体形象的观点，激发了学生课外阅读的欲望，凸显了语文学科的特点。更为可贵的是，孙老师在学生个性解读的同时不忘使命，精于点拨，相机

诱导,顺势提升。当有的学生说林冲乱中取胜,一棒击中洪教头"要害"时,孙老师及时将"小腿骨"与"头部"相比较,既纠正了学生用词的不妥,培养了语感,更在深一层次上将林冲"点到为止"与洪教头的"欲置人于死地"相对照,提升了对人物个性品质的认识,提高了个性解读的质量。

(二) 形式多变,方法灵活,引导个性阅读

针对小学生活泼好动、喜欢变化的心理特点,结合文本具体内容和表现形式,让学生或声情并茂读,或有滋有味品,或追根究底问,或兴致勃勃议,或情趣横生演,或灵性飞扬画,或激情飞越唱,或妙语连珠说。……总之,以多变的形式和灵活的方法组织教学、整合资源,让学生成为阅读的主人,真正实现阅读的个性化、有效化。

李吉林老师在教学《太阳》一文时,注意创设情境,引导学生积极参与,进行个性化学习。教学伊始,李老师出示幻灯,引导质疑(太阳有多大、多热、离我们有多远等),激发了学生的阅读期待,从而使学生进入能动的学习状态,并借此进入课文的相关情境,有趣味、有目的地与文本对话。接下来的列表搜集信息以解答疑问、语言比较以体会引用传说的作用、语言转换训练以感悟遣词造句的妙用等都新颖有趣,一改说明文教学的老套路、老面孔。

支玉恒老师在教学《只有一个地球》时,既紧扣文本又超越文本。他先引导学生围绕"地球"讨论,让学生明白地球是我们生活的地方;再围绕"一个"讨论,让学生理解这"一个地球"的价值;然后以"读了这篇课文,你心里是什么滋味"为支点引导学生个性化地品味课文的语言;最后组织以环境保护为主题的"实话实说"节目,老师做主持人,学生分别扮演环保局局长、生物学家、地质学家、女宇航员、"破坏过环境"的公司老板,让学生体会保护地球的意义。

两位特级教师教学内容不同、教学方法各异、教学风格有别,但教学指导思想是一致的:适应小学生的心理需求和个体差异,始终注意以多变的形式和灵活有趣的方法激发学生积极参与、个性化学习的兴奋点,让他们在富于变化、空间广阔的阅读课堂用适合自己的方法主动质疑、思考、感悟、探究、交流。两位教师的教学都取得了巨大的成功,学生动心、动情、动脑、动手、动口,在全身心的体验、品味中实现了知识、能力、方法、情感、态度的建构,实现了个性化阅读。

三、教师的个体性决定阅读教学个性化

"任何一个教师群体中的任何一位教师在职业活动中都会表现出不同于别的教师的个体性特点。……教师的个体性指的是教师在职业人格共同性基础上所表现出的具有个人特色的心理倾向和职业特点。"[7]气质禀性、才情学识、文化背景等都是教师"个体性"的重要因子,这些因子注定阅读教学要放射出五彩斑斓的个性光芒。

现代心理学研究表明,人的气质主要有多血质、胆汁质、黏液质、抑郁质4种类型。在现实生活中,属于4种典型气质类型的人只是少数,大多数人的气质属于介于各种类型之间的中间类型。个体丰富的气质禀性必然决定阅读教学风格的多彩。情思激荡型、严谨朴实型、风趣幽默型、睿智深刻型、典雅含蓄型、自然大气型。……这些闪烁风格之美的阅读教学类型之所以能在几十年的教学实践中超越"满堂讲""满堂问""满堂读"的僵化模式,脱颖而出,广受称道,是因为这些优秀教师将自己的个性之光投射到了教学上,从而成就了学生,成就了自己,给死气沉沉的阅读教学带来生机与活力。风格即人,课如其人。于漪、钱梦龙、宁鸿

彬、贾志敏、支玉恒等老一辈语文教育家无不是以教学的个性之美各领风骚、享誉教坛的。

不同的教师，其知识结构、学术视野、智力能力、兴趣爱好等各不相同，这也使他们实施阅读教学的理念、目标、方法、途径表现出与众不同之处。只有善于将自己才情学识诸方面之长与教学原理紧密结合，与学情自然融合，阅读教学才能做到既独树一帜，又符合学生学习和母语教学的规律。霍懋征老师的“扩读引读”、袁瑢老师的“夯实双基发展智力”、李吉林老师的“情境教学”、于永正老师的“五重教学”、靳家彦老师的“导读导学”以及新生代特级教师孙双金的“情智教学”、孙建锋的“对话教学”、李卫东的“感悟教学”、陈建先的“本位语文教学”等，都是将自己高尚的职业道德、先进的教育理念、渊博的学科知识、深厚的文化底蕴、广阔的学术视野、高雅的兴趣爱好、高超的教学能力、突出的科研能力、杰出的创新精神与阅读教学规律嫁接后结出的丰硕的个性化果实。

特定的地域文化亦会对教师阅读教学个性产生不容小视的影响。风清素韵的吴越文化、秀丽旖旎的浙江山水的长期浸润，对王崧舟老师阅读课堂处处洋溢着浪漫的激情诗韵和他“诗意语文”体系的形成作用巨大；张伟“球形教学”在形象之中昭示的情通万物的析理，具备的浑凝、调和、圆通一致的风采，与雍容厚重的齐鲁文化有千丝万缕的联系；窦桂梅纵横万里、贯通占今、左右逢源的“主题型”阅读教学路径和爽直、干练的教学个性无疑与滋养她的坦荡辽阔的东北平原、热情大度的黑上地文化有很大关系。

以上从阅读教学构成的三大要素——教材（阅读客体）、学生（阅读主体）、教师（阅读教学实施者）的角度简要论述了阅读教学自觉追求个性化的内在必然性。我们相信，广大语文教师只要顺时应势，遵循规律，充分利用自身气质禀性、才情学识、文化背景等诸方面与众不同的因素，积极开发自己的智慧潜能，努力调动学生学习的积极性、主动性，因文而异、因人而异地开展创造性教学，阅读教学就一定能彰显个性的魅力，焕发生命的光彩，为学生语文素养的提高提供平台！

参考文献

[1] 叶圣陶. 叶圣陶语文教育文集(上册). 教育科学出版社，1980:7.
[2] 李海林. 个性化阅读的学理依据和教学形态. 小学语文教学，2005(9):33.
[3] 周一贯. 小学语文名师课堂教学经典设计. 上海教育出版社，2004:88.
[4] 宗白华. 美学散步. 上海人民出版社，1981:60.
[5] 王夫之. 姜斋诗话. 人民文学出版社，1981:72.
[6] 孙宝林. 阅读因个性的张扬而美丽诱人. 语文教学通讯小学刊，2000(2):37.
[7] 朱嘉耀. 走向人格化. 江苏教育出版社，2002:155.

论基于解释学的小学语文阅读教学①

李金国

伽达默尔说:“凡有理解,就总有不同。”[1]阅读作为一种理解活动,其阅读行为和阅读结果是因人而异的。新课标亦指出:阅读是学生的个性化行为。这深刻揭示了阅读的本质,阅读教学须尊重学生解读的个性差异。本文从语文阅读的解释学基础出发,谈谈小学语文阅读教学的几个基本问题及其实施策略。

一、语文阅读教学的解释学基础

传统解释学认为,理解即准确再现作者的本意,解读者必须抛弃自身的“先见”(从历史文化传统中沿袭的观念、思想、认识、经验等),把握文本原始的意义。传统的小学语文阅读教学便体现着这样的观念,追索作者寄寓于文本的意义成为作品欣赏和教学的归宿,教师将参考书对作品的阐释奉为圭臬,殊不知参考书的阐释也未必就是作者的原意。伽达默尔的哲学解释学则认为,传统解释学所主张的这种“还原”或“复原说”其实是不可能的。

(一)“先见”是理解的起点和基础

在传统解释学看来,正确理解与解释者的“先见”处于对立状态,解释者的理解须以摆脱自身的“先见”为起点,而事实上,解释者是不可能清明无染地参与文本解读的,正如马克思所说:“一切已死的先辈们的传统,像梦魇一样纠缠着活人的头脑。”[2]解释者永远无法涤除自身已有的“先见”,而且“先见”不仅无法摆脱,相反还是理解的起点和基础。“我们之所以将某事理解为某事,其解释基点建立在先有、先见与先概念之上,解释绝不是一种对显现于我们面前事物的没有先决因素的领悟。”[3]正是“先见”的存在,构成了理解者历史中的存在,才可能理解历史中的传承物,可见“先见”是一切理解的条件。

(二)“时间距离”的间断性与历史的连续性

解释者和历史文本之间横亘着一段“时间距离”,它间隔了解释者与文本的历史时代。正是这种“时间距离”造成文本对读者的陌生和疏远。传统解释学认为解释者须超越历史即这段时间距离从而与作者同境同情地重复体验和把握历史。与此相反,哲学解释学认为解释者的文本解释与文本作者原意之间的“时间距离”是不可能克服的,时间距离必然造成一定的理解障碍,其障碍主要来自两个方面,一是解释者和文本的语言隔膜。由于时间跨度形成语言张力,解释者难以透过特定语境下的文本语言把握文本的原意,唐人尚觉“周诰殷盘,佶屈聱牙”,又何况今日读者呢?二是体验的不可重复。解释者“不可能从心理上体会、重复、复制出作品作者的个人体验,解释者之间相互也不可能重复他人的个人经验”[4]。因此,

① 原文发表于《教育研究与实验》2009年8月。

文本作者的意图或作者的社会背景是当代人不可能客观再现的，文本的原意也就不可能恢复。但这并不是说文本就根本无法理解，伽达默尔指出，"'时间距离'并不是一个张着大口的鸿沟，而是由习俗和传统的连续性所填满，正是由于这种连续性，一切流传物才向我们呈现出来"[5]。解释者在习俗和传统中习得"先见"，从而使时间距离的间断性获得历史的连续性，这样就使得理解者对文本有了解读的可能。可见，时间距离虽无法超越，但它对理解的创造可能性产生积极意义。

（三）效果历史的作用

伽达默尔认为文本意义不是由作者决定，而是由处于不同历史境遇之中的读者和文本的互相作用所决定。"因为理解者和被理解对象都是历史的存在，文本的意义和理解者一起处于不断地形成和交互影响的过程之中。"[6]这种过程历史即"效果历史"。由于效果历史的作用，文本的意义在历史文本和历史解释者的相互作用下不断获得新的彰显，"一部文学作品，并不是一个自身独立向每一时代的每一读者均提供同样观点的客体。它不是一尊纪念碑，形而上学地展示其超时代的本质。它更多地像一部管弦乐谱，在其演奏中不断获得读者新的反响，使本文从词的物质形态中解放出来，成为一种当代的存在"[7]。在效果历史作用下，每一部作品的意义在历史的阅读中，经由一代又一代读者的理解不断被充实和丰富，文本意义从而在历史的解读中不断朝着新的时代开放，作品的意蕴也就永远不会终结。所以，任何文学作品的意义都"不是一个万古不变的常量，而是一个多样性阐释的群集，一个有着众多变量和参数的模糊性群集。从共时性来讲，某一作品的意义是同一时代同一时期无数读者的不同阐释的集合，从历时性来看，又是不同时代的读者与同一读者的不同的阅读的无数阐释的集合"[8]。这样，一部作品的意义永远都是一个过程，永远处在不断地实现之中。

二、语文文本阅读的三个基本关系

由于学生个体的经验、学识、情感、价值观等不同，阅读中必然赋予文本以不同的意义。正所谓"一千个读者就有一千个哈姆雷特"，读者对文本的释义必然是多元化的。在哲学解释学基础下，小学语文文本阅读必须厘清以下几种基本关系。

（一）个性与共性的统一

个性只是个相对的概念，因为既没有绝对的个性，也没有绝对的共性。从某种意义上说，任何对文本的解读最初其实都是一种个性化的解读，即使是我们先前奉为圭臬的标准释义，也是教参编者、教师或其他学者的个性解读。只是在他们的解读得到大多数人的认可后，它最终成为一种共性化的解读，而原先它所具有的个性特点却被人们所忽略了；另一方面，任何解读都以共性认识为前提。每个理解者在解读文本时必然有与作者的某种时代、情感和语言使用等方面的"共通感"，没有这种解读者与作者的"共通感"，理解不可能发生，或者根本无法理解，而且没有解读者之间的"共通感"，任何个人的解读都不可能得到其他解读者的认同，正是因此，任何个性化的解读里边都有着共性认识的存在。所以说，新课程理念下的小学语文阅读教学不是说就不要共性解读了，相反它仍然离不开共性解读，甚至我们需要在共性认识的基础上寻求个性化的理解。

(二)视界的有限性与发展性的统一

哲学解释学里有一个重要概念就是视界或称视野,它指的是解读者在解读前所具备的知识经验、审美情感、价值取向、个性特点、人文素养等等,它是读者“先见”的一个重要构成要素。视界是理解发生的基础,并限定解读者理解的广度和深度。在解读过程中,读者以各自不同的视界与文本交流,从而产生不同的解读结果。所以同一部杜诗“兵家读之为兵,道家读之为道,治天下国家者读之为政”[9],一部《离骚》“才高者苑其鸿裁,中巧者猎其艳辞,吟讽者衔其山川,童蒙者拾其香草”[10]。可见,不同视界背景的读者从文本中读出不同的内容,不同等级的读者对文本的领会具有不同的层次。除此之外,还可能由于解读者视界的狭窄或与文本视界的落差和距离过大,而出现读者根本无法解读文本的现象,所以鲁迅先生说,“北极的遏斯吉摩人和非洲腹地的黑人,我以为是不会懂得‘林黛玉型’的”[11]。尽管视界对读者的解读具有限定性,但是视界并不是封闭的固定的系统,事实上它是不断发展的。“视域其实就是我们活动于其中并且与我们一起活动的东西,视域对于活动的人来说总是变化的,它总是不断地拓展自己的疆界。”[12]这是因为在读过程中,读者只有“在世代相读的理解中不断改变自己的视界,并与作品所代表的作者和传统的视界达到某种程度‘视界的交融’,才能深入理解作品的底蕴”[13]。

(三)文本创造性与规定性的统一

不同的个体读者的不同的解读视野带来的是解读的多样化,这是无可辩驳的客观存在,但是它也极易导致阐释的混乱,原因在于“文本空白”的存在。接受美学的代表人物伊瑟尔指出,作者的创作除了文本中实写的部分外,同时还留下许多文本的“空白”,即“文本中未实写出来的或未明确写出来的,它们是本文已实写出部分向读者所暗示或提示的东西”。[14]在他看来,文本中的空白吸引和激发读者想象来完成本文,它给读者提供了广阔的想象空间,从而给予读者再创造的权利。这也正是我们在阅读中出现多元阐释的重要原因,但是,对于读者来说,需要明确的是文本的“空白”不是让读者去任意凭空想象的,它必然要受到文本中已经实写出部分的限制,这个实写出来的部分是读者借以填充“空白”的基础,它为读者的审美再创造提供契机的同时也规定了解读的方向。文本“有着既定的形式美和内容美,它是一种独立存在的实体”[15]。如婉约派和豪放派具有不同的风格,柳永词柔婉清丽,苏轼词豪情奔放,这就是文本对象客观规定性的标志。正是这种规定性,读者不至于把哈姆雷特读成奥赛罗,把林黛玉混同于薛宝钗,也不至于从李清照的“寻寻觅觅,冷冷清清,凄凄惨惨戚戚”中感受到苏轼的豪放,从《红楼梦》里读出侦探小说的悬疑。

三、语文阅读教学的实施策略

根据以上分析,新课程理念下的小学语文阅读教学需立足学生的当前视域,依托语文文本,开阔学生视野,提升学生精神素养,避免在实际教学中走入误区。

(一)以学生当前视域为基础,尊重学生的理解

在阅读活动发生之前,学生已具备一定的视域,也就是接受美学所称的“期待视野”,即“原先各种经验、趣味、素养、理想等综合形成的对文学作品的一种欣赏要求和欣赏水

平”[16]。学生是以自身当前的视域状态参与阅读的。因此,教师在阅读教学中,须充分考虑到学生的视域结构,了解学生的阅读兴趣、审美态度、欣赏水平等等,从学生实际出发确定文本解读的重点和难点。同时教师必须尊重学生的解读,既要尊重学生的阅读体验和感悟的差异性、独特性,也要尊重学生之间对文本意义达成的共识,即共性化的理解。不过,尊重学生的独特体验,并不是认同学生对文本随心所欲地解读。因为学生的视域是参差不齐的,其解读的深度和广度也必然存在明显差异,这样,教师对学生的个性化阐释应做出恰当的评价,学生的见解正确独到,理所当然应予以表扬;阐释不够完善的,则需要加以引导和启发;而对那些明显有误读和曲解的释义则必须给予纠正。另一方面,教师对于学生群体关于文本的共性认识也须予以尊重,这是因为学生之间的视域并不是完全不同的结构状态,学生的年龄、学识、经历等的基本一致,使得学生间的视域存在一定的交融之处,因此学生的各种解读之间绝不是相互孤立的,往往存在着一定的关联性。在教学中,引导学生之间进行交流和对话,就可以相互获得新的启发和认识,使自身视域得到发展,从而深化各自对文本的释义。

(二) 以扩展学生的视域为目标,提升学生的精神素养

一般来说,学生的视域与文本的视域存在较大的落差和距离,如果这种距离超过一定的范围,必然出现阅读困难过大而导致解读的中断。因此,文本内容须在学生视域“最近发展区”的范围内选择,过难或太易都不利于激发学生兴趣和提高学生阅读能力。而在具体的阅读教学中,教材是根据《小学语文课程标准》精心编制的,一般都是在充分调研和从学生发展的角度考虑进行选择的,它在提升学生精神素养、发展思维、发展语言能力等方面的价值取向是相对确定的。因此,阅读教学就必须充分扩展学生的视域,以此为目标来不断提高学生的阅读能力,提升学生的精神境界和文化素养。简单来说,首先应鼓励学生大量阅读,仅仅满足于课本和少量精品文章是不够的,要广泛涉猎,使学生和古今中外的文本作者对话,开阔视野,获得熏陶;其次引导学生和教师以及学生之间开展广泛的交流和讨论,相互提高和促进,而不是偏执于个人的解读,故步自封;再次,还须把阅读内容和学生的生活经验结合起来,使课内与课外相结合,形成“大语文”的课堂学习环境。

(三) 以文本为依托,发展学生的创新思维

“理解绝不是重新领会他人的原始意义或重构他人的原本观念,理解乃是与某人在某事上取得相互一致意见,理解总是相互理解。”[17]我们对于作品的理解,就是与文本(作者)在某事上取得相互一致意见,与文本(作者)达成相互理解。阅读中的文本作品是作者创造出来的,往往带有明显的作者的印迹(作者所处的时代、人生态度、情感世界等)。因此,对文本的解读也就不能脱离文本,必须以文本为依托,从文本的实写部分出发,对文本进行创造性的阐释。具体而言,首先要立足于文本的字、词、句、篇。它们之间是相互联系相互制约的,学生的个性化解读不能断章取义,凭空想象;其次,追溯文本的时代背景。特定的时代有着特定的审美倾向和文化价值取向;再次,了解文本作者的生活经历、创作风格等。这些都有利于学生对文本的正确阐释,学生的解读须在此基础上,从文本的空白处和意义的未定处进行个人的体验和想象,发展自己的创新思维。

综上所述,基于哲学解释学的小学语文阅读教学尊重学生的个性解读,反对标准化、大一统式的文本解读,但是尊重绝不是认同学生的任意曲解和歪解文本。课堂教学中,须以学

生当前视域为基础,以扩展学生视域为目标,以文本为依托,防止矫枉过正,陷入主观臆说的阅读教学误区。

参考文献

[1] (德)伽达默尔.真理与方法.图宾根莫尔出版社,1960:280.

[2] (德)马克思,恩格斯.马克思恩格斯选集(第1卷).人民出版社,1995:585.

[3] M. Heidegger. Being and Time. Trans. J. Macquarrieand and E. Robinson. New York: Harper and Row. 1962:188.

[4] 殷鼎.理解的命运.三联书店,1988:90.

[5] (德)伽达默尔.洪汉鼎,译.真理与方法.中文版上卷.上海译文出版社,2004:384.

[6][12] 何卫平.通向解释学辩证法之途.三联书店,2001:184,196-197.

[7] (德)汉斯·罗伯特·姚斯.文学史作为向文学理论的挑战//周宁,金元浦,译.接受美学与接受理论.辽宁人民出版社.

[8] 金元浦.文学解释学.东北师范大学出版社,1997:359.

[9] 薛雪.一瓢诗话//霍松林注.原诗·一瓢诗话·说诗语.人民文学出版社,1979:156.

[10] 刘勰.文心雕龙·辨骚第五//周振甫注.文心雕龙译注.人民文学出版社,2002:36.

[11] 鲁迅.花边文学,看书琐记.鲁迅全集(第5卷).人民出版社,1958:430.

[13][14][16] 朱立元.接受美学.上海人民出版社,1989:14,22,13.

[15] 龙协涛.文学阅读学.北京大学出版社,2004:187.

[17] 洪汉鼎.理解的真理.山东人民出版社,2001:281.

"问答式"必须改革①

支玉恒

笔者听过一节极其典型的课。我认真记录了教师上课时提出的所有问题,40 分钟内竟然提了大小问题 84 个!请读者不要吃惊,这位老师用问话的口气讲课似乎已经成了习惯,几乎一张嘴就是一个问题。所以在他的课上没有读书、没有思考,只有两三个字的问答充斥整个教学过程,可这位教师自己却茫然不觉。我把听课记录拿给他看,他自己也惊讶不已,眼睛大成了铜铃。

这样讲课的人当然为数极少,"出口成问"以致成为习惯,当然也是个性的问题。但我们认真想一想,这位教师的这种奇怪的习惯的养成,难道没有一个"群众基础"吗?难道不是长期进行"问答式"教学,进而"升华"成的一种"特色"吗?

阅读教学的根本,通俗地说,就是指导学生在读书的实践中学会读书。从理论上讲,应该说所有的小学语文教师都不会否认这一点;但在实际教学中,却还远不是这种情况。笔者在许多地方听过不少课。在欣赏了教师们精彩的创造性劳动之余,也难免不无遗憾——觉得有不少的阅读教学,真的没有引导学生去好好地读书,甚至还有不少教师仍然把"提问题"视为自己进行阅读教学的精神依赖。检查预习靠提问、破题开篇靠提问、整体认知靠提问、梳理结构靠提问、学习段落靠提问、归纳总结靠提问、理解词句靠提问、语言训练靠提问、课堂练习靠提问、认识事物靠提问、体会情感靠提问、培养思维靠提问,所有的启发引导也是靠提问……特别是在所谓"分析"课文时,问题更是层出不穷。

阅读教学的主要任务是培养和提高学生的阅读能力,绝不单单是为了理解课文内容。如果只是为了"理解课文",不要说"满堂问",就是"满堂讲""满堂灌",也完全可以达到目的,那还要改革干什么?但要培养和提高学生的阅读能力,就非得让学生亲自去读书(还得多读)不可了。修订版《小学语文教学大纲》着重指出:"要让学生充分地读,在读中整体感知,在读中有所感悟,在读中培养语感,在读中受到情感的熏陶。"多么明确!这么多工作,都要在"充分"的"读中"去完成。而且"感知"、"感悟"、"语感"、"情感",每项工作都含有一个"感"字,这绝非偶然。"感知"、"感悟"、"语感"、"情感"这些"东西",只有学生亲自去读、多读,才能体味得到,靠提问能问得出来吗?一节课仅仅 40 分钟,一个星期也只有六七节语文课,我们却用那么多的问题挤占了学生本来就不多的读书时间。有位老师在杂志上撰文说,讲《我的战友邱少云》一课,围绕"一动也不动"五个字,"设计一串疑问":邱少云为何一动也不动?怎样做到一动也不动?在什么情况下一动也不动?假如动了后果会怎样?其实这些问题的答案,课文第 6、7、8 三个自然段写得清清楚楚。六年级的学生通过自读完全可以领悟,不知提这一串问题的优越性何在。同样的教学内容,另一位老师却指导学生用多种方式,充分地、有感情地朗读 6、7、8 三段,要求学生一边读,一边想象文中所描述的情景,还可以把自己

① 原文发表于《小学教学设计》2001 年第 2 期。

当作文中的人物去感觉、去体验、去思考。(请注意,这位老师没有提任何问题)读完后,请学生说一说读了这些段落后自己的心情、想法,说一说有什么感觉。学生的发言,不但说出了前一位教师那“一串”问题所期望的答案,而且还联系日常生活经验,讲了火焰灼身的那种感觉,设身处地地体会了英雄的伟大,体会了“我”当时的那种痛苦和焦灼的情感。没有充分地读,没有从读中得到感悟,这种效果恐怕很难达到。问出来的答案往往是干涩的,而读出来的感悟却是滋润的。因为读,它用语感联结了学生的感觉、感受和情感,而使他感动。

修订版“大纲”还特别郑重告诫:“避免烦琐的分析”。这烦琐分析现象的形成,当然有诸多因素,但主要应归咎于过多过细的提问。很显然,如果大家都把“读”作为阅读教学的根本,怎么会长出“烦琐分析”这样一枝邪桠!《第一场雪》把北国的雪写得多么美。引导学生从有感情地朗读中领悟和体会冬雪之大、雪夜之静、雪景之美和瑞雪带来的喜悦,从读中去做身临其境的想象,这对学生学习语言、积累语言、体会情感、认识自然、学会审美等等有多么重要!可也有教师硬是问来问去,仅“下雪”这么一小段,就投影了“一串”思考题:① 这一段先写什么,又写什么,总的写什么?② “鹅毛般的雪花”用了什么修辞手法,用什么比什么?③ “地面上一会儿就白了”说明了什么?④ 积雪压断了枯枝说明了什么?学生先读了这些思考题,才可以读课文,读了一遍就开始回答问题。这样一问一答,优美的课文变成了支离破碎的残肢断臂,情趣没了,情感没了……什么都没了,只留下遗憾!还有的讲《曼谷的小象》只是“掀”和“撬”两个字就分析区别了五六分钟,学生越听越糊涂,听课的老师也被搞得头昏脑涨。亲爱的读者,类似这样的教学可不是个别的,甚至也不是少数的啊!因此,改革“问答式”的教学,实在是势在必行。

怎样改?笔者不是行家,没有能力用理论来阐述,只能就自己在实践中的一些心得和体会谈一点做法。

一、争取不问,设法替代

教师在备课时,特别是在阅读课文的过程中,不要直接去问本来能读懂的课文内容。要多想一想,原来准备要提问的地方,能不能用其他的教学形式来替代。如用各种形式的读替代,用语言训练替代,用表演或演示替代,用发言争辩替代,用图解或表格替代,用课堂各类练习替代,用欣赏玩味替代,用联想或想象替代,更可以用学生的质疑、释疑替代,等等。

如讲《鸟的天堂》中榕树大而茂盛一段,不用去提问“榕树有什么特点”、“哪里表现了这个特点”等问题,就让学生认真地去读,读后让学生说一说自己有什么感觉或感受。学生一般都会产生“这棵树真大、真茂盛”的感觉。然后再指导他们朗读,请他们把自己这种感觉,通过语气和声调的变化传达给大家,让大家都知道这是棵巨大而茂盛的榕树。读的时候,凡是表现枝繁叶茂的语句,就很自然地被突出出来,根本不用机械地告诉学生哪些字读得重一些,因为有感情地朗读本身就是一种感性的体验和传递。这就是用读替代了回答,这种方法在非常多的情况下都能运用。

讲《飞夺泸定桥》“与敌人赛跑”一段,先让学生默读并勾画出红军遇到的困难和克服的方法,分别标上“困①”、“克①”等序号(共五组)。默读后,再指名分别对应地朗读(一个人读“困①”的句子,另一个接读“克①”的句子,依此类推)。这种读法打乱了课文原来的顺序,但学生却能更清楚有序地悟出红军遇难而进、无往不胜的英雄气概。朗读几次后,再请学生用“总分总”的方法来复述这一段(在五组“困、克”前加一个总起性开头,后面加一段自己的评述或赞叹,作为总结性结尾)。这样的教学设计,完全没有提问,只依靠读和说完成了课文的学习,而且复述增加难度,联系了写作,也联系了学生自己的情感和认识。

讲《可爱的草塘》第二段,让学生好好读书,要读到能讲出"棒打狗子"、"瓢舀鱼"和"野鸡飞到饭锅里"三个故事。先小组内讲,再派代表到台上来讲。告诉他们可以加入自己的形容和描写,也可以连说带表演,还要评出"故事大王"、"故事二王"和"故事三王"。学生情绪高,有创造,有竞争,讲得非常好。可以肯定,他们把课文学活了,自读、自悟、表达、创新能力全都得到了培养。

讲《一夜的工作》,原本打算问学生:"课文中哪些地方运用了对比的手法,用什么和什么相比?"果真这样去做,得到的只能是干巴巴的几条"筋"。转而一想,还是不问好,于是用语言训练替代了。让学生用"在……却……"、"是……却……"的方式,说出课文中具有对比性质的内容。学生说:"在高大的宫殿式的房子里,陈设却极其简单"。"在一张不大的写字台上,却放着一尺来高的文件"。"周总理在工作了整整一夜之后,却只用一小碟花生米充饥"。"周总理的工作是那样劳苦,生活却是那样简朴"。等等,能互相变化,用很多方式说出。这种替代,不但完成了原问题的任务,进行了语言训练,而且集中了课文中的对比因素(实际上是思想因素),使学生对文章、对人物的认识更深一层,更高一层。替代的方法灵活多样,这里不可能占用篇幅一一列举。

二、尽量少问,精心设计

课堂教学中,有时确也有无法替代、非提不可的问题,那也无须回避,但对于要提的问题一定要精心设计。一是扩大问题的覆盖面,减少问题的数量。

如讲《晏子使楚》一课,"面对侮辱——巧妙反驳——战胜楚王"这一线索,变成问句就是思考提纲。既可分别解决文中三个故事,又可以用来认识全文。再如讲《小珊迪》一课,抓住《小珊迪》最后一句中的"饱受饥寒——美好品质——打动人心"三点,变为问题,就可以统摄全文。问题覆盖面大,就给学生留有较大的思维空间。在这个空间中,可读、可想、可说、可辩,就不易演变为"满堂问"了。

另一方面,所谓精心设计,就是要努力转变提问的内容、方式和角度。提出的问题要有思考价值,更要让学生感兴趣。

讲《西门豹》时,笔者在学生读书后,针对课文内容提了五个问题,但却又没有直接指向课文内容,都是旁敲侧击,效果不错。这五个问题是:① 读了课文你心中痛快不痛快? ② 读了课文你心中有没有佩服谁? ③ 读了课文的某些内容你感不感到愤恨? ④ 读了课文的某些内容你心中有没有同情? ⑤ 读了课文你还有什么感到奇怪的? 试想,学生面对这样的问题会是什么情绪? 这些问题,不仅涉及了课文所有内容,而且联系了学生内心情感。第⑤个问题用一个"奇怪",给学生留下了质疑的机会。

讲《再见了,亲人》时,为了引导学生了解作者思路,梳理文章结构,笔者提出了一个声东击西、陈仓暗度的问题:1950 年美帝国主义侵略朝鲜,把战火一直烧到中国边境。中国人民派出了志愿军赴朝作战,同朝鲜人民军一道打败了侵略者,迫使美国停战谈判。打了三年仗,我方牺牲的战士成千上万。停战后又留守五年。到八年了,最后一批志愿军要撤出朝鲜回国了。说是"再见了,亲人",怎么朝鲜来送行的只有大娘、小金花、大嫂三个人? 这像亲人吗? 这个奇怪的问题,极大地调动了学生的积极性,甚至有人对笔者如此认识有点义愤! 此起彼伏的发言,得到了预期的结论:这是作者写作的安排:无法把所有人和事写入文章,就选择了具有代表性的人物重点写(1、2、3 自然段),再用概括的手法写全体(4、5、6 自然段),并借此联系了学生写景物、写活动、写场面等习作方法,当然,也顺理成章地认识了课文的段落结构。另一点,笔者借这个问题,向学生介绍了朝鲜战争的事件背景。同一课,为了理解"雪中送炭"这个成语,笔者问:大娘送去的明明是打糕,作者为什么说是"送炭"?这样一问,学生的劲儿马上来了。他们的回答自然涉及了成语的表面义和喻义,并自然地联系课文具体内容,不但理解了词语,也加深了对课文的领悟。提问的方式和角度变了,问题的效果好了。

由于课文特点不同,问题性质不同,转变的方法不可能一一尽述。教师们在教学实践中不断创新,方法自然就有了。

三、放弃"专利",启发质疑

过去,课堂上一般多是教师问,学生答。要改革"问答式",解决由谁来问的问题是一个非常重要的途径。一开始,学生可能不敢问,不善问,经过一段时间的培养,就可大见成效。学生发现和提出的问题往往出人意料。因为小孩子观察事物、思考问题的角度和方式都与成人不同。启发学生发现问题、提出问题,不仅有助于克服教师的满堂问,避免"烦琐的分析",而且可以培养学生深思善问的能力和习惯。学生奇妙的问题,还能够补充教师备课的不足,加大课堂信息量,增强课堂学习气氛。

笔者在北京海淀区花园小学讲《飞夺泸定桥》一课时,发动学生自由质疑,大大激发了学生深入思考、大胆发问的积极性。课上,学生提出了近 20 个问题,使教学内容得到极大地丰富。15 年过去了,至今仍然记忆犹新。如果是一般的老师问学生答,恐怕不会留下如此深刻的印象。

讲《高粱情》一课,我请学生就课文的重点内容,替老师提出思考题供同学们学习议论。先后有六七位同学提出了问题。其中有三个学生提得特别好,我让他们把问题写到黑板上去。这三位同学的问题,有两个是我备课时考虑到的,另一位同学的问题我却没有想到。他问:高粱塑造了"躯体"可以理解,为什么还要说塑造了"生命"?"躯体"和"生命"有什么区别?这个问题提得太好了,一下子挖到了课文思想内容的最深处。这就是学生的智慧,千万不能小看!

讲《金色的鱼钩》时,一个学生问:我们过去学《钓鱼》一课,钓鱼能手阿成讲看浮子的经验说,鱼不会一下子就吞钩,先要试探,再要吞叶,浮子动了不要急着提竿。这一课小梁去钓鱼,浮子刚一动就钓上了鱼,是不是写错了?笔者借这一问题引导学生认识了写文章时表达目的与详略安排的关系。任何老师准备这一课时,恐怕也不会把这样一个钓鱼的细节问题拿来与过去的课文相比。但学生想到了,提出来,补充了老师备课时难以涉及的领域。这样的例子很多,每位教师都有充分的感受。

启发学生质疑,不仅是一个"问"和"答"的角色转换问题。它对于实施素质教育,培养创新人才具有十分重大的意义。能够独立发现问题、提出问题、分析问题、解决问题,是自主学习能力的重要标志,它是一个完整的逻辑过程。我们历来的老师问学生答,正好砍去了这一过程的逻辑起点。试想,长此以往,学生的发展怎么会不受影响?

希望我们的小语阅读教学能够尽快地剔除课堂教学中那些多余的问答,尽管它并不能掩盖小语教学改革的大好局面和不菲成绩。

小学儿童阅读能力发展研究[①]

张一清

一

阅读是小学语文教学中一项十分重要的内容，我国早已有以是否“识文断字”为标准判定一个人是不是有文化的传统，可见读书一直受到广泛的重视。近年来，随着小学语文教学和教改实验的不断深入，阅读教学的地位变得越来越重要，需要大量阅读已经成为教育工作者的共识，同时也成为教学中培养儿童阅读能力的共同途径。应当说，正是由于阅读教学受到如此重视，阅读训练的手段才得以不断发展，由此也就促进了儿童阅读能力的不断提高。

阅读能力是儿童综合语文能力的一个有机组成部分，同时它本身也是多种技能的综合体现，也可以说是多种因素的集合体，最终集中表现为阅读理解。

阅读能力是逐渐形成并不断完善的，小学阶段的儿童一般处于阅读能力初步形成，或说基本成型阶段。从小学低年级到高年级，儿童的阅读能力呈持续提高的趋势，因此，对儿童阅读能力的考查自然应当考虑到年龄（在学校受教育的儿童则表现为年级）的因素，也就是说应当对儿童阅读能力的发展脉络进行科学的、客观的描绘。特别是在我国小学语文教学领域，目前存在着许多种教学方法，同时有多种不同的语文教材，那么，不同的教学过程是否在儿童阅读能力发展的过程中有所体现呢？这是我们进行小学儿童阅读能力发展研究的第一个出发点。

对小学儿童阅读能力发展过程进行研究，方法是多种多样的。前面已经提到，阅读能力是一种综合的能力，其中包括观察能力、记忆能力、理解能力等等。因此对儿童阅读能力的考察可以是综合性的，也可以是分解性的。分解性研究的特点是通过人工干预，控制实验因素，使得所研究、分析的问题比较单纯，便于得到较为清晰的结果。因此，对小学儿童阅读能力发展进行简单因素分析、控制便成为我们研究的第二个出发点。

二

基于第一个出发点，实验研究的被试对象确定为小学三年级、四年级、五年级儿童（实验进行时间为10月份，因此三个年级的被试应分别为实足的二年级、三年级和四年级），每个年级各两个班，其中一个班是进行“注音识字，提前读写”教学实验的实验班，另一个是进行一般教学的非实验班。实验分别在河北、河南两个省的两所学校进行，共测查了568名儿童。

基于第二个出发点，这次实验选取了阅读单位作为人工干预的主要因素，以此为指标考查儿童阅读能力的发展过程。阅读单位我们在此定义为儿童在阅读过程中一眼所能接受的

---

① 原文发表于《语言文字应用》1994年第2期。

宽泛意义上的语法结构单位,例如词、词组、句子等。之所以说宽泛意义上的单位,是由于词、词组、句子对于具体的语言表达形式来说,并不是绝对互相排斥的,有时仅仅是角度不同的划分而已,例如有些词在某种环境中完全可以独立担当句子的职能。而对阅读单位来说,比较直观的考察最好是以长度为指标,具体一点说,也就是词组比词长,句子又比词组长,这种态势最理想。另一方面,为了使阅读单位在实验中整齐划一,从而便于分析统计,人工干预的结果是词一律为双音节,词组一律为四音节,句子一律为八个音节。这样一来,有些双音节词实质上并不是词,而是由两个汉字构成的词组了,例如"路边、扶着"等。同样,有些词组也并不是与原句语法分析相一致的词组,例如"叔叔背着小孩过河"中的"叔叔背着"等。因此,下文所要提到的词、词组、句子等单位,第一,长度一定不同,第二,在词、词组前面应加一个"准"字。

按照上述想法,我们共编制了 15 个句子作为实验材料,每个句子均由 8 个汉字组成,并按照其结构形式把这些句子划分为 5 组,每组 3 个句子。实验时,从每组中各抽出一个句子以词的方式呈现,再抽出一个以词组的方式呈现,最后一个以句子的方式呈现。实验材料的呈现是通过一个幻灯机和一个呈现时间控制装置实现的,词、词组和句子的呈现时间都是一样的,大致为 1/20 秒。

每一个实验句都配有四幅图,其中一幅所表示的内容与句义完全相同,另外三幅为干扰图,均与句义有部分相同。实验时,首先呈现实验句,然后呈现所配的图,图的呈现时间不受限制。

被试儿童均以组为单位进行实验,每组约 30 人。

实验正式开始前,首先进行预试,以便让儿童熟悉实验方法。预试之后,主试即向被试儿童讲清作业要求,其中特别强调两点:第一,每一个句子呈现之后,儿童都必须从随后呈现的四幅图中选择一幅与所看过的句子内容相一致的图,不能放弃选择;第二,四幅图中只有一幅是正确的。其余三幅均与句义不符,因此只能选择一幅,不能多选。

由于实验句是以三种不同方式呈现的,其中 5 个以词的方式呈现,连续呈现 4 次即为一个完整的句子;5 个以词组的方式呈现,呈现 2 次构成一个句子;还有 5 个就以句子的方式呈现。每一种呈现形式开始时,主试都口头提醒被试,如"下面要看 4 次才是一个句子,请同学先不要拿笔,注意往前看"等等。每一次呈现材料,主试都要提醒"注意一看!",伴随着"看!"启动呈现时间控制装置。每一个实验句呈现之后,紧接着就呈现为之配备的四幅图,要求儿童依据句义选择一幅正确的图,把图下面的序号与测验卷上的序号对照起来,在正确的序号上做出标记。

评价儿童作业的标准是选择正确则得分,选择错误或同一个句子选择了两幅图则不得分。

三

对实验结果进行了统计、换算之后,下面就是这项实验的部分数据图:

图一是三个年级被试三种作业成绩正确率的直方图。图二、图三、图四分别是"注音识字,提前读写"实验班被试与非实验班被试三种作业成绩正确率的曲线图。

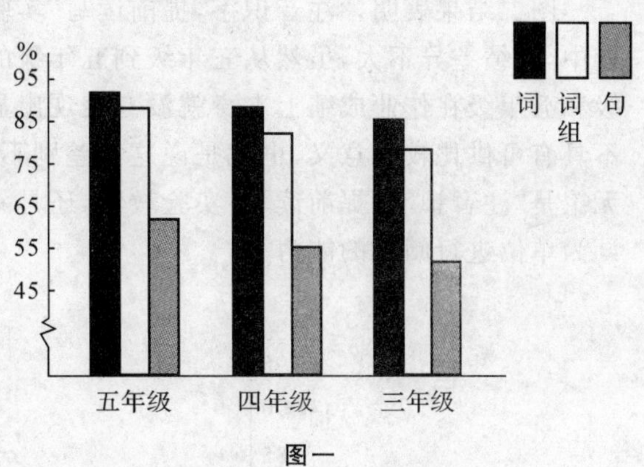

图一

图一结果表明，三种形式的作业均是五年级儿童成绩最好，其次是四年级儿童，最后是三年级儿童。这个结果与人们的一般预期是完全吻合的，因为五年级儿童无论从心智发展水平、年龄，还是从受教育时间、知识背景，均比其余两个年级的儿童有明显优势，所以他们的作业成绩高出其余两个年级是完全正常的。同样的道理，四年级儿童的作业成绩又高于三年级儿童。然而，如果从三种不同形式的作业来衡量三个年级儿童之间的成绩差异，可以发现不同形式作业在三个年级儿童作业成绩上的差异是不一样的，其中以词为单位呈现材料的作业，三个年级儿童的成绩差异最小，其余两种形式的作业在不同年级儿童成绩上的差异相对略大。这个结果说明儿童到了三年级，已经基本具备了以词为单位进行阅读的能力，随着年级增高，成绩虽有提高，但幅度有限。同时，这个结果也说明以词为单位进行阅读是一种比较初级的阅读能力，儿童经过较短时间培养训练即可达到，三年级儿童作业的正确率已经达到了87％。而以词组或句子为单位进行阅读，三年级儿童则处于一种尚待提高的状态，由三年级到五年级，儿童的这两种能力呈现出逐渐上升的趋势，而且上升的趋势相对以词为单位进行阅读的能力发展更加显著。这个结果说明，阅读单位作为衡量人的阅读能力的一个指标，它所呈现的发展趋势是随着人的持续不断的阅读训练，逐渐由比较小的单元扩展为比较大的单元，表层的反映形式则为阅读速度的逐步提高，这也就是成人能够比儿童更迅速地阅读书面材料的原因所在。很显然，五年级儿童在以词或词组两种方式呈现材料的作业之间，成绩差异最小，四年级次之，三年级再次之。这也从另一个侧面说明，从三年级到五年级，是儿童形成以词组为单位进行阅读这种能力的重要时期，与三年级就已经基本具备了以词为单位进行阅读的情况不同，以词组为单位进行阅读的能力显然到了五年级才可以说基本形成和稳定了，至于以句子为单位进行阅读，虽然从三年级到五年级儿童的作业成绩也呈现出持续上升的趋势，而且提高的幅度也很显著，但是从五年级儿童的作业成绩仅仅是还不到60％的正确率可以看出，以句子为单位进行阅读的能力到了五年级恐怕还不能说已经基本形成，从积极的一面说，则是在这方面还大有潜力可挖，儿童的进步势头正健。

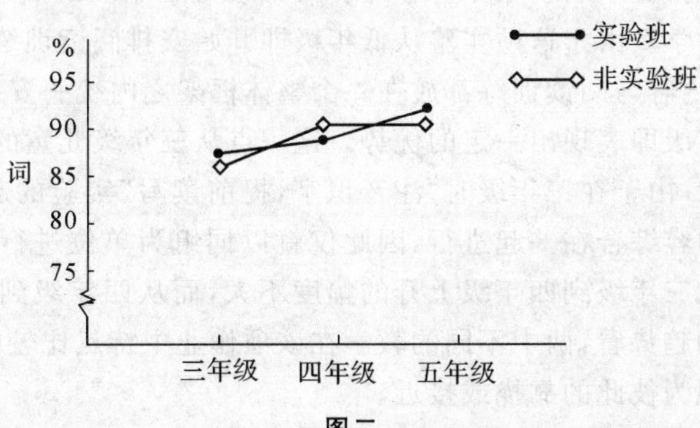

图二

图二结果表明,“注音识字,提前读写”实验班和非实验班,在以词为单位呈现材料的作业中,成绩差异不大,虽然从三年级到五年级的发展过程互有参差,略存小异,但是由于三年级和五年级在作业成绩上本身就没有表现出显著的差别,因此双方发展过程的微小差别并不具有可供比较的意义,也就是说这种差别不具有对其进行分析的意义。从另一个角度说,无论是“注音识字,提前读写”实验教学,还是一般的教学,儿童到了三年级,都基本具备了以词为单位进行阅读的能力。

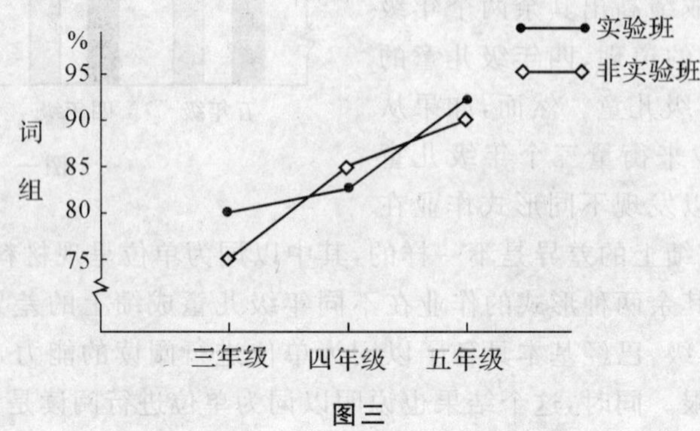

图三

图三结果表明,“注音识字,提前读写”实验班儿童在以词组为单位呈现材料的作业中,三年级的成绩略高于一般教学班,而四年级和五年级的成绩则与一般教学班差别不大,其中四年级稍低,五年级稍高。这个结果说明,“注音识字,提前读写”实验,由于教学中阅读内容安排早,儿童在三年级时已经明显表现出了阅读单位扩大的趋势。这个趋势首先通过以词为单位和以词组为单位两种作业成绩的差别表现出来,实验班儿童的成绩差约为 8.3%,一般教学班为 12.3%;其次这种趋势还通过实验班儿童的作业成绩高于同年级一般教学班儿童的作业成绩表现出来,两者相差 4.3%。从三年级到五年级的发展过程看,似乎可以说一般教学班的上升比较平稳,其中三年级到四年级稍陡,四年级到五年级稍缓;而“注音识字,提前读写”实验班的上升趋势则有一个比较明显的转折点,从三年级到四年级基本比较平缓,而从四年级到五年级则提高的幅度较为显著。造成这种状况的原因可以肯定与教学的不同安排有关,就一般教学来说,低年段以识字为重点,中年段以后逐渐进入句段篇章的训练,这样儿童在有计划有目的的阅读训练中,阅读单位就不断扩大了,因此表现出持续上升的趋势。不过,三年级到四年级由于处于发展的初级阶段,那么上升的速度相对就快一些,迅疾一些,故而三级与四年级的成绩差略大于四年级与五年级的成绩差。再来看“注音识字,提前读写”实验教学。由于这项实验从低年级即开始安排阅读训练内容,同时把识字、说话、作文等其他训练内容与阅读训练都放在一个整体框架之内统一安排,系统筹划,因此,儿童的阅读能力在低年级即表现出一定的优势。这一点从三年级儿童的作业成绩对比中可以看得比较清楚。此后,由于在三年级时“注音识字,提前读写”实验的起点较一般教学略高,同时由于各项教学内容综合在一起进行,因此仅就以词组为单位进行阅读这一项,“注音识字,提前读写”实验从三年级到四年级上升的幅度不大,而从四年级到五年级则表现出较为显著的提高。从总的趋势看,两中不同的教学在该项作业中特点比较明显的是在三年级,四年级和五年级则表现为彼此的靠拢或接近。

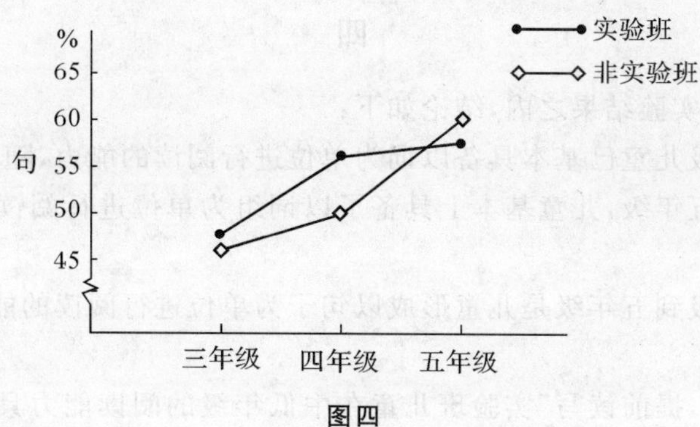

图四

图四结果表明，以句子为单位呈现材料的阅读作业，从总体上说，两种教学班的儿童都还有待提高技艺。从对比的角度看，"注音识字，提前读写"实验班三年级、五年级儿童的作业成绩基本与同年级一般教学班持平，差别不很显著，只有在四年级这一点上两种教学班的差别比较明显。"注音识字，提前读写"实验班从三年级到四年级上升速度较快，而四年级到五年级上升速度较慢；一般教学班刚好与此相反，三年级到四年级上升速度慢，而四年级到五年级上升速度快。这两种趋势就使统计曲线形成了一种近似平行四边形的图形。以上结果说明，在一定范围内而言，以句子为单位进行阅读，两种不同教学班的儿童三年级时是较低水平上彼此接近，而五年级时则是较高水平上的彼此接近，只是由于四年级时的彼此差别，当得上用一句"殊途同归"。"注音识字，提前读写"实验由于在低年级就安排了阅读训练，训练的效果很容易在儿童身上体现出来，因此三年级到四年级上升的幅度比较明显，而到了中年段以后，实验教学起步阶段的特点相对淡化了一些，那么从四年级到五年级，儿童作业成绩的上升也就相对变得平缓。与此相对，一般教学从中年段开始才大量安排阅读训练内容，因此在以句为单位进行阅读这种比较有难度的作业操作中，三年级到四年级还不足以表现出明显的上升趋势，而从四年级到五年级才显示出了随着持续的训练，上升幅度也越来越大的趋势。两种教学班儿童在该项作业中所表现出的不同发展轨迹，使我们有理由相信"注音识字，提前读写"实验的提前效果，同时也提醒我们就这样的实验方式考察，"注音识字，提前读写"实验似乎存在着高年段特点不突出的问题。这种推断从其他两种形式的作业成绩中也可以得到证实。无论哪种作业，两种教学班儿童均在五年级表现出彼此的接近，这一方面说明小学语文教学或许存在着某种规律性的共性，虽然方法不同、教学不同，并由此引起了途径和过程的不同，但终点却趋向同一；另一方面也说明，或许"注音识字，提前读写"实验着力于起步阶段的尝试已经显示出了效果，而后续阶段，也就是高年段的措施也到了应当进一步发展的时候。这个问题在近几年的实验教学中已经被多次提到，而且也已经有一些地区正在着手进行探讨。当然，我们所进行的这项实验本意是要就小学儿童阅读能力发展中的某一个因素、在某一阶段进行一些探索，因此某些推断是仅就本实验所生发的探讨性意见，并不能因此而得出全面的结论。从前面的图二、图三、图四可以看出，两种不同教学班儿童作业成绩的起点和终点的可能性延伸就是一些很有意思的课题，其中特别是图二、图三的起点向更低年级延伸和图四的终点向更高年级延伸，这样的研究结果将更有助于有步骤地、系统地对小学儿童阅读能力的发展做出更全面、科学的阐述，也有助于探讨不同教学方法的内在特点，并进一步推进小学语文教学的发展。

四

把范围限定在本实验结果之内,结论如下:

第一,小学三年级儿童已基本具备以词为单位进行阅读的能力,随后的上升幅度较小。

第二,到了小学五年级,儿童基本上具备了以词组为单位进行阅读的能力,可以预期以后的上升速度将减缓。

第三,小学三年级到五年级是儿童形成以句子为单位进行阅读的能力的初级阶段,以后的发展潜力还很大。

第四,"注音识字,提前读写"实验班儿童在中低年级的阅读能力具有一定优势,提前的效果比较突出,这些特点特别表现在较大单位的阅读操作中。

第五,小学中高年级,尤其是高年级儿童阅读能力的进一步提高不仅是哪一项教学实验的具体问题,同时也是整个小学语文教学的共同性问题。

第六,阅读单位的大小是衡量阅读能力的一项指标,其他形式的实验还需要进一步开展。

为语言和精神的协同发展而教[①]

——语感教学策略例谈

王崧舟

大家都有这样一个感受：语文课越来越难上，语文老师越来越难当。这里面，既有主观的原因，也有客观的原因。从客观方面讲，语文教学研究，“婆婆”太多，观点太多。曾记否？20 世纪 50 年代语文强调文学性，60 年代语文强调思想性，70 年代语文强调革命性，80 年代语文强调工具性，90 年代语文强调人文性，21 世纪语文又强调生命性，语文还有什么整体性、综合性、实践性、交际性、社会性、科学性、开放性、基础性、情感性、形象性……总之，语文老师特别容易受到“性”骚扰。面对各种纷至沓来、莫衷一是的“性”，语文老师自己也不清楚语文到底姓什么了。从主观方面讲，我觉得语文老师自己对语文的属性、功能、特征等缺乏一种内在的体验、内在的觉悟。缺乏一种属于他自己的心灵观照和把握。

如何走出这种内在的困惑呢？全国著名特级教师钱正权先生说过这样一句话：语文教学改革和研究要倡导删繁就简，要倡导返璞归真。面对各种纷至沓来、目不暇接的观点、学说，我们要反璞，返语文之璞；我们要归真，归语文之真。语文教学要变，但万变不离其宗。这个宗就是语文之“璞”、语文之“真”。“璞”在哪里？“真”在何方？我建议大家都静下心来，一字一句、一条一款、全神贯注、聚精会神地读一读《语文课程标准》，尤其是关于语文课程理念的那一章节。可以说，这是我们语文界经过 50 多年的改革、探索、挫折、徘徊之后，所积淀下来的智慧和毅力的结晶。为了这笔财富，我们付出了很多很多，来之不易，弥足珍贵啊！

这里，我想就课程理念问题谈谈自己的实践和感悟。在谈到母语教育的特点时，《语文课程标准》提出要高度重视汉语言文字对识字、写字、阅读、写作、口语交际和学生思维发展的影响。在教学中，尤其要重视培养学生良好的语感和整体把握的能力。是否可以这样说，整体把握能力的培养，良好语感的形成，这是我们语文教学中具有“朴”和“真”意义上的课程理念。

中国近代语文教育史上第一个提出“语感”的，是我的同乡夏丏尊先生。夏先生对语感有一个极富“语感”的描述。他说：“在语感敏锐的人心中，赤不但解作红吧？夜不但解作昼的反对吧？春雨不但解作春天的雨吧？田园不但解作种菜的地方吧？在语感敏锐的人心中，见了新绿二字，就会有希望、自然的化工、少年的气概等等说不尽的旨趣。见了落叶二字，就会有寂寥、伤感等等说不尽的情味。”这些是什么？这些就是语感。

我在华东师范大学参加国家级骨干教师培训的时候，有一回我们请来了语文课程标准研制组的成员、华东师大中文系教授巢宗祺先生解读语文课程标准。巢先生讲完以后，留出半个小时与我们对话。我提了一个问题：“巢教授，我仔仔细细统计了一下，《语文课程标准》

---

① 原文发表于《小学教育科研论坛》2003 年第 3 期。

当中,语感这个术语出现了四次。这说明你们研制组的成员是很看重这个术语的。我想冒昧地请教一下,您认为什么叫语感?”巢先生稍稍想了一会儿,然后笑着说:“语感这个东西,当你能够用语言把它说清楚的时候,它已经不是语感了。”这话听起来很俏皮,但细细一体会,老先生的话其实讲得非常有道理。郭沫若先生曾经这样说过:语感这个东西,如水在口,冷暖自知。其实每个人都有语感,但老师们总觉得语感这个东西很玄乎,把握不定,捉摸不透。这个说语感是一种语言直觉,那个说语感是一种理性的整体把握;这个说语感是一种能力,那个说语感是一种心理状态;这个说语感是一种心理语言图式,那个说语感是一种生命意识在语言上的独特表征。我收集到的关于语感的定义不下30种之多。公说公有理,婆说婆有理,最后谁也说服不了谁。我想我们可以采取的对策只有一条,对概念上的纠缠都不予理睬,你就从自己内心的感觉出发。你不可能没有语感,你不可能对自己的语感没有感觉。凭着这种感觉,你只管大胆地去尝试,去实践。

小学语文课文《我的伯父鲁迅先生》中有一段话:“走到离伯父家门口不远的地方,看见一个拉黄包车的坐在地上呻吟,车子扔在一边。我们走过去,看见他两只手捧着脚,脚上没鞋,地上淌了一摊血。他听见脚步声,抬起头来,饱经风霜的脸上现出难以忍受的痛苦。”

很多教师都教过这篇课文,大家都会注意到这一段当中有一个词语必须落实:“饱经风霜”。有两个教师同样上这篇课文,同样处理“饱经风霜”这个词语。

六(1)班的语文教师是这样上的:上课之前,先让学生预习,有不懂的问题、不懂的词语查查字典和词典,自己能解决的都把它解决了。课上到这个地方,教师问学生“饱经风霜”是什么意思。一个学生说:“老师,我知道,饱经风霜是形容一个人经历了很多的艰辛和磨难。”教师对学生的回答不置可否:“请坐。”又一个学生说:“饱经风霜是形容一个人经历了很多的艰辛和磨难。”教师又不置可否:“请坐。”第三个学生站起来,几乎一字不漏地重复了前两个学生的答案,教师才放心地问全班学生:“同学们,这个词还有不同的意见吗?”你说学生还会有什么不同的意见?词语手册上都清清楚楚地写着呢,不可能有第二种答案。教师又不放心地问学生:“同学们,这个词语的意思你们记住了吗?”全班学生异口同声:“记住了!”

六(2)班的语文教师不是这样上的。他怎么上呢?教师先问:“同学们请闭上眼睛,你们想一想,在生活当中,你们有没有看到过饱经风霜的脸?”学生闭上眼睛沉思片刻,有几个孩子把手举了起来。教师说:“那么,现在你能不能用自己的语言来描述一下这位拉黄包车夫的脸呢?”因为有了前面那个基础,把生活体验调取出来、把生活积累激活的那个基础,所以学生的反应比较活跃。有的说:“老师,我看到那个车夫额头上布满了一道又一道的皱纹,嘴唇上有一道一道的裂纹,眼眶深深地陷进去,颧骨高高地突出来。”有的说:“老师,我看到那个车夫的脸蜡黄蜡黄的,他实际上只有三十来岁,但是看上去已经五十开外了。”有的说:“老师,我怎么觉得他的头发乱得像一堆稻草,脸色灰黑,明显的营养不良。”老师说:“对!这就是饱经风霜的脸。同学们,看到这么一张脸,看到这么一张饱经风霜的脸,你还能看出些什么?”学生反应更热烈了。有的说:“老师,我看出来了。我知道那车夫干活肯定非常累,没日没夜地拉车,不管是烈日酷暑,还是暴风骤雨,为了家庭生活,他要拼命地拉,拉拉拉……”有的说:“老师,我知道,那车夫的家里肯定很穷,肯定是吃了上顿没下顿。”有的说:“老师,我知道车夫的身体肯定不好,他因为身体有病、营养不良、干活又累,所以他的身体肯定很糟糕。”

这时候,教师动情地说:“是呀!就是这样一个车夫,那么冷的天,还赤着脚在拉黄包车。

现在，他的脚被玻璃片刺破了，深深嵌入了脚掌，地上淌了一摊血，他躺在地上痛苦地呻吟，他想起来却又起不来。同学们，如果当时你就在现场，你看到这个车夫，你会怎么做?”这个时候，学生也非常激动。一个说:“老师，我一定会用黄包车把他拉到医院去”。一个说:“我一定会把我身上所有的钱都掏出来给他”。一个说:“我一定马上打电话给我爸爸，我爸爸是个医生。”一个说:“我一定打 110，把警察叔叔叫来，把车夫送到医院去。”

老师最后说:“同学们，你们真的是非常富有同情心。我们来看看鲁迅先生又是怎么对待这个黄包车夫的?”两堂课过去整整两个月，有人对两个班搞了一次突然袭击。他们出了两道题让两个班的学生做:第一道题要学生在括号中写上能够形容一个人脸的词语:(　　)的脸，只要合适写得越多越好。第二道题是给学生看《父亲》这幅油画，画中父亲的那张脸是典型的具有中国特色的饱经风霜的脸，看后让学生用自己的语言来描述父亲的那张脸。做完以后，统计出来是这种情况。第一道题目，六(1)学生能够写出“饱经风霜”的占 19%，而六(2)高达 94.5%。第二道题，能够正确恰当地运用“饱经风霜”这个词语来形容父亲这张脸的，六(1)班仅占 9%，而六(2)班却高达 93%。数据是冷冰的，但数据带给我们的思考一定是火热的。

有专家说，这种现象很容易解释。六(1)学生掌握的那个词汇处于消极语汇状态，一个词处于消极语汇状态，他只理解，不会运用。六(2)学生掌握的这个词处于积极语汇状态。处于积极语汇状态的词语，他可能不一定完全理解，但是他可以凭体验、凭意会在新的语境、新的情境、新的环境中灵活自如地运用。

这话当然正确，但我觉得这是些正确的废话。对我们一线的语文教师来说，我们感兴趣的并不是这种贴标签式的理论解释。我们需要的是消极语汇怎么才能转化为积极语汇，我们需要这种转化的机制、转化的策略、转化的模式、转化的艺术。这才是语文教师最感兴趣的。

转化的机制是什么？转化的艺术是什么？一言以蔽之，只有当语言和精神得到协同发展的时候，这样的语言才有可能处于积极语汇的状态。语言离开了精神，语言是死的，语言是平淡的，语言是僵化的。语言只有跟一个人的精神、一个人的情感、一个人的智慧、一个人的心灵水乳交融的时候，它才是真正活的语言，才是真正有生命张力的语言。这样的语言，才有可能成为学生生命中的一个非常重要的元素，才有可能在新的语境、新的环境、新的情境当中灵活自如地加以运用。苏霍姆林斯基一再强调，学习语言一定要让“词深入到儿童的精神生活里去”，“使词在儿童的头脑和心灵里成为一种积极的力量”，“成为他们意识中带有深刻内涵的东西”。只有语言和精神的协同发展，才是我们语文教学所应追求的目标，所要达到的境界。

以“绘本阅读”为载体的低年级语文综合性学习研究[①]

浙江省岱山县课题研究共同体

一、研究的背景

绘本，亦称图画书，是20世纪产生的图书品种，是在人类对童年这种生命的认识更透彻以后诞生出来的书籍形式。与一般的“小人书”、卡通图书或其他有图有字的儿童读物相比，绘本是以简练生动的语言和精致优美的绘画紧密搭配而构成的儿童文学作品，它对语言、绘画及二者的构成形式均有特定的规范和要求。其中绘本中的图画应具备的条件有：鲜明的视觉像，象征的、典型的形态，飞扬的想象，诗的笔触。而绘本的文字应具备的条件有：符合儿童的生活经验，能帮助儿童扩展理解力、想象力、思考力的故事以及自然美妙的韵律。国际公认绘本是最适合幼儿与低年级孩子阅读的图书，绘本阅读是低年级孩子阅读经历中不可缺少的重要一环。与一般的文本阅读相比，绘本阅读具有其自身的特点：特别强调叙述性故事与视觉艺术的合一；注重通过多元化的教学活动，培养儿童多方面的能力；“大声朗读给儿童听”是最经常、最有效的阅读方式；需要多媒体的支撑，而实物投影是其中最经济、最便捷的资源。

绘本的性质与绘本阅读的特点决定了绘本阅读能有效落实低年级语文综合性学习的目标。首先，绘本阅读能提高低年级孩子的语文综合运用能力，因为在绘本阅读的过程中，我们会根据绘本与低年级孩子的特点设计丰富多样的听、说、读、问、议、写、欣赏、想象、表演、创作等活动；其次，绘本阅读对孩子好奇心与探究意识的培养具有有利的条件，因为绘本中蕴涵着丰厚的知识、情感、人生哲理智慧，能让孩子在阅读过程中产生对自然、社会、科学、艺术、人生等强烈的好奇心与探究欲望；再次，绘本阅读对培养孩子的阅读兴趣是很有效、很生动的方式，对孩子审美能力的培养起着一种全方位的作用，对于孩子多元思维能力的培养、潜能的开发、良好个性与健全人格的形成也有特别大的帮助。

在国外，尤其是美国、英国、日本等发达国家，绘本创作与绘本阅读已经有了100多年的发展历史，在我国台湾，对绘本阅读的研究也已经有了20多年的历史。而在我们大陆，对绘本的了解与绘本阅读的实践才刚刚起步。近两年，我国大陆有一些儿童文学作家认识到绘本阅读对低年级孩子成长的重要性，开始致力于绘本的推荐与绘本阅读的推广。

与国内同类课题研究相比，我们的这一课题研究，创新性主要表现为两个方面：一是研究的切入点，我们把“绘本阅读”作为开展低年级语文综合性学习的一种载体进行研究，我们研究的主要目标是借助绘本阅读提高低年级孩子的语文综合素养，同时解决低年级语文综合性学习中的课程资源问题；二是研究的主体，我们这一课题的承担者是一个“课题研究共同体”，这一“课题研究共同体”是从我县县情出发，由县教育发展研究中心与我县本岛农村

---

① 原文发表于《上海教育科研》2007年第2期。

五校协作体(岱东小学、怀慈小学、东沙小学、蓬门小学、岱中小学)所合作组成的,课题组核心成员是教研员与五所学校中的低年级语文教师。课题组成员人数多,地域分布广,为保证研究活动正常有序地进行,本研究的总体思路为"整体统一规划,多级联动研究,借助网上汇谈,扩大研究效益,全程分享成果,实现区域推进"。

二、研究的主要内容

(一) 绘本选择的研究

在绘本的选择上,我们坚持适应性、价值性、丰富性、系统性的原则。

适应性:篇幅适中,符合一年级上至二年级下孩子的接受能力与发展需要。

价值性:不求实用,但求审美,选择在语言、内涵、内容情节上均有较高的审美价值,且设计、绘图、印刷、装帧精美的。

丰富性:内容上、类型上力求丰富,知识性,情感性的、哲理性的,尽可能涵盖儿童生活、成长的方方面面。

系统性:避免绘本选择上的随意性,盲目性,要求围绕主题,从一年级上到二年级下形成一个阅读的序列。

(二) 以"绘本阅读"为载体开展综合性学习的策略研究

1. 策略实施的原则:综合性,审美性,活动性,创造性

综合性:追求语文本位基础上的教育效益最大化,实现语文多种能力的整体发展,语文与生活的联系,语文与艺术等课程的沟通。

审美性:充分发挥绘本的多元审美价值。

活动性:以符合低年级孩子特点,充分调动多种感官参与的丰富多样的活动为阅读、学习的主要方式。

创造性:在创造性的实践活动中充分发掘孩子的创造天赋。

2. 策略实施的具体行动指向

(1) 以绘本为学习语言与表演的素材

以"听教师大声读"为绘本阅读与孩子学习语言的重要方式。不同的绘本采用不同的语言学习方法,如:语言精美、散文化的绘本可以在对精彩文句的赏读中感受文学语言的魅力;故事情节起伏、角色丰富、语言描写生动的绘本,可以在角色对话与情节表演中培养听、说、演的多种能力等。

(2) 以绘本为审美与想象的蓝本

除了由故事内容引发的想象之外,可以选择最富想象最动人的图画引导孩子细细地观赏画面中的形象、色彩、细节等,感受画面所流露的情绪,所表达的意蕴,遐想文字以外、图画以外的世界,并让孩子在对精美画面的欣赏中提高对美的感受力,培养审美的情趣。

(3) 以绘本为探究与创造的平台

在对绘本丰富的内容、内涵的解读过程中,认识世界,产生对生活、自然、社会、科学、艺术、文化的好奇心与探究兴趣,并由此引领走向对生活与其他学习领域的观察与探究;在对自己喜欢的作者与绘者的关注中,激发阅读的兴趣与研究的内驱力。在情境刺激之下,在想

象天地之中，通过对绘本的故事续写、形式仿写，动手制作与作品分享等活动，激发创作的热情，培养动手实践能力、表达能力、想象能力、欣赏美表现美的能力等。

(4) 以绘本为感动与快乐的源泉

以“在快乐中发展心智”为绘本阅读的根本，让绘本成为感动与快乐的源泉，让孩子在类似游戏的活动中充分享受阅读的快乐，在笑声中心有所动、情有所感，将抽象的深刻的内涵内化为形象而真切的表达。

(三) 以“绘本阅读”为载体开展综合性学习的课型研究

1. 赏读型

赏读型的课适用于语言优美抒情散文式，而故事性不太强的绘本。这一类绘本的阅读重在反复朗读，欣赏语言的神韵与声韵，培养良好的语感，同时，此类绘本的图画往往也用抒情优美细腻的笔触，美得令人心醉，所以还要引导孩子静静地欣赏画面，在视觉与听觉的交融中，使心灵柔软起来、敏感起来。

赏读型的绘本阅读课一般的结构为：① 大声读：以听教师大声读为主，教师在为学生朗读的过程中，要将自己对绘本内涵的感悟，对绘本文字的品味乃至自己对阅读的情感通过声音、神情传达给学生，给学生以强烈的情感熏陶、无声的语言滋养与畅快的阅读享受。适时选择精彩句段开展多种形式的赏读：图文对照读、想象读、表演读等。②自我赏读：让孩子自主选择绘本中自己特别喜欢的句段与画面自我赏读，受到文学语言的熏陶，积累文字的语言。③ 心动辞发：可以仿照本文中的句式表达自己的生活与想象世界，可以表达自己对文本的感悟。

2. 表演型

故事情节曲折，人物形象鲜明，对话丰富的绘本适合进行表演型的阅读。除了绘本中的故事，教师当然也可以鼓励孩子在适当的时机将他们创作的故事以各种表演的方式表达出来，以充分发挥孩子的表演天分。

表演型的绘本阅读课一般结构为：① 大声读：听教师大声读，在听读中了解故事的情节，理解角色的特点，想象角色的形象等。② 角色对话：在听教师大声读的过程中，选择故事中有特色的人物对话进行多种形式的角色扮演，如师生示范课、同桌对演，依据文本演、创造性地演等，既分散表演的难点又逐步加深对角色的体验。③ 情节表演：以表演的形式展示整个故事或重点片段的情节。

3. 想象型

想象是绘本的特质，想象也是绘本阅读的重要方法。想象型的课是相对于赏读型与表演型而言，想象占了特别大比重的课，适用于想象奇幻的幻想类绘本。想象型的绘本阅读课一般的结构为：① 赏读封面，猜想故事：幻想类的绘本，图画往往很能引起孩子的共鸣，引发孩子的想象，阅读伊始，赏读封面，由封面中的图画与文字猜想故事，使整堂课弥漫想象的色彩。② 读文赏图，想象体验：一边读文，一边赏图，让思绪随着图文驰骋千里，上天入地。在想象空间大的地方可以先让孩子想象再读故事，情绪色彩浓的图画可以让学生由图画想象人物的心理。③ 回味细节，再现情节：绘本的图画讲究细节，而且往往是前有铺垫后有呼应地暗示读者故事想象的生发点。所以在读文赏图的过程中或者在读完整个故事之后，有必要引导孩子前后对照着品味细节，以产生心灵的顿悟。④ 联系生活，满足想象：绘本的故事与图画会自然引发孩子的天性的幻想,令他们浮想联翩。安排一定的时间让孩子充分交流,以满足孩子天性的爱幻想心理。

4. 创作型

创作型的绘本阅读课兴趣激发是基点,由仿到创是原则,伙伴合作是手段。课的一般结构为:① 构想内容:充分发挥每个孩子的想象力与灵性,并注重孩子之间的相互交流与启示,尽可能使内容丰富多彩,有个性。② 设计雏本:根据孩子的特点设计各种好看的形状,培养孩子审美的情趣,可以从单张的、几张的再到整本的,从教师帮助设计到由学生合作设计或独自设计。③ 创作图画、创作文字:在设计好的绘本雏形合适的地方写上文字,为文字配上合适的喜欢的图画,可以剪贴,可以自画(一年级的孩子可以不写文字,单用画面来讲述故事,有时也可以先画图,再写文字)。④ 交流分享:伙伴之间互相欣赏画面与文字,可以将学生的作品张贴(展示)在教室的四周,也可以让学生将一些不错的作品带回家,与家长分享,激发学生以他们的优势智能创作作品。

5. 综合型

在实际的教学中,有的课往往综合运用以上几种课型中的操作策略。有赏读,有表演,有想象,有创作,在多法融合中培养孩子的综合素养。

阅读课要"意文兼得"①

——我教《第一次抱母亲》

于永正

人家知道，文章一旦被选进语文教材，成了"课文"，它就具有了双重意义，一是内容意义，二是形式意义。学生学习它，不但要了解写的是什么，而且要知道作者是怎样写的。文字这个载体本身就是学习的对象。这是语文学科区别于其他学科的一个明显标志。许多专家例如浙江的钱正权先生、上海的吴忠豪先生都大声疾呼"不要把阅读课上成理解课"，这是很有针对性的，是切中阅读教学要"得意得文"时弊的。怎样教才能"意文兼得"？唯一的途径是朗读。正确、流利、有感情地朗读课文，既是《语文课程标准》规定的一项重要的教学目标，又是学习语文做到"意文兼得"的根本手段。几乎每篇课文都有正确、流利、有感情地朗读课文的要求。

要求学生做到的，我首先做到。备课时，我把朗读放在首位。我要求自己范读的时候做到正确、流利，不出现错误。因为我忍受不了因读错(哪怕是一个字)而出现的难堪。我备"读"的时候，经常站着读，因为在课堂上范读时，不可能坐着读。我特别注意揣摩文中人物说话时的心情、语气和思想，力求做到表达准确，把人物读"活"。另外，要求自己把握好整篇课文的朗读节奏和语调的变化。

自己对自己的朗读满意了，放心了，接下来是品味——品字、品词、品句、品篇。当反复读过几遍之后，对关键词语往往会不断有新的理解。品味语言文字的过程，既是"意文兼得"的过程，也是培养阅读能力的一个过程。品味(或者说咬文嚼字)是一种十分重要的阅读能力，这一环节最能看出语文教师的功力。一旦品出味儿来，我便会喜不自禁。教师品出味儿来，才能教出味儿来。人们常说的"语文味儿"在哪里？在朗读里，在咬文嚼字里。这一课，我着重抓了重担"89斤""翻山越岭""第一次"和"无数次"等词语，这些词对表现母亲的爱心、辛劳和儿子的孝心起到了关键的作用。

接下来"备字"——写字。本课要求写的字，我多次临写，反复琢磨每个字的写法以及该注意的地方。把每个字的每一笔在哪儿起笔，在哪儿收笔，我都揣摩得差不多了。写得比较规范，入楷书的体了，才罢休。识字、写字，是小学语文的一项重要目标，不能等闲视之。

我主张预习。预习是一个很好的学习习惯。我对学生预习有两点要求：第一，读准生字的字音；第二，把课文读通顺。生字都有注音，对于中年级的学生来说，拼读应该不成问题，如果成了问题，那就得补课。

新课一开始，先了解预习的收获。生字是必定要检查的，对课文内容掌握了多少，也要问一问。最重要的，看预习时课文读得怎么样。在学生读课文时，不放过任何表扬和纠错的

① 原文发表于《语文教学通讯·小学刊》2006年第7—8期。

机会。对重点句、段以及难读的句子，要作指导，力求全体学生读好。这一环节非常重要，我要求自己听仔细，不放过每一处错误，严格要求，严格训练，读不正确，读不流畅不罢休。事实证明，人人做到读得正确、流畅，并不容易，没有几个反复是不行的。

在此基础上，我范读了全文。不少听了我的课的人对我说："范读，久违了。"这话既是对我的表扬，也是对当前语文教学的反思。范读的作用非常人。但我选择范读的时间是在学生读过之后。"合作"是建立在"自主"的基础上的。没有学生自读，开始教师就范读了，"告诉"的成分就多了。

范读后，学生自然会受到很大启发，有了新的感悟，并想到了自己的朗读，从而会跃跃欲试。因此，我会不失时机地让学生再次朗读。范读是启发，是指导，同时对学生也是一种激励。我们会发现，老师范读后的学生朗读，无论是在读的热情上、认真劲儿上、情感的投入上，还是在朗读的思维质量上，都会有新的提高。

要强化初读，延迟开讲。何谓"强化"？第一，给足时间；第二，严格要求；第三，指导有方（包括必要的领读和老师的范读）。唯有这样，才能"得意得文"。

接下来是精读。"精读"是深层的阅读，要在读中品味词语，从而进一步"得意"，进一步感受语言文字的魅力，以达到"得文"的目的。

第一段我抓了一个"责怪"——护士责怪说："你使那么大劲干什么？"责，是责备；怪，是埋怨。为什么不用"责备"，不用"埋怨"？责备，重了；护士怎么能严厉地批评作者呢？埋怨，又轻了，不足以表达护士对大妈的关心。因此，她的语气是埋怨中带有一点批评的意思。能表达这种意思的词，只有"责怪"。什么叫用词准确？这就叫用词准确。作者是怎样表达的？就是这样表达的！

第二段我抓了一个"重担"和"翻山越岭"。怎样理解？当学生用两只眼睛读"重担"这个词的时候，就会发现"重担"不止是母亲肩上挑的那一百多斤重的担子。当学生知道了"重担"是指母亲为了子女、家庭、社会所做的付出，所承担的责任时，对"翻山越岭"也就会有新的理解，那就是母亲一生所走过的艰辛的、曲折的道路。

最后一段，主要抓了"无数次"——"小时候母亲无数次抱过我"；和"第一次"——作者"第一次"抱母亲。这两个词语放在一起，无疑对学生是一个震撼！从中可以看出母爱的无私、博大，也可以看出作者的一份孝心。尽管如此，我们也难以报答母亲的恩泽。学生由此，也自然地会想到孟郊的名句"谁言寸草心，报得三春晖"。

至此，学生在"得意"和"得文"上，无疑又到了一个新的层次。

我并没有就此满足，接下来，让学生再次走进文本——朗读全文，并让最初读课文的几个学生再次朗读一开始他们朗读的段落。当然，他们都有了不同层次的进步，我始终不会忘记，教学不是展示结果，而是展示过程——一个由不会到会、由不懂到懂的过程。有了过程，才会有方法，经历了一个阅读过程，才有阅读能力。

课的最后是写字。我遵循写字的规律，先让学坐"读帖"，再"描红"，然后"临帖"。

这一课我就是这么上的。我的认识告诉我，课应该这样上。理念一旦被我所认识，便会转化成教学行为。如果这样做不对，或存在一些问题，那是因为我的理念还没有，或者说还没有全部得到改变。

总之，课成功与否，最终还是看理念正确与否。

重论阅读教学的四个要素[①]

薛法根

阅读教学“少、慢、差、费”的顽症至今难以解决,而阅读教学的理论和实践却不会就此止步不前,本文拟从阅读教学四个要素——内容、目标、活动和阅读方式——入手,探讨阅读教学的理论和实践的一些问题。

一、重组教学内容

语文教师花时最多的是备课,而备课最感困惑的主要是选择与确定教学内容,即教什么与学什么的问题。备课所凭借的依据无非是语文课程标准、教科书以及相关的教学参考书,这其中都隐含着教学内容,但都不等同于教学内容,需要我们深入地研究与判别,甄选出适合学生的语文教学内容。

(一) 解读课标的重要概念

语文课程标准中的总目标、阶段目标,蕴涵着对课程与教学内容的指引性价值比如“能用普通话正确、流利、有感情地朗读课文”,二、三、四学段都提出了同样的目标,那么,达到这个目标到底要“教什么”,不同的学段所教的内容有何不同,在教学内容上存在着多种选择的可能。

与其他学科的课程标准所不同的是,语文课程标准中的目标,属于“能力目标”,或者叫“素养目标”,描述的是学生的学习行为结果状态。这与历史、地理等课程以“内容目标”为主有很大的差异,“内容目标”一般较为具体、直接地规定着课程与教学内容,而“能力目标”则没有明确学生要习得这样的语文能力,语文教师需要教哪些与能力习得有关的知识、方法、策略等,这是一个值得研究的问题。

就拿“能用普通话正确、流利、有感情地朗读课文”这个目标来说,我们究竟教些什么才能促使学生逐步达到这个目标?在思考这个问题之前,我们必须先要正确解读这个目标中的相关概念,诸如“朗读”、“正确地朗读”、“流利地朗读”、“有感情地朗读”等,都要有正确而清晰的认识。如果连关涉“朗读”的这些层递性基本概念都区分不清,就会造成教学内容的偏差,甚至错误。其次,我们须运用课程标准中的阶段目标,一条一条地比照具体的课文,从中发现、探究能促成目标达成的教学内容。如“流利地朗读”,就是要做到停顿自然恰当、语气连贯畅通,要达到这样的目标,各学段分别要侧重教些什么?学生要学些什么?练习些什么?我们要带着这些问题,在教学具体的一篇课文时,不断地寻找适合教的内容。对同样的课程目标,教师选择的教学内容应该尽可能一致,而具体的教学过程和训练方式,可以是千姿百态的,或朴实演练,或艺术品味,等等。

---

① 原文发表于《江苏教育研究(实践版)》2008年12月。

（二）发现教材的教学价值

我们知道，每一篇课文都有它两个方面的价值。其一，是课文本身的阅读价值。课文中蕴涵着丰富的思想感情、人生哲理、态度价值、人文信息，让每一个读者都能从中获得教益与启迪，这就是课文本原的价值，这种价值是需要读者的阅读才能实现每一个不同的读者，从同一篇课文中获得的精神营养是不尽相同的，正所谓"一千个读者就有一千个哈姆雷特"，正确的多元解读才使课文的阅读价值得以"增值"。从这个意义上说，语文教材中的课文蕴藏着学生精神成长的养分。

正确理解课文的思想内容，真切体验课文的情感态度，是语文教学内容的应有之义，是构成语文教学内容的要素之一，但不是全部和唯一。从课文的阅读价值出发，我们自然就能确定相应的教学内容，即那些学生应该理解和感受的语言文字，尤其是那些意味深长、意蕴丰富而含蓄隽永的词句、段落，更值得揣摩、推敲与品味，以期获得个中的独特滋味，实际上，我们的阅读教学内容主要集中在这一个方面。

然而，阅读教学现状并不容乐观，有时我们对文本思想内容的解读存在着不同程度的偏差，有的甚至是误读。比如《狐假虎威》，有学生读出狐狸是聪明的，应该向它学习。教师居然大加赞赏，以为这是"阅读创造"和"多元解读"，学生误解文本的本意是正常的，学习就是一个不断犯错的过程，学生也是在这过程中获得成长的。而教师的肯定和赞同就不正常了，因为这偏离了文本的核心价值观，给学生作了错误的价值判断。符合学生发展需要的，特别是对学生终身发展有用的内容，才是合适的、恰当的！

其二，是课文蕴涵的教学价值。当一篇文章被选作语文教材中的课文，就自然产生了语文教学价值，这种教学价值体现在与学生听说读写语文能力发展相关的语文知识的呈现中，即"关于语言和言语、文章和文学的听说读写的事实、概念、原理、技能、策略、态度"，表现为语识和语感两种状态。

越是重要的教学价值，越隐藏在课文（文本）的深处，也就越难发现。我们还是采用"笨"办法，那就是自己朗读、独立思辨，在朗读中善于发现文本中感到陌生的语言材料，有"陌生感"的地方往往隐藏着富有教学价值的教学内容。比如《爱如茉莉》一文，当我读到"初升的阳光从窗外悄悄地探了进来，轻轻柔柔地笼罩着他们。一切显得那么静谧美好，一切都浸润在生命的芬芳与光泽里"这一段的时候，那个"探"字就在我眼前跳跃，既熟悉又陌生，这正是"借物抒情"、"一切景语皆隋语"啊！于是，教学内容就凸显出来了。遗憾的是，我们语文教师往往把备课的时间和工夫花在琢磨课件、选用方法上了，而对文本中蕴涵的语文教学价值，缺少时间反复研究、琢磨。于是，就难以发现文本中真正有教学价值的语言材料，教学难免就肤浅与空洞。

这样一种带着研究的备课，实际上仍然是教师在凭借自己个人的语文知识和经验来发现、整合教学内容，所重组的教学内容是否正确、是否切合学生的语文学习需要，还需要做学理的考察、验证，方法之一就是比照语文课程标准，看这些提炼的教学内容是否切合课程目标，是否有利于实现课程目标。从这个意义上说，教材文本的教学价值和教师重组的教学内容，应该是体现文本最核心的教学价值，是文本教学功能的最优化；所研制并最终确定的教学内容，也应该是尽可能一致的、精当的，而不是五花八门的、杂乱无章的，更不是臆断的、随意的。这就逐步将教学内容的重构纳入科学的轨道，同归语文学科的本真。

二、精简教学目标

教师缺乏明确的目标意识,所组织的教学活动则难以达到教学的预期效果。要准确地定位教学目标,首先应该做到"明确"。如果说正确的教学内容决定"教什么、学什么",那么明确的教学目标则规定"教到什么程度、学到什么水平"仅仅知道教学内容,而不清楚教学目标,往往会事倍功半,甚至徒劳无功。

《小露珠》一课中要求学生阅读两个例句,"小露珠爬呀,滚呀,越来越大,越来越亮","太阳公公散发的热量越来越大,小露珠的身子越来越轻了"。并用"越来越……"造句。对于这一项"用词造句"的教学目标,到底要教到什么程度、学生要学到什么水平?并不是每个语文教师都能心中有数的。简单地让学生运用"越来越"说一句话,仅仅满足于"外面的雨越来越大了"这样简单的句子,就不能有效地促进学生言语能力的发展,必须进行有层次、有坡度的有效训练如:请一位学生站起来读一段话,让其他学生听他每次读有什么不同。学生就会发现这位同学一次比一次读得好,更流利、更有感情、声音更响亮、更自信……这时候,再让学生运用"越来越"说话,学生就能将这些变化用"越来越"这个句式串联起来:"这位同学的朗读越来越流利,越来越有感情,越来越有自信了"。进而让学生发现自己身上的变化,学生会说"练习书法的时间越来越长,字就写得越来越漂亮"、"学习越来越用功,成绩也就越来越好"等。这样,"越来越"就不再是书上的词汇与句式了,而变成学生自己表达的生活工具了。这才是真正的训练,才是真正的发展。而流于肤浅,或者流于"走过场"的教学,永远只是在低水平上的简单重复。

明确而恰当的教学目标应该建立在对"课程目标、教材价值、学生实际"研究与把握的基础上,而了解学生实际对定位教学目标具有重要意义。教学目标应该基于学生已有的水平,设置学生可能达到的发展水平,其间的"距离"便是学生发展的空间,切合学生的"最近发展区"教学目标过高,则造成教学中的"越位",强人所难;教学目标过低,则造成教学中的"滞后",低水平重复。所以,我们主张"学生已经会的,不需教;学生能自己学会的,不必教;教了学生也不会的,不能教"一切教学目标的定位,最终都要以学生的实际水平与发展需要为尺度。

要准确地定位教学目标,还应该做到"集中"课堂教学的时间是一个常数,因此教学目标的相对集中就显得至关重要。如果一堂课的教学目标贪多求全,样样都要实现,其结果就是蜻蜓点水,样样都没有达成。

如一位教师教学《忆江南》、《渔歌子》两首词,制定了2个知识目标,2个能力目标,3个情意目标。且不论这7个教学目标在表述上是否科学恰当,仅在短短的两节课80分钟内,目标是否能够达成?两节课将这样两篇课文作一个整体来教学是否合适?这样组合两首词进行整体教学究竟要达到怎样的教学目标?一篇课文的教学目标是需要我们根据具体的教材与学生的学习需要,加以整合、提炼而明确的。简单套用"三维目标",必然使教学目标模糊,失去语文学科的特性,也难以较好地完成教学目标。

教学目标集中一些,教学过程就可以充分一些,学生学得就可以相对深入一些。教学集中在一两个核心目标,花时间,下力气,通过组织扎实有效的教学活动来实现它。核心的教学目标完成了,那么其他的附属目标会在实现这个核心目标的过程中自然而然地实现。"伤其十指不如断其一指",语文教学也应该如此。我们倡导的"一课一得",就是强调每一堂语文课都应该有明确而集中的教学目标，力争让每一个学生都能有所得有所获有所长进。如果教学目标弥散，学生无法确定自己究竟有没有长进，无法确定自己长进多少，那么，教学就失去了激励性，也失去了有效性。所以，在确定教学目标的时候，我们必须要明确而集中，并要用足够的教学时间、设计足够的教学活动来实现既定的教学目标。

三、整合教学活动

语文教学旨在培养学生以听说读写能力为核心的语文素养，而听说读写能力必然需要在相应的听说读写实践活动中逐步形成。怎样的教学活动才能有效促进学生听说读写能力的发展呢？

（一）教学活动要对应目标

教学目标的达成需要相应的教学活动来落实，所设计的教学活动应该始终围绕教学目标，每一项教学活动都应该对应相关的教学目标。以《小露珠》一课为例，围绕"在教师的指导下用普通话正确、流利地朗读课文"这个教学目标，我们可以设计这样系列的朗读训练活动：

1. 读熟短语

"闪亮的小露珠"、"像钻石那么闪亮的小露珠"……课文中出现了大量这样的短语，因有多个修饰语，学生一时难以正确停顿、流利地朗读，唯有进行专门的层级训练，学生才能逐步掌握短语的基本结构和停顿、粘连、重音的朗读技巧，也才能做到正确、流利地朗读短语。

2. 读通课文

学生自由地大声地练习朗读课文，并选择自己认为最难读好的段落当众朗读朗读教学就是要在学生最困难的段落上进行针对性的指导，或示范，或指正，或反复训练……总之，就是要实实在在地帮助学生克服朗读中的困难，提高朗读水平这样的训练才是真训练，而只让学生读自己喜欢的段落，或者读自己满意的段落，学生就很难得到真正需要的教学指导。

3. 情境演读

教师扮演小露珠，学生扮演小动物及花草树本教师随机走到学生中间，向学生问早、问好，学生就自己的角色随即礼貌地同复问好。这个演读的训练，将课文中的对话训练转化为生活化的情境会话，使课文语言化为学生自己的生活化的语言，进一步提升学生的朗读能力。

如此三项朗读教学活动，分别安排在教学的不同阶段，并且都对应着朗读教学的目标。教学活动扎实有效，朗读教学目标的实现自然水到渠成如果一任学生自己去读，教师没有切实的指导与有目的的训练，学生朗读能力就难以得到有效长进。

（二）教学活动要力求整合

我们设计的阅读教学过程基本上是线性的，以便条理清晰环节紧凑，但是活动项目多为单一性的，缺乏教学的灵活性与自由度。我们不妨试将各种单一性的教学活动加以整合，形成一个个教学活动板块。一堂阅读课可以设计3、4个教学板块，每个教学板块围绕核心目标，可以融合多项教学活动。这样，一个教学板块就有充分的教学活动时间，便可以实现多项教学目标，促进学生多方面的发展。如《我和祖父的园子》一文，我们可以设计四个教学板块:① 词语归类听写;② 读悟园子景物;③ 体悟童年生活;④ 仿写“借物抒情”其中每一个板块都是综合了多项教学活动,如第一板块的“词语归类听写”,要求学生听写三组词语,看似简单的听写活动,其实暗含了多项教学目标:① 培养学生倾听的意识。听写时,教师每组词语只念一遍,要求学生听清楚、记住、再默写。由于每组词语有4到5个,学生不专心倾听,就会“前听后忘”。② 训练学生短时记忆的能力。学生要在短时内记住4到5个词语,需要方法与诀窍。有的学生运用纲要信息法,只记每个词语的第一个字;有的学生发现这几个词语之间的联系,运用归类记忆法。如此,学生的短时记忆容量就会逐步扩大,记忆方法一也会口趋科学,记忆能力就会得到发展。③ 帮助学生归类巩固词语。这三组词语,又勾勒出了课文的整体结构:先写园子里的昆虫,再写园子里的童年生活,最后写园子里的作物。这为学生进入下面的学习板块作了铺垫。饶有情趣的听写训练活动,使学生一举多得,教学自然卓有成效了。

(三)教学活动要有一定向度

教学活动应在二个方面体现不同的向度价值:

1. 有效思维的“长度”

有效的阅读教学必定具有理智的挑战,没有思维强度的阅读教学难免肤浅而乏味对于词句的理解、思想的辨析、写法的领会等,都需要学生积极的思维活动。不管是学生独立的思考,还是群体的交流、碰撞,都会触发学生自己的见解,产生自己的思想。而这思维的果实,才是学生最大的学习乐趣和动力。问题不在于多少,而在于是否有思维的质量与思考的空间,有挑战的问题才具有吸引力,才能促使学生进入学习的境界。可以说,有思维质量的教学活动才真正具有教学的力量。而那些一问就懂的问题实质上是虚假问题,不具有教学意义;那些仅仅指向课文思想内容而不指向课文言语智慧的问题,实质上也缺乏思维的“长度”。

2. 情感体验的深度

任何教学活动唯有真正触及学生的精神世界和心灵深处,才具有情感的力量。我们应该避免那种贴标签式的阅读活动,总以为学生能用词语表达了自己的喜怒哀乐,就得到了情感体验。事实上,情感体验是在学生静思默想中酝酿的,是在学生全身心投入地朗读中生发的,是在学生与课文内在的情感产生共鸣时形成的。故此,教学活动宜让学生有足够的时间直面课文,潜心会文,教师不宜“第三者插足”,而只能是个“红娘”,在学生情感体会不到的地方“穿针引线”、“牵线搭桥”。

3. 语言训练的宽度

教学活动的外在形式主要就是学生的听说读写活动,而活动的凭借就是语言,是言语实践活动。既然是教学,必然有教师的指导与训练,这有别于生活中自然状态的言语交际活动。在课堂教学活动中,我们设计的言语训练活动必须促进学生在原有水平上的发展,而不是已有水平的简单复现。有的教师在学生理解、感悟课文思想内容之后,往往让学生将自己此时的感想用文字写下来,以为这是进行写的训练其实,这样的写的活动仅仅是写的作业而已,对于提高学生的写作水平,基本上没有什么促进作用。有效的写是要有要求与指导的,如教学《我和祖父的园子》后,鼓励学生将课文中描写作物自由自在的段落背诵下来,并模仿这样特殊的表达方式“……愿意……就……想……就……”,写一写“我”在园子里的自由自在的童年生活。同样是要表达“自由自在”,学生能否借鉴课文的特殊句式、特别的表达方式?在仿写中进一步加深对“自由、快乐、幸福”的体会,这样的写作活动才是有宽度的,才能进一步丰富学生不同的表达方式,促进学生言语智慧的发展。

不管是什么样的教学活动,都应该给学生足够的活动时间,让每个学生都能充分地实践,不要为了赶进度而煮成“夹生饭”;不管是什么样的教学活动,都应该让尽可能多的学生参与实践,不要让少数优秀学生的活动掩盖了全体学生的活动现状,这是语言训练宽度的基点。

四、改进阅读方式

阅读方式是读者在阅读过程中采取的阅读姿态、阅读样式。不同的阅读目的和阅读内容便会呈现出不同的形态,如休闲式阅读、赏析式阅读、批判性阅读、了解性阅读等。选择什么样的阅读方式就相应地需要什么样的阅读方法与阅读能力。我们应该选择怎样的阅读方式并培养学生的阅读能力呢?

(一) 回归自然状态

不管是何种阅读方式,都须与生活中的常态阅读方式相一致,回归常态的阅读,才是我们阅读教学的原点。指导学生学习何种阅读方式与方汇主要取决于不同的文本样式和不同的阅读目标。这里就不同的文本样式应采取的两种基本的阅读方式作一点阐述。

一是鉴赏式阅读。语文教材中编入了相当数量的经典作品,如古诗词、历代名家名篇等,阅读这些经典作品,应该指导学生了解和欣赏作品的丰富内涵,包括深邃的思想、精妙的构思、精美的语言等,从中获得文学与文化的滋养,真正见识经典作品。教学经典作品,我们宜参照文化、文学等专门研究者对该作品的权威解释,而不仅仅是教师对作品作出个性化的理解。这种阅读方式,既需要学生的深入品味,更需要教师的精辟讲解。从这个角度说,教师的讲解是不可或缺的,教师讲的深度与广度,直接影响学生对经典作品的阅读鉴赏程度。实际上,读名家的讲解,也是另一种阅读,是从他人的阅读经验中学习阅读。当然,鉴赏不等同于欣赏,有鉴别,才有欣赏与质疑,不加鉴别地自目崇拜经典不利于提升学生的阅读品质。

二是解读式阅读。这是人们在正常状态下阅读文章时的阅读方式教学时,应引导学生凭借自己的生活积累与阅读经验,对作品作出属于自己的理解,既应包括对作品思想情感的深度认同与感染,也应包括对作品思想内容、表达形式等方面的质疑甚至批判。最简便的方法是在阅读作品的过程中,根据教学定向目标,作圈点批注、补充修饰、阐发幽思……学生带着批判的眼光审视作品,便能读得更为理性与深刻。或许,我们的阅读教学正缺少这样的解读式阅读。

(二) 落实具体方法

每一种阅读方式都应该有具体的阅读方法作为支撑,每一个具体的阅读方法又是在具体的阅读内容中体现出来的。抽象的阅读方法不具有实际意义,巴班斯基曾经说过:“是教学目的和教学内容选择方法,而不是相反。”亦如王荣生所说:“怎么读的问题,就是在具体的文本中去读什么地方,在这些地方读出些什么的问题”。我们在阅读教学中往往教给学生一些抽象的阅读方法,如教学生阅读古诗时遵循“读诗文、解诗题、知诗人、明诗意、悟诗情”五步阅读法,无所谓好坏、对错,放之四海而皆准。但是学生在阅读具体的一首古诗时依然是原来的水平。因为这样的阅读方汇;缺乏具体的内容,所以,学生无法落实这样的方法,即不知道应该在什么地方读什么,要读出点什么。比如"悟诗情",在哪些诗句、字词上去悟?要悟出些什么情?不加具体的指导,学生仍然"拿着蜡烛在黑胡同里摸索"。

那么究竟什么样的"读法"才是具体实在的"读法"呢?金圣叹点评《水浒传》或许能给我们诸多启示,他在开篇处写道:"今人不会看书,往往将书容易混账过去。于古人所得意处,不得意处,转笔处,难转笔处,乘水生波处,翻空出奇处,不得不补处,不得不省处,顺添在后处,倒插在前处,无数方法,无数筋节,悉付之于茫然不知,而仅仅粗记前后事迹,是否成败,以助酒前茶后,雄谈快笑之旗鼓。"这些什么什么处,就是需要在此处读出些什么来的。面对一篇具体的课文,究竟要在哪些地方去读,要从中读到些什么?这是需要教师作精心的阅读指导的,如果一味地让学生自己阅读、发现,难免陷入空泛的泥潭。其实,训练学生的阅读方法与阅读能力,就是要在具体的"读什么"上作细微的点拨与指导,阅读的功夫本身是一种磨砺的"'漫功",而这恰恰是落实了的具体方法。

(三)形成自觉习惯

阅读教学最终是要学生形成自觉的阅读习惯,能在生活中经常阅读,获得生命的成长。因此,在学生获得初步的阅读方式、方法、能力的基础上,要鼓励学生经常阅读,以形成良好的自觉的阅读习惯。正如叶圣陶论述的那样:"国文教学自有它独当其任的任,那就是阅读与写作的训练。"所谓训练,"第一,必须讲究方法。怎样阅读才可以明自通晓,摄其精华,怎样写作才可以清楚畅达,表其情意,都得让学生心知其故。第二,必须使种种方法成为学生终身以行的习惯。因为阅读与写作都是习惯方面的事,仅仅心知其故,而习惯没有养成,还不济事。国文教学的成功与否,就看这两点"。学生只有养成了良好的阅读习惯,阅读教学才算真正达到了有效的目标。

阅读教学的研究所涉因素极为复杂,难免会有"盲人摸象"的泥陷,而我们以为这正是研究时一个必不可少的阶段本文从阅读教学的内容、目标、活动和阅读方式四个要素对"阅读教学"作了自己的一种理解,也许为一孔之见,盲人所摸"象"之一部分,故,并未敢以为是也,就教大方之家而已。

小学语文低年级阅读教学的改革①

郑国民

阅读教学是小学语文低年级的重要任务，特别是在母语教育的起步阶段发挥着奠基作用，直接关系到识字写字、写作、口语交际教学等各个方面。随着信息社会的发展，尽快、尽早地培养学生的阅读能力成为世界各国母语教育改革的重大举措，例如美国1997年提出8岁的孩子实现独立阅读，这对小学低年级的阅读教学提出了新的挑战和要求。与1992年大纲比较，2001年语文课程标准小学语文第一学段阅读教学的改革主要表现在以下方面。

一、让学生感受到阅读的乐趣

让学生感受到阅读的乐趣是阅读活动持续发展的不竭动力。伴随着学生的学校学习生活正式开始，让学生逐步感受到阅读的乐趣至关重要。2001年课程标准对此特别强调，"喜欢阅读，感受阅读的乐趣"。在具体阅读要求中也特别地突出这样的要求，如"对感兴趣的人物和事件有自己的感受和想法，并乐于与人交流"。对这些课程目标的表述，至少可以做如下的理解。首先，这样的表述意味着阅读的过程应该是感受快乐的过程，特别是对小学低年级的学生，刚刚还处于自由自在地玩耍、游戏状态，突然进入严肃、规矩的学校学习生活，孩子的乐趣需要延伸、继续，同时也要上升到新的层次，开拓新的方法和途径。阅读为学生认识世界打开了一扇新的大门，为学生提供了无穷无尽的乐趣。在阅读的过程中，学生认识世界的视野在拓展的同时也是学生获得快乐的时候。在现实世界得不到的快乐，孩子可以在想象世界中获得。阅读为孩子插上了想象的翅膀，也提供了挥洒自由与快乐的场合与机会。更为重要的是，学生从开始上学就充分发挥自己的想象，而不是按部就班跟随教师和教材编写者的思路与理解，照搬别人的东西，学生精神世界的丰富多彩也由此而快速地发展。

其次，这样的要求也隐含了这样的内容，即教师和教材应该为学生感受阅读的乐趣创造条件。这就要求所阅读的材料和呈现形式能够激发学生的阅读兴趣，学生能够自觉投入其中，或暗自窃喜，或捧腹大笑，或急切地与人分享。如果学生面对着教材，无动于衷，毫无兴趣，没有喜欢阅读的动力，也就不可能体会阅读的快乐。另外，在教学过程中，应该更多的是让学生去读，并且要多读。如果学生还没有去读，而是教师牵着学生，直接进行讲授，让学生死记硬背结论，久而久之，学生便索然无味。应该让学生去读，同时要让学生读完后交流自己的乐趣，每位学生获得的乐趣可能不同，带有个性化的色彩，不同乐趣的汇集与相互碰撞，必然丰富和发展每个学生的乐趣，也可能激发和产生更多的乐趣。因此，在开始培养学生阅读的时候，学生阅读乐趣比对于阅读材料认识的最后结论可能更重要，只要学生喜欢阅读，其他的事情也会随之迎刃而解，阅读乐趣的获得应该成为评价阅读教学成功与否的重要因素。

① 原文发表于《学科教育》2003年第4期。

二、改变原来词、句、段、篇的分析思路,注重对课文的整体把握

从静态分析的角度,课文内容的构成及其构成要素可以这样分析,基本单位是词,由词到句,由句到段,由段到篇。但是,从学生的学习来说,至少有两个因素决定了学习顺序正好应该反过来。首先,从课文作者的写作过程而言,有了表情达意的需要才创作,在写作的过程中,考虑更多的是如何把自己的情意充分地表达出来。其次,从学生阅读过程而言,学生首先关注的是课文的整体。如果在阅读教学中,强化的是部分,强调各个部分相加构成整体,就会引导学生和教师走入阅读的误区,至少造成学生忽视对整体的认识。

1992 年大纲小学一年级阅读目标主要是,能理解课文中的词语和句子。能结合句子理解词语。"懂得一句话表达一个完整的意思。""认识自然段,了解课文内容。"二年级阅读目标的主要要求是,"学习结合上下文和生活实际理解词句","能初步理解每个自然段的内容。初步理解课文的内容","学习课文中用词造句的一些方法"。(1994 年的大纲调整意见删掉了这个要求)从以上的要求,不难发现学生阅读的要点和顺序是词语、句子、自然段、课文内容,尤其注重词语、句子的学习。这也就是说低年级阅读教学的重点是词与句,后面的内容要过渡到段与篇。这是遵循从点到面的思路,其中还隐含着这样的内在逻辑,即只有理解了词句,才能理解自然段;只有理解了自然段,才能理解全篇课文的内容。所以,在实际的阅读教学中,小学低年级必然重视词句的教学,认为这是基础,也是重点。1992 年大纲对阅读教学总体要求也是如此,"阅读教学,各个年级的要求要有所侧重。低年级要指导学生理解词句,初步理解课文内容"。随着年级的升高,侧重段与篇的教学。虽然在总体要求中也强调要处理好课文的部分和整体的关系,但是由于突出各年级的侧重点,尤其是各年级阅读教学的具体要求,明确地提出从低到高年级的阅读重点是词、句、段、篇。

如果说 1992 年大纲小学低年级阅读教学的思路是从点到面,侧重课文中词句的教学,那么 2001 年课程标准的思路则是从面到点侧重对课文的整体感知。无论是阅读富有情节变化的童话、故事,还是诵读儿歌、古诗,注重的是对课文整体的认识。对课文中词句的要求是,"结合上下文和生活实际了解课文中词句的意思,在阅读中积累词语"。一方面对词句的要求降低了,1992 年大纲要求"理解",现在是"了解",即对词句的要求不应该追求准确、深入,实际上对一、二年级的学生也是不可能,只能是大致、模糊地了解,对词句的意思说不出来、说不明白都是正常的。另一方面强调在阅读中积累词语,也说明词语教学思路的转变。原来注重的是对词语的理解,具有追求"挖井"的倾向,现在则追求的是量的累积。懂不懂没关系,只要对这个词语有新鲜感,先将其储存起来。词语作为语言材料的重要组成部分,对词语进行积累的价值是不言而喻的。在小学低年级的语文学习中是追求词语理解的深入还是注重词语累积的数量,虽然需要综合多个因素来考虑,但是没有量的积累肯定是不行的,同时,积累的过程也包含着一定程度的意义认识。另外,强调在阅读中积累词语也是学生阅读习惯的重要内容,学生从开始阅读就应该养成积累词语的意识和习惯。

三、阅读内容应符合儿童阅读心理特点注重个性化的认识和情感体验

在大多数课程标准中,阅读教学目标的要求隐含着对一定阅读内容的要求,这些内容理所当然反映着各个时期对学生阅读心理的认识。2001 年课程标准小学低年级阅读教学目标是针对不同的阅读内容,提出了不同的阅读要求。"阅读浅近的童话、寓言、故事,向往美

好的情境，关心自然和生命，对感兴趣的人物和事件有自己的感受和想法，并乐于与人交流。诵读儿歌、童谣和浅近的古诗，展开想象，获得初步的情感体验，感受语言的优美”。与以往的大纲相比较，至少说明了这样的一个问题，两个阅读目标的要求指向了小学低年级的主要阅读内容。也就是说浅近的童话、寓言、故事，以及儿歌、童谣和古诗是小学低年级阅读的主要内容。这个问题自然又引发了对阅读内容确定的主要根据，以及课程标准对此做出明确要求的意图的思考。考察以往的小学语文教学大纲，从 1963 年以来的大纲对低年级阅读内容没有做明确的要求，反而在此之前的大多数课程标准大多都对此进行了明确的说明。如 1932 年《小学国语课程标准》第一、第二学年阅读的要求，“生活故事、童话、自然故事、笑话等的欣赏表演”。“儿歌、杂歌、谜语的欣赏吟咏和表演。”这样的要求从 1923 年的课程纲要就已明确，一直延续到建国初期。总体而言，大多数课程标准都是分为富有情节的内容和韵文两个部分，并分别进行说明。从语文课程标准的发展历史来看，尽管各个时期的体裁名称不同，如 1948 年《国语课程标准》，“生活故事、自然故事、民间故事、童话、寓言等记叙文的欣赏、练习、表演”。“儿歌、民歌、谜语等韵文的欣赏、吟咏。”但是，对于低年级的阅读内容还是存在共识的，并目提出不同的阅读要求，即对富有情节性内容的要求侧重于表演，对韵文的要求则是吟咏。长期的教学实践经验，以及心理学的发展尤其最近时期的儿童心理研究成果表明，儿童在一定的年龄时期对这两方面的内容特别感兴趣。概括起来，这些内容具备以下一些特点，句式简洁，富有韵律，读起来朗朗上口，有一定的重复回旋的语句，充满情趣，富有情节变化和强烈的感情色彩，可以将自己融入其中并能够发挥自己的想象。

不同的阅读内容应该有不同的阅读要求，不同学生的阅读过程也应该是个性化的发展过程。阅读有一般性的规律，但是面对不同体裁的文章，阅读主体的感受过程存在着较大的差异，因此做出针对性的要求是必要的。特别是为了增强课程标准的可操作性来说更是必要的。从 1963 年至 1992 年大纲没有对此做较为明确的要求，主要的原因可能将这些具体的内容放在了教材中。在编写大纲和教材的人员合一，并且采取一纲一本的“国定制”教材政策的情况下，大纲的作用只是一个形式，发挥真正作用的是教材和教学参考书。在采取一纲多本的“审定制”教材政策的情况下，要根据一个课程标准编写多种教材，那么对课程标准的可操作性要求必然加强。这也可以解释为什么建国前的国语课程标准对阅读目标的要求更为具体的原因。因为无论是教材编写者还是教师，可以根据这些具体的阅读目标要求，在实际的课程实施中对不同体裁的内容进行不同的设计和教学。例如，富有情节变化的阅读材料，学生主要关注的是人物、情节和事件，而对于韵文，学生直接感受的是语言、情感和意境。关注的重点不同，学习方式方法也应该多种多样。

另外，阅读的内容要符合学生的阅读心理特点，暗示着教材内容的选择和教学也必然以此为原则。不难发现，这样的要求有利于解决语文教科书长期以来内容陈旧、单调的问题。调查发现，学生不喜欢上语文课的重要原因就是对教科书课文没有兴趣。暂且不谈建国几十年来语文教科书篇目变化的幅度，仅从 1963 年大纲的各年级的教学要求和教学内容就可窥见一斑。由于过分注重了政治思想内容的教育和当时社会生活的联系，寓言、童话、故事的数量非常有限，仅占八分之一左右。长期以来，教科书内容单调、枯燥、乏味的问题一直困扰着小学语文教学，几十年的选文范围和思维定势很难突破。特别是现代社会对语文教育提出了新的挑战和要求，培养学生创造性应该渗透和贯彻于教学内容和教学过程之中。同时，根据小学低年级学生的心理发展规律，他们不仅生活在现实世界，还生活在想象世界，学生喜欢“做梦”。学生想象世界的丰富程度与学生思维发展密切相关,在学生喜欢“做梦”的时候,应该为学生提供这样的机会和条件,至少允许学生“做梦”,不必担心学生会永远生活在“梦”中,低年级学生喜欢做的事情,到了中、高年级学生就不屑而为。但是,如果在适合“做梦”的年龄没有去做,甚至被剥夺了做的权利,这就违背了孩子的天性,不符合客观规律。

在小学低年级阅读教学中,如果能够发挥想象空间的课文太少,学生的想象力发展会受到严重影响。错过了机会,以后再弥补会事倍功半,甚至不可能。在童话、故事等内容中,不仅蕴涵着思维发展的无限空间,而且还为学生感受和体验丰富多样的情感提供了机会,有些甚至是在现实世界中无法实现的。在阅读这些作品过程中,学生会情不自禁感受情节中人物的喜怒哀乐,而正是这些丰富多样的情感体验对学生的个性、人格的形成至关重要。有些在现实生活中很难或无法体验的情感,可以在阅读的过程中获得。同时,想象性的作品可以激发学生不同的认识和观点,在这些作品中,无论对人物形象的认识还是对事件的看法,很难用简单的对错或好人坏人进行判断。不同的思维角度、生活经历等因素决定了学生对同一作品的认识观点也不同,每个学生的认识都可能存在一定的合理性和局限性,鼓励学生进行相互交流,在交流的过程中相互参考和借鉴,从而不断修正和发展自己的认识。另外,这个年龄阶段的学生正是处于喜欢表现的状态,对此必须提供机会,并进行正确地引导,要认识到学生交流、表现的过程也正是自我实现的过程。因此,通过交流阅读感受和想法、补充情节,以及进行课本剧表演等活动,学生的思维、情感和认识等都会得到深入的发展。

值得思考的是,强调学生阅读的个性化与阅读内容之间存在着一定的关系。如果阅读内容都是针对现实生活的或本身就已经包含着明显的价值判断,学生对有关现实生活内容的认识又往往是现实的、直接的,那么,学生对这些内容的认识有时只好是无条件地接受,而不容置疑。当然这样的内容应该占有一定的比例,如关于国家、民族、伟人等方面的内容。问题在于即使是有关现实生活的内容也不应该过于单一和简单,应该丰富多样,为学生认识现实世界的复杂性奠定基础。

四、关于小学低年级诵读浅近古诗的问题

浅近的古诗作为小学低年级的阅读内容,是八十年来语文课程标准在小学低年级阅读内容方面的最大变化。认识和理解这个现今看似顺理成章而实际上是重大突破的问题,可以从以下几个方面来进行分析。首先,从近八十年语文课程标准发展历程来看,古诗不作为小学低年级的教学内容具有复杂的历史原因。1920 年 1 月教育部下令将初等小学的国文教学改为国语教学,从政策层面而言,人们从此致力于国语教育的建设之中。由于古诗与古文的关系,小学国语教学排斥古诗也就成为理所当然的事情。这样的理念直接反映在各个时期的课程标准中。1923 年新学制《小学国语课程纲要》读文教学要求中只有第六学年才有少量的文言诗文,“可酌加浅易文言的诗文的诵习”。1929 年《小学课程暂行标准小学国语》第一至四学年阅读内容没有古诗文,第五、六学年要求“平易文言诗词的欣赏吟咏或表演”。1932 年《小学课程标准国语》又将“平易文言”的字样淡化掉,第五、六学年要求“诗歌、歌曲的欣赏吟咏或表演”。在附件一“各种文体说明”中,对诗歌的界定是指贩人的所谓新诗和古人的白话诗。1936 年的《小学国语课程标准》在这方面没有变化。一直到 1941 年,《小学国语科课程标准》稍有变化,第六学年阅读内容有“杂歌、新体诗和旧体诗等的韵文”。并对旧体诗界定为“古人做的浅易的诗”。不难发现,从 1923 年到新中国成立前,古诗教学仅

仅局限在高等小学，大多数还限定在高小的一年级，即小学第六学年，而且数量也极其有限。

新中国成立后，由于大纲的编写思路和表述方式发生变化，大多数小学语文教学大纲都没有对古诗教学做出明确的要求。1950 年《小学语文课程暂行标准》第五学年要求课本编选新旧诗。除此之外，一直到 2000 年试用修订大纲，只有 1963 年《全日制小学语文教学大纲》对古诗教学作出了明确的规定。对教学内容的要求之一是，“小学阶段不选文言散文，只在较高年级酌选一些文言诗词”。通过这个大纲的“各年级的教学要求和教学内容”列出的具体篇目来看，古诗词教学主要安排在高小，如高小第一册《敕勒歌》等，第二册《登鹳雀楼》、《望庐山瀑布》等，每册四、五首不等。数量有限，所占课文总数的比例较小，每册 36 篇课文，一首或二首古诗作为一课，每册有两课。考察五十年来小学语文教学大纲和教材，虽然其他时期的大纲没有对古诗教学做明确的要求，但是基本上遵循了 1963 年这样的理念和做法，一直到 20 世纪末期，随着小学语文教材多样化局面的形成，有些教材才在这方面做出了大胆的探索。

不可否认，从小学国文教学到国语教学，是小学语文教育的重要变革。也许正因如此，几十年来小学语文古诗文教学成为异常敏感的问题。为什么只是在小学高年级进行有限的古诗文教学，其根本原因是为了过渡才这样设计的。从 20 世纪 20 年代开始，中小学白话文和文言文教学的格局基本形成，小学是国语，中学是国文。（直到现在台湾还是如此称谓。）初中的文言文课文占有一定的比例，大多是在 50％到 20％之间。特别是在 20 世纪一二十年代，小学前四年没有古诗文，到初中突然增加了很多，所以小学高年级要起到过渡的作用。建国后，初中古诗文的数量、比例减少，小学高年级的古诗文也必然减少，而小学低年级也就不太可能有古诗文。几十年来这样的理念基本没有变化，似乎不可动摇，人们也习以为常，很少有人对此质疑。

2001 年课程标准改变了延续多年的做法，明确提出小学低年级诵读古诗的要求，并且后面附录的“关于优秀诗文背诵推荐篇目的建议”给出了一部分具体的篇目。那么在新世纪如何认识这个变化以及变化的根据，是值得研究的。第一，当今时代在小学教学古诗文不能简单地等同于复古，而应该从学生语文素养发展需要的角度进行思考。几十年来小学古诗文教学没有多大变化的根本原因，就在于人们一直对此保持着惊醒的状态，担心苦苦发展起来的新教育会受到重创，因此稍有动静都会认为是走回头路，甚至被扣上“复辟”的帽子。小学从国文教学变革为国语教学，是经历了艰难而漫长的历程才实现的，在一定的时期内变革的影响和作用肯定会持续。所以，各个时期的课程标准也就不可能对此有多大的变化。但是，语文教育发展到现在，对这个问题的思考已经超越了原有的思维定势，而是从学生发展特别是语文素养发展的角度来判断什么内容是否应该成为教学内容，因此古诗成为小学低年级的阅读内容也就自然而然发生了，并没有引起多大的震动，以至于有的语文课程标准研制组专家都没有意识到这个问题，似乎理应如此，不需要解释和理由。第二，20 世纪末重视继承和弘扬传统文化的社会意识也发挥了重要作用。人们在认识和发掘着传统文化的价值，寻找民族自尊和自信的根，重视民族优秀文化的继承已经成为共识，并逐渐成为意识形态建设的重要任务。这必然对语文教育产生重大的影响，因为古诗文是传统文化的重要组成部分。第三，从语文教育自身来看，古诗选本一直作为蒙学教育的重要内容之一，如《千家诗》、《神童诗》、《唐诗三百首》等。更为重要的是，学习古诗对学生语言材料的积累、情感体验，以及感受汉语语言文字的特点至关重要。浅近的古诗，在语言方面和现代语言密切相关，并没有截然对立的界限，有些句子还经常活跃在人们的口头语言之中。同时，小学低年级诵读古诗对学生语言能力的提升以及在识字教学中的作用越来越引起人们的重视，20世纪末一些实验教材在这方面进行了大胆的尝试。从实验的经验来看，浅近的古诗在识字教学和学生语言能力方面的作用是显著的。无论是理论的探讨还是实践的探索，都对小学低年级进行古诗教学发挥了积极的促进作用。

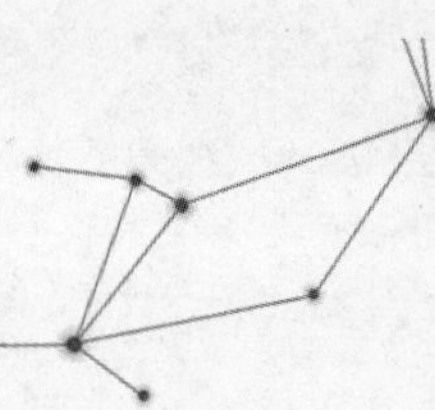

写话与习作教学

"写话""习作"与"写作"辨正①

潘新和

新课标的阶段目标，在书面语表达的教学方面，在不同的学段，用了不同的概念：第一学段（1—2 年级）是"写话"，第二学段（3—4 年级）、第三学段（5—6 年级）是"习作"，第四学段（7—9 年级）是"写作"。课标的制订者的初衷自然是好的，是想作教学梯度的区分，使不同学段有不同的要求。但由于这些概念在长期的使用过程中积淀了种种分歧的见解，在教学实践中也曾产生了不少值得反思的问题，因此，有必要对这种区分的利弊作进一步的探讨，使之真正有利于教学与学生的书面语能力的形成与发展。

先说"写话"。存在的主要问题有二：一是写的是什么"话"？二是"写话"与"写作"是一回事吗？

第一个问题看似很简单，"写话"自然写的是普通话。但问题随之而来，"写话"的意思顾名思义就是"话怎么说就怎么写"，在我们这个幅员辽阔、方言众多，普通话还远未普及的国家中，刚刚入学的小学生相当部分说的还是方言，还未能用普通话进行交流，当他们被告知"写话"时，首先在他们脑子中反映出的必定是最常使用的话——"方言"，而不是对他们来说还较为生疏的普通话。"写话"这一概念，对不论操何种方言的孩子都可能造成误导，他们会以为只要根据自己所讲的"话""写"出来就成，就是"写作"了。

假设小学生都能说一口标准的普通话，"写话"是不是就没有问题了呢？"写话"与"写作"是不是就是一回事呢？答案同样是否定的。

早在 20 世纪 40 年代人们就对这一问题有过争论，而且多数学者都十分关注"写话"与"写作"的差异。例如朱自清先生说："写的白话不等于说话，写的白话文更不等于说话。写和说到底是两回事"，"说的白话和写的白话绝不是一致的；它们该各有各的标准"。[1]朱光潜先生也指出了"作文如说话"这种见解的"语病"，从普遍意义上断言"说"与"写"在各国都是不一致的。[2]吕叔湘先生也谈到过"语言"与"文字"的差异。[3]

固然，"说"与"写"也有相似点，但是毫无疑问，在"写"的教学中，尤须注重的不是二者的相似点，而是相异点，应注重"写"的特殊性，注重培养学生正确的写作观念。

口头表达与书面表达都需要培养语感，然而两种语感是不一样的。"说"的语感，是建立在口头交际简明性、交互性和现场性之上的，"写"的语感，是建立在书面表达的可悟性、严谨性和间离性之上的。"说"的语言一般来说应通俗易懂，让人一听就能明白，"写"的语言则可俗可雅，有点艰深隐晦也无不可；"说"的语言较为粗疏简陋、可以随意应对，听得懂就好，可以较多地使用"口语"语汇，"写"的语言得字斟句酌、反复修改，注重修辞，可以较多地使用"书面语"语汇。"说"的语言由于具有"现场性"，所以不妨煽情逗趣、机智幽默，注重听众的即时的反应，"写"的语言是让人读的，可以一目了然，也可以通过反

① 原文发表于《语文建设》2002 年第 2 期。

复揣摩品味,慢慢读懂,一首诗甚至可以读上一辈子。“写”的语感对于一个“写作”新手来说是一种全新的体验。

更为重要的是,“说”的语言一般没有严格的“体裁”上的区分,因此可以不拘一格地“随便说”;而“写”,不论写什么,首先考虑的就是用什么体裁写。从某种意义上说,写作思维,就是一种“文体”思维。在写作中,没有什么抽象的语感,所谓的语感,都是在特定文体中的语感,是在“文体感”制约下的语感。一个没有文体感的人,是不可能有良好的语感的。离开了文体感讲语感,就跟只说买一把“椅子”,却不说用来干什么一样,可能买回来的椅子是全无用处的,因为,现实中只有具体的“办公椅”“沙发椅”“躺椅”等,并不存在抽象的“椅子”。当今语文界开始重视学生语感的培养,这很好,遗憾的是,当人们把语感的重要性提高到几乎是语文教学的唯一目标的地位时,只是基于意识到需要的是“椅子”,忽略了现实中根本不存在放在哪里都适用的“椅子”这个常识。

“说”与“写”既然有这么大的不同,当小学生刚开始学写的时候,是使他们以为“话怎么说,文章就怎么写”好呢,还是让他们了解“文章”跟“话”是不一样的,使他们获得一种新的表达观念、从而开始一种新的言语实践与探索好呢?我想答案是十分清楚的。长期以来,我们的写作教学不但是从“写话”开始的,而且是在“话怎么说,文章就怎么写”的观念指导下进行的。所以,不少学生写出来的“文章”也的确粗糙简陋得就跟“话”一样,真成了淡而无味的“白话”文了。由于许多教师和学生都不很清楚究竟“说”与“写”有什么不同,所以,学生纵然经过了十几年的语文学习,读了不少书,也将就着能写出“文从字顺”的文章,但是始终难以形成真正的书面语的语感。

也许有人会说,“写话”无非是从“说”到“写”的过渡,使小学生较易入门罢了。殊不知,任何教育行为都是基于一定的教学观念,也是为了培养某一正确的观念的。要是学生在一开始学习写作时就形成了“写作就是写话”的错误观念,这对他们的写作的影响很可能是将来哪怕花上十倍的时间也难以扭转的。从教育学的角度看,观念应先于技能,观念比技能更重要,就是说,让学生树立正确的写作观念,比让他们学会某些写作技能更重要,只有在正确的写作观念指引下的写作行为和形成的写作技能才是有意义的。因此,即使是从“教法”上考虑,也不应采用可能导致形成错误写作观念的“写话”法。

再说“习作”。虽然在新课标中这个词只限于小学中高年级,到初中则换成了“写作”,但是,在“习作”教学中形成的写作观念却不会因改换了一个名称而改变。究竟“习作”这一名称隐含着什么样的写作观念呢?

我们不妨对此做一番语用学的分析。“习作”,从语义层面看,是“练习写作”或“学习作文”;从语用层面看,意思就比较复杂,可以是“这是练习写作,不必当真”(教师),“这是练习写作,不必认真”(学生),也可以是“这是练习写的或随便写的,写得不很完美或自己也不很满意”(带有自谦或自贬意味,如把得意之作故意称为“习作”,称将优秀的文章发表出来的刊物为“习作园地”等);从语效层面看,事实表明,不论是教师还是学生,“习作”一词带给他们的影响主要都是消极的。它导致了写作训练中的虚假性,形成了“学不致用”的“伪写作”教学。

从教师的角度看,“习作”只是在教学情境下进行的写的训练,是一种教学行为,不是严格意义上的精神生产的实践行为,是一种虚拟的写作,不是一种真正的写作。因此,在写作教学中就出现了记叙文、说明文和议论文这三种不伦不类的“教学基本型文体”,这三种“文体”在实际写作中是不存在的。比如，学生在“习作”时学写的记叙文，一般是指写一些他们熟知的、得到教师认可的“有意义”的真人真事。这些文章既不是散文、小说、传记，也不是专访、通讯、报告文学。所写的说明文、议论文也是这样，实际写作中，没有哪一种文体叫做说明文或议论文，只有具体的科学小品、解说词、说明书或随笔、杂文、思想评论、文学评论等。就是说，他们在整个“习作”过程中学到的是一种在他们将来的写作实践中根本不存在的文体。学习这三种“教学文体”唯一的用处似乎就是完成“习作”、应付考试，就跟科举时代教写八股文、试帖诗一样。因此，如果着眼于实际写作的需要，在教学中实在没必要让学生训练写“教学文体”，应该直接培养学生写他们感兴趣的或有实际效用的某一具体文体，培养真实的“文体感”。

由于“习作”是虚拟性的写作，是一种训练，为了训练的便利和考核的需要，就得由教师来命题，学生只能根据老师给定的题目作文。于是随之而来的是一系列的“习作”行为与“写作”行为的相背离。其中最典型的表现是，在教学情境下，“习作”往往是从“审题”开始的，“审题”这一“假能力”被视为最重要的写作能力。从小学到高中，教师从应试的需要出发，费尽心机地“命题”，不厌其烦地对学生讲应如何“审题”，训练他们要如何“审题”。的确，这是“应试”写作的最重要的一环，“审题”失误意味着满盘皆输。然而，在实际写作中，绝大多数的写作都是由作者自己来命题的，有的写作可以不必事先命题，到写完后再确定一个题目，甚至还可以标为“无题”，根本就无须“审题”。在写作实践中最重要的能力不是“审题”，而是发现、感悟、猜测、质疑等，这些该有的能力在“习作”这一概念的屏蔽下统统都被消解了，剩下的是一系列在“审题”框架内产生的相关的写作教学行为：立意、选材、谋篇、表达等。在这里，学生逐渐丧失了写作的主体性，成为教师的“命题”意图的揣摩者和体现者。学生经过十几年的“习作”，到头来居然不会“写作”。因为他们只“习”过“审题”，从来没“习”过“选题”。在大学生中，写作教学中自行命题与学年论文、毕业论文的选题，始终是一个难题，这不能不归咎于中小学这方面的能力培养的缺失。

从学生来看，“习作”除了造成根深蒂固的心理惰性外，还导致了“读者意识”“发表意识”的淡薄。“习作”是给教师看的，教师只代表教材与应试的要求，只要立意高远、文从字顺就好，在教学中，师生都不考虑文章的读者对象及其要求；而真正的“写作”是写给特定的读者看的，是要给报刊发表的。读者有各种阅读需求，报刊有各种编辑意图，那些在教师看来可以拿高分的四平八稳的模式化的“好”文章，在读者和编辑那儿，大多只有被揉成一团扔到字纸篓里的份儿。对大学中文专业的新生调查表明，他们中绝大多数人以往写作时从不考虑读者对象的状况，不考虑文章写给谁看，压根儿就没有发表文字的意识。因此，当他们上了大学，开始意识到写作要进入“流通”领域，要参与“市场”的竞争，要接受“消费者”的检验时，他们在应试写作上的自信顿时化为乌有，他们的写作显得十分困惑、笨拙与艰难。

还有一个与“习作”类似的常用的概念—“作文”，也应一并加以反省。由于它长期用于“写”的教学实践，一说“作文”，所指便是“练习”写文章，写的基本上就是那些四不像的“教练文体”，在语义上与“习作”相似，在语效上也与“习作”相似。可喜的是在新课标中已不再用“作文”这一概念来作为课程的名称，这表明制订者已经意识到它可能产生的负面效应。在今后的教学中不宜再继续使用“习作”“作文”或“写作文”这类可能引起观念性误解的概念。

窃以为语文新课标中还是统一用“写作”这个概念比较好。因为它约定俗成地指向书面语的创制与表现，有利于改变“写”的教学的虚假性，使教学与实践归于同一。这也是与新课标注重“能力”培养的理念完全一致的。

参考文献

[1] 朱自清.论诵读//朱自清论语文教育.河南教育出版社,1985:114.
[2] 朱光潜.谈文学//朱光潜美学文集(第二卷).上海文艺出版社,1982:328-329.
[3] 吕叔湘.语文常谈.三联书店,1998:7.

回归儿童·向生活开放·给予方法指导①

——谈谈小学作文教学

田本娜

小学生作文是学生语文基础知识、语文技能以及思想、情感的综合运用，是对小学生语文学习的综合检验，也是小学语文教学效果的综合体现。因此，如何提高小学生的作文水平，已成为学校、教师和家长关心的一个热点问题。

在贯彻《语文课程标准》(实验稿)(以下简称“新课标”)之后，小学生作文确实发生了很大变化，由学生被动作文，逐步向主动作文转化；由模式化作文逐步向个性化作文转化；由作文的成人化向写童心童趣转化；由单一的老师给学生改作文，逐步发展到训练学生自己修改作文和同学互改作文……这些好的做法应逐步推广。但是，也还要看到存在的问题，需要进一步改进。最近，我在两所小学调查了3—6年级四个班的学生，要求他们写出作文遇到的难题。经过归纳，主要是以下几个问题：对小学生作文的定位、要求过高；小学生作文写童心、童趣不够；学生平时的生活积累不足；平时的阅读教学读写结合不理想；教师对学生作文的指导不到位。我认为这些问题是应该进一步解决的。

一、小学生作文的定位问题

在调查中，小学生普遍感到作文难。为什么？我认为主要是对小学生作文的定位有问题。表现在：① 超习作。习作是学习作文，而有的教师、家长总希望学生写出能发表的文章。学生的水平是不同的，有的作文比较优秀，有的作文就平平，只要每人在作文上有进步就好。② 超目标。目标要求能具体、明确，文从字顺地表达自己的意思。可是学生的作文如思想提得不高，语言不够生动，就认为作文不合格或不是优秀作文。③ 超阶段。一二年级就要求作文，三四年级就要求作文能够发表。小学生作文是有阶段性的，各学段都有具体要求。④ 超年龄。如果低龄儿童过早接受超越年龄的作文训练，很容易使之感到作文难，从而失去作文的兴趣，到中高年级时，就会失去作文发展的最佳期。总之，小学生作文定位较高，因此，学生害怕作文。

造成以上问题的原因：考试的干扰，优秀作文选的干扰，认识的干扰。有的家长认为自己的孩子“不会作文，写不好文章”，可是打开学生的作文本，孩子的作文写得不错。有的教师和家长对于学生的作文水平，不是和学生的前期作文进行比较，指出其进步，而是要求学生的作文能达到发表的水平。其实，有的学生的作文只是不拔尖而已，教师和父母从高处一看，就要送孩子进补习班，反而加重学生的学习负担。这是教师和父母的心态有问题，对孩子的作文定位太高。小学生作文是习作，习作不同于成人的创作，习作是在教师的指导之下

① 原文发表于《小学教学参考(语文)》2006年第7—8期。

学习作文。虽然要求学生自能作文,那也是在教师指导之下,不断克服困难,不断提高,逐步达到自能作文。小学生作文也不同于中学生作文,更不同于大学生作文。小学生作文是开始运用书面语言表达自己的思想感情,要求不能过高。对小学生作文的要求,"新课标"有明确的规定,在其课程总目标中指出:"能具体明确、文从字顺地表达自己的意思。能根据日常生活需要,运用常见的表达方式写作","具有日常口语交际的基本能力,在各种交际活动中,学会倾听、表达与交流,初步学会文明地进行人际沟通和社会交往,发展合作精神"。对各年级段也提出具体要求。(详见"新课标")我认为这个要求还是比较适当的。主要有三点:① 要求写得具体明确,文从字顺;② 根据日常生活的需要,运用常见的表达方式写作;③ 突出了"日常口语交际的基本能力"训练。虽然没有提出"中心明确,条理清晰",但是在训练学生作文时,还是应该要求作文要有一个主题,不然会跑题的;也要写得前后连贯,不然会结构不清楚。作文有主题、有条理是正当要求,如果每篇文章既无主题,又思路不清怎能成为一篇文章呢?有主题和主题明确是不同的;前后连贯和条理清晰也不同。只要要求不过高,训练得法,学生作文不会感到太难的。习作教学还是要依据儿童作文发展的规律,有序地进行训练。

二、小学生作文要回归儿童

小学生作文本来就是儿童的事,为什么还要回归儿童呢?因为现在有的小学生作文:"定位高"、"成人腔"、"难度大",很不符合儿童心理及其年龄特点;更因为小学生作文的本质特点是学生自我感受、自我表达和交流的过程。因此,提出小学生作文必须要回归儿童。

小学生作文回归儿童,就是要求学生以童心写童真,让儿童从自己的内心出发,用自己的眼睛观察世界,用自己的心灵感受生活;就是要充分尊重儿童,让学生从内心发出想写,写自己愿意写的,写自己所追求的,写自己所欣赏的,写自己所感动的。这是非常重要的。如果学生没有写的要求、写的感动,那只是被动地完成教师压给学生的写作任务,学生是写不出的。即使写出来,也是写不好的。

我认为"童心"不仅有真,而且有幻;儿童写童心不仅会写出真情实感,而且会写出自己的想象。有的以写真实为主,真实中要发挥想象;有的以写想象为主,想象中不脱离真实生活,二者结合,才能写出好文章。不过,我认为对于小学生还是以写真实为主,能够把事、物、人写清楚,写明白,写通顺,写出真情实感就足矣。适当地写点童话故事和想象作文,也是必要的,但是不能超过写真实,以防止学生胡编乱造。不论是写真实或写想象,都要出自学生自己的心灵所感、所想。也就是说,作文教学一定要变学生被动作文为自主作文,要调动学生对作文的主动性、积极性。因此,教师要给学生作文提供适宜的自由环境,要尊重学生的意愿,启发学生自愿自觉地写。防止一个命题作文,全班千篇一律;一个命题或多个命题,全班学生的作文应该写出多种多样的内容与形式,体现出每个儿童不同的心声和不同的水平。同时,也要防止学生随心所欲的表达,文不对题,词不达意。对作文的基础训练还是不能忽视的。学生作文主动性的发挥是和教师的主导作用分不开的。教师要善于激发学生作文的情趣,从学生作文前的准备到作文教学过程,教师要做一定的准备和及时的引导,教师和学生都要具有真实的情感和语言的投入,教师要注意激起学生对生活的关注。如果语文教师都能够使学生有序地自主作文,小学生对作文的积极性一定会充分发挥出来的。

三、小学生作文要向生活开放

在调查中，小学生反映，作文时头脑空空，没有内容可写。现在城市的孩子，从家门到校门，生活单调，确实没有东西可写。怎么办？教师和家长必须要想方设法组织学生多参加活动，就是把学生从各种枯燥烦琐的练习中解放出来，走进生活，走进自然；要引导孩子们放眼广阔的生活，放眼大自然。生活是作文的源泉。生活中有了积蓄学生才有内容可表达。要使学生的作文具有个性特点，就要使作文向生活开放。“新课标”提出：“语文课程应该是开放而富有创新活力的。”作文教学应该是开放的，要开放学生生活的空间，开放思维方式，开放习作题材和体裁，开放评价方式，使学生在生活中感知体验。小学生作文为什么要向生活开放？目的就是让学生心中有积蓄。叶圣陶先生很早就指出：“写作的根源是发表的欲望；正如说话一样，胸中有所积蓄，不吐不快。”平时积蓄充实，作文就不会感到难了。积蓄什么？积蓄是多方面的，生活的积蓄、知识的积蓄、思想认识的积蓄、语言的积蓄等，最主要的是生活的积蓄。叶老还说：“要写出诚实的、自己的话，空口念着是没用的，应该去寻到它的源头，有了源头才会不息地倾注出真实的水来。”那么源头在哪呢？源头“就是我们的充实的生活。生活充实，才会表白、抒发出真实的深厚的情思来”。“生活就如源泉，文章犹如溪水，源泉丰盈不枯竭，溪水自然活泼地流个不歇”。所以教师要给学生创造多样化的生活，同时要鼓励学生做生活的有心人。

作文教学要向生活开放，就要指导学生学会感受生活。只要学生善于感受生活，生活丰富了，对事、对物、对人都充满感情，就会有话可写。怎样指导学生去感受生活呢？生活是丰富多彩的，最好的方法是，先要学会感受自己周围的美好生活。例如，感受大自然的美，有的教师就这样指导学生：你们每天都见到太阳，你感到太阳的温暖吗？太阳照到草地上，小草的腰伸直了吗？……在晴朗的天空中，晚上你看到月亮会想到什么？你数过天上的星星吗？当月光照到大地上，你在月光下行走，有什么感受？在月光下行走和在太阳下行走有什么不同？你们体验一下好吗？你们也看到过白云、雨点、雪花，你感受过小雨点打在身上的快意吗？你在雪中堆过雪人、打过雪仗吗？天上的白云随风跑，你随着白云奔跑过吗？试着去感受其中的美妙和乐趣吧！你们天天看到校园中四季变化的花草树木，你们和它们对过话吗？满园鲜花绿色时，你感到些什么？叶落花谢时，你又会感到什么？去感受大自然的美吧！如果再读上几篇描写大自然的诗文，你会感受得更深，把你们的感受写出来好吗？如果学生确实这样做了，一定会写出多姿多彩的小文章。

有的学校和教师给孩子们组织了丰富多彩的、使孩子们长知识、学本领、长智慧、学艺术、长身体、学做人的活动，既满足了学生全面发展的需要，又使学生生活在这样的环境里，感知体验，积累写作素材。只有积极酝酿，他们才会写出一篇篇内容充实，题材、体裁多样的小文章。例如，前一时期，国家公布了北京奥运会吉祥物“福娃”，有的学校和教师就抓住这个机会，组织学生搜集有关奥运吉祥物“福娃”的材料，使学生们了解了五个“福娃”的内涵，写出对于“福娃”的认识。在写出的小文章里，孩子们吐露出对于“北京奥运”的期盼和向往的心声。孩子们就像一朵朵小花，释放出个性色彩的芳香。这样的活动既丰富了知识，提高了爱国主义思想，又练习了写作。向生活开放的关键在于学校和教师要随时注意身边发生的事情，有目的地指导学生参与，这样就会收到良好的效果。

四、小学生作文要有方法指导

学生的生活丰富了,具有真情实感了,是否还需要写作方法的指导呢?当然要有指导。丰富生活积蓄,激发情感都是小学生作文非常必要的,但是一些有效的写作方法还是应该指点的。例如,学生作文前要先写作文提纲。写作文提纲的训练,主要在阅读课的分段练习,可是现在不强调对文章分段了。我认为阅读文章一定要指导学生会分段落。分段的训练,可以提高学生的分析概括能力,如概括段意。段意就是文章的提纲,可为作文编写提纲做准备。现在小学生作文不会写提纲,拿起笔来就写,先写什么、再写什么,没有计划,所以写着写着就没有话可写了。这就是在阅读课上没有很好地训练分段能力的结果。叶老不止一次地提出:"教学生练习作文,要他们先写提纲,就是要他们想清楚然后写,不要随便一想就算,以有点朦胧的印象为满足。先写提纲的习惯养成了,一辈子受用不尽,而且受用不仅在写作方面"。所以怎样定题、构思;如何选材、组织材料;怎么写作文提纲,想清楚再写,又怎样用词造句;怎样修改作文,如何一步一步地指导学生掌握修改作文的方法等一连串的工夫,还是需要教师有计划地不断指导、点拨的。这些在作文评讲、批改时可以指导,但是在阅读课上重点指导是更有效的。阅读课必须读写结合,如果阅读课充分体现读写结合,经常结合课文进行小练笔,学生既学读又学写,养成学生勤于习作的良好习惯,学生的作文水平会有序地提高的。

出格与入理:游戏作文的审视和思考[①]

施茂枝

在小学写作教学实践的百花园中,游戏作文是耕耘者们用智慧培植、浇灌出来的奇葩。它时常出现于名师课堂,也见诸传媒报道,受到许多观摩者的赞赏和尝试者的欢迎。但值得深思的是:它始终在边缘游弋,并未进入主流课堂,非但没有为广大一线教师所普遍认识、掌握和运用,更遑论成为小学写作教学的主要方式之一。造成这种局面的原因很复杂,但归根结底,是因为小学写作教学理论研究尚未受到足够的关注,没有进入教材编者的视野,缺少为其推广而进行的摇旗呐喊。因而,必须全面、深入地认识游戏作文,推动其进入教材和主流课堂,以更好地发挥它在提高学生写作能力中的作用。

一、出格——游戏作文概览

出格,即突破常规、常态。游戏作文的教学模式在许多方面不同于一般的写作教学范式。我们可以从以下的概览中看出端倪。

(一) 游戏作文的内涵与教学步骤

游戏作文是指先游戏后作文的写作教学方式。它为写作教学而开展游戏活动,让学生经历实在而特殊的生活,产生真实体验,激起写作热情,然后写下这段经历和感受。

长期以来,命题、指导、讲评、修改是一般写作教学范式的基本步骤。进入课程改革以来,写作教学策略有了相当大的改进,如将命题改为规定范围,指导侧重点由形式转向内容,讲评、修改更注重发挥学生的主体性,等等,但教学基本程序仍大体相同。游戏作文的教学程序迥然不同。不同的教师依据不同的游戏内容开展游戏作文,其具体教法可能有异,但基本步骤相对稳定。一般说来,游戏作文包括以下6个环节:① 激情导入。运用语言艺术,以趣味性或悬念性的语言激起学生的好奇心和参与欲,促使学生满怀热情地投入活动。② 宣布规则。简明扼要地宣布游戏规则,并努力获得全体学生的认同,这是游戏顺利进行的保证。③ 开展活动。让学生全身心地投入游戏活动,保证人人参与,教师适时地进行指导。游戏为写作提供必要的内容,这是教学成功的基础。④ 述说过程和感受。在学生情趣盎然、意犹未尽之际,让学生叙述游戏过程中自己的所见、所闻、所感,以说促写,同时注意让教师对写作的指导渗透其中。⑤ 动笔写作。激发动机,由说到写。学生写作时,教师及时巡视,个别指导,并发现典型,为评价做准备。⑥ 评价修改。选择典型案例,让学生欣赏优点、提出建议;从优点中学到写作技巧,从不足中接受教训,互相启发、借鉴;最后修改成文。

---

① 原文发表于《中国教育学刊》2007年第6期。

(二) 游戏作文的主要特征

游戏作文是对传统写作教学的重要变革,使课堂面貌焕然一新。游戏作文的基本特征是:

1. 生活的人为性

"社会生活是文学的唯一源泉,文学是生活的反映。"[1]生活是现实的生活,是客观存在的生活,即使描神画鬼,也是现实生活的曲折反映。尽管学生写作不同于文学创作,但两者与生活的关系并无大的区别。"作文这件事离不开生活,生活充实到什么程度,才会做成什么文字。"[2]生活是第一性的,而写作是第二性的,或者说有生活才有写作。除非胡编滥造一般写实的习作内容的都是已经发生的现实存在,是自然状态下的生活,写作时只是加以唤醒并用文字表达而已。即使是想象作文,从源头上说,其内容也来自现实生活。小学生的生活与成人不同,游戏是他们的生存方式,其日常生活中处处有游戏。因此,一般写实的习作偶尔涉及游戏内容也在情理之中。但这游戏也是自然发生、已经发生的现实存在,其有无与习作活动无关。游戏作文属于写实作文,但与一般写实作文不同,其游戏或专为写作教学而精心设计,学生未曾见识和经历过,或采用学生熟悉的游戏方式,但在现实生活中却不曾发生换言之,这时的生活是人为生成的,而不是天然的、原生态的。

2. 内容的特定性

无论是过去的命题作文,还是现阶段规定范围的作文,学生对写作题材均有不同程度的选择权。进入课改之后,教师鼓励学生选取不同材料作文,学生拥有了更大的选材自由。因此,即使取材范围相同,但所写的人、事、景各不相同,习作内容五花八门。游戏作文则不同。由于时间的限制,一堂写作课一般只设计、参与一种游戏。游戏留给不同学生的感受可能不同,有些教师也鼓励学生尽可能地从多角度写感受,加上课改之后对文体不加限制,学生拥有较大的表达自由,但由于小学生形象思维占主导地位,很少有人专门写所感,基本上还是叙写游戏经历,虽然其中或多或少有一些感受,但总体上分量不大。在相同的时空中,全体学生共同参与一种游戏,进而记叙相同的游戏,其所见、所闻大体相近,因此,游戏作文的内容不可避免地趋同。

3. 指导的针对性

指导的针对性源于其内容的特定性。一般情况下,由于学生写作具体内容各不相同,在班级授课制下,教师只能就学生某一类型文章写作的共性问题进行指导,如写景、写人或写事的文章,各有什么要求,应注意什么问题,等等。这是一种面上的、类型方面的指导,不具体地针对特定内容,往往笼统空泛,无的放矢,效果大打折扣。游戏作文则要求全体学生撰写相同的游戏。活动中,教师可以提醒学生对活动细节加以关注。活动后,在"述说游戏过程和感受"环节中,一般要渗透写法指导,教师既要唤醒学生对细节的回忆,又要对写作时可能出现的具体问题予以防范,因而指导有的放矢、到点到位、具体细致、立竿见影。

4. 强烈的体验性

体验是指学生通过自身的经历和实践获得真实感受。一般在写实习作中,学生对所要写的事或亲身经历,或耳闻目睹,未必都有真切感受,或者有强烈感受,只可惜是"过去进行时",随着时间的推移,或被潜藏,或被洗涤,曾经有过的强烈激情也归于平淡,甚至完全淡忘,因而写作时往往缺乏倾吐的激情和欲望。而游戏作文则可以使学生获得强烈的感受。

"夫耳闻之,不如目见之;目见之,不如足践之。"[3]同时,由于这种体验是"现在进行时",再加上游戏的魔力所激发的满怀激情和高度投入,必然使学生的感受格外强烈。这种真切、鲜明而强烈的感受,能激发学生强烈的倾吐欲望,使之产生强大的写作内驱力。

综上所述,游戏作文无论是写作内容、教学步骤,还是指导方法、课堂氛围,都有别于其他类型的作文而独具一格。

二、入理——游戏作文的思考

看似另类的游戏作文,其实并未离经叛道,相反,它符合写作的基本原理,符合先进的课程理念,更符合小学写作教学的规律。换言之,也即入理。

(一) 游戏作文与写作原理和现代教学理念相符

游戏作文的人为设计和进行非现实的生活,让人心存顾忌,甚至受到写作与生活关系错位的质疑。其实它没有违背写作与生活关系的基本原理,更符合小学生的实际和现代的教学观。

站在成年人、普通人的角度看,人为的生活少了自然的状态,凸显另类。但是比之于日常或社会生活,游戏生活本来就异乎寻常。如果进一步蹲下身子看儿童,就会有更多的新发现。游戏是儿童的生存方式,儿童的生活是游戏化的生活。在儿童眼里,游戏就是属于他们的自然而然、实实在在的生活。游戏作文,游戏在前,写作在后,小学生并未意识到其中的人为因素,站在他们角度看,全然是真实而自然的生活,并不另类。游戏作文的内容就源于这样的生活,即使以写作理论视之,也符合写作源于生活的基本原理,并未产生源与流的错位,只是在成人眼里,其生活特殊罢了。

一般说来,生活与写作除了源流关系外,还有目的与手段的关系,即为生活而写作。《语文课程标准》在第三学段的教学目标中指出:"懂得写作是为了表达自我和与人交流。"[4](9)大而言之,学生写作同样是为了生活。

游戏作文的人为设计,从表面上看,似乎是目的与手段错位——"为写作而生活"。这既是它蒙受诟病的原因,也成为它进入作文教材系统的最大障碍。其实并非如此。小学生日常生活中的游戏没有具体的目的,在游戏作文中游戏,在他们眼里与日常的游戏别无二致,游戏时同样没有具体目的,绝非为写作而游戏;游戏之后写成的习作亦可用来表达自己在游戏中的感受并与人交流。从学生方面看,游戏作文依然是"为生活而写作",手段与目的并未错位。

当然,从教师方面看,设计、安排游戏是有明确的目的的,即为了训练学生写作能力以及渗透情感、态度、价值观的培养。但也不能称之为"为写作而生活",称之"为教学而生活"可能更确切些,即为进行有效的写作教学而让学生经历人为的非现实生活。二者根本不是一回事,不能混为一谈。写作活动与写作教学活动虽有内在联系,但性质截然不同。

究其实,游戏作文是一种教学策略。认识小学生写作的性质,便会理解这种教学策略运用的合理性。语文课程标准将低年级的写作定性为"写话",将中高年级的写作定性为"习作"。"习作"就是练习、学习写作,它是指小学生把自己的所见、所闻、所想写下来的练笔。在其他课程的学习活动中,在整个高等动物界的学习活动中,运用类似的策略还相当普遍。更重要的是:游戏作文符合人本主义教学观。这种教学观关注学生的生活状态,强调教学必须与学习者的经验和生活实际建立联系，遵循学生的天性，发挥每个人的潜能，使之成为知、情、意、行和谐发展的人。游戏是儿童心理和生理的本能需要，喜爱游戏是儿童的天性。明代哲学家王阳明说："大抵童子之情，乐嬉游而惮拘检，如草木之始萌芽，舒畅之则条达，摧挠之则衰萎。今教童子，必使其趋向鼓舞，中心喜悦，则其进自不能自已。"[5]叶圣陶说："小学作文之教授，当以顺应自然之趋势而适合学生之地位为主旨。"[6]游戏作文正顺应了儿童的身心特点，以小学生的实际需要和经验建构教学内容，使学生真正成为课堂的主人，使写作教学活动真正成为以兴趣、爱好等本能活动为支撑点的主动活动，它不但有助于小学生写作能力的提高，还有助于其情、知、意、行的和谐发展。

（二）游戏作文与双重转化的写作规律合辙

写作必须经历双重转化的过程，即首先将现实生活、客观事物转化为写作主体的认识、情感，然后再将主体的认识、情感转化为文字，即由物到意，再由意到文。这是写作心理学揭示的写作规律。学生的习作与一般创作虽性质有别，但原理相同。

顺应写作规律，就必须进行双重转化的全程教学，而不是偏重于某一阶段的局部教学。南宋大诗人陆游告诫后人说："汝果欲学诗，功夫在诗外。"[7]意思是说写诗必须在"诗外"下工夫。这"诗外"的功夫，既包括对"物"的摄取功夫，也包括将"物"转化为"意"的功夫。"文"是书面表达能力，是"诗内"的功夫，若只在"文"方面下工夫，定然难以奏效。我们先人在写作实践中积累的经验，符合写作心理科学揭示的规律，对我们的写作教学更有借鉴意义。

一般情况下，教师写作教学的指导只关注后一重的转化——由意到文的转化，而忽视"物"的摄取和由"物"到"意"的转化，这样的教学顾此失彼，背逆了双重转化的规律，必然导致学生写作时"无话可说"，而这恰是学生写作普遍遇到的困境，也是教学中亟待解决的难题。"物"的积累和提取是转化的前提和起点，无"物"双重转化无从进行。基于此，《语文课程标准》特别强调学生对"物"的积累和摄取，第二学段的目标中有"留心周围事物"[4](7)，第三学段的目标中有"养成留心观察周围事物的习惯，有意识地丰富自己的见闻"[4](9)。游戏作文致力于引导学生对"物"的摄取，对现场、当下、眼前所发生的事物进行细致观察。加上教师现场给予有针对性的指导，学生便可以学会怎样观察生活，怎样通过眼睛、耳朵、鼻子、嘴巴、手指等感觉器官摄取活生生的生活素材，不仅解决本堂课写作的"下炊之米"，而且这些方法也必然会得到迁移。游戏作文也致力于引导学生进行由"物"到"意"的转化。对小学生习作而言，"意"是由现实生活、客观事物引发而产生的某种念头，或某种感觉、情调和趣味，或某种思想或情感。如果学生不能对"物"生发出"意"，对"物"无动于衷，淡漠处之，同样"无话可说"。游戏作文中，学生满怀激情地投入游戏，获得强烈丰富的体验，有利于实现从"物"到"意"的转化，产生将其转化为"文"的欲望，从根本上解决了"无话可说"的难题。

游戏作文对写作过程中的每一重转化都给予同样的关注，是真正完整的写作教学，是顺应写作规律的教学模式，必然具有很强的生命力。

（三）游戏作文与鼓励自由和有创意表达不悖

《语文课程标准》建议："为学生的自主写作提供有利条件和广阔空间，减少对学生写作的束缚，鼓励自由表达和有创意的表达。"[4](18)游戏作文时，全班撰写相同内容，尽管鼓励学生写出不同感受，但谈不上提供"广阔空间"，较之其他方式的写作教学，学生似乎少了"自由表达”的机会。在教师富有针对性的统一指导过程中,写作方法和语言运用互受启发,在讲评环节又互相借鉴,取长补短,最后学生的习作往往大同小异。这似乎有悖于课程标准的建议,让人对它心生顾忌。

对此,我们必须正确理解和认识。笔者以为“自由表达”有两层含义:一是教师不限制学生所写的内容、文体和所要表达的思想情感;二是学生能够随心所欲、自如地运用语言文字表情达意。在第一层意义上,“自由表达”与“有创意表达”是条件和结果的关系,前者是教学策略,后者是教学目的;在第二层意义上,二者是并列关系,它们都是一种能力,同为教学目标。

作为目标,二者固然是我们的追求,但这是最终的、长远的目标,所以《语文课程标准》不在教学目标中提出而把它置于教学建议部分,并在前头加上“鼓励”二字。能随心所欲地、自如地表达和“有创意表达”,固然可贺;但在教师指导下“文从字顺”地表达,尽管没有“创意”,不够自如,亦为可真。对于写作,九年义务教育阶段的总目标不过是“能具体明确、文从字顺地表达自己的意思”[4](4),对小学阶段更不应苛求。《语文课程标准》将低年级的写作定性为“写话”,将中高年级的写作定性为“习作”,删除了过去《大纲》中“有中心”“有条理”“详略得当”等要求,降低小学写作的门槛,目的就是“让学生易于动笔,乐于表达”[4](17)。因此,鼓励“自由表达和有创意表达”固然应该,但对结果则不可急于求成。谨记,小学生写作就是练笔,夯实写作基本功更为重要。

作为策略,“自由表达”不应是培养“有创意表达”能力的唯一途径;有针对性的具体指导,亦可最终实现这个目标。在游戏作文中,提供同一写作素材,内容单一明确,可以使学生摆脱“无米之炊”的烦恼;教师的指导具体到位,针对性强,可以使学生易于动笔;讲评时的互相借鉴和启发,缩小了习作水平的差距。实践证明:游戏作文是学生最为喜闻乐见的写作教学方式,他们易动笔,乐于表达。学生习作之间虽有大同小异之弊,但一次次成功的写作经历和经验的内化与外向迁移,同样能让学生“自能作文”,只要在教学过程中不断渗透创新意识的培养,最终也可以实现“有创意表达”的目标。

(四)游戏作文智力因素和非智力心理因素兼顾

学生的心理活动因素分属于两个系统:一是认知系统,包括注意力、观察力、想象力、记忆力、思维力、创造力,这些因素主要与智慧相联系,一般称之为智力因素;二是意向系统,包括情感、意志、兴趣、性格、动机等,这些因素与积极性有关,一般称之为非智力心理因素。心理学研究表明:在其他条件相同的情况下,一个人的成功是其智力因素与非智力心理因素的乘积函数,用公式表示为:

成功=F(智力因素×非智力心理因素)[8]

当其中任何一个因素为零时,都不可能取得成功。当一个因素大于零时,另一个因素越大,成功的可能性也越大。非智力心理因素对心理过程有着启动、导向、维持与强化的作用。《语文课程标准》在学段目标中指出:第一学段“对写话有兴趣”[4](6);第二学段“乐于书面表达,增强习作自信心”[4](7)。可见,其特别注意开发学生习作中的非智力心理因素。

传统的写作教学注重审题、立意、取材、构思、语言表达、修改等环节,注重观察力、想象力、记忆力、思维力、创造力等智力因素的调动和培养,但往往忽视兴趣、动机、情感等非智力因素的开发,课堂枯燥乏味,学生视写作为畏途,写作心境不良,倾吐的欲望和热情缺失,严重制约写作能力的提高。游戏作文从根本上改变了这种局面。在游戏过程中,注重引导学生观察;游戏结束后,注重唤醒学生对游戏过程和细节记忆;游戏作文时,注重运用书面语言表达,调动思维;等等。这是对智力因素的培养。儿童对游戏有着出自本能、发自内心的喜爱。由于游戏,游戏作文的课堂是妙趣横生的课堂。学生消除了紧张感,摆脱束缚,无拘无束,轻松愉快,兴味盎然。也由于游戏,游戏作文的课堂是人人参与的课堂。游戏的魅力深深吸引着学生,让他们自觉自愿地投身其中。师生之间、伙伴之间友好合作,互相尊重,极大地提高了学生参与游戏的积极性和主动性。在游戏作文的课堂上,学生没有恐惧,精神得到释放,情绪得到极大调动,焕发出强烈的倾吐热情。这是对非智力心理因素的开发和利用。智力因素与非智力心理因素兼顾,可收到互动的效应。"在那一刻,自我、现实……一切的一切似乎都远远地遁去了,全副身心都被当前活动占据了……灵感迸发,思如泉涌。"[9]在游戏作文中,学生大都具有强烈的写作内驱力,情动辞发,言之有物,富有真情实感。

游戏作文并非十全十美,但瑕不掩瑜。它在理论上有很强的科学性,在实践上也具有实效性。因此,游戏作文理应成为小学写作教学的重要方式之一。我们期待广大研究者、教材编写者和一线教师齐心合力,使这一教学模式趋于完善并及早进入主流课堂,为提高小学生写作能力发挥重要作用。

参考文献

[1] 十四校文学理论基础编写组.文学理论基础.上海文艺出版社,1981:29.
[2] 叶圣陶教育文集(第3卷).人民教育出版社,1994:304.
[3] 刘向.说苑疏证.华东师范大学出版社,1985:185.
[4] 中华人民共和国教育部.全日制义务教育语文课程标准.北京师范大学出版社,2001.
[5] 王阳明.传习录.江苏古籍出版社,2001:226.
[6] 中央教育科学研究所.叶圣陶论语文教育.河南教育出版社,1986:13.
[7] 苏州市教育局教研室.陆游诗词选析.江苏人民出版社,1980:134.
[8] 朱作仁.小学作文教学心理学.福建教育出版社,1993:277-278.
[9] 刘炎.幼儿园游戏教学论.中国社会科学出版社,1999:74.

略论小学语文教学中的语言训练①

孟令全

一、语言训练的历史及现状

语言训练是语文教学中一个老生常谈的问题。曾经是语文教学家族中重要成员的语言训练，历经沧桑几十载，似乎已经失去了往日的辉煌，时至今日，竟跌至了破败落魄的边沿。以至于"老生"们在谈及语言训练时，或闪烁其词，或理不直气不壮；"后生"们中甚而有人对"训练"二字大张挞伐，认为语文教学中的"训练"是陈旧教学观念的产物，是应试教育的手段，是纯理性化的、纯功利性、纯工具性、纯记忆性的等等。训练一词，成了语文教学中的一大忌讳，似乎任何一门技能、技艺，学校中的任何一门课程都可以谈训练，唯独语文不需要什么训练，好像语言这个东西，根本不存在什么训练系统，只需学生所谓的个性化的、独特的感受和体验；只需所谓熏陶和感染，即可习得。是谁最早提出语言训练这个概念的，现在已无从考证。但是几乎所有从事过语文教学研究的老前辈们都曾经对语言训练的问题有过专门的论述。

叶圣陶先生曾经讲过："什么是训练呢？就是要使学生学的东西变成他们自己的东西。"[1](514)这话说得再明白不过了。老先生在这里讲的不是广义上的训练，而是有关于语文教学方面的"训练"，语文的核心问题是语言，语文训练归根结蒂就是语言训练。语言是工具，学生在学习语文的过程中，如何把语言这个工具变成自己手里的工具，唯一的途径也就是训练。

吕叔湘先生认为："使用语文是一种技能，跟游泳、打乒乓球等等技能没什么本质上的不同。"任何技能都必须具备两个特点，一是正确，二是熟练。要正确必须善于模仿，要熟练必须反复实践。[1](528)此处虽讲的是"模仿"与"实践"，然训练之意包含其中。

张志公先生讲过："用了-语文"这个名称，表明在这门功课里面要向学生进行全面的语言训练。[1](417)他认为语文教学就是对学生进行口头语言和书面语言的训练。今天重温前辈们的教诲依然感到真实可信，而无半点虚妄，并未过时。因为这些教诲植根于中国语文教育的沃土之中，他们的真知灼见难道靠几滴洋墨水就可以被抹杀掉和被掩盖住吗？

从多年来对语言训练的研究和探讨以及研究和探讨的成果看，尽管对语言训练的认识有所不同，有过各种纷争，或者走过一些弯路，甚至误入过歧途，但还没有人从根本上否定过这个概念。然而，近些年来，经过那场语文教学的争论和新的课程标准发布后，语言训练这个概念被提及的便越来越少。以小学语文课本为例，其中有关语言训练的某些内容或悄然消失，或减少到不能再减少的地步；再以 1995 年、2000 年《九年义务教育全日制小学语文教学大纲》的试用本、试用修订版以及新的《全日制义务教育语文课程标准(实验稿)》为例，"训

① 原文发表于《课程·教材·教法》2006 年第 9 期。

练”一词,粗略地统计一下,在文中出现的频率,由十几次减少到几次到只出现一次。看来,“训练”一词的被冷落、被剔除不是偶然的、不是无意地忽略,而是有些人的有意而为之。是一些人对语文教学中需要进行语言训练的否定。这种否定,有无道理,正确与否,我想就个人的一些理解和体会谈点想法,以期重新引起人们对语言训练这个问题的注意。

二、语言训练的内涵

(一) 使用语言是一种技能

1. 从语言的工具性看使用语言是一种技能

语言是工具。工具的本意是指从事劳动和生产使用的器具。对工具的掌握、使用和操作就是我们通常所说的技能。心理学对技能下的定义是:通过练习获得的能够完成一定任务的动作系统。又说,技能是通过学习而形成的合乎法则的活动方式。人对语言的使用过程,是心脑活动的过程,这一过程是在一定任务的驱动下,在一定法则的指挥、控制、调节下,通过一个又一个的心智动作来完成的。比如写作,作者对生活有了某种认识或感受,于是便产生了表达的欲望和冲动。将这种认识或感受表达出来便是技能定义中的“一定任务”;如何将这些认识和感受表达出来,就要经过对材料的选择取舍,要经过布局谋篇,要选择恰当的语言等过程;无论是选择材料、布局谋篇,还是对语言的使用,既是心脑活动的过程,又是运用内部语言形成的一个又一个的心智动作,同时还是在一定法则的规范、调控下完成的。因此,写作是一种使用语言的技能。

2. 语言技能的形成必须经过训练

人的技能不是与生俱来的,技能的形成需要一定的过程。也就是通过外界的刺激,在人的大脑皮层运动中枢的神经细胞之间建立有关某一技能的牢固的联系系统。如何建立这种牢固的联系系统,方法途径是什么?简单说来就是两个字——训练。训练如刻刀一般,在大脑皮层上,一刀一刀不停地雕刻着。随着时间的推移,刻痕由浅入深、刻的速度由慢到快、由简单粗略的整体轮廓到局部的精雕细刻,再进行部分之间的调整,以达到整体协调。这样,一个有关某一技能的联系系统就深深地刻在大脑皮层运动中枢的神经细胞之间,这是一个完整的自动化系统,这一自动化系统形成的过程,就是技能形成的过程,换言之,就是训练的过程。技能的形成需要练习。但学生的练习仅仅是问题的一个方面,还应该有教师的指导。这种练习应该是在教师指导下有目的、有计划、有步骤的练习。而不是盲目的、无序的、机械的练习。教师的指导、学生的练习,两相结合就组成了训练。不过分地讲,离开训练,任何技能的形成将是一句空话。因此,训练就成为技能形成的核心问题,是技能形成过程中的主要矛盾。

有人会说,人的语言能力是与生俱来的,语言可以自然习得,不需要正规训练。这话只说对了一半。研究显示:正常的幼儿,一岁以内开始学话,七岁左右,基本掌握了母语。六、七岁幼儿语言的发展状况是:掌握的词汇可达 2 500—3 000 个;掌握了一些基本的语法结构形式(单句和复句);能说长度为 6—15 个字的句子;内部语言开始产生。以上研究说明,人的语言能力或者说仅限于口头语言能力,可以不通过有意的、专门的、系统的训练而自然习得。但是这样的语言能力,还处在语言能力较为低级的层面。没有人会认为这就是语言能力的全部。口头语言可以自然习得;书面语言则不可能自然习得。因为读书和写文章的技能不会与生俱来，不经过专门的系统的训练，学生就不认得字、不会写字；字不认到一定的数量，不写到一定的数量就无法阅读和作文。阅读和作文又有着它们各自的技能。就阅读而言，语文阅读教学中阅读有着它的特点和规律。因此，在阅读教学中，就必须遵循这些规律和着力体现这些特点，要在教学的过程中，以课文为例子，有意识、有目的、有步骤、分阶段地教会学生读书，比如，如何理解课文中的语言所表达的意义及其表现形式，如何从整体上把握课文的主要内容、如何理解课文的一些表达特点，如何准确、流利、有感情地朗读课文等等，这些都是最基本的、常规性的、学生必须掌握的读书技能。而这些技能学生不会生而知之，也不大可能自然习得。相反的，这些技能必须经过大量的、足够的、充分的、乃至于反复的训练才能形成。只有经过这样的训练所形成的技能才是扎实的、可靠的、熟练的技能。那种否定语言技能的形成需要经过训练的说法是违背规律的。在当前小学语文教学中，因为否定、回避、忽视一些必要的训练，已经给教学造成了不良的影响，这不能不引起我们的反思和重视。

（二）语言技能属于心智技能，语言技能的训练属于心智技能的训练

1. 语言技能属于心智技能

心理学将技能分为动作技能和心智技能。

动作技能又称为运动技能或操作技能，主要表现在外部肌肉的运动上或对事物的直接行动中，因此具有客观性、外显性和动作的连续性，即所操作的动作不能省略、不能合并，必须逐一加以落实。比如，体操、弹琴、操作机器。

心智技能主要指的是认识活动的技能，又称智力技能或认识技能。心智技能虽然也是一种活动的方式，但这种活动方式不是外在的显性的，而是隐蔽在头脑内部，依靠内部语言进行的。

比如，阅读、写作。由此看来，语言技能基本属于心智技能。

比如阅读，大体上要经过从形式到内容再回到形式的过程，即感知语言文字，理解文章的内容，理解文章的表现形式。对文章中所描写的景物，对文章中所刻画的人物形象，对文章中所叙述和阐发的事理，对文章揭示的本质意义；对文章所使用的某些语言的表达效果，对文章的层次结构及写作顺序，对文章的一些表达特点，归纳起来就是对文章内容和形式的理解，是由一个又一个动作组成的，而不是静止的；这些动作是彼此相互联系形成连锁化而不是孤立的；是内在的隐性的而不是外在显性的；是按一定顺序按一定规则进行的而不是杂乱无章的。但在活动中，有些动作可以简缩、省略，也可以交叉或同时进行。在这里，内部语言（即思维）操作着阅读过程中的每一个动作，操作的对象是语言。思维对语言的操作就是人对语言的使用。简言之，这个过程就是：人凭借客体语言，依靠思维操作语言、使用语言，从而达到交流思想的目的的过程。

2. 语言技能的训练是心智技能训练

语言技能既然属于心智技能，因此语言技能的训练就是心智技能的训练。心智技能的训练，相对于操作技能，有着它自身的特点和规律，因此，语言训练就必须依照、遵循心智技能训练的特点和规律。

（1）语言技能的形成过程要经过由外化到内化的过程

在上文提到语言技能的重要组成部分阅读技能同样属于心智技能，下面依然以阅读为

例，通过对阅读技能形成过程的剖析，试着加以说明语言技能是怎样形成的。

阅读是以理解为核心的认知活动。是一种内隐的思维操作活动，除眼球的移动没有太明显的外部表现。但是在表面的平静下却掩盖着大脑内部紧张而有序的思维活动。这种活动是由一个连着一个的过程，按照一定的规则，以不同动作方式组成的。阅读有着一定过程，且每个过程又是由一个又一个动作组成的。这样的动作不是如肢体那样可以直接感知的动作，而是由思维所作出的动作，动作有大有小，大到对一篇课文内容的综合与概括，小到对一个词的感知与理解；大的动作是由小的动作组成的，是小的动作的整合。比如，阅读一篇文章，要从理解词和短语开始，继而理解句子和句群或段落，最后完成理解篇章的过程。

阅读中的动作是按照一定的顺序和一定的规则进行的，不是无序或任意的。比如，对词、短语和句子表达的意义要理解得准确，准确理解便是规则，理解有误便是违规。阅读教学中的阅读比一般意义上的阅读规则更多一些，阅读教学中的阅读不仅要准确地理解文章的思想内容，到了中年级，特别是高年级，还要理解语言的表达效果和文章在表达方面的一些特点。理解得不准确是违规，舍弃这一环节同样是违规。

从以上分析不难看出，阅读是一种心智活动，活动有着一定的过程，每个过程又是由不同的动作组成的。但是这个活动，这一过程，这些动作都不是外在的、显性的，而是内在的、隐性的。操作技能和心智技能有着各自不同特点，因此两种技能的训练又有着各自不同的规律。应该说两种训练都有着各自的难处和麻烦，心智技能训练的麻烦之一就是如何使这一内在的心脑活动转化为外在的，可以使被训练者直接感知和把握。

如何把内在的阅读技能形成的过程进行外化，形式方法多种多样，阅读教学中常用的一种训练方式就是设问，即根据课文的教学内容和阅读的过程，设计相关的问题，引起学生的思考，所谓思考就是思维的活动。这些问题要能体现阅读的过程，要能体现阅读的规则。在阅读的开始阶段，不必将这样的程序和规则直接讲给学生，只要让学生不自觉地按照这样的程序和规则去做就可以了。这应该是阅读训练的起始阶段，目的是通过问题的形式将阅读过程和规则进行外化，使学生可以直接感知。在这一阶段，学生的任何一次阅读，都是在被外化了的阅读过程和规则引导或暗示下进行的。学生在这样被外化了的阅读技能的程序和规则的引导和暗示下，要经过多次、反复，具体、个别的练习来完成这个过程，这样的练习过程又是阅读技能不断内化的过程。当阅读的量和质积累到一定程度的时候，教师可以对学生总结阅读的程序和规则，这样学生基本上就完成阅读技能的外部操作模式向头脑内部的转化，基本上形成了阅读技能。但是这样的技能还是不够熟练和稳定的，因此还需要进行反复的大量的练习，最终达到极其熟练几近自动化的程度，也就是说在完成某一个动作的时候，不必想着下一个动作是什么，就能自然流畅地进入下一个动作。

(2) 语言技能的训练需要从整体出发，整体推进

任何技能都是一套完整的操作系统。比如语言技能，基本是由听、说、读、写四项技能组成的操作系统。这四种技能又可以归并为两种技能，即理解技能和表达技能。两种技能是相辅相成、密切相关的。基于它们的这种联系，训练的时候要强化这种联系意识。比如，读中有写，即是说阅读训练中既充满了阅读训练的资源，同时也蕴藏着写作训练的资源，从阅读的训练中充分挖掘习作训练的资源，做到资源整合互补，不浪费资源，也就是我们通常所说读写结合。听说结合、说写结合亦是如此。虽然在四项技能的训练中，在某一时间内会对某一项技能的训练有所侧重，但不应该孤立地、单一地进行某一项技能的训练。这是语言技

能训练从整体出发、整体推进的一个层面。另外，心智技能有一个非常明显的特点，就是其中所包含的动作与动作之间的界限不是很明显，虽然有顺序，但顺序也不是单一的。比如，理解文章中的词和句子虽然是两个不同的动作，但是这两个动作可以而且应该同时进行；理解文章的内容和表达特点也是两个不同的动作，但是这两个动作可以交叉进行。将心智技能中许多动作加以分解，多数是人为的、主观的；目的无非是将这些隐性的动作加以外化，方便训练或说明问题而已，其实心智技能的内部动作有时很难分解，动作之间的界限亦比较模糊。

过去，我们曾经在小学语文教材中设立读写训练项目。主要目的是想将语言技能的动作，这些内隐的动作对学生产生直觉的效果，但是我们在这样做的时候，恰恰忘记了操作技能和心智技能的不同的特点和不同的训练规律。比如，有的教材曾经设立过/准确理解词语"读懂每一句话，注意句子与句子之间的联系"等有关阅读训练的项目，试想一下，阅读一篇文章，我们可以先理解文章中的词，待词的理解完成后，再理解句子的意思；待理解了句子的意思后，再考虑句子之间的联系吗？这样的三个步骤是人为规定的，为了说明问题，可以这样人为地加以划分，但实际情况并非如此，人在阅读的过程中，这样的三个步骤几乎是同时或交叉、重叠进行的，不可能孤立地、单一地进行某一个步骤。因此，作为心智技能的语言技能训练，应该从整体出发，做到整体推进，螺旋上升，而不是就技能中的某一个动作孤立的、单一的进行训练。因为这不符合人的阅读心理和阅读过程，也不符合心智技能的训练规律。

(3) 语言训练要重视语感的培养

讲到语言训练，就不能不讲语感的培养。语感是语言技能形成的基础，培养语感是语言训练的重要的组成部分。

"语感"一词，始见于1928年我国现代教育家夏丏尊所著《我在国文科教授上最近的一信念——传染语感于学生》一文，文中讲："一般作教师的特别的是国文科教师，对于普通文字应该比学生有正确丰富的了解力。对于文学应有灵敏的感觉。姑且名这感觉为'语感'。"[2]语感从它诞生那天起，就深深植根于语文教学这块园地，和语文教学有着不解之缘。几十年来，人们或从哲学角度，或从心理学角度，或从语言学角度，或从文学角度，或从教学论角度对它进行了研究和论述，但是对它研究和论述最多的还是语文教学。

语感简单说来就是人对语言的一种敏锐的感受能力。语感有诸多特征。其中直觉性是语感最显著的特征。

人对语言的这种直觉性，并非是直来直去对语言的一种简单的感知，而是人们长期对语言的学习、揣摩、比较的结果，是以已经获得的知识和积累的经验为依据、为基础的，换言之，也就是人们在长期的语言实践活动中，对语言的使用逐步形成了熟练化、技能化、自动化的程度。

充分利用语感的直觉性，训练学生的语言直觉能力，在语言训练中具有重要的意义。语文学科的工具性特点决定了它具有极强的实用性。对语言的使用不达到熟练化乃至自动化的程度，就很难说真正掌握了这个工具或者说真正形成了语言技能。语感虽然是语言的一种直觉能力，训练语感却是一个长期的曲折的过程。在这个过程中，要反复对各式各样言语材料进行感受，反复进行感性的和理性的认识，并积淀社会、自然和人生的知识和经验，这样学生对语言的感受就会逐步从肤浅、狭窄走向深刻、全面、灵敏和迅速。可以说，培养学生这种对语言的灵敏、全面、深刻的直觉能力正是语言训练的灵魂所在。

语感在听话、阅读,说话、写作中会表现出不同的功能。在听、读时表现的是理解功能;在说、写时表现出的是遣词造句的功能。人在受到语言的刺激时,就会在头脑中产生表象的兴起,想象的驰骋,情感的反响和共鸣等一系列心理活动;在语言的启示和推动下,对被激活的表象经过加工、调整后,再造出新的形象;并在此基础上,完成抽象概括的理解过程。人在说话或写文章时,有时需要反复斟酌、推敲,但更多的时候是想说(写)什么就自然而然地说(写)出来了,而不是靠临时现想有关的语言知识或事先想好每句话的结构、语法成分以及用哪些修辞手法来说(写)的。这种自然而然的流露,是他平时对语言的感受、理解、积累的结果。在这种自然而然的流露中,哪些词语使用得不够恰当,哪一处不够顺当流畅,哪些地方表述得不够尽情尽意,都会自然而然地加以调整和修改,这些都不能不归功于语感的遣词造句的功能。

培养语感,为语言训练提供了更加广阔的天地,它会使语言训练真正落到实处,并提高语言训练的质量,因此,我们应该重视在语言训练中的语感培养。

(4) 语言技能的形成需要一定量的语言积累

小学语文课本所选的课文,古今中外,经典作品不少,这些文章可以说是书面语言的海洋,几乎包罗了所有的语言现象。各种形式的语言应有尽有。所谓语言现象,就是按照语言的规律(如,语法的规则、修辞的规则)生成的无穷无尽的言语。在语言训练中,引导学生认识更多的语言现象,了解更多的句子表现形式是必要的。当然,这种认识应该是感性的认识,浅显的认识,非理性的、非系统的认识。因为语言训练还有一项很重要的任务,语言技能的形成还需要一个必要的条件,那就是积累语言。没有一定量语言的积累,则无法形成语言技能。

语言的积累,既是对具体的、个别的语句的积累,更是对各种语言现象和句子形式的积累,这种积累是更高层面的语言积累。如果学生对课文中那些在表达方面有特色的语言熟视无睹,反应麻木、迟钝,或仅作一般意义上的理解,缺乏敏锐的感觉,那么他就很难形成语言技能。一个人思维水平的高低往往和他语言积累的多少有着直接的关系。看不见、摸不着的思维依赖于具体的、物质的语言才能进行。语言中词或短语是概念的体现形式,是概念的化身,语言中句子是判断和推理的体现形式,一个人掌握、积累的词汇量越大,认识、了解的语言现象越多,他的思维才有可能愈加敏捷、愈加深刻、愈加全面。语言贫乏的人往往也是思维水平低下的人。至于思维在语言技能形成过程中举足轻重的作用自不待言,这里就不赘述了。

(5) 语言技能的形成需要一定的语言知识作依托

知识往往是技能形成的基础,掌握与某一技能相关的知识对技能的形成会起到促进作用。但是,对学本民族语言的小学生来说,有无必要系统地学习有关语言学的知识,我以为是没有必要的,原因很简单,因为母语可以自然习得,人的幼儿期就开始逐步掌握各种基本的语法结构形式。不更多地讲语法知识,并不会太影响小学生语言技能的形成,学会使用本民族语言,一般来说可以跨越对本民族语言知识系统掌握的阶段,只要掌握了本民族语言最基础的或相关的一些非系统的语言知识,就可以继续学习如何使用本民族的语言;二是讲多了反而添乱。举个简单的例子。"把"字句和"被"字句是特殊的句式。使用"把"字句,可以表示主动者的处置作用。比如"风把苇塘的芦花吹起来","风"在句子中是主动者,"苇塘的芦花”是被动者，“风”在句子中得到了被强调的作用；“苇塘的芦花被风吹起来”，句子中“芦花”虽依然是被动者，但被放在主语位置上，却得到了被强调的作用。举这个例子是想说明，句式的选择要根据内容的需要和表达的需要。脱离具体的语言环境，孤立地让学生去练习两种句式的变换是毫无意义的。其实这两种句式再特殊，一般人也会根据表达的需要，下意识地、不自主地去选择所需用的句式，小学生也不例外。语法无非是将两种句式从知识的角度，把“所以然”讲清楚。但是对小学生来说，实在没有必要去讲这些语法知识。你不讲，他会自然而然的、不受似懂非懂的理论干扰去运用这样的句式；你讲了，他似懂非懂、甚至全然不懂，用起来反倒踌躇。但是在语文教学中，教师经常乐此不疲地让学生进行类似于这样的练习。其实这样的练习是盲目、无效的。语法学、修辞学，与具体的语法现象和修辞现象不是一回事，它们是从具体的语法、修辞现象中概括和抽象出来的法则和规律，让初学语文的小学生学习语言学的理论，是强人所难、欲速不达之举；语言是人类最重要的交际工具。这是从实用的角度为语言下的定义。因此，小学所设语文课多是从语言的实用价值方面考虑的。而涉及语言更深层面的理论问题，如，语言学中的词汇学、语音学、语法学、文字学、修辞学等有关内容，在解放后逐次颁布的和编写的小学语文教学大纲、课程标准以及小学语文课本中，呈逐步减少乃至全无的状况。目前，中小学就本民族语言的学习，只设语文课程，而不设什么语言学或文学课程。虽然在20世纪50年代中期中学曾经设置过《汉语》和《文学》课程，但这样将语文教材分而设之的局面短命得如昙花一现，没有多久便销声匿迹了。了解工具的原理，又能熟练地使用工具，这当然是一种理想的境界。知其然又知其所以然固然很好，但是对绝大多数人来说知其然也就够了，再让他知其所以然，其所以然就可能成为不必要的负担和压力。

不对学生进行语言学知识的系统教授，是不是就意味着不能对学生渗透一些基本的、简单的有关文字、词汇、语法、修辞的知识呢？我以为这是语文教学中不容回避的问题。因为语言训练会涉及一些语文基础知识。比如，识字、写字。为了便于学生记忆字形，培养学生独立识字的能力，简单地给学生讲一点有关汉字的造字方法，一些有关笔顺、笔画、部首、偏旁方面的知识是必要的；比如有关词的知识。为了培养学生辨析词义和积累词语的能力，可以讲一点特殊的构词方式。如词的重叠，由两个语义相反的语素构成的词，成语、词的多义、反义、近义、褒贬义等。为了使学生准确地遣词造句，理解语言在表情达意方面的作用及表达效果，丰富学生的语言积累，也可以给学生讲一点最基本的语法常识和修辞常识，但讲这些常识，必须结合课文中具体的语言现象，就事论事。给学生渗透一些词汇、语法、修辞的简单常识，这对提高学生理解、运用语言的能力是有益无害的，不应该笼统地加以反对。

三、对语言训练不同的价值取向

语言训练究竟有无价值，在上文对语言工具性的特点和技能形成的过程论述中已做了回答。这里无需再细说。回答是肯定的。语言训练是有价值的。但是为什么会有人反对它，而否定它的价值呢？这是因为有的人在研究、实践语言训练的过程中，有意或无意混淆了价值真理和价值事实的概念，误将语言训练中的价值现象当作了价值本质。

一事物有无价值，主要看它能否满足人的某种需要，如能满足，且对人的存在和发展有积极的意义，则这种事物是有价值的。

对语言训练的价值取向大体上有以下几种：① 认为语言训练是发展和提高学生语言能

力、使学生形成语言技能的必经之途和可靠保证;② 认为语言训练是应对各类语文考试的应试教育;③ 认为语言训练就是认识语言形式,就是对语言学,如,词汇、语法、修辞知识为依托,单纯地进行有关词汇、句式等项内容的训练……

从以上价值取向不难看出,三者都属于有关语言训练的价值事实。但价值事实并不等于价值真理,也不等于价值的本质。事实只说明事物的存在与真实,并不一定能反映事物的本质特征,因此也就不一定是真理。只有反映事物本质特征的和事物内在规律的才是真理。比如宋太宗尝曰:“开卷有益,朕不以为劳也”,这是宋太宗对读书的价值取向。千百年来被奉为至理名言。此说虽无大碍,然细想一下,仍觉有偏颇之处。难道开卷就一定有益?我看未必见得。此说充其量只能为价值事实或价值现象,还够不上价值真理和价值本质的水准。因为书有好坏之分,品位有高低之别。读于已之身心有益,且适合自已阅读的好书,则“开卷有益”,可称为价值真理,也可称为价值本质。读有损于已之身心健康的和本不适宜自己读的书,还谈得上“开卷有益”吗?简直是开卷有害了。因此,对开卷有益的辨析和纷争,主要不是表现在“益”与“害”的歧见上,而是在开何种“卷”,读何类书上。进一步而言,就是在读什么书的问题上,价值取向有了分歧,在价值真理和价值事实上,在价值本质和价值现象上有了分歧。

语言训练作为一种客观存在的事物,既有着它的价值本质,也有着它的价值现象。如不细加分辨的话,价值的本质和价值的现象极易被混淆。在语言训练的价值取向上,将价值本质有意或无意误认为是价值现象的表现是多方面的,其中比较主要一点就是将语言训练作为应试的手段。因为语言训练确实存在着这样一种非本质的价值现象,又因为我国现在所推行的各类考试制度,因此在考试指挥棒的作用下,应对各类考试的所谓语言训练也就应运而生。考试题目中有关字、词、短语、句子的题目占有相当的比重。这些题目又经常变化无穷,于是你考一,我必练十、练百;你考什么,我就练什么;你不考什么,我就不练什么,大有不穷极命题范围誓不罢休之势。为了做到考试时滴水不漏,风险最小,就只能靠题海战术了。考试前,在命题者和教师之间,上演的绝对是一场如京剧《沙家浜》中阿庆嫂和刁德一的智斗。为了应付考试所进行的所谓语言训练,不知额外加重学生多少倍的课业负担,搞得学生、教师、家长防不胜防、苦不堪言。将语言训练作为应对考试的手段,是对语言训练采取的一种实用主义的态度。实用主义对语言训练的价值取向就是应付考试。以应付考试为目的、为前提的语言训练绝对不是真正意义上的语言训练,是一种变异、变种、变味、变质的语言训练。不能因为在语言训练中出现了实用主义的不良倾向就将语言训练一概否定。语言训练也不会因为实用主义的作祟而失去它在语文教学中应有的地位和它的真正的价值本质。

在对语言训练价值本质的判断上,还有另一种错误的倾向,那就是认为语言训练仅是有关于字、词、句的训练。如,字音、字形、字义的辨析;词的构成、词义的种类、词的分类;句子的成分、一些特殊的句式;复句的类别;修辞方法等。语言训练绝不是对某一个或某些词或句子的训练。我们应该对语言训练有一个整体的和全面的认识。当然包括有关文字、词汇、语法、修辞等方面的训练,但这不是语言训练的全部,更不是语言训练的重点,语言训练应该是对学生进行听、说、读、写能力的全面的训练,是对学生全面地进行字、词、句、篇的理解和运用的训练,即全面形成各种语言技能的训练。

语言训练所涉及的不仅仅是语言本身的问题,因为语言具有文化属性,心理属性,语言与文化、思维有着天然的、密不可分的联系；语言既是文化的组成部分，又是文化的表现形式；语言是思维活动必须使用的物质材料；另外语言绝非仅是干巴巴的、抽象的符号系统，它还是有情之物。又因为语言技能属于心智技能，它要有许多心理活动的参与，如兴趣、情感、意志等。因此，科学的语言训练，提高的不仅是语言本身的能力，而且会将文化素养、道德情操的熏陶，观察认识事物能力、思维品质的培养，融入其中。

语言训练是语文教学中一种客观存在的现象，抑或是语文教学中一个永恒的话题。语言训练的问题丰富了语文教学研究的内容，曾经为语文教学的研究提供了一条新路，对语文教学的研究和实践起到过积极的作用。因此，语言训练是有价值的，语言技能的形成，必须经过训练。“训练”一词本无褒贬之意，它很单纯，单纯得如同一个刚刚呱呱坠地、赤身裸体的婴儿。一个婴儿的发育，既和他的先天有关，又和后天的培养有关。如果是一个健康的婴儿，培养得法，婴儿会顺利成长；培养不当，婴儿可能会畸形发展。任何一项训练也是如此，科学的训练，会使训练沿着正确、健康的轨道行进；反之，训练就会出现这样或那样的问题，取得不了预期的效果。训练的成败，并非因“训练”本身而造成，完完全全、彻彻底底是由训练得法与否造成的。如果将语言训练比做一个婴儿的话，那么语言训练本来是一个先天健全的婴儿，不能因在训练的过程中出现了一些偏差，就将婴儿扼杀。我们也希望在这次语文教学的改革中，在给过去的语文教学“洗澡”之后，泼掉的是“洗澡水”，万万不能再将孩子连同洗澡水一起倒掉。

参考文献

［1］林治金.中国小学语文教学史.山东教育出版社，1996.

［2］夏丏尊.夏丏尊文集·文心之辑.浙江文艺出版社，1983:248.

“童化”习作教学的理智跨越①

——对“童化作文”教学真义的追寻

吴　勇

习作教学要“童化”,已经成为语文教师的共同意识,也已经成为语文教师的行动共识。在“童化”过程中,人家似乎都有着这样的理解:“提倡‘儿童作文’就是要反传统的、成人化的‘小学生作文’;提倡‘儿童作文’,就是要让作文同归儿童,成为儿童表情达意,抒写真‘我’、爱不释手的生命活动……”[1] 这样的指导思想,是对传统习作教学的彻底解构和颠覆,将“儿童作文”和传统的“小学生作文”摆放在了二元对立的位置。在没有找到成熟的习作教学“童化”路径的情况下,“颠覆论”的提出尽管非常时尚,却显得有些不够慎重“童化”对习作教学到底意味着什么?“童化”在习作教学中到底如何呈现?“童化”与传统的习作教学到底存在着怎样的关联?这些本原性的问题如果不能厘清,不能理智地回答,“作文同归儿童”还只是一个停留在理念层面的美丽的畅想。

笔者作为“童化作文”的倡导者,对习作教学走向“儿童化”一直保持着积极探究的姿态。教学实践清楚地告诉我们:习作教学的“童化”,有着丰富的精神内涵,展现出多维的外在表征,同时还有着一份对传统习作教学规律的执著守持。从传统的“小学生作文”到“儿童作文”,不是自然地过渡,而是习作教学作出的一次理性和智慧并存的跨越。

一、“童化”对于习作教学的真切意味

“童化”不仅是一种教学理念,更是一个完整教学过程,它将儿童与作文相互锁定,形成一个不可剥离的有机整体。对于习作教学而言,“童化”意味着习作主体的“融化”,意味着习作内容的“活化”,意味着习作方式的“转化”,意味着习作情趣的“催化”,意味着习作生活的“优化”。

1. 童化是融化

走向儿童的习作教学不是儿童与习作的简单叠加,而是儿童与写作在意义层面的相互融渗。走向“童化”的习作教学关键在于一个“化”字,化习作于儿童的阅读,化习作于儿童的想象,化习作于儿童的体验,化习作于儿童的时尚,化习作于儿童的实践。它让写作与儿童的生存、生活、生命融为一体,成为一个精神成长的共同体这种融化是相互的,对儿童而言,习作教学不在于生命之外的负担,而是生命之内的交流和分享,是儿童生活中的一种快乐有趣的言语交往方式;对习作教学而言,儿童是习作教学的内容,儿童是习作教学的资源,儿童是习作教学的目标。

---

① 原文发表于《江苏教育研究(实践版)》2008 年第 2 期。

2. 童化是活化

当下习作教学,主要凭借教材中的习作训练作为教材,这样的编排自然有合理的一面;作为习作教学,如果不在童年的场景中加以"活化",教学就会与儿童的生活、情趣渐行渐远。一方面,教材上的习作内容只讲究"面"上的适合,常常与"点"上的儿童生活不相关联。作为个体的儿童,每天都有新的故事发生,故事的主角就是自己,而这些充满生命气息、闪烁个性光芒的生活故事,常常因为教材的限制、教学的局限,被排除在习作教学的入门之外,写作在儿童的意识中就是为了编造另外一个"我",自然就会搜肠刮肚,痛苦不堪。因此,习作教学需要注入儿童鲜活的"即时性"生活。另一方面,教材中习作内容是成人的"思想制造",看似"童言稚语",实质上与真正儿童的言语、儿童的文化、儿童的情感相去甚远。习作教学就是引入儿童文化的"活水",激活教材,召唤儿童,以实现写作与生活有机对接。

3. 童化是转化

在传统的习作教学中,写作就是一项明晰的任务。习作教学的过程就是儿童在教师牵引下,被动言语累积,完成习作任务的过程。走向"童化"的习作教学意在转化儿童的写作姿态:在教学层面,以活动为平台,借助"无为"习作情境来遮掩"有为"习作目的,竭力淡化习作教学的痕迹;在儿童表达层面,让儿童体会到写作其实就是一种"交往"—有具体对象、明确动机、合适方式、真实效果的一种言语对话行为,以"我"的主动姿态,借助丰富的言语情境向"他"展示真实美丽的童心世界。在这双重转化下,习作教学就会自然无声地融会在儿童的生活世界中,儿童的写作活动就会自觉自主地构筑在童年的精神世界中。

4. 童化是催化

习作教学的一个重要目标就是培养儿童的写作兴趣,在起步阶段,兴趣超过技法。于是,在当下习作教学中,儿童的写作兴趣常常不是来自于习作活动的本身,而是产生于习作活动之外的感官刺激。这种"兴趣"还没有延伸到儿童写作状态之中,就偃旗息鼓,悄然消退,于是习作教学常常有"善始",却难得"善终"。走向"童化"的习作教学,引导儿童关注的始终是意义层面的写作,它注重的是"催生"儿童内在的写作兴趣,并引领写作兴趣不断前行,逐步走向写作情趣—让儿童充分感受到写作就是感情的交流,写作就是心灵的分享。写作情趣生成并不是习作教学的终点,习作教学更重要的是促进写作的理性智慧,即写作自觉、自主意识的形成。由兴趣到情趣,及至意识,这样的过程不是一蹴而就,而需要教师站在童年立场上,漫工文火地去精心"催化",逐渐让写作走进儿童心灵,成为一种童年的文化自觉。

5. 童化是优化

在传统习作教学中,教师担负着"导写"的功能,儿童的职责就是按照教师的指导去"写"。"子非鱼,安知鱼之乐?"教学过程中,教师始终保持着隔岸观火的姿态,无法身临其境地融入到儿童真实的写作状态中去。走向"童化"的习作教学有意改善师生在教学中的交往状态,以具体的言语活动为平台,营建起师生共同的习作生活。习作教学的过程,就是教师与儿童构筑共同话语世界,建立对话和交流关系的过程。师生关系的"优化",打通教师和儿童心灵之间的屏障,架设起一道互信互助的写作桥梁,使习作教学不再是师生身外的附属,而是心灵之中的诉求,习作教学真正成为教师和儿童一种富有情趣、充满向往的共同精神生活。

二、"童化"在习作教学中的鲜明表征

"童化"在习作教学中是一种理想的指向,更是一种实践的操作。与传统的习作教学相

比,它有着明显的教学呈现。在课堂的状态上,它呈现的是儿童的生活;在课堂的组织上,它呈现的是儿童的活动;在课堂的交往中,它呈现的是一个个富有个性的角色;在课堂的风貌上,它呈现的是一种游戏的气质。

1. 生活的情境

生活是习作不竭的源泉,但是并不意味着所有的生活都可以进入儿童习作的视野,必须是与儿童身心相适应的生活,必须是儿童喜闻乐见的生活,必须是对童心充满感召力的生活。这样的生活可以改善习作进入儿童视野的姿态,可以拉近儿童与习作之间的距离,可以激发儿童蓬勃的写作动机。在习作教学的起始阶段,应当重现当下儿童生活,在情境的召唤下激发儿童的习作意识;在习作教学的指导阶段,应当构建师生共同言语生活,在对话的情境中实现习作知识、技法的渗透;在习作教学的评改阶段,应当同归儿童的交往生活,在言语的互动中提升儿童习作素养。习作教学的"儿童生活化",让儿童同归到了真实的生活状态,童性的自然与恣意,童言的自如与畅达,师生对话的坦诚与热烈,是传统的习作教学难以达到的。

2. 活动的过程

在习作教学中,让儿童同归生活,并非是教师几句"声情并茂"的课堂用语可以奏效的,它需要一个自然的通道,那就是"活动"。活动能让儿童的感官同归到生活状态,活动能丰盈儿童的习作体验,活动能为习作教学搭建起一个开阔的动感平台,活动能在师生之间构筑起共同的言语世界。儿童教育家李吉林认为:"活动是儿童的天性,是他们素质个性发展的根基"。写作是一种强调个性化的创造行为,习作教学是一种为了弘扬个性、表现自我的组织过程,如果让"活动"在其中缺席,儿童的天性势必会被遮蔽。走向"童化"的习作教学就是以儿童"活动"为主线的教学,寓习作兴趣激发于活动中,寓习作知识传授于活动中,寓习作技能训练于活动中,寓习作交流于活动中,让儿童在充分的"活动"中历练言语的翅膀。

3. 角色的表达

写作从本质上看,就是一种言语交往。处在交往中的儿童总是以具体的"角色"出现的,走向"童化"的习作教学,就是"进入情境—担当角色—理解角色—体验角色—表现角色—自己与角色同一"[2]的过程。因为"角色"的担当,而自然形成了一个交往的言语情境;因为"角色"的理解,而让儿童选择了一个特定的言语场域;因为"角色"的体验,而给儿童暗示了一种适合的言语方式;因为"角色"的表现,而给儿童提供了一片舒展言语的空间;因为"角色"的同一,而让童性有了一次精神上的复归。在这一过程中,儿童的"角色"是丰富的,可以是"我"——介绍自己的故事,讲述自己的发现,抒发自己的感受;可以是"他"——设身处地地体验,感同身受地抒写,情动于中地表达;可以是"它"——细心感知生命,悉心倾听生命,精心创造生命。无论是"我",是"他",还是"它",其实都是童年的"我"、个性的"我"成长体验的内化和外拓。走向"童化"的习作教学让儿童有了一个自我"角色"的同归,使他们在生动的角色中发现了童年,表达了童年,创造了童年。

4. 游戏的精神

有研究者提出:"教学如游戏"——以游戏的精神改造教学、改造学校生活。[3]习作教学需要游戏精神,它可以让传统的教学面貌由"上帝"转变为"圣诞老人"。走向"童化"的习作教学关注游戏精神,因为游戏是儿童最诗意的栖居,是儿童最本真的精神源泉。写作要成为儿童的写作,教学要成为适合儿童的教学,在习作教学过程中就需要融入儿童的精神源泉—

游戏。同时,写作本身也需要游戏精神,写作是人自由、自得地表达,言随意动,写作就是写自己。这与游戏的精神是一脉相承的—"游戏不是表演,表演是给他人看的,是外在于自己的;游戏是自己的,是自己取乐的;游戏和游戏者是融为一体的,而不是分离的"。[4]由此可见,儿童写作与儿童游戏在本质上是相通的,有着共同的精神渊源。在"童化作文"教学中,最需体现游戏精神的就是给予儿童充分的自由:感官自由—充分地观察,仔细地倾听,细致地触摸,细腻地品味;选材自由—只有大范围,没有小框框,目之所及,心之所思,皆可入文;表达自由—形式服从内容,内容服从情感,说明、记事、状物,童话、诗歌、散文,不拘一格;交往自由—可以让父母评点,可以让同学评点,可以让教师评点,可以让朋友评点,甚至可以给作家评点。当游戏、儿童、写作在教学中水乳交融,童言、童真、童趣就会在儿童的作品中相互辉映。

生活是"童化"的根源,活动是"童化"的平台,角色是"童化"的场域,游戏是"童化"的神韵。当习作教学同时具备了这样的体征,才算是有了儿童化倾向,才算是踏上了儿童化的征程。

三、"童化"对习作教学的忠实坚守

"童化",并不意味着习作教学向着课堂"热闹化"、言语"娱乐化"的方向挺进。"童化"价值取向就是基于教学、为了儿童,如果习作教学的基本要求得不到充分地落实,儿童的言语发展就会成为一句空话。"童化作文"践行的是一条平实而不失热烈、简单而不失丰富的教学路径,在实现习作教学的"童化"征程中,它始终坚守着这样的两条底线——

1. 底线一:理性的习作快乐

走向"童化"的习作教学,由于儿童文化的渗入,势必对传统的知识型习作教学带来冲击,习作知识淡化和习作技能训练的减弱似乎成了必然的选择。当下有不少习作教学流派,就在一味强化习作兴趣,淡化习作知识,大肆鼓吹"快乐至上"的习作理念。而"童化作文"认为,让儿童快乐写作是所有成功的习作教学普适的价值,但是"快乐"的层次却是有区别的:有的"快乐"是基于承载习作教学的活动,有的"快乐"是基于当下的习作内容,有的"快乐"是基于教者高强度、高频率的教学渲染,这些"快乐"是点状的,偶发的,外在而感性的;而习作教学需要的"快乐",则是儿童处在写作状态中持续的精神愉悦,它内在而理性,执著而守恒。理性的"习作快乐"应当建立在这样的两个基点上:

(1) 习作知识的维系

莎士比亚曾经说过:"无知是上帝的诅咒,知识是我们飞向天堂的翅膀。"诚如斯言,没有知识支撑的习作教学是没有高度的,缺乏力量的。因为写作属于书面语言的表达,它与口语有着本质上的区别。从口头语言转化成书面语言,首先受着文字知识的限制,其次是语法知识的规范,再次是篇章知识的导引。同时,写作的结果具有存留性,它得经受各种社会文化和准则的检验如此种种,都是习作教学的背景和基石。如果离开了这些基础性知识准备,再好的童真童言都变不成美好的文字。习作教学在"儿童化"的进程中,必须有扎实的阅读储备和丰富的语感,习作知识就是以动态化、生成化、境域化的状态包蕴其中,离开了这些"活性知识",儿童会在语言文字面前无所适从。

(2) 习作意识的培养

"情动而辞发",是传统的写作规律,因此习作教学都非常重视儿童的情感激发。但是仅仅依靠儿童的情感来支持习作教学，常常是很不可靠的：一方面，儿童的情感大多处于“情绪”状态，是很不稳定的，常常是“来也匆匆，去也匆匆”；另一方面，写作是儿童心灵表达，是儿童身体之内的事情，如果总是借助外在的刺激，这绝不是儿童写作的“阳关大道”。因此，我们要重视情感激发，但是又不能唯情感是从，应当把更多的精力转移到儿童的习作意识的培养上，这才是提升儿童习作素养的正道。一要培养儿童的“交往意识”—写作是什么？是交往的一种方式；写作为什么？是为了自己与周围的世界进行更好的交往写作不是身体之外的无谓附加，而是心灵之间的沟通需要。二要培养儿童的“真诚意识”—写作文，就是写自己，“我手写我心，我手写我口，我手写我思”，没有“自我”的习作，从本体的角度看，是缺乏灵魂的，是没有活力和生命的；从社会交往的角度看，是缺乏诚信和德行的。三要培养儿童的“生命意识”—写作就是让生命歌唱，感知细微的生命变化，倾听生命的呐喊，怜悯生命的悲弱，给没有生命的赋予生命，让有生命的绽放花朵。当这些意识在儿童精神深处得以确立，写作不再是一时的情绪冲动，而成为儿童心灵的自觉行动。

2. 底线二：平实的写作训练

写作首先是一项应用言语的技能，作为技能，就需要有扎实的训练过程。习作教学方式、方法可以创新，但言语技能训练却是一道必须经历、不容绕行的“铁门槛”。走向“童化”的习作教学须将儿童的言语训练作为一项基础工程来做，并且要渗透到习作教学的全程之中。以儿童精神和文化作为意蕴的“童化作文”训练，有着鲜明的特色——

(1) 训练的“点面结合”

传统的习作教学，从训练的量上看，一单元一作，明显单薄；从质上看，一次习作就希冀解决一类话题，缺乏效用。“童化作文”要建立主题单元式训练，将一个习作主题根据学段课程目标，结合习作活动特点，划分成若干个有机的训练点，譬如《快乐“跳蚤市场”》主题训练中，根据习作活动的进程，落实以下几个训练内容：活动通知—广告语设计—产品的推销词—活动场面解说词—整个活动过程记叙。点点相连，最后交汇成一个整体的训练“面”。这样做，一方面拓展了写作容量，增加了训练的密度，同时提高了习作训练的质量和厚度，为儿童创造了一个立体的习作训练空间；另一方面通过点点落实，层层递进的方式，形成了一个自然的训练坡度，既化解了“篇”的写作难度，又为整个习作过程搭建了一个有效的阶梯。

(2) 训练的“化静为动”

传统的习作训练往往都是照本宣科，沿着教材的进程安排习作教学的进度。这种“静态”的训练模式已经不能适应儿童鲜活灵动的生活，为他人的生活“立言”，用他人的生活覆盖自己的生活，这显然不符合写作的本义。“童化作文”教学要坚持让儿童为自己“立言”：一方面用儿童当下的生活“活化”教材，让文本中习作素材“情境化”、“活动化”，使教材能动地融入于儿童言语世界；另一方面捕捉儿童的“即时性”生活，只要儿童有新鲜的故事发生，写作活动就可以拉开序幕。“动态”的写作机制与儿童的生活脉搏息息相关，促使习作课程始终处于开放的建构状态，不断地召唤儿童生活，不断让儿童从中找同自己。

(3) 训练的“体用合一”

传统的习作训练往往就事论事，让儿童在“写作中训练写作”，这种基于“用”意义上的习作训练观，造成写作与儿童精神隔离。写作是人思想的阐发，是人精神上的需求，习作训练除了对写作有“用”上的理解之外，还必须对它有“体”意义上的追问，即写作对儿童生活意义的追寻！“童化作文”要大力倡导“习作就是交往”的训练观——写作是有为的、有用的，它是儿童用以交往的言语工具"在交往中，儿童有了言说的欲求，他们的言语中有了个性，有了生活，有了生命，写作不再是生命之外的附庸，不再是精神之上的重负，而是和自己精神同构共生的生命共同体"。[5]习作训练对"体"的意义的强化，使儿童对写作有了精神意义上的认识，习作的训练也由被动走向主动，并自觉地将习作作为生活交往的一种工具。

如果"习作快乐"丧失了理性，就会成为一种简单的快乐，在此基础上构筑的"童化作文"就会成为一道没有精神内涵的人造风景；如果"习作训练"丢弃了平实，"童化作文"就会沦为有名无实的空中楼阁，它的有效性和生命力都会受到质疑和拷问。

习作教学走向"童化"，这是对时代精神的一种应答，这是对儿童灵魂的一种守望。作为"应答"，"童化作文"具有即时性，它的文化意蕴、外在体征、运作方式都将随着时代的发展而与时俱进，不断适应儿童的生命成长；作为"守望"，"童化作文"具有恒久性，给儿童营造一个绚丽多姿的童年，在儿童的精神中种植一颗童年的种子，让童年成为每个人永远的精神故乡。

参考文献

[1] 周一贯."儿童作文"教学论.宁波出版社，2005:30.

[2] 李吉林.情境教育诗篇.高等教育出版社，2004:196.

[3] 邓友超."游戏如教学"论纲.华东师范大学学报(教育科学版)，2003(1).

[4] 冯建军.生命化教育.教育科学出版社，2007:113－114.

[5] 吴勇.基于交往视野的"童化作文"教学.中国教育学刊，2007(5).

儿童个体作文的源与流①

刘云生

追“源”溯“流”是人们发现事物规律,科学行事的重要方法。探索儿童个体作文的源与流,以及最终旨意,就是把握儿童个体作文的内在规律,“能顺木之天,以致其性”[1]的过程。夸美纽斯曾指出,“在自然的一切作为里面,发展都是内发的”。[2]本文即从“内发”的视角来探讨此问题。

一、盈盈意动——儿童个体作文之源

对于儿童个体来说,作文的源泉在哪里?一般的回答是,“来源于生活”。从“外发”的角度来看,这种论点是很有道理的。但是,溪水、山石、小鸟和牛羊等也有属于自己的生活,为什么它们不能作文呢?看来,作文不仅导源于外在的生活,还导源于人内在的心灵,是生活心灵化、心灵语言化的过程。哲学家塞尔认为,“心灵的首要的和最根本的特征是意识性”[3]。儿童有着充盈和活跃的意识活动,是人的看法、想法和情感等最丰富的时期,他虽处于最原初的生命状态,但是“就在那儿——婴儿床的栏杆后面——世界正被创造”[4],“那最初的思想本身却有原始的丰富性,往往在单纯中蕴含着后来发展的各种萌芽和因素,有它的特别的机制和有机结构”[5]。这使得儿童个体作文,甚至是很好地作文成为可能。从这个意义上说,盈盈意动,乃儿童个体作文内在的、直接的根源。那么,儿童心灵的意动有什么特点?对其作文有什么样的内在规定性呢?

(一)儿童具有语言习得的本能,其作文乃“天籁之声”

《老子》曰:“人法地,地法天,天法道,道法自然。”这是说人的存在不只是身心的发生学来源,而且包括人之生活的方式和内容都是取法自然的。很显然,人是自然之子。其中,“语言是设计精良的自然产物”。人的语言可以分为心灵语言和自然语言。心灵语言是内在的,并且具有普遍性,并不分英文、中文等类别;自然语言则是外在的,表现为具体的音形义,有不同的语言种类,如日文、德文,等等。儿童最接近自然,具有天赋的语言习得能力,一出生,首先发展的是心灵语言,接着才发展自然语言,当然主要是口头语言。从这个意义上说,在此基础上发展起来的儿童作文乃“天籁之声”,乃“清水出芙蓉,天然去雕饰”之作。

(二)儿童具有独特的观察视角,其作文乃“不朽之诗”

儿童年龄小,意识发展程度低,生活在梦想的王国里,他们整天不知疲倦地做着游戏、涂画、说唱等事。正是因为儿童意识发展程度低,在本能和集体无意识与环境的合力激发下,儿童将自己精神系统中深层次的内容表现出来,让自己从祖先那里所继承的“原始意象”(荣

---

① 原文发表于《语文教学通讯 C》2007年第11期。

格）或“种族发育根源的碎片”（弗洛伊德）从后台走向前台，从黑暗走向光明中来，能说出一些包含哲理和诗意的话语，因为“在进化过程中能最终保留在个体生物学层面（基因）的人类精神，肯定是最有利于种族生存与发展的最灿烂最有价值的合规律性合目的性精神文化，所以儿童携带着的这部分潜能在现实文化的冲击下，表现出神奇的美、巨大的创造性和无尽的可塑性”。[6] 正因为儿童意识发展程度低，儿童看世界则具有独特的视角，其片面性和不成熟性恰好成就了他们表达的诗意，比如，他们看到大人用刀切菜，会说：“刀在走路。”正因为儿童意识发展程度低，他们才津津乐道于我们成人不屑一顾的游戏、梦想，成为小小的艺术家、梦想家和探索者，而记录这些发现、梦想和游戏的作文更多生命的原汁原味，更多诗性的光辉。

（三）儿童具有多变的生命体验，其作文乃“心灵之史”

儿童时期，是人一生中发展变化最迅速、最多样的时期，可以说“三天变一小样，十天变一大样”。用周作人的话说，儿童的生活“是转变的生长的”[7]。随着儿童活动范围的扩大，以及自身心理的发展变化，其看问题、想问题的角度和深度都在时刻发生着变化，其生命体验是多变的。正是这样，无论儿童的作文写得如何，只要是直抒性灵，自然流露所思所感，就一定是其心灵历史的写照。但是，儿童的心灵，是一颗欲将破土发芽的种子，它必须经过生命的努力、蓄积和等待，经过无数次的心灵意动，从而在挣扎中、在抗争中、在坚持中使尽生命的力量，绽开紧紧包裹种子的壳，然后才能自如地表达心灵的梦想与感受。当然，这绽放的过程并不是杂乱无章的，它只是一步一步地前进，每前进一步，总有不同的心灵意动，也给儿童作文以许多鲜活的素材。

二、层层阻隔——儿童个体作文之难

儿童就其天性而言，是具有天赋作文和其他创造能力的。然而现实中是什么阻隔了儿童言语天性的发挥？是什么使儿童个体作文成为难题？有儿童自身内在的原因，也有外在于儿童的原因。

（一）儿童心灵语言转化成自然语言，尤其是书面语言面临多重阻隔

由于儿童心理发展的水平有限，其丰富的心灵语言要转换成自然语言，面临一个选词造句的关口。史迪芬·平克指出，“但是写作还是一个后天的选择，真正驱动语言沟通原动力的，是我们从小习得的说话能力——说的语言”[8]。儿童从“说”到“写”又面临一个书面表达的关口。正是这一个又一个关口，使儿童作文在客观上存在障碍。作文教学正是要帮助儿童越过这层层障碍的过程。其中，丰富儿童的语言仓库和培养其恰如其分地选择语言文字的能力将成为培养儿童个体作文能力的重要内容。

（二）对儿童作文心理发展认识不足，尤其是有效培养期的放逐形成多路阻隔

儿童个体作文心理发展有其自身的规律，弄清这些规律将有利于我们选择恰当的时机和恰当的方法予以指导。但是，我们对此的研究还十分不够。我在研究中发现，儿童作文心理发展可以分为三个阶段：第一个阶段是前作文阶段，这个阶段，儿童还没有开始系统地学习书面语言，但是口头语言正在或已经发展起来了。这个时期，儿童虽处于“理性的睡眠

期”,但处于“精神胚胎”的孕育期,有一颗有吸引力的心灵。著名生态学家卡逊曾经说过:“如果说,真实的资料是种子,日后能长成知识及智慧,那么,感性的情绪和印象便是这些种子生长所必需的沃土。童年时光正是培育沃土的时机。”[9]前作文阶段,是发展儿童感性的情绪和丰富的印象的时期,教师、家长要为日后儿童作文培育出肥沃的土壤。第二个阶段是启蒙作文阶段,儿童开始系统地学习书面语言,但还没有要求他们写出像模像样的作文,一般指处于小学一、二年级的儿童。尽管儿童还没有开始真正地作文,但作文启蒙应该开始了。这一个阶段,主要是让儿童自由自在表达自己心理所思所想,不需要任何形式的限制,重点在于培养儿童作文的兴趣。第三个阶段才是正式作文阶段,小学三年级及其以上的儿童处于这个阶段。在这个阶段中,儿童作文需要有基本的规范。因此,这个阶段也可以成为作文的“形式化阶段”。其重点在于让儿童学习将作文内容与形式统一起来,更好地表达自己的看法和想法。然而,现实中在指导儿童作文时,不少人忽视了儿童个体作文前两个阶段的心理发展,放逐了十分关键的两个时期。让儿童一下子迈入第三个阶段,由于儿童心理发展的准备不够,由此而产生自我发展性阻碍,害怕作文、反感作文,甚至抵制作文,形成多路阻隔。

(三)不恰当的语文教学,尤其是作文教学为儿童个体作文制造了多种阻隔

第一,成人化。按照成人的心理和世界观来编写教材,组织儿童的作文,乃至语文教学。有一篇课文叫《蒲公英的种子》,其内容是,“我是蒲公英的种子,/有一朵毛茸茸的小花。/微风轻轻一吹,/我离开了亲爱的妈妈。/飞呀/飞呀,/飞到哪儿,哪儿就是我的家”。有一位教师曾举此文,写道:“小学一年级的孩子还是眷眷堂前、依依膝下的年龄,‘离开了亲爱的妈妈’,怎么竟然还‘飞到哪儿,哪儿就是我的家’呢?可见这首诗所表现的情感生活,与一年级儿童的情感愿望是完全相背离的。”[10]类似的例子绝不只有一例两例,它们对儿童心理的发展,以及作文的表达都会构成一种障碍。

第二,模式化。教师指导儿童阅读,不是让儿童去欣赏文章中所包含的意趣,以及丰富的文化世界,而专注于文章形式化的解读,将文章的谋篇布局、结构框架过早地“撕开”给儿童看。在指导儿童作文时,总是不厌其烦地告诉儿童如何构思作文框架,甚至按照自己的理解,帮助学生拟出作文提纲,让儿童往框架里填内容。这些模式化的做法,将儿童的心灵禁锢在一个个狭小的模式里,久而久之,便失去了创造的欲望、纯真的感动和浪漫的童趣,其作文也没有了“野性”,更没有了灵性。我们真应该好好玩味荷尔德林的诗句,“只要他没有浸染在变色龙般的颜色里,孩子就是一个神性的生灵。他完全是他所是,因此才这样美”[11]。

第三,无趣化。教师在指导儿童写字、阅读和作文时大多“例行公事”,缺乏趣味性,没能打开儿童的心扉,致使儿童不能用舒展的心灵来阅读,来体验,来表达。处于睡眠状态的心智怎能积极地投入作文?相反,“睡意”会阻隔儿童作文的有效表达。一位儿童在日记中写了这样一段话,值得我们深思,“我爱写作,一提笔总觉得有写不完的话,还珠格格的刁蛮,孙悟空的勇敢,奥特曼的神武……我都爱写。但我不爱写老师布置的作文,更不爱写试卷上的作文,因为那些作文必须按要求去写,否则,休想得高分。我真害怕写这样的作文,因为每次写时我都要编造‘美丽的谎言’,让老师开心。但我深深知道那绝对不是我……”毫无情趣的作文,只能使儿童反感。

第四,去个性化。这是与个性化相对的一种表现。教师有意或无意褒奖儿童那种所谓思想健康、立意高远的表达,导致儿童不敢或者不愿意表达自己的真实想法,尤其是个人化、细碎化的思想。走进课堂听听,翻看儿童作文看看,听到的,看到的都是"台面上的话",假、大、空,不一而足。说小点,这种氛围禁锢了儿童的思想;说大点,这种文化窒息了儿童心灵的生长,让儿童心灵蒙上一层文化的灰尘,影响其创造性地发展。

三、脉脉疏导——儿童个体作文之道

面对儿童作文的层层阻隔,如何让儿童心灵中那鲜活的意动流淌出儿童味十足的作文来呢？唯一的思路就是紧扣儿童意动之源,遵循其表达之道,顺"流"而导,让儿童心灵之意汩汩流淌出来,倾泻于纸面,形成属于儿童自己的作文。就此立场,我以为,当前语文教师尤其要关注以下几点。

(一) 丰富儿童的"原初意象"

所谓"原初意象",这里指的是儿童接触世界留在心灵中最初的意象。一个儿童,如果接触面太窄,在童年尤其是3—8岁心灵发展的高峰期,意象贫乏,对他今后的心灵发展会有一定的影响,并直接影响他们的作文。因此,我们要让儿童在这个阶段充分地动起来,充分地玩耍,充分地接触世界,积淀丰富的个人体验。然而,遗憾的是,现在不少家长或者教师过早地让儿童与那些鲜活的世界脱离,一头埋进书堆里,学作文变成了背诵作文书,依样画葫芦的机械劳动。不仅致使儿童写不出什么好作文来,还影响儿童身心健康,早早地枯竭了儿童创作的兴趣和创造的源泉。夸美纽斯说,"自然发展一切均从根柢开始,不从别处入手"。"除非有了基础或根柢,自然不在任何事物上面起作用"。[12]试想,如果儿童没有丰富的原初意象,怎能有丰富的心灵,怎能有鲜活的意动？就好像树木没有良好的根柢一样,怎能健康地发展,又怎能有丰富的表达？

(二) 作文启蒙始于"涂鸦"

有一句话说,"工夫在诗外"。儿童作文也是如此,其工夫要用在儿童正式作文以前。前期准备充分了,儿童作文就顺理成章了。有一个故事,讲的是:某小学走廊里陈列着一幅很有趣的画,那是一个由孩子的脚印组合而成的画面。每当有来宾参观学校时,校长总是很自豪地向来宾介绍说,这是一个学生在脚上涂了油彩,用力踩出来的。他认为这个孩子的思维方式不同一般,创造力不可估量,就把画郑重地陈列在这里,旨在创导一种创造精神,鼓励所有的孩子都有自己独特的思维方式。如果,我们以这位校长的态度来指导儿童涂鸦作文,一定也能收到意想不到的效果。

(三) 满足儿童"搜寻和做梦"

心理皮亚杰在分析儿童为什么乐此不疲地做游戏时说,游戏"就是把真实的东西转变为他想要的东西,从而使他的自我得到满足。他重新生活在他所喜欢的生活中,他解决了他所有的一切冲突。尤其是他借助一些虚构的故事来补偿和改善现实世界"[13]。其实,儿童作文何尝不是如此。我们可以把儿童作文变成一种"搜寻和做梦"的行动。例如,13岁的中国姑娘范炜用英文写的寓言小说《剑鸟》被全球第二大出版机构哈珀·柯林斯出版集团看中,在美国上市一周,引起很大的反响。在写作过程中,范炜借阅了大量的书籍,并且上武术班学习,以保证描写格斗场面的精确性。她写作的过程其实就是自我搜寻和做梦的过程。而事实上,许多儿童都有过这样的尝试,只是由于教师或家长的指导错位或者将之扼杀在摇篮中罢了。

(四) 为儿童创设"随时练笔"的机会

创设随时用笔表达的机会,就是让儿童把作文变成自觉行为的重要方式。比如,一堂语文公开课,教师问学生:"花儿为什么会开?"第一个学生说:"她睡醒了,想看看太阳。"第二个学生说:"她一伸懒腰,就把花骨朵顶开了。"第三个学生说:"她想和小朋友比比,看谁穿得漂亮。"突然,有个学生问:"老师,您说呢?"老师想了想,说:"花儿特别懂事,她知道小朋友都喜欢她,就仰起脸,笑了。"其实,教师课前准备的答案是:"花儿开了,因为春天来了。"由此可见,儿童是天生的"语言学家"和"浪漫主义作家"。如果让儿童把这样的对话记录下来,一定是一件有意思的事情。这样,作文就会变成了儿童"川流不息的生命"。

(五) 大力鼓励儿童抒写"真性情"

古人云,"感人心者,莫先乎情"。教师指导儿童作文时,也要鼓励儿童捕捉心灵的顿悟,写出自己的独特感受,即所谓"真性情"文字。千万不要倡导所谓"高尚""正统"的空文章。然而,事实上不少教师自觉不自觉地助长了不好的作文风气。曾经听一位朋友谈到这样一件事:孩子写了一段话,"今天早上,我们排好队,参加升旗仪式。红旗升起来时,我的手伸在裤兜里,把山楂上的茸毛抹下来"。老师给他打了个"丙",还批评他升国旗时态度不严肃。孩子回去之后,咬着笔杆不知写什么才好。最后,他终于硬着头皮写下了这句话:"星期天,我把红领巾洗得干干净净,又鲜艳又美丽。"作文交上去了,内心却惶惶不安,因为事实上他并没有这么做。本子发下来一看,他得到的是"甲"。学者张文质的话值得我们好好玩味:"要让孩子写出见性见灵的文字、真正的有生命力的文字,就要尊重儿童的视角。把儿童当作有独立价值的人来肯定,而不是依附于成年人的定义、概念而存在。尊重儿童的视角,其价值在于对个体的尊重,还给孩子看的权利、表达的权利,让孩子对自己的判断产生自信心。这样孩子的作文才会有个性,有创造性。"由此可见,教师对儿童作文的态度,就是一种导向,一种指导,一种教育。只要我们对儿童"真性情"文字大加鼓励,就能促使儿童真实地写出自己的愿望、情感、思想、意识,以及追求、理想和价值判断来。

(六) 采取"渐入式"规范儿童作文

何谓"渐入式"? 这里指的是在儿童开始作文时,尤其是启蒙阶段,基本采取不规范的态度,让儿童大胆作文,自由作文,只培养其兴趣。据说,美国一所小学,儿童第一天入学,上的就是"作文课",老师把儿童带到图书室,席地而坐,教师随手从书架上抽取一本故事书,给儿童们讲起来,讲完后,问儿童,"后来呢? 会出现怎样的结局?"让儿童用笔在纸上随意画出自己想象的结局。教师一一看过,大加赞赏,并帮助儿童签上名字。接着,将每一个儿童的作品叠成一叠,装进一个书皮里,在封面上写上班级的名字,并告诉儿童,"孩子们,你们真能干,不一会儿就写了一本书,这可是你们写的第一本书,现在你们人小,写的是小书,今后,你们长大了,还会写大书,像这书架上的书一样大"。说着,将孩子们写的"新书"慎重地放在书架上，孩子们高兴地离开图书室，还有的说，“哦，我们能够写书了”。这个故事中的教师重在培养儿童的兴趣和自信心。一旦儿童对作文产生了浓厚的兴趣，并且开始自觉自愿地写作以后，教师可以根据儿童的具体作文相机地给予指导，将一些写作规范告诉儿童。并随着年级的升高，加大指导的力度，渐渐地提高写作规范的要求，达到“随风潜入夜，润物细无声”的境界。

四、生生不息——儿童个体作文之意

儿童作文，是其接受教育的重要形式之一。如果我们仅仅只着眼于儿童写好作文来教作文，未免太短视了，也事实上教不好作文。只有把儿童作文放到儿童整个人的发展大背景下来考察，才能真切地看清儿童作文的价值和用意。以这样的视界来看儿童个体作文的旨意，可用“生生不息”四个字概括。这里的“生”有三层意思：一是生存，儿童作文是儿童的生存状态之一，如果套用“我思故我在”的语言方式来说的话，对儿童而言，“我写故我在”；二是生活，儿童作文是儿童的一种生活方式，是儿童生活中的一部分，如果这部分缺失了，儿童生活就不会充盈，也不会优雅，更不会完整；三是生长，儿童作文是儿童心灵生长的重要途径，通过作文，儿童的心灵更加丰富，更加细腻，更加聪慧。所谓“不息”，指的是儿童个体不断作文的过程就是其持续发展的过程。由此来思考儿童个体作文教学，教师还应该在以下几个方面下足工夫。

（一）以作文为内容培养儿童语文素养，并反过来促进儿童个体作文

作文能力是儿童语文素养的内容之一。但对儿童进行作文指导不仅仅限于关于“写”的推动，也包括听、说、读的推动。因此，儿童作文教学虽然围绕的是儿童作文能力的培养，也义不容辞地包含着对其他语文素养的培养。这不光是要求儿童在作文时多听，多读，还要多说，“读书破万卷，下笔如有神”，也要求教师将几者综合起来进行指导。因为听说读写事实上是分不开的。著名作家赵玫谈及自己创作体验时说：“那是我不曾真的亲历却可以真的想象和感受的一个空间。这个空间的形成因为我读的那些读不尽的书。”

（二）以作文为依托实施儿童心理辅导，并反过来促进儿童个体作文

如果儿童个体作文真的做到了“我手写我心”，那么教师就可以从他们的作文中洞识儿童的心灵世界，发现儿童心里的矛盾、困惑，以及其他的一些心理状态，并对此展开富有针对性的心理辅导，促进儿童心灵健康的发展。比如，某位孩子到上海借读一年，今年又回南京复读，开学没几天，老师就布置了一道作文题《开学啦》让全班学生写。他在作文里大发牢骚：“星星还是那颗星星，月亮还是那个月亮，学校还是那所学校，老师还是那位老师……就是自己的地位改变了，在上海是中队委，回南京却成了老百姓，我不服气！”针对这样的“性情”文字，教师首先要肯定孩子敢说真话的勇气，然后针对其心理状态作一些引导，让他认识当班干部的目的、意义，以及为什么会出现“成了老百姓”的原因，等等，鼓励他继续努力，日后为班级做贡献。如此这般辅导以后，还可以让他把当下的新思考写出来，进一步练习语言表达。著名教育家苏霍姆林斯基曾经说过：“我们教师们与之打交道的，是自然界中最敏感的东西！那就是小孩的大脑！当你想到大脑时，就要想象这是一株挂着露珠的娇嫩的玫瑰，要做到摘下花朵而又不使露珠跌落，需要多么的小心谨慎。”[14] 因此，在以作文为依托对儿

童实施心理辅导时,一定要持慎重的态度,将辅导和儿童作文吐露心声结合起来。

(三) 以作文为凭借夯实儿童文化根柢,并反过来促进儿童个体作文

成人的生活是基于童年的。1990年安徒生儿童文学奖得主托莫德·豪根曾说:"童年是我们皆以相互交流和与年轻交流的主要源泉,也是了解我们自己和全人类的基本源泉。"[15]正因为如此,本着对儿童一生负责任的精神,教师要以儿童作文为凭借全面夯实儿童的文化根柢,使之一生受用。据说,有一个儿童写日记,第一天的内容是:"我今天到我妈单位玩,玩得好高兴呢。"第二天的内容是:"昨天我到我妈妈单位玩,玩得好高兴呢。"第三天的内容是:"今天我又想起前天我到妈妈单位玩,玩得很高兴。"很显然,这个儿童的文化生活太贫乏。教师要多组织一些文化活动,让儿童参与其中,形成丰富的文化感受,这样,就不会写出那样乏味的日记来了。如此一来,作文就会真正成为儿童生命世界中的一块绿原,精神世界中的一片蓝天,心灵世界中的一股甘泉。对儿童来说,文化犹如土壤,"愈是深深地扎下,愈是高高地伸展//愈是与泥土为伍,愈是有云彩作伴"[16]。其作文也会更有内涵,更有新意。

(四) 以作文为载体启导儿童人生智慧,并反过来促进儿童个体作文

教师要结合儿童的作文,指导他们思考一些关于"我""他人"及其人生智慧的问题。比如,一位儿童在作文中写道,面对一个无赖的纠缠,心理十分苦恼。他的语文教师就给他讲了这样一个故事,启迪他去思考。故事说:一个老伯在市场卖萝卜,一只兔子走过来,说:"老板,给一个萝卜吃吃!"老伯说:"没有,走开。"兔子走了。第二天,兔子又来了,说:"老板,给一个萝卜吃吃!"老伯觉得很烦,说:"没有,走开!"第三天,兔子又来了,说"老板,给一个萝卜吃吃!"老伯生气了,说:"你有完没完,明天再来,我用剪刀剪了你的长耳朵!"第四天,兔子又来了,说:"老板,你有剪刀吗?"老伯说:"我一个卖萝卜的,哪来的剪刀?"兔子连忙说:"老板,给一个萝卜吃吃!"……故事讲完了,那位儿童开心地笑了,然后若有所悟地走开了。我以为,这位教师是高明的。如果让这位儿童将老师所讲的故事和自己听后的感想写下来,就又达到了作文练习的目的。

参考文献

[1] 唐文精选.种树郭橐驼传.国际文化出版公司,1997:25.

[2][12] (捷克)夸美纽斯.大教学论.傅任敢,译.教育科学出版社,1999:82,107.

[3] (美)塞尔.心灵、语言和社会.李步楼,译.上海,译文出版社,2001:40.

[4] (挪威)乔斯坦·贾德.纸牌的秘密.李永平,译.昆仑出版社,1997:4.

[5] 杨适.哲学的童年.中国社会科学出版社,1987:30.

[6] 刘晓东.儿童精神哲学.南京师范大学出版社,1999:2-3.

[7] 周作人.儿童的文学.河北教育出版社,2003:39.

[8] (美)史迪芬·平克.语言本能:探索人类语言进化的奥秘.洪兰,译.汕头大学出版社,2004:25,22.

[9] (美)爱德华·威尔逊.大自然的猎人.杨玉龄,译.上海科学技术出版社,2000:9.

[10] 朱自强.回到原点——论小学语文教育的儿童文学化问题.语文教学通讯(小学刊),2007(5):20-21.

[11] (德)荷尔德林.荷尔德林文集.戴晖,译.商务印书馆,1999:9-10.

[13] (瑞士)让·皮亚杰.儿童的心理发展.傅统先，译.山东教育出版社，1982:43.
[14] (苏)苏霍姆林斯基.把整个心灵献给孩子.唐其慈等，译.天津人民出版社，1981:17.
[15] 王泉根.现代中国儿童文学主潮.重庆出版社，2000:360.
[16] 屠岸.树的哲学.姜耕玉选编.20世纪汉语诗选.上海教育出版社，1999:541,18

谈小学作文教学理念的转变①

王　铭

作文教学是家长、教师及社会各界关注的热点。长期以来,师生投入多、收效不大,学生写作水平不高,难以适应自身和社会发展需要的问题始终没有得到很好的解决。但作文教学始终在改革。新课改以来,作文教学的观念、内容、形式、过程、评价等方面都发生了根本性的变化,作文教学的新理念已逐渐被第一线的语文教师所接受。这些变化的背景,新理念的理论依据,对小学生整体的语文素养乃至一生的发展将会发生什么影响等问题都是应当清楚了解的。目前在贯彻实施、全面推进新课程改革中作文教学出现的一些问题或偏差可能与对新理念不能准确把握和理解有关。

以下分四个方面谈谈《全日制义务教育语文课程标准(实验稿)》(以下简称《语文课程标准》)体现出的小学作文教学理念的主要变化。

一、从功利到人文的位移

《语文课程标准》颁布以来,大家都看到了在作文教学目标要求、形式等方面发生了明显变化,认为作文教学的要求降低了,文体淡化了,训练提得少了。原来要求小学生写的记叙文改为记实作文、想象作文等等。但这些变化的背景是什么?根据何在呢?

工业化社会以来,知识化教育曾为大工业及现代化的生产作出了重大的贡献,但教育本身也被工业化和技术化了。教育开始追求经济的、技术的、功利性的实际目标。正如冯建军在《生命与教育》一书前言中所指出的,"教育只教人掌握'何以为生'的本领,放弃了引导受教育者对'为何而生'的思考。……人文精神的贫乏和人文教育的脆弱所造成的后果却很少有人去考虑。不断发生的中小学生对生命的自残和对他人生命、对自然界生命的漠视,本质上就是独尊技术教育,缺损人文教育的恶果"。[1](前言)

教育的这种功利性的导向,直至今日仍然不能说有了根本性的改变,只要看一看夏天那几日整个社会对高考无以复加的重视程度,愈演愈烈的高分复读现象,小学升初中择校热的不断升温就已经很清楚了。

值得庆幸的是,新世纪之初颁布的《基础教育课程指导纲要(试行)》(以下简称《纲要》)已开始走出了对人的局部关注。《纲要》明确提出:"改变课程过于注重知识传授的倾向,强调形成积极主动的学习态度,使获得基础知识与基本技能的过程同时成为学会学习和形成正确世界观的过程。"[2]这种"改变"意味着以学科本位、课堂本位转向以人的发展为本位。学科教育服从、服务于人的全面健康发展。教育从满足儿童多方面发展,促进他们和谐发展这个大前提出发,也开始从关注社会,作为社会的工具;关注知识、能力、情感单一的发展到关注人的身心完整的发展,不断地实现着向生命的回归。[1](前言)

① 原文发表于《课程·教材·教法》2006 年第 11 期。

随着改革的深入,基础教育,包括小学语文教育、作文教学中深层结构的问题逐渐浮出水面,需要我们冷静、严肃和更富有智慧地去思考。诸如,教育的本质;语文教育、作文教学的本质;小学语文教育、作文教学与中学语文教育、作文教学的区别;教育与训练的区别;知识技能的教学是目的还是手段。具体到小学作文教学,目标、过程、评价及形式、内容方面的变化与功利教育的区别等等。

我国近二十年来,课程论研究日益趋向深入和广泛,近几年已逐渐呈现出从融合的角度来探讨课程研究的发展趋势。[3]基于语文课程的性质及其在基础教育阶段所处的位置和应该把握的分寸,以哲学的整体思维和系统思维为指导,笔者认为,小学语文教育、作文教学的改革,也应从一切为了儿童发展这一大前提出发,走以人文引领的、整体和谐发展的道路。

小学生是具有自然生命和精神生命的和谐统一体,儿童生命的发展具有整体性和延续性。精神生命的教育应该是认知与情感的和谐统一。对于小学作文教学而言,则意味着教学目标、过程、评价的整体性。

要特别指出的是,《语文课程标准》里提出的课程目标"三个维度"不是"三个目标"。语文素养是体现于一个完整、复杂、多样、丰富的人的身上的。三个维度是一个整体,但人的发展不等同于七个目标的简单相加之和,七个方面中任何一个方面也不能等同于教育。情感、态度、价值观是寓于知识、能力的学习过程中的,而不是游离其外的,这应是语文素养的一个基本特征。

这种相互交融、相互渗透的整体性,表现在作文教学过程中,是学生语言知识、言语表达能力的综合重组,更融进了学生自身对生活的理解和感悟。正是在各方面语文素养的协调作用下,学生使用准确语言抒写对生活的独特感受,表达对人生的独特见解。[4]作为整体性的小学作文教学要满足儿童多方面发展的需要,才能促进他们和谐的发展。

基于以上认识,我们就不难理解《语文课程标准》中对小学作文教学的某些要求降低和淡化文体的变化了。如,对中心思想的要求由 1986 年、1992 年《小学语文教学大纲》"中心明确""有中心"到《语文课程标准》中不再提出要求,实际上是出于对儿童精神生命发展、减少对思想束缚的考量;写简单记叙文到简单记实作文、想象作文的改变,扩展了作文的时空范围,同样是出于促进儿童个性自由和谐发展的需要。《语文课程标准》降低作文要求淡化文体并不是没有要求、不要文体。而是要从儿童发展的整体性、延续性出发,不要对学生作文提过早、过难、过高的要求。小学阶段作文教学的要求是"最基本"的,这一点在《语文课程标准》第二学段(3—4 年级)、第三学段(5—6 年级)习作的阶段目标中不断出现的"能","能用""尝试""简短""能写简单的","学写"等词语,已有很清楚明了的表述。[5](8)

另外,降低作文起始阶段的要求,容易使学生获得成功,避免挫折感,对保持作文的兴趣是有利的。从儿童语言、表达能力发展特点来看,小学作文教学是以儿童原有的听说能力为基础的。儿童在入学之前已有相当数量的词语,口头言语已具备了与人交流的能力。口语的独自言语和文字书写的段落、篇章大同小异,自然就成为儿童书面语言表达能力发展的基础。[6]

我们还注意到,小学 3—6 年级的作文,《语文课程标准》中称为习作,这是强调了小学作文练习的性质,不同于中学生和成人的写作,更不同于文学家的创作。小学作文教学不以培养作家、文学家为首要目的,而应是面向全体学生培养最基本写作能力的学习活动。明确了"练习"的性质,就不会、也不应再对小学生的作文提过早、过高、过难的要求了。高、难的要求可能对一小部分尖子生有利,但肯定会阻碍相当一部分学生的发展。

《语文课程标准》强调了"写作教学应贴近学生实际、让学生乐于动笔,乐于表达,应引导学生关注现实,热爱生活,表达真情实感"。"要求学生说真话、实话、心里话,不说假话、空话、套话"。[5](17-18) 把强调"真情实感"写入《语文课程标准》,有利于克服作文教学中普遍存在的"假、大、空"的毛病,对形成良好的个性和健全的人格,促进德、智、体、美的和谐发展会起到一定的积极作用。

人类社会发展到21世纪,已进入经济一体、文化多元的信息化时代,这个时代的主流价值观已开始对作文教学的价值取向产生了全方位、多方面的冲击。作文教学的理念也发生了不可逆转的变化,由《语文课程标准》体现出的从功利到人文的位移,自由表达与个性化写作,关注学生的学习态度,赋予作文教学以生活的意义等变化再一次说明,作文教学的目的与教育的终极追求是一致的,在于解放人,解放人的聪明才智和心灵,让人的才华、灵气、创造力连同人性中的真善美都尽情释放出来。[7] 让小学生学会书面表达的目的是关照其生命的成长与发展,帮助孩子们认识自己,培养自信,充分发现和发展自己的独特才华,以提升生命的质量。

新的作文教学理念与传统作文教学理念的区别在于更多地关注学生的生存状态和精神自由,体现语文课程工具性与人文性统一的基本特点,是对先进文化的追求。

二、自由表达与个性化写作

《语文课程标准》特别重视鼓励自由表达,放开种种束缚,在写作中培养学生的创新精神,认为:"写作是运用书面语言进行表达和交流的重要方式,是认识世界、认识自我,进行创造性表述的过程。"[5](17)

《语文课程标准》在第一学段的目标中提出"写自己想说的话";第二学段提出"能不拘形式地写下见闻、感受和想象"。[5](8) 都包含了自由表达的意思。

为保证学生的自由表达,在作文中写出个性,《语文课程标准》在第二学段强调"注意表现自己觉得新奇有趣的或印象最深、最受感动的内容",在第三学段提出"珍视个人的独特感受"。[5](8-10) 这相对于过去"大纲""能把自己的见闻、感受和想象写出来","感情真实、内容具体、中心明确"等笼统提法,[8] 更加重视从学生的生活视野和感性经验中取题立意,引发真情实感,以求得写作的个性化和独特性的导向。

鼓励自由表达,实现写作的个性化首先要为学生提供广阔的写作空间,减少对写作的束缚。让学生在自然和自由的状态下作文,让他们能无拘无束地写日记、周记;编童话、故事;经常写一些生活随笔,读书笔记。这些限制少的自由文体的写作,看似无规范,随心所欲,行文却极其自然往往能发现生活,抒写出对生活的真切感悟,反映儿童"本真"的生活。教师应为儿童撑起一把"保护伞",提供自由、自然、宽松、宽容、安全的支持性环境。

三、关注学生的学习态度

大家知道,学生厌学是因为对学习无兴趣,无兴趣是因为失去了自信,而失去自信是因为失败的次数太多。如果我们把这个过程倒过来,让学生多获得成功的体验,问题不就解决了。

在日本,认为作文教学有三个重要的方面:一是有写作动机,二是有东西可写,三是能够写出来。[9]其中“有东西可写”与“有写作动机”联系密切。没有写作动机，就不会想写，就不会去积极搜集材料，也就不会“有东西可写”。如果第一、二个重要方面解决不了，那么能够写出来也就无从谈起。可见，写作动机是关键。心理学的研究认为，学习兴趣和目的是学习动机中两个最活跃的因素，而儿童恰恰有表现自己的愿望，有强烈的“发表欲”，这只要看一看小学低年级学生随处乱涂乱画的符号和文字就已经很清楚了。心理学认为，小学生阶段是言语发展的最佳年龄期，但熟悉和关心小学语文教学的教师、家长们都知道，很多小学生最怕写作文，写不好作文，很多老师也认为作文难教。针对作文教学的这一现实情况《语文课程标准》在“写话”“习作”目标设定方面，特别强调了情感、态度方面的因素，把重点放在培养小学生写作的兴趣和自信，让孩子愿意写作、热爱写作。第一学段提出“对写话有兴趣”，第二学段提出“乐于书面表达，增强习作的自信心”。到第三学段过渡到要求具有初步的写作意识，“懂得写作是为了自我表达和与人交流”。[5](9)《语文课程标准》在第一、二、三学段阶段目标中的“兴趣”“自信心”“分享快乐”“感情真挚”“相互沟通”等表述拓展了“大纲”“感情真实健康”的内涵，注重了对学生情感态度的培养，鼓励学生自信、愉快地写作，逐渐培养学生在写作中具有比较自觉的写作目的，“主动而自信地写作”。作为学习态度的两个重要方面—写作的兴趣和自信，其作为一种内驱力，需要写作过程中的合作交流，教师评价所产生的成就感的不断强化，这一点是过去被忽略的。《语文课程标准》在不同学段分别提出了“愿意将自己的习作读给别人听，与他人分享习作的快乐”，“能与他人交流写作心得，互相评改作文，以分享感受，沟通见解”等要求。[5](6-9)

对于激发学生的写作兴趣和动机，老一辈的语文教育家曾有过大量精彩的论述，很多语文老师也有志于此，进行过多年的探索、实验和改革，在此不再赘述。培养小学生写作兴趣和自信心，想再谈三点看法。第一，激发写作兴趣，让学生产生写作的冲动与激情，使写作尽快进入“状态”。这里无非有两条途径，或材料有趣，乐于写、能写好；或作文的活动有兴趣，能引导、促进学生快乐地写。第二，要让学生的写作动机保持并不断增强，就要在整个写作活动过程中不断获得愉快感、成就感，过程中的鼓励、肯定、表扬必不可少，同时还应不断变换活动内容与方式，不断地推陈出新，使写作活动“常写常新”。

第三，自信心的培养要贯穿写作活动的始终，教师要千方百计引导学生一开始就充满自信地去写，让学生认识到“只要能说出来，就能写出来”，并设法激起学生的写作热情，帮助学生愉快地、顺利地、成功地写作，保持激情状态，原因是激情状态下可以调动自身潜在的能量和以往的积累、储备，并最大限度地发挥出来。教师要想尽办法使每一个学生都能体验到写作活动成功的喜悦，不断增强信心，保持写作的热情。如能通过写作实践使学生增加自信心，对写作产生了浓厚的兴趣，甚至到了入迷的程度，也就达到了叶老“教是为了不教”的最佳教学状态，这也是《语文课程标准》所关注、倡导的情感态度学习的最佳状态，是我们梦寐以求的。

当然，我们也应清醒地认识到，兴趣绝不可能解决所有问题。激发兴趣，这种提法本身就包含了承认学习也存在着枯燥性这个前提。任何东西强调一过头，谬误就可能接踵而来。激发兴趣的同时也需有必要的检查督促和严格的要求。

四、赋予作文教学以生活的意义

把作文教学看作为师生共同体验和创造的生活，体现的是对教师和学生作为完整人的关怀,是对教师与学生生活意义的关怀,而非仅仅是对学生掌握知识、技能,智力发展的关注。这就要求我们的教师在作文教学的过程中关注学生的生存状态,在学习与掌握知识技能、发展智力的同时追求人的道德、审美和自由的精神。学生也会在掌握技能、领悟知识和体验生活的过程中自主成长。[10]《语文课程标准》把"写简单的记叙文"改为"能写简单的记实作文"应是这一教育理念的体现。国外(如,日本和德国)近年来对"生活作文"教学的关注已经引起国内有关学者的重视。

生活作文是以学生自己亲身经历和日常生活中的所见、所闻、所思为内容的作文。最早始于日本明治维新时期,也称"旧常生活指导模式",20 世纪 30 年代由日本北部山区、农村和渔村小学教师发起"日常生活作文"运动。主张儿童及青少年将其日常生活及在集体中的体验感受、所作所为,以当地的语言就有关题目写成作文,由作者本人朗诵、听众讨论评议。[11]

生活作文的形成是既现实,又具有一定教育思想深度的作文教学模式。它引导了学生关注周围的生活世界,为学生提供了自由发表意见的机会,在培养语言表达能力的同时,通过对作文内容的讨论,使学生形成主体性人格。把作文与做人结合起来。

学生生活世界中的一切具有无尽的教育价值,教学的重要使命是让学生的心灵直接面对生活世界,在"司空见惯"和"理所当然"中产生有意义的问题,在探究问题中产生自己的观念。[12]杜威也曾指出:"学校必须呈现现在的生活—即对儿童来说是真实而生气勃勃的生活。像他在家庭里,在邻里间,在运动场上所经历的生活那样"。[13]如果教学脱离了学生的生活世界,将孩子真实的理解与体验遮挡在心灵之外,变成蒙蔽孩子心灵的帷幕,逐渐导致人的心灵和生活的荒漠化,人就不能被称为一个"整体的人"。

赋予作文教学以生活意义的价值取向在《语文课程标准》中有明确的体现。第二、三学段学习写作"记实作文"并扩大了实用性文章的写作范围。"学写读书笔记和常见应用文","根据生活需要写日常应用文"。并在"综合性学习"当中增加"尝试写简单的研究报告、学写活动计划和活动总结"的内容。[5](7-12)

从目前国内外生活作文的研究资料可以看出(国内研究有限),生活作文教学的整个过程,无论是写作的出发点,写作的实践活动还是写作的结果都强调自我,深化对自我的认识,强调写作的主体化。它是促进人格形成的主体活动同作文表达活动融为一体的完整的教学活动,是学科教育同生活结合的一种形态,是一种综合化的学科教育。它与"回归生活世界"这一现代哲学的普遍趋向是一致的,也使作文教学获得了本质上的返璞归真,对学生个性、人格健康发展的影响将是不可低估的。

关于"生活作文"教学在小学作文教学中的实施,目前所见资料不多,我们认为"生活作文"与"记实作文"的内涵是一致的,首先应引导学生关注周围的生活世界,反映周围的生活世界,比如家庭、学校、班级;自然;社会;自己。当然这里有一个先后顺序,由简单到复杂的过程。其次,在小学五、六年级可引导学生对生活的思考,将思考所得写成生活随笔,以利于形成个体对生命和自身价值的追求,形成独立思考的主体人格。教师特别要注意的是要为学生营造一个心理安全的、尊重的、给予每个学生平等机会的支持性环境。

理念的转变是一场革命,作文教学理念的转变必然带来作文教学内容、形式、过程、评价及教学策略、方法等一系列的变化,对此,教师要切实把握,才能取得真正的改革成效。

参考文献

[1] 冯建军.生命与教育.教育科学出版社,2004.

[2] 张祖春,王祖琴.基础教育课程改革简明读本.华中师范大学出版社,2002:180.

[3] 张楚廷.课程与教学哲学.人民教育出版社,2003:389.

[4] 刘森.当代语文教育学.高等教育出版社,2005:205.

[5] 教育部.全日制义务教育语文课程标准(实验稿).北京师范大学出版社,2001.

[6] 李春旺,刘朝生.立足口语基础,发展言语能力.中国小学语文教学论坛,2005(5):36 - 37.

[7] 倪文锦.初中语文新课程教学法.高等教育出版社,2003:120 - 122.

[8] 人民教育出版社小学语文室.小学语文教学法.人民教育出版社,1995:207.

[9] 教育部基础教育司,语文课程标准研制组.语文课程标准解读.湖北教育出版社,2002:67 - 68.

[10] 迟艳杰.教学意味着“生活”.教育研究,2004(11):31 - 34.

[11] 倪文锦,等.语文教育展望.华东师范大学出版社,2002:327.

[12] 钟启泉,姜关玲.新课程背景下教学改革的价值取向及路径.教育研究,2004(8):32 - 36.

[13] (美)约翰·杜威.学校与社会·明日之学校.赵祥麟,任钟印,吴志宏,译.人民教育出版社,1994:6.

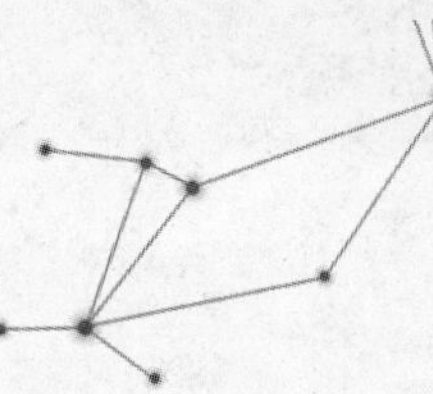

口语交际

"口语交际"的内涵及课堂教学特征[①]

许双全

小语修订版《大纲》将原《大纲》中的"听话、说话"修改为"口语交际"。人教社小语教材也从第一册开始，把原"基础训练"中"听话、说话"的内容独立出来，修改为"口语交际"，作为一大部分教学内容安排。这当然不只是名称的改变，而是体现了对此在认识上的发展和要求上的提高，具有更深广的涵义。

首先，是社会需求的变化引起了对口语交际能力重要性认识的发展。随着"改革开放"的深入和市场经济的实施，我国的社会形态发生了根本的变化，社会经济、文化和科学技术得到了高速发展，形成了多渠道、多形式、灵活开放、自由竞争的态势。人们学习文化科学知识与劳动技术，交流工作经验与研究成果，乃至自由择业、事业竞争、开展多样化文化生活等，都具有了更广阔的空间和更多的渠道与机会，社会交际活动空前广泛、活跃和频繁起来。由此，口头语言这一最基本、最便捷的交际工具，更经常地担负起了每个人社会交际的效率甚至成败的重任，显得更为重要。较强的口语交际能力也成为每个社会人适应现代社会交际最基本的能力需求。因此，作为培养未来社会人才基础语文素质的小学语文教学，理应注重培养学生的口语交际能力。

其次，是社会口语交际实际的需求对口语能力训练的要求有所提高。以前小语教学中"听话·说话"训练的要求仅为："听别人讲话要专心，能理解内容。能用普通话清楚明白地表达自己的意思。养成边听边想和先想后说的习惯。听话、说话要注意文明礼貌。"这是一种内容较为单纯、固定，可以听后慢慢回味理解和说前从容组织语言，单方面活动的听说能力训练。修订版《大纲》根据社会口语交际实际的需求，对口语交际教学的要求不仅包括"听话·说话"训练的基本要求，还提出了"规范学生的口头语言，提高口语交际能力，培养良好的听说态度和语言习惯"；"参加讨论能说清自己的意思。有不理解的地方向别人请教，有不同的意见与别人商量"等要求。并且强调："口语交际能力的培养要在双向互动的语言实践中进行。要利用语文教学的各个环节有意识地培养学生的听说能力；要在课内外创设多种多样的交际情境，让每个学生无拘无束地进行口语交流；要鼓励学生在日常生活中积极主动地锻炼口语交际能力。"由此可见，口语交际教学还包括针对交际环境、对象、情态和交流目的、内容、重点以及变化情况，应有的听说态度、神情等待人处事能力的培养，以及迅速、准确理解别人的意思，敏捷地思考，临场快速组织语言清楚巧妙表达自己的意思等灵活、机智的思维能力和口语感悟、表达能力与习惯的培养。这是一种内容丰富多样且多变，思维、表达灵活、机智，双向或多向互动的口语交际能力训练。其要求显然有较大的扩展与提高。

据此，口语交际课堂教学应具有以下特征：

第一，教学内容切合学生学习、生活和今后社会交际实际，着力培养切实的基础口语交

---

① 原文发表于《小学语文教学》2001年第5期。

际能力,着眼口语交际能力的发展。首先,要体现出切实性、基础性和发展性。所谓切实性,就是要选择学生学习、生活交际中共同熟悉、急需又有趣的内容教学,比如:家庭生活交流,学习体会交流,课外阅读交流,手工、游戏介绍,对喜好的动物、植物的情感的交流等,使学生有话可说,愿意交流,满足日常学习、生活交际需要;所谓基础性,就是教学内容能体现学生的基本生活,所需交际语言符合学生口语基础,通过训练,规范学生口头语言,培养其基础口语交际能力和基本正确的交际态度与语言习惯;所谓发展性,就是还要兼顾学生今后社会交际需要,适当选择一点社会生活交际必要的内容,例如:模拟择业时根据职业要求介绍自己的专业能力与特长,模拟营销活动中揣摩顾客心理介绍商品性能、特点,以及文化学习、社会生活问题辩论、采访、交涉和看病、买东西、接待客人等,训练学生社会口语交际的初步能力,以利今后的发展。其次,还要具有可交流性,适当避免那些内容单一、确定的"看图说话"式或简单是非关系的内容,利于学生从不同角度多方面思考与表达,体现出交流的价值,激发起交流的兴趣,保证训练实效。

第二,创设多种多样的口语交际情境,形成和谐民主的氛围,让学生能无拘无束地进行口语交流。一定的情境是学生增强生活体验,激发思维与口语表达的环境条件和动力源;和谐民主的氛围则是大胆进行口语交流的前提。所以,教学中一定要依据教学内容,尽量模拟社会生活交际实际创设情境,形成良好气氛,让学生在这种情境气氛中产生交流欲望,自由无拘束地参与。只有这样,学生的个性与创造思维能力才能得到充分的发展,从而提高教学效率,达到口语交际训练的要求。

第三,形成双向或多向互动的交际方式。这是口语交际训练不同于以往听话或说话训练的一个显著特征。口语交际是人与人之间往来交换思想、看法、意见,交流经验、成果、情感,或者买卖东西,寻求帮助,交涉事情等待人处事的活动,必须要有交际对象,构成交际关系,形成双向或多向互动的交际方式才能进行。因此,教师和学生在教学中要有双重的角色意识,注意角色的转换。除指导点拨时,师生之间构成教与学的双边关系外,师生之间、生生之间要像日常社会口语交际那样互为对象,构成交际关系,并模拟生活实际双向互动地进行训练,才能体现出口语交际训练的特点,切实锻炼和发展学生的口语交际能力。

第四,口语交际实践量大、面广。口语交际是一项实践性很强的活动,较强的能力必须通过大量实践锻炼、体会才能习得。俗话说:"拳不离手,曲不离口"。因此,教学中要安排大量时间,并注意采取多种形式,特别是全班学生都能参与的形式,以提供尽可能多的机会让每个学生参与其间,在动态的口语交际实践中反复经历、体味,提高思维的敏捷性、逻辑性、深刻性和语言表达的规范性、条理性、机敏性,获得真知,增强能力,逐步形成良好的语言习惯和交际态度。

第五,教师指导切实、精当。由于小学生生活经历少,口语能力较弱,无论口语交际的内容、方式和语言形式都较生疏,也欠缺良好的交际态度和听说习惯。因此,教师的指导主要在两个方面:一是努力调动学生生活与语言积累,在此基础上,根据需要适当提示、补充或指导搜集一些有关知识等交际内容方面的材料和语言材料:如以游戏为交际内容补充、搜集一些游戏方式方法材料,以讲礼貌为交际内容提示一些礼貌语言材料等;二是对语言规范、听说习惯、交际方式与态度等进行精当指点。要注意的是:口语交际教学着重于能力培养,加之小学生对枯燥、干瘪的口语交际知识与方法也缺乏兴趣与敏感,教师指导的重点与方式,不是讲授大量系统的有关知识与方法,而是在学生饶有兴趣的口语交际活动实践中,在学生最需要时，相机切实、精当地提示有关知识，点拨语言表达、听说习惯、交际方式与态度上的偏差，使之受到正确的训练，有效地提高实际口语交际的能力。

总之，如能在口语交际课堂教学中体现上述特征，通过训练，培养学生形成基础的口语交际能力、良好的语言习惯和交际态度；又能利用语文教学的各个环节有意识地培养学生的听说能力，如在阅读教学中抓好朗读、背诵、复述和提出问题、回答问题、讨论交流训练，培养语感、积累语言、锻炼口语表达和提高思维能力与认识能力，在作文教学中注重搜集作文素材、调动语言积累以及应用、发展语言等训练，培养学生搜集口语交际内容材料和组织语言妥当表达的能力，从而直接或间接地促进口语交际能力的发展；同时，鼓励学生在日常生活中积极主动地锻炼口语交际能力，那么，学生的口语交际能力就能得到迅速提高，真正实现口语交际教学的目的。

低年级学生口语交际能力的培养[①]

郝美仙

培养学生的语言表达能力,是小学语文教学的重要任务,也是实施素质教育的重要途径。小学语文教学新课程标准将原来《大纲》中的“听话、说话”,改为“口语交际”。《语文课程标准》明确指出:“口语交际能力是现代公民的必备能力,应培养学生倾听、表达和应对的能力,是学生具有文明和谐地进行人际交流的素养。它是听与说双方互动的过程。在课内外创设多种交际情景,让每个学生都能无拘无束地进行口语交际;努力选择贴近生活的话题,积极主动的锻炼口语交际能力”。此观点一方面反映了人们对语文学科本质性的科学认识,另一方面也反映了知识经济时代对学生的更高的要求。此外,语言是智慧的载体,也是架构知识、信息大厦的“建筑材料”。现代有关专家还认为,语言是思维和社会学习,交往不可或缺的工具,是一个民族文化教养与发展的标志。教育家更是强调,本国语言的教育更是一切教育的根本,掌握语言对儿童发展极为重要。要使儿童的智力获得健康发展,首先要教好语言。不能较好地掌握语言的孩子,往往也不能有效地进行学习与交流,在现代社会,语言的重要性要比以往任何时期更为突出。学生的口语表达能力应该从小培养,并使其在学习、交流、沟通中获得成功,从而形成开朗,自信,进取,乐观等积极向上的人格魅力。

一、在丰富的教学生活中寻求口语交际的话题

(一)活用教材,挖掘口语交际的潜在源

在课标教材中,每单元都设置了专门的口语交际课。《有趣的游戏》《我们的画》《我该怎么办》等等。富有童趣而且贴近儿童生活,是很好的交际话题。但这些都是在专门的口语交际课上进行的,每单元只需一至两课时,这样必定会使训练面有限,要解决这个矛盾就要充分利用课文中的资源,在识字教学、阅读教学中适当渗透口语交际训练,创造性地利用教材,挖掘口语交际话题。

(二)以教材为依据,挖掘教材的训练因素

1. 借助插图想象“说”

“图画是鼓励学生说话的一种强有力的兴奋剂”。课标实验教材中每一篇课文都配有一幅或两幅色彩鲜艳、形象生动的图画,这些图画常能唤起学生的观察、联想和说话的兴趣。如教学《小小的船》第三句时,指导学生观察:小女孩划着小船,在无边无际的蓝天下遨游,星星在她身边闪烁。学生被带到了神奇无比的天空中。此时让学生展开想象,自己如果到宇宙旅行,将会看到什么,是不是“只看到闪闪的星星蓝蓝的天”,学生打开思维的闸门,张开想

① 原文发表于《内蒙古师范大学学报(教育科学版)》2006年第6期。

象的翅膀,说出自己可能看到"宇宙飞船"、"外星人"、"人造卫星"等,怎么想就怎么说,从而激发了他们的想象和思维,有效地进行了口语交际训练。

2. 借助插图表演"说"

表演是学生特别是一年级学生非常喜爱的语文活动,虽然费时较多,但收效是多方面的,特别表现在口语交际方面更是有效途径。如教学《想飞的乌龟》,在熟读课文的基础上,让学生做好小鸟、乌龟的头饰,四人一组表演。学生表演得很投入,再加上惟妙惟肖的动作,把乌龟飞起来的高兴劲和从天上掉下来的无奈、痛苦表现得淋漓尽致。通过表演不但复现课文内容,更重要的是学生在组织演出的过程中,也是学生进行交际、合作的过程。

3. 续编课文,填补"空白"

学生是编歌谣的天才,教师千万不要设置框框,限制他们的创造力。如学完《我长大了一岁》后,让学生再续编一段,最后一句是:"我长大了一岁。"先让学生总结自己的进步,然后用诗句的形式表达出来。"小树,小树,看见我,不要怕。再不摇你们了,我长大了一岁"。"小狗,小狗,看见我不要乱叫。再也不捉你们了,我长大了一岁"。"六一"对孩子们来说是快乐的、盼望已久的节日,我首先让孩子们畅所欲言、尽情说笑,之后让孩子们仿照课文写。"六一"的白云飘飘的,"六一"的银河闪闪的,"六一"的小鸟欢欢的,"六一"的小草青青的,"六一"的小河哗哗的,"六一"的脸蛋红红的,"六一"的笑声甜甜的,"六一"的舞蹈美美的……在宽松和谐的氛围中,每一个孩子都是一位诗人,每一个孩子都是一个天才,对精彩的语句我及时地给予喝彩、鼓励,使学生品尝到成功的喜悦,获得成功的满足感,增强了口语交际的自信心和勇气。

还可以填补课文中省略号的内容,想象"说"。如:"马莎想了好多办法。她穿上妈妈的高跟鞋,又学姑姑的样子,把头发卷成卷儿……"。我让学生想象,马莎还想了哪些办法?有的说:"马莎学着爸爸的样子,系上领带,穿上西服。"有的说:"马莎学着老师的样子,拿着课本,在屋里走来走去。"这样既理解了课文,又激起了学生说话的欲望和兴趣。

4. 创设情景引发"说"

如第一册第 4 单元"语文天地"中的"同学们互相介绍自己的家"。如果让学生一个一个地回答,太单调了。我把这次的口语交际变成了一次"让我和你交朋友"的交友活动。课前将教室布置成联欢会的会场,全班同学围坐在一起,营造一个其乐融融的交友环境。开始先让学生说说想了解好朋友哪些情况,然后各自练习介绍自己的情况,接下来再进行全班性的活动:一个同学上台自我介绍,并说出希望交一个什么样的朋友,愿意和她交朋友的,可以走上台介绍自己的情况,并和她进行交谈,或共演一个节目。在活动中,学生积极参与,自找朋友、自由交流,互相了解年龄、性格、爱好、学习、家庭等情况,气氛非常热烈。这面对面的交谈,锻炼了学生的口语交际能力,增进了学生的友谊,更使他们进一步认识到提高说话能力的重要性。

5. 巧设作业促进"说"

家长是孩子的第一任教师。一方面,提醒家长重视对孩子进行早期的口语交际训练,做孩子忠实的听众,及时纠正孩子口语的毛病。另一方面,布置一些口语家庭作业,学生在家庭中进行口语交际训练。如"当有客人来你家做客时,你怎样招待他们呢?你能做些什么呢?"家长还要训练孩子说话有礼貌。当学了看图讲故事《妈妈,你看》、听故事《海水为什么是咸的》要求学生回家,把故事讲给爸爸妈妈听。再如学了第 12 单元以后,让学生在上、放学的路上,认识路边的店名、广告牌,并设问当你遇到不认识的字,你怎么办?这样的作业学生乐做,又感兴趣,在玩中又锻炼了口语交际能力。

6. 随机训练现场“说”

丰富多彩的生活给口语交际教学提供了活水之源,教师要用心捕捉现实生活现象,诱导学生用学过的知识和自己的认识能力参与,在这一过程中发展学生的口语交际能力。比如新转进一个学生,大家怎样说欢迎词;国庆节旅游归来,你看到了什么?想到了什么?今天是教师节,你想对老师说什么?你刚搬进了新楼,向大家介绍你家周围的样子……

生活就是口语交际的内容,口语交际就是生活的工具,这应当成为教师的教学追求。教师应在思想上树立提高学生的口语交际能力的观念,深入挖掘教材,找出培养和提高学生的口语交际能力的切入点,创造各种机会,让学生创造性地说练。学生的口语交际能力一定会“百尺竿头,更进一步”。

二、体验生活,丰富口语交际的信息源

(一) 走进社会,拓宽口语交际的生活源

口语交际是一项实践性很强的活动,要有意识地开展综合实践活动,引导学生深入社会,与社会上各种各样的人接触交流,丰富学生的交际语言,或适当地布置一些交际作业,让学生在社会学校、家庭的生活实践中进行交际,切实提高交际能力。如布置主题为“逛商场”的交际作业,让学生在逛商场中了解文具种类、样子、颜色、用途等,并要有意识地与售货员进行交流,听一听售货员是怎样与别人交谈,怎样推销自己商品的。交际课上,让学生有的扮“小顾客”,有的扮“售货员”进行表演、交际。教师要着重引导学生说话礼貌,态度大方,听别人讲话要认真耐心,从而切实提高交际能力。

(二) 捕捉灵光,满足学生的倾诉欲

如果说有组织、有计划的拓宽口语交际话题是进行口语交际的重要策略,那么捕捉生活中的偶发事件,进行即兴的口语交际训练更能满足学生的倾诉欲,增强交际的灵感。比如一次偶然的遭遇,一个惊心动魄的场面,一项令人惊叹的成果,都将是学生十分感兴趣的话题。此时,学生会产生很强的倾诉欲望和沟通冲动。教师要抓住时机,组织学生进行口语训练。一次,在准备上课时,课代表说,上午的生字抄写作业还有七位同学没完成。我来了灵感,以“面对不完成作业的同学,你会说点什么”为支撑点,上了一节口语交际课。分三个板块进行,一是对不及时完成作业的同学说点什么,二是不及时完成作业的同学对大家说点什么,三是对伤心的老师说点什么。学生说得相当精彩,收到了意想不到的效果。

(三) 在交互的过程中学会沟通

口语交际课与其说是语言的交流,还不如说是心灵与心灵的沟通,是学生与学生、教师与学生之间在交换思想、看法、意见时进行的心与心的对话。对话过程构成生生互动、师生互动的交际关系,形成双向或多向互动的交际方式。要培养学生的口语交际能力,必须创造条件使学生由单向个体转化为不同的双向组合,并在双向互动中进行动态的口语交际训练。

口语交际教学的互动方式很多,常用的有以下三种:一是师生互动。师生之间互动绝不是

教师问、学生答的问答式互动，也不能只停留在以教师为主导，以学生为主体的范围内，而应该转换角色，开展平等交流。教师应该与学生融为一体，做交际活动的组织者，让学生成为活动的真正主人。二是群体互动。指学生间的小组合作学习或者全班式的集体讨论，甚至包括走出课堂与社会交流。这种方式，学生的参与面更广，接触的人更多，探究问题更深入，效果会更明显。三是人景互动。指学生和环境、情景、事件等之间的互动。如《踏青去》'课的教学，以选择春游地点为支撑点，设计了三个环节：首先是自由组建讨论小组，恰当选择理由说服同组同学。让学生在互动中发表自己的见解，然后每组派几名代表陈述理由，并针对其他组的理由进行有力的辩驳，努力说服其他组的同学。教师随机点拨，使生生互动融为一体。

三、拓展空间，激发参与，给学生实践机会

《语文课程标准》归确指出：口语交际能力的培养要在双向互动的语文实践中进行，要利用语文教学的各个环节有意识地培养学生的听说能力；要在课内外创设各种交际情景，让每个学生无拘无束地进行口语交流；要鼓励学生在日常生活中积极地锻炼口语交际的能力。

（一）双向互动，实现全员参与

口语交际是双向或多向互动的过程，是人与人之间口头语言上的接触交流。教学中，我尽量突出双向互动的特点，把听、说、问、答、评贯穿于教学全过程，让每个学生都自主实践于口语交际之中。在师生互动、生生互动、共同发展的过程中，学生们想说、会说、善说，围绕话题，人人参与，互说互评，再说再辩，规范了语言，掌握了技能技巧，活跃了课堂。

（二）联系生活，拓展交际空间

教学大纲提出，训练学生说话的另外两条途径：利用语文教学的各个环节，有意识地培养学生的口语交际能力；在日常生活中，让孩子们积极主动锻炼自己的口语交际能力；扎实的口语交际应该兼容并蓄，打通课内课外的壁泉，把学生各种时间、空间获得的经验唤起、激活。教学中，我把交际内容与学生生活紧密联系在一起，口语交际训练真正落到了实处，课堂"活"起来了。

（三）实际应用，给足实践机会

社会教育是口语交际的大课堂，现实生活中蕴藏着取之不尽用之不竭的口语交际资源。因此，口语交际不能只局限于广课堂，还应走出课堂，辐射到校园生活，并走向社会，成为真正的人与人之间的交往。我给足机会，鼓励学生用自己的智慧去设计活动方案，布置安排工作，让他们自己去与别人打交道，请求帮助，解决问题等。在实践中，学生学会了"倾听与表达"，学会了"人际沟通与社会交往"，学会与人"合作"，从而逐步具有文明和谐地进行人际交往的素养，为融入未来社会打下基础，做好准备。

有道是："得法于课内，得益于课外。"口语交际训练不能局限于课堂上，在课外有着更为广阔的天地。教师宜利用各种有效机会对学生的口语交际进行指导、训练。教师与学生在课间交流中，指导学生对每一个话题的表述都尽量做到流利、有条理、准确，并注意选择恰当的对话方式，形成良好的训练氛围和说话习惯，进行对话训练。久而久之，学生就会在对话中不断纠正错误，提高说话质量。

口语交际课的教学模式①

王　玮

随着社会需求的变化,人们对口语交际能力重要性的认识不断提高;而社会口语交际实际的需求则要求学校应高度重视对学生进行口语交际能力的训练。为适应社会发展的要求,《全日制义务教育语文课程标准(实验稿)》将原《教学大纲》中的"听话、说话"修改为"口语交际",并把口语交际能力作为小学语文各个学段的一项重要的教学目标。口语交际课作为小学语文新教材的一种新课型,不少教师在执教时深感困惑,力不从心,因而影响教学效果。因此,笔者认为很有必要探索口语交际课的教学模式。

模式,是指某种事物的标准形式或使人可以照着做的标准样式,它是研究复杂事物或过程的一种科学方法。模式,也是一项活动的基本特征,作为口语交际课,一定有其特定的教学要求,其教学过程也一定有规律可循。为此,笔者根据近几年的实践体会和探索,着眼于"规范学生的口头语言,提高口语交际能力,培养良好的听说态度和语言习惯"这一教学目标,从"创设情境""感受拟说""自由表达""合作交流"和"拓展创新"这五个方面谈谈口语交际课的教学模式。

一、创设情境

一定的情境是学生增强生活体验,激发思维与表达的环境条件和动力源;和谐民主的氛围则是学生大胆进行口语交际的前提。所以,教学中一定要根据小学生注意力容易分散、形象思维古优势的特点,依据教学内容,尽量模拟社会生活口语交际的实际创设情境,形成良好的氛围,让学生在轻松愉快的氛围中进行口语交际,无拘无束地自由表达,这既是口语交际训练的首要环节,也是口语交际训练的重要途径。教学中,笔者主要创设以下三种情境。

(一)创设教学内容情境

教学中,教师对学生进行口语交际训练,不仅要凭借教材内容,更重要的是要丰富教材内容,充实教材内容,这样才能满足生与生、师与生双向互动交流的需要。比如《可爱的小动物》一课,教师除了根据教材让学生说养过什么小动物,最喜欢哪种以及为什么喜欢以外,还可创设不同小动物的生活情境,让学生观察一种小动物,在课上说说小动物的特点。养过小动物的同学还可以说说自己是怎么养的;没有养过小动物的同学,还可以采访养过小动物的同学,学习养小动物的经验和有关动物学的知识。

(二)创设学生生活情境

口语交际是日常的生活交际,是现代社会必备的生活技能。因此,教师应创设多种多样

---

① 原文发表于《课程·教材·教法》2004年第6期。

符合学生生活实际的情境，调动学生生活感知，生活积累，使学生在口语交际中说得具体，说得真实，说得有趣，从而有效地培养学生的口语交际能力。可设计问路、购物、采访、打电话、礼貌用语、日常用语、日常会话等多种多样的生活情境。如“购物”还可以具体设计出去“农贸市场买菜”的情境，去“百货商场买玩具”的情境，等等。学生在这些生活情境中进行口语交际，不仅提高了口语交际能力，而且学会了交易和适应市场经济等生活技能，为“学会生存”奠定了基础，可谓一举两得。

（三）创设社会生活情境

根据时代的主题和社会生活的突发事件或不良现象创设社会生活情境，让学生在这些社会生活情境中进行口语交际，不仅可以提高学生口语交际的能力，而且还能培养学生健康的情感、正确的价值观和崇高的人生态度。如利用课件显示路人随地吐痰的情境，让学生与“吐痰者”对话，使“吐痰者”懂得吐痰与传播疾病的关系；创设医护人员奋不顾身抢救“非典”患者的情境，让学生与医护人员对话，感受并学习医护人员那种为救死扶伤所表现出来的奋不顾身的崇高精神等等。

需要指出的是，应充分利用多媒体创设情境，因为利用多媒体创设情境，具有生动、形象、逼真的特点，有身临其境的感觉，学生十分感兴趣。而电影、电视、广播等媒体语言对学生口语发展的影响不可低估。要让学生从小学会理解、分析、判断这些媒体传播的信息，选择和利用合适的信息源，逐步培养学生的陈述、说明、辩论的能力，培养人际和谐交流的态度。

二、感受拟说

口语交际课的教学，必须凸显以学生为本的观念。以学生为本，就是以学生的发展为本。体现在口语交际训练上是从学生的实际出发，从学习的效果出发，在训练目标上体现自学能力的培养，也就是在教给学生一些科学的、基本的学习方法的同时，鼓励学生采用适合自己的方法，主动地进行学习，并形成良好的学习习惯，构建以学生为主体的自主学习的开放式口语交际教学模式，即教师鼓励学生独立思考，敢于探索，主动参与并体现富有个性的学习过程。

由“创设情境”到“自由表达”要经历“感受拟说”这样一个环节。具体来说，就是学生在感受情境的过程中，必须动眼（看）、动耳（听）、动脑（思）；而看、听、思的过程也就是学生主动学习、自主探索的过程，这一过程越充分，学生说的内容也就越具体、越生动。

（一）看

看是将形象转换成语义的过程。要让学生较好地完成这一过程，则必须教给学生观察的方法。这就要让学生懂得以下两个方面。

1. 观察要有顺序

观察有序，才能思之有序，言之有序。如，观察环境、景物、场面等，应十分注意引导学生按照一定的方位顺序：由上到下或由下到上，由东到西或由西到东，由远及近或由近及远……逐步进行观察。

2. 观察要有重点

观察不仅要了解全貌,还必须找出重点,即抓住最能反映事物特征的部分。因此,在日常观察中,教师要引导学生把全面观察和重点观察结合起来,把握事物的特征。

(二) 听

听是将语音转换成语义的过程,只有提高听的能力,才能真正提高口语交际的水平。在阅读教学中,培养学生听的能力的主要方法有以下三个方面。

1. 听记词语,增加听的容量

听记词语训练,应由少到多,逐步增加听的容量。一位特级教师在执教《我们家的猫》这一课时,对学生进行与众不同的听写词语的训练。第一次只听写一个,第二次一下子报出两个,第三次按意义联系一下子报出三个、五个,每次只报一遍,这样不断增加听记词语的数量。

2. 听读段落,抓住重要信息

如《我们家的猫》最后一段,可按不同的要求对学生进行三次听记训练:第一次听,记住能表现小猫顽皮的词语;第二次听,记住一句能表现小猫顽皮的句子;第三次听,记住几句能表现小猫顽皮的句子。在交际场合中,倾听对方说话,迅速抓住对方言语中提供的信息,这正是现代公民所应具备的素质。

3. 听读全文,明晰课文条理

同样的道理,我们也可利用听读全文这一方式,训练学生理清对方说话条理的能力。因为教材中的课文都是写作范文。条理性很强,教师范读课文一遍、两遍甚至三遍,让学生明晰课文的条理。久而久之,在不断的训练中,学生便会领悟到怎样理清课文条理,并逐步在口语交际中锻炼这一能力。

(三) 思

思是以感受情境为基础,并借助于看或听,将形象或声音转换成语义的过程。这一过程主要是思考两个方面的内容。

1. 情境提供的信息

对情境所提供的信息,应该进行筛选和整合,以解决"说什么"的问题。具体来说,就是要区分出哪些是主要信息,哪些是次要信息;哪些是有用信息,哪些是无用信息;情境中的事物之间的内在联系是什么;这些事物组合起来表示一个什么主题。

2. 内部语言的组织

根据情境所提供的信息组织好内部语言,主要是解决"怎么说"的问题,这是提高口语交际能力的关键。为此,教师一方面要提高学生思维的敏捷性、逻辑性、深刻性,一方面要提高学生语言的规范性、条理性、机敏性,从而使学生逐步形成良好的语言习惯和交际态度,具有敏捷的思维能力和快速的语言组合能力。

需要指出的是,由于内部语言的速度快于外部语言的速度,即是一种想得快,但一时又找不到相应的词语来表达的现象,故学生在讲话时会出现"嗯……啊……"等垫语增多和语流中断的现象。究其原因,主要是由"创设情境"到"自由表达"没有经历"感受拟说"这样一个环节,或者是"感受拟说"这一环节所给的时间不够。此外,在"感受拟说"这一环节,教师应重点培养学生边看、边听、边记、边想的习惯，以使学生形成良好的交际态度和交际习惯。

三、自由表达

口语交际的听说过程是一个不断接收和表达的过程，由“创设情境”到“自由表达”的过程，也就是学生“接收理解一内化语言一外化表达”的过程；而要让学生敢于自由表达，乐于自由表达，善于自由表达，教师应该注意以下三点。

（一）氛围的和谐性

口语交际能力的培养要从兴趣、情感的激发入手。因此，课堂上教师要放下“师道尊严”那种至高无上的架子，要与学生一起讨论、交流，建立平等、民主、信任、和谐的师生关系；教师要保护好学生的自信心和自尊心，理解和尊重学生思维与语言的表达方式，要正视学生身上存在的不足，少一些批评，多一些表扬，扫除学生的心理障碍。只有营造这种和谐的交际氛围，才能真正解放学生的思想，培养学生的表现欲，让学生敢于、乐于与人交际。

（二）交际的互动性

众所周知，参与交际的人，不仅要认真倾听，听懂对方的交流信息，抓住对方交流信息的要点，而且还要适时接话，谈自己的意见和想法。因此，口语交际是听与说双方的互动过程，是语言信息的往来交互，语言信息呈双向或多向互动传递状态。口语交际正是在双向或多向互动中实现语言信息的沟通和交流。我们应该让学生在师生互动、生生互动、共同发展的过程中想说、会说、善说。

（三）能力的综合性

不少教师把口语交际能力狭隘地理解为“听的能力”与“说的能力”，这有损于学生口语交际能力的培养。我们应充分认识到口语交际能力的综合性。口语交际能力的构成因素分为两大类，一类是非智力因素，如交际的兴趣、情趣，听说的仪态、习惯等；一类是智力因素，如临场应变所表现出来的思维的敏捷性，表情达意所表现出来的语言组合的快速性和语言表达的准确性。口语交际能力的综合性决定了口语交际课的教学目标：规范学生的口头语言，提高口语交际能力，培养良好的听说态度和语言习惯。

四、合作交流

口语交际是人与人之间往来交换思想、看法、意见，交流经验、成果、情感，或者买卖东西，寻求帮助，交涉事情等待人处事的活动，必须要有交际对象，构成交际关系，形成双向或多向互动的交际方式才能进行。而合作学习的最大优点，则是创设良好的语言沟通环境，在这样的环境中进行合作与交流，学生间相互启发，相互交际，在交际中相互学习，在听说中相互补充、评价、启发与促进。因此，教师和学生在教学中要有双重的角色意识，注意角色的转换，师生之间构成教与学的双边关系外，师生之间、生生之间要像日常社会口语交际那样互为对象，构成交际关系，并模拟生活实际双向互动地进行训练，才能体现出口语交际训练的特点，切实锻炼和发展学生的口语交际能力。

五、拓展创新

通过拓展口语交际的时间和空间，来达到培养学生创新能力的目的。这就要求我们教师必须树立大语文的教育观念，正确认识生活与语文、交际与生活的关系。

（一）生活与语文的关系

在课堂学习中，学习材料的来源不再是单一的教材，而更多的是学生的生活材料。我们应该认识到，生活即语文，生活中处处有语文，生活的空间有多大，语文学习的外延就有多大，我们应该引导学生在生活中学习语文。因此，口语交际训练应立足课堂，向课外、校外开放；立足教科书，向书外开放。这就是说，倡导走出灌输、走出课堂、走出学校，走进生活、走进大自然、走进社会。

（二）交际与生活的关系

生活中离不开交际，人的口语交际能力是现代社会每个公民必不可少的一项基本素质和技能。很难想象，一个不会听、不会说、不会口语交际的人，在这样的社会里，怎么能够生存下去。因此，口语交际能力的培养，除了渗透于各学科的教学之中以外，还应渗透于社会生活的各个方面，有计划、有组织地开展学生喜闻乐见的丰富多彩的实践活动，使学生在动态的、生活化的、实用化的氛围中进行口语交际，从而形成积极、富有成效的与人交往的能力和处理事情的能力。

通过拓展口语交际的时间和空间，正确认识生活与语文的关系，交际与生活的关系，把学生的思想引入以前没有探究过的问题上去，通过观察、阅读、搜集、讨论和相互的交往，使学生获得新知识、新认识，把学生带进一个新领域，把学生的思想引向一个新的境界，把学生的认识提高到一个新的水平，把学生的交际能力提高到一个新的高度，从而达到培养学生创新能力之目的。

综上所述，《全日制义务教育语文课程标准（实验稿）》在总目标中明确指出："具有日常口语交际的基本能力，在各种交际活动中，学会倾听、表达与交流，初步学会文明地进行人际沟通和社会交往，发展合作精神。"而从"创设情境""感受拟说""自由表达""合作交流"和"拓展创新"这五个方面来进行口语交际的教学，则有助于达到这一教学要求。

我国小学语文口语交际教学的发展与反思①

邱娟飞

一、口语交际教学的发展

我国小学语文真正意义上的口语交际教学从1904年至今已有百年历史，它从“听说教学”发展而来，到2000年由“听话、说话”改为“口语交际”，经历了发端、停滞、复苏、发展等几个阶段。

(一) 口语交际教学(听、说教学)的发端、停滞

1904年语文单独设科，标志着我国现代语文教育史的开端。语文学科设“中国文学”一科，官话教学成为“中国文学”科的一个重要内容。随着现代语文教育的不断发展，20世纪20年代，语文教育界开始了听说教学的探讨，叶圣陶在1924年指出“儿童时期如不经说话训练，真是遗弃了一个最宝贵的钥匙”[1]。1929年国民政府教育部颁布的《小学课程暂行标准小学国语》中规定国语一科内包括说话、读书、作文、写字四项，把听说教学与读写并列。此时的听说教学已不仅仅为了“统一全国人民的口头语言”，而且还要求“传达思想，表现感情，而使别人了解”，这就体现了听说教学的特点及真正价值，使听说教学第一次确立了其在语文教育中的重要地位。但尽管如此，在语文教学实践中听说教学还是处于附属地位。

1949年下半年，新中国成立。新时期对语文教育提出了新的要求，小学“国语”改称为“语文”。通过这次对语文的“正名”，明确了听说是语文教育的重要组成部分及它的重要性。

从课程标准(大纲)来看，1950年教育部颁布的《小学语文课程暂行标准(修正草案)》中要求小学进行说话训练，不过这个标准只停留在学生说话训练上，没有涉及对听的要求。1956年新中国的第一部小学语文大纲——《小学语文教学大纲(草案)》颁布。《大纲》“说明”指出：“小学语文科的基本任务是发展儿童语言，——提高儿童理解语言的能力和运用语言的能力。”提出要提高“儿童听的能力……”和“儿童说的能力……”这一“说明”又迈进了一步，有识之士已认识到听说教学的重要性，但在教学内容中，听说训练并没有单独列出，仍把听说放入写作教学中。1963年，新中国成立后的第二部《小学语文教学大纲》——《全日制小学语文教学大纲(草案)》颁布。该大纲强调培养学生读写能力，而忽视了听说训练，大纲没有涉及听、说，可以说，这是我国语文教育中听说教学的一次历史性倒退。

(二) 口语交际教学(听说教学)的复苏

20世纪70年代末80年代初，听说教学其重要地位重新被人们认识，开始出现复苏迹象。口语交际教学的复苏主要表现在以下三方面。

---

① 原文发表于《江西教育科研》2006年第8期。

1. 教学大纲方面

1986年颁布的《全日制小学语文教学大纲》第一次将听、说能力和培养识字、阅读、作文能力并列为小学语文课程教学目的,这是听说教学的一个重大发展。但是在具体实施上还留有空白。1987年颁布的《九年制义务教育全日制小学语文教学大纲》(初审稿)在1986年的大纲的基础上第一次将听、说作为独立的内容提出分项要求和分年级教学要求,它把听话、说话与汉语拼音、识字和写字、阅读、作文并列成为五大块教学内容之一。同时在"教学中应该注意的几个主要问题"提出,把听说能力作为成绩考查必考的方面,从使听说训练第一次拥有了和阅读、写作同样的地位,听说教学成为了语文教学中不可缺少的重要内容。1992年颁布的《九年义务教育全日制小学语文教学大纲》(试用)在"教学要求"中,又分别对"听话能力"和"说话能力"作了更为具体的规定。

2. 语文教材方面

随着语文教学大纲有关听说训练的目标、要求的逐步明确,听说教学教材建设也初步开始,从80年代到90年代的多种实验教材和九年制义务教育小学语文教材,已将听、说教学内容编入课本。"但它没有处理好听说和读写的关系,或多或少,或轻或重,都在听说和读写的结合及训练上留下了不少历史的空白。"[2]

3. 听说教学的理论及实践研究方面

从70年代末到90年代初的十几年间,我国广大中小学语文教师在教学实践中积极探索,开展了听说教学研究与实践,在理论研究上以1988年1~6月人大复印报刊资料《小学语文教学》为例,刊载的有关听说教学的文章就有五篇。在教学实践中广大小学语文教师总结出多种形式的听说训练方法与途径,如复述、自我介绍、朗读、讲故事、演讲等等,教师还根据教学的不同需要,除进行单纯的听说专门训练外,还将听说与读写训练结合起来进行多种多样的综合训练。但这些教学实践只是局限在简单的、低层次的听说训练上,极少涉及交际能力,而且这种低层次的听说训练也往往囿于形式,成为阅读、写作教学的一部分。

(三)口语交际教学(听说教学)的发展

随着培养有创新能力的21世纪人才的需要,新一轮基础教育改革开始了,全国教育界展开了教育大讨论,尤其是基础教育中的基础课程——语文教育受到了前所未有的冲击。正是在这种背景下,2000年新的小学语文大纲颁布,许多新的理念被引入,其中将原小学语文大纲中的"听话、说话"统一改为"口语交际",它指出:"口语交际要讲究文明礼貌,听话说话能领会主要内容。坚持说普通话,能用普通话清楚地表达自己的意思","但是对听与说的场合或场景,除了在'尊重对方'和'转述'这两处分别有所暗示之外,还缺乏自觉的界定,因而对所听、所说的取向指引较为含糊。"[3]

2001年颁布的《全日制义务教育语文课程标准》(实验稿)继续沿用"口语交际"这一说法,并且把它继续推进。它在总目标中明确指出:"具有日常口语交际的基本能力,在各种交际活动中,学会倾听、表达与交流,初步学会文明地进行人际沟通和社会交往,发展合作精神。"在小学三个学段的目标对口语交际都有具体要求。这种提法的改变实质上意味着口语交际教学价值取向的变化,注重教学的功能性和实用性,在培养学生口语表达能力的同时也应重视交际能力的培养。在新理念进入大纲的同时新教材也相应出版,把"口语交际"编入教材,在人民教育出版社出版的小学语文实验教材一年级上至五年级上共九册课本的《语文乐园》中，共安排口语交际活动 67 次。纵观近百年来年来小学口语交际（听说）教学的发展，小学口语交际教学经历了发端、停滞，复苏、发展的阶段，反映教育理论界和教育实践工作者对语文学科教育的认识逐步全面、科学和完善。

二、对口语交际教学的若干反思

尽管近百年来我国小学口语教学取得了一定的成绩，尤其是 2000 年颁布的《全日制义务教育语文课程标准》（实验稿），对口语交际教学重要性的认识已比较透彻。由“听话、说话”改为“口语交际”，体现了新时代口语交际教学重视语言交际功能的理念。但是新的小学语文课程标准和教材还是留下了许多难题，这不得不引起我们的反思。

（一）新课标关于小学口语交际教学目标体系的构建

新课标把“听话、说话”改为“口语交际”，这是一大进步，但新课标关于口语交际教学目标表述过于笼统，操作性不强。三个阶段只提出 16 条阶段目标，共 400 个字。以第一阶段目标为例，虽然其目标比较具体，但这些教学目标并没有提出关于口语交际的范畴、类型、言语心理上的目标、内容及内容处理，也没有体现在教学中教师如何引导学生了解讲话怎样发生相应的变化，如面对不同的语境和不同的对象，这使教师在实践教学中无据可依。这样做其目的可能是想增加弹性，给教师根据教学实际安排教学进程、选择训练方式、进行口语交际训练提供了空间。但这对在传统的“言多必失”、“敏于事，慎于言”、“敏于行，讷于言”等明哲保身思想的影响和束缚下成长起来的教师而言，明显感到“太简单”，“不具体”，“不好执行”。其次忽视年级之间的层递性，如新课标在第三阶段提出“抵制不文明的语言”，这是关于培养学生良好的语言习惯方面的规定，本应该在第一阶段就提出，因为低年级的学生更容易养成良好习惯。

（二）新课标关于小学口语交际教学在评价体系的构建

新的语文课程标准关于口语交际教学缺乏必要的评价体系，只是笼统地提出：“评价学生的口语交际能力，应重视考察学生的参与意识和情感态度。评价必须在具体的交际情景中进行，让学生承担有实际意义的交际任务，以反映学生真实的口语交际水平”。这在建议中几乎没有实质性的内容，只提出要求，而对如何评价只字未提，因此在实际的教学中，不少教师对如何有效运用评价手段进行科学评价，显得不够重视和无能为力。在实际教学中主要表现在：第一是评价形式的单一，课堂上采用的多是教师评价，突出表现在学生汇报交流后，只是教师进行评价好或不好，不让学生参与整个教学过程的评价。第二是评价内容片面，评价上关注的是学生先说了什么，再说了什么，先怎样说，再怎样说，说得好或不好，用词是否准确，而忽视对学生在交往中的态度、习惯、方法以及待人处事是否得体等能力甚至体态语言等方面的非语言因素方面的关注。

（三）小学口语交际教学教材的建设

人民教育出版社的《语文乐园》中安排的口语交际活动，与 1992 年大纲配套的九年义务教育五年制和六年制（人教版）使用的这两套课本中的听说可说是有很大进步，如新教材中的《我的想法》、《我们去旅游》、《我看到了》、《我们的奇思妙想》、《我是小小推销员》，这些话题不仅可以训练学生的听说能力，而且能培养他们良好的听说态度、语言习惯等，教材的内容也开始关注学生生活，开始关注学生自身。话题都强调“我的”、“我们的”，在交际口语活动中学生不再作为旁观者静态地描述图画中的所见，讲的不是旁人、“他的”，而是学生自己的事、自己的想法，是与学生生活相联系的。但从更宽的视野来看，首先其内容范围还是显得狭窄，对口语交际教学内容在呈现方式上，还是比较的单调，交际性还不够凸显，这些口语交际内容或介绍同学、介绍风俗文化，或说故事、说观察心得，几乎没有人际交往、沟通类的话题。学生通过这些口语交际活动的学习，在实际生活中很难学到如何与人沟通、如何与人打交道的本领。其次年段间的递进性不强，缺乏连贯性、序列性。如三年级上《风景优美的地方》和四年级上《说说一处自然景观》内容有一定交叉，讲的都是关于一些地方的景物，但要求并没有随年级的升高而提高，甚至三年级的要求比四年级的还难，四年级要求“讲清楚”，而三年级要求“尽量说得生动”。作为口语教材应该有序化，要力求“按学生学习语文的心理发展过程，由易到难、有简到繁，逐步加深的组成序列，依次向前发展，体现出渐进性”[4]。

此外虽然大部分教师也认识到口语交际教学的重要性，但这一在语文课标中首次提到的新理念需要教师的熟悉、认同和消化过程，由于这一过程的滞后，使这一部分教师感到力不从心，不能在口语交际教学中有计划、有意识地培养学生良好的口语交际能力，导致不自觉地回到以前听话、说话的老路子上去。

随着21世纪新一轮口语交际教学浪潮的到来，通过对小学口语交际的教学大纲(课程标准)、口语教材(听说教材)、口语交际教学实践与理论回顾与反思，从历史的角度进行关照，吸纳前人的经验。只有这样，才能正确把握小学语文口语交际教学改革的发展方向，真正实现口语交际教学的价值。

参考文献

[1] 叶圣陶. 说话训练——产生与发表的总枢纽. 教育杂志，1924.

[2] 张治国，刘恩元. 对当前小学听说读写存在的问题的再思考. 教育探索，1997(1).

[3] http://www.whjy.net/jyky/jypg/12686.shtml.

[4] 朱绍禹. 中学语文教学法. 高等教育出版社，1988:44.

从口语交际教学的失误中追索语文课程知识的构建①

王宗海

当新课改的激情逐渐回退，附着在传统理念中的问题和伴随新理念产生的问题，必然纠缠在一起，以一种矛盾的态势浮出水面，泛出一个个热点抑或冰点。于是，知识观问题，当仁不让地成为争鸣的焦点。这也是必然的，因为传统与变革的冲突很大程度上表现为两种知识观的冲突。就语文学科而言，早在2001年修订版大纲出台前后，就有一些学者对语文知识的问题进行了探讨，直到今天这种热度仍未消减。在笔者看来，许多学者尝试着从不同视角对语文课程知识的问题进行讨论或试图构建，没有取得太多实际进展，也没有像教育学界"王钟之争"那么有影响力。究其原因，不外乎以下几点：一是语文学科的独特性；二是语文知识的非专门性；三是没有将语文知识的探讨或构建纳入语文系统中进行，即将语文课程知识纳入语文本体论、语文课程论、语文教学论的整体思维中进行探索或构建。为了具体说明这一问题，笔者试从口语交际教学的失误入手，谈点粗见。

之所以选择口语交际教学，一是因为它是新生事物；二是从其教学的失误中容易看到因课程知识的不完备带来的弊端，便于从中体会语文课程知识构建的意义。目前，口语交际教学还多停留在"重视"、"呼吁"阶段，是语文教学中最不成熟的板块。其失误概括起来主要集中在三个方面：

一是随意性强。以小学为例。2002年元月，有人在河北邱县采用整群抽样的方法，抽取30个教学班，80余名语文教师和1 000余名1—6年级的小学生进行了问卷调查，发现小学口语交际教学随意性强。不少教师认为口语交际教学可有可无，与提高学生成绩没有多大关系，所以根本不开设口语交际课。在被调查的30个教学班中，虽然有25个班级在课程表中设置了口语交际课，但其课时经常被识字、阅读、写作课挤占，真正按课程计划上口语交际课的寥寥无几[1](26)。笔者也曾在南京市级骨干教师培训过程中与一线的老师交流过这一问题，情形与上面的调查类似。多数教师一般依据苏教版教材设置的口语交际内容来讲授，对于教科书中的话题，合适的就上一节，一般的当作练习一带而过。

二是对口语交际教学内涵缺乏理解，日常教学中还是传统的听说教学的路子。有人[2]从上海市20个区县中随机抽取了14个区县，每一区县又随机抽取了2至3所学校，对1—5年级的93名语文任课教师进行了调查。39.6%的教师认为口语交际教学只是附属于识字、写字教学、阅读教学、作文教学，是为发展学生的书面语打基础。对口语交际教学内涵的理解，教师中出现了较大的分歧。65.9%的教师认为口语交际教学是口语理解和口语表达教学，20.9%的教师认为口语交际教学就是听说教学，7.7%的教师认为口语交际教学是一种口头表达教学，还有5.5%的教师认为口语交际教学应另作他解。

三是课堂教学的展开内容多是生活情境的复现，缺乏交际策略的针对性指导。以"文明

① 原文发表于《南京晓庄学院学报》2006年3月第2期。

之星伴我行”教案片断[3](401-402)为例。

讨论后A组汇报交流(简介:我们给大家展示的是寒假期间客人来我家,我文明接待客人的场面)。

客人:当当当——

小华:谁呀?

客人:是我,你爸爸单位的王叔叔,找你爸爸有点事。

小华:哦,是叔叔呀!快请进!

小华:请坐。我先给您倒杯茶,您稍等。

客人:这孩子真有礼貌,谢谢。……

师导:看,这个小主人多会文明待客啊!真是个讲文明的少先队员。说说看,他们的交际中哪儿值得你学习,哪儿需要改进呢?

(生讨论)

生A:他们在交际中不仅使用了文明用语,而且让我们看到了他们的文明行为。比如:“谢谢”“请坐”等语言……

生B:他们的交际语言条理清晰,自然流畅。

生C:如果在交际中态度再大方些、热情一些,我们就更高兴与小主人交际了。

师小结:说得好,说明你们在听的时候不仅认真仔细,而且还积极地动脑。我们一起看看下一组汇报得怎么样。

这个片断中既没有所谓的知识,也没有交际策略的指导。这样的训练在实践中不是更有效吗,为什么要拿到课堂上来呢?

只要我们稍加思索,就能从以上三个失误中轻易归纳出因口语交际知识体系的不明确、不完备给口语交际教学带来的制约这一结论。先看失误一,有调查显示,关于口语交际教学的内容,25.3%的教师认为教学内容就是教材中规定的内容,19.8%的教师认为教学内容就是教学大纲规定的内容,29.7%的教师认为教学内容就是口语交际的意图、环境和风格,14.3%的教师认为学生日常生活中的口语交际内容就是教学内容[2]。针对这些不同的认识,口语交际教学中应选择什么内容?哪些知识是学生所要学的?这些知识又该以什么样的逻辑序列呈现?这些问题不解决,教学就缺乏针对性,随意性也就在所难免了。再看失误二,作为新生事物,口语交际教学取代听说教学不单单是名称的改变,本质上是课程价值观的深层改革,更体现了实践性和综合性,实质上是一种基于学生的直接经验,密切联系学生的生活,以提高学生的语言交往能力为核心,并同时发展学生的综合素养,既具实践性又表现为综合性的课程形态。因此,不了解口语交际的内涵、特征、价值、理念等方面的知识,就走不出听说教学的思维和行为方式。失误三在于在学生活动的展开过程中,缺乏明确的交际知识的支撑,尤其是策略性知识的运用,致使学生的交际水平没有实质性的提高。

从上面的简单分析来看,口语交际知识的问题不解决,口语交际教学的效率就很难提高。同理,语文课程其他板块内容教学的低效,也与相关板块的知识的不明确有相当的关联。

于是我们的追索自然而然地过渡到这样一个问题,即语文课程由什么样的知识构成,也就是语文课程知识的建构问题。这不是一个新课题,却是一个解决难度相当大的问题。在现今课改的背景中要建立起一个明晰的、确定的知识结构体系，对语文课程来说几乎是不可能的，也没有这个必要。当然，也有一些专家、学者做了一些尝试，较有代表性的如韩雪屏在《语文课程的知识内容》一文中提出，语文课程的知识由语言规律、言语规律，他人的言语经验，个体的言语规则，人类的语言文化等四部分构成[4](4-6)。屠锦红也撰文提出语文知识构建刍议，文章认为语文知识包括工具类知识和人文类知识，前者又包括语言理论知识、语言实体知识、言语操作知识，后者包括思想观点方面的知识、情感态度方面的知识、价值取向方面的知识[5](5)。我们认为，这种语文知识的建构，还没有走出传统的"知识树"式的构建思维，尽管其探索精神是值得尊敬的，但有多少现实意义还要打个问号。

据此，我们也尝试着提出自己的构建思路，供大家讨论。语文课程知识的构建可在两个层面上展开：一是在哲思层面进行追索式构建，主要目的是传达一种建构的思维方式，为实践层面的建构提供思路；二是在实践层面的构建，主要指课程研制和教学过程中的具体讨论和建构。

关于哲思层面的建构，要综合语文教学论、语文课程论、语文本体论三个视角进行追索式的思考。

从语文教学的角度来看，"所要讨论的主要问题是具体学生的针对性、适应性。即教师所教的'语文知识'对该班学生达成语文课程目标的具体针对性，教师所采用的呈现方式对该班学生的现实适应性"[6](9)。简单说来，就是为使学生更有效地达成既定的课程目标，"实际上需要教什么"和"实际上最好用什么去教"。体现在课堂教学实践中，就是教师"实际在教什么"、"事实上用什么去教的"。落实到学生的学习上，则可以集中到一个问题，即学生"实际在学什么"。这些问题其实就是语文课程知识建构的逻辑起点。

要解决这些问题还需从语文课程内容的角度继续追索。语文课程内容面对的是"教什么"的问题，其直接的依据就是"课标"所设定的培养目标。哪些知识是适合这些目标的，这些知识就构成了语文课程的内容。但目前最大的问题是"课标"中的目标还很宽泛、抽象。以低年段对听的能力的要求为例，大陆的"课标"只有两句话，"能认真听别人讲话，努力了解讲话的主要内容"。"听故事、看音像作品，能复述大意和精彩情节"。比较起来，台湾"课标"的相关部分就具体得多，比如"聆听能力"部分规定"能培养良好的聆听态度"，"能自然安静地欣赏"，"喜欢聆听别人发表"，"能养成仔细聆听的习惯"，"能神情自然，凝视说话者，注意聆听而不插嘴"，"能礼让长者或对方先行发言"，"能学会使用礼貌语言，适当应对"，"能主动参与沟通，聆听对方的说明"，"能确实把握聆听的方法"，"能注意听，能听得正确"，"能听出别人所表达的意思"，"达成沟通的目的，能思考说话者所表达的目的"，"能边聆听，边思考"，"能有条理地掌握聆听到的内容"，"能结合科技信息，提升聆听的能力，以提高学习兴趣"，"能听出说话者说话的表达技巧"，"能概略听出朗读时优美的节奏"，"能听出说话者表达的技巧与特色"。因此，目标越是具体，语文课程知识的选择、呈现和教学就越有针对性。

当然，这些目标的确定不是想当然的，目标的确定或是精细解读的直接依据还要追索到语文是什么（很多学者认为，语文教育的尴尬境地，恰恰是语文本体论研究的被抑制的和理性缺损的必然。我们也同意这种观点），主要是语文的性质观问题和目的观问题。目标的确定，不在于结果的呈现，而在于思辨的过程中，不断理清教学的思路，这是所有研究者和教学者必须关注的问题。

关于在实践层面的构建，主要指课程研制和教学过程中的具体讨论和建构。因篇幅局限，不再展开。或许王荣生先生的一些建议会给我们一些启发，“语文教师最好能用自己的一堂课、一个教案、一次作业的批改、一回活动、一点体会等等，来加入‘语文知识’问题的讨论。‘语文知识’的问题，语文教师一定要当作切身的问题、当作自己专业知识发展的问题、当作培养你所教班级的学生语文素养问题来讨论，千万不要搬运一通陈述性知识、程序性知识、策略性知识等等名词了事，虽然这些名词本身并没有错”[6](9)。

参考文献

[1] 王银梅，张恒河．小学口语交际教学现状及训练策略．学科教学探索，2003(11)．

[2] 丁炜．关于口语交际教学的现状调查．上海教育科研，2002(10)．

[3] 李莉莉．小学语文口语交际教案选粹．语文出版社，2003．

[4] 韩雪屏．语文课程的知识内容．语文建设，2003(3)．

[5] 屠锦红．语文知识构建刍议．学语文，2004(5)．

[6] 王荣生．“语文知识”是个什么样的问题？怎样讨论？语文教学通讯，2005(4)．

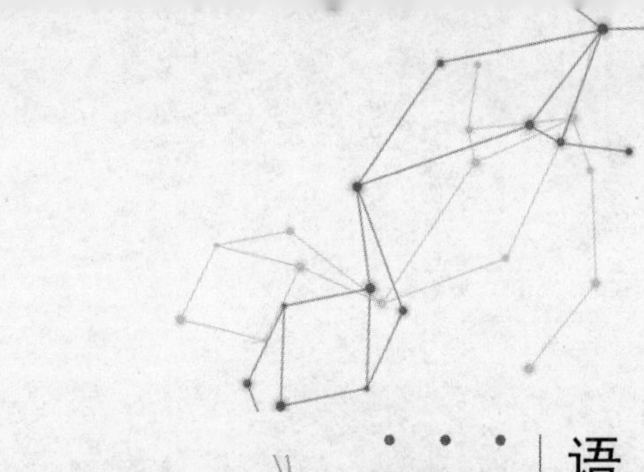

语文活动和综合性学习

- 语文实践：活动综合性学习的重要途径（刘从华　谢　牛）
- 关于语文综合性学习边界问题的思考（黄　伟）
- 语文综合性学习的反思性实践（夏家发）

语文实践活动：综合性学习的重要途径①

刘从华　谢　牛

一、语文实践活动的内涵及类型

语文实践活动是以大语文教育观为指导，以发展学生的语文素养为目的，以活动为载体，以引导学生在自主活动中获得直接经验和及时信息为内容，以学生自我活动探究、自我操作体验为基本形式，以激励学生主动参与、主动实践、主动创新为原则，以实现语文知识综合运用、听说读写等能力整体发展为价值取向的主体性活动。湖北省襄樊市第一实验小学开展了小学语文实践活动，其内容丰富，可归纳为六种类型：① 阅读交流型。根据一定的目的积极创造条件，如向学生开放图书室、阅览室、网络等服务阵地，引导学生多读书、好读书、读好书、读整本的书，并广泛交流，激发阅读兴趣。② 趣味竞赛型。通过竞赛既考查学生应用知识的能力，又培养学生的竞争意识和合作精神，如"词语擂台赛"等。③ 体验表演型。如"自编自演课本剧"、"演双簧（改病句）"等。④ 语文游艺型。如"击鼓传花考状元"、"会说话的标点符号"等。⑤ 鉴赏创造型。除"读诗评画"、"听声响自编故事"等活动外，还可设计可供想象的话题激励学生勇于探索未知领域，展望未来。⑥ 社会实践型语文实践活动应注重联系学生实际，联系社会大课堂。这类活动可以设计为写调查报告、春联，学做导游等。

二、语文实践活动的重要特征

1. 语文性

语文实践活动不同于一般的活动，它以学习语文知识、形成语文能力为主要活动内容和对象，强化提高语文素养的活动功能。

2. 实践性

活动课与学科课最根本的区别是让学生在实践活动中获得直接经验。

3. 主体性

在语文实践活动中教师要引导学生自行设计和组织活动，学生是活动的主人，从活动准备到活动评价要实现全程主体化。

4. 社会性

语文实践活动与社会活动密切相关，学生要走出校园、进入社会、了解社会、思考社会。

5. 开放性

学习时空开放，时间不以 40 分钟为限，空间组合按学习内容和目标而定，家庭、社区、大自然都是学习空间。学习目标开放，不以知识为唯一目标。教学评价开放，不追求唯一目标的实现。教学内容方式开放，从学生实际出发。

---

① 原文发表于《教育研究》2002 年第 7 期。

6. 发展性

要用发展的眼光看待每位学生,在促进全体学生全面发展的同时,也应重视学生的个性特长培养。

三、语文实践活动的基本策略

1. 根据语文实践活动特点,做到"三突出"

(1) 突出语文知识的综合运用

这主要表现在知识的纵向及横向联系上。如"连主题成文",要求学生把学过的课文的主题连成一篇文章,学生对所有的主题进行整理,抓其内在联系,并用恰当的语言加以组合,这既训练了学生的思维、表达能力,又把学过的知识合理地串联起来。在"编优秀作文集"活动中,学生首先得弄清楚怎样编,掌握编集子的基本常识与技能;接着要考虑编什么,对自己的作文进行整理加工;最后大量的工作就是设计、排版、装订成册,与美术等学科知识横向联系起来,体现了知识的综合运用。

(2) 突出语文能力的综合训练

语文课堂教学主要以单元知识、单项能力训练为主,每节课都要确定一定的重点,不可面面俱到,而语文实践活动不受学科知识体系的束缚,得益其体验与开放的特征,有效实现诸方面能力的整合。为了办好小报,学生经常自觉到书店购买并查阅大量的报刊,向他人请教,学习相关知识,根据自己设计的栏目,亲自动手创作,这使得学生不仅经历了一次自主学习创造活动,而且在实践中提高了阅读、动手操作、鉴别审美等多方面的综合能力。

(3) 突出活动形式的灵活多样

语文实践活动按地点分,可在教室、活动室、阅览室,也可在社区甚至大自然;按人数分,可两三人一组,也可十几人一组,还可全班参与或跨班、跨年级进行。

2. 优化语文实践活动过程,落实"三结合"

(1) 课内与课外结合,确保足够的活动时间

素质教育的主阵地在课堂,而达成素质教育的目标单靠每个 40 分钟是远远不够的。语文实践活动一方面要充分利用每个 40 分钟,对于一些难点问题,可在课堂上介绍、指导,同时更要向课外延伸,力求让学生到宏大的社会生活中去自我探究。

(2) 与其他学科结合,促使语文课程综合化

语文实践活动要以语文知识为中心,与其他学科如体、音、美、自然等广泛联系,运用学生感兴趣的艺术手段,达到服务于学生发展的目的。在"读诗评画"活动中,为了保证乐曲选择、依诗作画评价的科学性,我们把音乐、美术等学科教师请进了语文课堂,有机地将语文、音乐、美术等学科知识联系起来,尝到了小学语文课堂教学综合化的甜头。

(3) 与常规活动结合,促使活动深化

每次活动结束,并不意味着学习的终止,富有持久性和实用性的活动要经常化,并与班队会、晨会、文体、科技等其他常规活动紧密结合,利于学生协调发展。

3. 科学评价,重在激励

评价具有导向、激励作用,教师对学生的活动表现及活动结果应及时做出全面科学的评价,而且尽可能把评价的机会和权力还给学生。首先,要全程全面评价,既重视活动结果,更要重视活动过程的评价,包括对活动中发现、解决问题的态度、能力都要进行评价,既要发

现、纠正错误、缺点，更要肯定优点，让学生品尝到活动的乐趣。其次，要努力探索激励性评价。为了激励和促进学生的发展，活动中设置了很多荣誉称号，像“朗诵能手”、“笑星”、“故事大王”、“小博士”等。除此之外，评价也可以是简洁明了的口头语言，如“好”、“真聪明”、“科学的发现总是属于孜孜不倦、顽强探索的人”、“换个角度探讨，说不定会柳暗花明呢”等。

四、语文实践活动的主要成效

1. 语文实践活动是学生学习的乐园

调查统计结果表明，学生喜欢语文实践活动的占96.1%。每门课都要能像语文实践活动那样有趣，那么轻松的话，学习真是件快乐、幸福的事了。这是学生的肺腑之言。学生自己办报，既当“作家”，又当“编辑”，表现出极大的好奇心，结果令人振奋：诸如《学习体验报》、《红苹果》、《七色花瓣》、《快乐餐厅》等报名，“热门话题”、“实话实说”、“开心果”、“月亮船”、“七巧板”、“词汇岛”、“佳句湖”、“仿句坡”、“妙段高山”、“错别字诊断所”等栏目，还有“红领巾出版社”、“阳光出版社”、“HAPPY出版社”等，真是举不胜举，证实了学生不可估量的发展潜能。

2. 学生逐步养成了广泛阅读、主动探究，独立思考、积极实践、勇于创新的良好习惯

这一习惯的养成，使学生将过去被动地接受式学习变为一种自主探究体验式学习。很多家长反映，语文实践活动真好，使学生不仅乐学，而且见多识广，创新意识和实践能力不断提高。

3. 新的教育理念、丰富的活动内容、灵活多样的活动形式，使学生的个性、爱好特长得到不同程度的发展

“自编文集交流”活动，不仅利于激发学生的学习兴趣，养成良好的阅读习惯，而且进一步提高了学生阅读、积累、观察、写作的综合能力，不少学生脱颖而出。在学校少先队大队部组织的“风帆杯”队报评比活动中，实验班队员的办报能力明显高于平行班（见下表）。

“风帆杯”队报评比四年级获奖情况统计一览表

班级	参赛数（份）	获奖总数（份）	获奖率%	一等奖		二等奖		三等奖	
				份数	百分比	份数	百分比	份数	百分比
四(1)(实验班)	75	64	85.3%	22	34.4%	28	43.8%	14	21.9%
四(2)(平行班)	77	56	72.7%	11	19.6%	21	37.5%	24	42.9%
四(3)(平行班)	80	57	71.3%	10	17.5%	25	43.9%	22	38.8%
四(4)(平行班)	79	53	67.1%	8	15.15%	23	43.4%	22	41.5%

五、对语文实践活动的思考

语文实践活动的内容安排应遵循循序渐进和系统性原则，要根据教材的知识点和能力训练点，结合社会生活实际，按照学生兴趣特长和年龄特点来拟定。低年级可采取一些形象生动的形式，让学生在游戏中培养学语文的直接兴趣；中年级可采取比赛等形式培养学生的学习积极性；高年级主要采取富有创意、走向社会的形式，让学生在活动中获取知识、信息，并形成处理信息的能力。

语文实践活动应尊重学生差异,促使每个学生得到发展。从实验效果中可以看出语文实践活动对学生能力、特长发展的作用,但教育只有适应学生个体差异这一客观性,才能使每个人得到全面和谐的发展。因此,在语文实践活动中要尊重学生的选择权,一些利于特长发展的活动,学生根据自己的情况,可以反复实践;对有些不适合自己的活动,经引导仍无兴趣的不能强求,否则会挫伤学生的积极性。为了利于学生能力的形成,建议将语文实践活动分为三个层次:全员参与的语文基本素养训练活动、选择参加的兴趣活动和自由支配的特长发展活动。这样既面向全体学生,又注重因材施教。

落实综合性学习,深化语文教育教学改革。教师必须转变语文教育观念,把语文教学的理性分析转为重视学生的感性体验,树立强烈的学生主体实践观念。新教材还要进一步积极吸取先进的科研成果,将语文实践活动编入语文教材,像识字、阅读、习作教学那样自成体系,促使学科课程向综合化、多元化、开放化、个性化的方向发展。

在小学应倡导、探索一种综合性教学方式,促使语文教学改革进一步深化。像"你好,春天"这一主题综合实践活动,利于把各科教学组织起来,实现语文综合性学习。在语文教学中感受"春风"、"春晓"、"春雨";科学课上学"种子";美术课画"春光好";音乐课教唱"春天在哪里";数学课上编植树应用题;班队会上举行"我心中的春天"主题会,课外阅读"春姑娘"的故事,社会实践中"找春天",融各科为一炉,使学生形成较系统的认知结构。

参考文献

[1] 李臣. 活动课程研究. 教育科学出版社,1998.
[2] 高峡. 活动课程的理论与实践. 上海科技出版社,1993.
[3] 严尔权,等. 在活动中求发展——中小学活动教学的理论与实践. 华中理工大学出版社,1998.
[4] 中华人民共和国教育部. 全日制义务教育语文课程标准(实验稿). 北京师范大学出版社,2001.
[5] 吴立岗. 教学的原理、模式和活动. 广西教育出版社,1998.

关于语文综合性学习边界问题的思考①

黄 伟

语文综合性学习应该是有边界的，问题是，这个边界到底在哪里？要回答这一问题并非易事。但是，若不回答这一问题，我们就无法断定什么样的语文综合性学习是“狭化”了的，什么样的语文综合性学习是“泛化”了的；什么样的语文综合性学习是“语文的”，什么样的语文综合性学习是“非语文的”；进而言之，也就无法判定什么样的语文综合性学习是有效的、高效的，什么样的语文综合性学习是无效的、低效的。

我认为，要给语文综合性学习划定边界，有必要厘清几个前提性问题，这虽不能给语文综合性学习明确划界，但可以帮助我们理解、解释当前语文综合性学习中“去语文”和“泛语文”等一系列问题。

一、语文综合性学习展开的广度导源于对“语文”的认识

这里的对于“语文”的认识包含三个问题：其一，语文是什么？或曰语文的内涵是什么？对此我们至今尚未获得统一的认识，有“语言文字”“语言文学”“语言文化”等多种不同的说法。持有什么样的“语文观”，就会有什么样的语文综合性学习的“视野”。当我们把“语文”的内涵主要定位在“语言文字”上，相应地，语文综合性学习就会围绕“语言文字”，这一中心来展开；当我们把“语文”的内涵定位在“语言文学”上，语文综合性学习就会特别关注“文学活动”；当我们把“语文”的内涵定位在“语言文化”上，语文综合性学习将会在更为宽阔的背景下展开。其二，我们在怎样的范畴中指称“语文”？对于“语文”范畴归属的认识我们仍处于模糊状态，至少在实践领域无意把它分开，比如，我们所指称的“语文”，是母语还是母语教育？是一门人文社会学科还是一门学校教育课程？这两对概念的混淆，会导致学校的语文教学与社会生活中的语文学习不分，语文课程的序列训练与语文素质的自然生成不分，语文的间接经验学习与语文直接经验的习得不分，进而会导致对学校语文教育包括课堂教学的轻视鄙薄，把生活中的语文习得凌驾于语文课程教学之上，使语文学习成为社会生活中的“天马行空”“自由放牧”。其三，什么是语文素养？语文素养主要靠什么获得？有人说，新世纪语文课程改革把“语文能力观”变为“语文素养观”，用“语文素养”似乎比用“语文能力”来得丰富周全，几乎囊括一切，面面俱到。但问题是，在视野大开的同时，语文失却了核心，语文学习也没有了问题焦点，相应地，语文综合性学习无边界泛化也就随之而来。语文素养论的无限泛化，使得语文教学失去了语文学科的核心问题，在“全面”的时髦口号下追求面面俱到，结果是收获浅薄的“广”和无序的“多”，语文综合性学习正是在这样的理念下让各种非语文活动“你方唱罢我登场”，而语文教学却“反认他乡为故乡”。另一个方面，语文素质的养成是以生活中的语文习得为主还是以学校的语文学习为主，二者关系到底如何理解？什么是

---

① 原文发表于《语文教学通讯》2006 年第 9 期。

高效的语文学习方式？语文学习与生活到底具有怎样的联系？通过文章、文学学习语文会比到生活中、到其他学科中学语文学得更好吗？或是恰恰反过来？这在我们面前还是“黑箱”，我们如果不能明确回答这些问题，我们指责那些所谓语文综合性学习的“泛化”、“非语文化”就缺乏底气。

二、对语文综合性学习中的“综合”的理解会影响综合的深度和力度

什么是“综合”？什么是“语文学习的综合性”？这些问题还有待深入探讨。所谓综合，就“是把分析过的对象或现象的各个部分、各属性联合成一个统一的整体”。综合是与分析相对的，也是与分析相依存的，没有分析就谈不上综合，所谓分析，就是对事物或现象的要素及相互联系的了解和理解。也可以这样说，要进行综合首先必须对所要综合的对象进行分析，探明其不同种类、不同性质的事物之间的关联性。正是事物内在要素的关联性的多少强弱决定了综合的可能性及其综合程度的深浅，也正是不同类、不同质的事物有其关联性，综合才成为可能，通过综合才能使事物的内部要素相互影响，产生作用，实现功能增值。否则，貌似综合实则拼合、杂烩。例如，我们常常把语文学习与音乐学科的学习进行综合，但是到底在哪个维度上进行综合，我们少有深入分析和研究。通常的做法是，在语文综合性学习活动中开展音乐活动，先是“唱唱”“听听”，然后“说说”。下面题为《穿行在音乐的天空》教学案例较为典型地代表这种综合性学习的活动方式。

教学过程：

一、播放流行音乐，唤起学习兴趣。

二、穿行音乐天空，了解中外经典。

(一) 走进民族音乐。

1. 说说你接触过的民乐曲目。

2. 根据音乐风格猜猜它所产生的地域。

《信天游》

《好一朵茉莉花》

《珠穆朗玛》

《月光下的凤尾竹》

3. 说说你知道的民族乐器和用它们演奏的优秀曲目。

4. 看影音片段猜乐器。

5. 听音乐，猜乐器猜曲目，讲典故叙来历，我们一起来欣赏。

《二泉映月》

《高山流水》

《梁祝》(小提琴协奏曲)

(二) 走进外国音乐。

1. 说说你接触过、了解过的外国音乐。

2. 了解经典，欣赏经典。《命运》

(三) 自选曲目推介(分小组介绍)。

三、交流各自感悟，感受音乐魅力。

纵观整个教学流程，这节课不像是语文综合性学习，倒很像是一节“音乐欣赏课”。教学的主要内容是音乐相关知识的介绍、乐曲的播放和欣赏，而语文学习却被遮蔽了，被削弱了。但是，笔者认为，问题不在于“音乐欣赏”与“语文学习”内容安排的多少，真正的问题表现在这节课的综合性太弱，我们几乎看不到“音乐欣赏”与语文综合性学习的“综合”维度，到底在哪里达成了“综合”。如前所述，凡综合，应该找到综合对象之间的相通、关联的“综合点”，只有凭借这个“结合部”才能实现两个或多个不同事物、不同学科的融通，进而达成对事物和学科的多重理解。就语文综合性学习而言，就是要凭借语文与其他学科的联系性，通过学科之间的相互沟通来实现学生学科素质的多重建构。具体到《穿行在音乐的天空》这一次语文综合性学习而言，它显然是语文学科“跨入”音乐学科的综合。在这种跨学科的综合中，我们首先要找到两个学科可以综合并实现综合的“基点”，这种综合的“基点”主要不在说说乐曲的相关知识上，也不在听后谈谈感悟上——如果把综合定位在这两点上，那么语文学科就可以随便地“综合”，就可以与任何东西“综合”，这恰恰是当前语文综合性学习“泛化”的一个重要根源所在。语文与音乐综合的“基点”应该建立在二者的联系性上，具体地说，语文与音乐的联系主要表现为二者同为传情达意的一种方式，同属表达情感的符号系统，只不过一个用语言文字这个符号来表达，另一个用音符和旋律来表达。当我们体验同一种情境、同一种情感，我们既可以用音乐——音响、节奏和旋律来表达，也可以用语言文字来表达，那么，音乐的表现就可以转化为语言文字的表现。在语文综合性学习中，可以凭借两者的共通性把音乐唤起的美感、情感与形象，用语言文字表达出来，在此基础上进行艺术与文化的深度探讨。如，《二泉映月》与《命运》，同是表达了对命运的不屈与抗争的情感，但因其艺术表现手法和手段的不同而给人以完全不同的情感体验和审美享受，联系乐曲的作者身世、文化背景和使用的乐器来进行探讨，将是涉及多方面知识的综合。这样的综合，不仅从音乐切入来学习语文，也从音乐出发走进文化。当然，民歌、流行歌曲与语文的联系性更强，也更加便于开展语文综合性学习。

正是对综合性学习的综合关注不够，我们在开展语文综合性学习的活动中常常是捡到篮里便是菜，导致了五花八门、毫不相干的东西的胡乱堆积，甚至误以为，在综合性学习中掺杂的成分越多越好。这一方面使语文综合性越来越失却语文的底色，另一方面杂质的成分过多，反而使得综合性变弱。作为综合性学习，综合的维度多一些会更好，但多维度综合难度也更大，容易变成拼盘、捏合，而非真正的综合。当前语文综合性学习形式化、过度泛化的现象在很大程度上源自我们对“综合性”没有深入探讨和认真对待，不顾及综合的维度与深度，只在形式上拼凑在一起，必然制造语文综合性学习的“豆腐渣工程”。

三、评价维度决定语文综合性学习的实际效果

我认为，对语文综合性学习评价的误区和误导，是导致语文综合性学习的泛化、非语文化的另一重要原因。在对语文综合性学习的评价上，其误区主要表现为：其一，只重形式不重实质。对于语文综合性学习活动的评价，我们常常把兴趣点放在那些花里胡哨、热热闹闹的形式上，而对于哪些活动在哪些方面建构了学习的知识与能力，在哪些方面养育了学生的语文素质却很少深入追究和认真测评。其二，将过程、方法与学习结果、效果隔离。有些论者和实践者为了强调语文综合性学习与传统的语文课堂教学的不同，将学习过程、学习方法抬到比学习结果、学习效果更高的地位，凌驾于学习结果和学习效果之上，将学习过程与方

法从学习结果和学习效果中剥离出来。实际上,学习过程、方法与学习结果、效果是相互依存、互为因果的关系,在这对关系中任何一方失去对方都将失去意义。由于我们只看重所谓的过程和方法而忽视或轻视学习的结果和效果,自然会导致过程的散漫化,方法以求新求异为时髦时尚。那些无问题的探究、假问题的研究、虚假的合作、虚张声势的讨论交流、现代教学手段的越位和喧宾夺主……举凡种种,都是唯重过程和方法所产生的病灶。只要我们深入追问其学习的结果和实效如何,那些泡沫化的过程和花拳绣腿般的方法就会立显原形。在语文综合性学习中,对学习结果的测评诚然不宜用一把尺子衡量有差异的学生,但结果的检测应该贯穿到学习的每一个环节。其三,将语文知识与能力对立,将语文知识、能力与情感态度价值观割裂开来。当前,语文综合性学习的一个严重误区是,语文综合性学习无需语文知识,排斥语文知识,更无意把语文综合性学习活动过程作为语文知识的学习过程;另一误区也值得关注,其后果可能更为严重,这就是将语文知识学习、语文能力培养与情感态度价值观的养成割裂开来,在许多语文综合性学习中,不见语文知识学习、语文能力培养,大谈情感态度价值观,或者总要在活动中"外加一勺",似乎在语文综合性学习中情感态度价值观可以甚至应该脱离语文学习的过程而独自存在。事实上,情感态度价值观的养成,虽是语文学习的重要目标,但它总是与"语文学习"相伴而生的,是派生出来的。失却了语文学习,所谓情感态度价值观的养成就无从谈起,或者就不再是语文综合性学习。我们虽不能简单断定在语文知识、语文能力与情感态度价值观中谁是主要目标,但可以肯定地说,语文知识、语文能力目标在语文综合性学习中是先在的,先决的;尽管在实际学习过程中两者的关系可能是互为基础,互为支撑,甚至互为因果的关系,但是情感态度价值观的培养不能离开语文学习而另搞一套。当前,语文综合性学习的"去语文",与情感态度价值观的养成脱离了语文学习关系极大,我们误以为情感态度价值观可以在语文综合性学习活动中"独舞"。

评价无疑对语文综合性学习的教学起到制导作用,如果评价失当,必然对教学活动产生误导。评价失当,深究其因,可能导源于《语文课程标准》对语文综合性学习的表述不够具体,不够充分,甚至错位。《语文课程标准》对语文综合性学习的目标表述显得空乏笼统,《语文课程标准》对认字与识字、阅读、写作、口语交际的目标表述同样有空乏笼统之病,但由此而带来的后果在综合性学习中表现得最为严重,因为这是一个全新的教学领域与课程形态,缺乏严谨的界定,尤其是在"评价建议"中关于综合性学习的表述,好像更为适用于"综合实践活动课程"中的"研究性学习"。

综合性学习的评价应着重考察学生的探究精神和创新意识。尤其要尊重和保护学生学习的自主性和积极性,鼓励学生运用多种方法,从不同的角度,进行多样化的探究。这种探究,既有学生个体的独立钻研,也有学生群体的讨论切磋,所以除了教师的评价之外,要多让学生开展自我评价和相互评价。评价的着眼点主要在:

——在活动中的合作态度和参与程度。

——能否在活动中主动地发现问题和探索问题。

——能否积极地为解决问题去搜集信息和整理资料。

——能否根据占有的课内外材料,形成自己的假设或观点。

——语文知识和能力综合运用的表现。

——学习成果的展示与交流。在评价时,要充分注意学生在解决问题的过程中所采用的思路和方法。对不同于常规的思路和方法,尤其要给予足够的重视和积极的评价。

评价的"非语文化"表现得非常明显，除了"语文知识和能力综合运用"一条外，其他条款均是适用于综合实践活动课程的评价指标。由于评价对语文综合性学习的特质关注不够，对"语文性"和"综合性"轻视与忽视，过于强调研究性、活动性，这就在很大程度上把语文综合性引导到"综合实践活动课程"的轨道。

语文综合性学习的泛化、非语文化现象背后藏匿着较为复杂的问题，其中最为主要的问题来自我们对"语文"及"语文教学"的模糊认识，来自对"综合性"缺乏深入研究，来自"评价"的偏失而造成的误导。就现象来看，问题出在教学实践中，但究其根源是我们对语文综合性学习的理论解释不够与引导不力。而要给予语文综合性学习以明确的理论解释和有力的引导，又不得不阐明一些前提性的问题。看来，我们对语文综合性学习的研究只是刚刚起步，还有很长的路要走。我们对当前的语文综合性学习提出批评与质疑，实际上就隐含着我们对语文综合性学习的基本立场和基本观念。一般而言，那些不关语言文字表达能力的培养，看不到听说读写整体训练的所谓语文综合性学习，我们就有理由说它"泛化了"、"非语文化了"。这里，我们"把语言文字表达能力的培养"、"听说读写整体训练"当作语文综合性学习的主线。事实上，离开了这条主线，语文综合性学习既失去了凭借，也失去了目标，这是一个简单的道理。但我们容易被一些时髦名词和时尚的理念所左右，当我们紧紧抓住这条线的时候，语文综合性学习就可以在广阔的空间里伸缩自如。这条主线不能是僵硬的，它像个"皮筋儿"，具有极大的弹性和包容性。

语文素养的核心理应是语文基本能力，即听说读写能力，其他能力对于语文能力可能起到重要作用，但不是语文能力本体，它们或为辅助，或为基础，或为前提，或为伙伴，或为派生。我们所关注的"语文性"，说到底就是对培养听说读写能力有直接影响力的教学方式与教学内容，能够直接地生成语文基本能力的教学方式和教学内容。但是，语文基本能力的形成对人的其他素质、整体素质都有相应的要求，因而，形成某一方面的语文能力也就不可能是单线直进的，不能只管"葫芦大与小"，不管"藤叶死与活"，常常需要多方面能力的协调与协作，甚至需要前提性的、奠基性的工程，特别是听说读写整体能力的发展，语文知识、语文能力的综合运用更是需要多门学科、多项活动、多种资源的参与和配合。可否让多门学科、多项活动、多种资源参与并配合，应根据学生学习需要而取舍，根据语文课程与教学目标而取舍，根据综合的功效优劣而取舍？

应该说，语文综合性学习的边界是客观存在的，但它是随机变化的，不可拘于一格，同时也因其被浸润化了而变得模糊不清。我们试图给语文综合性学习明确一个边界，实质上是寻找一个出发点、落脚点、归宿点的问题，也是在寻求一个合适的视角、视野、视点的问题。

语文综合性学习的反思性实践[①]

夏家发

一、关于"解读"

时下,解读成为一个流行语汇。解读不是观念的楔入和置换,而是观念的融合和内作;解读既不是强行说服,也不是按照接受美学的原则所进行的任意的自我坦示;就个人而言,解读就是整合:通过情知的内在疏理,形成经验统合与情知平衡;在群体看来,解读就是交流:通过交互磋商,达成经验分享与情知共识。因此,解读不仅要解决一个"知"的问题:观念和理念的一致与共识,同时也要解决一个"情"的问题:态度的悦纳与行动的自觉。

解读并非企图取消个人认识的差别性,因为认识上的趋同使得作为交流而存在的解读失去了必要的客观基础;因为有差异,所以才需要交流。通过交流,个人差异的褊狭得以彰明,开放、多元和完善的情知得以形成。

因此,解读的境界可以是这样的:既珍视个人情知的差异,又寻求群体意志的共识,解读可以成为反思性实践的有机构成部分。

正是抱着这样的想法,就语文综合性学习,我想谈一谈自己的理解与感受。

二、语文综合性学习的由来

在基础教育课程体系中,小学以综合课程为主,初中则分科课程与综合课程相结合,高中以分科课程为主,并且从小学到高中都开设综合实践活动。

为了构建形式多样、内容丰富、结构均衡、功能优化的基础教育课程体系,新课程计划从三个层面对原有课程结构进行调整:从课程的类型看,有综合型课程与分科型课程;从课程的决策主体看,有国家课程、地方课程和校本课程;从课程的使用方式看,有选修课和必修课。

据《纲要》和课程计划,综合实践活动在课程定性上属于国家课程、必修课程和综合课程,主要包括研究性学习、社区服务与社会实践、信息技术教育、劳动与技术教育。

试用修订版大纲中的"语文实践活动"在实验稿新"棵标"中改称为"综合性学习",省略了"语文"二字。从逻辑上看,"综合性学习"即"语文综合性学习"。

在概念的内涵和外延上,语文实践活动比语文综合性学习要丰富、广泛得多:语文实践活动包括语文学习性实践和语文非学习性实践。从二者在语文教育理论范畴体系中的地位看,"语文实践活动"是一个核心范畴,"语文综合性学习"则是一个工具范畴。

《语文课程标准》关于"综合性学习"与"语文实践活动"的语词选择是颇费思量的:为了避免语文作为一门学科课程的解构和相对泛化,新"课标"采用了"综合性学习"这个称谓,以

---

① 原文发表于《语文教学通讯》2005年第1期。

区别于从小学到高中的“综合实践活动”。

以语文经验为关联点的综合性学习在空间上可分课内的综合性学习和课外的综合性学习，由此可见，不仅课外语文学习应是综合的，课内语文学习也应是综合的。课改的主战场在课堂，课堂是学习社区的批判性和支持性单元。在此，我们仅就课内的语文综合性学习作一粗浅的探讨。

三、课内的语文综合性学习存在的客观基础和逻辑依据

课内的语文学习在历史维度上从来都是综合的：内容包罗万象，形式有听说读写，过程有言思议论，结果有知情意行、书面口头、实物体验等。语文学习的这种特性在学科课程的褊狭视野里被遮蔽了。当我们以开放的视野检视语文课程，我们会发现，语文学习在本质上是综合的。这种综合性可以从影响语文课程的内外因素得到确证：社会分工的日益综合化、语言文化的内在结构综合化、学生语文经验的内在统合与语文情知的内在平衡以及语文课程内的自组织作用。

（一）社会分工的日益综合化对语文课程的影响

语文课堂是一个语文学习共同体，教师与学生是“老前辈”与“新来者”的关系，这个学习共同体不只是为了培养职业的语言学家和文学家，其基本任务是培养能够领悟祖国文化魅力、建设个人语言文化家园、与时代文化交互共鸣的语文爱好者，就像角儿与戏谜的关系那样，二者是共生的。不仅如此，作为一个戏迷，她（他）还有着自己更为广阔的社会生活，语文爱好者只是他（她）所扮演的社会角色体系中的一个和谐因子，这个因子与其他因子共同构成了社会分工中的人的完整形象。在当今社会分工日益综合化的情势下，未来公民的语文素养是其精神世界的一个基本层面。这种层面的素养与其他素养呈一种交互关系。这种交互关系本能地要求语文素养呈开放的、灵动的和统合的姿态。

（二）语文文化的综合化对语文课程的影响

从语文性知识的内在结构（包括语言科学、语言艺术和可言表的其他科学和艺术）上，语文性知识的累积显示出综合性，因为语文是一种活的文化容纳体，她只有与时俱进地反映社会、科学和文化发展的动态，才能永葆青春。在开发语文课程资源的过程中，其综合性日益彰显。一句大家经常引用的格言表达了这种意趣：语文学习的外延与生活的外延相等。“大语文教育”意味着：从时间的延续性看，语文学习是终其一生的；从空间的广延性看，语文学习存在于一切有人的情境中，语文课程资源存在于学习社会的每个角落。语文课程的综合化顺应了语言文化的综合化趋势。语文课程内在结构的分化与综合是共生的，没有分化，也就没有综合；“新棵标”试图寻求二者的均衡。分化使语文学习更有梯度和层次，而综合则强调了语文学习的学以致用和经验统合，语文学习与人的个人生活和社会生活的联系得以澄明。

四、关于课内综合性学习的误读案例

综合性学习是一种与分科课程不同的课程形态，它强调学生在情境中的体验，是师生自主开发的一种课程资源，是一种以语文经验为关联的严密的课程系统，是有条件的，而不是

散漫的、无序的、无的放矢的课程。它不像学科课程有着形态稳定、逻辑清晰的课程文本——教科书,综合性学习是一种待建构、待开发的课程资源——有待师生去写就的大教科书。其形态和逻辑在开发、实施的情境及其反思过程中逐步稳定、清晰。它是一个课程案例,不是一种普适性的课程文本:它既为师生自主创造留下了巨大的空间,同时对师生也形成了巨大的挑战。

下面我们仅举几个误读案例。

(一)由于综合性学习所追求的是体验性目标,往往给人一种错觉:这种学习的结果并不重要

由于把学习的过程与结果对立起来,在教学设计中,学习目标有"虚化"的嫌疑;尽量使用时髦流行、大而空洞的语汇来描述其学习目标,如感悟、体验、自主、探究、合作、熏陶、多元等。学习目标一旦被这些空疏的概念所占据,教学内容必然无序拼凑,教学过程无以调控,学习的效果也就无从检测。一节课下来,教师与学生如堕云海,滑到哪儿算哪儿。"慢谈感悟","无边际地探究","空洞的体验","任意的我行我素","热烈而无序的合作","冷不丁的插曲"和"不能达成共识的多元对话"等现象,在语文教学中已不鲜见。

在设计教学时,教师应对这个过程有清醒的认识,并机智地给予引导和协调,以使师生对学习目标逐步达成共识。

常见的做法是,课程刚刚开始,就鼓励学生质疑,但学生的质疑并未得到及时的回应。虽然有质疑这个环节,但它并未真正融入课堂的交流节奏,课还是照上下来,学生的学习愿望并没有受到应有的尊重,这在某种程度上会意外地打击学生的学习热情。正确的做法是,先让学生对课程资源有一个较为通透的了解,教师相应给予适当的讲解与介绍,当学生对这个主题已经有了一个较为扎实的知识背景后,方可组织交流,在交流的过程中,如果学生对此主题的学习尚不满足,方才需要组织学生的质疑。

质疑也是有层次的,并不是一哄而起、群起而乱、一乱而散,不了了之。起初,学生的质疑可能是肤浅的、稚嫩的、不着边际的。不要着急,不妨让学生再回头看看课程文本(包括教科书、资料、实物、图片、网络、资讯或直接到情境中去观察、操作),再引导学生对这些问题筛选、梳理,逐步澄清有价值的问题,形成真正的问题情境。这样,真问题才会出现,真正的探究才开始。真问题的形成不可能一蹴而就,必然有一个逐步清晰、逐步深化、逐步变得可能的过程。成年人的研习尚且如此,何况儿童的学习呢?

在教学二年级下册《小兔与树的对话》一课时,上课伊始,我们就设计了一个质疑环节,小朋友情绪很饱满,鬼精灵的小嘴巴居然一下冒出了六个层次不同的问题:

"小兔和什么树对话?"

"小兔对树说了什么话?"

"小兔知道了什么道理?"

"小兔为什么要说那些话?"

"难道树也会说话吗?"

"后来,又怎么样了呢?"

这些问题是孩子们真正关心的问题。为了赶进度,课一路按原定计划上下来,可惜的是下一个环节的教学并未能把这些问题很好地纳入教学进程中,学生的问题意识沉寂下去了!

课堂旁白:太可惜了!

建议:在学生质疑之后,可以让学生充分地朗读课文,形式可以多样,这些问题不难解决。然后,老师可以梳理一下,提出一个开放性的问题:假如你是小兔,你会对小树说些什么呢?

在第二个环节教学中,有一个板书片断:

"枫树的叶子,在秋天就变红了——产生花青素"学生质疑:

"为什么枫树的叶子变红?其他树却不变化?"

"为什么花青素能使枫树变红?"

这一下,课堂里就开锅了,你一言、我一语,难分难解,纠缠不休。大家围绕"花青素"这个陌生的词汇展开了探究,有小朋友还介绍了从课外查阅的有关"花青素"的生物学资料。不仅让小朋友,也让听课的教师大开眼界。

课堂生活渐入佳境,但学生的疑问越来越多,儿童的探究欲望被激发起来,学生的兴趣已经不在"小兔和树的对话",而转入对"花青素"的迷恋。

课中自问:植物基因问题能否成为童话教学的学习目标?如果这样做了,语文课是否抢了生物课的饭碗?

建议:教师可否不失时机地开导学生:有关花青素为什么能使枫树叶子变红的问题正是生物学家正在研究的问题,同学们发表了很好的意见,有些问题,我们不可能在课堂上一下子解决。如果你们当中对此问题有兴趣的话,可以在课下继续研究,兴许我们班将会产生一位获诺贝尔奖的生物学家呢!

老师的这番话很及时、很切要:既可避免无休止的探究,又没有伤害学生的学习热情,同时避免了语文课"核心目标的边缘化"现象,即使课程容纳了一些不确定性、干扰性课程因子,又保持了课程相对的严密性,进而使师生对于学习目标达成某种程度上的共识。

(二)教学内容的"泛化"

所谓教学内容的"泛化"是指,在教学过程中,由于学生经验的拓展和探究的深入,学生的视野打开以后,各种意外信息介入课堂,教师未能把握好教学内容的界限,未能形成有意义的主题,以至出现教学内容失控的现象。综合性学习虽然强调学习内容的综合性,但并非意味着其课程内容是没有界限、没有层次、没有梯度、没有主题的。综合性学习并不是无主题变奏,而是多主题的协奏。语文课堂中语文就是一个核心主题:它并不介意其他学科或领域的知识介入,但也不甘于被喧宾夺主。

在执教《全神贯注》这篇课文时,我们试图引进美术史的一些知识,因此制作了大量的文字和图片资料,学生也在课外查阅了大量的资料。课堂上,学生的介绍丰富多彩,学生的辩论异彩纷呈:有个人、小组和班级的交流。交流的主题就是罗丹在美术史上的地位和成就。一堂课上下来,学生真正用于阅读和咀嚼《全神贯注》的时间不到十分钟。

学生课后对我们说:"这节课上得真高兴。"我们却在内心自问:语文课是否成了一个失落的清仓者?语文课的核心主题的隐退现象是否得商榷呢?

(三) 教学活动形态的"走样"

所谓教学形态的"走样"是指,语文教学中,以语文为核心的听说读写议思活动趋于边缘化,而实物展示、静态和动态图片资讯、过量的肢体演绎活动、泛滥的讨论占了主流的现象。语文综合性学习是语文实践活动的重要内容,它应以语文实践为主要活动形态,而课内的语文实践主要是指学生以语文为核心的听说读写议思的活动系统,实物展示、图片资讯、肢体演绎和讨论应成为语文实践的有机构成部分,不宜反客为主。

在谈到当代中国戏剧时,刘锡庆教授指出,中国戏剧有实境化的趋势,"'现在的话剧、舞台上的房子,都圈三面墙,里面捏着桌子、椅子、沙发,这就是再现'。中国京剧不搞这个,它非常省事,京剧舞台从没有很多实物。舞台上没有门,这人手一拍就表示开门进去了……中国的艺术很高明,它表现得很抽象,不同于生活,经过了艺术抽象,这才是中国人的传统"。课内语文综合性的主要内容是语文,是师生与语言文化的交互作用,其主要活动形态的媒体也是语文,而不是别的。

当然,我们并非反对语文课堂要有机地容纳现代的信息技术,而是主张:应使信息技术有助于彰显语文的特性,不是去裁剪人类的语文经验以适应我们赋予机器的特性。

在执教《钱塘潮》一课前,我们制作了很精美的课件,以展示钱塘潮的生成、高潮及消退的全过程。该课件在一节语文课中被重复展示三次,每次约四分钟,共12分钟;还设计了一个教学环节:让小朋友画心中的钱塘潮,用时8分钟:用于议论时间大约7分钟,议论的问题有:

① 钱塘潮在什么地方?
② 钱塘潮的形成原因是什么?
③ 钱塘潮为什么会有头潮、回头潮?
④ 钱塘潮为什么能形成几米高的浪头?
⑤ 人类怎样利用钱塘潮发电?
⑥ 钱塘潮为什么会产生在海宁这个地方?

三项活动的累计时间大约27分钟。学生群情激愤,几乎无法静下心来读课文,更不用说思考与课文内容有关联的问题。课后,我们产生了这样的疑虑:语文课能否擅变成课件展示课?一篇抒情散文能否被教成有关潮汐发电的辩论会呢?

(四) 教学节奏的"紊乱"

教学节奏的"紊乱"与前述之目标的"虚化"、内容的"泛化"和形态的"走样"相关联。由于师生就学习目标未能达成共识,教学内容难免变成了"相关的骚动"拼连而成的课程碎片。这种教学节奏的"繁乱"既不符合大杂烩、大拼盘,活动形态的喧宾夺主,课堂教学缺乏主旋律,语文,遗失在由几拨不相关联的"骚动"拼连而成的课程碎片里。

这种教学节奏的"紊乱"既不符合教学的科学规律、更无教学的艺术可言。在执教《卖火柴的小女孩》这篇童话时,有这样一个情节值得玩味。

学生提出了这样一个问题:小女孩为什么要卖火柴呢?她难道没有其他的谋生之计吗?火柴是什么样的东西?为什么人们一定要买她的火柴?我爸爸抽烟从来不用火柴,我家做饭也从来不用火柴，难怪小女孩会冻死饿死在寒冷的街上的。

看来这个小朋友很有思想，也很善于体察生活，但他的发问引起全班小朋友的群情激愤：有的小朋友谴责他没有同情心；有的小朋友批评他节外生枝；有的小朋友还煞有其事地介绍了火柴的来由、形状、特性、功用；有的小朋友居然为小女孩设计多种谋生之道。

整个讨论大约持续了十分钟，大家争得面红耳赤，不可开交。教师花了大约 3 分钟时间，才让孩子们的思绪回到课文情境中来。

课后沉思：一篇充满同情和激愤的童话能否变成了一本职业介绍手册？综合性学习并不排斥"干扰素"的介入，但当干扰不能引起课堂生活的自组织，以致滑向任意蔓延的相对主义泥潭时，教学节奏趋于失控，远离语文的"话语情境"，语文教学势必成为承载他物的空壳。

以上对误读案例的分析，给我们这样的启示：综合性学习是一个正待探索的课题，一开始就要求它完美无缺是不切合实际的。我们的分析意在自我解嘲，旨在揭示出诸种现象所隐含的值得关注的倾向，以引起大家的理性、冷静的思考：综合性学习对语文教育到底意味着什么呢？

小学语文活动教学实验与探讨[①]

夏维忠　邓新林

如今,活动教学被看作实施素质教育的一种重要形式和手段,已引起越来越多人的关注、研究和实践。从1993年起,我们在本校附属小学和其他三所小学进行了语文活动教学的研究与实验,并实现了预想目标,取得了初步成效。

一、实施原则

1. 发展性原则

以活动促发展是活动教学的基本指导思想,也是活动教学的最终目的。在语文活动教学中,就是要以学生发展为主体,在学生习得知识、掌握技能的过程中,通过主动学习,自觉、有机地发展其听说读写的语文综合能力。

2. 主体性原则

在活动教学中,应将学生置于主体地位,充分调动学生的积极性,启发、鼓励、指导学生自主学习,把时间交给学生,让学生真正成为学习活动的主人。

3. 主导性原则

学生是中心,是主体,教师则为学生的学习提供一种指导性服务,起主导作用。教师或是一个辅导员、一个资料员、一个程序控制员,或是一个建议和劝告的朋友,再不是那种权威、法官和惩戒者的形象。但这绝不意味着教师作用和职责的减弱,在活动教学中,教师肩上的担子反而更重。

4. 民主性原则

活动教学反对专制,反对那种轰炸式、训斥式和压迫式教学,倡导教师以平等、亲和的态度对待学生,尊重学生,并同时尊重他们的个性、情感和志趣,促进师生多向交流,共同创造一个宽松、活泼、愉快的活动气氛。

5. 创造性原则

活动是手段,发展、创造才是目的。活动教学反对平庸,反对任何形式主义,主张在实践中发现和创新。学生的学习能力、动手能力、合作能力,以及想象力、理解力、意志力与承受力等都是创造力的具体表现。因此,学习的过程就是活动的过程,活动的过程应该也是创造的过程。

二、操作程式

在实践中,我们认识到小学语文活动教学的操作程式应该包括以下五个步骤:

---

① 原文发表于《中小学教师培训》1999年第3期。

1. 呈现材料

语文活动是以某个"点"来进行训练的，教师必须清晰地将语言材料呈现在学生面前。这材料可以是一个词、一句话、一段文章，也可以是整篇文章；可以是课本上的，也可以是课本外的。总之，是一种有具体语境的语言现象。呈现时，可以让学生看课文或某一片断，也可以用小黑板、投影、录音、计算机等多种手段来呈现。实践中我们体会到：由于小学生，特别是低年段小学生身心发展尚处于幼稚阶段，背景知识缺乏，不适宜让他们在活动中"发现"过深过难的知识。因而，在呈现材料时，应体现"小、易、趣"的原则，目的在于初步培养小学生自主学习、主动发展的良好学习习惯，而非一开始就要求学生有什么重大发现和创造。

2. 阅读领会

阅读是获取和巩固知识的有效途径，是理解和运用的基础。在材料呈现之后，指导学生阅读，应该成为语文活动教学最基本的活动。面对阅读教材，学生的读可以多种多样：可以通读以整体感知，可以精读以深入理解，可以熟读以领悟情感和规律，也可以诵读而重在记背。不管怎样，教师的职责只是"引导"而非"带领"，其主要作用在于：创设良好的阅读情境。良好的情境，可以在一定程度上再现生活。置学生于特定的情境之中，往往能使学生具体感受，真切体验，并自然而然地发生情感反应，从而主动进入愉快的阅读。

在情境创设的方法上，可以用音乐激情，如《十里长街送总理》，以哀婉的旋律唤起学生的悲痛之情；可以是画面展示，如《南京长江大桥》，在画面展示中，具体形象地突现南京长江大桥的雄伟气势，使学生感悟中国人民的智慧与伟大；可以是语言描绘，如《趵突泉》，教师以满腔热情、绘声绘色的语言，向学生描绘幽静的绿柳、晶莹的泉水，以及小泉眼那一串串似珍珠随水摇曳的小气泡，让学生随着教师的描绘，进入特定的情境，加深对课文内容的理解；还可以是环境布置法、小品演示法、课本剧等多种方法。无论是创设实物性情境、回忆性情境，还是创设现实性情境，教师都应以灵活多变的方法，在教学内容和学生实际认知水平之间架桥设梯，使学生迅速进入一个生动形象、充满情感的氛围之中，激发学生阅读的兴趣。

保证学生自读的时间。自读就是自由地阅读，让每个学生按照自己的方式、速度去读。读出情感，读出语言规律。精彩的句段，美妙的篇章，甚至能读得背下来。这当然需要足够的时间。因此，保证学生自读的时间，是阅读活动的先决条件，否则"把时间还给学生"、"充分发挥学生的主体作用"等就成了空话。

3. 质疑问题

学源于思，思源于疑。如何培养学生会疑，这是教师工作的重点。比如《松鼠的尾巴》一文中有这样一句："这时候，松鼠从一棵大树上往下一跳，轻轻落在一棵小树上。"读了这一句有两个学生提出了问题：松鼠是怎样落在小树上的；松鼠为什么是轻轻地而不是重重地落在小树上的；针对这两个问题，教师就可以抓住时机，引导学生在寻找答案的过程中进行比较，分出优劣：问题句中已经直接给出了答案，提得过于简单。问题就提得较有价值，因为解答了这个问题，也就对松鼠尾巴的作用有了基本的认识。

所以，在质疑问题的环节中，教师必须注重两点：鼓励学生大胆质疑，逐步养成积极思考习惯。善于教给学生质疑的方法，使学生会疑。

4. 讨论评议

讨论评议是语文活动教学中的又一环节，它是针对教师或学生提出的问题，激发、引导学生积极展开讨论甚至争论，以培养学生良好的口头表达能力、思维能力以及积极的个性心理品质的过程。积极自由的讨论,为学生充分思考、发表己见提供了机会,有利于最大限度地发挥学生学习的自主性和能动性,也使学生在议议说说的不同意见的交流中,逐步培养起自学能力和自我检测、自我评判的能力。因此,活动中教师应着力于两个方面:

鼓励学生敢于表达。实践中我们发现,有的教师为了节省时间,尽快完成教学任务,讨论时常常只是走走过场,只让少数几个成绩好的学生议一议,就马上总结出了问题的答案和结果,而其他的学生则只是观众或听众,根本没有参与的机会。活动教学要求学生人人参与,个个敢议,使每个学生都勇于表达,各抒已见,积极评判。教师尤其要从"吾爱吾师,吾更爱真理"的立场出发,鼓励学生对教师积极合理地"反叛",不苛求成熟与完美,使学生意识到"弟子不必不如师,师不必贤于弟子",最大限度地解放学生思想,使其"轻装上阵"。

引导学生准确表达。小学生,特别是低年段学生,他们的议论常常会不着边际,废话连篇。怎样让学生的议论讲究方法,讲究质量,这是教师引导的重点。比如阅读《草地夜行》最后一段之后,有个学生提出疑问:"既然是无边的黑暗,又怎么说仿佛看见了一条光明大道呢?"话音刚落,另一个学生站起来:"这句话并不矛盾"。还有几个学生也附合着,可他们总是说不出"所以然"来。这时教师只插了一句话:"'仿佛'是什么意思?"立刻,气氛又活跃起来:"小红军的眼前并没有真的出现光明大道"。"光明大道在小红军的心中"。"小红军看到的是长征光明的前途"。"小红军坚信红军一定能到达陕北"。教师稍加点拨,不但让学生说到了点子上,使表达更准确,而且透过表面文字理解了深刻的内涵,更利于培养学生思维的深刻性。

5. 练习运用

培养和提高听说读写能力是语文教学的终极目的,而这一目的只有在认识语言文字的某些规律之后,通过反复练习才能实现。实践中我们采取了两个层次的练习,即一般性练习和爬坡性练习。一般性练习就是凭借课文内容可直接进行的练习,如结合课文内容填词、默写、给某段文字分层、仿照原句造句等;爬坡性练习就是拓展性、迁移性较大的练习,如根据上一课的阅读方法读一读某篇课文,根据某课的写作方法写一片断或短文等。

练习的设计,贵在语言形式与思想内容的巧妙结合,使学生在文道两方面都有得益,并力求发展学生思维,发挥学生的创造才能。

上述活动教学的操作程式,并非铁板一块固定不变。运用时可以有较大的灵活性,如顺序可以调换,有的环节在适当的环境下可以省略等。

三、实验效果

五年多小学语文活动教学的实验,效果是明显的。它不仅更新了教师的教学观念,提高了教师的改革与科研意识,而且真正使教学的"学生中心"、"学生主体"落到了实处,提高了教学效率和质量,使学生的整体素质得到了较大提高。其表现是多方面的,主要有三:

1. 发展了学生良好的心理品质

活动教学中,学生在愉快、和谐的气氛中自尊、自重、自信、自强,启动了内驱力,精神面貌发生了很大变化;能认识自己的学习品质及水平;有了主动肩负自我教育、自我教养和自我发展的意识;能将祖国和社会的要求转化为个人的学习志向,激发自己主动投入学习,关注"学什么"、"为什么学"等问题,并经思考选择,内化为个人的具体学习目标和人生理想,为今后的继续发展奠定了坚实的心理与道德基础。

2. 使学生掌握了“自得”知识的本领

活动教学培养了学生主动学习的能力，使学生成为学习的积极主体。因此，在教师指导下，学生能主动承担起“怎样学”的责任，使学习的重心由“学会”转向“会学”。通过阅读、质疑、讨论、练习等活动，大大提高了学生选择、分析、综合、运用信息的能力。同时，也使学生在教师的帮助下，能认识和掌握自我调节标准，对学习目标、策略、方法、计划、速度、正误等进行积极、正确的分析、检测与评价，及时调整学习的方略和行为，为今后的终身学习奠定了基础。

3. 建立了良好的新型师生关系

学生为主体、教师为主导的新型师生关系的建立，打破了传统的“师道尊严”的旧框框，在平等民主的气氛中，师生之间所谓的尊卑之别冰雪消融，而教学的天敌——感情疏离、心理对峙等则失去了产生的土壤。教师关心爱护学生，学生信赖爱戴教师。整个活动就在融融洽洽的气氛中进行，有利于学生民主意识与独立人格的形成。而从教师角度来讲，有常常来自学生的智慧对教师构成了另一种挑战和竞争，可使教学长期处于生命力勃发的活跃状态，真正做到教学相长。

四、教学中值得注意的问题

1. 正确认识活动教学的地位和作用

活动是人类最初获得直接经验的源泉，自然也是学生获得直接经验，增强感性认识，培养运用能力和创造能力的重要途径之一。加强活动教学，正体现了活动在学生身心发展中的重要性。但综观我国目前活动教学的研究与实验，其发展似乎走上了“左”的道路：将活动教学这一教学方法硬性规定为一门独立的“课程”，让我们无所适从。只要是教师，可以说人人都知道，课程即教学科目，而科目是一定科学领域或一门科学的分支在教育中的反映，它是以学术的分类为基础的，比如语文、数学、物理、化学等。活动教学只不过是可以应用到任何科目教学中去的一种方法和手段，要把它作为一门“课程”，似乎缺乏赖以存在的科学领域。难道我们能再开设出“尝试课程”、“发现课程”、“异步教学课程”、“自学辅导课程”等其他许许多多作为教学方法的课程吗？

其所以如此，关键在于把活动教学这种教学方法的改革，误解成为教学内容的更新。这是万万要不得的。实验中，我们在经历了一段时间的困惑之后，果断将活动教学只作为教学的一种方法运用到语文教学之中，其目的只是为了让学生在主动探索的过程中感悟、总结出规律，体验发现规律的乐趣，掌握发现真理的方法，而并非是让学生发现所有应该掌握的知识。何况学生受自身阅历、知识、能力等诸多限制，也不可能发现太多具有真正意义的知识。

2. 注重学生能力形成的阶段性

活动教学就是要使学生学习的能动性、独立性、创造性得到最大限度地调动和培养，使以学生为学习主体的精神得到充分的发挥。学生的自我学习意识和能力并非与生俱来，而是需要通过科学训练和培养的，而且这个过程具有长期性和阶段性。这就要求小学教师必须从零开始，从培养学生自我学习的意识入手，研究指导方法，从策略的高度不断对学生进行学习指导，逐步把学生从学习活动的自我适应阶段引导到初步自我活动阶段再到自我活动阶段，切忌脱离小学生实际认知水平与能力，求“胜”心切，好高骛远。

参考文献

[1] 田慧生.关于活动教学几个理论问题的认识.教育研究,1998(4).
[2] 吴惠青.新型活动课程的特点.课程·教材·教法,1998(4).
[3] 潘涌.关于语文教学民主化的实践及思考.学科教育,1998(5).
[4] 宋宁娜.活动教学论.江苏教育出版社,1996.

小学语文综合性学习主题的选择策略①

李建军

主题是语文综合性学习活动的灵魂，没有主题，活动就会失去方向，活动的内容就会零散，缺乏内在的联系，不利于学生完整知识、能力、情感结构的形成。

在综合性学习活动指导下，教师不能硬性地规定主题，而应该充分开发和利用生活中广泛的课程资源，激发学生的学习兴趣和问题意识，把握机遇、诱导启发、讨论、协商，把这些兴趣和问题提升为有意义、有价值的主题，为综合性学习提供明确的指向。

一、从语文课堂学习中发现主题

语文课堂是实施学校语文教育的主要途径，是实现语文课程目标、促进学生语文素养全面发展和提高的最基本和最便利的资源，其中蕴藏了丰富的语文综合性学习主题，有待教师和学生发现。

（一）着眼于课堂教学内容的拓展延伸

语文课堂教学内容丰富多彩，富有启迪，可以激发学生对生活的浓厚兴趣。教师可以结合教学，抓住机会开展综合性学习活动，促进语文知识、能力的运用和提高。

例如，学习人教版二年级上册《识字一》与《秋天的图画》一组内容，在多彩秋天的熏陶感染下，学生们非常激动，纷纷表示想到大自然中去接触感受一下生活中的秋天，看看生活中的秋天是什么样子的。看到学生们热情高涨的样子，教师顺势布置了"寻找秋天"的活动任务，要求学生利用课外时间，用图画和照片把自己找到的秋天记录下来，并准备开展一个交流会。在交流会上，教师先请学生根据自己准备的图画和照片，用一句话说说找到的秋天。然后请学生以小组为单位，讨论协商，互相合作，把图画和照片进行归类，贴成美丽的"秋天风景图"，最后再请小组代表用几句话介绍贴图的内容。

在这则案例中，教师抓住学生的兴趣所在，对课堂教学进行了拓展延伸，围绕"寻找秋天"的主题，把学生由教材世界引领进多姿多彩的生活世界，在观察、画画、拍照、讨论协商、展示介绍等活动中，灵活而富有创造性地运用了课内所学关于秋天的词汇和语句，有效地促进了语言的积累，培养了合作精神，提高了语言运用的能力。

（二）对教材进行二度开发

语文教材集中体现了编者的意图，是语文教学的重要材料。但是，教材只是教材，教材不能等同于教学内容，也不能自动地转化成为教学内容。教师在教学中还需要对教材加工处理，进行二度开发，使之适合教学的需要。语文教材的二度开发给综合性学习创造了条件

① 原文发表于《中学小教材教学》2005 年第 2 期。

和机会。

例如,《春天来了》一课是以介绍春天景物为内容的口语交际课。教材配有一幅美丽的春景图,提示了交际内容;"讲给大家听"的练习要求提示了交际的对象和"当众进行"的口语交际要求。如何上这堂课,才能体现"在具体的交际情境中进行"的教学要求呢?

有教师这样进行教学:

我牵着孩子们的小手来到校园里,笑着告诉他们:"春姑娘已经悄悄地来到了我们的校园里,只有仔细观察的小朋友才能找到她。你和小伙伴一起,用眼睛看,用小手轻轻摸摸,用小鼻子闻闻,找一找春天在哪里?"

五六分钟后,我和孩子们在草坪上坐下,孩子们一时还安静不下来,叽叽喳喳地说着。

"你们找到春天了吗?"

"找到了!"一双双小手伸到我的鼻尖底下。

"别忙,先把自己的发现说给你旁边的小朋友听一听!"小伙伴之间自由地说。

"谁来说给我们大家听?"

在"树木发芽了,桃花开了,燕子飞回来了"这些言语之间,学生们时时发出惊喜的声音。

"校园里的海棠花开了,盛开的海棠花,你挨着我,我挨着你,像蓝天下的片片彩云"。这是孙子阳的发现,这个聪明的小家伙活用了第4课《春到梅花山》中的句子。

"海棠花丛中有好多小蜜蜂在采蜜,发出'嗡嗡嗡'的声音呢!"王若宇还模仿出了蜜蜂的飞行时的声音。

"海棠树下有好多粉红色的花瓣,是被风儿吹落的"。又有孩子站起来补充。

奶声奶气的徐雨晨终于也有了发言的机会:"我发现原来新叶子并不都是绿的,瞧,香樟树的新叶子是带点红色的……"顺着他的指点看去,孩子们发出阵阵欢呼:"啊!真的!"……

"在这春意盎然的校园里,你最想干什么?"孩子们说出自己找到的春天以后,我这样问他们。孩子们的回答也是各种各样。

有的背起了关于春天的古诗,一首接一首,从《春晓》《草》到《村居》,由单个背到齐背,到赛背;有的说起关于春天的成语:春暖花开、春光明媚;还有的唱起了关于春天的歌儿:《小燕子》《春雨沙沙》;有的干脆趴在地上,画起了春天……在这个案例中,教师没有受教材内容的限制和束缚,而是直接将学生带到了大自然的情境中,并超越了口语交际的单一教学目标,不留痕迹地进行了一次生动活泼的"找春天"的综合性学习,把观察和表达结合了起来,有效地调动了学生丰富的语言积累,既达到了教材预定的口语交际教学的要求,同时也培养了学生的观察能力和语言表达能力。学生的学习主体性得到了充分的体现,才华得到了展示,个性得到了张扬。

二、从生活实践中发现问题,提取主题

生活是儿童的存在方式,是儿童的成长与发展过程,也是学生语文学习的源头活水。儿童对于自然、社会、人生具有强烈的探究意识和追问的欲望,有了这种探究和追问,生活才呈

现出多姿多彩的内容，儿童也因此实现自身的成长。但是，由于儿童生活阅历的局限，对生活的认识容易停留于事物或现象的表面，难以看清事物或现象的本质，提出有价值的问题。而且这些问题往往具有很强的综合性，需要综合运用语文知识和能力才能得到很好的解决。

因此，综合性学习应该引导学生从生活实践中发现问题，从中提取综合性学习主题，发挥"其内在的生活意义"，唤醒人的生命意识，启迪人的精神世界，建构人的生活方式，以实现"人的价值生命"。[1]

例如，在生活中，用一次性塑料袋买菜的现象非常普遍，面对这样一个学生可能熟视无睹的现象，有教师设计了《关注"菜篮子"》的语文综合性学习活动。

首先，教师带领学生进行市场调查，观察有多少人买菜用篮子，多少人用一次性塑料袋，大概统计一下这一个菜市场一天用掉多少一次性塑料袋。接下来。采访父母长辈、朋友邻居等，了解过去买菜用什么，为何塑料袋取代了菜篮子。让学生充分地观察和体验生活。然后，再去查阅资料，点击相关网站，了解一次性塑料袋的生产原料、生产过程、成本及其危害。

通过调查，学生们了解到这种一次性塑料袋埋在地下几年、几十年都不能腐烂掉，日益严重的环境污染正侵蚀着我们的生存空间。孩子们再也坐不住了，决定唤起人们的环保意识。

围绕"唤起人们的环保意识"的活动主题，学生又协商确定了活动计划：① 发倡议。认真学习如何写倡议书，如何增强其感染力、说服力、号召力。② 搞宣传。打起自制的绿色小旗，走向社区、闹市区、菜场进行宣传。用设计图文并茂的小报展吸引人们驻足观看；用有理有据的宣讲打动爷爷、奶奶、叔叔、阿姨……③ 做"篮子"。自己找材料、请师傅做"篮子"。④ 送"篮子"。把自己做的篮子送给左邻右舍，用行动唤起了大家的环保意识。⑤ 说感受。把活动过程、活动体会、活动收获写成文，编成诗，绘成画，谱成歌，并进行交流。

在这个例子中，教师发挥出了对学生语文素养发展的专业引领功能，促进了学生学习自主性的形成，让学生自己从生活实践中发现问题，形成活动主题，学生真正成为语文综合性学习活动的创造者和开发者。

三、从学科整合中提炼主题

综合性学习提倡跨领域学习，与其他课程相结合。在活动中，要打破传统语文教学的学科壁垒，与音乐、美术、科学、社会等其他学科沟通，整合不同学科的力量，让学生徜徉于学科之间，汲取多方面的营养，综合性地学语文、用语文，全面提高语文素养。

请看以下一位教师的教学案例：

> 一个偶然的机会在画报上看到了一张震撼心灵的画页，标题为：西部——希望的田野。我忽然很想抓住这个主题，让孩子们去关注一下西部，关注一下那片希望的田野！
>
> 有了这个打算，我很快就想到我们第九册的语文课本上有几篇课文就是和西部有关的，像《可爱的草塘》《在希望的田野上》《黄河是怎样变化的》《白杨》《高粱情》……我想，其他学科的课本上也肯定能挖掘到一些和西部有关的内容。于是，我翻开了第九册的音乐书、美术书、社会书。果真，本学期的社会书上有《认识行政区划》，这对学生了解西部大开发的大致面貌肯定是有帮助的。而下学期的社会书上，有西部一些省份的专门介绍，这当然也可作为学生的阅读材料。音乐书上，有一首《谁也离不开谁》，不就反

映了全国人民的团结协作吗？除了这首歌，我的脑海中突然又冒出那首大家耳熟能详的《南泥湾》，相信孩子们也曾听过吧！至于美术课呢，它提出了想象画的要求，这自然又多给了学生一个发挥自己特长的空间。

根据这个设想，形成了较为清晰的活动流程。首先，引导学生利用星期天搜集、交流有关西部的资料，由学生汇报介绍懂得了什么，共享彼此的收获，然后在社会课上初步认识西部。其次，利用语文课，以"西部课文"强烈撞击学生的心灵，让学生在语言文字中感受、品味西部。再次，音乐课上把《谁也离不开谁》这首歌也提前教，并补充教学一首《南泥湾》，除了唱以外，课堂上更多地穿插学生的说，让学生说感受，说畅想。并且通过图片和音乐的组合，让学生向往西部风情、赞美西部人民。美术课上则安排了想象画练习。最后，在对西部有了很多了解的基础上，让学生利用星期天为西部做一件最想做的事。让学生在极其深刻的体验之后，进一步自由地表现自我。

案例中的年轻教师在画报的启发下，敏锐地抓住"西部"这个"整合点"，充分利用语文与其他学科中与西部相关的内容，协同社会、音乐、美术这几门学科确定了"关注西部"的学习主题。并调整了各学科的进度，将这些内容按比较科学的逻辑顺序整合起来。

整个活动贯穿了"关注西部"的主题，综合运用了搜集资料、汇报交流、读书品味、唱、说、画等多种形式，最终形成了西部图片集、西部特产小宝库、西部传统节日汇编，还有学生给西部小朋友写了热情洋溢的交友信，引人注目的想象画等等。把语文学习与其他学科有机地结合到一起，促进了学生语文能力的发展和提高，实现了学习内容的整合，提高了教学的整体效益。

四、从地方文化活动中发掘主题

地方文化包含了地方的节日庆典、文艺活动、民间工艺、民间习俗等内容，这些内容是学生生活的有机组成部分，为学生成长营造了良好的社会文化氛围，语文综合性学习要引导学生关心当地的文化生活。教师可以"依据儿童当前的经验、需要、兴趣等等，选择某一普遍化或理想化的文化生活的侧面，寻找足以满足和培育这些需要的材料，从而使儿童对自己目前的生活和环境有更深的理解"[2]。在了解和促进地方文化事业的发展的同时，提高学生的语文能力，发展全面的语文素养。

例如，浙江象山县新港小学徐亚青老师的《开渔风情》教学：

一、渲染气氛，营造学习情境

师：人类源于海洋，因为海洋孕育了人类最初的生命；人类向往海洋，因为海洋有母亲一样的胸怀。九月。在我们的家乡——石浦港畔，举行了盛大的开渔庆典。人们怀着感恩的心情，怀着美好的祝愿，向大海献上生生不息的祝福。（播放祭海仪式的录像片断。）（生观看）

二、引导进入问题情境

1. 自由阅读文本《相约开渔节倾情大海》

师：祭海仪式拉开了为期三天的开渔节的序幕。同学们搜集了大量的有关开渔节的资料，老师也整理了一篇《相约开渔节倾情大海》的纪实篇，请同学们自由阅读、思考：如果要全面地了解开渔节，可以从哪几方面着手作深入的研究？

2. 提取相关研究专题,简要阐述理由

生1:我想从"象山自然风光"着手。开渔节之所以在我们的家乡—石浦举行,是因为它得天独厚的条件。"山不在高,有仙则灵,水不在深,有龙则灵"。石浦正是以其独特的山海风光赢得了世人的瞩目。

生2:我认为值得我们研究的资源很多!那些具有浓浓风情的活动串成了开渔节的主旋律。所以,我们想研究这一系列的民俗活动。

生3:"为了地球的生命,拯救我们的海洋"。这是联合国为2001年世界环境日确定的主题。面对船多鱼少甚至无鱼可捕的现象,象山渔民在切肤之痛的体验中悟出了"欲取先予"的道理,首先向国家有关部门提出了延长东海休渔期的建议,并最终被采纳。不仅如此,我们象山渔民还利用开渔节这一载体,大力开展保护海洋的宣传,而最能体现海洋环抱的理念当数"中国渔民蓝色保护志愿者行动"。所以,我们认为"海洋环保"是一个很有价值的研究专题。

3. 小结并提炼专题主题

师:同学们的这些研究专题都很有价值。是的,今天的中国开渔节,已不仅仅是象山的一种庆典活动,它所承载的渔文化的主题已经和"保护海洋资源,拥抱蓝色"的世纪主题融为一体,它的内涵也已经拓展为弘扬渔文化、发展海洋旅游,促进象山与世界的经商交流。诚如开渔节喊出的响亮口号:"善待海洋就是善待人类自己!"(板书)

徐老师抓住了地方重大的文化活动—开渔节,大做文章。运用录像和文本材料,激活学生的思维,启发学生自己发现有价值的研究专题。在学生充分思考发现的基础上,教师顺理成章地归纳出了活动的主题——"善待海洋就是善待人类自己"。教师的引导作用与学生的自主性得到了很好的发挥,为综合性学习活动的开展明确了目标和任务。

以上所述,并不是语文综合性学习主题选择的全部。在日常的教学和社会生活中,语文综合性学习的资源无处不在,只要我们增强课程资源的开发和利用意识,做生活的有心人,一定能引导学生发掘出更多精彩的学习主题,开展丰富多样的综合性学习活动,为学生的语文实践和语文素养的发展开辟更为广阔的天地。

参考文献

[1] 郭元祥.生活与教育——回归生活世界的基础教育论纲.武汉:华中师范大学出版社,2002:141.
[2] 郑金洲.教育文化学.北京:人民教育出版社,2000:61.

儿童文学与小学语文教学

- 儿童文学与小学语文教育——20世纪初期的历史透视（赵　静）
- 儿童文学在小学语文教育中的地位（曹文英　吕　杰）
- 儿童文学和小学语文教学（徐冬梅）

儿童文学与小学语文教育①

——20世纪初期的历史透视

赵　静

检索中国儿童文学史和中小学语文课程发展史，就会发现：在中国，儿童文学与中小学语文课程，尤其是小学语文课程有着特殊的渊源关系。五四时期启蒙思想家"儿童观"的形成，不仅促动了中国现代意义的儿童文学的出现，也直接影响了中小学语文课程的变革，而语文课程的迫切需要又极大地推动了儿童文学的创作。这段历史时期语文课程的实践，尤其是五四时期以周作人等人为代表的启蒙思想家对儿童、对儿童文学、对儿童教育的深刻认识，在今天看来，仍然是非常珍贵的历史遗产。

一

（一）中国现代意义的儿童文学的出现是学校教育的需要

中国的现代儿童文学是在五四新文化运动这一特殊的社会背景下出现的。五四时期思想界、文化界的早期启蒙者受"德先生"、"赛先生"的影响，批判中国文化中的长幼尊卑观念，由此发展到关注社会弱势群体，特别是妇女和儿童。也就是说，和西方"发现儿童"的过程有所区别，中国是在关注处于社会底层的妇女和儿童的命运的同时，开始了儿童观的转变。例如这一时期对传统儿童观的批判一个最典型的论述是周作人提出的："以前的人对于儿童多不能正当理解，不是将他当作缩小的成人，拿'圣经贤传'尽量的灌下去，便将他看作不完全的小人，说小孩懂得什么，一笔抹杀，不去理他。近来才知道儿童在生理心理上，虽然和大人有点不同，但他仍是完全的个人，有他自己的内外两面的生活。儿童期的二十年的生活，一面固然是成人生活的预备，但一面也自有独立的意义和价值……"[1]周作人此次在北京孔德学校的演讲奠定了中国现代儿童文学登上历史舞台的理论基石。

五四时期知识分子对儿童文学的关注缘于对旧伦理旧道德的批判，其根本目的还是"人的解放"，同时他们也认识到文化的革命与建设必须通过教育来实现，因此从一开始，对儿童文学的研究就和对学校教育问题的探讨密切地结合在一起。周作人在《儿童的文学》的演讲中就指出，所谓儿童的文学就是"小学校里的文学"，在周作人看来，儿童文学几乎就是小学文学教育的同义语。也是在这篇演讲中，周作人第一次比较系统全面地提出和论述了小学文学教育几个重要的理论问题：

一是儿童观。周作人认为，儿童是独立的个体，儿童期有其独立的意义和价值。

二是儿童文学的价值。周作人认为，文学首先是满足儿童的需要，而不是道德训诫的手

① 原文发表于《教育科学》2003年第2期。

段。至于文学教育能够产生道德教化、智力培养等作用,则是文学教育的副产品。“所以小学校里的文学的教材与教授,第一需注意于‘儿童的’这一点,其次才是效果,如读书的趣味,智情与想象的修养等。”

三是儿童需要文学的原因。周作人采用人类学理论,接受了“同构复演说”的观点,认为人类个体的发展阶段和人类群体的发展阶段具有相似的结构,因而儿童的精神生活和原始人相似。原始人因为有文学的需要,所以产生了歌赋、戏曲和小说,儿童当然也有文学的需要。

四是学校文学教育的作用。他引用麦克林托克的说法,提出文学教育的三种作用:“① 顺应满足儿童之本能的兴趣与趣味;② 培养并指导那些趣味;③ 唤起以前没有的新的兴趣与趣味”。

五是文学教育的内容。他采用年龄分期,针对不同年龄阶段的儿童,分配不同形式的文学作品。例如幼儿前期(3—6 岁)为诗歌、寓言、童话;幼儿后期(6—10 岁)为诗歌、童话、天然故事(动物故事);少年期(10—15 岁)为诗歌、传说、写实的故事、寓言、戏曲。

六是文学教育内容的开发。周作人慨叹“中国向来对于儿童,没有正当的理解,又因为偏重文学,所以在文学中可以供儿童之用的,实在绝无仅有,但是民间口头流传的也不少,古书中也有可用的材料,不过没有人采集或修订了,拿来应用……”所以他希望能够有一个开发小组,收集各地的民间文学资源,从古书中挑选可用的材料加以修订,同时翻译外国儿童文学作品,然后编辑成册,供学校和家庭使用。

从上可以看出,周作人几乎是对儿童文学在学校教育中的应用进行了一个全面的阐述,不仅说明了儿童文学对于学校教育的重要价值,也提出了小学语文教育中文学教育的目标、内容和内容资源的开发,尤其是他对儿童文学的价值、以及以儿童为对象的文学教育的目标和一些基本性质的认识,是非常深刻的。

(二) 课程实践的需要推动了儿童文学的创作

五四时期知识分子的倡导催生了中国现代儿童文学的出现,而从课程实践来看,20 世纪初期人们对教育内容的普遍不满确实给儿童文学的出现并且进入课程领域提供了一个充分的现实基础。

例如,早在 1902 年,《杭州白话报》(早期倡导白话文的报刊之一)上就有署名黄海锋郎的文章《儿童教育》,在这篇文章中作者提出:“读书贵有用,人生世上,普通智识,是少不了的。现在所读的《三字经》《百家姓》《千字文》,究有何用?”那么,究竟应该给儿童读些什么呢?“儿童幼时智识,至老不忘,教师最好把些爱国的故事,为人的箴言,替儿童演说,才可以养成儿童爱国心,陶铸儿童天良性。”[2] 这里的“替儿童演说”提出了儿童文学的一个重要特征,成人从儿童的角度创作适合儿童的读物。

本世纪初白话文进入课程则直接决定了儿童文学进入课程的必要性。随着白话文运动的兴起,在国语教学中语体文代替了文言文,在开始阶段只是把文言文“翻译”成白话文,形式变了内容却没有改变,“国语教学经过几年的实践,人们发现只是把文言翻译成白话的课文内容,在调动学生学习的兴趣方面存在着严重的局限性”。在文学运动的推动下,提倡富有文学情味的教学内容就成为了当时比较流行的观点,有的书局甚至把国语教科书编成了文学读本,但是此时,专门为儿童创作的作品还是空白,叶圣陶在《晨报》副刊发表的系列《文艺谈》(1921)中就曾大声疾呼“为最可爱的后来者着想，为将来的世界着想，赶紧创作适于儿童的文艺品，总该列为重要事件之一”(《文艺谈・七》)。这一需求基于一个从事教育的教师面临的窘境——适合儿童阅读的文学作品基本没有。正是为了应对这样的现实，叶圣陶开始自己动手为儿童创作文学作品、编辑适合儿童阅读的国文课本；这也使他成为中国现代儿童文学的奠基者，同时又是现代语文教育的先驱。

（三）儿童文学以课程标准的形式出现在国家课程纲要中

五四时期，知识界对儿童文学及其与学校教育关系的认识，对小学教育阶段语文课程的设计产生了重要的影响，其结果之一就是儿童文学正式以课程标准的形式开始出现在国家的课程纲要中。

1923 年，在《新学制课程标准纲要小学国语课程纲要》[3]中第一次对课程内容中的儿童文学的教学做出了规定，并在各个学年段文体的安排上有非常详细的说明，例如，第一学年“记载要项和字句多反复的童话故事，并儿歌，谜语等的诵习”；第二学年也是“字句多反复的童话故事，和儿歌，谜语的诵习”；第三学年为“童话，传记，剧本，儿歌，谜语，故事，诗，杂歌等的诵习”；第四学年文体有一点变化，小说代替了童话，民歌代替了杂歌，变为“传记，剧本，小说，儿歌，民歌，谜语，故事，诗等的诵习”，并提出“指导阅读儿童报和参考图书”；第五学年在第四学年的基础上强调“注重传记，小说”；第六学年“同第五学年，可酌加浅易文言的诗、文的诵习”。

1929 年的《小学课程暂行标准小学国语》是在 1923 年《小学国语课程纲要》的基础上形成的，它提出的五项目标之一就是“欣赏相当的儿童文学，以扩充想象，启发思想，涵养感情，并增长阅读儿童图书的兴趣”。对于教材的选择，《标准》除了规定选文的政治和道德倾向，例如出现民族、民权、民生观念，积极乐观，提倡合作互助、勇敢、劳动等，还对课程内容的美学倾向做了规定：“是有曲折有含蓄而且含有优美壮美滑稽美等的儿童文学，但不取可怕而无寓意的纯粹神话。”此外，教材的选择还应该是语体文（白话文），要符合儿童学习心理。1932 年的《小学课程标准国语》是对 1929 年暂行标准的修订，主体内容变化不大，但对课程内容如何适应儿童的接受心理，1932 年的标准做出了具体的描述。到了三十年代新课程时期，儿童文学作为国语教学的组成部分，已经比较明确了。“从前国语是国语，故事是故事，不相关的。后来国语材料，纯以儿童文学为本位，于是国语与故事才发生密切的关系。但讲故事的作业，仍处于敷饰辅佐的地位，不应有单独存在的价值。直到最近新课程颁行后，始定国语的入手办法，就是讲故事。”[4]

从 1923 年到 1932 年近 10 年间出现的这 3 份课程纲要，在基本精神上是一脉相承的，就是都把儿童文学作为课程标准中一个比较重要的内容，从教材的选文倾向上，也多以儿童为本位，而在纲要的具体内容上又有不断的补充和发展，是对小学阶段文学教育的一个重要的实践，我个人认为这段时期也是近现代中国语文教育中，在学校教育的体系中对儿童文学的教育功能应用得比较主动、完整，也比较有收获的一个阶段，是前面所述的五四时期新文化运动的知识分子们理论探讨的一个重要成果。

二

通过以上简要的回顾，至少可以得出两个启示：

第一,在中国,现代意义的儿童文学与儿童文学在现代学校教育体系中、在课程中的应用可以说是同一个思想背景的产物,也几乎是在同时出现的。这是中国儿童文学发展史表现出的一种特殊性。

第二,对儿童观、儿童教育、对课程的认识水平、对儿童文学在课程中的应用会产生非常重要的影响。只有从儿童的需要出发,重视儿童的自身需要,才能使儿童文学真正成为一个重要课程资源,并在课程中充分开发它的教育功能。

在以周作人为代表的五四新文化运动的知识分子们看来,儿童文学就是面向儿童的文学教育。这是思想启蒙的需要、新文化建设的需要,也是特殊历史条件下,学校教育的直接需要。这就是他们对儿童文学与学校教育的基本关系的明确的认识,这种认识在一定的时期内对后来的语文教学实践产生了重要的影响,一直延续到我国50年代的小学语文课程中。对儿童文学教育功能的发现、为中小学尤其是小学语文教育开辟出一个新的资源是这些思想先行者的一大贡献,那么这种以儿童为对象的文学教育的基本性质是什么?根本目标又是什么呢?他们同样为我们留下了一份珍贵的思想遗产。

这份珍贵的思想遗产中最重要的一点就是对儿童的尊重,不仅尊重儿童的人格,也尊重他们的经验世界。

周作人的一段论述十分精辟地表达了这一思想:

对儿童"那全面蔑视的不必说了,在诗歌里鼓吹合群,在故事里提倡爱国,专为将来设想,不顾现在儿童生活的需要的办法,也不免浪费了儿童的时间,缺损了儿童的生活。我想儿童教育,是应当依了他内外两面的生活的需要,恰如其分的供给他,使他生活满足丰富,至于因了这供给的材料与方法而发生的效果,那是当然有的副产物,不必是供给时的唯一目的物。……所以小学校里的文学的教材与教授,第一须注意于'儿童的'这一点,其次才是效果,如读书的趣味,智情与想象的修养等等"[5]。

周作人的这一思想与杜威的一段论述不谋而合。

"我认为现在教育上许多方面的失败,是由于它忽视了把学校作为社会生活的一种形式这个基本原则。现代教育把学校当作一个传授某些知识,学习某些课业或养成某些习惯的场所。这些东西的价值被认为多半要取决于遥远的将来;儿童所以必须做这些事情,是为了他将来要做某些别的事情;这些事情只是预备而已。结果是,它们并不成为儿童生活经验的一部分,因而并不真正具有教育作用。"[6]

周作人等人倡导把儿童文学引入学校教育,重视的就是儿童文学所具有的特殊的教育功能——"① 顺应满足儿童之本能的兴趣与趣味;② 培养并指导那些趣味。③ 唤起以前没有的新的兴趣与趣味"。而并不是强调那些具有某种功利色彩的、往往是为成人所赋予却脱离儿童现实经验的教育价值——"在诗歌里鼓吹合群,在故事里提倡爱国,专为将来设想,不顾现在儿童生活的需要的办法。"这一认识是非常深刻和准确的,在那个传统文化与新文化尚在交叠的时代,这一认识也是非常珍贵的。可惜的是,尽管正如周作人等一批知识分子所愿,五四新文化运动之后,儿童文学确实在一定程度上、或多或少地成为了语文课程的一个重要资源,但周作人等人的这一思想精髓却并没有得到一贯的重视,儿童文学往往还要承担起对儿童进行思想教育、甚至是政治教育的功能,儿童文学教育功能的开发也往往会发生一些变异。今天我们重新回顾历史,审视前人的思想遗产,能够帮助我们更好地认识儿童文学在语文课程中的价值,从而在教育实践中走得更加稳健。

参考文献

[1][2][5] 王泉根. 中国现代儿童文学文论选. 广西人民出版社，1989.

[3] 课程教材研究所编. 20 世纪中国中小学课程标准 · 教学大纲汇编 · 语文卷. 人民教育出版社，2001.

[4] 顾子言. 小学国语教学法. 大华书局，1933.

[6]（美）约翰 · 杜威. 学校与社会 · 明日之学校. 赵祥麟，任钟印，吴志宏，译. 人民教育出版社，1994.

儿童文学在小学语文教育中的地位①

曹文英　吕　杰

儿童文学与小学语文教育有着必然的联系,早在1920年,周作人就在他的《儿童的文学》演讲中指出,所谓儿童的文学就是"小学校里的文学",在周作人看来,儿童文学几乎就是小学语文教育的同义语。事实上,在教育实践中,人类很早就发现文学是个很好的教育手段。产生于公元前1世纪的古代印度童话寓言故事集《五卷书》,卷首的序言就这样讲到:古代有一个国王,有三个蠢笨的儿子,国王要他的丞相调教这三个儿子,但都无能为力。后来一个年长的婆罗门愿意承担这项教育任务,并保证在半年之内教会三个王子管理国家的才能。他摒弃了传统的教学方法,以最能吸引儿童的动物故事为素材,结果取得了很大成效。为此成就了这部流传千古的故事书。说明儿童对文学的需要和兴趣,也说明了文学对儿童的重要作用。20世纪20年代严既澄在《儿童文学在儿童教育上之价值》一文中说:"人生在小学的时期内,他的内部生命对于现世,都有没什么重要的要求,只有儿童文学,是这时期内最不可缺的精神上的食料。因此,我以为真正的儿童教育,应当首先着重这儿童文学。"[1]他肯定了儿童文学在儿童教育中的重要地位,并呼吁学校教育都来重视儿童文学。魏寿铺、周侯予也在《儿童有没有文学的需要》一文中指出"我们用儿童文学来教学,是'投其所好','合其自然',对于儿童的身心方面有莫大的好处"[2]。儿童文学在小学语文教育中的地位主要表现在以下几个方面。

一、儿童文学是儿童最喜爱的读物种类

文学的影响是广泛的,成人和孩子都有文学的需要,只不过少年儿童似乎更需要些。众所周知,少年儿童具有极强的好奇心和求知欲,无论是周围环境、还是遥远的世界,无论是日月星辰、还是飞禽走兽,他们都渴望了解、探寻。然而他们的现实生活天地却是比较狭小的,能接触到的事物不多,于是书本便成了他们扩大视野、认识世界的一个窗口。又由于儿童有其不同于成人的特点,这些特点形成了他们对文学的不同要求。我们不难看到,当小学生在上各种没有兴趣的课时,往往偷偷看一些故事、童话、卡通等,这些读物永远是儿童心灵中亲切温和的朋友。在那里他们得到理解和认同,他们获得满足和愉悦。

中国青少年研究中心的孙云晓在《如今的孩子读书是个啥样》[3]中对当代少年儿童的读书情况作了研究分析,在研究人员列出的41种儿童读物中,儿童喜欢的读物排名前十位的是:幽默故事66.4%、探险故事63.9%、日本卡通58.3%、侦探小说51.3%、科学幻想故事46.0%、中国童话41.6%、外国卡通或漫画41.2%、寓言40.0%、幻想小说38.5%、百科全书34.9%、中国古代童话34.6%。儿童列出的喜欢的书有:孙幼军的《小布头奇遇记》、郁秀的《花季・雨季》、上海少儿社的《巨人》丛书、秦文君的《女生贾梅》、沈石溪的动物小说、葛冰

---

① 原文发表于《河北师范大学学报(教育科学版)》2005年第1期。

的《蓝皮鼠大脸猫》等。有的儿童还特别提到："要多出郑渊洁的书。"对这些书，儿童的看法是：有趣、有意思又有知识、恐怖惊险、看了一遍还想看、带有少男少女思想感情等。大多数儿童用以下词汇来描述他们喜欢看的书："有想象力"、"恐怖"、"惊险"、"集科普与幽默于一身"、"惊险科幻又有深刻意义"、"幽默"、"历险"、"娱乐"、"有趣"、"有神秘感"等。

从儿童阅读情况的调查显示，儿童最喜爱的还是儿童文学，儿童文学阅读占他们阅读的绝大部分。

二、儿童文学中所包含着的情感态度价值观与语文教育的目的是一致的

首先，儿童文学是儿童本位的文学。

周作人在他著名的《儿童的文学》演讲中谈到："以前的人对于儿童多不能正当理解，不是将他当作缩小的成人，拿'圣经贤传'尽量地灌下去，便将他看作不完全的小人，说小孩懂什么，一笔抹杀，不去理他，近来才知道儿童在生理心理上，虽然和大人有点不同，但他却是完全的个人，有他自己内外两面的生活。"[4]鲁迅也说："直到近来，经过许多学者的研究，才知道孩子的世界，与成人截然不同，倘不先行理解，一味蛮做，便大碍于孩子的发达。所以一切设施，都应该以孩子为本位。"[5]文学是人学，儿童文学作为文学的一个独立的分支，当然也应以人为本，以人为中心。

儿童有自己的世界，那是一个丰富而有趣的世界，一个不同于成人的世界；儿童有自己的心理，那是一种充满各种幻想的奇妙心理，一个不同于成人的心理。儿童文学是为儿童创作、编写的，既有一般文学的形象性，又有自己的"适合于儿童"的诸多特点，它是充分考虑到儿童理解能力和审美需要而创造的文学，是儿童的文学，是儿童本位的文学。翻开小学语文教材，无论是儿歌、儿童诗、童话、寓言，还是儿童故事、儿童小说、儿童散文，其题材、主题、人物、情节、语言等，都是符合儿童审美观、人生观、价值观的。《小猫钓鱼》《小猴子下山》《狼和小羊》《小马过河》《小壁虎借尾巴》等具有趣味性、富有游戏性的课文，无不让儿童达到"忘我"和"入迷"的境地。

第二，儿童文学是美的文学。

美是文学作品的必备，没有美就没有文学，儿童文学作为文学的组成部分，蕴含着思想的美、情感的美、语言的美，它能充分满足儿童的审美要求，培养儿童的审美意识，引导儿童体会美、感受美、创造美。素质教育归根到底是为培养全面发展的高质量的人才打好基础。高尚的情操、完美的人格自然是最本质的素质，而高尚的情操、完美的人格是从小在社会环境的影响、文化艺术的熏陶、家庭和学校的教育等潜移默化的过程中形成的。在这个过程中，阅读文学作品是十分重要的。培根说："读书在于造成完美的人格。"就是说，读书的根本目的在于教育少年儿童怎样做人，怎样做一个真正的人。应该说，儿童文学的终极意义就在于此。儿童文学之所以能够让少年儿童充分感受人生、感受人间的美好情感，使他们的情操受到陶冶，是因为儿童文学本身就是真善美的文学。儿童文学为孩子们创造了体验高尚美好情操的艺术氛围，久而久之，儿童的思想情感受到了濡染，整个精神境界也就得以提升。

新的《语文课程标准》总目标明确提出："能初步理解、鉴赏文学作品，受到高尚情操与趣味的熏陶，发展个性，丰富自己的精神世界。"[6]

21世纪呼唤新的人才观，而一个人个性的形成，特别是人格的完善，从哪里来？都离不开情感的熏陶，离不开审美材料对他的感染。很难想象一个内心狭隘的人，一个情感枯竭的

人,会是一个有健康个性和健全人格的人。儿童文学是一种美的艺术,它将美的东西展示给人看,它追求完美,追求崇高。在小学语文课本中,有许多文质兼美的文章:儿童诗《小小的船》《妈妈的爱》,童话《卖火柴的小女孩》《丑小鸭》《七色花》《神笔马良》等,无不以思想的美、情感的美、语言的美感染着儿童。9 岁的刘倩倩在读了《卖火柴的小女孩》后,写下了《你别问这是为什么》的小诗,表达了自己对贫苦儿童的同情及倾力相助的美好愿望,表现出仁厚博爱的胸怀以及纯朴真挚的情感。这种情感的熏陶是任何说教所不能替代的。

第三,儿童文学是快乐的文学。

快乐是人们共同的需要,对于孩子来说,不仅能够振奋精神,还有利于他们的生长发育,对健全身心健康、增强自信心、培养积极乐观的人生态度有不容低估的作用。众所周知,各年龄阶段的孩子都有自己的不悦与忧虑,苦恼和烦躁。社会、家庭、学校的某些矛盾以及人际关系上的一些问题都会或多或少地作用于他们的情绪,激起他们的不满和忧虑。而孩子们的排解能力和心理承受能力又是非常有限的,无论来自哪方面的苦恼、压抑,都需要宣泄和转移,否则久久沉积、封闭在心里,会造成忧郁、焦躁、性格孤僻、呆滞,甚至滋生逆反心理或厌恶、玩世不恭的不正常意识。而具有浓厚娱乐性的作品则为他们提供了"宣泄"、"转移"的可能性,使他们的心理得到平衡与顺利的发展。儿童有其自己的诗意的、童话的、梦想的精神世界,这一世界要比成人的客观世界丰富得多、广阔得多、明丽得多。他们需要幻想,需要游戏,需要表达,当他们这些自然天性得到展现,内在的需要得到满足之时,他们便获得了欢乐。诸如不动脑筋的赵大化、贪吃贪睡又贪玩的猪八戒、愚蠢的秃秃大王、骄傲自满的"天才"杂技演员、木偶的奇遇、马良的神笔、下山丢了玉米追小兔的小猴子等等。从人物形象的塑造到故事内容到离奇曲折的情节,都紧紧地扣着孩子的心弦,每每使他们忍俊不禁,捧腹大笑。

总之,儿童文学的功能和作用是帮助儿童从自然人转变为社会人,而语文教育的目标就是"培养爱国主义感情、社会主义道德品质,逐步形成积极的人生态度和正确的价值观,提高文化品位和审美情趣"。二者是一致的。

三、儿童文学是小学语文教材中的一种重要的、又是很好的呈现方式

从现实情形看,儿童文学与中小学教育的密切关系,最能让人察觉到的就是语文教材。近些年来,关于中小学语文教材的讨论从未间断过,其中一个突出的问题就是学生对语文学习的兴趣越来越小。针对这一现象,有专家提出了"中小学课本,特别是小学课本要儿童文学化"的建议。因为儿童文学最符合儿童的审美心理,最易引发他们的阅读兴趣。由教育部制定和公布的《九年义务教育全日制小学语文教学大纲》对"教学内容和要求"这一部分作了明确规定:"低年级课文要注意儿童化,贴近儿童生活,充分考虑与儿童经验世界和想象世界的联系,课文类型以童话、寓言、诗歌和故事为主,中、高年级的教材,题材应该多样,要有一定数量的科普作品。"[7]"大纲"中要求的课文类型,都是儿童文学的常见文体。以现行的人民教育出版社出版的九年义务教育五年制小学语文教科书为例,在入选的 320 篇课文中,有 264 篇属于儿童文学作品(从文学的角度划分),占 82.5%。其中一年级教材共收入儿童文学作品 45 篇;二年级教材共收入儿童文学作品 47 篇;三年级教材共收入儿童文学作品 67 篇;四年级教材共收入儿童文学作品 46 篇;五年级教材共收入儿童文学作品 49 篇。其体裁包括儿歌、儿童诗、童话、儿童故事、寓言、科学文艺、散文、小说、独幕剧等。这说明儿童文学

已成为小学语文课堂教学的主要资源，在小学语文教学中扮演着重要角色。

此外，儿童文学还是小学生课外阅读的主要内容。新的《语文课程标准》（实验稿）要求学生课外阅读总量小学阶段不少于145万字，阅读材料包括适合学生阅读的各类图书和报刊。

童话：《安徒生童话》、《格林童话》、古今中外童话等。

寓言：《伊索寓言》、《克雷洛夫寓言》、中国古今寓言等。

故事：成语故事、神话故事、中外历史故事、中外各民族民间故事等。

科普科幻读物和政治、历史、文化各类读物可由语文教师和各有关学科教师商议推荐[6]。

这些作品基本上涵盖了儿童文学的主要体裁，儿童文学已经成为小学语文教学的重要资源，发挥着重要作用。

面向新世纪，中国正在深化教育体制改革，实施素质教育已经成为我们的教育国策之一，特别是新的语文课标的实施，为儿童文学提供了更为广阔的用武之地，儿童文学作为小学语文教育中十分重要的组成部分，是每一位小学语文教师应该认真对待的。

参考文献

[1] 严既澄. 儿童文学在儿童教育上之价值//王泉根. 中国现代儿童文学文论选. 广西人民出版社，1989.

[2] 魏寿镛，周侯予. 儿童有没有文学的需要//王泉根. 中国现代儿童文学文论选. 广西人民出版社，1989.

[3] 孙云晓. 如今的孩子读书是个啥样. 中华读书报，2003-07-23.

[4] 周作人. 儿童的文学//王泉根. 中国现代儿童文学文论选. 广西人民出版社，1989.

[5] 鲁迅. 我们现在怎样做父亲//王泉根. 中国现代儿童文学文论选. 广西人民出版社，1989.

[6] 中华人民共和国教育部. 全日制义务教育语文课程标准（实验稿）. 北京师范大学出版社，2001.

[7] 王泉根. 儿童文学名著导读. 东北师范大学出版社，2002.

儿童文学和小学语文教学[①]

徐冬梅

一、主题的择取

长期以来，小学语文教学更多地被描绘为一门艺术，这虽然不能算错，但却忽略了小学语文教学实际上首先是一个综合性、实践性很强的专业。过多地强调它的艺术性，可能会延缓这门学科的建设，许多理论问题将得不到梳理和解决；当然实践问题，例如课程的构建、教材的建设、教法的研究、教师的培养就不能有稳当、切实的理论根基。

亲近母语实验研究是从对母语教育的反思开始的。在研究的初期，我们将探索儿童文学和小学语文教学的关系，致力于构建儿童阅读新课程作为研究的重点。为了构建一个广阔对话的平台，展示我们前期研究的成果，吸引更多的朋友同道而行，2004 年 9 月，第一届"中国儿童阅读论坛"在扬州举行并取得了较大的成功。儿童阅读的理念逐渐深入人心，全国的儿童阅读推广书香校园建设逐渐形成氛围，儿童阅读研究和实践对小学母语教学的促进作用逐渐显现。为了将各项工作引向深入，经过调研，我们决定将"儿童文学和小学语文教学"作为"第二届中国儿童阅读论坛"的主题。

二、主题的剖析

儿童文学和小学语文教学究竟是什么关系？儿童文学可以给小学语文教学带来什么？

1. 儿童文学和小语文教学的受众相同：都是儿童

我以为，小学母语教育的三个要素是儿童、母语和社会发展。毋庸置疑，在小学语文教学中，儿童应该成为教育的主体，儿童的语言发展、情感、想象、自我意识等，既是出发点，也是目标。但实际的情形是，因为应试教育越演越烈，我们的母语教育缺乏对儿童心理、情感的了解和尊重。母语教育回到儿童本位应该成为所有小学语文教师的共同追求。

2. 小学语文教材中有相当比例的儿童文学作品

儿童文学是指根据儿童的需要，专为儿童创作或改编，适合他们阅读的文学作品。

近代以来，儿童文学作品就在小学语文教材中占有重要的位置。儿童文学作品究竟应该在小学语文教材中占多大的比重，应该按照什么样的标准择取儿童文学作品进入小学语文教材不是这篇文章要讨论的问题，但不可置疑的是，新课标的无论哪一套教材，都将儿童文学作品作为一个重要的部分，年级越低，占的比重越大。

3. 儿童文学是儿童阅读的主要材料

很长时间以来，小学母语教育将对儿童的阅读指导排除在课程之外，学生对整本书的阅读基本处于没有引导的状态。新的课程标准虽然提出了阅读总量和分量的要求，并且提倡

① 原文发表于《语文教学通讯 · 小学刊》2006 年第 9 期。

少做题,多读书,好读书,读好书,读整本的书。但因为没有课程定位,大多数学校并没有将这些要求落到实处。儿童文学是儿童阅读的最主要的材料,儿童对文学的需要是一种天性。儿童文学伴随着很多孩子长大。从小时候听父母讲故事开始,他们会在不同的年龄阶段主动地接近不同的文学作品。

怎样根据儿童发展的需要、母语教育的需要,推荐适合各种年龄、各种个性孩子阅读的儿童文学作品,并且积极组织引导他们进行交流和吸收也是我们要做的工作之一。

4. 儿童文学素养是小学语文教师缺乏的素养之一

因为我国师范教育体制的问题,儿童文学师资不足,很多中师生,包括大专毕业生,师范本科毕业生都没有修习过儿童文学课程,或者只是学习过教材,而没有真正阅读过一定数量的优秀的儿童文学作品,欣赏儿童文学、教学儿童文学的能力都不够。我们希望借助这个主题的讨论,让更多的教师看到,什么样的儿童文学是优秀的,为什么一个优秀的小学语文教师必须阅读儿童文学。所以本届论坛我们特别邀请了著名的儿童文学评论家、浙江师范大学儿童文学研究所所长方卫平教授主讲了《什么是优秀的儿童文学》。

三、主题的演绎

(一) 面对这个关系,我们该做些什么,论坛做了些什么

1. 呼吁完善课程体系,探索儿童阅读指导的具体方法

新中国成立以来,我们的语文课程基本停留在一本语文教材就等于语文课程的全部的状态。实验开展五年来,亲近母语一直致力于探索和构建以提高学生的语文素养和人文素养为目的的儿童阅读新课程。我们开设了阅读指导课,并且全方位推广"班级读书会","教师读书会","亲子共读","社区读书会"。积极倡导学生诵可亲的经典,读有趣的名著。本届论坛就全面展示了前期课题研究取得的成果,各个实验学校交流了开展儿童阅读活动、建设阅读新课程的经验。我们邀请台湾海峡两岸儿童文学研究会理事长方素珍小姐执教了儿童诗的教学,课题组教师执教了各种形式的读书课。这些课的教学内容都不在原来的课程框架内,都是对整本童书的阅读指导,是在其他一般的培训会上不能见到的课型。

2. 应该积极探究儿童文学作品教学的方法

经典的或者优秀的儿童文学作品进入小学语文教材后,我们应该怎样教?

相比于其他教材文本,儿童文学文本往往比较贴近儿童的心理,着力于表现儿童真实的情感世界,从题材的角度说,往往集中在三大母题(爱、顽童、自然)上;从表现方式的角度来说,往往通过儿童形象(动物、植物等实质上是泛化的儿童形象)来表现生活;从形式的角度说,既然是文学文本,自然在结构、语言、体裁等要素上,有较强的艺术性。所有文本的阅读价值最终要通过阅读者来实现。但经典文学文本一般具有更大的阅读空间,是一个自足同时又相当开放的"召唤结构",因此用通常的分析性的教学方式,模式化的教学方法来解读、教学这些文本往往会使他们失去应有的魅力。

(二) 我个人以为教学这类文本应该关注以下问题

1. 必须认识到阅读儿童文学经典文本对学生语言发展的作用

学习文学文本对于个体学习语言有重要意义。个体语言的形成过程,依赖于获得充分的语言滋养,多种风格的、有张力、有质感的语言,才能真正唤起儿童语言表达的激情和潜能。经典的儿童文学文本表现的是孩子自己的生活和情感世界,最能打动孩子的心灵,也理所当然地是学生学习语言最好的材料。一篇节选以《呼兰河传》的《我和祖父的园子》,即使教师什么也不讲,就让孩子多读几遍,读出我对祖父和园子、童年的记忆和怀念,也会比一些语言贫乏的课文,教师费多少口舌讲解才能达到的效果好。

2. 尊重儿童的情感体验,引导学生的语言生长

学生语言能力的成长依赖于学生情感的体验。不少公开课的课堂上,教师往往满足于展示个人对文本的理解,然后生拉硬拽着学生达到自己理解的深度。真正成功的课堂应该是学生在文本阅读中经历酣畅的情感体验和成长的同时,获得语言发展。儿童文学作品为学生喜闻乐见,在阅读这些作品的过程中,学生往往有比较活跃的思维和情感体验,教师应该善于体察、尊重和引导。因为学生情感的共鸣点一般就是语言的生长点,所谓"情动于衷而发于外"。

3. 阅读讨论应该多样、深入

面对经典的儿童文学作品的文本,我们的话题讨论,不要老是问这样的问题:文章写了什么?怎样分段呢?哪些是你最感动的句子?而要能设计一些可以使学生"沉入"文本,细致品味文本的问题。例如周益民老师在教学《小土子》的"驯养"时,在让学生说对这本书的基本印象,和朗读最打动自己的句子后,重点和学生谈对"驯养"的理解。他设计了几个问题① 这里的"驯养"和我们平时说的有什么不同?② 驯养容易吗?驯养需要哪些?③ 在这个驯养过程中到底是小狐狸改变了小王子,还是小王子改变了狐狸?④ 在这世上真的有小王子和狐狸吗?这些问题促使学生潜心去阅读文本,调动自己的思维和情感体验。

面对文学文本,我们不仅要在内容理解的层面下工夫,更应该在形式层面下工夫,因为这些文本语言往往具有典范性,是学生学习语言的好材料。当然不同的文本研读的着眼点不同,例如《去年的树》,我们就可以从文本的空白点切入讨论,《我和祖父的园子》就可以从语言的节奏感切入,《月迹》可以从"迹"这个字眼入手讨论等等。

4. 小学语文教师应该具备一定的儿童文学素养,论坛积极倡导小学语文教师成长的新方式

解决以上问题,将儿童阅读、母语教育改革推向深入的关键在于教师。一个热爱儿童、懂得儿童,能读会写的教师才是一个好的语文教师。而要想获得这些素养,阅读儿童文学是一个捷径。

多年来,亲近母语积极倡导小学语文教师阅读儿童文学,并且通过课题组研讨、教师读书会等方式,促动老师们去阅读经典的儿童文学作品,了解儿童文学史,给孩子们讲述故事,写作读书笔记、大声读名著给孩子听,上读书课,开展教学反思,撰写教育随笔甚至写作儿童文学作品。初步探索了一条新的培养书香教师的途径。在上次论坛请梅子涵老师做《阅读经典的儿童文学》的基础上,本届论坛我们请他做了讲述《儿童文学的技巧》的讲座,梅老师用自己的示范启发老师们热爱儿童文学,用热情去讲述。

四、主题的延展:遭遇的困惑

儿童文学和小学语文教学存在着紧密的联系。对他们关系的深入考察,可以给小学语文教学带来很多新的启示。本届论坛对他们的关系进行了一些探究,取得了不少成果,但在论坛期间开展的各种沙龙和研讨中,老师们提出了很多我们暂时很难解决而应该努力解决的问题,包括:学生阅读的图书如何获得;小学语文教师培训方式的变革,以及选文(与教材编写队伍的结构有关)等问题。

儿童文学和小学语文教师是一对亲密的伙伴,用儿童文学的视野来考察小学语文教学,将给小学语文教学吹来很多新鲜的空气,帮助我们解决一些以前一直没有处理好的问题。搞好儿童文学作品的教学、加强儿童阅读的指导,提高小学语文教师的儿童文学素养,将不仅仅促进小学母语教育的变革,它还有更深广的意义:例如为儿童文学培育读者,从而促进中国儿童文学的创作,进而产生我们民族自己的经典的儿童文学作品和伟人的儿童文学作家;例如让孩子们从小受到文学美的熏陶,感知母语的优美和丰富,从而让我们母语的纯粹和传承更值得期待;例如给孩子们一个幸福的童年,保护他们的童心、想象力、幻想力,将给我们的民族一个有创造力、有童心的可爱的未来等等。

论民国时期的儿童文学与小学语文教材[①]

范远波

儿童文学这一概念最早出现在五四时期,是指以儿童为本位而组织的文学,是适合少年儿童阅读的各种体裁的文学作品。在中国,这一概念从提出到流行一直与儿童的教育成长问题相伴随,在一定程度上反映了教育思想变革所带来的教育内容的变化。

一、儿童文学产生的背景

新式学堂分科教学以前,蒙学语文教材里面有自然知识、历史知识、生活常识和道德教训。这些知识的权威性和严肃性是不容怀疑和亵渎的,儿童必须虔诚恭敬地去接受。语文独立设科以后,这些知识有一部分从语文科中分离出去了,语文教材的传道角色受到了强烈的挑战和明显的淡化。于是,在自动主义学习观和儿童本位思想的影响下,出现了大量为满足儿童阅读兴趣的文学作品。这些作品的出现,或多或少受到清末以来,尤其是民国时期的教材观、学习观和儿童观的影响。

1. 教材观

清末新式学堂未兴办以前,儿童读物大致分两种:一种是启蒙类的,例如三字经、百家姓、千字文、神童诗、千家诗、日用杂字、日记故事、幼学琼林等;一种是预备科举考试的,例如四书、五经、史鉴、古文观止之类。读了前一种书,认识二千多个字,谓之"开蒙"。开蒙以后才开始读后一种书,从中积累一些句法、章法和修辞知识。因此前一种的编写意图主要是供识字和进一步研读圣贤经义打基础,而对围绕一定主题形成连贯篇章的训练,比如积字成句、句与句之间的连贯组合等,则不够重视,这种做法直接导致教材内容与民众的生活环境和口语实际相脱离,不利于激发学习者的兴趣和实现教育普及的目的。

晚清在维新思想影响下,语文教材编写出现了一股追求实用化、通俗化的主旋律。与传统蒙学教材的编写不同,它重视"积字成句之法",把识字教学与句篇教学融合在一起,在句篇中识字。这种新式教科书以分散识字为主,文字多重复,重视与口语联络,追求把日常口语文字化,以突出简单的造句和篇章教学。

民国初年公布的《小学校教则及课程表文》对教材文章的规定除保持清末以来的实用要求外,特意增加了"富有趣味"的要求。在此精神影响下,教育界人士纷纷作出响应,呼吁实用性和趣味性教材。1917 年,贾丰臻在《今后小学教科之商榷》中指出:"今之小学教员,辄以书店之国文教科书为教授资料,其对于程度较高者或另选古今韶文以渲染之,而一方面遽责儿童之作文不易改进,呜呼!使其作文果易改进,亦无当于职业……今学校学生,国文能作策论,能撰诗词,而独于家常信札便条,婚丧喜庆往来颂辞吊辞等,反未能措之裕如,此实吾人所大惑不解者也"。[1](163) 黄炎培在其 1915 年的《考察本国教育笔记》中也提到,"夫小学

---

① 原文发表于《教育学报》2007 年第 6 期。

注重实用，国文宜多为记述体，余所绝对主张……国文与算术，为两大基本学科，算术系用规律的方法，以精密其思想，国文系用活泼的方法，以广博其思想”[1](295)。可见，民初的小学语文教材总体上追求实用性和趣味性。

2. 学习观

前清的教学实际是教授、养护、训练三者并重，并把课堂上的一切现象都看作是教员一人言行的结果，教员习惯采用那种以五步教授法为主的注入式教学。

民国元年以后，一般教育界人士不满这种注入式教学中儿童的被动接受状态，认为它既不能适应培养新国民的需要，也不能顺应世界潮流，于是兴起了新教授方法的研究热潮，诸如勤劳主义、辅导主义、筋肉运动主义、循环发表主义等方法，一一皆由理论而进于实验，由实验而见诸成效。这些方法，简言之不外是教授时以儿童自己的活动为中心，教师立于旁观地位尽辅导之责而已。这些方法相对于从前重视知识授予、供给儿童明了观念的赫尔巴特之兴味主义有很大区别，被统称为自动主义教育法。

自动主义教育法适应了民国教育，成为评价课堂教学优劣的一项重要指标。1915 年顾树森在考察各地教授法时，认为教授法存在的最大问题就是对学生的自动方面关注不够。他说，“此次参观各学校之教授，教授之能用启发式者甚多，然用讲解式注入者，亦复不少，于儿童自己活动方面，似少注意。即用启发式教授者，亦不过教师发问，儿童答之而已。至于学生能自己研究，有疑难而问者，未之见也。况问答之时，教师仅能及于优等生，而于劣等生往往不能顾及”[2]。蒋维乔在记述长沙私立楚怡小学校时，也赞赏该校的国文教学多注重自动与实用。这些言论大体反映了民初以教师为中心向以学生为中心的教学状况的转变。1913—1914 年教育部视察各学区学务报告中，在小学国文教学方面也特别列有学生自动力的汇报项目，反映出民初对自动主义的推崇。

五四以后，自动主义成了教育界的时髦用词，自动主义教育被认为是新文化运动的“健将”。有人专门论证了自动主义教育的文化基础：① 文化的根底在于自我，自动教育就是要开发自我的自觉；② 文化是活动的、连续的、创造的，自动教育就是以养成创造能力为主。③ 文化的根本方向是在人格的自由，自动教育就是要发展自由个性。[3]有人则把自动教育与民国教育宗旨结合起来，认为自动教育在使儿童自己感兴味，自己研究，自己发展，自己完成其人格，其目的在造成顺应世界潮流之健全国民。而“欲造健全之国民，必自培养其独立研究独立活动之资格。故儿童教育，不在注入知识，而在养成其自求知识之能力，不在为儿童准备将来活动之技能，而在养成其独立研究，自由活动之德性”[4]。为适应自动主义教学，语文教科书的选材多选取生活日用的实物、场景、良好生活习惯的养成以及勤学做人的道理等。

3. 儿童观

清末在追求教材实用性的背景下，力求把儿童眼力和智力所及的实物和生活常识等编入教科书中，课文多选取具体生活场景和简单的生活情节，减少抽象的议论说教和情节复杂的故事等，这些努力主观上虽然没有跳出为成人生活准备的课程观，客观上却也照顾到了儿童的生活体验和心理特征。进入民国，在一片共和声中，儿童作为受教育者的主体地位得到了显著提升，首任教育总长蔡元培就明确提出，民国教育要“从受教育者本体上着想”[1](7)，这一思想伴随着“五四”的民主运动得以深入民心，出现了许多从儿童角度考虑的读物，大大地凸显了读物的趣味性。被茅盾称为“中国编辑儿童读物第一人”

的孙毓修,1909年就在商务印书馆的编译所国文教学部主编《童话》丛书,译介引进格林童话、安徒生童话等国外作品,开阔了儿童的眼界,许多童话作品如《无猫国》《玻璃鞋》《大拇指》等,都曾对当时的小孩产生过重要影响,冰心就说她十多岁时非常喜欢这些作品。还有专门为儿童创办的杂志,如《儿童世界》《少年杂志》《小朋友》等。《儿童世界》采集各地歌谣,介绍科学、冒险故事,翻译外国寓言、小说,推出大量适应儿童本能兴趣和爱好的作品,主编郑振铎在《〈儿童世界〉宣言》中指出,"以前的儿童教育是注入式的教育;只要把种种的死知识,死教训装入他头脑里,就以为满足了。现在我们虽然知道以前的不对,虽也想尽力去启发儿童的兴趣,然而小学校里的教育,仍旧不能十分吸引儿童的兴趣,仍旧是被动的"[5](9)。他希望通过诗歌、童谣、寓言、独幕剧等去启发儿童的阅读兴趣,影响儿童的精神世界。

这一时期,许多作家也开始站在儿童的角度去思考文学创作,周作人在蔡元培创办的孔德学校发表演讲,指出"以前的人对于儿童多不能正当理解,不是将他看作缩小的成人,拿'圣经贤传'尽量的灌下去,便将他看作不完全的人,说小孩懂得什么,一笔抹杀,不去理他",为此他认为应该承认儿童的独立生活,迎合儿童心理来供给他们文艺作品,提供儿童的文学。郭沫若则从儿童文学的用语方面提出了自己的看法,认为"儿童文学不是些干燥辛刻的教训文字""不是些干板浅薄的通俗文字""不是些鬼画桃符的妖怪文字",而应该是由"儿童的感官以直诉于其精神堂奥,准依儿童心理的创造的想象与感情之艺术"的文字[5](6-7)。与这些思考相对应的是,许多学者和作家都积极致力于外国童话故事的翻译和引进,致力于国内民间歌谣、故事的搜集和整理,致力于儿童文学的创作和语文教材的编写。比如叶圣陶创作的《稻草人》和黎锦晖的《老虎叫门》都是至今还广为流传的作品。

可见,儿童文学作品的出现,既是清末以来教材实用化、大众化追求的延续,也是儿童本位的课程观得以确立和强化的反映,它是汉语文教材摆脱私塾蒙学读物影响,逐渐走向现代化的重要一环。

二、国语教科书呼唤儿童文学教材

新文学运动之后,尤其是小学国文科改为国语科后,白话文成了小学语文教材的主流。白话文教材浅显易懂,与儿童的口语和生活实际接近。但是,在如何引起和保持儿童的学习动机和兴趣方面,刚开始的白话文教材还不够重视。

新学制时期,一方面受杜威"儿童本位"理论的影响,另一方面又受到欧美行为主义心理学和国内日益高涨的自动主义学习观的影响,白话文教材的编写才开始重视激发儿童的学习动机和兴趣:一是在形式上强调文字的反复出现,让儿童在多次接触刺激中不知不觉地、轻松地认识和掌握文字;二是在内容上强调趣味性,让儿童能够自动地去学习。在国文教科书时期,小学识字很少考虑文字的反复问题,往往一个汉字出现一次就要求学生有意识地去掌握。到了国语教科书时期,儿童本位思想流行,一切要有利于儿童的轻松学习。因此,文字在教材中出现一次,对学生的刺激量不够大,要求反复有规律地多次出现。为此,俞子夷还专门对新学制时期商务教材《新法国语教科书》的文字反复作了审查研究,研究结果为:

册数	总字数(个)	新字数(个)	新字百分比	平均每字反复(次)
第1册	665	201	30.2	3.3
第1—2册	1 910	422	22.1	4.5
第1—3册	4 539	697	15.4	6.5
第1—4册	7 994	939	11.8	8.5
第1—5册	12 053	1 144	9.5	10.5
第1—6册	17 500	1 384	7.9	12.6
第1—7册	23 513	1 597	6.8	14.7
第1—8册	23 718	1 854	5.7	17.6

把上表的次数结合教学进度来考虑，以每学期讲完一册，每学期二十周，每星期上课六天算，除原样反复外，新字在新地方的平均反复度分别为：

第1学期每隔36.4天出现一次；

第2学期终每隔53.3天出现一次；

第3学期终每隔55.2天出现一次；

第4学期终每隔56.4天出现一次；

第5学期终每隔57.1天出现一次；

第6学期终每隔57.1天出现一次；

第7学期终每隔57.1天出现一次；

第8学期终每隔54.5天出现一次。

而美国同程度的语文教科书，新字平均反复次数达到53.8次，如果按照当时中国的上课时数计算，每隔2.2天就在新地方出现一次。而中国最快的都要36天多才出现一次。[6]

这一极大的对比，对国语教科书编写者是一个极大的警醒。于是文字反复的次数渐渐受到关注。然而，文字的反复出现，容易导致内容呆板。为此，儿童文学中的反复故事和复沓歌谣便成了两全其美的办法。反复故事是指在编写故事时尽量考虑字词和句子的重复出现，同时又能突出故事的趣味性，如《小山羊》。

“小山羊找不到妈妈。咩咩咩咩叫。他碰着一只野兔。野兔问小山羊到哪里去。

小山羊说：要找母亲。

野兔说：我看见的。我领你去。

小山羊说：谢谢。

他碰到一只黄狗。野兔怕黄狗，逃了。黄狗问小山羊到哪里去。

小山羊说：要找母亲。

黄狗说：我看见的。我领你去。

小山羊说：谢谢你。

他们碰着一只狐狸。黄狗怕狐狸，逃了。狐狸问小山羊到哪里去。

小山羊说：要找母亲。狐狸说：我看见的。我领你去。

小山羊说：谢谢你。

狐狸走在前面。小山羊跟在后面。狐狸走得快。小山羊走得慢。

小山羊跌了,跌在泥潭里。小山羊跌在泥潭里。咩咩咩咩叫。叫了一夜。天亮了。小山羊的母亲,听见小山羊叫,来救他出来。”

复沓歌谣是指借鉴传统诗歌重章叠句的形式,同时又强调字句韵律的节奏感,如:

《狼来了》:狼来了,狼来了,老和尚背着鼓来了。

《拉大锯》:拉大锯,扯大锯,用木头,盖房子。

《好月亮》:好月亮,好月亮,我心里爱你,请你从天上下来,下来;小弟弟,小妹妹,我听见你喊,我心里爱你,我不能下来,我还要照别处的小孩哩。

反复故事和复沓歌谣都是儿童文学创作的惯用手法。此外,拟人化也是描述儿童感受、展示儿童心灵世界的有效手法。采用这一手法的儿童文学,在民国时期被俗称为“鸟言兽语”。如:

猫先生说:老鼠呀!好宝宝买的糖食,你们不要去吃掉。好宝宝造的纸房子,你们不要去咬。好宝宝脱下来的裤子,你们也不要去咬。谁不听我的话,我就要捉住谁。

小鸭是母鸡孵的,他叫母鸡妈妈。母鸡说,我不是你的妈妈。小鸭没有妈妈,就大哭,把喉咙哭坏,他叫不出妈妈,只会叫呷呷。母鸭听得小鸭哭,就走过来,对小鸭说,我是你的妈妈,我忙着游水,请母鸡孵你,小鸭说,哦!原来母鸡是我的干妈。

尽管趣味性是儿童文学教材的重要特征,国语教科书呼唤这样的儿童文学教材,但是,如果忽视了教材的知识性和思想性,则违背了教育的本义。从上面几个例子可以看出,有些儿童文学教材在适应儿童本位方面还是比较粗率的,教材内容没有什么实质性的教育意义,为趣味而趣味的痕迹明显。但是在当时,这种趣味性教材还是被认为具有积极意义、值得推广的,用吴研因的话来说,那就是体现“对学塾遗留下来的束缚儿童身心的封建读物的反抗”。

三、儿童文学教材的探索与完善

清末以来的语文教材经历了从实用到趣味的价值追求过程,这一过程同时也是语文教材的思想性和知识性被高扬的个性自由发展光环所日渐遮蔽的过程。

1. 儿童文学化教材的追求

清末新式学堂兴办之前的蒙学教材主要是记载圣贤经传的古雅文言,重视宣扬经典古训的思想道德教育,与儿童生活情形相离较远;兴办新式学堂之后,小学语文教材就采用比较浅近的古语文或接近口语的通俗文去装载各种知识,力求向儿童传递和宣扬各种科学知识。这种改革比以前大有进步,但是一切科学知识还是用成人的眼光去编制,枯燥乏味的实用说明文充斥语文教科书,既不能与儿童的现实生活境况融合,也让小学教员们感到不满。20 世纪 20 年代初在小学任教的叶圣陶就深有感触地说,“先请求为父母的,儿童的一切本能都让他们自由发展。……我又请求为老师的,不要将学校成为枯庙,将课本像和尚念梵文那样给儿童死读”[7]。语文科一方面要儿童获得认识和运用文字符号的能力,一方面又要儿童了解教材内容获得各种知识。如果两者平均用力,难免两败俱伤,倒不如编些轻松的故事给儿童读,使儿童只觉故事有趣,不知不觉中把文字符号熟悉了。

因为这样的主张，语文教材编写也开始有了"儿童文学化"的倾向。所谓儿童文学化，就是用科学的知识做材料，拿儿童的兴趣做编制标准，从实质方面看，是各科知识的读本，但是从形式方面看，却是文学。比如教学蜗牛的知识，假如对儿童讲"蜗牛有两个触角，背上驮了一个硬壳"。这样教儿童，儿童的兴趣提不起来，用"文学化"的手法，就可写成猫和蜗牛会话。

猫问蜗牛：住在哪里？

蜗牛说：住在我自己的屋子里。

猫问：你的屋在哪里？

蜗牛说：屋在我背上，我的屋子，不是用砖瓦木材做的，是我身上分泌一种液质，凝结成功的。我还有角在头上，这两个角可以看东西，也可以摸东西，在我觉得很便利的……这样的叙述，很有趣味，这是教材"儿童文学化"的一个实例。[8]

在这种儿童文学化的潮流下，采用类似对话或独白形式介绍知识的课文大量出现，如《水的说话》、《煤的自述》、《猪说的话》、《盐说的话》、《糖说的话》、《泉水和老树》、《毛虫和白菜》、《我的名字叫电》等。

不仅如此，各书坊在民国新学制探索时期编印的小学国语教科书，都以儿童文学相标榜，编入了童话、寓言、笑话、自然故事，生活故事、传说、历史故事、儿歌、民歌等等。如商务印书馆的《新学制国语教科书》，中华书局的《新教育国语教科书》及世界书局的《新学制国语教科书》等，课文的极大部分是采用物话的形式来编写的。以商务印书馆发行的《新学制国语教科书》为例，初小用的课文几乎完全采用儿歌、童话、民谣、寓言之类作材料，课文的主角多是猫狗牛羊之类的家禽或野兽，叙述方式也多为"猫说狗跳"类，其第一册第一课改变了以前的"人手足尺"为"狗，大狗，小狗。大狗叫，小狗跳"。教育部不但给审定了，并有嘉奖的批语。为此，有人称这是语文教材"从人到狗"的时期，也有人认为这是"猫狗教育"时期。不可否认，这些教材注意到了趣味性和口语化。

同时，教材编写者还积极探索教材的趣味性、思想性和知识性的完美结合。比如吴研因创作的《花的嫁娶》，把早期性知识教育寄寓在歌谣中：南一家，北一家，两家男女都叫花。花姑娘多美丽，花哥儿也不差。两个长得一般大，一个娶妻一个嫁。蜂大爷和蝶大姐，来做媒人传说话。甜蜜酒，请朋友，蜂爷蝶姐喝一口，带着花粉两家走。传花粉，入花房，花哥花姑结成双。不多几时生儿女，东一行又西一行。[9]

诸如此类的教材，一方面传授一定的知识，寄寓思想教育，另一方面也能满足儿童的阅读兴趣，使儿童的学习变得更为轻松愉悦。

2. 儿童文学教材的类别与组织

儿童文学教材的早期探索主要在民间，到1929年民国暂行课程标准推出时，才逐渐上升为官方语文课程标准的重要思想，"儿童文学"成了每次课程标准必不可少的概念。如1942年国语课程标准规定，读书教材"应编成记叙文或韵文等各种体裁的儿童文学"。可以说，自暂行课程标准到以后的四次课程标准的推出，国语教科书的课文几乎都是儿童文学作品或儿童文学化内容。

随着儿童文学教材的增加，教材编写者面临着深化认识儿童文学教材和有序组织儿童文学教材的重要任务。

认识上,儿童文学教材逐渐明确为五大类:① 诗歌,包括儿歌、童谣、新诗;② 童话,包括神话、史话、物话;③ 传记,包括寓言、史话、游记;④ 小说,包括传记、笑话、演义;⑤ 剧本,包括话剧、戏曲等。这些文体形式并不是随便编入教科书中,而必须与儿童心理发展的年龄阶段特征相吻合,也就是说,这些文体在小学阶段必须实现动态的分配,它包括两方面的内容:一是为适应儿童阅读兴趣的发展而选用文体,二是为在各个阶段合理配置文体而确立文体的分量支配比例。儿童阅读兴趣的发展过程与其认识世界的方式密切相关,民国的研究者认为儿童眼中的世界经历着从灵性世界到童话世界,再到现实世界的过渡。灵性世界中的儿童以为他四周的东西都有生命,有时会和自己的玩具谈话,有时要问花在夜里是不是很寂寞;童话世界的儿童为自己创造了幻想的美好世界,这个世界无所谓正义、善良、公正、诚实、慈爱等道德观念;而现实世界的儿童则喜欢把自己的生活投射到读物所营造的故事世界中,男孩沉迷于冒险故事或关于航空、森林、机械等读物,而女孩则对学校生活故事、家庭生活故事以及爱情故事、花鸟故事等较感兴趣。针对这种阅读兴趣的发展过程,民国的一些教材研究者纷纷提出教材的组织意见。倡导儿童文学的周作人认为,三岁到六岁的儿童读物宜用儿歌,不重意义的韵语,六岁到十岁宜用儿歌、新诗、神怪童话、天然故事等,十岁到十五岁,宜用民歌、古诗、传说、写实的故事、寓言、戏曲等[10]。吴研因的《小学国语国文教学法》里也有详细的表,大略是:七八岁,宜用儿歌,谜语,歌谣,新诗,童话,物语,民间的传说,自然界的故事;九岁十岁,宜用谜语,歌谣,新诗,近现代的童话物语民间的传说,动物生活的故事;十岁到十四岁,宜用乐府古诗歌,叙事民歌,传记,写实故事,寓言,剧本等[11]。周邦道在《中华教育界》第 11 卷第 6 号发表《儿童的文学之研究》,里面也提到类似的文体组织意见。

至于文体的分量支配方面,自 1932 年正式课程标准开始,教材的分量支配就有了一定的规定。1932 年课标不但对国语课文的文体分量作了规定,还对国语课文的内容分量作了规定。文体方面,普通文,一到六年级都占 70%,实用文,低级无、中级 10%、高级 15%,逐渐增加;诗歌低级 30%、中级 15%、高级 10%,逐渐减少;戏剧,低级无,中高级均为 5%。内容方面,分公民、自然、历史、文艺、党义、卫生、地理七项,每项内容在小学各阶段的分配也有规定。

在这些意见的指导下,民国的教材编制者进行了三种积极的尝试。一是尝试教材形式的多样化,比如书信、布告、契约、规章和计划书等应用文教材,文字相对枯燥呆板,内容难有趣味。如果单纯把实用文编为一个单元,势必使学生对这个单元发生厌恶。他们一方面化整为零,把实用文附在某一个单元之后,实现普通文中的记叙文、议论文、说明文和实用文的妥为支配。如 30 年代末中华版《新编高小国语读本》高小用第一册,将《校园植树计划》与人物故事《种苹果的老李》和《植物的创造者密邱林》联系在一起呈现,效果很好。另一方面将故事的内容装进实用文的形式里或将实用文的文字纳入记叙文中,如世界书局教材《苍蝇给蚊子的信》。

蚊子弟弟:

昨天一阵雷雨,把我们分散了,很是想念。

我回想昨天同你坐在窗前,欣赏那脏孩子的搔痒,我佩服你的把戏,实在有趣。

后来,脏孩子的姐姐要捉我,我就躲进厨房吃糕。并且移动我的脚,让脚上的微生虫下来散步。不久,脏孩子吃了那块糕,我也飞开了。

晚上，我听脏孩子喊肚子疼，接连泻了三回。弟弟！我做的把戏，你觉得怎样？

你的哥哥苍蝇

八月十日

二是尝试教材内容的顺利过渡和衔接。同一主题的教育内容，在小学低年级就以动物为主角，到中高年级则过渡到以人物为主角。比如，同是教育儿童有智慧处事的两篇课文。

《老鸦喝水》：老鸦口渴，想喝瓶子里的水。但是，瓶子深，水又浅，老鸦喝不着。他心里很急，在瓶子旁踱来踱去。忽然他看见一堆小石子，就衔了几块，放在瓶子里。瓶子里有了石子，水就升上去了，老鸦喝得很舒服。

《司马光急智救朋友》：司马光和几个小朋友，在院子里捉迷藏。一个孩子因为怕捉着，立在一只大水缸上，不料两脚一滑，便跌在缸里。孩子们没有法想，都嚷着说："缸里的水很深，怎样救他出来呢？"司马光却并不慌张，随手搬了一块石头，乒乓一响，把缸的侧面打了一个洞。缸里的水从洞口一齐流出来，那个孩子才没有淹死。

前者写老鸦的智慧，安排在小学第3册教科书中；后者写司马光的智慧，则安排第5册教科书中。

三是尝试无意义的拟声词和有意义的动作字词的大量运用。民国的教材编辑者有这么一种观点，认为小孩喜欢咿咿呀呀唱，因此儿童在言语上最先发达的是叹词、拟声词以及各种无意义的歌谣，比如小孩子看见树上飞鸟时发出"砰""砰"的呼声，或碰到意外情况而发出"啊""哇"的叫声等[12]。这些拟声词和叹词虽然将来的应用价值较小，但为适应儿童经验，初小国语读本中出现了大量诸如咪呜，哞哞哞、咪咪咪、吱吱吱、汪汪、喔喔喔、呷呷、啯啯啯、叽叽叽、琴琴琴、镗镗镗等字眼。同时考虑到小孩子好动，初小也侧重动作词语以及节奏明快的歌谣的学习。这种强调适应儿童经验的教材，也贯穿在文字与插图、句篇相配合的演进过程中。鉴于篇幅，此处不再详述。

参考文献

[1] 朱有瓛.中国近代学制史资料：第三辑上册.华东师范大学出版社，1990.
[2] 顾树森.京津小学参观记.中华教育界，1915(6).
[3] 姜琦.自动主义的根本思想.教育杂志，12(1).
[4] 凌空.自动教育之精髓.教育杂志，12(6).
[5] 张之伟.中国现代儿童文学史稿.华东师范大学出版社，1993.
[6] 俞子夷.小学校初年级读法教科书急应改革的问题.新教育，4(3).
[7] 刘增人.叶圣陶传.江苏文艺出版社，1995:45.
[8] 吴研因.国语文教学法概要.新教育，5(4).
[9] 吴研因，王志成.儿童读物的研究.儿童教育，3(8).
[10] 周作人.儿童的文学.新青年，8(4).
[11] 吴研因.小学国语国文教学法.中华书局，1921.
[12] 朱文叔.关于小学国语读本的几个重要问题.中华教育界，19(4).

论儿童文学立场的语文教材观[①]

朱自强

一、语文教材非儿童文学化典型案例解析

当然不能说目前的儿童文学语文教材中一点真正的儿童文学都没有,但是,在整体形象上,语文课本中编入的儿童文学教材似是而非。有些作品看起来像是儿童文学,其实却不是真正的儿童文学,因为它们缺乏真正的儿童文学所具有的趣味性、艺术性、思想性,因而缺乏语文教育的价值。

我这里想通过具有代表性、典型性的儿童文学教材来展开讨论。

美国作家艾诺·洛贝尔"青蛙和蟾蜍"故事系列是儿童文学经典作品,其中的故事《等信》具有很高的知名度。可庆幸的是它进入了小学语文教材编写者的视野,可叹的是,它在进入教材的过程中遭受横切竖砍的删改,被异化成了非儿童文学的作品——

小雨蛙等信

兔子先生来了又走了。小雨蛙很失望,因为没有人写信给他。小树蛙知道了,回家就写了一封信。第二天早上,小树蛙到小雨蛙家去,他说:"你今天会收到信啊"。可是小雨蛙不相信。到了中午,兔子先生真的送信来了。小雨蛙拍着手说:"真的有我的信"。他打开信念着:"小雨蛙,你好吗?写这封信给你,希望你天天都快乐,祝你天天开心,小树蛙上。九月十七日"小雨蛙看完信说:"这是我收到的第一封信。"小树蛙说:"这也是我第一次写信啊。"他们都开心地笑了。

(小学《国语》二年级上册,台湾康轩文教事业版)

寄给小青蛙的信

小松鼠和小青蛙是邻居。小松鼠看见小青蛙一脸不高兴地坐在井边,就问他:"青蛙,你有什么事不开心呢?"青蛙说:"我天天坐在这里等朋友的信,可是一封也没有,我很伤心。"

小松鼠听了青蛙的话,马上回家,写了一封信。信封上写着:"松树林5号,青蛙收。"

小松鼠跑出屋,碰到蜗牛,对蜗牛说:"蜗牛大叔,请你替我把这封信送到青蛙家,好吗?"

"好呀!"蜗牛乐意地说,"我马上去"。

小松鼠跑到青蛙家,青蛙正躲在房间里哭呢。小松鼠劝他说:"别难过,今天你一定会收好朋友的来信的!""不,不会的!"青蛙说。

---

① 原文发表于《语文教学通讯》2010年1C。

小松鼠跳上窗户，看见蜗牛还在弯弯曲曲的小路上爬行。"一定有！因为是我给你寄了一封信呀！看！信在蜗牛大叔那里，他来了！"

"谢谢你！"小青蛙高兴极了，飞一样跳到蜗牛面前，接过信，立刻打开大声念："亲爱的青蛙，我要告诉你，我是你的好朋友，我天天想念你。"

（小学《语文》三年级上册，上海教育出版社版）

熟悉原作的人都知道这两篇教材变得多么面目全非。对一千二百字的原作进行删改之后的教材，只剩下二百字和五百字，不仅流失了丰富的思想、艺术含量和珍贵的语文信息，变得短、小、轻、薄，而且充满了阅读障碍，难以构成真正富有成效的学习。下面谈谈这两篇教材存在的几个问题。

第一，情境的模糊、混乱。这是两篇教材共同存在的问题，尤以《小雨蛙等信》严重。"兔子先生来了又走了。小雨蛙很失望，因为没有人写信给他"。兔子先生到哪儿来了？从哪儿走的？地点模糊不清。为什么"兔子先生来了又走了"，小雨蛙就"很失望"？因为没有清晰交代原因，读者只有莫名其妙，要到读了下文的"兔子先生真的送信来了"，才知道兔子先生是干什么的。"小树蛙知道了，就回家写了一封信"，小树蛙是怎么知道的呢？仍然没有明晰的交代。

在《寄给小青蛙的信》里，小松鼠见到青蛙是在"井边"，他"马上"跑回家，写了一封信，交给蜗牛大叔去送，接着，他本该到井边找青蛙，可是却直接到了"青蛙家"，而在原作里，地点一直是在蟾蜍的家里。我认为，教材没有必要安排"井边"这一场景。另外，小松鼠和小青蛙本是"邻居"，却有送信的蜗牛"还在弯弯曲曲的小路上爬行"这样的描写，这两个"邻居"离得是不是太远了。

我觉得在小学二、三年级的语文教材中，时间、地点、人物、事件，这些要素一定要写得非常具体、清晰，学生才能够理解，才易于记忆。

第二，缺乏生动、细腻的心理过程描写。在原作中，青蛙对朋友蟾蜍的关心是通过行动，特别是通过心理细节来表现的。他写好信，交给蜗牛后，就跑到蟾蜍家，把午睡的蟾蜍叫起来等信，他"望望窗外"，"蜗牛还没有到"，"又望望窗外，蜗牛还没有到"，再"望望窗外，蜗牛还是没有到"。结果，蟾蜍奇怪了，问"你为什么老是往窗外看？"青蛙说，因为"我"在等信哪。给蟾蜍的信，却变成了自己在等，青蛙想让好朋友开心的急切心情跃然纸上，儿童的心理世界清晰地展现在读者眼前。但是，很遗憾，在删改的教材中，这些能够培养学生细腻的感受性的极有价值的语文学习资源都流失了。

第三，教材失去了原作的幽默感和趣味性。按照皮亚杰的学习认知理论，在学习的过程中，第一个环节就是学习兴趣的唤起。使用没有情趣、没有趣味的教材，想让孩子产生语文学习的动机和兴趣，是很困难的。诗有"诗眼"，其实，文章也有"文眼"。《等信》的文眼就在蜗牛身上。青蛙的"急"和蜗牛的"慢"，两者形成了鲜明的对比、强烈的反差。有了这种对比和反差，幽默感和情趣就出来了（同时，人物的性格和关爱主题也得到了凸显）。可是，《小雨蛙等信》把蜗牛换成了兔子，《寄给小青蛙的信》把原作"等"了四天才等到，改成了"飞一样跳到蜗牛面前，接过信，立刻打开"，原作的意趣全失，变成了劣作和平庸之作。

总而言之，删改后的这两篇教材（特别是《小雨蛙等信》）是难以预测和理解的，缺乏趣味性的文章，其语文教育价值与儿童文学原作相比有天壤之别。

我在《小学语文文学教育》一书中，曾经指出小学语文教材在改写《丑小鸭》《小蝌蚪找妈妈》等儿童文学名作时出现的严重失误，提出了“当不改则不改”“改写者必须是业内高手”“态度必须负责而谨慎”三个原则。洛贝尔的《等信》就是进入教材时“当不改”的作品，一改就是错。

二、语文教材非儿童文学化选文问题

删改儿童文学作品，这只是小学语文教育非儿童文学化的表现之一，除此之外，在选文上也存在严重问题。通过对大陆、中国香港、中国台湾的教材的研究，我认为，小学语文教材对儿童文学资源的利用主要存在两大问题。

第一，儿童文学的文类不全、资源流失的问题。譬如说民间童谣、民间童话在小学语文教材中是普遍的缺失。这是一个非常大的失误，因为民间童谣、民间童话既拥有独特的、儿童所喜闻乐见、易于接受的语文价值，又是民俗、历史、传统文化的重要载体。

譬如说对待幻想文学的暧昧态度。我们现在不仅提倡素质教育，还倡导创新性教育，要培养孩子的想象力，可是，小学语文教材却不够重视幻想文学的价值。小学语文教材里出现的基本都是拟人童话。拟人童话除了小狗小猫讲话，并没有超越现实的幻想要素。我认为出现这一状况与现行小学语文教育理念有关，目前小学语文教育是以灌输知识为本，具有知识至上主义或者是理性至上主义的色彩。如果是以培养想象力、创造力为本，那么，就必须多选入《神笔马良》这类幻想故事。

还有幽默文学的缺失。幽默是人的一种可贵的精神品质，应该在童年时代就根植在孩子们的心中。我们的教育的一个重要失误就是永远板着脸孔，表现在语文教材上就是太严肃，把幽默文学排除在外。

还有动物文学的缺失。也许有人说，小学语文教材不是有《野生的爱尔莎》这样的课文吗？可是对一个长篇作品进行缩写，最后变成一篇几百字的课文，还能说它是动物文学吗？为什么不选择篇幅合适的动物文学进入教材呢？动物文学是生态文学。有了文学的生态教育，语文教育的人文性，就更为完整和深入。

总之，我粗略算了一下，儿童文学的文体应该不下二十种，但是，在小学语文教材中儿童文学的文体却十分有限。

第二，儿童文学经典、优秀作品的缺失。现有教材，表面看起来儿童文学的数量不少，但是，很多篇章是似是而非的“教材体”儿童文学。所谓教材体儿童文学是指教材编写者根据自己的某种儿童文学感觉，为教材编写的文章，其中也包含删削的儿童文学名著。语文教材应该选入的是自然天成的美文。小学语文教材的编写者，应该到浩如烟海的儿童文学作品中，去精心挑选文体、篇幅都合适的经典、优秀作品，直接收入教材，以改变目前小学语文教材“短小轻薄”的不良现状。

三、儿童文学在语文教材中被“异化”的原因分析

1. 对儿童文化的理解存在问题

我认为，在人类为儿童创造的所有文化中，儿童文学最和谐地解决了儿童与成人之间的矛盾和冲突，因此，在小学语文教育中运用儿童文学，可以为儿童文化与成人文化的和谐融合搭建宽阔的桥梁。但是遗憾的是，我们的语文教材编写观念往往背离儿童文化，使孩子们的语文学习出现障碍。

儿童文化是天真的文化，儿童文学是天真的艺术。但是，《小雨蛙等信》违反了这种天真。譬如说，为什么要把邮差由蜗牛改成兔子？我觉得这是用大人的理性的、功利的、知识的逻辑来看待事物所造成的。兔子跑得快，当然应该当邮差，蜗牛那么慢，怎么能当邮差呢。这反映了语文教育中，成人的逻辑和孩子的逻辑之问的冲突，这也是两种不同文化的冲突。

不要以为儿童文化的"天真"是浅陋的、没有价值的。尼采的"精神三变"一说中就认为，人在变成坚忍的骆驼、富于勇气的狮子之后，还要变成幼儿，因为幼儿的天真无邪可以开创一切。面对《等信》这样的作品，我们成人的确应该学一学青蛙的"天真"。

2. 对儿童语文学习能力的判定存在问题

从乔姆斯基、史蒂芬·平克这些顶尖语言学家的著作中，我们知道，儿童是天生的学习者，有巨大的语文学习潜能。语文教育就是要致力于使用有学习效率的好文章把儿童的语文潜能激活。

《等信》在台湾和大陆的教材中被删节成二百字和五百字，恐怕是因为教材编写者认为二年级和三年级的小学生不能阅读长度为一千二百字的文章。可是，在儿童文学化程度很高的日本的小学教材中，是全文一千二百字悉数收入的。这体现了对儿童阅读能力的不同评价。在儿童的阅读现实中，未上学的五六岁的儿童以听大人讲述的方式阅读一千多字的故事是毫无问题的，然而在语文课堂的学习中，我们却低估儿童的阅读能力，教学不是向上提升，而是向下俯就。

另外，教材的短小轻薄恐怕还与应试教育的打算有关，因为短文章好背，字和词都能学会，容易评估，容易应付考试。

将删改教材和原著两相对比，显而易见的是篇幅长的原著容易学习和理解，因为它具有具体的情景，有鲜明的性格、幽默的情趣、可预测的情节。

3. 自下而上的文章观

刘勰的《文心雕龙·章句》篇中有"夫人之立言，因字而生句，积句而为章，积章而成篇"。当代的语文教育研究者接受了这种自下而上的文章观："文章是由字组词，由词组句，由句组段，积段成篇的。"

自下而上的文章观对教材编写有着深刻的负面影响。如果认为文章首先是由字组成，有了字就能组成文章，就会按照选定的生字、生词来拼凑文章。这不符合好文章的写作规律。事实上，在这种文章观之下，产生了所谓的教材体的"文章"。教材编写者根据需要写进教材的生字、生词去编写文章，于是不自然的、缺乏灵性的文章才纷纷出来。

当代阅读学理论认为文章是自上而下的。也就是说，文章的生成是先有要表达的意义（思想、情感等），这个意义高高在上，统领着语言的任何安排，从而使文章成为有意味的、完整的形式。

在学习生字、生词方面，如果选入的自然文章是符合小学生的思想、情感和生活经验的，那么，就会把阅读所需要的基本的字词纳入语文学习针对目前小学语文教材存在的上述问题，我认为，要取得语文教材编写的进步，至少有两项重要的工作要做。

第一，应该为人文性注入新的元素，即将儿童文化中对儿童认知生活、精神成长有重要作用的人文元素，注入语文教育教学之中，使语文教材真正具有儿童特点。应该重视成人文化与儿童文化的有机融合，使小学语文教育教学成为成人文化与儿童文化互动融合的和谐的场域。

第二,应该强化儿童文学经典意识,学习自然文章。要注重选取自然的经典和名作,学习自然天成的优秀文章。经典和名作的最重要的资源就是儿童文学。从文体上来说,儿童文学有儿歌、童诗、童话、寓言、故事(历史名人故事、生活故事、动物故事)、小说(现代小说、动物小说、科幻小说)、散文、传记、游记、日记、科学小品,等等,如果综合开发利用,是语文教育最为丰富、有效的资源;另外,在古今中外的成人文学中,也存在着适合儿童理解和接受的、具有高度艺术性的作品,如果站在小学儿童审美经验和能力的立场上,经过精心筛选,会使小学儿童在语文学习中,及时领略人类思想、艺术的精华。

论儿童文学视野下小学语文教学的价值取向[①]

孙建国

在新一轮课程改革的背景下,从儿童文学视野的角度探索和研究小学语文教学的价值取向,对于促进小学语文教育理念的转变、凸显儿童文学教学的教育价值追求,进而促进儿童全面协调健康成长,具有一定的理论和实践意义。

一、儿童文学精神促进小学语文教育理念的转变

在本次课程改革中,儿童文学作品在小学语文教材中占有比较高的位置。儿童文学和小学语文教学有着天然的血缘关系:他们有相同的服务对象(学生和儿童),有相似的功能(语言学习和人文教育)。为少年儿童提供优质优美的精神食粮,使他们感悟文学之美、母语之美,是儿童文学与语文教学共同的文化担当与终极目标。

在当前背景下,我们要实现儿童文学视野下小学语文教育理念的转变,必须注重挖掘教材中儿童文学作品呈现出来的人文精神,并在教学中予以渗透、推广和弘扬。儿童文学的人文精神,大抵包括以下几个方面:

一是游戏精神。儿童文学通过具体的儿童文学作品让儿童得到愉悦和消遣,以及通过蕴藏较深的思想认识和道德教育的内容,寓教于乐。游戏精神对小学语文教育理念转变的重要意义,在于游戏精神使得小学语文教育成为"快乐的文学",对于儿童天性的保护、自我的发现、快乐地成长具有极其重要的意义。

二是诗性精神。儿童文学的整体魅力在于它以相对简单的艺术形态表达出人类普遍、共同、永恒的感受,体现人性的意义。它把优美的诗情和精湛的哲理融为一体,满足了人的诗性要求,纯洁了人类的精神世界。儿童文学诗意精神促使小学语文教育保护来自儿童的天性,让儿童的诗意能在更为广阔的时空中驰骋。

三是温情精神。儿童友善、纯真、弱小的性格特征,使童心世界充满温情。儿童情感世界的主旋律是爱和关怀,即使有些忧伤,也会在温情中溶解。儿童文学的温情精神使得小学语文教育永远是暖色调的,充满和煦的阳光,充满人性的关怀,将爱的种子播撒在孩子幼小的心田,在他们的人生中发芽、开花、结果。

四是幽默精神。由于儿童独特的幻想和非逻辑性的感知心理结构,造就了儿童文学诗意的幽默性,他们善于另辟蹊径解答谜一般世界的谜底,儿童文学在幽默的诗意中构造情趣。小学生长期受儿童文学幽默精神的熏陶,有利于他们养成风趣、旷达、乐观的人生态度。

毫无疑问,儿童文学精神与本次课程改革精神是高度一致的。儿童文学的教育价值取向,始终以为了每一个孩子的发展为己任。也正是在这一个层面上,儿童文学和小学语文教育有着天然的密切的"契合点",即都着眼于"人的全面发展"。因此,我们必须做到如下

---

① 原文发表于《教育导刊》2009年第1期。

两点：

第一，在语文教育中转变学生观。儿童文学作家的儿童观经历了“被‘遮蔽’的儿童——被‘发现’的儿童——被‘尊重’的儿童”这样几个阶段，例如林格伦的《长袜子皮皮》和《小飞人卡尔松》，在出版之初曾在瑞典教育界引起一片哗然，认为这是作家在“教唆”儿童干坏事。但是，这两部作品由于展现了儿童“狂野的想象力”，因而受到儿童热烈的喜爱。语文教师也可以从这样的变化中重新考虑自己的学生观，调整自己的教学策略。即尊重每一位学生个性发展的完整性、独立性、具体性和特殊性，创设有助于小学生个性发展的社会情境。[1]

第二，在语文教育中转变教师观。儿童文学精神的全新理念，能促使教师在关注学生语文知识、语文能力发展的同时，更加关心学生的情感态度和价值观的发展，在教学中注重人文性的倡导。倡导人文性，更能让教师深刻理解“唯有用灵魂才能塑造灵魂”的道理，对于教师实行课堂民主，营造宽松和谐、富于人文气息的课堂氛围将起到良好作用；倡导人文性，有利于教师专业素质的提高，注重人文关怀和语文教育的感染熏陶作用。面对儿童文学类型的课文，教师要帮助学生“打开”心灵的窗户，在感受和感悟中丰富情感，奠定小学生人性的基础。

二、儿童文学对于素质教育的独特功能价值

儿童文学的根本意义在于通过文学的独特价值，使正处于成长阶段的儿童，逐步向健全的、社会的人的方向成长。

(一) 扩大视野，提高感知能力

儿童的成长需要对生活进行广阔的观察和探索，需要各种各样的经历、体验的磨炼和激发，而其生活的局限往往使他们很难得到这一切。儿童文学能帮助他们突破生存空间狭小的局限，成为他们扩大视野、认识大千世界的一个窗口。儿童文学由于容纳了广阔的生活图画，揭示了深刻的生活内涵，给儿童提供了一个最丰富也最安全的感知生活、体验生活的机会，帮助他们增加见识、开阔视野；丰富他们的生活知识、生活阅历；促进他们对人生的感悟和思考；激发他们对未知世界的发现和探究热情。

(二) 开启智力，发展想象能力

史密斯认为：儿童文学是“把想象的东西用独自的方法表现，或者是说，把真实性和现实性，赋给了幻想的、架空的故事，组成一个特别的幻想世界”。[2]幻想文学构筑起了一个幻想的神奇世界，一旦走进这个魔幻神奇的世界，孩子们就会发现已经超越了自己存在的现实而飞翔在一片想象的天空之上。[3]优秀的儿童文学作品对儿童的想象力和创造力的培养有着重要的作用。尤其是最具想象色彩的童话作品，能够为儿童读者提供极大的想象空间，让他们在想象的世界里自由翱翔，丰富自己的生命体验和审美经验，最大限度地开发和释放自己创造的潜力。

(三) 熏陶情感，呵护心灵发展

人们越来越认识到，儿童时期所具有的情绪能力，是他们在以后生活中能否成功的最好预示。只有通过审美经验和审美创造，人才能学会注意自己的心灵，才能成为真诚而感情丰

富的人，才会对自己的人生有一种深刻而真挚的眷恋。文学作品常常把作家体验过的情感，通过文学的语言表达出来，唤起或培养作者所要表达的那种情感。因此，儿童文学可以帮助儿童体验和习得人类的情感，还可以使儿童感受到快乐，得到一种情感交流基础上的心理释放，减轻或解除现代社会容易产生的紧张、焦虑、不安等有害于身心健康的情感负荷。正是从这个意义上来说，儿童文学是纯真幸福童年的陪伴者与守护神。

（四）陶冶情操，塑造完美人格

情操是一种由感情和思想综合起来的心理境界。而人格则是性格、气质、能力等特征的总和，通常指一个人的道德品质。素质教育的核心任务就是使受教育者能够主动地将人类文化成果内化为自身较为全面的素质。在儿童教育中，这个内化过程的核心就是儿童人格的养成和发展。儿童文学美的实质，是作品中的真善美的统一，即天性美。[4]每个人都有自己的儿童时代，在这个"时代"中所接触到的东西会直接影响到一个人的成长，而其中的"阅读"对人的影响最大，比如读童话会培养孩子的审美情趣；读科幻、神魔作品会激起孩子们的幻想；读知识性的读物会增添孩子对世界的兴趣，从而启发创造性。总之，在儿童时代读什么样的书往往会决定一个人的人生之路。从这个意义上说，儿童文学作品直接关系到儿童心灵的塑造，其意义作用不是一般读物所能相比的。这一过程有助于儿童健康人格的养成，也有助于孩子们造就一生的文化品格。

（五）审美教育，实现美育功能

从根本上讲，儿童文学就是为了满足儿童的审美需要而存在的。优秀的儿童文学作品对于提升和丰富儿童的审美观念、审美趣味、审美情感和审美能力，有着不可替代的重要作用。费尔巴哈指出："人有审美的感觉，审美的理智，才能感觉到外面的美。"[5]许多美好的情感、优秀的品质、人生成功必备的素质、良好的精神状态，例如爱、责任、信念、勇气、诗心、激情等等，完全可以通过儿童文学传递到孩子们的心灵之中。儿童文学理想主义的审美之光，可以照彻儿童的整个人生之路。只有以人类精神为最终目标的儿童文学，才能给儿童以光明的前途。在这方面，笔者以为诺贝尔当初确立文学奖将一个重要标准确定为"理想主义"非常有深意的，它表现出一个思想深邃的科学家对人类未来的深远关注和远见卓识。

三、小学语文中儿童文学教学的教育价值追求

"所谓教育价值，是指作为客体的教育现象的属性与作为社会实践主体的人的需要之间的一种特定的关系。"[6]这样，"儿童文学"就与"小学语文教学"乃至于儿童观、成才观、素质教育、审美教育、创新教育等等概念一起，共同建立在新一轮课程改革的基础上，并成为不可分离的整体，为小学语文教学中儿童文学教学的教育价值追求提供了广阔的舞台。

（一）阅读教学，培养学生的阅读能力

帮助学生从小学会阅读，学会有成效的阅读，并养成良好的阅读习惯，是语文教学的重要任务。阅读内容应当是学生感兴趣的，与学生的内心世界相符合的，尽量贴近学生的生活经验和理解水平。同时，要让学生在丰富的信息中，提取有用的东西，以便实现"博览群书，厚积薄发"的宗旨。如在教学《守株待兔》一文之后，可以提供一些书目让学生阅读，如《兔死

狐悲》、《狐假虎威》、《画蛇添足》、《杯弓蛇影》等。学习《揠苗助长》一课时,可以让学生阅读一些中国古代寓言,如《自相矛盾》、《郑人买履》、《南郭吹竽》等。学习《丑小鸭》这篇童话时,为学生推荐安徒生作品,如《海的女儿》、《白雪公主》、《演木偶戏的人》、《幸运的贝儿》等。另外,还可以利用班队活动课开展讲童话故事、寓言故事、成语故事、古诗词朗诵等比赛。新课程倡导教师用教材教,而不是教教材。因此,教师除了依据学生不同阶段的心理特点制定阅读数量、书目等学期计划外,还应经常督促、引导和评价,以促使学生形成良好的阅读习惯。

(二) 课文教学,培养学生的想象能力

儿童文学以陪伴、守护、丰富儿童心灵为旨归,教师则是健全人格重要的塑造者和建设者。当教师对儿童文学投以基本的关注,便能在自己的工作与儿童文学之间建立起直接的、多维的联系。[7]例如童话教学。孩子需要童话,生活需要童话,语文当然少不了童话。从语文的角度,从工具的角度,我们以往更多的是用解构的方式进行童话教学,对词句深入咀嚼以及对现实与幻想的交替剖析不够充分。童话教学应该按照童话特质进行教学,用审美教学的视角进行教学,点燃孩子们情感的火种。童话教学应该保持童话原有的神韵,跳出语文的圈子,赋予童话美好意境的完整性。又例如寓言教学。不少教师在进行寓言教学时往往陷入"生吞活剥、讲故事、背寓意"的不良模式。偏重于道德教育,局限于理解单纯的寓意,是不利于提高学生的语文能力的。寓言的寓意包含在它的生动鲜明的艺术形象里,只有当学生具体而完整地感受了形象,才能真正领会它的寓意。所以寓言的教学,应当以文本为依托,加强语言文字的训练和感悟,利用寓言人物鲜明、适合朗读的特点让学生尽情地读、演,运用各种方法加深学生对形象的感受,从故事走向生活;从动物、植物走向人类,启迪孩子们的智慧。

(三) 作文教学,培养学生的创造能力

创造教育培养创造性人才,这些人富有个性和开拓性,不墨守成规,思维独创,灵活性强。如果一个儿童总是人云亦云,四平八稳,那他只能成长为一个碌碌无为的"庸人"。所以,对创造性人才的培养就必须打破常规,追求卓越。[8]从这个意义上说来,儿童文学视野中的小学作文教学就为创造性人才的培养提供了多种可能性。比如可以在作文指导中引入更丰富、生动的儿童文学故事,更机智、幽默的儿童文学语言,更灵活、有趣的儿童文学情节,进而潜移默化地提升孩子的写作能力和人文素养。又比如让学生尝试童话习作,让学生插上想象的翅膀,在幻想王国中去发现美,创造美,以提高他们的表达能力、创新能力、竞争能力,从而为他们的人生积蓄足够的核心竞争力。这也是儿童文学和小学语文教学永恒的追求。

参考文献

[1] 倪文锦.小学语文新课程教学法.高等教育出版社,2003:3.

[2] (英)史密斯.欢欣岁月:李利安·H.史密斯的儿童文学观.傅林统,译.台北富春文化事业股份有限公司,1999:350.

[3] 王泉根.儿童文学教程.首都师范大学出版社,2008:172.

[4] 杨实诚.儿童文学美学.山西教育出版社,1994:95.

[5]（德）费尔巴哈.18世纪末—19世纪初德国哲学.北京大学哲学系，外国哲学史教研室，译.商务印书馆，1975:571.

[6]王坤庆.现代教育哲学.湖北教育出版社，1997:99.

[7]王泉根.儿童文学教程.首都师范大学出版社，2008:49.

[8]王灿明.儿童创造教育论.上海教育出版社，2004:55.

论童话的教育学意义①

刘晓东

按通常的理解,童话是讲给小孩子们听的,都是些胡编乱造的东西。其实不然。胡编乱造的东西是不会为儿童所喜爱的。童话之所以为儿童所喜爱,是因为它合规律合目的地暗合了儿童与生俱来的集体无意识。

与神话一样,童话讲的是人类生存的永恒主题:善与恶、穷与富、强与弱、罪与罚……童话所提出的问题都是世世代代所有的人终有一天必须面对的人生问题:恐惧、死亡、不义、绝望、从童年进入成年、寻找伴侣、追寻生活的意义……童话具有丰富的意义和情感色彩,它们远比识字课本和有关"现实"的那些教材更为全面,更为丰富,也更为深刻。

弗洛伊德认为,成人将其担忧、内疚和愿望的实现在梦中以象征的方式安全地表现出来。童话犹如梦一样,它帮助儿童宣泄不安、恐惧、仇恨等情感。例如,家中最小的孩子常感到被哥哥控制,于是他便希望自己能反过来支配别人。这些怨恨和欲望可以在有些传统童话中得到很好的表现。我们中国的民间流传着许多这样的童话。这些童话一般都这样开始,"从前有一个财主,他有三个儿子……"人们都认为财主最小的儿子不聪明,没有本事,但他却善良、勤俭、勇敢,最终获得了成功,而哥哥们却由于自私、懒惰、怯懦,最后败坏了家业,后来是弟弟救助了他们……家中最小的孩子听到童话里的幸福结局,心里就会萌生出希望,希望将来有一天自己能比哥哥姐姐做出更好、更聪明、更勇敢的大事来。

童话中也往往具有邪恶的力量,它们是儿童内心"邪恶"冲动的投射,最终会被儿童"学好"的欲望所压倒。心理学家布各诺·贝特莱姆说:"那些摒弃传统民间童话的人认为,如果在给孩子讲的故事里有怪物,这些怪物必须很友善,这些人忽视了孩子们最熟悉最担心的怪物,他们自己身内的怪物。这个怪物有时迫害他们。闭口不谈孩子身内的怪物,将它藏在无意识中,孩子就无法围绕着它编织他从童话故事意象中知道的幻想。没有这些幻想,孩子就无法更好地懂得他身内的怪物,不知道用什么办法控制它。结果,孩子对自己的焦虑毫无办法,远不如他听到过给这些焦虑以具体形状并显示如何战胜怪物方式的童话。如果我们害怕被吃掉的恐惧以巫婆的形式出现,我们可以通过将她放在火上烧死的方式摆脱恐惧。"[1]现代家长不愿承认他们的孩子有诸如杀人或其他野蛮的欲望。这些家长认为,让孩子接触关于善和理性的故事,他们的孩子就可以成为善良与有理性的人。这种认识是大错特错的。贝特莱姆警告说,不让儿童接触有野蛮和残酷行为的童话故事,他们就无法宣泄他自己的可怕冲动。而听到童话里也有这些坏事,孩子便会发现他不是唯一想干这些坏事的人,从而产生一种解脱感。童话中的怪物和犯忌行为从负的方面使儿童感受到人性中的美德,尽管他同时也感受到自己幻想中的邪恶愿望。故事结局对妖魔鬼怪的惩罚,可以帮助儿童减轻内疚和懊悔心理,使他觉得他自身的邪恶冲动已被清除了。

---

① 原文发表于《教育科学》2000 年第 1 期。

贝特莱姆的这些思想让我联想到英国著名哲学家罗素的做法。罗素的儿子在听到黑胡子(法国民间故事中连续杀了 6 个妻子的恶人)的故事后,坚持要玩黑胡子的游戏,并认为黑胡子的妻子不听话,杀死她们是活该的。他在游戏中还扮演了砍头的情景。罗素是一个和平主义者,但他却容忍和理解儿子的这种游戏,乐观地认为这种游戏非但无害,反而有益,认为儿子长大后会自然地转向高尚的趣味中去。梭罗的《瓦尔登湖》中也有相似的思想。梭罗认为在种族历史和个人成长过程中存在着一个完全的野性本能阶段;只有经历过低级阶段,才能进入高级阶段;只有领悟到过去的残忍,才会领略仁慈、善良、正义。[2]可以看出,罗素、梭罗、贝特莱姆在这一问题上可以说是不谋而合。

童话故事不只是可以宣泄负面的情感,而且还可以让儿童在无意识层面上深刻地习得人类智慧、社会习俗和种种美德。许多人格心理学家都曾分析过童话所具有的富含象征意义的主题。他们指出,虽然儿童不能有意识地理解这些象征的意义,但这些象征地对铸造孩子对未来的信心和希望,铸造他们克服困难的意志和决心具有重要的作用。埃里克·弗洛姆称民间故事和童话是“被成人遗忘的(童年时的)语言”,但仅仅是被意识所遗忘,因为童话所包含的民间智慧已深深植根于儿童的无意识之中,即使儿童后来长大成人,这些无意识中的内容依然会存在于心灵深处。

弗洛姆认为,童话以儿童可以理解的方式解释社会习俗,尽管儿童必须到长大以后才能完全理解这些习俗。弗洛姆认为小红帽的故事就具有这样的功能。故事开头,妈妈告诉小红帽要尊敬老人,并要她去看望她的祖母。但妈妈警告她不要误入森林,因为那样就会发生可怕的事。森林里有狼,所以小红帽就按照妈妈的指示,沿着那条又直又窄的小路到祖母那里去。

弗洛姆解释说,这个童话除了合乎逻辑的解释外,它还含有另一层象征的意义。不管在什么地方讲述这个故事,有一件事从未改变过:孩子的红帽。红帽成了故事的重要部分,并且成了故事的名称。弗洛姆认为这不是偶然的。红帽代表成熟女性的颜色:经血标志着她进入人生的另一个重要阶段。弗洛姆说,了解了这一象征,其他的象征意义就很易于理解了。一个 13 岁的女孩可能不再读这篇童话了,但她懂得遇到狼时会发生什么事。故事的结局是怎样的?事情发生在老祖母的房子里,狼躺在床上催促小红帽走得更近些。无可否认,这是所有文学作品中最聪明的掩饰起来的诱骗场景。当然,在这紧要关头年轻的护林人来了,从引诱者的魔爪下救出了小红帽。通常情况下,护林人应当是一个合适的年轻人,不仅从恶棍手里救出女主人公,而且还会请求她同自己结婚。

这个童话以象征和隐喻的方式把人类生活中某些宝贵的价值以及可能出现的欺骗、践踏、侵犯行为告诉给儿童,并教给儿童对付类似的邪恶行为的办法。儿童在听或读童话时会在无意识层面上获得这些教益,这些教益将深深地埋在儿童的心灵深处。当遭遇到类似的情景时,这些教益将会在无意识层面上自动地促使儿童如何反应,因而它们将会使儿童(甚至他长大成人以后)大受其益。这些无意识层面的教益还可能是在意识层面上产生自觉的价值判断和道德认识的重要前提。《小红帽》这样的童话不仅对女童有益,而且对男童也同样发挥着有益的影响,它向男童传达了社会认可的关于异性交往的一些社会规范。

童话对儿童来说具有重要的发展价值,对教师和父母来说具有重要的教育学意义。童话与儿童的精神世界是非常契合的,我们应当为儿童多提供一些接触童话的机会。

事实上,儿童是非常喜爱童话的,我们成人可能都讲厌了,但是儿童却经常让我们重讲一些他们已经熟悉的童话,如果你讲错了一个细节或读错了一个字,那些小小孩就会忙着帮你矫正。他们就是以如此的热情重复体验着这些故事,将自己的爱恨情仇、焦虑、担忧、内疚、善良等等投射和融会在童话中的生灵身上。童话帮助他们宣泄着情感,帮助他们习得智慧,也帮助他们看到希望。听过安徒生童话《丑小鸭》的儿童都知道:哪怕现在有多么丑陋,只要你是天鹅蛋,你总有一天会变成美丽的白天鹅。这样的信念给了孩子多少的美好憧憬,给了孩子多少的力量来面对成长中的困难、挫折、烦恼!

参考文献

[1] (美)艾普丽尔·奥康内尔,文森特·奥康内尔. 人格变化与最佳选择. 高继海,译. 郑州:河南人民出版社,1989:367.

[2] (美)亨利·梭罗. 瓦尔登湖. 徐迟,译. 长春:吉林人民出版社,1997:200-201.

文学作品阅读教学的理念和策略[①]

陈　晖

一、文学作品阅读教学的性质

基础教育改革后，越来越多的文学作品进入中小学语文教材，文学作品的阅读教学应该不同于一般语文课文的教学，具备和反映文学教学的性质和特点。

在我国的语文教育特别是小学语文教育中，文学教学和语文教学是结合在一起的，没有作明确的区分，也没有建立文学教学的概念。教师们倾向于在实际教学中针对文学或非文学课文进行一些不同的阅读教学处理。

新的《语文课程标准》虽然没有明确文学教学的概念，但从其对语文课程人文内涵的重视，对整体感悟、个性体验的倡导看，文学教学已开始获得与语言教学同等的地位，并凸显出其特有的性质。《语文课程标准》认定：1～2 年级学生应该"能阅读浅近的童话、寓言、故事，向往美好的情境"；3～4 年级应该"能复述叙事性作品的大意，初步感受作品中生动的形象和优美的语言"；5～6 年级应该能"阅读叙事性作品，了解事件梗概，简单描述自己印象最深的场景、人物、细节"，"阅读诗歌，大体把握诗意，想象诗歌描述的情境，体会诗人的情感"；7～9 年级应该"能欣赏文学作品，有自己的情感体验，初步领悟作品的内涵，从中获得对自然、社会、人生的有益启示。对作品的思想感情倾向，能联系文化背景作出自己的评价；对作品中感人的情境和形象，能说出自己的体验；品味作品中富有表现力的语言"。

依据新的《语文课程标准》，在教材更多吸纳文学作品的背景下，界定文学作品阅读教学的文学教学性质并据此尝试新的教学思路，应该符合课程改革的理念和精神。

西方国家的主流课程体系和我国不同，他们趋向于设置专门的文学教学课程。从英国英语课程标准（English in the National Curriculum）、美国芝加哥奥克兰学区语言艺术课程标准（the Oakland Diocese English Art Curriculum）等国外课程文件看，西方教育界普遍认为，文学是人类想象的文字表达，是一种文化自我传播的基本方法；阅读和研究文学作品可以使学生开阔眼界，增加他们对日常生活的关注、体验和理解；文学教学对学生有重要的意义，应该有独立的地位并受到重视；英美诸国都有为文学教学制定的教学目标。

《英语的要素》是全美英语老师协会制订通过的一份课程文件，文件将文学教学的目标确定为：

> ※认识文学作为人类经历的一面镜子的重要性，这面镜子反映了人类的动机、冲突和价值；
>
> ※能够把文学当作与他人联系的方法，在人类环境中找出文学虚构的人物，从与文

① 原文发表于《语文教学通讯·小学刊》2006 年第 1 期。

学相联的复杂事物中获得洞察力；

※逐步了解代表种种文学背景和文学传统的重要作家；

※逐步熟悉古今的文学代表作；

※培养口头和书面评论种种文学形式的有效方法；

※把文学当作欣赏语言的韵律和优美的有效的体验方法；

※培养延伸到成年生活的阅读习惯。

从上述文件可以看出，文学教学目标的认定主要建立在对文学教学性质的认识和把握基础上。我们要实现文学教学与语言教学的区分，也应特别重视阅读文本本身的文学性质，将阅读文本首先看成文学作品而不仅仅是文化的、思想的、经验的载体或借以认知学习语言的资源，并以此构筑文学教学的教学理念和策略。

除了明确文学教学的性质，文学作品的阅读教学还需要考虑学生的文学阅读心理，包括不同年龄阅读文学作品的兴趣和爱好、动机和需要、能力和态度，作为文学教学思想的基础。研究表明，少年儿童的文学作品阅读兴趣主要集中在了解故事情节、体验人物感受、幻想和想象、表达和抒发感情等方面，重视学生的这些阅读反应将有助文学性质课程的顺利进展和效果的实现。

二、文学作品阅读教学的理念

建立在文学教学的性质以及少年儿童阅读心理的把握基础上，结合文学教育的目标，我们可能考虑建立以下的文学阅读教学的基础理念：

※遵循《语文课程标准》的目标指引，在文学作品教学中重视语文基础教学；

※认识并重视文学作品阅读教学与非文学作品教学的差异；

※将培养和提升学生阅读文学的态度、兴趣、习惯和鉴赏能力视为文学作品阅读教学的首要目的；

※充分考虑学生的年龄与阅读心理，在教学内容和教学方式的选择和安排上有所体现；

※尝试将课文还原为文学作品，将教师本人和学生看成读者；

※开展文学作品欣赏的阅读，引导学生在阅读的过程中体验和领悟文学作品，并不仅仅关注阅读的结果和效率；

※理解并贯彻文学的阅读不单纯以获得资讯或进行道德建设为目的，同样重视作品在陶冶性情、丰富心灵感受、抒发感情、获得美感、享受阅读乐趣等方面的意义；

※重视文学作品的体裁特征，依据不同体裁的艺术特征和艺术构成确立教学的重点；

※确认学生是文学欣赏的主体，同时明确学生需要在教师指导下发展欣赏、理解文学的能力；

※了解阅读是个人化的体验，学生的个性化反应应该得到尊重；

※组织学生展开各种形式的交流和对话；

※认可学生在态度严肃的情况下，运用批判的眼光来评价文学；

※在教室里开展的文学作品教学性质的阅读，可以包含欣赏阅读及娱乐阅读的

元素；

※促进和推动课内外文学阅读的同步和互动；

※确认文学作品阅读教学的评估应相应地不同于一般语文学习的评估；

※明确教师自身文学修养的增进对提高文学教学质量的重要意义。

三、文学作品阅读教学的基本策略

与基础理念相联系，文学阅读教学的基本策略主要包括：

※重视阅读准备，关注作者和写作背景，提供并鼓励学生检索相关资讯；

※针对不同作品的特点进行创造性阅读教学设计；

※不将所有的阅读课程都处理为文本的分析性阅读；

※尽量保持阅读过程的新鲜感和完整性；

※将阅读教学适当转化为在阅读中不断探索和发现的过程；

※注意调动学生的阅读期待，鼓励学生进行猜测、想象和假定；

※调动和推动学生进行有兴趣的自主阅读，建立他们的阅读自信；

※引导学生对文学作品做出即时的反映并通过讨论修正他们的观点；

※引导学生提出问题，而不是由教师问问题和等待特定的答案；

※鼓励学生表达、交流个人的文学阅读感受和经验；

※重视学生阅读经验的唤起和回顾，引导他们联想、比较正在阅读和曾经阅读的文本；

※配合运用包括绘画、音乐、戏剧表演在内的艺术手段欣赏文学；

※避免过多的课堂教学环节中断、干扰学生的阅读欣赏过程；

※注意到教材对文学作品的改写，在可能的情况下提供原作的延伸阅读，还原教材舍弃的具有艺术表现力的细节；

※配备不同难度的、相关主题的发散性阅读资源供学生选择、参照；

※根据学生年龄、阅读能力和水平鼓励学生对作品进行独立评价；

※用与学生分享的方式表达教师个人对作品的阅读体验；

※关注学生阅读习惯与阅读方法；

※运用有实际效果的教学手段；

※设计不同深度的活动，让学生共同参与；

※在实践中，调整并寻找新策略。

特别应该指出的是，文学作品的阅读教学理念和策略的实施最好不局限于个别或少数实验课例中，只有在语文阅读教学中建立文学教育的观念，并持之以恒渗透于常态的课堂教学中，文学教学的效果，特别是其培养、提升学生文学阅读欣赏兴趣和能力的教学目标，才可能真正达成和实现。

新世纪十年"儿童阅读运动"综论[①]

王泉根

"儿童阅读运动"是新世纪以来引人瞩目的社会文化现象,这一运动从民间起步,官方给力,全社会参与,已成为方兴未艾的全民阅读活动的重要组成部分,既受益于全民阅读、服从于全民阅读,又有其自身的独特性与差异性。考察新世纪以来的儿童阅读运动,无论对于深化全民阅读、提升民族未来一代的精气神,都有着积极的现实意义与文化价值。

一、儿童阅读的关键词

(一) 何为"儿童阅读"

在解析"儿童阅读"之前,首先应界定什么是儿童?

说起儿童,人们的第一反应就是小朋友、小学生、小孩子。这当然没有错,但不全面。科学的具有世界性意义的"儿童",出自1989年11月20日第44届联合国大会通过的《联合国儿童权利公约》该公约明确规定:"儿童系指18岁以下的任何人。"1990年8月29日,我国政府签署了该公约。1991年9月4日第七届全国人大常委会第21次会议通过的《中华人民共和国未成年人保护法》规定:"未成年人是指未满18周岁的公民。"由此可见,儿童即是指现代社会中18岁以下的未成年人。现代社会的绝大多数儿童(未成年人)都在学校接受教育,因而18岁以下的儿童也就是广大中小学生。

明确了"儿童"的概念,我们再来解析儿童阅读就有了一个阅读年龄段的界定:儿童阅读是指18岁以下的未成年人的阅读活动,主要是指在校中小学生的阅读。具体地说,儿童阅读是指从少年儿童的年龄特征、思维特征、社会化特征出发,选择、供应适合于不同年龄阶段少年儿童阅读需要的读物并指导他们如何阅读的一种读书方法与策略。

儿童阅读有广义、狭义之分。广义的儿童阅读包括学校内外、课堂内外的一切阅读活动,因而中小学生的课堂教学、教科书学习,都属于儿童阅读。狭义的儿童阅读则专指课外阅读,即不包括课堂教学,事实上我们现在开展的儿童阅读推广活动所指的正是课外阅读。当然,课堂教学与课外阅读两者之间有着密切关联,手心手背,相辅相成,课外阅读往往成为课堂教学的有机延伸与重要补充。但是,课堂教学与课外阅读毕竟不是一回事,其重要区别在于:课堂教学有强制性,有教学大纲的规定,有时间的保证,有专门的阅读对象(教科书)与考核办法(考试);而课外阅读虽有要求但不强制,虽有各种愿景但无大纲规定,虽有弹性的课外时间但不一定有保证,虽有阅读对象(课外读物)与要求但与考试无关。因而课外阅读从整体上说是一种自由的、开放的、形式各异的、方法多样的阅读活动。由于受应试教学和高考指挥棒的影响,实际上进入初中特别是高中阶段的中学生,课外阅读的内容主要是围绕

---

① 原文发表于《学术界》(月刊)2011年第6期。

着课堂教学与升学考试进行的。因而纵观当今儿童阅读活动的现状，儿童阅读实际是指以在校小学生课外阅读为主体的活动，各地开展的书香校园、书香童年、作家进校园、阅读节等活动，也主要集中在小学校园。因而新世纪以来的儿童阅读运动，主要是指在校小学生的课外阅读活动。

（二）儿童阅读的核心与难点

儿童阅读的核心与难点是“选书目”（开列推荐阅读书目）。自古以来，选书目（含篇目）一直是读书人最重要也是最困难的事，自然也是读书人关切的焦点，其根子盖因人生有涯而书海无涯。中国古代读书人选书目（含篇目）最成功者首推孔子。据《史记》等书记载，孔子选编删订了我国最早的诗歌总集《诗经》，并整理删订包括《诗经》在内的“六经”（尽管近人存疑，但在没有更具说服力的证据出现之前，人们只能采纳《史记》等的说法），成为中国文化经典，惠泽数千年的读书人。孔子之后选书目（含篇目）获得极大成功者有三：一是南朝梁代昭明太子萧统选择编定的《昭明文选》，二是清代横塘退士孙洙选编的《唐诗三百首》，三是清代吴楚材、吴调侯选编的《古文观止》。晚清张之洞的《书目答问》开列的书目曾产生很大影响，民国初期章太炎、胡适等，也曾为当时的读书人选择开列过书目，成为一时之选。

新世纪以来的全民阅读包括儿童阅读，为世人关切的核心与难点，依然还是选书目（含篇目）。从一定意义上说，国家新闻出版总署等评选的国家级“图书三大奖”（中国出版政府奖、中华优秀出版物奖、“五个一工程”奖）以及“向青少年推荐百种优秀图书”、“‘三个一百’原创出版工程”等产生的书目，均可视为“选书目”的国家行为。新世纪儿童阅读运动中，大家讨论最多、期待最大、争议最烈的问题之一也是“选书目”。或有人力推外国童书尤其是图画书，或有人倡导亲近母语阅读本国精品童书，或有人自编教本，其背后纠结的正是一个“选书目”问题。

儿童阅读中的“选书目”，牵一发而动全身，我曾在《新世纪中国分级阅读的观察和思考》[1]一文中论析过这个问题，我的观点是：

儿童阅读的核心和难点是“选书目”，具体地说涉及三个方面：一是选什么？二是怎么选？三是由谁来选？

“选什么？”是儿童阅读的理念，与儿童阅读工作者（阅读组织者、推广人、教师等）的儿童观、儿童文学观、儿童教育观紧密相关。现代社会要求儿童阅读工作者应当站在尊重、保护儿童应有的生存、发展的权利的立场，站在儿童本位的立场，从儿童精神生命健康成长出发，真心实意地为儿童服务，为人类下一代效力。

“怎么选？”是儿童阅读的方法。要求儿童阅读工作者必须具备儿童心理、儿童教育、儿童文学、儿童出版以及儿童文化的相关知识结构，必须熟悉和了解当前中外儿童文学、儿童读物的出版现状与基本书目，必须懂得如何按照不同年龄阶段少年儿童的阅读心理、接受能力，为他们选择、配置相应的书目。

“由谁来选？”这实际上涉及儿童阅读的公信力、权威性与专业性。儿童阅读是一项服务全社会的公益文化事业，不是谁想选就可以选的。儿童阅读工作者必须具有相应的资质，除了具有有关儿童心理、儿童教育、儿童文学、儿童出版等的专业知识外，还必须具有社会责任性与文化担当意识，具有高雅的文学修养与尽可能多的知识储备，具有公正心与服务精神。他们是儿童阅读的点灯人而不是点钱人，是儿童“精神成人”的引领者而不是糊弄者。

(三)儿童阅读的黄金定律

儿童阅读有一条黄金定律,即“什么年龄段的孩子看什么书”。

如上所说,儿童系指18岁以下的任何人。儿童读物(童书)的接受对象是包括了从学龄前的幼儿(3—6岁)到13—16岁的少年乃至17—18岁的“准青年”。由于各个年龄阶段的孩子的身心特征、思维特征、社会化特征的不同,因而对各自所需的读物在题材内容、艺术形式、表现手法等方面有着明显的差异,因而儿童读物(童书)必须适应各个年龄阶段的少年儿童主体结构的同化机能,必须在各个方面契合“阶段性”读者对象的接受心理与领悟力。据此,儿童读物(童书)从少年儿童年龄特征的差异性出发,将其区分为:为幼儿园小朋友服务的幼年读物、为小学生年龄段服务的童年读物、为中学生年龄段服务的少年读物三个层次,这三类读物各自具有鲜明的文本个性与独特的价值期待。

现在社会上对儿童阅读存在一个误区:生怕自己的孩子长不大、吃亏,人家做什么、上什么补习班,也一味跟进;再一个误区是只准孩子在课外看教辅书,与提高考试、作文成绩有关的书,而把孩子们最喜欢阅读的儿童文学图书视为闲书、无用书。这实在是极大的误解。我坚定地认为:儿童阅读推广一定要遵循“什么年龄段的孩子看什么书”这一循序渐进的基本原则。孩子的阅读不能急于求成,拔苗助长。孩子该做梦的时候就让他去做梦,该看童话故事的时候就让他去看好了。须知自己的孩子是会长大的,不可能永远停留在童年阶段,过了这个年龄段,他自然会放弃《淘气包马小跳》放弃《格林童话》转而去看其他适读的作品,甚至去看鲁迅和莎士比亚的作品以及《红楼梦》《战争与和平》。儿童阅读的第一要义是要让他们喜欢,喜欢了以后,才能养成阅读的习惯,养成了喜欢阅读的好习惯就什么都好办了。所谓教育,实际上就是养成好习惯的“养成教育”。养成好习惯,受益一辈子。我们应在如何养成孩子喜欢书、喜欢阅读的好习惯上下工夫、做文章。儿童的阅读一定要实事求是、科学办事,一定要从孩子的实际与特征出发,应当对那种功利主义、拔苗助长的现象加以警惕。[2]

二、儿童阅读读什么

阅读是一种精神活动,广义的阅读泛指一切接受外部事物刺激并同化于自身心智的精神活动过程,包括读书、读图、读视频、读影视、读信息。我们现在进行的全民阅读包括儿童阅读,实际上是指狭义的阅读,即传统意义上的平面纸媒阅读—读书。因之儿童阅读是指儿童的图书阅读活动。

儿童阅读读什么?也就是到底有哪些适合儿童阅读的图书(童书)。从阅读实际与出版品种考察,我们可以将儿童阅读的图书分为以下八个种类:

第一类是思想品德教育与励志类读物。这是帮助少年儿童实现社会化过程,建立正确的价值观、人生观、道德观、审美观的图书,包括爱国主义、精神文明、素质教育等读物。有关激励青少年儿童励志成长、发愤成才的读物,如名人传记、英模故事、心理修养、人生历练等也属于这一范畴。如张海迪的《我的祖母》、李长之的《孔子的故事》、引进版美国的《假如给我三天光明》等。

第二类是传播人文历史知识与艺术修养的读物。这类读物重在少年儿童人文精神与高雅素养的养成,开阔视野,陶冶情操,包括人与社会、人与自然、人与世界、人与自我的关系,有关人文、历史、艺术(音体美)、审美,以及生态文明等方面的读物,均属于这一范畴。如苏叔阳的《我们的母亲叫中国》、林汉达的《上下五千年》、丰子恺的《少年音乐和美术故事》、肖复兴的《音乐漂流瓶》、引进版英国的《我的野生动物朋友》等。

第三类是科普、科学、科技知识读物。这类读物着眼在少年儿童的科学文明与科学思维,养成他们热爱科学、崇尚知识、追求真理、面向未来的精神。除了传授、普及科学知识的读物以外,其他如军事知识、地理旅行、探险寻秘等读物,以及偏重自然科学知识的“百科全书”也属于这一范畴。如《叶永烈讲述科学家的故事》、刘兴诗的《讲给孩子的中国地理》、位梦华的《独闯北极》、引进版美国的《万物简史》等。

第四类是中学生文学读物,即以中学生年龄段为对象的少年文学读物。中学生正处于青春期岁月,处于从幼稚向成熟转型的过渡时期,因而中学生文学读物总是特别关注少男少女的校园现实生活与内心情感世界,有关青春、校园、成长、时尚是这类文学锁定的目标,主要文体有少年小说、青春文学、成长小说等。如曹文轩的《草房子》、秦文君的《男生贾里全传》、张之路的《非法智慧》、郁秀的《花季·雨季》、引进版美国的《麦田里的守望者》等。

第五类是小学生文学读物,即以小学生年龄段为对象的童年文学读物。一方面小学生还没应试教学的压力,因而是儿童文学的核心读者群体;但另一方面,小学生的自主阅读与中学生相比,还没有进入自主反思与评判的层次,因而小学文学既是儿童文学的核心出版物,但其“度”也最难把握,最难写。小学生文学读物的创作基调应阳光、健朗、向上,特别强调故事性、可读性,注重快乐、幽默、幻想、探险、寻秘、游戏等艺术元素,在引人入胜的故事情节中机智地融入易于为小学生理解接受的立人、做事、为学的人生道理。主要文体有童话、儿童小说、动物小说、幻想文学等。如张天翼的《宝葫芦的秘密》、杨红樱的《淘气包马小跳》《笑猫日记》、黄蓓佳的《我要做好孩子》、沈石溪的《狼王梦》、引进版英国的《哈利·波特》等。

第六类是传统经典名著少儿版读物。一般而言,传统经典名著属于成人读物,无论是作品的题材内容、人物形象、审美取向与阅读难易度都是指向成人而非儿童。但由于这类读物家喻户晓,文学性、可读性极强,而且必定是今之儿童成人后的必读作品,而那些智慧早熟、悟性较强的孩子也必然会提前阅读,于是这就有将传统经典名著改制成适合儿童阅读接受的“少儿版”之必要。其方法或是约请经验丰富的作家直接改写,既忠实原著,又具有儿童的“适读性”。如中国少年儿童出版社出版的金波改写的《红楼梦》、高洪波改写的《水浒传》、白冰改写的《西游记》;或为小读者量身定做,在经典名著的版式、插图、装帧、设计、难字注音、篇幅大小等方面进行全面整合包装,以使符合儿童阅读需要。书市上这方面的“少儿版”品种较多。传说经典名著“少儿版”,还有另一类古代儒家蒙学经典,如《三字经》、《弟子规》、《千家诗》,通过注释、白话翻译、导读、插图等形式,古为今用,同样成为今天重要的儿童读物。

第七类是儿童启蒙读物,以学前期的低幼儿童为对象。可以分为两类启蒙:一是认知启蒙,向小小孩传授最基本、最简单、最实用的一般知识的读物,如识字卡片、看图识字、智力开发、由图向文过渡的“桥梁书”等;二是文学启蒙,这有儿歌童谣、幼儿诗、低幼童话故事等幼儿文学作品。如《365夜儿歌》、郑春华的《大头儿子和小头爸爸》、苏梅的《恐龙妈妈藏蛋》、引进版桥梁书英国的《不一样的卡梅拉》等。

第八类是现在比较流行的儿童图画书和卡通读物,阅读对象主要是幼儿园小朋友与小学低年级学生。这类读物因其视觉化的艺术特征、用连续性的艺术画面讲述故事的表演手段而深受孩子喜爱。现在书店热销的主要是引进版图画书和卡通读物,如何打造我们民族自己的本土原创图画与卡通读物,已成为新世纪少儿读物出版的重要发展方向。这类读物如张乐平的《三毛流浪记》、詹同的《猪八戒吃西瓜》、保冬妮的原创图画书“虎年贺岁”系列、引进版美国的《花婆婆》等。

需要指出的是,以上八类读物中,文学读物虽只是其中的一部分,但却是整个儿童读物中最重要、最核心、最具审美价值与人文内涵的读物。一方面,文学作为最古老的审美方式,是最具原创意义和基础意义的艺术,因而文学是一切艺术的母体,往往成为其他艺术门类如影视、戏剧、图画书以及电子传媒等的直接文本资源或改编对象;另一方面,思想品德、文史知识和自然科普科技读物等,为适应少年儿童的阅读接受心理,也往往要借用文学手段,采取“文学性”的叙述方式,以增强可读性。“文学性”几乎成为衡量一切叙事艺术的通约。从少年儿童的阅读现状考察,儿童文学已成为当下儿童读物出版的最大生长点。

三、拉动新世纪儿童阅读的多重因素

具有5 000年悠久历史的中华民族历来重视儿童阅读。“建国君民,教学为先”、“十年树木,百年树人”、“耕读传家”、“有教无类”、“忠厚传家久,诗书济世长”,一直是我们这个民族的优良传统。虽然在当代中国也曾出现过“读书无用”、“读书越多越反动”的非常时期,但那毕竟是逆流而非正道。进入新世纪以来,尽管有这样那样消解阅读的因素,但儿童阅读却一直做得有声有色,终成气候。促进新世纪儿童阅读运动不断向前推进的因素是多方面的,既有阅读运动的外部因素,也有自身的积极实践。

(一) 国外儿童阅读活动的影响

当今世界已是信息网络化、交通立体化的地球村,国外儿童阅读的经验与做法通过各种渠道影响着中国。1967年4月2日,国际儿童读物联盟(BBY)把安徒生出生的日子(4月2日)确定为“国际儿童读书日”。40多年间,国际儿童读物联盟每年都确定一个主题,在世界儿童中开展读书活动。“书之光”、“书籍是昨天的故事和明天的秘密”、“书籍是和平的太阳”、“书籍是黑暗中的萤火虫”、“书籍是我富有魔力的眼睛”等图书日主题,促进了不同国家、不同民族、不同肤色的儿童阅读。为了推进中国的儿童阅读,2007年3月23日,由教育部基础教育司和团中央少年部共同支持,中国儿童读物促进会(也是国际儿童读物联盟中国分会CB-BY)与首都图书馆(暨北京市少年儿童图书馆)共同主办的“共同架起儿童与图书的桥梁——纪念国际儿童图书节四十周年暨中国儿童阅读日系列活动”启动仪式在北京举行,会议宣布设立4月2日为“中国儿童阅读日”。

欧美发达国家普遍重视儿童阅读,有的国家还有立法保障。1995年,美国政府倡导儿童读写运动。2001年,布什总统提出了“不让一个孩子落伍”的中小学教育法案。“911”事件的早晨,布什总统正在佛罗里达一家小学参加阅读促进活动。英国自1996年4月开展“阅读是基础”运动以来,“早期阅读”、“每天增加1小时读写课程”、“打造一个举国皆是读书人的国度”的理念与做法,不断深入人心。日本在少年儿童中开展“每天晨读10分钟”的活动。以色列向少年儿童倡导三句话:“书本是甜的;知识和智慧是抢不走的;学者是最受尊敬的。”1995年,意大利教育部宣布了一个“促进学生阅读计划”。俄罗斯学科模式的课外阅读指导富有成效,强调文学作品是课外阅读的主体,同时在语文课程中专门辟有课外阅读课。

国外的儿童阅读活动往往是政府教育工作的重头戏与不折不扣的“国家工程”,政府提供足够的政策资源和公共服务,用以促进儿童阅读的发展。“他山之石,可以攻玉”,这些成功做法显然可以作为我国儿童阅读的借鉴。

(二)“儿童读经活动”的推助

“儿童读经活动”系指有教师引导、有教材读本、有时间保障、引领组织少年儿童,主要是学龄初期(6—9岁)的儿童开展的阅读中国传统儒家经典与蒙学读物的活动,其中又以阅读《三字经》、《弟子规》、《论语》、《唐诗三百首》中心。这一运动始于20世纪90年代海峡对岸的台湾,以后扩及至东南亚华人社区,再进而影响到大陆沿海地区,并深入内地。

1994年,台湾台中师范大学王财贵教授首倡儿童读经,很快得到台湾社会的响应,读经之声遍地可闻。1997年10月,王财贵到海南岛进行了第一场大陆公开的读经演讲,以后又不断到各地演讲推广。儿童读经活动逐渐影响到大陆各地。1995年,由冰心、曹禺、夏衍、启功等9位德高望重的前辈,在第八届全国政协会议上提交《建立幼年古典学校的紧急呼吁》提案,吁请从幼儿抓起重视传统典籍的教学。1998年6月,“中华古诗文经典诵读工程”正式在全国铺开,至2004年未,这一工程已经惠及全国30个省市5 000多所学校的430万儿童。“读千古美文,做少年君子”的口号不断深入人心。如何评价读经运动,对此读书界与教育界自然有不同讨论。但这一活动的直接影响是促进了儿童阅读的深化与细化致使现在国内已有相当数量的小学,将《字经》、《弟子规》等传统读物引进了课堂教学,组织孩子进行背诵、朗诵比赛等活动。至于此类出版物,可谓“铺天盖地”,各地书店到处可见。

(三)语文教学改革与书香校园建设

语文教学改革一直是我国教育界的课题,但其改革力度之大且引起全社会的高度关注,则是新世纪以来的事。其直接原因是从20世纪末开始,语文教学受到了社会各界多方面的批评与讨论,其中论争的焦点问题是文学教育:“首先,在人的全面发展过程中,文学教育具有的和应该发挥的作用没有得到足够的重视;其次,在中小学的语文教学中,文学作品的教学内容少并且单一、陈旧”;再次“中小学语文教师文学素养低。”[3]新世纪以来,中小学尤其是小学语文教学的改革极大地促进了儿童文学与儿童阅读运动,其直接成果是:

第一,加大了小学语文课本的文学性,将大量中外优秀儿童文学作品直接引进教科书。教育部公布的《九年义务教育全日制小学语文教学大纲》(2000年)明确规定:“低年级语文要注意儿童化”,“课文类型以童话、寓言、诗歌、故事为主。中高年级的课文题材、体裁、风格应该多样,要有一定数量的科普作品”。《大纲》中提到的课文类型,全是儿童文学的常见文体。据统计,现行人民教育出版社、北京师范大学出版社等编制的小学语文课文,80%以上均为儿童文学作品。金波、吴然、高洪波、沈石溪、曹文轩、杨红樱等儿童文学名家之作,均被选入读本之中。

第二,加大了课外阅读的要求。《大纲》规定小学阶段课外阅读总量要达到145万字,其目的是培养学生“具有独立阅读的能力”,“学会运用多种阅读方法,”为落实语文教改的精神,各地学校普遍加强了学生的课外阅读指导,“书香校园”“书香童年”“读书月”“读书节”遍及无数校园。语文教学改革无疑极大地拉动了儿童阅读运动,给书香校园建设带来了蓬勃生机。

(四) 网络时代家长更加注重孩子的图书阅读

身处网络、手机、游戏机、影视等多种传播手段的电子媒介时代，儿童接受知识的渠道变得多样化、快捷化，但同时也增大了风险。不良网站、暴力游戏、传媒陷阱等负面影响，使孩子的身心两面都受到伤害；而电子媒介的图像视觉化、直观性，则消解了传统图书阅读尤其是文学阅读给人的想象性与诗性。因而现在的家长普遍都不放心孩子过早接触网络，尤其是孩子一旦沉迷网络、游戏，更是焦虑揪心；但是家长只要看到孩子在那里安静地读书——不论读什么，则普遍放心。正因如此，家长自然更愿意支持孩子参加与阅读有关的活动，亲子共读，图画书阅读，带孩子逛书店、进图书馆，甚至双休日送孩子进作文培训班。凡此种种，自然推动了儿童阅读。

(五) 出版社的图书营销与阅读推广

"多出书、出好书"，这是出版系统的任务与追求。新世纪以来，全国各类出版社纷纷改制，由事业单位改为直接在市场经济大潮中摸爬滚打的企业公司。出版社为追求图书的社会效益与经济效益的最大化，自然特别重视儿童阅读活动。现实资料显示，各地专业少儿出版社与非专业少儿出版社(如"中国童书联盟")，经常通过组织"作家进校园签名售书"、"读书征文大赛"、"读书网站"等形式，鼓励儿童阅读，拉动图书促销。

典型案例如二十一世纪出版社为推销本社的图画书，曾组织图画书推广人、儿童文学作家彭懿，在全国数十座城市上百所小学与幼儿园，做了上百场图画书的讲演与签售。又如湖北少年儿童出版社开展的《百年百部中国儿童文学经典书系》阅读征文活动，湖南少年出版社开展的《全球儿童文学典藏书系》"小书虫阅读"活动，外语教学与研究出版社为配合新中国成立 60 年《中国儿童文学 60 周年典藏》举行的书香校园与绿色阅读活动等。显然这些阅读活动既为出版社带来了利益，同时也推动了儿童阅读的普及与深化。

四、新世纪儿童阅读的八种形式

新世纪以来多种形式的儿童阅读活动，犹如灿烂千阳，照亮了无数孩子的童年。据我的观察，新世纪行之有效、具有广泛影响的儿童阅读，主要有以下几种形式。

(一) 经典阅读

经典阅读是学校、家长、社会普遍看好与开展的阅读形式。虽然研判经典有时间的维度、价值的维度、审美的维度、语言的维度等多种标尺，对何为经典、哪些书可以作为经典向孩子推广，也见仁见智。但一般而言，那些已经为文化史、文学史所肯定，而又有专家学者在那里推荐的经典，学校、家长都会接受。事实上，新世纪以来的"经典阅读"也主要是由专家学者竭力加以倡导推广的，因而经典阅读可以视为是一种由上而下策划推动的精英阅读形式。

经典阅读的内容有两类：一是传统文化经典，主要是儒家蒙学读本，如《三字经》《弟子规》《千字文》《论锐语》等；二是文学经典。这又可细分为两类，一类是经过挑选、改写的古典成人文学名著，如《西游记》《水浒传》；第二类是中外儿童文学经典名著，这在经典阅读中所占份额较大，也最易为孩子接受，如安徒生、格林、林格伦等的外国童话作品，叶圣陶、冰心、张天翼等的本国名家名作。湖北少年儿童出版社出版的《百年百部中国儿童文学经典书系》、湖南少年儿童出版社出版的《全球儿童文学典藏书系》中的不少作品,都曾被阅读推广人和专家教师用作"经典阅读",从而使中外儿童文学精品在中国孩子和学校、家长中作了一次卓有成效的普及。

(二) 早期阅读

早期阅读的年龄段是0—6岁的婴幼儿。所谓早期阅读,并非是要让婴幼儿也来阅读,而是指养成婴幼儿与阅读有关的行为与习惯,为孩子今后的学习打下良好的基础,这是一种终生养成的教育。早期阅读的重要性与作用主要包括:激发孩子的学习动机和阅读兴趣;提高孩子语言能力;发展孩子的智商;为孩子今后的学习与阅读预备技巧。

早期阅读是欧美发达国家早期教育的重点与焦点。新世纪以来,我国幼教界也以前所未有的热情关注和推广早期阅读教育理念,尤其是2001年教育部颁布实施的《幼儿园教育指导纲要(试行)》,第一次把幼儿早期阅读的要求纳入语言教育的目标体系,提出要"培养幼儿对生活中常见的简单标记和文字符号的兴趣;利用图书、绘画和其他多种方式,引发幼儿对书籍、阅读和书写的情趣,培养前阅读和前书写技能"。国内早期阅读现在已形成了公立、民办幼儿园与民营幼教公司(如北京的红黄蓝、鸿恩幼教等)等多渠道探索、推进的趋势,积累了不少经验,图画书的阅读是早期阅读的重要内容和手段。

(三) 图画书阅读

图画书是低幼儿童与学龄初期儿童的重要读物,英文叫"Picture Book",日本称为"绘本"。图画书不同于传统的连环画,图画书是绘画和语言相结合的一种特殊艺术形式,以图画为主,文字为辅,文字大都简短、浅近,有的图画书只有图而无文。图画书阅读是进入新世纪以后逐渐热络起来的,现在已有为数不少的幼儿园与小学,将图画书作为孩子们"初级阅读"的重要内容。如深圳后海小学从2004年起,将"图画书快乐阅读"纳入校本课程中,排入课表,每班每周一节,制定课程目标;同时还开办图画书课外阅读兴趣班、创作兴趣班,结合家长的亲子阅读,举办周末故事妈妈、故事天使和故事宝宝讲图画书活动;教师和孩子一起,运用参与式、交流式、互动式、拓展式等多种教学方式,鼓励孩子动手写、用笔画。

(四) 亲子阅读

亲子阅读(或称亲子共读)即家庭阅读。家庭是社会的细胞,是儿童生活、成长的摇篮与基础。儿童教育成功与否,在很大程度上取决于父母和孩子在家里是否建立起良好的亲子关系。亲子阅读是父母双亲或长辈陪同孩子一起读书,这种阅读方式对于发展儿童语言、培养和养成孩子的阅读兴趣与习惯、舒缓儿童心理压力等方面都有着重要作用。亲子阅读虽然以前也存在,但作为一种儿童阅读的重要方式,在全社会广泛倡导并加以指导,则是新世纪以来的事。

亲子阅读现在主要流行于都市中产阶层,特别是那些受过良好教育、有经济能力重视幼教的家庭。亲子阅读通常由妈妈担任阅读主角(爸爸缺席的现象较多),方式灵活多样,一般常见的有:大声给孩子朗读图书;每天睡前给孩子读一段连续性的故事(让孩子每天有期待、成习惯);一起翻看图画书,边看边讲;根据书中情节,和孩子一起做游戏、扮演角色;陪孩子一起看少儿电视节目,随时回答孩子提问并解释节目。

（五）班级阅读

语文教学改革促进了学校的阅读教学,“班级阅读”是阅读教学的重要形式,也是新世纪儿童阅读的重要成果。所谓班级阅读,是教师采用“班级读书会”的方式,布置全班同学在课外读完同一本书,然后在课内时间组织讨论,因而班级阅读是学生、教师、文本之间进行对话的过程。班级阅读有以下特点:一是阅读的书需要由教师慎重选择、比较,这就要求教师熟悉中外儿童文学名著与当今儿童文学创作态势;二是以长篇阅读为主。阅读长篇的好处是能使孩子的阅读时间“化零为整”,在一个时期内集中精力读完一部作品,这样,一学期读完数部,日积月累,数年下来就很可观。在人生读书的黄金时代有十多部甚至数十部长篇文学名著打底子,对孩子显然是受益终生的。这种阅读方式与效果,自然大大优于无计划的即兴阅读、短平快的快餐阅读。三是教师要认真组织好班级阅读讨论,鼓励孩子们写读书心得,并将孩子们的讨论和书评结集成册,用以激发大家的阅读与写作热情。班级阅读现已作为一种成功的阅读经验得到推广。北京清华附小、江苏海门实验小学、重庆永川区汇龙小学等,在班级阅读方面都积累了成功经验。

（六）分级阅读

分级阅读在西方发达国家已有上百年的历史,我国是最近几年引进的,其重要事件是:2008年广东南方报传媒集团成立“南方分级阅读研究中心”;2009、2010年,北京师范大学中国儿童文学研究中心与接力出版社连续召开两届全国性的分级阅读学术研讨会,接力出版社又成立了“接力分级阅读研究中心”。

所谓分级,实际上是指分年龄。分级阅读的基础与原因是图书的可读性与适读性问题。因为不是每种图书都是适合所有读者的,尤其是小读者,这就需要挑选、推荐那些具有可读性与适读性元素的图书。一切从儿童出发,一切从实际出发,这是分级阅读的出发点与归宿点。[4]分级阅读是真正以儿童为中心的“儿童本位”的阅读行为,分级阅读观念在我国的推广与实践,是新世纪儿童阅读运动的进一步深化与细化只有当儿童阅读真正从儿童阅读的个体出发、从儿童本位出发,儿童阅读才算落到了实处,阅读成效才能进一步彰显。国内现在分级阅读做得最有声势的是广东与北京。浙江少儿出版社等还不失时机地出版了各具特色的分级阅读图书。

（七）作家签售阅读

儿童文学作家进校园,与孩子们面对面地交流儿童文学,介绍阅读经验,这是儿童文学界的传统。以前主要是作家参与学校的少年队、夏令营活动以及少年宫活动。进入新世纪以来,作家直接配合出版社进校园签名售书;或配合书香校园建设,讲演自己学生时代的读书体验,同时也会推广自己的新书。“签售”、“走红”是近十来年的新词,都与“作家签售阅读”相关。杨红樱、金波、曹文轩、秦文君、张之路、沈石溪、周锐、伍美珍、郁雨君等深受孩子们喜爱的儿童文学畅销书作家,曾经无数次深入校园,足迹遍及大江南北,特别是江浙、广东一带。有的作家甚至一年会跑上几十所、上百所学校。作家进校园,与孩子们零距离、面对面地现身说法演讲儿童文学,交流阅读、写作经验,往往成为学校的一件大事。因有不少作家的作品曾被选入课本,他们已成了孩子们心目中的"明星",因而"作家签售阅读"自然会产生轰动性的效应,使孩子们终生难忘。但同时也要防止签售的商业化倾向。

(八) 特色阅读

特色阅读是书香校园文化建设的重要举措,与校长的办学理念,或与这所学校拥有一位或几位特殊教师(本身是儿童文学作家、诗人)密切相关。经过积极实践,这些学校在儿童阅读方面走出了自己的新路,办成了类似"童话学校"、"儿童文学学校"等特色校园。

如重庆市永川区汇龙小学。该校从 20 世纪 90 年代起就将儿童文学阅读引入语文教学与校园文化建设。进入新世纪进一步加大投入,特色更为明显。第一,该校在全国小学中最早实行"专职阅读教师的编制"(现有 2 名),用以指导和确保全校的儿童阅读,有时间,有校本教材(《儿童文学阅读与欣赏》低、中、高年级各一册,北京大学出版社,2006 年),有导读与考核;同时还创办了专门刊登学生作品的《小汇龙》内部刊物,现已出版 20 期。第二,每年举办全校性的"儿童文学节",为期一周,届时全校上下都为儿童文学而忙碌欢庆。节日期间,邀请儿童作家、评论家进校园,开展学生阅读比赛、有奖征文、经典朗诵、图书交流等各类活动,使儿童文学渗透到每个孩子心中。第三,进行儿童阅读的教学考核、评估,不但由学校自评,还邀请重庆市教育主管部门与外地专家进行评估,找差距,立目标,不断改进和优化儿童阅读。汇龙小学以"阅读滋润童年",打造"儿童文学校园"为特色,成为全国首家儿童文学校园,曾获教育部重点课题"中小学生特色学校发展战略研究"一等奖,被中国宋庆龄基金会命名为"重庆乡村特色示范学校"、重庆市命名为"重庆市 100 所经典诵读实验学校"、重庆市作家协会命名为"儿童文学校园"。

特色阅读在各地学校都有成功案例,如浙江省上虞市金近小学的"素质教学童话化",河南省安阳市人民大道小学的"小学生主体性发展实验研究"的主体阅读活动,浙江省宁波市北仑港小学的"儿童诗教学与阅读"活动,广东省深圳市后海小学的"图画书教学与阅读"活动、福安学校的"古诗文读书导航"活动等。

五、儿童阅读运动的卓越推手

儿童阅读关乎儿童文化权益的保障,关乎民族的未来发展,因而引起全社会的广泛重视,现在主要由三种力量参与其中,即政府、教育文化机构与民间人士。政府重在给政策、给资金,如政府有关部门的专项赠书活动(包括农家书屋建设、向农民工子弟学校赠书等)、倡导儿童读书日与读书节、发布全民阅读及儿童阅读的调研蓝皮书等。教育文化机构的儿童阅读活动有:图书馆举办的儿童阅读活动与培训,学术机构研制推荐儿童阅读书目,出版社组织各类儿童阅读选题与推广活动等。民间人士的儿童阅读推广活动更具有灵活性、多样性,如图画书交流会、故事妈妈会、社区推广会、网络联谊会等。社会多种力量的参与,使新世纪儿童阅读运动得到了健康、深入的发展;而一批儿童阅读的卓越志愿者、推广人,一批执著儿童阅读研究与实践的教学机构的艰苦努力,则为这一运动提供了源头活水与多重资源。限于篇幅,本文择要介绍数例。

(一) 朱永新与新阅读研究所

教育家朱永新教授十余年来坚持进行阅读书目的研制与推广工作。20 世纪 90 代末主编并出版了《新世纪教育文库》，分为小学、中学、大学、教师四个系列，每个系列一百种，旨在为学校阅读与儿童阅读探索新的阅读路径与读本。2006年，朱永新与他领导的新教育实验研究团队，开发了新教育实验"毛毛虫与蝴蝶"儿童文学书包(分低、中、高段三个书包，共计36种图书)，受到了老师、家长特别是孩子们的普遍欢迎。2007年，由台湾慈济基金会资助200万元购买儿童文学书包15 000套，发放到甘肃、内蒙古、青海、山西、北京的打工子弟学校及其他数百所学校，让孩子们分享到阅读一流童书的快乐。

2010年8月，朱永新在北京成立了国内第一家专门从事阅读研究与推广的机构—新阅读研究所，并于9月30日启动研制"中国小学生基础阅读书目"。该书目围绕中国儿童所必须树立的"核心价值观"，研制30本基础图书与70种推荐图书的书目。2011年4月21日，已向全社会正式发布了"中国小学生基础阅读书目"。

(二) 中国儿童阅读论坛

该论坛由江苏和北京一批儿童阅读的积极实践者、推广人所创办，核心人物是徐冬梅、王林、梅子涵等。每年在4月2日安徒生诞辰日(也是国际儿童读书日)与4月23日世界读书日之间举办，被称为"点灯人的聚会"，参与者主要为开展儿童阅读的小学校长、幼儿园园长和小学语文教师。该论坛的口号是"我们都是点灯人"，宗旨是为儿童阅读运动提供交流平台，促进对话。从2004年迄今，几乎年年举办，每届都有一个主题：

如第一届于2004年9月在江苏扬州举行，有11个省市500多人与会，首届论坛的重要收获是发表了《中国儿童阅读宣言和行动纲领》。第七届于2011年4月在江苏南京举行，本届论坛主推中国原创童书。探讨中国原创图画书的讲述、教学、赏析、整本书的阅读；班级读书会的朗读、诵读、吟诵，科学阅读的理念与方法等。

(三) 南方分级阅读研究中心

该中心隶属于广东南方报业传媒集团。自2008年创设以来，主要致力于选编、出版儿童文学精品、均衡阅读、初中套书、红皮书和蓝皮书等儿童分级阅读丛书；曾在广东先后组织了"千万少年快乐阅读"、争当"阅读之星"、创建"书香校园"、"悦读地带走进校园"、"中澳儿童文学交流"等系列读书活动。其中"千万少年快乐阅读"活动已被列入《广东省建设文化强省规划纲要》以"教孩子阅读，给孩子未来"为口号，为全省1 700万少年儿童提供快乐阅读服务。南方分级阅读研究中心创办的"小伙伴网"，是国内首个儿童阅读门户网站，2010年又推出了全国首个线上儿童阅读社区——"悦读森林"，用以引导儿童多媒体阅读。

(四) 三叶草故事家庭

"三叶草故事家庭"是一个致力于推进亲子阅读进入家庭的民间公益组织，以北京、深圳为中心，现已涵盖全国两千余个家庭。"三叶草"取意于无处不生的三叶草，以"童心、爱心、慧心"作为故事家庭的核心价值，并以"我是一棵会阅读的草"构成"草籽"们共同的行为密码。三叶草故事家庭主要通过线上网站(www.3yecao.org)和线下举办的多种活动用以推进亲子阅读、家庭阅读、社区阅读。主要活动形式有：故事妈妈培训、专家阅读讲座、新书试读会、主题文化沙龙、年度讲述大赛、故事剧团等。三叶草志在"用这个世界最美丽的童话、最动人的故事滋润我们的孩子，柔软孩子的心灵，彰显孩子的灵性，放飞孩子的想象，呵护孩子的童真"。

(五) 苏州"书香童年阅读与写作"推广平台

这是苏州儿童文学作家苏梅和几位志同道合的作家、老师一起开展的儿童阅读推广平台。苏梅是一位成绩卓著的儿童文学作家,任职于苏州大学,曾兼任《小学生拼音报幼儿版》编辑部主任。她长年坚持到当地小学、幼儿园以及市图书馆"名家大讲堂"等进行"图画书阅读"、"亲子阅读"、"家庭阅读"等的公益讲座,并指导培训幼儿教师的儿童文学素养,还通过网络和家长、孩子们进行阅读交流。苏梅和朋友们始终把推荐中外优秀儿童文学作品作为重要工作,先后向孩子和家长们推荐导读中国作家协会"全国优秀儿童文学奖"的获奖作品、《百年百部中国儿童文学经典书系》、《中国儿童文学 60 周年典藏》、《国际大奖小说书系》等。正是由于苏梅等一批儿童阅读推广人的无私奉献,苏州以及各地的儿童阅读活动才能搞得有声有色,儿童文学经典名著才有可能得到全社会的普及推广。

六、突破制约儿童阅读运动发展的"瓶颈"

进入新世纪以来,以儿童文学阅读为中心的儿童阅读运动正在不断深入,并已成为全民阅读的重要组成部分,其意义与成绩有目共睹。但同时也存在着诸多问题需要我们切实探讨与应对。例如:① 儿童阅读中的城乡之间、东西部之间、都市儿童与农村儿童及进城农民工子弟之间的阅读差异及阅读资源不公平的问题;② 儿童文学创作出版中的同质化、低俗化、商业化倾向对儿童阅读的负面影响及其纠偏的紧迫性与复杂性;③ 儿童阅读中忽视民族与传统资源、一味叫好西方读物的现象及其如何正确评价中西儿童文学的问题;④ 儿童阅读与课堂教学、教科书之间的关系及其教育评价机制问题;⑤ 亲子阅读的重要作用与一般家长缺失儿童文学的基本知识问题;⑥ 儿童图书馆管理员儿童文学知识滞后不利于儿童阅读的问题;⑦ 尤为严重的是,由于教育部长期不重视师范院校儿童文学学科建设及基本上不开设儿童文学课程,致使我国广大中小学语文教师、幼儿园教师竟然不知道儿童文学为何物,在他们的知识结构中缺失儿童文学体系。

关于后一个问题,我认为已经成为制约新世纪儿童阅读运动发展的"瓶颈"。对此问题我一直忧心忡忡,"位卑不敢忘忧国",我曾在接受《语文建设》杂志记者采访时直言不讳地提出过如下批评与建言:

"照理说,中小学语文教师、幼儿园教师,在他们的知识结构中应当有完整的儿童文学知识,包括如何向孩子们推荐、导读中外优秀儿童文学作品。但使人扼腕的是,我们 99%的中小学语文教师、幼儿园教师竟然不知道儿童文学为何物,当然就谈不上如何向学生推荐、导读优秀儿童文学作品了。原因何在?原因是他们缺少儿童文学的知识结构。他们不是不需要这个知识结构,而是在他们读大学或大专的时候,学校没有提供给他们,压根儿就没有儿童文学课程。不要说一般高校毕业的,即使是最应开设儿童文学专业的中文专业、教育专业毕业生,也同样缺乏儿童文学的知识。据统计,在最需要开设儿童文学专业的师范院校中文系、教育系中,竟然 95%以上都没有儿童文学课程。现在全国只有北师大、浙江师大等寥寥几所师范院校开设有儿童文学专业。这就是教育体制的问题,学科设置的问题。根子是,1997 年国务院学位委员会办公室(也就是教育部下属的学位管理与研究生教育司,一个单位两块牌子)公布实施的《授予博士、硕士学位和培养研究生学科、专业目录》面的'中国语言文学一级学科'下面,竟然没有儿童文学,所以实际上教育部在学科设置当中已经把儿童文学学科取消了。这样做的结果,自然是全中国的高校不会想到需要成立儿童文学教研室,更不会有专职教师,学生当然不可能会有儿童文学的知识结构了。正因如此,在全社会关心下一代、加强少年儿童精神文明建设的今天,实施儿童文学的社会化推广就显得更为迫切了。目前,儿童文学社会化推广的核心是中小学语文教师与幼儿园教师,希望他们通过补上儿童文学这一课,掌握相关的儿童文学知识,了解中外优秀儿童作品。所以首先要在学校里面推广儿童文学,然后才能向全社会推广。但这个工作难度实在太大了!不从根本上解决儿童文学学科应有的地位。教育部不将儿童文学增列为'中国语言文学一级学科'下面的二级学科,否则还是无济于事。广大语文教师还是缺失儿童文学,受直接影响的还是我们民族的下一代。为此,有关政协委员曾于2003、2007年两次作为全国政协提案,向教育部提出过要求,但至今还是不知下文如何。"[5]

全民阅读与儿童阅读是建设和谐社会、实践科学发展观的民族大计与大事。我坚信,新世纪"儿童阅读运动"必将进一步得到长足发展。美好人生从幸福童年开始,幸福童年从快乐的儿童阅读开始。

参考文献

[1][4] 王泉根.新世纪中国分级阅读的观察和思考.中国图书评论,2009(9).

[2][5] 李节.儿童文学:写给有童心的人.语文建设,2010(2).

[3] 王富仁,郑国民.文艺学与中小学语文教学研究丛书(总序)//王泉根等.儿童文学与中小学语文教学.广东教育出版社,2006.

课程与教学评价

义务教育语文课程评价与考试改革①

倪文锦

语文课程评价既是一个薄弱的领域,又是大家非常关心的一个领域。现在,参加课程改革的教师、学生以及学生家长最关心的是考试改革,尤其是中考——高中招生考试,语文到底怎么考?要回答这个问题,必须了解语文课程评价为什么要改革,改革什么,以及怎么改革。

长期以来,我国的课程评价实际上是由考试来代替的。这个传统的源头,可以追溯到隋唐的科举考试,距今已有1 400多年的历史。自近代教育以来,普通学校语文教育质量的评价也自发地落在升学考试上,教学过程中的评价往往是一些"小型化"的模拟升学考试。而考试的形式,基本上是回忆式的书面测验。这种考试丢失了学习过程中的许多重要内涵,如高层次的认知能力和情意能力,以及学生完整人格的培养等。而且,这种未经合理论证的分数,却被理所当然地视作区分"优生"、"差生"的唯一依据,因而导致出现"一次考试定终身",甚至不乏"一分定终身"的不合理现象。就传统语文课程评价而言,它的弊端主要表现在下面四个方面:

① 评价目的片面

过分强调学生的学业成绩在评价中的作用,把学生的学业成绩作为衡量学习结果的唯一指标,把考试与评价等同起来。强调评价的甄别和选拔功能。

② 评价范围狭窄

把评价的范围局限于基础知识和基本技能,也就是说强调知识和技能取向。

③ 评价手段单一

过多地强调定量化的评价手段,而忽视定性的研究。认为只有定量化研究、量化的数据才是科学的,才能得出客观可信的结论。

④ 评价主体局限

也就是说,只有教师是评价主体。而作为学习主体的学生,他们只能充当被评价的对象,而无法参与评价过程。

这种状况严重违背了以主体性培养为特征的现代教育思想,也不符合世界课程评价发展的大趋势。

从国际上看,自十九世纪末以来,在短短的百年时间内,课程评价的理念几经变革,评价思想不断更新。根据李雁冰在《课程评价论》中的引述,美国评价专家古巴和林肯(E. G. Guba&Y. S. Lincoln)把评价领域划分为四个发展时期:

第一代评价时期是测验和测量时期。这代评价的基本特点是:认为评价就是测量,评价者的工作就是测量技术员的工作—选择测量工具、组织测量、提供测量数据。

① 原文发表于《全球教育展望》2003年第9期。

第二代评价时期是描述时期。这代评价的基本特点是：认为评价过程是将教育结果与预定教育目标相对照的过程，是根据预定教育目标对教育结果进行客观描述的过程；评价的关键是确定清晰的、可操作的行为目标；评价不等于"考试"和"测验"，尽管"考试"、"测验"可以成为评价的一部分。

第三代评价时期是判断时期。这代评价的基本特点是：把评价视为价值判断的过程。评价不只是根据预定目标对结果的描述，预定目标本身也需要进行价值判断；评价应当走出预定目标的限制，过程本身的价值也应当是评价的有机构成。第三代评价确认了价值判断是评价的本质，也确认了评价的过程性。

第四代评价时期是建构时期。这代评价的基本特点是：把评价视为评价者和被评价者"协商"进行的共同心理建构过程；评价是受"多元主义"价值观所支配的；评价是一种民主协商、主体参与的过程，而非评价者对被评价者的控制过程，学生(被评价者)也是评价的参与者、评价的主体；评价的基本方法是质性研究方法。"第四代评价也只是一种建构"，它本身并不完全排斥其他的评价模式，而应该视具体的评价任务，与其他的评价模式相互补充。

由此可见，我们的评价观念还相当陈旧，滞留在第一代、第二代评价时期。因此，社会形成了一种定势，把评价学校的教育质量落在考试，尤其是升学考试上也就不足为怪。换句话说，应试教育鲜明的特征之一，就是用考试代替评价，这显然不符合素质教育的改革方向。为扭转这种不合理状况，《基础教育课程改革发展纲要》明确提出了新的评价理念："建立促进学生全面发展的评价体系。评价不仅要关注学生的学业成绩，而且要发现和发展学生多方面的潜能，了解学生发展中的需求，帮助学生认识自我，建立自信。发挥评价的教育功能，促进学生在原有水平上的发展。"《全日制义务教育语文课程标准(实验稿)》的"评价建议"也把语文课程评价的目的定位于"不仅是为了考察教学实现课程目标的程度，更是为了检验和改进学生的语文学习和教师的教学，改善课程设计，完善教学过程，从而有效地促进学生的发展。不应过分强调评价的甄别和选拔功能"。因此，课程评价改革从根本上说，就是要着眼于促进学生的发展，致力于学生语文素养的提高。

应该承认，考试虽然不等于评价，但是考试还是需要的。在课程改革中，考试作为评价的方式之一，它同样需要体现评价思想的变革。纵观这几年的考试改革，包括语文中考，虽然都有一些进步，但有些实质性问题仍然没有得到真正解决。如考试功能单一，缺乏兼顾其他的评定、导向和反馈等多方面的功能；无论是试卷结构还是题型设计，都有模仿现行高考的倾向；选拔性考试的信度、效度、区分度得不到有效的保证，不利于促进平时的教学；没有将升学考试与过程性评价的考试加以区分，把校内一切测试等同于选拔统一考试；测试超越学生的生理、心理发展水平和语言发展水平，人为拔高考试的难度；选文随意性大，缺少典范性；试题的整体性、应用性、开放性不够，甚至故弄玄虚，制造出一些学生很少犯甚至不会犯的错误去叫学生判断；写作在联系学生，联系生活，联系社会，联系时代等方面还存在不少缺陷，等等。所以，语文考试如果不从根本上加以改革，就会影响语文新课程评价思想的落实。

那么如何按照语文课程评价的精神加强考试改革？我们认为至少要努力做到以下几点：

首先，命题立意的指导思想要从知识、能力转到语文素养上来。语文考试从知识命意到能力命意是历史的一大进步，但是还不够，还不能满足今天素质教育的需要。也就是说，我们要从原来单纯的考知识、技能转到语文素养的检测上来。何谓素养？素，有"向来"之意。

故“素养”,一般指平时的修养和训练。由此观之,语文素养的含义,也就是对语文有长久的修养和训练的意思。语文素养不仅包括知识和能力,而且包括言语主体的情感和态度、思想情操、知识文化积累、智力水平以及具体的语言环境等。语文考试要实现这种转变,必须加强对语言文化积累和文学、典籍的考核。

加强对语言文化积累的考核,要体现语文学习阶段性特点。不同阶段的语文学习内容、方法不同,考试评价方法也要有所区别。而且也不能把语言文化积累的考核简单地理解成考查语言文学常识,做一些识记性的填空题、选择题等。应该承认,经过这几年的努力,“繁、难、偏、旧”的考试少了,但并没有完全消失。那种“初中考试模仿高考,小学考试模仿中考”的情况还不同程度地存在于各种大大小小的考试中。比如,“蒸蒸日上”这个词,小学三四年级的学生用来造句作文一般不会有大的错误,但我们的一些教师却偏偏要模仿高考解释文言文加点词的做法,在“蒸”字下面加个点,然后要学生回答“蒸”是什么意思。又如“五颜六色”这个词,小学中年级的学生不仅懂得它的意思,也不会用错,但有的练习题却挖空心思作了这样的设计:“五颜六色”形容什么?“五”、“六”各形容什么?再如一年级的学生才刚刚学习和认识标点符号,但一些练习、考试却是“四选一”的选择题,要他们在四个备选标点符号中剔除三个错误的,选择一个正确的。我们说小学生学习,先入为主很重要。如果给他一个句子让他自己标点,要错也就犯一个错;而把错误的正确的混在一起让他辨,这一开始就把他们的思维搞糊涂了,这样的练习或考试就容易将学生搞垮。

加强文学、典籍方面修养的考核是落实课程标准“致力于语文素养的全面提高”的必然要求。

作为民族共同语的教育,当前我们的语文课程尤其需要弘扬中华民族优秀文化,也就是需要大力加强对民族文化的理解和吸收,创造和发展。这是因为,在当今世界上,语言都是民族的语言,文字都是民族的文字,任何一个民族的语言文字都不仅仅是一个符号系统或交际工具。一方面,语言文字本身可以反映一个民族认识客观世界的思维方式;另一方面,民族文化也依附于语言文字得以继承和发展,所以民族文化就蕴含于民族的语言文字之中,因而任何一个民族的语言文字都是其深厚的民族精神的积淀。它直接与民族感情相联系,构成了维系民族成员的心理纽带,是民族生命的重要组成部分。当然,中华民族文化是一个丰富博大的有机整体,既包括汉民族的文化,也包括各少数民族的文化,既包括悠久的古代文化,也包括近代和现代文化。而且弘扬民族文化也不排斥外来的优秀文化,因为任何一个开放的民族,它的文化发展都离不开学习和吸收世界其他国家和民族的优秀文化成果。

在语文学科,民族文化大致说来,就是指以语言文字为载体的精神遗产,具体表现为两种类别,一是文学,二是典籍。因此,提高学生的语文素养,非常关键的一点就是加强文学方面的修养和典籍方面的修养,要把语言文字包含的文化素养转化为学生的文化素养。但问题又在于人的文学方面的修养和典籍方面的修养是内隐的,不像人的言语交际能力,是外化的,对象化的,可以通过一个外在的表现来直接评价。也正是由于这样的原因,即不易被现行考试检测的原因,文学方面修养和典籍方面修养的培养在实际的教学中长期不受重视。而旧有的应试教育体系和语文考试模式,更为“不考就不教不学”的功利主义不断滋长、蔓延推波助澜,它的直接负面作用就是导致学生少读经典,甚至不读经典。这对语文教育来说,真是致命的一击。

鉴于此,我们为什么不可以利用考试的杠杆作用来加以调节呢?也就是说,通过对学生文学方面修养和典籍方面修养的考查,来促进全面提高语文素养。至于具体怎么考,完全可以研究,而且方法一定会多种多样的。现在有些考试包括高考,之所以显得比较怪,搞得非常复杂,其思路就是单纯为了防止学生猜题、押题,因此老是与学生玩"猫捉老鼠"的游戏。其实,在许多情况下只有简洁才是最好的。有些考法看起来很简洁,但非常实用,非常有效,如作文采用读写结合的形式就是一种很好的考试方法。一篇文章或一个材料你读懂了没有,看你的表达就一清二楚了。这种考法较之绞尽脑汁胡编乱造一些题目的考试不仅实在,也高明得多,同时真正是着眼于整体语文素养的提高。考试如果做到了这一步,落实课程标准规定的课外阅读要求也就有了保证。否则像目前这样的考试导向,要实现课程标准关于全面提高语文素养的要求恐怕只能是纸上谈兵。

其次,坚持从三个维度进行综合考评。

大家知道,语文课程目标是按照知识与能力、过程与方法、情感态度与价值观三个维度构建的,因此考试评价也必须紧紧抓住三个维度进行,而不能只有对"知识与能力"的评价。当然对"知识与能力"的评价,我们既不是全盘照搬以往的评价方法,也不是对以往评价进行简单的否定,而是在坚持"一切为了学生的发展"这一大前提下,在原有的评价方法和手段中筛选出行之有效的好的方法,并不断加以完善和发展,同时也需要创造出一些新的方法。

但要坚决反对以狠抓基础知识和基本技能为名,进行"繁、难、偏、旧"的考试,并据此来评价学生。

语文学习是一个长期积累的过程,不可能一蹴而就;同时,语文学习的效果与学习的方法也是直接相关的,所以,我们评价学生的语文学习不能像以往那样,只看学生学习的结果而不关注学习的过程和方法,而要把学生语文学习的"过程和方法"作为评价的一个重要方面加以考虑。根据这一原理,部分考试内容的选择和考试形式的设计要有利于检测学生的思维过程和学习方法,以尽可能反映学生语文学习的真实面貌。

在语文新课程的实施过程中,有人认为对"知识与能力"的评价是"实"的,而对"情感态度和价值观"的评价是"虚"的,这也是一种似是而非的观点。之所以产生这样的问题,根子在于过去语文教学的着眼点仅仅局限于"双基",而对学生在学习过程中表现出来的情感态度和价值观视而不见,更不把它当作评价的一个重要内容。举一个大家都比较熟悉的例子。有位老师教寓言《狼和小羊》,学到最后"狼向小羊扑去",老师问学生:这小羊死还是没有死?引导学生想象结果怎么样。学生有的说正巧猎人来了,他把狼给打死了;有的说狼太用力,跌到河里被淹死了……就是没有一个孩子愿意说"羊死了"。为什么?这里就有一个情感、态度、价值观的问题。这说明评价学生的语文学习,不仅要关注学生学了多少知识,培养了什么能力,还要关注他们具有什么样的情感、态度、价值观。所以学生学习语文的情感、态度、价值观不是外加的,而是语文考试评价的题中应有之义。因为语文学习的过程,不仅是语文知识和能力的形成过程,而且也是情感态度价值观的形成过程。如果我们只是站在基础知识和基本技能的立场上看问题,那么就很有可能会对学生的反应作出错误的判断。

第三,定性评价和定量评价相结合,更应重视定性评价。

从某种意义上说,一份试卷上定量评价和定性评价的区别,主要体现在客观性试题和主观性试题的不同编制上。语文考试的答案既有确定的一面,又有不确定的一面。一般来说,具有确定答案的比较适用于编制客观性试题,而答案具有不确定性的则比较适用于编制主观性试题。所以从题型的角度看,没有哪一种题型是万能的,关键在于合理的编制。根据语文学科的特点,以及语文课程标准中"更应重视定性评价"的要求,语文考试中主观性试题的编制应该是主要的。以初中学生的阅读测试来说,文学作品的阅读是一个重要内容。文学作品阅读欣赏的重点是作品的形象、情境和语言,以引起感情的共鸣。在评价中,要考虑文学作品欣赏的特殊性。形象大于思维。文学形象的多义性,决定了人们对文学形象及其社会意义理解的不确定性,因此不能用一个统一的固定答案评价学生,限制学生的思维。事物的正确答案往往不止一个,要鼓励学生不满足一种结论,提倡多角度地探索事物的本质。正如《语文课程标准》所指出的那样,"在评价时要尊重学生的个体差异,促进每个学生的健康发展"。以测试鲁迅小说《故乡》中杨二嫂为例,如何把握这个人物形象呢?学生的看法是不同的:

生①:文章写了杨二嫂把"我"母亲的手套塞在裤腰里拿走了,后来又拿了"我"家的"狗气煞",说明杨二嫂有贪小自私的心理。

生②:杨二嫂的贪小自私的言行同她长期不参加劳动的坏习气有关。原先她开豆腐店时,就"擦着白粉","终日坐着",招徕顾客,所以写杨二嫂,是对她好逸恶劳坏习气进行嘲讽。

生③:过去的杨二嫂"颧骨没有这么高","嘴唇也没有这么薄",也没有现在这样的"圆规"的姿态,生活比较宽裕。现在变成了"圆规",说明作者在对她讽刺、批判的同时,还寄托着一种同情。

生④:我认为文章写杨二嫂主要是为了突出闰土。像杨二嫂这样早先开豆腐店的小商人都变成这个样子了,那闰土的生活就更不用说了。

生⑤:写杨二嫂这个人物,是为了全面地反映辛亥革命前后农村衰败、萧条、日益破产的悲惨景象。

上述这些说法应该说都是正确的,只是认识的程度上有差异。如果我们习惯于用一个标准答案衡量学生,那他们永远不可能形成自己的思想,课程标准倡导的个性化阅读也便成了一句空话。

最后,注重语感,知识的查考要尽可能地结合语境。

语感是本次课程改革十分关注的一个问题,它的培养和测试离不开语言环境。以往的语文考试,尤其是知识性考试往往是脱离语言环境考孤立的知识,所以它容易走向偏题、怪题。其实语境是言语活动赖以发生和进行的前提条件。人与人之间的交际不是在真空中进行的,都是在特定的时间、地点和背景之中,为了完成特定的交际任务而进行的。无论是口头语言还是书面语言的交际,言语发送活动,实际上就是作者和说话人不断地适应语境,生成言语的过程。言语接受活动,实际上就是读者和听话人依据言语成品,不断地还原语境,理解语意的过程。因此,语境既是言语交际过程中主要矛盾的焦点,也是言语交际过程中主要矛盾最终获得解决的前提条件。结合语境考语文知识,学生获得的知识才是鲜活的。

比如像下面几个中考题目,就出得比较好。

我们的小草,在那纤细弱小的身躯里,竟然蕴藏着多么强大的生命力啊!难怪古代诗人写下的咏草诗句:(),千载之后,读来仍然使人激动不已。

A 谁言寸草心,报得三春晖

B 草枯鹰眼疾,雪尽马蹄轻

C 野火烧不尽,春风吹又生

D 苔痕上阶绿,草色入帘青

阅读《出师表》片段后,有一道题目是:下面是杜甫的一首七律《蜀相》,诗中那些句子的意思与上面两段文字意思是一致的?

垂相祠堂何处寻,锦官城外柏森森。

映阶碧草自春色,隔叶黄鹏空好音。

三顾频频天下计,两朝开济老臣心。

出师未捷身先死,长使英雄泪满襟。

阅读《走进周庄》后,有一道题目是:下边是杜荀鹤的《送人游吴》,用其中哪两句概括古镇周庄的特点最合适?

君到姑苏见,人家尽枕河。古宫闲地少,水港小桥多。

夜市卖菱藕,春船载绮罗。遥知未眠月,乡思在渔歌。

当然,语文课程标准中的评价思想并不限于上述,它对我们今后的语文教学和考试的影响将是长远的。它一方面为我们的考试改革拓宽了思路,同时也为命题留下了极其广阔的空间。但毋庸置疑,语文考试要充分实践这些新的评价思想仍是一个漫长而艰巨的过程。

关于义务教育语文课程标准的阶段性评价①

雷 实

《全日制义务教育语文课程标准(实验稿)》(以下简称语文课程标准)于2001年颁布,历经六年了。最早开展实验的地区,小学阶段六年一轮的实验即将完成,初中阶段的第二轮实验也将结束。从教育实验学的研究角度看,应该对课程标准的实验成果作出基本判断;按一般的教育改革工作程序,也到总结过去、规划未来的阶段了。

实验成果的评价有过程性评价和阶段性评价。

教育实验的条件复杂,在共同的方案下,各地实验自主空间大,实验的过程评价尤为重要。对于语文课程标准的文本评价,也是与实验的过程评价同步进行的。六年之中,广大的语文教师和研究人员,通过实践活动与理论思考,对语文课程标准文本的正确性和适应性作出各种评判,丰富了实验措施,有力地推进了语文课程改革。

阶段性评价在评价内容上应更为全面;评价结论应更为明确;对课程发展应有更强的指导功能;要最后确定课程标准的正式文本,并加大推行力度。国家课程标准的阶段性评价是由教育行政部门组织的决策行为,但也是集思广益的学术讨论。笔者不揣浅陋,参与讨论,提出话题,略陈圄见,就教于大家。

关于语文课程标准的阶段性评价,不妨从标准的"理论、目标、框架、语言"四个方面来检验。

一、对语文课程标准的理论检验

语文课程标准体现了国家对语文课程的基本规范和要求,是语文教材编写、教学实施、评价考试的依据。将课程标准定义为"实验稿",就意味着标准的基本理念(尤其是新理念)具有"理论假说"性质。

语文课程标准所体现的教育哲学思想是否具有深厚的历史基础,是否体现了教育哲学思想和语文教育思想的进步,是否将这些思想转化为可操作的教育行为……这是理论检验的一些基本视角。本文试从如下两个方面作些分析:一是教育本质观,二是语文课程本质观。

在教育本质观的认识上,如何处理好教育与社会和人的发展的关系,一直是教育哲学的重要议题。不同的时期,不同的论者,或强调教育为政治服务,或主张教育为经济效力,或呼吁人的发展、人性的解放。在认识论上的分歧,也往往与"社会共同认识"和"个人主体认识"的价值评判直接联系。近30年来,国人对社会发展的认识和要求,尤其对"人"的发展的认识有了巨大的变化。不必追溯很远,就在20世纪90年代中期,虽已"拨乱反正"多年,"人、人性、个性"这些词语,常常被认为是"抽象的、缺乏阶级分析"的问题概念,"教育为人"的主

① 原文发表于《课程·教材·教法》2007年第6期。

张不时受到批评。哪怕是在2001年颁布的义务教育各科课程标准及其解读之中，编写者都有意无意地在避免“以人为本，以学生为本”的直接提法，只是努力将这些思想融进具体目标之中。随着时代的进步，社会的要求发生了变化，到了2003年颁布高中新课程标准，再编写各科“解读”时，“坚持以人为本”成为党的治国理念，“教育以育人为本，以学生为主体”也逐渐深入人心。六年之内，在课程改革之中显示的教育哲学思想的进步，主要体现为对社会发展和人的发展的理论进步。这个进步是巨大的，也是艰难的，在许多方面还不尽如人意，还需要前瞻的眼光和坚忍不拔的精神，不断提出新假说、新措施，不断实验，不断发展。

有关语文课程本质观的认识差异既体现在“社会和人的发展的关系”上，也体现在“语文学科自身功能和共同教育目标的关系”上。前一个问题讨论较少，后一个问题争论很多。语文课程标准努力将社会要求与学生个体的发展统一起来，坚持社会主流价值，要求学生“在语文学习进程中，培养爱国主义感情，社会主义道德品质，逐步养成积极的人生态度和正确的价值观，提高文化品位和审美情趣”，提出“尊重理解多样文化”。较之以往，语文课程标准更强调受教育者身心发展，要求“关注学生的个体差异和不同的学习需求，爱护学生的好奇心、求知欲。充分激发学生的主动意识和进取精神，倡导自主、合作、探究的学习方式”。明确“阅读是学生的个性化行为”，“要为学生的自主写作提供有利条件和广阔空间”等等。

我国语文界有一个纷争不已的话题：“语文课程的基本性质是什么？”(其实讨论的是“语文学科功能及价值取向是什么”。)笔者想从另一个角度谈些不同看法。

回答这个问题时，语文界数十年来似乎已经形成了一个话语定式：要求用非常简单的“一两个词”+“性”字，“准确而又获得一致认同”地表述出语文课程的基本性质。这是否将复杂问题简单化了？生疑的原因有二：首先是语文课程的基本性质十分复杂，不是“一两个词+性”就可以说清楚的；其次是不同人、不同学派对语文课程基本性质、功能，有着不同的价值取向，任何一个太简单的表述，都难给人较为明确的认识。语文课程标准说“工具性与人文性的统一，是语文课程的基本特点”，这有进步意义。但恐怕也是迫于必须回答语文界的“话语定式要求”，让大家有一个“临时共识”。当初有人认为，这样的表述“摆脱了长期以来关于语文学科性质的争论”。通过六年的“实验”，可以说这个预测太乐观，因为这一定义仍然未脱窠臼，仍然叫人疑虑。“工具性”还好理解，“人文性”究竟指什么？它能全面清楚地表达语文“非工具性本质”吗？从西文溯源，可以说是“人文学科”(humanities)性质，可以说是“人文文化”(humanistic culture)性质，还可以说是“人文主义”(humanism)性质……国内学界关于“人文性”的论述，常常由这些概念生发开去，错综复杂。从中文字面理解，最古的恐怕是“观乎人文，以化成天下”(《易·贲》)，此“人文”是指礼教文化。“舍诸天运，征乎人文”(《后汉书·刘虞公孙瓒陶谦列传》)，此“人文”是指“人事”。钱穆说得简要：“人文犹称人生的花样。”[1]他说的“人文”相对于“自然”(如同我们常说的“人文景观”和“自然景观”)。语言文字作为工具显然是“人生的花样”，那么“工具性”属于“自然”，还是属于“人文”？“人文性”是“非工具性”内容吗？如果说“人文性”是指人文学科特性，那等于没说，不如说“语文课程的特性是语文性”。

岂止语文课程面临这个难题，一切探讨“本质问题”的论述，都“剪不断，理还乱”。

定义要求定出“本质”，既求高度的抽象概括，又求极度的全面深入，总想用几句简单的话语，道出最根本的属性、价值、范围、过程等等。对己，自然力不从心；于人，必然一头雾水。

于是,各说各的话,谁也说服不了谁。何况语文课程性质定义的话语定式,更刻板,更简单。

我们不妨做两道填空题:

1. "在中小学各科课程里,具有基础性、普及性、发展性的课程是(　　)"。

相信填写"语文、外语、化学、物理、音乐、美术……"均算正确。其实,这"三性"是义务教育数学课程标准的表述。

2. "在中小学各科课程里,具有工具性、人文性的课程是(　　)"。

相信可以填入的绝不止"语文",人文学科皆可囊入,填"半自然、半人文"的地理学科,也算正确。而这"两性",是《语文课程标准》的表述。

其他学科的《义务教育课程标准(实验稿)》,在说明课程价值、功能、任务的同时,也有给该课程定义"××性"的,如化学课程标准里的"启蒙性、基础性",地理课程标准里的"综合性、地域性"。这些"性"似乎也经不起"具体学科特性"的反复推敲,但在上述学科并未引发激烈争论,可能是大家都认许或不太看重这种"模糊意义的模糊表达"。物理、英语、体育与健康等课程,没有用"××性"来定义课程,在"课程性质"部分,或言课程价值,或言课程任务,也都无碍表达与理解。

阐明自己的"本质观",可以做到;但"本质观"并不等同于客观存在的"本质"。于此,恐怕也要有一个基本认识:逐渐逼近本质有可能;完全破解本质是奢望。

六年前,为制订语文课程标准,我们查阅了一些国外的母语课程文件,实在没有看到"必须用简单词语,准确而又获得众人同意"的"母语课程××性本质特征"的表述要求,也未见到这方面的激烈争论。然而,我们依旧可以从各国的课程标准中,从关于标准的解释中,清晰地看到国际上对母语课程的"理念共识"和"目标共识"。[2]我们要考虑的是关于语文课程本质特性问题的认识,如何跳出"一两个词+性"的刻板定式。放弃自以为是的、抽象的无谓争论,才有可能在实质性目标问题上同心协力"逼近本质"。语文界似乎也对这个争论感到疲惫了,开始想挂"免战牌"了。有论者认为:几十年来关于语文课程性质的争论,在很大程度上转移了我们对语文教育根本任务所应有的关注,许多与如何提高学生正确理解与运用祖国语言文字的能力直接相关的重要课题却未能得到深入的研究,呼吁语文教育工作者求同存异,搁置课程性质之争,回到原点,致力于提高学生语文素养。[3]其实,有哲学新思想、有创新理论假说的"语文课程性质研究",仍然是有意义的,那是哲学思辨的课题;能不能用几个字、什么"性"表述清楚,则不要勉为其难;国家课程的指导性文件是否需要如此回答性质问题,可以考虑顺应"习惯",保留原有表述,但不必再去较劲;也还可以考虑放弃这类习惯性的简单表述——是我们走路,不是路走我们。

欲认识清楚语文课程的性质,如同要讲清楚"课程是什么","每一种有代表性的课程定义都有一定的指向性,即都是指向当时特定社会历史条件下课程所出现的问题,所以都有某种合理性,但同时也存在着某种局限性。而且,每一种课程定义都隐含着作者的一些哲学假设和价值取向。对于教育工作者来说,重要的不是选择这种或那种课程定义,而是要意识到各种课程定义所要解决的问题以及伴随的新问题,以便根据课程实践的要求,作出明智的选择"。[4]对语文课程性质的积极认识,在课程标准文本里是体现于具体标准以及有关标准的具体诠释之中。语文课程研究方法论的反思和调整同样也是课程实验理论的检验内容。

二、对语文课程标准的目标内容检验

课程标准的目标内容检验是检验的核心。20 世纪 80 年代以来,许多国家开展的课程改革,可以说是“以标准为本位的课程改革”。这种类型的改革,将课程目标的重新制订置于首位。其核心内容是确立或强调有前瞻价值的课程目标,改变不适应社会发展的课程目标;根据新的目标,更新课程内容,改变评价方法,以此促进全体学生发展,保证自己的国家在全球竞争中处于更有利的地位。什么样的课程标准才叫好标准?其目标内容是否体现了社会进步、学科特点与学生发展的统一?六年实验之后的检验,首先是看实验效果如何,需要有说服力的客观调查,也需要睿智的理论分析。不论是客观调查还是理论分析,都应该确立几个基本的观察点来引导标准的检验和修改。

美国太平洋研究所比较了世界各国有代表性的基础教育课程标准,于 1999 年提出了研究报告。根据一些专家学者已有的研究成果,他们认为不管什么学科,一套好的课程标准应该做到九点:“严谨、明晰、可测、具体、全面、学术、均衡、可控、累积”。简要解释如下。

● 严谨

“标准必须对学生提出高期望,应该促使学生发挥最大的潜力。标准必须要求所有学生掌握必要的核心知识和技能,使之足以同任何地方最杰出的学生一比高低,千万不要将鞭策学生出类拔萃的目标搁置一旁”。“严谨标准的反对者争辩说,期望许多学生,特别是低收入家庭的学生达到高标准,实际上是在拔苗助长,使他们望洋兴叹。”该报告用贫困地区学生、拉丁裔学生采用高标准后普遍提高成绩的数据,反驳了这一批评。

● 明晰

标准应该明确清楚,被人理解。要求标准没有模棱两可之处,没有多余的专业术语。可以通过回答以下两个问题来检验标准是否明确:“标准是否清晰得让教师完全理解对他们的要求?”“用专门术语写成的标准是否清晰得让家长能够照看其子女的学业?”

● 可测

为了使标准能有效地提高学业成绩,标准必须是可测的。评价手段必须与标准联系,标准应尽可能列出可测的行为动词,避免含混。

● 具体

“含混的标准使得学校像在上路时没有指南针或地图,甚至没有一个目的地而到处游荡。”怎样才叫具体?他们也说了模棱两可的话:“标准既具体又灵便,既不能宽泛得无边无际,也不能细化成鸡毛蒜皮。”但他们在对不同的标准作比较时,直接列出“好与差”的例子,还是较好地说明了这个度。

● 全面

标准应该充分覆盖学科的所有要点,所有学生应共同享受核心的背景知识,要有足够的深度和广度,以便师生、生生之间的互相理解。全面还包括目标内容的连续性。

● 学术

“标准必须把重点放在最重要的学术方面,而不是一棵圣诞树,任凭每个思想家、社会工程师、道德家把自己喜爱的装饰品挂在上面。”

● 均衡

好的标准应该将能力发展、技能磨炼与知识获得互相结合,达到一种均衡。在这种均衡中，他们还是认为要以重要的知识作为中坚，表达了与"教育界知名人士相对主义知识论"的分歧。

● 可控

标准的范围和规模应该是可控的。他们提出的这一观察点，是对"全面"的补充，防止追求全面而失控。

● 累积

标准要随着教育年段的上升，逐步增加知识的精深程度，逐步提高知识的抽象程度，逐步提高能力要求。

以上九点里有些内容重复，可以稍作调整。"可测"的要求非常重要，因为"标准与评价"是课程发展相辅相成的两大保证。在当代中国，评价的改革一直呼声高、困难多、措施弱，没有系统的制度改革，恐怕改善标准文本也是难以奏效的。在未来的日子里，这是我们面临的攻坚性任务。笔者认为"严谨、明晰、具体、学术、均衡"五点，可作现阶段检验语文课程标准的基本借鉴，还可以从"继承、创新"两个方面进行思考。

语文课程标准总目标中提出的要求，有许多是我国语文教学长期坚持的基本要求：

● 坚持马克思主义，进一步贯彻新时期政治路线，培养爱国主义感情、社会主义道德品质和高尚的审美情趣。

● 热爱祖国的语言文字，具有正确理解、运用祖国语言文字的能力，掌握最基本的语文知识和学习方法，养成良好的学习习惯。

● 每一位学生在接受九年义务教育之后，在语文学习上要有基本的积累，具备独立阅读能力，写作文从字顺，听话能思考，说话基本得体。

坚持这些基本要求，课程改革才有厚实的根基。全盘否定过去的虚无主义变革，往往只是昙花一现。在功利主义大有市场的当代，把握好这些原则，同样具有全新意义。

有些要求是新内容，或是特别强调的理念：

● 提出了适应现代社会发展的基本人文素养要求。如，尊重和理解多样文化，吸收人类优秀文化的营养，关心文化的变革和发展，培养良好个性，养成积极的人生态度，提高文化品位等。

● 突出了适应现代社会发展的能力要求。如，创新精神和实践能力的发展要求，搜集和处理信息的能力，养成实事求是、崇尚真知的科学态度，初步掌握科学的思想方法等。

● 力求在学生的学习方式上有所突破。努力变被动学习为主动学习，减少学习痛苦，增加学习乐趣，提倡自主、合作、探究的学习方式，要求书本学习与生活学习相结合。

从"创新"层面检验课程标准的目标内容，还可以考虑标准是否较好地兼顾了"展开性目标、表现性目标"。

历来的课程标准都是以行为目标取向为主。所谓"行为目标"是以行为方式来陈述课程目标，要求具体、可操作，明确陈述学生所要学习的内容和学习结果。如"学会汉语拼音，能说普通话，认识 3 500 个左右常用汉字"，"有独立阅读的能力，九年课外阅读总量应在 400 万字以上"，"能具体明确、文从字顺地表述自己的意思"等等。

所谓"展开性目标"是在学习过程中被内在决定的，而不是外在预先设定的目标。如"感受阅读乐趣，有自己的心得，能提出自己的看法和疑问，有自己的情感体验"等等。

所谓"表现性目标"是指学生在学习中表现出的"首创性反应"，如"阅读对话中的独立见解”，综合性学习中“策划简单校园活动和社会活动”的表现，在“提出问题，共同讨论，研究主题，制订简单研究计划，独立写出研究报告”中的表现等等。

“展开性目标”和“表现性目标”的评价比较复杂，引发的争议较多，但也不是全无传统基础，“观察、对话、作品分析”是教育先贤常用来评价这类目标实现程度的主要方法。检验课程标准特别要关注目标内容中的新理念、新要求，因为在新旧世纪之交，我国社会、经济、文化持续发展，即使不说“全面转型”，也可以感到变化的迅速和进一步变革的强烈要求。对课程目标内容的检验，不仅是回头看，还要向前看，要坚持和发展前瞻性目标。

三、对语文课程标准的结构框架检验

课程标准的结构不仅是外在形式，不同的结构具有不同的功能，体现编制者对目标的整体性把握和条理性组织。结构检验需在不同学科、不同结构之间展开。

课程标准的框架结构大体有三种。

一种是详细列出每个年级的课程目标，美国加利福尼亚州公立学校《K—12 年级英语课程标准》可作代表，其标准将 K—8 年级(相当于我国的学前班至初中毕业)的目标内容分九个年级详细列出，9—10、11—12 年级(相当于我国的高中阶段)分两个年段陈述。其好处是具体明确，让每个年级的教师心中有数，好操作。这种结构容易出现的问题是内容难免重复，年级之间规定的学习“逻辑进展”，有时显得脱离人文学科的实际。

第二种是提出多级(四级至九级)学业水平要求，有弹性地作为对应年段的课程目标。英格兰及威尔士地区的英语教学大纲可作代表。该英语课程分别从“说与听”“阅读”“写作”三个领域规定了八级水平标准(外加特殊表现级)，四个关键阶段(5—7 岁；7—11 岁；11—14 岁；14—16 岁)的学生可以有弹性地对应水平标准。我国的英语课程标准将英语课程目标按照能力水平设为九个级别，有总体描述，也有更细致的内容标准描述。我国的《体育与健康课程标准》按照“运动参与、运动技能、身体健康、心理健康、社会适应”五个领域设置相应的六级水平目标。这两科标准基本上也是此框架结构。其好处是有弹性，有利于学力水平评价。但是，领域的划分如果过细，容易割裂目标的整体性和综合性。

第三种是分年段列出课程目标，我们的数学课程标准和语文课程标准皆是这一结构。数学标准将九个年级分为三个学段。语文标准将九个年级分为四个学段，是考虑到一二年级集中识字的汉文字学习特点。这种结构基本已为大家所接受，相信此次修订不会再有大的变化。

然而，课程标准结构的比较检验仍然是必要的，因为前两种结构对语文课程仍然有参考意义。如教材编写者为了使每册教材更有针对性，地方为了进一步明确语文课程目标，以学校为本的语文课程发展需要更细致的水平标准，均可以借鉴第一种课程框架，细化目标。为了深入评价改革也可以考虑借鉴第二种标准结构。已有普通话水平测试，将普通话水平划分为三个等级，每个级别内分为“甲、乙”两个等次。部分地区也在试验写字水平测试，如《上海市中小学生写字等级(四级)标准》，《温州市硬笔书法写字段位(十段)参考标准》，都与这种标准结构类似。如果吸收这次制订课程标准的经验，提出新的假设，作更远的规划，在未来的新阶段也不是不可以考虑更新的框架结构。

四、对语文课程标准的陈述语言检验

在将语文课程标准修订为正式文本的工作中，对标准陈述语言的检验是最具体的工作。这一工作，不仅是文字润色，还应是目标的更明晰和理论的再进步。

标准的陈述语言检验，也是标准制订者的思维水平检验。在前述检验标准的多个“观察点”中，“明晰”的要求直接针对标准的陈述语言，其他各条要求也与陈述语言相关。

苏轼在《答谢民师书》中说：“求物之妙，如系风捕影，能使事物了然于心者，盖千万人而不一遇也，而况能使了然于口与手乎？”只要反思我们在“语文课程性质”表达上的窘迫，就可以理解苏东坡此言，绝非故作艰深。课程标准经过了六年实验，千万人参与，千万人讨论，现在，有条件集实验智慧，寻了然于心、又了然于口手之论，完善课程标准。相信经过修订后的正式文本会清晰许多，能使广大语文教师理解无碍，目标明确，同心进取。于此，有几点琐见。

在“明确清晰”上多花工夫。对新的内容要求和不够明确的地方可以适当再多说点，太宽泛的要求适当再作些分解；“正确理解，遵循规律，科学认识，有机统一”之类的话好说，但最好具体说清楚哪些是行之有效的“正确理解”，哪些是被认识被检验的“规律”，怎样才“科学”，如何去“统一”；太专业的术语不用或少用，尽可能化洋术语为民族语；条理更清楚些……坚持于社会进步有利、于学生发展有利的价值取向。如对优秀文风的追求，对民主精神的向往，对人性的尊重……

标准的修改要听取各方面意见，以利于表述的周全。防止“偏激片面”，但也要防止用“平庸的全面”，将积极的理念来一个消极修正。

标准是对优秀的承诺，不要放弃跳一跳就能摘到的苹果。当今世界，许多国家的课程改革，无不立足于全球人才竞争，重视严格的学术标准。有的一再声明“新标准是大胆的开创，是长久的承诺，不是一时的幻想”。我国的义务教育课程改革，是面向现代化、面向世界、面向未来的战略举措，理所当然地要直面各种现实困难，持之以恒地追求优秀。

“为了每个学生的发展，为了中华民族的复兴”，这是基础教育课程改革的发轫宣言，也是实验六年后语文课程标准的检验原则。

参考文献

[1] 钱穆. 现代中国学术论衡. 生活·读书·新知三联书店，2001:55.

[2] 语文课程标准组. 普通高级中学语文课程标准(实验)解读. 湖北教育出版社，2004:15-17.

[3] 王尚文. 求同存异，致力于提高学生语文素养. 课程·教材·教法，2006(7):31-38.

[4] 施良方. 课程理论——课程的基础、原理与问题. 教育科学出版社，1996:10.

小学语文综合能力评价初探[①]

余应源　漆书清

语文能力研究是一个重大而复杂的课题,对整个基础教育极具根本性与挑战性,但至今远未获得很好解决。下面我们提出一些粗浅看法,供研究讨论。

一、什么是语文综合能力

语文综合能力,是个体运用语言进行言语交往活动的能力;是个体在特定语境条件下,综合运用听说读写言语活动方式,完成交际任务,解决实际问题的实践能力。它属言语能力范畴,而非一般所说"综合性学习"能力,也不是听说读写单项能力的简单相加。

语言,是适应人类交往活动的需要而产生的,是人类社会所特有的、实现人际交往的最重要的工具。语言交往,是一种社会性活动,是社会主体间相互作用过程,为社会劳动与生活实践所必需。其活动构成的要素主要有:言语交际主体(发话者与受话者)、语境、听说读写直接与间接交际活动、交际目的与内容等。从人类发展历史看,开初只有口头语言,后来才发展起书面语言;开初只有日常谈话语体,后来才有艺术语体与科技语体等其他语体。书面语言,特别是科技语体,对社会发展产生了重大而日益显著的作用。正因为如此,读写言语间接交往活动对个体意识与能力发展的要求也就更高。但口头语言是书面语言的基础;二者有共同的、更为一般与概括性的机制在起作用。根据美国哲学家奥斯汀(J. L. Austin)的言语行为理论(Speech Act Theory)和美国哲学家格赖斯格赖斯(H. P. Trice)的"合作原则"(Cooperative Principle),不论是口头的直接交往还是书面的间接交往,都是由发话行为(写作也是发话)、行事行为、取效行为这些共同言语行为类别所组成,都要遵循合作、得体这些语用原则,都包含交际主体、语境、交际活动与目的、内容这些共同因素。正因为这类共同、一般而概括的机制与因素,造成了高于听说读写单项能力的语文综合能力存在的客观可能性。

言语交际活动都是综合的。语文综合能力,即语文能力,就是作为社会主体的个体运用语言工具进行言语交际的整体性能力。一般说来由如下三要素所构成,即:语感能力、言语交际能力、言语调控能力。图示如下:

---

① 原文发表于《江西师范大学学报(哲学社会科学版)》2005 年第 1 期。

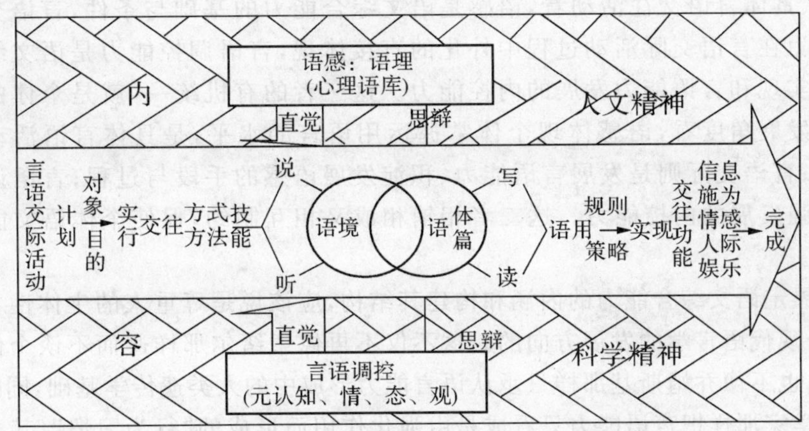

语感能力，简称为语感；是语文能力的最基本的因素，为我国语言学界尤其是叶圣陶、吕叔湘等前辈大师所特别关注。人们在言语活动中是凭语感来理解吸纳与表达生成的；语理——关于言语活动的理性知识，也只有自动化为语感才能在言语活动中更好地直接起作用。语感的强弱确能很好标志个体语言能力的发展水平。那么，什么是语感？语感就是个体对语言现象直觉感受、判别、领悟、贮存，以及在此基础上对表达生成的评估监控能力；或者说，语感就是民族语言在人们个体头脑中存在的基本方式，是对语言无需思维推论的直觉把握与运用，是个体在言语活动中辨音、察义、通情、会意、遣词、造句等运用言语技能的直觉理解与自动化把握。语感中的成分，有的如语音、韵律感等可能跟人的生理和遗传因素有关，但更多的则是技能熟练的结果，而有的更是概括化图式结构形成所致，后者对高级言语能力来说意义尤为重大。语感形成与发展都要依靠运用语言实践的锻炼与积淀。语感的必要发展是言语活动成功进行的前提条件与不可或缺的基础。

言语交际能力，这是语文能力的本体。首先，它包括言语活动方式方法及策略的运用，比如发话、倾听、交谈、独白、讨论、朗读、默读、浏览、研析、鉴赏、写话、留言、书信、作文等，一般分成吸纳理解与表达生成两个方面。其二，是语境的把握；再三，是语言功能的掌握，如信息功能、施为功能、情感功能、人际功能、娱乐性功能等；其四，是语用原则掌握与运用。语言是社会交际工具，语音、词义、语法、语用规则等都是社会约定俗成的，其使用效果也绝非仅取决于使用者的主观愿望，交际双方则是处于一定社会关系中的能动主体。

言语调控能力，人是具有实践反思发展能力的社会主体，人的言语调控能力是语文综合能力中体现人的主体性的一个本质方面。有了它，交际双方才能及时顺应语境与交际目的调整自己的言语，人的言语活动才能顺利有效地进行，才能保证社会生活实践任务的完成；有了它，人的语文能力由低到高、由弱变强的发展，才会有内部的根据与动力。言语调控能力包括语言意识能力、语言的反馈纠正能力、把自身言语作为考察分析对象的元语言能力、语言学习与运用的策略优化能力，还有对语言的兴趣、态度、鉴赏与追求等。言语调控能力不但表现在一次次具体交际过程中，表现在这种交际过程中个体的元认知与情意调控上，而且更体现在人们语言学习与实际应用的整个生活实践过程中。个体不仅会在某一交往活动中纠正学习与使用语言的个别错误，优化具体的方式与技巧，更会把发展语言能力、形成良好品质、创造特定风格等，作为个性修养、才能培育、人际关系改善、社会适应性增强的追求目标来对待。即言语调控能力同时成为言语能力发展的内控能力。

总之,从具体言语交往活动看,语感是语文综合能力的基础与条件,言语交际能力是语文综合能力在言语交际活动过程中外化的直接体现,言语调控能力是语文综合能力确保交际目的实现和言语能力发展的内控能力。这三者的有机统一,就是个体的语文综合能力。而从发展角度看,语感体现个体掌握运用语言的水平,是具体言语活动不断内化积淀的结果;言语交际则是发展言语能力、积淀发展语感的手段与过程;言语调控是语文能力不断增强发展的内控能力。这三者相辅相成又相互制约,促使个体语文能力水平不断发展提高。

这样来界定语文综合能力的内涵和构建其结构,应该说是尊重人的主体性和主体地位的,也是符合现代语言学的发展方向的。这不仅不再像索绪尔那样避而不谈个体对语言运用的现实性,也不像乔姆斯基那样只承认语言能力形成中的人类遗传学基础,同时也不像行为主义心理学家那样把言语能力只看成是由强化作用而形成的“行为习惯”,甚至也不像某些把人的言语活动仅简单类比成计算机运算过程的观点,而是真正把人的言语能力看成是社会主体在社会生活过程中运用语言工具进行社会交往以解决实际问题的实践能力。这样,言语活动就应视为既包含生理的过程、一般心理的过程,也包含精神的过程、社会实践的过程。这就需要引进语言社会学、言语交际学、语用学乃至接受美学等许多现代交叉学科的合理的观点、方法与知识来观察与解释它。

当前义务教育新课程方案中的语文课程标准,强调工具性与人文性的统一,提倡尊重学生的主体地位,要求帮助学生逐渐形成与不断增强主体性,特别明确提出了要使学生“初步获得现代社会所需要的语文实践能力”这一任务。我们认为,科学界定语文综合能力的应有内涵,努力培养提高学生的语文综合能力,正是落实这一要求的急需而关键的措施。我们的研究就正是在这种思想指导下进行的。我们认为,把语感能力、言语交际和调控能力,归并在“语文实践能力”这上一级概念,跟听说读写和语法结构与规则的“知识技能”这些基础层次概念之间的中间层次位置上,或许会对推进这种研究与探讨起有益的帮助作用。

二、小学各学段语文综合能力发展的特点

人的语文综合能力即个体的言语能力、语文能力,是随着人的成长以及学习与生活实践的发展而发展变化的。个体的语文综合能力的发展,是一个包含若干阶段的、具有量变与质变特点的逐步发展提高的过程。

语文能力的形成是有条件的。首先要以一定的生理、心理的器官与机能的发展成熟为条件。其次,以个体活动的范围与性质发展变化为条件。开初是父母养育下的家庭生活活动,后来是与熟悉伙伴的游戏活动,再后来才是更具社会责任与独立自主性的学校学习活动,交往对象也才逐步由亲人、伙伴到社会陌生人。活动性质的不同,对言语交往方式类型就会有不同要求,个体也才会由依赖情境的应对性言语交往活动,发展成独立主动性社会言语交往活动。第三,以个体自我意识的发展成熟为条件。新生儿,物、我不分,后来才逐渐有身体自我意识,真正成为能承担社会责任的独立主体,一般要到 18 岁。不能要求小学一、二年级学生就像社会独立主体那样来参加言语交际活动。第四,它以思维能力、元认知能力的形成发展为先决条件。

个体从出生到 18 岁成人,言语能力的发展,显现出几个明确的发展期:出生到 5 岁时,

是通过日常生活言语交往，来习得母语（含一般听说能力和习惯性语法）的发展时期；从六岁到十一二岁，即小学阶段，是形成初步书面语言能力并促进口头语言进一步发展的时期；从十一二岁到十五六岁，即初中阶段，是口头言语臻于成熟与书面语言特别是作文能力切实形成的时期；十五六岁以后，即高中阶段，是语言特长与语言风格获得发展的时期。这是一般状况，但个体语言的发展常会呈现出明晰的个别差异。随着年龄的增长，这种个体间的差异还会扩大。

小学语文综合能力，是成长中的言语交往能力，发展变化十分迅速。能力发展有如下特点：① 质与量快速巨变。是从口语到书面语飞跃，由外部语言到内部语言跃进，从融合在情境中不自觉的自我核心式的应对性言语，向有目的自觉的社会性直接与间接言语交往活动转变的过程。特别是书面语言的学习，通过文本，古今中外、社会与自然、现实与幻想都展现在儿童眼前，为他（她）的语文能力和人的全面发展开拓了新的道路与天地。② 由习得转变为学得。入学前，儿童通过日常生活自然习染，掌握听说技能、日常词汇和习惯性语法。入学后，乃至成年后，个体仍然要在生活实践中通过习染不断地掌握语言词汇和规则、发展言语能力，仍然存在习得方式。这就是从生活世界的教育中习得与发展语言能力的方式，是人终生习得语言的基本方式。但是，儿童一入学，语言发展就变成了专门任务，学校开设了专门的语文课程，并由专业教师采用科学手段运用以训练为主的方法教学生，学生的语文学习活动成为有目的意识、有计划有步骤的活动，已是不同于“习得”的“学得”活动。即要通过科学的教学活动来学习语言促进语文能力的发展。这时“学得”基于“习得”而促进“习得”。儿童语言发展以学得为主，学得主导与推进习得；当然习得也反过来帮助学得。③ 性质互异、逐级提高的相对阶段性。这种阶段跟年龄增长、学段上升大体相适应。就我国现状看，小学时期可分为低、中、高三个阶段。

小学各学段语文综合能力发展的具体特点是：

小学低段，个体处在自我核心言语交往水平。儿童入学前处于自我中心生活口语交际活动水平。入学后从识字开始接受专门的语言发展训练，口语逐步向书面语转化，社会交往范围扩大，有熟悉的老师、同学，开始意识到言谈有对象，自我中心语言要走向完全消失。言语交往中虽不再是完全自我中心，但言谈仍难照顾对方，倾听能力有待发展，大体还是立足自己以我为核心的。言语活动方式以对话语为主导，独白语并不发达。视知觉、手指肌肉、语音韵律感、乃至一定的内部语言能力的发展，都为学习书面语言创造了条件；而书面语的发展又会有力地促进口语的发展。所以，此阶段要突出加强识字教育，通过儿歌韵文等帮助儿童搞好语言积累，打好基础。

小学中段，个体处于你我之间言语交往活动水平。这时儿童识字已过两千，已经脱盲，开始有一定的阅读能力，阅读后的复述能力也迅速发展，为书面语丰富口语创造了条件。个体自控力增强，人际相互关系意识开始形成，伙伴间言语交往能力明显发展。10 岁时概括力出现转折飞跃，好奇心求知欲更为旺盛。所以，此阶段要加强阅读训练，多朗诵，及时形成默读习惯，大力开展兴趣性阅读，通过规范的书面文本的学习，积累丰富的词汇与句式，促进形成规范良好的语感。

小学高段，个体处于初步社会言语交往活动水平。小学高年级儿童具有初步的对事物作实质概括的本领，自我意识正在形成，社会意识与社会性情感得到发展，有一定的独立活动能力，能走出班级同学小圈子，初步具备进入陌生社会与人作言语交往的能力。随着抽象逻辑思维能力与内部语言的发展,个体的元认知调控能力也更增强,这就为使用书面文本与人进行间接交往创设了条件。个体这时书面语的发展可以不再明显落后于口语,已大体具备言语成篇能力。因此,在加强阅读教学的同时,要认真开展写作训练,使小学毕业生具有利用书面文本与人间接交往的意愿,并有在自己熟悉的生活领域根据对象、目的、内容的不同写出恰当的留言、便条、信件等的能力。

上述小学生语文综合能力三台阶上升的发展过程,可概要图示如下:

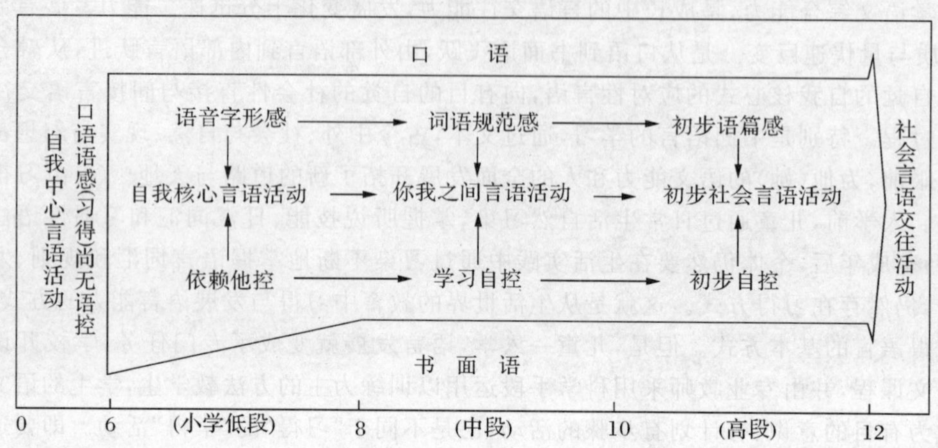

总之,小学语文综合能力是初步的基本的,但对人的终生发展影响深远。口头语言方面最后也只能达到初具社会言语交际能力的程度;而书面语言方面,阅读主要仍是兴趣性的,习作能力还很有限,虽可成篇但并不具备严格意义的语篇组织能力。所以,小学语文综合能力确实是成长中的、并未成熟的语文能力。

三、小学生语文综合能力测评的标准与方法

评价的根本目的在促进发展。因此,小学语文综合能力评价要切实认真地突出形成性评价——对语文能力形成过程的评价,即对学生个体日常言语行为、言语学习活动、言语发展过程的观察、分析、鉴别并适当记载。评价主体应该多元化,但鉴于小学生自我意识发展水平不高,学生自评尚只能适当引导,主要应强调教师对学生的激励性评价的运用。至于搞好评价工作的关键,自应是认真坚持正确的评价标准。这就要从小学生语文综合能力发展的实际特点出发,切忌要求过高过严与过低,以帮助学生主动地、生动活泼地循序渐进。

评价标准的建立,应认真综合贯彻如下四方面要求:① 综合能力既然由语感、语言交际和语言调控三方面能力要素所构成,因此,评价标准就应全面涵盖这三者。而且,因为小学是人的语文能力发展打基础的时期,在这个时期内,不存在什么时候应以三者的哪方面为主或为重点的问题。② 小学语文综合能力既然是一个动态发展的过程,并显现出相对阶段性,评价标准就要针对着各个阶段特点分别提出。要依次递进、前后承接,形成三个逐级提高发展的有序台阶。③ 小学低、中、高三段的标准,要分别切实抓住本阶段言语能力发展的典型的本质特征。不能烦琐,不能偏废,既要切实反映实际可能,又要体现前进方向。④ 由于拟评价的实际上是儿童掌握汉语的语文综合能力,因此,这种标准要充分体现汉语的特点。众所周知,汉语无形态变化,并不属于有形态变化的屈折语范畴,而是一种遵循语义语

法的意合语。同时,汉字是一种"音乐的语素"文字,是"一音节一字形一概念",汉语语音和词类划分也有自己的特殊性,提出与建立标准时就应充分注意这些特点。具体说来,小学各阶段提出评价标准时,应作如下考虑:

小学低段。学前期儿童通过语言习得,汉语的听辨发音已基本没问题,并形成了日常口语应对能力。所以,小学低段的语感标准,就应进一步突出语音精细分析综合能力、普通话学习能力、字形辨识能力、对常见句式掌握能力等要求。低段儿童语言发展的一个重要任务是,不能再只是关注发话行为,而要开始掌握好行事行为。所以,言语交际标准就应提出注意倾听、交谈中有礼貌、态度大方、应答恰当等要求。一入学,儿童要着力发展书面语言,不过还只能从识字开始,阅读理解仍是极初步的,尚无严格意义上的语言间接交往。所以,言语交际中言语交际方式的掌握,只能要求大体读懂浅近故事类文本的大意,做熟悉事物的有顺序的口述,而自由写话只能鼓励做练习。但是,识字写字能力却应大力强调,应使儿童对识字有兴趣、掌握方法、能运用工具书。最后,言语调控标准除就交往目的意识提出要求外,应着重突出对识字意识的要求。

小学中段。儿童经过低段的发展,语言意识中已开始有了对言语目的的关注,但实际交往中仍然主要从自我出发,关注交际对方的观念还很淡薄。小学中段儿童语言发展的一个突出任务,就是要形成言语交际是主体间沟通交往的观念;另一个突出任务则是要加强阅读训练,认真发展起间接言语交往能力。因此,语感标准要设置对汉语字词感悟能力和使用常见虚字造句能力的要求,这也体现了汉语尤其是规范化书面语的特点。言语交际标准则应突出主体间合作交谈的要求,交际方式掌握要强调书面阅读能力的形成,特别是默读技能的掌握与复述能力的发展。言语调控标准中宜提出语境意识要求,儿童应开始能分清场合说话。主动纠错能力是语言发展能力的重要方面,本阶段儿童自我意识又有所发展,所以,这时就应明确提出儿童该有一定有意纠错的能力。另外,小学中段语言发展的重点是阅读,故应对阅读兴趣发展着重提出要求。

小学高段。儿童到本阶段已经有了一定的抽象概括能力,内部语言有较好发展,独立自主性和社会性情感也已有所增强,语言发展的主要任务,就是要实现由个体主体间言语交往向社会性言语交往的转变。因此,语感标准中,要突出对语词的抽象概括性、话语的计划组织性、语篇构成的完整性等要求。言语交际标准中,要设置与陌生人作社会性交往的要求;言语交往方式则可突出能参加讨论式交谈、会在听说过程中同时用笔记、能面向群体有条理地作独白等要求;本阶段还要着力强调初步的写作能力的形成。言语调控方面的标准则要提出语言取效行为意识的要求。儿童应开始能关注语言效果,不能再只是简单地"以言行事"而不理睬社会实际影响。只有这方面意识逐渐明确,间接言语交往能力方可有条件实际顺利形成。本阶段儿童元语言能力应有较大发展,故应对纠错能力提出更新要求,不仅应有对口语纠错,特别是应有对书面习作进行评估纠错的意识与能力。另外,本阶段儿童的阅读能力仍应大力发展,并应从关注内容发展到开始关注语言本身。

根据以上看法,我们提出小学语文综合能力评价标准的初步建议,如下表:

小学语文综合能力评价标准

		低段		中段		高段
语感	精细语音字形感	对书面语产生初步的语音韵律感、形象感，形成汉字形义辨识力，喜欢使用学过的描述性词汇，能正确使用陈述、疑问、感叹等常用句	词语规范感	喜欢并抄录生动形象、简洁优美的言语材料，开始领悟日常生活话语中的某些言外之意，有一定节律感，能初步作词语搭配，有意识地使用一些常见的虚词(副、介、连)和较简单的特殊句式(否定、因果关系句)，增强言语表现力	初步语篇感	能朦胧体会或感知文本的音韵美、结构美、形象美 能领悟和判断日常交际用语的准确、具体、形象、生动以及连贯与否，言语达初步成篇 表意前言不搭后语现象减少，趋于明确、具体、连贯和完整
言语交际	自我核心言语活动	与人交谈有礼貌，注意听别人说话并能作出恰当的回应。能就自己的学习生活与熟人简单交谈，态度大方。能较完整地讲述小故事。能简要叙述有兴趣的见闻。能读(或听)懂儿歌、寓言、故事等浅近情景性文体的大意。能就自身生活或熟知的事物写一小段意思比较清楚的话	你我之间言语活动	初步具有言语交往的合作意识，能尊重他人，逐步养成默读习惯，按顺序、较清楚连贯地复述或简单概括叙事文本的内容和大意。在比较熟悉的学习生活环境里，能主动有目的地与人交谈(表述、回应)、讨论。能根据场合、对象、目的用留言条进行间接交往	初步社会言语活动	能主动与人进行内容相关的交流。能就熟悉的事物内容清楚地作二、三分钟的独白。能既作为发言者又作为听众参与交谈和讨论。能依据对象、目的、场合写恰当的留言、便条、信件、解说词等。能初步采用适当表达方式“晓之以理”间或“动之以情”地质询、说服、打动他人
言语调控	依赖他控	开始形成目的意识，能先想想再说，初步具有借助字典处理生字的识字能力，愿意并能纠正发音与字形上的错误	学习自控	开始形成语境意识，注意分清说话场合，在他人提示下，能发现并纠正口语和作业中的表达错误，愿积极进行兴趣性阅读，丰富并规范自己的语言	初步自控	初步形成下列意识用于调控：根据交际目的需要收集整理并运用信息，通过用语的变化，采用排比、比喻、拟人等常见修辞手段，运用倒叙及转折、递进、因果关系复句等，尽量准确、明晰、流畅地表意，喜欢积累音韵齐整、外形工整的描写、抒情的言语材料并加以模仿(一定程度的披文入情，以情驭文)

我们认为，标准的提出一定要坚持从儿童言语能力发展的实际水平与客观规律性出发，把教育与评价要求合理地建立在儿童年龄特点的实有基础之上，并促使其向着尽可能有的更高水平发展。我们一定要承认与尊重儿童的主体地位，但并不能因此就抹杀其年龄特点，否定其心身发展的稚嫩与不成熟性。历史上美国的进步教育学派重视发挥儿童的主体性这是好的，但他们主张崇拜儿童发展的自发性，根本否定教师的作用，这不免又走向了另一极端。实践的结果并不理想，其教训应该注意吸取。前苏联的维列鲁学派提出了“最近发展区”的思想，主张教育要适当地走在儿童发展的前面，其辩证的因素值得吸取。我国著名的

儿童教育心理学家朱智贤先生提出，要指导组织好儿童的活动，在活动中通过儿童的领会、内化来解决新的需要与儿童已有水平之间存在的矛盾，这样来实际地促进儿童发展。这种观点更有深刻见地，值得发扬。如果认为"儿童在认知方面跟科学家完全一样"是错误的，但却认为"儿童的主体性与社会性的发展跟成人水平一样"是不容怀疑的绝对真理，并要用以来指导制定教育与评价标准，那就必定会遭到实践与历史的惩罚，会因为拔苗助长而损害儿童的健康发展。本研究所提出的标准，正是在努力探索如何把年龄特点与社会要求二者辩证地结合起来，这或许有一定参考意义。

大量研究早已证明，对能力的评估不宜采用考试方式。因此，小学语文综合能力的评价方式方法主要有二：一是系统的深入细致的观察，二是通过解决实际任务来展现。前面我们已经强调，对学生言语情况进行深入观察的形成性评价是进行小学语文综合能力评价的主要方式，下面再对通过解决实际任务来考察综合能力的问题略作概述。

通过解决实际任务考察语文能力的办法，是让学生参与通过精心设计的典型性语文综合活动，来展示学生已有的语文能力水平。典型性语文综合活动，就是一种符合社会真实言语交往活动实际的，能展现个体言语水平的可用于测评的言语交往活动。所谓典型是说该活动的内在构成因素、活动的方式方法与社会该类活动相一致，具有代表性；同时参与该活动所应具备的语文能力与该学段儿童言语能力应有发展水平相一致，能体现该学段言语发展的主要特征。

语文综合活动的设计，应认真实现如下五方面要求：

典型性。因为所评价的是语文综合能力，而且是处于某具体学段儿童的语文综合能力，所以，实际活动中的任务应是语文方面的任务，而不是一般智力的、生活的、学科性质的、甚至体能方面的任务。这种语文任务在儿童所处学段中，应有普遍典型性，能体现该段能力发展的基本特点。

综合性。不能只测察听说读写某一单项能力，而应该有听说读写四种活动与技能的两项以上的综合应用。即使某含有多项技能的活动是以阅读或习作为主，也不能只停留在阅读与书写技能层面上，而要深入到语感、语言交际和调控能力的评价上。

情境的现实性。要从真实的言语交际活动中选择活动任务，不能把考评活动从现实情境中剥离割裂出来，使其过分受控而被抽象化。当然，以评价为主要目的之活动还是可以有一定的人为控制性的。

难度的适当性。任务要求不能过高，情境不宜过于复杂，涉及的背景知识与技能技巧不可过多过繁，这样才能使儿童主动应对，把精力真正放在方法运用和能力展现上。

操作的可落实性。活动时间不宜过长，手续步骤不能太多。特别是应该使每个儿童都能全过程实际参与、积极从事，不能只由少数"特长儿童"包办。能全面实现以上要求的活动，我们称之为语文典型性综合活动。语文综合能力只有通过这种典型性综合活动才能得到更好、更准确的评价。

评价结果报告宜采用等级加评语的办法。可以分别就儿童的语感、言语交际和言语调控三方面各评出一个大体的等级，但不一定要有语文综合能力的总评等第；而且必须与形成性评价结合起来作阶段终结性的综合的评价，给出一段描述性、指导性、激励性评语，这或许会更有利于促进儿童全面健康的发展。因为任何一次典型性语文综合活动都不可能全面展现个体的言语能力。

小学语文试卷命题的嬗变①

洪延平

任何一种教育模式或课程体系的建立和推行,最终都以评价方式的变革来体现,而考试作为相对成熟、相对客观的一种评价方式,势必在较长时期内存在并真实地体现着这种变革。新一轮课程改革以来,在新理念的引领下,小语试卷命题发生了重大的变化,研究这些变化,将有助于帮助我们进一步认识语文课程改革的走向,更好地发挥试卷命题的评价导向功能,改进语文教学。

一、命题价值取向的嬗变

(一)从"知识立意"走向"能力立意"

在新一轮的课改中,语文教育不再特别注重对知识的博闻强记,而更注重培养学生对知识的获取和运用能力。试卷命题的价值取向也由过去的"知识立意"向"能力立意"转变。

例:在作文中恰当引用古人的诗句,可以增加文章的生动性。请大家想一想,下面的几个作文片段可以引用哪些诗句?

春天的柳树的确迷人,难怪古人写下这样的诗句:________

试题模式化和简单化的倾向曾经十分严重,填空和默写几乎成了最主要的考查方式。这种单纯呈现结论的模式导致了教师的眼睛只能死盯着那些显形的知识,学生只能死记硬背。只能理解不会运用的语言是消极的语言,既能理解又能运用的语言才是积极的语言。无论是什么经典的语言,只有在理解的基础上并能在一定的语境中灵活运用,才有意义,才有生命力。语文课程标准告诉我们:"语文是一门实践性很强的课程",要让学生"在大量的语言实践中掌握运用语言的规律"。[1]新课程理念下的语言积累不是数量的机械叠加,其终极价值在于运用。上例设置了与现实生活联系紧密的语言情境,找到了古诗积累的生成点、附着点,结合语境考查学生对所积累语言的灵活运用能力。在完成这样试题的过程中,学生的思维无疑要比操作简单的填空、默写、连线等方式活跃得多,他们在获得鲜活知识的同时,锻炼了思维,发展了能力。

变知识本位为能力本位,是语文课程改革的重要价值取向。知识一度居于语文课程的主宰地位,语修逻文和字词句篇这种知识系列的机械叠加,便构成课程的主要内容,致使课程运作与学生言语能力的发展相疏离。而语文课程标准在准确把握语文教育根本特点的基础上,确立了崭新的理念:"应着重培养学生的语文实践能力,不宜刻意追求语文知识的系统和完整。"[1]最终,语文新课程将使学生摆脱把知识本身视作目的的"知识奴隶"的厄运,超越

---

① 原文发表于《天津师范大学学报(基础教育版)》2008年第4期。

从语文教师手中承受知识这种直观外在线型的关系，而追求能力的发展，从而最终实现完整意义上的"人之发展"。

（二）从"侧重单维"走向"兼顾三维"

新课程改革倡导全人教育。对不同阶段的学生在知识与技能、过程与方法、情感态度价值观等方面都提出了基本要求，强调课程要促进每个学生身心健康发展、培养良好的品行和终身学习的愿望与能力，正确处理知识、能力、情感态度、价值观之间的关系，克服过分注重知识传授和技能训练的倾向。[2]基于这一基本理念，试卷命题也逐渐由"单维考查"向"三维兼顾"转变。表现在，在考试设计中大胆创新，尽可能用一些新的题型、新的方法考查学生的知识和能力，记录和评价学生的思考历程和方法，来了解学生在完成某个学习任务时是否有过深刻的体验过程和思考，分析学生在表达问题时是否有比较稳固的观念和价值取向。

1. 注重过程与方法的评价

例：下列的字你一定有许多好办法记住它们，请你按要求填一填。

躲　蛇　会　映　章　影

用加一加的方法可以记住________（　　）+（　　）⟶（　　）；用熟字加偏旁的方法可以记住______（　　）+（　　）⟶（　　）；用形声字识字法可以记住______；用"人在云上走"这则字谜可以记住______；用组词比较的方法可以记住______和______，组词为______、______。

此题不仅考查学生对这些汉字的识记程度，也考查学生识记的方法和过程，鼓励学生在自主探索中，习得方法，自能识字。

2. 注重情感态度和价值观的渗透

例：根据课文内容结合自己的理解填空。

有一句歌词唱道："快乐其实很容易"。作家肖复兴认为能够孝敬亲爱的母亲是一种快乐；小抄写员叙利奥认为________是一种快乐；……我认为，快乐就________。

学生答题的过程，就是一个语言欣赏、情感熏陶的过程，在感受语言魅力、人文情怀的同时，巧妙地融积极的人生态度、正确的价值观引导和熏陶于语言运用、阅读理解的考查之中。

语文新课程的核心理念是"全面提高学生的语文素养"。[1]语文素养要素很多，既包含以语感为中心的听说读写的言语实践能力，更囊括学生的品德修养、审美情趣、良好个性和人生态度。它以语文知识为基础，以听说读写能力为核心，这是工具性的一面。语文素养又包括情感、态度和价值观，这是人文性的一面。这些要素的综合体现了工具性与人文性的统一。中小学教育永远是基础教育。课改以前，我们对基础的认识局限于基础知识与基本技能，今天，我们应从以人为本的角度出发，多方位、全面地构建基础的框架，以评价为导向，改进教与学，逐步使学生的语文素养走向全面发展。

二、命题内容的嬗变

在命题价值取向的引导下，新课程语文试卷命题内容也随之焕然一新。主要有：

(一) 从单一走向综合

语文能力的发展是综合地、整体地向前推进,而不是建立在某个知识点的基础上,沿着某个方向,线性地向前发展。因此,语文教学应加强知识点、能力点、知识与能力的联系与整合,让学生在联系中建构知识,确保听说读写、语文素养的整体和谐发展。语文试卷命题应发挥导向作用,减少单个知识点的试题,尽可能地将单项题纳入综合题中,考查学生综合运用各种知识技能解决问题的能力。

例:根据季节的特点,将诗句补充完整。
春天的风是绿色的,
染绿了＿＿＿＿＿＿
秋天的风是＿＿＿＿＿＿色的,
染＿＿＿＿＿＿

此题具有较强的综合性,一是学生要善于观察,把握大自然的季节特点,了解各个季节的主色调;二是要观察、揣摩,大致了解诗的结构特点;三是要能用简洁的语言艺术地表达季节的特点。

综合性试题因各个年级的学习要求不同,所占的比重也不同。一般说来,低年级"双基"单项题比例较大,综合题比例较小。随着年级的升高,"双基"单项题比例逐渐减少,综合题比例可逐渐增大。从单一走向综合,试卷命题应努力通过整合,全面、综合地考查学生的语文综合能力,有效地促进学生语文素养的全面提高。

(二) 从封闭走向开放

传统的语文教学是:课本是唯一的信息源,教师是唯一的信息传递者,教室是唯一的信息流场所。这种现象体现在命题中,就是命题的内容以课本为本,不敢越雷池半步。当前,在"努力建设开放而有活力的语文课程"[1]理念的引领下,语文课堂教学发生了巨大变化,命题也从封闭走向开放:

1. 向文本空白处开放

例:廉颇上门负荆请罪时,蔺相如和廉颇之间会进行怎样的对话,请你展开合理的想象,把他们的对话写下来,注意标点符号的运用。

文本是语文学习的主要载体,是培养学生语文能力,提高语文素养的最基本的凭借。以上试题依托文本,又不囿于文本,适度挖掘文本中的空白点、延伸点、拓展点,精心设计语言实践题,引导学生与文本对话,进行合理的补白、想象,从而达到理解与感悟、思维与表达、阅读与想象的和谐互动,实现工具性与人文性的有机融合。

2. 向课外阅读开放

例:"滚滚长江东逝水,浪花淘尽英雄……"是根据古代长篇小说《＿＿＿＿＿》创作的电视剧主题歌歌词。小说中塑造的人物有"桃园三结义"＿＿＿＿＿、＿＿＿＿＿、＿＿＿＿＿,有智慧的化身＿＿＿＿＿。

在很长的一个时期里,教材被理解为权威性、规范性和唯一性的教学内容,强调"以本为本”，教师只是阐述和传递这些内容的执行者和实现者，教学一度走向封闭、狭隘和萎缩。课改以来，我们才认识到教学是重要的资源，但不是唯一的资源。课外学习是课堂教学的延伸和有益补充。在课改背景下，语文课程评价注意课内学习与课外阅读的有效整合，既要重视检测学生课内学习的掌握程度，也要重视课文阅读情况的检测。上例试题便发挥了这种导向作用，将相关教材内容向课外做适度的延伸、拓展、迁移，这种命题，可以有效地引导学生从课内走向课外，实现课内外衔接，从而促进学生语文素养的提高和发展。

3. 向其他课程开放

例：以“树”为话题，仿写几句歌词。

有首歌叫《好大一棵树》，我想，老师是一棵树，一棵青青的树，他在我们幼小的心灵里埋下饱满的种子；妈妈是一棵树，______，________；________是一棵树，________，________。

语文课程标准倡导“语文课程与其他课程的沟通”[1]，主张淡化学科间的界限，充分发挥学科间相互渗透、互为补充的优势，拓展提高学生语文素养的途径和渠道。上例试题充分挖掘并利用其他课程中有利于落实语文听说读写训练的因素，巧妙地将语文与其他课程学习有机地融合在一起，有助于为语文教育搭建更为广阔的平台。

4. 向生活世界开放

例：下面是一幅图书广告宣传画。观察图画后回答：

100%的精品　　75%价格
特价版　　每套
小学生阅读文库
××少年儿童出版社
让读书走进人生
让人生飘逸书香

(1) 这则广告介绍的书名是：《______》
(2) 出版社编写这套书的用意是：________
(3) “100%的精品”说明这套书________；“75%的价格”说明这套书______。两个意思用一个成语概括就是________。

现实生活中有许多鲜活的、有生命力的语文学习资源。命题时，命题素材就应该向生活开放，接轨学生的现实生活世界，把对语文知识的检测置于丰富的真实的现实生活情境中，使语文命题焕发出浓郁的生活气息和时代气息。

（三）从刚性走向弹性

提出整齐划一的要求，忽视学生个体间的差异，是以往考试命题的弊端之一。语文课程标准指出：“不应过分强调评价的甄别和选拔功能。”[1] 划一要求，其实就是“强调选拔和甄别”的具体表现，所幸课改之后，这种现象正开始得到矫正。

例：你留心观察了我们的校园了吗？请你选择完成其中一道题。

校园处处有美景，请把你最喜欢的一处用下列词语（至少三个）写一段话：神态各异、草丰林茂、瑰丽、奇观、生机勃勃。

考虑不同层次学生的需求,除了设计选做题外,还可以设计基本题与加分题。加分题与选答题增加了试题的弹性,有利于促进学有余力的学生向更高的目标努力。多层次的试题设计,关注并尊重学生的个别差异和个性特点,尽量为不同个性的学生提供发挥独特见解的机会,充分张扬学生的个性,这也是小学语文试卷命题努力的方向。

三、命题形式的嬗变

传统语文试卷命题形式单一,试题的表述呆板乏味,缺乏生气和活力,测试时学生思维的广度、深度不够,答案呈现的局限性也较大。究其实,这是视学生为考试的"机器",没有把学生当作活生生的生命体和考试的主体。依据以人为本的理念,语文新课程在命题内容发生变革的同时,命题的形式也开始了一场静悄悄的革命。

(一) 增强趣味性

趣填成语。

(　　)丝不苟+(　　)霄云外=(　　)万火急

这样的设计符合学生阅读兴趣和心理特征,促使学生产生探究的欲望,客观上提高了学生参与的积极性,同时巧妙地巩固了知识,训练了思维。

有些教师把试题设计成主题游戏的形式,设置成若干关口,并以"看谁闯得快"为手段,以竞赛的形式吸引学生积极参与、认真思考、轻松答题。小学阶段的孩子无意注意占主导地位,那些形象有趣的题型,能吸引学生的注意力,学生在趣味活动中考试,在考试中进行趣味活动,可以刺激大脑,启迪心智,更好地发挥出自己的水平。

(二) 注重人性化

新课程背景下的试卷蕴含着浓浓的人文关怀。试卷不再仅仅是简单的白纸黑字,而是加入适当的美术设计、亲切的卷首(尾)语,等等,把关爱融进试卷,让真情洋溢考场:"亲爱的同学们,经过一个学期的学习,你一定有很多收获吧? 准备好了吗? 只要你沉着冷静,仔细思考,相信你一定能取得好成绩!"在卷尾友情提醒"恭喜你做完了! 是不是再检查一遍?"这些富有启发性、激励性的语言,让学生感受到来自老师的关心和鼓励,消除了紧张焦虑,激发探索的内驱力,增加自信心,从而更主动、积极地思考。

此外,在题型的表述上还吸收了一些游戏和时尚的元素,采用学生喜欢的名称,如"汉字对对碰""词语大比拼""智力冲浪"等。又如,"我能用慧眼辨别作选择"、"请你帮下面站错位置的句子重新排排队吧!"诸如此类的表述,不仅增强了试题的亲和力,还拉近了试卷和学生之间的距离。

小学语文试卷命题的嬗变是课改理念的集中体现,它带给我们的不仅仅是思考,更是直接的导向。它不仅促进了学生学法的改革,更促进了教法的改革。随着新课程改革的不断深入,小学语文试卷命题正向更有利于素质教育、有利于创新意识和实践能力培养、有利于教学相长的方向发展。

参考文献

[1] 中华人民共和国教育部制订. 全日制义务教育语文课程标准(实验稿). 北京师范大学出版社,2001.

[2] 赵必华,查啸虎. 课程改革与教育评价. 安徽教育出版社,2007.

小学语文考试改革的初步尝试[①]

蒋蔚芳

近几年来,我区抓住使用语文新教材的契机,在小学语文考试和成绩核定的方法方面作了较大的一改革,进行了有益的探索。

一、口试和笔试相结合

《小学语文教学大纲》明确指出:口头表达和书面表达在现代生活中有同样重要的意义。叶圣陶先生认为听和读、写都重要。接受和发表,表现在口头是听(听人说)和说(自己说),表现在书面是读和写。在接受方面,听和读同样重要;在发表方面,说和写同样重要。随着社会信息化程度的迅速提高,人们接受信息的频率,听明显高于读,输出信息的频率,说也明显高于写。在工作与生活中,发表意见,讨论问题、推销产品,洽谈生意、应聘工作等,都要用到听和说。但是,传统的语文考试是一张试卷主宰试场,所谓考语文就是考学生的笔试能力,并且仅仅是以语文笔试成绩作为评价学生学业成绩的唯一标尺。一些无法在卷面上反映的内容,如语文的朗读、说话之类就难以进行考查。做语文教师的都知道,笔试佼佼者并非就是口试出色者,而口头能力强者不一定就是笔试成绩优秀者。究其原因,教学大纲和教学目标不能落实于考试评价之中是其中的一个重要原因。问题是,我们天天讲语文教学要培养学生听、说、读、写的能力,在日常的教学中确实也注意到听、说、读、写这些教学目标的落实。但是,恰恰就在考试评价这一重要环节中仅仅落实了"写"的目标而忽略了其他几个方面,使学生的听、说、读、写不能得到全面、均衡的发展,又怎么谈得上全面提高学生的语文素质呢?

在充分认识目前语文考试存在片面性的基础上,我们利用使用语文新教材这一有利契机,进行了小学语文考试改革的尝试。其做法是:在对低年级学生重视听、说训练的基础上,在三至六年级的语文考试中增加了口试。考分所占比例从10%到30%不等,随着学生年级的升高而逐步递增。如六年级口试的形式主要有以下几种。

朗读课文:当众向大家朗读课文中的一个精彩片断或按要求朗读少年儿童报纸上的一段文字。

情境说话:创设一定的情境,让学生当众表达。如出示这样的口试题:早晨,奶奶买了一篮蔬菜回家。小明对奶奶说:"奶奶,让我来拣菜。"奶奶却说:"你是学生,应该去读书,拣菜有我呢。"如果你是小明,你是如何说服奶奶让你去拣菜的?又如:学校运动会上,小冬突然肚子疼,班级参加接力赛却少了个人,在这种情况下,你是怎么想的?又是如何向老师献计献策的?

口头作文:用看图说话或规定的内容进行口头作文。如:请向你的老师或同学介绍一下

① 原文发表于《上海教育》1999年第11期。

你的一个心愿。(可从你有什么心愿？为什么会有这个心愿？你将如何实现这个心愿等方面来介绍)又如:请向你的老师或同学作一个自我介绍。(可从你的姓名、身份、外貌、性格、兴趣、特长等方面加以介绍)

听说回讲:让学生听一段录音或看一段录像,然后回讲有关内容,或是给学生一篇课文,让其进行详细复述或简要复述。如让学生在听《我的战友邱少云》的课文录音后,复述这个故事。

综合练习:把听、说、读、写的内容有机地组合起来进行综合考核。如:① 请向你的同学推荐所学课文的一个精彩片断(要注意语音、语调、节奏、停顿、重音)。② 陈述你推荐这个片断的理由。此外,还有让学生背诵、即兴说话、围绕某一主题演讲等多种形式。

评价的方法是由教师、学生或由教师和部分学生代表共同担任评委,当堂亮分,并由评委陈述评分理由。

口试与笔试相结合的好处是:语文考试评价和成绩核定与语文教学大纲和教学要求相吻合。增加了口试内容,促使学生从过去只重视笔试转化为笔试和口试并重,所反映的学生语文成绩必然更为客观全面。有些学生笔试时成绩平平,看图说话、即席演讲等方面毫不逊色,其口试成绩往往名列前茅。同样的,也有的学生笔试成绩优异,但在口试中成绩却不理想。由于口试和笔试相结合,强化了师生对口头表达能力的重视和训练,从而有效地提高了学生的口头表达能力,对学生语文素质的全面提高起了一定的导向作用。

二、集中与分散相结合

语文学科的基础性和工具性,要求学生必须树立良好的学习态度和习惯.依靠平时的日积月累提高语文能力,而不是为了应付考试而临阵磨刀。如果能将考试分散在常规的教学之中,就能对学生的日常学习起到督促和鞭策作用。一方面,我们试行把平时考查和期终考试相结合,增加了平时考查在学科总评中的权重,如试行把学生平时的课堂参与(是否积极发言、发言的质量、平时完成作业的程度、效果等)列入学生的平时成绩。另一方面,减少测验、考试的次数(如取消期中考试),还把有的考试内容,如朗读等内容安排在平时进行,安排的口试一般在期终考试前两周结束,以减轻学生在期终考试阶段的负担。学生期终考试的成绩是笔试分与口试分的结合。这样做,引导学生注重平时的学习,养成良好的学习习惯,并减轻学生考试时的过重负担。

三、知识与能力相结合

除了在考试的形式上作了改革以外.在考试的内容上我们也作了相应的改革。在命题时,除了考虑引导学生注重“双基”训练以外,我们更重视对学生语言交际运用能力的考核。如对六年级学生,主要考核课文中要求的对学习方法和学习技能的掌握情况,如给文章写提要式旁批、写小标题等。在书面表达时,更注重命题的实用性,把学习与实际运用结合起来,让学生体会到通过辛勤劳动后获得成功的愉悦。如命题的内容有:班级要召开迎接元旦的文艺晚会,要求每位学生以节目主持人的身份写个开场白,并评选“最佳开场白”,以此作为班级文艺联欢会的开场白。又如要求学生写信给教材编写组的老师,反映自己学习使用新教材的情况,并按要求开好信封。在评分时,特别注重学生的想象力、思考力、创新力,以及鉴赏能力等。

由于考试命题和评价时对学生能力的训练能落到实处,促使师生在重视字、词、句、篇的同时,更重视对学习方法的训练和掌握,随之,学生的语文学习能力也相应得到了提高。

四、课内与课外相结合

人们常说,生活的外延有多宽广,语文教学的外延也就有多宽广。但目前语文教学的弊端在于还未树立起“大语文教学观”,过分拘泥于对教材中课文的教学,忽视对学生课外阅读的指导。考试评价更是重课内,轻课外,语文考试内容局限于考学生学过的有限的几篇课文,一旦考课外的内容,学生往往会束手无策。在语文考试中,注意课内课外相结合,是全面提高学生语文素质的一个重要方面。我们注意到既考学生的课内知识,也适当考查学生的课外知识,防止学生死抠课本,引导学生开阔视野,扩大阅读面,促使他们把课内所学知识向课外迁移。课内与课外相结合的另一层意思是有些考试评价的内容不一定局限于语文课和语文课本。如课内进行了“讨论时立发言提纲”的训练,则可在课外针对某一主题召开班级讨论会,并把讨论发言提纲的内容也列入考查评价的范围。

五、评分相对与绝对相结合

在考试与成绩核定时,我们要有一定的灵活性和弹性。如对成绩一贯优秀、冒尖的学生,经教师、学生提议和教师认定、学校核定,可允许免试。特别是对平时发言一贯积极,口头表达能力强的学生可免予口试。在口试时.允许学生在初次考试失败后,经过努力再试。同时,考试后,不公布学生的成绩、名次,重视学生前期成绩与后期成绩的比较。这些举措的实施,充分调动了学生的学习积极性。由于考试内容与形式的多样化,使过去对考试感到惧怕的学生心理比较放松,因为绝不会对他们“一次考试定终身”。他们某一次的失误,完全可以在平时考查和以后的考试中得到弥补。而且,不管这次考得如何,他们都会作进一步的努力,以便在下一次考试中得到更好的发挥。因而,这样的考试促使学生奋发向上,不断努力,积极进取,对教师而言,也是乐意接受的。

六、自评与他评相结合

考试作为语文活动中的重要组成部分,必须注意主体性这一特点。传统的考试,学生完全处于被动的状态,学生不参与考试评价。改革后的考试评价,让学生参与考试评价,学生把考试作为自己的事,消除了被动、等考的紧张心理和死记硬背的情况,使学生真正成为学习的主人。学生参与考试评价与成绩核定,不仅变单纯的学生复习应考为相互交流、共同提高的过程,更重要的是培养了学生的参与意识。如免试的名单,完全可以由学生拟定;口试时的评委,可由学生担任。实践证明,这样做的好处是不仅减轻了教师的负担,而且相应提高了学生的能力,增强了学生的主体意识,调动了他们语文学习的积极性。

小学语文采用成果袋评价的尝试①

诸晓雁

一、评价优势与实施措施

从词语分析来看，成果袋有“优秀代表作选辑”的意思。最初使用这种形式的是画家及后来的摄影家，他们把自己有代表性的作品汇集起来，向预期的委托人展示，它所选择或提交的东西，是由出示成果袋的人自己创作的。应用到教育上的成果袋评价既能汇集学生优秀作品的样本，又能形象地展示学生的进步状况，让学生充分体验到成功的快乐。

（一）展示评价内容的多元化

传统的评价以基础知识为主，一张试卷给个分数就代表学生的成绩，多以分数论高低、论英雄。而现代社会需要多样化人才，学生除了能够掌握和理解知识外，更重要的是在实践中运用现有的知识去解决问题，并有所创新、有所发现。成果袋评价的实行能全面、丰富地展示学生的实际水平，为他们的作品作业提供一个有形的窗口，以便教师、学生、家长等用它来评价学生在语文素养方面的进步及一学期的发展。

成果袋内装的系列作品是学生在完成某一学习计划的过程中创作的各种类型的作品集，我们尝试放入成果袋的作品有以下几项：

1. 识字与写字

能以识字卡积累自己在日常生活中所认识的字，如及时摘录广告、商标、招牌中所认识的字，定期交流，从而进一步激发学生学习汉字的浓厚兴趣；积累自己在阅读中使用字典、词典等工具独立认识的字，一段时间后，比一比谁积累得最多。在写字方面，要求学生定期选择自己的优秀作业放入成果袋，也可以采用竞赛的形式，在规定的时间内独立完成书写作业，相互欣赏、相互评价后，再放入成果袋。

2. 阅读

采用多媒体教学软件，录入学生的文章朗读并配上音乐，制作成录音磁带或光盘；设计一种阅读记录卡，读完一份读物一篇文章、一个故事或一本书，就填写一张记录卡，摘录读物的主要内容、好词好句，并及时记载自己读完这份读物的最大收获和体会，定期展示阅读卡，适时开展评比活动，让学生在竞争中培养读书兴趣；最后，把这些阅读记录卡收进成果袋。

3. 写作

鼓励学生撰写读书心得、读书笔记，充分表达自己的见解和感受；指导学生写好常用应用文，实现作文的交际功能；写童话、寓言和想象文章，培养学生的创新思维。初步定稿后，

---

① 原文发表于《中国教育学刊》2003 年第 9 期。

倡导自改或学生相互评改,重新誊写后放入成果袋。最后,把有关过程性资料也一同收入成果袋(即一些自改、互改的作文草稿)。

4. 口语交际

根据所提问题作答,或选择一个主题说一段话,随时录音,放入成果袋;设计情境,进行口语交际录音带或光盘的制作:接电话、当一次小导游、开小小新闻发布会等,随时积累有关资料收入成果袋。

5. 综合性学习

在这门课程教学过程中,可以组织这样的活动:搞一个社会调查,完成一份调查报告;做一回记者,访问人物,编写采访稿;当节目主持人,设计一个有创意的栏目等,最后把调查报告、采访记录及有关栏目设计的材料放入成果袋。当然,也可以把主题电脑小报或配画作文小报等综合性学习作业择优放入成果袋。

(二) 体现评价主体的互动化

在传统的评价中,测验或考试对学生而言具有相当的神秘性。从标准的制订、试题的选择直到分数评判,学生完全隔绝在外,家长就更不用说了,这是传统测验对客观性的追求所决定的。成果袋评价与此迥然不同。它改变单一评价主体的现状,加强了自评、互评,使评价成为教师、教育管理者、学生、家长共同积极参与的交互活动。

成果袋评价首先能让学生做到自我评估:学生是选择成果袋内容的一个决策者甚至是主要决策者,从而他们就拥有了判断自己学习质量和促使自己进步的机会。其次是同学互评:在学生把自己满意的作品放入成果袋之前,同学间互相欣赏、互相评议、互相修改、共同提高,然后再放入成果袋。在开展成果袋展览活动中,也可以进行同学间的相互品评活动。再次是教师、教育管理者的评定:在基于一定评定观念的转变后,教师、教育管理者对学生进步的连续考查,改变了以往对学生掌握内容范围单一的、非连续的、非过程性的考核。最后是家长的评定:家长也参与此项活动,以参观、欣赏、写评语的方式进行激励性评定。

(三) 实践评价过程的动态化

传统的评价往往将考试作为评价手段,以单元、期中、期末测试为主,最后评定一个综合的成绩。采用成果袋评价,我们不仅关注学生的学习结果,而且更关注学生成长发展的过程,有机地将终结性评价与形成性评价结合起来。我们充分考虑到学生的实际水平和能力,给他们多次机会,随机地分门别类地进行摸底性评价、阶段性评价、突击性评价和总结性评价,以探究学生学习的历程和进步的轨迹。如我们评价学生的书写能力是这样做的:开学初,班内即举行一次书法作品展,以了解学生的基础。展览后,把书写的作业放入成果袋。然后,布置任务,规定书写内容和书写要求,及时指导,加强督促。经过一段时间的练习后,进行一次阶段性测评。当然,也可随机进行突击性测评。通过欣赏、评议,学生既看到了自己的优点,也看到了与别人的差距,从而进一步激励自己刻苦练习,到期末时再进行一次总结性的评价。这样,评价过程的动态化,不仅让我们看到学生书写能力的逐步提高,更让学生自己看到了进步,体验到了成功的快乐。

（四）确定评价方法的多样化

1. 抽测成果袋

想了解成果袋内容的质量和完成情况，可采用期中、期末按学号抽测的方法。及时反馈，提出合理化建议，使学生制作的成果袋日臻完善。

2. 举办成果袋展览

把各班推选出的优秀成果袋或抽测中发现制作相对完美的成果袋统一放在展览角，组织学生观看、评议。这样，不仅使一部分学生看到自己的成果被展示，充分感受到成功的喜悦，在以后的学习过程中，会努力把这种自豪感转化为激励自己进步的内动力，而且使另一部分学生看到了自己的差距，确立学习目标，从而进一步激励自己认真完成各项作业，最终完成优秀的成果袋。

3. 评定星级成果袋

每学期可采用二次成果袋星级评定，第一次安排在期中，由学生个人自愿申报星级并展览于教室内，学生相互欣赏作品，教师审核成绩。到期末再复评一次，选择较高的星级作为最后评定成绩。

二、实验的成效与分析

（一）实验结论

经过3年的实践，我们对4个实验班进行了问卷调查，结果见表1：

表1　学生对成果袋评价所持态度的统计

年级（实验班）	很喜欢人数所占的百分率/%	喜欢人数所占的百分率/%	无所谓人数所占的百分率/%	不喜欢人数所占的百分率/%	害怕人数所占的百分率/%
三	56	30	11	2	1
四	48	29	17	4	2
五	51	29	19	1	0
六	60	25	12	2	1

从表1可以看出，学生对成果袋评价总体上持欢迎态度。

（二）实验结果与分析

通过成果袋评价，学生的学习积极性进一步提高，学生学习语文的兴趣浓厚，特别是原先考试成绩不理想的学生，解除了过重的心理负担，树立了自信心。

成果袋内容的多样化，促使学生语文基础知识日益丰富，基本技能稳步提高，对全面提高学生的语文素养十分有益。

在实际操作过程中，学生通过自己的精心制作、认真挑选、修改、互相评议等过程，使他们解决实际问题的能力得到很大提高。

采用这一评价方式,大大方便了教育行政部门的教育调研工作,调研中只要采用抽样调查的方法就可了解一个班的整体的语文水平,然后提出意见和建议,使这一评价体系更趋完善。

(三)有待解决的问题

成果袋内究竟该放些什么,哪些内容最能展示学生的语文素养,还需要进一步探索。

放入成果袋的作品,师生间、生生间应先进行多次互评,再作修改,这样,有利于提高作品质量,增强评价的实效性,消除不使成果袋评价出现走形式、走过场的弊端。

采用成果袋评价注重过程评价,耗时多,一学期内要精心完成,学生、教师、家长都必须付出较多的精力和时间,特别是教师,工作量大,负担过重。这个问题也需要进一步研究解决。

小学语文形成性评价实验[①]

杨继宗

一、课题的依据

形成性评价,又称过程评价,是在计划方案实行过程的各阶段进行的评价。小学语文形成性评价实验,是在小学生学习语文过程中,依据事先制定的教育目标进行教学,依据目标编制检测题,按单元进行形成性检测,通过补漏、矫正、补测,使所有学生都达到教学目标,再进行下一单元教学的评价过程。

小学语文形成性评价实验的目的,在于探索大面积提高教学质量,特别是提高中差生质量,使全体学生都能顺利完成学习任务的途径。

该实验课题选择的依据主要有三个方面。布鲁姆的形成性评价理论和掌握学习的理论,北京市教科所小学语文评价课题组编制的《小学语文教和学的目标及检测》一书;丰台区小学语文教师水平严重不齐的现状。

布鲁姆关于形成性评价的理论和掌握学习的理论是实验的理论依据。布鲁姆形成性评价理论要求"用适应并发展每个人的能力、能倾,以目标达成度为中心的教育评价去代替传统的等级化与甄选为主的评价"。通过这种测验,可以了解每个学生在某一章节达到了何种程度,以及未能达到目标的原因及存在的问题,发现学生共同的学习难点,为教师采取补救措施提供依据。同时,按照布鲁姆的掌握学习的观点,90%的学生的能倾差异,不过是一种学习的速度差异。只要根据每个儿童的能力和能倾,以及学习成就的状况,有重点地给予适当的学习课题,有适当的学习时间,改进教学方法、学习方法等,那么所有儿童最终都能达到确定的(最低限度标准的)全部教育目标群。因此,他认为"人人都能学习"。

根据这一观点,布鲁姆将控制论中的反馈控制与反馈矫正原理运用于形成性评价,把自我纠正系统作为掌握学习策略的基本方法。他通过形成性进度测试的形式频繁地反馈,并按照每个学生的需要,因人而异地帮助学生进行改正。这种方法,可以适合学生的不同水平,克服班级群体教学形式与因材施教原则之间的矛盾,使大多数学生都能达到掌握一门学科的水平。这就对群体教学做了补充。小学语文形成性评价实验,正是在这一理论基础上进行的。

北京市教科所小学语文评价课题组编订的《小学语文教和学的目标及检测》一书,为我们的课题实验提供了基本的必要条件。该书制定的各年级、各单元教育目标和检测题,以教学大纲和四省市教材为依据,经试用后反复修改,具有系统性强、检测水平的标准比较客观的特点。因此成为我们进行实验的主要工具用书。

丰台区处于城乡交叉地区,教师水平、学生来源都存在着较大的差别。许多教师还不能

① 原文发表于《教育科学研究》1992 年第 1 期。

很好地从整体上把握教学大纲,驾驭教材要求。在教学中,教师的盲目性和主观随意性比较大。这就需要有一个较科学的、统一的教学目标对教学加以控制。同时,学生来到课堂,不知教师要求达到的教学目的是什么,常常靠猜测教师提出问题的意图来回答教师的发问,自身的主体作用很难充分发挥。因而在许多学校中,如何提高中差生的学习水平,是长期困扰学校领导和教师的一个问题。这是我们选择该项实验的实践依据。

二、实验的时间、对象和教师

实验的时间:自1989年9月起,至1990年7月止,实验周期为一年。实验对象:实验在我区六所学校的七个教学班中进行。共涉及四个年级。

从学校类别上看,重点小学两所(丰台五小、丰台师范附小),普通城镇小学两所(东铁营一小、蒲黄榆一小),城乡交叉地区新建校两所(丰台七小、太平桥二小)。从教师队伍的状况上看,高级教师二人,一级教师一人,参加工作两年的师范毕业生四人。这些教师均自愿参加教学改革实验。

三、实验的内容和做法

实验主要有两方面内容,即以目标控制课堂教学和单元进行形成性检测以反馈矫正。

(一)以教育目标控制课堂教学

形成性评价的根本目的是使所有的儿童都达到教育目标的要求。因此,必须抓住整个教学过程中最主要的教学环节——课堂教学,并有效地实现以教育目标控制课堂教学。从根本上说,就要树立教师和学生的目标意识,在课堂教学中处处发挥评价的目标导向作用。具体地说,就是要理解目标、研究目标、紧扣目标。

1. 备课前教师首先理解目标

布鲁姆的《教育目标分类学》告诉我们,为了对学生的学习水平进行评价,就要对目标进行分类。他将认知领域的学习水平分为“知识、领会、应用、分析、综合、评价”六类。北京市教科所小语评价组根据小学生语文学习可能达到的水平,归结为四类:识记、领会、简单应用、综合应用。教师要以目标控制课堂教学,就要首先理解目标,对目标分类的意义和分类的标准有所掌握。

这种分类,是就学生学习过程中所需达到的心理水平和能力而言,教师绝不能理解为重要性的差别。如果没有起码的识记水平,就不可能有领会和应用的水平。而且由于学生年级不同,能达到的水平也略有差别。如果把这种学习水平的区别,误解为学习某类知识重要性的差别,就会把教学引入歧途。

教师弄清分类标准,才能在使用目标时,依目标水平的不同采取相应的教学方法。识记水平的目标,多采用反复出现方法,教给学生记忆的规律;领会水平的目标,多用启发学生想象和联想,或引导学生运用已知的概念进行判断和推理;应用水平的目标,则往往侧重于在教给学生正确的方法之后,加强教师指导下的训练,给学生以更多的独立练习的机会。教师弄清了分类标准,才能在学生学习出现障碍时,按照问题属哪一级水平而采取相应的矫正方法,使教学更有的放矢。因此,教师只有真正理解目标,才能根据目标的水平更有针对性地把课备好。

2. 备课中教师要认真研究目标

《小学语文教和学的目标及检测》,包括小学阶段语文教学的总目标、各年级目标和单元目标,是一个完整的三级目标体系。教师在备课过程中,要认真研究这些目标,才能正确地使用它。另外,教师还要依据单元目标中涉及的每课书的目标,分解落实到每节课中去,具体化为每节课的教学目标。如要求"背诵课文",如果第一课时的目标是"熟读课文",第二课时要"理解课文"内容和层次,第三课时才可能水到渠成地达到"背诵"的要求。这就是将"背诵课文"这一目标进行了分解,化为每节课的具体教学目标。因此,研究每课的目标,要注意区分能在一节课上达到的目标和需要经过几节课才能达到的目标,保证全面达到目标。最后,教师还要分析目标间的关系,确定每节课的重点目标,并依据重点目标确定本节课采用哪些具体的教学方法。

实验开始时,我们不懂得区分重点目标与一般目标。上课以后,教师摆出一堆目标,条条都要落实,弄得手忙脚乱。形式上似乎每条目标都落实了,其实,由于是平均使用力气,分不出主次,重点目标被削弱了。经过一段实验,逐渐懂得了要区分重点与一般的道理,课才上得比较自由了,也摸到了一些规律。起始课往往以"识记"水平的目标为重点,如记住本课生字词,熟悉课文等;讲读课常常以"领会"水平的目标为重点,如理解课文内容,通过课文内容实现情感陶冶,了解文章的写作特点等;训练课一般以"应用"水平的目标为重点,如词句运用练习,阅读或写作练习等,有时也以"识记"水平中的背诵、默写为重点目标。在教学中,教师依据重点目标的水平确定教学的主要方法,以重点带动一般,既保证了重点目标,又不忽视一般目标,课上得轻松了,目标的达成度也大大提高了。

3. 上课时教师要充分发挥评价的目标导向功能

课堂教学中,教师要使自己和学生都有强烈的目标意识,紧扣目标进行教学的每一环节,防止课堂教学的盲目性和主观随意性。

首先,在上课时,要向学生出示目标,分析目标。出示目标的方法,一般是事前写在小黑板上,上课以后出示小黑板,然后教师要引导学生了解目标。低年级以教师讲解为主;中年级让学生自己读懂,教师做适当指导;高年级则要求学生不仅能读懂目标的语句,还要能简单分析一下目标间的关系,知道本节课的重点目标。这样做似乎很死板,其实是为了强化师生的目标意识。教师要意识到目标是本节课要完成的教学任务,必须紧扣目标教学;学生要知道目标是自己本节课要达到的学习目的,必须抓住与目标关系最大的问题认真听讲、思考、发言,力求高效率地完成本节课目标的要求。

其次,教师要紧紧围绕目标提出问题、进行讲解,同时还要通过学生在课堂上的表情、态度和举手发言情况,随时判断学生的目标达到情况,及时发现教学中的问题。

另外,教师还要抽出一定时间,在下课前对学生达成目标的情况作出即时反馈,检查学生中有多少人基本上达到了目标,未达成目标的原因等,以便及时调整教学。学生也可以从教师的检查中获得自己目标达成度的反馈信息,正确地加以强化,错误的及时纠正。

教师和学生对于上述教学要求都有一个适应的过程。一旦师生习惯了这些做法,就会大有益处。教师逐渐形成了围绕目标上课的习惯,与目标无关的话少了,学生在听课时也能依据目标主动学习了。从学生学习的实际情况看,一节课 40 分钟,学生的注意力是很难持续下来的。问题在于能否将可能达到的注意力集中时间,用于主要的学习目标上。因此,让学生了解每节课的教学目标,学生才能获得学习的主动权,主体作用才能更好地得到发挥。

这些做法，逐渐在实验班的师生思想上得到了认可，教学目标成了师生精力的交汇点和凝聚力，课堂教学的效率大大提高了。

(二) 按单元进行教学反馈

在形成性评价实验中，单元反馈是以目标控制教学过程的一个十分关键的环节。它对于教学目标的达到起着我们前所未料的保证作用。特别是对中下等生的学习水平提高，有非常明显的激励作用。

单元反馈的做法大体分为三步。

首先是形成性检测。在教学进行到一单元完成时，教师要运用形成性检测题，对单元目标的达到情况进行一次形成性测验。测验的目的，只是学生检查自己的目标达成情况，绝不是为了分等排队，也不允许分等排队。否则就失去了实验的意义，混同于平时的单元考试了。

其次是补漏和矫正。教师要针对试卷情况，按试题的不同水平做出试卷分析，然后把试卷发给学生。由学生依错误水平和出现错误的原因进行补漏并矫正。方法大体有三种：凡属有 20%以上学生出现错误的题目，教师要进行针对性的集体补授，然后由学生自己矫正。凡少数学生出现的错误，"识记"水平的，一般由学生自己看书补漏，自己进行矫正，"领会"水平的，由粗心造成错误，也由学生自己矫正。凡属"领会"和"应用"水平中较复杂的题目，出现错误人数又较少的，一般由学生之间互相帮助进行矫正。极差的个别学生可由教师个别辅导后，学生自行矫正。

第三步是补测。在补漏和矫正之后，教师要及时补测。即运用"平行性检测题"对出现错误的学生所错的题目进行补测。如某学生第三题错了，就只补测"平行性检侧题"中的第三题，其余的题不做。总分在 98 分以上的学生不再补测。他们可以用这个时间阅读课外书或做语文作业，以示鼓励。要严格防止让全班学生把"平行性检测题"再测一遍的做法。因为这样必然加重学生的负担，而且对于优等学生无异于一种"陪绑"的惩罚行为，也浪费了他们许多宝贵的时间，不利于他们身心的发展。对于差等生，整个卷子重做一遍，是极大的压力。由于没有突出重点，往往不能有效地矫正，原来错的还错，原来对的有时也错，使差等生丧失信心，教师也对他们失去信心，对差等生的身心发展十分不利。

在补测之后，述要注意补分，这是十分重要的。具体方法是：在形成性检测中，一个题目得分不足 8 分的(每题 10 分)，如果再测结果全对，只补到 8 分。表明该生这项目标已经达到，可以通过。形成性检测中得分在 8 分以上，学生可以不测。如果该生自愿再测，可以补足 10 分。补分的表示法，均在原分数的右上角注明"+a"。这一做法大大刺激了中差等生的学习积极性，他们学习成绩经一段实验后，都有大幅度的上升。

单元反馈是大面积提高教学质量的重要保证，也是提高中差生学习积极性的重要手段。单元反馈是形成性评价实验的一个突出特点。

四、实验的结果

以上为一年实验的测试结果。

从"表一"可以看出，实验班与普通班相比，无显著差异一个班，占实验班总数的14.2%，有显著差异三个班；占实验班总数的 42,9%；差异非常显著三个班。另经统计处理知道，这三个班比普通班高出标准差为 1.10,1,10,1.22。均高出一个标准差。结合“表二”所显示的各班 10 名差等生成绩的进步幅度分析,表明实验是成功的。

在“表一”中,蒲一小的一个实验班与普通班相比,“无显著差异”。但该班差等生面积大、起点低。在 10 名差等生,60 分以下的学生有 5 名,而且这 5 名差生第一单元成绩很差,分别为 34 分、42 分、42 分、50 分、56 分,竟有 4 名学生在 50 分以下。这是其他实验班所没有的现象。由此可以认定,该班经实验教师努力,能与普通班成绩持平,平均分略高于普通班,已经是取得了大幅度的进步。

表一　形成性评价一年实验验收成绩统计表 1990.9

年级	学　校	班　级	N	x	S	Z 检验
一年级	丰台七小	实验班	39	98.5	2.42	2.1*
		普通班	75	96.9	5.55	
	蒲黄榆一小	实验班	36	93.4	8.21	无显著差异
		普通班	37	92.1	8.11	
二年级	丰台师范附小	实验班 1	40	94.4	4.63	1. Z=5.41* 2. Z=2.28*
		实验班 2	36	90.8	6.8	
		普通班	35	87.2	6.54	
三年级	太平桥二小	实验班	32	94	6.11	4.49**
		普通班	31	87	6.23	
五年级	丰台五小	实验班	47	88	5.40	2.2*
		普通班	46	85	7.40	
	东铁营一小	实验班	41	91.5	4.06	0.25**
		普通班	39	84.6	5.66	

表二　十名差等生成绩进步幅度统计表 1990.9

年　级	学　校		第一单元 $\bar{x}$(分)	期末考试 $\bar{x}$(分)	提高幅度(分)
五年级	丰台五小		70.7	75	4.3
五年级	东铁营一小		72.7	86.2	13.5
三年级	太平桥二小		84.6	86.7	2.1
二年级	丰台师范附小	1	83.6	93.4	9.8
		2	78.5	93.4	14.9
一年级	丰台七小		89.9	97.3	7.4
一年级	蒲黄榆一小		56.7	86.1	29.4
4 个	6 个		76.7	88.3	11.6

五、结论

进行形成性评价实验的过程,是师生自觉以教育目标控制教和学的过程。因此,教师和学生目标意识的有无和强弱,是实验能否取得成效及成效大小的关键。在实验中,师生都要努力树立目标意识,才能教得顺手,学得主动,保证实验的顺利进行。

单元形成性检测反馈的过程,是一个双向反馈的过程。教师除了要重视从检测中获取反馈信息这一过程外,还要特别重视学生也需要从检测中获取反馈信息这一过程。这不仅对学生自我矫正有重大意义,而且有巨大的导向和激励作用,教师万万不能忽视。

该实验的原理,特别是将班集体授课与因材施教相结合的原理,以频繁反馈控制教学全过程的原理,在教学中是有普遍意义的,尤其适合青年教师和中差生较多的学校。

实验证明,形成性评价在我区具有现实可行性,它对于提高中差生有很大促进作用,因而可以大面积提高我区小学语文教学质量。

六、尚待研究的问题

在评价实验中如何提高优等生水平,尚待研究。

情意领域和动作技能领域的评价,我们尚未涉足。

在评价实验中,如何改进教学方法,有待研究。

SOLO 评价对小学语文教育教学的启发①

王毓新

2006 年，教育部基教司和联合国儿基会在西部 8 个省区的 16 个项目县实施了“爱生学校”子项目——学习者能力与互动式教学。该项目运用“可观察的学习成果的结构”这一评价理论，开展学习者能力测评试点研究，对小学三年级和六年级的学生进行了语文、数学、科学与生活技能三门学科的统一测试，还发放校长、教师、家长、学生调查问卷，定量考察学习结果，科学关注学习质量，详尽分析影响因素，以期准确制定干预措施，帮助样本学校寻找提高学生学习质量的措施，促进学习质量的提高，促进样本校的爱生学校建设。

“可观察的学习成果的结构”（SOLO Taxonomy，即：Structure of Observed Learning Outcomes）是一个人在回答某个具体问题时表现出来的思维结构，由澳大利亚教育心理学家、香港大学教育心理学教授毕格斯（J. B. Biggs）先生及其同事经过长期的研究和探索提出。它是一种过程发展理论，用来描述智力发展的一般性框架。SOLO 分类吸取了皮亚杰认知发展理论中合理的因素，承认儿童思维与成人思维不仅质上存在差别，而且在建构理解的方式上也存在差别。这一理论假定：学生学习许多概念和技能有一种结构复杂性的普遍增长顺序，这个顺序可引导教师用来调整具体的教学目标或对具体学习结果进行评价。这一理论将学生学习的成果划分为 5 种结构水平，小学生主要是单一、多元和关联结构。五种结构紧密联系，逐层提高。见下图：

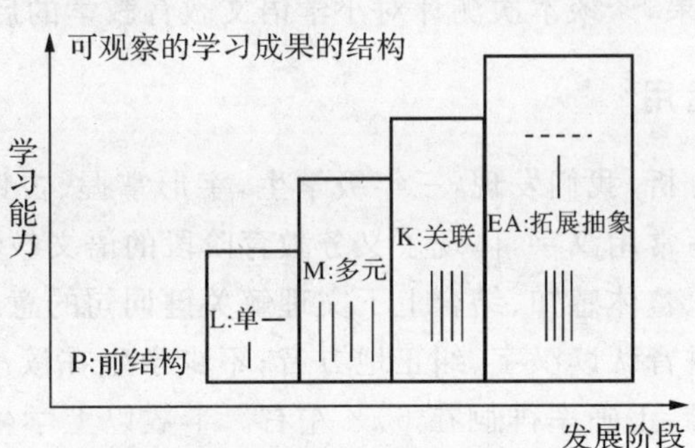

对甘肃省 3 000 多份试卷的分析结果显示，本次测试，两个年级三门学科评价工具的信度都接近 1，区分度大都在 0.3 左右。试卷较好地覆盖了学科领域，尤其是新课程标准规定的领域，难度恰当，区分度较好，信度效度较高，符合测量学的要求。而且，试卷结构合理、针对性强。结合视导和访谈，我们认为，本套评价工具总体思路清晰，能对小学生在语文、数学、科学与社会等方面的学业表现作出恰当的、全面的、准确的评价。从数据参数来看，学生学业成绩表现与 1999 年儿基会和教育部实施的小学生“学习成绩监测”结果基本一致，总的

① 原文发表于《教育理论与实践》B 2007 年第 8、9 期。

来说不是很理想，与新的课程标准要求相差较大，尤其是正在实施新课程的三年级学生，大部分学生三科平均能力都为负值。从三科的横向比较来看，数学最好，语文、科学与生活技能次之。语文学科的阅读和习作表现欠佳。除六年级科学成绩男生明显好于女生外，其他学科的成绩都是女生好于男生。我们还发现，学生学习兴趣、学习投入时间、抱负水平等对其各科的学习表现有显著影响；家庭社会经济地位、父母对孩子的期望与支持、家庭学习环境、学业保障等对学生学业有显著的正向影响；学校人文环境、物理环境、管理、教师指导与关心、适量的课业、社区支持等因素对学生学业也有显著的正向影响。

这里是三年级学生语文能力等级划分与频数分布柱状图：

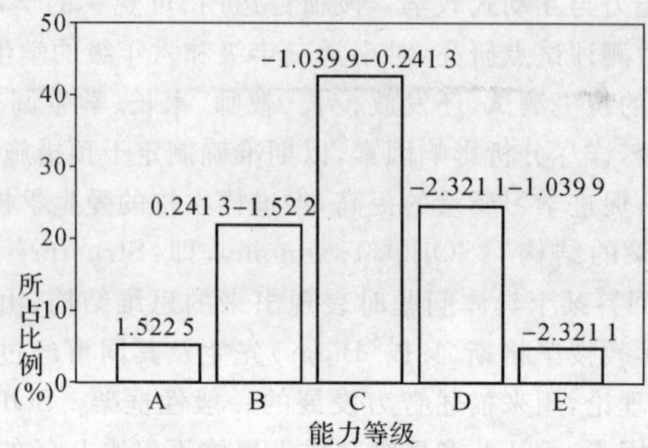

根据项目要求，国家语文学科组制定了本次语文学科学生学习成就测评的内容体系并设计了评价工具与评判标准。试题的编制以《全日制义务教育语文课程标准(实验稿)》为基本依据，以 SOLO 分类理论和技术为指导，共设计了三项内容：字词积累与运用、阅读和习作。

下面，依据测试的结果，谈谈本次测评对小学语文教育教学的启示。

一、字词积累与运用

通过对测试题目的分析，我们发现，三年级学生，字形掌握、古诗文积累等题目做得好，能正确、端正、整洁地书写常用汉字，体现了义务教育阶段的语文教学注重基础的良好传统。但字音辨正、近义词辨析、整体感知、结合上下文理解关键词句的意思等，做得很不理想。大多数学生不能借助汉语拼音认读汉字、纠正地方音；不少学生在读准字音方面，尤其是音调的区分上存在一定的困难，正确率徘徊在 60%左右。半数以上学生未能达到新课标要求，思维多在单一水平，关联水平极少。辨析近义词问题较多，印证出平时教学所存在的问题——过于孤立地学习语言文字，不注重运用，尤其是在具体语境中的学习和运用。

在“古诗文积累”方面，三年级学生做得好，准确率在 80%以上；六年级学生稍差，尤其是在理解层面，准确率降至 70%。这说明学生对教材知识的掌握是相对比较好的，但有明显的死记硬背痕迹，且不能深入研读题意，不能结合上下文理解词句意思，还反映出学生对熟悉的内容较为喜欢，对远离生活和学习的内容不感兴趣，没有掌握“筛选”和“淘汰”的答题方法，思维水平较低，缺乏综合性等。如六年级第 19 题，联系诗歌内容，结合韵脚，很容易选择“水村山郭酒旗风”一句，可是仍有近 20%的学生误选。

针对字词教学的薄弱点，我们建议，今后的教学，一要加强识字方法的引导，在识字过程中，要引导学生对生字进行归类、比较、分析和辨认，逐步学会用分析字形的方法学习合体字，用形声字的规律认读形声字，结合具体语言环境辨识形近字和近义词。二要大力推广普通话。作为难点的字形，在小学阶段被广泛重视，已有所突破，而读音反倒准确率不高，其原因不在学生没记清，而在日常生活的干扰。因此，教师要注意小环境的创设，让学生在学校和社区尽可能多地讲普通话，进而更正读音，长久保持。三要有效戒除死记硬背现象，要运用心理学和言语学习理论，让学生亲历学习过程，养成学习习惯，获得言语能力，提高思维水平。

二、阅读

本次测查的阅读能力主要有四项，这四项内容以及各年级学生的表现见下表：

阅读能力		总体标准差项	方差项	平均值项	最大值
提取信息	3 年级	1.22	1.491 96	2.899	9
	6 年级	0.49	0.240 66	3.422	9
形成解释	3 年级	0.75	0.561 89	2.281	9
	6 年级	0.34	0.116 06	2.679	3.9
整体感知	3 年级	1.43	2.052 23	2.195	9
	6 年级	0.91	0.823 94	3.438	9
完成任务	3 年级	1.496	2.238 36	2.120	9
	6 年级(作出评价)	0.888	0.790 35	2.216	4

通过上表可以看出，三年级学生，提取信息、整体感知与完成任务的标准差大于形成解释，说明学生在这三个方面两极分化严重，这正是过渡期学生思维水平状况的反应，也是学生浅阅读能力的体现。与最大值相比，学生总体的平均分都比较低，不够理想。六年级学生的能力高于三年级，整体感知与做出评价的标准差大于形成解释与提取信息，说明学生在这两个方面两极分化严重，思维水平有明显差异。

试卷考察六年级学生“形成解释”的 23 题，选 D(前结构)的竟然占到 16%，说明学生阅读时思考不深入、不全面，多凭感觉和兴趣。24 题，B，D 选项占到 25%，反映出阅读和思考存有想当然的问题，并带有较强的个人感情色彩。25 题，选前结构 B，再次印证出学生阅读带有感情色彩，选多元结构 C，说明学生具有了一定的理解能力，尤其是在具体的句子与段落当中进行阅读理解的能力，只是教学应向更高层次引导。

测查“整体感知”能力的 26 题，选关联结构的过了半数，选多元结构的占 34%，说明六年级学生对文章的主要内容把握较好，但概括能力较差，思维的深刻性欠缺，语言不够简练。第 27 题，作为主观题，重在测查学生“作出评价”的能力。其中“前结构”占 10%，“单一”占 52%，“多元”占 26%，“关联”占 7%。但多数学生不能认真作答，尽善尽美；思维角度和答题角度缺乏灵活性，不够全面和完善。考查“提取信息”的 28，29 两题，准确率极高，说明学生对字数较少的句段，理解和记忆比较准确，思维多在单一结构。

对于人类个体来说，没有阅读就没法生存。一个没有记忆的民族是已经死去的民族，一个不善于阅读的民族是没有前途的民族。美国心理学家林格伦说：“我们要是不学会阅读，那就无论何时都不会像成人那样熟练地应付这个世界。”苏联教育家苏霍姆林斯基说，“缺乏阅读能力,将会阻碍和抑制大脑的极其细微的联结性纤维的可塑性,使他们不能顺利地保证神经元之间的联系。谁不善于阅读,谁就不善于思维","三十年的经验使我深信,学生的智力发展取决于良好的阅读能力"。

通过以上分析,我们认为,阅读教学现状令人担忧,亟待改进。改进阅读教学的主要策略有两条:

1. 加强整体感知和综合理解

从学生表现和问卷分析中我们发现,两个年段学生的整体感知和综合理解能力都很薄弱,这是最令人担忧的。阅读是一种个性化行为,应该让学生在主动的思维和情感活动中,加深理解和体验。不能用教师片面的烦琐分析代替学生的阅读实践,应努力体现语文的综合性和实践性,整体考虑知识与能力、过程与方法、情感与态度的综合,珍视儿童的独特感受、体验和理解,要注意引导学生在完整的语境中联系上下文,进行词语理解、文意把握、要点概括、内容探究和作品感受等。在整体感知和综合理解的基础上,培养学生多角度、有创意的阅读。

三年级乃至中年级的阅读教学,一要注意从整体入手,把握和理解文章,提高概括水平和解读文本的能力。培养学生的创新意识,应当是在准确理解、把握文本的基础上对文本展开多样化的思考,这种多样化的思考应当有助于对文本思想内容的深入理解,有助于学生科学准确地解读文本,有助于学生思维水平和认识水平的不断提高。二要引导学生认真研读,整体感知,深入思考,在具体的语言环境中理解和运用词句,不能孤立地分析文章,解释词语,死记硬灌。要在训练发散思维的同时,训练学生的聚合思维,让他们在把握文本基本意义的基础上进行拓展联想。三要边读边思,强调记忆,把阅读和思维紧密结合在一起,力求从文本中获取尽可能多的信息,以改变浅阅读的现状。这在视频手段越来越多地影响青少年阅读的电子时代显得尤为迫切。

2. 不断提高教师自身的综合素养

提高课堂教学质量的关键在教师,为了适应课程改革的需要,教师要努力提高自己的普通话及语言表达水平,丰富自己的学习经验,完善自身读解文本的方式和方法,努力提高自己的语文综合素养。

钻研教材是上好语文课的重要保证。语文教师首先要准确、全面地理解教材,尤其是近年来出现在各种版本教材中的新课文。其次还必须研究学生的学习需要,特别关注学生的个性差异,做好各个学段之间的衔接。与此同时,培养学生良好的语文学习习惯,养成良好的学习方式,提高学生的思维水平、品德修养和审美情趣,应是每个语文教师努力的方向。

三、作文

本次学业成绩监测,三年级和六年级的作文题目都属于想象作文。测查的写作能力有四项,即内容、组织、表达和书写。

通过分析,我们发现三年级有半数学生的习作能力处于多元水平。具体表现在:内容方面,8%左右的学生不能围绕话题展开想象,或想象内容前后不一致;15%的学生内容丰富,想象富有新意。组织方面,7%左右的学生习作不完整,不能完整地叙述一个故事,组织和结构材料的能力较差;10%左右的学生构思精巧,想象丰富,故事情节连贯。表达方面,8%左右的学生语句不够完整,词不达意;同样数量的学生语言生动具体,富有表达能力。书写方面，13%左右的学生书写不工整，标点符号运用错误，错别字较多；同样数量的学生书写工整，标点运用正确，没有错别字。除书写外，六年级学生在内容、组织和表达方面都比较欠缺，一方面是学生水平较低，另一方面是教师在阅卷时对学生的期望值较高，不愿给高分。

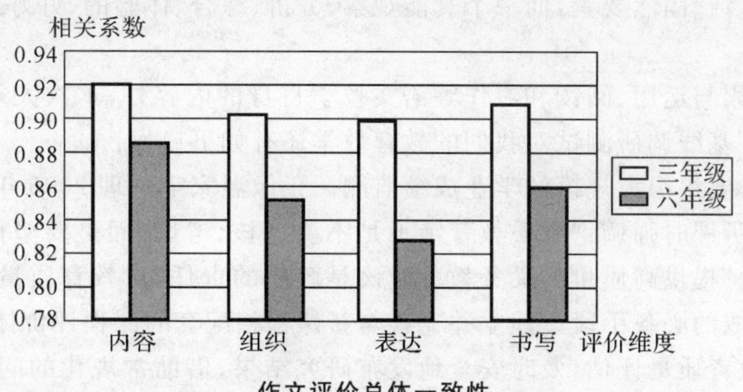

作文评价总体一致性

通过上表可以看出，六年级习作评价的总体一致性比三年级低，尤其是在组织和表达方面。“内容”上标准差最大，说明评分者对这一项的要求很不一致，也说明学生的习作内容较为丰富。“组织”和“表达”标准差较小，但相对于最大值来说，平均数也比较小，说明学生在这两个方面的表现有明显差异：① 六年级学生习作离散程度加剧，水平差距拉大，教师对习作的要求比三年级高；② 选材、结构和表达是影响学生作文水平高低的重要因素。阅卷人员对内容和书写两个维度要求较低，平均分较高，认可程度也较为一致；但对组织和表达的要求高，“表达”的平均分虽然也较高，但认可程度不一。阅卷者更多地强调组织和表达，强调理性和创造性等要求，反映了习作教学的基本走向。因为语言创新比主题、材料、文章形式等创新要困难得多。语言的个性化，取决于人的个性化、思想的个性化，这不是一时能够改变的。另外，教师自身的关注点和水平也不一致，亟待提高。通过以上分析，我们提出改进习作教学的三条干预措施：

1. 阅读教学与思维训练、写作训练应有机地结合起来

读中学写、审题创新、深入思考和选择恰当的表达方式是作文的核心能力。与其单纯要求学生无病呻吟，“挤牙膏”式的写作文，还不如让他们大量阅读文学书籍和报纸杂志，由课内走向课外，走向生活。通过大量的阅读让学生理解作文可以写什么、怎么写，进而提高他们的思维、鉴赏和表达水平。

2. 作文教学要激励学生说真话、写实事、抒真情

要消除刻板的“套式”作文“法则”的影响，少给命题作文，以“场景”、“话题”为作文背景，诱发作文兴趣，唤起好奇心和求知欲，引发作文的“语言”。作文教学应引导学生展现自我意识、想象力及生存技能，防止为作文而作文。要从整体入手，加强片断读写训练，由片断到篇章，顺应儿童身心和年段教学内容的要求，减缓学习坡度，增强习作兴趣。要重视思维培育，促进学习方法的正迁移。

3. 面向大多数，让学生“亲历”写作全程，在实践中提高选材、组织和修改的能力

要鼓励学生丰富自己的语言和生活积累，大胆地多样化地写作和表达。要注意激发作文兴趣，培植习作信心，伏下身子看孩子。结合作文教学实际，要多为学生创造习作练习的机会，鼓励学生自批自改，通过大量的习作实践活动，最终求得学生习作能力的稳步提高。

语文学习处处离不开思维。语文思维能力在整个语文智能系统中居于核心地位,起着关键作用。强化语文思维能力的训练,就是抓住了语文智能训练的本质。写作,既离不开思维,同时也能训练思维。“思想深沉的人,言语就会闳通;卓越的语言,自然属于卓越的心灵。”茅盾说:“‘生活’固然要紧,而一个真能观察、分析、综合、体验的、好好地武装过的头脑,却尤其要紧。”

除字词的积累与运用、阅读和习作等语文教学自身的内容外,本次大规模的“学习者能力与互动式教学”基线调研测试对我们的教育教学还有如下启发:

其一,很有必要组织大规模的学业成绩监测。正像温家宝总理2006年教师节在北京黄城根小学慰问和听课时强调:“素质教育绝不是不要考核、考试,而是要坚持考核的综合性、全面性和持续性。”提供高质量的义务教育应该是政府的责任,对教育质量的监控正是政府保证这一责任完成的必备手段。建立并完善与新课程相配套的课程评价体系,通过统一的、定期的、动态的教育质量评估,及时安全地发布研究结果,借助常规化的问责制度提出改进建议和措施等,有利于促进学校教育质量的提高,有助于我们进一步明确教学及教育改革的方向。因此,《基础教育课程改革纲要》要求“改变课程评价过分强调甄别与选拔的功能,发挥评价促进学生发展、教师提高和改进教学实践的功能”。教育部《关于积极推进中小学评价与考试制度改革的通知》也要求建立“以促进学生发展为标”,“有利于促进教师职业道德和专业水平提高”以及“有利于提高学校教育质量”的评价体系。

早在1999年实施的大规模“学习成绩监测”项中,我们就发现了中年级语文教学的许多不足,如教师重讲轻读,学生厌学,合格率偏低,两极分化严重,男生平均分低于女生,阅读成绩很不理想等。我们根据这些测试结果提出了很有针对性的改进教育教学的建议:重视思维培育,加强片段读写,促进农村教师队伍建设,培养学生的识字能力和良好的自学习惯,背诵要与抄、听、默、仿写等有机结合,充分开发和利用校内外教育资源等。另外,通过对本次测试结果的分析,我们更进一步地认识到,组织大型的学业成绩监测,尤其是依据“标准”设计的能准确衡量“标准”所期望的学习结果的学业成绩监测,以及对某个年段的学生进行集中统一的学科抽测和监测,并付之于认真阅卷,准确分析,及时反馈,实施安全的问责制度,对改进教育教学,掌握学生学业水平很有必要。

同时,我们还应看到当我们猛烈批判应试教育的时候,西方发达国家却在加大考试力度。美国政府就十分注重课程评价者之间、评价者与评价对象之间的互动和共同建构,进而促进学生的全面发展;强调发挥评价的激励、诊断和发展功能;强调地方多样性和全国统一性的结合,从不同角度阐释评价现象等。这些措施是很值得我们借鉴的。

其二,制定具体明确的评价标准,根据学生答题的思维表现和综合能力赋予不同的分值,并认真选择一些业务水平高、责任心强的教师批阅,可以保持主观阅读题和作文评判标准的一致性,利于准确判定学生的能力高下,还便于横向比较,减轻教师不必要的负担,降低评卷组织工作的难度。

一段时间以来,标准化试卷盛行,学生答题与参考答案稍有背离,便不得分。本次测试,主观性阅读试题不计0分,而是根据学生在考虑问题时的思维综合程度和反映水平给定不同等级,区分不同年级不同学生的学业表现,以准确判定学生的学习能力和思维水平。

统计一分析表明,不同评价者对不同年级的作文评定,信度都接近0.95,特别是在三年级这种信度尤其明显。另外,分析还表明,同一评分者在不同维度的相关系数差别较大,不同评分者在同一维度上的评判系数差别不大,等级特别接近,结果较为一致。据此,再结合近年来高考阅卷的实践经验,我们可以得出结论:本次测试的习作评定是有效的。习作从四个方面由三位教师评定,结果相差不大。为什么会出现这种令人欣喜的结果呢?一是本次测试工作阅卷人员水平相对较高,没有功利性,不为奖惩和排队评优去阅卷;二是测试采用了质性评价方法,并采用了"分项评分法",即打出四个不同的等级;三是评价工具设计者认真科学地制定了作文评判标准,四个维度有详细的、操作性较强的评价尺度。

这给了我们现阶段的作文评价和实际教学以新的启发:努力提高教师的写作水平和语文素养,认真制订作文评分标准,尽可能在基础教育阶段的水平测试中大规模的(选拔性考试除外)采用等级评定和分项评定;尽可能消除功利目的,采用流水阅卷的方式,作文评价的一致性就会提高。

其三,尽快成立权威机构,设计开发评价工具。为了充分发挥考试的诊断、预测和激励作用,强化导向功能,有必要组织经验丰富的学科专家和教育统计专家,在国家和省市一级设立教育质量评价与监控的权威机构。设计——开发评价工具,要注意借鉴国外成功的经验,要基于课程标准,综合考虑学生得出答案所要进行的思维活动,保证题的难度要来自"标准"所指向的知识和技能;要基于教育教学实际和学习者的能力,如不同版本的教材及其教学进度、各学段学生的年龄特点和学习能力等,命制内容范围和认知要求一致的试卷,同时制定合理的、简便的、操作性强的评价工具和评价说明,使其更具导向性和权威性。

当然,考评作为促进学生学习的有效手段,作为学习过程的不可分割的有机组成部分,其方式和方法还需进一步变革,如,变只重期末考试、笔试为既重视终结性评价又重视形成性评价,既重笔试又重口试,既重量化评价又重质性评价,既重视上级抽查、学校考查又重视教师检查、学生自查等,让能力训练抓在平时,落到实处,从而让学生学业能力的评定更全面、更科学、更规范、更经得起考验。具体说来,学科测试卷不论是单项测试,还是综合测试,都要力求题型多样,题号连续,卷面美观有趣,努力增强吸引力。综合测试卷的编制,要认真考虑题覆盖范围,准确涵盖学科学习的重点和难点。以本次测试卷的命题为例,写作题与教学要求和学生实际紧密联系,均为想象作文,这对考查学生的思维能力非常有效,此外还可以综合考察学生的组织能力、语言和书写水平等。在阅读上,题较多,但涉及关键词句理解和主要内容概括的部分大多作为客观题出现,让学生从四个备选答案中选择,而不是让他们自己深入思考,用自己的语言加以组织,书面回答,这需要再加以改进。如前文提及的六年级古诗文积累第19题,如果作为选择题,学生选对后其思维水平可能是U(单凭记忆),也可能是R(瞎撞乱选),还可能是M或R(综合,利用诗歌常识、结合上下文等),很难准确判定。若作为填空题,答对后"单一水平"(U)的可能性最大,更具有可操作性。

附:部分测试题

江南春

(唐)杜牧

千里莺啼绿映红,__________。

南朝四百八十寺,多少楼台烟雨中。

A. 桃花流水鳜鱼肥

B. 淡妆浓抹总相宜

C. 水村山郭酒旗风

D. 烟花三月下扬州

第二部分阅读理解

注意:请你仔细阅读每一篇文章,回答后面的问题。其中,有些问题的后面有A、B、C、D四个选择答案,请你选出其中最恰当的答案,在它前面的字母上划"√"。每题只能选一项,多选就算做错,有一些问题需要用自己的话回答,请你将回答的话写在题下面的横线上。

(一)

(1) 一天傍晚,我和7位旅行者由一位当地的年轻人做向导,在沙滩上寻找海龟孵卵的巢穴。

(2) 小海龟大多在四五月份时出生,然后拼命地爬向大海,否则就会被空中的捕食者逮去做美餐。黄昏时,如果年幼的海龟们准备逃走,就会先有一只小海龟钻出沙面来,作一番侦察,试探一下如果它的兄弟姐妹们跟着出去是否安全。

(3) 我恰好碰到了一个很大的、碗形的巢穴。一只小海龟正把它的灰脑袋伸出沙面约有半英寸。当我的伙伴们聚过来时我们听到身后发出了瑟瑟的声响,只见一只反舌鸟飞了过来。反舌鸟一步一步地走近巢穴的开口处,开始用嘴啄那小海龟的脑袋,企图把它拖到沙滩上面来。

(4) 伙伴们一个个紧张得连呼吸声都加重了。"你们干吗无动于衷?"一个人喊道。

(5) 向导用手压住自己的嘴唇,说:"这是自然之道。"

(6) "我不能坐在这儿看着这种事情发生!"一位和善的美国人提出了抗议。

(7) "你为什么不听他的?"我替那位向导辩护道,"我们不应该干预它们。"

(8) "既然你们不干,那就看我的吧!"另一个人打算去帮小海龟。

(9) 我们的争吵把那只反舌鸟给惊跑了。那位向导极不情愿地把小海龟从洞中拉了出来,帮助它向大海爬去。

(10) 然而,随后发生的一切使我们每一个人都惊呆了。不单单是那只获救的小海龟急急忙忙地奔向安全的大海,无数的幼龟得到一种错误的安全信号,都从巢穴中涌了出来,涉水向那高高的潮头奔去。

(11) 我们的所作所为简直是愚蠢透了。小海龟们不仅由于错误的信号而大量地涌出洞穴,而且它们这种疯狂的冲刺为时过早。黄昏时仍有余光,因此,它们无法躲避空中那些急不可耐的捕食者。

(12) 刹那间,空中就布满了惊喜万分的军舰鸟、海鸥和海鹈……越来越多的反舌鸟急切地追逐着它们那在海滩上拼命涉水爬行的"晚餐"。

(13) "噢,上帝!"我听到身后一个人懊悔地叫道,"我们都干了些什么"!

(14) 对小海龟的屠杀正在紧张地进行着。年轻的向导为了弥补这违背自己初衷的恶果,抓起一顶垒球帽,把海龟装在帽子里费力地走进海水里,将小海龟放掉,然后拼命地挥动手中的帽子,驱赶那一群接一群的海鸟……

(15) 屠杀之后,空中满是刽子手饱餐后的庆贺声。此时所能看到的只是潮水冲击着的空荡荡的白色沙滩。大家垂头丧气地沿着沙滩缓缓而行。这帮过于富有人情味的人此时变得沉默了。这肃静也许包含着一种沉思。

22. 文中第三自然段提到"一只小海龟正把它的灰脑袋伸出沙面约有半英寸",小海龟伸出头来是因为：

A. 想向大海爬去，怕被捕食者们作美餐

B. 想出来看看四周的景色和我们这些旅行者

C. 想侦察一下，看看兄弟姐妹跟出来是否安全

D. 想出来看看外面有没有吃它们的鸟

23. 文章第六自然段中说“我不能在这儿看着这种事情发生！”这种事情指的是：

A. 小海龟在海滩上拼命涉水爬行

B. 一只反舌鸟啄小海龟的脑袋

C. 一位和善的美国人提出抗议

D. 大量的小海龟都被反舌鸟吃掉了

24. 第十一自然段中说小海龟们涌出洞穴，“这种疯狂的冲刺为时过早”，这是因为：

A. 我们这些旅行者正等着捉它们

B. 空中满是刽子手们的庆贺声

C. 反舌鸟能够借助黄昏的余光看见它们

D. 小海龟刚刚出生，没有力气爬向大海

25. 文章最后说“这帮过于富有人情味的人此时变得沉默了。这肃静也许包含着一种沉思”，他们可能在想：

A. 刚才那些在沙滩上死掉的小海龟们多可怜啊！

B. 我们不应该在小海龟即将被吃掉时无动于衷

C. 我们不应该救小海龟，因为这实际上是害了小海龟

D. 我们错了，不能破坏自然规律，否则好心也会办坏事

26. 下面是几位同学读了文章后，对文章主要内容的介绍，你认为最合适的说法是：

A. 我们在海滩上看到的反舌鸟和小海龟之间发生的事

B. 我和七位旅行者在沙滩上如何寻找海龟孵卵的巢穴

C. 我们本想帮助一只小海龟躲避反舌鸟的攻击，没想到发出了错误信号，害了更多的小海龟

D. 我们看见一只反舌鸟正在啄小海龟的头，就帮助了小海龟，结果大量海龟都跑了出来，这引来了更多的反舍鸟，反舌鸟把许多海龟都吃掉了，我们很伤心

27. 读了这个故事，同学们对向导这个人有不同的看法。你喜欢他吗？为什么？请从故事中找出具体内容支持你的观点。

文献索引(1979—2009)

一、总论

张志公.关于语文教学中科学性与艺术性问题的探讨.天津师院学报,1979(2).

袁瑢,殷国芳.在小学语文教学中发展学生思维能力.上海师范大学学报(哲学社会科学版),1980(1).

杜殿坤.赞科夫对小学语文教学的观点综述.外国教育资料,1980(4).

斯霞.小学要重视美育.南京师大学报(社会科学版),1981(2).

王兆苍.立诚最为贵智赡德日新——重学叶老的《语文教学二十韵》.语文教学通讯,1981(7).

朱作仁.由形象思维到抽象思维的发展——语文教学心理学的一个理论和实际问题.杭州大学学报(哲学社会科学版),1982(2).

斯霞.为教育事业服务一辈子.南京师大学报(社会科学版),1982(3).

张蕙芬.汉语拼音在小学语文教学中的作用.文字改革,1983(5).

袁微子.要从小培育儿童对祖国的深厚感情——试论在小学语文教学中加强爱国主义教育.课程·教材·教法,1983(6).

吕叔湘.关于语文教学问题.文字改革,1983(10).

王兆苍,张棣华.对于确定中学语文教学目的任务的几点看法.殷都学刊,1985(1).

刘时成,柴培勋.汉语拼音是改革小学语文课堂教学的有效工具.文字改革,1985(2).

朱作仁."谁在抽象地思维?"——关于小学语文教学研究的一些问题的思考.杭州大学学报(哲学社会科学版),1985(3).

郭可谧.试论小学语文教学中学习品质的培养.江西教育科研,1985(4).

顾黄初.试论叶圣陶的语文教育观.殷都学刊,1985(4).

崔秉正.小学语文教学中的审美教育初探.教育科研通讯,1986(2).

杜晓俐.小学语文教学中的美育问题.教育科研通讯,1987(1).

朱作仁,李志强.论学生写作能力的结构要素及其发展阶段.教育评论,1987(4).

杨再隋.试论小学语文教学的审美性.教育研究与实验,1989(2).

樊大荣.激发兴趣,提高小学语文教学质量.心理发展与教育,1989(2).

杜殿坤.赞科夫对小学语文教学的观点综述.外国教育资料,1989(6).

辛继湘.小学语文教学中优化学生的审美心理结构浅说.教育评论,1989(6).

王忠义.小学语文教学中的爱国主义教育.人民教育,1989(12).

王春婵,邓国栋.谈小学语文教学中的思想品德教育.人民教育,1990(Z1).

胡修金.在小学语文教学中塑建儿童的审美心理结构.中国教育学刊,1990(4).

张广闻.重视小学语文教学中的情感因素.山东教育科研,1990(3).

张志公.文学·风格·语言规范.语文建设,1992(6).

吕叔湘.试谈语文现代化.语文建设,1992(7).

张志公.我谈语文规范化.语文建设,1994(3).

田本娜.论小学教育的性质和任务.天津师大学报(社会科学版),1994(4).

张志公,王本华.说“应用”.语言文字应用,1995(4).

王松泉.于中国语文教育发展史的分期问题.首都师范大学学报(社会科学版),1995(4).

张志公.全社会都来重视语文能力的培养.语文建设,1997(4).

康桂月,康雪珍.寓思想教育于小学语言文字训练中的尝试.教育评论,1998(2).

崔峦,陈先云.适应时代要求　深化小学语文教学改革.课程·教材·教法,1998(7).

夏家发.试论语言文字训练中的科学与人文价值.小学语文教学,2000(6).

杨启亮.教学论视野中的语文教学及语文教学研究.语文教学通讯,2000(18).

边霞.审美教育与小学语文教学.南京师范大学学报(社会科学版),2001(2).

顾云虎.体会语文素养.语文建设,2002(1).

方智范.关于语文课程目标的对话.语文建设,2002(1).

刘铁芳.人文陶冶如何可能——当前小学语文教育问题的思考.湖南师范大学教育科学学报,2002(4).

巢宗棋.关于高中语文课程改革墓本理念的问答.语文建设,2002(4).

倪谕根.语言文字训练不能淡化.语文建设,2002(7).

巢宗祺.关于语文课程性质与基本理念的对话.语文建设,2002(7,8).

韩雪屏.语文素养的冰山模型.语文教学通讯,2002(9).

杨启亮.体验语文:一种教学方法论的解释.语文教学通讯,2002(10).

汪潮.解读语文课程标准的新理念.小学语文教学,2002(12).

杨启亮.热爱语文:一种教学目的论的解释.语文教学通讯,2003(1).

古源.语文素养——一个怪胎.中学语文教学,2003(3).

雷良启.用“交际能力”取代“语文素养”.中学语文教学,2003(3).

陈世荣.优质高效语言文字训练改革策略浅探.现代中小学教育,2003(7).

王小明.语文素养的心理学观点.语文建设,2004(3).

彭小明.语文索养论兰州学刊,2004(6).

李山林.“语文素养”辨.语文建设,2004(7).

吴荣山.新课标下的“语言文字训练”.小学教学设计,2004(7).

雷实.谈谈语文素养.课程·教材·教法,2004(12).

何惠,李东航.浅谈语文素养的内汤及其养成途径.琼州大学学报,2005(1).

陈建先,杨再隋,吴忠豪.再谈语文课的“训练”.小学语文教学论坛,2005(4).

钱正权.语文课缺失了什么.小学语文教师,2005(4).

谭文绮.试析“语文素养”的结构.新课程研究,2005(6).

王萍.语文素养的构成论.教育评论,2006(1).

丁时辉.构建语言训练机制的几个新策略.小学青年教师(语文版),2006(8).

盂令全.略论小学语文教学中的语言训练.课程·教材·教法,2006(9).

倪文锦,董菊初.不是“要不要”,而是“怎么要”——谈工具性和人文性的统一.小学语文,2007(1).

王尚文.论语文素养.语文建设,2007(5).

栾雪梅.知识的语文边界:什么才是语文理解.小学语文教学,2007(6).

倪文锦.我看工具性与人文性.语文建设,2007(7-8).

吴永军.乱花渐欲迷人眼——从当前小学语文教学近况看语文的本质.小学教学,2007(8).

陶本一,于龙.“语文”的阐释.课程·教材·教法,2007(11).

王尚文.论语文课程的复合性.课程·教材·教法,2007(12).

崔峦.小学语文教育的理想境界——加强语文教育、提高教学效率的建议.课程·教材·教法,2007(12).

黄勇萍.小学语文课文的文化价值追求及其教学处理.教育学术月刊,2008(5).

祝禧.“文化语文”与教育回归.光明日报,2009(2-11).

王世堪.人文性、工具性及其他.课程·教材·教法,2009(6).

吴永军.再论基于文化层面的语文教学.语文教学通讯,2009(10)C.

于龙.语文乱象与理论的贫困.教育科学论坛,2009(11).

李英杰.语文教学的高质量从何而来.人民教育,2009(12).

王尚文.一弦一柱思华年:我看语文教育60年的理论争鸣.人民教育,2009(18).

二、课程与教材

刘御.从苏联小学语文课本的质和量看我们的小学语文课本(摘录).文字改革,1983(12).

斯霞.发挥教材作用　培养一代新人.课程·教材·教法,1985(2).

徐礼智.对小学语文词典的设想.辞书研究,1986(6).

秦豪.小学语文教材中的推理.师范教育,1987(12).

佐斌.小学语文课文内容的社会心理思考.教育研究与实验,1998(1).

吴立岗.中小学语文教材改革的几点探索.上海师范大学学报,1988(3).

汪名驌,崔建民.儿童读物中的性别研究——对我国小学语文教材所做的统计分析.心理科学通讯,1988(5).

北师大五年制小学语文教材编写组.五年制小学语文课本(第一册)简介.学科教育,1989(2).

徐礼智.小学语文词语手册综评.辞书研究,1990(3).

顾黄初,朱川彬,洪宗礼.论汉语文教材的优选、组合和延展.教育评论,1991(3).

霍懋征.着眼于提高民族素质的好教材——对人教版义务教育小学语文教材的几点看法.人民教育,1992(10).

斯霞.如何学好用好小学语文教材.课程·教材·教法,1993(10).

崔峦.小学语文教学大纲的比较研究(一).课程·教材·教法,1993(11).

崔峦.小学语文教学大纲的比较研究(二).课程·教材·教法,1993(12).

崔峦.小学语文教学大纲的比较研究(续二).课程·教材·教法,1994(1).

崔峦.小学语文教学大纲比较研究(续完).课程·教材·教法,1994(2).

蔡玉琴.关于小学语文教材的几个具体问题.语文建设,1993(7).

田本娜.实现小学语文教学科学化的基础——评《小学新实验课本·语文》.汉字文化,1994(3).

朱晓斌.从我国三种小学语文课本看儿童性别角色的社会化——兼与美国一种阅读课本的比较.教育研究,1994(10).

肖龙海,李爱眉.对我国三套小学语文课本识字教材的比较分析.杭州大学学报,1998(10).

徐根荣.面向21世纪的小学语文教材建设.上海教育,1999(3).

张玲.小学语文批判.全球教育展望,2002(5).

吴立岗.我对人教版小语实验教科书的看法.小学语文教学,2002(7).

吴刚平,樊莹.课程资源建设中的几个认识问题.教育理论与实践,2002(7).

姚本先,涂元玲.小学语文教科书中人物的心理学研究.心理科学,2003(1).

崔峦.《语文课程标准》问答:广大教师在语文课程资源的开发和利用上,可以做什么.小学语文教学,2003(3).

周美桂,甘爱民,陶佳喜,陈青,杜朝晖.语文课程资源的开发与利用.中国语文教学论坛,2003(9).

吴忠豪.语文课程资源的开发和利用.课程·教材·教法,2004(11).

张青民,王乃森.语文课程资源的开发与利用浅论.江苏教育学院学报(社会科学版),2004(4).

鲍艳丽.新课改前后两套小学语文教科书中人物形象的比较分析.基础教育参考,2005(4).

余秀兰.中小学教学内容的城市偏向分析——以语文教科书为例.南京师范大学学报(社会科学版),2005(5).

李冲锋.开发与利用语文课程资源的途径.天津师范大学学报(基础教育版),2005(3).

任仕君.也谈小学语文教材的时代性——与徐根荣商榷当代教育科学,2005(10).

鲍艳丽.新课改前后两套小学语文教科书中人物形象的比较分析.小学各科教与学,2005(8).

范蔚.小学语文教科书的基本结构及其教育功能负载.课程·教材·教法,2005(7).

武晓伟.教科书中人物性别差异的课程社会学思考——以苏教版小学语文教科书为例.教育发展研究,2005(11)B.

卢冬梅.课程改革中师生资源的开发.教育评论,2006(1).

郑宇.从课文后练习的编排看当代小学语文教育的走向.课程·教材·教法,2006(3).

王应华.苏教版小学语文教材问题分析及思考.南京晓庄学院学报,2006(5).

陈波.小学语文实验教材词汇构成系统分析.襄樊学院学报,2006(6).

饶杰腾.温故知新　推陈出新——读语文出版社S版义务教育课程标准小学语文实验教科书.语文建设,2006(6).

萧国政,李春玲,黄友.小学语文教材词语注音的规范性问题.语文建设,2006(7).

李德显,于丽娜.小学一年级上学期语文教材的比较分析——以课改前后人教社新旧两版教材为例.教育理论与实践,2006(9).

王宁风.中华优越传统文化在小学语文教材中的地位——三个版本小学语文教材的比较研究.小学语文,2007(4).

程治国,闫艳.小学语文教科书价值取向的比较研究——以中国大陆苏教版小学语文教科书和新加坡 EPB 版小学华文教科书为例.江西教育科研,2007(2).

顾黄初,陈菊先.20 世纪推进我国现代语文教材建设的两动力.全球教育展望,2007(7).

江明.民国时期中小学语文教材简析.全球教育展望,2007(8).

刘霞.小学语文教材中的儿童观探析.上海教育科研,2007(9).

朱家珑.传承与创新:论小学语文课程的文化品性——兼谈国标本(苏教版)小语教材的文化观.教育理论与实践,2007(10)B.

朱家珑.苏教版小学语文革命首脑题材选文特色解析.江苏教育.小学教学,2007(10).

刘仁增.从选文功能谈"用教材教"之策略.小学语文教学,2007(11).

刘仁增.建构"语用型"小学语文教材的思虑与设想.课程·教材·教法,2007(11).

魏顺平,何克抗.小学语文教学语料库的设计与开发.中国电化教育,2007(6).

洪春幸,郑宇.教材中两个简单研究报告的教学价值分析.小学语文,2008(3).

朱家珑.小学语文教科书文化价值的取向与构成——以江苏教育出版社版本为例.教育导刊,2008(7).

邢红兵,舒华.小学语文教材用字基础部件统计分析.语言文字应用,2008(8).

王贺玲.小学语文教材读写训练项目的走向与反思.教育理论与实践,2008(8).

余婉儿.香港小学语文新课程教科书中文学教材的德育元素分析.陕西师范大学学报,2009(7).

任闪闪.教科书内容的时代偏向分析——小学语文教科书篇目"舍"与"取"的背后新课程研究,2009(9).

李汉潮.小学语文教材的历史演变及思考.现代教育论丛,2009(11).

三、改革与实验

霍懋征.小学语文教学改革上的一点探讨.人民教育,1979(7).

辛亮,季恒铨.谈谈我省小学语文教学三十年.语文研究,1980(1).

朱作仁.试述自学能力在小学语文教育中的实践.山西教育科研通讯,1983(3).

卢珊."注音识字,提前读写"试验初见成效——介绍黑龙江省小学语文教学改革试验.文字改革,1983(8).

黎锦熙."先读书,后识字""忘其字,写其音"——改进小学语文教学的建议.文字改革,1983(10).

课题组."注音识字,提前读写"小学语文教学改革实验方案(试行草案).文字改革,1983(12).

迟仲文.小学语文教法和学法的辩证关系.西南师范学院学报,1984(2).

孟书成.小学语文教学改革的重大突破.人民教育,1984(9).

徐纪明.小学语文单元教学实验报告.教育理论与实践,1985(1).

程淑华. 听说读写能力的全面训练——记重庆人和街小学语文教学改革. 人民教育, 1985(3).

辛亮. 谈谈小学语文教学改革的几个问题. 教育理论与实践, 1985(4).

北京市宏庙小学, 北京电化教育馆语文课题研究组. 小学语文阅读电化教学结构的研究实验. 教育科学研究, 1995(5).

朱作仁. "谁在抽象地思维?"——关于小学语文教学研究的一些问题的思考. 杭州大学学报, 1985(9).

李昌斌, 张振国, 沈培坤. 小学语文"大量读写·双轨运行"实验报告. 山东教育科研, 1986(3).

斯霞, 陈树民. 教给小学生以学习方法. 人民教育, 1987(10).

曾曙春, 程景秋. 小学语文"能力训练"实验的步骤与做法. 江西教育科研, 1988(2).

课题组. 小学语文快速阅读实验. 上海教育科研, 1988(5).

甲申. 黑龙江省建三江局直小学开展小学语文阅读能力分步训练实验. 人民教育, 1988(Z1).

苏静白. 河北省沧州地区开展教材教法实验, 改革小学语文教学体系. 人民教育, 1988(6).

李吉林. 改革结构, 提高小学语文教学的功效——"识字、阅读、作文三线并进"初探. 人民教育, 1988(9).

刘武德, 熊莺. 小学语文四课型单元整组教学法探索. 江西教育科研, 1990(1).

祁明哲. 试论小学语文教学改革的发展趋向——谈谈"观摩课"的教学特色. 山东教育科研, 1990(3).

高惠莹. 学习小学语文教学大纲的几点体会. 学科教育, 1990(3).

李吉林. 情境教学的理论与实践. 人民教育, 1991(5).

王金河, 关洪祥. 小学语文单元达标教学课堂教学结构. 山东教育科研, 1992(3).

佟乐泉, 张一清. "注·提"实验: 小学语文教改的整体构想. 语文建设, 1993(4).

张明武. 小学语文"纲要信号"的作用及设计原则. 山东教育科研, 1994(1).

李吉林. "情境教育"的探索与思考. 教育研究, 1994(1).

程林娥. 小学语文教学三段式—"放、收、放"山西大学师范学院学报(综合版), 1994(2).

刘玉春. 小语低段学法指导中应注意的两个问题. 教师之友, 1994(2).

石忆君. 小学语文整体序列教学的探索. 佳木斯教育学院学报, 1994(4).

李吉林. 运用情境教学发展儿童语言. 中国教育学刊, 1995(6).

陈天金. 刺激——反应学习理论与小学语文语文学法指导. 学科教育, 1995(10).

李昌斌, 沈培坤, 孙宝书. 小学语文"大量读写·双软运行"的实践与研究. 中国教育学刊, 1995(S1).

顾黄初. 关于语文教育研究. 扬州师院学报(社会科学版), 1996(3).

赵亚东, 伊广文. "注音识字, 提前读写"实验在小学语文教学观念上的更新. 佳木斯教育学院学报, l996(4).

刘春生. 设计语文情景投影片应注意细节描绘. 中国电化教育, 1996(11).

崔洪霞, 丁波, 王丽萍, 孙宝书, 李昌斌. 小学语文"学·导·练提纲自学法". 山东教育科化教育研究,1997(1).

李吉林.为全面提高儿童素质探索一条有效途径——从情境教学到情境教育的探索与思考.教育研究,1997(3,4).

支玉恒.阅读教学"自主发展—点拨启导"式教学.小学语文教学,1997(5).

宋声鹏.小学语文学法指导实验报告.深圳教育学院学报,1998(6).

戴汝潜.提高中小学语文教学质量的曙光——简析小学语文"韵语教学"实验.人民教育,1999(1).

李吉林.情境教学怎样设计情境.人民教育,1999(2).

费洁如.教学媒体使用的和谐性.小学语文教学,1999(5).

秦慧绒,朱文献.小学语文教学中修辞知识的运用.修辞学习,1999(6).

张靖华,沈德香.小学语文"双线并进"教学模式的实践研究.学科教育,1999(8).

徐根荣.一切为了学生的"学"——上海市语文教学改革综述.上海教育,1999(8).

廖国森.小学语文学生自主学习模式探索.教学与管理,1999(12).

王国英,沃建中.小学语文教师教学策略的结构.心理发展与教育,2000(3).

靳家彦."小学语文导读法"介绍.天津师范大学学报(基础教育版),2000(6).

陈春艳.按照素质教育的要求构建小学语文课堂教学评价体系.学科教育,2000(7).

莲子.小学语文CAI教学的观摩与思考.中国电化教育,2000(7).

李吉林.把握语文学习的规律.致力于学生语文素养的整体提高.人民教育,2000(9).

施茂枝.语文教学模式改革的误区.人民教育,2001(3).

赵静.开放的语文教学——小学语文教学与学生主体发展初探.学科教育,2002(1).

窦桂梅.为生命奠基——谈语文教学改革的"三个超越".人民教育,2002(1).

江雪.万蕾千葩竞相开——记小学语文"注音识字,提前读写"实验20年.人民教育,2002(2).

李吉林.谈情境教育的课堂操作要义.教育研究,2002(3).

赵宏.感悟语文课程标准的四个基本理念.小学教学参考,2002(9).

杨启亮.体验语文:一种教学方法论的解释.语文教学通讯,2002(10).

魏运梅.试论小学语文教学中学生创新思维能力的培养.中南民族大学学报(人文社会科学版),2003(2).

黄小燕.上海市小学语文"实写分流"课程实验综述.上海教育科研,2003(3).

郑国民.小学语文低年级阅读教学的改革.学科教育,2003(4).

王松泉.谈语文新课标的创新与突破.2003(4).

汪潮.小学语文图解式教学的功能分析.语文教学通讯,2003(11).

吴立岗.贯彻《语文课程标准》辩证处理两个关系.小学语文教学,2003(11).

崔峦.课程改革中的语文教学.小学语文教学,2003(12).

王崧舟.语文,让人性更丰满.人民教育,2003(15-16).

靳家彦.梅花香苦自苦寒来.人民教育,2003(21).

唐彦.形式化的课改.四川教育,2004(1).

陈兴中.警惕美丽的错误.四川教育,2004(1).

孙华,周玉亭.运用现代教育技术开发语文教学资源.天津师范大学学报(基础教育版),

2004(2).

汪潮.小学语文图解式教学的功能分析.小学各科教与学,2004(4).

章师亚.新课程下语文教育应处理好的几对关系.语文教学通讯·小学刊,2004(4).

崔峦.小学语文课程改革要正确处理四个关系.课程·教材·教法,2004(8).

霍巍.浅析课改背景下的自主学习.教育实践研究,2004(8).

潘文彬.莫让语文迷失了自我——基于新课程理念下语文教育的几点思考.语文教学通讯·小学刊,2004(11).

窦桂梅."主题教学"的思考与实践.人民教育,2004(12).

李碧.走出与新课程理念"貌合神离"——评当前小学语文课堂教学的几种现象.内蒙古师范大学学报,2004(12).

王荣生.语文课程改革与小学生"双基"的培养.2004.

田本娜.探源寻根　根深叶茂——小学语文教学改革之浅见.课程·教材·教法,2004(10).

赖配根.2004:新课程不该遗忘的话题.人民教育,2004(24).

谢菊芳.小学语文"三导三疑"教学探新.江西教育科研,2005(1).

薛法根.言语智慧:语文课堂的自觉追求.新语文学习(教师版),2005(1).

徐冬梅.亲近母语阅读为先.语文教学通讯,2005(1).

周一贯.小学语文应是儿童语文.人民教育,2005(2).

王荣生.语文课程改革与小学生"双基"的培养.小学语文教学,2005(3).

沈大安.自主·合作·探究—语文学习方式的转变.教学月刊,2005(5).

朱洪青.小学语文课堂教学的现状与对策.湖南第一师范学报,2005(6).

张立,李黎.追寻语文教育的原点.当代教育科学,2005(7).

钱正权.关注课堂生成就得淡化预设吗?.小学语文教学,2005(7,8).

刘钢.也谈预设与生成.教师之友,2005(8).

鲍宗武.小学语文课堂动态生成的误区及对策.中小学教师培训,2005(9).

徐冬梅.对诗化语文的思考和追问.语文教学通讯,2005(10).

李碧.走出与新课程理念"貌合神离"的迷途——评当前小学语文课堂教学的几种现象.内蒙古师范大学学报,2005(12).

陈晓波.对"主题单元教学"的几点思考.人民教育,2005(15-16).

杨再隋.语文本色和本色语文.语文教学通讯·小学刊,2006(1).

陈宝云,王静.小学语文教学中推进合作学习的探讨.宁波教育学院学报,2006(1).

黄永祥.新课程呼唤理性与真实的语文课堂——对当前小学语文课堂教学中若干浮躁现象的反思.中国教育学刊,2006(2).

邢秀凤.以对话为学习策略的小学语文教学模式探索.教育研究,2006(3).

陈萍.小学语文赛课活动方式的变革.上海教育科研,2006(3).

经守红.预设须简约生成要灵动.小学教学设计,2006(5).

郑国民,陈晓波."主题——情境"单元中的知识呈现体式格局.小学语文教学,2007(1).

李吉林."意境说"给予情境教育的理论滋养.教育研究,2007(2).

邢秀凤.正视初始阅读体验提升课堂对话质量——例谈小学语文阅读教学.课程·教

材·教法,2007(2).

陆青春.追求小学语文课堂教学的“简约化”.中国教育学刊,2007(4).

潘文彬.把语文植入语文的土壤之中——基于新课程理念下语文教学的一些思考.语文教学通讯·小学刊,2007(4).

王荣生.语文课例研究及其样式.语文教学通讯·小学刊,2007(4).

刘彩祥,谢锡金,吴凤平.感知课程的内容与影响因素的初步研究——以小学语文课程为例.教育学报,2007(5).

王红,方卫成,陈霞.追求“预设”与“生成”的有机融合.小学语文,2007(5).

武永明,卫灿金.语文课程标准“发展思想”目标与实验的科学性探究.课程·教材·教法,2007(6).

徐惠君.呼唤“原生态”的语文课堂.中国教育学刊,2007(8).

蒋蓉.论新课程对小学语文教师专业素养的新要求.课程·教材·教法,2007(8).

吴忠豪,杜弘,张益.新世纪小学语文教学改革热点概述.课程·教材·教法,2007(9).

周一贯.公开课:坚守“家常课”的精良品格.语文教学通讯,2007(11)C.

俞亚勤.小学语文课堂实践中动态生成的类型研究.基础教育,2008(2).

许萍.关于“语文阅读对话教学”的思辨.小学教学研究,2008(3).

那炜筠.小学语文课程资源的开发和利用.内蒙古师范大学学报(教育科学版),2008(4).

黄勇萍.小学语文课文的文化价值追求及其教学处理.教育学术月刊,2008(5).

施惠贤.多渠道对话彰显小学高年级语文教学的灵性.小学各科教与学,2008(5).

罗爱丽.创设语言环境落实词语教学.小学语文教学,2008(6).

张玉清.小学语文教师常用教学方法的调查研究.教学与管理,2008(8).

唐敏.刍议小学语文课程资源的开发与利用.上海教育科研,2008(12).

曾昭曙.小学语文教学设计力的表现.基础教育,2008(12).

吴亮奎.语文课程与教学变革的特殊性及其启示.天津师范大学学报(基础教育版),2009(1).

戴汝潜.新课程“问题教学”的“问题”思考——一个值得推广、效法的教学方法.基础教育研究,2009(1).

肖海平,王存厚.小学语文体验教学的策略.新课标研究,2009(1).

曹永真.从“失真”到“归真”的理想践行.课程·教材·教法,2009(2).

高林生.“怎样说”是语文教学的重要内容.小学教学,2009(3).

李吉林.情境教育的独特优势及其建构.教育研究,2009(3).

王尚文,王诗客.语文课是语文实践活动课.课程·教材·教法,2009(4).

方展画,庞红卫.小学语文“作文先导式”教学模式探索.教育探索,2009(4).

周一贯.为了不需要教,应当怎样教.小学教学参考,2009(8).

沈大安.语文教学走向生本.小学语文,2009(10).

林周毅.两个误区的对策.小学语文教学,2009(10).

孙双金.13岁以前的语文——重构小学语文教学体系.人民教育,2009(21).

吴亮奎.语文课程与教学改革的三个基本问题.教学月刊,2009(21).

四、拼音教学

贾援.按照《汉语拼音方案》的特点进行汉语拼音教学.文字改革,1983(2).

郁文玉,徐子煜.小学一年级汉语拼音教学改革的初步试验.教育科研情况交流,1983(4).

苏培成.拼音教学应该教字母名称.文字改革,1983(5).

曹澄方.汉语拼音教学需要解决的几个问题.人民教育,1983(7).

张志公.加强汉语拼音教学.进行大量阅读训练和有计划的语言训练.文字改革,1983(10).

李平.改进拼音教学方法,提高教学质量.文字改革,1984(3).

贾拼教.小学汉语拼音教学应该继续加强——关于小学汉语拼音教学情况的调查报告.文字改革,1985(1).

捷亚.谈谈汉语拼音的字母教学.语文建设,1985(3).

捷亚.谈谈汉语拼音的拼音教学.语文建设,1985(4).

陈升祥.拼音·拼音教学·拼音文字.河北师大学报(哲学社会科学版),1986(4).

宋慧英.汉语拼音教学中几个值得注意的字母.小学教学研究,1986(7).

王均.关于汉语拼音字母名称和拼音教学.语文建设,1988(2).

叶籁士.改革拼音教学,纪念汉语拼音诞生30周年.语文建设,1988(1).

晓庵.关于汉语拼音教学的几个问题.兰州教育学院学报,1989(1).

莘乃珍.正确认识汉语拼音在小学教育中的作用.语文建设,1989(2).

曹澄方.小学汉语拼音教学情况调查与初步分析.语文建设,1989(5).

河南诬师县教育局教研室.直呼音节"八层次教学法".语文建设,1989(5).

刘世安.直读法拼音教学的新尝试.语文建设,1989(6).

陈道玉.谈谈字母教学.语文建设,1989(6).

林宗仁.现行汉语拼音教学体系初探及调整意见.福建师范大学学报(哲学社会科学版),1990(2).

芮体元.汉语拼音字母表及字母教学.云南教育(基础教育版),1990(4).

金惠淑.汉语拼音直读法教材体系和教学法.语文建设,1991(9).

尹斌庸,金惠淑,史定国.直读法——汉语拼音教学的一种新方法.语言文字应用,1992(4).

魏南江.汉语拼音教学艺术十法.渤海学刊,1993(4).

李春旺.抓住重点难点采用适当方法完成拼音教学.学科教育,1993(4).

曹澄方.小学汉语拼音教学的目的、要求和教学法.语文建设,1993(5).

母爱华.汉语拼音教学中是否需要介音?.语文建设,1993(12).

曹澄方.小学汉语拼音教学的目的、要求和教学方法.语文建设,1993(5).

鲍文超.关于小学汉语拼音教学的建议.汉字文化,1994(3).

李勤,郭洪剑.随班就读聋童的拼音教学.现代特殊教育,1994(2).

宋香莲."注·提"实验汉语拼音教学中应注意的几个问题.黑龙江教育,1997(3).

李平.试论汉语拼音在小语教学中的作用——兼谈拼音教学中的目的和要求.西安教育

学院学报,1998(1).

周有光.《汉语拼音方案》的制订过程.语文建设,1998(4).

尤丽琼.小学拼音教学改革的体会.教育评论,1998(5).

高鸽.谈小学语文汉语拼音教学的定位问题.黑龙江教育,2000(3).

杨琼.小学汉语拼音教学目的浅谈.小学语文教学,2001(3).

魏南江.重新认识汉语拼音教学.小学语文教学,2002(8).

戴汝潜.拼音教学科学化问题.小学语文教学,2002(11).

郑国民.小学汉语拼音教学的改革——《语文课程标准》解读.小学语文教学,2003(1).

吕国光,张国栋.多元智力理论视野中的汉语拼音教学.小学语文教学,2005(2).

周有光.汉语拼音和全球化时代.小学语文,2008(9).

莘乃珍.汉语拼音教学的回顾与展望.小学语文,2008(9).

魏元石.加强与改进汉语拼音教学一席谈.小学语文,2008(9).

孟广智.汉语拼音教学的核心不是方法,而是定位.小学语文,2008(9).

乔亚梦.汉语拼音教学要求不能人为拔高.小学语文,2008(9).

李亮.小学汉语拼音教学应如何定位.小学语文,2008(9).

唐珊,伍新春.不同的拼音教学方式对幼儿拼音水平及汉语语音意识发展的影响.心理发展与教育,2009(2).

五、识字写字教学研究

朱作仁.集中识字心理学理论问题的初步探讨.心理科学通讯,1981(1).

马亚男.在注重识字教学的同时,引导学生建立字、词、句的概念——小学语文第一册教学中的一点体会.西北师大学报(社会科学版),1983(2).

张卫国.小学语文用字研究.教育研究,1983(5).

陈守钦.集中识字实验两年回顾.福建师范大学学报(哲社版),1984(2).

劳飞.小学语文教材中容易算错笔画数的字.文字改革,1984(2,3,4,5).

斯霞.希望重视汉字的规范化.文字改革,1985(2).

吴斌."注音识字,提前读写"办有利于儿童早期智力开发.语文建设,1987(1).

文武.关于汉字评价的几个基本问题.语文建设,1987(2).

佟乐泉."注音识字,提前读写"四议.语文建设,1987(3).

段生农.论语言文字特点与识字教育分.教育研究,1983(7,8).

朱作仁.汉字现代化研究与小学识字教学.汉字文化,1989(4).

田本娜.汉字教学之我见.汉字文化,1990(3).

林增祥.对识字教学不同体系的分析与评价.福建师范大学学报(哲学社会科学版),1991(2).

葛中华.汉字与汉文化.汉语学习,1991(3).

许嘉璐.汉字形符的类化与识字教学.汉字文化,1992(1).

马雪松.写字教学亟待改革.江西教育科研,1992(1).

森本正一,杜珮屏.中国的集中识字教学.外国中小学教育,1992(2).

应天常.让识字教学充满乐趣.师范教育,1992(9).

季恒铨,亓艳萍.低年级儿童掌握词语情况及教学建议.语文建设,1992(10).

袁学军.我国识字教学的主要流派及启迪.成人教育,1992(22).

朱作仁."汉字标音"实脸,效果好,能行!.汉字文化,1993(2).

顾节维.当代科技进步与集中识字教学.汉字文化,1993(3).

田本娜.小学语文教学低年级必须以识字为重点.教育研究与实验,1994(3).

郭雅如,栾志芳.优化"随课文识字"的教学过程.黑龙江教育,1994(3).

宋家东."注·提"实验的三项改革与五个突破.语文建设,1994(5).

四川省井研县教育局课题组."字族文识字"教学实验研究.教育研究,1994(5).

赵世源.字理识字教学点滴谈.教育评论,1994(6).

陈晓峰.怎样解决"同音替代"问题.语文建设,1994(9).

果乃玉.也谈在语言环境中教识字.黑龙江教育,1995(Z1).

曾红梅,舒华."幼儿听读游戏识字"儿童的测试统计报告.汉字文化,1995(2).

李鑫华,王常春.重视书法教育加强基本功训练.江西教育科研,1995(3).

贾国钧.小学识字教学要重视课堂书写训练.上海教育科研,1995(11).

姜兆臣.韵语识字实验报告.普教研究,1995(5).

蔡富有.小学识字教学理论探微——兼论"字族文识字教学法"的理论基础.语言文字应用,1996(4).

佟乐泉.儿童识字方法的理论探讨.语言文字应用,1996(1).

贾国均.字理识字教学法.中国教育学刊,1996(3).

贾国均.字理识字教学实验研究.上海教育科研,1996(3).

徐火辉.改造识字教学模式的思考.语文建设,1996(3).

郭根福.试论语言训练中的几个辩证关系.课程·教材·教法,1996(4).

王阳安.宋元蒙学语文教学之研究. 教育探索,1996(4).

梁继勤.谈"按规律识字".山东教育科研,1996(5).

白双法.据理识字——字理识字法初探.山西大学学报(哲学社会科学版),1997(1).

王贵福,杜晓俐,王玉凤,吕景和.关于小学语文识字形义联想教学法的构想.教育探索,1997(2).

戴汝潜,郝家杰.识字教学改革一览.人民教育,1997(1,2,3,4,5).

高林生,杜建军.关于"识写分流".江苏教育,1997(6).

戴汝潜.识字教育——一个值得重视的研究课题.人民教育,1997(6).

佟乐泉,张一清."注音识字,提前读写"的理论思考.语文建设,1997(12).

薛建群.谈怎样抓好识字教学.山东教育科研,1998(1).

刘万里.小学识字教学心理浅析.山东教育科研,1998(1).

彭丽珊.激发小学生的识字乐趣.中国电化教育,1998(2).

苏玉纯.在"注·提"实验中识字用字教学的探索.教育探索,1998(5).

孙丽华,杨树明.环境识字为学生开创主动发展的新天地.山东教育科研,1998(6).

佘贤君,王莉,宋歌,张必隐.小学识字教学难点与汉字心理词典的发展.上海教育科研,1998(12).

王鹏伟.汉语文教育传统与汉语教育的民族化方向.教育研究,1999(1).

邵宗杰.语文教学的起点在哪里.教育研究与实验,1999(2).

张大成,伍新春.语言文字应用的一个重要领域——汉字识字教学的心理实质及其规律.语言文字应用,1999(4).

孙曼均.小学中年级儿童错别字调查.语文建设,1999(5).

施茂枝.也谈识字教学必须遵循的三大规律——兼评几大识字教学体系的得与失.课程・教材・教法,2001(7).

贾国均.字理识字的教育管见.小学语文教学,2002(4).

田本娜.百年识字教学的历史及创新.小学语文教学,2002(9).

王宁.汉字教学的原理与各类教学方法的科学运用.课程・教材・教法,2002(10-11).

崔峦.认写分开及早阅读加强写字——课程改革中"识字与写字"问题解答.小学语文教学,2003(1).

黄小燕.上海市小学语文"识写分流"课改实验综述.上海教育科研,2003(3).

施茂枝.低年级识字与学生的可持续发展.天津师范大学学报(基础教育版),2003(4).

郑国民,刘彩祥,工元华,陈双新.小学语文常用读物的字种与字量研究.语言文字应用,2003(4).

戴汝潜.识字教育的序化问题.小学语文教学,2003(6).

郑国民.识字与写字教学的改革.小学语文教学,2003(9).

陈燃.反思小学识字教学改革的"高原"现象.江西教育科研,2003(10).

刘兴均.传统"六书"说可为实施语文课程标准的识字教学所用.达县师范高等专科学科学报,2004(1).

罗大丽.让一年级学生尽可能地多识字.四川教育学院学报,2004(2).

王玉霞,陈呈锦.利用多种途径和方法加快小学生识字进程.延边教育学院学报.2004(10).

赵蒙成.情境识字教学法刍议.苏州大学学报(哲学社会科学版),2004(4).

杨涛,郑国民,陈双新.小学低年级识字教学的字种、字量研究.河北大学学报,2005(1).

成益方.从《十三经》《幼学琼林》等的识字功能看我国当前小学识字教学.天津市教科院学报,2005(1).

吴忠豪.小学"自主识字"实验研究.语文教学通讯・小学刊,2005(9).

丁道勇.小学一年级语文汉字重复与识字效果关系的研究.课程・教材・教法,2005(9).

金文伟.识字教学效率低的根本原因分析.集美大学学报,2006(2).

董蓓菲."多认少写"的学理依据.小学语文教学,2006(2).

耿红卫.我国百年汉字识字教学改革述评.中小学教师培训,2006(10).

李福灼.识字教学的内容与策略.语文建设,2007(1-2).

刘晋斌,肖晶.学前识字量与小学语文成绩的相关性研究.上海教育科研,2007(3).

王雅萍.新课程背景下的识字与写字学习评价.语文教学通讯,2007(9)C.

李烁.交互白板在小学识字教学中的应用探究.中小学信息技术教育,2007(5).

李福灼.识字教学的内容与策略.语文建设,2007(12).

林惠生.据"理"识字以"类"取法.小学语文教学,2008(2).

邢红兵,舒华.小学语文教材用字基础部件统计分析.语言文字应用,2008(3).

胡根林,陶本一,郭曙伦,于龙,曹建召.上海市小学低年级识字教学字量、字种研究——以上海一期课改H版、S版和现行2004年版小学语文教材为研究对象.上海教育科研,2008(4).

石战晓.小学语文识字教学的课程境遇.基础教育,2008(5).

邢西深.论汉字输入如何有效促进识字教学.电化教育研究,2008(7).

胡君.循规律激情趣重书写.语文教学通讯,2008(7-8)C.

陶本一,郭曙纶.基于语料库的小学识字教学研究报告.语文教学通讯,2008(9)C.

戴汝潜.语文教育中的一个问题.汉字文化,2009(4).

六、阅读教学

田本娜.小学阅读教学和学生阅读能力的培养.天津师院学报,1982(2).

朱作仁.衡量小学生默读能力的指标问题.心理科学通讯,1982(3).

林若男.改进小学阅读教学　培养学生阅读能力.安徽师大学报(哲学社会科学版),1982(4).

许如梓.引导学生发展求异思维.师范教育,1985(8).

张田若.小学阅读教学几点基本经验.师范教育,1986(1).

王毓灵.阅读教学必须加强综合能力的训练.西北师大学报(社会科学版),1988(4).

孙笑平.我国小学阅读教学中的风格流派分野.现代中小学教育,1991(5).

高秀芝.小学语文阅读教学与形象思维的培养.现代中小学教育,1991(5).

戴宝云.小学语文教学中的审美教育.课程·教材·教法,1992(1).

卫拯民.小学语文教学的提问.师范教育,1992(4).

张一清.小学儿童阅读能力发展研究.语言文字应用,1994(2).

熊先约.阅读课中词句教学的思考.课程·教材·教法,1994(11).

黄少虹,郭雅如.童趣设计简议——九年义务教育小学语文低年级阅读教学探讨.黑龙江教育,1994(22).

韩邦智.重视阅读学法指导,提高课堂教学质量.课程·教材·教法,1995(2).

陆彩萍.激发学习兴趣　活跃学生思维.苏州教育学院学报,1995(3).

王丽芬.小学朗读训练应注意的几个问题.教育评论,1995(4).

语文课题研究组.小学语文阅读电化教学结构的研究实验.教育科学研究,1995(5).

曾祥翊,赵宝和.论小学语文阅读教学模式.电化教育,1995(8).

吴振声.小学语文阅读教学中的整体部分分析.教育评论,1996(1).

郑学永.发挥小学语文句子教学的多功能作用.教育评论,1996(3).

边霞.论小学语文教学中的大量阅读问题.南京师范大学学报(社会科学版),1996(3).

章旭敏.小学语文阅读教学中理解能力的培养.教育评论,1996(3).

章旭敏.小学语文阅读教学中理解能力的培养.教育评论,1996(3).

施更良.试谈小学中年级的语段教学.教育评论,1996(4).

李吉林.在散文的情境中教散文.课程·教材·教法,1996(4).

孙亚丽.小语鲁迅作品中用字的演变.教师之友,1996(9).

赵建华,李克东.多媒体计算机辅助小学语文阅读教学的基础理论及其应用研究.电化教育研究,1977(1).

凌秀华.小学语文阅读教学中的思维训练.教师之友,1997(1).

黄伯蔚,周勤振.阅读教学模式和过程优化的实验研究.山东教育科研,1997(1).

周端义.目标教学在小学语文阅读教学中的尝试.上海教育科研,1997(3).

黄宝国.正确运用迁移理论　提高阅读教学质量.现代中小学教育,1997(5).

余黎升.小学语文阅读教学中思维能力的形成途径.教育评论,1997(6).

李雄军,郑玉春.在小学作文教学中"以读促写"的尝试.教育评论,1998(1).

马丽丽.小学语文阅读教学学法指导实验报告.北京教育学院学报,1998(2).

赵建华,谢幼如.智能阅读教学软件PCER-ICAI的设计.电化教育研究,1998(4).

李永健.多媒体网络计算机教室环境下的小学语文阅读教学模式初探.中国电化教育,1998(5).

孙桂贞.谈小学中年级阅读课"段"的教学.山东教育科研,1998(6).

于永正.小学阅读课堂教学的新突破.小学语文教学,1998(11).

谢立清."自主参与"小学语文阅读教学模式.教学与管理,1999(2).

张向葵,暴占光,关文信,于志华,李晓燕.图式理论在小学语文阅读理解中的应用及其对语文学习成绩的影响.心理科学,1999(2).

胡小金.在小学语文阅读教学中培养学生质疑的能力.教育评论,1999(2).

杨轼琴.小学三—五年级学生速读能力训练的初步试验报告.中国电化教育,1999(2).

吴季鹏,黄志华.小学语文课堂教学中的"读"与"练".教育评论,1999(4).

贾悦玲.小学语文创造性阅读教学的探索.教育科学研究,1999(5).

吴法水.小学语文课堂阅读教学改革的探索——问题研讨式课堂教学结构刍议.山东教育科研,1999(6).

靳家彦."小学语文导读法"介绍.天津师范大学学报(基础教育版),2000(1).

赵美珠,潘如意.小学语文"读写例话"教学谈.教育评论,2000(6).

施茂枝.克服盲点走出误区——谈阅读教学的改革.课程·教材·教法,2000(11).

支玉恒.问答式必须改革.小学教学设计,2001(2).

孙建龙.小学语文童话体文章阅读教学简论.首都师范大学学报(社会科学版),2002.

徐国平,黄海晔,崔燕琼,贺蕾.小学语文拓展阅读的实验研究.宁波大学学报,2003(2).

王崧舟.为语言和精神的协同发展而教——语感教学策略例谈.小学教育科研论坛,2003(3).

郑国民.小学语文低年级阅读教学的改革学科教育,2003(4).

钱加清,李卫东.语文教学"举一反三"与"举三反一"问题的辩证思考.齐齐哈尔大学学报(哲学社会科学版),2003(9).

童文穗.读者理论对小学语文阅读教学的启示.广东教育学院学报,2004(1).

韩映虹,李慧生,闫国利,张喜英.小学生快速阅读的眼动实验研究及对语文教学的启示.天津师范大学学报(社会科学版),2004(2).

徐冬梅.语文因活生生的人而在.人民教育,2004(6).

李开拓,彭泽润."读经书"和中小学语文教学中的汉语现代化.北华大学学报,2004(12).

徐冬梅.亲近母语阅读为先.语文教学通讯,2005(1).

朱雪刚."小学语文个性亿阅读课堂教学评价"研究.教育科研论坛,2005(2).

罗群.个性化阅读使小学语文教学"活"起来.宁波大学学报(教育科学版),2005(3).

陈瑜.试论学生古典诗词鉴赏能力的培养.课程·教材·教法,2005(3).

吴立岗.简论我国传统的阅读教学.小学语文教学,2005(6).

雷友发.小学语文教学中的韵语教学探析.教育探索,2005(7).

李淑芹.小学语文阅读教学现状及对策.小学各科教与学,2005(9).

王宗海.低年段阅读教学中"形象"解读扁平化的困境与出路.南京晓庄学院学报,2005(11).

陈晖.文学作品阅读教学的理念和策略.语文教学通讯·小学刊,2006(1).

施茂枝.古诗词教学的两个基本点.天津师范大学学报(基础教育版),2006(1).

郑宇.从课文后练习的编排看当代小学语文教育的走向.课程·教材·教法,2006(3).

刘珍芳.论对话理念下小学语文阅读教学中多媒体的合理运用.电化教育研究,2006(5).

刘珍芳.论对话理念下小学语文阅读教学中多媒体的合理运用.电化教育研究,2006(5).

施茂枝.语文新课程关注儿童生命的成长——小学阅读教学游戏化的探索.中国教育学刊,2006(6).

戴汝潜.语文阅读教育四论.教育科学研究,2006(7).

胡海舟.小学阅读教学的个性化.中国教育学刊,2006(7).

于永正.阅读课要"意文兼得"——我教《第一次抱母亲》.语文教学通讯·小学刊,2006(7-8).

应玲素.论儿童文学与儿童阅读能力的培养.课程·教材·教法,2006(10).

吴立岗.关于提高小学语文阅读教学效率的思考.小学语文教学,2006(10-11).

陈艳.小学语文教学的有效性探索——以诗歌教学为例.陕西师范大学继续教育学报,2006(11).

雷实.对话与阅读教学.人民教育,2006(22).

赵飞君.以"绘本阅读"为载体的低年级语文综合性学习研究.上海教育利研,2007(2).

邢秀凤.重视初始阅读体验提升课堂对话质量.课程·教材·教法,2007(2).

吴忠豪.阅读教学中语文训练的把握.小学语文,2007(4).

王秀敏.阅读教学要扎扎实实教"语文"——对农村小学语文阅读教学的思考.学科教学探索,2007(5).

秦剑峰.小学语文个性化阅读教学的误区及对策.宁波教育学院学报,2007(6).

吉春亚.话说课堂"真实阅读".小学教学参考,2007(6).

武永明.关于个性化阅读相关问题的思考.语文建设,2007(7-8).

刘仁增.从选文功能谈"用教材教"之策略.小学语文教学,2007(10).

曹海永.从"失真"到"归真"的理想践行——小学语文"文本解读个性化"存在的问题及思考.教育实践与研究,2008(1)A.

王沁.对小学生诵读古典诗文的认识与思考.小学语文教学,2008(4).

曹海永.文本解读个性化的现状与出路审视.中小学管理,2008(6).
王连照.阅读教学也是一项系统工程——小学语文阅读机制改革.人民教育,2008(7).
王贺玲.小学语文教材读写训练项目的走向与反思.教育理论与实践,2008(8).
田本娜.谈谈低年级的阅读教学.小学语文,2008(11).
薛法根.重论阅读教学的四个要素.江苏教育研究(实践版),2008(12).
郭利萍.略读耶?精读耶?——关于《猴王出世》一课教学的讨论.课程·教材·教法,2009(1).
王素贞.小学语文中的国学及其当代教育价值.教学与管理,2009(4).
曹永国.中心思想:福兮?祸兮?.教育科学研究,2009(4).
张化万.有效教学的要义:贴近学情　动态生成.课程·教材·教法,2009(5).
田本娜.再谈语言训练问题.小学语文,2009(6).
吴忠豪.正确把握各学段阅读教学的训练目标.小学语文,2009(6).
李金国.论基于解释学的小学语文阅读教学.教育研究与实验,2009(8).
于龙.阅读教学的起点探测.课程·教材·教法,2009(9).
徐冰.小学语文朗读训练教学的优化策略.教育学术月刊.2009(10).
曹兴宝.文本解读岂能止步于"道德".人民教育,2009(11).
张心科,郑国民.20世纪前期语文课程分合论——兼说"阅读教学"的含义.教育学报,2009(12).
费秀芬.论小学语文课堂教学中的教师激情过度.当代教育科学,2009(14).
李卫东.以人类精神的高度解读文本,提升阅读教学的文化内涵.教育科学论坛,2010(3).

七、写话与习作教学

张隆华.作文训练的连贯性与科学性.湖南师院学报(哲学社会科学版),1979(2).
施航.作文"虚构"符合语文学习规律.人民教育,1980(10).
朱作仁.模仿在学生写作训练过程中的作用.人民教育,1982(1).
陈瑞昌.在小学作文教学中引导学生欣赏美.师范教育,1984(2).
薛兴荣.小学生的习作心理.上海教育科研,1985(3).
沙德璞,吴忠豪.怎样指导学生写得具体些.人民教育,1985(Z1).
李伯棠.我对小学作文训练的几点认识.课程·教材·教法,1986(8).
孟亚娟.浅谈作文教学中学生思维品质的培养.佳木斯教育学院学报,1988(4).
刘毓名.小学作文教学问题琐谈.江西教育科研,1988(5).
王晓清.小学看图作文教学改革刍议.教育评论,1989(4).
张化万.小学作文教学最优化研究.现代中小学教育,1990(1).
潘自由.言语交际与小学作文教学.现代中小学教育,1990(2).
朱学思.加强对小学生的说话训练.山东教育科研,1990(4).
周品仙,周龙兴,夏庆莲,单纫秋.以童话起步,提前作文的试验.上海教育科研,1991(5).
徐永森.试论"作文前准备"的指导.上海教育科研,1991(6).
李昌斌,牟官敬.作文教学的八步程序,山东教育科研,1992(1).

佟乐泉,张一清.小学生看图写话调查实验.语文建设,1992(2).

黄惠新.小学作文教学中的思维导向.上海教育科研,1992(5).

荣月辉.还学习一块自由天地——小学生作文"感受、表现、评改"过程.中国教育学刊,1992(6).

汪秀清.培养小学生"自改作文"能力的探索.教育评论,1993(1).

曹阳明.开放性作文教学模式的理论思考.上海教育科研,1993(2).

张宗远.关于开展"小学三段六步作文序列训练"的实验报告.课程·教材·教法,1993(4).

白金声.小学作文错别字现状审视与对策.现代中小学教育,1993(6).

王立均.努力满足小学生习作的心理需要.人民教育,1994(12).

周德镛.试论必须从内容入手指导作文.中小学教师培训,1995(1).

朱福生.小学语文教师示范写作比较.外国中小学教育,1995(4).

叶科斌.农村小学作文教学的现状与改革.教育评论,1995(4).

陈光培.小学作文教学的"情"与"理".教师之友,1995(10).

崔峦.谈谈小学作文训练的目的和要求.课程·教材·教法,1996(3).

秦慧绒,朱文献.小学语文教学中修辞知识的运用.修辞学习,1996(6).

李怿,徐会福.构建目标序列 优化教学过程——小学作文教学"整体设计,循序训练"改革初探.山东教育科研,1996(6).

林惠萍.小学语文教学方法改革的若干要点.教育评论,1996(6).

曹国棠.小学作文教学中的心理学问题.教育导刊,1996(22).

徐海鹰.浅谈小学生的写作心理.苏州教育学院学报,1997(2).

吴晓东,潘亚秋,张举民.发挥"注·提"优势,抓好作文教学.语文建设,1997(11).

李雄军,郑玉春.在小学作文教学中"以读促写"的尝试.教育评论,1998(1).

路景辉.批阅小学生作文要有一颗童心.郑州铁路教育学院学报,1999(4).

郑东方.谈小学作文教学中的句段练习.教育评论,1999(2).

康高钦,张华华.小学作文教学课外延伸法浅谈.教育评论,1999(2).

吴立岗.小学作文训练动机激发的策略研究.外国中小学教育,1999(5).

李宝明,华建明.小学生虚假作文的成因分析与对策.教学与管理,1999(11).

潘新和."写话""习作"与"写作"辨正.语文建设,2002(2).

高恒利.叶圣陶作文教学思想与作文训练——学习贯彻"全日制义务教育语文课程标准".天津师范大学学报(基础教育版),2002(3).

吴立岗.作文教学中学生创造力的培养.小学语文教学,2002(9).

蒋凤良.关于小学作文评语改革的思考与实践.济南教育学院学报,2004(1).

王丽,李绍成.开放式作文教学的尝试与探索.辽宁教育研究,2005(9).

吴立岗.打好语文基础让学生作文放飞.小学语文教学,2005(9).

吕幼飞.开放式作文尝试.教学与管理·小学刊,2005(12).

何正武.网络环境下的小学作文评价.中国电化教育,2006(2).

田本娜.小学语文教学方法小议.小学各科教与学,2006(5).

田本娜.回归儿童·向生活开放·给予方法指导——谈谈小学作文教学.小学教学参考

(语文),2006(7-8).
孟令全.略论小学语文教学中的语言训练.课程·教材·教法,2006(9).
王铭.谈小学作文教学理念的转变.课程·教材·教法,2006(11).
黄利明.浅谈小学低中年级习作训练的方法.中国教育学刊,2007(1).
周凤琴,陈赛英.网络环境下的小学作文合作评改模式及实践.中国电化教育,2007(3).
吴勇.基于交往视野的"童化作文"教学.中国教育学刊,2007(5).
施茂枝.出格与入理游戏作文的审视和思考.中国教育学刊,2007(6).
刘云生.儿童个体作文的源与流.语文教学通讯,2007(11)C.
孙菊霞,徐光兴.口语交际教学中的性别加工研究.课程·教材·教法,2008(2).
吴勇.童化:习作教学的理智跨越——对"童化作文"教学真义的追寻.江苏教育研究(实践版),2008(2).
钟晨音.小学生网络作文教学的设计与建构.课程·教材·教法,2008(2).
吴立岗.师生合作是作文训练的强大动力.小学语文教学,2008(3).
杨世碧.国内外小学作文教学现状及我们的应对策略.课程·教材·教法,2008(3).
楼珠凤.农村小学低段学生看图写话现状分析及对策研究.小学教学参考·语文版,2008(5).
胡文杰.让作文从原汁原味的记录开始.小学语文教学,2008(7).
陈凌峰.小学作文教学体式的反思与重构.小学语文教学,2008(7).
潘文彬.寻本溯源功在课外——漫谈习作指导之备课.语文教学通讯,2008(7-8)C.
柴冬青.小学整合式作文教学策略研究.上海教育科研,2008(12).
李乃学.小学作文教学中的问题思考与对策.当代教育科学,2008(14).
方展画,庞红卫.小学语文"作文先导式"教学模式探索.教育探索,2009(4).
周一贯.60年:小学作文教改皈依童真本色的求索.语文教学通讯,2009(10C).
吴勇.面向儿童的习作教学——一种朴素而真切的教学走向.人民教育,2009(17).

八、口语交际

李超.学生的口语表达能力在特定语境中提高.语文建设,1994(08).
魏南江.引题·示范·模仿·创造.语文建设,1994(10).
崔达送.汉语口语的教学方法.汉语学习,1994(6).
利杰.浅谈兴趣在口语教学中的运用.语文建设,1994(8).
张锐.近年来汉语口语研究成果与发展态势.语文建设,1994(10).
张志公,王本华.关于口语研究和口语教学的三个问题.语文建设,1994(10).
高有祥,牟治媛.浅谈规范口语.语文建设,1994(12).
王明东.朗诵是提高学生口语水平的有效手段.语文建设,1995(3).
魏南江.朗读欣赏课的教学.语文建设,1995(6).
张明仙.口语教学中的思维训练.语文建设,1995(9).
许凤姣.口语课分层次目标教学浅探.语文建设,1997(10).
王济海.强化听说训练　全面提高语文水平.山东教育科研,1998(6).
许双全."口语交际"的内涵及课堂教学特征.小学语文教学,2001(5).

李朝辉.小学语文口语交际教学应避免的几种倾向.基础教育研究,2002(3).

丁炜.关于小学语文口语交际现状的调查.上海教育科研,2002(10).

王秀艳.小学生口语教学研究.教育发展研究,2004(1).

王玮.口语交际课的教学模式.课程·教材·教法,2004(6).

王瑞荣,刘玉惠,张永梅.小学生口语交际能力评价的思考与实践.当代教育科学,2004(23).

王宁波.关于小学语文口语交际研究与实验的几点思考.四川教育学院学报,2005(8).

董彩虹.依托教材、随文练说——浅论小学低年级语文口语教学.内蒙古师范大学学报,2006(6).

王宗海.从口语交际教学的失误中追索语文课程知识的构建.南京晓庄学院学报,2006(2).

郝美仙.低年级学生口语交际能力的培养.内蒙古师范大学学报(教育科学版),2006(6).

邱娟飞.我国小学语文口语交际教学的发展与反思.江西教育科研,2006(8).

史力范,刘美凤,吕巾娇.小学语文口语交际课程目标的设计研究.中国电化教育,2009(10).

九、语文活动和综合性学习

戴爱珠.小学语文教学与课外活动.教育论丛,1983(2).

王家存.朗读教学的功能与方法.临沂师专学报,1992(2).

罗茜,徐子煜.分层递进教学效果的实证研究.上海教育科研,1993(2).

周绍武.别开生面的语文活动.师范教育,1993(9).

许月英.语文活动课应以提高学生素质为宗旨.教育导刊,1995(6).

李秀莉.语文活动课一议.教师之友,1995(11).

俞越龙.语文活动课的几种优化形式评介.山东师范大学学报(社会科学版),1996(1).

陈健.小学语文活动课中的“活动”.教师之友,1996(2).

赖夫中.语文活动课要坚持“四性”.教师之友,1996(4).

许月英.农村小学也可以上好语文活动课.教育导刊,1996(10).

谭丽华.试论语文活动课的性质、特点.教育导刊,1996(11).

钟贤权.活动课程的特征与语文活动课的构想.绵阳师范高等专科学校学报,1997(3).

郑跃云.小学语文活动课的三个原则.深圳教育学院学报(综合版),1997(2).

陈健,王存宝.小学语文学科活动操作例谈.教师之友,1997(4).

姚光义.遵循规律 提高效率——语文活动课教学之我见.武汉教育学院学报,1997(4).

刘思民,李会兰.浅谈小学语文科活动课教学.山东教育科研,1998(1).

费洁如.自主合作型课堂教学的尝试.中国教育学刊,1998(1).

张爱莲,张丽金.语文活动课教学之特点.河北教研,1999(1).

张辛华.小学语文活动课教学初探.四川教育学院学报,1999(2).

夏维忠,邓新林.小学语文活动教学实验与探讨.中小学教师培训,1999(3).

康雪珍,康桂月.小学语文活动课教学谈.教育评论,1999(4).

严寅贤,宗守咏,阮翠莲.构建"三线结合"语文体系 促进学生素质"综合发展".山东教育科研,1999(4).

卢洁.语文活动课的思考.六安师专学报,1999(4).

陈春艳.试论语文活动课的本质.学科教育,1999(11).

湛正坤.小学语文活动课要精选内容、突出特点.现代中小学教育,1999(12).

钱琼箫.浅议小学语文活动课程.江西教育科研,2000(1).

谭晓云.在语文活动课中培养学生的创造力.云南师范大学学报,2000(2).

刘云生.关于"语文综合性学习"本质定位的思考.小学教学研究,2002(1).

刘从华,谢牛.语文实践活动:综合性学习的重要途径.教育研究,2002(7).

张庆.学习方式的根本变革——关于"综合性学习"的思考.小学语文教师,2002(9).

夏家发.语文综合性学习摭谈.语文教学通讯·小学刊,2003(2).

郭根福.试论语文综合性学习的有效教学策略.课程·教材·教法,2003(3).

周来宏,邵龙霞.试论小学语文的"综合性学习".现代教育科学,2003(4).

陈兴禄.谈语文综合性学习的评价.语文建设,2003(9).

张华,谢祥琼.合作学习在小学语文阅读教学中的尝试.四川师范大学学报,2004(1).

戴汝潜.语文实践活动是语文课程的生命线.教育科学研究,2004(3).

陈尚达.语文综合性学习中的教师指导策略.江苏教育学院学报(社会科学版),2004(3).

陆小萍.让我们幸福地享受语文——小学语文综合性学习设计探微.语文教学通讯·小学刊,2004(12).

夏家发.语文综合性学习的反思性实践.语文教学通讯,2005(1).

奚梅萍.追问:课堂资源开发与利用之价值意义——由几则语文教学案例说起.小学各科教与学,2005(1).

余应源,漆书清.小学语文综合能力评价初探.江西师范大学学报(哲学社会科学版),2005(1).

李建军.小学语文综合性学习主题的选择策略.中学小教材教学,2005(2).

邹立群,朱艳林.语文,请守住自己的领地——综合性学习应强调语文学科素养的综合性.人民教育,2005(3-4).

李建军.小学语文综合性学习主题的选择策略.小学各科教与学,2005(5).

靳彤.论语文综合性学习教学模式的建构.四川师范大学学报(社会科学版),2006(1).

王央萍.建立小学语文学习档案夹思考与探索.宁波大学学报,2006(2).

黄厚江.打开语文学习的又一扇窗——谈语文综合性学习的开展.语文教学通讯,2006(2).

温立三.综合性学习与语文课程资源开发.语文教学通讯,2006(3).

唐建新.综合性学习方式的多样化问扭.语文教学通讯,2006(4).

胡续文.充分挖掘课程资源寻求语文综合性学习的有效途径.现代语文,2006(8).

黄伟.关于语文综合性学习边界问题的思考.语文教学通讯,2006(9).

王本华.综合性学习的有关问题与对策.2006(10).

孙菊霞.由"语文综合性学习"这一概念引起的思考.课程·教材·教法,2007(1).

蒋红森.综合性学习教学的三个关键.语文建设,2007(1).

刘宇新.语文综合性学习试题考辨.语文建设,2007(5).

靳彤.综合性学习多元评价方案、策略与原则.语文建设,2007(7-8).

曲霞,张芹,李凤兰.语文综合性学习的理想期盼与现实境遇——基于对山东省小学语文教师调查情况的思考.当代教育科学,2007(19).

赖翮京.语文综合性学习主题的发掘与设计.小学各科教与学,2008(4).

葛银铨.让语文综合性学习课堂洋溢浓郁的语文味.小学教学参考·语文版,2008(6).

施燕红.小学语文综合性学习的主题确定.小学教学研究,2008(7).

黄伟.当代语文教学"活动化"追求的特征、价值与偏误矫治.语文教学通讯,2008(7-8)C.

夏家发.关于感悟的假定、实质与教学.语文教学通讯,2009(4)C.

十、儿童文学与小学语文教育

高帆."儿童诗是诗"浅说.东北师大学报,1992(6).

李民浩.小学语文寓言主题的提示和运用.基础教育研究,1996(5).

曹铁娟.教育家的笔——谈叶圣陶的儿童文学作品.昆明师专学报,1993(1).

李葵模,儿童文学教学的思考与尝试.岳阳职工高等专科学校学报,2001(1).

刘晓东.论童话的教育学意义.教育科学,2000(1).

徐冬梅,丁筱青.儿童文学视野下的语文教育.人民教育,2005(1).

张芹.从儿童文学的角度透视小学语文教材.中小学教学研究,2001(6).

孙建龙.小学语文童话体文章阅读教学简论.首都师范大学学报(社会科学版),2002(增刊).

丁徐华,韩尹红.关于农村小学生课外阅读的调查与思考.江苏教育研究,2002(11).

赵静.儿童文学与小学语文教育——20世纪初期的历史透视.教育科学,2003(4).

刘珺."亲近母语":以情感的方式触摸阅读.中国教育报,2003-10-30(5).

王林.课外阅读循环圈中教师的作用.福建教育,2004(4).

郑轶彦.语文教师儿童文学理念现状调查与思考.学科教育,2004(11).

王林.小学语文教学中的儿童文学教学.福建教育,2004(11).

曹文英,吕杰.儿童文学在小学语文教育中的地位.河北师范大学学报(教育科学版),2005(1).

陈晖.文学作品阅读教学的理念和策略.语文教学通讯·小学刊,2006(1).

田本娜.试谈小学语文教学中的文学教育.语文教学通讯·小学刊,2006(2).

谢诱珺.小学生课外阅读状况调查及对策.湖南教育,2006(2).

韦宏.儿童文学在小学语文教育中的地位和作用.重庆社会科学,2006(7).

徐冬梅.儿童文学和小学语文教学.语文教学通讯·小学刊,2006(9).

袁晓峰.让孩子去热爱与渴望——"绘本快乐阅读"课开发的理念与实践.人民教育,2006(23).

朱自强.回到原点——论小学语文教育的儿童文学化问题.语文教学通讯·小学刊,

2007(5).

范远波.论民国时期的儿童文学与小学语文教材.教育学报,2007(6).

肖红.在儿童文学教学中提升学生审美素养初探.成都大学学报.教育科学版,2008(1).

许洁.儿童文学专题实践活动开发简论.江苏教育学院学报.社会科学版,2008(1).

李玉鸽.语文教师儿童文学素养状况调查与思考.襄樊职业技术学院学报,2008(1).

于树漫.语文教师儿童文学素养缺失探析.天津师范大学学报(基础教育版),2008(1).

王蕾.儿童文学与语文教育关系论.西南民族大学学报.人文社科版,2008(8).

孙建国.论儿童文学视野下小学语文教学的价值取向.教育导刊,2009(1).

周小丽.小学语文教育应注重文学熏陶.新课程研究,2009(6).

钱理群.回到鲁迅,回到儿童,回到语文.小学语文,2009(10).

朱自强.论儿童文学立场的语文教材观.语文教学通讯,2010(1)C.

王泉根.新世纪十年"儿童阅读运动"综论.学术界,2011(6).

十一、语文课程与教学评价

杨继宗.小学语文形成性评价实验.教育科学研究,1992(1).

蒋蔚芳.小学语文考试改革的初步尝试.上海教育,1999(11).

雷实.关于义务教育语文课程标准的阶段性评价.学科教育,2000(7).

郁恩广.小学语文课程中的学生课堂学习状态评价研究.上海教育科研,2002(7).

陈玉华.小学低年级语文学业评价方法的改革探索.上海教育科研,2003(8).

倪文锦.义务教育语文课程评价与考试改革.全球教育展望,2003(9).

诸晓雁.小学语文采用成果袋评价的尝试.中国教育学刊,2003(9).

刘树任.小学语文课堂教学评价初探.当代教育科学,2003(12).

郭志明.小学语文教学口头评价问题研究.小学语文教学,2004(4).

马之先.小学语文命题探索.教学与管理,2005(3).

陈丛岚.小学语文课程评价方式的探索和应用.基础教育研究,2006(5).

王乐芬.回归生命:小学语文命题改革的原点追录.语文教学通讯 · 小学刊,2006(9).

雷实.关于义务教育语文课程标准的阶段性评价.课程 · 教材 · 教法,2007(6).

陈春艳.按照素质教育的要求构建小学语文课堂教学评价体系.学科教育,2000(7).

王毓新.SOLO 对小学语文教学的启发.教育理论与实践,2007(8-9)B.

洪延平.小学语文试卷命题的嬗变.天津师范大学学报(基础教育版),2008(4).

后 记

《语文课程与教学研究(小学卷)(1979—2009)》是南京师范大学课程与教学研究所编定、南京师范大学出版社出版的《学科课程与教学研究三十年》丛书中的一本。本书从接受任务到付梓出版,历时两年,编者从1979年到2009年三十年间我国刊物公开发表的小学语文课程与教学研究论文中,筛选整理出百余篇文章,分为十一个专题,力求将我国近三十年小学语文课程与教学研究的概貌呈现出来。

为了保证《小学语文课程与教学研究(1979—2009)》所选内容的完整性和权威性,呈现我国近三十年来小学语文课程与教学研究的重要成果,本书选取了包含国内众多学者的著作。但因条件所限,许多作者未能取得联系。在本书面世之际,为了充分尊重、保护作者的著作权益,我们真诚敬启:凡拥有该书著作权的著者,请与我们联系,我们将依照国家有关规定及时付酬。同时特别感谢各位作者对我们的理解和支持。

联系地址:南京师范大学出版社高等教育部。

电话:025-83598187,E-mail:nspzbb@163.com。

南京师范大学出版社